NICCOLÒ MACHIAVELLI · GESAMMELTE WERKE IN EINEM BAND

NICCOLÒ MACHIAVELLI

Gesammelte Werke in einem Band

Vom Staate · Vom Fürsten · Geschichte von Florenz
Die Kunst des Krieges · Kleine Schriften · Komödien
Dialog über die Sprache · Die Belfagor-Novelle

nach den Übersetzungen von:
Johann Ziegler und Franz Nicolaus Baur

Herausgegeben und mit einem Vorwort von:
Dr. Alexander Ulfig

Zweitausendeins

Lizenzausgabe mit freundlicher Genehmigung der
Melzer Verlag GmbH, Neu Isenburg
für Zweitausendeins, Postfach, D-60381 Frankfurt am Main.

Umschlaggestaltung: Sabine Kauf, PubliContor, Hamburg
Satz & Layout: Bernhard Heun, Rüssingen
Herstellung: GGP Media GmbH, Pößneck

Printed in Germany

ISBN-10: 3-86150-774-9
ISBN-13: 978-3-86150-774-1

Inhaltsverzeichnis

Vorwort des Herausgebers

Niccolò Machiavelli gehört zu den wirkungsmächtigsten politischen Denkern der Neuzeit. Er war einerseits ein Theoretiker, der die Strukturen und Mechanismen des politischen Handelns analysierte, andererseits setzte er seine theoretischen Erkenntnisse in seiner Tätigkeit als Berater und Diplomat in die konkrete politische Praxis um. Machiavelli verfasste neben politischen und historischen auch literarische Werke, was von seinem universalen Talent zeugt und ihn zu einem der prominentesten Repräsentanten der Renaissance macht. Seine Gedanken und Konzepte beeinflussen bis heute die Staatsphilosophie und -theorie, die Geschichtswissenschaft, die Interpretation politischer Ereignisse und nicht zuletzt das konkrete politische Handeln. Seine Überlegungen werden von Politikern aufgegriffen und auf Manager-Seminaren vermittelt.

Machiavelli wurde am 3.5.1469 in Florenz als Sohn eines Juristen geboren. Er studierte in seiner Heimatstadt Humanwissenschaften (lat. „studia humanitatis"), u. a. Latein, Rhetorik, Literatur, Alte Geschichte, Philosophie und Jura. Seine politische Karriere begann 1498. Nach dem Sturz von Savonarola, eines Dominikanermönchs, der gegen den Sittenverfall predigte und von 1494 bis 1498 in Florenz mit der Absicht regierte, einen „Gottesstaat" einzurichten, erhielt er eine Stelle als Vorsteher der Zweiten Staatskanzlei der Republik Florenz. Als Beamter, Berater und Diplomat übernahm er sowohl innen- als auch außenpolitische Aufgaben. Zu den wichtigsten innenpolitischen zählte u. a. die Reformierung des Militärs. Machiavelli sprach sich gegen das Söldnerwesen als wenig wirkungsvoll aus und beteiligte sich beim Aufbau einer Bürgerwehr, die sich in erster Linie aus der Landbevölkerung rekrutierte. In der Außenpolitik leitete er wichtige diplomatische Missionen, z. B. zu König Ludwig XII. von Frankreich, Kaiser Maximilian I. und Papst Julius II. Er war ein gewandter Diplomat, ein herausragender politischer Stratege, ein gefragter Berater und ein begnadeter Redner. Als 1513 die Medici, seit dem 15. Jh. die einflussreichste florentinische Familie und mit einigen Unterbrechungen (u. a. von 1494 bis 1512) faktisch Herren der Stadt, die Macht in Florenz wiedererlangt hatten, verlor Machiavelli seine Stelle als Vorsteher der Zweiten Kanzlei. Er wurde – wie historische Quellen bezeugen – zu Unrecht einer Verschwörung gegen die Medici bezichtigt, daraufhin verhaftet und gefoltert. In der Verbannung auf seinem Landgut in Sant Andrea in der Nähe von Florenz verfasste er seine wichtigsten politischen und historischen Schriften. Zu ihnen gehören: „Vom Staate" oder „Erörterungen über die erste Dekade von Titus Livius" (ital. „Discorsi sopra la prima deca di Tito Livio"; erschienen 1531), „Der Fürst" (ital. „Il principe"; erschienen 1532), „Die Kunst des Krieges" (ital. „Dell'arte della querra"; erschienen 1521). Auch literarische Werke wie die Komödie „La Mandragola" entstanden in dieser Zeit. Machiavelli hat sich immer als treuer Diener der Republik verstanden und sich stets um die Gunst der Medici bemüht. Er widmete ihnen den „Fürsten". Dies hatte zur Folge, dass er von ihnen den Auftrag bekam, die Geschichte der Stadt Florenz zu schreiben („Geschichte von Florenz", ital. „Istorie fiorentine", erschienen 1532). Trotz dieses Privilegs blieben ihm die Türen zu wichtigen politischen Ämtern verschlossen. Nachdem 1527 aufgrund einer militärischen Intervention des Kaisers Karl V. die Medici gestürzt wurden, verlor Machiavelli seine Stelle als Geschichtsschreiber. Verarmt, politisch isoliert und von seinen Zeitgenossen verkannt, starb er am 22.6.1527 in seiner Heimatstadt.

Machiavellis politische Lehre kann nur dann adäquat verstanden werden, wenn man sich die geschichtlich-gesellschaftliche Lage seiner Epoche, der *Renaissance*, vor Augen führt. Wichtige Kennzeichen dieser Epoche waren: die Auflösung des christlich-mittelalterlichen Geschichtsbildes und der kirchlichen Macht, der allgemeine Sittenverfall, die Zersplitterung Italiens und anderer europäischer Staaten, die den Staat schwächende und zersetzende Macht- und Intrigenspiele, andauernde kriegerische Auseinandersetzungen und das Fehlen eines starken und stabilen Staatswesens.

Der christlich-mittelalterlichen Weltauffassung gemäß ist *Geschichte* ein zielgerichtetes *Heilsgeschehen*. Sie wird als ein „Widerstreit" zwischen einem diesseitigen weltlichen Menschenstaat und einem jenseitigen Gottesstaat aufgefasst, wobei der letztere im Endgericht den alleinigen „Sieg" davonträgt – er setzt sich als der „wahre" Staat durch. Der Zweck der Geschichte ist die Erlösung der Menschheit im Gottesstaat.

An dieser Geschichtsauffassung wird in dem historischen Übergang vom Mittelalter zur Neuzeit, eben in der Renaissance, immer mehr gezweifelt, der Glaube an ein Heilsgeschehen und an ein besseres, jenseitiges Leben zunehmend in Frage gestellt. Die allmähliche Auflösung des christlich-mittelalterlichen Geschichtsbildes führt zu einer Sinnleere, einem Vakuum, und zu einer weit verbreiteten Unsicherheit. Gleichzeitig tritt eine Suche nach neuen, alternativen geschichts- und staatsphilosophischen Konzepten auf. Nicht religiös-utopische Heilserwartung, sondern realistische, sich an menschlicher Natur und an konkreten politischen Ereignissen orientierte Auffassungen gewinnen in der Renaissance die Oberhand. Der reale Mensch, die durch ihn verursachten Ereignisse und die von ihm erreichten Ziele treten immer mehr ins Zentrum des allgemeinen Interesses und der geschichts- und staatsphilosophischen Überlegungen.

In der Abgrenzung von den christlich-mittelalterlichen Auffassungen beziehen sich Machiavelli und viele andere Gelehrte seiner Zeit auf ethische, staatsphilosophische und historiographische *Lehren der Antike*. Die Wiederbelebung des antiken Gedankenguts ist das wesentliche Merkmal der Renaissance. Zu den antiken Elementen der machiavellischen Lehre gehören: das zyklische Geschichtsbild, die Tugendlehre und das römische Herrschaftsideal.

Die beiden wichtigsten politischen Ziele Machiavellis, die als die fundamentalen Motive seines politischen Engagements und seiner Lehre betrachtet werden, sind die *Einheit Italiens* und die damit verbundene *Etablierung eines starken und stabilen Staates*. Beide Ziele können nur von einer charismatischen Persönlichkeit, dem *Fürsten*, erreicht werden.

Machiavellis politische Auffassung wird als *Realismus* bezeichnet. Während in den christlichen Lehren viel darüber ausgesagt wird, wie der Mensch sein und handeln *soll*, um als moralisch gut zu gelten, und wie eine ideale, letztlich göttliche Weltordnung auszusehen hat, beschreibt Machiavelli, wie der Mensch wirklich *ist*, handelt und seine weltlichen Ziele zu erreichen trachtet.

Mit diesem radikalen Realismus geht sein *Menschenbild*, das als *pessimistisch* bezeichnet wird, einher: Der Mensch ist habgierig, heuchlerisch und hinterlistig, Angst, Misstrauen und Hass steuern das menschliche Verhalten – die Menschen sind sich einander Feinde.

Zum amoralischen Alltagsverhalten kommt die Amoralität des politischen Handelns hinzu: „Wer politisch handelt, muss auch Böses tun." Sowohl im Alltagsleben als auch in der Politik spielt die Moral eine untergeordnete Rolle. Die obersten Zwecke des politischen Handelns sind Machiavelli zufolge *Machtgewinnung* und *Machterhaltung*. Es ist legitim (gerechtfertigt), wenn diese Zwecke auch mit amoralischen Mitteln durchgesetzt werden. Dies bedeutet nicht, dass Machiavelli ein Amoralist war, d. h. sich prinzipiell gegen jegliche Art von Moral ausgesprochen hat. Im Gegenteil: Moralische Überzeugungen und Grundsätze sind für die Bildung und Erhaltung eines Gemeinwesens und damit auch eines Staates notwendig. Machiavelli hebt allerdings hervor: Sie sollen auf die *Privatsphäre* der Bürger beschränkt werden. Im *öffentlichen* Leben, d. h. auch in der Politik, sollen sie keine entscheidende Rolle spielen.

Machiavelli vollzieht damit die *Trennung von Moral und Politik*. Regeln des politischen Handelns können nicht aus moralischen Überzeugungen oder Grundsätzen abgeleitet, sondern nur durch Kenntnisse der Geschichte und der konkreten politischen Ereignisse und Verhältnisse gewonnen werden. Politik ist somit nicht mehr Teil einer göttlichen Ordnung, sondern ein besonderer Bereich des menschlichen Handelns, der durch eigene Regeln und Gesetze bestimmt wird.

Um Macht zu gewinnen und zu erhalten, ist jedes Mittel recht. Lüge, Betrug,

Intrige, Erpressung, Mord und Krieg sind legitime Mittel im Kampf um politische Macht. Worauf es also bei politischem Handeln ankommt, ist der zweckmäßige *Gebrauch der Mittel* und der mit ihm verbundene *Erfolg*.

Vor dem Hintergrund seines pessimistischen Menschenbildes sieht Machiavelli die Notwendigkeit der Einrichtung eines Staates, der Ordnung, Sicherheit und Frieden stiften und gewährleisten könnte. Ein solcher Staat kann nur von einer starken Herrscherpersönlichkeit, dem Fürsten, gegründet, geführt und geordnet werden.

Eine erfolgreiche Staatspolitik des Fürsten hängt von drei wesentlichen Faktoren des politischen Handelns ab: von der *virtù*, der *fortuna* und der *necessità*. Die virtù bezeichnet die Energie, Kraft, Entschlossenheit und Durchsetzungsfähigkeit, kurz: die Tüchtigkeit eines Herrschers. Sie ist die Triebkraft des politischen Handelns, die Kraft, die den Herrscher zu herausragenden politischen Leistungen befähigt, insbesondere zur Gründung und Lenkung von Staaten. Allerdings bezieht Machiavelli diesen Begriff nicht nur auf den einzelnen Herrscher, sondern auch auf ganze Gemeinschaften (Kollektive). So spricht er z. B. von der virtù eines Volkes.

Die fortuna bezeichnet die das Schicksal der Menschheit bzw. der Geschichte lenkende Kraft und die Wechselfälle des Glücks. Nur wenn Zeitumstände für den Herrscher günstig sind, kann er erfolgreich handeln. Ein kluger Herrscher hat ein Gespür für Zeitumstände; er versteht es, sie zu erkennen, zu analysieren und für sich zu nutzen.

Die necessità bezeichnet die Notwendigkeit, bestimmte Mittel in bestimmten Situationen einzusetzen, um die Erhaltung und Stärkung des Staates zu gewährleisten. Anstatt von Notwendigkeit kann man auch von Not, Zwang oder Druck sprechen. Dabei kann sich der Herrscher auch amoralischer Mittel (Lüge, Betrug, Intrige, Mord, Krieg usw.) bedienen, auch wenn dies seinen privaten Überzeugungen, Normen und Grundsätzen widerspricht.

Maßgeblich ist in diesem Zusammenhang die bereits oben erwähnte Unterscheidung zwischen der privaten und öffentlichen Sphäre. Der Fürst kann privat eine Handlung für amoralisch halten, muss sie aber vollziehen, wenn sie den übergeordneten Interessen des Staates, d. h. seiner Erhaltung, seiner Sicherung und seinem Wohl, dient. Damit ist Machiavelli der Begründer der neuzeitlichen Lehre von der *Staatsräson*.

Machiavelli gilt als einer der wichtigsten Repräsentanten der neuzeitlichen Staatsphilosophie und einer der Väter der modernen Geschichtswissenschaft und der politischen Wissenschaft. Viele seiner Schriften, z. B. „Der Fürst“, wurden Mitte des 16. Jh. auf den Index der katholischen Kirche gesetzt. Trotzdem konnten sie ihre Wirkung breit entfalten. Sie beeinflussten sowohl Philosophen bzw. Theoretiker des politischen Denkens als auch Politiker. Zu den

Philosophen zählen u. a. Gentillet, Bacon, Hobbes, Montaigne, Rousseau, Herder, Hegel, Fichte und Nietzsche. Zu den Politikern, die wichtige Impulse von Machiavelli erhalten haben, gehören z. B. Friedrich der Große, Napoleon und Clausewitz.

Machiavellis Gedanken und Konzepte wurden im Laufe der letzten Jahrhunderte sehr kontrovers diskutiert. In der Zeit der Aufklärung wurden antimachiavellische Positionen mit besonderem Nachdruck vertreten, da sich viele Denker dieser Epoche darum bemühten, moralische und ethische Elemente dem politischen Handeln zugrunde zu legen. Im Geiste der Aufklärung verfasste Friedrich der Große 1740 die Schrift „Der Antimachiavell". Für Machiavelli nahmen u. a. Hegel und Fichte Partei, die dabei das Konzept eines starken Staates betonten: Die Interessen des Staates stehen über den individuellen Interessen und Freiheiten der Bürger.

Mit *Machiavellismus* wird meistens skrupellose Machtpolitik und Durchsetzung von Interessen ohne Rücksicht auf moralische Bedenken bezeichnet. Um ein bestimmtes politisches Ziel zu erreichen, kann jedes Mittel eingesetzt werden. Der Begriff wurde seit dem 17. Jh. zum Schlagwort, das von vielen polemisch gebraucht wurde. Es besteht kein Zweifel darüber, dass der Machiavellismus eine Verkürzung der machiavellischen Lehre darstellt. Nach Machiavelli soll der Staat die *sittliche Erziehung* des Volkes fördern. Deren konstitutive Elemente sind Recht, Moral und Religion. Sie bedingen positiv den Frieden, die Stabilität und das Gemeinwohl des Staates.

Die Skepsis gegenüber aufklärerischen und utopischen politischen Modellen, die aufgrund von negativen historischen Erfahrungen mit diesen Modellen entstanden ist, hat im 19. und 20. Jh. zu einer intensiven Beschäftigung mit Machiavelli geführt. Nicht die Suche nach der besten politischen Ordnung, sondern die Analyse konkreter Herrschaftsstrukturen und -verhältnisse sowie Fragen der Legitimität der Herrschaft rückten allmählich ins Zentrum des allgemeinen und wissenschaftlichen Interesses.

Machiavellis Gedanken, Konzepte und Analysen sind für die gegenwärtig geführten Debatten über fundamentale Themen der demokratischen Staatsordnung von besonderer Relevanz und Aktualität. Es handelt sich dabei in erster Linie um die Legitimität der Herrschaft, die Rolle von Führungspersönlichkeiten, die Angemessenheit bestimmter Strategien und Verfahren der Machtgewinnung und der Machterhaltung sowie um die Bedeutung von Moral und Ethik für das politische Handeln.

Nicht zu unterschätzen ist der Einfluss der machiavellischen Sicht der Politik auf die Beurteilung von politischen Ereignissen und das daraus folgende konkrete politische Handeln. Dies soll abschließend ein Beispiel demonstrieren: Die Intervention der USA und ihrer Verbündeten im Irak kann sowohl moralisch als auch machiavellisch gerechtfertigt werden. Im ersten Fall beruft man sich bei der Rechtfertigung der Intervention auf die Einhaltung von Menschenrechten und die Möglichkeit der Einrichtung einer Demokratie nach westlichem Muster; die Verletzung der Menschenrechte, insbesondere die repressive Politik von Sadam Hussein, wäre ein Grund für einen militärischen Einsatz. Im zweiten Fall argumentiert man, dass die Intervention eine Stabilisierung der Region, wozu die Eindämmung des Terrorismus gehört, und die Sicherung von wirtschaftlichen Ressourcen (Ölförderung) gewährleistet.

Dr. Alexander Ulfig
Frankfurt am Main, Oktober 2006

VOM STAATE

Niccolò Machiavelli dem Zanobi Buondelmonti und Cosimo Rucellai seinen Gruß

Ich sende Euch ein Geschenk, das, wenn es auch meinen Verbindlichkeiten gegen Euch nicht entspricht, doch ohne Zweifel das Beste ist, was Euch Niccolò Machiavelli senden konnte. Alles was ich weiß und was ich mir durch langjährige Erfahrung und anhaltendes Lesen der Geschichte zu eigen gemacht habe, ist darin ausgesprochen.

Da weder Ihr noch andere mehr von mir verlangen könnt, so könnt Ihr Euch nicht beschweren, wenn ich Euch nicht mehr gegeben habe. Wohl kann sich Euch die Armut meines Geistes aufdecken, wenn diese Erzählungen dürftig sind, und die Trüglichkeit meines Urteils, wenn ich mich häufig beim Erörtern getäuscht habe. In diesem Falle weiß ich nicht, wer von uns dem anderen weniger verschuldet ist, ich Euch, die Ihr mich zu schreiben zwangt, was ich nie aus freien Stücken geschrieben haben würde, oder Ihr mir, wenn ich Euch durch meine Schrift nicht befriedigt haben sollte.

Nehmt daher dieses so, wie alles von Freunden genommen wird, bei welchen immer mehr die Gesinnung des Senders als die Beschaffenheit des Gesendeten in Betracht kommt. Seid versichert, daß der Gedanke ein angenehmes Gefühl in mir erregt, daß, sollte ich mich auch bei vielen Gelegenheiten geirrt haben, ich doch gewiß weiß, in keinen Irrtum verfallen zu sein, daß ich Euch auswählte, um Euch vor allen anderen meine Betrachtungen zu widmen. Ich glaube dadurch einige Dankbarkeit für empfangene Wohltaten gezeigt zu haben, so wie ich von der gewöhnlichen Weise der Schriftsteller abgegangen bin, welche ihre Werke immer einem Fürsten zu widmen pflegen und, von Ehrgeiz und Habsucht geblendet, diesen wegen aller vorzüglichen Eigenschaften loben, während sie ihn wegen jeder Schändlichkeit tadeln sollten.

Um nicht in denselben Fehler zu verfallen, habe ich nicht die gewählt, welche Fürsten sind, sondern die, welche durch ihre unzähligen guten Eigenschaften es zu sein verdienen; nicht die, welche mich mit Stellen, Ehren und Reichtümern überhäufen könnten, sondern die, welche es, wenn sie es könnten, tun würden. Um richtig zu urteilen, muß man die achten, welche freigebig sind, nicht die, welche es sein könnten; und ebenso die, welche einen Staat zu regieren verstehen, nicht die, welche regieren, ohne es zu verstehen. So loben die Schriftsteller Hiero von Syrakus mehr, während er Privatmann war, als Perseus von Mazedonien, der König war, weil dem Hiero, um Fürst zu sein, nichts anderes fehlte als das Fürstentum, jener aber von einem König nichts anderes hatte als das Königreich.

So laßt Euch denn das Gute oder das Schlechte gefallen, was Ihr selbst haben wolltet, und wenn Ihr in Euerm Irrtum beharrt, daß Euch diese meine Meinungen angenehm seien, so werde ich nicht ermangeln, die Geschichte meinem Versprechen gemäß zu Ende zu führen. Lebt wohl.

Der Betrachtungen erstes Buch

Obgleich wegen der neidischen Natur des Menschen neue Regeln und Einrichtungen aufsuchen immer so gefährlich war wie die Entdeckung unbekannter Meere und Inseln, weil man viel geneigter ist, die Handlungen anderer zu tadeln als zu loben, so habe ich mich dennoch, von dem mir angeborenen Trieb anspornen lassen, immer das Gemeinnützige ohne alle Rücksicht zu tun, entschlossen, einen Weg einzuschlagen, der, noch von niemand betreten, mir zwar Mühe und Arbeit verursachen wird, aber auch Belohnung eintragen kann, wenn man meine Bestrebungen mit Nachsicht betrachten sollte. Sollte aber wegen Armut des Geistes, weniger Erfahrung in Staatsgeschäften und geringer Kenntnis der Geschichte dieses mein Unterfangen mangelhaft und von wenig Nutzen sein, so wird doch wenigstens dadurch einem anderen der Weg gebahnt werden, der mit mehr Kraft, Beredsamkeit und Scharfblick meinen Plan so ausführen kann, wie er mir vorschwebt. Dies sollte mir, wenn schon kein Lob erwerben, doch auch keinen Tadel zuziehen.

Wenn ich erwäge, welche Ehre dem Altertum bezeugt wird, und wie häufig, um andere Beispiele zu übergehen, ein Bruchstück einer antiken Bildsäule für einen hohen Preis angeschafft wird, um es zu besitzen, sein Haus damit zu schmücken, es von denen nachahmen zu lassen, die sich jener Kunst widmen, und wie sich diese nachher mit allem Fleiß bestreben, dasselbe in ihren Arbeiten darzustellen; und wenn ich auf der anderen Seite sehe, wie die größten Unternehmungen, welche, wie die Geschichte zeigt, von den alten Reichen und Republiken, von den Königen, Feldherrn, Bürgern, Gesetzgebern und anderen, die für ihr Vaterland gearbeitet, ausgeführt wurden, viel eher bewundert als nachgeahmt, ja so sehr von jedem überall gemieden werden, daß von jener alten Tugend kein Schatten übriggeblieben ist: so kann ich mich nicht enthalten, mich zugleich zu verwundern und zu betrüben; um so mehr als ich sehe, daß man bei den Privatstreitigkeiten, die zwischen den Bürgern entstehen, und bei den Krankheiten, welche die Menschen treffen, immer zu den Urteilssprüchen oder den Heilmitteln seine Zuflucht nimmt, welche von den Alten gefällt oder verordnet worden sind. Denn die bürgerlichen Gesetze sind nichts anderes als von den alten Rechtsgelehrten gefällte Urteile, die, in eine gewisse Ordnung gebracht, unsere jetzigen Rechtsgelehrten Recht sprechen lehren; und nichts anderes ist die Arzneiwissenschaft, als von den alten Ärzten gemachte Erfahrungen, worauf die jetzigen Ärzte ihr Urteil gründen. Nichtsdestoweniger findet sich bei der Einrichtung der Republiken, bei der Erhaltung der Staaten, bei der Regierung der Reiche, bei der Errichtung des Heeres und der Führung des Krieges, beim Rechtsprechen über die

Untertanen, bei der Erweiterung der Herrschaft weder Fürst noch Republik, weder Feldherr noch Bürger, der zu den Beispielen der Alten zurückgriffe.

Nach meiner Überzeugung rührt dies nicht so sehr von der Schwächlichkeit, wozu die jetzige Erziehung die Welt geführt, oder von dem Schaden, den ein ehrgeiziger Müßiggang vielen christlichen Ländern und Städten zugefügt hat, als daher, daß man keine wahre Kenntnis der Geschichte besitzt, daß man, wenn man sie liest, nicht den Sinn, wenn man sie kostet, nicht den Geschmack aus ihr zieht, den sie in sich schließt. Daher kommt es, daß Unzählige, die die Geschichte lesen, Vergnügen daran finden, jene Abwechslung von Ereignissen, welche darin enthalten sind, zu hören, ohne daß sie sich einfallen lassen, dieselben nachzuahmen, indem sie die Nachahmung nicht allein für schwer, sondern für unmöglich halten: als wenn der Himmel, die Sonne, die Elemente, die Menschen in Bewegung, Ordnung und Kraftvermögen verschieden wären von dem, was sie im Altertum waren.

Da ich nun den Menschen diesen Irrtum nehmen will, so habe ich für nötig erachtet, über alle Bücher des Livius, die uns die Tücke der Zeit nicht entzogen hat, das zu schreiben, was ich den alten und neuen Begebenheiten gemäß zum besseren Verständnis derselben nötig halte, damit die Leser dieser meiner Betrachtungen daraus den Nutzen ziehen mögen, um dessentwillen man die Kenntnis der Geschichte zu erlangen suchen soll.

Obgleich nun dieses Unternehmen schwer ist, so glaube ich dennoch, mit Hilfe derer, die mich aufgemuntert haben, mir diese Last aufzubürden, dieselbe so zu tragen, daß einem anderen nur noch ein kurzer Weg übrigbleibt, sie an den Ort ihrer Bestimmung zu bringen.

I.

Welches im allgemeinen der Ursprung einer jeden Stadt, und welches der Roms war.

Wer gelesen hat, welches der Ursprung der Stadt Rom war, wie und von welchen Gesetzgebern sie geordnet wurde, wird sich nicht wundern, daß sich so große Kraft mehrere Jahrhunderte hindurch in dieser Stadt erhielt, und daß nachher das Reich daraus hervorging, zu welchem diese Republik anwuchs. Da ich mich zuerst über den Ursprung verbreiten will, so schicke ich voraus, daß alle Städte entweder von den Eingeborenen des Landes selbst, oder von Fremden erbaut werden.

Der erste Fall tritt ein, wenn die Einwohner eines Landes, in viele und kleine Abteilungen zerstreut, nicht sicher zu leben glauben, da nicht eine jede Gruppe für sich, sowohl wegen der Lage ihres Wohnorts, als auch wegen ihrer kleinen Anzahl der Attacke eines Angreifenden widerstehen kann, und da, wenn der Feind kommt, die Zeit fehlt, sich zur Verteidigung zu vereinigen; oder hätten sie Zeit, viele ihre Wohnorte verlassen und diese so eine schnelle Beute der Feinde werden müßten. Um diesen Gefahren zu entgehen, beschränken sie sich entweder aus eigenem Antrieb oder auf Antrieb eines Mannes, der bei ihnen die höchste Gewalt hat, darauf, miteinander vereinigt zu wohnen, und wählen sich dazu einen Ort, so bequem zum Leben, und so leicht zu verteidigen, wie sie ihn finden können. Auf diese Art entstanden unter vielen anderen Städten Athen und Venedig. Erstgenannte Stadt wurde unter der Herrschaft des Theseus aus ähnlichen Gründen von den zerstreuten Landesbewohnern erbaut. Venedig entstand, als sich viele Völkerschaften auf einige kleine Inseln an der Spitze des Adriatischen Meeres geflüchtet hatten, um den Kriegen zu entgehen, die jeden Tag durch die Ankunft neuer Barbarenschwärme nach dem Verfall des römischen Reiches in Italien ausbrachen, und hier, ohne daß ihnen ein einzelner Mann Einrichtungen gegeben hätte, anfingen, miteinander unter den Gesetzen zu leben, welche ihnen zu ihrer Erhaltung am geeignetsten schienen. Ihr Unternehmen glückte dank der langen Muße, welche ihnen ihre Lage gab, da das Meer den Zugang verwehrte und die Völker, welche Italien verheerten, keine Schiffe hatten, um sie anzugreifen; so daß ein ganz kleiner Anfang sie zu ihrer jetzigen Größe führen konnte.

Im zweiten Falle wird eine Stadt von Fremden erbaut, und diese sind entweder freie Männer oder Abhängige. Zu den letzteren gehören die Kolonien, welche von einer Republik oder einem Fürsten ausgesendet werden, um sich der überflüssigen Menschen zu entledigen, oder um ein Land zu verteidigen, das, neu erobert, sicher und ohne Kosten erhalten werden soll. Solche Städte baute das römische Volk viele und in allen Teilen seines Reiches. Ferner gehören hierzu die Städte, welche von einem Fürsten, nicht nur um darin zu wohnen, sondern auch zu seinem Ruhme gebaut werden, wie Alexandrien von Alexander dem Großen. Da alle diese Städte keinen freien Ursprung haben, so geschieht es selten, daß sie große Fortschritte machen und zu den Hauptreichen gezählt werden können. Auf eine ähnliche Art wurde Florenz erbaut; denn, sei es durch Sullas Soldaten, oder durch die einheimischen Bewohner der Berge von Fiesole, die, dem langen Weltfrieden unter Octavian vertrauend, sich entschlossen, in der Ebene an den Ufern des Arno zu wohnen, so wurde Florenz doch immer unter römischer Herrschaft erbaut und konnte in den ersten Zeiten keine anderen Vergrößerungen vornehmen als die, welche ihm durch die Freigebigkeit der Kaiser zugestanden wurden.

Frei sind die Erbauer der Städte, wenn Völker unter einem Fürsten oder für sich durch Krankheit, Hunger oder Krieg ihr Geburtsland zu verlassen und neue Wohnstätten aufzusuchen gezwungen sind. Solche Völker bewohnen dann entweder die Städte, welche sie in den eroberten Ländern finden, wie die Juden unter Moses, oder erbauen neue, wie die Trojaner unter Aeneas. Hier ist es, wo man die Größe des Erbauers und das Glück des Gebäudes erkennt, welches Glück dann mehr oder weniger Staunen erregt, je nachdem ein mehr oder weniger ausgezeichneter Mann den Grund dazu legte. Die Größe eines solchen Mannes aber gibt sich in zweierlei Dingen kund, in der Auswahl des Ortes und in der Gesetzgebung.

Da nun die Menschen entweder aus Notwendigkeit oder aus Wahl handeln und man dort größere Tugend sieht, wo der freien Wahl weniger Raum bleibt, so ist zu erwägen, ob es nicht besser wäre, zur Erbauung der Städte unfruchtbare Plätze auszusuchen, damit die Menschen zur Arbeit gezwungen und, weniger dem Müßiggang ergeben, einiger leben könnten, indem sie wegen der Armut der Gegend weniger Ursache zu Zwistigkeiten haben: wie es in Ragusa und vielen anderen an ähnlichen Orten erbauten Städten der Fall war. Dies wäre nun ohne Zweifel die weiseste und nützlichste Maßnahme, wenn die Menschen sich damit begnügten, von dem Ihrigen zu leben, und nicht stets danach strebten, anderen zu befehlen. Da aber einmal die Natur des Menschen so beschaffen ist und man sich nur durch Macht sichern kann, so ist es notwendig, diese Öde des Landes zu meiden und sich an den fruchtbarsten Stellen niederzulassen, wo die Ergiebigkeit des Bodens die Vermehrung der Bewohner begünstigt und dieselben so in den Stand versetzt, sich sowohl gegen Angriffe zu verteidigen, als auch jeden zu überwinden, der sich ihrer Vergrößerung widersetzen würde. Was den Müßiggang betrifft, den eine günstige Lage zur Folge haben könnte, muß man dafür sorgen, daß die Gesetze dazu zwingen, wozu die Lage nicht nötigt. Man muß die weisen Gesetzgeber nachahmen, welche in den angenehmsten und fruchtbarsten Ländern, die am leichtesten träge, zu jeder männlichen Anstrengung untaugliche Menschen hervorbringen, gewohnt haben und, um den Nachteilen, welche die Milde des Himmelsstriches durch den Müßiggang verursacht haben würde, vorzubeugen, die zu Soldaten bestimmte Mannschaft zu anhaltender Übung nötigten, so daß durch eine solche Einrichtung hier bessere Soldaten gebildet wurden als in den von Natur aus rauhen und unfruchtbaren Ländern. So vermochten zum Beispiel in Ägypten trotz des angenehmsten Landes die Gesetze so viel, daß daselbst die vorzüglichsten Männer geboren wurden; und wären ihre Namen nicht durch ihr hohes Altertum verloren gegangen, so würde man sehen, daß sie mehr Ruhm als Alexander der Große und viele andere verdienen, deren Andenken noch frisch ist. Wer in späterer Zeit die Regierung des Sultans, die Einrichtungen der Mamelucken und ihres Heeres, ehe es vom Großtürken Selim II. vernichtet wurde, gesehen hätte, würde dort viele Übungen bei den Soldaten wahrgenommen und sich durch den Augenschein überzeugt haben, wie sehr man den Müßiggang fürchtete, wozu die Milde des Himmelsstriches hätte führen können, wenn nicht durch die strengsten Gesetze vorgebeugt worden wäre. Es scheint mir daher viel weiser zu sein, sich in einer fruchtbaren Gegend niederzulassen, wenn der Wirkung dieser Fruchtbarkeit durch die Gesetze gehörige Schranken gesetzt werden. Als Alexander der Große eine Stadt zu seinem Ruhm erbauen wollte, kam der Baumeister Dinokrates zu ihm und schlug ihm vor, dieselbe auf dem Berg Athos zu errichten, welcher Ort außer seiner Festigkeit sich auch so bearbeiten lasse, daß die Stadt menschliche Form erhalte, was eine wunderbare, seltene und der Größe des Königs würdige Sache sei. Als ihn aber Alexander fragte, wovon die Einwohner leben würden, antwortete er, daran habe er nicht gedacht. Der König lachte, ließ diesen Berg stehen und erbaute Alexandrien, wo die Einwohner sowohl wegen der Ergiebigkeit des Bodens als auch wegen der Nähe des Meeres und des Nils gerne würden bleiben wollen.

Wenn man also die Erbauung Roms untersucht, so gehört es, wenn Aeneas als sein erster Gründer angenommen wird, zu den von Fremden erbauten Städten; wenn Romulus, zu den von Eingeborenen erbauten. In beiden Fällen ist es freien, völlig unabhängigen Ursprungs. Unten aber soll gezeigt werden, zu welchen Anstrengungen es durch die Gesetze des Romulus, Numa und anderer gezwungen wurde, so daß die Fruchtbarkeit der Gegend, die Nähe des Meeres, die häufigen Siege und die Größe des Reiches die Sitten mehrere Jahrhunderte hindurch nicht verderben konnten, und daß sich Rom voll so großer Kraft erhielt, wie niemals eine Republik ähnliche Kraft aufweisen konnte.

Da nun die Taten Roms, welche Livius beschrieben hat, entweder infolge öffentlichen Beschlusses oder durch den Entschuß einzelner Männer, entweder im Innern oder außerhalb der Stadt ausgeführt wurden, so will ich zuerst über dasjenige, was im Innern und auf öffentlichen Beschluß geschah, sprechen, insofern es mir besondere Aufmerksamkeit zu verdienen scheint, wobei ich dann jedesmal hinzusetzen werde, was alles davon abhing. Diese Betrachtungen werden dieses erste Buch oder vielmehr diesen ersten Teil ausmachen.

2.

Wie viele Arten von Regierungsformen es gibt, und zu welcher der römische Staat gehört.

Ich unterlasse, von den Staaten abhängigen Ursprungs zu reden, und werde nur die Staaten behandeln, welche von Anfang an frei von aller äußeren Knechtschaft sich nach eigenem Willen, sei es nun als Republiken oder als Monarchien regiert haben. Diese Staaten hatten, wie verschiedenen Ursprung, so auch verschiedene Gesetze und Einrichtungen. Einigen gab bei ihrer Gründung, oder nicht lange nachher, ein Einzelner und auf einmal Gesetze, wie den Spartanern Lykurgus. Andere erhielten ihre Gesetze bei Gelegenheit, zu mehreren Malen und nach Maßgabe der Ereignisse, wie Rom. Ein Volk kann sich glücklich nennen, einen weisen Mann hervorgebracht zu haben, der ihm dauernde Gesetze vorschreibt, unter welchen es eine lange Zeit sicher leben kann. So liest man, daß Sparta seine Gesetze länger als acht Jahrhunderte bewahrte, ohne sie abzuändern und ohne daß irgendein gefährlicher Aufstand ausbrach. Im Gegensatz dazu kann man die Staaten unglücklich nennen, die sich nicht einem klugen Gesetzgeber unterworfen haben, sondern genötigt sind, sich selbst umzuformen. Von diesen ist wiederum jener Staat der unglücklichste, in welchem die wenigste Ordnung herrscht; die wenigste Ordnung aber herrscht in dem Staat, dessen Einrichtungen ganz von dem geraden Weg ab liegen, der ihn zum vollkommenen und wahren Ziel führen könnte. Es ist fast unmöglich, daß ein Staat, steht er auf dieser Stufe, durch die Ereignisse befestigt wird. Die anderen, welche zwar keine vollkommenen Einrichtungen haben, deren Anfang aber wenigstens gut war und ein Fortschreiten erlaubt, kann das günstige Zusammentreffen der Ereignisse zur Vollkommenheit führen. Wahr ist jedoch, daß dies nie ohne Gefahr geschieht; denn die Mehrzahl der Menschen stimmt einem Gesetz, das eine neue Ordnung der Dinge betrifft, nie zu, wenn ihr die Notwendigkeit davon nicht vor Augen liegt; und da diese Notwendigkeit nur in einem Zustand der Gefahr eintreten kann, so geht ein solcher Staat leicht zugrunde, ehe er seine Vollkommenheit erreicht hat. Einen schlagenden Beweis hiervon liefert die Republik Florenz, welche durch die Vorfälle von Arezzo im Jahre 1502 wieder befestigt und durch die von Prato im Jahre 1512 umgestürzt wurde.

Um die Verfassung der römischen Republik und die Ereignisse, welche dieselbe zur Vollkommenheit führten, zu erörtern, bemerke ich zuerst, daß einige Schriftsteller über die Republiken dreierlei Regierungsformen annehmen, nämlich: Alleinherrschaft, Herrschaft der Vornehmsten und Volksherrschaft. Um einen Staat zu konstituieren, sagen sie ferner, müsse man sich für eine dieser drei Formen entscheiden, je nachdem ob dieselbe dem vorgesetzten Zweck am meisten zu entsprechen scheine. Einige andere (nach der Meinung vieler weisere) Schriftsteller glauben, es gebe sechserlei Gattungen von Regierungsformen, von welchen drei sehr schlimm, die drei anderen an und für sich gut seien, doch aber so leicht in Verfall gerieten, daß auch sie gefährlich würden. Die guten sind die drei oben genannten; die schlechten sind drei andere, welche von jenen dreien abhängen, und jede derselben ist der ihr nächstverwandten so ähnlich, daß gar leicht eine in die andere überspringt; denn die Monarchie wird leicht

Tyrannei, die Aristokratie leicht Oligarchie, die Demokratie verwandelt sich leicht in Anarchie. Führt also der Gründer eines Gemeinwesens eine der erstgenannten Regierungsformen ein, so ist es nur für kurze Zeit, weil kein irdisches Mittel verhindern kann, daß sie nicht infolge der Ähnlichkeit, die in diesem Falle die Tugend und das Laster haben, in die ihr entgegengesetzte ausartet.

Die verschiedenen Regierungsformen entstanden durch Zufall unter den Menschen; denn als am Anfang der Welt die Menschen noch selten waren, lebten sie zerstreut, den wilden Tieren ähnlich. Als sich nachher ihr Geschlecht vermehrte, schlossen sie sich zusammen und begannen, um sich besser verteidigen zu können, den unter ihnen, der am stärksten und beherztesten war, mit Achtung anzusehen, machten ihn gleichsam zu ihrem Haupt und gehorchten ihm. Hieraus entstand die Kenntnis des Edlen und Guten, im Gegensatz zu dem Verderblichen und Schlechten; denn da sie sahen, daß es Haß und Mitleid erzeugte, wenn einer seinen Wohltäter verletzte, da sie die Undankbaren tadelten und die Dankbaren ehrten, und da sie überdies dachten, es könnten ihnen dieselben Beleidigungen selbst zugefügt werden, so entschlossen sie sich, um ähnliches Übel zu vermeiden, Gesetze einzuführen und Strafen gegen die Zuwiderhandelnden festzusetzen, wovon sich der Begriff der Gerechtigkeit herleitet. Dies bewirkte dann bei einer späteren Fürstenwahl, daß sie nicht geradeswegs zum Stärksten gingen, sondern zum Verständigsten und Gerechtesten. Als man aber später den Fürsten durch Erbfolge, nicht durch Wahl bestimmte, so fingen sogleich die Erben an, von ihren Vorfahren abzuarten und dachten, tugendhafte Handlungen hintansetzend, die Fürsten hätten nichts zu tun, als die anderen an Prunk, Zügellosigkeit und in jeder Art von Üppigkeit zu übertreffen. Der Fürst fing nun an, gehaßt zu werden und sich wegen dieses Hasses zu fürchten; von der Furcht ging er bald zu Angriffen über, und es entstand daraus bald eine Tyrannei. Dem folgte zunächst der Anfang des Verderbens, der Meutereien und Verschwörungen gegen die Fürsten, die nicht von den Furchtsamen oder Schwachen, sondern von denen unternommen wurden, die durch Großmut, Seelenadel, Reichtum und Geburt den anderen voranstanden und den schimpflichen Lebenswandel des Fürsten nicht ertragen konnten. Die Menge aber, dem Ansehen der Mächtigen folgend, bewaffnete sich gegen den Fürsten und gehorchte, nachdem dieser verjagt war, jenen als ihren Befreiern. Weil nun letzteren der Name eines Fürsten verhaßt war, so setzten sie aus ihrer Mitte eine Regierung zusammen und betrugen sich im Anfang, eingedenk der vergangenen Tyrannei, den von ihnen angeordneten Gesetzen gemäß, jeden eigenen Vorteil dem allgemeinen Wohl nachsetzend, und verwalteten und erhielten öffentliches und Privateigentum mit größter Sorgfalt. Als nachher diese Verwaltung auf ihre Söhne übergegangen war, die den Wechsel des Glücks nicht kannten, niemals Unfälle erfahren hatten und nicht mit der bürgerlichen Gleichheit zufrieden sein wollten, sondern sich der Habsucht, dem Ehrgeiz und den Gelüsten nach Weibern hingaben, so brachten diese es so weit, daß aus einer Aristokratie eine Oligarchie wurde, ohne daß man auf das allgemeine Beste Rücksicht nahm. Jedoch erging es ihnen binnen kurzem wie den Tyrannen. Die Menge, ihrer Regierung überdrüssig, machte sich zur Dienerin eines jeden, welcher irgend die Herrscher beleidigen wollte, und so erhob sich bald ein Mann, der sie mit Hilfe der Menge vertrieb. Man wollte jetzt nach Zerstörung der Oligarchie die Monarchie nicht wieder einführen, weil die Erinnerung an die Fürsten und die von ihnen erlittenen Unbilden noch zu neu war, und wendete sich deshalb zur Demokratie, in welcher weder mehrere Machthaber noch ein Fürst irgendwelche Gewalt erhielten. Da nun jede Regierungsform im Anfang einige Ehrfurcht einflößt, so hielt sich die Volksherrschaft eine Zeitlang, aber nicht lange, zumal wenn die Generation, welche sie eingeführt hatte, verschwunden war. Schnell kam es zur Zügellosigkeit, wo weder Bürger noch Magistrat gefürchtet wurde. Ein jeder lebte nach seiner Art, man fügte sich täglich tausend Unbilden zu: so daß man, durch die Not gezwungen, teils angeregt durch einen wohlmeinenden Mann, teils um einer solchen Anarchie zu entgehen, von neuem zur Monarchie zurückkehrt und von dieser von Stufe zu Stufe in der nämlichen Art aus den entwickelten Ursachen wieder zur Anarchie zurückkommt.

Dies ist der Kreis, in welchem alle Staaten sich drehend regiert wurden und regiert werden; selten kehren sie jedoch zu denselben Regierungsformen zurück, weil fast kein Staat so große Lebenskraft haben kann, um mehrmals diese Wechsel zu durchlaufen und sich erhalten zu können. Wohl aber geschieht es, daß während der Geburtswehen ein Staat, da ihm immer Rat und Kräfte fehlen, Untertan eines Nachbarstaates wird, der eine bessere Verfassung hat. Angenommen jedoch, dem sei nicht so, so würde sich ein Staat ohne Ende in jenen Regierungsformen herumdrehen. Alle genannten Formen sind daher unheilbringend, und zwar wegen der Kürze des Lebens der drei guten, und wegen der Verderblichkeit der drei schlechten. Deshalb vermieden die weisen Gesetzgeber, diese Mängel erkennend, jede der drei guten Regierungsformen an und für sich und erwählten eine aus allen dreien zusammengesetzte. Diese hielten sie dann für die festeste und dauerhafteste, da Monarchie, Aristokratie und Demokratie, in einem und demselben Staate vereinigt, sich gegenseitig überwachen.

Durch eine ähnliche Konstitution verdiente unter anderen Lykurgus das größte Lob. Er gab Sparta solche Gesetze, daß, indem König, Adel und Volk ein jedes seine Rechte erhielt, daraus ein Staat hervorging, welcher länger als achthundert Jahre, zum größten Ruhme des Gründers, in tiefster Ruhe fortbestand. Das Gegenteil erfuhr Solon, Athens Gesetzgeber. Er hatte einzig die Volksherrschaft eingeführt und gab dieser ein so kurzes Leben, daß er noch vor seinem Tode die Tyrannei des Peisistratos sehen mußte. Nach vierzig Jahren wurden nun zwar die Erben desselben verjagt und die Freiheit kehrte nach Athen zurück, welches die demokratische Regierungsform den Vorschriften Solons gemäß wieder annahm, allein sie erhielt sich nicht länger als hundert Jahre, obgleich viele Einrichtungen getroffen wurden, um den Übermut der Großen und die Zügellosigkeit der Menge niederzuhalten, zwei Übel, die Solon nicht in Betracht gezogen hatte. So lebte Athen, weil es der Herrschaft des Volkes nicht die Macht eines Fürsten und die des Adels zur Seite gestellt hatte, im Vergleich mit Sparta nur sehr kurze Zeit.

Kommen wir aber zu Rom. Diese Stadt hatte nun zwar keinen Lykurgus, der ihr Gesetze gab, um lange Zeit frei leben zu können, jedoch führte die Uneinigkeit des Volkes und des Senats so viele günstige Ereignisse herbei, daß der Zufall tat, was kein Gesetzgeber getan. Wenn Rom nicht das erste Los aus der Glücksurne zog, so zog es doch das zweite; denn waren auch seine ersten Institutionen fehlerhaft, so wichen sie dennoch nicht von dem geraden Weg ab, der zur Vollkommenheit führt. Romulus nämlich und alle anderen Könige gaben viele und gute der Freiheit noch angemessene Gesetze, allein da die Gründung eines Königreichs, nicht die einer Republik, ihr Zweck war, so fehlten, wenngleich die Stadt frei blieb, doch viele zur Erhaltung der Freiheit nötige Einrichtungen, welche jene Könige nicht gegeben hatten. Als es nun später dahin kam, daß Roms Könige die Herrschaft, aus den unten zu erörternden Ursachen, verloren, so setzten dessenungeachtet ihre Vertreiber sogleich zwei Konsuln ein, die die Stelle der Könige vertraten, und beseitigten auf diese Art den Namen der Könige, nicht die königliche Gewalt. Rom hatte jetzt Konsuln und Senat, und seine Regierungsform war aus zweien der obengenannten Formen zusammengesetzt, aus der monarchischen und aristokratischen. Es blieb nur noch übrig, auch der Demokratie Raum zu geben, weshalb sich das Volk, als der römische Adel, aus Gründen, die ich unten anführen werde, übermütig wurde, erhob, und dieser, um nicht alles zu verlieren, dem Volk seinen Teil zuzubilligen gezwungen war; wobei jedoch auf der anderen Seite Senat und Konsuln mit hinreichendem Ansehen bekleidet blieben, um ihren Rang im Staate behaupten zu können. So entstand das Institut der Volkstribunen, durch welches der Stand dieser Republik mehr ins Gleichgewicht kam, da allen drei Regierungsformen ihren Anteil hatten.

So günstig war Rom das Geschick, daß, obgleich es von der Monarchie und von der Aristokratie zur Demokratie auf denselben Stufen und aus denselben Ursachen, die wir oben gezeigt haben, überging, doch niemals, um dem Adel Gewalt zu geben, alle Gewalt der königlichen Macht entzogen, noch die Gewalt des Adels ganz beseitigt wurde, um sie dem Volk zu geben; sondern daß es eine gemischte Regierungsform erhielt und dadurch eine vollkommene Republik wurde. Diese Vollkommenheit ward aber durch die Uneinigkeit des Volkes und des Senats veranlaßt, wie in den zwei nächsten Kapiteln ausführlich gezeigt werden soll.

3.

Welche Ereignisse in Rom die Einführung der Volkstribunen veranlaßten, wodurch die Republik vervollkommnet wurde.

Alle Schriftsteller über die bürgerliche Gesellschaft stimmen darin überein, und die Geschichte belegt es durch eine Menge Beispiele, daß, wer einer Republik Verfassung und Gesetze gibt, alle Menschen als böse voraussetzen muß, und daß sie so oft die Falschheit ihres Gemütes zeigen werden, wie sie Gelegenheit dazu haben. Wenn irgendeine Bosheit eine Zeitlang verborgen bleibt, so rührt dies aus einer verborgenen Ursache her, die man nicht eher kennenlernt, als bis die Bosheit zum Ausbruch gekommen ist; dann entdeckt sie uns die Zeit, welche man die Mutter der Wahrheit nennt.

Es schien in Rom nach der Vertreibung der Tarquinier zwischen Senat und Volk die größte Eintracht zu herrschen, die Edlen schienen ihren Stolz abgelegt zu haben und herablassenden verträglichen Sinnes gegen den Geringsten geworden zu sein. Diese Verstellung und die Ursache derselben blieb so lange verborgen, wie die Tarquinier lebten; denn gerade so lange betrug sich der Adel, der sie fürchtete und sorgte, das mißhandelte Volk würde sich an sie anschließen, freundlich gegen dasselbe. Sobald aber mit dem Tod der Tarquinier die Furcht vor ihnen verschwunden war, begannen die Edlen das Gift gegen das Volk auszuspeien, das sie in ihrer Brust verschlossen hatten, und beleidigten es auf alle Weisen.

Dies gibt ein Zeugnis für den oben aufgestellten Satz, daß die Menschen niemals etwas Gutes tun, wenn sie nicht dazu gezwungen sind; sondern daß alles in Verwirrung und Unordnung gerät, sobald ihnen freie Wahl bleibt und sie sich gehen lassen können. Man sagt daher, Hunger und Armut machen die Menschen betriebsam, die Gesetze machen sie gut. Wo von selbst ohne Gesetz gut gehandelt wird, ist das Gesetz nicht nötig; wenn aber diese gute Gewohnheit aufhört, dann ist sogleich das Gesetz notwendig.

Als daher die Familie der Tarquinier ausgestorben war und die Furcht vor ihnen den Adel nicht mehr im Zaum hielt, mußte man auf eine neue Einrichtung bedacht sein, welche dieselbe Wirkung hervorbrachte wie die Tarquinier, solange sie lebten. So kam es denn nach vielen Unruhen, Aufläufen und gefahrvollen Ausbrüchen der Streitigkeiten zwischen Volk und Adel zur Einführung der Tribunen, welche über der Sicherheit des Volkes wachen sollten und mit solchen Vorrechten und solchem Ansehen ausgestattet wurden, daß sie in der Folge immer die Mittler zwischen Volk und Senat sein und dem Übermut des Adels begegnen konnten.

4.

Daß die Uneinigkeit des römischen Volkes und Senats die Republik frei und mächtig machte.

Ich will nicht unterlassen, über die Ursachen zu sprechen, welche vom Tod der Tarquinier an bis zur Einführung des Tribunats Rom erschütterten. Hierauf soll einiges andere besprochen werden, das die ziemlich häufige Meinung widerlegt, Rom sei eine zum Aufruhr geneigte Republik voll so großer Unordnungen gewesen, daß sie jeder anderen Republik nachgestanden haben würde, wenn nicht ein günstiges Geschick und kriegerische Tapferkeit jene Mängel ausgeglichen hätten. Daß Glück und Kriegskunst Ursachen der Größe des römischen Reiches gewesen seien, läßt sich nicht leugnen; aber man scheint zu übersehen, daß da, wo ein gutes Kriegswesen ist, schon deshalb eine gute Staatsordnung sein kann und auch selten gutes Glück fehlt. Kommen wir aber zu den anderen eigentümlichen Verhältnissen Roms.

Wenn man die Kämpfe zwischen den Edlen und dem Volk verdammt, so tadelt man, meiner Meinung nach, die erste Ursache der Erhaltung römischer Freiheit. Man beachtet dann mehr das Gelärm und Geschrei bei solchen Kämpfen, als die guten Wirkungen, die daraus hervorgingen, und bedenkt nicht, daß in jeder Republik das Denken und Streben der Großen und des Volkes verschieden ist, und daß aus ihrer Zwietracht alle Gesetze zugunsten der Freiheit hervorgehen. Auch in Rom ging es so. Von den Tarquiniern bis zu den Gracchen, in einem Zeitraum von mehr als dreihundert Jahren, hatten die Unruhen Roms selten Verbannung zur Folge, viel seltener noch floß Blut. Man kann daher diese Kämpfe weder für schädlich halten, noch glauben, daß die Republik durch Spaltungen zerrissen war, wenn sie in so langer Zeit wegen ihrer Streitigkeiten nicht mehr als acht bis zehn Bürger verbannte, sehr wenige hinrichten ließ und nicht zu viele zu Geldstrafen verurteilte. Ebensowenig kann man irgend mit Grund eine Republik schlecht eingerichtet nennen, wenn sie so viele Beispiele von Tugend aufzuweisen hat, denn gute Beispiele entstehen durch gute Erziehung, gute Erziehung durch gute Gesetze und gute Gesetze durch jene Unruhen, die von vielen unüberlegt verdammt werden. In der Tat wird niemand, der den Ausgang derselben gut untersucht, finden, daß eine Verbannung, eine Gewalttat zum Nachteil des allgemeinen Wohles daraus hervorging, sondern Gesetze und Einrichtungen zur Förderung der öffentlichen Freiheit.

Man könnte zwar einwenden, es seien ganz außerordentliche, ja furchtbare Wege zum Guten gewesen, wenn das zusammengerottete Volk gegen den Senat, der Senat gegen das Volk schrie, wenn alles lärmend durch die Straßen rannte, wenn die Kaufläden geschlossen wurden, wenn das ganze Volk aus Rom auszog; lauter Dinge, die freilich beim Lesen in Erstaunen versetzen; doch jede Stadt muß ihre eigene Art haben, dem Ehrgeiz des Volkes Luft zu machen; besonders aber die Staaten, welche sich in wichtigen Angelegenheiten des Volkes bedienen wollen. Rom hatte die Art, daß das Volk, wenn es ein Gesetz durchsetzen wollte, entweder eines der angeführten Dinge tat, oder sich in den Krieg zu ziehen weigerte, so daß man, um es zu besänftigen, in einigen Stücken nachgeben mußte. Was aber freie Völker verlangen, ist selten für die Freiheit schädlich, weil ihr Verlangen entweder durch Unterdrückung oder durch die Furcht, unterdrückt zu werden, entsteht. Hätte ein Volk darin eine falsche Meinung gefaßt, so findet sich dagegen ein Mittel in den Volksversammlungen, wo sich dann ein wohlmeinender Mann erhebt und ihm in einer Rede seinen Irrtum zeigt. Cicero sagt, die Völker seien, wenn auch unwissend, doch für die Wahrheit empfänglich, und leicht geben sie nach, wenn ihnen von einem glaubwürdigen Mann die Wahrheit gesagt wird. Man muß daher mit dem Tadel der römischen Regierungsweise sparsamer sein und erwägen, daß die vielen guten Wirkungen, welche aus dieser Republik hervorgingen, nur aus den besten Ursachen entstehen konnten. Die Unruhen aber verdienen das größte Lob, wenn sie Ursache der Einführung der Volkstribunen waren, denn außer daß dadurch das Volk seinen Anteil an der Verwaltung erhielt, wurden die Tribunen auch zu Wächtern der römischen Freiheit eingesetzt, wie uns das nächste Kapitel zeigen soll.

5.

Wem man mit mehr Sicherheit die Bewachung der Freiheit anvertraut, dem Volk oder den Großen; und wer größeres Interesse daran hat, Unruhen zu erregen, der, welcher erwerben, oder der, welcher erhalten will.

Von den weisen Gesetzgebern wurde die Bewachung der Freiheit immer zu den notwendigsten Einrichtungen einer Republik gezählt. Je nachdem, ob die Wächter gut gewählt sind, hat die bürgerliche Freiheit eine kürzere oder längere Dauer. Da nun jede Republik aus Großen und Volk besteht, so war man im Zweifel, welchen Händen diese Bewachung am besten anzuvertrauen sei. Bei den Lakedämoniern, und in unseren Zeiten bei den Venezianern, wurde sie in die Hände der Edlen, bei den Römern hingegen in die des Volkes gelegt. Wir wollen nun untersuchen, welche von diesen Republiken die beste Wahl getroffen hat.

Hält man sich hierbei an Vernunftschlüsse, so läßt sich auf beiden Seiten vieles dafür und dagegen sagen, betrachtet man aber den Erfolg, so wird man sich für die Edlen entscheiden müssen, da die Freiheit Spartas und Venedigs eine längere Dauer hatte, als die Roms. Beginnen wir mit den Vernunftschlüssen.

Wer die Partei der Römer nimmt, kann sagen, daß man die Bewachung einer Sache denen anvertrauen müsse, welche am wenigsten Lust haben, sich derselben zu bemächtigen. Ohne Zweifel zeigt sich aber bei der Betrachtung der Zwecke der Edlen und des Volkes bei jenen ein heftiges Verlangen zu herrschen, bei diesen nur das Verlangen, nicht beherrscht zu werden und folglich ein festerer Wille, frei zu leben, weil es weniger hoffen kann, die Freiheit zu unterdrücken, als die Großen. Wenn demnach Männer aus dem Volk zur Bewachung der Freiheit aufgestellt sind, so ist es vernunftgemäß, daß sie große Sorgfalt zeigen, und weil sie sich der Freiheit nicht selbst bemächtigen können, auch andere daran hindern.

Auf der anderen Seite sagen die Verteidiger der spartanischen und venezianischen Verfassung, man tue in zweierlei Hinsicht gut daran, die Bewachung in die Hand der Mächtigen zu legen. Einmal befriedige man mehr den Ehrgeiz letzterer, da sie wegen des größeren Anteils an der Regierung der Republik sich zu begnügen Ursache hätten; zweitens entziehe man den unruhigen Köpfen unter dem Volk eine Art Gewalt, welche die Ursache endloser Spaltungen und Unruhen in einer Republik sei, den Adel leicht zur Verzweiflung bringen könne und so mit der Zeit unheilvolle Wirkung hervorbringen müsse. Als Beleg führen sie Rom selbst an, wo die Volkstribunen jene Gewalt in Händen hatten und sich nicht mit einem plebejischen Konsul begnügten, sondern wollten, daß auch der zweite ein Plebejer sei, ja die Zensur, die Prätur und alle anderen Staatsämter verlangten. Das habe ihnen aber noch nicht genügt; von derselben Wut getrieben, hätten sie mit der Zeit die Männer vergöttert, welche ihnen zur Demütigung des Adels geeignet erschienen wären; daraus sei endlich die Macht des Marius und Roms Verfall entstanden.

In der Tat könnte man bei gehöriger Erörterung beider Meinungen im Zweifel bleiben, wer zum Wächter der Freiheit zu erwählen sei, besonders wenn man nicht weiß, welche Klasse von Menschen in einer Republik am schädlichsten ist, die, welche zu erwerben strebt was sie nicht hat, oder die, welche längst erworbene Vorrechte zu erhalten strebt. Bei genauer Untersuchung wird man jedoch am Ende folgenden Schluß ziehen müssen: Entweder man spricht von einer Republik, die ein mächtiges Reich werden will, wie Rom, oder von einer, der es genügt, sich aufrechtzuerhalten. Im ersten Fall muß man in allem wie

Rom handeln; im zweiten Fall kann man Venedig und Sparta nachahmen. Weshalb und wie, soll im nächsten Kapitel gesagt werden. Kehren wir aber zu unserer Erörterung zurück, ob in einem Staat Leute, welche zu erwerben wünschen, oder Leute, welche das Erworbene zu verlieren fürchten, schädlicher seien.

Marcus Menenius und Marcus Fulvius, beide Plebejer, wurden jener zum Diktator, dieser zum Magister Equitum ernannt, um die Teilnehmer einer Verschwörung in Capua gegen Rom aufzusuchen. Bei dieser Gelegenheit erhielten sie von dem Volk auch die Vollmacht, eine Untersuchung anzustellen, wer in Rom durch Bestechung und andere ungesetzliche Mittel nach dem Konsulat und den übrigen Ehrenstellen strebe. Der Adel, welcher glaubte, jene Macht sei dem Diktator gegen ihn gegeben, streute in Rom aus, nicht die Patrizier suchten die Ehrenstellen durch Bestechung und unerlaubte Mittel zu erlangen, sondern die Plebejer, welche sich nicht auf Geburt und Verdienste stützen könnten, müßten unerlaubte Wege zu jenen Ämtern aufsuchen; besonders aber klagte er den Diktator an. Diese Anklage war von solchem Gewicht, daß Menenius eine Volksversammlung zusammenrief, seinen Schmerz über die Verleumdungen des Adels zu erkennen gab, die Diktatur niederlegte und sich dem Urteilsspruch des Volkes unterwarf.

Bei seinem Prozeß, der mit seiner Freisprechung endete, wurde nun vielfach hin und her gestritten, wer mehr Unruhestifter sei, der, welcher erhalte, oder der, welcher erwerben wolle; denn leicht kann das eine wie das andere Streben die größten Erschütterungen verursachen. Meistenteils jedoch werden die Revolutionen von denen verursacht, welche besitzen, weil die Furcht, zu verlieren, dasselbe Verlangen in ihnen erzeugt, wie in denen, welche zu erwerben streben. Überdies können sie, weil sie viel besitzen, mit größerer Macht und Gewalt Umwälzungen hervorbringen. Ferner kommt noch dazu, daß ihr regelloses herrschsüchtiges Betragen in der Brust der Nichtbesitzenden das Verlangen nach Besitz entzündet, teils um sich für ihre Beraubung zu rächen, teils um auch ihrerseits die Reichtümer zu erwerben und die Ämter bekleiden zu können, die sie von jenen mißbraucht sehen.

6.

Ob man Rom eine Verfassung geben konnte, wodurch die Feindschaft des Volkes und Senats beseitigt worden wäre.

Wir haben oben die Folgen der Streitigkeiten des Volkes und Senats auseinandergesetzt. Wenn man denselben bis zur Zeit der Gracchen folgt, wo sie die Ursache des Untergangs öffentlicher Freiheit wurden, so drängt sich einem der

Wunsch auf, Rom möchte seine großen Erfolge erlangt haben, ohne solchen Zwiespalt im Innern zu nähren. Es scheint mir daher eine nähere Betrachtung zu verdienen, ob man Rom eine Verfassung geben konnte, durch welche diese Streitigkeiten verhütet worden wären. Zu einer solchen Untersuchung ist es nötig, einen Vergleich Roms mit den Republiken anzustellen, welche ohne so große Zwietracht und Unruhen lange freigeblieben sind. Man muß ihre Verfassung betrachten und erwägen, ob sich dieselbe in Rom einführen ließe. Diese Republiken habe ich schon oben angeführt, es ist bei den Alten Sparta, bei den Neueren Venedig.

Sparta legte seine Regierung in die Hände eines Königs und eines wenig zahlreichen Senats. Venedig gab seiner Regierung keine verschiedenen Namen, sondern nennt alle, die an der Verwaltung teilhaben können, mit dem einen Ausdruck Edle. Der Zufall veranlaßte diese Regierungsform mehr als die Weisheit eines Gesetzgebers. Es hatten sich nämlich aus den oben angeführten Ursachen viele Bewohner auf die Felsen, worauf heute Venedig steht, zurückgezogen. Ihre Zahl vermehrte sich so sehr, daß Gesetze nötig wurden, um in Gesellschaft zu leben. Sie setzten daher eine Art von Regierung ein und versammelten sich oft, um die Angelegenheiten der Stadt zu beraten. Als sie ihre Zahl für ausreichend für ein Gemeinwesen hielten, schlossen sie alle neu hinzukommenden Bewohner von der Teilnahme an der Regierung aus. Mit der Zeit wuchs die Anzahl der von der Regierung Ausgeschlossenen hinreichend an, um denen, die regierten, Ansehen zu geben, und so legten sich diese den Namen Edle bei und nannten die übrigen Popolanen. Diese Einrichtung konnte ohne Unruhen entstehen und sich erhalten, weil bei ihrer Entstehung jeder damalige Bewohner Venedigs zur Regierung gehörte und also niemand sich beschweren konnte, die später Hinzukommenden aber einen festen geschlossenen Staat fanden und weder Ursache noch Gelegenheit hatten, Unruhen zu erregen. Ursache hatten sie keine, weil ihnen nichts genommen wurde. Gelegenheit hatten sie nicht, weil sie die Regierung im Zaum hielt und sich ihrer zu keinem Geschäft bediente, wobei sie hätten Ansehen erwerben können. Außerdem waren der späteren Ankömmlinge in Venedig nicht viele, und so konnte ihre Menge kein Mißverhältnis zwischen Regierern und Regierten hervorbringen; denn die Zahl der Edlen ist eben so groß oder noch größer als die der Popolanen. Aus diesen Gründen konnte sich Venedig seine Verfassung geben und in Eintracht fortbestehen.

Sparta, von einem König und einem wenig zahlreichen Senat regiert, konnte sich so lange Zeit erhalten, weil es bei einer kleinen Einwohnerzahl keine fremden Bewohner aufnahm und die Gesetze des Lykurgus, welche mit größter Verehrung befolgt wurden, alle Ursachen des Aufruhrs fernhielten und eine lange dauernde Einigkeit hervorbrachten. Lykurgus gab seinem Volk eine große

Gleichheit des Vermögens, aber eine desto größere Ungleichheit des Ranges. Bei dieser allgemeinen Armut in Sparta war das Volk weniger ehrgeizig, besonders da man es von den wenigen Ehrenämtern immer ferngehalten hatte und die Edlen nie durch schlechte Behandlung bei dem Volk den Wunsch hervorriefen, jene Ämter selbst zu bekleiden. Letzteres hatte man den spartanischen Königen zu verdanken, welche in der Mitte des eifersüchtigen Adels kein besseres Mittel zur Behauptung ihrer Würde fanden, als das Volk vor jeder Beleidigung zu schützen. Auf diese Art fürchtete und wünschte das Volk die Herrschaft nicht, und da es dieselbe nicht hatte und nicht fürchtete, so waren die Ursachen des gegenseitigen Hasses des Volkes und des Adels und somit auch die Ursachen der Aufstände aus dem Weg geräumt; weshalb die Spartaner lange Zeit in Einigkeit leben konnten. Die zwei Hauptursachen dieser Eintracht waren aber folgende: erstens daß bei der geringen Einwohnerzahl Spartas wenige die Regierung erreichten, zweitens daß, weil man allen Fremden die Aufnahme verweigerte, weder Sittenverderbnis in der Republik einriß, noch die Zahl ihrer Bürger so sehr anwuchs, daß jene Wenigen das Gewicht der Regierungsgeschäfte nicht mehr hätten tragen können.

Erwägt man nun alles dies, so zeigt sich, daß die Gesetzgeber Roms eines von beiden tun mußten, wenn Rom so ruhig wie die beiden obengenannten Republiken bleiben sollte: entweder sich des Volkes zum Krieg nicht bedienen wie die Venezianer, oder den Fremden die Tore nicht öffnen wie die Spartaner. Allein gerade was die Venezianer und Spartaner nicht taten, das taten die Römer; daher die Stärke und Vermehrung des Volkes und die Ursache endloser Aufstände. Gelang es aber, den römischen Staat ruhiger zu machen, so entstand daraus der Nachteil, daß er auch schwächer wurde; denn man verstopfte ihm die Quellen seiner künftigen Größe. Wollte demnach Rom die Ursachen seiner Unruhen beseitigen, so beseitigte es zugleich die Ursachen seiner Vergrößerung.

In allen menschlichen Dingen zeigt sich dem aufmerksamen Beobachter Ähnliches; nie kann man ein Übel vermeiden, ohne daß ein anderer daraus entstünde. Willst du daher ein zahlreiches bewaffnetes Volk, um ein mächtiges Reich zu gründen, so kannst du es nachher nach deinem Willen lenken; hältst du es klein oder waffenlos, um es lenken zu können, so kannst du es, wenn es sein Gebiet vergrößert, nicht im Zaum halten, oder es wird so feige, daß es die Beute des ersten Angriffes wird. Wir müssen also bei allen unseren Entscheidungen erwägen, auf welcher Seite die wenigsten Mißstände sind, und einen danach gefaßten Entschluß für den besten halten, weil keine Sache auf der Welt ohne ihre Schattenseite ist.

Rom konnte, wie Sparta, einen Fürsten auf Lebenszeit, einen kleinen Senat einführen, aber es konnte nicht wie jenes die Zahl seiner Bürger beschränken, wenn es ein großes Reich werden wollte, was wiederum die Folge hatte, daß ein

König auf Lebenszeit und eine kleine Zahl Senatoren, was Ruhe und Eintracht betrifft, wenig geholfen haben würde.

Wer also einer neuen Republik eine Verfassung geben wollte, hätte zu überlegen, ob sie sich, wie Rom, an Ausdehnung und Macht vergrößern oder aber in engen Grenzen bleiben solle. Im ersten Fall muß man Rom nachahmen und sich Unruhen und allgemeine Zwistigkeiten gefallen lassen; denn ohne eine große Anzahl Männer und krieggeübter Männer wird nie eine Republik wachsen oder, wenn sie wächst, sich erhalten können. Im zweiten Fall läßt sich Spartas und Venedigs Beispiel befolgen. Allein da Vergrößerung Gift für solche Republiken ist, so müssen ihre Gesetzgeber auf alle mögliche Art das Erobern verbieten; denn Eroberungen, auf eine schwache Republik gegründet, sind durchaus das Verderben derselben, wie man an Sparta und Venedig sieht. Nachdem Sparta fast ganz Griechenland unterworfen hatte, zeigte sich bei einem ganz unbedeutenden Ereignis die Schwäche seiner Grundpfeiler. Nach dem Aufstand Thebens, unter Pelopidas' Leitung, fielen alle anderen Städte ab und die Republik ging gänzlich zugrunde. Auf eine ähnliche Weise verlor Venedig, nachdem es ein großes Stück Italiens, größtenteils nicht durch die Waffen, sondern durch Geld und Staatsklugheit erworben hatte, als es eine Probe von seiner Kraft ablegen sollte, alles in einer Schlacht.

Um eine Republik von langer Dauer zu gründen, wird es am besten sein, derselben eine Verfassung wie die spartanische zu geben und sie wie Venedig an einen so festen Ort zu verlegen, daß es niemand in den Sinn kommt, sie schnell einnehmen zu wollen; dieselbe aber anderseits nicht so groß zu machen, daß sie den Nachbarn furchtbar erscheint. Aus zweierlei Ursachen führt man nämlich gegen eine Republik Krieg: erstens um ihrer Herr zu werden, zweitens aus Furcht, von ihr unterjocht zu werden. Beide Ursachen beseitigt die obengenannte Vorsicht fast ganz. Ist sie schwer zu erobern, wie ich voraussetzte, da gut für ihre Verteidigung gesorgt ist, so wird selten oder nie jemand den Plan fassen, sie einzunehmen. Ebensowenig wird ihr jemand aus Furcht den Krieg erklären, wenn sie innerhalb ihrer Grenzen bleibt, wenn man aus Erfahrung weiß, daß sie nicht ehrgeizig ist und besonders wenn sie Einrichtungen und Gesetze hat, welche ihr Vergrößerungen verbieten.

Ich glaube sicher, daß der richtige politische Zustand und die wahre Ruhe einer Stadt erreicht würde, wenn man die Dinge in einem solchen Gleichgewicht erhalten könnte. Jedoch, da alle menschlichen Dinge in beständiger Bewegung sind und nicht feststehen können, so müssen sie sinken oder steigen; und zu vielem zwingt die Notwendigkeit, wozu die Vernunft nicht rät. Hat also eine Republik eine solche Verfassung, daß sie sich nur erhalten kann, wenn sie sich nicht vergrößert, und die Notwendigkeit führt sie zur Vergrößerung, so werden ihr dadurch ihre Grundpfeiler entzogen und sie stürzt schnell zusammen. Wäre ihr im Gegenteil der Himmel so günstig, daß sie keine Kriege zu führen brauchte, so würde die Folge sein, daß sie durch den langen Frieden verweichlicht würde oder Spaltungen in ihr entstünden; zwei Übel, welche, vereinigt oder jedes für sich, ihren Untergang herbeiführen müßten.

Da man also, meiner Meinung nach, das Gleichgewicht nicht erhalten und die Mittelstraße nicht genau befolgen kann, so muß man bei der Errichtung einer Republik auf das Ehrenvollere bedacht sein und ihr eine solche Verfassung geben, daß sie sich vergrößern kann, wenn sie die Notwendigkeit dazu führt, und daß sie erhalten kann, was sie erobert hat.

Um aber wieder auf mein erstes Raisonnement zu kommen, so halte ich es für notwendig, die römische Verfassung, nicht die der anderen Republiken, nachzuahmen, da ich nicht glaube, daß sich eine richtige Mitte zwischen beiden finden läßt, die Zwistigkeiten aber, welche zwischen Senat und Volk entstehen mögen, als ein mit der Erreichung römischer Größe notwendig verbundenes Übel zu ertragen. Denn außer den schon früher angeführten Gründen, als ich bewies, daß die Gewalt des Tribunats zur Bewachung der Freiheit nötig war, fällt auch der Vorteil der Anklagen in einer Republik leicht in die Augen, zu deren Erhebung ebenfalls die Tribunen ermächtigt waren. Das folgende Kapitel soll diesen Gedanken auseinandersetzen.

7.

Wie notwendig in einer Republik die Anklagen zur Erhaltung der Freiheit sind.

Den Wächtern der Freiheit in einer Stadt läßt sich kein nützlicheres und notwendigeres Recht geben als das, die Bürger, welche sich einen Angriff gegen die bestehende Ordnung der Dinge zuschulden kommen lassen, vor einem Magistrat, vor dem Senat oder dem Volk anzuklagen. Eine solche Einrichtung hat zwei äußerst nützliche Wirkungen für eine Republik. Erstens, daß die Bürger aus Furcht vor der Anklage nichts gegen den Staat unternehmen oder, wenn sie etwas unternehmen, sogleich und ohne Rücksicht verurteilt werden; zweitens, daß dem Haß, welcher in den Städten auf mancherlei Art sich gegen einen Bürger erhebt, ein Weg geöffnet ist, sich Luft zu machen. Findet dieser Haß keinen Ausweg, so nimmt er gewöhnlich zu außerordentlichen Mitteln seine Zuflucht, welche eine Republik gänzlich zugrunde richten. Nichts macht daher eine Republik fester und dauerhafter als eine gesetzliche Einrichtung, wodurch sich solche gehässigen Leidenschaften verflüchtigen können. Dies läßt sich durch viele Beispiele, besonders durch das folgende, von Livius erzählte, beweisen.

Der römische Adel war gegen das Volk erzürnt, welches ihm durch die Einführung der Tribunen, seiner eifrigen Verteidiger, zuviel Gewalt erlangt zu haben schien. Als nun eine Hungersnot ausgebrochen war und der Senat befohlen hatte, aus Sizilien Korn herbeizuschaffen, so riet Coriolan als heftiger Gegner der Volkspartei, jetzt sei die Zeit gekommen, das Volk zu züchtigen und ihm die zum Nachteil des Adels erlangte Gewalt wieder abzunehmen, indem man es durch Hunger zwingen könne, wenn man das Getreide nicht austeile. Als dieser Rat dem Volk zu Ohren kam, wurde es von einem solchen Unwillen gegen Coriolan ergriffen, daß es denselben beim Verlassen des Senats in einem Auflauf getötet haben würde, wenn ihm die Tribunen nicht einen Klagtag anberaumt hätten, sich vor dem Volk zu verteidigen.

Dieser Vorfall zeigt, wie nützlich und notwendig es ist, daß die Republiken gesetzliche Bestimmungen haben, wodurch sich der Zorn des Volkes gegen einen Bürger verflüchtigen kann. Sind keine gesetzlichen Mittel da, so werden ungesetzliche ergriffen, und diese haben ohne Zweifel schlimmere Folgen als jene. Wenn ein Bürger mit Beobachtung gesetzlicher Formen fällt, so hat dies, geschähe ihm auch Unrecht, wenig oder keine Unordnung in der Republik zur Folge. Die Hinrichtung geschieht nicht durch Gewalttätigkeit der einzelnen, noch mit Hilfe einer fremden Macht, was beides die Freiheit vernichtet, sondern durch die öffentliche Gewalt und Anordnung, welche ihre bestimmten Grenzen hat und zu keinem Übermaß anwächst, das die Republik zugrunde richtet.

Zur Bestätigung dieser Meinung durch Beispiele mag aus der alten Geschichte das Beispiel Coriolans hinreichen. Es fällt ins Auge, welche schlimmen Folgen es für die Republik gehabt haben würde, wenn er in dem Auflauf getötet worden wäre. Es wären daraus Angriffe einzelner aufeinander entstanden, diese Angriffe erzeugen Furcht, die Furcht sucht Schutz, zum Schutz werden Verbindungen geschlossen, aus den Verbindungen werden Parteien und die Parteien führen den Untergang des Staates herbei. Da hingegen die Sache durch die geführt wurde, welche das Recht dazu hatten, so wurden alle Übel vermieden, die entstehen konnten, wenn sich das Volk selbst Recht verschafft hätte.

Wir haben in unseren Zeiten gesehen, welche Veränderungen in der Republik Florenz daraus entstanden, daß das Volk nicht auf gesetzliche Weise seinen Zorn an einem seiner Mitbürger auslassen konnte. Francesco Valori, sozusagen der Erste der Stadt, wurde von vielen für so ehrsüchtig gehalten, daß er bei seinem kühnen und kräftigen Charakter nach der Oberherrschaft trachte. Da es nun in der Republik kein Mittel gab, ihm zu widerstehen, als eine Gegenpartei zu bilden, so fürchtete er auch nur außergesetzliche Mittel und fing an, sich zu seinem Schutze zahlreicher Anhänger zu versichern. Anderseits nahmen seine Gegner aus Mangel an gesetzlichen Mitteln wirklich zu ungesetzlichen ihre Zuflucht und griffen zu den Waffen. Hätte man sich ihm auf gesetzliche Weise widersetzen können, so wäre seine Macht allein zu seinem Schaden gestürzt worden; da man dieselbe aber auf außergewöhnliche Art stürzen mußte, so mußten außer ihm noch viele andere vornehme Bürger darunter leiden.

Die neuerlichen Vorfälle mit Piero Soderini in Florenz können gleichfalls zur Bestätigung unseres Satzes angeführt werden. Sie waren einzig die Folge davon, daß in dieser Republik keine Anklage gegen den Ehrgeiz mächtiger Bürger möglich ist, weil es in einer Republik nicht ausreicht, einen Mächtigen vor acht Richtern anzuklagen. Da Wenige es immer mit den Wenigen halten, so müssen der Richter viele sein. Hätte eine solche Einrichtung bestanden, so würden ihn die Bürger, wenn sein Betragen verdammungswert war, angeklagt und auf diese Art, ohne das spanische Heer herbeizuführen, ihren Haß befriedigt haben; oder wenn sein Betragen nicht verdammungswert war, so würden sie aus Furcht, selbst angeklagt zu werden, nicht gewagt haben, etwas gegen ihn zu unternehmen. So wäre ihnen in beiden Fällen jene Lust vergangen, die so große Unordnung herbeiführte.

Man kann hieraus schließen, daß es von der schlechten Verfassung einer Stadt herrührt, wenn eine fremde Macht von einem Teil der Bürger herbeigerufen wird. Es fehlt dann an einer gewissen Einrichtung, wodurch ohne außerordentliche Mittel den gehässigen Leidenschaften, welche sich der Bürger bemächtigen, Luft gemacht werden kann. Diesem Übel wird gänzlich abgeholfen, wenn man Anklagen vor vielen Richtern vorsieht und letztere mit gehörigem Ansehen ausstattet. Eine so gute Einrichtung der Art war in Rom getroffen, daß bei so vielen Streitigkeiten zwischen Volk und Senat niemals der Senat noch das Volk noch ein einzelner Bürger den Plan faßte, sich fremder Streitkräfte zu bedienen. Man hatte ein Mittel zu Hause und war nicht genötigt, es auswärts zu suchen. Zum Beweis sind obige Beispiele hinreichend genug, ich will aber doch noch ein anderes aus Livius anführen.

In Clusium, damals der ersten Stadt in Toskana, wurde die Schwester des Aruns von einem gewissen Lucumon gezüchtigt. Wegen der Macht des Beleidigers konnte sich Aruns nur dadurch rächen, daß er zu den Galliern[1] ging, welche die heutige Lombardei bewohnten, und sie beredete, mit bewaffneter Macht nach Clusium zu ziehen und dort zu ihrem eigenen Nutzen die ihm zugefügte Schmach zu rächen. Hätte Aruns die Möglichkeit gesehen, sich durch die Einrichtungen seiner Vaterstadt Recht zu verschaffen, so würde er nicht die Streitkräfte der Barbaren aufgesucht haben.

So nützlich jedoch die Anklagen in einer Republik sind, so unnütz und schädlich sind die Verleumdungen, wie wir im nächsten Kapitel auseinandersetzen werden.

[1] Machiavelli nennt sie stets *Franciosi* = Franzosen, die er auch als Barbaren bezeichnet.

8.

So nützlich einer Republik die Anklagen sind, so verderblich sind ihr die Verleumdungen.

Das Ansehen des Furius Camillus, der Rom vom Untergang durch die gallischen Waffen befreit hatte, war allgemein anerkannt. Alle römischen Bürger räumten ihm die erste Stelle ein, ohne daß sie sich dadurch an Ansehen oder Rang etwas zu vergeben glaubten. Manlius Capitolinus allein konnte es nicht ertragen, daß ihm soviel Ehre und soviel Ruhm zuteil wurde. Er glaubte sich durch die Rettung des Kapitols ebensosehr wie Camillus um das Heil Roms verdient gemacht zu haben und ihm in kriegerischem Ruhm nicht nachzustehen. Von Eifersucht gepeinigt, konnte er keine Ruhe finden und wendete sich, da er keine Zwietracht unter die Väter ausstreuen konnte, zu dem Volk, unter welchem er verschiedene unheilvolle Meinungen verbreitete. Die für die Gallier zusammengeschossenen aber nicht abgelieferten Geldsummen, sagte er unter anderem, seien von Privaten zurückbehalten worden; würden sie zurückgegeben, so könne man sie zum öffentlichen Nutzen verwenden, indem man die Abgaben des Volkes erleichtere oder dessen Privatschulden bezahle. Diese Worte hatten eine solche Wirkung auf das Volk, daß er Zulauf zu bekommen begann und viele Unordnungen in der Stadt auslöste. Dem Senat mißfiel dies, die Sache schien ihm von Bedeutung und gefährlich; er ernannte daher einen Diktator, um den Handel zu untersuchen und die Wut des Manlius zu bändigen. Der Diktator ließ diesen sogleich vorladen, und beide stellten sich auf dem Forum einander gegenüber, der Diktator in der Mitte der Patrizier, Manlius vom Volk umgeben. Manlius wurde gefragt, wer den vorgeblichen Schatz habe; denn dies zu erfahren, war der Senat ebenso begierig wie das Volk. Manlius ließ sich auf die Frage nicht ein, sondern antwortete ausweichend, es sei nicht nötig, ihnen zu sagen, was sie selbst am besten wüßten, so daß der Diktator ihn in den Kerker zu werfen befahl.

Es zeigt sich daraus, wie verabscheuungswürdig in einer Republik und in jedem anderen Staate die Verleumdungen sind, und daß man zu ihrer Unterdrückung kein Mittel scheuen darf. Zu ihrer Verhütung aber gibt es kein besseres Mittel, als die Anklagen zu gestatten, welche den Republiken ebensoviel nützen, wie die Verleumdungen schaden. Zwischen beiden ist der große Unterschied, daß die Verleumdungen nicht durch Zeugnis bewiesen werden müssen und so ein jeder von jedem verleumdet werden kann. Nicht aber kann ein jeder angeklagt werden, da bei einer Anklage vollgültige Zeugen und Tatsachen die Wahrheit der Anklage beweisen müssen. Man klagt vor dem Magistrat, vor dem Volk, vor einem Rate an; man verleumdet auf den Straßen und in den Häusern.

Die Verleumdung ist da am häufigsten, wo die Anklage seltener vorkommt und wo am wenigsten für ihre Annahme gesorgt ist. Der Gesetzgeber einer Republik muß daher Anordnungen treffen, daß jeder Bürger ohne Furcht und Scheu angeklagt werden kann. Ist dies geschehen und wird es wohl beobachtet, so müssen die Verleumder streng bestraft werden, welche sich dann über ihre Bestrafung nicht beschweren können, da ihnen der Weg offen stand, gegen den eine Klage zu erheben, den sie in den Häusern verleumdet haben. Wo in dieser Hinsicht nicht gute Bestimmungen getroffen sind, entstehen immer große Unordnungen; denn die Verleumdungen erbittern, aber strafen die Bürger nicht; und die Erbitterten sinnen auf Vergeltung, da ihr Haß gegen die Verleumder größer ist als ihre Furcht vor dem, was ihnen nachgesagt wird.

Rom hatte in dieser Hinsicht gute Einrichtungen, unsere Stadt Florenz aber stets schlechte. Auch hatte in Rom diese Ordnung viele gute, in Florenz diese Unordnung viele schlimme Folgen. Liest man die Geschichte letzterer Stadt, so wird man sehen, wie viele Verleumdungen jederzeit gegen diejenigen ihrer Bürger verbreitet wurden, welche die wichtigen Angelegenheiten der Republik zu betreiben hatten. Dem einen sagte man nach, er habe Staatsgelder unterschlagen, dem andern, er habe eine Unternehmung nicht zum glücklichen Ende gebracht, weil er bestochen gewesen sei, ein dritter mußte durch seinen Ehrgeiz diesen oder jenen Nachteil herbeigeführt haben. Es entstand daraus auf allen Seiten Haß, vom Haß kam es zu Spaltungen, von den Spaltungen zu Parteien und von den Parteien zum Sturz des Staates. Hätte es in Florenz eine Einrichtung zur Anklage der Bürger und zur Bestrafung der Verleumder gegeben, so wären unzählige Unruhen vermieden worden. Verurteilt oder freigesprochen hätte dann ein Bürger der Stadt nicht schaden können, und viel weniger Bürger würden angeklagt worden sein als verleumdet wurden, da man, wie ich schon bemerkt habe, nicht einen jeden anklagen wie man ihn verleumden kann. Ein Mann bediente sich unter anderem der Verleumdungen, um zu seiner Größe zu gelangen. Sie waren gegen die mächtigen Bürger, welche sich seinem Emporstreben widersetzten, gerichtet und nützten ihm viel, da er sich dadurch das Volk zum Freunde machte, indem er dessen Partei zu ergreifen schien und es in der Meinung, welche es von ihm hatte, bestärkte.

Von den vielen Verleumdungen in Florenz will ich hier nur ein Beispiel anführen. Messer Giovanni Guicciardini belagerte an der Spitze eines florentinischen Heeres Lucca. Seine schlechte Leitung war Ursache, oder sein ungünstiges Geschick wollte, daß die Stadt nicht eingenommen wurde; wie sich die Sache nun aber auch verhielt, Messer Giovanni wurde beschuldigt, er habe sich von den Luccanern bestechen lassen, eine Verleumdung, die, von seinen Feinden bekräftigt, Messer Giovanni zur äußersten Verzweiflung brachte. Obgleich er sich freiwillig in Haft begeben wollte, um sich zu rechtfertigen, so konnte er letzteres doch niemals, weil die Republik keine Einrichtungen hatte, die es erlaubten. Es entstand daraus Haß und Erbitterung zwischen den Freunden des Messer Giovanni, der Mehrzahl der Vornehmen und der Partei, welche eine Veränderung der Dinge in Florenz wünschte. Dieser Haß aber wuchs aus dieser und aus anderen ähnlichen Ursachen zu einer solchen Größe an, daß der Untergang der Republik daraus folgte.

Manlius Capitolinus war also Verleumder, nicht Ankläger, und die Römer zeigten in diesem Fall, wie man die Verleumder bestrafen müsse. Man muß sie Ankläger werden lassen, und findet sich die Anklage begründet, sie belohnen oder nicht bestrafen; ist hingegen die Anschuldigung falsch, sie bestrafen wie Manlius.

9.

Daß der Mann allein sein müsse, der eine neue Republik konstituieren oder in einer bestehenden alle alten Einrichtungen umändern will.

Da es dem Leser vielleicht scheinen könnte, ich sei zu weit in der römischen Geschichte vorgerückt, ohne der Gesetzgeber, der religiösen und militärischen Einrichtungen dieser Republik Erwähnung getan zu haben, so will ich seine Erwartung, wenn er über diese Dinge etwas zu hören wünschte, nicht länger gespannt halten.

Viele möchten es vielleicht für ein schlechtes Beispiel halten, daß ein Gründer eines Gemeinwesens wie Romulus zuerst seinen Bruder erschlug und dann zur Ermordung des Sabinerkönigs Titus Tatius, der ihm zum Gefährten in der Regierung erwählt worden war, seine Zustimmung gab. Die Untertanen eines solchen Fürsten, könnte man glauben, würden sich denselben zum Muster nehmen und aus Ehrgeiz und Herrschsucht einen jeden verletzen, der sich ihren Plänen widersetzen würde. Diese Meinung wäre nun vollkommen richtig, wenn man nicht die Absicht in Betracht ziehen müßte, welche Romulus zu jenem Mord bewog.

Es ist eine allgemeine Regel, daß niemals oder selten eine Republik oder ein Reich von Anbeginn gut konstituiert wird oder neue ganz von den bestehenden Einrichtungen abweichende Formen erhält, wenn es nicht von einem einzelnen geschieht, der allein die Macht hat und aus dessen Geist alle Gesetze und Einrichtungen hervorgehen. Ein weiser Gesetzgeber einer Republik, der die Absicht hat, nicht sich, sondern dem Allgemeinwohl, nicht seiner eigenen Nachkommenschaft, sondern dem gemeinschaftlichen Vaterland zu dienen, muß sich daher bestreben, die Gewalt allein zu haben, und niemals wird der klare

Verstand einen Mann wegen einer außerordentlichen Handlung tadeln, die er zur Gründung eines Reiches oder zur Konstituierung einer Republik ausgeführt hat. Wenn ihn die Tat anklagt, so muß ihn der Erfolg entschuldigen, und ist dieser gut, wie bei Romulus, so wird er ihn auch immer entschuldigen; denn wer gewalttätig ist, um zu zerstören, nicht wer es ist, um aufzubauen, verdient Tadel. Er muß jedoch so weise und wohlmeinend sein, daß er die Gewalt, die er sich genommen hat, nicht einem andern erblich hinterläßt; denn, da die Menschen viel geneigter zum Bösen als zum Guten sind, so könnte sein Nachfolger die Gewalt zu herrschsüchtigen Zwecken benutzen, die er zu edlen Zwecken benutzte. Wenn ferner auch ein einzelner Mann geschickt ist, eine Verfassung zu geben, so ist doch diese nicht von langer Dauer, wenn ihre Erhaltung auf den Schultern eines einzelnen Mannes ruht; wohl aber, wenn viele dafür Sorge tragen. So wie nämlich viele nicht geeignet sind, ein Staatswesen zu ordnen, weil sie bei ihrer Meinungsverschiedenheit das Beste desselben nicht erkennen, ebensowenig kommen sie überein, es wieder fahren zu lassen, wenn sie es einmal erkannt haben.

Daß Romulus wegen des Tods seines Bruders und seines Regierungsgefährten Entschuldigung verdient, und daß der Beweggrund seiner Handlungen das allgemeine Beste, nicht eigene Herrschsucht war, beweist die unverzügliche Errichtung eines Senats, mit dem er sich beriet und nach dessen Ansichten er seine Beschlüsse faßte. Betrachtet man genau, welche Gewalt sich Romulus vorbehielt, so wird man finden, daß er nur den Oberbefehl über das Heer, wenn der Krieg beschlossen war, und die Gewalt, den Senat zu versammeln, für sich behielt. Dies zeigte sich später deutlich, als Rom durch die Vertreibung der Tarquinier frei wurde, da man keine alte Einrichtung veränderte, außer daß an die Stelle eines lebenslänglichen Königs zwei jährlich wechselnde Konsuln kamen. Dies ist ein sicheres Zeichen, daß alle ernsten Einrichtungen der Stadt mehr der Freiheit und Gleichheit, als dem Absolutismus und der Tyrannei angemessen waren.

Zur Bekräftigung des aufgestellten Satzes ließen sich unzählige Beispiele anführen, wie Moses, Lykurgus, Solon und andere Gründer von Reichen und Republiken, die alle nur darum das allgemeine Wohl fördernde Gesetze geben konnten, weil sie sich Gewalt beigelegt hatten. Ich will diese Beispiele als bekannte Dinge übergehen und nur eines anführen, das zwar nicht so berühmt, doch von allen wohl zu beachten ist, die gute Gesetzgeber zu werden wünschen. Agis, König von Sparta, wollte die Spartaner in die Grenzen, worin sie die Gesetze des Lykurgus eingeschlossen hatten, zurückführen, da er überzeugt war, sein Vaterland habe, weil es zum Teil davon abgewichen, viel von seiner alten Tapferkeit und folglich an Macht und Herrschaft verloren. Er wurde aber gleich anfangs von den spartanischen Ephoren, unter dem Vorwand, als sei er ein

Mann, der sich der Alleinherrschaft bemächtigen wolle, aus der Welt geschafft. Kleomenes, sein Nachfolger in der Regierung, fand die hinterlassenen Papiere des Agis, woraus sich dessen Denkungsart und Gesinnungen ergaben, und faßte denselben Plan. Er sah jedoch, daß er diese Wohltat seinem Vaterlande nicht erweisen könne, wenn er sich nicht die Gewalt allein verschaffen würde, da er, wegen des den Menschen angeborenen Ehrgeizes, nicht Vielen gegen den Willen Weniger nützen könnte. Er ergriff daher eine passende Gelegenheit, ließ alle Ephoren und alle anderen, die ihm hätten in den Weg treten können, niedermachen und erneuerte die Gesetze des Lykurgus vollkommen. Dieser Entschluß konnte Sparta wiedererwecken und dem Kleomenes den Ruhm eines Lyikurgus erwerben, hätte nicht die Macht der Mazedonier und die Schwäche der übrigen griechischen Republiken im Wege gestanden. Da er nämlich nach Einführung der neuen Institutionen von den Mazedoniern angegriffen wurde, selbst schwächer an Streitkräften war und nirgends Hilfe fand so wurde er besiegt; und sein Plan, so gerecht und löblich er auch war, blieb unvollendet.

In Erwägung aller dieser Dinge ziehe ich den Schluß, daß man zur Konstituierung einer Republik allein sein müsse und daß Romulus wegen des Todes des Remus und Tatius Entschuldigung, nicht Tadel, verdiene.

10.

So lobenswert die Gründer einer Republik oder eines Reiches sind, so tadelnswert sind die Gründer einer Tyrannei.

Von allen berühmten Männern sind die Häupter und Stifter der Religionen am berühmtesten. Die nächste Stufe nehmen die Gründer der Republiken und Reiche ein. Nach ihnen sind die Männer berühmt, welche als Feldherren entweder ihr eigenes Gebiet oder das ihres Vaterlands vergrößert haben. Diesen schließen sich die Schriftsteller an, die nach dem verschiedenen Inhalt ihrer Werke und dem Grade der Vollkommenheit derselben gepriesen werden. Jedem anderen aus der unzähligen Menschenmenge wird einiges Lob zuteil, je nachdem er es durch seine Kunst oder sein Geschäft erwirbt.

Ehrlos und verabscheuungswürdig hingegen sind die Zerstörer der Religionen, die Zertrümmerer der Reiche und Republiken, die Feinde der Tugend, der Wissenschaften und jeder anderen Kunst, welche dem Menschengeschlecht Nutzen und Ehre bringt, ich meine die Gottlosen und Gewalttätigen, die Unwissenden, die Müßiggänger, die Niederträchtigen und Taugenichtse.

Niemand wird jemals so blödsinnig oder so weise, so blöde oder so gut sein, daß er bei freier Wahl zwischen beiden Gattungen von Menschen nicht die lobenswerten loben und die tadelnswerten tadeln sollte. Gleichwohl folgen fast alle, durch eiteln Glanz und falschen Ruhm verblendet, mit Willen oder unwissend, den Fußtapfen derer, die eher Tadel als Lob verdienen. Während sie durch Gründung einer Republik oder eines Reiches Unsterblichkeit erringen könnten, wenden sie sich zur Tyrannei und bemerken nicht, vor welchem Ruhm, welcher Ehre, Sicherheit und Ruhe, welcher innere Zufriedenheit sie fliehen, um sich der Schmach, der Verachtung, dem Tadel, der Gefahr und Unruhe in die Arme zu werfen. Unmöglich würden die Männer, welche als Bürger eines freien Staates leben oder sich durch Glück und Ruhm zu Fürsten desselben emporschwingen, die Geschichte lesen, sich aus den Überlieferungen der alten Großtaten einen Kenntnisvorrat sammeln, und doch als Bürger lieber ein Cäsar denn ein Scipio, als Fürsten lieber ein Nabis, Phalaris und Dionys denn ein Agesilaus, Timoleon und Dion sein wollen; denn jene würden sie auf das tiefste verabscheut, diese ausnehmend gelebt finden. Sie würden ferner finden, daß Timoleon und die anderen in ihrem Vaterland nicht weniger Macht als Dionys und Phalaris hatten, hingegen bei weitem größere Sicherheit genossen.

Es lasse sich niemand durch Cäsars von den Schriftstellern hoch gefeierten Ruhm blenden. Seine Lobredner waren durch sein Glück bestochen und durch das Kaiserreich eingeschüchtert, welches so lange unter seinem Namen beherrscht wurde und den Schriftstellern nicht erlaubte, sich frei über ihn zu äußern. Will man aber wissen, was die Schriftsteller frei von ihm sagen würden, so betrachte man, was sie von Catilina sagen. Noch größeren Abscheu verdient Cäsar, weil der mehr Tadel verdient, welcher ein Unrecht getan hat, als der, welcher es nur tun wollte. Man betrachte ferner, durch welche Lobeserhebungen sie Brutus feiern; betrachte, daß sie Cäsars Feind in den Himmel erheben, weil sie, wegen seiner Macht, Cäsar selbst nicht tadeln können.

Wer sich zum Fürsten einer Republik emporgeschwungen hat, möge erwägen, wie viel größeres Lob in den Zeiten des römischen Kaiserreiches die Kaiser verdienten, welche als gute Fürsten unter den Gesetzen lebten, als die, welche auf die entgegengesetzte Weise lebten. Er wird sehen, daß Titus, Nerva, Trajan, Hadrian, Antonius und Marc Aurel der Prätorianer und der Menge der Legionen zu ihrem Schutz nicht bedurften, weil sie ihre Tugend, die Liebe des Volkes und das Wohlwollen des Senates verteidigten. Er wird ferner sehen, daß für Caligula, Nero, Vitellius und so viele andere lasterhafte Kaiser die Heere des Orients und Okzidents nicht hinreichten, um sie vor den Feinden zu sichern, welche ihnen ihr schuldvolles Benehmen und ihr ausschweifendes Leben erzeugt hatten.

Die Geschichte der Kaiser, wohl erwogen, ist eine große Lehre für alle Fürsten, auf welchem Wege sie zum Ruhm oder zum Tadel, zur Sicherheit oder zur Furcht gelangen werden. Von den sechsundzwanzig Kaisern, die von Cäsar bis zu Maximin regierten, wurden sechzehn ermordet, zehn starben eines natürlichen Todes; und wenn sich unter den Ermordeten ein guter Kaiser fand, wie Galba oder Pertinax, so war doch die Verderbnis der Soldaten, die ihm sein Vorgänger hinterlassen hatte, die Ursache seines gewaltsamen Todes. War aber unter den Kaisern, die in ihrem Bett starben, ein lasterhafter, wie Severus, so hatte er dies günstige Geschick seinem ungemeinen Glück und seiner ausgezeichneten Tapferkeit zu verdanken, zwei Dingen, deren sich wenige Menschen rühmen können.

Dieselbe Geschichte zeigt dem Leser, wie eine gute Regierung einzurichten sei. Alle Kaiser durch Erbfolge waren, mit Ausnahme von Titus, schlechte Regenten; die Kaiser durch Adoption hingegen waren alle gute Fürsten, wie die fünf Kaiser von Nerva bis zu Marc Aurel. Als das Reich wieder den Erben anheimfiel, geriet es sogleich wieder in Verfall.

Es fasse daher ein Fürst die Zeiten der Antonine ins Auge und vergleiche sie mit den früheren und späteren. Er wähle dann, in welcher Zeit er hätte mögen geboren sein oder in welcher er hätte regieren mögen. Unter den guten Kaisern wird er den Fürsten sicher in der Mitte sicherer Untertanen, den Senat mit Ansehen, die Magistrate mit Ehre umgeben sehen. Er wird die reichen Bürger im Genuß ihres Reichtums, Adel und Ansehen erhöht, überall Ruhe und Wohlstand erblicken. Streitsucht hingegen, Zügellosigkeit, Bestechung und Ehrgeiz wird er verbannt sehen. Das goldene Zeitalter wird vor ihm aufsteigen, wo jeder seine eigene Meinung haben und verteidigen kann. Er wird endlich die Welt ihren Triumph feiernd, den Fürsten verehrt und ruhmgekrönt, die Völker von Liebe und Vertrauen durchdrungen erblicken.

Wendet er sich nun zu den Zeiten der anderen Kaiser, so werden sie grauenhaft durch Krieg, zwietrachtvoll durch Aufruhr, grausam im Frieden und Krieg erscheinen. Er wird so viele Fürsten erschlagen, so viele bürgerliche, so viele auswärtige Kriege, Italien kummervoll, durch immer neue Unglücksfälle gebeugt, seine Städte zugrunde gerichtet und verheert erblicken. Rom wird er verbrannt, das Kapitol von den Bürgern, die alten Tempel von den Soldaten zerstört, die feierlichen Gebräuche entweiht, die Familien durch Ehebruch geschändet, er wird das Meer voll Verbannter, die Felsen blutbefleckt schauen. Eine endlose Reihe von Grausamkeiten – edle Geburt, Reichtum, Ämter und vor allem Tugend als Todesverbrechen geltend – diesen Anblick wird ihm Rom gewähren. Er wird die Angeber belohnt, die Sklaven gegen ihre Herren, die Freigelassenen gegen den Patron bestochen und die, welchen Feinde fehlten, von den Freunden ermordet sehen.

Er wird dann am besten erkennen, welchen Dank Rom, Italien und die Welt Cäsar schuldig ist. Und sicherlich, ist er von Menschen geboren, so wird er vor jeder Nachahmung der bösen Zeiten zurückschaudern und von einem unendlichen Verlangen entflammt werden, den guten zu folgen. Fürwahr, strebt ein Fürst nach Weltruhm, so sollte er wünschen, eine verderbte Stadt zu besitzen, nicht um sie völlig zu zerstören wie Cäsar, sondern um sie wieder aufzubauen wie Romulus. Eine bessere Gelegenheit Ruhm zu erwerben kann der Himmel den Menschen nicht gewähren, noch können sie die Menschen verlangen. Wenn, um dem Staate eine gute Verfassung zu geben, notwendigerweise die Macht niedergelegt werden müßte, so würde der Fürst, der keine Verfassung gäbe, um nicht von seiner Höhe herabzustürzen, einige Entschuldigung verdienen. Da er aber Fürst bleiben und die Verfassung geben kann, so verdient er nicht die geringste Entschuldigung. So mögen denn in summa die Männer, welchen der Himmel eine solche Gelegenheit schenkt, erwägen, daß zwei Wege vor ihnen liegen, worunter sie zu wählen haben. Der eine führt sie zu einem Leben voll Sicherheit und zu unsterblichem Nachruhm, der andere zu endloser Seelenangst und nach dem Tod zu unauslöschlicher Schande.

11.

Von der Religion der Römer.

Roms erster Gründer war Romulus, ihm hat es, wie eine Tochter, Geburt und Erziehung zu danken. Die Götter aber hielten seine Einrichtungen nicht genügend für die Weltherrschaft und legten in die Brust des römischen Senat den Gedanken, Numa Pompilius als Romulus' Nachfolger zu erwählen, damit dieser ergänze, was Romulus versäumt hatte. Numa fand ein unbändiges Volk und wollte es an bürgerlichen Gehorsam und die Künste des Friedens gewöhnen. Um sein Ziel zu erreichen, nahm er zur Religion als einer zur Erhaltung der Gesellschaft unentbehrlichen Sache seine Zuflucht und brachte es dahin, daß mehrere Jahrhunderte hindurch nirgends größere Gottesfurcht herrschte als in Rom; was jede Unternehmung des Senats und der großen Männer der Republik leicht machte. Man sieht aus einer Menge von Handlungen des ganzen Volkes oder einzelner Römer, daß die Bürger viel mehr ihren Schwur zu brechen fürchteten als die Gesetze zu überschreiten, weil sie die Gewalt der Götter höher als die der Menschen achteten. Die Beispiele Scipios und des Manlius Torquatus liefern hierfür einen sprechenden Beweis.

Nach der Niederlage der Römer bei Cannae durch Hannibal hatten sich viele Bürger versammelt und waren voll Furcht und Zagen übereingekommen, Italien zu verlassen und nach Sizilien überzusetzen. Scipio erfuhr dies, trat in ihre Mitte und zwang sie mit dem bloßen Schwert in der Hand zu dem Schwur, das Vaterland nicht zu verlassen. Lucius Manlius, der Vater des Titus Manlius, der später den Beinamen Torquatus erhielt, war von dem Volkstribunen Marcus Pomponius angeklagt worden. Ehe der für das Urteil anberaumte Tag erschien, ging Titus zu Pomponius, drohte ihn zu töten, wenn er die Anklage gegen den Vater nicht zurücknähme, und zwang ihn zum Schwur. Pomponius schwor aus Furcht und nahm die Anklage zurück.

So wurden jene Bürger, die die Vaterlandsliebe und die Gesetze des Vaterlandes nicht in Italien zurückhielten, durch einen Schwur zurückgehalten, den sie gezwungen geleistet hatten; und jener Tribun setzte den Haß gegen den Vater, die Beleidigung des Sohnes und seine Ehre beiseite, um dem geleisteten Schwur zu gehorchen; was beides nur ein Ausfluß der durch Numa eingeführten Religion war.

Liest man die römische Geschichte aufmerksam, so wird man sehen, wieviel die Religion dazu beitrug, die Heere im Gehorsam, das Volk in Einigkeit, die Menschen gut zu erhalten und die Bösen zu beschämen. Wenn man demnach zu entscheiden hätte, welchem Fürsten Rom mehr zu verdanken habe, Romulus oder Numa, so glaube ich fast, daß eher Numa die erste Stelle erhalten würde, weil, wo Religion ist, ein Volk leicht bewaffnet werden kann, wo aber Waffen sind und keine Religion, letztere sich nur schwer einführen läßt. Man sieht, daß Romulus zur Einsetzung des Senats und zu den andern bürgerlichen und militärischen Einrichtungen die Macht der Götter nicht nötig hatte; wohl aber war sie Numa nötig, der Unterredungen mit einer Nymphe zu haben vorgab, die ihn belehre, was er dem Volk raten solle. Dies geschah aus keinem anderen Grund, als weil er der Stadt neue und ungewöhnliche Einrichtungen geben wollte und befürchtete, seine eigene Macht möge dazu nicht hinreichend sein.

Wirklich gab auch niemals ein Mann, ohne zur Gottheit seine Zuflucht zu nehmen, einem Volk außergewöhnliche Gesetze, da sie sonst nicht angenommen worden wären; denn es gibt vieles Gute und in seinen Folgen Wohltätige, das ein weiser Mann erkennt, das aber keine so in die Augen springenden Gründe hat, um andere davon überzeugen zu können. Kluge Männer nehmen daher zur Gottheit ihre Zuflucht, um diese Schwierigkeit zu heben. So tat Lykurgus, so Solon, so viele andere, die sich dasselbe Ziel gesetzt hatten.

Das römische Volk bewunderte die Tugend und Weisheit Numas und folgte in allem seinem Rat. Wahr ist indessen, daß die Religiosität seiner Zeit und die Roheit der Menschen, mit welchen er zu tun hatte, die Ausführung seines Planes bedeutend erleichterte, da er ihnen ohne Schwierigkeit jede neue Form aufdrücken konnte. Wer in unsern Tagen eine Republik gründen wollte, würde auch ohne Zweifel viel leichter bei den Bewohnern der Gebirge, wo noch keine Gesellschaft besteht, seinen Zweck erreichen, als bei den Städtebewohnern, wo die Gesellschaft verdorben ist, gleich dem Bildhauer, welcher leichter eine schöne Bildsäule aus einem rohen Blocke meißelt, als aus einem von einem andern schlecht zugehauenen Marmor.

Alles gehörig erwogen, ziehe ich den Schluß, daß die von Numa eingeführte Religion zu den ersten Ursachen des Gedeihens der Stadt Rom zu rechnen ist, weil sie gute Einrichtungen hervorbrachte, diese aber gutes Glück zur Folge haben, und durch das gute Glück die günstigen Erfolge der Unternehmungen herbeigeführt wurden. Gleichwie aber die Beobachtung des göttlichen Kultus Ursache der Größe der Staaten ist, so ist auch die Entweihung desselben Ursache ihres Verfalles. Wo Gottesfurcht fehlt, muß ein Reich in Verfall geraten, oder es muß durch die Furcht vor einem Fürsten, der den Mangel der Religion ersetzt, aufrechterhalten werden. Da aber die Fürsten ein kurzes Leben haben, so muß ein solches Reich sogleich Not leiden, so wie ihm das Ansehen jenes Fürsten gebricht. Es folgt daraus, daß Reiche, welche allein von den ausgezeichneten Eigenschaften eines Mannes abhängen, wenig dauerhaft sind; denn jene ausgezeichneten Eigenschaften fehlen, sowie der Mann stirbt, und selten werden sie durch Erbfolge erneuert, wie Dante richtig sagt:

Rade volte discende per li rami
L'umana probitate, e questo vuole
Quel che la dà, perché da lui si chiami.[2]

Nicht das ist daher das Heil einer Republik oder einer Monarchie, einen Fürsten zu haben, der sie weise regiert, solange er lebt, sondern daß ein Fürst ihr solche Einrichtungen gibt, daß sie sich auch nach seinem Tode noch erhält.

Obgleich man nun rohe Menschen leichter zu einer neuen Einrichtung oder einem neuen Glauben überredet, so ist es deshalb doch nicht unmöglich, auch zivilisierte Völker, die sich nicht für roh halten, dazu zu überreden. Das Volk von Florenz glaubt weder unwissend noch roh zu sein, gleichwohl ließ es sich von Bruder Girolamo Savonarola überreden, er spreche mit Gott. Ich will nicht entscheiden, ob dies wahr war oder nicht, da man von einem so großen Mann nur mit Ehrfurcht sprechen darf. Wohl aber kann ich sagen, daß Unzählige ihm glaubten, ohne gerade etwas Außerordentliches, was ihren Glauben gerechtfertigt hätte, gesehen zu haben, weil sein Lebenswandel, seine Lehre, der Gegenstand derselben hinreichend waren, ihm Glauben zu verschaffen. Es verzweifle daher niemand, das ausführen zu können, was von einem andern ausgeführt worden ist; denn die Menschen (wie ich in meiner Vorrede gesagt habe) wurden geboren, lebten und starben auf dieselbe Weise.

---

[2] Selten erbt auf die Zweige sich fort die menschliche Tugend. Also will es der Geber, damit man ihm sie verdanke.

12.

Von welcher Wichtigkeit es ist, auf die Religion achtzuhaben, und wie Italien in Verfall geriet, weil es durch die Schuld der römischen Kirche keine Religion hat.

Die Fürsten oder Republiken, welche sich unverdorben erhalten wollen, müssen vor allem die Zeremonien der Religion rein und in Ehrfurcht erhalten. Es gibt kein sichereres Zeichen des Verfalles eines Landes, als den göttlichen Kultus mißachtet zu sehen. Ob dies irgendwo der Fall sei, erkennt man leicht, wenn man sich klargemacht hat, worauf an diesem Ort die Religion gegründet ist. Eine jede Religion hat nämlich ihre eigenen Grundlagen, die gleichsam ihr Lebensprinzip ausmachen. Die heidnische Religion beruhte auf den Antworten der Orakel und auf den Orden der Auguren und Haruspices; alle anderen Zeremonien, Opfer und heiligen Gebräuche hingen davon ab. Man glaubte leicht, daß der Gott, welcher künftiges Unglück oder Glück voraussagen konnte, es auch zuteil werden lassen könne. Hieraus entstanden die Tempel, hieraus die Opfer, die Supplikationen und jede andere Zeremonie zur Verehrung der Götter. Das Orakel von Delphi, der Tempel des Jupiter Ammon und andere berühmte Orakel erhielten lange die Welt in Staunen und Frömmigkeit. Als sie aber in der Folge anfingen, nach dem Willen der Mächtigen zu sprechen, und der Betrug entdeckt wurde, wurden die Menschen ungläubig und zur Störung jeder guten Ordnung geneigt.

Die Häupter eines Freistaates oder eines Reiches müssen daher die Grundpfeiler ihrer Religion aufrechterhalten; es wird ihnen dann ein leichtes sein, ihren Staat religiös und folglich gut und einig zu erhalten. Sie müssen alles, was sich zum Vorteil der Religion ereignet (wenn sie es auch für unwahr halten), unterstützen und vergrößern; um so mehr aber müssen sie es tun, je weiser und aufgeklärter sie sind, je klarer sie die Natur der Dinge durchschauen. Dadurch, daß diese Regel von den klugen Männern beobachtet wurde, entstand der Glaube an die Wunder, welche, obgleich falsch, in allen Religionen gefeiert werden; weil sie, aus welcher Quelle sie auch fließen mögen, von den Klugen vergrößert werden und ihnen dann das Ansehen dieser bei einem jeden Glauben verschafft.

Solcher Wunder gab es in Rom viele. Als unter anderem die römischen Soldaten die Stadt Veji plünderten, traten einige in den Tempel der Juno; indem sie sich nun der Bildsäule derselben näherten und zu ihr sagten; *vis venire Romam?*, schien es einem von ihnen, sie nicke mit dem Haupte, einem andern, sie sage ja. Da nun diese Leute sehr religiös waren, indem sie nach dem Zeugnis des Livius ohne Gelärm, voll Frömmigkeit und Ehrfurcht in den Tempel traten, so glaubten sie jene Antwort zu hören, von der sie vielleicht schon vorausgesetzt hatten, daß sie auf ihre Frage erfolgen würde. Camillus aber und die anderen Häupter der Stadt begünstigten und vergrößerten diesen Aberglauben auf alle Art.

Wäre von den Häuptern der christlichen Republik unsere Religion erhalten worden, wie sie der Stifter gab, so würden die christlichen Staaten und Länder viel glücklicher und einiger sein als jetzt. Aber wodurch ließe sich mit mehr Sicherheit auf ihr Sinken schließen, als wenn man sieht, daß die Völker, welche der römischen Kirche, dem Haupte unserer Religion, am nächsten sind, am wenigsten Religion haben? Wer daher ihre Fundamente in Betracht zieht und sieht, wie der jetzige Gebrauch davon abweicht, wird die Überzeugung fassen, daß ihr Untergang oder ein Strafgericht nahe sei.[3]

Da aber einige der Meinung sind, der günstige Stand der italienischen Angelegenheiten hänge von der römischen Kirche ab, so will ich gegen diese Meinung meine Gründe anführen, worunter zwei sehr triftige, welche meines Erachtens nicht widerlegt werden können. Erstens verlor dieses Land durch das schlechte Beispiel des römischen Hofes alle Gottesfurcht und alle Religion, was unzählige Übelstände und endlose Unordnungen zur Folge hat, weil ebenso, wie sich dort, wo Religion ist, alles Gute voraussetzen läßt, auch wo sie fehlt das Gegenteil vorauszusetzen ist. Wir Italiener verdanken also der Kirche und den Priestern erstens, daß wir ohne Religion und böse sind; wir verdanken ihr aber zweitens etwas noch Einschneidenderes, was die Ursache unseres Verfalles ist; ich meine, daß die Kirche unser Land in Spaltung erhalten hat und noch hält.

Niemals war ein Land einig und glücklich, wenn nicht das ganze Land einer Republik oder einem Fürsten gehorchte, wie zum Beispiel Frankreich oder Spanien. Die Ursache, warum Italien sich nicht in derselben Lage befindet und nicht auch von einer Republik oder einem Fürsten regiert wird, ist einzig die Kirche, weil sie hier ihren Sitz aufschlug und eine zeitliche Herrschaft hatte, aber nicht so mächtig war, noch Ansehen genug besaß, um den Rest Italiens erobern und sich zu dessen Fürstin machen zu können. Auf der anderen Seite war sie nicht so schwach, daß sie nicht aus Furcht, die Herrschaft über die zeitlichen Dinge zu verlieren, eine Macht herbeirufen konnte, welche sie gegen denjenigen Staat, der in Italien zu mächtig geworden war, verteidige. Man hat dies hinreichend durch die Erfahrung gesehen, als sie in früheren Zeiten durch Karl den Großen die Langobarden, welche fast schon Könige von ganz Italien waren, vertrieb; und als sie in unseren Tagen mit Hilfe Frankreichs die Macht der Venezianer brach, später aber die Franzosen mit Hilfe der Schweizer verjagte. Da also die Kirche nicht imstande war, Ita-

[3] Ungefähr im Jahre 1515 geschrieben.

lien zu erobern, und nicht erlaubte, daß es von einem andern erobert wurde, so war sie Ursache, daß es nicht unter ein Haupt kommen konnte, sondern unter vielen Fürsten und Herren blieb. Dies führte eine so große Uneinigkeit und eine so große Schwäche herbei, daß Italien dahin gebracht wurde, nicht allein die Beute mächtiger Barbaren, sondern eines jeden zu werden, der es angreift. Der Kirche haben wir Italiener dies zu verdanken und niemand anderem.

Wer sich aber durch eine untrügliche Erfahrung von dieser Wahrheit überzeugen wollte, müßte über eine solche Macht verfügen, daß er den römischen Hof mit der Gewalt, die er in Italien hat, in das Land der Schweizer schicken könnte, des einzigen Volkes, das heute noch in Religion und Kriegswesen nach den Vorschriften der Alten lebt. Er würde dann sehen, daß die schlechten Sitten und die Intrigen dieses Hofes mehr Unordnung bei ihnen hervorbringen würden, als jedes andere erdenkliche unglückliche Ereignis.

13.

Wie sich die Römer der Religion bedienten, um den Staat zu ordnen, ihre Unternehmungen auszuführen und die Aufstände zu dämpfen.

Es scheint mir nicht unpassend, einige Beispiele anzuführen, wie sich die Römer der Religion bedienten, um die Angelegenheiten der Stadt wieder in Ordnung zu bringen und ihre Unternehmungen auszuführen. Livius enthält deren viele, folgende aber sollen mir genügen.

Das römische Volk hatte die Tribunen mit konsularischer Gewalt ausgestattet und mit Ausnahme eines einzigen lauter Plebejer dazu gewählt. Als nun in demselben Jahr Pest und Hungersnot ausgebrochen und gewisse Wunderzeichen erschienen waren, so bedienten sich die Patrizier bei der neuen Tribunenwahl dieser Gelegenheit und sagten, die Götter seien erzürnt, weil das Volk die Majestät seiner Herrschaft mißbraucht habe, und es gebe kein anderes Mittel, die Götter zu versöhnen, als die Wahl der Tribunen wieder in der alten Ordnung vorzunehmen. Das religiöse Volk geriet in Furcht und ernannte lauter Patrizier zu Tribunen.

Man sieht ferner bei der Belagerung der Stadt Veji, daß sich die Feldherren der Religion bedienten, um ihre Heere zu einer Unternehmung aufgelegt zu erhalten. Als die Soldaten, der langen Belagerung überdrüssig, nach Hause zurückkehren wollten und der Albanersee ausgetreten war, fanden die Römer, daß Apollo und gewisse andere Orakelsprüche sagten, in demselben Jahr würde die Stadt Veji eingenommen werden, in welchem der Albanersee austrete. Dies bewirkte, daß die Soldaten, von der Hoffnung, die Stadt zu erobern, durchdrungen, die Mühen des Krieges und der Belagerung ertrugen und es zufrieden waren, die begonnene Unternehmung auszuführen, so daß Camillus, zum Diktator ernannt, die Stadt nach einer zehnjährigen Belagerung endlich einnehmen konnte.

So verhalf die gute Benutzung der Religion zur Eroberung der Stadt Veji und zur Wiedereinsetzung des Adels in das Tribunat, was beides ohne dieses Mittel schwerlich erreicht worden wäre. Es soll hier noch ein anderes Beispiel angeführt werden.

Der Plan des Tribunen Terentillus, ein gewisses Gesetz, von dem wir an seinem Ort sprechen werden, vorzuschlagen, hatte in Rom bedeutende Unruhen hervorgerufen. Als Hauptmittel dagegen bediente sich der Adel der Religion, und zwar auf zweierlei Weise. Zum Ersten ließ er die Sibyllinischen Bücher nachschlagen und daraus die Antwort erteilen, der Stadt stehe durch bürgerlichen Aufruhr in diesem Jahr die Gefahr, die Freiheit zu verlieren, bevor, was, obgleich die Tribunen die List entdeckten, dennoch dem Volk eine solche Furcht einjagte, daß sein Eifer, ihnen zu folgen, gar sehr erkaltete. Als zweitens ein gewisser Appius Herdonicus mit 4000 Verbannten und Sklaven des Nachts das Kapitol besetzt hatte, so daß zu befürchten stand, die Aequer und Volsker, die ewigen Feinde des römischen Namens, möchten herbeikommen und die Stadt erobern; und als die Tribunen darum doch nicht von ihrem hartnäckigen Entschluß, das terentillische Gesetz bekanntzumachen, abstanden, indem sie behaupteten, die Patrizier hätten den Überfall des Kapitols selbst veranlaßt, trat Publius Rubetius, ein angesehener und ehrwürdiger Senator, unter das Volk, stellte ihm die Gefahr der Stadt und die Unzeitigkeit seines Begehrens vor und brachte es durch zum Teil liebevolle, zum Teil drohende Worte dahin, daß es schwor, den Befehlen des Konsuls nicht entgegenzuhandeln.

Das Volk gehorchte auch wirklich und nahm das Kapitol wieder mit Waffen ein. Da aber beim Sturm der Konsul Publius Valerius gefallen war, so wurde sogleich Titus Quintius Cincinnatus an seine Stelle ernannt, der, um das Volk nicht zur Besinnung kommen und ihm keine Zeit zu lassen, wieder an das terentillische Gesetz zu denken, den Befehl erteilte, aus Rom aus und gegen die Volsker zu ziehen, indem er sagte, das Volk sei durch den geleisteten Schwur, dem Konsul zu gehorchen, ihm zu folgen verbunden. Die Tribunen widersetzten sich zwar, da jener Schwur dem verstorbenen Konsul, nicht ihm, geleistet worden sei, allein Livius zeigt uns, daß das Volk aus Ehrfurcht vor der Religion lieber dem Konsul gehorchen als den Tribunen glauben wollte, indem er zum Lobe der alten Gottesfurcht diese Worte spricht: *Nondum haec, quae nunc tenet saeculum, negligentia deum venerat, nec interpretando sibi quisque ius iurandum et leges aptas faciebat.*[4] Die Tribunen aber, die jetzt ihr ganzes Ansehen zu verlieren fürchteten, kamen mit dem Konsul überein, ihm Gehorsam zu leisten und ein Jahr lang das terentillische Gesetz ruhen zu lassen, wogegen die Konsuln das Volk ein Jahr lang nicht zu einem auswärtigen Kriege sollten führen können. Auf diese Art besiegte der Senat mit Hilfe der Religion diese Schwierigkeit, die er ohne dieselbe nie hätte besiegen können.

14.

Die Römer legten die Auspizien nach dem Gebot der Umstände aus und gaben sich durch Klugheit den Anschein, als beobachteten sie die Religion, wenn sie sie notgedrungen nicht beobachteten; wenn aber jemand frevelhaft dieselbe geringschätzte, so straften sie ihn.

Die Augurien machten nicht allein (wie ich schon oben gesagt habe) einen großen Teil der Grundlage der alten heidnischen Religion aus, sondern sie waren auch Ursache des Gedeihens der römischen Republik. Für keine andere Einrichtung trugen die Römer mehr Sorge; sie bedienten sich ihrer bei den Konsulatswahlen, beim Beginnen der Feldzüge, beim Ausmarsch der Heere, beim Kämpfen der Schlachten, überhaupt bei jedem wichtigen Friedens- und Kriegsgeschäft. Sie würden niemals einen Feldzug unternommen haben, ohne ihre Soldaten überzeugt zu haben, daß die Götter den Sieg versprächen.

Unter anderen Auspizien hatten sie beim Heere eine gewisse Gattung von Haruspices, die man Pullarii nannte. Sooft dem Feind ein Treffen geliefert werden sollte, mußten die Pullarier ihre Auspizien vornehmen; wenn dabei die Hühner fraßen, focht man mit gutem Vorzeichen, fraßen sie nicht, enthielt man sich des Kampfes. Gebot jedoch die Vernunft, eine Operation vorzunehmen, so geschah dies ungeachtet ungünstiger Auspizien jedenfalls, allein man wendete und deutete letztere durch alle Mittel so geschickt, daß nichts mit Mißachtung der Religion zu geschehen schien. Dieses Auswegs bediente sich der Konsul Papyrius in einer äußerst wichtigen Schlacht mit den Samnitern, in deren Folge letztere für immer geschwächt und niedergebeugt blieben.

Als nämlich Papyrius, in der Ebene auf das Heer der Samniter gestoßen, den Sieg im Kampf für gewiß hielt und daher eine Schlacht liefern wollte, befahl er den Pullariern, ihre Auspizien zu halten. Da nun die heiligen Hühner nicht fraßen, der oberste Pullarier aber die große Kampflust des Heeres und das feste

---

[4] Noch nicht war die Zeit der Vernachlässigung der Götter gekommen, und noch machte man sich den Eid und die Gesetze nicht durch Auslegung bequem.

Vertrauen des Feldherrn und aller Soldaten auf den Sieg sah, so meldete er dem Konsul, um dem Heer die Gelegenheit zu hervorragender Tat nicht zu entziehen, die Augpizien seien günstig, und der Konsul begann, das Heer in Schlachtordnung aufzustellen. Als unterdessen einige Pullarier den Soldaten gesagt hatten, die Hühner hätten nicht gefressen, die Soldaten dies dem Neffen des Konsuls, Spurius Papyrius, mitgeteilt hatten und dieser es seinem Oheim meldete, antwortete der Konsul rasch: er solle tun, was seines Amtes sei, ihm selbst und dem Heer seien die Auspizien günstig, wenn der Pullarier eine Lüge gesagt habe, so werde sie zu seinem eigenen Schaden ausschlagen.

Damit nun der Erfolg der Voraussagung entspreche, befahl Papyrius den Legaten, die Pullarier in das vorderste Treffen zu stellen. Als hierauf gegen die Feinde vorgerückt wurde, fiel der oberste Pullarier, durch Zufall vom Wurfspeer eines römischen Soldaten durchbohrt; der Konsul aber rief auf diese Nachricht aus: alles gehe gut und die Götter zeigten ihre Gunst, da durch den Tod jenes Lügners ihr Zorn gesühnt und das Heer von aller Schuld gereinigt sei. Dadurch also, daß Papyrius seinen Plan den Auspizien anzupassen wußte, konnte er eine Schlacht liefern, ohne daß das Heer irgendeine Vernachlässigung der Vorschriften der Religion seitens des Konsuls gewahrte.

Gerade umgekehrt handelte Appius Pulcher in Sicilien während des ersten punischen Krieges. Er wollte gegen das karthagischen Heer ins Feld ziehen und ließ durch die Pullarier die Auspizien halten. Als sie ihm meldeten, die Hühner wollten nicht fressen, sagte er, wir wollen sehen, ob sie nicht lieber saufen, und ließ sie ins Meer werfen. Als es hierauf zum Kampf kam, verlor er die Schlacht. Appius Pulcher wurde zu Rom verurteilt, Papyrius aber wurde der Triumph zuerkannt, nicht nur weil jener geschlagen worden und dieser gesiegt hatte, sondern auch weil dieser klug und jener verwegen gegen die Auspizien gehandelt hatte.

Die ganze Einrichtung der Auspikation hatte auch keinen anderen Zweck, als die Soldaten vertrauensvoll in den Kampf gehen zu machen, ein Vertrauen, das fast immer den Sieg erzeugt. Aber nicht allein die Römer, sondern auch andere Völker bedienten sich ähnlicher Mittel, wovon ich im nächsten Kapitel ein Beispiel anführen werde.

15.

Wie die Samniter in ihrer verzweifelten Lage zur Religion als letztem Mittel ihre Zuflucht nahmen.

Nachdem die Samniter mehrere Niederlagen durch die Römer erlitten hatten, das letztemal in Hetrurien aufs Haupt geschlagen, ihre Heere und ihr Feldherr gefallen, ihre Verbündeten, die Hetrurier, Gallier und Umbrer, besiegt worden waren[5], *nec suis nec externis viribus iam stare poterant, tamen bello non abstinebant, adeo ne infeliciter quidem defensae libertatis taedebat, et vinci quam non tentare victoriam malebant.* Sie beschlossen daher, es auf die letzte Probe ankommen zu lassen, und da sie wußten, daß es zum Sieg notwendig ist, Hartnäckigkeit in die Brust der Soldaten einzuflößen, hierzu aber die Religion die besten Mittel biete, so kamen sie auf den Gedanken, einen ihrer uralten Opfergebräuche durch ihren Oberpriester Ovius Paccius wieder aufleben zu lassen. Diese Zeremonie ging auf folgende Art vor sich: Nachdem das feierliche Opfer vollbracht war und alle Häupter des Heeres zwischen den blutenden Opfertieren und den flammenden Altären geschworen hatten, nie aus dem Kampf zu weichen, so riefen sie die Soldaten einzeln auf und ließen sie vor den Altären, im Kreise vieler Zenturionen mit bloßen Schwertern in der Hand, zuerst beschwören, nichts von allem, was sie sehen oder hören würden, zu sagen. Dann ließen sie sie unter furchtbaren Worten und grauenvollen Sprüchen schwören und den Göttern beteuern, den Befehlen der Feldherren in allem zu gehorchen, nicht aus dem Kampf zu weichen und jeden, den sie fliehen sähen, niederzuhauen; brächen sie ihren Schwur, so solle Fluch die Häupter ihrer Familie und alle ihre Nachkommen treffen. Als einige Soldaten zagten und den Schwur verweigerten, wurden sie sogleich von den Zenturionen niedergestochen; so daß alle folgenden, durch die Greuel dieses Anblicks erschreckt, den Eid leisteten. Um die Feierlichkeit des Aktes noch zu erhöhen, hatten sie die Hälfte ihrer Streiter, die sich noch auf 40000 Mann beliefen, mit weißen Gewändern und wehenden Helmbüschen geschmückt. In dieser Ordnung faßten sie bei Aquilonia Posten.

Ihnen entgegen zog Papyrius mit dem römischen Heere. Als er seinen Soldaten Mut einsprach, bediente er sich der Worte: *Non enim cristas vulnera facere et picta atque aurata scuta transire Romanum pilum.*[6] Um ihnen die hohe

---

[5] Und sie sich weder durch eigene noch durch fremde Kraft aufrechterhalten konnten, so ließen sie dennoch nicht vom Kriege ab, so daß sie sogar der unglücklichen Verteidigung der Freiheit nicht überdrüssig wurden und lieber untergehen als nicht das Kriegsglück versuchen wollten.

[6] Nicht die Helmbüsche schlagen Wunden, und durch gemalte und vergoldete Schilde dringt der römische Wurfspeer.

Meinung, welche sie von den Samnitern wegen ihres Eides gefaßt hatten, zu benehmen, sagte er ihnen, dieser Schwur müsse Furcht, nicht Tapferkeit bei den Feinden hervorbringen, weil sie zugleich ihre Führer, die Götter und die Gegner zu fürchten hätten. Als es zur Schlacht kam, wurden die Samniter besiegt, weil die römische Tapferkeit und die durch die früheren Niederlagen erzeugte Furcht alle Hartnäckigkeit überwand, welche die Kraft der Religion und des geleisteten Eidschwurs hatte hervorbringen können. Dennoch zeigt sich deutlich, daß sie keine andere Rettung und kein anderes Mittel, neue Hoffnung zu schöpfen und die verlorene Tapferkeit wiederzuerlangen, finden zu können glaubten.

Es ist dies ein vollkommener Beleg, wieviel Zuversicht man durch eine richtige Benutzung der Religion bewirken könne. Ich habe die erzählte Begebenheit hierher gesetzt, obgleich sie zu den auswärtigen Ereignissen gerechnet werden muß; ich tat es deshalb, weil sie von der Religion, einer der wichtigsten Einrichtungen der römischen Republik, abhängt, und ich diesen Stoff nicht zerreißen, noch mehrere Male darauf zurückkommen wollte.

16.

Wenn ein an die monarchische Regierungsform gewöhntes Volk durch ein Ereignis frei wird, erhält es nur schwer seine Freiheit.

Wie schwer es einem unter einem Fürsten zu leben gewohnten Volk sei, seine Freiheit zu erhalten, wenn es dieselbe durch irgendein Ereignis erlangt hat, wie die Römer durch die Vertreibung der Tarquinier, zeigen eine Menge Beispiele aus der alten Geschichte. Dies ist auch ganz natürlich, denn ein solches Volk ist gerade in dem Falle eines Tieres, das, obgleich von Natur wild und an das Leben im Walde gewöhnt, immer eingesperrt und dienstbar gehalten, nachher aber zufällig in die Felder freigelassen, die Beute des ersten wird, der es wieder in Ketten legen will, weil es nicht gewohnt ist, seine Nahrung zu suchen und die Schlupfwinkel nicht kennt, worin es sich verbergen könnte. Dasselbe widerfährt einem Volk; unter den Befehlen eines anderen zu leben gewohnt, weiß es weder Verteidigung noch Angriff zu beurteilen, es kennt die Fürsten nicht, ist nicht von ihnen gekannt und begibt sich daher bald wieder unter ein Joch, welches meistens schwerer ist, als das kurz zuvor von seinem Nacken abgeschüttelte. Es befindet sich in dieser Klemme, wenn es auch nicht ganz verderbt ist; wohingegen ein Volk, bei dem völlige Sittenverderbnis eingerissen ist, nicht nur nicht kurze Zeit, sondern keinen Augenblick frei zu leben vermag, wie unten gezeigt werden soll. Wir sprechen daher hier von solchen Völkern, bei denen die

Verderbnis noch nicht sehr überhandgenommen hat, bei denen sich mehr gesunde als kranke Teile vorfinden.

Zur obengenannten Schwierigkeit kommt noch eine andere hinzu, nämlich daß sich der Staat, welcher frei wird, Feinde und nicht Freunde im Innern macht. Zu Feinden werden alle, welche aus der tyrannischen Regierungsform Nutzen zogen, indem sie sich von den Reichtümern des Fürsten nährten; denn da jetzt diese Quelle versiegt ist und sie sich nicht mehr mit wenigem begnügen können, so sind sie gezwungen, die Wiedereinführung der Alleinherrschaft zu versuchen, um ihr verlorenes Ansehen wiederzuerlangen. Freunde erwirbt sich ein solcher Staat nicht, weil eine freie Verfassung nur für einige würdige und fest bestimmte Anlässe Ehre und Belohnung aussetzt, außerdem aber weder Belohnungen noch Ehrenstellen anerkennt. Befindet sich ein Mann im Besitz jener Auszeichnungen und Vorteile, die er zu verdienen glaubt, so bekennt er sich nicht dazu, denen, die ihn damit belohnt haben, Dank schuldig zu sein. Außerdem wird der allgemeine Nutzen, der aus einer freien Verfassung entspringt, nämlich daß man frei und ohne Scheu sein Eigentum genießt, daß man nicht um die Ehre der Gattin und der Kinder besorgt ist und nicht für seine Person fürchtet, von niemand gefühlt, solange man ihn besitzt; denn nie wird jemand einem Dank schuldig zu sein glauben, der ihn nicht beleidigt.

Der zur neuen Freiheit erstandene Staat macht sich also Feinde, nicht Freunde im Innern. Um aber die daraus entstehenden Übelstände und Unordnungen zu vermeiden, gibt es kein besseres noch kräftigeres, kein vernünftigeres noch notwendigeres Mittel, als die Söhne des Brutus zu töten, welche nach dem Zeugnis der Geschichte zugleich mit anderen römischen Jünglingen nur dadurch zur Verschwörung gegen das Vaterland bewogen wurden, weil sie sich unter den Konsuln nicht wie unter dem König mehr herausnehmen konnten als die anderen Bürger und ihnen so die Freiheit des Volkes eigene Knechtschaft geworden zu sein schien. Wer daher die Regierung einer Menge, sei es nun mit freien oder unumschränkten Formen, übernimmt und sich nicht der gegen diese neue Ordnung der Dinge feindlich Gesinnten versichert, gründet einen Staat von kurzer Dauer. Freilich halte ich die Fürsten für beklagenswert, welche, da sie die Menge zum Feind haben, sich außerordentlicher Mittel bedienen müssen. Denn der Fürst, welcher die Wenigen zu Feinden hat, sichert sich leicht und ohne Schaden, der aber, welcher das Ganze zum Feind hat, stellt sich niemals sicher, und je mehr Grausamkeiten er begeht, desto schwankender wird sein Thron. Das beste Mittel, das es für ihn gibt, ist daher, sich das Volk zum Freund zu machen. Obgleich nun dieser Gegenstand der Aufschrift unseres Kapitels fremd ist, indem hier von einem Fürsten und dort von einer Republik die Rede ist, so will ich mich doch, um nicht mehrere Male auf diesen Gegenstand zurückkommen zu müssen, kurz darüber aussprechen.

Ein Fürst, der ein feindlich gesinntes Volk gewinnen will (ich spreche hier von den Fürsten, die Tyrannen ihres Vaterlandes geworden sind), muß zuerst untersuchen, was das Volk wünscht. Immer wird er finden, daß es zwei Dinge wünscht, erstens Rache an denen, die Ursache seiner Knechtschaft sind, zweitens Wiedererlangung seiner Freiheit. Dem ersten Wunsche kann der Fürst ganz, dem zweiten zum Teil Genüge leisten. Was den ersten betrifft, hier dies treffende Beispiel: Der Tyrann von Heraklea, Klearchos, war verbannt worden. Als sich nun zwischen dem Volk und den Vornehmen von Heraklea Streit erhob und sich letztere im Nachteil sahen, beschlossen sie, den Klearchos zu begünstigen, verschworen sich zu diesem Zwecke, setzten ihn wieder auf seinen Thron und nahmen dem Volk die Freiheit. Da sich nun Klearchos auf diese Art zwischen dem Übermut der Aristokraten, die er auf keine Weise befriedigen oder bessern konnte, und der Wut des Volkes, das den Verlust der Freiheit nicht ertragen konnte, eingeengt fand, so beschloß er, sich von den überlästigen Großen zu befreien und zu gleicher Zeit das Volk für sich zu gewinnen. Er ergriff eine schickliche Gelegenheit und ließ zur äußersten Zufriedenheit des Volkes alle Aristokraten in Stücke hauen. So genügte er einem der Wünsche, welche die Völker haben, nämlich dem, sich zu rächen.

Was den zweiten Wunsch des Volkes, seine Freiheit wiederzuerlangen, betrifft, so muß der Fürst, da er ihn nicht gewähren kann, untersuchen, aus welchen Gründen es frei zu sein verlangt. Er wird finden, daß ein kleiner Teil frei zu sein wünscht, um zu befehlen, alle anderen aber, die unverhältnismäßig größere Zahl, die Freiheit wünschen, um sicher zu leben. In einem jeden Gemeinwesen aber, habe es eine Verfassung, welche es wolle, sind die befehlenden Stellen mit höchstens vierzig bis fünfzig Bürgern besetzt. Da nun dies eine kleine Zahl ist, so ist es ein leichtes, sich ihrer zu versichern, entweder dadurch, daß man sie aus dem Weg räumt, oder dadurch, daß man ihnen so große Auszeichnung zukommen läßt, daß sie sich in Anbetracht ihrer Verhältnisse zu einem guten Teil zufrieden geben können. Alle übrigen, welchen es genügt, in Sicherheit zu leben, werden leicht zufriedengestellt, wenn man Einrichtungen trifft und Gesetze gibt, wodurch, im Einklang mit der eigenen Macht, die öffentliche Sicherheit erhalten wird. Tut dies ein Fürst, und sieht das Volk ein, daß er bei keiner Gelegenheit diese Gesetze bricht, so wird es bald sicher und zufrieden zu leben anfangen. Einen Beweis hierzu liefert das Königreich Frankreich, wo nur deshalb Sicherheit herrscht, weil sich seine Könige eine Menge Gesetze auferlegt haben, welche die Sicherheit aller ihrer Völker zur Folge haben. Die Gründer seiner Verfassung wollten, daß die Könige über Waffen und Geld frei verfügen, in allem übrigen aber nur nach dem Ausspruch der Gesetze handeln könnten.

Ein Fürst oder eine Republik also, die sich nicht gleich anfangs gesichert hat, muß sich bei der ersten Gelegenheit, wie die Römer, sicherstellen. Wer diese unbenutzt vorbeigehen läßt, wird zu spät bereuen, nicht getan zu haben, was er tun mußte. Das römische Volk aber, da es bei Erlangung seiner Freiheit noch nicht verderbt war, konnte, nach der Hinrichtung der Söhne des Brutus und dem Aussterben der Tarquinier, seine Freiheit durch die oben angeführten Mittel und Einrichtungen erhalten. War aber das Volk verderbt, so fanden sich in Rom ebensowenig als irgendwo anders Mittel, kräftig genug, um die Freiheit zu erhalten, wie uns das nächste Kapitel zeigen soll.

17.

Wenn ein verdorbenes Volk zur Freiheit gelangt, so kann es sich nur mit äußerster Schwierigkeit frei erhalten.

Ich glaube, daß notwendigerweise die Regierung der Könige in Rom ein Ende nehmen, oder Rom sehr bald schwach und völlig kraftlos werden mußte. Wenn man bedenkt, in welche Verderbnis die Könige versunken waren, und daß sich, hätten noch zwei oder drei auf dieselbe Art wie früher regiert, ihre Verderbnis durch die anderen Glieder des Staatskörpers verbreitet haben würde, so muß uns in diesem Falle eine Wiederherstellung des letzteren als unmöglich erscheinen. Da aber das Haupt herabfiel, als der Rumpf noch unversehrt war, so konnte eine freie und geordnete Verfassung leicht wieder eingeführt werden.

Es wird für eine unumstößliche Wahrheit gelten müssen, daß eine verderbte Stadt, die unter einem Fürsten lebt, auch wenn dieser Fürst mit seinem ganzen Stamm vertilgt wird, doch niemals frei werden könne, und daß ein Fürst den andern vertreiben müsse. Ohne sich einen neuen Herrn zu geben, wird sie nie zur Ruhe kommen, es müßte sie denn ein Mann, der Großmut mit Kraft und Tapferkeit vereinigt, frei erhalten. Aber auch dann wird ihre Freiheit mit dem Loben dieses Mannes ein Ende nehmen, wie es Syracus mit Dion und Timoleon erging, deren große Eigenschaften es in verschiedenen Zeiten frei erhielten, und deren Tod die Stadt unter die alte Tyrannei zurücksinken ließ. Das treffendste Beispiel aber liefert Rom, das nach der Vertreibung der Tarquinier sogleich die Freiheit ergreifen und erhalten, nach der Ermordung Cäsars, Caligulas und Neros, nach dem Verlöschen des ganzen cäsarianischen Stammes hingegen niemals seine Freiheit erhalten, ja nicht einmal einen Anfang der Freiheit zustande bringen konnte. Eine solche Verschiedenheit der Erbfolge in einer und derselben Stadt rührt nur davon her, daß das römische Volk zur Zeit der Tarquinier noch nicht verderbt, in den späteren Zeiten aber in die äußerste Verderbnis versunken war. Damit es die königliche Herrschaft verabscheute, war damals ein Schwur, nie Könige in Rom zu dulden, genügend; später reichten die Macht und die Strenge des Brutus und alle Legionen des Orients nicht aus, es zur Erhaltung der Freiheit zu bewegen, welche ihr Brutus gleich seinem Ahnherrn wiedergegeben hatte. Die Ursache davon war die durch die marianische Partei im Volk verbreitete Sittenverderbnis, und nur so konnte Cäsar, das Haupt dieser Partei, die Menge so sehr verblenden, daß sie das Joch nicht gewahrte, welches sie selbst ihrem Nacken aufbürdete.

Roms Beispiel spricht lauter als jedes andere für unseren Satz, doch können auch Völker unserer Zeit angeführt werden. Kein Ereignis, es sei noch so wichtig oder gewaltsam, würde jemals Mailand oder Neapel frei machen können, da die Sitten dieser Staaten völlig verderbt sind. Dies zeigte sich, als Mailand nach dem Tode Philipps Visconti seine Freiheit wiederherstellen wollte und dieselbe nicht zu erhalten wußte noch vermochte.

Es war also ein großes Glück für Rom, daß seine Könige schnell verderbt und daher verjagt wurden, ehe ihre Verderbnis in die Eingeweide der Stadt überging. Die Sittenreinheit war Ursache, daß die endlosen Unruhen Roms (da die Bürger gute Absichten hatten) der Republik nicht schadeten, ihr vielmehr nützten.

Es läßt sich also der Schluß ziehen, daß, wo die Sitten gut sind, Aufstände und Unruhen nicht schaden, wo sie schlecht sind, gute Gesetze nichts helfen, sie müßten denn von einem Mann so lange mit äußerster Kraft gehandhabt werden, bis die Sitten wieder gut werden. Ob dies jedoch jemals geschehen ist oder überhaupt geschehen könne, weiß ich nicht; denn wenn eine Stadt durch Sittenverderbnis zum Sinken gekommen ist und sie sich je wieder erheben sollte, so geschieht dies durch das Ansehen eines gleichzeitigen großen Mannes, nicht durch das Verdienst der Allgemeinheit, welche die guten Einrichtungen in Kraft erhielte; und sogleich wie dieser Mann gestorben ist, kehrt die Stadt zu ihrer alten Gewohnheit zurück. So konnte Theben durch die großen Eigenschaften des Epaminondas, solange er lebte, republikanische Formen erhalten und sich zum vorherrschenden Staat in Griechenland aufschwingen, sobald er aber tot war, fiel es in seine frühere Verwirrung zurück. Die Ursache dieser Erscheinung ist die, daß kein Mann ein so langes Leben haben kann, daß die Zeit hinreichte, einer Stadt, in welcher lange Zeit hindurch schlechte Sitten herrschten, gute Sitten zu geben.

Da nun ein Mann von sehr langem Leben oder die unmittelbare Folge zweier ausgezeichneter Männer noch keine Wirkung hervorbringt, so geht mit ihrem Verschwinden sogleich alles zugrunde, es müßte denn einer dieser Männer mit vielen Gefahren und mit viel Blut dem Gemeinwesen ein neues Leben gegeben haben. Die Sittenverderbnis und Untauglichkeit zur Freiheit nämlich entsteht aus einer Ungleichheit der Bürger, und um sie wieder gleich zu machen, muß man sich der alleraußerordentlichsten Mittel bedienen, was wenig Männer können oder wollen, wie an einem anderen Ort näher beleuchtet werden soll.

18.

Auf welche Art in verdorbenen Städten eine freie Verfassung erhalten werden könne, wenn sie schon besteht; und wie eine solche, wenn sie nicht besteht, eingeführt werden könne.

Ich halte eine Untersuchung nicht für unpassend oder dem vorigen Kapitel widersprechend, ob in einer verderbten Stadt eine freie Verfassung erhalten werden könne, wenn sie besteht, oder ob eine solche Verfassung, wenn sie nicht besteht, daselbst eingeführt werden könne. Beides ist äußerst schwierig, und es läßt sich fast unmöglich eine Vorschrift darüber geben, weil man hierbei nach den verschiedenen Graden der Verderbtheit zu Werke gehen müßte. Da es aber gut ist, den Verstand an allen Gegenständen zu üben, so soll auch dieser nicht übergangen werden.

Setzen wir eine äußerst verderbte Stadt voraus und steigern wir so die Schwierigkeit aufs Höchste, da sich weder Gesetze noch Einrichtungen finden, genügend, eine allgemeine Sittenverderbnis im Zaum zu halten. Wie nämlich gute Sitten zu ihrer Erhaltung der Gesetze bedürfen, ebenso sind zur Beachtung der Gesetze gute Sitten erforderlich. Überdies sind die bei der Entstehung einer Republik gegebenen Einrichtungen und Gesetze, als die Menschen noch gut waren, später nicht mehr passend, wenn sie böse geworden sind. Wenn ferner die Gesetze nach den Ereignissen in einer Stadt wechseln, so wechseln doch die Einrichtungen nie oder selten, weswegen die neuen Gesetze nicht genügen, da sie von den Einrichtungen, die fest bleiben, verdorben werden. Mein Gedanke soll sogleich verständlich werden.

In Rom waren es die Einrichtung der Regierung oder vielmehr die Staatseinrichtung, und dann die Gesetze, durch welche die Magistrate die Bürger im Zaum hielten. Unter der Staatseinrichtung war enthalten die Machtvollkommenheit des Volkes, des Senats, der Tribunen, der Konsuln, die Wahl und Ernennung der Magistrate, die gesetzgebende Gewalt. An diesen Einrichtungen wurde wenig oder nichts durch die Ereignisse geändert. Es wechselten hingegen die Gesetze, welche die Bürger im Zaum halten sollten, wie das Gesetz gegen den Ehebruch, die Aufwandgesetze, das Gesetz über die Bewerbung um Staatsämter und viele andere, in dem Maß, wie die Bürger nach und nach verderbt wurden. Da nun die Staatseinrichtungen fest blieben und bei der Verderbtheit der Sitten nicht mehr zweckmäßig waren, so reichten jene von Zeit zu Zeit erneuerten Gesetze nicht hin, die Menschen gut zu erhalten; wohl aber würden sie genügt haben, wenn mit der Erneuerung der Gesetze auch die Einrichtungen umgeändert worden wären. Wie richtig es sei, daß solche Einrichtungen in der verderbten Stadt nicht zweckmäßig waren, zeigt sich bestimmt bei zwei

Hauptveranlassungen, bei der Ernennung der Magistrate und der Einführung neuer Gesetze.

Was die Ernennung der Magistrate betrifft, so gab das römische Volk das Konsulat und die anderen ersten Ämter der Stadt nur solchen, die sich darum bewarben. Diese Einrichtung war anfangs gut, da sich nur die Bürger bewarben, welche sich für würdig hielten, und es schimpflich war, zurückgewiesen zu werden, so daß, um für würdig erkannt zu werden, ein jeder recht handelte. Es ward diese Einrichtung in der Folge in der verderbten Stadt äußerst schädlich, weil nicht die, welche den meisten Ruhm, sondern die, welche die meiste Macht hatten, sich um die Ämter bewarben, und die Unmächtigen (wenn auch verdienstvoll) sich dessen aus Furcht enthielten. Es kam zu diesem Mißstand nicht auf einmal, sondern stufenweise, so wie man in jede andere üble Lage gerät. Nachdem die Römer Afrika und Asien bezwungen und fast ganz Griechenland unter ihre Herrschaft gebracht hatten, wurden sie, was ihre Freiheit anbelangt, sicher und glaubten keine Feinde mehr zu haben, die ihnen hätten furchtbar erscheinen können. Diese Sicherheit und diese Schwäche seiner Feinde bewirkte, daß das römische Volk bei der Erteilung des Konsulats nicht mehr auf Ruhm und Tapferkeit Rücksicht nahm, sondern nach Gunst entschied, indem es diejenigen zu dieser Würde erhob, welche den Bürgern am besten zu Gefallen reden, nicht die, welche die Feinde am besten besiegen konnten; von denen aber, die am meisten in seiner Gunst standen, wandte es sich später zu denen, die die meiste Macht hatten. So blieben durch den Fehler einer solchen Einrichtung die tugendhaften Männer gänzlich ausgeschlossen.

Was die zweite Hauptveranlassung, die Einführung neuer Gesetze, betrifft, so konnte ein Tribun oder irgendein anderer Bürger dem Volk ein Gesetz vorschlagen, für oder gegen welches jeder Bürger sprechen konnte, ehe darüber beschlossen wurde. Diese Einrichtung war gut, solange die Bürger gut waren; denn es war immer vorteilhaft, daß jeder, der etwas dem Allgemeinen Nützliches beabsichtigte, dies vorschlagen und jedermann hierüber seine Meinung sagen konnte, damit das Volk nach Anhörung aller das Beste wählen konnte. Nachdem aber die Bürger schlecht geworden waren, wurde diese Einrichtung sehr schlecht; denn allein die Mächtigen schlugen jetzt Gesetze, nicht zugunsten der allgemeinen Freiheit, sondern zur Vergrößerung ihrer eigenen Macht vor, gegen welche, aus Furcht vor ihnen, niemand sprechen konnte, so daß das Volk, sei es durch Täuschung, sei es gezwungen, dahin kam, sein eigenes Verderben zu beschließen.

Wenn sich also Rom mitten in seiner Sittenverderbnis frei erhalten wollte, so mußte es, wie es sich im Verlauf seines Lebens neue Gesetze gab, auch neue Einrichtungen schaffen; denn andere Regeln und eine andere Lebensweise müssen einem kranken Körper vorgeschrieben werden als einem gesunden, und ähnliche Form paßt nicht für gänzlich entgegengesetzten Stoff. Da aber jene Einrichtungen entweder alle auf einmal zu erneuern sind, wenn sich gezeigt hat, daß sie nichts mehr taugen, oder die Erneuerung nach und nach geschehen muß, ehe noch ein jeder die Notwendigkeit erkannt hat, so ist beides fast unmöglich. Sollen sie nach und nach erneuert werden, so muß dies auf Veranlassung eines weisen Mannes geschehen, der den Mißstand schon in ziemlicher Ferne und wenn er zu entstehen anfängt voraussieht. Nun ist es sehr leicht möglich, daß in einer Stadt nie solche Männer aufstehen oder, sollte sich auch einer erheben, daß er niemals andere von dem überzeugen kann, was er selbst einsieht, da die Menschen, an einen Zustand gewöhnt, nicht gerne davon abgehen, um so weniger, wenn sie das Übel nicht vor Augen sehen, sondern dieses ihnen durch Mutmaßung gezeigt werden muß.

Was die gleichzeitige Erneuerung jener Einrichtungen betrifft, wenn ein jeder einsieht, daß sie nicht gut sind, so ist diese Unzweckmäßigkeit, welche leicht erkannt wird, schwer zu verbessern. Es reichen hierzu gewöhnliche Mittel nicht aus, da die gewöhnlichen Wege schlecht sind, sondern man muß zu außergewöhnlichen schreiten, das heißt zur Gewalt und zu den Waffen, und das werden vor allem Fürst der Stadt, um nach Gutbefinden über sie verfügen zu können. Da nun die Wiedereinführung des echten politischen Zustandes in einer Stadt einen ausgezeichneten Mann und die Besitznahme der Herrschaft in einer Republik durch Gewalthandlungen einen lasterhaften Mann voraussetzt, so wird äußerst selten der Fall eintreten, daß ein Mann durch schlechte Mittel Fürst werden will, wenn seine Absichten gut sind; oder daß ein schlechter Mann, Fürst geworden, recht handeln will und es ihm in den Sinn kommt, die Macht gut anzuwenden, welche er schlecht erworben hat.

Aus allen angeführten Gründen entsteht die Schwierigkeit oder Unmöglichkeit, in verderbten Städten eine Republik zu erhalten oder zu gründen. Hätte man sie aber dennoch zu gründen oder zu erhalten, so würde es notwendig sein, sie mehr der monarchischen als der republikanischen Regierungsform anzunähern, damit die Menschen, welche wegen ihres Übermutes von den Gesetzen nicht gebessert werden können, von einer fast königlichen Macht einigermaßen im Zaum gehalten werden. Sie auf eine andere Art gut machen zu wollen, wäre entweder völlig unmöglich oder die grausamste Unternehmung, wie die oben erzählte Handlung des Kleomenes. Wenn jedoch dieser, um allein zu sein, die Ephoren in Stücke hieb, und Romulus seinen Bruder und den Sabiner Titus Tatius ermordete, und beide hierauf ihre Macht gut anwendeten, so muß man gleichwohl bemerken, daß ihre Völker noch nicht von der Sittenverderbnis zerfressen waren, von welcher wir in diesem Kapitel sprachen, und daß sie deshalb ihren Plan fassen und auch ausführen konnten.

19.

Nach einem vorzüglichen Fürsten kann sich ein schwacher Fürst halten, allein nach einem schwachen Fürsten kann sich mit einem zweiten schwachen Fürsten kein Reich erhalten.

Betrachtet man die Tapferkeit und Handlungsweise des Romulus, Numa und Tullus, der ersten drei römischen Könige, so sieht man, daß Rom ein sehr günstiges Geschick zuteil wurde, da es zuerst einen sehr tapferen und kriegerischen, dann einen friedliebenden und gottesfürchtigen, hierauf einen dem Romulus an Tapferkeit gleichen und den Krieg dem Frieden vorziehenden König hatte. Es war für Rom nötig, daß sich gleich anfangs ein Ordner des bürgerlichen Zustandes erhob, dann aber mußten die folgenden Könige wieder die Tapferkeit des Romulus besitzen, sonst wäre die Stadt weibisch und die Beute ihrer Feinde geworden.

Es läßt sich hieraus schließen, daß ein Thronfolger, weniger tapfer als sein Vorgänger, den Staat durch die Tapferkeit des vorigen Regenten erhalten und die Früchte der Arbeiten des ersten genießen könne; daß aber durch ein langes Leben des zweiten Fürsten oder durch die Thronfolge eines dritten, welcher die Tapferkeit des ersten nicht besitzt, das Reich zugrunde gehen müsse. Besitzen hingegen zwei Fürsten nacheinander große Tapferkeit, so sieht man sie häufig die größten Taten verrichten und ihren Ruhm bis zum Himmel erheben.

David war unbestreitbar ein vorzüglicher König in den Waffen, an Kenntnissen und Urteilskraft, und seine Tapferkeit war so groß, daß er nach der Besiegung und Unterwerfung aller Nachbarstaaten seinem Sohn Salomo das Reich im Frieden hinterlassen und dieser es durch die Künste des Friedens und Kriegs erhalten und glücklich die Früchte der väterlichen Tapferkeit ernten konnte. Nicht so konnte Salomo das Reich seinem Sohn Rhoboam hinterlassen, der, dem Großvater an Tapferkeit und dem Vater an Glück nicht gleich, mit Mühe Herr des sechsten Teiles seines Erbes blieb.

Der türkische Sultan Bajazet II., obgleich mehr fried- als kriegliebend, konnte sich der Anstrengungen seines Vaters Mahomet II. erfreuen, welcher wie David nach der Besiegung seiner Nachbarn ein wohlbefestigtes Reich hinterließ, das durch die Künste des Friedens leicht zu erhalten war. Würde aber sein Sohn Selim I., der gegenwärtige Großherr, dem Vater und nicht dem Großvater ähnlich gewesen sein, so wäre dies Reich zugrunde gegangen; doch scheint sein Ruhm den des Großvaters noch übersteigen zu wollen.

Diese Beispiele belegen den Satz, daß sich nach einem vorzüglichen Fürsten ein schwacher Fürst halten kann, daß aber nach einem schwachen Fürsten mit einem zweiten schwachen Fürsten kein Reich zu bestehen vermag, es müßte denn in der Lage Frankreichs sein, daß seine alten Institutionen es von selbst erhalten; und schwach nenne ich die Fürsten, welche nichts vom Krieg verstehen.

Die Tapferkeit des Romulus war also so groß, daß sie dem Numa Pompilius erlaubte, Rom viele Jahre durch die Künste des Friedens zu regieren; nach diesem aber folgte Tullus Hostilius, der durch seinen Mut das Ansehen des Romulus wiedergewann; nach ihm Ancus Martius, so von der Natur begabt, daß er den Frieden benutzen, den Krieg ertragen konnte. Anfangs der Bahn des Friedens folgend, erkannte Ancus bald, daß ihn die Nachbarn für weibisch hielten und geringschätzten, so daß er es zur Erhaltung Roms für nötig erachtete, sich dem Krieg zuzuwenden, und Romulus, nicht Numa nachstrebte.

Es mögen sich deshalb alle Fürsten zur Lehre nehmen, daß, wer Numa gleichkommt, seinen Thron sichert oder nicht sichert, je nachdem die Zeitumstände und das Glück ihm günstig sind; daß aber, wer Romulus gleichkommt und mit Klugheit und Waffen gerüstet ist, jedenfalls auf seinem Thron festsitzt, wenn er nicht von einer hartnäckigen und übergroßen Macht herabgestürzt wird. Für gewiß läßt sich annehmen, daß Rom, wäre ihm als dritter König ein Mann zuteil geworden, der ihm nicht mit den Waffen sein Ansehen wiederzuverschaffen verstand, nie später, oder nur mit äußerster Schwierigkeit, Fuß fassen, noch seine großen Erfolge erreichen konnte. Dieser Gefahr aber, unter einem Schwachen oder Schlechten zugrunde zu gehen, war Rom so lange ausgesetzt, wie es unter Königen lebte.

20.

Da die unmittelbare Thronfolge zweier tapferer Fürsten große Erfolge hervorbringt; und daß gut geordnete Republiken notwendigerweise tapfere Thronfolger haben, weshalb sie große Eroberungen machen und zu mächtigen Reichen anwachsen.

Nachdem Rom die Könige vertrieben hatte, bestanden die Gefahren nicht mehr, denen es, wie wir oben gesagt, ausgesetzt war, wenn ein schwacher oder böser König auf den Thron kam. Die oberste Herrschaft ruhte nun in der Hand der Konsuln, welche nicht durch Erbfolge, List oder Gewalt, sondern durch freie Stimmenwahl zu dieser Herrschaft gelangten und immer vorzügliche Männer waren. Die Früchte der Tapferkeit und des Glücks dieser Männer von Zeit zu Zeit erntend, konnte Rom den Gipfel seiner Macht in einer Reihe von ebensoviel Jahren erreichen, wie als es unter den Königen gestanden hatte.

Schon die unmittelbare Thronfolge zweier tapferen Fürsten, wie Philipps von Mazedonien und Alexanders des Großen, reicht aus, die Welt zu erobern.

Eher noch muß eine Republik dies Ziel erreichen, da es in ihrer Gewalt steht, nicht nur zwei, sondern unzählige sehr tapfere Fürsten als unmittelbare Thronfolger zu erwählen; und in einer jeden gut geordneten Republik wird dies so geschehen.

21.

Wie tadelnswert der Fürst oder die Republik sei, dem oder der eigene Waffen fehlen.

Die heutigen Fürsten und neueren Republiken, welche für Verteidigung und Angriff eigener Soldaten entbehren, sollten sich vor sich selbst schämen und bei Betrachtung des Beispiels des Tullus Hostilius bedenken, daß ein solcher Fehler nicht aus einem Mangel zum Krieg tauglicher Männer herrührt, sondern aus ihrer eigenen Schuld, weil sie ihre Untertanen nicht kriegerisch zu machen verstanden haben. Tullus fand, als er nach einem vierzigjährigen Frieden auf den Thron Roms kam, nicht einen Mann, der jemals im Krieg gewesen wäre. Als er aber einen Krieg anfangen wollte, kam es ihm dennoch nicht in den Sinn, sich der Samniter, Toskaner oder anderer kriegsgewohnter Völker zu bedienen, sondern er beschloß als weiser Fürst, sich seiner eigenen Untertanen zu bedienen; und so ausgezeichnet war sein Verdienst, daß er sie während seiner Regierung zu den besten Soldaten machen konnte.

Es ist wahrer als jede andere Wahrheit, daß, wo es Menschen und keine Soldaten gibt, der Fehler am Fürsten liegt und nicht an der Lage des Landes, noch an dem Himmelsstrich, noch an irgend etwas anderem. Die neueste Geschichte liefert dafür einen Beweis. Es ist jedem bekannt, daß vor einigen Jahren der König von England Frankreich angriff und keine anderen Soldaten als seine eigenen Völker dazu nahm. Obgleich er wegen eines dreißigjährigen ununterbrochenen Friedens in England weder Soldaten noch Feldherren hatte, die je im Feld waren, so fürchtete er doch nicht, ein Reich anzugreifen, das an Feldherren und guten Heeren, die fortwährend in den italienischen Kriegen unter den Waffen gestanden, Überfluß hatte. Alles kam daher, daß der König ein weiser Fürst und England ein wohlgeordnetes Reich ist, daß zur Zeit des Friedens das Kriegswesen nicht vernachlässigt.

Nachdem Pelopidas und Epaminondas Theben befreit und der Dienstbarkeit unter spartanischer Herrschaft entzogen hatten, befanden sie sich in einer an Knechtschaft gewöhnten Stadt und inmitten verweichlichter Völker; dennoch fürchteten sie nicht (so groß war ihre Tapferkeit), diese Thebaner wieder an die Waffen zu gewöhnen und die spartanischen Heere in der Ebene aufzusuchen; und sie besiegten sie. Der Geschichtschreiber sagt, diese beiden Männer hätten in kurzer Zeit gezeigt, daß nicht allein in Lakedämonien kriegerische Männer geboren werden, sondern überall, wo es Menschen gibt, wenn sich nur jemand findet, der sie zum Krieg tauglich zu machen versteht, wie Tullus die Römer tauglich machte. Virgil konnte diese Meinung nicht besser aussprechen, noch mit anderen Worten zeigen, daß es auch die seinige sei, als mit folgenden:

... Residesque movebit
Tullus in arma viros ...[7]

22.

Was über die drei römischen Horatier und die drei albanischen Curiatier zu bemerken ist.

Tullus, König von Rom, und Metius, König von Alba, kamen überein, daß das Volk Herr des andern sein sollte, dessen obengenannte drei Männer siegen würden. Alle albanischen Curiatier wurden getötet, ein römischer Horatier blieb am Leben, und so war Metius, der König von Alba, mit seinem Volk den Römern untertan.

Als der siegreiche Horatier bei seiner Rückkehr nach Rom seiner Schwester begegnete, welche einem der drei Curiatier vermählt war und ihren gefallenen Gatten beklagte, erstach er sie. Der Horatier wurde wegen dieses Verbrechens vor Gericht gestellt und nach vielen Debatten, mehr auf die Bitten seines Vaters als wegen seiner Verdienste, freigesprochen.

Drei Dinge sind bei diesen Vorfällen zu bemerken: Erstens daß man nie mit einem Teil seiner Streitkräfte sein ganzes künftiges Schicksal wagen darf. Zweitens daß niemals in einem wohlgeordneten Staate Vergehen durch Ansehen ausgeglichen werden. Drittens daß es nie klug ist, Verträge zu schließen, deren Nichterfüllung gefürchtet werden muß oder kann.

Es ist für einen Staat so wichtig, dienstbar zu sein oder nicht, daß man nie glauben durfte, der König oder das Volk von Alba würde sich damit zufrieden geben, daß sie durch drei ihrer Bürger untertan geworden waren, wie es denn auch Metius nicht tat. Obschon er sich unmittelbar nach dem Sieg der Römer für besiegt erkannte und dem Tullus Gehorsam versprach, so zeigte sich doch beim ersten Feldzug, den sie gemeinschaftlich gegen Veji zu unternehmen hat-

---

[7] Tullus ... der die lässigen Männer
Führt ins Schlachtengewühl ... Aeneis, 6. Gesang. V. 814.

ten, wie jener diesen zu täuschen suchte und, wenngleich zu spät, die Unbesonnenheit seiner Handlungsweise einsah. Dies über den dritten bemerkenswerten Punkt, von den anderen beiden in den zwei folgenden Kapiteln.

23.

Daß man nur mit vereinten Streitkräften alles aufs Spiel setzen darf, und daß daher häufig die Besetzung der Pässe schädlich ist.

Niemals galt es als eine weise Maßregel, alles aufs Spiel zu setzen und hierbei nicht alle Streitkräfte anzuwenden. Dies kann auf mehrfache Art geschehen. Wenn man wie Tullus und Metius verfährt, als sie die ganze Zukunft ihres Vaterlandes und die Tapferkeit so vieler Männer, wie beide in ihren Heeren zählten, der Tapferkeit und dem Glück dreier ihrer Bürger anvertrauten, einem sehr kleinen Teile ihrer beiderseitigen Streitkräfte. Es fällt ins Auge, daß sie durch diesen Entschluß alle Mühe und Arbeit ihrer Vorgänger, dem Staat eine solche Verfassung zu geben, daß er lange unabhängig fortbestehen und die Bürger die Verteidiger ihrer Unabhängigkeit sein sollten, eitel und unnütz machten, da es in der Gewalt so Weniger stand, diese Unabhängigkeit zugrunde zu richten. Die beiden Könige konnten also auf keinen schlimmeren Einfall geraten.

In denselben Nachteil fällt man fast immer, wenn man bei Ankunft des Feindes die schwierigen Stellen zu halten, die Pässe zu besetzen beschließt. Eine solche Maßregel wird fast immer schädlich sein, man müßte denn an jener schwierigen Stelle bequem alle seine Streitkräfte vereint halten können. In solchem Fall ist diese Maßregel zu ergreifen; ist aber die Stelle rauh, und kann man nicht alle seine Streitkräfte daselbst halten, so ist die Maßregel schädlich. Meine Meinung gründet sich darauf, daß von einem mächtigen Feind angegriffene Völker, deren Land von Alpenketten und Berggegenden eingeschlossen ist, niemals versuchten, den Feind in den Pässen und auf den Bergen zu bekämpfen, sondern ihm darüber hinaus entgegenzogen oder, wenn sie das nicht wollten, ihn hinter ihren Bergen in fruchtbaren nicht felsigen Gegenden erwarteten. Die Ursache davon ist die oben angeführte. Da man zur Besetzung bergiger Gegenden nicht viele Leute führen kann, teils weil sie nicht lange dort leben können, teils weil diese Stellen eng sind und wenig Leute fassen, so kann man einem zahlreich anrückenden Feind nicht widerstehen. Dem Feind ist es leicht, in großen Massen zu kommen, da es seine Absicht ist, zu passieren und nicht stehenzubleiben; dem Verteidiger ist es unmöglich, ihn mit starken Massen zu erwarten, da er in der Ungewißheit, wann der Feind passieren will, längere Zeit an engen und unfruchtbaren Stellen lagern müßte. Geht nun dieser Paß, den du halten zu können glaubtest und auf den sich dein Volk und das Heer verließ, verloren, so bemächtigt sich der größte Teil des Volkes und der übrigen Soldaten eines solchen Schreckens, daß du, ohne ihre Tapferkeit auf die Probe stellen zu können, besiegt bleibst und mit einem Teil deiner Streitkräfte alles verloren hast.

Jeder weiß, mit welcher Schwierigkeit Hannibal über die Alpen setzte, die Frankreich von der Lombardei trennen, und dann die andere Alpenkette überschritt, die die Lombardei von Toskana scheidet. Dennoch erwarteten ihn die Römer zuerst am Ticino und später auf der Ebene von Arezzo, und wollten lieber ihr Heer vom Feinde an Stellen, wo er siegen konnte, aufreiben lassen, als es auf die Berge führen, wo es die Unwirtlichkeit der Gegend vernichtet haben würde. Wenn man die ganze Geschichte mit Aufmerksamkeit durchliest, wird man finden, daß sehr wenige ausgezeichnete Feldherren solche Pässe zu halten versucht haben, teils aus den angeführten Gründen, teils weil die Pässe nicht alle gesperrt werden können. Die Gebirge nämlich haben gleich der Ebene nicht allein gewöhnliche und häufig betretene Straßen, sondern viele andere Wege und Pfade, welche, wenn nicht den Fremden, doch der einheimischen Bevölkerung bekannt sind, mit deren Hilfe der Angreifende immer an irgendeine Stelle gegen den Willen des Verteidigers geführt werden wird. Das Jahr 1515 liefert dafür ein ganz frisches Beispiel.

Franz I., König von Frankreich, wollte nach Italien hinübergehen, um die Lombardei zurück zu erobern. Die Gegner dieser Unternehmung legten besonders darauf Gewicht, daß man die Schweizer in den Bergpässen würde zu fürchten haben. Der Ausgang zeigte, daß ihre Gründe falsch waren; denn der König ließ zwei oder drei besetzte Stellen liegen, kam auf einem anderen unbekannten Weg und war eher in Italien und den Schweizern nahe, als sie Nachricht von ihm hatten. Dadurch erschreckt, zogen sie sich nach Mailand zurück, und das ganze Land ergab sich dem französischen Heer, da seine feste Hoffnung, die Franzosen müßten auf den Bergen angehalten worden, fehlgeschlagen war.

24.

Wohlgeordnete Republiken setzen Belohnungen und Strafen für ihre Bürger fest und gleichen nie die einen durch die anderen aus.

Sehr groß war des Horatius Verdienst, da er durch seine Tapferkeit die Curiatier besiegt hatte. Grauenhaft war sein Vergehen, da er seine Schwester getötet hatte. Diese Mordtat entrüstete die Römer so sehr, daß sie ihn sein Leben zu verteidigen zwangen, obgleich seine Verdienste so groß und so neu waren. Oberflächlich betrachtet, könnte dies als ein Beispiel von Volksundankbarkeit erscheinen. Bei reiferer Überlegung und näherer Untersuchung, welches die Institutionen einer Republik sein sollen, aber wird man eher das Volk tadeln, daß es ihn freisprach, als daß es ihn verurteilen wollte; und zwar aus dem Grund, weil niemals eine wohlgeordnete Republik die Vergehen ihrer Bürger durch ihre Verdienste ausgleicht. Im Gegenteil, wenn sie Belohnungen für eine gute und Strafen für eine böse Handlung festgesetzt und einen Mann, weil er gut gehandelt, belohnt hat, so soll sie denselben Mann, beträgt er sich nachher schlecht, ohne irgendeine Rücksicht auf seine guten Handlungen bestrafen. Wird diese Ordnung streng beobachtet, so hält sich eine Stadt lange Zeit frei; geschieht es nicht, so wird sie bald zugrunde gehen. Denn kommt bei einem Bürger, der etwas Großes für die Stadt vollbracht, zu dem Ansehen, das ihm dies erwirbt, noch die Kühnheit und das Vertrauen, ohne Strafe zu fürchten, eine nicht gute Tat vollbringen zu können, so wird er bald so übermütig werden, daß sich jedes Gemeinwesen dadurch auflösen muß.

Will man aber, daß die Strafe für die bösen Handlungen gefürchtet werde, so ist es notwendig, die Belohnungen für die guten immer zu erteilen, wie es Rom tat. Wenn auch eine Republik arm ist und nur wenig geben kann, so darf sie doch nicht versäumen, dieses Wenige zu geben; denn immer wird die geringste Gabe, als Belohnung erteilt für eine wenn auch sehr verdienstvolle Tat, von dem, der sie empfängt, für ehrenvoll und groß erachtet werden. Jedem ist die Geschichte des Horatius Cocles und die des Mutius Scaevola bekannt; wie der erste die Feinde so lange auf einer Brücke zurückhielt, bis sie abgebrochen war, und der zweite sich die Hand abbrannte, da er sich in der Absicht, Porsenna, den König der Retrurier, zu töten, geirrt hatte. Beiden wurde für diese so ausgezeichneten Taten vom Staat zwei Acker Landes gegeben. Ebenso bekannt ist die Geschichte des Manlius Capitolinus. Für die Rettung des von den Galliern belagerten Kapitols erhielt er von denen, die mit ihm darin belagert waren, ein kleines Maß Mehl. Diese Belohnung (groß nach dem damaligen Zustand Roms) gab die Veranlassung, daß Manlius, von Eifersucht oder von seiner verkehrten Sinnesart getrieben, das Volk zu gewinnen und Aufruhr in Rom zu erregen suchte und deshalb ohne irgendeine Rücksicht auf sein Ansehen kopfüber von demselben Kapitol herabgestürzt wurde, das er zuvor mit so großem Ruhm gerettet hatte.

25.

Wer in einem freien Staat eine alte Verfassung reformieren will, behalte wenigstens den Schatten der alten Formen bei.

Will man einem Staat eine neue Verfassung geben, und soll diese angenommen und zur Zufriedenheit eines jeden erhalten werden, so ist man genötigt, wenigstens den Schein der alten Formen beizubehalten, damit das Volk seine alte Ordnung nicht verändert zu haben glaubt, obgleich die neuen Institutionen den früheren ganz fremd sind. Denn die Masse der Menschen läßt sich ebensogut mit dem Schein abspeisen wie mit der Wirklichkeit; ja, häufig wird sie mehr durch den Schein der Dinge bewegt, als durch die Dinge selbst.

Aus diesem Grund, und weil sie gleich am Anfang ihrer Freiheit jene Notwendigkeiten einsahen, gaben die Römer den an die Stelle des Königs ernannten zwei Konsuln nicht mehr als zwölf Liktoren, damit ihre Zahl nicht die Zahl derer überschreite, welche vor dem Könige einhergegangen waren. Da ferner in Rom ein jährliches Opferfest stattfand, das nur vom Könige in eigener Person abgehalten werden durfte, und die Römer nicht wollten, daß das Volk irgendeinen der uralten Gebräuche durch die Abwesenheit der Könige entbehren und zurückwünschen solle, so ernannten sie ein Haupt für dieses Opfer, nannten es Opferkönig und ordneten es dem Oberpriester unter. Auf diese Art blieb das Volk im Genuß des Opferfestes und hatte nie Ursache, wegen Entbehrung desselben die Rückkehr der Könige zu wünschen.

Dasselbe hat man immer zu beobachten, wenn man einem Staat eine uralte Regierungsform nehmen und dafür eine neue freie Verfassung geben will. Da alles Neue die Gemüter der Menschen erschüttert, so muß man sich bemühen, den Veränderungen so viel wie möglich vom Alten zu lassen und, wenn die Zahl, Machtvollkommenheit und Amtsdauer der Regierungsmitglieder geändert wird, wenigstens die Titel beibehalten.

Diese Regel gilt sowohl bei der Umänderung eines Reiches in eine Republik, als auch bei der Umänderung einer Republik in ein Königreich; wer aber eine unumschränkte Monarchie, welche von den Schriftstellern Tyrannei genannt wird, errichten will, muß alles Bestehende umstürzen und neu erschaffen, wie im nächsten Kapitel gezeigt werden soll.

26.

Ein neuer Fürst muß in einer eroberten Stadt oder Provinz alles Bestehende umstürzen und neu erschaffen.

Für einen jeden, der Fürst einer Stadt oder eines Staates wird, besonders wenn er nur schwachen Fuß gefaßt hat und kein geordnetes Reich oder eine Republik errichten will, gibt es kein besseres Mittel, sich auf dem Thron zu halten, als, so wie er ein neuer Fürst ist, auch alles im Staat neu zu erschaffen. In der Hauptstadt muß er eine neue Regierung mit neuen Titeln, neuer Machtvollkommenheit, neuen Personen ernennen, die Armen muß er reich machen, wie David, als er König wurde, *qui esurientis implevit bonis, et divites dimisit inanes.*[8] Ferner muß er neue Städte erbauen, die alten zerstören, die Einwohner von einem Ort an den anderen versetzen, kurz nichts im Land an seiner Stelle lassen, damit es keinen Rang, kein Amt, keinen Stand noch Reichtum gebe, die der Besitzer nicht ihm verdanke.

Zu seinem Ziel muß er sich die Handlungsweise Philipps von Mazedonien, des Vaters Alexanders des Großen, setzen, der auf diesem Weg aus einem kleinen König Beherrscher von ganz Griechenland wurde, indem er, wie die Geschichtsschreiber sagen, die Menschen von Provinz zu Provinz wie die Hirten ihre Herden trieb.

Dies sind grausame Mittel. Sie sind nicht nur unchristlich, sondern auch unmenschlich. Wer ein Mensch ist, soll sie meiden und lieber im Dunkel des Bürgerstandes leben, als die Krone tragen zum Verderben so vieler ihm gleich geschaffener Wesen. Gleichwohl muß der, welcher den obengenannten Weg zum Guten nicht gehen will, will er sich erhalten, zu diesem Übel schreiten. Allein die Menschen wählen einen gewissen Mittelweg, das schädlichste von allem, denn sie verstehen weder ganz gut noch ganz böse zu sein, wie im folgenden Kapitel durch ein Beispiel gezeigt werden soll.

27.

Die Menschen verstehen äußerst selten, ganz gut oder ganz böse zu sein.

Der Papst Julius II. hatte den Plan gefaßt, alle kleinen Fürsten, welche Teile des Kirchenstaates besaßen, zu entthronen. Als er im Jahre 1505 gegen Bologna zog, um die Bentivogli, welche diesen Staat mehr als hundert Jahre innegehabt

[8] Der die Hungernden mit Gütern überhäufte und die Reichen ausgesaugt entließ.

hatten, zu vertreiben, wollte er bei dieser Gelegenheit auch den Tyrannen von Perugia, Giovampagolo Baglioni, absetzen. Da er nun in dieser Absicht, die jedermann bekannt war, bei Peragia ankam, so wartete er nicht sein Heer ab, das ihn geschützt hätte, sondern zog ohne Bedeckung in die Stadt, obgleich Giovampagolo mit vielen Truppen, die er zu seiner Verteidigung zusammengebracht hatte, darin war. Von jenem Ungestüm, das er bei allen Gelegenheiten zeigte, getrieben, begab sich der Papst auf diese Art, nur von seiner Leibwache begleitet, in die Hände des Feindes, welchen er mit sich wegführte, nachdem er einen Statthalter für die Kirche zurückgelassen hatte.

Alle verständigen Männer in seinem Gefolge bemerkten die Verwegenheit des Papstes und die Feigheit Giovampagolos. Sie konnten nicht begreifen, warum dieser nicht zu seinem unsterblichen Ruhm mit einem Schlag seinen Feind niedermachte und sich mit Beute belud, da alle Kardinäle mit ihren besten Schätzen den Papst begleitet hatten. – Es ließ sich nicht glauben, er habe es aus Edelmut unterlassen oder das Gewissen habe ihn zurückgehalten; denn in der Brust eines Verbrechers, der mit seiner Schwester in verbotenem Umgang lebte und aus Herrschsucht seine Vettern und Neffen ermordet hatte, konnten keine menschlichen Gefühle Raum finden, sondern man muß daraus schließen, daß die Menschen nicht ehrenvoll böse, noch vollkommen gut sein können; – und liegt in einer bösen Handlung Größe, ist sie in gewisser Hinsicht hochherzig, – daß sie sie nicht auszuführen verstehen.

So achtete Giovampagolo es für nichts, ein Blutschänder und offenkundiger Mörder seiner Verwandten zu sein, wußte aber oder, besser gesagt, wagte (da er die rechte Gelegenheit hatte) nicht, eine Tat auszuführen, wobei jedermann seinen Mut bewundert und wodurch er seinen Namen unsterblich gemacht haben würde. Er würde der Erste gewesen sein, der den Prälaten gezeigt hätte, wie wenig Leute zu achten seien, die wie sie leben und regieren, und er würde eine Tat vollbracht haben, deren Großartigkeit alles damit verbundene Schimpfliche und alle mögliche Gefahr bei weitem übertroffen hätte.

28.

Aus welcher Ursache Rom weniger undankbar gegenüber seinen Bürgern war als Athen.

Wenn man die Geschichte der Republiken liest, wird man bei allen Beispiele der Undankbarkeit gegen ihre Bürger finden; in Rom aber wird dies weniger als in Athen und vielleicht in jeder anderen Republik der Fall sein. Die Ursache dieser verschiedenen Erscheinung in Rom und Athen war meines Erachtens die, daß die Römer weniger Ursache hatten, gegen ihre Bürger Argwohn zu hegen, als die Athener. Rom wurde von der Vertreibung der Könige bis zu Sulla und Marius nie von einem seiner Bürger der Freiheit beraubt; es hatte daher keine große Ursache, Mißtrauen gegen sie zu hegen und sie folglich unbedachtsam zu verletzen. Das Gegenteil widerfuhr Athen. In seiner blühendsten Zeit unter einem falschen Schein von Tugend durch Peisistratos seiner Freiheit beraubt, erinnerte es sich – nach Wiedererlangung derselben – der erlittenen Unbilden und der früheren Knechtschaft stets und wurde der blutigste Rächer nicht allein der Vergehen, sondern des Schattens der Vergehen seiner Bürger. Deshalb die Verbannung und der Tod so vieler ausgezeichneter Männer. Deshalb der Ostrazismus und jede andere Gewalthandlung, welche sich diese Stadt in verschiedenen Zeiten gegen ihre Optimaten zuschulden kommen ließ.

Sehr wahr ist der Ausspruch der Schriftsteller über den Staat, daß die Völker grimmiger beißen, wenn sie die Freiheit wieder errungen, als wenn sie dieselbe aufrechterhalten haben. Erwägt man daher, was wir gesagt haben, so wird man weder Athen tadeln, noch Rom loben, sondern in Anbetracht der Verschiedenheit der Ereignisse in beiden Städten allein der Notwendigkeit die Schuld geben. In der Tat, wäre Rom wie Athen seiner Freiheit beraubt worden, so würde es nicht gerechter gegen seine Bürger gewesen sein als Athen. Auf das sicherste läßt sich dies aus dem Schicksal des Collatinus und P. Valerius gleich nach der Vertreibung der Könige schließen. Der erste, obgleich er zur Befreiung Roms beigetragen hatte, wurde aus keiner anderen Ursache verbannt, als weil er den Namen der Tarquinier führte; der zweite hatte allein dadurch Verdacht erregt, daß er ein Haus auf dem Mons Coelius baute, und mußte gleichfalls dafür in die Verbannung wandern.

Betrachtet man den Argwohn und die Strenge Roms in diesen beiden Fällen, so läßt sich wohl abnehmen, daß es so undankbar wie Athen gewesen sein würde, hätten es seine Bürger wie jenes in den ersten Zeiten und vor seiner Vergrößerung verletzt. Um aber nicht mehrere Male auf das Kapitel der Undankbarkeit zurückkommen zu müssen, will ich das darauf Bezügliche sogleich beibringen.

29.

Wer undankbarer sei, ein Volk oder ein Fürst.

Es scheint mir aus Anlaß der obenstehenden Erörterung angebracht, zu untersuchen, wo die schlimmsten Beispiele von Undankbarkeit vorkommen, bei den Völkern oder bei den Fürsten. Schicken wir zu diesem Zweck voraus, daß das Laster der Undankbarkeit entweder aus Geiz oder aus Argwohn entsteht. Hat nämlich ein Volk oder ein Fürst einen Feldherrn zu einer wichtigen Unternehmung ausgesandt, der Feldherr aber sie glücklich beendet und dadurch viel Ruhm erworben, so sind Fürst oder Volk verbunden, ihn dafür zu belohnen. Entehren sie ihn, oder verletzen sie ihn statt dessen aus Geiz, indem sie ihn, von dieser Kargheit zurückgehalten, nicht befriedigen wollen, so begehen sie ein nicht zu entschuldigendes Unrecht, noch mehr, sie ziehen sich ewige Schande zu. Dennoch gibt es viele Fürsten, die hierin sündigen. Tacitus gibt uns in folgender Sentenz die Ursache: *Proclivius est iniuriae, quam beneficio vicem exsolvere, quia gratia oneri, ultio in quaestu habetur.*[9] Belohnen sie ihn hingegen nicht oder, besser gesagt, verletzen sie ihn, nicht aus Geiz, sondern aus Mißtrauen, so verdienen Fürst und Volk einige Entschuldigung.

Beispiele der Undankbarkeit aus diesem Grund findet man viele. Der Feldherr, welcher seinem Herrn tapfer ein Reich erobert hat, indem er die Feinde überwand, sich mit Ruhm bedeckte und seine Soldaten mit Reichtümern belud, erwirbt notwendigerweise bei seinen Soldaten, bei den Feinden und bei den eigenen Untertanen seines Fürsten ein solches Ansehen, daß der Sieg seinem Herrn nicht wohl schmecken kann. Da nun der Mensch von Natur nicht nur mißtrauisch, sondern auch ehrgeizig ist und sich im Glück nicht zu mäßigen weiß, so ist es unmöglich, daß das Mißtrauen, welches den Fürsten sogleich nach dem Sieg seines Feldherrn ergreift, nicht von diesem selbst durch irgendeine übermütige Äußerung oder Handlung vergrößert werde. Auf diese Art kann der Fürst nur daran denken, sich vor ihm zu sichern, und zu diesem Zweck darauf sinnen, ihn entweder sterben zu lassen, oder ihm das Ansehen zu entziehen, das er bei seinem Heer oder bei seinen Völkern erworben hat, indem er sich auf alle Weise zu zeigen bemüht, der Sieg sei nicht die Folge der Tapferkeit des Feldherrn, sondern des Glücks, der Feigheit der Feinde oder der Klugheit der anderen Führer, die am Feldzuge teilgenommen.

Nachdem Vespasian in Judäa von seinem Heer zum Kaiser ausgerufen worden war, ergriff Antonius Primus, der sich mit einem anderen Heere in Illyrien befand, seine Partei, zog nach Italien gegen Vitellius, der zu Rom regierte, schlug mit größter Tapferkeit zwei vitellianische Heere und nahm Rom ein, so daß Muzian, von Vespasian abgesendet, jede Schwierigkeit durch die Tapferkeit des Antonius überwunden und alles getan fand. Die Belohnung des Antonius war, daß ihm Muzian sogleich den Oberbefehl über das Heer abnahm und ihm nach und nach in Rom alle Gewalt entzog. Antonius ging deshalb zu Vespasian, der sich noch in Asien befand, wurde jedoch von diesem auf eine Art aufgenommen, daß er in kurzer Zeit, jedes Grades entkleidet, fast in Verzweiflung

[9] Viel leichter wird es, Unbilden als Wohltaten zu vergelten, denn Rache gilt als Gewinn, Dankbarkeit als Last.

starb. Die Geschichte ist voll solcher Beispiele. Jeder Zeitgenosse weiß, mit welcher Geschicklichkeit und Tapferkeit in unseren Tagen Gonsalvo Ferrante, der Feldherr Ferdinands von Aragonien, das Königreich Neapel den Franzosen entriß, und daß als Belohnung für diese Eroberung Ferdinand, als er aus Aragonien in Neapel angekommen, ihm zuerst den Befehl über die Truppen, dann die Festungen entzog und ihn nach Spanien mitnahm, wo er kurze Zeit darauf ungeehrt starb.

Dieser Argwohn der Fürsten ist so natürlich, daß sie sich seiner nicht erwehren und sich unmöglich gegen die Feldherren, welche unter ihren Fahnen große Eroberungen gemacht haben, dankbar zeigen können. Erwehrt sich aber dessen ein Fürst nicht, so ist es kein Wunder, noch eine auffallendere Erscheinung, wenn sich ein Volk dessen nicht erwehrt. Eine freie Stadt hat zwei Zwecke, erstens zu erobern, zweitens ihre Freiheit zu erhalten, und in beiden muß sie durch zu viel Liebe fehlen. Was die Fehler beim Erobern betrifft, so soll gegebenen Orts davon die Rede sein. Fehler bei der Erhaltung ihrer Freiheit kann sie zwar auch dadurch machen, daß sie Bürger verletzt, die sie belohnen sollte, und daß sie denen mißtraut, welchen sie trauen sollte. Wenn jedoch diese Art zu verfahren in einer Republik, wo Sittenverderbnis eingerissen ist, die Ursache großen Unglücks sein mag, und häufig eher Tyrannei daraus entsteht wie in Rom, als sich Cäsar mit Gewalt nahm, was ihm Undankbarkeit verweigerte, so ist gleichwohl diese Verfahrungsart in einer unverderbten Republik sehr heilbringend und gibt der Freiheit eine längere Dauer, da durch die Furcht vor Strafe die Menschen besser und weniger ehrgeizig erhalten werden.

Von allen Völkern indessen, die eine ausgezeichnete Herrschaft besaßen, war das römische das am wenigsten undankbare. Man kann sagen, daß sich kein anderes Beispiel seiner Undankbarkeit findet, als das Scipio. Coriolan und Camillus wegen Unannehmlichkeiten verbannte, welche der eine und der andere den Plebejern zugefügt hatte. Doch dem ersten wurde nur darum nicht verziehen, weil er gegen das Volk stets feindlich gesinnt blieb; der zweite wurde nicht allein zurückgerufen, sondern sein ganzes übriges Leben gleich einem Fürsten angebetet. Die Undankbarkeit gegen Scipio entstand daraus, daß der Senat gegen ihn einen Argwohn zu hegen anfing, den man gegen die anderen Feldherren nicht gehegt hatte, und der aus der Größe des Feindes, welchen Scipio überwunden hatte, aus dem Ruhm, den ihm die siegreiche Beendigung eines so langen und gefahrvollen Krieges und die Schnelligkeit des Sieges errungen, und aus der Gunst, welche ihm seine Jugend, seine Klugheit und seine anderen merkwürdigen Tugenden erwarben, entsprang. Seine Taten waren so groß, daß die Magistrate Roms, so gut wie alle anderen, seine Macht fürchteten; was den weisen Männern als eine ungewöhnliche Erscheinung in Rom äußerst mißfiel. So außerordentlich erschien sein Betragen, daß der ältere Cato, der als Heiliger galt, der erste war, der gegen ihn sprach, da eine Stadt nicht frei genannt werden könne, wenn einer ihrer Bürger von der Regierung gefürchtet werde. Folgte demnach das römische Volk in diesem Falle der Meinung Catos, so verdient es die Entschuldigung, die, wie oben gesagt wurde, Völker und Fürsten verdienen, welche aus Mißtrauen undankbar sind.

Meine Meinung aber ist kurz folgende: Das Laster der Undankbarkeit hat seinen Grund im Geiz oder im Argwohn. Aus Geiz werden die Völker niemals undankbar sein, aus Argwohn viel seltener als die Fürsten, weil sie weniger Ursache haben, argwöhnisch zu sein, wie unten gezeigt werden soll.

30.

Auf welche Art ein Fürst oder eine Republik das Laster der Undankbarkeit vermeiden könne, und was ein Feldherr oder Bürger tun müsse, um nicht darunter zu leiden.

Um der Notwendigkeit, Mißtrauen zu hegen oder undankbar zu sein, zu entgehen, soll ein Fürst persönlich seine Feldzüge leiten, wie es anfangs die römischen Kaiser taten, wie es in unserer Zeit der Türke tut, und wie es alle tapferen Fürsten getan haben und tun. Siegen sie dann, so ist Ruhm und Eroberung ganz ihrer; sind sie hingegen nicht selbst dabei und gehört so der Ruhm einem andern, so glauben sie sich der Eroberung nicht erfreuen zu können, wenn sie nicht des andern Ruhm verdunkeln, welchen sie sich selbst zu verdienen nicht verstanden haben. So werden sie undankbar und ungerecht, und zweifelsohne ist dann ihr Verlust größer als ihr Gewinn. Bleiben sie so aus Nachlässigkeit oder aus Unklugheit müßig zu Hause und schicken einen Feldherrn, so weiß ich ihnen freilich keine andere Vorschrift zu geben als die, welche sie von selbst wissen.

Dem Feldherrn jedoch, der dem Zahn der Undankbarkeit nicht entgehen zu können glaubt, rate ich eines von beiden zu tun: entweder gleich nach dem Sieg das Heer zu verlassen und sich in die Hände seines Fürsten zu begeben, indem er jede übermütige oder ehrgeizige Handlung sorgfältig vermeidet, damit der Fürst frei von jedem Mißtrauen, ihn zu belohnen oder nicht zu beleidigen Ursache hat: oder will er das nicht, so ergreife er mutvoll den entgegengesetzten Weg. Er versuche dann alles, was er für zweckmäßig hält, damit die Eroberung sein eigen sei und nicht des Fürsten; er mache sich die Soldaten und die Einwohner geneigt, schließe neue Bündnisse mit den Nachbarn, besetze die Festungen mit seinen Leuten, besteche die Ersten seines Heeres, schaffe die, welche er nicht bestechen kann, auf die Seite und suche auf diese Weise seinen

Herrn für die Undankbarkeit zu strafen, welche dieser gegen ihn gezeigt haben würde. Andere Wege gibt es nicht, aber, wie ich oben gesagt habe, die Menschen verstehen nicht, ganz böse noch ganz gut zu sein. Immer kommt es so, daß die Feldherren unmittelbar nach dem Sieg ihr Heer nicht verlassen wollen, sich nicht bescheiden benehmen können, und zu gewaltsamen Mitteln, die etwas Ehrenvolles in sich schließen, nicht zu greifen verstehen. So bleiben sie unschlüssig und werden während ihres Wartens und Schwankens erdrückt.

Einer Republik, welche das Laster der Undankbarkeit meiden will, läßt sich nicht dasselbe Mittel wie dem Fürsten, nämlich an ihren Feldzügen selbst teilzunehmen und nicht einen anderen zu senden, raten, da sie genötigt ist, einen ihrer Bürger zu schicken. Ich muß ihr daher als Mittel angeben, dieselbe Verfahrungsart wie Rom zu befolgen, um weniger undankbar als andere zu sein. Dies hatte in der Staatsverfassung Roms seinen Grund. Da nämlich die ganze Stadt, sowohl die Edlen als die Plebejer, sich der Kriegskunst beflissen und in den Krieg zogen, so standen jederzeit so viele tapfere und durch verschiedene Siege berühmte Männer auf, daß das Volk nicht Ursache hatte, einen von ihnen zu fürchten, da ihrer viele waren und einer den andern bewachte. Auch zeigten sie sich so tugendhaft und so vorsichtig, jeden Schein von Ehrgeiz zu vermeiden und dem Volk keine Ursache zu geben, sie als Ehrgeizige zu strafen, daß, zur Diktatur gelangt, der von ihnen den größten Ruhm erwarb, der diese Würde am ehesten wieder niederlegte. Da nun ein solches Benehmen kein Mißtrauen erregen konnte, so erzeugte es auch keine Undankbarkeit.

Eine Republik also, die nicht Ursache haben will, sich undankbar zu zeigen, muß wie Rom zu Werke gehen; und ein Bürger, der die Bisse der Undankbarkeit meiden will, muß das Verhalten der römischen Bürger nachahmen.

31.

Daß die römischen Feldherren für begangene Fehler nie außerordentlich bestraft wurden und daß sie auch dann nicht bestraft wurden, wenn aus ihrer Ungeschicklichkeit oder aus einer bösen Maßnahme der Republik Schaden entstanden war.

Die Römer waren nicht allein weniger undankbar als andere Republiken, wie wir soeben auseinandergesetzt haben, sondern sie waren auch in der Bestrafung ihrer Heerführer milder und rücksichtsvoller als alle andern. War ein Fehler aus bösem Willen gemacht worden, so straften sie menschlich, war es aus Ungeschicklichkeit, so straften sie nicht nur nicht, sondern belohnten und ehrten den unglücklichen Feldherrn. Diese Art zu verfahren war wohl erwogen; sie hielten es für so wichtig, daß die Führer ihrer Heere freien Geistes, rasch und ohne alle Nebenrücksichten ihre Operationspläne entwerfen und ausführen konnten, daß sie einer an sich schwierigen und gefahrvollen Sache nicht neue Gefahr und Schwierigkeit hinzufügen wollten, weil sie es in diesem Fall für unmöglich hielten, daß irgendein Mann tapfer und mutvoll handeln könne.

Zum Beispiel: Sie schickten ein Heer nach Griechenland gegen Philipp von Mazedonien, oder in Italien gegen die Völker, welche sie zuerst überwanden. Der mit dieser Unternehmung beauftragte Feldherr war durch alle die Sorgen beengt, welche Geschäfte verursachen, die wichtig und von hoher Bedeutung sind. Kam nun zu diesen Sorgen der Gedanke an mehrere Beispiele von Heerführern, die wegen verlorener Schlachten von den Römern gekreuzigt oder auf andere Art hingerichtet worden waren, hinzu, so war es unmöglich, daß der Feldherr, bestürmt von Sorgen, Bangen und Mißtrauen, einen kräftigen Entschluß fassen konnte. Man war daher der Meinung, daß die Schande, verloren zu haben, Strafe genug für den Feldherrn sei, und wollte ihn nicht durch eine andere größere Strafe entmutigen.

Führen wir ein Beispiel eines nicht aus Ungeschicklichkeit gemachten Fehlers an: Sergius und Virginius lagen jeder mit einem Teil des Heeres vor Veji, Sergius auf der Seite, wo die Toskaner kommen konnten, Virginius auf der anderen Seite. Sergius, von den Faliskern und anderen Völkerschaften angegriffen, ließ sich lieber schlagen und in die Flucht jagen, als daß er Virginius um Hilfe bitten wollte. Auf der anderen Seite wollte Virginius, in der Erwartung, daß er sich demütige, lieber die Schmach seines Vaterlands und die Niederlage des halben Heeres mit ansehen, als ihm zu Hilfe kommen. Ein wahrhaft verbrecherischer Fall, wert, bemerkt zu werden; eine schlimme Meinung müßte man von der römischen Republik fassen, wären beide nicht bestraft worden. Während sie indes eine andere Republik mit dem Tod bestraft hätte, strafte sie Rom nur an Geld. Nicht daß ihr Vergehen keine größere Strafe verdient hätte, sondern die Römer wollten auch in diesem Falle aus den angeführten Gründen ihrer alten Gepflogenheit treu bleiben.

Was die Fehler aus Ungeschicklichkeit betrifft, so gibt es kein schöneres Beispiel als das des Terentius Varro. Durch seine Verwegenheit waren die Römer bei Cannae von Hannibal aufs Haupt geschlagen worden, und die Unabhängigkeit der Republik schwebte in Gefahr; dennoch wurde Varro, weil er aus Unwissenheit, nicht aus bösem Willen, gefehlt hatte, nicht nur nicht bestraft, sondern geehrt. Es ging ihm bei seiner Rückkehr nach Rom der ganze Senat entgegen, und da man ihm nicht wegen der Schlacht danken konnte, so dankte man ihm, daß er nach Rom zurückgekehrt war und nicht am Vaterland verzweifelt hatte.

Als Papyrius Cursor seinen Magister Equitum, Q. Fabius, hinrichten lassen wollte, weil er gegen seinen Befehl sich mit den Samnitern in ein Gefecht eingelassen hatte, bekämpfte des Fabius Vater die Hartnäckigkeit des Diktators unter anderem auch mit dem Grund, daß das römische Volk wegen keiner verlorenen Schlacht seiner Feldherren jemals getan, was Papyrius gegen den Sieger beschlossen habe.

32.

Eine Republik oder ein Fürst darf es nicht verschieben, die Not des Volkes zu verringern.

Als Porsenna Rom belagerte, um die Tarquinier wieder einzusetzen, fürchtete der Senat, das Volk möge lieber den König wieder aufnehmen, als im Krieg ausdauern. Um sich seiner zu versichern, befreite er es von der Salzsteuer und jeder anderen Abgabe, indem er sagte, die Armen täten genug für das allgemeine Beste, wenn sie ihre Kinder aufzögen; das Volk aber trug für diese Wohltat Belagerung, Hunger und Krieg. Obgleich es nun für die Römer glücklich ablief, gegen das Volk beim Herannahen der Gefahr freigebig gewesen zu sein, so verschiebe doch niemand, sich auf dies Beispiel verlassend, bis auf die Zeit der Gefahr, sich das Volk zu gewinnen; denn nie wird ihm gelingen, was den Römern gelang. Nie wird man glauben, eine Wohltat dir zu verdanken, sondern, deinen Feinden, da man fürchten muß, du werdest, wenn die Not vorbei ist, wieder nehmen, was du gezwungen gabst. Man wird dir daher durchaus nicht dankbar sein.

Die Ursache, warum es den Römern gelang, war die, daß der Staat noch neu, nicht völlig konstituiert war, und das Volk gesehen hatte, daß schon vorher Gesetze zu seinen Gunsten gemacht worden waren, wie das Gesetz der Berufung an das Volk. Es konnte daher die Überzeugung fassen, die Wohltat, welche man ihm zeigte, sei nicht sowohl durch das Erscheinen der Feinde veranlaßt, sondern durch die wohlmeinende Gesinnung des Senates. Überdies standen die Könige, von denen das Volk vielfach bedrückt und beleidigt worden war, noch in frischem Andenken.

Da nun dieselben Ursachen selten zusammentreffen werden, so werden auch dieselben Mittel selten von Nutzen sein. Die Häupter einer Republik sowohl als die Fürsten müssen daher im voraus bedenken, welche schlimme Zeiten kommen und wessen sie dann bedürfen können. Gegen diese müssen sie sich gleich so benehmen, wie sie es im Fall eines widrigen Ereignisses nötig zu haben glauben. Wer anders handelt, Fürst oder Republik, besonders ein Fürst, und, kommt die Gefahr, sich durch Wohltaten die Gemüter wiederzugewinnen glaubt, täuscht sich sehr. Er sichert sich nicht nur nicht dadurch, sondern er beschleunigt seinen Fall.

33.

Wenn ein Übelstand in einem Staat oder gegen einen Staat zu einer gewissen Größe angewachsen ist, so ist es heilsamer, Zeit zu gewinnen, als Gewalt zu brauchen.

Als die römische Republik an Ansehen, Macht und Gebiet anwuchs, fingen die Nachbarvölker, welche anfangs nicht daran gedacht hatten, wie gefährlich ihnen die neue Republik werden konnte, zu spät an, ihren Irrtum einzusehen. Wohl vierzig Völker schlossen jetzt ein Bündnis gegen Rom, um nachzuholen, was sie früher versäumt hatten.

Außer anderen in dringender Gefahr gebräuchlichen Maßregeln ernannten die Römer einen Diktator, das heißt, sie gaben einem Mann die Gewalt, ohne irgendeine Beratung Beschlüsse zu fassen, und ohne irgendeine Einrede die Beschlüsse auszuführen. Ein Mittel, das sowohl damals nützlich und Ursache der Besiegung der drohenden Gefahr, wie auch stets bei allen Vorfällen vom größten Nutzen war, welche bei der Vergrößerung des Reiches zu irgendeiner Zeit die Republik gefährdeten.

Bei Gelegenheit dieser Begebenheit ist zuerst folgendes zu erörtern: Wenn ein Mißstand entweder in einer Republik oder gegen eine Republik aus einer inneren oder äußeren Ursache entsteht und zu einer solchen Größe anwächst, daß er bei einem jeden Furcht zu erregen anfängt, so ist es viel sicherer, Zeit zu gewinnen, als Gewalt zu gebrauchen. Sucht man ihn mit Gewalt zu unterdrücken, so vergrößert man fast immer seine Kräfte und beschleunigt den Ausbruch des Übels, das man fürchtete.

Solche Ereignisse rühren nun in einer Republik häufiger aus einer inneren als aus einer äußeren Ursache her, indem diese oft einen Bürger mächtiger werden läßt, als der Vernunft gemäß ist, oder indem ein Gesetz, das der Nerv und das Lebensprinzip der Freiheit ist, seine Kraft zu verlieren anfängt, und dieses Übel so sehr um sich greift, daß das Abhelfen wollen schädlicher wird, als das Gehenlassen. Die Erkenntnis solcher Mißstände ist aber um so schwerer, je natürlicher es den Menschen scheint, stets den Anfang der Dinge zu begünstigen. Folgenreicher als irgendwo ist diese Begünstigung bei Handlungen, welche einigermaßen verdienstlich scheinen und von Jünglingen ausgeführt werden. Erhebt sich in einer Republik ein vornehmer Jüngling, der ausgezeichnete Eigenschaften besitzt, so wenden die Bürger die Augen auf ihn und kommen ohne allen Bedacht darin überein, ihm Ehre zu zeigen. Liegt nun ein Funke von Ehrgeiz in ihm, so gelangt er durch das Zusammentreffen seiner natürlichen großen Eigenschaften und des angeführten Umstands bald auf eine Stufe, daß den Bürgern, wenn sie ihren Fehler merken, wenig Mittel bleiben, ihm entgegenzuarbeiten, und daß er durch die Anwendung dieser Mittel nur schneller zur Macht gelangt. Viele Beispiele ließen sich dafür anführen, ich will aber nur eines aus unserer Stadt geben.

Cosimo de' Medici, der den Grund zur Größe des Hauses Medici in unserer Stadt legte, kam durch die Gunst, welche ihm seine Klugheit und die Unwissenheit der anderen Bürger erwarb, zu solchem Ansehen, daß er dem Staat Furcht einzuflößen begann und die anderen Bürger ihn anzugreifen für gefährlich, ihn gehenzulassen für das Gefährlichste hielten. Niccolò da Uzzano aber, der als ein äußerst erfahrener Staatsmann galt und auch den ersten Fehler gemacht hatte, die Gefahren nicht zu erkennen, welche aus dem Ansehen des Cosimo entspringen konnten, erlaubte, solange er lebte, nie, daß der zweite Fehler gemacht werde, das heißt, daß man Cosimo zu stürzen versuche. Er war der Meinung, ein solcher Versuch werde die gänzliche Auflösung der Staatsverfassung zur Folge haben, und daß er recht hatte, zeigte sich nach seinem Tod. Die übrigen Bürger setzten seinen Rat außer acht, verbanden sich gegen Cosimo und vertrieben ihn aus Florenz. Cosimos Partei aber, durch diese Unbill erbittert, rief ihn bald darauf wieder zurück und machte ihn zum Fürsten der Republik, zu welchem Rang er sich ohne jenen offenen Widerstand niemals hätte emporschwingen können.

Geradeso erging es Rom mit Cäsar, der wegen seiner Verdienste von Pompeius und den anderen begünstigt wurde, eine Gunst, welche sich kurz darauf in Furcht verwandelte, wie Cicero bezeugt, wenn er sagt, Pompeius habe zu spät den Cäsar zu fürchten angefangen. Die Furcht bewirkte, daß sie auf Abhilfe sannen, und ihre Maßregeln beschleunigten den Sturz der Republik.

Da es also schwer ist, diese Übel bei ihrem Entstehen zu erkennen, weil uns die Dinge in ihrem Anfang täuschen, so ist es klüger, Zeit zu gewinnen, wenn man sie erkannt hat, als sie zu bekämpfen. Gewinnt man Zeit, so verschwinden sie entweder von selbst, oder der Ausbruch wird doch wenigstens länger hinausgeschoben. Jederzeit müssen also die Fürsten, wenn sie einen Feind ausmerzen oder sich seiner Macht und seinen Angriffen widersetzen wollen, wohl auf der Hut sein, daß sie ihm nicht zu Wachstum verhelfen, statt ihm zu schaden, und im Glauben, ein Übel zu entfernen, es sich auf den Hals laden, oder eine Pflanze durch Düngen ersticken. Du mußt die Bösartigkeit des Geschwürs wohl untersuchen, und hast du Kraft genug, es zu heilen, tue es rasch und rücksichtslos, wo nicht, laß es stehen und reize es auf keine Art. Es würde dir sonst ergehen, wie wir oben gezeigt haben und wie es den Nachbarn Roms erging, für die es heilsamer gewesen wäre, wenn sie Rom, nachdem es zu großer Macht angewachsen war, auf friedlichem Weg zu besänftigen und zurückzuhalten gesucht hätten, als daß sie es durch Krieg auf neue Einrichtungen und neue Verteidigungsmittel führten. Ihr Bündnis bewirkte nur, daß die Römer einiger und kräftiger wurden und auf neue Mittel sannen, wodurch sie in kürzerer Zeit ihre Macht ausdehnten. Hierzu gehört die Ernennung eines Diktators, eine neue Würde, durch welche nicht allein die drohende Gefahr überwunden wurde, sondern welche auch in der Folge die Ursache der Verhütung unzähliger Übel ward, in die ohne dies Mittel die Republik gefallen sein würde.

34.

Die diktatorische Gewalt brachte der römischen Republik Vorteil, nicht Schaden; und daß die Gewalt, welche ein Bürger an sich reißt, nicht die, welche ihm durch freie Abstimmung erteilt wird, der Freiheit schadet.

Ein Schriftsteller verdammt jene Römer, welche die Einführung der Diktatorwürde erfunden hatten, weil diese Würde in der Folge die Ursache der Tyrannei geworden sei. Er fährt an, daß der erste Tyrann Rom unter dem Titel eines Diktators beherrscht habe, und behauptet, hätte diese Würde nicht bestanden, so würde Cäsar seine Tyrannei durch keinen gesetzmäßigen Titel haben rechtfertigen können. Diese Meinung, das Resultat einer sehr oberflächlichen Untersuchung, fand ohne allen Grund Eingang. Weder der Diktatorname, noch das Amt selbst brachte Rom in Knechtschaft, sondern die Gewalt, welche Bürger durch die Fortdauer des Heerbefehles an sich rissen; hätte in Rom der Diktatortitel gefehlt, so würden sie einen anderen angenommen haben; denn Macht erwirbt leicht Titel, Titel nicht Macht. Die Diktatur, solange sie der Verfassung gemäß gegeben und nicht mit Gewalt genommen wurde, war der Stadt immer heilsam. Nur Ämter und Gewalten, welche auf ungesetzlichem Weg erteilt oder genommen werden, schaden den Republiken, nicht die auf gesetzlichem Weg erteilten. So kam es auch eine lange Zeit in Rom, daß nie ein Diktator der Republik anders als heilsam war. Die Gründe davon fallen ins Auge. Damit erstens ein Bürger schaden und sich eine ungesetzliche Gewalt anmaßen könne, muß er im Besitz vieler Vorzüge sein, die er in einer unverderbten Republik nie haben kann. Er müßte sehr reich sein, viele Anhänger und eine starke Partei haben, und dies ist, wo die Gesetze geachtet werden, kaum möglich; hätte er sie aber dennoch, so sind solche Männer so gefürchtet, daß eine Wahl durch freie Abstimmung nicht auf sie fällt. Ferner wurde der Diktator für eine gewisse Zeit, nicht für immer, gewählt und nur, um die Ursache, wegen welcher er ernannt wurde, aus dem Weg zu räumen. Seine Machtvollkommenheit erstreckte sich zwar so weit, selbständig die Mittel gegen die dringende Gefahr zu wählen, in allem ohne Beratung zu handeln und jeden ohne Berufung zu bestrafen, aber er konnte nichts zur Schwächung des Staates tun, wie z. B. dem Senat oder dem

Volk seine Macht nehmen, die alten Institutionen der Stadt abschaffen und neue einführen. Auf diese Art machte es die kurze Dauer seiner Diktatur, ferner der Umstand, daß seine Machtvollkommenheit beschränkt und das römische Volk nicht verderbt war, unmöglich, daß er jemals seine Grenzen überschritt und der Stadt schadete; im Gegenteil zeigt die Erfahrung, daß er ihr immer nützte. In der Tat ist die Diktatur eine der römischen Institutionen, welche besondere Beachtung verdient und eine der Ursachen der Größe des Reiches war.

Ohne eine ähnliche Institution überstehen Städte schwer außergewöhnliche Ereignisse. Der gewöhnliche Gang der Geschäfte in den Republiken ist langsam, kein Rat, kein Magistrat kann für sich allein alles erledigen, sondern sie bedürfen sich in vielen Dingen gegenseitig; während des Ausgleichs der verschiedenen Willensmeinungen nun verfließt Zeit, und so entsteht die größte Gefahr, wenn einer Sache, die keinen Zeitverlust erlaubt, abzuhelfen ist. Die Republiken müssen daher bei ihren Institutionen etwas der Diktatur Ähnliches haben. Die venezianische Republik, welche unter den neueren Republiken hervorleuchtet, hat wenigen Bürgern die Gewalt vorbehalten, in dringenden Fällen ohne anderweitige Beratung einstimmige Beschlüsse zu fassen. Fehlt in einer Republik eine ähnliche Einrichtung, so muß sie notwendig bei Aufrechterhaltung der Verfassung zugrunde gehen, oder sie muß, um nicht zugrunde zu gehen, die Verfassung brechen. Nie aber sollte in einer Republik etwas vorkommen können, wobei man sich ungesetzlicher Mittel bedienen muß. Ist auch das ungesetzliche Mittel für den Augenblick vorteilhaft, so schadet doch das Beispiel, weil man dadurch, daß die Verfassung zu guten Zwecken gebrochen wird, einen Vorwand gibt, sie zu bösen zu brechen. Eine Republik wird daher niemals vollkommen sein, wenn sie sich nicht durch ihre Gesetze in allen Stücken vorgesehen, für jedes Ereignis ein Mittel, abzuhelfen, bestimmt und die Art, dieses Mittel anzuwenden, festgesetzt hat. Meine Meinung ist also kurz diese, daß die Republiken, welche in dringender Gefahr nicht zur diktatorischen oder einer ähnlichen Gewalt ihre Zuflucht nehmen, immer bei Ereignissen von großer Bedeutung zugrunde gehen werden.

Bei dieser neuen Einrichtung ist noch bemerkenswert, wie weise die Römer die Art der Erwählung angeordnet hatten. Da nämlich die Ernennung eines Diktators mit einiger Beschämung für die Konsuln verbunden war, da die Häupter der Stadt so gut wie alle anderen gehorchen mußten, so setzte man voraus, dies müsse bei den Bürgern Unwillen erzeugen. Man gab daher den Konsuln die Gewalt, den Diktator zu wählen, indem man dafür hielt, sie würden es beim Eintreten eines Ereignisses, das diese königliche Gewalt für Rom nötig machte, freiwillig tun und, hätten sie es selbst getan, weniger Schmerz darüber empfinden. Denn die Wunden und alle anderen Übel, welche sich der Mensch freiwillig und, wenn er die Wahl hat, selbst zufügt, schmerzen bei weitem weniger als die, welche er durch andere erleidet. Übrigens war es später in den letzten Zeiten in Rom Sitte, anstatt einen Diktator zu ernennen, dem Konsul mit folgenden Worten diktatorische Gewalt zu geben: *videat consul, ne respublica quid detrimenti capiat.*[10]

Um aber wieder auf unseren Gegenstand zurückzukommen, sage ich zum Schluß dieses Kapitels, daß die Nachbarvölker durch ihr Bestreben, Rom zu erdrücken, die Republik veranlaßten, sich solche Einrichtungen zu geben, daß sie sich nicht nur verteidigen, sondern auch diese Völker entschlossener und tatkräftiger angreifen konnte.

35.

Aus welcher Ursache die Schaffung des Dezemvirates der Freiheit Roms schädlich war, obwohl es durch öffentliche und freie Abstimmung ernannt wurde.

Dem, was oben gesagt wurde, daß die Gewalt, welche usurpiert wird, nicht die durch Abstimmung erteilte, den Republiken schädlich sei, scheint die Wahl der zehn Männer zu widersprechen, welche vom römischen Volk, um Rom Gesetze zu geben, ernannt wurden, in der Folge aber die Tyrannei an sich rissen und pflichtvergessen der Republik die Freiheit raubten. Man muß jedoch in Betracht ziehen, was für eine Art von Gewalt und auf wie lange Zeit sie gegeben wird. Wird eine unbeschränkte Gewalt und auf lange Zeit (unter langer Zeit ein Jahr oder mehr verstanden) erteilt, so wird sie immer gefährlich sein und gute oder schlimme Folgen haben, je nachdem die, welche sie empfingen, gut oder böse sind. Betrachtet man nun, welche Gewalt die Zehn hatten, und welche die Diktatoren, so wird man die Gewalt der Zehn ohne Vergleich größer finden. Wenn ein Diktator ernannt war, so blieben die Tribunen, die Konsuln, der Senat in ihrem Amt, und hätte der Diktator auch wohl einen Mann des Konsulats oder der Senatorwürde berauben können, so konnte er doch den Senat nicht abschaffen und neue Gesetze geben. Da auf diese Art der Senat, die Konsuln und die Tribunen in ihrem Amte blieben, wurden sie gleichsam seine Wächter, daß er nicht vom rechten Wege abwich.

Bei der Ernennung der Zehn hingegen trat das Gegenteil ein; denn Konsuln und Tribunen wurden abgesetzt und die Zehn erhielten die Gewalt, Gesetze zu geben und überhaupt alles zu tun, wie das römische Volk selbst. Da sie so allein standen, ohne Konsuln, ohne Tribunen, ohne Berufung an das Volk, und deshalb niemand da war, der sie beobachtete, konnten sie im zweiten Jahr, vom

[10] Der Konsul sorge, daß der Staat nicht zu Schaden komme.

Ehrgeiz des Appius getrieben, übermütig werden. Bemerken muß ich hier, daß, wenn ich früher sagte, eine durch freie Abstimmung erteilte Gewalt habe niemals einer Republik Schaden gebracht, ich voraussetzte, daß ein Volk sich nicht so weit verirrt, die Gewalt ohne die gehörigen Umstände und ohne gehörige Zeitbeschränkung zu geben; wird es hingegen durch Hinterlist oder durch eine andere Ursache, die es verblendet, dahin gebracht, die Gewalt unklugerweise und in der Art zu geben, wie sie das römische Volk den Dezemvirn gab, so wird es ihm immer wie diesem ergehen. Leicht läßt sich dies beweisen, wenn man erwägt, welche Ursachen die Diktatoren pflichttreu erhielten und welche die Dezemvirn pflichtvergessen machten; wenn man ferner erwägt, wie die Republiken zu Werke gingen, welche hinsichtlich der Erteilung langdauernder Gewalt gute Einrichtungen hatten, wie die Spartaner und Venezianer in Hinsicht auf ihre Könige und Herzöge. Man wird dann sehen, daß beiden Würden Wächter gesetzt waren, die die Wirkung hatten, daß weder die Könige noch die Dogen ihre Gewalt mißbrauchen konnten. Ohne diese Vorsicht hilft es nichts, daß die Sitten rein sind, weil eine unumschränkte Gewalt sie sehr bald verdirbt und sich Freunde und Anhänger macht. Auch schadet es ihr nicht, arm zu sein oder keine Ahnen zu haben, denn Reiche und Adlige bewerben sich sogleich um ihre Gunst, wie wir bei der Ernennung der Dezemvirn näher erörtern werden.

36.

Die Bürger, welche höhere Würden bekleidet haben, dürfen geringere nicht verschmähen.

Die Römer ernannten Marcus Fabius und Caius Manilius zu Konsuln und gewannen eine ruhmvolle Schlacht gegen die Vejenter und Etrusker, worin der Bruder des Konsuls, Quintus Fabius, welcher das Jahr zuvor Konsul gewesen war, blieb. Man sieht hieraus, wie geeignet die Einrichtungen dieser Stadt waren, sie groß zu machen, und wie sehr sich die anderen Republiken täuschen, welche von diesen Einrichtungen abweichen. Obgleich die Römer äußerst ruhmbegierig waren, so hielten sie es doch nicht für unehrenvoll, jetzt einem Mann zu gehorchen, dem sie früher befohlen hatten, und in demselben Heer zu dienen, dessen Feldherren sie gewesen waren.

Diese Sitte widerspricht der Meinung, der Ordnung und dem Brauch der Republiken unserer Zeit. In Venedig herrscht noch der Wahn, daß ein Bürger, wenn er einen hohen Rang bekleidet hat, sich schämt, einen geringeren anzunehmen, und die Stadt erlaubt ihm, ihn abzulehnen. Wäre dies auch für den einzelnen ehrenvoll, so ist es doch nachteilig für den Staat. Eine Republik darf mehr von einem Bürger erwarten, welcher von einem hohen Amt zur Führung eines geringeren herabsteigt, als von dem, welcher vom geringeren zum höheren hinaufsteigt. Dem Letzteren kann sie vernünftigerweise nur dann vertrauen, wenn sie ihn von Männern umgeben sieht, die so viel Ehrfurcht gebieten und so viel ausgezeichnete Eigenschaften besitzen, daß seine Neuheit durch ihren Rat und ihr Ansehen gemäßigt wird. Bestand in Rom die Sitte wie in Venedig und den anderen neueren Republiken und Königreichen, daß, wer einmal Konsul war, nur als Konsul wieder mit dem Heer ziehen wollte, so entstanden daraus unzählige Nachteile für die Freiheit. Sowohl die Fehler, welche neue Männer gemacht haben würden, als auch die Ehrfurcht, die sie leichter hätten befriedigen können, wenn sie nicht Männer um sich hatten, unter deren Augen sie zu sündigen fürchteten, so wie überhaupt ihre aus denselben Grund entstehende größere Ungebundenheit, mußten durchaus dem Staat gefährlich werden.

37.

Welche Unruhen in Rom das Ackergesetz hervorbrachte; und daß in einer Republik ein Gesetz machen, das weit zurückgreift und gegen ein uraltes Herkommen verstößt, sehr aufruhrerregend ist.

Es ist ein Ausspruch der alten Schriftsteller, daß sich die Menschen im Unglück ohne Maß betrüben und im Glück ihres Zustands überdrüssig werden, und daß beide Leidenschaften die gleiche Wirkung hervorbringen. Jedesmal nämlich, wenn die Menschen überhoben sind, aus Not zu kämpfen, so kämpfen sie aus Ehrgeiz, der in der menschlichen Brust so mächtig wirkt, daß er sie nie verläßt, wie hoch sie auch steigen mögen. Die Ursache dieser Erscheinung ist die, daß die Natur die Menschen so geschaffen hat, daß sie alles begehren können, aber nicht alles zu erlangen imstande sind. Da nun immer das Verlangen, zu erwerben, größer ist, als die Macht dazu, so entsteht daraus die Unzufriedenheit mit dem, was man besitzt, und die geringe Befriedigung, welche der Besitz gewährt. Hieraus entsteht der Wechsel der menschlichen Schicksale, denn da ein Teil der Menschen mehr zu haben begehrt, der andere Teil das Erworbene zu verlieren fürchtet, so kommt es zur Feindschaft und zum Krieg, aus welchem der Ruin des einen und die Erhöhung des anderen Landes hervorgeht.

Diese Betrachtung habe ich angestellt, weil es dem Volk in Rom nicht genügte, sich durch die Einführung des Tribunats gegen die Patrizier zu sichern. Kaum hatte es dieses erste Begehren, wozu es die Not zwang, erreicht, so fing es sogleich an, aus Ehrgeiz zu kämpfen, und wollte mit dem Adel Ehrenstellen und Güter, zwei Dinge, welche die Menschen am höchsten schätzen, teilen. Hieraus entstand die Krankheit, welche den Streit über das Ackergesetz erzeugte und endlich die Ursache des Sturzes der römischen Republik war. Da nun wohlgeordnete Republiken den Staat reich und ihre Bürger arm halten sollen, so hatte die römische Verfassung notwendigerweise hinsichtlich dieses Gesetzes einen Fehler. Entweder war es ursprünglich nicht so abgefaßt worden, daß man nicht jeden Tag darauf zurückkommen mußte; oder man verschob so lange, dieses Gesetz zu geben, daß seine Rückwirkung aufruhrerregend war; oder aber es war ursprünglich gut und wurde durch die Tradition verdorben. Wie dem aber auch gewesen sein mag, gewiß ist, daß jedesmal, wenn das Ackergesetz in Rom zur Sprache kam, die ganze Stadt in Aufruhr geriet.

Das Gesetz hatte zwei Hauptartikel, wovon der eine bestimmte, daß kein Bürger mehr als eine festgesetzte Anzahl Morgen Landes besitzen dürfe, der andere, daß die dem Feind abgenommenen Felder unter das Volk verteilt werden sollten. Es schädigte also die Patrizier auf zweierlei Weise, indem erstens diejenigen, welche mehr Güter besaßen, und dies war die Mehrzahl der Patrizier, derselben beraubt werden mußten, und indem zweitens, wenn die feindlichen Felder unter die Plebejer verteilt wurden, den Patriziern der Weg, sich zu bereichern, abgeschnitten war. Da es nun mächtige Männer waren, die auf diese Art geschädigt wurden, und da sie durch Bekämpfung dieses Gesetzes das allgemeine Wohl zu verteidigen glaubten, so geriet, wie ich gesagt habe, jedesmal, wenn das Gesetz in Erinnerung gebracht wurde, die ganze Stadt in Aufruhr. Die Patrizier versuchten seine Einführung mit Geduld und Geschicklichkeit hinauszuschieben, indem sie entweder ein Heer aussandten, dem einen Tribunen einen anderen entgegenstellten, manchmal teilweise nachgaben oder aber eine Kolonie an den Ort schickten, der zu verteilen war. Dies war zum Beispiel mit Antium der Fall, wohin, als ein Streit über die Verteilung der Acker entstand, eine aus Rom gezogene Kolonie gesandt wurde, der man den Bezirk anwies. Livius bedient sich bei dieser Gelegenheit der bemerkenswerten Worte, man habe nur schwer in Rom jemand gefunden, der sich zu dieser Kolonie habe einschreiben lassen; soviel geneigter sei das Volk gewesen, die Sache in Rom zu begehren als in Antium zu besitzen!

So dauerte die Gärung wegen dieses Gesetzes, von Zeit zu Zeit aufbrausend, so lange, bis die Römer nach und nach ihre Waffen bis an die äußersten Grenzen Italiens trugen. Nach dieser Zeit schien sie sich gelegt zu haben. Die Felder der Feinde Roms waren nun den Augen des Volkes entrückt und so fern, daß es ihm nicht mehr leicht war, sie zu bebauen. Es begehrte daher nicht mehr so sehr danach. Auch straften die Römer ihre Feinde jetzt weniger auf diese Weise, und wenn sie auch eine Stadt ihres Gebietes beraubten, so setzten sie Kolonien darauf.

Aus diesen Gründen schien das Ackergesetz bis zu den Gracchen wie eingeschlafen. Als es von diesen wieder aufgeweckt worden war, richtete es die Freiheit Roms völlig zugrunde. Es fand jetzt die Macht seiner Gegner verdoppelt und entflammte daher so großen Haß zwischen Volk und Senat, daß es zur Ergreifung der Waffen und zu Blutvergießen kam, über alles Maß und Bürgersitte hinaus. Da auf diese Art die öffentliche Macht nicht mehr abhelfen konnte und keine der Parteien Heil von ihr hoffte, so nahm man zur Selbsthilfe seine Zuflucht, und die Parteien waren darauf bedacht, sich zu ihrer Verteidigung ein Haupt zu wählen. In dieser Verwirrung und Unordnung wendete das Volk sein ganzes Ansehen Marius zu, so daß es ihm viermal das Konsulat gab, und zwar mit so kurzen Zwischenräumen, daß er sich selbst noch drei andere Male zum Konsul machen konnte.

Der Adel, der sich gegen diese Pest nicht zu helfen wußte, begünstigte Sulla und machte ihn zu seinem Haupt. Jetzt kam es zum Bürgerkrieg, und nach vielem Blutvergießen und manchem Glückswechsel behielt der Adel die Oberhand.

Dieselbe Gärung brauste zur Zeit des Cäsar und Pompeius mit erneuter Heftigkeit wieder auf. Cäsar machte sich zum Haupt der Marianischen, Pompeius der Sullanischen Partei. Als es zum Kampf kam, blieb Cäsar Meister, wurde der erste Tyrann Roms, und nie errang diese Stadt in der Folge ihre Freiheit wieder.

Diesen Anfang und dieses Ende hatte das Ackergesetz. Wir haben an einem anderen Ort gezeigt, daß die Feindschaft zwischen Senat und Volk Rom frei erhielt, weil daraus Gesetze zugunsten der Freiheit entstanden. Obgleich nun die Folgen des Ackergesetzes diesem meinem früheren Schluß zu widersprechen scheinen, so gehe ich deshalb doch nicht von meiner Meinung ab. Die Ehrsucht der Großen ist so unbegrenzt, daß, wird sie in einer Republik nicht durch verschiedene Mittel abgewehrt, sie bald dieser Republik ihren Untergang bereitet. Der Streit über das Ackergesetz hat erst nach dreihundert Jahren Rom dienstbar gemacht, sehr wahrscheinlich aber würde es viel früher in Knechtschaft geraten sein, wenn die Plebejer nicht gerade durch dieses Gesetz, sowie durch manches andere Begehren die Ehrsucht der Patrizier in Schranken gehalten hätten.

Man sieht auch aus dieser Sache, um wie viel höher die Menschen ihr Vermögen schätzen als die Ehrenstellen. Immer gab der römische Adel in betreff der Ehrenstellen dem Volk ohne ungewöhnlichen Widerstand nach; als es ihm aber an die Habe ging, zeigte er soviel Hartnäckigkeit in der Verteidigung, daß das Volk, um sein Begehren befriedigt zu sehen, zu den obengenannten außergewöhnlichen Mitteln greifen mußte. Die Urheber dieses Unheils waren die Gracchen, deren Absicht mehr zu loben ist als ihre Klugheit. Denn eine tief eingerissene Unordnung in einer Republik heben wollen und zu diesem Zweck ein Gesetz machen, das weit rückwirkt, ist eine unüberlegte Maßregel. Wie wir oben weitläufig auseinandergesetzt, beschleunigt man auf diese Weise nur das Unheil, wozu jene Unordnung führt; zögert man hingegen, so kommt das Übel später oder verschwindet mit der Zeit von selbst, ehe es seinen höchsten Grad erreicht und zum Ausbruch kommt.

38.

Schwache Republiken sind unentschlossen und wissen sich nicht zu raten; fassen sie jemals einen Entschluß, so geschieht es mehr aus Not als aus Wahl.

Als einst in Rom eine verheerende Pest wütete, schien den Volskern und Aequern die Zeit gekommen, Rom zu demütigen. Beide Völker brachten ein großes Heer zusammen, griffen die Lateiner und Herniker an und verwüsteten ihr Land, so daß diese genötigt waren, die Sache nach Rom zu melden und um Schutz zu bitten. Die durch die Krankheit schwer bedrängten Römer antworteten, sie sollten sich entschließen, sich selbst und mit ihren eigenen Waffen zu verteidigen; denn sie, die Römer, könnten es nicht. Man erkennt hieraus die Großherzigkeit und Weisheit des Senats. Immer wollte er, in jedem Glück oder Unglück, Herr der Beschlüsse seiner Untergebenen bleiben; und er schämte sich niemals, etwas seinem gewöhnlichen Verhalten oder früher gefaßten Beschlüssen Widersprechendes zu beschließen, wenn es ihm die Notwendigkeit gebot. Ich sage dies, weil derselbe Senat ein andermal den genannten Völkern verboten hatte, die Waffen zu ergreifen, so daß sich ein weniger weiser Senat etwas zu vergeben geglaubt hätte, wenn er ihnen nun die Erlaubnis zur eigenen Verteidigung gab. Aber er beurteilte die Dinge immer, wie man sie beurteilen muß, und ergriff die am wenigsten nachteilige Maßregel als die Beste. Ein Übel war es, seine Untertanen nicht verteidigen zu können, ein Übel war es, daß sie sich ohne die Römer bewaffneten, sowohl aus den angeführten Gründen, als auch aus vielen anderen, die jeder begreift. Gleichwohl ergriff der Senat, einsehend, daß sie sich jedenfalls aus Not bewaffnen würden, da ihnen der Feind im Nacken saß, den ehrenvollen Teil und wollte, daß sie, was sie tun mußten, mit seiner Genehmigung taten, damit sie nicht der notgedrungene Ungehorsam später zu freiwilligem Ungehorsam verführen möge.

Obschon man nun glauben sollte, alle Republiken müßten so handeln, so können sich doch schwache und schlechtberatene Republiken nicht dazu entschließen, noch verstehen sie es, in einem solchen Fall aus der Not eine Tugend zu machen. Der Herzog von Valentinois hatte Faenza genommen und Bologna Bedingungen vorgeschrieben. Als er hierauf durch Toskana wieder nach Rom zurückkehren wollte, schickte er einen Gesandten nach Florenz, um den

Durchzug für sich und sein Heer zu begehren. Man beriet sich in Florenz, was in dieser Sache zu tun sei, und niemand fiel es ein, die Erlaubnis anzuraten. Man befolgte hierin nicht das römische Muster; denn da der Herzog ein mächtiges Heer hatte und die Florentiner so wenig krieggerüstet waren, daß sie ihm den Durchzug nicht verwehren konnten, so war es viel ehrenvoller für sie, daß er mit ihrer Erlaubnis durchzog als mit Gewalt. Der Schimpf, der nun ganz auf sie fiel, wäre viel geringer gewesen, hätten sie anders gehandelt.

Doch die schlimmste Seite der schwachen Republiken ist, daß sie unentschlossen sind. Alle Maßregeln, die sie ergreifen, ergreifen sie durch Zwang, und ereignet es sich je, daß sie etwas Zweckmäßiges tun, so tun sie es gezwungen und nicht aus Klugheit. Ich will dafür noch zwei andere Beispiele anführen, welche sich in unserer Stadt im Jahr 1500 zutrugen. Nachdem der König Ludwig XII. von Frankreich Mailand wiedererobert hatte, wünschte er Pisa in seine Gewalt zu bekommen, um 50000 Dukaten, die ihm von den Florentinern für diese Stadt versprochen worden waren, zu erhalten. Er schickte daher sein Heer gegen Pisa unter den Befehlen des Herrn von Beaumont, der, obgleich Franzose, doch das Vertrauen der Florentiner in hohem Grad besaß. Als nun dieser Feldherr seine Truppen gegen Pisa auf der Seite von Cascina geführt hatte, um die Mauer zu beschießen, und hier einige Tage mit Vorbereitungen zum Sturm zubrachte, kamen pisanische Abgeordnete zu ihm und boten ihm an, die Stadt dem französischen Heer unter der Bedingung zu übergeben, daß er im Namen des Königs verspreche, die Stadt nicht vor Ablauf von vier Monaten den Händen der Florentiner zu überliefern. Dieser Vertrag wurde von den Florentinern gänzlich verworfen, so daß man mit der Belagerung fortfuhr und bald mit Schande unverrichteter Dinge abziehen mußte. Der Vertrag wurde aus keinem anderen Grund verworfen, als weil sie in die Treue des Königs Mißtrauen setzten, während sie sich doch selbst aus Mangel an Entschlußkraft recht offenbar in seine Gewalt gegeben hatten. Was also Pisa betraf, trauten sie ihm nicht und sahen nicht, wie viel besser es gewesen wäre, wenn er, im Besitz Pisas, ihnen die Stadt ausliefern konnte oder doch im entgegengesetzten Fall seine Gesinnungen offenbart hätte; während er nun, ohne die Stadt zu haben, dieselbe ihnen versprechen konnte, und sie dafür ihre eigenen Versprechungen zu halten gezwungen waren. Viel besser hätte man demnach getan, seine Zustimmung zu geben, daß Beaumont unter jeder Bedingung die Stadt genommen hätte; wie es die Erfahrung im Jahre 1502 auch zeigte. Als sich Arezzo erhoben hatte, sandte der König von Frankreich den Florentinern den Herrn von Imbault mit französischen Truppen zu Hilfe, welcher, vor Arezzo angelangt, bald mit den Aretinern zu unterhandeln anfing, die ihm unter gewissen Bedingungen auf ähnliche Weise wie die Pisaner die Stadt übergeben wollten. Diese Maßregel wurde in Florenz verworfen, Herr von Imbault aber, der dies voraussah und der Meinung war, die Florentiner verstünden nichts von der Sache, setzte die Unterhandlung für sich und ohne die Kommissäre daran teilnehmen zu lassen fort. Er schloß auch bald einen Vertrag nach seinem Gutheißen, infolgedessen er mit seinen Truppen in Arezzo einzog, indem er den Florentinern sagen ließ, sie seien Toren und verständen nichts von der Politik; wollten sie Arezzo haben, so sollten sie es vom König begehren, der es ihnen viel besser geben könnte, wenn seine Truppen in der Stadt, als draußen wären. Man unterließ nicht, in Florenz auf Imbault loszuziehen und sein Benehmen zu tadeln und hörte damit nicht eher auf, bis es jedermann vor Augen lag, daß, hätte Beaumont gehandelt wie Imbault, man Pisa wie Arezzo gehabt haben würde.

So ergreifen denn, um wieder zu unserem Gegenstand zurückzukehren, unentschlossene Republiken nie eine vorteilhafte Maßregel, wenn nicht gezwungen, weil sie ihre Schwäche nie zur Entscheidung kommen läßt, wenn noch irgendein Zweifel übrig ist; und wird dieser Zweifel nicht durch eine äußere Gewalt gelöst, so schwanken sie ewig hin und her.

39.

Bei verschiedenen Völkern sieht man häufig dieselben Ereignisse.

Wenn man die alten und neuen Begebenheiten betrachtet, erkennt man leicht, daß alle Städte und alle Völker von jeher dieselben Wünsche und Launen hatten. Untersucht man daher sorgfältig die Vergangenheit, so ist es ein Leichtes, die zukünftigen Ereignisse vorherzusehen und dieselben Hilfsmittel anzuwenden, welche von den Alten angewendet worden sind, oder finden sich nicht gerade solche, neue, der Ähnlichkeit der Vorfälle angemessene, zu ersinnen. Da aber solche Betrachtungen vernachlässigt oder von denen, die lesen, nicht verstanden werden oder, wenn verstanden, doch denen, die regieren, unbekannt sind, so ist die Folge davon, daß jederzeit dieselben Unordnungen stattfinden.

Da Florenz im Jahre 1494 einen Teil seines Gebiets wie Pisa und andere Städte verloren hatte, so mußte es mit denen, die sie erobert hatten, Krieg führen. Da diese mächtig waren, so folgte daraus, daß man im Krieg viel Geld ohne allen Erfolg ausgab. Die vielen Ausgaben hatten viele Auflagen, und die vielen Auflagen viele Klagen des Volkes zur Folge. Da nun der Krieg von einem Rat von zehn Bürgern geleitet wurde, die man die Zehn des Krieges nannte, so fing die Menge an, gegen diesen Rat zu schreien, als ob er die Ursache des Krieges und der Ausgaben wäre. Sie begann sich einzureden, mit der Entfernung dieses Rates würde auch dem Krieg ein Ende gemacht, so daß sie, als die Zeit der Erneuerung kam, keine Stellvertreter wählte, den Rat der Zehn enden ließ und seine Geschäfte der Signoria übertrug. Diese Maßregel war so verderblich, daß nicht nur dem Krieg kein Ende gemacht wurde, sondern auch durch die Entfernung der Männer, deren Klugheit ihn geleitet hatte, so große Unordnung entstand, daß außer Pisa auch noch Arezzo und mehrere andere Orte verlorengingen. Jetzt erst gewahrte das Volk seinen Irrtum, erkannte, daß die Ursache des Übels im Fieber, nicht im Arzt lag, und setzte den Rat der Zehn wieder ein.

Dieselbe Laune erhob sich in Rom gegen den Konsultitel. Als das Volk einen Krieg aus dem anderen hervorgehen sah und niemals Ruhe fand, so glaubte es, anstatt zu denken, dies entstehe aus dem Ehrgeiz der Nachbarn, die Rom unterdrücken wollten, der Ehrgeiz der Edlen sei daran schuld, welche, nicht imstande seien, das von den Tribunen beschützte Volk im Innern zu züchtigen, dasselbe unter den Konsuln aus Rom hinausführen wollten, um es hier, wo es keine Hilfe hatte, zu unterdrücken. Es hielt daher für nötig, entweder die Konsuln ganz abzuschaffen, oder ihre Macht so zu beschränken, daß sie weder zu Hause noch auswärts Macht über das Volk hätten. Der erste, der zu diesem Zweck ein Gesetz vorschlug, war ein Volkstribun mit Namen Terentillus, welcher beantragte, man solle fünf Männer ernennen, die die Machtvollkommenheit der Konsuln erwägen und beschränken sollten. Dies entrüstete den Adel sehr, da es ihm schien, die Majestät der Regierung sei ganz herabgewürdigt und ihm würde gar kein Rang mehr in der Republik verbleiben. Nichtsdestoweniger war die Hartnäckigkeit der Tribunen so groß, daß der Konsultitel abgeschafft wurde, wobei sich das Volk jedoch endlich, nach einigen anderen Versuchen, zufrieden gab, lieber Tribunen mit konsularischer Gewalt, als Konsuln zu ernennen; soviel mehr war ihr Name als ihre Gewalt verhaßt. Längere Zeit wurde es so gehalten, bis man endlich den Irrtum einsah und, gleich wie die Florentiner auf die Zehn zurückkamen, wieder Konsuln ernannte.

40.

Die Ernennung des Dezemvirats in Rom und was dabei zu bemerken ist; bei welcher Gelegenheit unter vielen anderen Dingen zu ersehen ist, wie durch dasselbe Ereignis eine Republik gerettet oder unterdrückt werden kann.

Da ich auf die Vorfälle, die in Rom aus der Ernennung des Dezemvirats entsprangen, näher eingehen will, so scheint es mir nicht überflüssig, zuerst alles, was auf diese Ernennung erfolgte, zu erzählen und dann das Bemerkenswerte zu erörtern. Vieles Merkwürdige und die sorgfältigste Beachtung Verdienende wird dabei vorkommen, sowohl für die, welche die Freiheit einer Republik erhalten wollen, als für die, welche sich letztere zu unterwerfen beabsichtigen.

Wir werden viele Fehler des Senats und Volkes zum Nachteil der Freiheit und viele Fehler des Appius, des Haupts der Dezemvirn, zum Nachteil der Tyrannei sehen, die er in Rom zu befestigen sich vorgenommen hatte.

Nach vielen Erörterungen und vielen Streitigkeiten zwischen Volk und Adel, um neue Gesetze in Rom zu erlassen, welche die Freiheit des Staates dauernder machen sollten, kamen sie darin überein, den Spurius Posthumius mit zwei anderen Bürgern nach Athen zu senden, um Abschriften der von Solon dieser Stadt gegebenen Gesetze zu holen, damit man hierauf die römischen Gesetze gründen könne. Nachdem nun diese abgereist und zurückgekommen waren, schritt man zur Ernennung der Männer, die die genannten Gesetze zu untersuchen und festzusetzen hatten. Zu diesem Zweck wurden zehn Bürger für ein Jahr ernannt, und unter diesen Appius Claudius, ein schlauer unruhiger Mann. Damit sie nun ohne alle Scheu die Gesetze einführen konnten, wurden alle übrigen Ämter aufgehoben, namentlich das Tribunat und das Konsulat, sowie die Berufung an das Volk, so daß der Rat der zehn Männer gänzlich der Fürst Roms war. In Appius aber vereinte sich durch die Volksgunst die ganze Macht seiner Gefährten, da er sich durch sein äußeres Benehmen so populär gemacht hatte, daß es ein Wunder schien, wie plötzlich er seine Natur und Sinnesart geändert, indem man ihn vor dieser Zeit für einen grausamen Verfolger des Volkes gehalten hatte.

Die Dezemvirn zeigten sich anfangs sehr gemäßigt, sie hielten nur zwölf Liktoren, die jedesmal dem unter ihnen, der gerade den Vorsitz führte, vorausschritten. Ob gleich sie unumschränkte Gewalt hatten, so stellten sie doch, wenn ein römischer Bürger wegen Mord zu bestrafen war, denselben dem Volk gegenüber und ließen ihn von diesem verurteilen. Sie schrieben ihre Gesetze auf zehn Tafeln und hängten letztere vor der Bestätigung öffentlich aus, damit sie jeder lesen und besprechen konnte, um so etwaige Mängel zu erfahren und verbessern zu können. Während dies geschah, ließ Appius in Rom ein Gerücht aussprengen, daß die zehn Tafeln, wenn man noch zwei hinzufügte, ihre Vollkommenheit erreichen würden. Diese Meinung gab die Veranlassung, den Rat der Zehn für ein neues Jahr zu ernennen, wozu das Volk gerne seine Zustimmung gab, sowohl weil auf diese Art nicht wieder Konsuln ernannt wurden, als auch weil es ohne Tribunen sein zu können glaubte, da es, wie wir oben gesagt, Richter der Rechtssachen war.

Als nun dieser Beschluß gefaßt war, setzte sich der ganze Adel in Bewegung, sich um diese Ehrenstellen zu bewerben. Appius befand sich unter den Ersten und zeigte bei seiner Bewerbung eine so große Freundlichkeit gegen das Volk, daß er dadurch seinen Mitbewerbern verdächtig zu werden anfing: *credebant enim haud gratuitam in tanta superbia comitatem fore.*[11] Da sie sich scheuten, sich

[11] Sie glaubten nämlich, nicht umsonst sei diese Höflichkeit bei solchem Hochmut.

ihm offen zu widersetzen, beschlossen sie, dies mit List zu tun und übertrugen ihm, obgleich er der Jüngste von allen war, die Gewalt, dem Volk die künftigen Dezemvirn vorzuschlagen, indem sie glaubten, er würde die Sitte, sich nicht selbst zu ernennen, achten, da dies in Rom nicht herkömmlich war und für schimpflich galt. *Ille vero impedimentum pro occasione arripuit*[12]; und ernannte sich zum Staunen und Mißfallen aller Edlen zuerst; hierauf ernannte er neun andere, wie sie in seinen Plan paßten.

Diese neue für ein zweites Jahr geltende Ernennung zeigte dem Volk und Adel bald seine Fehler. Denn sogleich *Appius finem fecit ferendae alienae personae*[13], zeigte seinen angeborenen Hochmut und teilte in wenig Tagen seinen Amtsgenossen die eigene Sinnesart mit. Um das Volk und den Senat in Furcht zu versetzen, nahmen sie statt zwölf hundertundzwanzig Liktoren an. Einige Tage war die Furcht allgemein, allein bald fingen sie an, sich mit dem Senat zu halten, das Volk aber zu bedrängen; und wenn ein von dem einen Dezemvir Unterdrückter an den anderen appellierte, so erging es ihm bei der Appellation schlimmer als in erster Instanz. Das Volk erkannte nun seinen Irrtum und begann voll Betrübnis seine Augen auf die Edlen zu wenden, *et inde libertatis captare auram, unde servitutem timendo, in eum statum rempublicam adduxerant.*[14] Dem Adel aber war die Bedrängnis des Volkes erwünscht: *ut ipsi, taedio praesentium, consules desiderarent.*[15]

Das Ende des Jahres rückte heran, die zwei Gesetztafeln waren beendet, aber noch nicht verkündigt. Diese Veranlassung benutzten die Dezemvirn, um im Amt zu bleiben; sie begannen, mit Gewalt zu regieren und sich aus dem jungen Adel Trabanten zu bilden, dem sie die Güter der Verurteilten schenkten. *Quibus donis iuventus corrumpebatur, et malebat licentiam suam, quam omnium libertatem.*[16]

Während dies in Rom vorging, erklärten die Sabiner und Volsker den Römern den Krieg. Die Furcht davor öffnete zuerst den Dezemvirn über die Schwäche ihrer Regierung die Augen. Ohne den Senat konnten sie keinen Krieg erklären, und versammelten sie den Senat, so schien ihre Herrschaft verloren.

Notgedrungen jedoch ergriffen sie diese letzte Maßregel; doch kaum war der Senat versammelt, so traten viele Redner, namentlich Valerius und Horatius, gegen den Übermut der Dezemvirn auf; und ihre Herrschaft hätte ein Ende

---

[12] Er aber ergriff das Hindernis als eine Gelegenheit.

[13] Hörte Appius auf, eine fremde Person zur Schau zu tragen.

[14] Und da ein Freiheitslüftchen aufzuhaschen, von wo die Knechtschaft fürchtend, sie den Staat in diese Lage gebracht hatten.

[15] Auf daß es, aus Verdruß über die Gegenwart, Konsuln verlange.

[16] Durch solche Geschenke wurde die Jugend verdorben und wollte lieber die eigene Ungebundenheit als die allgemeine Freiheit.

gehabt, hätte der Senat nicht aus Eifersucht gegen das Volk unterlassen seine Macht zu zeigen, indem er dachte, es könne sein, daß bei freiwilliger Amtsniederlegung der Zehn keine neuen Volkstribunen mehr ernannt würden. Der Krieg wurde also beschlossen, und zwei Heere unter den Befehlen eines Teiles der Dezemvirn zogen aus.

Appius, der unterdessen zur Regierung der Stadt zurückblieb, verliebte sich in Virginia. Als er sie mit Gewalt fortführen wollte, wurde sie von ihrem Vater, um sie zu befreien, erstochen. Aufruhr in Rom und in beiden Heeren war die Folge. Diese vereinigten sich mit dem Rest des Volkes und zogen auf den heiligen Berg, wo sie so lange blieben, bis die Dezemvirn ihr Amt niederlegten, Tribunen und Konsuln ernannt und Rom die Formen seiner alten Freiheit wiedergegeben wurden.

Über diese Vorfälle ist nun erstens zu bemerken, daß in Rom das Unheil, diese Tyrannei zu schaffen, aus denselben Ursachen entsprang, aus welchen die Mehrzahl der Tyranneien in den Republiken entspringt, das ist, aus dem zu heftigen Verlangen des Volkes, frei zu sein, und aus dem zu heftigen Verlangen des Adels, zu herrschen. Wenn sie sich nun über ein Gesetz zugunsten der Freiheit nicht einigen können, aber eine der beiden Parteien darauf fällt, einen Mann zu begünstigen, dann ist sogleich die Tyrannei da. Das Volk und die Patrizier von Rom kamen überein, die Dezemvirn zu ernennen und mit so großer Machtvollkommenheit zu ernennen, weil beide Teile von dem Verlangen durchdrungen waren, der eine das Konsulat, der andere das Tribunat abzuschaffen. Als die Zehn ernannt waren, schien den Plebejern Appius volksfreundlich geworden zu sein und den Adel zu verfolgen; sie wendeten ihm deshalb ihre Gunst zu. Wenn sich aber ein Volk zu dem Fehler hinreißen läßt, einem Mann Ansehen zu geben, weil er die verfolgt, welche es haßt, und wenn dieser Mann klug ist, so wird er es immer dahin bringen können, Tyrann des Staates zu werden. Er wird mit Hilfe der Volksgunst den Adel auf die Seite zu schaffen streben und sich nie früher, als ihm diesem geglückt ist, zur Unterdrückung des Volkes wenden; wird dann das Volk seine Knechtschaft gewahr, so hat es niemand mehr, zu dem es seine Zuflucht nehmen könnte.

So benahmen sich alle, die eine Alleinherrschaft in einer Republik zustande brachten; und hätte auch Appius sich so benommen, so würde seine Tyrannei mehr Lebenskraft erhalten haben und nicht so bald zu Ende gewesen sein. Aber er tat gerade das Gegenteil, und er konnte nicht unkluger handeln, als daß er, um Tyrann zu bleiben, der Feind derer wurde, welche ihn dazu gemacht und als solchen erhalten konnten, und der Freund derer, welche nichts dazu beigetragen hatten, ihn zum Alleinherrscher zu machen und ihn auch als solchen nicht hätten erhalten können; daß er die verlor, welche ihm Freund waren, und die Freundschaft derer aufsuchte, welche seine Freunde nicht sein konnten. Denn obgleich die Edlen allein zu herrschen begehren, so ist doch der Teil des Adels, welcher von der Alleinherrschaft ausgeschlossen ist, immer dem Tyrannen feind. Nie kann sich dieser den Adel wegen des großen Ehrgeizes und der großen Habsucht desselben ganz gewinnen, da ihm nie soviel Reichtümer und so viel Ehrenstellen zu Gebote stehen, um alle zufriedenzustellen. So machte also Appius dadurch, daß er das Volk fahren ließ und sich an die Edlen anschloß, den augenscheinlichsten Fehler, sowohl aus den angeführten Gründen, als auch weil, um etwas mit Gewalt zu halten, der Zwingherr mächtiger sein muß als der Bezwungene. Dies ist die Ursache, warum die Tyrannen, welche die Menge zum Freund und die Großen zu Feinden haben, sicherer sind, da ihre unrechtmäßige Gewalt durch eine größere Kraft gestützt wird, als die Gewalt der Tyrannen, welche das Volk zum Feind und den Adel zum Freund haben. Im Besitz der Volksgunst reichen zu ihrer Erhaltung die Streitkräfte des Landes aus, wie sie für Nabis, den Tyrannen von Sparta, ausreichten, als ihn ganz Griechenland und das römische Volk angriff. Nachdem er sich der wenigen Edlen versichert hatte, verteidigte er sich glücklich durch das Volk, das ihm freund war, was ihm, wäre es ihm feind gewesen, nie gelingen konnte.

Im anderen Fall, wenn man wenige Freunde im Innern hat, reichen die inneren Streitkräfte nicht aus, sondern man muß solche auswärts suchen. Diese können von dreierlei Gattung sein: erstens fremde Trabanten, die deine Person bewachen, zweitens das Landvolk, das du bewaffnest, damit es dir den Dienst leiste, welchen die Menge geleistet hätte, drittens kannst du dich mit mächtigen Nachbarn verbinden, die dir Schutz gewähren. Wer sich für eine von diesen drei Verfahrungsarten entscheidet und sich gehörig dabei benimmt, dürfte sich, obgleich er das Volk zum Feind hat, einigermaßen sichern können. Allein Appius konnte das Landvolk nicht für sich gewinnen, da das Land und Rom eines und dasselbe war, und was er tun konnte, verstand er nicht zu tun, so daß seine Pläne schon im Anfang der Ausführung scheiterten.

Der Senat und das Volk begingen bei Ernennung des Dezemvirats die größten Fehler. Obgleich wir oben im Kapitel von der Diktatur gesagt haben, daß die Magistrate, welche sich selbst dazu machen, nicht die, welche das Volk ernennt, der Freiheit schädlich seien, so soll doch ein Volk, wenn es Magistrate einsetzt, dies auf eine Weise tun, daß sie einige Scheu haben müssen, böse zu werden. Anstatt nun, wie es sein soll, um sie gut zu erhalten, Wächter zu setzen, entfernten die Römer die letzteren, indem sie die Dezemvirn zum alleinigen Magistrat in Rom machten und alle übrigen Magistrate aus dem übermäßigen Verlangen aufhoben, das, wie wir oben gesagt, der Senat hatte, die Tribunen, und das Volk, die Konsuln abzuschaffen, und das beide Teile so blind machte, daß sie in der genannten Unordnung übereinstimmten. Die Menschen gleichen, wie König Ferdinand von Aragon zu sagen pflegte, öfter gewissen kleineren Raubvögeln, welche mit solcher Gier die Beute, wozu sie die Natur anreizt, verfolgen, daß sie einen größeren Vogel nicht gewahren, der über ihnen schwebt, um sie zu erwürgen. Dieses Kapitel zeigt uns also, wie ich zu Anfang gesagt, die Fehler des römischen Volkes, das seine Freiheit retten, und die Fehler des Appius, der sich der Alleinherrschaft bemächtigen wollte.

41.

Von der Bescheidenheit zum Hochmut, von der Milde zur Grausamkeit ohne die gehörigen Übergänge zu überspringen, ist unklug und unnütz.

Unter anderen schlecht gewählten Mitteln des Appius, die Alleinherrschaft zu erhalten, war von nicht geringer Bedeutung, daß er zu schnell von einer Art zu sein zur anderen übersprang. Seine Schlauheit bei der Täuschung der Plebejer, als er sich stellte, ein volksfreundlicher Mann zu sein, war gut. Gut waren auch die Mittel, die er anwandte, um die Erneuerung des Dezemvirats zu veranlassen. Gut war die Kühnheit, sich selbst wider Erwarten des Adels zu ernennen; gut war endlich, Kollegen zu ernennen, wie er sie brauchte. Allein schon nicht mehr gut war es, nach diesem allem plötzlich seine Natur zu ändern, sich vom Freund als Feind des Volkes zu zeigen; von freundlich, übermütig; von nachgiebig, schwierig; und dieses so schnell zu tun, daß durchaus keine Entschuldigung möglich war und jedermann seine Falschheit erkennen mußte. Wer sich eine Zeitlang für gut gab und zu seinen Zwecken böse werden will, muß es mit den gehörigen Übergängen tun und die Gelegenheiten so wahrnehmen, daß, ehe ihm die Veränderung seines Betragens die alte Gunst entzieht, sie ihm schon so viel neue verschafft hat, daß er an Macht nichts verliert, sonst geht er durchschaut und freundlos zugrunde.

42.

Wie leicht die Menschen verdorben werden können.

Bei Gelegenheit des Dezemvirats ist noch zu bemerken, wie leicht man die Menschen verdirbt und ihnen ganz entgegengesetzte Gesinnungen beibringt, obwohl sie gut und wohlerzogen sind. Die Jünglinge, welche Appius zu seiner Umgebung auswählte, wurden für ein wenig Nutzen, den er ihnen zukommen ließ, Freunde der Tyrannei, und Quintus Fabius, einer der zweiten Zehn, der tugendhafteste Mann, vertauschte, durch ein wenig Ehrgeiz verblendet und durch Appius' Tücke beschwatzt, seine guten Sitten mit den schlechtesten und wurde Appius ähnlich. Dies wohl erwogen, wird die Gesetzgeber der Republiken und Reiche um so mehr veranlassen, die Gelüste der Menschen zu zügeln und ihnen alle Hoffnung, sich ungestraft vergehen zu können, zu entziehen.

43.

Männer, die für den eigenen Ruhm kämpfen, sind gute und treue Soldaten.

Ferner ersieht man aus der obigen Abhandlung, welcher Unterschied zwischen einem willigen Heer ist, das für seinen eigenen Ruhm kämpft, und einem mißvergnügten, das für den Ehrgeiz eines anderen ficht. Während die römischen Heere unter den Konsuln immer zu siegen gewohnt waren, unterlagen sie stets unter den Dezemvirn. Es läßt sich hieraus ein Teil der Gründe der Nutzlosigkeit der Söldner ersehen, welche keine andere Ursache an dich fesselt, als ein wenig Sold, den du ihnen bezahlst. Diese Ursache ist und kann nicht hinreichend sein, sie dir treu zu erhalten und so zu Freunden zu machen, daß sie für dich zu sterben bereit sind. Fühlen die Heere für den, für welchen sie kämpfen, nicht eine gewisse Liebe und Ergebenheit, welche sie zu seinen Anhängern macht, so kann nie soviel Tapferkeit bei ihnen zu finden sein, daß sie einem nur etwas tapferen Feinde zu widerstehen vermögen. Da nun diese Liebe und ein gewisser Wetteifer mit anderen Völkern oder Nationalstolz nur bei den eigenen Untertanen entstehen kann, so ist es, um auf einem Thron zu bleiben, eine Republik oder ein Reich zu erhalten, durchaus notwendig, sich aus seinen Untertanen Heere zu bilden, wie alle taten, die mit den Waffen große Dinge ausgeführt haben. Die römischen Heere waren unter den Dezemvirn so tapfer wie immer; doch, da nicht mehr derselbe gute Wille in ihnen herrschte, so hatten sie auch nicht mehr ihre gewöhnlichen Erfolge. Kaum aber war der Rat der Zehn gestürzt und sie zogen wieder als freie Männer in den Krieg, so kam auch wieder derselbe Geist in sie, und ihre Feldzüge endeten glücklich, wie man von jeher gewohnt war.

44.

Die Menge ohne Haupt ist unnütz, und daß man nicht zuerst drohen und dann die Gewalt verlangen dürfe, die Drohung auszuführen.

Das Volk von Rom hatte sich wegen der Vorfälle mit Virginia bewaffnet auf den heiligen Berg zurückgezogen. Der Senat schickte Gesandte, um zu fragen, mit wessen Erlaubnis es seine Feldherren verlassen und auf den Berg gezogen sei. In so hohem Ansehen stand die Autorität des Senats, daß, in Ermangelung eines Haupts, keiner aus dem Volk zu antworten wagte. Nicht der Stoff zum Antworten fehlte, sagt Livius, sondern es fehlte jemand, der die Antwort aussprach. Dieser Vorgang zeigt treffend, daß eine Menge ohne Haupt unnütz ist. Virginius erfuhr diese Unordnung, und auf seinen Befehl wurden zwanzig Kriegstribunen ernannt, die Häupter sein sollten zum Antworten und zur Beratung mit dem Senat. Es wurde nun verlangt, daß letzterer den Valerius und Horatius zu ihnen senden sollte, welchen sie ihren Willen mitteilen wollten.

Diese beiden Männer weigerten sich, zu gehen, bevor die Zehn ihr Amt niedergelegt hätten. Als sie hierauf bei dem Volk auf dem heiligen Berge angekommen waren, verlangte es, daß Volkstribunen ernannt werden sollten, daß von jedem Magistrat an das Volk appelliert werden könne, und daß ihm alle Dezemvirn ausgeliefert würden, die es lebendig verbrennen wolle.

Valerius und Horatius lobten die zwei ersten Begehren, tadelten hingegen das letzte als grausam, indem sie sagten: *crudelitatem damnatis in crudelitatem ruitis*[17], und rieten dem Volk, die Dezemvirn gar nicht zu erwähnen, sondern abzuwarten, bis es wieder seine Autorität und seine Gewalt erlangt habe, wo ihm dann die Mittel, seinen Willen auszuführen, nicht fehlen könnten.

Man sieht hieraus deutlich, welche Torheit und Unvorsichtigkeit es ist, eine Sache zu verlangen und vorher zu sagen, ich will schlimm damit verfahren. Man darf seine Gesinnungen nicht zeigen, sondern muß zuerst das Begehrte auf alle Weise zu erlangen suchen. Es reicht aus, jemand seine Waffen abzuverlangen, ohne daß man sagt, ich will dich damit umbringen; denn hast du einmal seine Waffen in der Hand, so ist es immer noch Zeit, dein Gelüst zu befriedigen.

---

[17] Ihr verdammt die Grausamkeit und stürzt euch selbst in Grausamkeit.

45.

Es ist ein schlechtes Beispiel, ein Gesetz nicht zu halten, besonders wenn man der Urheber desselben ist; und jeden Tag einer Stadt neue Unbilden zuzufügen, ist dem Regenten derselben äußerst schädlich.

Als die Übereinkunft zustande gekommen war und Rom seine alten Formen wiedererhalten hatte, forderte Virginius den Appius vor Gericht, um in Gegenwart des Volkes seine Sache zu verteidigen. Appius erschien von vielen Edlen begleitet. Virginius befahl, ihn ins Gefängnis zu führen. Appius lehnte sich gegen diesen Spruch auf und verlangte, an das Volk zu appellieren. Virginius entgegnete, er sei nicht würdig, daß ihm die Appellation zugestanden werde, die er abgeschafft, und daß er das Volk zum Verteidiger habe, das er beleidigt. Er wurde daher eingekerkert und entleibte sich vor dem Tag des Urteils selbst.

Obgleich nun Appius durch seine Verbrechen jeden Tod verdiente, so war es doch unpolitisch, die Gesetze zu verletzen und besonders das Gesetz, welches eben erst gemacht worden war. Ich glaube nicht, daß etwas ein schlechteres Beispiel in einer Republik geben kann, als ein Gesetz zu machen und es nicht zu achten, besonders wenn es der Urheber des Gesetzes selbst nicht achtet.

Florenz hatte nach dem Jahre 1494 seine alte Verfassung mit Hilfe des Bruders Girolamo Savonarola wiedererhalten, dessen Schriften seine Gelehrsamkeit, Weisheit und Geisteskraft bewiesen. Er hatte unter anderen Bestimmungen zur persönlichen Sicherheit der Bürger ein Gesetz veranlaßt, daß man von allen Sprüchen der Acht und der Signoria über Staatsverbrechen an das Volk appellieren könne, ein Gesetz, zu dessen Annahme er lange Zeit seine Beredsamkeit aufwendete und das er nur mit größter Mühe zustande brachte. Kurz nach der Bestätigung dieses Gesetzes wurden von der Signoria fünf Bürger wegen Hochverrat zum Tode verurteilt, wurden aber, als sie appellieren wollten, nicht zugelassen und das Gesetz nicht beachtet. Dies schmälerte den Ruf des Frate mehr als irgendein anderer Vorfall; denn war die Appellation nützlich, so mußte er für ihre Handhabung sorgen, war sie unnütz, so durfte er sie nicht durchsetzen.

Um so mehr aber fiel dieser Vorgang auf, als der Bruder in seinen vielen Predigten, nach diesem Bruch des Gesetzes, niemals weder den, der es gebrochen, verdammte, noch den Bruch entschuldigte, weil er ihn als eine Sache, die in seinem Interesse lag, nicht verdammen wollte, aber auch nicht entschuldigen konnte. Es offenbarte dies seinen ehrgeizigen und parteiischen Sinn, brachte ihn so um seinen guten Namen und zog ihm viele Vorwürfe zu.

Es ist ferner für einen Staat gefährlich, jeden Tag die Brust der Bürger mit neuem Unwillen zu erfüllen, durch immer neue Unbilden, die bald diesem bald jenem zugefügt werden, wie dies in Rom nach dem Dezemvirate geschah. Alle

Dezemvirn und noch andere vornehme Bürger wurden nach und nach angeklagt und verurteilt, so daß der größte Schrecken unter dem Adel herrschte, da er glaubte, diese Hinrichtungen würden nie ein Ende nehmen, bis der ganze Adel vertilgt sei. Großes Unheil wäre dadurch für die Stadt entstanden, hätte nicht der Tribun Marcus Duellius vorgebeugt, indem er ein Edikt erließ, daß es ein Jahr lang niemand erlaubt sei, einen römischen Bürger vorzuladen oder anzuklagen. Dies beruhigte alle Patrizier.

Man sieht hieraus, wie schädlich es einer Republik oder einem Fürsten ist, durch fortwährende Strafen und Verletzungen die Gemüter in Furcht und Unruhe zu halten. Ohne Zweifel läßt sich kein verderblicheres Verfahren denken, denn fürchten die Menschen erst um ihr Leben, so suchen sie sich auf alle Weise vor der Gefahr zu sichern, werden kühner und scheuen weniger, Umwälzungen zu versuchen. Es ist daher notwendig, entweder nie jemand zu verletzen, oder die Verletzungen auf einmal erfolgen zu lassen, dann aber die Menschen wieder zu beruhigen und ihnen Grund zu geben, an ihre künftige Sicherheit zu glauben.

46.

Die Menschen springen von einer Art Ehrgeiz zur anderen über, und zuerst versucht man, nicht beleidigt zu werden, dann andere zu beleidigen.

Als das römische Volk seine Freiheit wiedererlangt und seinen früheren Rang wieder eingenommen, ja noch einen um so bedeutenderen Rang erhalten hatte, weil viele Gesetze zur Verstärkung seiner Macht erlassen worden waren, da schien es natürlich, daß Rom einmal zur Ruhe komme. Dennoch zeigte die Erfahrung das Gegenteil; denn jeden Tag entstanden neue Unruhen und neue Zwietracht. Da nun Livius sehr scharfsinnig die Ursache dieser Erscheinung angibt, so scheint es mir passend, genau seine Worte wiederzugeben. Immer, sagt er, wurde das Volk oder der Adel übermütig, wenn der andere Teil sich demütigte; blieb das Volk ruhig in seinen Schranken, so fingen die adeligen Jünglinge an, es zu beleidigen, und die Tribunen konnten nicht viel helfen, da auch sie verletzt wurden. Dem Adel seinerseits, obgleich ihm seine Jugend zu unbändig schien, war es immer lieb, daß, wenn doch einmal das Maß überschritten werden sollte, es durch das Volk geschah. So bewirkte das Verlangen, die Freiheit zu verteidigen, daß sich jeder so viel herausnahm, daß er den anderen unterdrückte.

Die Ordnung, in welcher diese Vorgänge aufeinander folgen, ist die, daß, während die Menschen dahin streben, nichts fürchten zu müssen, anfangen, den anderen Furcht einzuflößen; und daß sie die Unbill, die sie von sich abwehren, dem anderen zufügen; als ob es notwendig wäre, entweder zu beleidigen oder beleidigt zu werden. Man sieht hieraus, wie sich unter anderem die Republiken auflösen, wie die Menschen von einer Gattung von Ehrgeiz zur anderen überspringen, und daß die Worte, welche Sallust in den Mund Cäsars legt, sehr wahr sind: *quod omnia mala exempla bonis initiis orta sunt.*[18] Es versuchen, wie wir oben gesagt, die ehrgeizigen Männer in den Republiken vor allem, sich vor Angriffen zu sichern, nicht bloß der Bürger, sondern auch der Obrigkeiten; sie versuchen sich zu diesem Zweck Freunde zu machen und erwerben sie auf anscheinend ehrbarem Weg, indem sie sie mit Geld unterstützen oder gegen die Mächtigen in Schutz nehmen. Da nun ein Mann, der so handelt, tugendhaft scheint, wird leicht jedermann getäuscht und man denkt nicht an Abhilfe, bis er, ohne Hindernis fortfahrend, so mächtig wird, daß ihn die Bürger fürchten und die Obrigkeiten scheuen. Ist er zu dieser Stufe aufgestiegen und ist man seiner Größe nicht eher in den Weg getreten, so kommt es dahin, daß, ihn mit Gewalt niederdrücken zu wollen, aus den Ursachen das gefährlichste Unterfangen ist, die wir oben bei Gelegenheit der Gefahr auseinandergesetzt haben, das bei Gewaltanwendung gegen ein zu einer gewissen Größe in einer Republik angewachsenes Übel besteht. Die Sache ist dann so weit gekommen, daß man ihn mit Gefahr eines augenblicklichen Untergangs zu vertilgen versuchen oder, läßt man ihn gehen, einer offenbaren Knechtschaft entgegensehen muß, wenn nicht der Tod oder irgendein Zufall von ihm befreit. Denn ist er zu dem obengenannten Punkte gelangt, daß Bürger und Obrigkeiten ihn und seine Freunde zu verletzen fürchten, so kostet es ihn dann nicht mehr viel Mühe, sie dahin zu bringen, daß sie nach seinem Wunsch Recht sprechen und andere verletzen.

Eine Republik muß daher unter ihren Institutionen auch eine solche haben, in der darüber gewacht wird, daß die vornehmen Bürger nicht unter dem Schein des Guten Böses tun können, und daß sie dasjenige Ansehen haben, welches der Freiheit nützt, nicht schadet, wie weiter unten erklärt werden soll.

47.

Obgleich sich die Menschen in allgemeinen Dingen täuschen, so täuschen sie sich doch nicht im einzelnen.

Als, wie oben gesagt, das Volk von Rom des Konsultitels überdrüssig war und verlangte, daß entweder Plebejer zu Konsuln gewählt werden könnten oder ihre Machtvollkommenheit beschränkt werde, da schlug der Adel, um die Konsul-

[18] Alle schlimmen Zustände sind aus guten Anfängen entstanden.

würde weder durch das eine noch das andere herabzuwürdigen, einen Mittelweg ein und räumte ein, daß vier Tribunen mit konsularischer Gewalt ernannt werden sollten, die sowohl Plebejer als Patrizier sein könnten. Das Volk war damit zufrieden, da es dadurch das Konsulat abzuschaffen und seinen Anteil an der höchsten Würde zu erhalten glaubte.

Es entstand hieraus der merkwürdige Fall, daß bei Ernennung dieser Tribunen das römische Volk, das nun lauter Plebejer wählen konnte, dennoch lauter Patrizier wählte. Livius sagt hierüber folgende Worte: *Quorum comitiorum eventus docuit, alios animos in contentione libertatis et honoris, alios secundum deposita certamina in incorrupto iudicio esse.*[19] Wenn ich überlege, woher dies gekommen sein möge, so glaube ich, es kam daher, daß sich die Menschen in allgemeinen Dingen häufig, im Einzelnen hingegen seltener täuschen. Im Allgemeinen glaubte das Volk, das Konsulat zu verdienen, weil es den größeren Teil der Stadt ausmachte, weil es größere Gefahr im Krieg lief, weil seine Arme es waren, die Rom frei erhielten und mächtig machten. Da ihm also sein Begehren vernünftig schien, so wollte es diese Würde durchaus haben. Als es aber seine Glieder einzeln zu beurteilen hatte, erkannte es ihre Schwäche und hielt dafür, daß kein Einzelner aus seiner Mitte verdiene, was es vereint zu verdienen glaubte. Es schämte sich daher der plebejischen Mitbewerber und wendete sich zu denen, die das Amt verdienten. Livius ist mit Recht über diese Wahl erstaunt, wenn er sagt: *hanc modestiam, aequitatemque et altitudinem animi ubi nunc in uno inveneris, quae tunc populi universi fuit?*[20]

Zur Bekräftigung meines Satzes läßt sich ein anderes merkwürdiges Beispiel anführen, das sich in Capua zutrug, nachdem Hannibal die Römer bei Cannae besiegt hatte. Infolge dieser Niederlage, die ganz Italien zum Aufstand brachte, hatte sich auch Capua erhoben und war infolge des Hasses zwischen Volk und Senat noch nicht zur Ruhe gekommen. Pacuvius Calanus, der damals die höchste Würde in Capua bekleidete und die Gefahren erkannte, welche die Unruhen der Stadt bereiteten, faßte den Plan, durch seine Amtsgewalt Volk und Adel wieder miteinander zu versöhnen. Er versammelte zu diesem Zweck den Senat und stellte ihm den Haß des Volkes gegen die Senatoren und die drohende Gefahr vor, daß das Volk sie ermorden und die Stadt bei der verzweifelten Lage der Römer dem Hannibal übergeben werde. Wollten sie, fügte er hinzu, ihm die Sache überlassen, so werde er eine Wiedervereinigung zustande bringen, allein sie müßten sich im Palast einschließen lassen, damit er sie dadurch, daß er dem Volk die Gewalt gäbe, sie zu strafen, retten könne. Die Senatoren ließen sich

[19] Der Ausgang dieses Wahltags lehrte, daß man anders gesinnt ist im Streit für Freiheit und Würde; anders nach beigelegtem Streit bei unbefangenem Urteil.

[20] Solche Bescheidenheit, Billigkeit und Erhabenheit der Gesinnung, wo fände man sie jetzt bei einem Einzigen, wie sie damals dem ganzen Volk eigen war.

überzeugen und traten seiner Meinung bei. Pacuvius berief, nachdem er den Senat im Palast eingeschlossen hatte, eine Volksversammlung und sprach, jetzt sei die Zeit gekommen, den Übermut des Adels zu demütigen und die erlittenen Beleidigungen zu rächen, denn der ganze Adel sei wohlbewacht in seiner Gewalt; er glaube jedoch, sie wurden nicht ohne Regierung sein wollen, und so müßten sie denn, wenn die alten Senatoren hingerichtet werden sollten, erst neue ernennen. Er habe die Namen aller Senatoren in einen Beutel gelegt, werde sie in ihrer Gegenwart herausziehen und die gezogenen nach und nach hinrichten lassen, sowie man ihre Nachfolger gefunden habe. Nachdem nun mit der Ziehung der Anfang gemacht worden, entstand beim ersten Namen ein großes Geschrei; dieser Senator mußte ein stolzer, grausamer, anmaßender Mann sein. Als aber Pacavius verlangte, man solle den Stellvertreter wählen, schwieg die ganze Versammlung. Nach einiger Zeit wurde einer aus dem Volk genannt, bei dessen Namen der eine zischte, der andere lachte, der auf eine, jener auf die andere Art Übles sagte; und auf dieselbe Weise wurden nach und nach alle, welche man nannte, der Senatorenwürde unwert gehalten. Pacuvius aber ergriff die Gelegenheit und sprach: Da ihr der Meinung seid, die Stadt befinde sich übel ohne Senat, und ihr euch über die Stellvertreter der alten Senatoren nicht einigen könnt, so denke ich, es wird gut sein, euch mit diesen zu versöhnen; denn die Furcht, in der sie waren, wird sie sicherlich so demütig gemacht haben, daß ihr die Humanität, welche ihr anderwärts suchtet, bei ihnen finden werdet. Man stimmte bei, und die Einigkeit der Stadt war die Folge davon. Der Irrtum des Volkes hatte sich herausgestellt, als es aufs Einzelne zu kommen gezwungen war.

Außerdem täuschen sich die Völker gemeiniglich in der Beurteilung der Begebenheiten und ihrer Ursachen; lernen sie dieselben dann näher kennen, so sehen sie ihren Irrtum ein. Als nach dem Jahre 1494 die Medici aus Florenz vertrieben waren und keine geordnete Regierung bestand, vielmehr eine gewisse ehrgeizige Willkür herrschte, und es mit den öffentlichen Angelegenheiten immer schlimmer und schlimmer wurde, gaben viele Volksmänner, die den Ruin der Stadt sahen und keine andere Ursache begreifen konnten, dem Ehrgeiz irgendeines Mächtigen die Schuld, der die Unordnungen nähren sollte, um eine Staatsverfassung nach seinen Zwecken herbeizuführen und ihnen die Freiheit zu rauben. Diese Männer gingen in den Häusern und auf den Plätzen umher, indem sie vielen Bürgern Böses nachsagten und ihnen drohten, sollten sie selbst jemals in die Signoria kommen, so wollten sie ihre Arglist aufdecken und sie züchtigen. Oft kam es nun, daß einer von ihnen wirklich ans Staatsruder gelangte und, als er so hoch gestiegen war und jetzt die Dinge mehr in der Nähe sah, erkannte, woraus die Unordnungen entsprangen, welche Gefahren bevorstanden und wie schwer es sei, ihnen abzuhelfen. Als er nun sah, daß die

Zeiten, nicht die Menschen die Ursache der Unordnung waren, änderte er plötzlich seine Gesinnung und Handlungsweise, weil ihm die Kenntnis der einzelnen Verhältnisse die Täuschung nahm, in der er bei allgemeiner Betrachtung befangen war. Wer ihn aber früher, noch als Privatmann, hatte sprechen hören und ihn jetzt an der Spitze der Regierung ganz ruhig sah, glaubte, dies rühre nicht aus einer richtigeren Erkenntnis der Dinge, sondern aus Ehrgeiz oder daraus her, daß er von den Großen umgestimmt oder bestochen worden sei. Da nun diese Erscheinung sehr häufig wiederkehrte, so entstand daraus in Florenz das Sprichwort: Diese Leute haben eine Gesinnung auf dem Markt und eine andere im Palast.

Erwägt man also alles Vorhergehende, so sieht man, daß man dem Volk bald die Augen öffnen kann, wenn man, gewahrend, daß es durch etwas Allgemeines getäuscht wird, ein Mittel findet, es zum Eingehen ins Einzelne zu nötigen, wie Pacuvius in Capua und der Senat in Rom. Auch läßt sich, wie ich glaube, der Schluß ziehen daß nie ein kluger Mann das Urteil des Volkes in einzelnen Dingen, wie bei der Vergebung der Ämter und Würden, fürchten soll; denn gerade darin täuscht sich das Volk nicht, und sollte es sich auch manchmal täuschen, so wird dies so selten geschehen, daß sich eine kleine Anzahl Männer, die eine solche Vergebung vorzunehmen haben, viel öfter täuschen wird. Es scheint mir nicht überflüssig, im folgenden Kapitel zu zeigen, wie es der Senat anfing, um das Volk bei seinen Amtsvergebungen zu überlisten.

48.

Wer verhüten will, daß eine Würde einem Verworfenen oder einem Übelgesinnten erteilt werde, bewirke, daß sich ein allzu verworfener und allzu übelgesinnter, oder ein sehr edler und sehr tugendhafter Mann darum bewirbt.

Wenn der Senat fürchtete, die Tribunen mit konsularischer Gewalt möchten aus den Plebejern gewählt werden, bediente er sich eines der beiden Mittel: Entweder er ließ diese Würde von den geachtetsten Männern Roms begehren, oder aber er bestach auf passende Art einen schmutzigen, verworfenen Menschen aus dem Pöbel, der, unter die besseren Plebejer, die gewöhnlich als Bewerber auftraten, gemischt, auch das Tribunat verlangte. Das letzte Mittel bewirkte, daß sich das Volk die Würde zu geben, das erste, daß es sich sie zu verweigern schämte. Alles dieses spricht für den im vorigen Kapitel aufgestellten Satz, daß sich das Volk, wenn auch im Allgemeinen, doch nicht im Einzelnen täuscht.

49.

Wenn es Städten, welche einen freien Ursprung hatten, wie Rom, schwer wird, Gesetze zu finden, die ihre Freiheit erhalten, so ist dies solchen Städten, welche unmittelbar dienstbaren Ursprungs sind, fast unmöglich.

Wie schwer es sei, bei der Konstituierung einer Republik alle zur Erhaltung der Freiheit nötigen Gesetze vorauszusehen, beweist der Lebensprozeß der römischen Republik hinreichend. Obwohl zuerst von Romulus, dann von Numa, Tullus Hostilius und Servius und zuletzt von den zehn zu diesem Geschäft ernannten Bürgern viele Gesetze gegeben worden waren, so zeigten sich doch immer bei der Leitung dieser Stadt neue Bedürfnisse und die Notwendigkeit neuer Institutionen. So zum Beispiel, als man die Zensur einführte, welche eine der Einrichtungen war, die Rom so lange frei erhielten. Die Zensoren nämlich, als Richter über die Sitten Roms, waren die mächtigste Ursache, die Verderbnis der Römer zu verzögern.

Zwar wurde bei der Einführung dieser Magistratur ein Irrtum begangen, da die Zensur fünf Jahre dauerte; allein bald wurde dieser Irrtum durch die Weisheit des Diktators Mamercus verbessert, der durch ein neues Gesetz die Amtsdauer auf achtzehn Monate beschränkte. Die damaligen Zensoren nahmen dies so übel auf, daß sie Mamercus aus der Liste der Senatoren strichen; ein Verfahren, das vom Volk und den Vätern aufs heftigste getadelt wurde. Die Geschichte sagt uns jedoch nicht, daß Mamercus etwas dagegen tun konnte. Es muß daher entweder der Geschichtsschreiber mangelhaft sein, oder die Einrichtungen Roms waren in diesem Punkt nicht gut; denn es ist schlecht, wenn die Verfassung einer Republik erlaubt, daß ein Bürger wegen Einführung eines der Freiheit gemäßen Gesetzes ohne irgendeine Abhilfe verletzt werden könne. Kehren wir aber zu unserem Gegenstand zurück.

Bei der Einführung dieser neuen Würde drängt sich uns die Betrachtung auf, daß, wenn es Städten, die einen freien Ursprung hatten und sich sogleich selbst regierten, wie Rom, sehr schwer ist, gute Gesetze zur Erhaltung ihrer Freiheit zu finden, man sich nicht wundern dürfe, wenn es für Städte, die einen unmittelbar dienstbaren Ursprung hatten, nicht nur schwer, sondern unmöglich ist, sich jemals so zu ordnen, daß sie frei und ruhig leben können. Die Stadt Florenz war unter der Herrschaft des römischen Kaiserreichs gegründet worden und hatte immer unter fremder Regierung gelebt, sie blieb daher eine Zeitlang untertan und dachte nicht an sich selbst. Als später die Gelegenheit, aufzuatmen, kam, begann sie ihre Institutionen selbst zu machen. Diese aber konnten, da sie mit den alten, schlechten vermischt waren, nicht gut sein. So regierte sie sich die letzten zweihundert Jahre hindurch, von denen wir glaubwürdige Kenntnis besitzen, ohne jemals eine Verfassung gehabt zu haben, wonach man sie mit Recht eine Republik hätte nennen können. Dieselben Hindernisse aber, die ihr im Weg standen, standen immer allen Städten im Weg, welche ähnlichen Ursprungs sind.

Obgleich nun in Florenz mehrere Male durch öffentliche und freie Abstimmung wenige Bürger ausgedehnte Vollmacht erhielten, die Verfassung umzuformen, so taten sie es doch nie zum allgemeinen Nutzen, sondern zum Vorteil ihrer Partei; was statt Ordnung nur noch größere Unordnung zur Folge hatte. Kommen wir aber auf ein einzelnes Beispiel. Der Gesetzgeber einer Republik hat unter Anderem zu erwägen, in welche Hände er das Blutrecht gegen seine Bürger legt. Dies war in Rom gut angeordnet, weil man in der Regel an das Volk appellieren konnte; und wäre ja eine wichtige Rechtssache vorgekommen, wobei die Verzögerung der Vollstreckung des Urteils durch die Appellation gefährlich gewesen wäre, so konnte man seine Zuflucht zu einem Diktator nehmen, welcher auf der Stelle vollziehen ließ; zu diesem Mittel aber griffen sie nie, es sei denn aus Not.

In Florenz hingegen und in den anderen auf dieselbe Art entstandenen Städten war das Blutrecht, weil sie dienstbar waren, in die Hand eines Fremden gelegt, welcher, vom Fürsten beauftragt, dieses Amt versah. Als sie später zur Freiheit gelangten, ließen sie das Recht einem Fremden und gaben ihm den Titel Hauptmann. Da dieser nun leicht von den mächtigen Bürgern bestochen worden konnte, so war dies die verderblichste Sache. Als sich aber später mit der Veränderung der Verfassungen auch diese Einrichtung änderte, so ernannte man acht Bürger, die das Amt des Hauptmanns versehen sollten. Statt einer schlechten Einrichtung hatte man nun die allerschlimmste, aus den an einem anderen Ort auseinandergesetzten Gründen; denn die Wenigen waren immer die Diener der Wenigen und der Mächtigen. Vor letzterem hat sich Venedig, wo auch zehn Bürger ohne Appellation jeden Bürger bestrafen können, gesichert. Da diese zehn Bürger nämlich nicht hinreichen würden, die Mächtigen zu strafen, auch wenn sie die Amtsgewalt dazu hätten, so führte man die Quarantia[21] ein und bestimmte überdies, daß der Rat der Pregadi, das ist der Große Rat, jene züchtigen könne. Fehlt auf diese Weise der Ankläger nicht, so fehlt auch nicht der Richter, um die mächtigen Männer im Zügel zu halten.

Wenn also in Rom, das sich selbst durch so viele weise Männer ordnete, jeden Tag neue Ursachen entstanden, die neue Einrichtungen zugunsten der Freiheit nötig machten, so ist es kein Wunder, daß in den anderen Städten, die anfänglich viel schlechter geordnet waren, so große Schwierigkeiten entstehen, daß sie niemals zu einer geordneten Verfassung gelangen können.

---

[21] Ein Gericht von vierzig Männern.

50.

Kein Rat oder Magistrat darf den Gang der Staatsmaschine hemmen können.

Die römischen Konsuln Titus Quintius Cincinnatus und Cnaeus Julius Mentus hatten sich entzweit und hemmten den Gang der Staatsmaschine völlig. Der Senat ermahnte sie, einen Diktator zu ernennen, damit dieser tue, was wegen ihrer Zwietracht nicht geschehen konnte. Die Konsuln aber, in allem anderen uneinig, stimmten doch darin überein, daß sie keinen Diktator ernennen wollten. Der Senat wußte sich nicht anders zu helfen, als daß er zum Beistand der Tribunen seine Zuflucht nahm, welche mit Ermächtigung des Senats die Konsuln zum Gehorsam zwangen.

Hier ist erstens der Nutzen des Tribunates zu bemerken, das nicht allein dazu diente, den Ehrgeiz, welchen die Großen gegen das Volk zeigten, zu zügeln, sondern auch die Eifersucht unter den Großen selbst. Zweitens muß bemerkt werden, daß man nie einer Republik eine solche Verfassung geben darf, daß die Wenigen irgendeinen von den Beschlüssen aufhalten können, die im gewöhnlichen Lauf der Dinge zur Erhaltung der Staatsmaschine nötig sind. Wenn du zum Beispiel einem Rat überträgst, die Vergebung der Ehrenstellen und Ämter vorzunehmen, oder einem Magistrat, ein Geschäft zu besorgen, so mußt du ihn in die Notwendigkeit versetzen, zu veranstalten oder zu befehlen, daß jenes Geschäft, will er es selbst nicht besorgen, von einem anderen besorgt werden kann und soll; sonst ist die ganze Einrichtung fehlerhaft und gefährlich, wie es in Rom der Fall gewesen wäre, hätte man der Hartnäckigkeit der Konsuln nicht die Amtsgewalt der Tribunen entgegensetzen können.

In Venedig vergibt der Große Rat die Ehrenstellen und Ämter. Es ereignete sich manchmal, daß die Mehrheit aus Zorn oder infolge boshafter Aufhetzung weder den Magistraten der Stadt, noch denen, welche außerhalb das venezianische Gebiet verwalteten, Nachfolger ernannte. Dadurch entstand nun die größte Verwirrung, weil auf einmal die unterworfenen Städte und die Hauptstadt ihre gesetzlichen Richter entbehrten und keine Ausfertigung irgendeines zur Verwaltung nötigen Befehles erlangt werden konnte, wenn jene Mehrheit des Rates nicht zufriedengestellt oder überlistet wurde. Dieser Mißstand hätte Venedig in eine schlimme Lage bringen müssen, wenn ihm die klugen Bürger nicht abgeholfen hätten. Einen passenden Anlaß ergreifend, machten sie nämlich ein Gesetz, daß alle inneren und äußeren Magistrate nicht eher außer Funktion treten sollten, als bis sie durch ihre Nachfolger abgelöst wären. So entzog man dem Rat die Möglichkeit, mit Gefährdung der Republik den Gang der öffentlichen Geschäfte zu hemmen.

51.

Eine Republik oder ein Fürst müssen sich den Anschein geben, als täten sie aus Großmut, wozu sie die Notwendigkeit zwingt.

Kluge Männer machen sich immer ein Verdienst aus ihren Handlungen, auch wenn sie die Not durchaus dazu zwingt. Der römische Senat zeigte diese Klugheit am rechten Ort, als er im Krieg Sold aus dem öffentlichen Schatz zu geben beschloß, während zuvor jeder auf eigene Kosten ins Feld zog. Da man nämlich auf die letztere Weise nicht lange Krieg führen konnte und daher weder Festungen belagern, noch entferntere Feldzüge mit den Heeren unternehmen konnte, der Senat aber beides für nötig erachtete, so beschloß er, Sold zu geben, tat es jedoch so, daß er sich ein Verdienst aus dem machte, wozu ihn die Notwendigkeit zwang. Dies Geschenk wurde vom Volk so gut aufgenommen, daß sich Rom vor Fröhlichkeit nicht zu lassen wußte, da es eine große Wohltat erhalten zu haben glaubte, die es nie zu erhalten gehofft und um die es nie selbst nachgesucht haben würde. Obschon sich nun die Tribunen alle Mühe gaben, dies vermeintliche Verdienst des Senates um das Volk zu beleuchten, indem sie bewiesen, das Volk werde dadurch beschwert, nicht erleichtert, weil man Auflagen zur Bezahlung des Soldes ausschreiben müsse, so konnten sie es doch nicht dahin bringen, daß das Volk den Sold nicht dankbar angenommen hätte. Dies Gefühl wurde noch lebhafter durch die Art, wie der Senat die Auflagen verteilte, da die schwersten und größten dem Adel aufgebürdet wurden und diese auch die ersten waren, die bezahlt wurden.

52.

Um dem Übermut eines Mannes, der in einer Republik mächtig wird, Einhalt zu gebieten, gibt es kein sichereres und weniger unruheerregendes Mittel, als ihm die Wege abzuschneiden, auf denen er zu seiner Macht gelangt.

Wir haben im vorigen Kapitel gesehen, wie sehr sich der Adel dadurch bei dem Volk in Kredit setzte, daß er sich sowohl durch Einführung des Soldes, als auch durch die Austeilung der Auflagen für das Wohl des Volkes zu sorgen den Anschein gab. Hätte der Adel so fortgefahren, so wären alle Unruhen in Rom vermieden worden, und die Tribunen hätten ihr Ansehen bei dem Volk und folglich ihre Macht verloren. In der Tat kann man sich in einer Republik und besonders in einer verderbten auf keine bessere, weniger unruheerregende und leichtere Art dem Ehrgeiz eines Bürgers entgegenstellen, als wenn man ihm die

Wege abschneidet, auf denen man ihn nach der Stufe, die er zu ersteigen strebt, hinschreiten sieht.

Sich dieses Mittels gegen Cosimo de' Medici zu bedienen, wäre für seine Gegner viel besser gewesen, als ihn aus Florenz zu vertreiben. Hätten nämlich seine Nebenbuhler seine Gewohnheit angenommen, das Volk zu unterstützen, so zogen sie ihm ohne Aufruhr und ohne Gewalthandlung allmählich die Waffen aus der Hand, deren er sich am meisten bediente. Piero Soderini hatte sich allein dadurch in Florenz Ansehen erworben, daß er sich jedermann gefällig erzeigte, was ihm bei der Menge den Ruf eines Freundes der Freiheit eintrug. Sicher war es den Bürgern, die seine Größe beneideten, viel leichter, es war viel ehrbarer, weniger gefährlich und der Republik weniger verderblich, ihm die Mittel zu entziehen, durch welche er groß wurde, als sich ihm entgegenzuwerfen, damit die ganze Republik in seinen Sturz verwickelt werde. Denn hätten sie ihm die Waffen aus der Hand gewunden, die ihn stark machten, und sie konnten dies leicht, so hätten sie sich ihm in jedem Rat und bei allen öffentlichen Beschlüssen ohne alle Scheu und Rücksicht widersetzen können. Wollte man auch einwenden, daß, wenn die Feinde Pieros einen Fehler machten, ihm nicht die Wege abzuschneiden, auf denen er sich Ansehen unter dem Volk erwarb, Piero ebenfalls einen Fehler beging, die Wege nicht abzuschneiden, auf denen ihm seine Gegner Furcht einflößten: so antworte ich, daß Piero hierin Entschuldigung verdient, sowohl weil es nicht leicht, als auch nicht ehrenvoll für ihn war, da das Mittel, wodurch man ihn angriff und auch endlich stürzte, in Begünstigung der Medici bestand. Piero konnte daher nicht mit Ehren zu demselben Mittel greifen, weil er nicht ohne Schande die Freiheit zerstören konnte, zu deren Wächter er gesetzt war. Auch war diese Begünstigung, da sie nicht insgeheim und auf einmal geschehen konnte, für Piero die gefährlichste Sache, denn sowie man ihn als Freund der Medici entdeckt hätte, würde er dem Volk verdächtig und verhaßt geworden sein, wodurch ihn seine Feinde viel leichter hätten stürzen können als früher.

Man muß daher bei allen seinen Maßregeln die Mängel und die Gefahren, welche damit verbunden sind, in Betracht ziehen und sie nicht ergreifen, wenn die Gefahr größer ist als der Gewinn; sollte auch ein solcher Entschuß einer unserer Maximen gemäß sein. Wer in diesem Fall anders handelt, wird erfahren, was Cicero erfuhr, der dem Antonius die Gunst entziehen wollte und sie statt dessen vergrößerte. Als nämlich Antonius als Feind des Senates erklärt worden war und ein zahlreiches Heer versammelt hatte, das größtenteils aus Soldaten bestand, die der Fahne Cäsars gefolgt waren, ermahnte Tullius, um ihm diese Soldaten zu entziehen, den Senat, er solle den Octavian mit Ansehen ausstatten und ihn mit dem Heer und den Konsuln gegen Antonius senden. Sobald die Soldaten des Antonius den Namen des Octavian, der sich als Cäsars Neffe selbst

Cäsar nennen ließ, hören würden, würden sie jenen verlassen und diesem zuströmen. So sei Antonius, von Gunst und Verteidigern entblößt, leicht zu überwinden. Die Sache fiel aber gerade umgekehrt aus; denn Antonius gewann sich den Octavian, und dieser ging, Cicero und den Senat im Stich lassend, auf die Seite des Antonius über, was die gänzliche Zerstörung der Partei der Aristokraten zur Folge hatte. Dies war leicht zu vermuten. Sie durften nicht glauben, was Cicero sich einredete, sondern sie mußten immer bedenken, daß Cäsar ihr Feind gewesen war, daß er durch ihre Besiegung und die Erringung der Herrschaft in Rom seinen Namen berühmt gemacht hatte, und nie durften sie glauben, daß von seinen Erben oder seiner Partei irgend etwas zu erlangen sei, was der Freiheit gemäß war.

53.

Das Volk begehrt oftmals, von einem Trugbild des Guten getäuscht, seinen Untergang; und leicht läßt es sich durch sanguinische Hoffnungen und große Versprechungen hinreißen.

Nach der Eroberung von Veji verfiel das römische Volk auf die Idee, es wäre vorteilhaft für die Republik, wenn die Hälfte der Römer nach Veji zöge, denn da diese Stadt reich an Ländereien, voll von Gebäuden und Rom nahe sei, so könne man die Hälfte der Bürger bereichern, ohne wegen der Nähe der Lage den Gang der öffentlichen Geschäfte irgend zu stören. Diese Sache schien dem Senat und den weisesten Römern so nachteilig und verderblich, daß sie sich offen aussprachen, lieber den Tod leiden zu wollen, als einem solchen Beschluß ihre Zustimmung zu geben. Als daher die Sache zur Beratung kam, geriet das Volk so sehr gegen den Senat in Wut, daß es zu den Waffen und zu Blutvergießen gekommen wäre, hätte sich nicht der Senat aus einigen greisen und geachteten Bürgern einen Schild gemacht, deren Ehrfurcht gebietendes Äußeres das Volk zügelte, daß es in seiner Frechheit nicht weiterging.

Zwei Dinge sind hierbei zu bemerken. Erstens, daß das Volk oftmals, von einem Trugbild des Guten getäuscht, sein Verderben begehrt. Wird ihm nun nicht von einem Mann, in den es Vertrauen setzt, begreiflich gemacht, was heilsam und was verderblich sei, so entspringen daraus der Republik eine Menge Gefahren und Unglücksfälle. Will das Schicksal, daß das Volk niemandem traut, wie es manchmal der Fall ist, wenn es früher schon durch den trügerischen Schein der Dinge oder durch die Menschen getäuscht worden ist, so rennt es unaufhaltsam in sein Verderben. Dante sagt hierüber in seinem Traktat *De Monarchia*, das Volk schreie oftmals: es lebe mein Tod, und es sterbe mein

Leben. Diese Ungläubigkeit ist die Ursache, daß manchmal in den Republiken die zweckmäßigen Maßregeln nicht ergriffen werden, wie wir schon oben von den Venezianern gesagt haben.

Als sie von so vielen Feinden angegriffen wurden, konnten sie nicht zum Entschluß kommen, einen davon, noch ehe alles verloren war, dadurch zu gewinnen, daß sie ihm freiwillig Abtretungen von Besitzungen machten, die sie früher anderen abgenommen und wegen derer sich die Fürsten gegen sie verbündet und ihnen den Krieg erklärt hatten.

Erwägt man aber, wozu sich ein Volk leicht und wozu schwer überreden läßt, so kann man folgende Unterscheidung machen: Entweder zeigt das, wozu du überreden willst, auf den ersten Anblick Gewinn oder Verlust, oder aber es erscheint als eine mutvolle oder feige Maßregel. Zeigt sich nun bei einem Vorschlag, der dem Volk gemacht wird, Gewinn, obgleich Verlust darunter verborgen liegt, und erscheint ein Vorschlag mutvoll, obgleich der Untergang der Republik darunter verborgen liegt, so wird es immer leicht sein, die Menge zur Annahme zu überreden. Ebenso wird es immer schwer sein, sie zu solchen Maßregeln zu überreden, welche entweder wie Feigheit oder Verlust erscheinen, obgleich Heil und Gewinn darunter verborgen liegen.

Was ich soeben gesagt habe, wird durch viele Beispiele der Römer und Barbaren, der Neueren und Alten, bestätigt. Hieraus entstand in Rom die schlechte Meinung von Fabius Maximus, der das römische Volk nicht überzeugen konnte, daß es der Republik vorteilhaft sei, den Krieg in die Länge zu ziehen und den Angriff Hannibals ohne Schlacht auszuhalten; denn das Volk hielt diesen Plan für feige, es sah den Nutzen davon nicht ein, und Fabius hatte keine hinreichenden Gründe, ihm diesen Nutzen zu beweisen.

So blind sind die Völker in dieser Idee von Kraft, daß das römische Volk, obgleich es den Fehler begangen hatte, dem Magister Equitum des Fabius die Erlaubnis, auch gegen den Willen des Diktators zu schlagen, zu erteilen, und obgleich infolge dieser Erlaubnis das römische Heer fast geschlagen worden wäre, wenn es Fabius durch seine gewohnte Klugheit nicht verhütet hätte, durch diese Erfahrung sich so wenig belehren ließ, daß es später Varro zum Konsul ernannte, der keine anderen Verdienste besaß, als daß er auf allen Plätzen und an allen öffentlichen Orten Roms versprochen hatte, den Hannibal zu schlagen, sowie man ihm die Gewalt dazu geben würde. Die Folge davon war die Schlacht und die Niederlage bei Cannae und beinahe der Untergang Roms.

Ich will noch ein anderes hierher gehöriges römisches Beispiel anführen. Hannibal war acht oder zehn Jahre in Italien gewesen und hatte das ganze Land mit römischen Leichen angefüllt, als M. Centenius Penula, ein Mann aus der untersten Volksklasse, der jedoch einen gewissen Rang im Heer bekleidet hatte, im Senat erschien und sich erbot, er wolle, wenn man ihm die Erlaubnis gäbe, überall in Italien, wo er wolle, Freiwillige zu einem Heer zu sammeln, in kürzester Zeit den Hannibal tot oder gefangen in ihre Hände liefern. Den Senatoren schien dies Begehren tollkühn; sie bedachten jedoch, daß, schlage man es ab und das Gesuch würde dem Volk bekannt, Unruhen, Mißvergnügen und Unzufriedenheit mit dem Senat daraus entstehen könnten, und gewährten die Bitte. Lieber wollten sie alle, die dem Penula folgen würden, in Gefahr versetzen, als neuen Unwillen im Volk veranlassen; denn sie wußten wohl, wie geeignet ein solcher Vorschlag sei, Beifall zu finden, und wie schwer sich davon abraten lasse. Jener zog also mit einer regellosen und ungeordneten Menge gegen Hannibal und war nicht sobald auf ihn gestoßen, als er mit allen, die ihm folgten, geschlagen und niedergehauen wurde.

In Athen konnte Nikias, ein Mann von großem Gewicht und ausgezeichneter Klugheit, das Volk auf keine Weise überzeugen, daß es nicht gut sei, Sizilien anzugreifen. So wurde dieser Beschluß gegen den Willen aller Vernünftigen gefaßt und hatte den gänzlichen Ruin Athens zur Folge.

Als Scipio zum Konsul ernannt worden war und Afrika als Provinz begehrte, mit dem Versprechen, Karthago völlig zu vernichten, der Senat aber, der Meinung des Fabius Maximus folgend, seine Zustimmung nicht geben wollte, drohte Scipio, die Sache dem Volk vorzuschlagen, weil er wohl wußte, wie sehr solche Vorschläge den Völkern gefallen.

Auch unsere Stadt liefert ein hierher passendes Beispiel: ich meine, als Messer Ercolo Bentivogli, Heerführer der florentinischen Truppen, mit Antonio Giacomini nach ihrem Sieg über Bartolommeo d'Alviano bei San Vincenti Pisa belagerte. Diese Unternehmung wurde auf die großen Versprechungen des Messer Ercole hin beschlossen, und obgleich viele gute Bürger dieselbe tadelten, so konnten sie sie doch, von dem allgemeinen Willen, der sich auf jene großen Versprechungen gründete, mit fortgerissen, auf keine Weise verhindern.

Ich sage daher, es gibt kein leichteres Mittel, eine Republik, wo das Volk Macht hat, zu ihrem Untergang zu führen, als sie in kühne Unternehmungen zu verwickeln; denn wo das Volk von einigem Gewicht ist, werden solche Vorschläge immer angenommen werden, und wer anderer Meinung ist, wird dem Übel auf keine Weise abhelfen können. Wenn aber daraus der Untergang der Stadt hervorgeht, so gehen auch und noch häufiger die Bürger darüber zugrunde, welche an der Spitze solcher Expeditionen stehen. Erfährt das Volk, das den Sieg als gewiß vorausgesetzt hat, einen unglücklichen Ausgang, so gibt es weder dem Geschick noch dem Unvermögen des Befehlshabers die Schuld, sondern es glaubt, sein böser Wille und seine Ungeschicklichkeit seien die Ursache des Mißlingens, und verurteilt ihn zum Tod oder zum Gefängnis oder verbannt ihn, wie es unzähligen karthagischen und vielen athenischen Feldherren erging. Kein früher erfochtener Sieg kann ihnen helfen: die gegenwärtige

Niederlage verwischt das Andenken an alles Frühere. Auch Antonio Giacomini mußte diese Erfahrung machen. Als er Pisa nicht eroberte, wie das Volk für gewiß angenommen und er versprochen hatte, zog er sich die Ungnade des Volkes in so hohem Maße zu, daß er trotz einer Menge früher geleisteter Dienste mehr aus Menschlichkeit derer, in deren Gewalt er sich befand, als aus irgendeiner anderen Ursache, die ihn beim Volk verteidigt hätte, am Leben blieb.

54.

Welche Gewalt ein bedeutender Mann hat, die empörte Menge zu zügeln.

Über den Text des vorigen Kapitels ist zweitens zu bemerken, daß nichts so geeignet ist, die aufständische Menge zu zügeln, als die Ehrfurcht vor einem würdevollen Manne hoher Stellung, welcher ihr entgegentritt. Nicht ohne Grund sagt Vergil:

Tum pietate gravem ac meritis si forte virum quem
Conspexere, silent arrectisque auribus adstant.[22]

Wer daher einem Heer vorgesetzt ist oder sich in einer Stadt befindet, wo Aufruhr ausbricht, muß sich so würdevoll und glänzend zeigen, wie er kann, indem er die Auszeichnungen seines Amtes anlegt, um sich dadurch ehrwürdiger zu machen. Vor wenigen Jahren war Florenz in zwei Parteien gespalten, die Mönchischen und die Wütenden[23] wie sie sich nannten. Als es zu den Waffen kam und die Mönchischen unterlagen, zu denen Pagolantonio Soderini, ein damals sehr angesehener Bürger, gehörte, zog das bewaffnete Volk gegen das Haus desselben heran, um es zu plündern. Sein Bruder, Messer Francesco, damals Bischof von Volterra, jetzt Kardinal, der zufällig im Haus war, legte sogleich, als er den Lärm hörte und die Menge sah, seine prächtigsten Kleider an, warf das bischöfliche Chorhemd darüber, ging den Bewaffneten entgegen und brachte sie durch seinen Anblick und seine Worte zum Halten. Viele Tage lang erzählte und rühmte man diese Handlung in der ganzen Stadt.

Ich schließe daraus, daß es kein kräftigeres und notwendigeres Mittel gibt, eine aufständische Menge im Zaum zu halten, als das Auftreten eines Mannes, der durch sein Äußeres Ehrfurcht erweckt. Man sieht aber, um zum oben angeführten Texte zurückzukehren, mit welcher Hartnäckigkeit das römische Volk

[22] Wenn sie dann etwa einen Mann, ehrwürdig durch Verdienst und Tugend, erblicken, schweigen sie und stehen mit horchenden Ohren.
[23] Die *Frateschi* und die *Arrabbiati*.

seinen Entschluß, nach Veji zu ziehen, durchzusetzen strebte, weil es ihn für nützlich hielt und die Schädlichkeit desselben nicht erkannte; und daß das deshalb entstandene Geschrei zum Aufruhr angewachsen wäre, hätte nicht der Senat durch bedeutende, und ehrfurchtgebietende Männer die Wut des Volkes gezähmt.

55.

Wie leicht sich in den Städten, wo die Menge nicht verdorben ist, regieren lasse; und daß sich, wo Gleichheit ist, keine unumschränkte Monarchie, wo sie nicht ist, keine Republik einführen lasse.

Obgleich oben schon vielfach besprochen wurde, was von verderbten Städten zu fürchten oder zu hoffen sei, so scheint es mir doch nicht unpassend, über einen Beschluß des Senats, ein Gelübde des Camillus, den zehnten Teil der Beute von Veji dem Apollo zu opfern, betreffend, einige Betrachtungen anzustellen. Da nämlich diese Beute schon in die Hände des Volkes gekommen war und man auf keine andere Weise nachrechnen konnte, so erließ der Senat ein Edikt, daß jeder den zehnten Teil von dem öffentlich ausstellen solle, was er erbeutet habe. Obgleich nun dieser Beschluß nicht zur Ausführung kam, da der Senat auf anderem Wege zur Zufriedenheit des Volkes dem Apollo die Schuld bezahlte, so ersieht man doch aus diesem Beschluß, wie großes Vertrauen der Senat in die Rechtschaffenheit des Volkes setzte, und daß er der Meinung war, keiner werde ermangeln, genau das auszustellen, was ihm durch das Edikt befohlen war. Auf der anderen Seite sieht man, daß das Volk nicht daran dachte, das Edikt dadurch zu umgehen, daß es weniger gegeben hätte als es sollte, sondern daß es sich davon zu befreien strebte, indem es offen seinen Unwillen zeigte. Dies Beispiel und viele ähnliche beweisen, wie viele Rechtschaffenheit und Religion im römischen Volk herrschte, und wieviel Gutes man daher von ihm erwarten konnte. In der Tat, wo diese Rechtschaffenheit fehlt, läßt sich durchaus nichts Gutes erwarten, wie man es in den Ländern nicht erwarten kann, in welchen wir in der jetzigen Zeit Sittenverderbnis herrschend sehen, das heißt vor allen anderen in Italien und zum Teil auch in Frankreich und Spanien. Sieht man aber in diesen Ländern nicht so viele Unordnungen wie in Italien, so kommt dies nicht von der Rechtschaffenheit der Völker, welche großenteils fehlt, sondern daher, daß sie einen König haben, der sie nicht allein durch seine Persönlichkeit, sondern durch die bestehende Verfassung dieser Königreiche zusammenhält.

In Deutschland hingegen ist noch viel Rechtschaffenheit und Religion zu finden, weshalb es auch viele freie Städte dort gibt, die ihre Gesetze so wohl beachten, daß niemand von innen oder außen etwas gegen ihre Unabhängigkeit zu unternehmen wagt. Daß wirklich in ihnen ein guter Teil der alten Rechtschaffenheit herrscht, soll folgendes Beispiel beweisen, welches mit dem vom römischen Senat und Volk angeführten viel Ähnlichkeit hat. Bedürfen nämlich diese Städte einer Summe Geldes zu öffentlichen Zwecken, so erlassen die Magistrate oder der Rat, zu dessen Amt es gehört, ein Edikt, daß jeder Bürger ein oder zwei Prozent von seinem Vermögen zu bezahlen habe. Ist nun dieser Beschluß verfassungsmäßig zum Gesetz erhoben, so erscheint ein jeder vor den Einnehmern dieser Abgabe und wirft, nachdem er zuvor einen Eid geleistet, daß er bezahlen wolle, was er schuldig sei, ohne alle Zeugen diejenige Summe in eine verschlossene Kasse, welche er nach seinem Gewissen geben zu müssen glaubt. Hieraus läßt sich schließen, wieviel Rechtschaffenheit und Religion noch bei diesem Volk herrscht. Es läßt sich nicht bezweifeln, daß jeder seinen schuldigen Anteil bezahle, sonst würde die Auflage die Summe nicht erreichen, die man der früheren Erfahrung gemäß erheben wollte; der Betrug müßte entdeckt werden, und man hätte längst eine andere Art der Erhebung eingeführt. Diese Rechtschaffenheit ist in unserer Zeit um so mehr zu bewundern, je seltener sie ist, ja man findet sie nur noch bei den Deutschen allein. Dies hat zwei Ursachen: Erstens die, daß sie niemals bedeutenden Handel mit den Nachbarn trieben, die nicht zu ihnen kamen und die sie auch nicht selbst besuchten, da sie sich mit den Gütern begnügten, von den Speisen lebten, sich in die Wolle kleideten, die ihnen ihr Vaterland gibt, wodurch die Ursache jeden Umgangs und der Anfang jeder Verderbnis beseitigt war, da sie weder französische, noch spanische, noch italienische Sitten annehmen konnten, welche drei Nationen miteinander die Verderbnis der Welt sind. Zweitens dulden diese Städte, welche sich eine freie und unverderbte Verfassung erhalten haben, keine Edelleute in ihrem Inneren, noch erlauben sie, daß einer ihrer Bürger als Edelmann lebe; mehr noch, sie sehen streng auf Gleichheit im Inneren und sind die größten Feinde der Herren und Ritter Deutschlands, und fällt ihnen einer in die Hände, so töten sie ihn als Fürsten der Verderbnis und Ursache jeder Unordnung.

Um aber die Benennung Edelleute zu erklären, sage ich, daß man diejenigen Edelleute nennt, welche müßig vom Ertrage ihrer Besitzungen im Überfluß leben, ohne irgend darauf bedacht zu sein, Ackerbau zu treiben oder sich mit irgendeinem anderen zum Leben nötigen Geschäfte zu befassen. Solche Leute sind jeder Republik und jedem Land verderblich; am verderblichsten aber sind diejenigen, welche außer dem Besitz von Gütern noch Burgen und Untertanen haben, die ihnen gehorchen. Das Königreich Neapel, der Kirchenstaat, die Romagna und die Lombardei sind voll solcher Edelleute, weshalb in diesen Ländern nie eine Republik oder ein geordneter politischer Zustand bestand; denn diese Menschenklasse ist der ärgste Feind der bürgerlichen Gesellschaft. In einem solchen Land eine republikanische Verfassung einführen wollen, würde etwas Unmögliches sein; um aber wieder Ordnung hineinzubringen, gäbe es für den, der Schiedsrichter darüber wäre, keinen anderen Weg, als eine Monarchie zu gründen. Wo die Sitten so verderbt sind, daß die Gesetze nicht zur Zügelung der Menschen hinreichen, ist es nötig, neben den Gesetzen eine größere Gewalt anzuordnen, das heißt eine königliche Hand, welche mit unumschränkter und übermäßiger Macht dem übermäßigen Ehrgeiz und der Verderbnis der Mächtigen einen Zaum anlegt.

Das Beispiel Toskanas spricht für die Wahrheit meiner Behauptung. Auf einem kleinen Raum bestanden dort lange Zeit drei Republiken, Florenz, Siena und Lucca, und die übrigen Städte dieses Landes sind auf eine Art dienstbar, daß man aus ihren Wünschen und Einrichtungen deutlich sieht, wie sehr sie bemüht sind, die ihnen gebliebene Freiheit zu erhalten und völlige Unabhängigkeit wiederzuerringen. Alles kommt daher, daß es in diesem Land keine Burgbesitzer und keine oder wenige Edelleute gibt, sondern daß daselbst so große Gleichheit herrscht, daß ein weiser Mann, der Kenntnis von der Staatseinrichtung der Alten besäße, leicht den echten politischen Zustand ins Leben rufen könnte. Allein der Unstern Toskanas ist so groß, daß es bis auf unsere Zeit nie einen Mann erzeugte, der dies gekonnt oder verstanden hätte.

Ziehen wir aber aus alledem folgenden Schluß: Wer, wo es viele Edelleute gibt, eine Republik errichten will, kann nur dann zum Ziel kommen, wenn er sie zuerst alle vertilgt. Wer hingegen, wo große Gleichheit herrscht, eine Monarchie oder ein Fürstentum errichten will, wird nie zum Ziele kommen, wenn er nicht viele Ehrgeizige und unruhige Köpfe aus der Gleichheit hervorzieht und sie zu Edelleuten macht; doch nicht dem Namen nach, sondern indem er ihnen Burgen und Besitzungen gibt und sie mit Geld und Leuten beschenkt, damit er in ihrer Mitte durch sie seine Macht erhält, sie durch ihn ihren Ehrgeiz befriedigt sehen, und die übrigen gezwungen sind, ein Joch zu tragen, welches nur Zwang, und nichts anderes, sie zu tragen bewegen kann. Ist auf diese Weise ein gleiches Verhältnis zwischen Zwingherren und Bezwungenen erzeugt, so bleibt Ruhe, und ein jeder bleibt in seinem Stand und in seiner Stellung fest. Da jedoch ein zu einer Monarchie geeignetes Land zur Republik und ein zu einer Republik geeignetes Land zur Monarchie zu machen Sache eines an Kopf und Macht seltenen Mannes ist, so haben es viele unternommen, aber wenige zum Ziel zu führen verstanden. Denn die Größe der Sache entmutigt teils die Menschen, teils verwirrt sie sie so sehr, daß sie schon bei den ersten Versuchen Fehler machen.

Ich glaube, es wird meiner Meinung, man könne, wo es Edelleute gebe, keine Republik einführen, die Erfahrung der Republik Venedig, wo nur Edelleute irgendeinen Rang einzunehmen pflegen, zu widersprechen scheinen. Allein ich antworte, daß dies Beispiel durchaus nicht gegen mich spricht, weil die Edelleute dieser Republik mehr dem Namen als der Sache nach Edelleute sind. Ihre großen Reichtümer bestehen nicht in Einkünften von Ländereien und Besitzungen, sondern in Kaufmannsgütern und beweglichem Eigentum; ferner hält keiner von ihnen Burgen oder hat irgendeine Gerichtsbarkeit über Menschen auszuüben, sondern die Benennung Edelmann ist bei ihnen ein Titel und Ehrenname, ohne auf irgend etwas gegründet zu sein, weshalb man anderwärts Edelmann heißt. Wie alle Republiken ihren verschiedenen Klassen besondere Namen gegeben haben, so teilt sich Venedig in Edle und Gemeine[24] und will, daß jene alle Ämter haben oder vielmehr haben können, diese hingegen völlig davon ausgeschlossen sind. Warum dies in Venedig keine Unordnung zur Folge hat, ist früher erklärt worden.

Wo also große Gleichheit ist oder hergestellt werden kann, errichte man eine Republik, wo große Ungleichheit ist, eine Monarchie, sonst führt man ein Werk ohne Verhältnis und von kurzer Dauer auf.

56.

Ehe einer Stadt oder einem Land große Unglücksfälle zustoßen, kommen Zeichen, die sie vorherdeuten, und Menschen, die sie voraussagen.

Woher es kommt, weiß ich nicht, aber man sieht durch alte und neue Beispiele, daß nie ein schwerer Unfall einer Stadt oder einem Land zustieß, der nicht durch Wahrsager, Prophezeiungen, Wunder oder Zeichen am Himmel vorausgesagt worden wäre. Zum Beweis dieser Sache brauche ich mich nicht von Hause zu entfernen. Ein jeder weiß, wie oft Bruder Girolamo Savonarola den Einfall Karls VIII. von Frankreich in Italien vorhersagte, und daß durch ganz Toskana die Rede ging, man habe oberhalb Arezzo in der Luft Bewaffnete gehört und gesehen, die sich eine Schlacht lieferten. Ein jeder weiß ferner, daß kurz vor dem Tod des älteren Lorenzo de' Medici der Dom an der Kuppel von einem Blitzstrahl durchbohrt wurde, wodurch das Gebäude sehr großen Schaden litt. Ebenso ist jedem bekannt, daß kurz zuvor, ehe Piero Soderini, der zum lebenslänglichen Gonfaloniere des florentinischen Volkes ernannt worden war, vertrieben und seiner Würde beraubt ward, der Palast gleichfalls vom Blitz getroffen wurde. Man könnte noch viele andere Beispiele anführen, ich unterlasse es aber, um nicht langweilig zu werden. Nur ein von Livius erzähltes soll hier noch einen Platz finden. Vor der Ankunft der Gallier in Rom meldete ein Ple-

[24] Gentiluomini und Popolari

bejer, Marcus Ceditius, dem Senat, er habe um Mitternacht, als er durch die neue Straße ging, eine übermenschliche Stimme gehört, die ihm befohlen habe, dem Magistrat zu berichten, die Gallier würden nach Rom kommen.

Die Ursache dieser Erscheinung sollte meines Erachtens von einem Mann erörtert und erklärt werden, der die natürlichen und übernatürlichen Dinge durchschaute, was wir nicht können. Möglich wäre es zwar, daß die Luft, wie ein gewisser Philosoph will, mit vernünftigen Wesen, welche die Gabe haben, in die Zukunft zu sehen, bevölkert ist, und daß diese Wesen mitleidsvoll die Menschen durch solche Zeichen aufmerksam machen, damit sie sich zur Verteidigung rüsten können. Wie dem aber auch sei, so zeigt sich doch, daß die Sache ihre Richtigkeit hat, und daß immer nach solchen Erscheinungen den Ländern außerordentliche und unerwartete Unfälle zustoßen.

57.

Versammelt ist das Volk mutig, einzeln schwach.

Nach der Zerstörung Roms durch die Gallier waren viele Römer gegen den Befehl des Senats nach Veji gezogen. Um diese Unordnung zu steuern, erließ der Senat ein Edikt, ein jeder solle nach Verlauf einer gewissen Zeit bei Strafe wieder nach Rom zurückkehren. Als das Edikt den in Veji wohnenden Römern vorgelesen wurde, spotteten sie darüber, als aber die festgesetzte Zeit herankam, gehorchten alle. Livius bedient sich bei dieser Gelegenheit folgender Worte: *ex ferocibus universis, singuli, metu suo, obedientes fuere*.[25] In der Tat läßt sich die Natur der Menge in dieser Hinsicht nicht besser beschreiben. Die Menge ist oftmals kühn im Sprechen gegen die Beschlüsse ihres Fürsten, zeigt sich aber die Strafe vor Augen, so traut keiner dem andern, und ein jeder beeilt sich zu gehorchen. Was daher das Volk über seine gute oder schlimme Stimmung sagt, ist nicht hoch anzuschlagen, wenn du dich in der Verfassung befindest, es in Ordnung zu halten, wenn es gut gestimmt ist, und wenn es schlimm gestimmt ist, solche Vorkehrungen zu treffen, daß es dich nicht verletzen kann. Unter einer schlimmen Stimmung des Volkes ist hier eine solche zu verstehen, welche aus jeder anderen Ursache, als dem Verlust der Freiheit oder eines geliebten Fürsten, der noch lebt, herrührt; denn die Unzufriedenheit, welche aus letztgenannten Ursachen entspringt, ist mehr als alles andere furchtbar, und es bedarf der gewaltsamsten Mittel, um sie im Zaum zu halten. Jede andere Art von Mißver-

[25] Sie, die in ihrer Gesamtheit trotzig gewesen waren, wurden einzeln, jeder aus Furcht für sich, gehorsam

gnügen ist unbedeutend, wenn das Volk keine Führer hat; denn wenn es auf der einen Seite nichts Furchtbareres gibt, als eine aufständische Menge ohne Haupt, so gibt es, auf der anderen Seite, nichts Schwächeres. Hat sie auch die Waffen ergriffen, so wirst du sie doch leicht zur Ordnung bringen, wenn du nur einen Zufluchtsort hast, um ihrem ersten Anfall auszuweichen; denn wenn die Gemüter ein wenig abgekühlt sind und ein jeder nach Hause zu seinem Weib zurückkehren muß, so fängt er an, um seine Person zu fürchten, und ist entweder durch Flucht oder Unterwerfung auf seine Sicherheit bedacht.

Eine zusammengerottete Menge, welche diesen Gefahren entgehen will, muß daher sogleich aus ihrer Mitte ein Haupt ernennen, welches sie leitet, zusammenhält und auf ihre Sicherheit bedacht ist, wie das Volk von Rom tat, als es nach dem Tod der Virginia auszog und, um sich zu sichern, zwanzig Tribunen aus seiner Mitte erwählte. Wird dies unterlassen, so wird es immer so kommen, wie Livius in den oben angeführten Worten sagt, daß alle vereint mutig sind, jeder Einzelne aber, wenn er seine Gefahr überlegt, feig und schwach wird.

58.

Die Menge ist weiser und beständiger als die Fürsten.

Daß es nichts Eitleres und Unbeständigeres gebe als die Menge, behaupten sowohl unser Livius als auch alle anderen Geschichtsschreiber. Häufig liest man in den Jahrbüchern der Geschichte, daß die Menge einen Mann zum Tod verurteilt und später denselben Mann beklagt und höchlich zurückwünscht, wie zum Beispiel das römische Volk den Manlius Capitolinus zum Tod verdammte und ihn zu spät wieder zurückersehnte. Die Worte des Autors sind folgende: *Populum brevi, posteaquam ab eo periculum nullum erat, desiderium eius tenuit.*[26] An einem anderen Ort, wo er erzählt, was sich nach dem Tod des Hieronymus, des Neffen Hieros, zutrug, sagt er: *haec natura multitudinis est, aut humiliter servit, aut superbe dominatur.*[27]

Ich weiß nicht, ob ich mir nicht eine harte und so schwierige Aufgabe setze, daß ich sie entweder zu meiner Schande aufgeben oder mir durch ihre Lösung Vorwürfe zuziehen muß, die Aufgabe nämlich, eine Sache zu verteidigen, die von allen Schriftstellern angeklagt worden ist. Allein wie dem auch sein mag, so habe ich doch nie geglaubt und werde nie glauben, daß es ein Unrecht sei,

[26] Bald darauf ist in dem Volke, nachdem es nichts mehr von ihm zu fürchten hatte, Sehnsucht nach ihm erwacht.

[27] Dies ist die Natur der Menge, sie dient niederträchtig oder herrscht übermütig.

irgendeine Meinung mit den sich bietenden Gründen zu verteidigen, ohne Autorität oder Zwang dazu brauchen zu wollen. Kommen wir zur Sache.

Jener Fehler, welchen die Schriftsteller der Menge zur Last legen, kann allen Menschen im einzelnen und besonders den Fürsten zur Last gelegt werden. Jeder, der nicht durch die Gesetz gezügelt ist, wird sich dieselben Vergehen zuschulden kommen lassen, wie die entfesselte Menge. Leicht läßt sich dies einsehen; denn es gibt und gab viele Fürsten, aber nur wenig gute und weise; ich sage Fürsten, welche den hemmenden Zügel zerreißen konnten. Hierzu gehören nicht die Könige Ägyptens, als dieses Land im grauen Altertum durch die Gesetze beherrscht wurde, noch die spartanischen Könige, noch in unserer Zeit die Könige Frankreichs, welche mehr durch die Gesetze beschränkt sind als irgendein anderer uns bekannter Fürst. Könige, welche mit solchen Konstitutionen regieren müssen, sind nicht zu den Fürsten zu zählen, bei welchen man die Natur des Menschen an sich untersuchen und sehen kann, ob sie der des Volkes gleich ist. Mit ihnen muß man eine gleichfalls durch die Gesetze geregelte Menge vergleichen. Wir werden dann in ihr dieselbe Tugend finden, die wir bei jenen sehen, und sie wird weder übermütig herrschen, noch niederträchtig dienen.

So diente das römische Volk, solange die Sitten der Republik rein waren, niemals niederträchtig, noch herrschte es übermütig, sondern es behauptete durch seine Institutionen und Magistrate seinen Rang auf eine ehrenvolle Weise. War es nötig, gegen einen Mächtigen aufzustehen, so geschah es, wie gegen Manlius, gegen die Dezemvirn und andere, die es zu unterdrücken strebten. War es nötig, den Diktatoren, den Konsuln zum allgemeinen Heil zu gehorchen, so geschah es. Wünschte aber das römische Volk den toten Manlius Capitolinus zurück, so liegt hierin nichts Wunderbares; denn es wünschte seine Tugenden zurück, die so groß waren, daß die Erinnerung daran bei einem jeden Mitleid erregte und auch wohl dieselbe Wirkung auf einen Fürsten hervorgebracht haben würde. Denn alle Schriftsteller stimmen darin überein, daß man die Tugend selbst am Feind lobt und bewundert. Wäre aber Manlius, während dieser Sehnsucht nach ihm, wieder auferstanden, so würde das römische Volk dasselbe Urteil über ihn gefällt haben wie damals, als es ihn aus dem Gefängnis zog und zum Tod verdammte. Allein auch bei für weise gehaltenen Fürsten kommt dieselbe Erscheinung vor, daß sie eine Person hinrichten ließen und dann auf das heftigste zurückwünschten, wie Alexander den Clitus und andere seiner Freunde und Herodes die Mariamne.

Was jedoch unser Geschichtsschreiber von der Menge sagt, bezieht sich nicht auf eine durch die Gesetze geregelte, wie die syracusanische, die Verbrechen beging, wie sie wütende, fessellose Menschen begehen, wie Alexander der Große und Herodes in den angeführten Fällen.

Die Natur der Menge ist daher nicht verdammungswürdiger als die der Fürsten, weil beide in gleichem Maß sündigen, wenn sie ohne Scheu sündigen können. Hierfür sprechen, außer den angeführten, viele Handlungen der römischen Kaiser und der anderen Tyrannen und Fürsten, bei welchen man eine größere Unbeständigkeit und größeren Wechsel des Betragens sieht, als man je bei irgendeiner Menge finden wird.

Ich widerspreche daher dem allgemeinen Glauben, die Völker, wenn sie Fürsten sind, seien unbeständig, veränderlich und undankbar, und behaupte, daß diese Gebrechen nicht anders bei ihnen vorkommen, wie bei den einzelnen Fürsten. Würde jemand die Völker und die Fürsten zugleich anklagen, so könnte er wohl das Wahre getroffen haben, nimmt er hingegen die Fürsten aus, so irrt er. Ein Volk, das herrscht und wohlgeordnet ist, wird beständig, klug und dankbar sein, nicht weniger als ein Fürst oder mehr als ein Fürst, würde er auch für weise geachtet; und auf der anderen Seite wird ein nicht an die Gesetze gebundener Fürst in höherem Maße undankbar, veränderlich und unklug sein als ein Volk. Die Verschiedenheit ihrer Handlungsweise rührt nicht aus der Verschiedenheit ihrer Natur her, denn diese ist bei allen dieselbe, und überwiegt das Gute auf einer Seite, so ist es beim Volk; sondern sie hängt davon ab, ob Volk oder Fürst mehr oder weniger Scheu vor den Gesetzen haben, unter denen sie leben.

Das römische Volk war vierhundert Jahre lang der Feind des Königtums, es liebte den Ruhm und das öffentliche Wohl des Vaterlandes über alles. Eine Menge Handlungen bezeugen sowohl die eine als die andere Tatsache. Wollte man mir die Undankbarkeit gegen Scipio einwenden, so antworte ich, was ich schon oben ausführlich über diesen Gegenstand gesagt habe, als ich bewies, daß die Völker weniger undankbar sind als die Fürsten.

Was die Klugheit und Beständigkeit anbelangt, so sage ich, daß ein Volk klüger und beständiger ist und ein richtigeres Urteil hat als ein Fürst. Nicht ohne Grund vergleicht man die Stimme des Volkes mit der Stimme Gottes. Die öffentliche Meinung prophezeit so wunderbar richtig, was geschehen wird, daß es den Anschein hat, als sehe sie durch eine verborgene Eigenschaft ihr Wohl und Wehe voraus.

Was die richtige Beurteilung der Dinge betrifft, so sieht man äußerst selten, daß das Volk, wenn es zwei Redner von gleicher Kraft, die verschiedenen Parteien angehören, sprechen hört, nicht dem besseren Vorschlag folgt und die Wahrheit vom Schein zu unterscheiden weiß. Irrt es auch, wenn ihm kühne, kraftvolle, nützlich scheinende Vorschläge gemacht werden, so irrt gleichfalls ein Fürst, durch seine eigenen Leidenschaften hingerissen, deren Zahl viel größer ist als beim Volk.

Ferner sieht man, daß das Volk bei der Besetzung der Ämter eine viel bessere

Wahl trifft als ein Fürst. Nie wird man ein Volk überreden können, einen verworfenen ehrlosen Menschen von verdorbenen Sitten zu einer Würde zu erheben, wozu sich ein Fürst leicht und auf tausenderlei Wegen überreden läßt.

Man sieht, daß ein Volk vor einer Sache einen Abscheu faßt und viele Jahrhunderte hindurch dieselbe Gesinnung bewahrt, was man nicht bei Fürsten sieht.

Für die beiden letztgenannten Vorzüge des Volkes legt das römische Volk hinreichendes Zeugnis ab, das während so vieler Jahrhunderte, bei so vielen Konsul- und Tribunenwahlen nicht vier Ernennungen zu bereuen hatte. Und so heftig haßte es den königlichen Namen, daß kein früheres Verdienst einen Bürger, der nach der Krone strebte, vor der verdienten Strafe retten konnte.

Ferner zeigt die Erfahrung, daß Städte, wo die Völker Fürsten sind, in kürzester Zeit ausnehmende Fortschritte machen, viel mehr als solche Staaten, die immer unter einem Fürsten gelebt haben. So Rom nach der Vertreibung der Könige, und Athen, nachdem es sich von Peisistratos befreit hatte. Dies kann seinen Grund in nichts anderem haben als darin, daß die Völker besser regieren als die Fürsten. Man halte mir nicht die Worte des Geschichtsschreibers entgegen, die er im angeführten Texte oder an irgendeiner anderen Stelle braucht; denn wenn man alle Unordnungen der Völker und alle Unordnungen der Fürsten, allen Ruhm der Völker und allen Ruhm der Fürsten untersuchen will, so wird man die Völker an Tugend und Ruhm bei weitem überlegen finden. Sind auch die Fürsten in Einführung von Gesetzen, Gründung von Staatsverfassungen, Anordnung von Statuten und Institutionen den Völkern überlegen, so sind diese wiederum in der Erhaltung des Eingeführten so sehr überlegen, daß sie ohne Zweifel zum Ruhm der Gründer beitragen.

Um aber den Inhalt dieser Betrachtungen noch einmal kurz zu wiederholen, sage ich: Lange haben die monarchischen Staaten gedauert, lange die republikanischen, und beide mußten durch Gesetze geregelt werden; denn ein Fürst, der tun kann, was er will, ist unsinnig, ein Volk, das tun kann, was es will, ist nicht weise. Betrachtet man beide in gesetzlosem Zustand, so wird man beim Volk weniger, kleinere und leichter zu bessernde Fehler finden als beim Fürsten. Zu einem zügellosen aufrührerischen Volk kann ein wohlmeinender Mann sprechen und es leicht wieder auf den rechten Weg führen; zu einem schlechten Fürsten kann niemand reden, gegen ihn gibt es kein Mittel als das Eisen. Hieraus läßt sich auf die Größe der Krankheit beider schließen. Wenn zur Heilung der Krankheit des Volkes Worte ausreichen und zur Heilung der Krankheit des Fürsten Eisen nötig ist, so wird jeder urteilen müssen, daß, wo es heftigerer Kur bedarf, auch größere Fehler seien. Ist auch ein Volk entfesselt, so fürchtet man doch weder die Torheiten, die es begeht, noch das gegenwärtige Übel, sondern das Übel, das daraus entstehen kann, da aus so großer Verwirrung ein Tyrann hervorgehen könnte. Bei dem schlechten Fürsten hingegen ist es umgekehrt: man fürchtet das gegenwärtige Übel und hofft auf die Zukunft, da sich die Menschen einreden, aus seinem sinnlosen Betragen könne die Freiheit hervorgehen. So seht ihr den Unterschied zwischen beiden, der so groß ist wie der Unterschied zwischen der Gegenwart und der Zukunft. Die Grausamkeiten des Volkes sind gegen die gerichtet, von denen es fürchtet, sie möchten sich des öffentlichen Gutes bemächtigen, die Grausamkeiten des Fürsten gegen die, von denen er fürchtet, sie möchten sich seines eigenen Gutes bemächtigen.

Allein die ungünstige Meinung gegen die Völker entsteht daraus, daß jeder von ihnen frei und ohne Scheu Übles reden kann, auch während sie regieren, von den Fürsten hingegen immer voll Furcht und mit tausend Rücksichten gesprochen wird. Da mich aber der Gegenstand darauf führt, so wird es am rechten Ort sein, wenn ich im folgenden Kapitel erörtere, auf welche Bündnisse man sich mehr verlassen könne, auf die mit einer Republik oder auf die mit einem Fürsten geschlossenen.

59.

Auf welche Bündnisse oder Allianzen man sich mehr verlassen könne, auf die mit einer Republik oder auf die mit einem Fürsten.

Da es jeden Tag vorkommt, daß ein Fürst mit dem andern oder eine Republik mit der andern Bündnis und Freundschaft schließt, und gleichfalls zwischen einer Republik und einem Fürsten Bündnisse und Verträge eingegangen werden, so will ich untersuchen, welche Treue beständiger ist und auf welche man mehr zählen kann, auf die Treue einer Republik oder eines Fürsten. Alles genau erwägend, scheinen mir in vielen Fällen beide gleich, in einigen ungleich zu sein.

Ich glaube, daß erzwungene Verträge weder von einem Fürsten, noch von einer Republik gehalten werden; ich glaube, daß, wenn die Furcht kommt, der Staat könne zugrunde gehen, beide, um sich zu retten, dir die Treue brechen und undankbar sein werden. Demetrius, mit dem Beinamen der Städteeroberer, hatte den Athenern unzählige Wohltaten erzeigt; als er hierauf von seinen Feinden geschlagen wurde und sich nach Athen, als in eine befreundete Stadt, die ihm Dank schuldig war, flüchten wollte, ward er nicht aufgenommen, was ihn viel mehr schmerzte als der Verlust der Schlacht und seines Heeres. Nachdem Pompeius von Cäsar in Thessalien geschlagen worden war, suchte er in Ägypten bei Ptolemäus, den er früher wieder in sein Reich eingesetzt hatte, einen Zufluchtsort und wurde von ihm ermordet. Man sieht, daß beide Handlungen dieselben Beweggründe hatten, doch war bei der Republik die Menschlichkeit größer und die Unbill kleiner als beim Fürsten.

Wo also die Furcht herrscht, wird man in der Tat dieselbe Treue finden. Sollte sich aber auch eine Republik oder ein Fürst finden, der, um dir treu zu bleiben, den Untergang abwartete, so kann dies gleichfalls ähnliche Beweggründe haben. Was den Fürsten betrifft, so kann es sich gar wohl ereignen, daß er der Verbündete eines mächtigen Herrschers ist, der zwar jetzt nicht imstande ist, ihn zu verteidigen, von dem er aber mit der Zeit wieder in sein Fürstentum eingesetzt zu werden hoffen kann; oder besser, dem er immer als Anhänger gefolgt war, so daß er glaubt, er werde bei dem Feind desselben weder Treue finden noch überhaupt Verträge mit diesem Feind abschließen können.

In diesem Fall waren jene Fürsten des Königreiches Neapel, welche die Partei der Franzosen ergriffen hatten. Von Republiken befanden sich in dieser Lage Sagunt in Spanien, das seinen Untergang abwartete, weil es die Partei der Römer, und Florenz im Jahre 1512, weil es die Partei der Franzosen ergriffen hatte. Alles gehörig in Betracht gezogen, glaube ich jedoch, daß man in solchen Fällen, wo dringende Gefahr ist, bei den Republiken etwas mehr Beständigkeit findet als bei den Fürsten; denn gesetzt auch, die Republiken hätten dieselbe Gesinnung und denselben Willen wie ein Fürst, so wird doch der langsamere Gang der Staatsmaschine bewirken, daß sie immer mehr Zeit brauchen, sich zu entschließen als ein Fürst, und daher auch mehr Zeit brauchen, dir die Treue zu brechen.

Die Bündnisse werden aus Nützlichkeitsgründen gebrochen. Hierin beachten die Republiken bei weitem mehr die Verträge als die Fürsten. Es ließen sich Beispiele anführen, wo ein ganz geringer Vorteil einen Fürsten bewogen hat, die Treue zu brechen, und wo der größte Nutzen eine Republik nicht zur Brechung der Treue bewegen konnte. So der Vorschlag des Themistokles, der in der Volksversammlung sagte, er habe einen Plan, woraus dem Vaterland großer Nutzen entspringen könne, jedoch, um ihn nicht zu vereiteln, könne er ihn nicht aussprechen, denn wenn er ihn aufdeckte, wäre die Ausführung nicht mehr möglich. Das Volk von Athen wählte Aristides, dem die Sache mitgeteilt werden sollte und nach dessen Bericht es dann einen Beschluß fassen wollte. Themistokles zeigte ihm, daß die Flotte von ganz Griechenland, die zwar der Treue der Athener anvertraut war, so an der Küste liege, daß sie leicht erobert oder zerstört werden könnte, was Athen zum dominierenden Staat in Griechenland machen würde. Aristides berichtete dem Volk, der Vorschlag des Themistokles sei äußerst nützlich, aber äußerst schändlich, weshalb ihn das Volk durchaus verwarf. Nicht dasselbe hätten Philipp von Mazedonien und die anderen Fürsten getan, die mehr durch Treubruch zu gewinnen strebten und gewannen, als durch irgendein anderes Mittel.

Vom Brechen der Verträge infolge Nichtbeobachtung derselben spreche ich hier nicht, weil dies eine gewöhnliche Sache ist; ich spreche von Verträgen, die aus außergewöhnlichen Ursachen gebrochen werden, und glaube aus den angeführten Gründen, daß sich hierin die Völker geringeres Unrecht zuschulden kommen lassen als die Fürsten, und daß man sich deshalb mehr auf sie verlassen kann als auf die Fürsten.

60.

Wie das Konsulat und jede andere Würde in Rom ohne Rücksicht auf das Alter erteilt wurde.

Man sieht aus dem Verlauf der Geschichte, daß die römische Republik, nachdem die Plebejer Teil an dem Konsulat erhalten hatten, diese Würde ihren Bürgern ohne Unterschied des Alters und der Geburt gewährte, und daß eine Rücksicht auf das Alter überhaupt niemals in Rom in Frage kam, sondern daß man immer nur das Verdienst aufsuchte, fand man es nun bei einem Jüngling oder Greis. Ein Beweis dafür ist Valerius Corvinus, der im dreiundzwanzigsten Jahre zum Konsul ernannt wurde und in einer Rede an seine Soldaten sich der Worte bediente: das Konsulat sei *praemium virtutis non sanguinis.*[28]

Ob diese Sache wohl erwogen war oder nicht, hierüber läßt sich viel für und gegen sagen. Was die Geburt betrifft, wurde aus Notwendigkeit nachgegeben. Die Notwendigkeit aber, die in Rom wirksam war, wird in jeder Republik wirksam sein, die Roms Erfolge haben will, wie wir schon früher sagten; denn ohne Belohnung kann man den Menschen nicht Mühe und Arbeit auferlegen, und nicht ohne Gefahr nimmt man ihnen die Hoffnung, diese Belohnung zu erlangen. Bald mußte man daher dem Volk die Hoffnung geben, das Konsulat zu erhalten, und einige Zeit ließ es sich mit dieser Hoffnung hinhalten. Später reichte die Hoffnung nicht mehr aus, und man mußte zur Verwirklichung kommen. Eine Stadt, welche sich des Volkes nicht zu ruhmwürdigen Dingen bedient, kann nach Belieben mit ihm verfahren, wie an einem anderen Ort gezeigt ist; eine Stadt aber, die ausführen will, was Rom tat, darf keinen Unterschied machen.

Angenommen, man wolle das Letztere, so läßt sich ein Unterschied der Jahre nicht verteidigen, ja er muß notwendigerweise außer acht gelassen werden; denn der Erwählung eines Jünglings zu einem Amt, das die Klugheit eines Greises erfordert, muß, wenn ihn die Menge zu erwählen hat, notwendigerweise

[28] Preis der Tapferkeit, nicht der Geburt.

eine ganz vortreffliche Handlung vorausgehen, die ihn dieses Amtes würdig macht. Besitzt nun ein Jüngling soviel Talent und Tapferkeit, daß er sich durch eine ausgezeichnete Tat bekannt gemacht hat, so würde es sehr nachteilig für die Republik sein, wenn sie sich seiner nicht bedienen könnte und warten müßte, bis er gealtert und mit ihm jene Energie, jene Raschheit, woraus das Vaterland Nutzen ziehen konnte. So bediente sich Rom des Valerius Corvinus, des Scipio, des Pompeius und vieler anderer, die im ersten Jünglingsalter triumphierten.

Der Betrachtungen zweites Buch

Die Menschen loben immer (aber nicht immer mit Recht) die alten Zeiten und klagen die gegenwärtigen an. Sie sind so sehr für die Vergangenheit eingenommen, daß sie nicht allein die Zustände preisen, welche sie durch die Überlieferungen der Schriftsteller kennen, sondern auch jene, welche sie, alt geworden, in ihren Jugendjahren gesehen zu haben sich erinnern.

Wenn diese Meinung irrig ist, und sie ist es meistens, so treffen, nach meiner Überzeugung, mehrere Ursachen zusammen, welche zu diesem Irrtum Anlaß geben.

Die erste, glaube ich, ist, daß man von den Begebenheiten der Vorzeit nicht ganz die Wahrheit erfährt, sondern daß größtenteils verheimlicht wird, was diesen Zeiten Schande bringen könnte, und daß in prächtiger Fülle dargestellt wird, was ihren Ruhm zu erhöhen vermag.

Die meisten Schriftsteller gehorchen dem Glück des Siegers so sehr, daß sie, um seine Siege ruhmvoll zu machen, nicht nur seine eigenen tapferen Taten vergrößern, sondern auch die Handlungen der Feinde so sehr preisen, daß, wer später in einem der beiden Länder, im siegreichen oder besiegten, geboren wird, jene Menschen und jene Zeiten anzustaunen Ursache hat und sie aufs höchste zu loben und zu lieben gezwungen ist.

Überdies, da der Haß aus Furcht oder aus Neid entsteht, so verschwinden bei vergangenen Dingen zwei der mächtigsten Ursachen des Hasses, denn sie können weder verletzen noch Neid erregen.

Das Gegenteil tritt bei den Dingen ein, in denen man wirkt oder die man sieht. Durch die vollkommene Kenntnis, die man von ihnen hat, dadurch, daß uns kein Teil derselben verborgen bleibt, daß wir an ihnen neben dem Guten vieles andere kennen, das mißfällt, sind wir gezwungen, sie den alten weit unterzuordnen, wenngleich die Gegenwart in Wahrheit weit mehr Lob und Ruhm verdienen sollte.

Dies ist nicht auf Gegenstände der Künste anwendbar, welche so deutlich für sich selbst sprechen, daß die Zeit wenig zu dem Ruhm hinzufügen oder davon nehmen kann, den sie an sich selbst verdienen, sondern auf solche, die sich auf das Leben und die Sitten der Menschen beziehen, von denen man keine so sichtbaren Zeugnisse erblickt.

Ich setze hinzu, daß es mit dieser Gewohnheit, zu loben und zu tadeln, seine Richtigkeit hat, daß es aber nicht immer richtig ist, daß man irrt, wenn man es tut.

Notwendigerweise muß man manchmal die Wahrheit treffen; denn die menschlichen Dinge sind immer in Bewegung und steigen oder sinken. Eine Stadt oder ein Land, das von einem ausgezeichneten Mann zum politischen Leben geordnet wurde, sieht man eine Zeitlang durch das Verdienst seines Gesetzgebers immer zum Besseren fortschreiten. Wer in einem solchen Land geboren wird und die alte Zeit mehr lobt als die neue, täuscht sich, und seine Täuschung entsteht aus den oben genannten Ursachen. Wird man aber zu einer Zeit geboren, wo die Glanzperiode dieses Landes vorüber ist und es immer tiefer herabsinkt, dann täuscht man sich nicht.

Mit diesem Sinken und Steigen hat es folgende Bewandtnis: Die Welt war stets dieselbe. Es gab darauf immer so viel Gutes wie Böses, allein dieses Böse und dieses Gute wechselte von Land zu Land. So wissen wir, daß die alten Reiche durch den Wechsel der Sitten von einem Land aufs andere übergingen. Die Welt jedoch blieb mit dem einzigen Unterschied dieselbe, daß, wenn sie zuerst ihre Tugend nach Assyrien gepflanzt hatte, sie nachher Medien, dann Persien ausersah, bis sie endlich Italien und Rom erwählte. Folgte der römischen Weltherrschaft keine dauernde Universalmonarchie, worin die Tugend des Menschengeschlechts vereinigt war, so zeigt sich doch diese bei vielen kräftigen Nationen zerstreut. So waren das Reich der Franken, der Türken, des ägyptischen Sultans, heute die Völker Deutschlands und früher die sarazenischen Stämme, Mahomets Anhänger, die so große Dinge ausführten und so viele Länder eroberten, bis sie endlich das oströmische Reich zerstörten.

In allen diesen Ländern und Sekten fand man nach dem Verfall des römischen Reiches jene ersehnte, mit gerechtem Lob gepriesene Tugend, und zum Teil findet man sie dort noch jetzt. Wer in diesen Ländern geboren ist und die Vergangenheit über die Gegenwart erhebt, mag sich irren; wer aber Italien oder Griechenland sein Vaterland nennt und nicht in Italien Ultramontaner, in Griechenland Türke geworden ist, hat wohl Ursache, seine Zeit zu tadeln und die Vorzeit zu loben. Die frühere Geschichte muß ihn mit Staunen und Verwunderung erfüllen; heute findet er nichts, was das äußerste Elend, Schmach und Verachtung ausgliche, heute, wo weder Religion noch Gesetze beobachtet werden, kein Kriegswesen besteht, alles im Schmutz versunken ist und tierische Laster die Sitten beflecken, Laster, um so verabscheuungswürdiger, als sie bei denen am häufigsten sind, die *pro tribunali* sitzen, einem jeden befehlen und angebetet sein wollen. Kehren wir aber zu unserem Gegenstand zurück.

Wenn auch beim Vergleich des gegenwärtigen Jahrhunderts mit den vergangenen das Urteil der Menschen in denjenigen Dingen irrig ist, von denen man infolge ihres Alters keine vollkommene Kenntnis haben kann, so sollten doch, könnte man sagen, wenigstens die alten Leute die Zeiten ihrer Jugend und ihres Alters richtig beurteilen, da sie sowohl die einen wie die anderen gesehen haben und kennen. Dies wäre nun allerdings richtig, wenn der Mensch in jedem

Lebensalter dasselbe Urteil und dieselben Neigungen behielte. Da sich aber diese verändern, so können ihm die Zeiten, obgleich sie unverändert bleiben, nicht als dieselben erscheinen, weil er andere Gelüste, andere Neigungen, andere Ansichten im Alter hat als in der Jugend. Alternd nimmt der Mensch an Kräften ab, an richtigem Urteil und an Klugheit zu; es müssen ihm daher die gleichen Dinge, welche ihm in der Jugend ganz erträglich und gut schienen, im Alter unerträglich und schlecht scheinen, und während er demnach sein Urteil anklagen sollte, schiebt er die Schuld auf die Zeiten. Da überdies die menschlichen Wünsche unersättlich sind, weil uns die Natur alles zu begehren erlaubt und antreibt, das Geschick aber nur wenig zu erreichen gestattet, so entsteht daraus eine immerwährende Unzufriedenheit im menschlichen Gemüt und ein Überdruß der Dinge, welche man besitzt. So wird die Gegenwart getadelt, die Vergangenheit gelobt und die Zukunft herbeigewünscht, wenn man auch keine vernünftige Ursache dazu hat.

Ich weiß daher nicht, ob ich zu denen, die sich irren, gerechnet zu werden verdiene, wenn ich in diesen meinen Betrachtungen die alte Römerzeit lobe und die unserige tadle. In der Tat, wäre die damals herrschende Tugend und das jetzt herrschende Laster nicht klarer als der Tag, so würde ich zurückhaltender sein, ich würde fürchten, in den Irrtum zu verfallen, dessen ich andere beschuldige. Da aber die Sache so offenbar ist, daß sie jeder sieht, so werde ich mich offen und ohne Scheu darüber aussprechen, was ich von jenen und von diesen Zeiten halte, damit die Jünglinge, die meine Schriften lesen, diese fliehen und sich vorbereiten, jene nachzuahmen, sobald ihnen das Schicksal die Gelegenheit bietet. Es ist die Pflicht eines tugendhaften Mannes, das Gute, das er durch die Tücke der Zeiten und des Geschickes nicht selbst ausführen konnte, andere zu lehren, damit es aus den vielen Fähigen einer, den der Himmel mehr begünstigt, ins Werk setzen könne.

Im vorigen Buch habe ich von den inneren Angelegenheiten der römischen Republik gesprochen, in diesem Buch werde ich über die Art und Weise Betrachtungen anstellen, wie das römische Volk seine Herrschaft ausdehnte.

1.

Was mehr Ursache der Größe des Reiches war, das sich die Römer eroberten, Tapferkeit oder Glück.

Viele Schriftsteller, worunter der gewichtige Plutarch, sind der Meinung, daß die Römer bei Eroberung ihres Reiches mehr vom Glück begünstigt worden seien, als daß ihre Tapferkeit die Ursache ihrer Größe gewesen sei. Unter anderen Gründen führt er an, das römische Volk habe selbst alle seine Siege als Geschenke des Glücks anerkannt, da es der Fortuna mehr Tempel als irgendeiner anderen Gottheit gebaut habe. Auch Livius scheint sich dieser Meinung anzuschließen; denn selten läßt er einen Römer in einer Rede von der Tapferkeit sprechen, ohne ihr das Glück beizugesellen.

Ich meinesteils kann dieser Meinung durchaus nicht zustimmen und glaube auch nicht, daß sie haltbar ist. Wenn es niemals eine Republik gegeben hatte, die Roms Fortschritte machte, so kam dies daher, daß niemals eine Republik eine solche Verfassung hatte, daß sie Roms Eroberungen machen konnte. Es war die Tapferkeit seiner Heere, die ihm sein ausgedehntes Gebiet erkämpfte, und seine eigene von seinem ersten Gesetzgeber erfundene Staatskunst war es, die ihm die Eroberungen erhielt, wie unten ausführlich in mehreren Kapiteln gezeigt werden soll.

Jene Schriftsteller sagen, es sei Glück, nicht Tapferkeit des römischen Volkes gewesen, daß es niemals zwei bedeutende Kriege zu gleicher Zeit zu führen gehabt habe. Der Krieg nämlich mit den Latinern brach nicht eher aus, als bis die Römer die Samniter zwar noch nicht überwunden hatten, aber doch mit ihnen im Bündnis standen und den Krieg zu ihrer Verteidigung führten. Mit den Toskanern kämpften sie nicht eher, als bis sie die Latiner unterjocht und die Samniter durch viele Niederlagen fast gänzlich zerschlagen hatten.

Wären zwei von diesen Mächten noch ungeschwächt und frisch im Verein gegen Rom aufgetreten, so läßt sich ohne Zweifel annehmen, daß die Republik untergegangen wäre. Aber woher es auch kommen mag, niemals hatten die Römer zwei wichtige Kriege zugleich zu führen, ja es schien sogar, daß bei der Entstehung des einen der andere erlösche und bei Erlöschung des einen ein anderer entstehe. Es läßt sich dies aus der Folge ihrer Kriege leicht ersehen. Übergehen wir, was der Verbrennung Roms durch die Gallier vorausgeht, und beginnen wir mit dem folgenden Zeitraum. Im Krieg mit den Aequern und Volskern erhoben sich, solange diese Völker mächtig waren, nie andere Feinde. Nach ihrer Bezwingung brach der Krieg mit den Samnitern aus, und obgleich vor dem Ende dieses Krieges die Latiner sich gegen die Römer erhoben, so geschah dies doch gerade in einem Zeitpunkt, da die Samniter mit Rom im Bündnis standen und mit ihrem Heer den Übermut der Latiner brechen halfen. Nach ihrer Unterwerfung fing der Krieg mit Samnium wieder an. Nachdem durch viele Niederlagen die Kraft der Samniter gebrochen war, entstand der Krieg mit den Toskanern, nach dessen Beilegung die Samniter, durch Pyrrhus' Landung in Italien ermutigt, von neuem aufstanden. Als dieser König geschlagen und nach Griechenland zurückgetrieben war, fing der erste Krieg mit Karthago an, der kaum beendet war, als alle Gallier diesseits und jenseits der Alpen Roms Untergang beschlossen. Die Gallier wurden zwischen Popolonia und

Pisa, wo heute Torre San Vincenti liegt, in blutiger Niederlage geschlagen. Jetzt hatten die Römer zwanzig Jahre lang nur unbedeutende Kriege; denn sie kämpften nur mit den Liguriern und mit den Überbleibseln der Gallier in der Lombardei. So blieb es bis zum Ausbruch des zweiten punischen Krieges, der sechzehn Jahre lang Italien verheerte. Nach ruhmgekrönter Beendung dieses Krieges entstand der mazedonische, nach dessen Ende der mit Antiochus und Asien. Nachdem auch dieser Krieg siegreich beendigt worden war, blieb in der ganzen Welt weder Fürst noch Republik, die allein oder vereint der römischen Macht widerstehen konnten.

Betrachtet man die Kriege vor diesem letzten Sieg und die ganze Verfahrungsart der Römer, so wird man mit dem Glück die größte Tapferkeit und Klugheit vereint sehen. Sucht man daher die Ursache dieses Glücks auf, so wird man sie leicht finden; denn folgendes steht vollkommen fest: Wenn ein Fürst oder ein Volk zu solchem Ansehen gelangen, daß sich jedes benachbarte Volk oder Fürst es für sich allein anzugreifen scheut und sich vor ihm fürchtet, so wird man immer sehen, daß es nie einer von ihnen angreift, wenn er nicht dazu genötigt ist; so daß jenes mächtige Volk sozusagen fast die Wahl hat, mit wem von seinen Nachbarn es Krieg führen will, während es die übrigen geschickt beruhigt. Diese werden teils aus Rücksicht auf seine Macht, teils hintergangen durch die Mittel, die es anwendet, um sie einzuschläfern, leicht beruhigt. Die anderen Mächte, die entfernter sind und in keine Berührung mit ihm kommen, betrachten diese Dinge als fern und sie nichts angehend. In diesem Irrtum verharren sie so lange, bis der Brand näher kommt, ist er aber gekommen, so bleibt ihnen kein Mittel, ihn zu löschen, als die eigene Kraft, welche nicht mehr ausreicht, da die Gewalt des Feuers sehr groß geworden ist.

Ich will übergehen, wie die Samniter der Besiegung der Volsker und Aequer durch das römische Volk untätig zusahen, und werde, um nicht zu weitschweifig zu werden, nur Karthago anführen. Diese Republik war sehr mächtig und stand in großer Achtung, als die Römer mit den Samnitern und Toskanern kämpften. Sie besaß schon ganz Afrika, Sardinien und Sizilien und einen Teil Spaniens. Diese Macht und die Entfernung ihrer Grenzen vom römischen Volk war Ursache, daß die Karthager nie daran dachten, dieses anzugreifen, noch den Samnitern und Toskanern beizustehen; ja sie handelten, wie man es gewöhnlich tut gegenüber Dingen, die wachsen: sie begünstigten es eher noch, schlossen ein Bündnis und suchten seine Freundschaft. Nicht eher erkannten sie den gemachten Fehler, als bis die Römer alle zwischen sich und ihnen wohnenden Völker unterworfen hatten und ihnen die Herrschaft Siziliens und Spaniens streitig zu machen anfingen. Wie den Karthagern ging es den Galliern, ebenso dem König Philipp von Mazedonien und Antiochus. Jeder von ihnen glaubte, während das römische Volk mit dem anderen beschäftigt war, dieser andere werde es überwinden, und es sei noch Zeit, sich durch Frieden oder Krieg vor ihm zu schützen. Ich bin daher überzeugt, daß jeder Fürst, der wie Rom zu Werke ginge und dieselbe Tapferkeit besäße, auch in diesem Punkt Roms Glück haben würde.

Bei dieser Gelegenheit sollte ich zeigen, auf welche Weise die Römer in fremde Länder eindrangen, wenn ich diesen Gegenstand nicht schon in meinem Traktat vom Fürsten ausführlich abgehandelt hätte. Ich will daher nur kurz sagen, daß sie sich immer bestrebten, in den neuen Ländern einen Freund zu gewinnen, der als Stufe oder Pforte hineinzugelangen und später als Mittel der Erhaltung diente. So drangen sie mittels der Capuaner in Samnium ein, mittels der Camertiner in Toskana, der Mamertiner in Sizilien, der Sagunter in Spanien, des Masinissa in Afrika, der Aetolier in Griechenland, des Eumenes und anderer Fürsten in Asien, der Massilienser und Aeduer in Gallien. Niemals fehlten ihnen solche Stützen zu leichterer Eroberung oder Erhaltung der Länder. Völker, welche ebenso handeln, werden des Glücks weniger bedürfen als Völker, die es nie tun. Damit aber jeder deutlicher sehen möge, um wieviel mehr Anteil ihre Tapferkeit an der Eroberung ihres Gebietes hatte als ihr Glück, will ich im folgenden Kapitel zeigen, was für Völker es waren, mit denen die Römer zu kämpfen hatten, und wie hartnäckig diese Völker ihre Freiheit verteidigten.

2.

Mit was für Völkern die Römer zu kämpfen hatten, und wie hartnäckig diese Völker ihre Freiheit verteidigten.

Nichts erschwerte den Römern die Überwindung der Nachbarvölker und zum Teil auch der entfernteren Länder so sehr, wie die Liebe zur Freiheit, welche diese Völker so hartnäckig verteidigten, daß sie nur durch eine ausnehmende Tapferkeit unterjocht werden konnten. Viele Beispiele zeigen uns, welchen Gefahren sie sich aussetzten, um ihre Unabhängigkeit zu erhalten oder wiederzuerringen, welche Rache sie an den Räubern ihrer Freiheit übten. Auch lehrt die Geschichte, welchen Schaden Völker und Städte durch die Knechtschaft erleiden. Während es jetzt nur ein Land gibt, von dem man sagen kann, daß es freie Städte enthält, fand man in der alten Zeit in allen Ländern viele sehr freie Völker. In der Zeit, von der wir jetzt reden, zählte man von den Alpen an, die Toskana von der Lombardei trennen, bis zur äußersten Spitze Italiens die Toskaner, Römer, Samniter und noch viele andere freie Völker. Man hört nicht, daß es jemals einen König dort gab außer denen Roms und Porsena, König von Toskana, über dessen Geschlecht und sein Erlöschen die Geschichte nichts sagt.

Man findet jedoch, daß Toskana zur Zeit, als die Römer Veji belagerten, frei war und sich so sehr seiner Freiheit erfreute und den Namen eines Herrn haßte, daß es den Vejentern, die zu ihrer Verteidigung einen König ernannt hatten und jetzt um Hilfe gegen die Römer baten, nach vielen Beratungen eine abschlägige Antwort gab und ihnen nicht beizustehen beschloß, solange Veji unter einem König stünde. Sie waren der Meinung, es sei nicht gut, das Vaterland von Leuten zu verteidigen, die es schon selbst einem Herrn unterworfen hatten.

Man erkennt leicht, woraus bei den Völkern die Liebe zur Freiheit entspringt. Die Erfahrung zeigt, daß die Staaten immer nur an Gebiet und Reichtum zugenommen haben, solange sie frei waren. Es ist in der Tat beeindruckend, wenn man betrachtet, zu welcher Größe Athen in hundert Jahren anwuchs, nachdem es sich von der Tyrannei des Peisistratos befreit hatte. Das Wunderbarste von allem aber sind die Fortschritte Roms, nachdem es seine Könige verjagt hatte. Die Ursache dieser Erscheinung ist leicht zu begreifen. Nicht das Wohl der einzelnen, sondern das öffentliche Wohl macht die Staaten groß. Ohne Zweifel aber wird dies öffentliche Wohl nur in Freistaaten beachtet, denn alles, was zu seiner Beförderung beiträgt, wird dort ausgeführt, wenn es auch zum Schaden dieses oder jenes Privatmannes ausschlagen sollte. Es sind derer so viele, die dabei gewinnen, daß sie auch gegen die Neigung der wenigen zum Ziel schreiten können, welche darunter leiden. Das Gegenteil tritt ein, wenn ein Fürst da ist. Größtenteils schadet der Stadt, was ihm nützt, und was der Stadt nützt, schadet ihm. So daß, sobald eine Tyrannei auf die Freiheit folgt, das geringste Übel, was für die Stadt daraus hervorgeht, das ist, nicht mehr fortzuschreiten, nicht mehr an Macht und Reichtum zuzunehmen. Allein in den meisten Fällen, ja immer, geht sie rückwärts. Wollte auch das Geschick, daß sich ein tapferer Tyrann erhöhe, der durch Mut und Waffenruhm sein Gebiet vergrößerte, so würde daraus der Republik kein Nutzen entspringen, sondern ihm allein. Er kann den Verdienstvollen und Tugendhaften unter seinen Mitbürgern, die er unrechtmäßigerweise beherrscht, keine Staatsämter erteilen, wenn er nicht in stetem Argwohn und Mißtrauen gegen sie leben will. Er kann die Städte, die er erobert, nicht der Hauptstadt, deren Tyrann er ist, unterwerfen oder tributpflichtig machen; denn diese mächtig machen, liegt nicht in seinem Interesse, sondern sein Interesse fordert, daß er den Staat zersplittert erhalte, und daß jede Stadt und jede Provinz ihn allein als Herrn anerkenne. Auf diese Art nützen seine Eroberungen ihm allein und nicht seinem Vaterland. Will man dies durch eine Menge andere Gründe bestätigt haben, so lese man Xenophons Traktat über die Tyrannei.

Kein Wunder also, daß die alten Völker die Tyrannen mit so großem Haß verfolgten, freie Verfassungen liebten und daß der Name der Freiheit von ihnen so hoch gehalten wurde. Als Hieronymus, Hieros Neffe, in Syrakus getötet worden war und diese Nachricht seinem nicht weit entfernten Heer bekannt wurde, entstand anfänglich ein großer Aufruhr, und es ergriff die Waffen gegen seine Mörder; als es aber erfuhr, daß man in Syrakus Freiheit rief, beruhigte es sich aus Freude über diesen Namen völlig, ließ den Zorn gegen die Tyrannenmörder fahren und war darauf bedacht, wie man der Stadt eine freie Verfassung geben könne.

Kein Wunder auch, daß die Völker grausame Rache üben an den Räubern ihrer Freiheit. Die Geschichte enthält davon viele Beispiele, wovon ich nur eins erzählen will. Zur Zeit des peloponnesischen Kriegs war Griechenland in zwei Parteien geteilt, die athenische und die spartanische. So kam es, daß in vielen Städten, die im Inneren gespalten waren, die eine Partei Sparta anhing, die andere Athen. Als nun in Corcyra, nachdem der Adel das Übergewicht erlangt und dem Volk die Freiheit geraubt hatte, dieses durch den Beistand der Athener von neuem die Oberhand gewann, bemächtigte es sich sämtlicher Edlen, schloß sie alle in ein enges großes Gefängnis ein und zog unter dem Vorwand, sie nach verschiedenen Orten ins Exil zu schicken, je acht oder zehn hervor, die es unter grausamen Martern hinrichten ließ.

Als dies die noch übrigen Edlen gewahr wurden, beschlossen sie, soviel in ihren Kräften stand, diesem schimpflichen Tod zu entgehen, bewaffneten sich so gut sie konnten und verteidigten den Eingang des Gefängnisses. Das Volk aber, durch den Lärm herbeigezogen, brachte den oberen Teil des Gebäudes zum Einsturz und begrub alle unter den Trümmern. Viele ähnliche grauenerregende und bemerkenswerte Fälle trugen sich in Griechenland zu, so daß man sieht, wie wahr es ist, daß der Raub der Freiheit viel blutiger gerächt wird als der Versuch, sie zu rauben.

Wenn ich bedenke, wo es herkommen könne, daß im Altertum die Völker die Freiheit mehr liebten als jetzt, so scheint mir dies aus derselben Ursache herzurühren, welche heute die Menschen weniger kraftvoll macht, ich meine die Verschiedenheit unserer und der ehemaligen Erziehung, welche in der Verschiedenheit unserer und der Religion der Vorzeit ihren Grund hat. Da uns nämlich unsere Religion die Wahrheit und den echten Weg des Heils lehrt, so läßt sie uns die Ehre der Welt weniger schätzen, während die Heiden diese sehr hoch schätzten, ihr höchstes Gut hinein setzten und deshalb in ihren Handlungen mehr Kraft und Kühnheit zeigten. Man kann dies aus vielen ihrer Einrichtungen ersehen. Man vergleiche zum Beispiel die Pracht ihrer Opfer mit der Bescheidenheit der unserigen, welche zwar auch mit einigem mehr erlesenen als erhabenen Pomp gefeiert werden, wobei aber kein erschütternder krafteinflößender Akt vorkommt. Ihnen fehlte weder Pomp noch Erhabenheit der Zeremonien, allein es kamen noch blutige und grauenvolle Opfergebräuche hinzu, eine Menge von Tieren wurden geschlachtet, und die Menschen wurden diesem furchtbaren Schauspiele ähnlich.

Die Religion der Alten sprach ferner nur Männer, bedeckt mit weltlichem Ruhm, heilig, wie Feldherren und Häupter der Republiken. Unsere Religion hat mehr die demütigen und beschaulichen Menschen erhoben als die tatkräftigen. Sie hat das höchste Gut in Demut, Selbstverleugnung und Geringschätzung der weltlichen Dinge gesetzt; jene andere setzte es in Geistesgröße, Körperstärke und die übrigen Eigenschaften, welche im Menschen die höchste Kraft und Tapferkeit erzeugen. Verlangt unsere Religion, daß du stark seiest, so will sie dich mehr geschickt zum Dulden als zu kraftvoller Tat. Diese Denkungsart, scheint es, hat das Menschengeschlecht schwach gemacht und als Beute den Bösewichtern hingegeben, die sicher ihr Unwesen treiben können, da sie sehen, daß die große Mehrzahl, um ins Paradies einzugehen, mehr darauf bedacht ist, Unterdrückung zu dulden als zu rächen. Obgleich man aber deshalb glauben sollte, die Erde sei weibisch geworden und der Himmel habe keine Blitze mehr, so rührt doch zweifelsohne alles aus der Nichtswürdigkeit der Ausleger her, die unsere Religion dem Müßiggang gemäß gedeutet haben, nicht der Tapferkeit gemäß. Würden sie erwägen, daß sie die Erhöhung und Verteidigung des Vaterlandes erlaubt, so würden sie wohl begreifen, daß sie will, daß wir es lieben und ehren sollen und uns zu Männern heranbilden, die es zu verteidigen imstande sind. Unsere Erziehung also und die so falsche Auslegung unserer Religion bewirken, daß es nicht mehr so viele Republiken gibt wie damals, und daß man deshalb nicht mehr so viel Liebe zur Freiheit bei den Völkern sieht wie damals. Allein eher möchte ich glauben, die Ursache dieser Erscheinung sei die, daß das römische Reich durch seine Waffen und seine Größe alle Republiken und freien Verfassungen zerstörte. Hat sich nun zwar in der Folge dieses Reich aufgelöst, so konnten sich doch, mit Ausnahme sehr weniger Stellen desselben, die Städte und Völker noch nicht wieder vereinigen und sich noch nicht wieder freie Verfassungen geben.

Wie sich die Sache aber auch verhalten mag, so fänden die Römer auf einer jeden noch so kleinen Stelle der Erde einen Bund sehr waffengeübter Republiken, die ihre Freiheit auf das hartnäckigste verteidigten. Diese zu überwinden wäre dem römischen Volk ohne seltene, ganz ausgezeichnete Tapferkeit niemals gelungen. Ich will nur das Beispiel der Samniter anführen; es ist bewunderungswürdig. Selbst Livius gesteht, daß sie mächtig und ihre Waffen tüchtig genug waren, den Römern bis zur Zeit des Konsuls Papyrius Cursor, des Sohnes des ersten Papyrius, widerstehen zu können, das heißt während eines Zeitraums von Jahren, nachdem sie so viele Niederlagen erlitten hatten, so viele ihrer Städte zerstört und ihr Land so häufig verwüstet worden war. Unser Staunen wächst, wenn wir dies Land, das einst so viele Städte, so viele Menschen zählte, jetzt fast unbewohnt sehen; und damals herrschte dort so viel Ordnung, es war so kräftig, daß es nur durch römische Tapferkeit überwunden werden konnte.

Leicht jedoch läßt sich begreifen, woraus die damalige Ordnung entstand und wovon die jetzige Unordnung herrührt. Damals war es frei, jetzt lebt es in Knechtschaft. In der Tat machen alle Städte und Länder, die frei sind von innerer und äußerer Sklaverei, die größten Fortschritte. Hier sieht man eine größere Volksmenge, weil die Ehen freier und begehrenswerter sind. Jeder zeugt gern Söhne, wenn er sie glaubt erziehen zu können, da er nicht fürchten muß, sein Vermögen werde ihm genommen, wenn er weiß, daß sie ihm frei, nicht als Sklaven geboren werden, ja daß sie sich durch ihre Verdienste zu Führenden emporschwingen können. Hier vermehren sich die Reichtümer, die Früchte des Ackerbaues, der Künste und Handwerke in größerem Maße. Jeder vervielfacht gern seinen Besitz und versucht sich Güter zu erwerben, wenn er sich seines Erwerbs erfreuen zu können glaubt. Die Bürger wetteifern in Vermehrung des eigenen und öffentlichen Vermögens, und beides wächst zu erstaunlicher Größe heran. Das Gegenteil von alledem tritt in dienstbaren Ländern ein, und sie entbehren des gewohnten Wohlstandes um so mehr, je härter ihre Knechtschaft ist. Die härteste von allen harten Knechtschaften aber ist die, welche ein Land einer Republik unterwirft; denn einmal hat sie größere Dauer und erlaubt weniger Hoffnung, sich aus ihr zu befreien, zweitens liegt es im Interesse der Republiken, zur Vergrößerung ihres eigenen Körpers alle anderen Staatskörper zu zerschlagen und zu schwächen. Nicht dasselbe tut ein Fürst, der ein Land unterwirft, wenn er nicht ein Barbar, ein Verwüster der Länder und Zerstörer jeder bürgerlichen Gesellschaft ist, wie die orientalischen Fürsten. Hat er hingegen menschliche und gewöhnliche Gefühle, so liebt er größtenteils seine untergebenen Städte gleichmäßig und läßt ihnen alle Zünfte, Gewerbe und fast alle ihre alten Einrichtungen. Wenn sie so nicht als frei anwachsen können, so gehen sie doch auch nicht als dienstbar zugrunde. Ich verstehe hier unter Dienstbarkeit diejenige, welche Städte einer fremden Macht unterwirft, indem ich von der Dienstbarkeit unter einem ihrer Bürger schon früher gesprochen habe.

Erwägt man also alles, was ich gesagt habe, so wird man sich über die Macht der Samniter nicht wundern, solange sie frei waren, und über ihre Schwäche, als sie dienen mußten. Livius äußert sich hierüber an mehreren Orten, besonders im Krieg mit Hannibal, wo er erzählt, wie die Samniter, durch eine in Nola stehende Legion bedrängt, Gesandte zu Hannibal schickten, ihn um Beistand zu bitten. In ihrer Rede bringen sie vor, sie hätten hundert Jahre lang mit ihren eigenen Soldaten und eigenen Feldherren gegen die Römer gekämpft und oftmals den Angriff zweier konsularischer Heere und zweier Konsuln ausgehalten, jetzt aber seien sie so weit herabgekommen, daß sie sich kaum gegen die kleine römische Legion zu Nola verteidigen könnten.

3.

Rom wurde dadurch eine mächtige Stadt, daß es die benachbarten Städte zerstörte und die Fremden leicht mit gleichen Rechten in sich aufnahm.

Crescit interea Roma Albae ruinis.[1] Wer haben will, daß eine Stadt zu einem großen Reich anwachse, muß sich mit allem Fleiß bestreben, sie mit Einwohnern anzufüllen; denn ohne diesen Überfluß an Menschen wird es ihm nie gelingen, die Stadt groß zu machen. Dies geschieht auf zweierlei Art, mit Güte und durch Zwang. Mit Güte, wenn man den Fremden, welche die Stadt zu bewohnen wünschen, die Tore offen erhält und ihnen stets Sicherheit gewährt, damit ein jeder gerne da wohnt. Durch Zwang, wenn man die benachbarten Städte zerstört und die Einwohner nach der eigenen Stadt versetzt.

Rom befolgte diese Regel so gut, daß es zur Zeit seines sechsten Königs schon achtzigtausend waffenfähige Männer zählte. Die Römer wollten den geschickten Gärtner nachahmen. Damit ein Schößling wachse und Früchte trage, schneidet er die untersten Sprossen ab. So bleibt die Kraft in dem Stamm und treibt frischer und fruchtbarer.

Daß aber diese Weise sich zu vergrößern und seine Herrschaft auszudehnen notwendig und gut ist, zeigt das Beispiel Spartas und Athens. Diese beiden kriegerischen Republiken, die sich der besten Gesetze erfreuten, erreichten niemals die Größe des römischen Reiches, während Rom aufrührerischer und nicht so gut eingerichtet schien als sie. Es läßt sich für diese Sache kein anderer Grund angeben, als der schon genannte; denn Rom hatte durch jene zwei Mittel seine Stadt so sehr vergrößert, daß es bis zu zweihundertachtzigtausend Mann ins Feld stellen konnte, während Sparta und Athen niemals mehr als zwanzigtausend ein jedes aufbieten konnten. Dies kam nicht daher, daß die Lage Roms fruchtbarer gewesen wäre als die jener Städte, sondern allein aus ihrem verschiedenen Verfahren. In Erwägung, daß seine Gesetze durch nichts leichter in Vergessenheit geraten konnten, als durch die Beimischung neuer Einwohner, tat Lykurgus, der Gründer der spartanischen Republik, alles, damit die Fremden nicht mit der Stadt in Berührung kamen.

Abgesehen davon, daß er sie nicht zu Ehen, zum Bürgerrecht und den anderen Verbindungen, die die Menschen miteinander schließen, zuließ, führte er auch in seiner Republik lederne Münzen ein, damit niemand Verlangen verspüre, Waren zu bringen oder dort irgendein Gewerbe zu treiben. So konnten die Einwohner der Stadt niemals zunehmen.

Da alles, was wir tun, eine Nachahmung der Natur ist; da es ihren Gesetzen

[1] Unterdes wächst Rom durch Albas Trümmer.

widerspricht und daher unmöglich ist, daß ein dünner Stamm einen dicken Ast trägt, so kann auch eine kleine Republik nicht Städte und Reiche erobern, die stärker und volkreicher sind als sie. Sollte sie sie aber auch erobern, so geht es ihr wie einer Pappel, die einen dickeren Ast hätte als ihr Stamm ist. Sie trägt ihn mühsam, und der geringste Windstoß bricht ihn ab. So Sparta, nachdem es alle Städte Griechenlands unterworfen hatte. Kaum hatte sich Theben erhoben, so erhoben sich gleichfalls alle übrigen Staaten, und der Stamm blieb leer ohne Äste. Nicht so konnte es Rom ergehen, welches einen so dicken Stamm hatte, daß er jeden Ast leicht tragen konnte.

Diese Art zu verfahren, im Verein mit den anderen, die wir unten zeigen werden, machte Rom groß und mächtig. Livius spricht es in zwei Worten aus, wenn er sagt: *Crescit interea Roma Albae ruinis.*

4.

Die Republiken vergrößern sich auf dreierlei Weise.

Man findet in der alten Geschichte, daß sich die Republiken auf dreierlei Art vergrößern. Die eine Art ist die der alten Toskaner, das ist Bildung eines Bundesstaates von mehreren Republiken, wovon keine der anderen weder an Machtvollkommenheit noch an Rang voran geht, und Aufnahme der eroberten Städte in den Bund; wie in unserer Zeit die der Schweizer und früher in Griechenland die der Achäer und Ätolier. Um diese erste Art besser zu erklären, will ich von den Toskanern, mit denen die Römer viele Kriege führten, ausführlichen Bericht erstatten.

Die Toskaner waren in Italien vor der römischen Herrschaft zur See und zu Land sehr mächtig. Es fehlt uns zwar eine ausführliche Geschichte ihrer Taten, doch bleiben uns einige Erinnerungen und Denkmäler ihrer Größe.

Man weiß, daß sie eine Kolonie an die Küste des oberen Meeres schickten und ihre Stadt Adria nannten. Diese Stadt wurde so berühmt, daß sie dem Meere den Namen gab, das im Lateinischen noch jetzt das Adriatische heißt. Man erfährt ferner, daß sie ihre Waffen vom Tiber bis zum Fuß der Alpen trugen, die Oberitalien einschließen. Allein schon zweihundert Jahre, ehe die Römer mächtig wurden, verloren sie die heutige Lombardei wieder durch die Gallier. Dieses Volk kam unter Belovesus, angelockt durch den Wohlgeschmack der Früchte, besonders des Weines, nach Italien, schlug und verjagte die Einheimischen, ließ sich nieder, baute viele Städte und nannte den Landesteil Gallien, in dessen Besitz es bis zu seiner Bezwingung durch die Römer blieb. Bei den Toskanern also war jene Gleichheit, und sie vergrößerten sich auf die angeführte Art. Der Bund bestand aus zwölf Städten, worunter Chiusi, Veji, Fiesole, Arezzo, Volterra und andere. Aus den unten angeführten Gründen aber konnten sie ihre Eroberungen nicht über die Grenzen Italiens hinaustreiben, und auch ein Teil von diesem blieb unberührt.

Die zweite Art ist Erwerbung von Bundesgenossen, wobei jedoch dem Hauptstaat der Oberbefehl und der Sitz der Regierung bleibt und die Kriege in seinem Namen geführt werden. Dies war die Verfahrungsweise der Römer. Die dritte Art ist, sich unmittelbar Untertanen, nicht Bundesgenossen zu machen, wie es die Spartaner und Athener taten.

Von diesen drei Arten ist die letzte ganz schlecht, wie sich bei den angeführten Republiken gezeigt hat. Sie gingen aus keiner anderen Ursache zugrunde, als weil sie ein Gebiet erobert hatten, das sie nicht halten konnten. Es ist eine schwierige und mühevolle Aufgabe, Städte mit Gewalt zu regieren, besonders wenn sie an die Freiheit gewöhnt waren. Man kann sie weder lenken noch beherrschen, ohne bewaffnet, ohne stark bewaffnet zu sein. Zu diesem Zweck aber ist es nötig, daß man sich Bundesgenossen erwerbe zum Beistand, und daß man die eigene Stadt mit Menschen anfülle. Da jene beiden Republiken weder das eine noch das andere taten, so war ihre Art zu verfahren schlecht.

Rom hingegen, das Muster der zweiten Art sich zu vergrößern, tat beides und stieg deshalb zu seiner ungeheuren Macht empor. Wie aber Rom der einzige Staat war, der so verfuhr, so wurde auch nur allein Rom so mächtig. Da es sich viele Völker durch ganz Italien zu Bundesgenossen gemacht hatte, die in vielen Stücken unter gleichen Gesetzen mit ihm lebten, Rom aber sich immer den Sitz des Reiches und das Recht, in eigenem Namen den Befehl zu führen, vorbehalten hatte, so kam es allmählich dahin, daß sich die Bundesgenossen, ohne es zu merken, durch ihr Blut und ihre Anstrengungen selbst unterjocht hatten. Als nämlich die Römer erst die Grenzen Italiens überschritten hatten, verwandelten sie die Königreiche in Provinzen und machten sich die Völker zu Untertanen. Diese, unter einem König zu leben gewohnt, ertrugen dies gleichgültig. Da sie nun römische Statthalter hatten und von Heeren unter römischem Namen überwunden worden waren, so erkannten sie auch nur Rom als ihre Herrin an. So waren die Bundesgenossen Roms in Italien auf einmal von römischen Untertanen umgeben und durch die ungeheure Hauptstadt erdrückt. Als sie jetzt die Täuschung gewahrten, die sie befangen gehalten hatte, war es zu spät; soviel Macht hatte Rom durch die auswärtigen Provinzen gewonnen und so große Kraft besaß es im Herzen durch die Legionen seiner krieggewohnten Bürger. Obgleich die Bundesgenossen die erlittenen Unbilden zu rächen suchten und sich gegen Rom verschworen, so unterlagen sie doch im Krieg bald und verschlimmerten ihre Lage, da sie aus Genossen Untertanen wurden.

Diese Art zu verfahren ist von den Römern allein beobachtet worden, und eine Republik, die sich ausdehnen will, kann keine andere befolgen, weil uns die Erfahrung keine sicherere oder gewisser zum Ziel führende lehrt.

Die erste Art, die eines Bundes, wie jener der Toskaner, Achäer, Ätolier und heute der Schweizer, ist nach der römischen die beste. Daß man sich damit nicht sehr weit ausdehnen kann, hat zwei gute Folgen, erstens daß man sich nicht leicht Kriege zuzieht, zweitens daß man sich das, was man nimmt, leicht erhält. Die Ursache, warum sich ein Bundesstaat nicht weit ausdehnen kann, ist die, daß der Staat zersplittert ist und die Regierung verschiedene Sitze hat, wodurch Beratungen und Beschlüsse schwierig werden. Auch sind solche Staaten nicht herrschsüchtig; denn da viele Gemeinwesen an der Herrschaft teilhaben würden, so schlagen sie eine Eroberung nicht so hoch an als eine einzelne Republik, welche sich des Ganzen zu erfreuen hofft. Sie regieren sich überdies durch eine Versammlung von Abgeordneten und müssen daher in allen Entschlüssen langsamer sein als die, welche beisammen innerhalb derselben Ringmauern wohnen. Auch zeigt die Erfahrung, daß ein solcher Bundesstaat feste Grenzen hat, von deren Überschreitung wir kein Beispiel finden. Es verbinden sich zwölf bis vierzehn Gemeinwesen und suchen dann nicht, sich weiter auszudehnen. Wenn sie nämlich zu der Zahl gelangt sind, die ihnen zur Verteidigung gegen einen jeden hinreichend scheint, streben sie nach keiner Gebietsvergrößerung mehr, sowohl weil sie die Notwendigkeit nicht drängt, größere Macht zu erwerben, als auch weil sie keinen Nutzen in Eroberungen sehen. Sie müßten nämlich eins von beiden tun: entweder ihren Bund erweitern, und diese Menge würde Verwirrung zur Folge haben, oder sich Untertanen machen. Da sie nun hierin Schwierigkeiten und keinen großen Nutzen finden, so schlagen sie es nicht hoch an. Sind sie daher zu der Zahl gelangt, die ihnen zu ihrer Sicherheit hinreichend scheint, so wenden sie sich zu zweierlei. Das eine ist, kleinere Mächte unter ihren Schutz nehmen und durch dieses Mittel von allen Seiten Geld ziehen, das sie leicht unter sich verteilen können. Das zweite ist, für andere Kriegsdienste tun und von diesem und jenem Fürsten, der sie für seine Unternehmungen bezahlt, Sold nehmen, wie heute die Schweizer und früher die oben Genannten. Dies letztere lesen wir in einem Berichte des Livius von einer Unterredung des Königs Philipp von Mazedonien mit Titus Quintius Flaminius, wo im Beisein eines Prätors der Ätolier über eine Übereinkunft verhandelt wurde. Als der Prätor mit Philipp in Wortwechsel geriet, warf ihm dieser die Habsucht und Treulosigkeit der Ätolier vor, die sich nicht schämten, für eine Macht Kriegsdienste zu tun und auch dem Feind Soldaten zu schicken, so daß man oftmals in beiden streitenden Heeren die Feldzeichen Ätoliens gesehen habe.

Man sieht daher, daß sich diese Art der Vergrößerung durch einen Bund immer gleich war und gleiche Wirkungen hervorbrachte. Man sieht auch, daß diese Art, sich Untertanen zu machen, immer schwach war und wenig Vorteil gebracht hat; daß aber Staaten, die darin das Maß überschritten, bald zusammengestürzt sind. Wenn aber diese Art, sich Untertanen zu machen, bei bewaffneten Republiken schon schlecht ist, so ist sie bei waffenlosen, wie es die heutigen Republiken Italiens gewesen sind, ganz schlecht. Man sieht daher, daß die Art der Römer die richtige ist, und sie verdient um so mehr Bewunderung, als es vor den Römern kein Beispiel von ihr gibt und nach Rom keine Macht sie nachgeahmt hat. Was die Bünde betrifft, so haben bis jetzt nur die Schweizer und der schwäbische Bund die älteren Bünde nachgeahmt.

Zum Schluß dieser Betrachtungen aber will ich sagen, daß so viele Grundsätze Roms, sowohl die inneren als auswärtigen Angelegenheiten des Staates betreffend, in unserer jetzigen Zeit nicht nur nicht befolgt, sondern ganz mißachtet werden, weil sie manche für unwahr, manche für unausführbar, manche für unpassend und unnütz halten. So verharren wir in unserer Unwissenheit und sind die Beute eines jeden, der in unser Land einfallen will. Sollte aber auch die Nachahmung der Römer schwer scheinen, so sollte doch besonders den jetzigen Toskanern die Nachahmung der alten Toskaner nicht so erscheinen. Diese konnten zwar aus den angeführten Gründen kein dem römischen ähnliches Reich erobern, doch sie konnten in Italien soviel Macht erlangen, als es ihnen ihre Art zu verfahren erlaubte. Sie waren dadurch während eines langen Zeitraums sicher, hochberühmt in Waffen und Herrschaft, gepriesen in Sitten und Religion. Diese Macht und Berühmtheit wurde zuerst durch die Gallier vermindert, dann durch die Römer vernichtet und so gänzlich vernichtet, daß man von dem vor zweitausend Jahren so mächtigen Bund der Toskaner jetzt fast nichts mehr weiß. Ich bin dadurch auf einige Gedanken gebracht worden, woher dieses Vergessen komme. Das folgende Kapitel enthält sie.

5.

Der Wechsel der Sekten und Sprachen, im Verein mit Pest und Überschwemmung, verlöscht das Andenken der Vorzeit.

Man würde den Philosophen, die gemeint haben, die Welt sei ewig, entgegenhalten können, daß, wäre ein solches Altertum wahr, wir Nachrichten von länger als fünftausend Jahren her haben müßten, wenn man nicht einsähe, daß die Kunde früherer Zeiten durch verschiedene Ursachen verlöscht. Von diesen Ursachen rühren einige von den Menschen her, andere vom Himmel.

Die, welche von den Menschen herkommen, sind die Veränderungen der Sekten und der Sprachen. Erhebt sich eine neue Sekte, das heißt eine neue Religion, so ist ihr erstes Bestreben, um sich Ansehen zu verschaffen, die alte zu vertilgen, und dies gelingt ihr leicht, wenn es sich trifft, daß die Stifter der neuen Religion eine andere Sprache sprechen. Dies zeigt sich uns, wenn wir betrachten, wie die christliche Religion gegen die heidnische verfuhr, wie sie alle Einrichtungen, alle feierlichen Gebräuche der letzteren abschaffte und jede Erinnerung an die alte Theologie verwischte. Wahr ist, daß es ihr nicht gelang, jedes Denkmal der Großtaten der Bekenner des heidnischen Glaubens zu zerstören. Dies kam jedoch nur daher, daß sie die lateinische Sprache beibehielt, was gezwungen geschah, da die neuen Gesetze in dieser Sprache geschrieben werden mußten. Hätte sie sich hingegen einer neuen Sprache bedienen können, so hätte uns ihre Verfolgungswut nichts mehr von der Vorzeit übriggelassen. Es ist bekannt, mit welcher Hartnäckigkeit St. Gregor und die anderen Häupter des Christentums die alten Denkmäler zu vernichten suchten, wie sie die Werke der Dichter und Geschichtsschreiber verbrannten, Statuen und Bilder zerstörten und alles andere verdarben, was Zeugnis gab vom Altertum. Hätten sie dieser Verfolgung noch eine neue Sprache hinzugefügt, so würde in der kürzesten Zeit alles vergessen gewesen sein. Es ist daher zu glauben, daß, was die christliche Religion gegen die Bekenner der heidnischen tun wollte, die heidnische gegen die Religion tat, die ihr vorherging. Da aber die Religionen in fünf- oder sechstausend Jahren zwei- bis dreimal wechseln, so verliert sich das Andenken an die frühere Zeit. Sollte aber auch noch eine Spur davon zurückbleiben, so wird sie für fabelhaft gehalten und nicht geglaubt. So die Geschichte Diodors von Sizilien, die, obgleich sie von vierzig- bis fünfzigtausend Jahren Bericht erstattet, dennoch, und wie ich glaube mit Recht, für lügenhaft gehalten wird.

Die Ursachen des Verlöschens der Erinnerung an die Vorzeit, die der Himmel herbeiführt, sind Naturereignisse, welche das Menschengeschlecht vertilgen und von den Bewohnern eines Teiles der Erde nur wenige übriglassen. Es geschieht dies durch Pest, Hungersnot und Überschwemmung. Das folgenschwerste aber ist letzteres, sowohl weil es eine weitreichendere Wirkungen hat, als auch weil die Geretteten lauter Bergbewohner und rohe Menschen sind, die, selbst ohne Kenntnis der Vergangenheit, den Nachkommen keine hinterlassen können. Ist vielleicht unter den Entkommenen einer, der davon Kenntnis hat, so hält er sie, um sich Ruf und Namen zu machen, geheim und verdreht sie zu seinem Zweck, so daß die Nachkommen nur erfahren, was er schreiben wollte, und sonst nichts.

Daß diese Überschwemmungen, Pesten und Hungersnöte kommen, scheint mir nicht zweifelhaft, sowohl weil alle Geschichtsschreiber voll davon sind, als auch weil wir ihre Wirkung, die Vergessenheit der Dinge, sehen, sowie endlich, weil es vernunftgemäß scheint, daß es so sei. Wie sich im einfachen Körper, wenn sich viele überflüssige Stoffe gesammelt haben, die Natur oftmals von selbst regt und eine Reinigung vornimmt, welche zum Heil des Körpers gereicht, ebenso ist es bei dem zusammengesetzten Körper des Menschengeschlechts der Fall. Wenn alle Länder mit Bewohnern so sehr überfüllt sind, daß sie sich nicht mehr ernähren und auch nicht auswandern können, weil alle Teile der Erde besetzt und voll sind, und wenn die menschliche Tücke und Ruchlosigkeit ihren höchsten Gipfel erreicht hat, so muß sich notwendig die Erde auf eine der drei Arten reinigen, damit die Menschen, zusammengeschmolzen und gezüchtigt, sich bequemer ernähren können und besser werden.

Es war also, wie ich oben gesagt habe, Toskana einst mächtig, voll Religion und Tapferkeit, es hatte seine eigenen Sitten, seine vaterländische Sprache, und alles wurde von der Macht der Römer so gänzlich vertilgt, daß nur der Name uns als Erinnerung geblieben ist.

6.

Wie die Römer Krieg führten.

Wir haben berichtet, auf welche Art sich die Römer vergrößerten, wir wollen jetzt zeigen, wie sie Krieg führten. Hier, wie in allem, was sie taten, wird man sehen, mit welcher Klugheit sie von der gewöhnlichen Handlungsweise abwichen, um sich den Weg zu ihrer ungeheuren Macht zu bahnen.

Die Absicht dessen, der aus Wahl oder vielmehr aus Ehrgeiz Krieg führt, ist erobern und diese Eroberungen erhalten und den Krieg so zu führen, daß er sein Vaterland bereichert, nicht arm macht. Es ist daher sowohl beim Erobern als beim Erhalten nötig, daß man darauf bedacht sei, nicht zu verschwenden, ja in allem, was man tut, für den Staat noch zu gewinnen. Wer alles dies erreichen will, muß die römische Art und Weise befolgen, die vornehmlich darin bestand, daß sie, wie die Franzosen sagen, die Kriege kurz und mit großer Truppenmacht führten. Da sie nämlich mit mächtigen Heeren ins Feld rückten, so waren alle Kriege, die sie mit den Latinern, Samnitern und Toskanern führten, in der kürzesten Zeit beendet. Wenn wir alle Kriege der Römer von Erbauung der Stadt bis zur Belagerung von Veji durchgehen, so sehen wir sie in sechs, zehn, zwanzig Tagen ausgekämpft. Es war ihr Gebrauch, sogleich nach Erklärung des Krieges gegen den Feind auszurücken und ihm eine Schlacht zu liefern. War sie gewonnen, so machten die Feinde, damit ihr Land nicht gänzlich verwüstet werde, Friedensvorschläge, und die Römer verurteilten sie zu Abtretung von Ländereien, die in Privateigentum verwandelt oder einer Kolonie angewiesen wurden. An die Grenzen des Feindes gesetzt, war diese eine Schutzwache für das römische Gebiet, und sowohl die Kolonisten, die jene Felder bekamen, als auch der Staat, der ohne Kosten jene Wache unterhielt, zogen Nutzen daraus.

Diese Art zu verfahren konnte nicht sicherer, erfolgreicher und vorteilhafter sein. Solange die Feinde nicht ins Feld rückten, war die Wache ausreichend; wenn sie zahlreich auszogen, um die Kolonie zu erdrücken, so rückten auch die Römer zahlreich aus, lieferten eine Schlacht, gewannen sie, legten dem Feind härtere Bedingungen auf und kehrten nach Hause zurück. So erlangten sie allmählich Ansehen über die Feinde und eigene Kraft.

Auf diese Art fuhren sie bis zur Belagerung von Veji fort, wo sie ihre Art Krieg zu führen änderten. Die Heere wurden nun bezahlt, was früher wegen der Kürze der Feldzüge nicht nötig war. Obgleich aber die Römer jetzt Sold gaben, deshalb längere Kriege führen konnten und wegen der größeren Entfernung ihrer Feinde länger im Feld bleiben mußten, so wichen sie doch nie von ihrem früheren Grundsatz ab, die Kriege nach Ort und Zeit rasch zu beenden. Ebenso schickten sie immer Kolonien. Der ersteren Regel, die Kriege kurz zu machen, ließ sie, außer ihrem eigentümlichen Gebrauche, auch der Ehrgeiz der Konsuln treu bleiben, welche, ein Jahr lang im Amt und von diesem Jahr nur sechs Monate im Lager, die Kriege zu beenden strebten, um triumphieren zu können. Am zweiten Gebrauche, Kolonien zu schicken, ließ sie der Nutzen und der große Vorteil festhalten, der daraus entsprang.

Hinsichtlich der Beute änderten sie ihr Verfahren ein wenig. Sie waren jetzt nicht mehr so freigebig wie früher, sowohl weil es ihnen nicht mehr so notwendig schien, da die Soldaten ihren Sold hatten, als auch weil sie mit der immer größer werdenden Beute den öffentlichen Schatz so anfüllen wollten, daß sie die Kosten der Feldzüge nicht mehr durch die Abgaben der Stadt zu bestreiten gezwungen wären. Diese Einrichtung bereicherte die Schatzkammer in kurzer Zeit ausnehmend.

Diese beiden Gebräuche hinsichtlich der Verwendung der Beute wie der Absendung von Kolonien hatten zur Folge, daß Rom durch den Krieg reich wurde, während andere unkluge Fürsten und Republiken dadurch verarmen. Es kam so weit, daß ein Konsul nicht triumphieren zu können glaubte, wenn er nicht eine Menge Gold und Silber und Beute aller Art in die Schatzkammer brachte.

So wurden die Römer durch die eben genannten Mittel, durch schnelles Beenden der Kriege und dadurch, daß sie sich begnügten, ihre Feinde allmählich durch Niederlagen, Streifzüge und nachteilige Friedensschlüsse zu schwächen, immer reicher und mächtiger.

7.

Wieviel Feld die Römer auf den Kolonisten gaben.

Wie viel Feld die Römer auf den Kolonisten austeilten, scheint mir schwer zu ermitteln. Ich glaube nämlich, daß sie mehr oder weniger gaben, je nach dem Ort, wohin sie Kolonien schickten. Ich bin jedoch der Meinung, daß sie überall und immer in ihrer Verteilung sparsam waren. Einmal um mehr Leute absenden zu können, da diese zur Bewachung des Landes bestimmt waren, dann weil sie selbst zu Hause in Armut lebten und also kaum wollen konnten, daß ihre Bürger auswärts zu großen Überfluß hatten.

Livius sagt, nach der Einnahme von Veji sei eine Kolonie dahin abgeschickt worden, und jeder Kolonist habe drei Morgen sieben Unzen Feldes erhalten, was nach unserem Maße …[2] ausmacht. Man glaubte, außer dem oben Gesagten, daß es nicht auf die Menge der Äcker, sondern auf den guten Anbau ankomme. Es ist jedoch nötig, daß die Kolonie gemeinsame Triften habe, worauf jeder sein Vieh weiden lassen kann, und Wälder, um Brennholz zu hauen. Ohne diese beiden Dinge läßt sich keine Kolonie anlegen.

8.

Aus welcher Ursache die Völker ihr Vaterland verlassen und andere Länder überschwemmen.

Ich habe von der Art der Kriegführung der Römer gesprochen und erzählt, daß die Toskaner von den Galliern angefallen wurden. Es scheint mir diesem Stoff nicht fremd, zu zeigen, daß es zweierlei Gattungen von Krieg gibt. Die eine Gattung wird durch den Ehrgeiz der Fürsten oder Republiken veranlaßt, die ihre Herrschaft auszudehnen suchen, wie die Kriege Alexanders des Großen, der Römer und die, welche jeden Tag eine Macht mit der anderen anfängt. Diese Kriege sind gefährlich, aber sie vertreiben die Einwohner nicht sämtlich aus dem Land, da dem Sieger der Gehorsam der Völker genügt. Auch läßt er ihnen meistenteils ihre Gesetze und immer ihr bewegliches und unbewegliches Eigentum.

Die andere Gattung ist die, wenn ein ganzes Volk mit Weib und Kind aufbricht und, durch Hunger oder Krieg gezwungen, neue Wohnsitze und neue Länder aufsucht, nicht um darüber zu herrschen, sondern um sie ganz zu besit-

[2] Lücke im Original.

zen und die alten Einwohner zu verjagen oder zu töten. Solche Kriege sind grausam und schrecklich. Sallust spricht hierüber am Ende seines *Jugurtha*, wo es heißt, nach der Besiegung dieses Königs habe man den Aufbruch der Gallier nach Italien erfahren. Das römische Volk, sagt er, kämpfte mit allen anderen Nationen um die Herrschaft, mit den Galliern hingegen immer um sein Dasein. In der Tat genügt es einem Fürsten oder einer Republik, die ein Land angreift, die Herrscher zu töten, solche Völker hingegen müssen alle vertilgen, da sie von dem leben wollen, womit sich diese ernährten.

Die Römer hatten drei solcher äußerst gefahrvollen Kriege zu bestehen. Der erste war der, worin Rom verbrannt wurde, als es diejenigen Gallier einnahmen, welche den Toskanern die Lombardei entrissen und sich daselbst niedergelassen hatten. Livius führt zwei Ursachen ihres Einfalls an. Erstens seien sie durch den Wohlgeschmack der Früchte und des Weines Italiens, dessen Gallien entbehrte, angelockt worden. Zweitens sei die Menschenmenge in diesem Reich so sehr angewachsen, daß sie nicht mehr ausreichende Nahrung fand. Die Fürsten erachteten daher für nötig, daß ein Teil der Bevölkerung neue Wohnsitze aufsuche. Es wurden nun zu Führern der Abziehenden zwei gallische Könige, Bellovesus und Sicovesus, erwählt, von denen der erste nach Italien, der andere nach Spanien übersetzte. Bellovesus eroberte die Lombardei, und hieraus entstand der erste Vernichtungskrieg. Der zweite war der, in welchem die Römer nach dem ersten punischen Kriege zwischen Piombino und Pisa über zweimal hunderttausend Gallier erschlugen. Der dritte Vertilgungskrieg war der mit den Cimbern und Teutonen, die in Italien einfielen, mehrere römische Heere besiegten, zuletzt aber von Marius aufs Haupt geschlagen wurden. Die Römer siegten also in diesen drei äußerst gefahrvollen Kriegen. Es bedurfte dazu keiner geringeren Tapferkeit, als die ihrige war; denn als diese verschwand und ihre Waffen die alte Tüchtigkeit verloren, zerstörten ähnliche Völker die römische Weltherrschaft. Goten, Vandalen und andere eroberten das ganze abendländische Reich.

Solche Völker verlassen, wie ich oben gesagt habe, durch die Not vertrieben, ihre Länder. Diese Not aber entsteht durch Hunger oder durch Krieg und Unterdrückung, die sie im eigenen Land erleiden, so daß sie gezwungen sind, neue Wohnsitze aufzusuchen. Wenn sie nun sehr zahlreich sind, dann dringen sie mit Gewalt in fremde Länder, töten die Einwohner, bemächtigen sich ihrer Güter, bilden ein neues Reich und verändern den Namen des Landes. Wie Moses und die Völker, welche das römische Reich eroberten. Italien und die anderen Länder erhielten von den neuen Besitzern neue Namen. Die Lombardei hieß Gallia Cisalpina, Frankreich Gallia Transalpina und wird heute nach den Franken benannt, dem Namen des Volkes, von dem es erobert wurde. Slawonien hieß Illyrien, Ungarn Pannonien, England Britannia, und so veränderten noch viele andere Länder ihre Namen, deren Aufzählung ermüden würde. Auch Moses nannte den Teil Syriens, den er erobert hatte, Judäa.

Ich habe gesagt, daß solche Völker manchmal durch Krieg aus den eigenen Wohnsitzen vertrieben werden und so genötigt sind, neue Behausungen aufzusuchen. Die Maurusier, ein altsyrischer Volksstamm, sollen dafür als Beispiel dienen. Als sie das Heranrücken der Hebräer erfuhren und ihnen nicht widerstehen zu können glaubten, hielten sie es für besser, durch Verlassen ihres Vaterlandes sich selbst zu retten, als über einem Versuch, es zu verteidigen, selbst unterzugehen. Sie brachen mit ihren Familien auf und zogen nach Afrika, wo sie sich niederließen und die alten Einwohner ihres neuen Wohnsitzes vertrieben. So konnten Leute, die nicht imstande waren, ihr eigenes Land zu verteidigen, ein fremdes erobern. Procopius berichtet in seiner Beschreibung des Krieges, den Belisar gegen die Vandalen, die späteren Besitzer Afrikas, führte, er habe an den Orten, wo die Maurusier wohnten, auf Säulen die Inschrift gelesen: *Nos Maurusii, qui fugimus a facie Jesu latronis filii Navae*[3], woraus die Ursache ihres Abzuges aus Syrien erhellt.

Es sind also diese Völker furchtbar, da sie durch die äußerste Not gejagt werden, und wenn sie nicht auf gute Waffen stoßen, so wird ihr Angriff niemals abgewiesen werden. Wenn jedoch die, welche gezwungen sind, ihr Vaterland zu verlassen, nicht sehr zahlreich sind, so sind sie nicht so gefährlich wie die Völker, von denen wir gesprochen haben. Sie können dann nicht so große Gewalt anwenden, sondern müssen sich durch List in den Besitz eines Orts setzen und sich durch Erwerbung von Freunden und Verbündeten darin erhalten. So Äneas, Dido, die Marseiller und ähnliche, die sich sämtlich nur durch die Erlaubnis der Nachbarn ihres Niederlassungsorts dort halten konnten.

Die großen Volksmassen kommen von jeher fast alle aus Skythien, einem armen und kalten Land. Da es viele Menschen dort gibt und das Land sie nicht ernähren kann, so sind sie zum Auswandern gezwungen, weil sie vieles forttreibt und nichts zurückhält. Wenn aber seit fünfhundert Jahren keine neuen Völkerschwärme Europa überschwemmten, so rührt dies aus mehreren Ursachen her. Die erste ist die große Ausleerung Skythiens zur Zeit des Sinkens des römischen Reiches, wo mehr als dreißig Völkerschaften auswanderten. Die zweite ist, daß Deutschland und Ungarn, zwei Länder, aus denen gleichfalls solche Schwärme auszogen, jetzt so gut angebaut sind, daß die einheimische Bevölkerung bequem dort leben kann und nicht zur Änderung ihres Wohnsitzes gezwungen ist. Andererseits bilden sie als sehr kriegerische Männer ein Bollwerk, das die angrenzenden Skythen nicht wegnehmen oder umgehen zu können glauben. Häufig entstehen auch große Bewegungen unter den Tataren, die von

[3] Wir Maurusier, die vor dem Angesicht des Räubers Jesus, des Sohnes Navas, geflohen sind.

den Ungarn und Polen zurückgehalten werden, und häufig rühmen sich diese Völker, daß ohne ihre Waffen Italien und die Kirche oftmals das Gewicht der tatarischen Heere gefühlt haben würden. Dies mag über die vorgenannten Völker genug sein.

9.

Welche Ursachen gewöhnlich Krieg zwischen zwei Mächten herbeiführen.

Der Kampf zwischen den Römern und Samnitern entstand aus der Ursache, welche gewöhnlich Krieg zwischen den mächtigen Staaten herbeiführt. Diese Ursache ist entweder ein Werk des Zufalls, oder sie wird von dem, der Krieg anfangen will, hervorgebracht. Bei den Römern und Samnitern kam sie zufällig; denn als die Samniter die Sidiciner und hierauf die Campaner mit Krieg überzogen, war es nicht ihre Absicht, auch mit den Römern Krieg anzufangen. Als aber die Campaner in ihrer Bedrängnis zu den Römern, wider Erwarten Roms und Samniums, ihre Zuflucht nahmen, so waren diese gezwungen, die Campaner, die sich ihnen anvertrauten, als ihr Eigentum zu verteidigen und sich auf einen Krieg einzulassen, dem sie mit Ehre nicht ausweichen zu können glaubten. Vorher glaubten die Römer die befreundeten Campaner nicht wohl gegen die befreundeten Samniter verteidigen zu können, jetzt aber schien es ihnen schimpflich, die Campaner als ihre Untertanen oder Schutzbefohlenen preiszugeben.

Wenn sie diese Verteidigung nicht übernahmen, so ließ sich schließen, daß es niemand mehr einfallen würde, sich unter ihre Oberherrschaft zu begeben. Da nun Herrschaft und Ruhm, nicht Ruhe, das Ziel Roms war, so konnte es diese Unternehmung nicht ablehnen. Dieselbe Ursache führte den ersten Krieg mit Karthago herbei, da die Römer die Verteidigung von Messina in Sizilien übernahmen; auch dies war zufällig. Schon nicht mehr zufällig hingegen war der zweite punische Krieg; denn der Feldherr der Karthager, Hannibal, griff das den Römern befreundete Sagunt in Spanien an, nicht um diese Stadt zu verletzen, sondern um die römischen Waffen in Bewegung zu setzen und einen Grund zu haben, sie zu bekämpfen und in Italien einzudringen.

Diese Art Krieg anzufangen war immer unter den Mächten gebräuchlich, welche auf Treu und Glauben und die Meinung der Welt einige Rücksicht nahmen. Will ich mit dem Fürsten Krieg anfangen, und es bestehen zwischen uns seit langer Zeit gehaltene Verträge, so werde ich mich ganz anders rechtfertigen und meine Handlungsweise beschönigen können, wenn ich einen seiner Verbündeten angreife, als wenn ich ihn selbst angreife. Greife ich aber den Freund des Fürsten an, so weiß ich, daß der Fürst entweder aufgebracht wird, und dann habe ich meine Absicht, Krieg mit ihm zu bekommen, erreicht, oder er wird nicht darüber aufgebracht, und dann entdeckt sich seine Schwäche oder Treulosigkeit, da er einen Schutzbefohlenen nicht verteidigt. Beides muß seinem Ansehen schaden und meine Pläne erleichtern.

Bei der Unterwerfung der Campaner ist also, was das Anfangen der Kriege betrifft, zu bemerken, was ich soeben gesagt habe. Ferner läßt sich daraus ableiten, welches Mittel einer Stadt bleibt, die sich nicht selbst verteidigen kann, aber sich dennoch auf alle Weise gegen den Feind, der sie angreift, verteidigen will. Dies Mittel ist, sich freiwillig einer Macht, die sie verteidigen soll, zu unterwerfen, wie die Campaner den Römern und die Florentiner dem König Robert von Neapel, der sie zuerst als Verbündete nicht verteidigen wollte, sie aber hierauf als Untertanen gegen das Heer Castruccios von Lucca verteidigte, der sie hart bedrängte.

10.

Geld ist nicht der Nerv des Krieges, wie man gewöhnlich glaubt.

Da jeder einen Krieg nach Belieben anfangen, nicht aber beenden kann, so muß ein Fürst, ehe er sich in eine Unternehmung einläßt, seine Kräfte abwägen und danach handeln. Er muß jedoch soviel Klugheit besitzen, daß er sich nicht über seine Kräfte täuscht, und jedesmal wird er sich täuschen, wenn er sie nach dem Geld, nach der Natur des Landes oder nach dem Wohlwollen der Untertanen bemißt, auf der anderen Seite aber eigener Waffen entbehrt. Die genannten Dinge vergrößern wohl deine Kräfte, aber sie geben dir keine. An und für sich sind sie nichts und helfen ohne treue Soldaten zu gar nichts. Viel Geld reicht nicht hin ohne diese, die Festigkeit des Landes nützt dir nichts, und die Treue und Anhänglichkeit der Untertanen ist nicht von Dauer, da sie dir nicht treu sein können, wenn du sie nicht verteidigen kannst. Jeder Berg, jeder See, jeder unzugängliche Ort wird zur Ebene, wenn ihm tapfere Verteidiger fehlen. Das Geld verteidigt sich nicht allein, sondern es macht sogar, daß du schneller geplündert wirst. Nichts kann daher unrichtiger sein als das Sprichwort: Geld ist der Nerv des Krieges.

Quintus Curtius sagte dies Wort anläßlich des Krieges zwischen dem Mazedonier Antipater und dem König von Sparta, wo er erzählt, der König sei zur Schlacht genötigt gewesen und geschlagen worden; hätte er den Kampf um einige Tage verschoben, so kam die Nachricht vom Tode Alexanders nach Griechenland, und er wäre ohne Schwertstreich Sieger geblieben. Da ihm aber Geld gefehlt und er gefürchtet habe, sein Heer möge ihn wegen dieses Mangels verlassen, so sei er gezwungen gewesen, das Kriegsglück zu versuchen. Aus diesem Grund, behauptet nun Curtius, Geld sei der Nerv des Krieges.

Dieses Wort wird jeden Tag angeführt und von Fürsten, die nicht so klug sind, wie sie sein sollten, befolgt. Darauf bauend, halten sie es zu ihrer Verteidigung für hinreichend, wenn sie viele Schätze haben, und bedenken nicht, daß, wenn Schätze zum Sieg hinreichten, Darius Alexander den Großen, die Griechen die Römer und in unserer Zeit Karl der Kühne die Schweizer besiegt haben würden, und daß es vor wenigen Tagen dem Papst und den Florentinern miteinander nicht schwer gewesen wäre, Francesco Maria, den Neffen des Papstes Julius II., im urbinischen Krieg zu überwinden. Alle hingegen wurden sie von denen besiegt, die nicht Geld, sondern gute Soldaten für den Nerv des Krieges hielten.[4] Unter den anderen Dingen, die Krösus, König von Lydien, dem Athener Solon zeigte, war auch ein unzählbarer Schatz, und als er fragte, was ihn von seiner Macht dünke, erwiderte Solon, er halte ihn darum nicht für mächtiger; denn Krieg führe man mit Eisen, nicht mit Gold, und es könne einer kommen, der mehr Eisen habe als er, und ihm sein Gold nehmen. Als nach dem Tode Alexanders des Großen eine Menge von Galliern nach Griechenland und hierauf nach Asien zog und Gesandte zum König von Mazedonien schickte, um über einen Vertrag zu unterhandeln, wies ihnen der König, um seine Macht zu zeigen und sie einzuschüchtern, viel Gold und Silber; worauf die Gallier, die fast schon Frieden geschlossen hatten, die Unterhandlungen abbrachen, so heftiges Verlangen durchdrang sie, ihm dieses Gold zu nehmen. So wurde dieser König wegen derselben Sache beraubt, die er zu seiner Verteidigung aufgehäuft hatte. Die Venezianer verloren vor wenigen Jahren mit noch vollen Schatzkammern ihr ganzes Gebiet, ohne daß sie ihr Geld schützen konnte.

Ich sage daher, nicht Gold, wie die gemeine Meinung schreit, ist der Nerv des Krieges, sondern gute Soldaten; denn Gold genügt nicht, gute Soldaten zu finden, wohl aber genügen gute Soldaten, Gold zu finden. Hätten die Römer mehr mit Geld als Eisen Krieg führen wollen, so hätten ihnen alle Schätze der Welt nicht ausgereicht, so groß waren ihre Unternehmungen und soviel Schwierigkeiten hatten sie dabei zu überwinden. Da sie hingegen ihre Kriege mit dem Eisen führten, so litten sie nie Mangel an Gold; denn die, welche sie fürchteten, brachten es ihnen bis in ihr Lager. Wenn aber jener spartanische König aus Mangel an Geld das Kriegsglück versuchen mußte, so widerfuhr ihm hinsichtlich des Geldes, was oftmals aus anderen Ursachen geschah. Wenn einem Heer die Lebensmittel fehlen und es nur zwischen Hungertod und

[4] 1517

Schlacht die Wahl hat, so hat man immer gesehen, daß es sich zum Schlagen wendet, sowohl weil dies ehrenvoller ist, als auch weil ihm hier das Glück noch günstig sein kann. Auch geschieht es öfters, daß ein Feldherr, der Unterstützung dem feindlichen Heer herannahen sieht, kämpfen und das Schlachtenglück versuchen oder, wenn er wartet, mit dem verstärkten Feind unter tausend Nachteilen dennoch fechten muß. Auch hat man unter anderem bei Hasdrubal, als er in der Mark von Claudius Nero im Verein mit dem anderen römischen Konsul angegriffen wurde, gesehen, daß ein Feldherr, zur Flucht oder Schlacht genötigt, immer die Schlacht wählt, da er durch diesen Entschluß, so gefährlich er auch sein mag, siegen kann, durch den anderen durchaus verloren ist. Die Notwendigkeit ist also von mancherlei Art, die einen Feldherrn gegen seinen Willen zur Schlacht bewegt, und so kann sie auch manchmal im Mangel an Geld bestehen. Doch kann man deshalb das Geld nicht mit größerem Recht den Nerv des Krieges nennen als alles andere, was in eine solche Notwendigkeit versetzen kann.

Es ist also, ich wiederhole es nochmals, Geld nicht der Nerv des Krieges, sondern gute Soldaten. Geld ist wohl an zweiter Stelle nötig, allein es ist eine Notwendigkeit, daß es gute Soldaten von selbst erobern; denn es ist unmöglich, daß guten Soldaten Geld fehle, es ist als ob das Geld von selbst die guten Soldaten aufsuchte. Die Geschichte zeigt an tausend Stellen die Wahrheit von dem, was wir gesagt haben. Wenngleich Perikles den Athenern riet, mit dem ganzen Peloponnes Krieg anzufangen, weil sie durch Geschicklichkeit und die Gewalt des Geldes diesen Krieg gewinnen könnten, und wenn auch die Athener in diesem Krieg manchmal glücklich waren, so verloren sie ihn doch zuletzt. Die Umsicht und die guten Soldaten Spartas wirkten mehr als die Geschicklichkeit und das Geld Athens.

Der gültigste Zeuge von allen für meine Meinung ist Livius. Bei seiner Erörterung, ob Alexander der Große, wenn er nach Italien gekommen wäre, die Römer besiegt haben würde, zeigt er, daß drei Dinge im Kriege nötig seien: viele und gute Soldaten, kluge Feldherren und gutes Glück. Nachdem er nun untersucht hat, wer hierin den andern übertraf, die Römer oder Alexander, zieht er seinen Schluß, ohne das Geld im geringsten zu erwähnen.

Es mußten also auch die Campaner ihre Macht nach dem Geld, nicht nach ihren Soldaten bemessen haben, als sie von den Sidicinern aufgefordert wurden, für sie gegen die Samniter die Waffen zu ergreifen. Denn nachdem sie den Beschluß, ihnen beizustehen, gefaßt hatten, erlitten sie zwei Niederlagen und waren gezwungen, sich zu ihrer Rettung den Römern tributpflichtig zu machen.

11.

Es ist nicht klug, mit einem Fürsten ein Bündnis zu schließen, dessen Ruf größer ist als seine Kriegsmacht.

Um den Irrtum der Sidiciner, als sie sich auf die Hilfe der Campaner verließen, und den Irrtum der Campaner, als sie jene verteidigen zu können glaubten, zu zeigen, konnte sich Livius keiner lebendigeren Worte bedienen als der folgenden: *Campani magis nomen in auxilium Sidicinorum, quam vires ad praesidium attulerunt.*[5] Es ist hierüber zu bemerken, daß Bündnisse, welche mit Fürsten geschlossen werden, die wegen der weiten Entfernung ihrer Länder oder wegen Mangel an Streitkräften, der aus ihrer Ordnungslosigkeit oder aus einer andern Ursache herrührt, nicht helfen können, dem Staat, der sich darauf verläßt, mehr Ruf als Hilfe bringen. So zogen in unserer Zeit die Florentiner, im Jahre 1479 vom Papst und dem König von Neapel angegriffen, während sie Verbündete des Königs von Frankreich waren, aus diesem Bündnis *magis nomen, quam praesidium.* Ebenso würde es einem Fürsten gehen, der sich im Vertrauen auf den Kaiser Maximilian in eine Unternehmung einließe, denn dies ist eines der Bündnisse, die *magis nomen, quam praesidium* eintragen, wie dies nach unserem Text bei den Sidicinern mit ihrem Bündnis mit den Campanern der Fall war.

Der Fehler der Campaner lag darin, daß sie ihre Kräfte überschätzten. Die Menschen sind manchmal so unklug, daß sie die Verteidigung anderer übernehmen wollen, während sie sich nicht einmal selbst zu verteidigen verstehen noch vermögen. So machten es auch die Tarentiner, als die römischen Heere den Samnitern gegenüberstanden. Sie schickten Gesandte an den römischen Konsul, um ihn wissen zu lassen, sie wollten Frieden zwischen beiden Völkern und würden dem Volk den Krieg erklären, das zuerst den Frieden bräche. Der Konsul lachte über diese Botschaft, ließ in Gegenwart der Gesandten zur Schlacht blasen und befahl seinem Heer, den Feind anzugreifen, indem er so den Tarentinern durch Werke, nicht durch Worte, zeigte, welche Antwort sie verdienten.

Da ich aber in diesem Kapitel von verkehrten Maßregeln gesprochen habe, welche Fürsten zur Verteidigung anderer ergreifen, so will ich im nächsten Kapitel von der eigenen Verteidigung sprechen.

[5] Die Campaner brachten mehr einen Namen als Kräfte zum Schutz der Sidiciner.

12.

Was besser sei, wenn man fürchtet, angegriffen zu werden, zuzuschlagen oder den Krieg zu erwarten.

Ich habe manchmal sehr kriegserfahrene Männer darüber streiten hören, ob von zwei fast gleich mächtigen Fürsten der minder mächtige, wenn ihm der andere den Krieg erklärt hat, besser daran tue, den Feind innerhalb seiner Grenzen abzuwarten oder den Feind in seinem eigenen Land anzugreifen. Für beides habe ich Gründe vortragen hören.

Für den Angriff wurde der Rat des Krösus angeführt, als Cyrus an den Grenzen der Massageten angekommen war, um sie zu bekriegen, und ihm ihre Königin Tomyris entbieten ließ, er solle wählen, ob er in ihr Reich eindringen wolle, wo sie ihn erwarten würde, oder ob er wolle, daß sie ihm entgegenziehe. Als nun hierüber ein Kriegsrat gehalten wurde, stimmte Krösus gegen die Meinung der übrigen dafür, daß man ihr entgegenziehe, indem er anführte, wenn Cyrus sie fern von ihrem Reich besiege, so würde er ihr die Krone nicht entreißen, da sie Zeit habe, sich wieder zu sammeln; besiege er sie hingegen innerhalb ihrer Grenzen, so könne er sie auf der Flucht verfolgen, ihr die Zeit rauben, sich wieder zu sammeln, und sich ihres Landes bemächtigen. Ferner wurde der Rat angeführt, den Hannibal dem König Antiochus gab, als dieser König den Römern den Krieg erklären wollte.

Die Römer, zeigte Hannibal auf, könne man nur in Italien besiegen; denn hier könne man sich der Waffen und Reichtümer ihrer Bundesgenossen bedienen; wer sie hingegen außerhalb Italiens bekämpfe und ihnen Italien freilasse, lasse ihnen die Quelle, die nie versiege, Kräfte an den Punkt zu leiten, wo es nötig sei. Er zog daraus den Schluß, daß man den Römern eher Rom als das Reich, eher Italien als die Provinzen entreißen könne. Es wurde ferner Agathokles angeführt, der, da er den Krieg in Sizilien nicht fortzuführen vermochte, die Karthager in ihrem eigenen Land angriff und sie dahin brachte, daß sie um Frieden baten. Zuletzt wurde Scipio angeführt, der, zur Entfernung des Krieges aus Italien, Afrika angriff.

Die Gegner dieser Meinung sagten, wer den Feind verderben wolle, müsse ihn von zu Hause entfernen. Sie führten die Athener an, die, solange sie den Krieg zu Hause führten, die Oberhand hatten, als sie sich aber entfernten und ihre Heere nach Sizilien übersetzten, die Freiheit verloren. Sie führten die fabelhafte Zeit an, wo Antaeus, König von Libyen, vom ägyptischen Herakles angegriffen, unüberwindlich war, solange er innerhalb der Grenzen seines Reiches blieb, hingegen durch die List des Herakles herausgelockt, Thron und Leben verlor. Der Dichter bildete hieraus die Fabel vom Giganten Antaeus, dem, sooft er zu Boden fiel, die Erde, seine Mutter, neue Kraft gab, so daß ihn Herakles, der dies merkte, in die Höhe hob und von der Erde entfernte. Sie führten auch die Aussprüche Neuerer an. Jeder weiß, daß der König Ferdinand von Neapel in seiner Zeit für einen weisen Fürsten galt. Zwei Jahre vor seinem Tod verbreitete sich das Gerücht, Karl VIII. von Frankreich wolle ihn angreifen; er machte daher große Rüstungen, wurde jedoch darüber krank und ermahnte, als er seinen Tod herannahen fühlte, seinen Sohn Alfons unter anderem auch dazu, daß er den Feind im Reich erwarte und um nichts in der Welt Truppen aus seinem Staat herausziehe, sondern mit vereinten Streitkräften innerhalb seiner Grenzen bleibe. Alfons tat es nicht, schickte ein Heer in die Romagna und verlor dieses und den Thron ohne Schwertstreich.

Die Gründe, die außer dem Gesagten von beiden Seiten angeführt werden, sind folgende:

Für den Angriff: Der Angreifende kommt mit größerem Mut, als ihn der Verteidiger erwartet, was dem Heer mehr Selbstvertrauen gibt. Du entziehst dem Feind die Benutzung eines Teils seiner Verteidigungsmittel, indem der Fürst von dem Teil seiner Untertanen, die geplündert und deren Ländereien verheert worden sind, keine Abgaben erheben kann. Dadurch, daß der Feind im Land steht, muß der Fürst mehr Rücksicht nehmen, wenn er Geld erheben und Lasten auflegen will, so daß nach dem Ausdruck Hannibals die Quelle versiegt, welche dem Fürsten Krieg zu führen ermöglichte. Endlich sind deine Soldaten, weil sie in fremdem Land stehen, mehr in die Notwendigkeit versetzt, zu kämpfen, eine Notwendigkeit, die, wie ich oft gesagt habe, Tapferkeit erzeugt.

Für die Verteidigung wird angeführt: Wenn du den Angriff abwartest, so hast du viele Vorteile, weil du, ohne selbst irgend Mangel zu leiden, dem Feind Lebensmittel und andere Kriegsbedürfnisse entziehen kannst. Du kannst seine Pläne besser vereiteln, weil du eine genauere Kenntnis des Landes hast als er. Du kannst ihm mit mehr Streitkräften entgegenrücken, weil du sie zu Hause leicht alle vereinigen, nicht aber alle aus deinem Land ausrücken lassen kannst. Du kannst dich, wenn du geschlagen wirst, leicht wieder sammeln, sowohl weil sich viele Leute deines Heeres retten werden, da sie nahe Zufluchtsorte haben, als auch weit der Ersatz nicht von fernher kommen muß. Du wagst auf diese Art mit vereinten Streitkräften nicht alles, während du, ziehst du aus deinem Land hinaus, ohne alle deine Streitkräfte beisammen zu haben, alles wagen mußt. Es ist sogar vorgekommen, daß man den Feind, um ihn zu schwächen, einige Tagmärsche ins Land einrücken und mehrere Festungen von ihm nehmen ließ, damit durch Zurücklassung von Besatzungen sein Heer geschwächt wurde und man ihn dann besser bekämpfen konnte.

Um aber nun auch zu sagen, was ich selbst von der Sache halte, so glaube ich, daß folgende Unterscheidung zu machen sei. Entweder ich habe ein bewaffnetes Land, wie die Römer und Schweizer, oder ich habe ein unbewaffnetes Land, wie die Karthager, der König von Frankreich und die Italiener. In diesem letzten Fall muß ich den Feind fern von Hause halten; denn da meine Kraft im Geld, nicht in den Untertanen liegt, so bin ich jedesmal verloren, wenn mir die Wege, Geld zu erheben, gesperrt sind, und nichts sperrt sie mir so sehr als Krieg im eigenen Land. Ein Beweis sind die Karthager, die, solange sie ihr Land frei hatten, mit ihren Einkünften gegen die Römer Krieg führen konnten, als aber ihr Land angegriffen wurde, dem Agathokles nicht zu widerstehen vermochten. Die Florentiner konnten sich auf keine Weise gegen Castruccio, den Herrn von Lucca, schützen, weil er sie in ihrem eigenen Land bekriegte, so daß sie sich, um verteidigt zu werden, dem König Robert anvertrauen mußten. Als aber Castruccio tot war, hatten dieselben Florentiner den Mut, den Herzog von Mailand in seinem Land anzugreifen und es dahin zu bringen, daß ihm die Herrschaft entrissen wurde. So große Tapferkeit bewiesen sie in den entfernten Kriegen und so große Feigheit in den nahen.

Wenn aber die Reiche bewaffnet sind, wie früher Rom und jetzt die Schweiz, so sind sie um so schwerer zu überwinden, je näher man ihnen kommt. Solche Körper können mehr Kräfte zum Widerstand vereinigen als zum Angriff. Hannibals Autorität vermag mich in diesem Fall nicht zu bewegen; denn die Leidenschaft und sein Vorteil sprachen aus ihm zu Antiochus. Hätten die Römer so schnell nacheinander die drei Niederlagen in Gallien erlitten, die sie durch Hannibal in Italien erlitten, so wären sie zweifelsohne verloren gewesen; denn sie hätten sich der Überbleibsel der Heere nicht so bedienen können, wie sie es in Italien konnten, sie hätten die Mittel nicht gehabt, sich wieder zu sammeln und zu ergänzen und konnten daher dem Feind nicht soviel Streitkräfte entgegensetzen wie in Italien. Man findet nicht, daß sie zum Angriff auf ein Land mehr als fünfzigtausend Soldaten ausschickten, dagegen stellten sie zur Verteidigung der Heimat gegen die Gallier nach dem zweiten punischen Krieg achtzehnhunderttausend Mann unter die Waffen. Sie hätten aber diese Gallier schon nicht mehr in der Lombardei schlagen können, wie sie sie in Toskana schlugen, denn sie hätten gegen die ungeheuere Anzahl dieser Feinde so große Streitkräfte nicht so weit von Rom wegführen und also dort nicht mit demselben Vorteil fechten können. Die Kimbern schlugen ein römisches Heer in Deutschland, und die Römer konnten dort nichts gegen sie ausrichten. Als sie aber nach Italien kamen, vereinigte Rom seine ganze Macht und vertilgte sie. Es ist leicht, die Schweizer außerhalb ihres Landes zu schlagen, da sie nur dreißig- bis vierzigtausend Mann ausschicken können, allein zu Hause, wo sie hunderttausend versammeln können, ist es sehr schwer.

Ich ziehe also von neuem den Schluß, daß der Fürst, welcher ein bewaffnetes, zum Krieg geordnetes Volk hat, immer einen mächtigen und gefahrvollen

Krieg zu Hause erwarten und ihm nicht entgegengehen soll. Der hingegen, der entwaffnete Untertanen und ein nicht krieggewohntes Land hat, halte den Krieg so weit von zu Hause fern, wie er kann. So werden sich beide, jeder nach seiner Stellung, am besten verteidigen.

13.

Daß man aus niederem Stand zur Größe eher durch Betrug als durch Gewalt gelangt.

Ich halte es für eine ausgemachte Wahrheit, daß die Menschen selten oder nie von niederem Stand ohne Gewalt und ohne Betrug zu hohem Rang gelangen, vorausgesetzt, daß ihnen dieser Rang nicht von dem, der ihn einnimmt, geschenkt oder als Erbe hinterlassen wird. Ich glaube auch nicht, daß Gewalt allein je ausreicht, wohl aber wird man finden, daß Betrug allein ausreicht, wie sich deutlich aus dem Leben Philipps von Mazedonien, des Sizilianers Agathokles und vieler anderer zeigt, die sich von niedrigstem, oder doch niederem, Stand zu Fürsten oder zu Beherrschern der größten Reiche emporgeschwungen haben. Xenophon zeigt in seiner Cyropaedie diese Notwendigkeit zu täuschen, indem der erste Feldzug seines Helden gegen den König von Armenien voller Betrug ist und Cyrus mehr durch List als Gewalt sein Reich erobert. Er folgert nichts anderes daraus, als daß ein Fürst, der große Dinge ausrichten will, zu hintergehen lernen müsse. Er läßt ihn ferner Astyages, den König der Meder, seinen Großvater mütterlicherseits, auf verschiedene Weise überlisten und zeigt, daß sich Cyrus ohne diesen Betrug nicht zu seiner Größe erheben konnte.

Ich glaube auch nicht, daß sich in der Geschichte ein Mann finden läßt, der sich von einer niederen Stellung in der Gesellschaft allein durch offene Gewalt und ohne Verstellung zu einem mächtigen Herrscher emporgeschwungen hat, wohl aber durch Betrug allein, wie Johann Galeazzo Visconti dem Messer Bernabo, seinem Oheim, die lombardische Krone raubte.

Was Fürsten am Anfang ihrer Vergrößerung tun müssen, müssen auch die Republiken tun, bis sie mächtig geworden sind und dann Gewalt allein ausreicht. Da nun Rom durch Schicksalsfügung oder Wahl alle zur Erlangung der Größe nötigen Mittel anwendete, so fehlte ihm auch dieses nicht. Es konnte sich in seinem Anfang keiner größeren Täuschung bedienen, als auf die oben beschriebene Weise zu verfahren, das heißt sich Bundesgenossen zu erwerben; denn unter diesem Namen wurden sie Roms Knechte, wie die Latiner und andere benachbarte Völker.

Zuerst bediente es sich ihrer Waffen, um die angrenzenden Länder zu unterwerfen und der Republik Ansehen zu erkämpfen, und nach der Unterwerfung derselben war es so mächtig geworden, daß es einen jeden unterjochen konnte. Die Latiner wurden ihre gänzliche Knechtschaft nicht eher gewahr, als bis sie die Samniter zweimal geschlagen und zum Frieden gezwungen sahen. Wie aber dieser Sieg das Ansehen der Römer bei den entfernteren Fürsten, die den römischen Namen, nicht ihre Waffen fühlten, bedeutend vergrößerte, so erzeugte er Eifersucht und Argwohn bei denen, die die Waffen sahen und fühlten, worunter die Latiner gehörten. So viel vermochte diese Eifersucht und diese Furcht, daß sich nicht allein die Latiner, sondern auch seine eigenen Kolonien in Latium und die früher beschützten Campaner zum Untergang Roms verschworen. Die Latiner fingen den Krieg so an, wie nach unserer obigen Erklärung die meisten Kriege angefangen werden, indem sie nicht die Römer angriffen, sondern die Sidiciner gegen die Samniter verteidigten, welche von den Samnitern mit Erlaubnis der Römer bekriegt wurden. Daß die Latiner wirklich deshalb Krieg anfingen, weil sie jene Täuschung durchschaut hatten, zeigt Livius in der Rede des latinischen Prätors Annius Setinus im Senat: *Nam si etiam nunc sub umbra foederis aequi servitutem pati possumus etc.*[6]

Man sieht also, daß den Römern bei ihren ersten Vergrößerungen auch der Betrug nicht fehlte, dessen sich alle bedienen mußten, die von kleinem Anfang zu den höchsten Stufen der Macht emporsteigen wollten, und der um so weniger verächtlich ist, je verdeckter er ist, wie der der Römer.

14.

Oft täuscht man sich, wenn man glaubt, durch Bescheidenheit den Hochmut besiegen zu können.

Oft sieht man, daß Bescheidenheit nicht nur nichts hilft, sondern daß sie schadet, besonders wenn du sie gegen übermütige Menschen zeigst, welche aus Eifersucht oder einer anderen Ursache Haß auf dich haben. Unser Geschichtsschreiber bezeugt dies bei Auseinandersetzung der Ursachen des Krieges der Latiner mit den Römern. Als sich nämlich die Samniter bei den Römern über den Angriff der Latiner beschwerten, wollten die Römer diesen Krieg den Latinern, aus dem Wunsch, sie nicht zu reizen, nicht verbieten. Dieser Zweck aber wurde nicht nur nicht erreicht, sondern die Latiner wurden noch kühner und erklär-

[6] Denn wenn wir auch jetzt unter dem Schein eines gleichmäßigen Bündnisses die Knechtschaft ertragen können usw.

ten sich nur desto früher als Feinde. Es bezeugen dies die Worte des vorerwähnten Prätors der Latiner, Annius, die er in derselben Versammlung sprach: *Tentastis patientiam negando militem: quis dubitat exarsisse eos? Pertulerunt tamen hunc dolorem. Exercitus nos parare adversus Samnites foederatos suos audierunt, nec moverunt se ab urbe. Unde haec illis tanta modestia, nisi a conscientia virium, et nostrarum, et suarum?*[7]

Man erkennt hieraus auf das Klarste, wie sehr die Geduld der Römer den Übermut der Latiner vermehrte. Ein Fürst darf daher seiner Würde nie etwas vergeben und nie anders einen Abtretungsvertrag eingehen, wenn es mit Ehren geschehen soll, als wenn er noch die abzutretende Sache zu halten imstande ist oder man glaubt, daß er es sei. Ist es so weit gekommen, daß du ein Besitztum nicht auf die angegebene Art abtreten kannst, so ist es fast immer besser, es dir durch die Gewalt selbst entreißen zu lassen, als durch die Furcht vor Gewalt. Trittst du es aus Furcht ab, so tust du dies, um dich vom Krieg zu befreien, befreist dich aber meistenteils nicht, da der Feind, dem du aus offenbarer Feigheit das eine zugestanden hast, nicht damit zufrieden sein wird, sondern dir auch noch das übrige wird entreißen wollen und nur noch mehr von Habgier entbrennen wird, da er dich geringschätzt. Auf der anderen Seite wirst du deine Gönner und Verteidiger kälter finden, da du ihnen schwach oder feige erscheinst. Rüstest du hingegen sogleich nach Entdeckung der Absicht deines Gegners deine Streitkräfte, obgleich sie geringer sind als die seinigen, so wird er dich zu achten anfangen; die anderen Fürsten rundum achten dich mehr, und manchem kommt, wenn du unter den Waffen bist, der Wille, dir zu helfen, der, verließest du dich selbst, dir niemals helfen wird.

Dies gilt für den Fall, daß du einen einzigen Feind hast; hast du hingegen mehrere, so wird es immer eine kluge Maßregel sein, einem von ihnen, wenn auch der Krieg schon eröffnet ist, einige deiner Besitzungen abzutreten, um ihn dir wiederzugewinnen oder um ihn von den anderen gegen dich verbündeten Mächten zu trennen.

[7] Ihr habt ihre Geduld geprüft, indem ihr ihnen Soldaten verweigertet. Wer zweifelt, daß sie hierüber in Zorn entbrannten? Dennoch ertrugen sie diesen Schmerz. Daß wir Heere gegen die Samniter, ihre Verbündeten, rüsten, haben sie gehört und sich dennoch nicht aus der Stadt bewegt. Woher kommt diese Zurückhaltung, woher anders, als aus der Erkenntnis ihrer Kräfte und unsrer Kräfte?

15.

Schwache Staaten sind immer schwankend, wenn es gilt, einen Entschluß zu fassen, und immer sind langsame Entschlüsse schädlich.

Bei derselben Veranlassung, dem Ausbruch des Krieges zwischen den Latinern und Römern, läßt sich auch die Bemerkung machen, daß es bei jeder Beratung gut sei, auf den Grund der Sache zu kommen und nicht immer im Dunkeln und Ungewissen zu bleiben. Dies zeigt sich deutlich aus der Beratung der Latiner, als sie mit den Römern brechen wollten. Die Römer nämlich hatten von der üblen Stimmung des latinischen Volkes Kenntnis erhalten. Um über die Sache ins reine zu kommen und zu versuchen, ob sie es nicht, ohne zu den Waffen zu greifen, wiedergewinnen könnten, ließen sie es wissen, es solle acht Bürger nach Rom schicken, da sie sich mit ihm zu beraten hätten. Die Latiner, die sich vieler Handlungen gegen den Willen der Römer bewußt waren, hielten auf diese Botschaft Rat, wer nach Rom geschickt werden und was der Gesandte sagen solle. Da man nun hierüber in der Versammlung uneinig war, ergriff ihr Prätor, Annius, das Wort und sprach: *Ad summam rerum nostrarum pertinere arbitror, ut cogitetis magis quid agendum nobis, quam quid loquendum sit. Facile erit, explicatis consiliis, accomodare rebus verba.*[8]

Diese Worte sind ohne Zweifel sehr treffend und sollten von jedem Fürsten und von jeder Republik zu Herzen genommen werden. In der Unentschlossenheit und in der Ungewißheit, was geschehen soll, lassen sich keine passenden Worte finden, ist aber einmal ein Entschluß gefaßt und beschlossen, was ausgeführt werden soll, so ist es etwas Leichtes, Worte dazu zu finden. Ich habe diese Sache um so lieber angemerkt, als ich selbst die Erfahrung gemacht habe, daß eine solche Doppelsinnigkeit den öffentlichen Geschäften, zum Nachteil und zur Schande unserer Republik, oftmals geschadet hat. Immer aber werden in einer zweifelhaften Lage, wo Mut zum Entschluss nötig ist, die Beschlüsse doppelsinnig und zweideutig ausfallen, wenn schwache Männer zu beraten und zu beschließen haben.

Nicht weniger schädlich als die doppelsinnigen sind die langsamen und späten Beschlüsse, besonders solche, die zugunsten eines Verbündeten zu fassen sind; denn durch ihre Langsamkeit wird niemand geholfen, und man schadet sich selbst. Solche späte Beschlüsse rühren entweder aus Mangel an Mut und Kräften her, oder aus der Böswilligkeit derer, die zu beschließen haben, wenn

[8] Ich glaube, für uns ist das Wichtigste, zu bedenken, was wir zu tun, nicht was wir zu reden haben. Haben wir uns über unsre Maßregeln verständigt, so wird es leicht sein, die Worte der Sache anzupassen.

sie, durch persönliche Leidenschaft getrieben, um den Staat zu stürzen oder einen ihrer Wünsche zu erreichen, den Beschluß nicht erfolgen lassen, sondern ihn aufhalten und hintertreiben. Gute Bürger, wenn sie auch sehen, daß eine Volkslaune sich auf die verderbliche Seite hinwendet, werden doch niemals Beschlüsse verhindern, besonders in Angelegenheiten, die keinen Aufschub leiden. Nach der Ermordung des Hieronymus, Tyrannen von Syrakus, zur Zeit als der Krieg zwischen Rom und Karthago am heftigsten war, gerieten die Syrakuser in Streit, ob sie mit den Römern oder Karthagern Bündnis schließen sollten. Die Heftigkeit der Parteien war so groß, daß die Sache unentschieden blieb und nicht eher ein Entschluß gefaßt wurde, als bis Appollonides, einer der ersten Syrakuser, eine Rede voll Klugheit hielt, worin er zeigte, daß weder zu tadeln sei, wer für die Vereinigung mit den Römern stimme, noch wer die Partei der Karthager ergreifen wolle; daß aber die Doppelsinnigkeit und das Zögern mit der Fassung eines Entschlusses zu verabscheuen sei; denn in diesem Schwanken sehe er durchaus das Verderben der Republik; sei hingegen ein Entschluß gefaßt, welcher es auch sein möge, so könne man einiges Gutes hoffen. Livius hätte nicht besser zeigen können, welchen Nachteil die Unschlüssigkeit nach sich zieht, als er es hier tat. Auch im Fall der Latiner beweist er dies. Als nämlich die Lavinier von ihnen aufgefordert wurden, Hilfe zu schicken gegen die Römer, zögerten sie so lange mit ihrem Beschluß, daß sie gerade erst ihre Truppen zur Unterstützung der Latiner vor die Tore geführt hatten, als die Nachricht von ihrer Niederlage ankam. Es sagte daher Milonius, der Prätor der Lavinier: dieser kurze Weg wird uns bei den Römern teuer zu stehen kommen. Wirklich, hätten sie sich früher entschlossen, den Latinern beizustehen oder nicht beizustehen, so würden sie im letzten Fall die Römer nicht aufgebracht haben, im ersten, wenn die Hilfe bei Zeit kam, konnten sie durch die Vereinigung ihrer Streitkräfte den Latinern den Sieg verschaffen; zögerten sie hingegen, so mußten sie auf jede Weise verlieren, wie es denn auch nicht anders kam.

Hätten sich die Florentiner dies zur Lehre dienen lassen, so hätten ihnen die Franzosen weder so viel geschadet, noch so viel Verdruß erregt, wie dies im Kriegszug Ludwigs XII. gegen den Herzog Lodovico von Mailand der Fall war. Als nämlich der König wegen seines Einmarsches in Italien unterhandelte, forderte er die Florentiner zur Schließung eines Vertrages auf, und die florentinischen Gesandten beim König kamen mit ihm überein, daß die Republik neutral bleiben, der König dagegen ihr ihre Staaten garantieren und sie unter seinen Schutz nehmen solle. Die Republik erhielt einen Monat Zeit zur Ratifikation. Diese Ratifikation aber wurde durch die Unklugheit der Begünstiger Lodovicos so lange hinausgeschoben, bis der König im Siegen war, und als sich jetzt die Florentiner bereitwillig zeigten, wollte der König nicht mehr, da er sah, daß sie gezwungen, nicht freiwillig kamen, mit ihm in Bündnis zu treten. Dies kostete Florenz viel Geld, und fast hätte es seine Freiheit verloren, wie es ihm später aus ähnlicher Ursache widerfuhr. Dies Benehmen ist um so verwerflicher, als man auch dem Herzog Lodovico nicht dadurch diente, der, hätte er gesiegt, den Florentinern viel mehr Beweise von Feindschaft gegeben haben würde als der König.

Obgleich ich in einem früheren Kapitel von den Übeln gehandelt habe, die aus dieser Schwachheit entstehen, so habe ich doch, da ein neues Ereignis mir hierzu von neuem Gelegenheit gibt, das Gesagte beigefügt, weil mir dieser Gegenstand als einer der wichtigsten für Republiken gleich der unsrigen erscheint.

16.

Wie sehr die Soldaten unserer Zeit der Taktik der Alten entfremdet sind.

Die wichtigste Schlacht der Römer gegen irgendein Volk war die gegen die Latiner unter dem Konsulat des Manlius Torquatus und Decius Mus. Alle Gründe sprechen dafür, daß, wie die Latiner durch den Verlust dieser Schlacht Knechte wurden, ebenso die Römer ihre Unabhängigkeit verloren haben würden, wenn sie nicht gesiegt hätten. Auch Livius ist dieser Meinung. Er beschreibt beide Heere gleich an Kriegszucht, Tapferkeit, Hartnäckigkeit und Zahl; den einzigen Unterschied macht er zwischen beiden, daß die Feldherren des römischen Heeres heldenmütiger waren als die des latinischen. Im Lauf der Schlacht sieht man zwei bis dahin unerhörte, auch später seltene Handlungen, daß nämlich von beiden Konsuln, um die Soldaten standhaft, den Befehlen gehorsam und zum Kampf entschlossen zu erhalten, der eine sich selbst, der andere seinen Sohn tötete. Die Gleichheit der Heere bestand nach Livius darin, daß sie deshalb, weil sie lange zusammen Krieg geführt hatten, dieselbe Sprache, Organisation und Waffen hatten, überhaupt von der Schlachtordnung und Fechtart bis zur Benennung der Heeresteile und Offiziere herab in allem gleich waren. Da sie sich nun auch an Zahl und Tapferkeit gleich waren, so bedurfte es notwendigerweise eines außerordentlichen Vorfalls, der die Gemüter des einen Heeres standhafter und hartnäckiger machte als die des anderen; eine Hartnäckigkeit, in der, wie wir an einem anderen Ort schon gesagt haben, der Sieg besteht; denn solange sie in der Brust der Kämpfenden Oberhand hat, solange wenden sich die Heere nicht zur Flucht. Damit sie nun länger in der Brust der Römer als der der Latiner daure, wollte teils das Geschick, teils der Heldenmut der Konsuln, daß Torquatus den Sohn, Decius sich selbst töten mußte.

Livius beschreibt bei dieser Gelegenheit die Heereinteilung und Fechtart der Römer ausführlich. Ich werde nicht alles wiederholen, sondern nur das mir bemerkenswert Erscheinende erörtern, dessen Vernachlässigung durch alle Feldherren unserer Zeit in den Heeren und Schlachten viel Unordnung veranlaßt hat.

Das römische Heer bestand aus drei Hauptabteilungen, die man in unserer Sprache Treffen nennen kann. Das erste hieß Hastaten, das zweite Principes, das dritte Triarier, und ein jedes hatte seine Reiter. Bei der Aufstellung in Schlachtordnung kamen die Hastaten ins erste Treffen, ins zweite gerade dahinter die Principes, und ins dritte, gleichfalls mit derselben Breite, die Triarier. Die ganze Reiterei wurde auf dem rechten Flügel und linken Flügel dieser drei Schlachtlinien aufgestellt; die Geschwader der Reiterei hieß man nach ihrer Form und Stelle Alae; denn sie schienen zwei Flügel dieses Körpers zu sein. Das erste Treffen, die Hastaten, wurde so dicht geschlossen aufgestellt, daß es den Feind schlagen und aushalten konnte. Das zweite Treffen, die Principes, focht nicht gleich anfangs, mußte aber das erste Treffen unterstützen, wenn es geschlagen oder im Gedränge war; es wurde daher nicht dicht geschlossen, sondern mit Lücken aufgestellt, so daß es, ohne in Unordnung zu kommen, das erste Treffen aufnehmen konnte, sooft dieses, vom Feinde geschlagen, zum Rückzug genötigt war. Das dritte Treffen, die Triarier, hatte noch größere Lücken als das zweite, um, wenn es nötig war, die zwei ersten Treffen, die Principes und Hastaten, in sich aufnehmen zu können. Nachdem nun die Treffen in dieser Ordnung aufgestellt waren, eröffnete man die Schlacht. Wurden die Hastati bestürmt, so zogen sie sich in die Intervalle der Principes zurück und, beide Treffen zu einem Körper vereinigt, begannen von neuem den Kampf. Wurden auch sie zurückgedrängt, so zogen sich beide in die Zwischenräume der Triarier zurück, und alle drei Treffen, zu einer Masse vereinigt, erneuerten noch einmal den Kampf. Waren sie auch hier überwunden, so verloren sie, weil keine Reserve mehr da war, die Schlacht. Jedesmal, wenn das letzte Treffen, die Triarier, ins Gefecht kam, war das Heer in Gefahr, woraus das Sprichwort entstand: *Res redacta est ad triarios*, was in unserer Sprache soviel heißt als: wir haben unseren letzten Satz gesetzt.

Die Feldherren unserer Zeit haben, so wie alle Vorschriften der Kriegskunst der Alten, auch diese vernachlässigt, die von nicht geringer Wichtigkeit ist. Wer sich so in Schlachtordnung stellt, daß er dreimal mit frischer Kraft fechten kann, dem muß, soll er besiegt werden, das Glück dreimal feindlich sein; er muß auf eine Tapferkeit stoßen, die ihn dreimal zu besiegen vermag. Wer hingegen nur zu einem einzigen Stoß aufgestellt ist, wie heute die christlichen Heere, kann leicht geschlagen werden; denn jede Unordnung, jede mittelmäßige Tapferkeit kann ihm den Sieg entreißen. Unsere Heere können deshalb nicht dreimal das Gefecht erneuern, weil die Art und Weise, wie ein Treffen das andere aufnimmt, verlorengegangen ist. Was man jetzt Schlachtordnung heißt, ist eine der beiden folgenden Unordnungen. Entweder werden die Treffen nebeneinander gestellt und eine breite und dünne Schlachtlinie gebildet, was sie wegen ihrer Tiefe schwach macht. Oder wenn auch, um sie stärker zu machen, die Treffen wie die römischen hintereinander gestellt werden, so sind doch keine Vorkehrungen getroffen, das erste, wenn es geschlagen ist, durch das zweite aufnehmen zu lassen, sondern alle Treffen verwirren sich zu einem Knäuel und werfen und durchbrechen sich selbst. Ist das vorderste geschlagen, so drängt es das zweite; will das zweite vorrücken, so wird es vom ersten verhindert, so daß das erste auf das zweite stößt, das zweite auf das dritte, und eine so große Verwirrung entsteht, daß oft der geringste Zufall ein Heer zugrunde richtet.

In der Schlacht bei Ravenna[9], wo für unsere Zeit gut genug gefochten wurde und der französische Feldherr Gaston de Foix blieb, stellte sich sowohl das französische als das spanische Heer auf eine der oben beschriebenen Arten in Schlachtstellung, nämlich in ein einziges, viel breiteres als tiefes Treffen. So geschieht es immer, wenn man, wie zu Ravenna, ein ausgedehntes Schlachtfeld hat. Da man nämlich die Unordnung kennt, die in der Kolonnenstellung beim Rückzug entsteht, so sucht man ihr, wo es möglich ist, dadurch vorzubeugen, daß man die Front breit macht; wo man aber von der Gegend eingeengt wird, stellt man sich, ohne an Abhilfe zu denken, in der oben beschriebenen Unordnung auf. In derselben Unordnung wird durch Feindesland geritten, wenn Beute zu machen oder ein anderes Kriegsgeschäft vorzunehmen ist. Im Krieg mit Pisa, der durch den Aufstand dieser Stadt gegen Florenz nach dem Kriegszug Karls VIII. von Frankreich nach Italien ausgebrochen war[10], wurden die Florentiner bei Santo Regolo und anderwärts durch niemand anders als durch die eigene Reiterei geschlagen. Diese stand in vorderster Linie, wurde vom Feind geworfen, durchbrach das florentinische Fußvolk, zersprengte es, und der Rest des Heeres ergriff gleichfalls die Flucht. Messer Ciriaco dal Borgo, der ehemalige Hauptmann des florentinischen Fußvolks, hat in meiner Gegenwart oft behauptet, er sei nie anders als durch die eigene Reiterei geschlagen worden. Wenn die Schweizer, die Meister in der neueren Kriegskunst, mit den Franzosen in den Krieg ziehen, so tragen sie bei jeder Gelegenheit vor allem anderen Sorge, sich so zu stellen, daß sich die befreundete Reiterei, wenn sie zurückgeschlagen ist, nicht auf sie wirft.

Obgleich diese Dinge leicht zu begreifen und sehr leicht ins Werk zu setzen scheinen, so hat bis jetzt doch noch keiner unserer gleichzeitigen Feldherren die Taktik der Alten nachgeahmt und die neuere verbessert. Man teilt die Heere

---

[9] 11. April 1512

[10] 1496

zwar noch in drei Abteilungen, die man Vorhut, Gros und Nachhut nennt; allein man bedient sich dieser Einteilung nur zur Unterscheidung im Lager, wohingegen beim Schlagen selten der Fall eintritt, daß man nicht das Schicksal aller dieser Körper von einem einzigen glücklichen oder unglücklichen Angriff abhängen ließe.

Man hört viele zur Entschuldigung ihrer Unwissenheit behaupten, die Gewalt des Geschützes erlaube in unserer Zeit nicht mehr, den größeren Teil der Vorschriften der alten Kriegskunst anzuwenden. Ich will diesen Gegenstand im folgenden Kapitel erörtern und zugleich untersuchen, ob das Geschütz davon abhält, jetzt noch die Tapferkeit der Alten zu zeigen.

17.

Welchen Wert unsere Heere auf das Geschütz legen sollen; und ob die große Meinung, die man allgemein davon hat, begründet ist.

Wenn ich mich so in Gedanken mit diesen Dingen und den vielen Feldschlachten, die die Römer in allen Zeiten lieferten, beschäftige, so fällt mir immer die allgemein verbreitete Meinung ein, daß, hätte es in jenen Zeiten schon Geschütze gegeben, es den Römern nicht so leicht oder gar nicht möglich gewesen wäre, sich der Länder zu bemächtigen und die Völker zinsbar zu machen, kurz, daß sie in keinem Fall so große Eroberungen gemacht haben würden. Zu dieser Meinung gehört noch ferner, daß man seit Erfindung dieser Feuerinstrumente keine persönliche Tapferkeit mehr zeigen könne wie vor alters. Drittens glaubt man, es sei jetzt schwieriger, zur Schlacht zu kommen, und im Kampf selbst könne man sich in der Schlachtordnung jener Zeiten nicht mehr halten, so daß sich nach und nach der ganze Krieg auf Geschützfeuer beschränken werde.

Es liegt nicht außerhalb meines Plans zu untersuchen, ob diese Meinungen richtig sind, um wie viel das Geschütz die Heere stärker oder schwächer gemacht hat, und ob es guten Feldherren Gelegenheit zu tapferer Tat gibt oder entzieht. Ich will mit der ersten Meinung, die Heere der alten Römer hätten ihre Eroberungen nicht gemacht, wenn es damals schon Geschütze gegeben hätte, anfangen.

Um diese Meinung zu widerlegen, schicke ich voraus, daß man, entweder um sich zu verteidigen oder um anzugreifen, Krieg führt. Es ist daher zuerst zu untersuchen, wem das Geschütz mehr nützt oder schadet, dem, der verteidigungs- oder dem der angriffsweise zu Werke geht. Obschon sich nun für beide Teile Gründe anführen lassen, so glaube ich doch, daß das Geschütz dem Verteidiger ohne Vergleich mehr Schaden zufügt als dem Angreifenden. Mein

Grund ist der folgende: Der, welcher sich verteidigt, ist entweder in einer Festung, oder er ist im Feld hinter einer Verschanzung. Befindet er sich in einer Festung, so ist diese klein, wie der größte Teil der Festungen, oder sie ist groß. Im ersten Fall ist der Verteidiger durchaus verloren; denn die Gewalt des Geschützes ist so groß, daß es keine Mauer gibt, so dick sie auch sein mag, die nicht in wenigen Tagen eingeschossen wäre. Hat nun der Verteidiger nicht ausreichend Raum, durch Graben und Wall einen Abschnitt anzulegen, so ist er verloren und kann den Angriff des Feindes, der durch die Bresche der Mauer eindringen will, nicht abhalten. Auch hilft ihm sein Geschütz nichts; denn es ist eine Maxime, daß, wo man geschlossen und im schnellen Stoß anrücken kann, Geschütz nicht zurückhält. Daher wird das Ungestüm der Ultramontaner von den Verteidigern der Festungen nicht ausgehalten. Wohl hält man die Angriffe der Italiener aus, die nicht geschlossen, sondern aufgelöst ins Gefecht geführt werden, eine Fechtart, die man mit einem sehr passenden Ausdruck Scharmützel nennt. Diese, welche in solcher Unordnung und mit solcher Lauheit sich einer Bresche nähern, worauf Geschütz steht, gehen in einen offenen Tod, und gegen sie ist das Geschütz von Nutzen. Jene aber, die, in eine Masse zusammengedrängt, wo einer den andern vordrückt, eine Bresche stürmen und nicht durch Wälle und Gräben zurückgehalten werden, dringen überall durch, ohne daß das Geschütz sie hält. Fallen dabei auch einige, so können es doch nicht so viele sein, daß dadurch der Sieg verhindert würde. Daß dem wirklich so ist, hat man bei der Einnahme vieler italienischer Plätze durch die Ultramontaner gesehen, und besonders bei Brescia.[11] Als sich diese Stadt gegen die Franzosen erhoben hatte und die Zitadelle sich noch für den König von Frankreich hielt, fuhren die Venezianer, um einen Angriff abzuhalten, quer über die ganze Straße, die von der Zitadelle in die Stadt herabführt, Geschütz auf und stellten Kanonen an jeden passenden Ort, so daß die Straße in Front und Flanke bestrichen wurde. Gaston de Foix jedoch kümmerte sich nichts darum, ließ sein Geschwader absitzen, ging mitten durchs Feuer, nahm die Stadt, und man hat nicht gehört, daß er irgendeinen bedeutenden Verlust erlitten hätte. Wer sich also in einer kleinen Festung verteidigt, wo die Mauern auf ebener Erde stehen, wo Raum fehlt, Abschnitte durch Gräben und Wälle anzulegen, und sich auf das Geschütz verlassen muß, ist schnell besiegt.

Verteidigt man sich in einer großen Festung, wo man Abschnitte anlegen kann, so ist dennoch das Geschütz dem Belagerer nützlicher als der Besatzung. Damit ein Geschütz dem Belagerer Schaden zufügen könne, muß es über den Erdhorizont erhoben werden; denn steht es auf der Ebene, so ist der geringste Erdaufwurf zur völligen Deckung des Feindes ausreichend. Es muß also erhöht

[11] 1509

werden, auf die Mauer gezogen oder auf irgendeine Art über den Boden erhoben werden. Hier hast du aber mit zwei Schwierigkeiten zu kämpfen: einmal kannst du keine so großen Kaliber, als der Belagerer hat, hinaufbringen, da man die großen Stücke nicht auf dem kleinen Raume handhaben kann; zweitens, wenn du auch dein Geschütz hinaufbringen könntest, so lassen sich doch keine ausreichend sicheren Brustwehren anbringen, und so wird dein Geschütz bald demontiert sein, während der Belagerer, der sich auf der Erde befindet, das seinige nach Belieben decken kann. Es wird daher dem Verteidiger der Festung unmöglich sein, Geschütz an hohen Orten aufzustellen, wenn der Belagerer viel Geschütz und starke Kaliber hat; muß aber das Geschütz der Festung niedrig aufgestellt werden, so ist es, wie wir schon gesagt, zum guten Teil wirkungslos. Die Verteidigung der Festung beschränkt sich demnach wie vor alters auf den Gebrauch der blanken Waffe und auf die kleineren Kaliber. Gewähren diese aber auch einigen Nutzen, so zieht man sich auf der anderen Seite Nachteile zu, die die Vorteile des Geschützes aufwiegen; denn aus Rücksicht auf dieses werden die Festungsmauern jetzt niedrig gemacht und fast in die Gräben versenkt; so daß beim Sturm, wenn Bresche gelegt oder der Graben ausgefüllt ist, die Besatzung einen bei weitem schwierigeren Stand hat als vor alters. Aus allen diesen Gründen nützen diese Kriegswerkzeuge bei weitem mehr dem Belagerer als dem Belagerten.

Man bezieht ein verschanztes Lager, um nur unter günstigen Umständen eine Schlacht zu liefern. Was diesen Punkt betrifft, hat man jetzt gewöhnlich nicht mehr Schutzmittel, um nicht zur Schlacht gezwungen zu werden, als die Alten; und manchmal ist man wegen des Geschützes ihnen gegenüber noch im Nachteil. Rückt dir der Feind auf den Leib, und hat er ein wenig den Vorteil des Geländes, wie dies leicht der Fall sein kann, indem er höher steht, oder bist du durch deine noch unvollendeten Brustwehren nicht gehörig gedeckt, so treibt er dich in einem Augenblick, ohne daß du es verhindern kannst, aus deinem Lager; du bist gezwungen, aus deinen Verschanzungen herauszugehen und eine Schlacht zu liefern. So ging es den Spaniern in der Schlacht bei Ravenna. Sie hatten sich zwischen dem Fluß Ronco und einem Damm befestigt und wurden, da sie diesen Damm nicht genug erhöht und die Franzosen ein wenig den Vorteil des Terrains hatten, durch das feindliche Geschütz aus ihren Verschanzungen herausgetrieben und zur Schlacht gezwungen. Gesetzt aber auch, wie es meistens der Fall sein wird, du hättest dir zu deinem Lager eine Stelle ausgesucht, die die umliegende Gegend beherrscht, deine Brustwehren seien gut und gewährten hinreichende Sicherheit, so daß dich der Feind wegen deiner guten Position und deiner anderen Vorbereitungen nicht anzugreifen wagt, so wird er zu den vor alters gebräuchlichen Mitteln greifen, wenn sich ein Heer in einer unangreifbaren Stellung befand, das heißt er wird die Felder verwüsten, deine befreundeten Städte einnehmen und plündern, dir die Lebensmittel abschneiden, so daß du durch Mangel gezwungen wirst, aus deinem Lager heraus und zur Schlacht zu kommen, in der dann, wie unten gesagt werden soll, das Geschütz keine große Wirkung hat.

So hätten wir also bewiesen, daß das Geschütz dem Angreifenden mehr nützt als dem Verteidiger. Bedenkt man nun, daß die Römer fast alle ihre Kriege führten, um andere Völker anzugreifen, nicht um sich zu verteidigen, so wird man sehen, wie wahr meine Behauptung ist, daß die Römer in unserer Zeit im Vorteil sein und schneller ihre Eroberungen machen würden.

Ich komme zur zweiten Meinung, daß man seit Einführung der Artillerie nicht mehr wie vor alters persönliche Tapferkeit zeigen könne. Wahr ist, daß der Soldat, wo er einzeln zu erscheinen hat, größerer Gefahr ausgesetzt ist als damals; wie bei der Ersteigung einer Festung mit Leitern oder bei ähnlichen Angriffen, wo die Soldaten nicht geschlossen, sondern jeder einzelne für sich zu fechten hat. Wahr ist ferner, daß die Feldherren der Gefahr, getötet zu werden, mehr unterworfen sind als damals, da sie durch die Geschützkugeln an jedem Ort erreicht werden können und es ihnen nichts hilft, im letzten Treffen und von der tapfersten Leibwache umgeben zu sein. Gleichwohl zeigt die Erfahrung, daß beide Gefahren nur selten besondere Verluste zur Folge haben; denn wohlbefestigte Plätze ersteigt man nicht mit Leitern, noch versucht man mit wenig Leuten einen Sturm, sondern, um sie einnehmen zu wollen, muß man sie jetzt, wie vor alters, förmlich belagern. Wird aber auch hie und da eine Festung mit Sturm genommen, so ist die Gefahr jetzt nicht viel größer als damals, denn ehemals hatte die Besatzung gleichfalls Wurfmaschinen und Schießwerkzeuge, die, wenn sie auch nicht so gewaltig knallten, doch, was die Tötung der Menschen betrifft, ähnliche Wirkung hatten. Was den Tod der Feldherren und Condottieri betrifft, so haben wir davon in den letzten vierundzwanzig Kriegsjahren in Italien weniger Beispiele gesehen, als bei den Alten in zehn Jahren vorkamen. Außer dem Grafen Lodovico della Mirandola, der bei Ferrara fiel, als die Venezianer vor einigen Jahren diesen Staat angriffen, und dem Herzog von Nemours, der bei Cerignuola blieb, wurde kein Feldherr durch eine Stückkugel getötet; denn Gaston de Foix fiel bei Ravenna durch einen Pikenstich, nicht durch eine Feuerwaffe. Wenn also die Soldaten keine persönliche Tapferkeit zeigen, so rührt dies nicht von der Artillerie her, sondern von der schlechten Einrichtung und Erbärmlichkeit unserer Heere, die in ihrer Ganzheit feige sind und also auch in ihren Teilen keine Tapferkeit zeigen können.

Ich gehe zur dritten Meinung über, daß man nicht mehr zum Handgemenge kommen könne, und daß sich der Krieg gänzlich auf den Gebrauch des Geschützes beschränken werde. Diese Meinung ist durchaus falsch und wird von allen immer für falsch gehalten werden, die sich ihrer Heere nach dem großen

Vorbild der Alten bedienen wollen. Wer ein gutes Heer bilden will, muß seine Soldaten durch Scheingefechte oder wirkliche Scharmützel daran gewöhnen, sich dem Feind auf Degenlänge zu nähern und ihn an der Brust zu fassen; er muß sich mehr auf das Fußvolk als auf die Reiterei verlassen, aus den Gründen, die unten gesagt werden sollen. Verläßt er sich aber mehr auf das Fußvolk und die genannte Fechtart, so wird das Geschütz völlig unnütz; denn das Fußvolk kann, wenn es dem Feind auf den Leib rückt, viel leichter die Schüsse des Geschützes vermeiden, als es vor alters dem Anrennen der Elefanten, der Sichelwagen und anderer ungewöhnlicher Kriegswerkzeuge ausweichen konnte, auf die die Römer stießen und gegen die sie immer ein Mittel fanden. Um so leichter aber hätten sie es hier gefunden, als die Zeit kürzer ist, während welcher das Geschütz schaden kann, als die war, während welcher die Elefanten und Streitwagen schaden konnten. Diese brachten dich mitten in der Schlacht in Unordnung, jenes hindert dich bloß vor der Schlacht; ein Hindernis, dem das Fußvolk leicht ausweicht, indem es entweder vom Gelände gedeckt marschiert oder sich, wenn geschossen wird, auf die Erde bückt. Aber auch dies hat die Erfahrung als überflüssig ausgewiesen, besonders das Deckungsuchen vor dem schweren Geschütz, das nicht so genau gerichtet werden kann, und dessen Kugeln, wenn hoch visiert wird, dir über den Kopf hinausfliegen, wenn niedrig visiert wird, dich nicht erreichen. Sind die Heere einmal zum Handgemenge gekommen, so ist es klarer als der Tag, daß dir weder schweres noch leichtes Geschütz schaden kann; denn ist es vor der Schlachtlinie deines Gegners aufgefahren, so fällt's dir in die Hand, ist es dahinter aufgefahren, so trifft es eher seinen Freund als dich; ebensowenig kann es dich im Rücken beschießen, ohne daß du darauf losgehen kannst und dann wieder derselbe Fall eintritt. Dagegen läßt sich auch gar nicht viel streiten; denn die Sache ist von den Schweizern bewiesen, die im Jahre 1513 ohne Geschütz und Reiterei das mit Geschütz wohl versehene französische Heer bei Novara hinter seinen Verschanzungen angriffen und schlugen, ohne irgend durch das Geschütz behindert zu werden.

Die Ursache, warum das Geschütz kein Hindernis ist, ist außer dem Gesagten auch noch die, daß es, um wirken zu können, durch eine Mauer, durch Gräben oder durch Wälle geschützt sein muß; fehlen diese Schutzmittel, so wird es genommen oder es wird unnütz, wie es immer der Fall ist, wenn es durch Soldaten geschützt werden soll, das heißt in Schlachten und Gefechten. Auf den Flügeln kann es nur in der Art angewendet werden, wie die Alten ihre Ballisten anwendeten, die sie außerhalb der Schlachtordnung aufstellten und jedesmal, wenn Reiterei oder andere Truppen einen Angriff darauf machten, in die Legionen zurückzogen. Wer anders auf das Geschütz rechnet, versteht es nicht recht und verläßt sich auf eine Sache, die ihn leicht täuschen kann. Hat aber der Türke durch sein Geschütz den Sofi von Persien und den Sultan von Ägypten besiegt, so geschah es nicht durch die eigentümliche große Wirkung desselben, sondern durch den panischen Schrecken, den der ungewohnte Krach ihrer Reiterei einjagte.

Aus allem Vorhergehenden ziehe ich den endlichen Schluß, daß das Geschütz in einem Heer, wo die Tapferkeit der Alten zu finden ist, nützlich, ohne diese Tapferkeit aber gegen ein tapferes Heer völlig unnütz ist.

18.

Daß man nach der Autorität der Römer und den Vorschriften der Kriegskunst der Alten mehr Wert auf das Fußvolk als auf die Reiterei legen müsse.

Die Römer gaben dem Fußvolk in allen Gefechten und Schlachten den Vorzug vor der Reiterei und gründeten alle ihre Operationspläne auf dasselbe. Durch viele Gründe und Beispiele läßt sich dies klar beweisen. Als unter anderem in der Schlacht am See Regillus schon die Legionen wankten, ließen die Römer zu ihrer Unterstützung einen Teil der Reiterei absitzen, erneuerten den Kampf und gewannen den Sieg. Desselben Mittels bedienten sie sich in vielen anderen Schlachten, und immer bewährte es sich als vortrefflich in der Gefahr. Die Meinung Hannibals vermag die Wahrheit dieser Tatsache nicht zu entkräften. Als er nämlich in der Schlacht bei Cannae sah, daß die Konsuln ihre Reiterei absitzen ließen, sprach er spottend: *Quam mallem vinctos mihi traderent equites*, d. h. noch lieber wär mir's, man liefere sie mir gebunden aus. Kommt diese Meinung nun gleich aus dem Mund eines der ausgezeichnetsten Männer, so muß man doch, will man sich an Autoritäten halten, mehr der römischen Republik und so vielen ihrer ausgezeichnetsten Feldherren, als dem einen Hannibal glauben. Allein auch abgesehen von der Autorität lassen sich die ins Auge fallendsten Gründe anführen.

Der Soldat zu Fuß kann in mancherlei Gattung von Gelände marschieren, wo der Reiter nicht fortkommt; man kann ihn Ordnung halten und, wenn sie gestört ist, wiederherstellen lehren; den Reitern ist es schwer, Ordnung zu halten, und sind sie in Verwirrung gebracht, unmöglich, sie wiederherzustellen. Überdies gibt es, wie bei den Menschen, auch bei den Pferden solche, die wenig, und andere, die viel Mut oder Feuer haben. Häufig hat nun ein feuriges Pferd einen feigen Reiter und ein furchtsames Pferd einen mutigen Reiter; eine Ungleichheit, die in beiden Fällen Roß und Reiter unnütz macht und Unordnung erzeugt. Geschlossenes Fußvolk kann endlich leicht Reiterei attackieren und nur schwer von ihr bestürmt werden. Diese Meinung wird durch viele alte und neue Beispiele bestätigt und überdies von den Schriftstellern über bürgerliche Einrichtungen bekräftigt. Sie lehren uns, die Kriege seien anfänglich durch Reiter geführt worden, weil man das Fußvolk noch nicht zu ordnen verstanden; sowie man dies aber gelernt, habe man sogleich erkannt, um wieviel nützlicher es sei als jene. Es soll damit nicht gesagt sein, daß die Heere keiner Reiterei bedürfen. Sie ist notwendig zum Rekognoszieren, zum Furagieren und Beutemachen, zur Verfolgung des geschlagenen Feindes und zum Teil auch, um der feindlichen Reiterei die Spitze zu bieten. Allein der Grundpfeiler und der Nerv des Heeres, worauf man den meisten Wert legen soll, muß das Fußvolk sein.

Die größte aller Sünden der italienischen Fürsten durch deren Schuld Italien die Sklavin der Fremden ist, war die, daß sie das Fußvolk vernachlässigt und alle ihre Sorge der Reiterei zugewandt haben. Diese Unordnung ist teils dem Eigennutz der Hauptleute, teils der Unwissenheit derer zuzuschreiben, die die Staaten lenkten. Es sind nun fünfundzwanzig Jahre, daß die Kriegsmacht Italiens allein in der Hand solcher Männer ruht, die keine Fürsten, sondern gleichsam Glücksritter waren. Diese waren sogleich darauf bedacht, sich dadurch in Ansehen zu erhalten, daß sie bewaffnet, die Fürsten hingegen waffenlos blieben. Da ihnen nun eine große Anzahl Fußvolk nicht fortwährend bezahlt werden konnte, sie. keine Untertanen hatten, deren sie sich zu diesem Zweck bedienen konnten, und eine kleine Anzahl ihnen kein Ansehen gab, so gingen sie dazu über, Reiter zu halten, wovon zwei- bis dreihundert, die einem Condottiere bezahlt wurden, diesen in Ansehen erhielten und zugleich keinen so großen Sold erforderten, daß ihn ein Fürst nicht erschwingen konnte. Damit ihnen dies leichter gelinge und sie mehr geachtet würden, setzten sie das Fußvolk auf alle Weise herab und erhoben ihre Reiterei, bis sie endlich diese Unordnung zu dem Punkt steigerten, daß im zahlreichsten Heere nur ein ganz kleiner Teil Fußvolk war. Dieser Gebrauch im Verein mit vielen anderen Unordnungen brachte unsere Kriegsmacht zu solcher Schwäche herab, daß Italien von allen Ultramontanern leicht unterworfen wurde.

Ein anderes römisches Beispiel zeigt deutlich, daß es ein Irrtum ist, die Reiterei höher zu achten als das Fußvolk. Als die Römer Sora belagerten, machte die feindliche Reiterei einen Ausfall. Der Magister Equitum warf sich ihr mit der römischen Reiterei entgegen, und der Zufall wollte, daß beim ersten Anprall beide Befehlshaber kamen um. Als nun der Kampf auch ohne Leitung fortgesetzt wurde, sprangen die Römer, um den Feind leichter zu überwinden, vom Pferd, zwangen die feindlichen Reiter, wenn sie sich verteidigen wollten, dasselbe zu tun, und trugen dadurch den Sieg davon. Dies Beispiel könnte nicht treffender sein zum Beweis, daß das Fußvolk der Reiterei überlegen ist. Wenn in den anderen Schlachten die Konsuln die römische Reiterei absitzen ließen, so geschah es, um dem leidenden hilfebedürftigen Fußvolk beizustehen; in diesem

Fall hingegen saßen die Römer ab, nicht um dem Fußvolk beizustehen, noch um mit feindlichem Fußvolk zu kämpfen; sondern zu Pferde mit Reitern fechtend, glaubten sie, nicht imstande zu Pferde die Oberhand zu gewinnen, abgesessen leichter zu siegen. Ich ziehe daher den Schluß, daß geordnetes Fußvolk nur mit größter Schwierigkeit geschlagen werden kann, wenn es nicht durch Fußvolk geschieht.

Crassus und Marcus Antonius zogen mit sehr wenig Reiterei und vielem Fußvolk viele Tagereisen weit durch das Gebiet der Parther und hatten unzählige Reiterschwärme gegen sich. Crassus fiel mit einem Teil des Heeres. Antonius machte einen glänzenden Rückzug. Sogar in dieser Bedrängnis der Römer sieht man die Überlegenheit des Fußvolks über die Reiterei. In einem weiten Land, wo wenig Berge, die Flüsse selten, die Meere fern sind, ohne Kommunikation und alle Zufuhr entbehrend, führte Antonius dennoch nach dem eigenen Geständnis der Parther einen glänzenden Rückzug aus, und nie wagte die gesamte parthische Reiterei, seine Legionen anzugreifen. Wenn auch Crassus umkam, so wird man doch bei näherer Betrachtung dieser Vorgänge finden, daß er mehr überlistet als bezwungen wurde, und daß ihm die Parther mitten in der Unordnung seines Heeres nie auf den Leib zu rücken wagten, sondern ihn durch beständiges Umgehen, Abschneiden der Lebensmittel und Versprechungen, die sie nicht hielten, zum äußersten Mangel brachten.

Es würde mir schwerer sein, meinen Leser von der Überlegenheit des Fußvolkes über die Reiterei zu überzeugen, wenn nicht viele neuere Begebenheiten das vollkommenste Zeugnis dafür ablegten. So sah man 9000 Schweizer bei Novara 10000 Reiter und ebensoviel Fußknechte angreifen und sie besiegen; die Reiter konnten ihnen nichts schaden; die Fußknechte, größtenteils Gascogner und schlecht geordnet, achteten sie gering. Später sah man 26000 Schweizer oberhalb Mailand den König Franz I. von Frankreich, der 20000 Pferde, 40000 Mann zu Fuß und 100 Stück Geschütze hatte, angreifen, und wenn sie die Schlacht nicht wie bei Novara gewannen, so fochten sie doch zwei Tage lang auf das tapferste, und nachdem sie geschlagen waren, zog sich die Hälfte von ihnen in guter Ordnung zurück.

Marcus Regulus Attilius unternahm mit seinem Fußvolk nicht nur den Stoß der Reiterei, sondern auch das Anrennen der Elefanten auszuhalten; und wenn ihm sein Plan nicht gelang, so war doch immer die Kraft und Tapferkeit seines Fußvolkes so groß, daß er das Vertrauen hatte, mit ihm diese Schwierigkeit überwinden zu können.

Ich wiederhole daher, daß, um wohlgeordnetes Fußvolk überwinden zu wollen, man ihm noch besser geordnetes Fußvolk entgegenstellen muß, sonst geht man einer offenbaren Niederlage entgegen. Zur Zeit als Philipp Visconti Herzog von Mailand war, stiegen ungefähr 16000 Schweizer von ihren Bergen in die Lombardei herab, welchen der Herzog seinen damaligen Hauptmann Carmignuola mit ungefähr 1000 Pferden und wenigem Fußvolk entgegenschickte. Carmignuola kannte ihre Fechtart nicht und griff sie mit seiner Reiterei an, im Glauben, sie augenblicklich auseinandersprengen zu können. Als er sie aber unbeweglich fand und viele von seinen Leuten verloren hatte, mußte er sich zurückziehen. Da er jedoch ein vorzüglicher Feldherr war und für neue Vorfälle neue Maßregeln zu ergreifen wußte, kehrte er, nachdem er sich mit frischen Truppen verstärkt, wieder um, ließ, in der Nähe des Feindes angekommen, seine Schweren Reiter absitzen, stellte sie an die Spitze seines Fußvolkes und griff so die Schweizer an, die sich auf keine Weise helfen konnten. Die abgesessenen, wohlgerüsteten Reiter Carmignuolas konnten leicht in die Reihen der Schweizer einbrechen, ohne im geringsten verwundet zu werden, und einmal eingebrochen war es ihnen nicht schwer, sie niederzuhauen, so daß bis auf wenige, denen durch die Menschlichkeit Carmignuolas das Leben geschenkt wurde, alle umkamen.

Ich bin überzeugt, daß viele diese Kraftverschiedenheit der beiden Waffengattungen kennen, allein unsere Zeit ist so unglückselig, daß weder alte noch neue Beispiele, noch selbst das Eingeständnis des Irrtums, ausreichend ist, unsere Fürsten zur Besinnung zu bringen. Sie sollten bedenken, daß, um der Kriegsmacht eines Landes oder Staates wieder Ansehen zu verschaffen, notwendigerweise die Einrichtungen der Alten wiedererweckt, aufrechterhalten, ihnen Ansehen und Lebenskraft gegeben werden muß, damit durch sie wiederum der Staat Lebenskraft und Ansehen erhalte. Allein hierin und in allem übrigen weichen sie so sehr von den Regeln und Gebräuchen der Alten ab, daß auch die Eroberungen den Staaten zum Schaden, nicht zur Größe ausschlagen, wie sogleich gezeigt werden soll.

19.

Daß Eroberungen nicht gut eingerichteter Republiken, die nicht nach dem vollendeten Muster der Römer zu Werke gehen, zum Untergang, nicht zur Größe führen.

Solche, der Wahrheit widersprechende, auf schlechte Beispiele gegründete Meinungen unseres verderbten Zeitalters sind die Ursache, daß man nicht daran denkt, sich vom Herkömmlichen zu entfernen. Wem wäre es vor dreißig Jahren gelungen, einen Italiener zu überzeugen, daß 10000 Mann Fußvolk in der Ebene 10000 Reiter und ebensoviel Fußvolk angreifen, bekämpfen und sogar besiegen könnten, wie man in der mehr erwähnten Schlacht von Novara sah? Obgleich die Geschichte voll ähnlicher Beispiele ist, hätte man ihr doch keinen Glauben beigemessen, oder wenn man ihr geglaubt hätte, so würde man gesagt haben, man führe in jetziger Zeit bessere Waffen und Rüstung, und eine Schwadron Schwerer Reiter sei imstande, einen Fels zu durchbrechen, geschweige denn einen Haufen Fußvolk. Durch solche falsche Entschuldigungen verdarb man sein Urteil. Niemand hätte beachtet, daß Lucullus mit wenigem Fußvolk die 15000 Reiter des Tigranes schlug, und daß sich unter diesen eine in allem unseren Schweren Reitern ähnliche Reiterschar befand. So mußten uns denn die Ultramontaner durch ihr Beispiel die Trüglichkeit unserer Schlüsse aufdecken.

Gleichwie die Geschichte hinsichtlich der Überlegenheit des Fußvolks Wahrheit enthält, so sollte man auch alle anderen Grundsätze der Alten als wahr und nützlich anerkennen. Geschähe das, so würden Republiken und Fürsten weniger Fehler machen, sie würden kräftiger einem Angriff widerstehen und nicht in der Flucht ihr Heil suchen. Die Häupter freier Staaten würden ihr Vaterland auf dem Weg der Vergrößerung oder auf dem der Erhaltung besser zu leiten verstehen, sie würden glauben, daß die Hauptstadt mit Einwohnern anfüllen, sich Bundesgenossen, nicht Untertanen machen, zur Sicherung der eroberten Länder Kolonien abschicken, aus der Beute einen Schatz anlegen, den Feind durch Streifzüge und Schlachten, nicht durch Belagerungen, zur Unterwerfung bringen, den Staat reich, die Bürger arm halten, mit größter Sorgfalt die kriegerischen Übungen aufrechterhalten, daß dies, sage ich, die Wege sind, eine Republik zum mächtigen Reiche emporzuheben. Wollten sie sich nicht auf diese Art vergrößern, so würden sie bedenken, daß Eroberungen auf jedem anderen Wege das Verderben der Republiken sind, sie würden dem Ehrgeiz einen Zügel anlegen, indem sie ihre Stadt im Innern durch Gesetze und Sitten regelten, das Erobern verböten und allein auf die Verteidigung bedacht wären, sie würden endlich ihre Verteidigungsmittel wohl im Stande halten und nach dem Muster der deutschen Republiken einrichten, die auf diese Art schon seit längerer Zeit frei leben.

Was jedoch diesen letzten Punkt betrifft, so muß ich wiederholen, was ich schon bei einer früheren Gelegenheit, als ich von dem Unterschied zwischen einer Verfassung zum Erobern und einer Verfassung zum Erhalten sprach, gesagt habe, nämlich, daß es einer Republik unmöglich gelingt, ruhig und unangefochten zu bleiben und sich ihrer Freiheit und beschränkter Grenzen zu erfreuen. Wenn sie nicht andere belästigt und in ihrer Ruhe stört, wird sie selbst belästigt werden, und durch diese Belästigungen und Plackereien wird bei ihr der Wunsch und die Notwendigkeit entstehen, zu erobern. Sollte sie aber auch keinen äußeren Feind haben, so würde sie ihn zu Hause finden, wie es das unvermeidliche Schicksal aller großen Freistaaten zu sein scheint. Wenn jedoch die Republiken Deutschlands längere Zeit auf diese Weise leben konnten, so liegt dies in gewissen eigentümlichen Verhältnissen dieses Landes, die man anderswo nicht findet und ohne die sie nicht so leben könnten.

Der Teil Deutschlands, von dem ich spreche, war anfänglich wie Frankreich und Spanien eine Provinz des römischen Reiches. Als letzteres später in Verfall geriet und der Titel Römisches Reich sich allein auf Deutschland beschränkte, fingen die mächtigsten Städte, die Schwäche oder Not der Kaiser benutzend, an, sich frei zu machen, indem sie sich mit Vorbehalt einer kleinen, jährlich durch sie zu entrichtenden Abgabe vom Reich loskauften. So kauften sich nach und nach alle Städte, die unmittelbar unter dem Kaiser standen und keinem Fürsten untertan waren, los. Zur selben Zeit trug sich zu, daß sich einige dem Herzog von Österreich unterworfene Gemeinden erhoben, darunter Freiburg, Schwyz und andere. Diese, gleich anfangs glücklich, wuchsen nach und nach so heran, daß sie, weit entfernt unter das Joch Österreichs zurückzukehren, der Schrecken aller ihrer Nachbarn sind, und diese nennt man Schweizer. Deutschland besteht also aus Schweizern, Republiken, die man freie Städte nennt, Fürsten und dem Kaiser. Die Ursache aber, daß bei dieser Verschiedenheit der politischen Zustände keine Kriege entstehen oder doch nicht lange dauern, ist die Würde des Kaisers, der, wenn er auch manchmal keine Macht hat, doch bei ihnen in so großem Ansehen steht, daß er die Rolle eines Versöhners spielt, sich mit seiner Autorität ins Mittel schlägt und jedem Unwesen bald ein Ende macht. Die bedeutendsten und längsten Kriege, die dort geführt wurden, sind die Kriege zwischen den Schweizern und dem Herzog von Österreich, und obgleich seit vielen Jahren der Kaiser und der Herzog von Österreich immer ein und dieselbe Person ist, so konnte er doch nie die Kühnheit der Schweizer überwinden, und die Bedingungen der Friedensschlüsse wurden immer durch Gewalt vorgeschrieben. Der Rest Deutschlands hat ihm keine große Hilfe geleistet, sowohl weil sich die freien Städte nicht dazu hergeben, Leute, die wie sie frei leben wollen, anzugreifen, als auch weil die Fürsten zum Teil wegen ihrer Armut nicht konnten, zum Teil aus Eifersucht auf seine Macht nicht wollten. Es können sich also die freien Städte mit ihrem kleinen Gebiet begnügen, weil sie, durch die Autorität des Kaisers beschützt, keine Ursache haben, ein größeres Gebiet zu wünschen; sie können einig innerhalb ihrer Mauern leben, weil ihr Feind nah ist, der jedesmal sogleich die Gelegenheit ergreifen würde, sie zu unterjochen, wenn sie sich der Zwietracht überließen. Wären hingegen die Verhältnisse Deutschlands anders, so müßten sie sich zu vergrößern streben und ihre Ruhe brechen.

Da sich nun anderwärts solche Verhältnisse nicht finden, so kann man diese Art zu leben nicht annehmen, und muß sich auf dem Weg eines Bundes oder wie die Römer vergrößern. Wer sich hierbei anders benimmt, sucht nicht sein Leben, sondern seinen Tod und sein Verderben; denn in tausenderlei Hinsicht und aus vielen Ursachen sind ihm dann Eroberungen schädlich. Es läßt sich gar wohl miteinander vereinen, daß man ein großes Gebiet erobert und nicht Macht erwirbt; wer aber ein großes Gebiet und nicht zugleich Macht besitzt, muß notwendig zugrunde gehen. Macht kann nicht erwerben, wer durch den Krieg arm wird, wer, obgleich siegreich, mehr ausgibt, als er aus den Eroberungen zieht, wie es die Venezianer und Florentiner getan haben. Sie waren viel schwächer, als jene die Lombardei, diese Toskana besaßen, als zur Zeit, da sich Venedig mit dem Meere, Florenz mit einer Grenze von sechs Meilen begnügte. Alles kam daher, daß sie erobern wollten und nicht gehörig anzugreifen verstanden. Sie verdienen aber um so mehr Tadel, je weniger sie sich entschuldigen können, da sie das von den Römern befolgte Verfahren kannten und ihrem Beispiel folgen konnten, während die Römer ohne alles Beispiel aus eigener Klugheit so zu handeln verstanden.

Außerdem fügen Eroberungen manchmal jeder wohlgeordneten Republik nicht geringen Schaden zu, wenn eine Stadt oder ein Land voller Genüsse erobert wird, dessen Sitten der Sieger durch den Umgang mit den Besiegten annehmen kann. In diesem Fall war zuerst Rom und später Hannibal durch die Eroberung Capuas. Hätte diese Stadt in einer größeren Entfernung von Rom gelegen und wäre gegen die Verirrung der Soldaten Abhilfe nicht nahe oder Rom in irgendeiner Art verderbt gewesen, so war diese Eroberung ohne Zweifel das Verderben der römischen Republik. Livius bezeugt dies durch folgende Worte: *Iam tunc minime salubris militari disciplina Capua, instrumentum omnium voluptatum, delinitos militum animos avertit a memoria patriae.*[12] In der Tat rächen sich solche Städte oder Länder am Sieger ohne Schlacht und Blut; denn dadurch, daß sie ihm ihre schlechten Sitten mitteilen, zermürben sie ihn so sehr, daß er die Beute des ersten Angriffs wird. Juvenal konnte diesen Gedanken nicht besser ausdrücken, als indem er sagte, durch die Eroberung fremder Länder seien in die Brust der Römer fremde Sitten eingezogen; an die Stelle der Sparsamkeit und anderer vortrefflichen Tugenden *gula et luxuria incubuit, victumque ulciscitur orbem.*[13]

Wenn also die Eroberungen den Römern fast verderblich waren in einer Zeit, wo sie so große Weisheit und Tapferkeit in allen ihren Handlungen zeigten, wie wird es erst mit denen sein, die ganz entgegengesetzt zu Werke gehen? Mit denen, die außer den übrigen Sünden, die sie begehen und die ich oben hinreichend erörtert habe, sich auch noch der Söldner oder Hilfsvölker bedienen?

Welche Verluste ihnen häufig aus diesem letzteren entspringen, soll im folgenden Kapitel gesagt werden.

---

[12] Capua, schon damals ein der Kriegszucht gar nicht zuträglicher Aufenthalt, Sammelplatz aller Wollüste, wendet die verweichlichten Gemüter der Soldaten vom Gedanken an ihr Vaterland ab.

[13] Drang Schwelgerei und Üppigkeit und rächt die besiegte Welt.

20.

Welcher Gefahr sich ein Fürst oder eine Republik aussetzt, der oder die sich der Hilfstruppen oder der Söldner bedienen.

Wenn ich nicht in einem anderen meiner Werke[14] die Nutzlosigkeit der Söldner und Hilfsheere und den Nutzen eines eigenen Heeres ausführlich abgehandelt hätte, so würde ich mich hier viel mehr darüber verbreiten. Da ich dies aber anderwärts getan habe, so kann ich mich jetzt über diesen Gegenstand kurz fassen; ganz wollte ich ihn nicht übergehen, da ich in der Geschichte des Livius, was die Hilfstruppen betrifft, ein sehr passendes Beispiel finde. Man nennt nämlich Hilfstruppen solche Truppen, die dir ein Fürst oder eine Republik, von ihr selbst befehligt und bezahlt, zu Hilfe schickt. Kommen wir zur Erzählung des Geschichtsschreibers.

Die Römer hatten den Capuanern ein Heer zur Unterstützung geschickt, zwei samnitische Heere an verschiedenen Orten geschlagen und dadurch die Capuaner von dem Krieg befreit, den die Samniter gegen sie führten. Damit nun bei der Rückkehr des Heeres nach Rom die Capuaner, des Schutzes beraubt, nicht von neuem die Beute der Samniter werden möchten, ließ man zwei Legionen zu ihrer Verteidigung im Land. Diese Legionen, im Müßiggang faulend, fanden bald Gefallen an ihrem Zustand. Sie vergaßen ihr Vaterland und die Ehrfurcht vor dem Senat und sannen darauf, die Waffen zu ergreifen und sich zu Herren des Landes zu machen, das sie durch ihre Tapferkeit beschützt hatten. Es schien ihnen, die Einwohner verdienten nicht die Güter zu besitzen, die sie nicht zu verteidigen verstanden. Der Anschlag wurde entdeckt und von den Römern unterdrückt und bestraft, wie im Kapitel von den Verschwörungen ausführlich gezeigt werden soll.

Ich sage aber von neuem, daß von allen Gattungen von Soldaten die Hilfstruppen die schädlichsten sind. Die Republik oder der Fürst, der sich ihrer zu seinem Beistand bedient, hat durchaus keine Gewalt über sie, sondern sie gehorchen allein dem, der sie gesendet hat. Hilfstruppen sind nämlich, wie schon gesagt, solche Truppen, die dir von einem Fürsten unter seinen Feldherren, seinen Fahnen und von ihm bezahlt, geschickt werden, wie das von den Römern nach Capua geschickte Heer. Diese Art Soldaten berauben nach dem Siege sowohl den, für welchen sie gefochten haben, als den, gegen welchen sie kämpften, und sie tun es aus Tücke des Fürsten, der sie sendet, oder aus eigenem Ehrgeiz. Obschon es der Wille der Römer nicht war, Bündnis und Vertrag mit den Capuanern zu brechen, so war es doch so leicht, sie zu unterjochen, daß dies

[14] Im Buch vom Fürsten, Kapitel 12.

jene Soldaten zur Fassung des Planes bewegte, den Capuanern Stadt und Staat zu entreißen. Ich könnte noch eine Menge ähnlicher Beispiele anführen, es mag jedoch mit diesem und dem Beispiel der Reginer genug sein, denen durch eine von den Römern zu ihrem Schutz in ihre Mauern gelegte Legion Leben und Stadt entrissen wurde.

Eine Republik oder ein Fürst soll daher eher jede andere Maßregel ergreifen, als zu seinem Schutz Hilfsvölker in seinen Staat führen, wenn er sich ihnen anvertrauen muß. Jeder Friedensschluß, jeder Vergleich mit dem Feind, wenn er auch hart ist, wird besser für ihn sein als eine solche Maßregel. Wenn man die Geschichte und die Begebenheiten unserer Zeit durchgeht, so findet man für einen, dem sie glückte, Unzählige, die hintergangen wurden. Wirklich kann auch ein ehrgeiziger Fürst oder eine herrschsüchtige Republik keine bessere Gelegenheit, sich einer Stadt oder eines Landes zu bemächtigen, finden, als daß sie ihre Heere zur Verteidigung desselben abzuschicken aufgefordert wird. Wer daher so ehrgeizig ist, daß er nicht nur zu seiner Verteidigung, sondern sogar zum Angriff anderer solche Hilfe herbeiruft, versucht zu erobern, was er nicht erhalten und was ihm der, welcher für ihn erobert, leicht entreißen kann. Allein der Ehrgeiz des Menschen ist so groß, daß er, um eine augenblickliche Begierde zu befriedigen, nicht an das Übel denkt, das ihm in kurzer Zeit daraus entspringen wird. Die alte Erfahrung ist hierin, wie in allem übrigen, für ihn verloren.

Ließe man sich durch sie bewegen, so würde man auch einsehen, daß sich die Nachbarstaaten einer Macht desto eher in die Arme werfen, je großmütiger und abgeneigter sie sich zeigt, sie unterjochen zu wollen. Die Capuaner liefern hierfür folgendes Beispiel.

21.

Die Römer schickten ihren ersten Prätor nach Capua, nachdem sie schon vierhundert Jahre lang Krieg geführt hatten.

Wir haben ausführlich gezeigt, wie ganz anders die Römer bei ihren Eroberungen zu Werke gingen als die Mächte, welche in unserer Zeit ihre Herrschaft ausdehnen wollen. Wir haben ferner gesagt, daß sie allen Städten, die sie nicht zerstörten, sogar denen, die sich ihnen nicht als Bundesgenossen, sondern als Untertanen ergaben, ihre Gesetze ließen, und daß man daselbst kein Zeichen der Herrschaft des römischen Volkes sah, sondern daß diesen Städten nur gewisse Bedingungen auferlegt wurden, bei deren Erfüllung sie ihre Verfassung und Würde behalten durften. Diese Art zu verfahren wurde so lange beachtet, bis die Römer die Grenzen Italiens überschritten und die Reiche und Staaten nach und nach zu Provinzen machten. Der beste Beweis dafür ist der, daß sie ihren ersten Prätor nach Capua sandten, und dies nicht aus Herrschsucht, sondern weil die Capuaner darum nachgesucht hatten, die damals in einem Zustand innerer Zwietracht einen römischen Bürger für nötig hielten, die Parteien zu versöhnen und die Ordnung in ihrer Stadt wiederherzustellen. Dies Beispiel bewog die Antiater, die sich in derselben Not befanden, auch ihrerseits einen Präfekten zu verlangen. Livius sagt über diese neue Art zu herrschen: *Quod iam non solum arma, sed iura Romana pollebant.*[15]

Es fällt in die Augen, wie sehr die Handlungsweise der Römer die Vergrößerung ihres Reiches erleichterte. An die Freiheit gewöhnte Städte, die sich immer durch ihre Landsleute regiert haben, fügen sich ganz anders unter eine Herrschaft, die sie nicht sehen, und wenn sie auch einigermaßen drückend wäre, als unter einen Herrn, dessen täglicher Anblick ihnen jeden Tag ihre Knechtschaft vorzuwerfen scheint. Ein zweiter Vorteil für den Fürsten ist der, daß nicht seine Diener Richter und Beamte sind, die in solchen Städten bürgerlich und peinlich Recht sprechen, und daß also auch kein Urteilsspruch ihm Vorwurf oder Schande zuziehen kann, so aber viele Ursachen der Verleumdung und des Hasses gegen den Fürsten wegfallen. Wie wahr dies sei, beweist außer vielen allen auch dies neuere Beispiel:

Es ist bekannt, daß Genua mehrere Male von den Franzosen erobert worden ist und daß der König, ausgenommen im jetzigen Augenblick, jedesmal einen französischen Statthalter dahin geschickt hatte. Erst jetzt läßt er, nicht freiwillig, sondern weil es die Notwendigkeit befiehlt, Genua sich selbst durch einen einheimischen Statthalter regieren. Untersucht man nun, welche dieser beiden Arten der Verwaltung die Herrschaft des Königs mehr sichert und jenes Volk zufriedenstellt, so wird man unstreitig der letzteren bei weitem den Vorzug geben müssen.

Überdies werfen sich dir die Menschen desto eher in die Arme, je abgeneigter du scheinst, sie unterjochen zu wollen, und sie fürchten von dir um so weniger für ihre Freiheit, je humaner und freundlicher du gegen sie bist. Diese Freundlichkeit und Großmut war Ursache, daß die Capuaner zu den Römern eilten, einen Prätor zu verlangen; hätten die Römer aber nur die geringste Lust gezeigt, ihn loszuschicken, so würden sie sogleich mißtrauisch geworden sein und sich von ihnen entfernt haben. Was brauche ich aber Beispiele in Capua und Rom zu suchen, da sie mir Florenz und Toskana liefern?

Jeder weiß, wann und wie die Stadt Pistoja sich freiwillig unter florentinische

---

[15] Daß nun nicht bloß die römischen Waffen, sondern auch die römischen Rechte weithin galten.

Herrschaft begab. Ebenso weiß jeder, welche Feindschaft zwischen Florentinern, Pisanern, Luccesern und Sanesern bestand. Diese verschiedene Sinnesart hatte nicht darin ihren Grund, daß die Pistojeser ihre Freiheit weniger schätzten als die anderen und sich nicht für ebenso gut hielten, sondern darin, daß sie von den Florentinern immer als Brüder, die anderen als Feinde behandelt wurden. So begaben sich die Pistojeser freiwillig unter ihre Herrschaft, die anderen wehrten und wehren sich dagegen aus allen Kräften. Die Florentiner würden ohne allen Zweifel jetzt Herren von Toskana sein, wenn sie sich durch Bündnisse und Beistand ihren Nachbarn freundlich bewiesen hätten, statt daß sie sich rauh und unfreundlich gegen sie zeigten.

Es soll jedoch damit nicht gesagt sein, daß man Waffen und Gewalt gar nicht anwenden dürfe, ich sage nur, man soll sie bis zuletzt aufsparen, wenn alle anderen Mittel nicht mehr ausreichen.

22.

Wie irrig und schief die Menschen oft die wichtigsten Dinge beurteilen.

Wie irrig oft die Meinungen der Menschen sind, sieht jeder, der Zeuge ihrer Beratungen und Beschlüsse ist, welche, wenn sie nicht von vorzüglichen Männern ausgehen, häufig der Wahrheit völlig entgegenlaufen. Da nun in verdorbenen Republiken die vorzüglichen Männer, besonders in ruhigen Zeiten, aus Neid und Ehrgeiz angefeindet werden, so geschieht, was eine allgemeine Täuschung für gut hält oder was von Leuten, die mehr nach Gunst streben als das allgemeine Wohl zu befördern suchen, vorgeschlagen wird. Diese Täuschung enthüllt sich in widrigen Zeitverhältnissen, und dann erst nimmt man aus Not zu jenen Männern seine Zuflucht, die in ruhigen Zeiten gleichsam vergessen waren, wie im dritten Buch ausführlich gezeigt werden soll. Es entstehen auch gewisse Ereignisse, wodurch Leute ohne große Erfahrung leicht getäuscht werden, indem sich in einem solchen Fall viele wahrscheinliche Umstände finden, um das glaubhaft zu machen, was man sich einredet.

Auf diese Betrachtung leitete mich der Rat des Prätors Numitius nach der Niederlage der Latiner durch die Römer und die ziemlich allgemeine Meinung, als Franz I. von Frankreich vor wenigen Jahren das von den Schweizern verteidigte Mailand nahm.[16] Franz von Angoulême, der Ludwig XII. auf den Thron von Frankreich folgte, wollte das Herzogtum Mailand, das wenige Jahre vorher von den Schweizern auf Antrieb des Papstes Julius II. erobert worden war, sei-

[16] 1515

nem Reich wieder einverleiben. Er wünschte zur Erleichterung dieser Unternehmung außer den Venezianern, die sich Ludwig XII. wiedergewonnen hatte, noch andere Hilfe in Italien zu finden und ließ die Florentiner und den Papst Leo X. sondieren, deren Beistand ihm besonders deshalb wichtig war, weil der König von Spanien Truppen in der Lombardei hatte und auch Kriegsvölker des Kaisers in Verona standen. Leo X. entsprach dem Begehren des Königs nicht, sondern wurde, wie es hieß, von seinen Räten beredet, neutral zu bleiben, da dieser Entschluß einen gewissen Sieg herbeiführen müsse. Der Kirche, sagten sie, könne weder die Macht des Königs noch die der Schweizer in Italien zusagen, im Gegenteil müsse sie das Land von den Fesseln beider befreien, wenn sie ihm seine alte Freiheit wiedergeben wolle. Beide zu besiegen sei auch nicht möglich, man möge sie nun beide auf einmal oder jeden allein bekämpfen, und so sei es gut, daß einer den andern überwinde und daß hierauf die Kirche mit ihren Verbündeten über den Sieger herfalle. Unmöglich könne man hierzu eine bessere Gelegenheit finden als die gegenwärtige, da beide als Gegner im Feld stünden, der Papst aber seine Truppen bei der Hand habe, sich unter dem Vorwand, seine Länder zu schützen, an den Grenzen der Lombardei in der Nähe beider Heere aufstellen und hier eine Schlacht abwarten könne, welche bei der Tapferkeit beider Heere mit gutem Grund als blutig angenommen werden müsse und den Sieger so sehr schwächen werde, daß der Papst leicht über ihn herfallen und ihn auseinandersprengen könne. So würde er sich Ruhm und die Herrschaft über die Lombardei gewinnen und der Schiedsrichter von ganz Italien werden. Wie irrig diese Meinung war, zeigte der Ausgang der Sache. Als nämlich die Schweizer nach einem langen Kampf überwunden wurden, wagten es die Truppen das Papstes und Spaniens so wenig, die Sieger anzugreifen, daß sie sich vielmehr anschickten, die Flucht zu ergreifen, welche ihnen nicht einmal geholfen haben würde, wenn nicht der König aus Menschlichkeit oder Nachlässigkeit einen zweiten Sieg verschmäht und ihm ein Vertrag mit der Kirche genügt hätte.

Jene Meinung hat einige Gründe für sich, die, von ferne betrachtet, richtig erscheinen, aber doch eigentlich nichts weniger als wahr sind. Selten erleidet der Sieger einen sehr starken Verlust, weil er nur im Kampf, nicht auf der Flucht Leute verliert. In der Hitze des Gefechts aber, wenn sich Mann und Mann ins Auge schauen, fallen wenige, besonders da dieser Zeitpunkt meist nur kurz dauert. Sollte er aber auch lange dauern und der Sieger viele Leute verlieren, so ist doch der Ruf des Sieges und der Schrecken, den er einflößt, so mächtig, daß er bei weitem den Schaden übertrifft, den der Sieger an Toten und Verwundeten erlitten hat. Es würde sich daher ein Heer, das ihn in der Meinung, er sei geschwächt, angriffe, getäuscht finden; dies Heer müßte denn so beschaffen sein, daß es sich jederzeit, vor wie nach dem Sieg, mit ihm messen könnte. In diesem Fall mag es nach Glück und Tapferkeit überwinden oder unterliegen, immer aber wird der Gegner, der die erste Schlacht gewann, eher im Vorteil sein.

Man kann dies auf das deutlichste aus der Erfahrung der Latiner erkennen, und zwar sowohl aus dem Trugschluß des Prätors Numitius, als auch aus dem Schicksal der Völker, die ihm glaubten. Nachdem die Römer die Latiner besiegt hatten, schrie er durch ganz Latium, jetzt sei es Zeit, die durch die Schlacht geschwächten Römer anzugreifen; nur den Namen des Sieges hätten die Römer davongetragen, in allem übrigen hätten sie gleich Besiegten gelitten, und der neue Angriff der kleinsten Macht müsse sie zersprengen. Die Völker, welche ihm glaubten, brachten ein neues Heer zusammen, wurden geschlagen und erlitten den Schaden, den alle, die solchen Meinungen beistimmen, immer erleiden werden.

23.

Wie sehr die Römer den Mittelweg mieden, wenn ein Vorfall die Fällung eines Urteils über Untergebene nötig machte.

Iam Latio is status erat rerum, ut neque pacem, neque bellum pati possent.[17] Die unglückseligste aller Lagen ist die eines Fürsten oder einer Republik, welche dahin gebracht ist, daß sie weder den Frieden annehmen noch den Krieg fortsetzen kann. Ein Staat sieht sich dahin gebracht, wenn er durch die Friedensbedingungen allzusehr leidet und andererseits, bei fortgesetztem Krieg, entweder die Beute eines Helfers werden oder die des Feindes bleiben muß. In diese Lage gerät man durch Ungeschicklichkeit und dadurch, daß man seine Kräfte überschätzt hat, wie wir oben schon gesagt haben. Ein Fürst oder eine Republik, die ihre Macht wohl ermessen, werden schwerlich so weit kommen wie die Latiner. Diese hatten aber auch mit den Römern Frieden geschlossen, als sie hätten Krieg führen sollen, und den Frieden gebrochen, als sie nicht hätten Krieg anfangen sollen, und wußten es so dahin zu bringen, daß ihnen die Feindschaft und die Freundschaft der Römer gleich schädlich war.

Es waren die Latiner zuerst durch Manlius Torquatus, dann durch Camillus völlig besiegt und gedemütigt worden. Nachdem sie nun der letztere sich den Römern auf Gnade und Ungnade zu ergeben gezwungen, in alle Städte des Landes Besatzung gelegt und Geiseln genommen hatte, kehrte er nach Rom zurück

[17] Latium war in einem solchen Zustand, daß es weder den Krieg noch den Frieden ertragen konnte.

und berichtete dem Senat, das Schicksal Latiums liege in der Hand des römischen Volkes. Da nun das hierauf gefällte Urteil merkwürdig ist und zur Nachahmung bei ähnlichem Anlaß von den Fürsten beachtet zu werden verdient, so will ich die Worte anführen, die Livius in den Mund des Camillus legt. Man ersieht daraus, wie die Römer bei der Vergrößerung ihres Reiches verfuhren, und daß sie in ihren Staatsurteilen immer den Mittelweg flohen und sich zu den Extremen wendeten.

Wirklich heißt auch regieren nichts anderes, als die Untertanen so halten, daß sie dich nicht verletzen können oder sollen. Diesen Zweck erreichst du entweder dadurch, daß du dich ihrer vollkommen versicherst, indem du ihnen jede Möglichkeit dir zu schaden entziehst; oder dadurch, daß du ihnen so viel Gutes erweist, daß sie keine begründete Ursache haben, eine Änderung ihres Zustandes zu wünschen.

Alles dies sieht man aus dem Vorschlag des Camillus und aus dem darauf erfolgten Ausspruch des Senats. Die Worte des Konsuls sind folgende: *Dii immortales ita vos potentes huius consilii fecerunt, ut, sit Latium deinde, an non sit, in vestra manu posuerint. Itaque pacem vobis, quod ad Latinos attinet, parare in perpetuum, vel saeviendo, vel ignoscendo, potestis. Vultis crudeliter consulere in deditos, victosque? licet delere omne Latium. Vultis exemplo maiorum augere rem Romanam, victos in civitatem accipiendo? materia crescendi per summam gloriam suppeditat. Certe id firmissimum imperium est, quo obedientes gaudent. Illorum igitur animos, dum expectatione stupent, seu poena, seu beneficio, praeoccupari oportet.*[18] Auf diesen Vorschlag folgte der Beschluß des Senats, der den Worten des Konsuls gemäß dahin ausfiel, daß man Stadt für Stadt durchging und allen, die von Bedeutung waren, entweder Wohltaten erzeigte oder sie verwüstete. Die ersteren erhielten Freiheiten, Vorrechte, man gab ihnen Bürgerrecht und sicherte sie von allen Seiten. Die anderen wurden ihrer Mauern beraubt, Kolonien dahin geschickt, die Einwohner aber nach Rom verpflanzt oder so zerstreut, daß sie weder durch die Waffen noch durch Auflehnung ferner mehr schaden konnten. Gegen die bedeutenden Städte wurde, wie ich schon gesagt habe, niemals ein Mittelweg eingeschlagen.

Dieses Urteil müssen die Fürsten nachahmen, und auf ähnliche Weise hätten

[18] Die unsterblichen Götter haben in eure Hand gelegt zu bestimmen, ob hinfür Latium sei oder nicht sei. Ihr könnt euch daher, was die Latiner betrifft, ewigen Frieden entweder durch Härte oder durch Verzeihen erwerben. Wollt ihr grausam gegen die verfahren, die besiegt sind und sich ergeben haben? Ihr könnt ganz Latium zerstören. Wollt ihr nach dem Beispiel der Vorfahren den römischen Staat dadurch vergrößern, daß ihr den Besiegten das Bürgerrecht erteilt? Die rühmlichste Gelegenheit größer zu werden bietet sich dar. Gewiß ist jene Herrschaft die festeste, der sich die Untergebenen freuen. Jetzt aber müßt ihr, während sie noch betäubt in Erwartung stehen, ihre Gemüter durch Strafe oder Wohltat einnehmen.

die Florentiner verfahren sollen, als sich im Jahre 1502 Arezzo und das ganze Chianatal erhob. Wäre dies geschehen, so hätten sie ihre Herrschaft gesichert, die Hauptstadt Florenz bedeutend vergrößert und ihr die Felder gegeben, die ihr zum Unterhalt fehlten. Aber sie bedienten sich jenes Mittelweges, der verderblichsten Maßregel, wo es sich darum handelt, die Menschen zu verurteilen. Sie verbannten einen Teil der Aretiner, verdammten einen anderen Teil zum Tode, entzogen allen ihre Würden und ihren alten Rang in der Stadt und ließen Arezzo bestehen. Wenn ein Bürger in den Beratungen riet, man solle Arezzo zerstören, so entgegneten die, welche sich klüger dünkten, es bringe der Republik wenig Ehre, die Stadt zu zerstören, da es scheinen würde, Florenz ermangle der Kraft, sie zu halten. Dies ist einer der Gründen, welche wahr scheinen und nicht wahr sind; denn ebensogut dürfte man einen Hochverräter, Straßenräuber, einen Aufrührer nicht hinrichten lassen, da es für den Fürsten gleichfalls eine Schande wäre, auf diese Art zu zeigen, daß er nicht stark genug sei, einen einzigen Menschen im Zaum zu halten. Leute, die ähnliche Meinungen vertreten, sehen nicht, daß einzelne Männer und eine ganze Stadt sich manchmal gegen den Staat so schwer vergehen, daß, zum warnenden Beispiel für andere, zur eigenen Sicherheit, dem Fürsten nichts übrigbleibt, als sie zu vertilgen. Die Ehre besteht darin, daß man sie zu züchtigen weiß und vermag, nicht daß man sie mit tausend Gefahren halten kann; denn ein Fürst, der den Fehlenden nicht auf eine Weise straft, daß er weiterhin nicht mehr fehlen kann, wird für ungeschickt oder feige gehalten.

Wie nötig solche Urteile, wie dieses der Römer, sind, bestätigt sich auch noch durch ihre Entscheidung über das Schicksal der Privernater. Es ist hier über den Text des Livius zweierlei zu bemerken. Einmal, daß man den Untertanen entweder Wohltaten bezeugen oder sie vernichten müsse. Zweitens, wie viel die Hochherzigkeit, wie viel das Sprechen der Wahrheit nützt, wenn es vor weisen Männern geschieht.

Der Senat war versammelt, um über die Privernater Recht zu sprechen, die sich gegen Rom erhoben hatten und mit Gewalt zum Gehorsam zurückgebracht worden waren. Es waren vom Volk von Privernum viele Bürger abgesandt worden, Verzeihung zu erwirken. Vor dem Senat erschienen, wurde einem derselben von einem Senator die Frage vorgelegt: *Quam poenam meritos Privernates censeret.*[19] Der Privernater antwortete: *Eam, quam merentur qui se libertate dignos censent.*[20] Worauf der Konsul entgegnete: *Quid si poenam remittimus vobis, qualem nos pacem vobiscum habituros speremus?*[21] Jener erwiderte: *Si*

[19] Welche Strafe seiner Meinung nach die Privernater verdient hätten.
[20] Die, welche Männer verdienen, die sich der Freikheit würdig fühlen.
[21] Wie, wenn wir euch die Strafe erlassen, welchen Frieden werden wir uns von euch zu versprechen haben?

bonam dederitis, et fidelem et perpetuam; si malam, haud diuturnam.[22] Der weisere Teil des Senates, obgleich viele andere darüber in Zorn gerieten, sprach hierauf: *Se audivisse vocem et liberi et viri, nec credi posse nullum populum aut hominem denique in ea conditione, cuius eum poeniteat, diutius quam necesse sit mansurum. Ibi pacem esse fidam, ubi voluntarii pacati sint, neque eo loco, ubi servitutem esse velint, fidem sperandam esse.*[23] Auf diese Worte hin wurde beschlossen, die Privernater zu römischen Bürgern zu ernennen und sie mit allen Privilegien des Bürgerrechtes zu ehren, denn: *Eos demum, qui nihil praeterquam de libertate cogitant, dignos esse, qui Romani fiant.*[24] So sehr gefiel dem erhabenen Sinne der Römer diese wahre hochherzige Antwort; denn jede andere Antwort würde Lüge und Feigheit gewesen sein.

Wer die Menschen anders beurteilt, besonders die, welche immer frei waren oder frei zu sein glaubten, täuscht sich und ergreift in dieser Täuschung Maßregeln, die weder gut für ihn selbst sind, noch jene befriedigen können. Daher die häufigen Aufstände und Revolutionen.

Um aber wieder zum eigentlichen Gegenstand dieses Kapitels zurückzukommen, ziehe ich sowohl aus dem letzten Beispiel als aus dem Urteilsspruch über die Latiner folgenden Schluß: Wenn man über das Schicksal mächtiger Staaten zu entscheiden hat, die an die Freiheit gewöhnt sind, muß man sie entweder vertilgen oder ihnen schmeicheln, sonst ist jeder Urteilsspruch eitel. Man muß hier durchaus den Mittelweg vermeiden, welcher verderblich ist. So war er es zum Beispiel den Samnitern, als sie die Römer im caudinischen Engpaß eingeschlossen hatten und den Rat jenes Greises nicht befolgen wollten, daß man die Römer entweder ehrenvoll entlassen oder alle niederhauen solle. Statt dessen wählten sie einen Mittelweg: entwaffneten das römische Heer, zwangen es durchs Joch zu gehen und entließen es voll Schmach und Erbitterung. Bald aber erkannten sie zu ihrem Schaden, wie nützlich der Rat des Greises und wie verderblich ihr Beschluß war, wie seines Orts ausführlicher gezeigt werden soll.

[22] Einen getreuen und beständigen, wenn ihr uns einen Guten gewährt, einen kurzen, wenn er schlecht ist.

[23] Dies sei die Sprache eines Mannes und eines Freien, man könne nicht glauben, daß ein Volk oder auch nur ein Mensch in einer Lage, die ihm zuwider sei, länger verharren werde, als er müsse. Da sei der Friede zuverlässig, wo die Gemüter sich freiwillig beruhigt haben; da aber, wo man haben wolle, daß Knechtschaft sei, sei keine Treue zu hoffen.

[24] Nur solche, die auf nichts als auf Freiheit dächten, verdienten Römer zu werden.

24.

Die Festungen sind gemeinhin viel eher schädlich als nützlich.

Es wird vielleicht den Weisen unserer Zeit nicht wohlbedacht scheinen, daß die Römer, um sich der Völker Latiums und der Stadt Privernum zu versichern, nicht daran dachten, einige Festungen zu bauen als Zügel, sich ihre Treue zu versichern; besonders da es in Florenz ein Sprichwort gibt, das unsere Weisen immer anführen: man müsse Pisa und solche Städte durch Festungen halten. In der Tat, wären die Römer beschaffen gewesen wie sie, so würden sie auf Erbauung von Festungen bedacht gewesen sein; da sie aber andere Tapferkeit, andere Umsicht und andere Macht besaßen, so bauten sie keine. Solange Rom frei war und seiner Staatskunst und seinen vortrefflichen Institutionen, treu blieb, baute es niemals Festungen zur Erhaltung von Ländern oder Städten, wohl aber ließ es einige schon vorhandene stehen. Wenn ich daher dies Verfahren der Römer mit dem der Fürsten unserer Zeit vergleiche, scheint es mir am Platz, zu erwägen, ob die Erbauung von Festungen überhaupt gut sei und ob sie dem Erbauer Schaden oder Nutzen bringen.

Festungen werden erbaut entweder um sich vor den Feinden zu schützen oder um sich vor den Untertanen zu schützen. Im ersten Fall sind sie nicht notwendig, im zweiten Fall sind sie schädlich. Fangen wir damit an, die Gründe anzuführen, warum sie im zweiten Fall schädlich sind.

Die Furcht eines Fürsten oder einer Republik vor ihren Untertanen und vor Aufständen entsteht notwendigerweise aus dem Haß der Untertanen gegen den Fürsten, und dieser Haß aus seiner schlechten Regierung. Die schlechte Regierung aber entsteht aus dem Glauben des Regenten, die Untertanen mit Gewalt im Gehorsam halten zu können, oder aus seiner Unklugheit. Eines der Dinge nun, die den Glauben, die Untertanen in der Gewalt behalten zu können, hervorbringen, ist der Besitz von Festungen in ihrem Nacken. Es entsteht also die üble Behandlung, die Ursache des Hasses, zum guten Teil daraus, daß der Fürst oder die Republik Festungen hat. Diese sind daher bei weitem mehr schädlich als nützlich. Zuerst machen sie dich kühner und gewalttätiger gegen die Untertanen und dann gewähren sie dir nicht die Sicherheit, die du vorausgesetzt hast. Aller Zwang und alle Gewalt ist unzureichend, um ein Volk unterjocht zu halten, mit Ausnahme von zweien. Entweder du hast immer ein gutes Heer ins Feld zu schicken, wie die Römer, oder du zerstreust, zerstörst, löst auf, zersplitterst das Volk auf eine Art, daß es sich nicht vereinigen kann, um dich anzugreifen. Denn machst du es arm, *spoliatis arma supersunt.*[25] Entwaffnest du es,

[25] So bleiben den Geplünderten Waffen.

furor arma ministrat.[26] Tötest du die Häupter und fährst fort, die Menge zu bedrücken, so wachsen sie neu, wie die Köpfe der Hydra.

Wenn du also Festungen baust, so dienen sie dir im Frieden nur dazu, dich zur Bedrängung deiner Untertanen zu ermutigen, und sind im Krieg völlig unnütz, weil sie unmöglich dem vereinten Angriff deiner Feinde und deiner Untertanen widerstehen können. Waren sie aber jemals unnütz, so sind sie es jetzt wegen des Geschützes, gegen dessen heftige Wirkung man kleine Plätze, die die Anlegung von Abschnitten nicht erlauben, durchaus nicht halten kann, wie wir oben gezeigt haben.

Ich will diesen Gegenstand ausführlicher behandeln. Entweder du Fürst willst durch diese Festungen das Volk deiner Stadt im Zaum halten, oder du Fürst oder du Republik willst eine durch Krieg eroberte Stadt zügeln.

Ich wende mich zum Fürsten und sage ihm: Um deine Bürger im Zaum zu halten, kann es nichts Unnützeres geben als eine solche Festung, und zwar aus den oben genannten Gründen. Sie macht dich geneigter und rücksichtsloser, die Bürger zu unterdrücken, und diese Unterdrückung erzeugt in ihnen eine solche Sehnsucht nach deinem Sturz und entflammt sie zu solcher Wut gegen dich, daß die Festung, die Ursache dieses Hasses, dich dann nicht mehr schützen kann. Ein weiser und guter Fürst wird daher nie eine Festung bauen, sowohl damit er sich selbst gut erhalte, als auch damit er seinen Söhnen keinen Anlaß gebe und sie sich nicht anmaßen können, böse zu werden, und damit sie sich nicht auf die Festung, sondern auf die Liebe der Bürger verlassen.

Wenn aber der Graf Franz Sforza, zum Herzog von Mailand emporgestiegen, für weise galt und doch in Mailand eine Festung baute, so sage ich, daß er in diesem Punkt nicht weise war, und der Erfolg hat bewiesen, daß diese Festung seinen Erben zum Verderben, nicht zur Sicherheit gereichte. Im Vertrauen darauf glaubten sie Bürger und Untertanen verletzen zu können, und es gab keine Gewalthandlung, die sie nicht ausübten. So wurden sie über die Maßen verhaßt und verloren die Krone, sowie sie vom Feinde angegriffen wurden. Die schützte sie nicht, noch brachte sie ihnen im Krieg irgendeinen Nutzen, während sie ihnen im Frieden vielen Schaden getan hatte. Denn hätten sie sie nicht gehabt und hätten sie aus Unklugheit ihre Bürger hart behandelt, so würden sie die Gefahr früher gewahr geworden, sie würden auf ihrem schlimmen Weg umgekehrt sein und hätten dann beherzter mit befreundeten Untertanen ohne Festung dem Angriff der Franzosen widerstehen können, als mit feindlich gesinnten Untertanen und einer Festung.

Die Festungen helfen dir aber überhaupt nichts, weil sie entweder durch Verräterei der Besatzung oder durch Sturm oder endlich durch Hunger verloren-

[26] So schafft die Wut Waffen.

gehen. Willst du, daß sie dir helfen und zur Wiedereroberung des verlorenen Staates, in dem dir nur noch die Festung geblieben ist, beitragen sollen, so mußt du ein Heer haben, mit dem du den Feind, der dich vertrieben, angreifen kannst. Hast du aber dieses Heer, so wirst du deinen Staat dennoch wiedererobern, wenn auch keine Festung darin ist, und zwar in diesem Fall um so leichter, da dir die Bürger befreundeter sind, als sie es gewesen wären, wenn du sie, durch eine Festung übermütig gemacht, mißhandelt hättest.

Die Erfahrung hat gezeigt, daß die Festung Mailands weder den Sforza noch den Franzosen im Unglück irgend etwas genützt hat. Ja, sie hat beiden großen Schaden und häufige Verjagung zugezogen, da sie wegen derselben nicht darauf bedacht waren, den Staat besser zu regieren.

Als der Herzog von Urbino, Guido Ubaldo, der Sohn Federigos, der in seiner Zeit für einen so ausgezeichneten Feldherrn galt, durch Cäsar Borgia, den Sohn des Papstes Alexander VI., aus seinen Staaten vertrieben, später durch die Ereignisse wieder zurückgeführt wurde, ließ er alle Festungen des Herzogtums schleifen, da er sie für schädlich hielt. Gegen seine Untertanen, die ihn liebten, wollte er sie nicht, gegen die Feinde konnte er sie nicht verteidigen, da er zu diesem Zweck ein Heer ins Feld stellen können mußte, und so ließ er sie schleifen.

Papst Julius II. errichtete, nach Vertreibung der Bentivogli aus Bologna, in dieser Stadt eine Festung, dann ließ er dem Volk durch seinen Statthalter das Blut aussaugen, so daß es sich erhob und augenblicklich die Festung verlorenging. So nützte ihm diese nicht und schadete ihm noch insofern, als eine andere Behandlung des Volkes ihm nützlich gewesen wäre.

Niccolò da Castello, der Vater der Vitelli, in sein Vaterland zurückgekehrt, aus dem er verbannt gewesen war, ließ sogleich zwei Festungen schleifen, die der Papst Sixtus V. erbaut hatte, indem er urteilte, nicht Festungen, sondern die Liebe des Volkes müsse ihn im Besitz des Staates erhalten.

Vor allen anderen Beispielen aber das neueste, das in jedem Stücke merkwürdigste und das geeignetste zum Beweis der Nutzlosigkeit der Erbauung von Festungen und des Nutzens ihrer Schleifung ist das Beispiel Genuas aus jüngster Zeit. Jedermann weiß, daß sich im Jahre 1507 Genua gegen Ludwig XII. von Frankreich erhob, der sich selbst an die Spitze aller seiner Streitkräfte stellte, es wiedereroberte und die stärkste aller Festungen baute, die man bis jetzt gesehen hat. Sie war durch Lage und Kunst uneinnehmbar. Auf dem Gipfel eines Hügels, der sich ins Meer erstreckt und von den Genuesern Codefa genannt wird, angelegt, bestrich sie den ganzen Hafen und einen großen Teil Genuas. Als später, im Jahre 1512, die Franzosen aus Italien verjagt wurden, lehnte sich Genua trotz der Festung von neuem auf, und Ottaviano Fregoso, der sich an die Spitze der Regierung gestellt hatte, schloß sie auf das sorgfältigste ein und nahm sie nach zehn Monaten durch Hunger ein. Jedermann glaubte nun und von vielen wurde ihm geraten, daß er sie als letzten Zufluchtsort in jedem Glückswechsel erhalte; er aber, als ein sehr kluger Mann, sah ein, daß nicht die Festungen, sondern der Wille des Volkes die Fürsten auf dem Thron erhält, und schleifte sie. Ohne so auf die Festung zu bauen, wohl aber auf seine Tapferkeit und Klugheit, erhielt er bis jetzt seine Herrschaft. Während früher tausend Lanzenknechte hinreichend waren, eine Staatsveränderung in Genua hervorzubringen, griffen ihn seine Gegner mit zehntausend Mann an und konnten ihm nichts anhaben. Man sieht daraus, daß die Schleifung der Festung Ottaviano nichts schadete und ihre Erbauung den König von Frankreich nicht schützte. Denn als er ein Heer nach Italien hatte führen können, nahm er Genua wieder ein, ohne darin eine Festung zu haben, und als er mit keinem Heer herbeikommen konnte, konnte er Genua nicht halten, obgleich er im Besitz der Festung war. Für den König war also ihre Erbauung kostspielig und ihr Verlust schimpflich, für Ottaviano ihre Eroberung ruhmvoll und ihre Schleifung nützlich.

Kommen wir aber zu den Republiken, die Festungen nicht in der Vaterstadt, sondern in eroberten Städten bauen. Wenn zum Beweise, daß auch dies trügerisch sei, das angeführte Beispiel Frankreichs und Genuas nicht hinreichen sollte, so mag doch das von Florenz und Pisa genügen. Um diese Stadt zu erhalten, erbauten die Florentiner eine Festung und begriffen nicht, daß man, um eine Stadt zu halten, die eine immerwährende Feindin des florentinischen Namens gewesen war, die immer die Freiheit genossen hatte und die, um sie wiederzuerringen, stets zum Aufruhr ihre Zuflucht nahm, notwendig das Muster der Römer nachahmen, das heißt sie zur Bundesgenossin erheben oder zerstören mußte. Der Wert der Festung zeigte sich beim Kriegszug Karls VIII., dem sie sich durch die Verräterei der Besatzung oder aus Furcht vor größerem Übel ergab. Wäre keine dagewesen, so hätten die Florentiner die Möglichkeit, Pisa zu halten, nicht auf sie gegründet, und der König hätte die Florentiner nicht gerade durch die Festung der Stadt berauben können. Die Mittel, wodurch sich Pisa bisher immer verteidigt hatte, hätten vielleicht auch jetzt zu seiner Erhaltung genügt, jedenfalls aber hätten sie keine schlechteren Dienste getan als die Festung.

Ich schließe daher, daß Festungen, um die Vaterstadt zu halten, schädlich sind und daß Festungen, um eroberte Städte zu halten, unnütz sind. Die Autorität der Römer soll mir dafür genügen, die in Städten, welche sie mit Gewalt halten wollten, die Festungswerke einrissen, nicht neue erbauten.

Man wird mir gegen meine Meinung in den alten Zeiten Tarentum und in den neueren Brescia anführen, welche Städte nach ihrem Aufstand durch ihre Festungen wiedererobert wurden. Ich antworte, daß zur Wiedereinnahme von Tarentum nach zwölfmonatiger Belagerung Fabius Maximus mit dem ganzen Heer geschickt worden war, der wohl auch die Stadt erobert haben würde, ohne daß eine Festung darin im Besitz der Römer war. Bediente sich auch Fabius dieses Weges, so hätte er, war keine Festung da, ebensogut einen anderen eingeschlagen, der denselben Erfolg haben mußte. Ich weiß nicht, zu was dir eine Festung nützen soll, wenn du zur Wiedereinnahme der aufbegehrenden Stadt ein konsularisches Heer und einen Fabius Maximus als Feldherrn nötig hast. Daß aber die Römer Tarentum auf jeden Fall wieder eingenommen haben würden, zeigt das Beispiel Capuas, das keine Festung hatte und durch die Tapferkeit des Heeres wiedererobert wurde.

Kommen wir aber zu Brescia. Selten wird es so kommen wie bei dem Aufruhr dieser Stadt, daß der Festung, die in deiner Gewalt bleibt, während sich die Stadt erhoben hat, ein so zahlreiches Heer nahe ist, wie es das französische war. Gaston de Foix nämlich, der Feldherr des Königs, stand mit dem Heere zu Bologna, brach sogleich nach Empfang der Nachricht des Verlustes Brescias auf, kam in drei Tagen an und nahm mittels der Festung die Stadt wieder ein. Damit sie etwas nützte, hatte also auch die Festung von Brescia einen Gaston de Foix und ein französisches Heer nötig, das ihr in drei Tagen zu Hilfe kam.

Diese zwei Beispiele reichen also nicht aus gegen die Beispiele vom Gegenteil. Wie viele Festungen sind nicht in den Kriegen unserer Zeit durch dieselbe Wendung des Glücks genommen und wieder genommen worden, wodurch auch das flache Land erobert und zurückerobert wurde, und dies nicht allein in der Lombardei, sondern auch in der Romagna, im Königreich Neapel und in allen Teilen Italiens.

Was aber die Erbauung von Festungen zum Schutz gegen den äußeren Feind betrifft, so sage ich, daß sie für Völker und Reiche, welche gute Heere haben, nicht nötig, und für die, welche keine guten Heere haben, unnütz sind. Denn ein gutes Heer ist ohne Festungen hinreichend, dich zu verteidigen, Festungen aber ohne ein gutes Heer können dich nicht schützen. Man erkennt dies aus der Erfahrung der Völker, die in Regierungs- und Staatskunst hervorleuchten. So bei den Römern und Spartanern. Wenn aber die Römer keine Festungen bauten, so gingen die Spartaner noch weiter und erlaubten nicht einmal, daß ihre Stadt Mauern habe; denn sie wollten, daß die persönliche Tapferkeit der Bürger und kein anderes Schutzmittel Sparta verteidige. Als daher ein Lakedämonier von einem Athener gefragt wurde, ob ihm die Mauern Athens gefielen, antwortete er: ja, wenn Weiber dahinter wohnten.

Wenn daher ein Fürst, der im Besitz eines guten Heeres ist, an den schwächsten Punkten seiner Grenzen einige Forts hat, die den Feind ein paar Tage aufhalten können, bis er gerüstet ist, so kann dies manchmal nützlich sein, ist aber nicht notwendig. Hat hingegen der Fürst kein gutes Heer, so sind ihm Festungen, in seinem Land verteilt oder an der Grenze, entweder schädlich oder unnütz. Schädlich, weil er sie leicht verliert und sie ihm dann selbst den Krieg machen. Ganz fruchtlos, weil sie das feindliche Heer liegen läßt, wenn sie so stark sein sollten, daß es sie nicht einnehmen kann. Wenn ein gutes Heer nicht den kräftigsten Widerstand findet, so dringt es in das Land des Feindes ein, ohne auf eine Stadt oder Festung zu achten, die es im Rücken läßt. Man sieht dies aus der alten Geschichte, und man sah es, als in der neuesten Zeit Francesco Maria, um Urbino anzugreifen[27], zehn feindliche Städte in seinem Rücken liegen ließ, ohne im geringsten darauf zu achten.

Der Fürst also, der ein gutes Heer auf die Beine bringen kann, braucht keine Festungen zu bauen, der, welcher kein gutes Heer hat, soll keine bauen. Er soll wohl seine Hauptstadt befestigen, sie mit Vorrat versehen und sich die Bürger wohlgeneigt erhalten, um einen Angriff des Feindes so lange abhalten zu können, bis ihn ein Vertrag oder äußere Hilfe befreit. Alles übrige Festungsbauen ist im Frieden kostspielig und im Kriege unnütz.

Erwägt man nun alles, was ich gesagt habe, so wird man erkennen, daß die Römer, wie sie in allem, was sie taten, weise waren, auch in ihrem Urteil über die Latiner und Privernater klug handelten, wobei sie nicht an Festungen dachten, sondern sich durch kräftigere und weisere Mittel dieser Völker versicherten.

25.

Eine uneinige Stadt angreifen, um sie durch ihre Uneinigkeit zu erobern, ist eine verkehrte Maßnahme.

Es war in der römischen Republik so große Uneinigkeit zwischen Volk und Adel, daß die Vejenter im Verein mit den Etruskern wegen dieser Uneinigkeit Rom vertilgen zu können glaubten. Nachdem sie ein Heer versammelt hatten und die Felder Roms verheerten, sandte der Senat Cn. Manlius und M. Fabius gegen sie ab, die das römische Heer an das ihrige heranführten. Die Vejenter reizten jetzt den Feind unaufhörlich durch kleine Gefechte und beleidigten ihn unausgesetzt durch Schmähungen und Herabwürdigung des römischen Namens. Ihre Verwegenheit und ihr Übermut war so groß, daß die entzweiten Römer sich versöhnten und sie, als es zur Schlacht kam, besiegten.

Man sieht hieraus, wie wir schon oben gezeigt haben, wie sehr sich die Menschen im Ergreifen ihrer Maßregeln täuschen. Oft glauben sie etwas zu gewinnen und verlieren es. Die Vejenter glaubten zu siegen, wenn sie die uneinigen Römer angriffen, und gerade dieser Angriff ward Ursache der Aussöhnung der Römer und ihres eigenen Verderbens. Die Ursache der Zwietracht in Republi-

[27] 1517

ken ist größtenteils Muße und Friede, die Ursache der Einigkeit Furcht und Krieg. Wären daher die Vejenter weise gewesen, so hätten sie um so sorgfältiger den Krieg vermieden, je uneiniger sie Rom sahen, und hätten es durch Künste des Friedens zugrunde zu richten gesucht.

Der Weg dazu ist der folgende: man muß der Vertraute einer entzweiten Stadt zu werden suchen und, solange sie nicht zu den Waffen greifen, sich als Schiedsrichter mit beiden Parteien gut halten; kommt es zum Kampf, so muß man der schwächsten langsame Hilfe geben, sowohl um den Krieg länger dauern zu machen und sie sich untereinander aufreiben zu lassen, als auch damit bei Absendung bedeutender Streitkräfte, nicht beide Teile fürchten, man habe im Sinn, sie zu unterdrücken und ihr Fürst zu werden. Wird dies geschickt ausgeführt, so wirst du fast immer dein Ziel erreichen.

Die Stadt Pistoja kam, wie ich an einem anderen Ort bei einem anderen Anlaß gezeigt habe, allein durch diesen Kunstgriff an die Republik Florenz. Als sie entzweit war, begünstigten die Florentiner bald die eine, bald die andere Partei und brachten sie, ohne sich von einer von beiden Vorwürfe zuzuziehen, dahin, daß sie sich, ihres unruhigen Zustands müde, von freien Stücken Florenz in die Arme warf. Die Stadt Siena hat nie anders mit Unterstützung der Florentiner die Regierung geändert, als wenn diese Unterstützung schwach und wenig zahlreich war. Kam hingegen zahlreiche und starke Unterstützung, so vereinigte sich die Stadt zur Verteidigung der bestehenden Regierung. Ich will den angeführten noch ein anderes Beispiel beifügen. Der Herzog von Mailand, Philipp Visconti, fing mehrere Male im Vertrauen auf ihre Uneinigkeit mit den Florentinern Krieg an und zog immer den kürzeren. So konnte er sagen, als er sich über seine Feldzüge beklagte, die Torheiten der Florentiner hätten ihn unnützerweise zwei Millionen Goldgulden auszugeben veranlaßt.

So trogen sich also die Vejenter und Toskaner in ihrer Hoffnung und wurden zuletzt in einer Hauptschlacht von den Römern überwunden. Ebenso wird sich immer jeder täuschen, der durch gleiche Mittel und aus gleicher Ursache ein Volk besiegen zu können glaubt.

26.

Schmähungen und schimpfliche Vorwürfe erzeugen Haß gegen ihren Urheber, ohne ihm irgendwie zu nützen.

Ich halte es für einen der größten Beweise menschlicher Klugheit, sich der Drohungen und Beleidigungen durch Worte zu enthalten. Beides entzieht dem Feind keine Kräfte, aber Drohungen machen ihn vorsichtiger, Beleidigungen erzeugen in ihm größeren Haß gegen dich und reizen ihn an, mit größerer Anstrengung auf dein Verderben zu sinnen. Man sieht dies aus dem Beispiel der Vejenter, die zur Unbill des Krieges noch Schmähungen gegen die Römer hinzufügten, wie wir im vorigen Kapitel erzählt haben. Jeder kluge Feldherr muß dafür sorgen, daß sich seine Soldaten solcher Schmähungen enthalten. Sie entflammen nur den Feind zur Rache und benehmen ihm nichts von seiner Angriffsfähigkeit, so daß es Waffen sind, die sich gegen dich selbst kehren.

Es trug sich davon einst in Asien ein merkwürdiges Beispiel zu. Der persische Feldherr Gabas hatte längere Zeit vor Amida gelegen und beschloß, durch die langwierige Belagerung ermüdet, abzuziehen. Er brach schon sein Lager ab, als die Einwohner der Stadt alle auf die Mauer kamen, hochmütig durch ihren Sieg keiner Gattung von Beleidigung gegen ihn sich enthielten, ihn schmähten und ihm Ungeschicklichkeit und Feigheit vorwarfen. Gabas, hierdurch gereizt, begann die Belagerung von neuem; und so groß war der Unwille über die Unbill, daß er die Stadt in wenigen Tagen einnahm und zerstörte. Dasselbe widerfuhr den Vejentern, denen es, wie wir gesehen, nicht genügte, die Römer zu bekriegen. Dadurch, daß sie sie auch noch mit Worten schmähten und bis an die Palisaden des Lagers gingen, ihnen Schimpfreden zuzurufen, entflammten sie die Feinde viel mehr durch Worte als durch die Waffen zum Zorn. Dieselben Soldaten, die früher nur mit Widerstreben gefochten hatten, zwangen jetzt die Konsuln, zur Schlacht zu blasen, so daß die Vejenter wie die Amider für ihre Schmähungen bestraft wurden.

Gute Feldherren und Häupter von Republiken müssen daher jede passende Vorkehrung treffen, daß solche Beleidigungen und schimpfliche Vorwürfe weder in der Stadt noch im Heer, weder unter sich noch gegen den Feind vorkommen können. Werden sie gegen den Feind gebraucht, so entstehen daraus die oben genannten Übelstände. Unter sich würden sie noch schlimmere Folgen haben, wenn man ihnen nicht vorbeugt, wie es stets von klugen Männern geschehen ist.

Als sich die in Capua zurückgelassenen römischen Legionen gegen die Capuaner verschworen hatten, wie seines Orts erzählt werden soll, und als infolge dieser Verschwörung eine Meuterei entstanden war, die Valerius Corvinus beilegte, wurden durch die Bestimmungen der Übereinkunft die schwersten Strafen gegen jeden festgesetzt, der jemals einem der Soldaten diese Meuterei vorwerfen würde. Tiberius Gracchus, im Kriege Hannibals zum Befehlshaber einer Anzahl Sklaven ernannt, die die Römer aus Mangel an Mannschaften bewaffnet hatten, setzte vor allem gegen jeden die Todesstrafe fest, der einem von ihnen den Sklavenstand vorwerfen würde.

Für so schädlich hielten es die Römer, die Menschen verächtlich zu behandeln und ihnen etwas Schimpfliches vorzuwerfen; denn nichts reizt mehr zum

Zorn und erzeugt größere Erbitterung, mag es nun im Ernst oder Scherz gesagt werden. *Nam facetiae asperae, quando nimium ex vero traxere, acrem sui memoriam relinquunt.*[28]

27

Weisen Fürsten und Republiken muß es genug sein, zu siegen; denn größtenteils verliert man, wenn man sich nicht damit begnügt.

Entehrende Worte gegen den Feind rühren größtenteils vom Übermut her, den der Sieg oder die falsche Hoffnung des Sieges erzeugt; eine falsche Hoffnung, welche die Menschen nicht nur im Sprechen, sondern auch im Handeln Fehler machen läßt. Bemächtigt sich diese Hoffnung des Menschen, so vergißt er Maß und Ziel und verliert meistens die Gelegenheit, ein gewisses Gutes zu haben, über der Hoffnung auf ein ungewisses Besseres. Da nun dies ein Punkt ist, der Beachtung verdient, indem sich die Menschen sehr häufig darin täuschen, und zwar zum Nachteil ihres Staates, so will ich die Sache durch alte und neue Beispiele gehörig erläutern, da sie sich durch Gründe nicht so deutlich dartun läßt.

Nach der Niederlage der Römer bei Cannae schickte Hannibal Gesandte nach Karthago, um seinen Sieg zu verkünden und Verstärkung zu begehren. Im Senat entstand ein Streit darüber, was zu tun sei. Hanno, ein alter kluger Bürger von Karthago, riet, man solle diesen Sieg weise benutzen, um Frieden mit den Römern zu schließen, da man jetzt, nach dem Sieg, ehrenvolle Bedingungen erhalten könne; man solle nicht warten, bis man nach einer verlorenen Schlacht Frieden schließen müsse. Es sei die Absicht der Karthager gewesen, zu beweisen, daß sie imstande seien, den Römern die Spitze zu bieten; da man jetzt gesiegt habe, so müsse man sich hüten, die Früchte dieses Sieges in der Hoffnung auf größere Siege zu verlieren. Sein Rat wurde nicht befolgt, wohl aber wurde er später vom karthagischen Senat als weise erkannt, als die Gelegenheit verloren war.

Als Alexander der Große fast den ganzen Orient erobert hatte, schickte ihm die Republik Tyrus, damals berühmt und mächtig, weil ihre Stadt am Meer stand wie Venedig, in Anbetracht der Größe des Königs Gesandte mit dem Erbieten, sie wolle seine ergebene Dienerin sein und ihm in allem Gehorsam leisten, nur nicht ihn selbst oder seine Truppen in ihre Mauern aufnehmen. Alexander, entrüstet, daß eine Stadt ihm die Tore verschließen wolle, die ihm die

[28] Denn beißende Scherze, wenn sie zuviel Wahres enthalten, lassen eine bittere Erinnerung zurück.

ganze Welt geöffnet hatte, wies die Gesandten mit ihren Bedingungen ab und belagerte Tyrus. Tyrus jedoch lag mitten im Wasser und war mit Mund- und Kriegsbedarf aufs beste versehen; so daß Alexander, nach viermonatigen fruchtlosen Bemühungen gewahrend, daß eine einzige Stadt seinem Ruhm mehr Zeit raubte, als viele andere Eroberungen gekostet hatten, eine Übereinkunft zu versuchen und ihnen zu gewähren beschloß, was sie selbst verlangt hatten.

Allein die übermütig gewordenen Tyrer wollten jetzt nicht nur den Frieden nicht annehmen, sondern ermordeten sogar die zur Unterhandlung abgeschickten Mazedonier. Alexander, hierüber aufs heftigste erbittert, betrieb Belagerung und Sturm mit solchem Nachdruck, daß er die Stadt einnahm, zerstörte und alle Einwohner töten oder als Sklaven verkaufen ließ.

Im Jahre 1512 drang ein spanisches Heer in das florentinische Gebiet ein, um die Medici wieder einzusetzen und die Stadt zu brandschatzen. Es war von Bürgern herbeigerufen worden, die ihm Hoffnung machten, sie würden sogleich nach seinem Einrücken die Waffen ergreifen und sich mit ihm vereinigen. Als nun die Spanier in die Ebene herabgestiegen waren, aber niemand sahen und an Lebensmitteln Mangel litten, versuchten sie zu unterhandeln. Das Volk von Florenz, dadurch aufgeblasen, weigerte sich, und der Verlust von Prato und der Sturz der Republik war die Folge.

Fürsten also, die von einem weit mächtigeren Feinde angegriffen waren, können keinen größeren Fehler machen, als jeden Vergleich abzuweisen; denn nie wird ein Vertrag so unvorteilhaft angeboten werden, daß das Wohl des Annehmenden nicht einigermaßen berücksichtigt werden sollte und letzterer nicht dadurch einiges von dem erreichte, was ihm der Sieg geben würde. Es mußte den Tyrern genügen, daß Alexander die Bedingungen annahm, die er zuerst zurückgewiesen hatte, und ihr Sieg war groß genug, daß sie mit den Waffen in der Hand einen so großen Fürsten zur Nachgiebigkeit gegen ihr Begehren gebracht hatten.

Ebenso mußte es den Florentinern genügen, und der Sieg war groß genug, wenn das spanische Heer nur einem ihrer Wünsche nachgab und die eigenen nicht alle erreichte. Es war nämlich die Absicht dieses Heeres, den Staat in Florenz zu ändern, es von der Ergebenheit gegen Frankreich abzubringen und Geld aus ihm zu ziehen. Hätten die Spanier von diesen drei Dingen zwei erhalten, ich meine die letzten, und wäre dem florentinischen Volk eines geblieben, die Erhaltung seiner Verfassung, so lag hierin für beide Teile etwas Ehrenvolles und Befriedigendes, und das Volk durfte sich um Geld und Bündnis mit Frankreich nicht viel kümmern, da es doch am Leben blieb. Wenn es auch einen größeren und fast gewissen Sieg vor Augen gesehen hätte, so durfte es sich doch nicht der Laune des Glückes anvertrauen, da sein letzter Satz auf dem Spiel stand, den ein Kluger niemals ohne Not wagen wird.

Als Hannibal nach sechzehn ruhmvollen Jahren von Italien absegelte, zurückgerufen von seinen Karthagern zum Beistand des Vaterlandes, fand er Hasdrubal und Syfax geschlagen, fand er das Königreich Numidien verloren und Karthago innerhalb des Umfangs seiner Mauern eingeschränkt, ohne andere Rettung als ihn und sein Heer. Als er nun sah, daß dies der letzte Satz seines Vaterlandes war, wollte er ihn nicht eher aufs Spiel setzen, als bis er jeden anderen Ausweg versucht hatte. Er schämte sich nicht, um Frieden zu bitten, da er wohl wußte, daß, wenn Karthago noch ein Rettungsmittel blieb, dies im Frieden, nicht im Krieg lag. Als jedoch der Friede verweigert wurde, wollte er, da doch alles verloren war, den Kampf nicht unversucht lassen, da er vielleicht noch siegen oder doch ruhmvoll untergehen konnte.

Wenn nun Hannibal, dieser so tapfere Feldherr, mit seinem unversehrten Heer eher Frieden als die Schlacht suchte, als er sah, daß durch ihren Verlust sein Vaterland dienstbar werden mußte, was soll dann ein anderer von geringerer Tapferkeit und Erfahrung tun? Allein die Menschen begehen den Irrtum, daß sie ihren Hoffnungen kein Ziel zu setzen wissen; darauf bauend, ohne sich irgend nach ihren Kräften zu richten, rennen sie in ihr Verderben.

28.

Wie gefährlich es für eine Republik oder einen Fürsten ist, eine Unbill, einem Staat oder einem einzelnen Mann zugefügt, straflos zu lassen.

Wozu die Menschen der Unwille bringt, sieht man deutlich aus dem, was den Römern begegnete, als sie die drei Fabier als Gesandte zu den Galliern schickten, die Toskana und namentlich Clusium angegriffen hatten. Als nämlich das Volk von Clusium Rom um Hilfe bat, wurden Gesandte zu den Galliern geschickt, die ihnen im Namen des römischen Volkes bedeuten sollten, sie möchten vom Krieg gegen die Toskaner absehen.

Diese Gesandten, Männer, mehr geeignet zur Tat als zu Worten, stellten sich, als es zwischen den Galliern und Toskanern zur Schlacht kam, in die vordersten Reihen der Toskaner. Die Folge davon war, daß sie von den Feinden erkannt wurden und diese allen ihren Unwillen von den Toskanern ab gegen die Römer kehrten. Dieser Unwille wurde noch vermehrt, als sich die Gallier durch Gesandte beim römischen Senat beschwerten und zur Sühne für den erlittenen Schaden die Auslieferung der drei Fabier verlangten, dies aber nicht nur nicht geschah, sie auch nicht auf andere Weise bestraft, sondern bei den nächsten Komitien zu Tribunen mit konsularischer Gewalt ernannt wurden. Als die Gallier auf diese Art die geehrt sahen, die hätten gezüchtigt werden sollen, nahmen sie alles als Verachtung und Hohn auf, rückten von Zorn und Wut entbrannt vor Rom und nahmen es mit Ausnahme des Kapitols. Die Ursache der Zerstörung Roms also war einzig die Nichtachtung der Gerechtigkeit, da seine Gesandten, die das Völkerrecht verletzt hatten und hätten gestraft werden sollen, geehrt wurden.

Es läßt sich daraus abnehmen, wie sehr jede Republik und jeder Fürst auf der Hut sein muß, sich solche Beleidigungen nicht allein gegen ein ganzes Volk, sondern auch gegen einen einzelnen nicht zuschulden kommen zu lassen. Ist ein Mann entweder vom Staat oder von einem Privaten schwer beleidigt worden und erhält er nicht befriedigende Genugtuung, so strebt er, ist's ein Bürger, nach Rache und sollte die Republik darüber zugrunde gehen; steht er unter einem Fürsten und besitzt er einige Großherzigkeit, so wird er nicht eher ruhen, als bis er sich auf irgendeine Art an ihm gerächt hat, sollte er auch sein eigenes Verderben dabei sehen.

Zum Beweis dessen gibt es kein treffenderes und wahreres Beispiel als das Philipps von Mazedonien, des Vaters Alexanders. Der König hatte an seinem Hofe Pausanias, einen schönen und adeligen Jüngling. In diesen war Attalus, einer der ersten Männer in Philipps Umgebung, verliebt, hatte ihn mehrere Male ersucht, sich ihm gefällig zu zeigen, ihn aber solchen Dingen abgeneigt gefunden und beschloß daher, durch List und Gewalt zu erhalten, was er auf andere Weise nicht erreichen konnte. Er veranstaltete ein festliches Mahl, wozu sich Pausanias und andere edle Herren einfanden, und ließ, nachdem alle von Speisen und Wein angefüllt waren, Pausanias ergreifen, in ein Seitengemach führen und befriedigte nicht allein mit Gewalt sein Gelüste, sondern ließ ihn zu größerer Schmach auch noch von vielen anderen Gästen auf dieselbe Art beschimpfen. Pausanias beklagte sich mehrere Male über diese Unbill bei Philipp, der ihn eine Zeitlang mit der Hoffnung auf Rache hinhielt, statt Wort zu halten, aber Attalus zum Statthalter einer griechischen Provinz ernannte. Als jetzt Pausanias seinen Feind geehrt und nicht gezüchtigt sah, wandte er all seinen Grimm nicht gegen den Beleidiger, sondern gegen Philipp, der ihm Rache versagt hatte, und an einem feierlichen Morgen bei der Vermählung der Tochter des Königs mit Alexander von Epirus, als Philipp in der Mitte der beiden Alexander, seines Sohnes und Schwiegersohnes, zum Tempel ging, erstach ihn Pausanias.

Dies Beispiel hat viel Ähnlichkeit mit dem der Römer. Jeder Fürst muß sich sagen, daß er nie einen Mann so gering schätzen darf, um zu glauben, er würde, wenn Beleidigungen auf Beleidigungen gehäuft werden, nicht mit Hintansetzung jeder Gefahr und jedes persönlichen Nachteils auf Rache sinnen.

29.

Das Schicksal macht die Menschen blind, wenn es nicht will, daß sie sich seinen Plänen widersetzen.

Wenn man den Lauf der menschlichen Dinge genau betrachtet, so sieht man oft Umstände eintreten und Ereignisse kommen, denen der Himmel durchaus nicht vorgebeugt haben wollte. Wenn aber dies Rom widerfuhr, wo so viel Tapferkeit, Religion und Ordnung herrschte, so ist es kein Wunder, daß es in einer Stadt oder in einem Land viel häufiger vorkommt, das dieser Vorzüge entbehren. Da nun hier ein sehr passender Ort ist, die Gewalt des Himmels über die menschlichen Dinge zu beweisen, so hat es Livius ausführlich und mit den treffendsten Worten getan. Da der Himmel, sagt er, zu irgendeinem Zweck wollte, daß die Römer seine Macht erkennen sollten, ließ er zuerst jene Fabier, die als Gesandte zu den Galliern gingen, einen Fehler begehen und reizte dieses Volk durch ihre Handlung zum Krieg mit Rom. Dann fügte er, daß zur Abwendung der Folgen dieses Krieges nichts geschah, was des römischen Volkes würdig war. Zuvor hatte er gewollt, daß Camillus, der einzige Helfer in so großer Not, nach Ardea ins Exil geschickt worden war. Als hierauf die Gallier gegen die Stadt anrückten, durften dieselben Römer, die gegen den Angriff der Volsker und anderer angrenzender Feinde oft einen Diktator ernannt hatten, gegen die nahenden Gallier keinen Diktator ernennen. Die Auswahl der Soldaten wurde in geringer Zahl und ohne besondere Sorgfalt vorgenommen; im Ergreifen der Waffen waren sie so nachlässig, daß sie den Galliern kaum bis an den Fluß Allia, zehn Miglien von Rom, entgegenrücken konnten. Hier schlugen die Tribunen das Lager ohne irgendeine herkömmliche Vorsichtsmaßregel; sie wählten den Ort nicht aus, umgaben sich weder mit Gräben noch Palisaden und bedienten sich weder menschlicher noch göttlicher Sicherheitsmittel. Bei der Aufstellung in Schlachtordnung stellten sie die Scharen dünn und schwach, so daß weder Soldaten noch Feldherren sich irgendeiner der römischen Kriegszucht würdig zeigten. Hierauf wurde ohne Blutvergießen gefochten; denn alles floh ohne den Angriff abzuwarten, und der größere Teil lief nach Veji, die übrigen zogen sich nach Rom zurück, wo sie, ohne nur ihre Häuser zu betreten, auf das Kapitol rannten. Der Senat dachte nicht an die Verteidigung Roms, schloß nicht einmal die Tore und floh zum Teil, zum Teil schloß er sich mit den anderen ins Kapitol ein. Nur bei der Verteidigung dieser Burg verstanden sie einige nicht kopflose Maßregeln zu treffen; denn sie überfüllten sie nicht mit unnützen Leuten, brachten soviel Getreide wie möglich hinein, um die Belagerung aushalten zu können, und der unnütze Schwarm von Greisen, Weibern und Kindern floh zum größeren Teil in die benachbarten Städte, der Rest blieb in Rom den Galliern zur Beute. Wer daher die früheren Taten dieses Volkes während so vieler Jahre gelesen hat und dann diese Begebenheiten liest, wird kaum glauben können, daß es ein und dasselbe Volk war. Nachdem Livius die obengenannten Unordnungen beschrieben hat, schließt er mit den Worten: *Adeo obcoecat animos fortuna, cum vim suam ingruentem refringi non vult.*[29]

Nichts Wahreres gibt es als diesen Schluß. Deswegen verdienen auch die Menschen, welche in großem Unglück oder Glücke leben, weniger Lob oder Tadel. Größtenteils wird man sie zu ihrem Sturz oder ihrer Größe auf einer Bahn geführt sehen, die ihnen der Himmel geebnet hat, indem er ihnen Gelegenheit zu ausgezeichneter Tat schenkte oder entzog. Will indessen das Schicksal große Dinge ausführen, so wählt es einen Mann von soviel Geist und Verdienst aus, daß er die Gelegenheiten, die es ihm darbietet, erkennt. Ebenso wenn es große Umwälzungen hervorbringen will, schiebt es Männer vor, die den Einsturz des Bestehenden beschleunigen. Wäre ein Mann da, der sich seinen Beschlüssen in den Weg stellen könnte, so tötet es ihn oder beraubt ihn jeder Möglichkeit, etwas Heilsames zu tun. Man erkennt dies aufs deutlichste aus diesem Text. Das Schicksal, um Rom zu erhöhen und zu seiner Größe zu führen, hielt seine Züchtigung für nötig (wie wir zu Anfang des nächsten Buches ausführlich zeigen werden), aber völlig wollte es Rom noch nicht stürzen. Aus diesem Grund sieht man, daß es Camillus verbannen, nicht sterben ließ; es ließ Rom nehmen und nicht das Kapitol; es fügte, daß die Römer zur Schützung Roms an nichts Zweckmäßiges dachten, zur Verteidigung des Kapitols keine nützliche Maßregel versäumten. Es fügte, damit Rom genommen werde, daß der größere Teil der an der Allia geschlagenen Soldaten nach Veji floh, und raubte so zur Verteidigung der Stadt alle Mittel. Bei diesen Anordnungen aber bereitete es alles zur Wiedereroberung Roms vor, indem es ein ganzes römisches Heer nach Veji und Camillus nach Ardea geleitet hatte, damit ein Feldherr, unbefleckt durch den Schimpf der Niederlage und unangetastet in seinem Ruhm, es zur Wiedereroberung seines Vaterlandes fahren könne.

Zur Bestätigung des Gesagten wäre manches neuere Beispiel anzuführen, doch ich halte sie für überflüssig, da dieses jeden befriedigen kann, und will sie übergehen. Wohl aber behaupte ich von neuem, daß es unumstößlich wahr ist, und die ganze Geschichte bezeugt es, daß die Menschen das Schicksal unterstützen, nicht aber sich ihm widersetzen können. Sie können seine Fäden zusammenweben, nicht sie zerreißen. Sie dürfen sich indes nie selbst verlassen. Da sie die Zwecke der Göttin nicht kennen und Fortuna auf krummen und unbekannten Pfaden wandelt, so sollen sie immer hoffen und hoffend in keiner Lage, in keiner Not noch Mühsal sich selbst verlieren.

---

[29] So verblendet das Schicksal die Geister, wenn es nicht will, daß seine einbrechende Gewalt gehemmt werden soll.

30.

Wahrhaft mächtige Republiken und Fürsten erkaufen Bündnisse nicht mit Gold, sondern durch Tapferkeit und Waffenruhm.

Die Römer waren im Kapitol belagert und mußten, obgleich sie Hilfe von Veji her durch Camillus erwarteten, durch Hunger aufs Äußerste gebracht, vor den Galliern kapitulieren. Sie waren übereingekommen, sich durch eine gewisse Summe Golds loszukaufen, und wogen das Gold schon ab, als plötzlich Camillus mit seinem Heere ankam. So fügte es das Geschick, sagt der Geschichtsschreiber, *ut Romani auro redempti non viverent.*[30] Diese Sache bemerkt man nicht nur hier, sondern überall im Verlauf der Taten dieser Republik. Niemals eroberte sie Festungen durch Geld, niemals erkaufte sie Frieden durch Geld, sondern stets durch die Tapferkeit der Heere. Ich glaube nicht, daß sich eine einzige andere Republik dessen rühmen kann.

Die Macht eines Staates läßt sich unter anderem daraus erkennen, wie er mit seinen Nachbarn steht. Bezahlen ihm die Nachbarn, um ihn zum Freunde zu haben, Subsidien, so ist dies ein sicheres Zeichen, daß er mächtig ist. Ziehen hingegen die Nachbarn, obgleich sie kleiner sind als er, Geld von ihm, so ist dies ein großes Zeichen seiner Schwäche.

Man lese die römische Geschichte und man wird ehrfürchtig, weil die Massilier, die Aeduer, die Rhodier, Hiero von Syrakus, die Könige Eumenes und Masinissa, alle Grenznachbarn des römischen Reiches, um im Bündnis mit ihm zu stehen, zu seinen Bedürfnissen Geld und Tribut beitrugen und dafür nach keinem anderen Lohn strebten als nach seinem Schutz.

Das Gegenteil wird man in schwachen Staaten sehen. So war, um mit unserem Florenz den Anfang zu machen, früher zur Zeit seines größten Ansehens kein Herrlein in der Romagna, der nicht eine Provision[31] von ihm erhalten hätte; mehr noch, es gab sie den Peruginern, den Castellanern und allen seinen anderen Nachbarn. Wäre dieser Staat bewaffnet und kräftig gewesen, so würde es umgekehrt gekommen sein; denn um sich seines Schutzes zu erfreuen, würden alle Geld gegeben und nicht ihre Freundschaft zu verkaufen, sondern die seinige zu erkaufen gesucht haben. Aber nicht allein die Florentiner lassen sich diese Erbärmlichkeit zuschulden kommen, sondern auch die Venezianer und der König von Frankreich, der mit einem so großen Reich den Schweizern und dem König von England tributpflichtig ist. Dies kommt alles daher, daß ihre Völker nicht bewaffnet sind und daß der König und die anderen oben Ge-

[30] Damit die Römer ihr Leben nicht durch Gold erkauften.
[31] Die Besoldung, die ein Condottiere für sich und seine Soldaten erhielt.

nannten den augenblicklichen Vorteil, ihr Volk ausplündern zu können, und die Vermeidung einer mehr eingebildeten als wirklichen Gefahr einem Verfahren vorziehen, das sie sichern und ihre Staaten auf immer glücklich machen würde. Diese Unordnung, wenn sie auch eine Zeitlang einige Ruhe erzeugt, ist doch notwendigerweise in der Folge Ursache von Verlust und unabwendbarem Untergang.

Es würde zu weit führen, wenn ich erzählen wollte, wie oft die Florentiner, die Venezianer und Frankreich sich vom Krieg losgekauft haben, wie oft sie sich einem Schimpf unterworfen haben, dem sich die Römer nur ein einziges Mal zu unterwerfen auf dem Punkt standen.

Es würde zu weit führen, wenn ich erzählen wollte, wie viele Städte die Florentiner und Venezianer erkauft haben, wie sich später diese Unordnung offenbarte, und wie man sah, daß, wer durch Gold erobert, den Besitz nicht durch Eisen zu verteidigen weiß.

Die Römer blieben ihrer Hochherzigkeit und ihren Grundsätzen getreu, solange sie frei waren; als sie aber unter die Kaiser kamen und die Kaiser nach und nach lasterhaft wurden und den Schatten mehr als die Sonne liebten, fingen auch sie an, sich bald von den Parthern, bald von den Germanen, bald von anderen benachbarten Völkern loszukaufen, was der Ursprung des Verfalls dieses ungeheuren Reiches war.

Diese Mißstände entstehen daraus, wenn die Völker entwaffnet sind. Ein anderer noch größerer aber ist der, daß dich der Feind desto schwächer findet, je näher er dir auf den Leib rückt. Wer nämlich so regiert, wie wir oben gesagt haben, mißhandelt die seiner Untertanen, welche im Innern seines Reiches wohnen, um wohlgeneigte Leute zu haben, die den Feind fernhalten. Zu diesem Zweck zahlt er den Herren und Völkerschaften in der Nähe seiner Grenzen Subsidien. Hieraus entsteht nun, daß solche Staaten an ihren Grenzen einigen Widerstand leisten; hat aber der Feind diese Grenzen überschritten, so ist alles verloren. Sie sehen nicht ein, daß ihr Verfahren aller guten Ordnung widerstrebt. Das Herz und die edlen Teile eines Körpers müssen gewappnet werden, nicht seine Extremitäten; denn ohne diese kann man leben, sind jene verletzt, erfolgt der Tod. Solche Staaten aber haben ein ungewappnetes Herz und gerüstete Hände und Füße.

Was diese Unordnung Florenz geschadet hat, hat man gesehen und sieht es jeden Tag. Sowie ein Heer seine Grenzen durchdringt und dem Herzen nahe kommt, ist alles verloren. Vor wenigen Jahren mußten die Venezianer dieselbe Erfahrung machen, und wäre ihre Stadt nicht vom Meer umflossen, so würde man ihr Ende gesehen haben. Gleiches Unheil widerfuhr Frankreich nur aus dem Grund nicht so häufig, weil es ein so großes Reich ist, daß es nur wenige überlegene Feinde hat. Dennoch, als es im Jahre 1513 von den Engländern angegriffen wurde, erzitterte das ganze Land, und der König selbst wie jeder andere urteilte, daß eine einzige Niederlage ihn die Krone kosten könne.

Bei den Römern war das Gegenteil der Fall; denn je mehr sich der Feind Rom näherte, desto mächtiger fand er die Stadt in ihrem Widerstand. Im Krieg Hannibals, nach so vielen Niederlagen, nachdem so viele Feldherren und Soldaten gefallen waren, konnten sie nicht nur den Feind aushalten, sondern siegreich aus dem Krieg hervorgehen. Alles kam daher, daß ihr Herz wohl bewaffnet und die äußeren Teile wenig beachtet waren. Die Grundpfeiler des Staates waren das Volk von Rom, die Völker Latiums, die übrigen Bundesgenossen in Italien und die Kolonien, die zusammen Heere lieferten, hinreichend, die Welt zu bekriegen und im Zaum zu halten. Daß dies richtig sei, sieht man aus dem Wort des Karthagers Hanno. Als die Gesandten Hannibals seine Großtaten und den Sieg bei Cannae meldeten, fragte Hanno, ob einer aus dem römischen Volk gekommen sei, um Frieden zu bitten, und ob eine Stadt aus Latium oder eine der Kolonien sich gegen die Römer erhoben habe. Als beides verneint wurde, entgegnete Hanno: „Dieser Krieg ist noch derselbe wie vorher."

Man sieht also aus dieser Abhandlung sowie aus dem, was wir mehrere Male gesagt haben, welche Verschiedenheit zwischen den Regierungsgrundsätzen der jetzigen und der alten Republiken sei. Man sieht deshalb auch täglich wunderbare Verluste und staunenerregende Eroberungen. Denn wo die Menschen wenig Kraft und Tapferkeit besitzen, zeigt das Glück in hohem Grad seine Macht. Da es aber wechselt, so wechseln die Republiken und Throne und werden immer wechseln, bis sich ein Staat erhebt, der das Altertum so verehrt, daß er dem Glück solche Schranken setzt, daß es nicht bei jedem Umschwung der Sonne zu zeigen Gelegenheit hat, wie viel es vermag.

31.

Wie gefährlich es ist, den Verbannten zu glauben.

Es scheint mir nicht unpassend, in diesen meinen Betrachtungen auch darüber zu sprechen, wie gefährlich es sei, den Männern zu glauben, die aus ihrem Vaterland verjagt worden sind, da dies eine Sache ist, mit der die Häupter der Staaten täglich zu rechnen haben. Ich kann diese Gefahr durch ein merkwürdiges Beispiel beweisen, das uns Livius in seiner Geschichte gibt, obgleich es eigentlich nicht dahin gehört. Als nämlich Alexander der Große nach Asien übersetzte, kam Alexander von Epirus, sein Oheim und Schwager, an der Spitze eines Heeres nach Italien, wohin ihn verbannte Luccaner gerufen hatten, indem sie ihm Hoffnung machten, er könne durch sie das ganze Land erobern. Als er in dieser Hoffnung und im Vertrauen auf ihre Treue in Italien ankam, wurde er von ihnen ermordet, da ihnen ihre Mitbürger unter dieser Bedingung die Rückkehr in ihr Vaterland versprochen hatten.

Man kann daraus schließen, wie eitel die Treue und die Versprechungen von Leuten sind, die ihres Vaterlandes beraubt sind. Was die Treue betrifft, so kannst du sicher sein, daß sie dich jedesmal, wenn sie auf anderem Weg als durch dich in ihr Vaterland zurückkehren können, verlassen und sich der anderen Seite anschließen werden, trotz aller Versprechungen, die sie dir gemacht haben mögen. Was die eitlen Verheißungen und Hoffnungen betrifft, so ist ihre Sehnsucht, in die Heimat zurückzukehren, so groß, daß sie natürlich vieles glauben, was nicht wahr ist, und hierzu noch vieles Selbsterfundene fügen, so daß du durch das, was sie glauben, sowohl als durch das, was sie zu glauben vorgeben, mit übertriebener Hoffnung erfüllt wirst. Verließest du dich nun darauf, so machst du Ausgaben umsonst oder verwickelst dich in einen Krieg, in dem du zugrunde gehst.

Als Beispiel soll mir nächst Alexander der Athener Themistokles genügen. Rebell geworden, floh er nach Asien zu Artaxerxes, dem er so viel versprach, wenn er Griechenland angreifen wolle, daß sich Artaxerxes dazu entschloß. Als Themistokles jetzt sein Versprechen nicht halten konnte, vergiftete er sich aus Scham oder Furcht vor dem Martertod selbst. Wenn aber Themistokles, einer der ausgezeichnetsten Männer, diesen Irrtum beging, so läßt sich wohl abnehmen, um wie viel mehr sich andere irren müssen, die, weniger verdienstvoll, sich mehr durch ihre Wünsche und Leidenschaft hinreißen lassen.

Ein Fürst muß daher vorsichtig sein, sich in Unternehmungen auf den Bericht eines Verwiesenen hin einzulassen; denn größtenteils hat er nur Schande oder großen Schaden davon. Auch die Einnahme einer Stadt oder Festung durch Überfall und Einverständnis mit einem Teil der Besatzung, gehört in diese Klasse von Unternehmungen, die selten gelingen. Ich will daher im folgenden Kapitel hierüber sprechen und beifügen, auf wie viele Arten die Römer Festungen eroberten.

32.

Auf wie viele Arten die Römer befestigte Plätze einnahmen.

Alles Sinnen und Trachten der Römer ging auf Krieg, sie führten ihn daher stets auf die vorteilhafteste Weise, sowohl was die Kosten betrifft, als auch in Hinsicht auf alles andere, was im Krieg nötig ist. Aus diesem Grund hüteten sie sich wohl, Festungen durch Belagerungen einzunehmen. Sie hielten dies für so kostspielig und beschwerlich, daß die Nachteile bei weitem den Nutzen der Eroberung aufwögen, und sie glaubten deshalb, es sei besser und vorteilhafter, die Festungen auf jede andere Weise als durch förmliche Belagerung einzunehmen. Man findet daher in so vielen Kriegen und in einer so langen Zeit nur wenige Beispiele, daß die Römer Städte förmlich belagerten. Sie eroberten sie vielmehr entweder durch Sturm oder durch Übergabe.

Der Sturm geschah entweder durch offene Gewalt oder durch Überfall. Die offene Gewalt bestand in folgendem: Sie machten einen Angriff, ohne die Mauer zu durchbrechen, was sie *aggredi urbem corona* nannten, weil sie die Stadt mit ihrem ganzen Heer umgaben und von allen Seiten angriffen. Oft gelang es ihnen auf diese Art in einem Angriff, eine, wenn auch sehr große, Stadt zu erobern, wie Scipio Neu-Karthago in Spanien. Wenn dieser Anlauf nichts half, schlugen sie durch den Widder und andere Kriegsmaschinen Breschen in die Mauer. Sie gruben eine Mine und drangen durch dieselbe in die Stadt, wie Veji genommen wurde. Um in gleicher Höhe, mit den Verteidigern der Mauer zu stehen, bauten sie hölzerne Türme, oder sie versuchten durch einen von außen an die Mauer angeschütteten Erdaufwurf die Höhe derselben zu erreichen.

Die erste Art des Angriffs war der Besatzung der Festung augenblicklich am gefährlichsten, und die Verteidigung war zweifelhaft. Da an jedem Punkt eine hinreichende Anzahl Verteidiger sein mußten, so war die Besatzung entweder nicht zahlreich genug, alle Punkte zu besetzen und sich im Gefecht abzulösen, oder war sie es auch, so widerstanden doch nicht alle mit gleichem Mut; und wich nur ein Teil aus dem Gefecht, so war alles verloren. Diese Angriffsart hatte daher häufig einen glücklichen Erfolg. Gelang aber der erste Angriff nicht, so wurde kein weiterer versucht, weil die Sache dem Heer gefährlich war; denn auf einen so großen Raum verteilt, war es überall zu schwach, einem Ausfall der Besatzung zu widerstehen. Auch kamen die Soldaten dadurch in Unordnung und wurden sehr ausgelaugt, weshalb nur einmal und unversehens ein solcher Angriff versucht wurde.

Gegen die Mauerbresche schützte man sich wie jetzt durch Wälle. Gegen die Minen legte man Gegenminen an und widersetzte sich in denselben dem Feind entweder mit den Waffen oder durch künstliche Mittel. Hierzu gehörten unter anderen mit Federn gefüllte Tonnen, die angezündet und brennend in die Mine gebracht wurden, um durch Rauch und Gestank das Eindringen des Feindes zu verhindern. Wenn mit Türmen angegriffen wurde, versuchte man sie in Brand zu stecken. Gegen die Erdaufwürfe wurde unten an der Mauer, wo der Aufwurf angeschüttet war, eine Öffnung gemacht und in die Stadt gezogen, was von außen aufgehäuft wurde, so daß die von außen zugeführte Erde von innen weggenommen wurde und der Aufwurf nicht wuchs.

Diese verschiedenen Arten der Eroberung lassen sich nicht lange fortsetzen, sondern man muß entweder aufbrechen und den Krieg auf andere Weise zu gewinnen versuchen (wie Scipio, als er nach seiner Landung in Afrika Utica angriff und, da er es nicht einnehmen konnte, sein Lager abbrach und die karthagischen Heere zu schlagen versuchte), oder aber man muß sich zu einer förmlichen Belagerung entschließen, wie bei Veji, Capua, Karthago, Jerusalem und einigen anderen Städten.

Wir kommen zur Eroberung der Städte durch Überfall und durch Verrat, wie zum Beispiel die Römer Palepolis durch ein geheimes Einverständnis mit den Einwohnern einnahmen. Die Römer und andere haben häufig versucht, Städte auf diesem Weg einzunehmen, selten aber ist es ihnen gelungen. Die Ursache ist die, daß das geringste Hindernis den Plan zerstört und gar leicht Hindernisse in den Weg kommen. Entweder wird die Verschwörung entdeckt, ehe es zur Ausführung kommt, und sie wird leicht entdeckt sowohl durch die Treulosigkeit eines der Mitwisser, als auch wegen der Schwierigkeit der Unterhandlung, da man mit Feinden zusammenkommen muß, mit denen es nur unter einem Vorwand zu sprechen erlaubt ist. Oder wenn auch die Verschwörung während der Einleitung nicht entdeckt wird, so sind doch während der Ausführung tausend Schwierigkeiten zu überwinden. Kommt man vor oder nach der festgesetzten Zeit, so ist alles verdorben; entsteht ein unerwarteter Lärm, wie das Geschrei der Gänse auf dem Kapitol, wird etwas an der Disposition, worauf man sich vorbereitet und woran sich jeder in Gedanken gewöhnt hat, abgeändert, wird der geringste Fehler gemacht, fällt der geringste Irrtum vor, so scheitert die Unternehmung. Hierzu kommt noch die Finsternis der Nacht, welche die handelnden Personen in diesem gefährlichen Spiel noch mehr in Furcht versetzt. Die Mehrzahl der Soldaten, die man zu einer solchen Unternehmung führt, sind mit der Lage und Örtlichkeit des Landes unbekannt, so daß sie durch den geringsten Zufall den Kopf verlieren, entmutigt und verwirrt werden. Jeder Schatten, jedes Bild, das einem Feind ähnlich sieht, kann sie in die Flucht jagen. Sonderbar ist es, daß niemand in solchen nächtlichen Überfällen glücklicher war als Aratus von Sikyon, der sich bei Tag im offenen Kampf ebenso kleinmütig zeigte, als er dort Mut bewies. Man kann glauben, die Ursache dieser Erscheinung liege eher in einer verborgenen, ihm angeborenen Eigenschaft, als darin, daß diese Unternehmungen der Natur der Sache nach öfter glücken müssen. Solcher Unternehmungen werden viele eingeleitet, wenige zur Ausführung gebracht und sehr wenige gelingen.

Was die Eroberung der Städte durch Übergabe betrifft, so übergeben sie sich freiwillig oder gezwungen. Der freie Wille entsteht entweder durch eine äußere Notwendigkeit, die sie zwingt, sich unter deinen Schutz zu flüchten, wie Capua unter den Schutz der Römer. Oder er entsteht aus dem Wunsch, gut regiert zu werden, wenn eine Stadt durch die gute Regierung eines Fürsten angelockt wird, dem sich schon andere Völker freiwillig unterworfen haben. So übergaben sich Rhodos, Marseille und andere Städte den Römern. Die gezwungene Übergabe ist entweder die Folge einer langen Belagerung oder einer anhaltenden Bedrückung durch Streifzüge, Plünderungen, Verheerung des Gebietes und anderer Übel, zu deren Vermeidung sich eine Stadt ergibt.

Von allen genannten Arten zu erobern bedienten sich die Römer am häufigsten der letzteren und bestrebten sich während eines Zeitraumes von mehr als vierhundertfünfzig Jahren, ihre Nachbarn durch Niederlagen und Streifzüge zu entkräften und durch Friedensschlüsse Ansehen über sie zu gewinnen, wie wir schon früher auseinandergesetzt haben. Obgleich sie alle Arten versuchten, verließen sie sich doch immer auf diese, denn bei den anderen fanden sie Gefahren oder Nachteil. Mit den Belagerungen ist Zeitverlust und Kostenaufwand verbunden, der Sturm ist zweifelhaft und gefährlich, geheime Einverständnisse sind ungewiß. Durch die Niederlage eines feindlichen Heeres eroberten sie ein Reich in einem Tag, über der förmlichen Belagerung einer hartnäckigen Stadt gingen viele Jahre hin.

33.

Daß die Römer ihren Heerführern unbeschränkte Vollmacht gaben.

Ich halte dafür, daß das Verfahren des römischen Volkes und Senats in allen Stücken von dem beachtet werden müsse, der die Geschichte des Livius liest, um daraus Vorteil zu ziehen. So ist unter anderem auch die Untersuchung lehrreich, mit welcher Gewalt die Römer ihre Konsuln, Diktatoren und anderen Befehlshaber ihrer Heere ausschickten. Man findet, daß diese Gewalt sehr groß war; der Senat behielt sich nichts anderes vor als das Recht, neue Kriege zu erklären und die Friedensschlüsse zu bestätigen; alles übrige war dem Gutbefinden und der Macht des Konsuls anheimgestellt. Hatten Volk und Senat einen Krieg beschlossen, zum Beispiel gegen die Latiner, so überließen sie die Leitung desselben vollkommen dem Konsul. Er konnte eine Schlacht liefern oder nicht liefern, die eine oder die andere Stadt belagern, wie es ihm gut schien.

Dies wird durch viele Beispiele bestätigt, und besonders durch einen Vorfall in einem Feldzuge gegen die Toskaner. Als der Konsul Fabius nach einem Sieg in der Nähe von Sutri den ciminischen Wald durchziehen und in Toskana einrücken wollte, beriet er sich weder mit dem Senat, noch gab er ihm irgend Nachricht von seinem Plan, obgleich der Krieg dadurch, daß er in ein neues, den Römern unbekanntes Land vordrang, zweifelhaft und gefährlich wurde.

Daß dem wirklich so war, zeigt uns ein Senatsbeschluß ausreichend. Von seinem Sieg benachrichtigt, vermutete nämlich der Senat, Fabius werde durch den ciminischen Wald in Toskana eindringen wollen. Da er nun nicht für gut hielt, sich der Gefahr dieses Krieges auszusetzen, so schickte er zwei Gesandte an Fabius ab, um ihm den Einfall in Toskana zu verbieten. Die Gesandten kamen an, als Fabius schon eingedrungen war und eine neue Schlacht gewonnen hatte; und statt als Verhinderer des Krieges kehrten sie als Verkünder des neuerrungenen Sieges und Ruhmes zurück.

Erwägt man diese Art zu verfahren wohl, so wird man sie sehr klug bedacht finden. Hätte der Senat gewollt, daß ein Konsul Schritt für Schritt nach dem, was ihm von Rom aus aufgetragen wurde, verfahren sollte, so würde der Konsul den Krieg mit weniger Vorsicht und Eifer geführt haben; denn der Ruhm des Sieges war dann nicht mehr ganz sein, sondern der Senat, nach dessen Rat er handelte, hatte teil daran. Überdies hätte sich der Senat die Verbindlichkeit auferlegt, in einer Sache raten zu wollen, die er nicht verstehen konnte. Denn obgleich alle Senatoren sehr kriegserfahrene Männer waren, so würden sie doch, da sie sich nicht an Ort und Stelle befanden und deshalb unzählige, für einen guten Rat notwendige Einzelheiten nicht wissen konnten, in ihrem Rat eine Menge Irrtümer begangen haben. Der Konsul sollte daher unabhängig handeln und der erworbene Ruhm ihm allein angehören. Die Liebe zum Ruhm aber sollte ihm Zügel sein und Sporn.

Ich habe diesen Gegenstand um so lieber angemerkt, als ich sehe, daß die Republiken der jetzigen Zeit, wie Venedig und Florenz, andere Ansichten darüber haben. Wenn ihre Feldherren, Provveditoren oder Kommissare eine Batterie anzulegen haben, so wollen sie davon wissen und es beraten. Dieses Verfahren verdient dasselbe Lob wie alles übrige, was man bei ihnen sieht. Deshalb haben sie es aber auch so weit gebracht.

Der Betrachtungen drittes Buch

I.

Damit eine Sekte oder eine Republik lange bestehe, ist es nötig, sie häufig zu ihrem Anfang zurückzuführen.

Es ist eine ausgemachte Wahrheit, daß alle Dinge auf der Welt ihre Lebensgrenze haben. Aber diejenigen durchleben den ganzen ihnen vom Himmel im allgemeinen vorgezeichneten Lauf, welche ihren Körper nicht in Unordnung bringen, sondern ihn so in Ordnung halten, daß er nicht krank wird oder, wenn er krank wird, ihm dies zum Heil, nicht zum Verderben gereicht.

Da ich nun hier von zusammengesetzten Körpern spreche, wie es die Republiken und Sekten sind, so sage ich: diejenigen Krankheiten gereichen ihnen zum Heil, die sie zu ihren Anfängen zurückführen. Die sind daher am besten geordnet und haben das längste Leben, welche mittels ihrer Einrichtungen sich häufig erneuern können oder aber durch einen äußeren Zufall zu dieser Erneuerung geführt werden.

Es ist klarer als der Tag, daß diese Körper, wenn sie sich nicht erneuern, keine Dauer haben. Das Mittel, sie zu erneuern, ist, wie gesagt, sie zu ihrem Anfang zurückzuführen; denn alle Anfänge der Sekten, Republiken und Königreiche müssen notwendig etwas Gutes haben, mit Hilfe dessen sie ihr ursprüngliches Ansehen und ihr ursprüngliches Wachstum wieder annehmen. Dieses Gute verdirbt im Laufe der Zeit; wenn daher nichts dazwischentritt, das es wiederherstellt, so muß der Körper notwendigerweise sterben. Die Doktoren der Medizin sagen vom menschlichen Körper: *quod quotidie aggregatur aliquid, quod quandoque indiget curatione.*[1]

Das Zurückführen zum Anfang geschieht bei den Republiken durch dein äußeres Ungluck oder durch innere Klugheit. Was das erste betrifft, so sieht man, wie es nötig war, daß Rom durch die Gallier genommen wurde, wenn es wiedergeboren werden sollte, wenn es durch die Wiedergeburt neues Leben und neue Kraft erhalten, wenn die Beobachtung der Religion und der Gerechtigkeit, die beide entweiht zu werden begannen, wieder aufgenommen werden sollte. Daß dem so war, sieht man auf das deutlichste aus der Geschichte des Livius, wo er zeigt, daß beim Ausmarsch der Heere gegen die Gallier und bei der Ernennung der Tribunen mit konsularischer Gewalt keine einzige religiöse Zeremonie be-

[1] Daß sich jeden Tag etwas ansetzt, das manchmal der Heilung bedarf.

achtet wurde. Ebenso straften sie die drei Fabier, die *contra ius gentium*[2] gegen die Gallier gefochten hatten, nicht nur nicht, sondern ernannten sie zu Tribunen. Es läßt sich daraus leicht schließen, daß man auch die anderen guten Verordnungen, die von Romulus und den anderen weisen Fürsten eingeführt worden waren, weniger beachtete als vernünftig und nötig war, um die Freiheit zu erhalten. Es kam daher diese äußere Züchtigung, damit die Verfassung der Stadt in allem wiederhergestellt werde, und damit dem Volk gezeigt werde, daß es nicht nur nötig sei, die Religion und Gerechtigkeit aufrechtzuerhalten, sondern auch seine guten Bürger zu schätzen und ihre Verdienste höher anzuschlagen als die Vorteile, deren es als Folge ihres Wirkens zu entbehren glaubte. Alles dies kam genau so; denn kaum war Rom wiedererobert, so erneuerte man alle Gebräuche der alten Religion, strafte die Fabier, die *contra ius gentium* gefochten hatten, und achtete die Tapferkeit und Tugend des Camillus so hoch, daß der Senat und alle anderen alle Eifersucht beiseite setzten und ihm das ganze Gewicht der Regierung übertrugen.

Es ist also notwendig, daß die Menschen, gleichviel unter welchen Formen sie miteinander leben, häufig entweder durch solche äußere oder durch innere Ereignisse zur Selbsterkenntnis gebracht werden. Dies letzte muß entweder durch ein Gesetz bewirkt werden, das häufig den Gliedern dieses Körpers ihre Rechnung nachsieht, oder durch einen vorzüglichen Mann, der durch sein Beispiel und seine tugendhaften Handlungen dieselbe Wirkung hervorbringt wie das Gesetz.

Es entspringt also für die Republiken dieses Gute entweder aus dem Verdienst eines Mannes oder aus der Kraft einer Einrichtung. Was diese letzte betrifft, so waren die Einrichtungen, die die römische Republik zu ihrem Anfang zurückführten, die Volkstribunen, die Zensur und alle übrigen Gesetze, die nach und nach gegen den Ehrgeiz und den Übermut der Bürger gemacht wurden. Diese Gesetze bedürfen, um in Kraft zu treten, der Bürgertugend eines Mannes, der mutvoll mitwirkt, sie gegen die Macht der Übertreter zu vollstrecken. Von solchen Vollstreckungen des Gesetzes sind vor der Einnahme Roms merkwürdig: die Hinrichtung der Söhne des Brutus, die Hinrichtung der Dezemvirn, die des Melius Frumentarius; nach der Einnahme Roms die Hinrichtung des Manlius Capitolinus, die Todesstrafe des Sohnes des Manlius Torquatus, die Verurteilung des Magister Equitum Fabius durch den Diktator Papirius Cursor[3], die Anklage der Scipionen.

[2] Dem Völkerrecht zuwider.

[3] Nun wendete sich das römische Volk bittend an den Diktator, er möge ihm zuliebe dem Magister Equitum die Strafe erlassen. – Da gebot der Diktator Stille und sprach: Es steht alles gut, Quiriten, gesiegt hat die Kriegszucht, gesiegt die Hoheit des Oberbefehls. Nicht der Verurteilung wird er entzogen, aber der Verurteilte wird dem römischen Volk, wird dem Tribunat geschenkt, das bittenden, nicht amtlichen Beistand geleistet hat. So lebe denn Q. Fabius usw. (Livius, 8. Buch, Kap. 35).

Da dies merkwürdige und ungeheure Vorfälle waren, brachten sie die Bürger, sooft sich ein solcher zutrug, wieder zu sich selbst. Als sie aber seltener wurden, ließen sie ihnen mehr Raum, verderbt zu werden, und waren mit größerer Gefahr und Aufruhr verbunden. Von einer zur andern dieser Verurteilungen sollten daher höchstens zehn Jahre verfließen; denn ist diese Zeit vorbei, so fangen die Menschen an, ihre Sitten zu ändern und die Gesetze zu überschreiten. Fällt nun nichts vor, wodurch ihnen die Strafe ins Gedächtnis gerufen und neue Furcht eingeflößt wird, so häuft sich die Zahl der Verbrecher so sehr an, daß sie nicht mehr ohne Gefahr bestraft werden können.

Über diese Sache pflegten die Männer, welche Florenz vom Jahre 1434 bis 1494 regierten, zu sagen, es sei nötig, alle fünf Jahre *ripigliare lo stato*, sonst wäre es schwer, den Staat zu erhalten. *Ripigliare lo stato* nannten sie, den Bürgern denselben Schrecken und die Furcht wieder einflößen wie anfangs, als sie die Zügel der Regierung ergriffen und alle gezüchtigt hatten, die nach der damaligen Verfassung unrecht gehandelt hatten. Da nun eine solche Züchtigung nach und nach vergessen wird, so erdreisten sich die Menschen, Neuerungen zu versuchen und auf das Bestehende zu schmähen; es ist daher notwendig, dem abzuhelfen, indem man den Staat zu seinem Anfang zurückführt.

Ein solches Zurückführen der Republiken zu ihrem Anfang wird auch durch die edle Einfachheit und Bürgertugend eines einzelnen Mannes hervorgebracht, ohne von einem Gesetz abzuhängen, das zu Verurteilungen antreibt. Solche Männer stehen in so großem Ruf und ihr Vorbild wirkt so mächtig, daß die Guten ihnen nachzuahmen streben und die Bösen sich schämen, einen entgegengesetzten Lebenswandel zu führen. In Rom brachten hauptsächlich diese Wirkung hervor: Horatius Cocles, Scaevola, Fabricius, die beiden Decius, Regulus Attilius und einige andere, die alle durch ihr seltenes und erhabenes Beispiel dieselbe Wirkung erzielten wie Gesetze und Institutionen. Wären die obengenannten Verurteilungen, im Verein mit diesen einzelnen Beispielen, wenigstens von zehn zu zehn Jahren erfolgt, so war die notwendige Folge davon, daß sich die Republik unverderbt erhalten hätte; als aber beides selten wurde, häuften sich die Stoffe der Sittenverderbnis. Nach Regulus sah man kein ähnliches Beispiel, und obgleich Rom später seine beiden Catorien aufzuweisen hat, so lebten sie doch so lange nach Regulus, es war ein so langer Zeitraum zwischen beiden und sie blieben so gänzlich allein, daß ihr tugendhaftes Muster nichts nützte. Besonders konnte der letzte Cato, der die Sittenverderbnis der Stadt auf ihrem höchsten Punkt fand, es durch sein Beispiel nicht dahin bringen, daß die Bürger besser wurden. Dies mag über die Republiken genügen.

Was die Sekten betrifft, so ersieht man die Notwendigkeit dieser Erneuerung aus dem Beispiel unserer Religion, die völlig erloschen wäre, wenn sie nicht durch den heiligen Franciscus und durch den heiligen Dominicus zu ihrem Anfang zurückgeführt worden wäre. Diese beiden Männer brachten sie durch ihre Armut und ihren christusähnlichen Lebenswandel den Menschen wieder ins Gedächtnis, als sie fast schon vergessen war. Ihre neuen Orden sind so mächtig, daß sie Ursache sind, daß die Unzüchtigkeit der Prälaten und Häupter der Religion diese nicht zugrunde richtet. Sie leben noch in Armut und stehen in der Beichte und den Predigten bei den Völkern in so großem Ansehen, daß sie ihnen begreiflich machen, es sei schlimm, die Schlimmen zu lästern, und gut, jenen zu gehorchen und ihre Strafe, wenn sie sündigen, Gott zu überlassen. Und so treiben es jene so schlimm sie nur können; denn sie fürchten eine Strafe nicht, die sie nicht sehen und an die sie nicht glauben. Diese Erneuerung hat also unsere Religion erhalten und erhält sie noch.

Auch die Königreiche bedürfen der Erneuerung und der Zurückführung ihrer Gesetze zu ihrem Anfang. Welche gute Wirkung dies hat, sieht man in Frankreich, das mehr unter Gesetzen und Institutionen lebt als irgendein anderes Königreich. Die Erhalter dieser Gesetze und Institutionen sind die Parlamente, besonders das von Paris, und die Erneuerung geschieht jedesmal, wenn es ein Gesetz an einem Fürsten des Reiches vollzieht und in seinen Sprüchen den König verurteilt. Bis jetzt hat es sich erhalten, da es sich als einen unerbittlichen Vollstrecker gegen jenen Adel gezeigt, und diese Beharrlichkeit hat Frankreich erhalten; sowie es aber eine Überschreitung der Gesetze unbestraft ließe und diese Überschreitungen sich häufen würden, so würde zweifelsohne die Folge davon sein, daß entweder die Ahndung mit großer Unordnung verbunden wäre oder das Reich sich auflöste.

Ich ziehe daher den Schluß, daß für eine Gesellschaft, sei es nun eine Sekte, eine Monarchie oder eine Republik, nichts notwendiger ist, als ihr das Ansehen wiederzugeben, das sie in ihrem Anfang hatte. Hierbei muß man sich jedoch bestreben, daß gute Einrichtungen oder tugendhafte Männer diese Wirkung hervorbringen, nicht eine äußere Gewalt; denn obgleich diese oft die beste Arznei ist, wie in Rom, so ist sie doch so gefährlich, daß sie durchaus nicht wünschenswert sein kann.

Um aber jedermann zu zeigen, wie groß die Taten einzelner Männer Rom machten und wie vielfältige gute Wirkung sie in dieser Stadt hervorbrachten, so will ich sie jetzt erzählen und erörtern. Das dritte Buch und der letzte Teil dieser ersten Dekade wird damit abgeschlossen werden. Schon die Taten der Könige waren groß und merkwürdig, allein da sie die Geschichte ausführlich beleuchtet, so will ich sie übergehen und mit Ausnahme einiger Handlungen, die ihren Privatvorteil bezweckten, von den Königen weiter nicht sprechen. Machen wir deshalb mit Brutus, dem Vater der römischen Freiheit, den Anfang.

2.

Daß es sehr weise ist, zu gehöriger Zeit Torheit vorzuspiegeln.

Nie wurde ein Mann für so klug gehalten, noch wegen einer ausgezeichneten Handlung für so weise erachtet, als es Junius Brutus dadurch verdiente, daß er sich dumm stellte. Livius gibt nur einen Grund dieser Verstellung an, den nämlich, daß er so sicherer leben und sein Erbe erhalten konnte. Wenn man jedoch seine ganze Handlungsweise betrachtet, so läßt sich glauben, daß er sich auch deshalb verstellte, um weniger beobachtet zu sein, die Könige leichter stürzen und sein Vaterland befreien zu können, sowie sich ihm eine Gelegenheit darbieten würde. Daß seine Gedanken dahin gingen, ersieht man zuerst aus seiner Auslegung des Orakels von Delphi, als er sich stellte, er falle, um so die Erde zu küssen, wodurch er die Götter seinem Plane günstig zu machen glaubte[4]; und später, als er bei Lucretias Tod von Vater, Gemahl und den übrigen Verwandten der erste war, der das Messer aus der Wunde zog und die anderen schwören ließ, niemals in Zukunft die Regierung eines Königs in Rom zu dulden.

Aus Brutus Beispiel müssen alle Männer lernen, die unzufrieden mit dem Fürsten sind. Vor allem haben sie ihre Kräfte zu messen und zu wägen. Sind sie so mächtig, daß sie sich als seine Feinde erklären und ihm offen den Krieg machen können, so sollen sie diesen Weg als weniger gefährlich und ehrenvoller einschlagen. Reichen aber ihre Kräfte nicht aus, ihn zu bekämpfen, so müssen sie sich ihn durch alle Kunstgriffe zum Freund zu machen streben und zu diesem Zweck alle Mittel versuchen, die sie für nötig halten, indem sie seinen Wünschen zuvorkommen, an seinen Vergnügungen teilnehmen und sich an allem ergötzen, was ihn selbst ergötzt. Diese Gefälligkeit erwirbt dir zuerst Sicherheit, läßt dich das gute Glück des Fürsten gerade wie er selbst genießen und gewährt dir jede Bequemlichkeit, deine Absicht zu erreichen. Zwar sagen einige, man soll den Fürsten nicht so nahe stehen wollen, daß dich ihr Sturz mit begräbt, noch so fern, daß du, wenn sie fallen, nicht bereit bist, auf ihre Trümmer zu steigen; und diese Mitte wäre wirklich die richtigste, wenn man sie halten könnte. Da dies aber meiner Überzeugung nach unmöglich ist, so muß man sich zu einem von beiden entschließen, ich meine weit weg gehen oder sich ihnen ganz anschließen. Wer anders handelt und ein ausgezeichneter Mann ist, lebt in beständiger Gefahr. Es ist nicht genug zu sagen: ich kümmere mich um nichts, ich verlange weder Ehrenstellen noch Ämter, ich will ruhig ohne Sorge leben.

[4] Zwei Söhne des Königs, bei denen sich Brutus befand, fragten das delphische Orakel, an wen von ihnen die Herrschaft über Rom gelangen werde. Das Orakel, so geht die Sage, antwortete: Der von euch Jünglingen, wird die höchste Gewalt in Rom erhalten, der zuerst der Mutter einen Kuß geben wird. Livius I. Buch, Kap. 56

Diese Entschuldigungen werden gehört, aber nicht ernst genommen. Männer von Stand können gar das Stehenbleiben nicht erwählen, wenn sie es auch wirklich wollten und ganz ohne Ehrgeiz wären; denn man glaubt es ihnen nicht. Wenn sie daher auch selbst stehenbleiben wollten, so geben dies die anderen nicht zu. Man muß also den Toren spielen wie Brutus, und man macht genug den Narren, wenn man der eigenen Denkungsart zuwider, um dem Fürsten zu gefallen, lobt, spricht, sieht, handelt.

Da wir aber von der Klugheit dieses Mannes zur Wiedererlangung der Freiheit Roms gesprochen haben, so wollen wir jetzt auch von seiner Strenge in ihrer Erhaltung sprechen.

3.

Daß es zur Erhaltung einer neu errungenen Freiheit nötig ist, die Söhne des Brutus zu töten.

Um Rom die Freiheit zu erhalten, die er ihm errungen hatte, war Brutus' Strenge nicht weniger notwendig als nützlich, eine Strenge, die ein seltenes Beispiel ist in der ganzen Geschichte, da ein Vater zu Gericht saß und nicht allein seine Söhne zum Tode verdammte, sondern ihrer Hinrichtung beiwohnte.

Jeder, der die alten Begebenheiten liest, wird erkennen, daß nach einer Staatsveränderung, sei es nun von einer Republik in eine Tyrannei oder von einer Tyrannei in eine Republik, eine denkwürdige Hinrichtung der Feinde der neuen Ordnung der Dinge nötig ist. Wer sich der Alleinherrschaft bemächtigt und Brutus nicht tötet, und wer einen Staat frei macht und die Söhne des Brutus nicht hinrichten läßt, erhält sich nur kurze Zeit. Da ich jedoch diesen Gegenstand oben ausführlich erörtert habe, so berufe ich mich auf das dort Vorgebrachte; nur ein merkwürdiges Beispiel unserer Tage und aus unserer Geschichte will ich hier anführen.

Es ist dies Piero Soderini, der durch Geduld und Güte das Gelüste der Söhne des Brutus, unter eine andere Herrschaft zurückzukehren, überwinden wollte und sich täuschte. Obgleich er als ein kluger Mann die Notwendigkeit einsah und obgleich ihm das Geschick und ihr Ehrgeiz Gelegenheit gab, sie zu vertilgen, so entschloß er sich doch niemals dazu. Nächst dem Glauben, durch Geduld und Güte die schlimme Stimmung entfernen und durch einzelnen erzeigte Wohltaten ihre Feindschaft versöhnen zu können, urteilte er, und oft sagte er dies seinen Freunden, daß er zur kräftigen Niederwerfung seiner Widersacher und zur Züchtigung seiner Gegner nötig habe, eine ungesetzliche Gewalt zu ergreifen und durch neue Gesetze die bürgerliche Gleichheit zu brechen. Diese

Sache, wenn er sie auch nachher nicht tyrannisch benutze, würde doch jedermann so in Furcht gesetzt haben, daß nach seinem Tod kein lebenslänglicher Gonfaloniere mehr gewählt worden wäre; eine Würde, deren Fortdauer er für vorteilhaft hielt.

Diese Rücksicht war weise und tugendhaft; doch niemals darf man ein Übel überhandnehmen lassen in Rücksicht auf ein Gutes, wenn dieses Gute leicht von dem Übel vernichtet werden kann. Da man seine Handlungen und seine Absichten nach dem Erfolg zu beurteilen hatte, so mußte Soderini glauben, daß er, vom Glück begünstigt und sein Leben erhaltend, jedermann überzeugen könne, er habe zum Heil seines Vaterlandes, nicht aus Herrschsucht, so gehandelt. Auch konnte er solche Vorkehrungen treffen, daß keiner seiner Nachfolger zu bösen Zwecken tun konnte, was er zu guten tat. Allein es täuschte ihn seine erste Meinung, da er nicht erkannte, daß Böswilligkeit weder durch die Zeit bezähmt noch durch Geschenke besänftigt wird. So verlor er, weil er Brutus nicht zu gleichen wußte, Vaterland, Würde und Ehre, und mit ihm stürzte die Republik.

Wie es aber schwer ist, einen freien Staat zu bewahren, ebenso schwer ist die Bewahrung einer Königskrone, wie im folgenden Kapitel gezeigt werden soll.

4.

Ein König sitzt nicht sicher auf seinem Thron, solange der verjagte Königsstamm lebt.

Die Ermordung des Tarquinius Priscus durch die Söhne des Ancus und die Ermordung des Servius Tullius durch Tarquinius Superbus bewiesen, wie schwierig es ist und gefährlich, einen des Thrones zu berauben und ihn leben zu lassen, obgleich man ihn durch Wohltaten zu gewinnen strebt. Tarquinius Priscus ließ sich darüber täuschen, daß er das Reich rechtmäßigerweise zu besitzen glaubte, da es ihm vom Volk gegeben und vom Senat bestätigt worden war. Er glaubte nicht, daß die Söhne des Ancus von so großem Unwillen durchdrungen sein könnten, daß sie mit dem nicht zufrieden wären, womit ganz Rom zufrieden war. Servius Tullius täuschte sich, da er sich durch Wohltaten die Söhne des Tarquinius gewinnen zu können glaubte.

Was daher den ersten betrifft, so kann man jeden Fürsten aufmerksam machen, daß er nie auf einem Thron sicher lebt, solange die leben, die davon verjagt worden sind. Was den zweiten betrifft, so kann man jeden Mächtigen erinnern, daß niemals alte Unbilden durch neue Wohltaten in Vergessenheit gebracht worden sind, um so weniger wenn die neue Wohltat kleiner ist als die alte Unbill.

Ohne Zweifel war Servius Tullius unklug, daß er glaubte, die Söhne des Tarquinius würden geduldig die Schwiegersöhne eines Mannes sein, dessen Könige zu sein sie ein Recht zu haben glaubten. Die Herrschsucht ist eine so heftige Leidenschaft, daß sie nicht allein in die Brust derer eindringt, denen der Thron gebührt, sondern auch derer, denen er nicht gebührt. So trieb die Gemahlin des jüngeren Tarquinius, die Tochter des Servius, von dieser Raserei gestachelt, gegen alles kindliche Gefühl ihren Gatten an, dem Vater Reich und Leben zu entreißen. So viel höher schlug sie an, Königin zu sein als Königstochter.

Wenn aber Tarquinius Priscus und Servius Tullius die Krone verloren, weil sie sich derer nicht zu versichern wußten, deren Thron sie sich bemächtigt hatten, so verlor Tarquinius Superbus die Krone, weil er die Institutionen der früheren Könige nicht beobachtete, wie im folgenden Kapitel gezeigt werden soll.

5.

Wodurch ein König sein geerbtes Reich verliert.

Als Tarquinius Superbus den Servius Tullius getötet hatte, der keine Erben zurückließ, besaß er das Reich sicher und hatte nichts von dem zu fürchten, was seine Vorgänger gestürzt hatte. Obgleich seine Thronbesteigung ungesetzlich und haßerregend war, so wäre er doch ertragen worden und Senat und Volk wäre nicht aufgestanden, ihm die Krone zu nehmen, wenn er nur die alten Institutionen der anderen Könige beobachtet hätte. Er wurde nicht verjagt, weil sein Sohn Sextus die Lucretia schändete, sondern weil er die Gesetze des Reiches brach und tyrannisch regierte; weil er dem Senat alle Autorität nahm und sich beilegte; weil er die Geschäfte, in deren öffentlicher Besorgung der Senat Befriedigung fand, in seinen Palast zog und unter vielen Vorwürfen und erregter Eifersucht abtat, so daß er in kurzer Zeit Rom aller der Freiheit beraubte, die es unter den anderen Königen bewahrt hatte. Es genügte ihm nicht, sich die Väter zu Feinden zu machen, auch das Volk reizte er gegen sich auf, indem er es zu ermüdender Fronarbeit ganz gegen die Sitte seiner Vorgänger zwang. Da er auf diese Weise Rom mit Handlungen voll Grausamkeit und Hochmut angefüllt hatte, so hatte er schon die Gemüter aller Römer zum Aufstand vorbereitet, sobald sich nur die Gelegenheit zeigen würde. Hätte sich daher auch der Vorfall mit Lucretia nicht zugetragen, so würde doch der erste andere Anlaß dieselbe Wirkung hervorgebracht haben. Wenn hingegen Tarquinius wie die anderen Könige regiert und sein Sohn Sextus jenen Fehler begangen hätte, so würden sich Brutus und Collatinus wegen der Bestrafung des Sextus an Tarquinius gewendet haben, nicht an das römische Volk.

Die Fürsten mögen daher wissen, daß sie in der Stunde beginnen, ihren Thron zu verlieren, in der sie anfangen, die Gesetze und die alten Institutionen und Herkommen, unter denen ihr Volk lange Zeit gelebt hat, zu brechen. Sind sie aber des Thrones beraubt und werden jemals klug genug, um einzusehen, mit welcher Leichtigkeit ein Thron von Fürsten erhalten wird, die sich vernünftig benehmen, so muß sie ihr Verlust noch viel mehr schmerzen und sie selbst müssen sich zu schwererer Strafe verdammen, als sie von anderen verdammt worden sind. Denn viel leichter ist es, sich die Liebe der Guten als der Bösen zu erwerben, und den Gesetzen zu gehorchen als ihnen befehlen zu wollen. Wollen aber die Fürsten wissen, was sie zu diesem Zweck zu tun haben, so haben sie keine andere Mühe, als sich das Leben der guten Fürsten zum Spiegel zu nehmen, wie zum Beispiel das Timoleons von Korinth, Aratus von Sikyon und ähnlicher. Im Leben dieser Männer werden sie so große Sicherheit und so große Zufriedenheit des Regenten und der Regierten finden, daß ihnen der Wille kommen muß, sie nachzuahmen. Sie können es aus den angeführten Gründen leicht; denn wenn die Menschen gut regiert werden, suchen und wollen sie keine andere Freiheit. So zwangen die von jenen beiden Männern regierten Völker diese, solange sie lebten, Fürsten zu bleiben, obgleich sie mehrere Male sich in den Bürgerstand zurückzuziehen versuchten.

Da nun in diesem und den zwei vorhergehenden Kapiteln vom Haß, den sich die Fürsten zuziehen, von der Verschwörung der Söhne des Brutus gegen das Vaterland und von der gegen Tarquinius Priscus und Servius Tullius gesprochen wurde, so scheint es mir nicht unpassend, im folgenden Kapitel die Verschwörungen ausführlich abzuhandeln, da dieser Gegenstand von Fürsten und Bürgern beherzigt zu werden verdient.

6.

Von den Verschwörungen.

Da die Verschwörungen für die Fürsten und für die Bürger so gefährlich sind, so wollte ich diesen Gegenstand nicht übergehen. Viel mehr Fürsten haben dadurch Leben und Thron verloren als durch offenen Krieg; denn mit einem Fürsten offen Krieg zu führen steht nur in der Macht weniger, sich gegen ihn zu verschwören steht in der Macht eines Jeden. Andererseits können sich Privatleute in keine gefährlichere und verwegenere Unternehmung einlassen als in diese; denn sie ist in allen ihren Teilen schwierig und äußerst gefährlich. Daher kommt es, daß zwar viele Verschwörungen unternommen werden, aber nur sehr wenige den erwünschten Ausgang haben. Damit also die Fürsten sich vor diesen Gefahren zu hüten lernen und die Privaten sich nicht so leicht hineinwagen, ja lernen, mit der Herrschaft, die das Geschick über sie gesetzt hat, zufrieden zu sein, will ich ausführlich über die Verschwörungen sprechen und keinen merkwürdigen Fall übergehen, der beiden Teilen zur Lehre dienen kann. Golden ist die Sentenz des Corn. Tacitus, „daß man die Vergangenheit ehren und der Gegenwart gehorchen müsse; gute Fürsten wünschen, dieselben aber, wie sie auch sein mögen, ertragen müsse". In der Tat, wer anders handelt, richtet meistens sich und sein Vaterland zugrunde. Kommen wir zur Sache.

Zuerst müssen wir betrachten, gegen wen die Verschwörungen angezettelt werden; wir werden finden, daß dies entweder gegen das Vaterland oder gegen einen Fürsten geschieht; von denen, die angezettelt werden, um dem belagernden Feind eine Festung auszuliefern, und anderen, die mit diesen Ähnlichkeit haben, ist oben schon hinlänglich gesprochen worden.

Wir wollen also mit den Verschwörungen gegen den Fürsten den Anfang machen und zuerst ihre Ursachen untersuchen. Es gibt deren viele, eine aber ist mehr als alle anderen wichtig. Sie ist: allgemein verhaßt zu sein; denn hat sich ein Fürst diesen allgemeinen Haß zugezogen, so gibt es natürlich einzelne, die stärker von ihm beleidigt worden sind und nach Rache dürsten. Dieser Rachedurst wird vermehrt durch die allgemeine üble Stimmung, die sie gegen ihn aufgeregt sehen. Ein Fürst muß sich daher hüten, die öffentliche Meinung gegen sich zu haben; wie dies zu vermeiden sei, habe ich anderwärts[5] gezeigt. Hütet er sich davor, so werden ihm einfache Verletzungen einzelner weniger schaden. Einmal weil es selten Leute gibt, die eine Unbill so hoch anschlagen, daß sie sich, um sie zu rächen, in so große Gefahr begeben. Zweitens weil sie, wenn sie auch den Mut und die Macht dazu hätten, durch das allgemeine Wohlwollen zurückgehalten werden, womit sie den Fürsten umgeben sehen.

Die Verletzungen richten sich gegen Vermögen, Leben oder Ehre. Was die blutigen Unbilden betrifft, so ist die Drohung gefährlicher als die Ausführung; ja, die Drohung ist äußerst gefährlich und bei der Ausführung ist gar keine Gefahr, weil, wer tot ist, nicht auf Rache sinnen kann und die, welche am Leben bleiben, meistens den Gedanken an den Toten fahren lassen. Wer hingegen bedroht ist und sich in die Notwendigkeit versetzt sieht, zu handeln oder zu leiden, wird der gefährlichste Mann für den Fürsten, wie wir gegebenen Orts noch besonders zeigen werden.

Nächst dieser Notwendigkeit ist es die Beraubung des Vermögens und die Kränkung der Ehre, welche den Menschen mehr als alles andere verletzt. Der Fürst muß sich daher hüten, weil er nie einen Mann so ganz ausplündern kann, daß ihm kein Messer bleibt, sich zu rächen. Ebensowenig kann er jemals einen

5 Im Fürsten, Kapitel 16 und folgende.

Mann so sehr entehren, daß ihm nicht der unerschütterliche Entschluß bleibt, Rache zu üben.

Was die Ehre betrifft, so ist die der Frauen den Menschen am teuersten, nächst dieser verletzt die Beschimpfung der eigenen Person am tiefsten. Dies gab Pausanias, gegen Philipp von Mazedonien den Dolch in die Hand; dies bewaffnete viele andere Männer gegen den Fürsten, und in unserer Zeit wurde Giulio Belanti durch nichts anderes bewegt, sich gegen Pandolfo[6], den Tyrannen von Siena, zu verschwören, als weil er ihm seine Tochter vermählt und dann wieder genommen hatte, wie wir an seinem Ort erzählen werden. Die Hauptursache der Verschwörung der Pazzi[7] gegen die Medici war die Erbschaft Giovanni Borromeis, die ihnen auf Befehl der Medici entzogen wurde.

Eine andere Ursache gibt es noch, und zwar eine großartige, welche die Menschen zur Verschwörung gegen den Fürsten bewegt: es ist das Verlangen, das Vaterland zu befreien, das er unter seiner Gewalt hält. Diese Ursache regte Brutus und Cassius gegen Cäsar auf, dies erregte viele andere gegen die Dionyse, die Phalaris und die anderen Unterdrücker ihres Vaterlands. Kein Tyrann kann sich davor schützen, er müßte denn dem Thron entsagen. Da aber keiner dies tut, so gibt es wenige, die nicht ein schlimmes Ende nehmen, was Juvenal die Verse eingab:

Ad generum Cereris sine caede et vulnere pauci
Descendunt reges, et sicca morte tyranni.[8]

Die Gefahren der Verschwörungen sind, wie ich oben gesagt habe, groß, da sie zu jedem Zeitpunkt drohen; denn man läuft Gefahr bei der Einleitung, während der Ausführung und nach der Ausführung.

Die sich verschwören sind entweder einer oder mehrere. Handelt es sich um einen, so kann nicht von einer Verschwörung gesprochen werden, sondern nur von dem festen Willen eines Mannes, den Fürsten zu ermorden. Für diesen allein besteht von den drei Gefahren, die man bei Verschwörungen läuft, die erste nicht; weil es vor der Ausführung keine Gefahr für ihn gibt, da kein anderer im Besitz seines Geheimnisses ist und also keine Gefahr da ist, sein Plan könne dem Fürsten zu Ohren kommen. Ein solcher Entschluß kann sich eines jeden, von welchem Stand er auch sei, bemächtigen, klein, groß, adelig, bürgerlich, in der Umgebung und nicht in der Umgebung des Fürsten: denn jedem ist es erlaubt, manchmal mit ihm zu sprechen, und wem es erlaubt ist, mit ihm zu sprechen, dem ist es erlaubt, ihm das Leben zu nehmen. Pausanias, von dem wir ander-

[6] Pandolfo Petrucci.
[7] 1478
[8] Wenige Könige steigen zum Eidam der Ceres hinab ohne Wunden und Blut, wenige Tyrannen friedlichen Todes.

wärts gesprochen haben, ermordete Philipp von Mazedonien, der, von tausend Bewaffneten umgeben, in der Mitte seines Sohnes und Schwiegersohnes zum Tempel ging; doch er war ein Edler und Bekannter des Fürsten. Ein armer Spanier aus dem Pöbel gab Ferdinand von Spanien einen Messerstich in den Hals; die Wunde war nicht tödlich, aber man sieht daraus, daß er Mut und Möglichkeit hatte, sie tödlich zu machen. Ein Derwisch, eine Art türkischer Priester, schoß nach Bajazet, dem Vater des jetzigen Großtürken; er traf ihn nicht, indes er wollte und konnte es doch. Leute, die dies tun möchten, gibt es, glaube ich, viele, weil der Wille weder Strafe noch Gefahr zuzieht; allein wenige gibt es, die es tun. Von denen aber, die es tun, werden die meisten oder alle über der Tat niedergemacht. Wenig Menschen finden sich daher, die in einen gewissen Tod gehen wollen. Lassen wir aber diese einzelnen Willen und kommen wir zu den Verschwörungen mehrerer.

Man findet in der Geschichte, daß alle Verschwörungen von Großen oder von Männern aus der nächsten Umgebung des Fürsten angefangen wurden. Andere, wenn sie nicht völlig unsinnig sind, können sich nicht verschwören, da geringen Leuten alle die Hoffnungen und alle die Bequemlichkeiten abgehen, die zur Ausführung einer Verschwörung erforderlich sind. Zuerst können geringe Leute niemand finden, der ihnen treu bliebe, weil niemand sich mit ihnen in einer von den Hoffnungen vereinigen kann, wegen welcher sich die Menschen in große Gefahren begeben. Haben sie sich daher zwei oder drei Personen anvertraut, so finden sie ihren Ankläger und gehen zugrunde. Wären sie aber auch so glücklich, keinen Ankläger zu finden, so treten ihnen bei der Ausführung sehr viele Hindernisse in den Weg, weil sie keinen leichten Zugang zu der Person des Fürsten haben, daß sie unmöglich während der Ausführung selbst ihrem Untergang entgehen können. Denn unterliegen Große und Männer, die einen leichten Zugang haben, den Hindernissen, die wir unten aufzählen werden, so muß für sie die Schwierigkeit des Unternehmens bis ins unendliche anwachsen. Da nun die Menschen, wo es um Leben und Vermögen geht, nicht ganz unsinnig sind, so hüten sie sich, wenn sie sich schwach sehen, vor Verschwörungen, begnügen sich, einen Fürsten, der ihnen zuwider ist, zu verfluchen und warten, bis sie durch die, welche höher stehen als sie, gerächt werden. Wenn man aber auch finden sollte, daß einer von ihnen etwas unternommen hätte, so mag man seine Absicht loben, nicht seine Klugheit.

Man sieht daher, daß immer Große und Männer aus der Umgebung des Fürsten sich gegen ihn verschworen haben. Von diesen wurden viele sowohl durch zu viele Wohltaten als auch durch zu große Beleidigungen dazu bewogen, wie Perennius gegen Commodus, Plautian gegen Severus, Sejan gegen Tiber. Alle diese wurden von ihren Kaisern mit soviel Reichtümern und Ehre überhäuft und zu so hohem Rang erhoben, daß ihnen, um ihre Macht vollkommen zu machen, nur das Zepter zu fehlen schien. Da sie auch dieses nicht entbehren wollten, verschworen sie sich gegen ihre Fürsten, und alle ihre Verschwörungen hatten den Ausgang, den ihre Undankbarkeit verdiente. Von solchen Verschwörungen gelang indessen in neuerer Zeit die Jacopo d'Appianos gegen Messer Piero Gambacorti, den Fürsten von Pisa[9]; Jacopo, von ihm erzogen, ernährt, zu Ansehen erhoben, entriß ihm die Krone. Es gehört zu diesen die Coppolas in unseren Zeiten gegen den König Ferdinand von Arragonien; Coppola, zu solcher Größe gestiegen, daß ihm nur noch der Thron zu fehlen schien, verlor, weil er auch diesen haben wollte, das Leben. Gewiß, wenn irgendeine Verschwörung von Großen gegen einen Fürsten gelingen sollte, so müßte es eine solche sein, weil sie sozusagen von einem anderen König unternommen wird, der die größte Bequemlichkeit hat, seinen Wunsch zu erfüllen. Doch dieselbe Herrschsucht, die ihn so sehr verblendet, daß er eine Verschwörung unternimmt, verblendet ihn auch, während er seine Unternehmung ins Werk setzt. Wüßte er diese Schlechtigkeit mit Klugheit auszuführen, so wäre es unmöglich, daß sie ihm nicht gelänge.

Ein Fürst, der sich vor Verschwörungen schützen will, muß daher die mehr fürchten, denen er zu viele Wohltaten gezeigt, als die, denen er zu viele Unbilden zugefügt hat, weil diesen die Bequemlichkeit abgeht, jene Überfluß daran haben und die Begierde bei beiden gleich ist; denn ebenso groß und größer ist die Sucht zu herrschen als die Rachsucht. Die Fürsten dürfen daher ihren Freunden nur soviel Gewalt geben, daß zwischen dieser und dem Thron einiger Zwischenraum bleibt und in der Mitte noch etwas zu wünschen ist; sonst wird es eine große Ausnahme sein, wenn es ihnen nicht wie den obengenannten Fürsten ergeht. Kehren wir aber zu unserer Ordnung zurück.

Die, welche sich verschwören, müssen also Große sein, die einen leichten Zugang zum Fürsten haben. Es ist jetzt zu erörtern, welches die Erfolge ihrer Unternehmungen waren und welche Ursache sie glücken oder mißglücken machte. Ich habe schon gesagt, daß bei den Verschwörungen zu dreierlei Zeit Gefahr ist: anfänglich, während der Tat und nachher. Man findet daher wenige, die einen guten Ausgang haben, da es fast unmöglich ist, alle diese Gefahren glücklich zu überstehen.

Die anfänglichen Gefahren sind die größten. Man muß sehr klug sein und vom Schicksal begünstigt werden, um über der Einleitung einer Verschwörung nicht entdeckt zu werden. Die Entdeckung geschieht durch Anzeige oder Vermutung. Die Anzeige rührt aus Mangel an Treue oder aus Unklugheit derer her, denen du dich mitteilst.

Treulosigkeit findet sich leicht, weil du dich nur deinen Vertrauten, die sich

---

[9] 1392

aus Liebe zu dir dem Tod aussetzen, oder Männern anvertrauen kannst, welche mit dem Fürsten unzufrieden sind. Vertraute kannst da wohl einen oder zwei finden, sowie du dich aber mehreren mitteilst, ist es unmöglich, Vertraute zu finden. Überdies muß ihr Wohlwollen gegen dich groß sein, wenn es durch die Gefahr und die Furcht vor Strafe nicht überwogen werden soll. Auch täuscht man sich größtenteils über die Liebe, die man bei anderen für sich voraussetzt. Du kannst ihrer nie gewiß sein, wenn du sie nicht auf die Probe stellst; und sie auf die Probe stellen ist in diesem Fall die gefährlichste Sache. Hättest du sie aber auch in irgendeiner anderen gefahrvollen Sache auf die Probe gestellt und treu befunden, so kannst du doch nach dieser Treue die jetzt nötige nicht bemessen, da die damit verbundene Gefahr alle andere Gattung von Gefahr bei weitem übertrifft. Bemißt du die Treue eines Mannes nach seiner Unzufriedenheit mit dem Fürsten, so kannst du dich hierin gar leicht täuschen; denn sowie du diesem Unzufriedenen deine Gesinnung offenbart hast, gibst du ihm Anlaß, sich befriedigt zu fühlen, und sein Haß muß groß oder deine Macht sehr groß sein, wenn er treu bleiben soll. Aus allem diesem folgt, daß viele Verschwörungen verraten und in ihrem Entstehen unterdrückt worden sind. Bleibt aber eine bei vielen Teilnehmern geheim, so wird dies für eine wunderbare Erscheinung gehalten, wie die Verschwörung Pisos gegen Nero und die der Pazzi gegen Lorenzo und Giuliano de' Medici, wo mehr als fünfzig Personen Mitwisser waren und die Sache bis zur Ausführung geheim blieb.

Infolge von Unklugheit werden die Verschwörungen entdeckt, wenn einer der Verschworenen unvorsichtig davon spricht, so daß es ein Diener oder eine andere dritte Person hört; wie es den Söhnen des Brutus erging, die bei der Verhandlung der Sache mit den Gesandten des Tarquinius von einem Sklaven behorcht wurden, der sie anzeigte. Oder aber wenn dir aus Leichtsinn das Geheimnis gegen ein Weib oder einen Knaben, die du liebst, oder gegen eine ähnliche leichtfertige Person entschlüpft. So teilte Dinnus, einer der mit Philotas gegen Alexander den Großen Verschworenen, die Sache dem Nikomachus, einem von ihm geliebten Knaben, mit, der dies sogleich seinem Bruder Ciballinus und Ciballinus dem König sagte.

Was die Entdeckung durch Vermutung betrifft, so liefert hiervon die Pisonische Verschwörung gegen Nero ein Beispiel. Scevinus, einer der Verschworenen, machte den Tag vorher, ehe Nero ermordet werden sollte, sein Testament; er befahl seinem Freigelassenen Melichius, einen alten rostigen Dolch schleifen zu lassen; er schenkte allen seinen Sklaven die Freiheit und gab ihnen Geld; er ließ Verbandzeug zurechtmachen. Infolge dieser Vorbereitungen durchschaute Melichius die Sache und klagte seinen Herrn bei Nero an. Scevinus und zugleich Natalis, ein anderer Verschworener, mit dem man ihn den Tag zuvor lange insgeheim hatte sprechen sehen, wurden ergriffen. Sie stimmten über ihre

Unterredung in ihren Aussagen nicht überein, wurden gezwungen, die Wahrheit zu bekennen, und so war die Verschwörung zum Verderben aller Teilnehmer entdeckt.

Vor diesen Ursachen der Entdeckung der Verschwörungen, daß sie nämlich aus Bosheit, Unvorsichtigkeit oder Leichtsinn verraten werden, kann man sich niemals hüten, wenn die Zahl der Mitwisser drei oder vier übersteigt.

Wird dann mehr als einer ergriffen, so müssen sie notwendig überwiesen werden, weil zwei Personen nicht über alle ihre Aussagen übereingekommen sein können. Wird nur ein Mann von starkem Geist ergriffen, so kann er wohl so viel festen Mut zeigen, daß er die Verschworenen verschweigt; diese müssen aber nicht weniger Mut besitzen, um ruhig zu bleiben und sich nicht durch die Flucht zu verraten; denn verliert nur einer von beiden Teilen den Mut, der Verhaftete oder die Freien, so ist die Verschwörung entdeckt. Das von Livius angeführte Beispiel in der Verschwörung gegen Hieronymus, König von Syrakus, ist selten, wo Theodorus, einer der Verschworenen, verhaftet, mit großer Standhaftigkeit alle Mitverschworenen verschwieg und die Freunde des Königs angab; und auf der anderen Seite die Verschworenen der Standhaftigkeit des Theodorus so sehr vertrauten, daß sich keiner aus Syrakus entfernte oder ein anderes Zeichen von Furcht gab.

Durch alle diese Gefahren muß man bei der Einleitung der Verschwörungen hindurchgehen, ehe es noch zur Ausführung kommt. Um sie zu vermeiden, gibt es folgende Mittel. Das erste und sicherste, oder besser gesagt, das einzige Mittel ist, den Verschworenen keine Zeit zu lassen, dich zu verraten, und deshalb ihnen deinen Plan erst dann mitzuteilen, wenn du ihn eben ausführen willst, und nicht früher. Wer dies tut, wird mit Gewißheit die Gefahren der Einleitung und größtenteils auch die anderen vermeiden. Alle solche Unternehmungen hatten daher einen glücklichen Ausgang, und in der Macht jedes Klugen steht es, so zu handeln. Zwei Beispiele sollen mir genügen.

Nelematus, der die Tyrannei des Aristotimus, des Tyrannen von Epirus, nicht ertragen konnte, versammelte in seinem Haus viele Verwandte und Freunde und forderte sie auf, das Vaterland zu befreien. Als nun einige Bedenkzeit verlangten, ließ Nelematus die Haustüren durch seine Diener sperren und sprach zur Versammlung: „Entweder ihr schwört mir, sogleich zur Tat zu folgen, oder ich überliefere euch alle gefangen dem Aristotimus." Sie schworen, begaben sich ohne Zeitverlust auf den Weg und führten glücklich den Befehl des Nelematus aus. Als ein Magier durch List den Thron Persiens eingenommen und Otanes, ein Großer des Reichs, den Betrug entdeckt hatte, beriet er sich hierüber mit sechs anderen Fürsten des Staates und sagte, man müsse das Land von der Tyrannei des Magiers befreien. Da nun einer von ihnen Bedenkzeit verlangte, erhob sich Darius, einer der sechs von Otanes gerufenen Fürsten, und sprach:

„Entweder wir gehen augenblicklich zur Ausführung, oder ich klage euch sogleich alle an.“ Sie stimmten zu, brachen auf, ohne einem Zeit zur Reue zu geben, und führten mühelos ihre Pläne aus.

Ähnlich diesen beiden Beispielen ist die Art, wie die Aetolier Nabis, den Tyrannen von Sparta, ermorden ließen. Sie sandten ihren Bürger Alexamenes mit dreißig Pferden und zweihundert Mann zu Fuß zu Nabis, unter dem Vorwand, ihm Hilfe zu schicken, und teilten Alexamenes allein das Geheimnis mit, befahlen aber allen übrigen, ihm in allem und jedem bei Strafe der Verbannung zu gehorchen. Er zog nach Sparta, teilte seinen Auftrag keine Minute früher mit, als da er ihn ausführen wollte, und es gelang ihm, Nabis zu töten. Wer sich also auf diese Weise benommen hat, entging stets den Gefahren, die man bei der Einleitung der Verschwörungen läuft, und wer es ebenso macht, wird ihnen immer entgehen. Um aber zu zeigen, daß ein jeder ebenso handeln könne, will ich das Beispiel des obenerwähnten Piso geben. Piso war ein höchst angesehener Mann und einer der ersten in Neros Umgebung, der viel Vertrauen in ihn setzte. Nero besuchte ihn häufig in seinen Gärten, um mit ihm zu speisen. Piso konnte sich durch Gesinnung, Mut und Neigung zu einem solchen Anschlag geeignete Männer zu Freunden machen, was einem Mächtigen ein leichtes ist. War nun Nero in seinen Gärten, so konnte er ihnen die Sache mitteilen, sie mit geeigneten Worten antreiben, zu tun, was sie nicht Zeit hatten zu verweigern und was unmöglich mißlingen konnte. Wenn man alle anderen Verschwörungen untersucht, so finden sich wenige, die nicht auf dieselbe Weise geleitet werden konnten. Allein die Menschen verstehen im Durchschnitt wenig von den Geschäften des Lebens und machen deshalb die größten Fehler, und um so größere, je außerordentlicher eine Sache ist, und diese ist es.

Man darf sich also nie eher mitteilen, als wenn man dazu gezwungen ist, das heißt im Augenblick der Tat. Willst du dich aber dennoch mitteilen, so sei es nur einem einzigen, den du lange geprüft hast oder den derselbe Beweggrund treibt wie dich. Einen solchen zu finden ist viel leichter als mehrere solche zu finden, und deshalb ist weniger Gefahr dabei; sollte er dich aber auch hintergehen, so bleibt dir immer noch ein Mittel, dich zu verteidigen, das dir, wo viele Mitverschworene sind, nicht bleibt. Ich habe nämlich kluge Männer sagen gehört, mit einem könnte man alles sprechen, weil (vorausgesetzt, daß du dich nicht verleiten lässt, etwas von deiner Hand Geschriebenes zu geben) das Ja des einen so viel gilt als das Nein des anderen; vor dem Schreiben aber muß sich jeder hüten wie vor der Klippe; denn nichts verrät dich leichter als ein Schreiben von deiner Hand.

Plautian wollte den Kaiser Severus und seinen Sohn Antonin ermorden lassen und beauftragte damit den Tribunen Saturninus. Dieser wollte ihn anklagen, nicht ihm gehorchen, fürchtete aber, man möchte Plautian mehr glauben als ihm und verlangte daher ein Zettelchen von seiner Hand, das diesen Auftrag beglaubige. Plautian, blind gemacht durch den Ehrgeiz, stellte den Schein aus. Die Folge war, daß er vom Tribunen angeklagt und ausgeliefert wurde; ohne diesen Zettel aber und gewisse andere Anzeichen wäre Plautian überlegen gewesen, so kühn leugnete er.

Es findet sich also gegen die Anklage eines einzigen noch ein Mittel, wenn man nicht durch Schrift oder einen anderen Beweis überwiesen werden kann, wovor man sich daher wohl hüten muß. Zur Pisonischen Verschwörung gehörte ein Weib namens Epicaris, früher Neros Freundin, welche für gut hielt, einen Präfekten über einige Dreiruderer, die Nero zu seiner Bewachung an der Küste hielt, unter die Verschworenen aufzunehmen und ihm die Sache, nicht aber die Namen der Verschworenen mitteilte. Als sie der Präfekt verriet und bei Nero anklagte, leugnete Epicaris mit solcher Kühnheit, daß Nero nicht wußte, was er denken sollte, und sie nicht verdammte.

Wenn du also die Sache einem einzigen mitteilst, so ist zweierlei zu fürchten; erstens, daß er dich freiwillig anklagt, zweitens, daß er dich, ausliefern oder durch die Folter gezwungen, angibt, wenn er aus irgendeinem Verdacht oder Anzeichen festgenommen wird. Allein in beiden Gefahren gibt es noch ein Rettungsmittel; im ersten Falle kannst du leugnen, indem du den Haß anführst, den er gegen dich gehegt habe; im zweiten Falle, indem du sagst, der Schmerz habe ihn zur Lüge gezwungen. Klugheit ist es daher, die Sache niemand im voraus mitzuteilen oder, wenn du sie dennoch mitteilst, nur einem einzigen, wobei zwar eine Gefahr mehr ist, allein immer viel weniger, als wenn du dich vielen anvertraust.

Als nächster kommt der Fall, wenn dich die Not zwingt, das dem Fürsten zu tun, was du siehst, daß er dir tun will, und wenn diese Not so groß ist, daß dir nur Zeit übrigbleibt, dich sicherzustellen. Diese Not bringt die Sache fast immer zum gewünschten Ziel; zum Beweis sollen zwei Beispiele genügen.

Der Kaiser Commodus zählte Laetus und Electus unter seine ersten Freunde und Vertrauten und Marcia unter seine ersten Beischläferinnen und Freundinnen. Da er von ihnen manchmal wegen der Schändlichkeiten getadelt wurde, wodurch er seine Person und die Kaiserkrone befleckte, beschloß er ihren Tod, schrieb Marcia, Laetus und Electus nebst einigen anderen, die er in der folgenden Nacht wollte hinrichten lassen, auf eine Liste und legte diese Liste unter sein Kopfkissen. Als er hierauf ins Bad ging, fand ein von ihm geliebter Knabe, der im Zimmer und auf dem Bett herumspielte, die Liste und begegnete, als er mit der Schrift in der Hand hinausging, Marcia, die sie ihm nahm, las, den Inhalt sah und sogleich Laetus und Electus rufen ließ. Alle drei erkannten die Gefahr, in der sie schwebten, beschlossen ihr zuvorzukommen und ermordeten ohne Aufschub Commodus in der folgenden Nacht.

Der Kaiser Antonin Caracalla stand mit dem Heer in Mesopotamien und hatte Macrin, einen Mann mehr für die Toga als die Waffen geschaffen, zum Präfekten. Da nun schlechte Fürsten stets fürchten, daß man ihnen tun werde, was sie zu verdienen glauben, so schrieb Caracalla an seinen Freund Maternian aus Rom, er solle die Astrologen befragen, ob es einen Mann gebe, der nach der Kaiserkrone strebe, und ihn davon unterrichten. Maternian schrieb, Macrin sei es, der danach strebe. Der Brief kam eher in die Hände Macrins als des Kaisers. Macrin erkannte die Notwendigkeit, den Kaiser zu ermorden, ehe neue Briefe aus Rom kämen, oder selbst zu sterben, und übertrug dem ihm treu ergebenen Centurio Martialis, dem Antonin vor wenigen Tagen einen Bruder getötet hatte, dieses Geschäft; und dieser führte es glücklich aus.

Man sieht also, daß diese Not, die keine Zeit läßt, fast dieselbe Wirkung hat als das oben beschriebene Verfahren des Nelematus von Epirus. Man sieht ferner, was ich zu Anfang dieses Kapitels gesagt habe, daß die Drohungen den Fürsten mehr schaden und wirksamere Verschwörungen verursachen als die Verletzungen. Ein Fürst muß sich davor hüten; denn man muß die Menschen entweder liebkosen oder sich ihrer versichern, nie aber sie so weit bringen, daß ihnen die Notwendigkeit einleuchten muß, entweder selbst zu sterben oder den anderen zu ermorden.

Die Gefahren während der Ausführung der Verschwörungen entstehen entweder durch Abänderung der Anordnung oder dadurch, daß der, der ausführen soll, den Mut verliert, oder durch einen Fehler, den er aus Unklugheit macht, oder endlich dadurch, daß die Sache nicht vollendet wird, indem ein Teil derer am Leben bleibt, die man zu ermorden beabsichtigte.

Nichts stört und behindert die Handlungen der Menschen so sehr als augenblicklich, ohne Zeit zu haben, eine Anordnung ändern und eine ganz andere als die anfängliche machen zu müssen. Erzeugt aber diese Abänderung irgendwo Unordnung, so ist es im Krieg und in dem unsrigen ähnlichen Fällen; denn bei solchen Geschäften ist nichts notwendiger, als daß sich jeder in dem, was er zu tun hat, in Gedanken befestigt. Hat man nun mehrere Tage hindurch seine Einbildungskraft mit einer Vorschrift und einer Ordnung beschäftigt, und diese werden plötzlich abgeändert, so müssen alle verwirrt werden, und jede Unternehmung mißglückt. Es ist daher viel besser, eine Unternehmung nach der gegebenen Anordnung auszuführen, obgleich man einigen Nachteil hierbei sieht, als um diesen zu entfernen, sich tausend Nachteile zuzuziehen. Das ist gesagt für den Fall, daß man keine Zeit hat, einen neuen Plan zu entwerfen; denn hat man Zeit, so kann man nach Gutdünken verfahren. Die Verschwörung der Pazzi gegen Lorenzo und Giuliano de' Medici ist bekannt. Ihr Plan war, dem Kardinal von St. Giorgio ein Gastmahl zu geben und sie dabei zu töten; es war bestimmt, wer sie zu töten hatte, wer sich des Palastes zu bemächtigen, wer durch die Stadt zu reiten und das Volk zur Freiheit aufzurufen hatte. Nun trug sich zu, daß, als die Pazzi, die Medici und der Kardinal am Morgen des festgesetzten Tages einem feierlichen Amt in der Kathedrale zu Florenz beiwohnten, Julian sich wegen einer Unpäßlichkeit entschuldigte, er könne bei dem Gastmahl nicht erscheinen. Auf diese Nachricht traten die Verschworenen zusammen und beschlossen, was sie den Medici zu Hause hatten tun wollen, sogleich in der Kirche auszuführen. Die Folge davon war, daß ihre ganze Disposition verwirrt wurde; denn Giovanbattista da Montesecco wollte sich an dem Mord nicht beteiligen, indem er erklärte, ihn nicht in der Kirche ausführen zu wollen. Alle Rollen mußten daher neu ausgeteilt werden, und die damit Beauftragten, die keine Zeit hatten, ruhige Entschlossenheit zu gewinnen, machten solche Fehler, daß sie bei der Ausführung getötet wurden.

Der Vollstrecker verliert den Mut entweder aus Ehrfurcht oder aus Feigheit. Die Majestät eines Fürsten und die Ehrfurcht, welche seine Gegenwart einflößt, ist so groß, daß sie den Vollstrecker leicht milder stimmt oder schüchtern macht. Zum gefangenen Marius schickten die Minturner einen Sklaven, um ihn zu töten. Vom Anblick des Mannes und der Erinnerung seines Namens erschreckt, wurde der Sklave feige und verlor alle Kraft, ihn zu durchbohren. Wenn aber ein gefesselter, gefangener, vom Unglück verfolgter Mann diese Gewalt hat, um wieviel mehr mußt du sie fürchten bei einem fessellosen Fürsten, in der Majestät des Diadems und Purpurs, umgeben mit dem blendenden Glanz seines Gefolges? Es kann dich also dieser Glanz in Furcht setzen oder ein freundlicher Empfang milder stimmen. Es verschworen sich einige Thrakier gegen ihren König Sitalkes; sie setzten den Tag der Ausführung fest, kamen am bestimmten Ort, wo der Fürst war, zusammen, und keiner hob die Hand gegen ihn auf. So gingen sie unverrichteter Dinge, wieder fort, ohne zu wissen, was sie zurückgehalten hatte, und einer schob die Schuld auf den anderen. Denselben Fehler machten sie mehrmals, bis zuletzt die Verschwörung entdeckt wurde und sie die Strafe für ein Unrecht litten, das sie tun konnten und nicht wollten. Es verschworen sich gegen den Herzog Alphons von Ferrara zwei seiner Brüder und bedienten sich der Hilfe des Priesters Giannes, des Kantors des Herzogs, welcher mehrere Male auf ihr Verlangen den Herzog zu ihnen führte, so daß es in ihrer Macht stand, ihn zu ermorden. Doch nie wagte es einer von ihnen, dies zu tun, so daß sie, entdeckt, die Strafe ihrer Bosheit und Unklugheit litten. Diese Nachlässigkeit konnte keinen anderen Grund haben, als daß sie der Anblick entmutigte oder irgendeine Freundlichkeit des Fürsten milder stimmte.

Ein Mißstand oder Fehler bei der Ausführung entsteht durch Unvorsichtigkeit oder Verzagtheit, welche dich überfallen und Ursache sind, daß du in der Verwirrung der Gedanken sprichst oder tust, was du nicht solltest. Daß die Menschen verzagt und verwirrt werden, könnte Livius nicht besser zeigen, als er es in folgenden Worten tut. Nachdem er nämlich erzählt hat, daß der Aetolier Alexamenes, wie schon oben erwähnt, Nabis von Sparta töten wollte und im Augenblicke der Ausführung seinen Soldaten eröffnete, was zu tun sei, sagt er: *Collegit et ipse animum, confusum tantae cogitatione rei.*[10] Es ist unmöglich für jeden, sei er auch noch so festen Mutes und noch so sehr daran gewöhnt, Menschen zu töten und den Degen zu führen, bei einer solchen Gelegenheit nicht verwirrt werden. Man muß daher in solchen Geschäften erfahrene Leute aussuchen und keinem anderen trauen, wenn er für noch so mutvoll gilt. Denn ohne die Probe gemacht zu haben, verlasse sich in großen Dingen niemand auf seinen Mut. Es kann also diese Verwirrung Ursache sein, daß dir entweder die Waffen aus der Hand fallen, oder daß du etwas sprichst, was dieselben Folgen hat. Lucilla, die Schwester des Commodus, befahl dem Quintian, ihn zu ermorden. Dieser erwartete Commodus am Eingang des Amphitheaters, stürzte mit entblößtem Dolch auf ihn zu und rief: „Dies schickt dir der Senat." Die Folge dieser Worte war, daß man ihm in den Arm fiel, ehe er zugestoßen hatte. Messer Antonio da Volterra war beauftragt, Lorenzo de' Medici zu töten; als er auf ihn eindrang, rief er: „Ha, Verräter!" Dieser Ausruf war die Rettung Lorenzos und der Zusammenbruch der obenerwähnten Verschwörung der Pazzi.

Eine Verschwörung gegen ein Haupt kann aus den angegebenen Ursachen unvollendet bleiben. Leicht aber bleibt sie unvollendet, wenn man sich gegen zwei Häupter verschwört; dies ist sogar so schwierig, daß es fast unmöglich gelingen kann. Dieselbe Handlung zur selben Zeit an verschiedenen Orten auszuführen ist fast unmöglich, und zu verschiedener Zeit kann man es nicht, wenn nicht die eine die andere verderben soll. Ist daher sich gegen einen Fürsten verschwören zweifelhaft, gefährlich und unklug, so ist sich gegen zwei verschwören völlig eitel und leichtsinnig. Wenn die Ehrfurcht vor dem Geschichtsschreiber nicht wäre, so würde ich niemals glauben, daß möglich wäre, was Herodian von Plautian sagt, daß er nämlich dem Centurio Saturninus aufgetragen habe, ganz allein Severus und Antonin, die an verschiedenen Orten wohnten, zu töten; denn diese Sache ist so sehr der Vernunft zuwider, daß mich eine andere Autorität nie zum Glauben vermögen würde. Einige athenische Jünglinge verschworen sich gegen Hippias und Hipparchus[11], die Tyrannen von Athen. Sie töteten Hipparchus, und Hippias, der am Leben blieb, rächte ihn. Chion und Leonidas von Heraklea, zwei Schüler Platos, verschworen sich gegen die Tyrannen Clearchus und Satyrus; Clearchus fiel und Satyrus, der davonkam, rächte ihn. Den Pazzi, die wir mehrmals angeführt, gelang nur, Giuliano niederzustoßen. Solcher Verschwörungen gegen mehrere Häupter muß sich

[10] Er sammelte seinen Geist, der durch den Gedanken an eine so große Sache verwirrt worden war.

[11] Machiavelli schreibt: Diokles.

daher ein jeder enthalten, da er dadurch weder sich, noch dem Vaterland, noch irgend jemand nützt; ja die, welche sich gerettet haben, werden nur noch unerträglicher und härter, wie es in Florenz, Athen und Heraklea der Fall war. Wahr ist, daß die Verschwörung des Pelopidas zur Befreiung Thebens, seines Vaterlands, mit allen diesen Schwierigkeiten verbunden war und dennoch den glücklichsten Erfolg hatte. Pelopidas verschwor sich nicht nur gegen zwei Tyrannen, sondern gegen zehn; er war nicht nur keiner ihrer Vertrauten und hatte keinen leichten Zutritt zu den Tyrannen, sondern er war Rebell; trotzdem konnte er nach Theben kommen, die Tyrannen töten und das Vaterland befreien. Nur den Beistand eines Ratgebers der Tyrannen namens Carion hatte er, der ihm den Eingang erleichterte. Doch niemand nehme sich ihn zum Muster; denn die Unternehmung war unmöglich und konnte nur durch ein Wunder gelingen, und auch die Schriftsteller halten sie dafür, indem sie sie als eine seltene, fast beispiellose Erscheinung darstellen.

Die Ausführung kann auch unterbrochen werden durch eine falsche Meinung oder einen unvorhergesehenen Zufall, der sich über der Tat ereignet. An dem Morgen, als Brutus und seine Mitverschworenen Cäsar ermorden wollten, sprach dieser zufällig lange mit Cn. Popilius Laena, einem der Verschworenen. Die anderen, diese lange Unterredung sehend, fürchteten, Laena werde dem Cäsar die Verschwörung entdecken, und waren auf dem Punkt, hier den Versuch der Ermordung Cäsars zu machen und nicht abzuwarten, bis er im Senat war. Sie würden es auch getan haben, wenn sie nicht dadurch, daß die Unterredung endete und Cäsar keine ungewöhnliche Bewegung zeigte, wieder beruhigt worden wären. Diese falschen Meinungen sind zu untersuchen und mit Klugheit zu berücksichtigen, um so mehr, je leichter man sich ihnen hingibt; denn wer ein böses Gewissen hat, glaubt leicht, man spreche von ihm. Du kannst ein zu einem anderen Zweck gesprochenes Wort hören, darüber den Kopf verlieren, glauben, es gehe dich an, und die Verschwörung durch die Flucht entdecken oder die Ausführung durch unzeitige Übereilung in Verwirrung bringen. So etwas ereignet sich um so leichter, wenn viele Mitwisser der Verschwörung sind.

Die Zufälle lassen sich, weil sie unverhofft sind, nur durch Beispiele zeigen, und hieraus mag man Vorsicht lernen. Giulio Belanti von Siena, dessen wir oben erwähnt haben, war gegen Pandolfo erbittert, der ihm die Tochter entriß, nachdem er sie ihm zur Gemahlin gegeben hatte, und beschloß, ihn zu ermorden. Er wählte die Zeit wie folgt: Pandolfo besuchte fast täglich einen kranken Verwandten, und sein Weg führte ihn am Haus Belantis vorbei. Dieser hatte dies beobachtet und entwarf den Plan, seine Mitverschworenen in seinem Haus bereitzuhalten, um Pandolfo im Vorbeigehen zu überfallen. Er stellte sich zu diesem Zweck bewaffnet hinter das Haustor, und einer war am Fenster, um ein Zeichen zu geben, wenn Pandolfo im Vorübergehen sich dem Tor nähern würde. Als nun Pandolfo kam und das Zeichen gegeben war, begegnete ihm zufällig ein Freund, der ihn anhielt, während einige seiner Begleiter weitergingen, Männer sahen und Waffengeräusch hörten und den Hinterhalt entdeckten, so daß Pandolio sich rettete und Belanti mit seinen Genossen aus Siena fliehen mußte. Dieses zufällige Begegnen verhinderte also die Ausführung und machte die Unternehmung Belantis scheitern. Gegen solche Zufälle läßt sich, weil sie selten sind, kein Mittel anwenden. Wohl aber muß man alle Zufälle, die im ordentlichen Lauf der Dinge eintreten könnten, erwägen und ihnen abhelfen.

Es bleibt uns jetzt nur noch übrig, von der Gefahr zu handeln, die man nach der Ausführung läuft. Hier ist die einzige Gefahr, daß jemand am Leben bleibt, der den ermordeten Fürsten rächt. Am Leben können bleiben seine Brüder, seine Kinder oder andere Verwandte, die die Anwartschaft auf die Krone haben und Rache üben. Sie können am Leben bleiben durch die: Nachlässigkeit der Verschworenen oder aus den obengenannten Ursachen. Giovanandrea da Lampugnano und seine Mitverschworenen hatten den Herzog von Mailand ermordet[12]; ein Sohn und zwei Brüder von ihm entgingen dem gleichen Schicksal und kamen zu rechter Zeit herbei, den Ermordeten zu rächen. In solchen Fällen kann man sicher den Verschworenen keine Schuld geben, denn sie können nichts dagegen tun; lassen sie aber aus Unklugheit oder Nachlässigkeit eines der bestimmten Opfer am Leben, so verdienen sie keine Entschuldigung. Einige verschworene Forliveser ermordeten ihren Herrn, den Grafen Girolamo[13] und bemächtigten sich seiner Gattin und seiner noch kleinen Kinder. Da sie nun ihres Lebens nicht sicher zu sein glaubten, wenn sie die Festung nicht in ihre Gewalt bekämen, und der Kastellan sie nicht übergeben wollte, so versprach Madonna Caterina, so nannte sich die Gräfin, sie wolle ihnen die Festung ausliefern lassen, wenn sie ihr erlaubten, hineinzugehen; unterdessen könnten sie ihre Kinder als Geiseln zurückbehalten. Auf dies Versprechen hin ließ man sie hineingehen. Kaum aber war sie drinnen, als sie ihnen von der Mauer herab die Ermordung ihres Gemahls vorwarf, die furchtbarste Rache drohte und, um zu beweisen, wie wenig sie sich um ihre Kinder bekümmere, mit den Worten ihre Geschlechtsteile zeigte, sie habe noch das Mittel, andere zu bekommen. Die Verschworenen, ohne sich raten zu können und zu spät ihren Fehler einsehend, litten in ewiger Verbannung die Strafe ihrer Unklugheit. Von allen Gefahren aber, die nach der Ausführung eintreten können, ist die wahrscheinlichste und am meisten zu fürchtende die, wenn das Volk den ermordeten Fürsten liebte; denn hiergegen haben die Verschworenen kein Mittel, weil sie sich gegen das

[12] Galeazzo Maria Sforza wurde am 26. Dezember 1476 ermordet.

[13] Girolamo Riario wurde am 14. April 1488 erstochen. Seine Gattin war die berühmte Caterina Sofrza.

Volk niemals sichern können. Ein Beispiel ist Cäsar, der von dem Volk gerächt wurde, weil es ihn liebte. Nachdem es die Verschworenen aus Rom verjagt hatte, war es Ursache, daß sie alle zu verschiedener Zeit und an verschiedenen Orten das Leben verloren.

Die Verschwörungen gegen das Vaterland sind weniger gefährlich für die Verschwörer als die gegen den Fürsten, weil bei der Einleitung weniger, bei der Ausführung dieselben Gefahren und nach der Ausführung gar keine vorhanden sind.

Bei der Einleitung ist nicht viel Gefahr, weil ein Bürger, ohne hierzu irgend jemand seine Gesinnung und seinen Plan mitteilen zu müssen, mächtig werden und, wird er hierin nicht gestört, sein Unternehmen glücklich ausführen kann. Wird er aber durch ein Gesetz gestört, so kann er andere Zeit abwarten und einen anderen Weg einschlagen. Dies gilt für eine Republik, wo schon einige Sittenverderbnis eingerissen ist; denn in einer unverdorbenen Republik, wo noch kein schlimmer Anfang gemacht ist, kann kein Bürger auf solche Gedanken geraten. Die Bürger können also durch viele Mittel und Wege nach der Herrschaft streben, wobei sie keine Gefahr laufen, sowohl weil die Republiken langsamer, weniger mißtrauisch und daher weniger vorsichtig sind als die Fürsten, als auch weil sie rücksichtsvoller gegen ihre großen Bürger sind, was diese wiederum kühner macht und zu Unternehmungen gegen das Vaterland ermutigt.

Jedermann hat Sallusts *Catilina* gelesen und weiß, daß Catilina nach der Entdeckung der Verschwörung nicht nur in Rom blieb, sondern sogar in den Senat ging und demselben sowie dem Konsul Schmähungen sagte; so große Rücksicht gewährte diese Stadt ihren Bürgern. Als er hierauf aus Rom abreiste und schon an der Spitze eines Heeres stand, würde man doch Lentulus und die anderen noch nicht ergriffen haben, wenn nicht eigenhändig von ihnen geschriebene Briefe sie offenbar angeklagt hätten. Hanno, einer der größten Bürger Karthagos, strebte nach der Tyrannei und hatte alles vorbereitet, bei der Hochzeit seiner Tochter den ganzen Senat zu vergiften und sich dann zum Fürsten zu machen. Als man dies erfuhr, tat der Senat zur Verhütung nichts anderes, als daß er ein Gesetz gab, das den Aufwand bei Gastmählern und Hochzeiten beschränkte, so große Rücksicht nahm er auf den Rang Hannos.

Wahr ist indessen, daß bei der Ausführung einer Verschwörung gegen das Vaterland mehr Schwierigkeit und größere Gefahr ist, weil selten deine eigenen Kräfte ausreichen gegen so viele; und nicht jeder hat ein Heer unter seinen Befehlen wie Cäsar, Agathokles, Kleomenes und andere, die auf einen Schlag mit Gewalt das Vaterland eroberten. Solchen ist freilich die Bahn sicher und eben genug, allein die anderen, die über keine so große Masse von Streitkräften verfügen können, müssen die Sache durch List und Kunst oder durch fremde Soldaten zum Ziel führen. Was List und Kunst betrifft, mag folgendes zum Beispiel dienen.

Der Athener Peisistratus hatte durch die Besiegung der Megarenser die Gunst des Volkes erworben. Eines Morgens kam er verwundet auf den Markt, sagte, der Adel habe ihm aus Eifersucht nachgestellt, und verlangte die Erlaubnis, Bewaffnete zu seinem Schutz, mit sich zu führen. Dies ermöglichte ihm leicht, zu solcher Macht emporzusteigen, daß er Tyrann Athens wurde.

Pandolfo Petrucci wurde mit anderen Verwiesenen nach Siena zurückgerufen und erhielt den Befehl über die Stadtwache, als einen mechanischen Dienst, den die anderen ausschlugen; nichtsdestoweniger gaben ihm diese Soldaten nach und nach solches Ansehen, daß er durch sie in kurzer Zeit Fürst wurde. Viele andere haben sich anderer Kunstgriffe und anderer Mittel bedient und haben mit der Zeit ohne Gefahr ihr Ziel erreicht.

Die, welche durch eigene Kraft oder mit fremden Waffen gegen die Freiheit ihres Vaterlandes sich verschworen haben, hatten verschiedene Erfolge, je nachdem ihnen das Glück günstig war. Catalina ging darüber zugrunde. Hanno, dem, wie wir erwähnt, sein Versuch mit Gift nicht gelang, bewaffnete viele Tausende seiner Anhänger und kam mit allen ums Leben. Einige der ersten Bürger von Theben riefen, um sich zu Tyrannen zu machen, ein spartanisches Heer zu Hilfe, und bemächtigten sich der Herrschaft. Wenn man so alle gegen das Vaterland unternommenen Verschwörungen durchgeht, so findet man keine oder wenige, die während der Einleitung unterdrückt worden wären; sondern alle gelangen oder mißlangen bei der Ausführung.

Nach der Ausführung ist keine andere Gefahr dabei als die mit der Natur der Herrschaft selbst verbundene; denn ist ein Mann Tyrann geworden, so drohen ihm die natürlichen und gewöhnlichen Gefahren der Tyrannei, gegen welche er nur die oben erörterten Mittel hat.

Dies ist, was ich über die Verschwörungen schreiben wollte. Wenn ich dabei von denen durch das Eisen und nicht durch Gift gehandelt habe, so geschah es, weil dieselben Regeln auf beide anzuwenden sind. Die durch Gift sind indessen gefährlicher, weil sie ungewisser sind. Da nicht jeder die Bequemlichkeit dazu hat, so muß man sich mit dem, der sie hat, verständigen, und diese Notwendigkeit, sich zu verständigen, bringt Gefahr. Überdies kann ein Gifttrank aus vielen Gründen nicht tödlich sein, wie bei Commodus, der das empfangene Gift wieder von sich gab; die Verschworenen waren daher genötigt, ihn zu erdrosseln, damit er starb.

Die Fürsten haben keinen größeren Feind als die Verschwörungen; denn ist eine Verschwörung gegen sie angezettelt, so tötet sie sie entweder oder bringt sie um ihren guten Namen. Gelingt sie nämlich, so sterben sie; wird sie entdeckt und sie lassen die Verschworenen hinrichten, so glaubt man immer, die ganze

Sache sei eine Erfindung des Fürsten gewesen, um seine Habsucht und seine Grausamkeit mit dem Blut und Vermögen der Hingerichteten zu befriedigen.

Ich will nicht ermangeln, den Fürsten oder die Republik, gegen die man sich verschwört, aufmerksam zu machen, daß sie, wenn sie eine Verschwörung erfahren, zuerst recht genaue Kenntnis über ihre Beschaffenheit zu erlangen suchen und die Verhältnisse der Verschwörer und ihre eigenen abwägen, ehe sie zu strafen unternehmen. Finden sie die Verschwörung weit ausgedehnt und mächtig, so dürfen sie sie nie eher aufdecken, als bis sie hinreichende Streitkräfte zu ihrer Unterdrückung gesammelt haben; handelten sie anders, so würden sie ihr eigenes Verderben aufdecken. Sie müssen sich daher mit aller Kunst verstellen, weil sonst die Verschworenen, sich entdeckt sehend, von der Not getrieben, ohne alle Rücksicht losschlagen. Zum Muster dienen die Römer.

Die Offiziere der zwei den Capuanern zum Schutze gegen die Samniter gelassenen Legionen verschworen sich gegen ihre Schützlinge, wie wir oben erzählt haben. Als man dies in Rom erfuhr, wurde dem neuernannten Konsul Rutilius aufgetragen, die Sache zu verhüten. Um die Verschworenen einzuschläfern, machte Rutilius bekannt, der Senat belasse die campanischen Legionen für ein weiteres Jahr in ihrem Standort. Die Soldaten, welche dies glaubten und zur Ausführung ihres Planes Zeit zu haben dachten, suchten die Sache nicht zu beschleunigen und blieben so lange untätig, bis sie merkten, daß sie der Konsul voneinander trennte. Jetzt erst schöpften sie Verdacht, gaben sich zu erkennen und schritten zur Ausführung ihres Willens.

Dieses Beispiel könnte nicht lehrreicher sein, sowohl was den einen als den anderen Teil betrifft. Man sieht daraus, wie langsam die Menschen sind, wo sie Zeit zu haben glauben, und wie rasch sie sind, wo sie die Not treibt. Ebenso kann ein Fürst oder eine Republik, die zu ihrem Vorteil den Ausbruch einer Verschwörung hinausschieben will, kein besseres Mittel anwenden, als geschickterweise den Verschworenen eine nahe Gelegenheit darzubieten, damit sie in der Erwartung dieser oder im Glauben Zeit zu haben, dem Fürsten oder der Republik Zeit geben, sie zu züchtigen.

Wer anders handelte, beschleunigte seinen Sturz, wie der Herzog von Athen[14] und Guglielmo de' Pazzi. Der Herzog, Tyrann von Florenz geworden, erfuhr, man habe sich gegen ihn verschworen, und ließ, ohne die Sache näher zu untersuchen, einen der Verschworenen ergreifen; die Folge war, daß die anderen sogleich die Waffen ergriffen und ihm die Herrschaft entrissen. Guglielmo, im Jahre 1501 Kommissar im Tal der Chiana, erfuhr, daß man in Arezzo zugunsten der Vitelli sich verschwöre, um die Stadt den Florentinern zu entreißen, begab

[14] Gauthier de Brienne, Herzog von Athen, Tyrann von Florenz, wurde am 3. August 1343 vertrieben.

sich sogleich in diese Stadt und ließ, ohne an die Kräfte der Verschworenen noch an die seinigen zu denken und ohne irgend für Soldaten zu sorgen, auf den Rat des Erzbischofs, seines Sohnes, einen der Verschworenen ergreifen; nach der Verhaftung dieses griffen die anderen sogleich zu den Waffen, entrissen den Florentinern die Stadt und Guglielmo wurde aus einem Kommissar ein Gefangener.

Sind hingegen die Verschwörungen schwach, so kann und soll man sie ohne Rücksicht unterdrücken.

Auch die beiden folgenden Maßregeln, die sich fast entgegengesetzt sind, sind auf keine Weise nachzuahmen. Der vorgenannte Herzog von Athen ließ, um zu zeigen, daß er die Liebe der florentinischen Bürger zu besitzen glaube, einen Mann hinrichten, der ihm eine Verschwörung entdeckte; und Dion von Syrakus erlaubte, um einen Mann, den er im Verdacht hatte, auf die Probe zu stellen, dem Kalippus, dem er vertraute, zum Schein eine Verschwörung anzuzetteln. Beide fuhren dabei übel; denn der eine nahm den Anklägern den Mut und gab ihn denen, die sich verschwören wollten; der andere bahnte den Weg zu seiner Ermordung, ja er war selbst das Haupt der Verschwörung, wie ihn die Erfahrung lehrte; denn Kalippus, der ohne Scheu gegen Dion unterhandeln konnte, unterhandelte so lange, bis er ihm Krone und Leben entrissen hatte.

7.

Woher es kommt, daß die Revolutionen oder Übergänge von der Freiheit zur Knechtschaft und von der Knechtschaft zur Freiheit zum Teil blutig, zum Teil unblutig sind.

Es könnte vielleicht jemand darüber im Zweifel sein, woher es kommt, daß von den vielen Staatsveränderungen, sei es nun aus einer Republik in eine Tyrannei oder umgekehrt, einige blutig, andere unblutig sind. Die Geschichte zeigt uns nämlich, daß bei solchen Umwälzungen manchmal eine Menge Menschen getötet wurden, manchmal kein einziger verletzt wurde, wie beim Übergang Roms von den Königen zu den Konsuln, wo nur die Tarquinier vertrieben wurden, ohne daß irgend jemand sonst verletzt worden wäre. Dies hängt nun von folgenden Umständen ab:

Entweder der Staat, welcher verändert wird, entstand durch Gewalt oder nicht. Entstand er durch Gewalt, so mußten viele dadurch verletzt werden; es ist dann bei seinem Sturz natürlich, daß sich die Verletzten rächen wollen, und dieses Verlangen nach Rache erzeugt Blut und Mord. Wenn hingegen ein Staat durch die einstimmige Übereinkunft einer Gesellschaft gebildet wurde, so ist später, wenn sich das Band dieser Gesellschaft auflöst, kein Grund vorhanden, jemand anders als das Haupt zu verletzen.

Dies war mit dem römischen Königreiche der Fall und mit der Vertreibung der Tarquinier; ebenso mit der Regierung der Medici, bei deren Sturz im Jahr 1494 gleichfalls niemand anderes außer ihnen verletzt wurde. Dies ist der Grund, warum solche Änderungen für ein Land nicht sehr gefährlich sind; äußerst gefährlich hingegen sind Umwälzungen, welche von Männern hervorgebracht werden, die sich zu rächen haben. In diesem Fall wurden immer Greuel verübt, bei deren Lesen man schaudert. Die Geschichte ist so voll solcher Beispiele, daß ich sie übergehen will.

8.

Wer eine Republik stürzen will, muß ihren Zustand in Betracht ziehen.

Es ist oben gesagt worden, daß ein schlechter Bürger in einer Republik, die nicht verdorben ist, nichts Böses tun kann. Dieser Schluß wird, außer den damals aufgezählten Gründen, auch durch das Beispiel des Spurius Cassius und Manlius Capitolinus bestätigt.

Spurius, ein ehrgeiziger Mann, wollte ungesetzliche Autorität in Rom ergreifen und sich das Volk durch viele Wohltaten gewinnen, unter anderem dadurch, daß er ihm die Felder, die die Römer, den Herniciern abgenommen hatten, verkaufte. Die Väter deckten seinen Ehrgeiz auf, und dies erregte solchen Argwohn gegen ihn, daß sein Anerbieten in einer Rede, den Ertrag des Kornes, das der Staat aus Sizilien hatte kommen lassen, dem Volk zu geben, von diesem rein ausgeschlagen wurde, da es ihm schien, Spurius wolle ihm mit diesem Geld seine Freiheit abkaufen. Wäre das Volk verderbt gewesen, so würde es diesen Preis nicht ausgeschlagen und ihm den Weg zur Tyrannei geöffnet haben, den es ihm verschloß.

Ein noch viel treffenderer Beweis ist das Schicksal des Manlius Capitolinus. Man sieht daraus, wie viele Vorzüge des Geistes und Körpers, wie viele schöne Taten zum Nutzen des Vaterlands eine gemeine Sucht zu herrschen aus dem Andenken verlöschen kann. Diese Herrschsucht wurde in Manlius, wie wir oben gesehen haben, durch die Eifersucht auf die Ehre erzeugt, die man dem Camillus erwies. Es bemächtigte sich seiner eine solche Geistesverblendung, daß er, die Sitten der Stadt nicht bedenkend und ihren Zustand, der sie noch nicht geeignet machte, eine schlechte Form anzunehmen, nicht erwägend, in Rom Aufruhr gegen den Senat und gegen die vaterländischen Gesetze stiftete. Bei dieser Gelegenheit erkennt man die Vollkommenheit dieses Freistaats und die Reinheit seiner Sitten. Im Prozeß des Manlius rührte sich keiner vom Adel, obgleich sie sonst einander auf das hartnäckigste verteidigten, zu seinem Beistand. Keiner seiner Verwandten versuchte etwas zu seinen Gunsten, und während es sonst Sitte war, mit den Angeklagten mit Asche bestreut, in Trauerkleidern und mit kummervollen Gebärden zu erscheinen, um Gnade zu erflehen, erschien kein einziger mit Manlius. Die Volkstribunen, die sonst alles zu begünstigen pflegten, was ihnen zum Vorteil des Volkes zu gereichen schien, und es um so mehr hervorhoben, je mehr es gegen die Interessen der Patrizier war, vereinigten sich in diesem Fall mit den Patriziern, um eine gemeinschaftliche Pest zu unterdrücken. Das Volk von Rom, sehr begierig auf seinen Vorteil und Förderer alles dessen, was gegen den Adel ging, begünstigte zwar anfänglich Manlius sehr; als ihn aber die Tribunen vorluden und seine Sache, dem Volk zur Entscheidung vorlegten, verurteilte ihn dasselbe Volk, vom Verteidiger zum Richter geworden, rücksichtslos zum Tod. Ich glaube daher nicht, daß man in der römischen Geschichte ein besseres Beispiel findet, um die Bürgertugend aller Stände dieser Republik zu beweisen, als dieses. Man sieht, daß keiner in der Stadt sich zur Verteidigung eines Bürgers erhob, der ausgestattet war mit allen Vorzügen, der öffentlich und als Privatmann eine Menge löblicher Taten getan hatte. Über sie alle vermochte die Vaterlandsliebe mehr als jede andere Rücksicht, und sie schlugen die gegenwärtigen Gefahren, die durch ihn drohten, so viel höher als seine früheren Verdienste an, daß sie sich durch seinen Tod daraus befreiten. Livius sagt: *Hunc exitum habuit vir, nisi in libera civitate natus esset, memorabilis.*[15]

Bei dieser Gelegenheit sind zwei Dinge zu bedenken: Das erste, daß man durch andere Mittel in einer verderbten Republik nach Ruhm zu streben hat, als in einer Republik, die noch ihrer Verfassung gemäß lebt. Das zweite, das fast dasselbe ist wie das erste, daß die Menschen in ihrer Handlungsweise, besonders bei großen Unternehmungen, die Zeiten in Betracht ziehen und sich danach richten müssen. Wer durch schlechte Wahl oder durch seine Natur nicht mit der Zeit übereinstimmt, in der er lebt, ist meistens unglücklich, sieht seine Unternehmungen scheitern und nimmt ein schlimmes Ende; umgekehrt ist es bei denen der Fall, die mit der Zeit übereinstimmen. Sicher läßt sich aus den angeführten Worten des Geschichtsschreibers schließen, daß Manlius, hätte er in den Zeiten des Marius und Sulla gelebt, wo Sittenverderbnis schon eingerissen war und wo er dem Staatskörper die Form seines Ehrgeizes geben konnte, dieselben Fortschritte gemacht und dieselben Erfolge gehabt haben würde wie Marius und Sulla und die anderen, die nach ihnen nach der Tyrannei strebten.

---

[15] Ein solches Ende nahm der – wäre er nicht in einem freien Staat geboren gewesen – ausgezeichnete Mann.

Ebenso würden Sulla und Marius in den Zeiten des Manlius über den ersten Versuchen ihrer Unternehmung zugrunde gegangen sein.

Ein Mann kann wohl den Grund zur Sittenverderbnis einer Stadt legen, doch sein Leben reicht nicht aus, das Volk so zu verderben, daß er selbst die Früchte ernten könnte. Wäre dies aber auch mit der Länge der Zeit möglich, so würde es die Handlungsweise des Menschen nicht erlauben, der von Natur ungeduldig ist und die Befriedigung seiner Leidenschaften nicht lange hinausschieben kann. Auch täuscht sich der Mensch in den Dingen, die ihn selbst betreffen, und besonders in dem, was er sehnlich wünscht. So läßt er sich aus Ungeduld und Selbsttäuschung in Unternehmungen gegen die Zeit ein und nimmt ein unglückliches Ende.

Um daher die Herrschaft in einer Republik ergreifen und ihr schlechte Formen geben zu wollen, muß man die Maschine durch die Zeit verrückt und nach und nach von Generation zu Generation zur Unordnung geführt finden; ein Zustand, wohin sie notwendigerweise kommt, wenn sie nicht häufig durch gute Beispiele aufgefrischt und durch neue Gesetze zu ihrem Anfang zurückgeführt wird.

In einer verderbten Republik geboren, wäre Manlius also ein seltener ausgezeichneter Mann gewesen. Es müssen daher die Bürger, welche sich in Republiken in eine Unternehmung zugunsten der Freiheit oder zugunsten der Tyrannei einlassen, den Zustand der Republik in Betracht ziehen und hiervon auf die Schwierigkeit ihrer Unternehmung schließen. Denn es ist ebenso schwer und gefährlich, ein Volk, das in Sklaverei leben will, frei zu machen, als ein Volk, das Freiheit atmet, in Ketten zu legen.

Da ich aber oben gesagt habe, daß man bei seinen Handlungen die Zeiten erwägen und danach zu Werke gehen müsse, so will ich im folgenden Kapitel ausführlich hierüber sprechen.

9.

Wer immer glücklich sein will, muß mit den Zeiten gehen.

Oft habe ich über die Ursachen des Glücks und Unglücks der Menschen nachgedacht und glaube sie darin gefunden zu haben, daß ihre Handlungsweise in ihre Zeit paßt oder nicht paßt. Die Menschen geben bei ihren Handlungen, die einen mit Ungestüm, die anderen mit Zögern und Vorsicht zu Werke. Nun wird zwar in beidem die gehörige Grenze überschritten, da man nicht auf dem rechten Weg bleiben kann, und so in beidem gefehlt. Allein der fehlt weniger und hat günstige Erfolge, dessen Art zu handeln in seine Zeit paßt. Immer und immer tut der Mensch jedoch nur das, wozu ihn seine Natur zwingt.

Jeder weiß, daß Fabius Maximus bedächtig und vorsichtig im völligen Widerspruch mit der römischen Kraft und Kühnheit Krieg führte; und sein Verfahren paßte in die Zeit. Hannibal war als Jüngling mit frischem Glück nach Italien gezogen und hatte dreimal das römische Volk geschlagen. Die Republik, fast aller ihrer guten Soldaten beraubt und entmutigt, konnte kein günstigeres Geschick haben, als einen Feldherrn zu besitzen, der durch sein Zögern und seine Vorsicht den Feind in Schach hielt. Ebenso konnte Fabius in keine zu seiner Handlungsweise besser passende Zeit fallen, und daher kam es, daß er sich Ruhm erwarb. Daß aber Fabius seiner Natur zufolge, nicht aus freier Wahl, handelte, ersieht man daraus, daß, als Scipio, um den Krieg zu beenden, mit dem Heer nach Afrika übersetzen wollte, Fabius sich aus allen Kräften widersetzte, weil er sich nicht von seiner Denkart und Gewohnheit losmachen konnte. Wäre es auf ihn angekommen, Hannibal stünde noch in Italien; denn er begriff nicht, daß sich die Zeiten verändert hatten, und daß man also auch die Art, den Krieg zu führen, ändern mußte. Wäre daher Pabius König von Rom gewesen, so hätte der Krieg leicht unglücklich ausgehen, weil er mit seiner Art zu verfahren nicht zu wechseln gewußt hätte, je nachdem die Zeiten wechselten. Da er hingegen in einer Republik geboren wurde, wo es verschiedene Bürger und verschiedene Charaktere gab, so hatte die Republik, wie sie einen Fabius hatte, der in der passenden Zeit zur Unterhaltung des Krieges vorzüglich war, später einen Scipio, den Krieg zur rechten Zeit siegreich zu beenden.

Dies letztere ist der Grund, warum eine Republik eine längere Dauer und länger gutes Glück hat als ein Königreich. Sie kann sich wegen der Verschiedenheit ihrer Bürger besser in die verschiedenen Zeiten schicken als ein Fürst. Ein Mann hingegen, der an eine Art zu handeln gewöhnt ist, ändert sich niemals und muß, wenn die wechselnde Zeit seiner Art zu handeln widerstrebt, notwendig untergehen.

Piero Soderini verfuhr in allem, was er tat, mit Humanität und Langmut. Er machte sein Vaterland glücklich, solange die Zeiten seiner Handlungsweise gemäß waren; als aber später Zeiten kamen, die erforderten, der Geduld und Humanität ein Ende zu machen, wußte er es nicht zu tun und erlitt samt seinem Vaterland Schiffbruch. Papst Julius II. verfuhr während der ganzen Dauer seines Pontifikates mit Ungestüm und Heftigkeit; und weil ihn die Zeiten unterstützten, gelangen ihm alle seine Unternehmungen. Kamen aber andere Zeiten, die andere Handlungsweise erforderten, so mußte er notwendig stürzen; denn er hätte weder seine Denkart noch Handlungsweise geändert.

Zwei Dinge sind die Ursache, daß wir uns nicht ändern können. Erstens können wir uns dem nicht widersetzen, wozu sich unsere Natur hinneigt. Zweitens ist es unmöglich, einen Mann, dem durch eine Art zu verfahren viel geglückt ist, zu überzeugen, er könne gut daran tun, anders zu verfahren. Daher kommt es, daß das Glück eines Mannes wechselt; denn die Zeiten wechseln, er aber wechselt nicht sein Verfahren. Auch der Untergang der Städte entsteht aus dieser Ursache, weil die Institutionen der Republiken nicht mit den Zeiten geändert werden (wie wir oben ausführlich besprochen haben). Gewöhnlich kommen sie zu spät und zögern zu lange mit diesen Veränderungen; denn nur die Macht der Ereignisse, die die ganze Maschine erschüttert, kann sie dazu vermögen; ein einzelner Mann, dessen Scharfblick die Notwendigkeit anders zu handeln erkennt, reicht dazu nicht aus.

Da ich aber Fabius Maximus erwähnt habe, der Hannibal im Schach hielt, so will ich bei diesem Anlaß im folgenden Kapitel untersuchen, ob ein Feldherr, der seinem Gegner durchaus eine Schlacht liefern will, von diesem daran verhindert werden kann.

10.

Daß ein Feldherr der Schlacht nicht ausweichen kann, wenn der Gegner durchaus schlagen will.

Cneus Sulpicius Dictator, adversus Gallos bellum trahebat, nolens se fortunae committere adversus hostem, quem tempus deteriorem in dies, et locus alienus, faceret.[16]

Wenn ein Irrtum besteht, in welchem alle Menschen oder der größere Teil befangen sind, so ist es sicher nichts Übles, ihn öfter zu widerlegen. Obgleich ich daher schon mehrere Male gezeigt habe, wie sehr wir in der Behandlung der großen und wichtigen Dinge von den Alten abweichen, so scheint es mir doch nicht überflüssig, dies auch bei dieser Gelegenheit zu zeigen.

Weicht man in irgend etwas von den Alten ab, so ist dies gewiß in der Kriegsführung der Fall, wo nichts mehr von alledem beobachtet wird, worauf die Alten so großen Wert legten. Der Grund dieses Mißstandes liegt darin, daß die Republiken und Fürsten diese Sorge anderen übertragen und, um die damit verbundene Gefahr zu meiden, sich ganz vom Krieg losgesagt haben. Sieht man auch manchmal in unseren Tagen einen König in Person zu Felde ziehen, so darf man deshalb nicht glauben, der Krieg werde dadurch auf eine bessere, lobenswertere Art geführt. Sein Beweggrund ist dann, Pomp und Pracht zu zeigen, nicht aber irgend etwas anderes, das Lob verdiente. Doch machen die Könige keine so großen Fehler, da sie doch manchmal selbst ihre Heere, die Musterung passieren lassen und dem Titel nach Feldherren sind, was die Repu-

[16] Der Diktator Cn. Sulpicius zog den Krieg gegen die Gallier in die Länge, da er sich dem Glück gegen einen Feind nicht überlassen wollte, den die Zeit und der ungünstige Ort von Tag zu Tag schwächte.

bliken und besonders die italienischen nicht tun, die sich auf andere verlassen und gar nichts von allem verstehen, was zum Krieg gehört, während sie doch, um als Fürst zu erscheinen, raten und leiten wollen und hierbei tausend Fehler machen. Einige davon habe ich schon anderwärts mitgeteilt, einen der bedeutendsten will ich jetzt nicht verschweigen.

Wenn solche Müßiggänger von Fürsten oder solche weibische Republiken einen Feldherrn aussenden, glauben sie ihm keine weisere Instruktion geben zu können, als daß er sich auf keine Schlacht einlassen, ja daß er sich vor allen Dingen vor dem Kampf hüten soll. Sie glauben hierin die Klugheit des Fabius Maximus, der durch Aufschub des Kampfes Rom rettete, nachzuahmen und sehen nicht ein, daß eine solche Instruktion in den meisten Fällen ein Unsinn oder schädlich ist; denn ein Heerführer, der sich im Feld halten will, kann nie die Schlacht vermeiden, wenn sein Gegner auf jede Weise schlagen will. Eine solche Instruktion heißt also nichts anderes als: liefere die Schlacht, wenn's dem Feind vorteilhaft ist, nicht dir.

Um im Feld zu bleiben und keine Schlacht zu liefern, gibt es nur ein sicheres Mittel, nämlich sich wenigstens fünfzig Meilen vom Feind entfernt aufzustellen und gute Späher zu haben, damit man sogleich, wie er sich nähert, wieder weitereilen kann. Ein anderes Mittel, der Schlacht auszuweichen, ist, sich in eine Festung einzuschließen, und beide Mittel sind durchaus verderblich. Im ersten Fall läßt man sein Land dem Feind zur Beute, und jeder tapfere Fürst wird eher in der Schlacht das Kriegsglück versuchen wollen, als den Krieg zu so großem Schaden seiner Untertanen in die Länge ziehen. Im zweiten Fall ist der unglückliche Ausgang des Krieges vorauszusehen; denn mit einem ganzen Heer in einer Festung eingeschlossen und belagert, mußt du bald Hunger leiden und dich ergeben. Durch diese beiden Mittel der Schlacht ausweichen ist also durchaus verderblich.

Dieses Verfahren des Fabius Maximus, sich immer in festen Stellungen zu halten, ist gut, wenn dein Heer so tapfer ist, daß der Feind dich in deiner vorteilhaften Position nicht anzugreifen wagen kann. Man kann eigentlich nicht sagen, Fabius habe die Schlacht vermieden, er wollte sie vielmehr zu seinem Vorteil liefern. Wäre Hannibal gegen ihn gerückt, so hätte er ihn erwartet und ihm eine Schlacht geliefert; doch Hannibal wagte niemals zu kämpfen, wo und wie Fabius wollte. Man kann also sagen, sowohl Hannibal als Fabius haben die Schlacht vermieden; hätte hingegen einer von beiden auf jede Weise schlagen wollen, so hatte der andere nur drei Mittel dagegen, nämlich die beiden angeführten oder die Flucht. Daß das, was ich sage, wahr sei, ersieht man auf das deutlichste aus vielen Beispielen und besonders aus dem Kriege der Römer gegen Philipp von Mazedonien, den Vater des Perseus.

Philipp, von den Römern angegriffen, beschloß die Schlacht zu vermeiden und wollte anfänglich das Beispiel des Fabius Maximus nachahmen, indem er sich mit dem Heer auf der Kuppe eines Berges festsetzte, sich daselbst verschanzte und nun fest glaubte, die Römer würden ihn nicht anzugreifen wagen. Sie kamen aber doch, bekämpften ihn und vertrieben ihn von seinem Berg, und er mußte, unfähig zu widerstehen, mit dem größten Teil seiner Leute in der Flucht sein Heil suchen. Nur die Schwierigkeit des Terrains und die Unebenheit des Landes, welche die Römer am Verfolgen hinderte, rettete sein Heer vor der gänzlichen Aufreibung. Da also Philipp nicht schlagen wollte, in der Nähe der Römer gelagert fliehen mußte und aus dieser Erfahrung gelernt hatte, daß zur Vermeidung des Kampfes auf den Bergen zu stehen nicht hinreichte, er sich aber auch nicht in die Festungen einschließen wollte, so beschloß er, das dritte Mittel zu wählen, das heißt sich viele Meilen weit vom römischen Lager fernzuhalten. Waren daher die Römer in einem Teil seiner Staaten, so zog er in einen anderen und ging so immer dorthin, von wo die Römer abzogen. Als er aber am Ende sah, daß durch die Verlängerung des Krieges auf diesem Weg seine Lage nur schlimmer wurde und daß seine Untertanen bald von ihm selbst, bald vom Feind bedrückt wurden, beschloß er, das Kriegsglück zu versuchen und lieferte den Römern eine richtige Schlacht.

Es ist also nützlich, nicht zu kämpfen, wenn sich bei den Heeren dieselben Bedingungen finden wie bei dem Heer des Fabius und des Cneus Sulpicius, das heißt wenn du ein so gutes Heer hast, daß dich der Feind nicht in deinen Verschanzungen anzugreifen wagt, und wenn der Feind, ohne viel Fuß gefaßt zu haben, in deinem Land sieht und deshalb an Lebensmitteln Not leidet. In diesem Fall ist die Maßregel aus folgenden von Livius angegebenen Gründen nützlich: *Nolens se fortunae committere adversus hostem, quem tempus deteriorem in dies, et locus alienus, faceret.* In jeder anderen Lage läßt sich die Schlacht nur mit Unehre und Gefahr vermeiden. Die Flucht ergreifen wie Philipp ist so gut als geschlagen werden, und die Schande ist um so größer, je weniger man Tapferkeit gezeigt hat. Wenn es ferner ihm gelang, sich zu retten, so wird es deshalb doch niemals einem anderen gelingen, der nicht wie er durch die Beschaffenheit des Landes begünstigt ist.

Nie wird sich jemand einfallen lassen, Hannibal die Meisterschaft in der Kriegführung abzusprechen. Hätte er, als ihm in Afrika Scipio gegenüberstand, darin Vorteil gefunden, daß er den Krieg in die Länge zog, so würde er es sicher getan haben. Als guter Feldherr würde er es mit einem guten Heer vielleicht wie Fabius in Italien gekonnt haben; da er es aber nicht tat, so muß man wohl glauben, daß er wichtige Gründe hatte, nicht so zu handeln. In der Tat ist ein Fürst, der ein Heer zusammengebracht hat, das er offenbar aus Mangel an Geld oder Verbündeten nicht lange beisammenhalten kann, völlig blödsinnig, wenn er nicht vorher das Glück versucht, ehe sein Heer auseinanderläuft; denn wartet er, so verliert er sicherlich, versucht er dagegen sein Glück, so kann er vielleicht den Sieg davontragen. Eine zweite Sache kommt hier noch sehr in Betracht, nämlich daß man auch unterliegend soll Ruhm erwerben wollen und daß es rühmlicher ist, durch die Waffen besiegt zu werden als durch einen anderen Mißstand den Krieg zu verlieren. So mußte also Hannibal durch die angeführte Notwendigkeit gezwungen sein, gerade so zu handeln, wie er handelte. Hätte aber auf der anderen Seite auch Hannibal die Schlacht hinausschieben können, und hätte Scipio auch nicht Mut genug gehabt, ihn in festen Stellungen anzugreifen, so litt darunter der römische Feldherr doch nichts, da er schon den König Syfax geschlagen und soviel afrikanische Städte erobert hatte, daß er in Afrika sicher und im Überfluß wie in Italien bleiben konnte. Dies letztere war nicht bei Hannibal der Fall, als er Fabius gegenüberstand, noch bei den Galliern, die Sulpicius gegen sich hatten.

Viel weniger kann man im Angriffskrieg die Schlacht vermeiden. Will man in das Land des Feindes eindringen, so muß man sich wohl mit ihm schlagen, wenn er sich widersetzt; und belagert man eine Festung, so ist man noch mehr zur Schlacht genötigt. So wurde in unserer Zeit Herzog Karl von Burgund, der Murten, eine schweizerische Stadt, belagerte, von den Schweizern angegriffen und geschlagen; und ebenso wurde das französische Heer, das vor Novara lag, von den Schweizern besiegt.

11.

Wer mit mehreren Gegnern zu kämpfen hat, wird, obgleich schwächer, siegen, wenn er nur die ersten Angriffe aushalten kann.

Die Macht der Volkstribunen war groß und notwendig, wie wir mehrere Male erörtert haben; denn anders hätte sich dem Ehrgeiz des Adels kein Zügel anlegen lassen, und dieser Ehrgeiz würde die Republik viel früher verdorben haben, als es wirklich geschah. Wie ich jedoch schon früher gesagt habe, liegt in jeder Sache irgendein eigentümliches Übel verborgen, aus dem unerwartete Ereignisse entstehen, so daß es nötig ist, dagegen durch neue Einrichtungen Vorkehrungen zu treffen. So wurden auch die Tribunen übermütig und dem Adel und ganz Rom furchtbar. Es würde daraus irgendein der römischen Freiheit schädlicher Mißstand entsprungen sein, wenn Appius Claudius nicht die Art gezeigt hätte, wie man sich gegen den Ehrgeiz der Tribunen zu verteidigen habe. Man fand nämlich immer einen unter ihnen, der entweder furchtsam oder bestechbar oder ein Freund des allgemeinen Wohles war, und wußte diesen so zu stimmen, daß er sich den anderen Tribunen widersetzte, die irgendeinen Beschluß gegen den Willen des Senats durchsetzen wollten. Dies Mittel mäßigte eine so große Autorität sehr und war für Rom lange Zeit von Nutzen.

Diese Sache hat mich auf die Betrachtung geleitet, daß jedesmal, wenn viele Mächte gegen eine Macht verbündet und sie alle zusammen auch mächtiger sind als diese, man doch mehr von der einen und weniger starken erwarten müsse als von den vielen, obgleich sie sehr stark sind. Um von allen den Dingen, bei denen ein allein Handelnder im Vorteil ist, und diese Dinge sind unzählig, gar nicht zu sprechen, wird er immer mit ein wenig Geschicklichkeit die vielen entzweien und sie so, die in ihrer Gesamtheit stark waren, schwach machen können. Ich will hier keine alten Beispiele, wovon es eine Menge gibt, anführen, es sollen mir die neueren aus unserer Zeit genügen.

Ganz Italien verbündete sich im Jahre 1484 gegen die Venezianer, die den Krieg völlig verloren und kein Heer mehr ins Feld zu stellen vermochten. Sie bestachen jetzt den Herzog von Mailand, Ludwig Sforza, und erhielten dadurch einen so günstigen Friedensschluß, daß sie nicht nur ihre verlorenen Städte zurückerhielten, sondern noch einen Teil des Staates Ferrara an sich rissen. So wurden sie im Krieg besiegt und wurden Sieger durch den Frieden.

Vor wenigen Jahren verbündete sich die ganze Welt gegen Frankreich. Ehe man aber das Ende des Krieges sah, lehnte sich Spanien gegen die übrigen Verbündeten auf, schloß einen besonderen Frieden, und so wurden die anderen gezwungen, bald darauf auch ihrerseits Frieden zu schließen.

Wenn daher von vielen einem der Krieg erklärt wird, so muß man ohne Zweifel stets urteilen, daß der eine die Oberhand erhalten wird, wenn er so viel Tapferkeit besitzt, daß er die ersten Angriffe aushalten und Zeit gewinnend Zeit und Gelegenheit abwarten kann. Ist dies freilich nicht so, dann ist er tausend Gefahren ausgesetzt, wie die Venezianer im Jahre 1508. Hätten diese dem französischen Heer gegenüber Zeit gewinnen können und Zeit gehabt, einen der Fürsten zu gewinnen, die sich in Cambrai gegen sie verbündet hatten, so würden sie jenem Zusammenbruch entgangen sein. Da hingegen ihr Heer nicht tapfer genug war, den Feind hinzuhalten, und sie deshalb keine Zeit hatten, einen der Fürsten von der Liga zu trennen, so verloren sie den Krieg.[17] Wirklich sah man auch, daß der Papst, nachdem er die ihm gehörenden Staaten wieder hatte, mit ihnen Freundschaft schloß, und ebenso Spanien[18]; sehr gerne aber würden beide Fürsten, wenn sie gekonnt hätten, ihnen die Lombardei gegen Frankreich erhalten haben, damit dieses in Italien nicht so mächtig geworden wäre. Die Venezianer konnten daher ein Glied aufopfern, um den Körper zu

[17] Die Liga von Cambrai wurde 1508 gegen Venedig geschlossen. Am 14. Mai 1509 wurden die Venetianer bei Ghiaradadda geschlagen und verloren Cremona, Bergamo, Brescia, Verona, Vicenza und Padua.

[18] Der Papst 1510, Spanien 1511.

retten; allein diese Maßregel, die sehr weise gewesen wäre, wäre sie früh genug ergriffen worden, um nicht als gezwungen zu erscheinen, das heißt ehe sich die Terra ferma erhob, war jetzt schimpflich und durch die Umstände von wenig Nutzen. Aber vor dem Ausbruch des Aufstands konnten wenige Bürger Venedigs die Gefahr erkennen, sehr wenige die Abhilfe sehen und keiner dazu raten.

Um aber wieder zum Anfang des Kapitels zurückzukehren, ziehe ich den Schluß: daß, wie der römische Senat zum Heil des Vaterlands gegen den Ehrgeiz der Tribunen dadurch ein Mittel fand, daß es viele waren, ebenso ein Fürst, der von vielen Gegnern angegriffen wird, jedesmal ein Mittel finden wird, wenn er mit Klugheit die rechten Maßregeln zu ihrer Entzweiung zu ergreifen versteht.

12.

Daß ein geschickter Feldherr seine Soldaten auf jede Weise in die Notwendigkeit zu kämpfen versetzen, für die Feinde aber diese Notwendigkeit beseitigen soll.

Wir haben schon anderwärts gesagt, wie nützlich der Zwang der Not den menschlichen Handlungen ist, zu welchem Ruhm er sie geführt hat, und daß man in den Werken einiger Philosophen über den menschlichen Geist findet, der Mensch würde durch seine Hände und durch seine Zunge, diese zwei edelsten Werkzeuge zu seiner Verherrlichung, nichts so Vollkommenes hervorgebracht noch in seinen Werken eine solche Erhabenheit erreicht haben, wenn er nicht durch die Not angetrieben worden wäre.

Die alten Feldherren kannten die Macht der Notwendigkeit wohl, sie wußten, welche Hartnäckigkeit im Kampf sie dem Gemüt des Soldaten einflößt, und taten alles, daß ihre Soldaten in diese Notwendigkeit versetzt wurden. Auf der anderen Seite bemühten sie sich auf jede Weise, die Feinde davon zu befreien. Sie öffneten zu diesem Zweck häufig dem Feind einen Ausgang, den sie ihm verschließen konnten, und verschlossen ihren eigenen Soldaten eine Pforte, die sie offen halten konnten.

Will man daher, daß sich eine Festung hartnäckig verteidigt oder daß ein Heer hartnäckig im Feld kämpft, so muß man sich vor allem bestreben, die Kämpfer in eine solche Notwendigkeit zu versetzen. Ebenso muß ein kluger Feldherr, der eine Stadt einzunehmen hat, die Leichtigkeit oder Schwierigkeit seiner Unternehmung nach der Notwendigkeit bemessen, welche die Einwohner zur Verteidigung zwingt. Findet er diese Notwendigkeit dringend, so halte er die Einnahme für schwer; wo nicht, so halte er sie für leicht. Daß Städte nach einem Aufstand schwerer zu erobern sind als das erstemal, hat denselben

Grund. Das erstemal hatten sie keine Ursache, Strafe zu fürchten, weil sie nicht beleidigt hatten, und ergaben sich leicht; haben sie sich aber später gegen den Sieger erhoben, so glauben sie ihn beleidigt zu haben, fürchten die Strafe und sind viel schwerer einzunehmen.

Eine solche Hartnäckigkeit entsteht auch bei benachbarten Fürsten und Republiken aus einem natürlichen Haß, der in der Herrschsucht und Eifersucht auf ihre Unabhängigkeit seinen Grund hat; besonders ist dies bei benachbarten Republiken der Fall, wie in Toskana. Dieser Wettstreit und dieses Entgegenstreben hat von jeher die Eroberung der einen durch die andere schwierig gemacht. Wer daher die Nachbarn der Florentiner und die Venedigs gehörig betrachtet, wird sich nicht wundern, wie es viele tun, daß Florenz größere Summen im Krieg aufgewendet und doch weniger erobert hat als Venedig. Alles kommt daher, daß die Nachbarstädte Venedigs sich nicht so hartnäckig verteidigten wie die der Republik Florenz, weil sie alle unter einem Fürsten und nicht frei zu leben gewohnt waren. Wer aber zu dienen gewöhnt ist, kümmert sich wenig darum, ob er den Herrn wechselt, ja er wünscht es oft. So konnte Venedig seine Nachbarn, obgleich sie mächtiger waren als die Nachbarn von Florenz, schneller besiegen als dieses, das von freien Städten umgeben war, die seinigen.

Wenn also, um wieder auf das vorhin Gesagte zurückzukommen, ein Feldherr eine Stadt angreifen will, so muß er sich auf alle Weise bestreben, sie der Notwendigkeit der Verteidigung zu entheben und hierdurch die Hartnäckigkeit der Verteidigung zu vermeiden. Fürchtet sie Strafe, so verspreche er Verzeihung, fürchtet sie für ihre Freiheit, so sage er, der Krieg sei nicht gegen das allgemeine Wohl gerichtet, sondern werde nur gegen einige Ehrgeizige der Stadt geführt. Dies hat häufig eine Unternehmung und die Einnahme der Städte erleichtert. Obgleich solche Vorwände, besonders von klugen Männern, leicht durchschaut werden, so wurden die Völker doch häufig dadurch getäuscht, da sie, nach augenblicklichem Frieden begierig, die Augen für jede Schlinge verschließen, die unter den großen Versprechungen gelegt ist. Auf diesem Wege wurden eine Menge Städte dienstbar, worunter Florenz in den neuesten Zeiten. Ebenso erging es Crassus und seinem Heer. Obschon er die Täuschung der Versprechungen der Parther durchschaute, die nur zum Zwecke hatten, seine Soldaten glauben zu machen, daß sie nicht durch die Not zur Verteidigung gezwungen seien, so konnte er es doch nicht dahin bringen, sie hartnäckig zu erhalten, da sie durch die Friedensanträge der Feinde zu sehr verblendet waren; man findet dies ausführlich im Leben des Crassus.

Als die Samniter, den Bedingungen des Vertrages zuwider, durch den Ehrgeiz einiger weniger Männer angestiftet, das Gebiet römischer Bundesgenossen angegriffen und beraubt hatten, hierauf aber Gesandte nach Rom schickten, um Frieden zu bitten, mit dem Anerbieten, die Beute zurückzugeben und die Urheber der Unordnung auszuliefern, wurden sie von den Römern zurückgewiesen. Als nun die Gesandten ohne Hoffnung eines Ausgleichs nach Samnium zurückgekehrt waren, hielt Clundius Pontius, der damalige Feldherr des samnitischen Heeres, eine merkwürdige Rede, worin er ihnen zeigte, daß Rom durchaus Krieg wolle, und obgleich sie Frieden wünschten, so zwinge sie doch die Notwendigkeit zum Kriege, und: *Iustum est bellum, quibus necessarium, et pia arma, quibus nisi in armis spes est*[19]; und auf diese Notwendigkeit gründete er mit seinen Soldaten die Hoffnung des Sieges.

Um nicht mehrere Male auf diesen Gegenstand zurückkommen zu müssen, will ich hier auch die merkwürdigsten römischen Beispiele anführen. Cajus Manilius stand mit einem Heere den Vejentern gegenüber. Als nun ein Teil des vejentischen Heeres innerhalb der Palisaden des Manilius eingedrungen war, eilte dieser, der sich gerade mit einer Truppenabteilung auswärts befand, zu Hilfe und besetzte, damit die Vejenter nicht entfliehen könnten, alle Ausgänge des Lagers. Die Vejenter aber, die sich eingeschlossen sahen, fochten jetzt mit so verzweifelter Wut, daß sie Manilius töteten und alle übrigen Römer niedergehauen haben würden, wenn ihnen nicht durch die Klugheit eines Tribunen ein Weg zum Rückzug geöffnet worden wäre. Man sieht hieraus, daß die Vejenter, solange sie die Not zum Kampf zwang, auf das tapferste fochten, daß sie aber, als sich der Weg offen zeigte, mehr auf die Flucht als auf den Kampf bedacht waren.

Zwei volskische und äquische Heere hatten die römische Grenze überschritten. Beide Konsuln wurden gegen sie ausgesandt. Im Verlauf der Schlacht befand sich das Heer der Volsker, das von Vettius Messius geführt wurde, plötzlich zwischen seinem Lager, das die Römer weggenommen hatten, und dem zweiten römischen Heer eingeschlossen. Messius sah, daß ihm nur die Wahl blieb zwischen Tod oder dem Entschluß, sich mit dem Schwert einen Weg zu bahnen, und sprach zu seinen Soldaten: *Ite mecum, non murus, nec vallum, sed armati armatis obstant; virtute pares, necessitate, quae ultimum ac maximam telum est, superiores estis.*[20] So nennt Livius die Notwendigkeit: *ultimum ac maximum telum.*

Als Camillus, der klügste aller römischen Feldherren, mit seinem Heer schon innerhalb der Stadt Veji war und, um sich ihrer leichter vollends zu bemächtigen, den Feinden die Notwendigkeit, sich bis aufs äußerste zu verteidigen, entziehen wollte, ließ er auf eine Weise Befehl geben, daß es alle Vejenter hören

[19] Die führen einen gerechten Krieg, die einen notwendigen Krieg führen, und fromm sind die Waffen, wo die Hoffnung nur auf den Waffen beruht.

[20] Folgt mir nach, keine Mauer, kein Wall, sondern Bewaffnete stehen Bewaffneten gegenüber; an Tapferkeit seid ihr ihnen gleich, durch die Not, die letzte stärkste Waffe, überlegen.

konnten, niemand solle diejenigen verletzen, die die Waffen niedergelegt hätten. Alles warf die Waffen von sich, und die Stadt wurde fast ohne Blutvergießen genommen. Diese Maßregel wurde später von vielen Feldherren nachgeahmt.

13.

Auf wen man mehr bauen könne, auf einen guten Feldherrn mit einem schlechten Heer oder auf ein gutes Heer mit einem schlechten Feldherrn.

Nachdem Coriolan aus Rom verbannt war, begab er sich zu den Volskern, warb selbst ein Heer, um sich an seinen Mitbürgern zu rächen, und zog vor Rom, von wo er mehr aus kindlicher Pietät gegen seine Mutter wieder abzog, als daß ihn die römischen Streitkräfte dazu gezwungen hätten.

Livius sagt, man erkenne hieraus, daß die römische Republik mehr durch das Verdienst ihrer Feldherren als ihrer Soldaten angewachsen sei, indem die Volsker früher immer geschlagen worden wären und nur so lange siegten, als Coriolan an ihrer Spitze stand. Obgleich aber Livius hier diese Meinung äußert, ersieht man doch aus vielen Stellen seiner Geschichte, daß die Soldaten ohne Feldherren Wunder der Tapferkeit taten, daß sie besser geordnet blieben und größeren Mut zeigten, nachdem die Konsuln gefallen waren, als vorher. So konnte zum Beispiel das unter den Scipionen nach Spanien geschickte Heer, nachdem beide Feldherren gefallen, durch seine eigene Tapferkeit nicht nur sich retten, sondern auch den Feind besiegen und jenes Land der Republik erhalten.

Wenn man daher alles genau untersucht, so wird man viele Beispiele finden, wo die Tapferkeit der Soldaten allein die Schlacht gewann, und viele andere, wo die Tapferkeit der Feldherren allein dasselbe getan; so daß man schließen kann, der Feldherr bedürfe so sehr des Heeres wie das Heer des Feldherrn.

Wohl aber kann man ernstlich in Erwägung ziehen, was man mehr zu fürchten habe, ein gutes Heer mit einem schlechten Feldherrn oder einen guten Feldherrn mit einem schlechten Heer. Dem Ausspruch Cäsars zufolge braucht man weder das eine noch das andere hoch anzuschlagen. Als er nämlich in Spanien gegen Afranius und Petrejus zog, die ein gutes Heer hatten, sagte er, er achte sie gering: *Quia ibat ad exercitum sine duce*[21], wodurch er die Unfähigkeit der Feldherren anzeigen wollte. Als er hingegen in Thessalien gegen Pompejus zog, sprach er: *Vado ad ducem sine exercitu.*[22]

[21] Denn er gehe gegen ein Heer ohne Feldherrn.
[22] Ich gehe gegen einen Feldherrn ohne Heer.

Eine zweite Sache läßt sich in Betrachtung ziehen: ob es einem guten Feldherrn leichter ist, ein gutes Heer zu bilden, oder einem guten Heer einen guten Feldherrn zu bilden. Auf den ersten Anblick scheint diese Frage schon entschieden; denn viele werden leichter einen finden oder so unterrichten, daß er gut wird, als einer viele. Als Lucullus gegen Mithridates abgeschickt wurde, war er im Krieg ganz unerfahren; dennoch machte ihn das gute Heer, das viele sehr gute Offiziere besaß, bald zum guten Feldherrn. Jedoch bewaffneten auch die Römer, als sie einst Mangel an Bürgern hatten, eine Menge Sklaven und übergaben sie zur Einübung dem Sempronius Gracchus, der aus ihnen in kurzer Zeit ein gutes Heer bildete. Nachdem ferner Pelopidas und Epaminondas, wie wir anderwärts gesagt haben, Theben von den Fesseln der Spartaner befreit hatten, bildeten sie in kurzer Zeit aus den Bauern Böotiens die besten Soldaten, welche dem spartanischen Heere nicht allein widerstehen, sondern es besiegen konnten. So steht die Sache gleich, weil ein Guter den andern finden kann.

Jedoch pflegt ein gutes Heer ohne ein gutes Haupt übermütig und gefährlich zu werden, wie das mazedonische Heer nach dem Tod Alexanders und die Veteranen in den Bürgerkriegen. Ich glaube daher, daß man sich weit mehr auf einen Feldherrn verlassen könne, der Zeit und Mittel hat, Soldaten auszuheben und einzuüben, als auf ein übermütiges Heer mit einem aufrührerisch von ihm selbst ernannten Haupt. Jene Feldherren verdienen daher doppelten Ruhm, die nicht allein den Feind bekämpfen, sondern erst ein gutes Heer bilden mußten. In ihnen zeigt sich doppeltes und so seltenes Verdienst, daß viele Fürsten und Feldherren, wenn sie diese schwierige Aufgabe zu lösen gehabt hätten, nicht würden so hoch geachtet werden, noch in so großem Ruf stünden, als dies jetzt der Fall ist.

14.

Welche Wirkung neue Erfindungen hervorbringen, die mitten im Kampf zum Vorschein kommen, oder neue Stimmen, die gehört werden.

Welchen entscheidenden Einfluß auf den Gang der Gefechte und Schlachten ein unerwarteter Vorgang habe, der plötzlich gesehen oder gehört wird, zeigte sich bei vielen Gelegenheiten und besonders in einer Schlacht zwischen den Römern und Volskern, wo Quintius dem einen wankenden Flügel seines Heeres mit lauter Stimme zurief, er solle standhalten, denn der andere Flügel habe gesiegt. Durch diese Worte ermutigte er die Seinigen, entmutigte den Feind und gewann die Schlacht. Wenn aber solche Ausrufungen auf ein wohlgeordnetes Heer schon große Wirkung hervorbringen, so sind sie für ein ordnungsloses, ungeregeltes Heer entscheidend; es wird dadurch wie vom Wind dahingeweht.

Die Stadt Perugia war vor wenigen Jahren in zwei Parteien, die Oddi und Baglioni, gespalten, wovon die letzteren regierten, die anderen verbannt waren. Die Oddi hatten mit Hilfe ihrer Freunde ein Heer zusammengebracht, sich in eine Festung in der Nähe Perugias geworfen und drangen, von ihrer Partei begünstigt, bei Nacht in die Stadt ein, was ihnen auch, ohne entdeckt zu werden, gelang. Sie rückten jetzt gegen den Hauptplatz der Stadt vor, und da die Straßen Perugias durch an allen Straßenecken angebrachte Ketten gesperrt sind, so ging den Truppen der Oddi ein Mann voraus, der mit einem eisenbeschlagenen Streitkolben die Schlösser der Ketten entzweischlug, damit die Pferde durch konnten. Sie waren schon bis zur letzten Kette gekommen, die den Eingang auf den Hauptplatz sperrte, als sich in der Stadt das Geschrei: „Zu den Waffen!" erhob. Das Gedränge zu dem Platz war jetzt so groß, daß der Mann mit dem Streitkolben die Arme nicht erheben konnte, um die letzte Kette zu zerschlagen, und deshalb den hinter ihm Stehenden zurief: „Zurück!" Dieser Ruf „Zurück" ging nun von Mund zu Mund, so daß die letzten und dann auch die anderen mit solchem Ungestüm flohen, daß sie ihre eigenen Leute auseinandersprengten und so der Plan der Oddi durch einen so unbedeutenden Vorfall mißlang.

Man kann hieraus ersehen, daß man nicht sowohl darum ein Heer in Reihe und Glied aufstellt, um in Ordnung fechten zu können, sondern damit es nicht durch den geringsten Zufall in Verwirrung gerät. Eine Volksmenge ist aus keinem anderen Grund zum Kampf untauglich, als weil sie jedes Gerücht, jeder Ausruf, jedes Geräusch erschreckt und zur Flucht bringt. Ein guter Feldherr muß daher unter anderen Befehlen bestimmen, wer ihm seine Kommandos abzunehmen und weiterzugehen hat. Er muß seine Soldaten daran gewöhnen, daß sie nur seinen dazu bestimmten Offizieren glauben, und diese dürfen nichts anderes sagen, als was er ihnen aufgetragen hat. Man hat häufig gesehen, daß die Nichtbeachtung dieser Regel die größten Unordnungen veranlaßte.

Was unerwartete Erscheinungen betrifft, soll sich jeder Feldherr bestreben, während die Heere im Kampf begriffen sind, eine solche Erscheinung hervorzubringen, die den Seinigen Mut einflößt und die Feinde entmutigt. Unter den besonderen Vorfällen, die den Sieg geben, ist dieser einer der wirksamsten. Zum Beweis läßt sich der römische Diktator Cajus Sulpicius anführen, der in einer Schlacht mit den Galliern seinen ganzen Troß und alle Packknechte bewaffnete, sie auf Maultiere und andere Lasttiere setzte, ihnen Waffen und Standarten gab, daß sie wie Reiterei aussahen, und sie so hinter einen Hügel stellte mit dem Befehl, auf ein gegebenes Zeichen, wann die Schlacht am heißesten sein würde, vorzurücken und sich dem Feind zu zeigen. Dies geschah und jagte den Galliern einen solchen Schrecken ein, daß sie die Schlacht verloren.

Ein guter Feldherr muß daher zweierlei tun, erstens den Feind durch solche neue Erfindungen zu entmutigen suchen, zweitens vorbereitet sein, daß er die Erfindungen des Feindes entdecken und zunichte machen kann, wie es der König von Indien Semiramis gegenüber tat. Da diese Königin sah, daß ihr Gegner eine große Anzahl Elefanten hatte, so suchte sie ihn zu entmutigen und sich den Schein zu geben, als habe sie gleichfalls eine große Anzahl dieser Tiere; zu welchem Zweck sie vielen Kamelen durch Ochsenhäute eine elefantenähnliche Gestalt geben ließ, und sie so vor ihr Heer stellte. Als jedoch der König diese Täuschung gewahrte, ward ihr Plan nicht nur vereitelt, sondern hatte sogar schädliche Folgen für sie. Als der Diktator Mamercus den Fidenatern gegenüberstand, ordneten diese, um das römische Heer in Furcht zu setzen, an, daß während der Hitze des Kampfes eine Anzahl Soldaten mit Feuer auf den Lanzen aus Fidenae herausmarschieren sollte, damit die Römer, von der Neuheit der Sache überrascht, in Verwirrung gerieten. Hier ist zu bemerken, daß solche Erfindungen, wenn mehr Wirkliches als Scheinbares daran ist, wohl in der Nähe gezeigt werden können, da sie dann soviel Kraft haben, daß ihre Schwäche nicht sobald entdeckt wird. Sind sie hingegen mehr scheinbar als wirklich, so ist es gut, sich ihrer entweder gar nicht zu bedienen oder sie so weit entfernt zu halten, daß sie nicht sobald entdeckt werden können, wie Cajus Sulpicius mit seinen Troßknechten tat. Sind sie gar zu schwach, so erkennt man sie bei ihrer Annäherung sogleich, und sie bringen anstatt Vorteil Schaden, wie die nachgeahmten Elefanten der Semiramis und die Feuer der Fidenater. Zwar machten diese Feuer anfangs das Heer ein wenig stutzen; als jedoch der Diktator herbeikam und den Soldaten zurief, ob sie sich nicht schämten, vor dem Rauch zu fliehen wie die Bienen, sie sollten wieder Front machen und: *Suis flammis delete Fidenas, quas vestris beneficiis placare non potuistis*[23], so wurde die Erfindung unnütz und die Fidenater verloren die Schlacht.

15.

Daß nur ein Mann, nicht viele, dem Heer vorgesetzt sein soll, und daß mehrere Feldherren schädlich sind.

Als sich die Fidenater erhoben und die nach Fidenae gesendete Kolonie getötet hatten, ernannten die Römer vier Tribunen mit konsularischer Gewalt, die diese Beleidigung rächen sollten. Einer davon blieb zur Bewachung Roms zu-

[23] Durch seine Flammen zerstört Fidenae, das ihr durch eure Wohltaten nicht versöhnen konntet.

rück; gegen die Fidenater und Vejenter wurden die drei übrigen geschickt, die durch ihre Uneinigkeit Schande, nicht Schaden davontrugen, weil sie die Ursache der Schande waren, die Verhütung des Schadens aber der Tapferkeit der Soldaten zu verdanken war. Als die Römer diese Unordnung sahen, nahmen sie zu der Ernennung eines Diktators ihre Zuflucht, damit einer wieder gutmachen solle, was drei verdorben hatten. Man sieht hieraus den Nachteil vieler Kommandierenden in einem Heer oder in einer Festung. Livius kann dies nicht klarer aussprechen als durch folgende Worte: *Tres Tribuni potestate Consulari documento fuere, quam plurium imperium bello inutile esset; tendendo ad sua quisque consilia, cum alii aliud videretur, aperuerunt ad occasionem locum hosti.*[24]

Obgleich dies Beispiel schon zum Beweis ausreichen könnte, wie große Unordnung mehrere oberste Befehlshaber im Krieg verursachen, so will ich doch zu besserer Beleuchtung noch ein anderes neues und ein altes anführen. Als der König Ludwig XII. von Frankreich im Jahre 1500 Mailand wiedererobert hatte, schickte er seine Truppen vor Pisa, um diese Stadt für die Florentiner wieder einzunehmen. Von Florenz aus wurden Giovanbattista Ridolfi und Luca Albizzi, der Sohn Antonio Albizzis, als Kommissare zur Befehlung dieser Truppen abgesendet. Da nun Giovanbattista Ruf hatte und im Dienste älter war, so ließ ihn Luca alles nach Gutbefinden besorgen und setzte, wenn er auch seinen Ehrgeiz nicht durch Widerspruch zeigte, doch alles, was geschah, herab und spottete darüber, so daß er weder durch Rat noch Tat zur Belagerung etwas beitrug, als ob er ein ganz unbedeutender Mann gewesen wäre. Man sah jedoch bald hierauf gerade das Gegenteil, als Giovanbattista wegen eines Vorfalls nach Florenz zurückkehren mußte; denn jetzt zeigte Luca, wieviel Mut, Geschicklichkeit und Klugheit er besaß, was alles verloren war, solange er einen Kollegen gehabt hatte.

Ich will Livius noch einmal zur Bestätigung meines Satzes anführen. Als die Römer, so erzählt er, gegen die Aequer Cincinnatus und seinen Kollegen Agrippa abgesendet hatten, wollte Agrippa, daß Cincinnatus die Leitung des Krieges allein übernehmen solle, und sprach: *Saluberrimum in administratione magnarum rerum est, summam imperii apud unum esse.*[25]

Dies widerspricht völlig dem Verfahren unserer heutigen Fürsten und Republiken, die, zu besserer Verwaltung, an denselben Ort mehr als einen Kommissar und mehr als ein Haupt schicken, was unberechenbare Verwirrung zur Folge hat. Wenn man die Ursachen der Niederlagen der italienischen und französischen Heere in unserer Zeit gehörig aufsucht, so wird man finden, daß dies die

---

[24] Die drei Tribunen mit Konsulargewalt gaben den Beweis, wie nachteilig es sei, den Oberbefehl im Krieg mehreren anzuvertrauen; indem jeder der Erreichung seiner Absichten nachstrebte, jeder etwas anderes für gut hielt, so eröffneten sie dem Feind Gelegenheit.

[25] Bei der Leitung großer Dinge ist es am besten, wenn ein einziger den Oberbefehl führt.

mächtigste Ursache war. Es läßt sich mit Recht der Schluß ziehen, daß es besser ist, einen Mann von gewöhnlichem Verstand allein zu einer Unternehmung abzusenden, als zwei ganz vorzügliche Männer, die gleiche Gewalt haben.

16.

Wahren Verdienst sucht man nur in schwierigen Zeiten auf; in gewöhnlichen Zeiten hingegen werden nicht die verdienstvollen Männer begünstigt, sondern die, welche sich auf Reichtum oder Familienverbindungen stützen können.

Es war immer und wird immer so sein, daß die großen seltenen Männer in friedlichen Zeiten in den Republiken vernachlässigt werden. In solchen Zeiten gibt es viele Bürger, die sie wegen der Achtung, die sie sich durch ihre Tugend erworben haben, beneiden und nicht sowohl ihnen gleich als mehr sein wollen. Der griechische Geschichtsschreiber Thukydides enthält hierüber eine treffende Stelle.

Als die Republik Athen Siegerin war im Peloponnesischen Krieg, den Stolz Spartas gebrochen und fast ganz Griechenland unterworfen hatte, stieg sie so hoch im Ansehen, daß sie Sizilien erobern wollte. Es kam in Athen zur Erörterung, ob man sich auf diese Unternehmung einlassen solle. Alkibiades und einige andere Bürger rieten dazu, da sie wenig an das allgemeine Wohl dachten, sondern ihre eigene Ehre im Auge hatten, indem sie den Oberbefehl in diesem Feldzug zu erhalten hofften. Nikias hingegen, der angesehenste Mann Athens, riet ab, und der triftigste Grund, wodurch er in seiner Rede dem Volk bewies, daß es ihm glauben könne, war der: daß er rate, was ihm nicht vorteilhaft sei; denn im Frieden, wisse er wohl, gebe es viele Bürger in Athen, die den Vorrang vor ihm haben wollten, im Krieg hingegen würde kein Bürger über ihm stehen oder ihm gleich sein.

Es herrscht also in den Republiken der Mißstand, daß die ausgezeichneten Männer in ruhigen Zeiten wenig geschätzt werden. Dies muß in zweierlei Hinsicht empören, einmal weil sie sich zurückgesetzt sehen, zweitens weil sie sehen müssen, daß man unwürdige, weniger brauchbare Leute ihnen gleichstellt und zu ihren Vorgesetzten macht. Den Republiken aber entsprang daraus viel Unheil, da jene Männer, die sich unverdienterweise verschmäht sehen, wissen, daß die ruhigen gefahrlosen Zeiten die Ursache ihrer Hintansetzung sind, und sich daher alle Mühe geben, diese Ruhe zu stören, indem sie die Republik zu ihrem Nachteil in immer neue Kriege verwickeln.

Wenn ich bedenke, wie diesem Übel abzuhelfen sei, so finde ich zwei Mittel. Das eine ist, die Bürger arm erhalten, damit Reichtum ohne Ansehen weder den

Besitzer noch die anderen verderben könne; das zweite ist, sich eine so kriegerische Verfassung zu geben, daß man immer Krieg führen kann und deshalb stets der ausgezeichneten Bürger bedarf. So verfuhr Rom in seinen ersten Zeiten. Da es immer Heer im Feld stehen hatte, so war dem Verdienste stets die Bahn geöffnet. Kein Mann konnte hier von der Stelle entfernt werden, die er mit Recht einnahm, um einen anderen dahin zu setzen, der es nicht verdiente; denn jeder Irrtum oder jeder Versuch dieser Art hatte so große Verwirrung und Gefahr zur Folge, daß die Republik sogleich wieder auf den rechten Weg zurückkehren mußte. Die Republiken hingegen, welche nicht Roms Verfassung haben und nur Krieg führen, wenn sie die Not dazu zwingt, können diesen Mißstand nicht vermeiden. Immer aber wird Unordnung daraus entstehen, wenn ein vernachlässigter verdienstvoller Bürger rachsüchtigen Gemüts ist und in der Stadt einiges Ansehen und einigen Anhang hat. Sogar die Stadt Rom konnte endlich dies Übel nicht mehr vermeiden. Nachdem sie Karthago und den König Antiochus besiegt hatte und vom Krieg nichts mehr für ihr Dasein fürchtete, glaubte auch sie, die Heere einem jeden, dem sie wollte, anvertrauen zu können, und sah nicht so sehr auf das Ansehen des Feldherrn als auf andere Eigenschaften, die ihm die Gunst des Volkes gewannen. So bewarb sich Paulus Arnilias mehrere Male fruchtlos um das Konsulat und wurde nicht eher zum Konsul ernannt, als bis der mazedonische Krieg ausbrach, den man für gefährlich erachtete und dessen Leitung ihm von der ganzen Stadt einstimmig übertragen wurde.

Als unser Vaterland Florenz nach dem Jahre 1494 viele Kriege zu führen hatte und alle florentinischen Bürger ihre Untauglichkeit bewiesen hatten, fiel die Stadt durch Zufall auf einen Mann, der zeigte, wie man die Heere führen müsse. Es war Antonio Giacomini. Solange nun die Kriege gefährlich waren, ließen die anderen Bürger nichts von Ehrgeiz merken und es trat kein Mitbewerber bei der Wahl der Kommissare und Feldherren auf. Als aber ein Krieg kam, wobei nichts zu fürchten war und wo sich viel Ehre und Dank erwerben ließ, fanden sich soviel Bewerber, daß von drei Kommissarstellen, die zur Belagerung von Pisa zu besetzen waren, Giacomini nicht eine erhielt.

Obgleich man nun nicht unzweideutig sehen konnte, welcher Schaden dem Staat daraus erwachsen würde, wenn man Giacomini nicht sandte, so ließ es sich doch sehr leicht voraus vermuten. Die von allen Verteidigungs- und Lebensmitteln entblößten Pisaner wären durch Giacomini sicher so weit gebracht worden, daß sie sich den Florentinern auf Gnade und Ungnade ergeben hätten. Da hingegen die Belagerung durch Befehlshaber betrieben wurde, die die Festung weder einzuschließen noch mit Sturm zu nehmen verstanden, so zog sich die Belagerung so sehr in die Länge, daß man endlich die Übergabe erkaufen mußte, die man hätte erzwingen können.

Eine solche Zurücksetzung war notwendigerweise sehr kränkend für Giacomini, und er mußte ein sehr geduldiger tugendhafter Mann sein, um nicht im Untergang der Stadt, wenn ihm das möglich war, oder in der Verletzung einzelner Bürger Rache zu suchen. Vor dieser Rache muß eine Republik auf der Hut sein, wie im folgenden Kapitel gezeigt werden soll.

17.

Daß man einen Mann nicht verletzen und demselben Mann später ein Staatsgeschäft von Wichtigkeit anvertrauen dürfe.

Eine Republik muß wohl auf ihrer Hut sein, nicht einen Mann an die Spitze eines wichtigen Amtes zu stellen, der früher eine blutige Beleidigung erfahren hat. Claudius Nero, der Hannibal gegenüberstand, zog mit einem Teil seines Heeres plötzlich ab, um in der Mark mit dem anderen Konsul Hasdrubal vor seiner Vereinigung mit Hannibal eine Schlacht zu liefern. Er war früher mit dem Krieg in Spanien gegen denselben Hasdrubal beauftragt gewesen und hatte ihn so geschickt eingeschlossen, daß er ein ungünstiges Treffen liefern oder Hungers sterben mußte, war aber durch gewisse Friedensunterhandlungen so schlau hingehalten worden, daß Hasdrubal entschlüpfte und Claudius die Gelegenheit, den Feind zu vernichten, verlor. Als dieser Vorfall in Rom bekannt wurde, zog er ihm von Senat und Volk viele Vorwürfe zu, und die ganze Stadt sprach so schimpflich von ihm, daß ihn diese Schmach in große Erbitterung und Bekümmernis versetzte. Als er daher später zum Konsul ernannt und gegen Hannibal ausgeschickt wurde, führte er die oben erzählte Bewegung aus, die so äußerst gefährlich war, daß sich Rom so lange in Angst und Schrecken befand, bis die Nachricht von der Niederlage Hasdrubals eintraf. Als Claudius später gefragt wurde, warum er eine so gefährliche Maßregel ergriffen und die Unabhängigkeit Roms ohne die äußerste Not aufs Spiel gesetzt habe, gab er zur Antwort: er habe es deshalb getan, um im glücklichen Fall den in Spanien verlorenen Ruhm wiederzugewinnen, im unglücklichen Fall aber, wenn seine Unternehmung ein schlechtes Ende nahm, sich an der Stadt und den Bürgern zu rächen, die ihn so undankbarer und unbilliger Weise verletzt hatten.

Wenn aber die Leidenschaft der Rache für solche Beleidigungen so viel über einen römischen Bürger in einer Zeit vermochte, wo die Sitten Roms noch nicht verdorben waren, so läßt sich schließen, welche Gewalt sie über einen Bürger einer Republik hat, die nicht so ist, wie Rom damals war. Da sich nun den Republiken gegen dieses Übel kein sicheres Mittel geben läßt, so ist es auch nicht möglich, eine ewig dauernde Republik zu errichten, da auf tausenderlei Weise ganz unerwartet ihr Sturz herbeigeführt werden kann.

18.

Nichts ist eines Feldherrn würdiger, als die Entschlüsse des Feindes vorauszusehen.

Der Thebaner Epaminondas pflegte zu sagen, nichts sei notwendiger und nützlicher für einen Feldherrn, als die Pläne und Operationen des Feindes zu kennen. Da aber diese Kenntnis schwer zu erlangen ist, so verdient der Feldherr um so größeres Lob, der es dahin bringt, richtig zu schließen und zu mutmaßen. Es ist jedoch nicht so schwer, die Pläne des Feindes zu durchschauen, als es manchmal schwer ist, zu erfahren, was er tut, und nicht sowohl, was er in der Ferne tut, als was im gegenwärtigen Augenblick und in der Nähe geschieht. Oft hat es sich ereignet, daß in einer Schlacht, die bis zur Nacht währte, der Sieger geschlagen zu sein und der Geschlagene gesiegt zu haben glaubte. Ein solcher Irrtum hat manchen Feldherrn schon zu unheilvollem Entschlusse gebracht; wie Brutus und Cassius, die durch diesen Irrtum den Krieg verloren. Als Brutus mit seinem Flügel gesiegt hatte, glaubte Cassius, der unterlegen war, das ganze Heer sei geschlagen, verzweifelte in diesem Irrtum am Heil und tötete sich selbst.

Als in der Schlacht bei St. Cecilia in der Lombardei, die in unseren Tagen Franz I. von Frankreich den Schweizern lieferte, die Nacht hereingebrochen war, glaubte der noch unangetastete Teil der Schweizer, gesiegt zu haben, da sie von den in die Flucht geschlagenen und getöteten Kameraden nichts wußten. Dieser Irrtum hatte zur Folge, daß sie nicht auf ihre Sicherheit bedacht waren, den Morgen abwarteten, um einen so unverhältnismäßigen Kampf zu erneuern, und noch dazu Ursache wurden, daß das päpstlich-spanische Heer gleichfalls einen Irrtum beging und fast seinen Untergang fand, da es auf die falsche Nachricht des Sieges den Po überschritt und so weit vorrückte, daß es sich in die Gewalt der siegreichen Franzosen begab.

Von einem ähnlichen Irrtum war einst das römische und aequische Lager befangen. Als der Konsul Sempronius dem Feind gegenüberstand, begann er den Kampf, und die Schlacht zog sich mit abwechselndem Glück bis zum Abend hinaus. Als nun die Nacht kam, zog sich keines der beiden halbgeschlagenen Heere in sein Lager, sondern ein jedes zog sich auf die nächsten Hügel zurück, wo es sicherer zu sein glaubte. Das römische Heer hatte sich in zwei Teile geteilt, wovon der eine dem Konsul folgte, der andere dem Centurio Tempanius, durch dessen Tapferkeit die Römer nicht gänzlich geschlagen worden waren. Als nun der Morgen anbrach, marschierte der Konsul, ohne weitere Nachricht vom Feind zu haben, gegen Rom zu, und das Heer der Aequer richtete seinen Zug gleichfalls nach Hause, da beide Teile glaubten, der Feind habe gesiegt, weshalb sich auch ein jeder, ohne sich um sein Lager zu bekümmern, zurückgezogen hatte. Nun wollte der Zufall, daß Tempanius, der sich mit dem Rest des römischen Heeres gleichfalls zurückzog, von einigen aequischen Verwundeten erfuhr, ihre Feldherren seien abgezogen und hätten das Lager im Stich gelassen. Er rückte daher auf diese Nachricht sogleich in das römische Lager ein, rettete es, erbeutete das aequische und kehrte als Sieger nach Rom zurück. Man sieht, daß dieser Sieg allein davon abhing, wer die Verwirrung des Feindes zuerst erfuhr.

Auf diese Art kann es sich häufig ereignen, daß zwei sich feindlich gegenüberstehende Heere in derselben Verwirrung sind und dieselbe Not leiden, und daß der am Ende Sieger bleibt, der die Not des anderen zuerst erfährt. Ich will hiervon ein Beispiel aus unserer eigenen neueren Geschichte geben.

Im Jahre 1498 lagen die Florentiner mit einem starken Heer vor Pisa und schlossen diese Festung eng ein. Die Venezianer, die Pisa unter ihren Schutz genommen hatten, beschlossen, kein anderes Mittel zu seiner Rettung sehend, eine Diversion zu machen, indem sie das florentinische Gebiet von einer anderen Seite angriffen. Nachdem sie also ein mächtiges Heer zusammengebracht, fielen sie durch das Lamonatal ein, besetzten das Dorf Marradi und belagerten das Fort Castiglione, welches auf dem anstoßenden Hügel erbaut ist. Als die Florentiner diese Nachricht erhielten, beschlossen sie, Marradi zu Hilfe zu eilen, ihre Streitkräfte vor Pisa jedoch nicht zu vermindern. Sie warben daher frisches Fußvolk und Reiterei an und schickten sie unter den Befehlen Jacopo Appianis, Herrn von Piombino und des Grafen Rinuccio da Marciano gegen die Venezianer ab. Als diese Truppen gegen Marradi vorrückten, hoben die Feinde die Belagerung Castigliones auf und zogen sich sämtlich in das Dorf.

Beide Heere blieben sich einige Tage lang gegenüber stehen, so daß ein jedes an Lebensmitteln und allen anderen notwendigen Dingen Mangel litt. Da nun keines das andere anzugreifen wagte und keines die schlimme Lage des anderen wußte, so beschlossen sie zufällig an einem und demselben Abend beide, den folgenden Morgen ihr Lager abzubrechen und sich zurückzuziehen, und zwar das venezianische Heer nach Berzighella und Faenza, das florentinische nach Casaglia und den Mugello zu. Als nun der Morgen gekommen war und beide Lager ihr Gepäck abziehen zu lassen begannen, entfernte sich zufällig ein Weib aus dem Dorfe Marradi und ging, sicher durch Alter und Armut, in das florentinische Lager, wo sie einige daselbst befindliche Verwandte besuchen wollte. Von diesem Weib erfuhren die florentinischen Feldherren, das venezianische Lager ziehe ab; sie gewannen durch diese Nachricht Mut, änderten ihren Entschluß, als ob sie es gewesen wären, die den Feind zum Abbrechen des Lagers gezwungen hätten, folgten ihm nach und schrieben nach Florenz, sie hätten ihn in die Flucht geschlagen und den Krieg siegreich beendet.[26] Dieser Sieg entstand

[26] Auf ähnliche Weise besiegten die Italiener 1918 die nach Verkündigung des Waffenstillstandes abziehenden Österreicher.

aus nichts anderem, als daß sie zuerst erfahren hatten, der Feind entferne sich; hätten es die Venezianer zuerst erfahren, so würde der Erfolg auf ihrer Seite gewesen sein.

19.

Ob zur Leitung der Menge Güte notwendiger sei als Strafe.

Die römische Republik war durch die Feindschaft der Patrizier und Plebejer im Aufruhr; dennoch schickte man bei ausbrechendem Krieg die Konsuln Quintius und Appius Claudius mit den Heeren aus. Appius war grausam und rauh im Befehlen, fand schlechten Gehorsam bei seinen Untergebenen und floh, fast geschlagen, aus seiner Provinz. Quintias war gütig und leutselig, hatte gehorsame Soldaten und trug den Sieg davon. Es scheint daher zur Führung der Menge besser, leutselig zu sein als stolz, milde als grausam. Tacitus jedoch, dem viele andere Schriftsteller beistimmen, behauptet in folgender Maxime das Gegenteil: *In multitudine regenda plus poena, quam obsequium valet.*[27]

Um nun beide Meinungen in Kraft zu erhalten, sage ich, daß du entweder Leute zu regieren hast, die gewöhnlich deinesgleichen sind, oder Leute, die immer deine Untertanen sind. Sind es deinesgleichen, so kannst du dich nicht ausschließlich der Strafe bedienen noch jener Strenge, wovon Tacitus spricht. Da nun die Plebejer in Rom gleichen Anteil an der Regierung hatten wie der Adel, so konnte sie ein Mann, der für eine Zeitlang Fürst über sie wurde, nicht durch Grausamkeit und Rauheit lenken. Auch hatten die römischen Feldherren, die sich die Liebe ihrer Heere erwarben und sie durch Güte lenkten, häufig bessere Erfolge als die, welche sich außergewöhnlich furchtbar machten; sie müßten denn hiermit eine ausnehmende Tapferkeit vereinigt haben wie Manlius Torquatus.

Wer hingegen Untertanen beherrscht, von welchen Tacitus spricht, muß, damit sie nicht übermütig werden und ihn wegen seiner allzu großen Nachgiebigkeit nicht mit Füßen treten, sich eher zur Strafe als zur Güte wenden. Allein auch hier muß die Strafe so gemäßigt sein, daß man den Haß vermeidet, weil Haß erregen nie für einen Fürsten gut ausschlägt. Das Mittel aber, ihn zu vermeiden ist, das Eigentum der Untertanen nicht anzutasten, denn nach Blut, worunter kein Raub verborgen steckt, gelüstet keinen Fürsten ohne Not, und diese kommt selten. Ist hingegen Raub mit Blut vereinigt, so kommt immer die Lust, es zu vergießen, und Vorwände finden sich immer im

[27] Um die Menge zu regieren, gilt die Strafe mehr als die Güte.

Überfluß, wie ich in einem anderen Traktat über diesen Gegenstand ausführlich gezeigt habe.

Es verdient also Quintius mehr Lob als Appius, und die Maxime des Tacitus verdient in ihren Grenzen, nicht aber im Fall des Appius, gebilligt zu werden. Da wir aber von Strafe und Güte gesprochen haben, so scheint es mir nicht unpassend, zu zeigen, wie eine Handlung voll Menschlichkeit mehr über die Falisker vermochte als die Waffen.

20.

Ein Beispiel von Menschlichkeit vermochte mehr über die Falisker als die Gewalt der römischen Waffen.

Als Camillus die Stadt der Falisker belagerte, führte ein Schulmeister, im Glauben, sich Camillus und das römische Volk zu verpflichten, die vornehmsten Knaben unter dem Vorwand eines Spaziergangs aus der Stadt und bot sie dem Feldherrn mit den Worten an: durch sie würde er die Stadt in seine Hände bekommen. Camillus jedoch schlug dies Geschenk nicht nur aus, sondern ließ den Schulmeister entkleiden, ihm die Arme auf den Rücken binden und von den Knaben, von denen jeder eine Rute erhielt, mit vielen Schlägen in die Stadt zurücktreiben. Als die Falisker diesen Vorgang erfuhren, wurden sie durch die Menschlichkeit und den Edelmut des Camillus so gerührt, daß sie sich nicht mehr verteidigen wollten und ihm die Stadt übergaben.

Aus dieser wahren Begebenheit ersieht man, wieviel mehr manchmal ein Akt der Menschlichkeit und Güte über die Gemüter der Menschen vermag als eine grausame gewalttätige Handlung, und daß oft Länder und Städte, welche Waffen, Kriegswerkzeuge und jede andere menschliche Gewalt nicht öffnen könnte, ein Zug von Menschlichkeit und Erbarmen, von Keuschheit oder Großmut geöffnet hat. Die Geschichte enthält hiervon außer diesem noch viele andere Beispiele.

So konnten die römischen Waffen Pyrrhus nicht aus Italien vertreiben, und es vertrieb ihn die Großmut des Fabricius, der ihm das Anerbieten seines Arztes, ihn zu vergiften, eröffnete.

So erwarb dem Scipio Africanus die Eroberung Neukarthagos in Spanien kein so großes Ansehen als jenes Beispiel von Keuschheit, da er die junge Gattin voll strahlender Schönheit unberührt dem Gatten zurückgab, eine Handlung seltener Selbstüberwindung, deren Ruf ihm ganz Spanien zum Freund machte.

Man sieht auch, wie sehr die Völker bei den Großen diese Eigenschaften wünschen, und wie sehr sie deshalb von den Schriftstellern, sowohl von denen, die ihr Leben beschrieben, als von denen, die Regeln aufstellen, wie sie leben sollen, gepriesen werden. Unter diesen letzteren bemüht sich Xenophon zu zeigen, welche Ehre, welche Siege, welchen hohen Ruf Cyrus dadurch erwarb, daß er menschlich und liebreich war, daß er sich weder Stolz noch Grausamkeit, weder Üppigkeit noch irgendein anderes Laster, das die menschlichen Sitten befleckt, zuschulden kommen ließ. Da jedoch Hannibal durch ganz entgegengesetzte Mittel unsterblichen Ruhm und große Siege errungen hat, will ich im folgenden Kapitel erörtern, woher dies kam.

21.

Woher es kam, daß Hannibal mit einer ganz anderen Handlungsweise dieselben Erfolge in Italien hatte wie Scipio in Spanien.

Man könnte sich meines Erachtens darüber wundern, daß mancher auf ganz entgegengesetztem Weg dieselben Erfolge hatte wie jene, welche auf die oben beschriebene Art verfuhren. Es scheint demnach, daß die Ursache der Siege nicht in diesen Dingen liegt, ja es scheint sogar, daß sie weder mehr Macht noch mehr Glück geben, da man auf die entgegengesetzte Weise Ruhm und Ansehen erwerben kann. Um bei den schon genannten Männern stehenzubleiben und meinen Gedanken besser zu erklären, wiederhole ich, daß Scipio in Spanien eindrang, sich durch seine Menschlichkeit und Milde dies Land zum Freund machte und von den Völkern angebetet und bewundert wurde. Dagegen drang Hannibal in Italien ein und hatte durch völlig entgegengesetzte Mittel, das heißt durch Gewalttätigkeit, Grausamkeit, Räubereien und Treulosigkeit jeder Art dieselben Erfolge, wie Scipio in Spanien; denn bei seinem Erscheinen erhoben sich alle Städte Italiens gegen Rom, und alle Völker folgten ihm.

Wenn man überlegt, wie das so kommen konnte, zeigen sich mehrere Ursachen. Die erste ist, daß die Menschen neuerungssüchtig sind, so daß größtenteils sowohl die, denen es gut geht, eine Veränderung wünschen, als die, denen es schlecht geht; denn ich habe schon früher gesagt, und es hat seine völlige Richtigkeit, daß das Wohlergehen beim Menschen Überdruß, das Unglück Kummer erzeugt. Dies Verlangen nach Neuem öffnet daher jedem die Tore, der sich in einem Land an die Spitze einer neuen Ordnung der Dinge stellt. Ist er ein Fremder, so strömt ihm alles zu; ist er ein Einheimischer, so umgibt man ihn, verstärkt ihn, begünstigt ihn, so daß es ihm immer gelingt, große Fortschritte zu machen, er mag sich benehmen wie er will. Überdies treibt den Menschen hauptsächlich zweierlei an: Liebe oder Furcht. Es beherrscht ihn daher ebensowohl, wer seine Liebe gewinnt, als wer ihm Furcht einflößt; ja meistens findet der Gefürchtete mehr Folgsamkeit und Gehorsam als der Geliebte. Es kommt daher wenig darauf an, welchen Weg ein Feldherr einschlägt, wenn er nur ein tapferer Mann ist und ihm seine Tapferkeit Ansehen und die Achtung der Menschen erwirbt. Ist diese Tapferkeit groß, wie die Hannibals und Scipios, so hält sie allen Fehlern die Waage, die man macht, wenn man zu sehr nach Liebe strebt oder zu große Furcht erregt. Beides kann nämlich große Nachteile haben und wohl den Sturz eines Fürsten herbeiführen. Bei einem zu großen Bestreben, geliebt zu sein, macht die geringste Überschreitung des richtigen Maßes verächtlich. Bei einem zu großen Verlangen, gefürchtet zu sein, wird man durch die geringste Übertretung der Schranken verhaßt. Die richtige Mitte aber kann man nicht genau treffen, da unsere Natur dies nicht gestattet. Es ist daher notwendig, jedem Übermaß durch eine ausnehmende Tapferkeit die Waage zu halten wie Hannibal und Scipio. Dennoch war beiden ihre Handlungsweise schädlich, so wie sie die Ursache ihrer Größe war. Von dieser letzteren haben wir bei beiden bereits gesprochen.

Was die Schädlichkeit betrifft, so lehnten sich Scipios Soldaten im Verein mit einem Teil seiner Verbündeten in Spanien gegen ihn auf, was aus keinem anderen Grund entstand, als weil man ihn nicht fürchtete. Denn die Menschen sind so unruhig, daß sie sogleich, wie sich ihrem Ehrgeiz die kleinste Pforte öffnet, alle Liebe vergessen, die sie dem Fürsten wegen seiner Güte zugewandt hatten, wie Scipios Soldaten und Verbündete. So war Scipio zur Abhilfe dieses Übels gezwungen, einen Teil jener Grausamkeit zu zeigen, die er geflohen hatte.

Bei Hannibal findet sich kein einzelnes Beispiel, daß ihm seine Grausamkeit und Treulosigkeit geschadet hätte. Wohl aber läßt sich annehmen, daß die Furcht davor Neapel und viele andere Städte dem römischen Volk treu erhielt. Gewiß ist jedoch, daß seine ruchlose Handlungsweise ihn den Römern verhaßter machte als irgendeinen früheren Feind. Während sie Pyrrhus, der an der Spitze seines Heeres in Italien stand, anzeigten, daß man ihn vergiften wolle, verziehen sie sogar dem wehrlosen flüchtigen Hannibal niemals und verfolgten ihn bis zum Tod.

Dadurch also, daß er für gottlos, treubrüchig und grausam gehalten wurde, zog sich Hannibal diesen Nachteil zu; wogegen ihm jedoch eben daraus ein sehr großer, von allen Schriftstellern bewunderter Vorteil entsprang, daß in seinem Heer, obgleich es aus verschiedenen Nationen zusammengesetzt war, niemals weder Zwietracht entstand, noch Meuterei gegen den Feldherrn vorkam. Dies konnte in nichts anderem seinen Grund haben als in dem Schrecken, den seine Persönlichkeit einflößte, und so groß war dieser Schrecken, daß er dadurch und durch das Ansehen, das ihm seine Tapferkeit gab, Einigkeit und Gehorsam bei seinen Soldaten aufrechterhielt.

Ich schließe daher, daß es nicht darauf ankommt, wie ein Feldherr verfährt, wenn er nur große Tapferkeit besitzt, um damit beide Arten zu verfahren wohl zu verbergen. Denn es sind, wie ich schon gesagt habe, beide fehlerhaft und gefährlich, wenn sie nicht durch eine ausnehmende Tapferkeit verbessert werden. Wie aber Hannibal und Scipio, der eine durch lobenswerte, der andere durch abscheuliche Mittel dieselbe Wirkung hervorbrachten, so erwarben zwei römische Bürger auf verschiedene Weise, doch jede lobenswert, denselben Ruhm; was ich näher zu beleuchten nicht unterlassen will.

22.

Wie die Härte des Manlius Torquatus und die Menschlichkeit des Valerius Corvinus beiden denselben Ruhm erwarben.

Rom besaß zur selben Zeit zwei ausgezeichnete Feldherren, Manlius Torquatus und Vallerius Corvinus, die gleiches Ansehen hatten, gleiche Triumphe zählten und sich gleichen Ruhmes erfreuten. Beide Männer erwarben diesen Ruhm, was den Feind betrifft, durch dieselbe Tapferkeit, gingen hingegen, was die Heere und die Behandlung der Soldaten betraf, auf das Verschiedenste zu Werke. Manlius befehligte sie mit jeder Gattung von Strenge und ließ sie vor Strapazen und Strafen nicht zu Atem kommen. Valerius behandelte seine Soldaten auf jede Weise freundlich und menschlich und zeigte sich voll herablassender Vertraulichkeit. Um sich den Gehorsam seines Heeres zu erhalten, ließ der eine seinen Sohn hinrichten, und der andere verletzte niemals irgend jemand. Dennoch zogen aus einer so großen Verschiedenheit des Verfahrens beide dieselben Früchte, sowohl gegen den Feind, als auch zugunsten der Republik und zu eigenem Vorteil. Nie wich ein Soldat aus der Schlacht, erhob sich gegen sie oder zeigte sich in irgendeiner Hinsicht widerspenstig gegen ihren Willen, obgleich Manlius in seinen Befehlen so rauh war, daß man später alle Befehle, die das Maß überschritten, *Manliana imperia* zu nennen pflegte.

Es ist hier erstens zu untersuchen, wodurch Manlius gezwungen war, so streng zu Werke zu gehen; zweitens, warum Valerius so menschlich verfahren konnte; drittens, aus welcher Ursache diese entgegengesetzte Handlungsweise dieselbe Wirkung hervorbrachte; und letztens, welche besser und nützlicher nachzuahmen sei.

Betrachtet man den Charakter des Manlius genau von der Zeit an, wo Livius seiner zuerst erwähnt, so wird man ihn als einen sehr kräftigen Mann finden, voll Pietät gegen Vater und Vaterland und durchdrungen von Ehrfurcht gegen seine Vorgesetzten. Man erkennt dies aus der Besiegung jenes Galliers, aus der

Verteidigung seines Vaters gegen die Tribunen und aus dem Umstand, daß er vor dem Kampf mit dem Gallier zum Konsul folgende Worte sprach: *Iniussu tuo adversus hostem nunquam pugnabo, non si certam victoriam videam.*[28] Kommt nun ein Mann von solcher Sinnesart zum Rang eines Befehlshabers, so will er, daß alle ihm gleichen sollen, sein kräftiger Geist läßt ihn kräftige Befehle geben, und er will aus demselben Grund, daß das Befohlene geschehe. Es ist aber die richtigste Regel, daß auf die Ausführung harter Befehle mit Härte gehalten werden müsse, wenn man nicht hintergangen sein will.

Hier ist zu bemerken, daß, um Gehorsam zu finden, man zu befehlen verstehen muß; zu befehlen aber versteht der, welcher einen Vergleich anstellt zwischen sich und dem, der gehorchen soll, und wenn er ein Verhältnis findet, befiehlt, findet er hingegen ein Mißverhältnis, sich dessen enthält. Es pflegte daher ein weiser Mann zu sagen, daß, um eine Republik mit Gewalt zu halten, ein Verhältnis zwischen dem Zwingherrn und dem Bezwungenen stattfinden müsse. Wo dies Verhältnis sei, könne man glauben, die Gewaltherrschaft sei dauerhaft. Wenn aber der Unterdrückte stärker sei als der Unterdrücker, so lasse sich beständig hoffen, daß der nächste Tag der Gewaltherrschaft ein Ende mache.

Um aber zu unserem Gegenstand zurückzukehren, sage ich, daß, um kräftige Befehle zu geben, man kräftig sein müsse, und daß der, welcher diese Kraft besitzt und Kräftiges befiehlt, die Ausführung nicht durch Sanftmut erwirken kann. Wer hingegen diese Kraft des Geistes nicht besitzt, muß sich hüten, etwas Ungewöhnliches zu befehlen; er kann, Gewöhnliches befehlend, seine Humanität zeigen, da die gewöhnlichen Strafen nicht dem Fürsten, sondern den Gesetzen und Einrichtungen zugeschrieben werden. Man muß daher glauben, daß Manlius zu seinem so strengen Verfahren durch seine ungewöhnlichen Befehle gezwungen wurde, zu denen er von Natur neigte. Solche Befehle aber sind in einer Republik nützlich, weil sie ihre Institutionen zu ihrem Ursprung und zu ihrer alten Vortrefflichkeit zurückführen. Wäre eine Republik so glücklich, daß sie, wie wir schon oben gesagt haben, häufig Männer besäße die durch ihr Beispiel die Gesetze erneuerten und die Republik nicht allein abhielten, ihrem Untergang zuzueilen, sondern sie rückwärts zögen, so würde sie ewig bestehen. Manlius war ein solcher Mann. Er erhielt die römische Kriegszucht durch die Rauheit seiner Befehle und seine Strenge aufrecht, wozu ihn zuerst seine Natur, dann das Verlangen zwang, daß erfüllt werde, was er aus angeborener Neigung befohlen hatte.

Valerius auf der anderen Seite konnte menschlich verfahren, da es ihm genügte, daß die gewöhnlichen Kriegsregeln der römischen Heere beachtet wur-

[28] Ohne deinen Befehl werde ich den Feind niemals bekämpfen, auch wenn ich einen gewissen Sieg vor Augen sähe.

den. Da nun diese gut waren, so reichten sie aus, ihm Ehre zu erwerben; es war nicht anstrengend, sie zu beachten, und Valerius war nicht in die Notwendigkeit versetzt, die Übertreter zu bestrafen, sei es nun, weil es keine gab, sei es, daß man, wenn es ihrer doch gegeben haben sollte, ihre Strafe, wie ich schon gesagt, den Institutionen, nicht der Grausamkeit des Feldherrn zuschrieb. So konnte Valerius in allen Stücken, wodurch er sich nur immer die Dankbarkeit der Soldaten und ihre Zufriedenheit erwerben konnte, Humanität zeigen.

Auf diese Weise kam es, daß beide denselben Gehorsam fanden und daher auch mit verschiedener Handlungsweise denselben Erfolg haben konnten. Wer sie aber nachahmen wollte, kann in ein Übermaß fallen, das zum Laster wird und Geringschätzung oder Haß erzeugt, wie ich oben von Hannibal und Scipio gesagt habe; und eine ausnehmende Tapferkeit des Feldherrn allein ist imstande, dies Übel zu vermeiden.

Wir haben jetzt noch zu erwägen, welche dieser beiden Arten zu verfahren lobenswerter sei; eine Sache, die mir streitig scheint, da die Schriftsteller beide Arten loben. Doch aber findet man, daß die, welche schreiben wie sich ein Fürst benehmen soll, eher auf der Seite des Valerius als des Manlius sind, und Xenophon, den ich vorhin anführte, stimmt in vielen Zügen von Humanität bei Cyrus fast ganz mit dem überein, was Livius von Valerius sagt. Als Konsul nämlich gegen die Samniter sprach er zu seinen Soldaten mit derselben Humanität, mit der er sie leitete, und Livius macht hierüber folgende Bemerkung: *Non alias militi familiarior dux fuit, inter infimos militum omnia haud gravate munia obeundo. In ludo praeterea militari, quum velocitatis viriumque inter se aequales certamina ineunt, comiter facilis vincere ac vinci vultu eodem; nec quemquam adspernari parem, qui se offerret; factis benignus pro re; dictis haud minus libertatis alienae, quam suae dignitatis memor; et, quo nihil popularius est, quibus artibus petierat magistratus, iisdem gerebat.*[29] Von Manlius spricht Livius gleichfalls ehrenvoll, indem er zeigt, daß die Strenge, die der Konsul durch die Hinrichtung seines Sohnes bewies, das Heer so gehorsam machte, daß sie Ursache des Sieges der Römer über die Latiner wurde. Der Geschichtschreiber geht so weit in seinem Lob, daß er nach Beschreibung der Schlacht, der Gefahren, die das römische Volk darin lief, und der Schwierigkeit des Sieges damit schließt, daß allein die Tapferkeit des Manlius den Römern diesen Triumph gegeben

[29] Sonst war kein Feldherr mit den Soldaten vertraulicher, er übernahm alle Dienste mit den Untersten auf gute Art. Außerdem war er bei den Lagerspielen, wo die Gleichen im Laufen und Ringen Wettkämpfe halten, immer freundlich bereit, gewann oder unterlag mit demselben Gesicht und nahm jeden als einen Gleichen an, der sich anbot. Gütig in Handlungen, wie die Sache es erlaubte, in Reden nicht minder seiner eigenen Würde eingedenk als der Freiheit der andern; und was am meisten dem Volk gefällt: die Art zu sein, die er angenommen hatte, um Ämter zu erhalten, behielt er bei, indem er sie führte.

habe. Bei der Vergleichung der Stärke beider Heere behauptet er, derjenige Teil würde gesiegt haben, welcher Manlius zum Feldherrn gehabt hätte.

Wenn man auf diese Weise alles erwägt, was die Schriftsteller über diese Sache sagen, so ist es schwer, ein Urteil zu fällen. Wir wollen jedoch die Sache nicht unentschieden lassen. Ich glaube also, daß ein Bürger, der unter den Gesetzen einer Republik lebt, lobenswerter und weniger gefährlich ist, wenn er wie Manlius handelt. Ein solches Verfahren nützt nur dem Staat und ist mit keinen ehrgeizigen Nebenabsichten verbunden; denn man kann sich keine Anhänger dadurch erwerben, daß man sich rauh gegen jedermann zeigt und nur das öffentliche Wohl liebt. Wer sich so benimmt, erwirbt keine persönlichen Freunde, die wir, wie schon oben gesagt, Anhänger nennen. Es gibt daher in einer Republik nichts Nützlicheres und Achtungswerteres als eine solche Handlungsweise, da sie den öffentlichen Nutzen nicht gefährdet und in keiner Weise Furcht vor Privatgewalt erregt. Mit der Handlungsweise des Valerius ist es umgekehrt; denn wenn sie auch, was die Öffentlichkeit betrifft, dieselbe Wirkung hervorbringt, so entsteht doch zugleich vielfache Befürchtung, der Feldherr möge durch das persönliche Wohlwollen, das er sich beim Soldaten erwirbt, bei längerer Bekleidung der höchsten Würde der Freiheit verderblich werden. War dies aber bei Valerius nicht der Fall, so lag die Ursache nur darin, daß die Denkart der Römer noch unverderbt war und er nicht lange und ununterbrochen den Befehl führte.

Hätten wir hingegen, wie Xenophon, einen Fürsten im Auge, so würden wir uns gänzlich an Valerius halten und Manlius beiseite setzen; denn ein Fürst muß bei Soldaten und Untertanen Gehorsam und Liebe zugleich zu erwerben streben. Gehorsam gibt ihm die Handhabung der Gesetze und Institutionen und der Ruf der Tapferkeit, Liebe die Herablassung, Menschlichkeit, Milde und die anderen Eigenschaften des Valerius und Cyrus. Gar wohl verträgt sich, daß der Fürst persönlich geliebt sei und in seinen Soldaten Anhänger habe, mit der Verfassung eines Fürstentums. Nicht so verträgt sich, daß ein Bürger sein Heer zum Anhänger habe, mit der Verfassung eines Freistaats, wo er unter den Gesetzen leben und den Magistraten gehorchen soll. Man liest in der älteren Geschichte der Republik Venedig folgende Begebenheit: Als bei der Rückkehr der Galeeren zwischen der Bemannung und dem Volk ein blutiger Streit ausbrach, den weder die öffentliche Macht, noch die Ehrfurcht vor den angesehenen Bürgern, noch die Furcht vor der Regierung zu stillen vermochte, erschien ein Edler, der im vorigen Jahre Admiral gewesen war, vor den Seeleuten, die aus Liebe zu ihm sogleich den Kampf einstellten. Dieser Gehorsam erregte beim Senat so großes Mißtrauen, daß sich die Venezianer bald darauf durch Gefangenschaft oder Tod gegen ihn sicherten.

Ich ziehe daher den Schluß, daß das Verfahren des Valerius bei einem Fürsten nützlich, bei einem Bürger nicht nur dem Vaterland, sondern auch ihm selbst verderblich ist: dem Vaterland, weil es den Weg zur Tyrannei bahnt; ihn selbst, weil der Staat, dem seine Handlungsweise verdächtig wird, gezwungen ist, sich zu seinem Schaden gegen ihn zu sichern. Ebenso behaupte ich umgekehrt, daß das Verfahren des Manlius bei einem Fürsten schädlich, bei einem Bürger aber besonders dem Vaterland nützlich ist und auch ihm selbst selten schadet, es müßte denn der Haß, den ihm seine Strenge zuzieht, durch einen Argwohn vergrößert werden, den ein durch seine anderen Tugenden erworbenes großes Ansehen erregt, wie unten von Camillus gezeigt werden soll.

23.

Aus welchem Grund Camillus aus Rom vertrieben wurde.

Wir haben oben den Schluß gezogen, daß man wie Valerius handelnd dem Vaterland und sich selbst schadet, und daß man wie Manlius handelnd dem Vaterland nützt und manchmal sich selbst schadet. Dies beweist sehr gut das Beispiel des Camillus, der in seiner Handlungsweise eher Manlius als Valerius glich. Livius sagt daher von ihm: *Eius virtutem milites oderant, et mirabantur.*[30] Was ihm Bewunderung verdiente, war seine Tätigkeit, Klugheit, Geistesgröße, Geschicklichkeit in der Schlacht und im Heerbefehl. Was ihm Haß zuzog, war, daß er strenger war im Strafen als freigebig im Belohnen. Livius führt folgende besondere Ursachen dieses Hasses an. Erstens wendete er das aus dem Verkauf der vejentischen Güter gelöste Geld dem öffentlichen Schatz zu und verteilte es nicht mit der Beute. Zweitens waren bei seinem Triumph vier weiße Pferde vor seinen Triumphwagen gespannt, was zu der Behauptung Anlaß gab, er habe sich aus Hochmut der Sonne gleichstellen wollen. Drittens tat er das Gelübde, dem Apollo den zehnten Teil der vejentischen Beute zu weihen, welcher, wenn das Gelübde erfüllt werden sollte, den Soldaten, die schon im Besitz waren, wieder abgenommen werden mußte.

Man sieht hieraus leicht auf das deutlichste, welche Dinge einen Fürsten beim Volk verhaßt machen. Die Entziehung der Habe nimmt hierunter die erste Stelle ein. Diese Sache ist von großer Wichtigkeit, da der Mensch einträgliche Dinge, die man ihm genommen hat, niemals vergißt, sondern sich beim geringsten Bedürfnis daran erinnert; weil aber die Bedürfnisse jeden Tag wiederkommen, so erinnert er sich täglich daran. An zweiter Stelle kommt der Schein des Hochmuts und der Aufgeblasenheit; das Gehässigste, was es für Völ-

[30] Die Soldaten haßten und bewunderten seine Tugend.

ker, und besonders für freie Völker, geben kann. Obgleich ihnen aus diesem Stolz und Prunk kein Schaden erwächst, so hassen sie doch den Mann, der ihn zeigt. Hiervor aber muß sich ein Fürst hüten wie vor einer Klippe; denn sich unnützerweise Haß auf den Nacken laden, ist völlig tollkühn und unklug.

24.

Die Verlängerung des Heeresbefehls machte Rom dienstbar.

Wenn man den Gang der Begebenheiten in Rom genau betrachtet, so wird man sehen, daß zwei Dinge Ursache der Auflösung dieser Republik waren. Das erste waren die Streitigkeiten, die aus dem Ackergesetz entsprangen, das zweite die Verlängerung des Heeresbefehls. Hätte man diese Übel gleich anfangs richtig erkannt und die gehörigen Mittel angewendet, so würde die Freiheit eine längere Dauer gehabt haben und Rom vielleicht ruhiger gewesen sein. Wenn auch aus der Verlängerung des Heerbefehls in der ersten Zeit keine Unruhen in Rom entstanden, so zeigte sich doch in der Folge, wie schädlich dem Staat die Macht war, die einzelne Bürger durch eine solche Maßregel erlangten.

Wären alle anderen Bürger, denen die Amtsdauer verlängert ward, so weise und tugendhaft gewesen wie L. Quintius, so würde dieser Mißbrauch nicht eingerissen sein. Die Tugend dieses Mannes ist ein merkwürdiges und seltenes Beispiel. Als sich das Volk und der Senat durch einen Vertrag verglichen hatten und das Volk dieselben Tribunen für ein neues Jahr ernannte, weil es sie für tauglich hielt, dem Ehrgeiz des Adels zu widerstehen, so wollte der Senat aus Eifersucht auf das Volk und um nicht hinter ihm zurückzubleiben dem L. Quintius gleichfalls sein Konsulat verlängern. Dieser aber mißbilligte durchaus diesen Beschluß, indem er sagte, schlechte Beispiele müsse man auszurotten streben, nicht aber durch ein noch schlechteres Beispiel vergrößern; und er wollte, daß neue Konsuln gewählt wurden.

Hätten alle römischen Bürger solche Uneigennützigkeit und Klugheit besessen, so hätte man die Gewohnheit der Verlängerung der Amtsdauer nicht einschleichen lassen und wäre von da nicht zur Verlängerung des Heerbefehles übergegangen, wodurch in der Folge die Republik gestürzt wurde. Der erste, dem der Heerbefehl verlängert wurde, war P. Philo. Als er die Stadt Palaepolis belagerte und das Ende seines Konsulats heranrückte, der Senat aber glaubte, daß er den Sieg in den Händen habe, so schickte er ihm keinen Nachfolger, sondern ernannte ihn zum Prokonsul, so daß er der erste Prokonsul war.

Diese Maßregel, obgleich vom Senat zum Nutzen des Staates verfügt, war das, was Rom in der Folge dienstbar machte. Je weiter nämlich die Römer ihre

Gewalt ausbreiteten, desto nötiger schien ihnen eine solche Verlängerung und desto häufiger kam sie vor. Zwei Mängel waren die Folge: Erstens übten sich weniger Männer in der Führung der Heere, und alles Ansehen beschränkte sich auf wenige; zweitens stand ein Bürger lange Zeit an der Spitze desselben Heeres, gewann es sich dadurch und machte es sich zum Anhänger. Das Heer aber vergaß so nach und nach den Senat und erkannte, seinen Feldherrn als Haupt an. Aus diesem Grund konnten Sulla und Marius Soldaten finden, die ihnen gegen das öffentliche Wohl folgten; aus diesem Grund konnte Cäsar das Vaterland unterjochen. Hätten die Römer niemals die Würden und den Heerbefehl verlängert, so würden sie vielleicht nicht so bald zu ihrer Macht gelangt und ihre Eroberungen langsamer gewesen sein, aber sie würden auch später in Knechtschaft geraten sein.

25.

Von der Armut des Cincinnatus und vieler römischen Bürger.

Wir haben anderwärts darüber gesprochen, daß die nützlichste aller Anordnungen in einem Freistaat die ist, die Bürger arm zu erhalten. Obschon nun nicht ins Auge fällt, welche Institution in Rom diese Wirkung hervorbrachte, besonders da das Ackergesetz einen so großen Widerstand fand, so zeigt doch die Geschichte, daß vierhundert Jahre nach Erbauung der Stadt die größte Armut in Rom herrschte. Es läßt sich nicht glauben, daß irgend etwas anderes mehr dazu beitrug, als daß die Armut den Weg zu keinem Amt, zu keiner Ehrenstelle versperrte, und daß man die Anerkennung suchte, unter welchem Dach sie auch wohnte. Dieser Umstand machte Reichtümer weniger wünschenswert; er zeigt sich offenbar aus folgender Begebenheit:

Als der Konsul Minutius mit dem Heer von den Aequern eingeschlossen war und hart bedrängt wurde, erfüllte Rom die Furcht, das Heer möge verlorengehen, so daß sie zum letzten Mittel in ihrer Bedrängnis ihre Zuflucht nahmen und einen Diktator ernannten. Die Wahl fiel auf L. Quintius Cincinnatus, der sich damals auf seinem kleinen Landgut befand, das er mit eigener Hand bebaute. Mit goldenen Worten preist dies Livius, indem er sagt: *Operae pretium est audire, qui omnia prae divitiis humana spernunt, neque honori magno locum, neque virtuti putant esse, nisi effuse affluant opes.*[31] Cincinnatus pflügte gerade seine Äcker, die nicht über vier Morgen betrugen, als die Abgeordneten des

[31] Es ist der Mühe wert, daß es die hören, die alle Erdengüter gegen den Reichtum verachten und glauben, für große Ehre und für große Eigenschaften sei nur da der Ort, wo Schätze in Strömen herbeifließen.

Senats von Rom anlangten, ihm seine Ernennung zum Diktator zu melden und ihm die Gefahr der Republik mitzuteilen. Er nahm seine Toga, ging nach Rom, sammelte ein Heer und zog Minutius zu Hilfe. Als er ihn befreit und die Feinde geschlagen hatte, wollte er nicht, daß das eingeschlossene Heer teil an der Beute habe, indem er zu ihm diese Worte sprach: „Ich will nicht, daß du teilhabest an der Beute derer, deren Beute du fast selbst gewesen wärest." Den Konsul Minutius setzte er ab und machte ihn zum Legaten, indem er ihm sagte: „Da wirst so lange in diesem Grad bleiben, bis du Konsul zu sein lernst." Er hatte L. Tarquinius, der aus Armut zu Fuß diente, zu seinem General der Reiterei ernannt. Man bemerke, welche Ehre man in Rom der Armut erzeigte und daß zum Unterhalte eines so tugendhaften und verdienstvollen Mannes wie Cincinnatus vier Morgen Landes ausreichten.

Wir sehen diese Armut noch zur Zeit des Marcus Regulus. Als er an der Spitze der Heere in Afrika stand, begehrte er vom Senat die Erlaubnis, zurückkehren zu dürfen, um sein Landgut zu bestellen, das von seinen Arbeitern verdorben worden war.

Es zeigen sich uns hier zwei äußerst merkwürdige Dinge. Erstens die Armut, die Zufriedenheit mit diesem Zustand und daß es jenen Bürgern an der Ehre genügte, während sie den Gewinn gänzlich dem Staat ließen. Denn hätte Regulus daran gedacht, sich durch den Krieg zu bereichern, so hätte ihn die Vernachlässigung seines Landgutes wenig gekümmert. Die zweite Sache ist die Seelengröße dieser Bürger. An der Spitze eines Heeres, übertraf die Erhabenheit ihrer Denkungsart weit jeden Fürsten; nicht der Könige noch der Republiken achteten sie, nichts vermochte sie zu erschüttern noch zu schrecken. Ins bürgerliche Leben zurückgekehrt, waren sie sparsam, bescheiden, sorgfältig für ihr kleines Vermögen, den Magistraten gehorsam, voll Ehrfurcht gegen ihre Oberen. Fast unmöglich scheint es, daß ein und derselbe Geist solchen Wechsel ertrage.

Diese Armut dauerte bis zu Paulus Aemilius, fast der letzten glücklichen Zeit der Republik, wo ein Bürger, der durch seinen Triumph Rom bereicherte, selbst arm blieb. Noch so hoch achtete man damals die Armut, daß Aemilius seinem Schwiegersohn, der sich im Krieg ausgezeichnet hatte, um ihn zu ehren eine silberne Schale gab, das erste Silber in seinem Hause. Vieles könnte ich zum Beweise sagen, wieviel bessere Früchte die Armut trägt als der Reichtum, daß jene die Städte, Länder und Sekten emporgehoben, dieser sie gestürzt hat, wenn dieser Gegenstand nicht oft von anderen Männern abgehandelt worden wäre.

26.

Wie wegen Weibern ein Staat zugrunde geht.

In der Stadt Ardea entstand zwischen den Patriziern und Plebejern wegen einer Verschwägerung Bürgerkrieg. Es war eine Erbin zu verheiraten, um deren Hand zu gleicher Zeit ein Patrizier und ein Plebejer anhielt. Da sie nun keinen Vater mehr hatte, wollten sie ihre Pfleger dem Plebejer, ihre Mutter dem Edlen vermählen. Es entstand hierüber ein so großer Lärm, daß es zu den Waffen kam, wobei der ganze Adel für den Edlen, das ganze Volk für den Plebejer Partei ergriff. Das Volk unterlag, zog aus Ardea aus und verlangte Hilfe bei den Volskern; die Edlen wendeten sich nach Rom. Die Römer kamen dazu und schlossen die Volsker zwischen der Stadt und sich ein, so daß sie sich aus Hunger auf Gnade und Ungnade ergeben mußten. Die Römer zogen in Ardea ein, töteten alle Rädelsführer des Aufstandes und legten den Streit bei.

Über diesen Text ist mehreres zu bemerken. Zuerst sieht man, daß die Weiber die Ursache vielen Unglücks gewesen sind, daß sie oft den Regenten einer Republik großen Schaden zugefügt und viele Spaltungen in ihr veranlaßt haben. So zeigt uns unsere Geschichte, daß der Exzeß gegen Lucretia den Tarquiniern die Krone entriß und der andere gegen Virginia den Zehn ihre Herrschaft raubte. Aristoteles zählt unter die ersten Ursachen des Sturzes der Tyrannen die Verletzung der Menschen in der Person ihrer Weiber oder Töchter durch Schändung, Notzucht oder Ehebruch, wie wir in unserem Kapitel von den Verschwörungen ausführlich gezeigt haben. Ich sage daher, daß die unumschränkten Fürsten und die Regenten der Republiken diese Sache nicht gering achten dürfen, sondern die Unordnungen, die aus einem solchen Vorfall entstehen können, wohl beachten und ihnen zeitig genug abhelfen müssen, damit die Abhilfe nicht zum Verderben und zur Schmach ihres Throns oder ihrer Republik ausfalle. So erging es den Ardeatern, die, weil sie jenen Wettstreit zwischen ihren Bürgern zum Übermaß anwachsen ließen, in Spaltung gerieten und zu ihrer Wiedervereinigung äußere Hilfe herbeirufen mußten; was ein großer Schritt zur nahen Knechtschaft ist.

Kommen wir aber zum anderen bemerkenswerten Punkt, zur Art eine Stadt wieder zu vereinigen, wovon wir im folgenden Kapitel sprechen wollen.

27.

Wie man eine entzweite Stadt einig zu machen hat, und daß die Meinung nicht richtig ist, um die Städte zu behaupten, müsse man sie uneinig halten.

Aus dem Beispiel der römischen Konsuln, die die Ardeater wieder miteinander aussöhnten, ersieht man die Art, wie man die Spaltungen einer Stadt beilegen soll. Diese Art ist nichts anderes noch darf man andere Heilung versuchen, als die Rädelsführer der Aufstände, die Häupter der Parteien hinzurichten. Es gibt überhaupt nur drei Wege: sie hinrichten, wie es jene taten, sie aus der Stadt entfernen oder sie miteinander Frieden schließen lassen, mit der Verpflichtung, sich nicht zu beleidigen. Von diesen drei Arten ist die letzte die schädlichste, wenigst gewisse und unnützeste. Wo viel Blut geflossen oder andere solche Unbilden ausgeübt worden sind, kann unmöglich eine erzwungene Aussöhnung dauern, wenn sich die Parteien jeden Tag vor Augen sehen; und schwer nur enthalten sie sich gegenseitiger Beleidigungen, da durch den Umgang jeden Tag neue Ursachen des Streits entstehen können. Man kann hierfür kein besseres Beispiel anführen als das der Stadt Pistoja.

Diese Stadt war vor fünfzehn Jahren, wie noch jetzt, in Panciatichi und Cancellieri geteilt, damals jedoch stand sie unter den Waffen, heute hat sie sie niedergelegt. Nach vielem Gezänk kamen die Parteien zum Blutvergießen, zur Zerstörung der Häuser, zum Raub des Eigentums und zu jeder anderen feindlichen Behandlung. Die Florentiner, die den Streit beizulegen hatten, wandten das dritte Mittel an, und immer entstanden daraus größere Unordnungen und blutigere Streitigkeiten. Der Sache endlich müde, griffen sie zum zweiten Mittel, die Häupter der Parteien zu entfernen, setzten davon einen Teil ins Gefängnis und verwiesen den andern an verschiedene Orte, so daß die Übereinkunft bestehen konnte und bis heute bestand. Ohne Zweifel aber würde das erste Mittel noch sicherer gewesen sein.

Doch da in solchen Hinrichtungen etwas Großes und Hochherziges liegt, so weiß sie eine schwache Republik nicht ins Werk zu setzen und ist so fern davon, daß sie sich kaum zum zweiten Mittel entschließt. Dies gehört zu jenen Irrtümern, von denen ich zu Anfang dieses Werkes gesagt habe, daß sie die Fürsten unserer Zeit begehen, wenn sie über große Sachen zu urteilen haben. Sie sollten sehen wollen, wie sich die benahmen, die vor alters über solche Fälle zu urteilen hatten. Allein die Schwäche der jetzigen Menschen, verursacht durch ihre schwächliche Erziehung und ihre Unkenntnis der Dinge, bewirkt, daß sie die alten Urteile teils für unmenschlich, teils für unmöglich halten. Einige ihrer modernen Meinungen widersprechen völlig der Wahrheit, wie die, welche von unseren Weisen vor einiger Zeit stets im Munde geführt wurde, „daß man

Pistoja durch die Parteien und Pisa durch die Festungen halten müsse". Sie sehen nicht ein, wie unnütz beides ist.

Ich will die Festungen übergehen, da ich oben ausführlich darüber gesprochen habe, und will erörtern, wie unnütz es ist, die Städte, die man unter seiner Herrschaft hat, geteilt zu halten. Zuerst ist es unmöglich, sich alle beiden Parteien als Freunde zu erhalten, mag es nun ein Fürst oder eine Republik sein, die sie regieren. Es liegt in der Natur des Menschen, überall, wo eine Spaltung ist, Partei zu ergreifen und mehr an der einen als an der anderen Gefallen zu finden. Da nun deshalb immer ein Teil der Stadt unzufrieden ist, so verliert man sie im ersten Krieg; denn es ist unmöglich, eine Stadt zu halten, die den Feind vor und in ihren Mauern hat. Wenn es eine Republik ist, die die Herrschaft über sie hat, so gibt es kein schöneres Mittel, ihre eigenen Bürger schlecht zu machen und die eigene Stadt zu Spaltungen zu bringen, als eine gespaltene Stadt zu regieren zu haben, da jede Partei in dieser letzteren sich in der Hauptstadt Gönner zu erwerben und sich durch verschiedene Bestechungsmittel Freunde zu machen sucht. Es entstehen also zwei sehr große Übel. Das eine, daß man sich die Stadt niemals zum Freund macht, da sie nicht gut regiert werden kann, weil sich die Regierung häufig bald auf die eine, bald auf die andere Seite schlägt; das zweite, daß jener Parteieifer notwendig die Republik selbst teilt. Biondo[32], als er über die Florentiner und Pistojeser spricht, bezeugt dies mit folgenden Worten: „Während die Florentiner Pistoja geteilt haben wollten, spalteten sie sich selbst." Es läßt sich also leicht auf das Übel schließen, das aus dieser Teilung entsteht. Als im Jahre 1501 Arozzo, das ganze Tal des Tiber und das Tal der Chiana durch die Vitelli und den Herzog von Valentinois erobert wurden, sendete der König von Frankreich einen Herrn von Lant ab, um den Florentinern alle verlorenen Städte wieder zurückgeben zu lassen. Als Lant in jeder Burg Leute fand, die bei der Besichtigung derselben sagten, sie gehörten zur Partei Marzoccos[33], tadelte er sehr diese Spaltung, bemerkend, wenn in Frankreich ein Untertan des Königs sagen würde, er gehöre zur Partei des Königs, so würde er bestraft werden; denn ein solcher Ausdruck würde nichts anderes bedeuten, als daß sich in dieser Stadt gegen den König feindlich gesinnte Leute befänden, und der König wolle, daß alle seine Städte seine Freunde, einig und ohne Parteien seien.

Aber alle diese von der Wahrheit abweichenden Mittel und Meinungen entstehen aus der Schwäche der Regenten, die im Unvermögen, die Staaten durch Gewalt und Kraft zu halten, zu solchen Kunstgriffen ihre Zuflucht nehmen, die manchmal in ruhigen Zeiten etwas nützen, sowie aber Mißgeschick und bewegte Zeiten kommen, ihre trügerisch sind.

---

[32] Biondo da Forlì

[33] D.h. Florenz'.

28.

Daß man auf die Handlungen der Bürger achthaben müsse, weil oft unter einer tugendhaften Handlung ein Anfang der Tyrannei verborgen liegt.

Als in Rom große Hungersnot war und die öffentlichen Vorräte nicht ausreichten, erlaubte sich ein gewisser Spurius Melius, der für die damalige Zeit sehr reich war, auf eigene Hand Vorräte von Getreide anzulegen, die Menge damit zu speisen und sich so ihre Anerkennung zu erwerben. Er erwarb sich auch wirklich dadurch so große Volksgunst, daß der Senat, das Übel bedenkend, das aus seiner Freigebigkeit entspringen konnte, um es zu unterdrücken, ehe es mehr Kraft gewann, einen Diktator ernannte und ihn hinrichten ließ.

Es ist hier zu bemerken, daß oftmals Handlungen, die barmherzig scheinen und an sich eigentlich nicht zu verdammen sind, grausam werden und einer Republik sehr gefährlich sind, wenn sie nicht beizeiten in ihre Schranken gewiesen werden. Betrachten wir diese Sache näher. Eine Republik kann ohne angesehene Bürger weder bestehen noch irgend gut regieren. Auf der anderen Seite ist das Ansehen der Bürger die Ursache der Tyrannei in Republiken. Will man diese Sache regeln, so ist es nötig, solche Einrichtungen zu treffen, daß die Bürger mit demjenigen Ansehen umgeben sind, welches der Stadt und der Freiheit nützt, nicht schadet. Man muß daher die Mittel untersuchen, durch welche sie Ansehen erlangen. Diese sind eigentlich von zweierlei Gattung, öffentliche oder Privatmittel. Die öffentlichen Mittel sind, wenn ein Bürger durch guten Rat und bessere Tat zum gemeinschaftlichen Wohl Ansehen erwirbt. Zu dieser Ehre muß man den Bürgern die Wege öffnen und Belohnungen für den Rat und für die Taten aussetzen, so daß sie dadurch Ruhm und Befriedigung finden. Wenn der auf diesem Weg erlangte Ruf rein und einfach ist, so wird er niemals gefährlich sein; wird er hingegen durch Privatmittel erlangt, so ist er äußerst gefährlich und durchaus schädlich. Die Privatmittel sind, diesem und jenem Bürger Wohltaten erzeigen, indem man ihm Geld leiht, seine Töchter ausstattet, ihn vor den Magistraten schützt und ihm die anderen Begünstigungen erweist, die sich Parteien erweisen und die den auf diese Weise Begünstigten ermutigen, die öffentlichen Sitten zu verderben und die Gesetze zu brechen.

Eine wohlgeordnete Republik muß also, wie ich gesagt habe, dem, der durch öffentliche Mittel Gunst sucht, die Wege öffnen und sie dem verschließen, der sie durch Privatmittel sucht. So hielt es Rom. Zur Belohnung dessen, der durch seine Taten dem Staat nützte, setzte es die Triumphe und alle anderen Ehrenbezeigungen fest, die es seinen Bürgern gewährte. Zum Schaden dessen, der unter verschiedenen Vorwänden durch Privatmittel nach Größe strebte, ordnete es die Anklagen an; reichten diese nicht hin, weil er wegen eines falschen Scheins von Tugend beim Volk beliebt war, so ernannte es einen Diktator, der mit königlichem Arm jeden in die Schranken wies, der sie überschritten hatte, wie es zur Bestrafung des Spurius Melius geschah. Eine einzige solche Sache, die man unbestraft läßt, ist geeignet, eine Republik zugrunde zu richten; denn schwer bringt man sie, wenn dies Beispiel da ist, dann wieder auf den rechten Weg.

29.

Daß die Sünden der Völker durch die Fürsten entstehen.

Es beschwere sich kein Fürst über Sünden, welche die Völker begehen, die er regiert; denn diese Sünden entstehen notwendig aus seiner Nachlässigkeit oder weil ähnliche Laster ihn beflecken. Betrachtet man die Völker, welchen man in unserer Zeit Räuberei und andere solche Schlechtigkeiten vorwirft, so wird man sehen, daß sie durchaus nur durch ihre Regenten, die diese Natur hatten, so geworden sind. Ehe die Herren, welche die Romagna beherrschten, durch den Papst Alexander VI. ausgerottet worden waren, war dies Land ein Muster des lasterhaftesten Lebenswandels; beim geringsten Anlaß waren dort Mord und Raub an der Tagesordnung. Dies entsprang aus der Verworfenheit der Fürsten, nicht aus der verworfenen Natur der Menschen, wie sie behaupteten. Da diese Fürsten arm waren und es den Reichen gleichtun wollten, so waren sie gezwungen, viele Räubereien zu begehen und diese auf verschiedene Arten zu verüben. Unter anderen schändlichen Mitteln gaben sie zu diesem Zweck Gesetze, die irgendeine Handlung verboten; dann waren sie die ersten, die zur Überschreitung Anlaß gaben, und bestraften die Übertreter nie eher, als bis sich ihre Zahl angehäuft hatte. Jetzt wandten sie sich zur Bestrafung, nicht aus Eifer für die Aufrechterhaltung des Gesetzes, sondern aus Gier, die Strafsumme einzuziehen. Hieraus entstanden denn viele Übel, vor allem das, daß die Völker verarmten, nicht aber sich besserten, und daß die einzelnen Verarmten sich an den Schwächeren zu entschädigen versuchten. Hieraus entstand nun alles das obenerwähnte Unheil, dessen Ursache der Fürst war.

Daß meine Behauptung wahr ist, zeigt auch Livius. Als die römischen Gesandten das Geschenk aus der Beute von Veji dem Apollo brachten, wurden sie von den Seeräubern aus Lipari bei Sizilien gefangen und in diese Stadt geführt. Als Timasistheus, ihr Fürst, hörte, was für ein Geschenk es sei, wohin es bestimmt sei und wer es sende, so benahm er sich, obgleich zu Lipari geboren, als Römer, zeigte dem Volk, wie gottlos es wäre, sich eines solchen Geschenks zu bemächtigen, und ließ mit allgemeiner Zustimmung die Gesandten unberaubt ihre Reise fortsetzen. Die Worte des Geschichtsschreibers sind diese: *Timasis-*

theus multitudinem religione implevit, quae semper regenti est similis.[34] Zur Bestätigung dieses Satzes dient, was Lorenzo de' Medici sagt:

E quel che fa il signor, fanno poi molti,
Chè nel signor son tutti gli occhi volti.[35]

30.

Ein Bürger, der in seiner Republik durch seine Autorität etwas Gutes zustande bringen will, hat vor allem nötig, die Eifersucht zu überwinden; und wie man gegen den anrückenden Feind die Verteidigung einer Stadt anzuordnen hat.

Als der römische Senat erfuhr, daß in ganz Toskana neue Truppenaushebungen gegen Rom vorgenommen wurden und daß sich die Latiner, früher die Freunde des römischen Volkes, mit den Volskern, den ewigen Feinden Roms, verbündet hatten, urteilte er, dieser Krieg müsse gefährlich werden. Da nun Camillus Tribun mit konsularischer Gewalt war, glaubte er die Ernennung eines Diktators nicht nötig zu haben, wenn die anderen Tribunen, seine Kollegen, ihm die oberste Leitung des Krieges abtreten wollten. Die Tribunen taten es willig. *Nec quicquam* (sagt Livius) *de maiestate sua detractum credebant, quod maiestati eius concessissent.*[36] Camillus nahm diesen Gehorsam beim Wort und befahl, drei Heere auszuheben. Das Haupt des ersten wollte er selbst sein, um gegen die Toskaner zu ziehen; dem zweiten setzte er Quintus Servilius vor, der in der Nähe von Rom Stellung nehmen sollte, um den Latinern und Hernikern entgegenzutreten, wenn sie anrücken würden; Lucius Quintius erhielt das dritte Heer, das ausgehoben wurde, um als Besatzung der Stadt zu dienen und im Fall der Not die Tore und die Curia zu verteidigen. Überdies befahl er, daß Horatius, gleichfalls einer seiner Kollegen, für Waffen und Mundvorrat und die anderen Kriegsvorräte sorgen solle. Cornelius, der letzte seiner Kollegen, sollte im Senat und der Volksversammlung den Vorsitz führen, um den Gang der täglich zu besorgenden Geschäfte zu leiten. Auf diese Weise waren diese Tribunen damals zum Heil des Vaterlandes zum Befehlen und Gehorchen bereit.

Man ersieht aus diesem Text, wie ein tugendhafter weiser Mann handelt, von wie viel Gutem er Ursache ist und wieviel er seinem Vaterland nützen kann,

[34] Timasistheus hatte die Menge, welche immer ihrem Oberhaupt ähnlich ist, mit religiösem Sinn erfüllt.

[35] Und was der Herr tut, tun dann viele; denn auf den Herrn sind alle Augen gerichtet.

[36] Sie glaubten nicht, daß ihrer Hoheit entzogen wäre, was sie der Hoheit desselben eingeräumt hätten.

wenn er durch seine Tugend und sein Ansehen die Eifersucht besiegt hat, welche häufig das Hindernis wird, warum ein Mann nichts Gutes zustande bringen kann, da sie nicht erlaubt, daß er die Gewalt erhalte, die in wichtigen Dingen nötig ist.

Diese Eifersucht wird auf zweierlei Weise besiegt. Einmal durch ein schlimmes und schwieriges Ereignis, wo jeder, seinen Untergang vor Augen sehend, mit Hintansetzung jeden Ehrgeizes freiwillig dem zu gehorchen eilt, von dem er glaubt, daß er ihn durch seine Tüchtigkeit retten könne. Dies war der Fall mit Camillus. Er hatte so viele Beweise von seiner Vortrefflichkeit gegeben, er war dreimal Diktator gewesen und hatte dies Amt stets zum allgemeinen Nutzen, nicht zu eigenem Vorteil, verwaltet, so daß man seine Größe nicht fürchtete und, weil er so groß und berühmt war, nicht für schimpflich hielt, ihm nachzustehen. Livius sagt daher weise die Worte: *Nec quicquam etc.*

Auf die zweite Art wird die Eifersucht besiegt, wenn durch Gewalt oder auf natürlichem Weg die Männer sterben, welche deine Nebenbuhler um Ansehen und Größe waren. Es ist unmöglich, daß diese, die dich höher stehen sehen als sie, sich jemals beruhigen und in Geduld fügen. Sind es Bürger einer verderbten Republik, wo die Erziehung nicht einige Tugend in ihnen erzeugt hat, so ist es unmöglich, daß sie durch irgendein Ereignis zum Zurücktreten bewogen werden. Um ihren Willen zu erreichen und die Verkehrtheit ihres Gemütes zu befriedigen, würden sie mit Vergnügen den Untergang ihres Vaterlandes sehen. Um diese Eifersucht zu besiegen, gibt es kein anderes Mittel als den Tod. Ist das Glück dem ausgezeichneten Manne so günstig, daß sie auf gewöhnlichem Weg sterben, so wird er ohne anstößige Auftritte berühmt, da er ohne Hindernis und ohne Blut sein Ansehen zeigen kann. Hat er aber dies glückliche Los nicht, so muß er sie durch jedes Mittel hinwegzuräumen suchen und, ehe er irgend etwas tut, Maßregeln treffen, um diese Schwierigkeit zu überwinden. Wer die Bibel mit Verstand liest, wird sehen, daß Moses gezwungen war, wenn seine Gesetze und Einrichtungen Kraft erhalten sollten, eine Menge Menschen zu töten, die sich allein aus Eifersucht seinen Plänen widersetzten.

Bruder Girolamo Savonarola sowohl als der Gonfaloniere von Florenz, Pietro Soderini, kannten diese Notwendigkeit sehr gut. Der Bruder konnte nicht obsiegen, weil er die Gewalt dazu nicht hatte und weil er von seinen Anhängern, die sie hatten, nicht recht verstanden wurde. Was an ihm lag, unterließ er nicht; seine Predigten sind voll Anklagen und Strafreden gegen die Weltklugen, wie er die Eifersüchtigen nannte, die sich seinen Einrichtungen widersetzten. Soderini glaubte durch die Zeit, durch Güte, durch sein Glück, durch Wohltaten diese Eifersucht zu besiegen. Er sah sich in rüstigem Alter und mit soviel neuer Gunst umgeben, die er durch seine Handlungsweise erwarb, daß er alle die, welche sich ihm aus Eifersucht widersetzten, ohne Ärgernis, Gewalttat und

Unruhen überwinden zu können glaubte. Doch er wußte nicht, daß man die Zeit nicht abwarten kann, daß die Güte nicht ausreicht, daß das Glück wechselt und daß die Bosheit durch kein Geschenk besänftigt wird. Beide scheiterten daher, und ihr Sturz hatte darin seine Ursache, daß sie die Eifersucht nicht zu besiegen verstanden oder vermochten.

Die zweite bemerkenswerte Sache ist die Anordnung, die Camillus zum Heil Roms im Inneren und außerhalb traf. Fürwahr nicht ohne Grund setzen die guten Geschichtsschreiber, wie der unserige, gewisse Fälle ausführlich und genau auseinander, damit die Nachkommen lernen, wie sie sich unter ähnlichen Umständen zu verteidigen haben. Man muß aus diesem Text ersehen, daß es keine gefährlichere und unnützere Verteidigung gibt als eine solche, die tumultuarisch und ohne Ordnung ist. Dies beweist das dritte Heer, das Camillus zur Besatzung Roms ausheben ließ. Viele würden dies für überflüssig gehalten haben und noch halten, da das an sich bewaffnete und kriegerische Volk zum Heer zu organisieren überflüssig gewesen sei und es genügt habe, dasselbe unter die Waffen treten zu lassen, wenn das Bündnis kam. Camillus hingegen und jeder andere, der so weise wäre wie er, urteilt anders; er wird nie erlauben, daß die Menge die Waffen ergreift, wenn es nicht mit Ordnung und auf Befehl geschieht. Wer daher Befehlshaber einer Stadt ist, muß diesem Beispiel zufolge sich, wie vor einer Klippe, davor hüten, daß er die Einwohner tumultuarisch die Waffen ergreifen läßt. Zuerst muß er diejenigen eingeschrieben und ausgewählt haben, die Soldaten sein sollen, er muß bestimmen, wem sie zu gehorchen, wo sie sich zu versammeln, wohin sie zu gehen haben; allen anderen muß er befehlen, ein jeder solle in seinem Hause bleiben und dieses verteidigen. Wer in einer angegriffenen Stadt diese Anordnungen trifft, wird sich leicht verteidigen können; wer es anders macht, ahmt Camillus nicht nach und wird sich nicht verteidigen.

31.

Kräftige Republiken und vorzügliche Männer bewahren in jedem Glückswechsel dieselbe Gesinnung und dieselbe Würde.

Unter anderen vortrefflichen Dingen, die unser Geschichtsschreiber Camillus tun und sprechen läßt, um zu zeigen, wie ein großer Mann sein soll, legt er ihm auch folgende Worte in den Mund: *Nec mihi Dictatura animos fecit, nec exilium ademit.*[37]

[37] Die Diktatur hat mein Selbstgefühl nicht erhöht und die Verbannung es nicht geschwächt.

Man sieht daraus, daß große Männer in jeder Lage stets dieselben sind. Mag sie der Wechsel des Glücks erhöhen oder herabdrücken, sie ändern sich niemals, sondern behalten stets denselben festen Sinn, mit dem ihr Betragen so übereinstimmt, daß jeder leicht erkennt, das Glück habe keine Macht über sie. Anders benehmen sich schwache Menschen. Das Glück macht sie eitel und berauscht sie, da sie ihre gute Lage Tugenden zuschreiben, die sie niemals kannten. Auf diese Weise werden sie allen, die um sie sind, unerträglich und verhaßt. Die Folge hiervon ist dann der plötzliche Wechsel ihres Loses, und kaum zeigt sich dieser ihrem Auge, so fallen sie in den entgegengesetzten Fehler und werden feige und niedrig. Solche Fürsten sind im Mißgeschick mehr auf Flucht als auf Widerstand bedacht, da sie ihr Glück schlecht benutzt haben und so zur Verteidigung völlig unvorbereitet sind.

Diese Tugend und dieses Laster, das man bei einem einzelnen Mann findet, findet man auch bei Republiken. Zum Beweis dienen Rom und Venedig. Die Römer machte kein Mißgeschick jemals niederträchtig, noch ein Glück übermütig. Deutlich zeigte sich dies nach der Niederlage bei Cannae und nach dem Sieg über Antiochus. Die Niederlage, obgleich schwer, weil es die dritte war, konnte sie nicht erniedrigen; sie schickten Heere aus, wollten die Gefangenen, weil es ihrem Grundsatz widersprach, nicht auswechseln, und baten weder Hannibal noch Karthago um Frieden; mit Hintansetzung aller dieser niedrigen Maßregeln war Krieg ihr einziger Gedanke, indem sie aus Mangel an Männern Greise und Sklaven bewaffneten. Als Hanno dies erfuhr, zeigte er, wie oben erwähnt, dem karthagischen Senat, wie wenig man auf die Folgen des Siegs bei Cannae zu rechnen habe. So sieht man, daß sie schwierige Zeiten weder entmutigen noch erniedrigen konnten. Ebensowenig machten sie günstige Zeiten übermütig. Vor der verlorenen Schlacht schickte Antiochus Gesandte, eine Übereinkunft zu verlangen; Scipio machte die Friedensbedingung, der König solle sich nach Syrien zurückziehen und seine übrigen Länder den Römern abtreten. Antiochus verwarf dies, verlor die Schlacht und schickte von neuem Gesandte, die alle Bedingungen des Siegers annehmen sollten. Scipio schlug keinen anderen Vertrag vor als er vor dem Sieg angeboten hatte, und fügte die Worte hinzu: *Quod Romani, si vincuntur non minuuntur animis, nec si vincunt insolescere solent.*[38]

Völlig entgegengesetzt handelten die Venezianer. Im Glück, das sie durch Tapferkeit, welche sie nicht besaßen, erworben zu haben glaubten, wurden sie so übermütig, daß sie den König von Frankreich den Sohn des heiligen Markus nannten, den päpstlichen Stuhl nicht achteten, die Grenzen Italiens zu eng fan-

[38] Die Römer werden, wenn sie besiegt werden, nicht kleinmütig, und nicht übermütig, wenn sie siegen.

den und sich in den Kopf gesetzt hatten, sie müßten ein dem römischen ähnliches Weltreich schaffen. Als sie hierauf das Glück verließ und ihnen der König von Frankreich bei Vaila eine halbe Niederlage beibrachte, verloren sie nicht allein ihre Staaten durch Aufruhr, sondern gaben einen guten Teil davon aus Feigheit und Niederträchtigkeit freiwillig dem Papst und dem König von Spanien; sie sanken so tief, daß sie Gesandte an den Kaiser schickten, sich ihm tributpflichtig zu machen, und an den Papst Briefe voll Unterwerfung und Kriecherei schrieben, um ihn zum Erbarmen zu bewegen. In diese unglückselige Lage kamen sie in vier Tagen und nach einer halben Niederlage; denn ihr Heer, das gar nicht gekämpft hatte, wurde auf dem Rückzug zum Kampf gezwungen und ungefähr die Hälfte außer Gefecht gesetzt, so daß der eine Provveditor, der sich rettete, mit mehr als 25000 Mann zu Fuß und zu Pferd nach Verona kam. Fand sich daher in Venedig und in seiner Verfassung nur irgendeine Art von Kraft, so war es leicht, sich wieder zu sammeln, dem Schicksal von neuem die Stirn zu bieten und sich bereitzumachen zum Sieg, zu ruhmvollerer Niederlage oder zu ehrenvollerem Frieden. Allein ihre Feigheit, die Folge der schlechten Beschaffenheit ihres Kriegswesens, war Ursache, daß sie durch einen Schlag Staat und Mut verloren.

Immer wird es denen ebenso gehen, die sich wie sie benehmen. Denn der Übermut im Glück und die Niedrigkeit im Mißgeschick entsteht aus deinen Grundsätzen und aus der Erziehung, in der du aufgewachsen bist. Ist diese schwächlich und eitel, so macht sie dich ebenso; war sie anders, so gibt sie dir gleichfalls ein anderes Gepräge, und dadurch, daß sie dir richtigere Weltkenntnis gibt, mäßigt sie deine Freude im Glück und deinen Kummer im Unglück. Was wir vom einzelnen sagen, gilt auch von vielen, die in derselben Republik leben; sie erlangen den Grad von Vollkommenheit, welchen die eingeführte Lebensweise hat.

Ich habe andernorts zwar schon gesagt, daß der Grundpfeiler aller Staaten ein gutes Kriegswesen ist und daß, wo dieses fehlt, weder gute Gesetze noch überhaupt etwas Gutes bestehen kann, allein es scheint mir nicht überflüssig, dies nochmals zu wiederholen. Aus jedem Blatt der römischen Geschichte geht diese Notwendigkeit hervor. Man sieht darin, daß die Heere nicht gut sein können, wenn sie nicht geübt werden, und daß man sie nicht üben kann, wenn sie nicht aus eigenen Untertanen bestehen. Immer steht man nicht im Feld und kann nicht immer darin stehen; es ist daher notwendig, die Soldaten im Frieden zu üben; wegen der Kosten aber kann man nur mit Untertanen diese Übungen vornehmen. Camillus war, wie wir oben gesagt, gegen die Toskaner gezogen. Als seine Soldaten die Stärke des feindlichen Heeres sahen, bemächtigte sich ihrer völlige Mutlosigkeit, da sie soviel schwächer an Zahl den Angriff nicht aushalten zu können glaubten. Als Camillus die üble Stimmung des Heeres zu Ohren kam, ließ er es vor die Zelte treten, ging durch die Reihen, nahm den Soldaten ihre falsche Meinung und sprach zuletzt, ohne irgend etwas an der Anordnung des Lagers zu ändern: *Quod quisque didicit, aut consuevit, faciat.*[39] Wer diese Worte und die anderen, die er später zu ihnen sagte, um sie zum Angriff auf den Feind zu ermutigen, in Betracht zieht, wird erkennen, daß sich nichts anderes sagen ließ und daß man das Heer nichts anderes konnte tun lassen, als was früher im Krieg und im Frieden angeordnet und eingeübt war. Auf Soldaten, die nichts gelernt haben, kann sich ein Feldherr nicht verlassen oder glauben, sie würden etwas Gutes zustande bringen. Wenn ein neuer Hannibal befehligte, so müßte er unterliegen; denn ein Feldherr kann während der Schlacht nicht überall sein, und wenn er daher nicht früher Männer herangebildet hat, die von seinem Geist durchdrungen sind und seine Regeln und Kriegführung wohl kennen, so muß er notwendig zugrunde gehen.

Wäre also eine Republik wie Rom bewaffnet und eingerichtet und kämen ihre Bürger täglich einzeln und insgesamt in die Lage, ihre Tugend und Kraft erproben zu müssen und die Macht des Glücks zu erfahren, so würden sie in allen Zeitumständen denselben Sinn zeigen und dieselbe Würde behaupten. Sind sie hingegen waffenlos und verlassen sie sich allein auf die Launen des Glücks, nicht auf die eigene Kraft, so werden sie mit seinem Wechsel wechseln und stets Proben ablegen, wie sie die Venezianer abgelegt haben.

32.

Welcher Mittel sich einige bedient haben, einen Friedensschluß zu hintertreiben.

Die Circeer und Velitrer, zwei Kolonien, hatten sich in der Hoffnung auf den Schutz der Latiner gegen das römische Volk erhoben. Als hierauf die Latiner besiegt wurden und diese Hoffnung verschwunden war, rieten viele Bürger, man solle Gesandte nach Rom schicken, um sich mit dem Senat auszusöhnen. Diese Maßregel wurde von den Urhebern des Aufruhrs behindert, in der Furcht, die ganze Strafe werde auf ihr Haupt fallen. Um aller Beratung über den Frieden ein Ende zu machen, hetzten sie die Menge auf, die Waffen zu ergreifen und in das römische Gebiet einzufallen.

In der Tat, wenn man will, daß ein Volk oder ein Fürst jeden Gedanken an Übereinkunft fahren lassen soll, so gibt es kein Mittel, das so sicher und dauernd wirkt, als ihn zur Verübung einer schweren Untat an dem zu bringen, mit welchem er keine Übereinkunft schließen soll. Es wird ihn dann immer die

[39] Es tue ein jeder, was er gelernt hat und gewöhnt ist.

Furcht vor der Strafe, die er für sein begangenes Verbrechen zu verdienen glaubt, davon fernhalten.

Nach dem ersten punischen Krieg segelten die Soldaten, welche den Karthagern in Sizilien und Sardinien gedient hatten, als Frieden geschlossen war, nach Afrika und kehrten, als sie ihren Sold nicht erhielten, ihre Waffen gegen Karthago, ernannten zwei Häupter, Matus und Spendius, nahmen den Karthagern viele Städte weg und plünderten viele andere. Um zuvor jedes andere Mittel zu versuchen als den Kampf, schickte Karthago seinen Bürger Hasdrubal als Gesandten zu ihnen ab, von dem man glaubte, daß er einige Gewalt über sie habe, da er früher ihr Feldherr gewesen war. Als dieser angekommen war und Spendius und Matus die Soldaten zum Aufgeben aller Hoffnung, jemals von den Karthagern Frieden zu erhalten, und hierdurch zum Krieg nötigen wollten, überredeten sie sie, es sei das beste, den Gesandten und alle karthagischen Bürger, die sie gefangenhielten, zu töten. Dies geschah, und sie wurden nicht nur sämtlich ermordet, sondern vorher mit tausend Martern gepeinigt und diesem Verbrechen ein Edikt beigefügt, daß alle Karthager, die in Zukunft ergriffen würden auf dieselbe Weise getötet werden sollten. Dieser Beschluß und die Hinrichtung machte das Heer grausam und hartnäckig gegen die Karthager.

33.

Um eine Schlacht zu gewinnen, ist es nötig, das Heer mit Vertrauen auf sich selbst und auf den Feldherrn zu erfüllen.

Um eine Schlacht zu gewinnen, ist es nötig, dem Heer ein solches Vertrauen einzuflößen, daß es durchaus siegen zu müssen glaubt. Die Dinge, die es vertrauensvoll machen, sind, daß es gut bewaffnet und geordnet ist, daß einer den anderen kennt. Nur bei Soldaten, die miteinander geboren und aufgewachsen sind, kann dieses Vertrauen oder diese Ordnung entstehen. Der Feldherr muß geachtet sein, so daß das Heer auf seine Klugheit vertraut. Immer wird es vertrauen, wenn es ihn geregelt, tätig, mutvoll sieht, wenn er sein Ansehen als Feldherr und die Majestät seiner Würde behauptet. Immer wird er dies, wenn er seine Soldaten für ihre Vergehen straft, sie nicht zwecklos anstrengt, seine Versprechungen hält, wenn er den Weg zum Sieg als leicht darstellt und was die Gefahren von ferne zeigen könnte, verbirgt, verkleinert. Diese Dinge, wohl beobachtet, sind eine große Ursache, daß das Heer vertraut und vertrauend siegt.

Bei den Römern war es gebräuchlich, ihren Heeren dies Vertrauen durch die Religion einzuflößen. Dies war der Grund, warum sie die Konsulwahl, die Aushebung, den Abmarsch des Heeres, die Schlacht mit Augurien und Auspizien begannen. Ohne diese hätte ein guter und weiser Feldherr nie eine Schlacht gewagt, in der Überzeugung, daß sie leicht verloren werden könne, wenn die Soldaten nicht zuvor gehört hätten, daß die Götter auf ihrer Seite seien. Wenn aber ein Konsul oder anderer Heerführer unter ungünstigen Auspizien gefochten hätte, so würde er gestraft worden sein wie Claudius Pulcher. Man sieht dies in der ganzen römischen Geschichte, doch beweisen es Livius' Worte im Mund des Appius Claudius am deutlichsten, wo dieser sich beim Volk über die Frechheit der Volkstribunen beschwert und zeigt, daß durch sie die Auspizien und andere religiösen Gebräuche entweiht wurden: *Eludant nunc licet religionem. Quid enim interest, si pulli non pascentur, si ex cavea tardius exierint, si occinuerit avis? Parva sunt haec; sed parva ista non contemnendo, Maiores nostri maximam hanc rempublicam fecerunt.*[40] Diese kleinen Dinge haben die Kraft, die Soldaten einig und vertrauensvoll zu erhalten, was die Hauptursache jedes Sieges ist.

Doch müssen diese Dinge die Tapferkeit begleiten, sonst haben sie keinen Wert. Als die Pränestiner gegen die Römer im Feld standen, bezogen sie am Fluß Allia an der Stelle ein Lager, wo die Römer von den Galliern geschlagen worden waren. Dies taten sie, um ihren Soldaten Zuversicht einzuflößen und die Römer durch die Vorbedeutung des Orts zu entmutigen. Obschon nun ihre Maßregel aus den erwähnten Gründen Erfolg versprach, so zeigt doch der Ausgang, daß die wahre Tapferkeit nicht jeden unbedeutenden Zufall fürchtet. Der Geschichtsschreiber sagt dies sehr gut durch die Worte, die er den Diktator an seinen General der Reiterei richten läßt: *Vides tu, fortuna illos fretos, ad Alliam consedisse, at tu, fretus armis animisque, invade mediam aciem.*[41] Wahre Tapferkeit, gute Ordnung, Zuversicht, gegründet auf so viele Siege, verschwindet nicht vor Dingen von wenig Bedeutung; eine leere Einbildung jagt ihr weder Furcht ein, noch schadet ihr eine augenblickliche Verwirrung. Man sah dies deutlich, als zwei von Manlius' Anführer gegen die Volsker, einen Teil ihres Lagers verwegenerweise auf Beute ausgeschickt hatten, und zu gleicher Zeit die ausgeschickten Soldaten umringt und die zurückgebliebenen bestürmt wurden. Aus dieser Gefahr rettete die Römer nicht die Klugheit der Konsuln, sondern die eigene Tapferkeit der Soldaten. Livius sagt hierüber, wie folgt: *Militum etiam sine rectore stabilis virtus tulata est.*[42]

Ich will ein Wort des Fabius, um sein Heer vertrauensvoll zu machen, nicht übergehen. Als er in Toskana eingedrungen war und dieses Vertrauen für um so

---

[40] Mögen sie jetzt immerhin die heiligen Gebräuche verspotten. – Was liegt denn daran, ob junge Hühner nicht fressen, ob sie zu langsam aus dem Käfig gehen, ob ein Vogel zur Unzeit pfeift? Dies sind Kleinigkeiten, aber dadurch, daß sie diese nicht verachteten, haben unsere Vorfahren unseren Staat groß gemacht.

[41] Siehst du, sie haben sich, auf das Glück vertrauend, an der Allia gelagert, aber du, auf Waffen und auf Mut vertrauend, greife ihre Schlachtreihe in der Mitte an.

[42] Auch ohne Leitung schützte die beständige Tapferkeit die Soldaten.

nötiger erachtete, als er seine Soldaten in ein neues Land gegen neue Feinde geführt hatte, sagte er ihnen, nach Anführung vieler Gründe, warum sie den Sieg zu hoffen hätten: er könne ihnen noch gewisse gute Dinge sagen, woraus sie den gewissen Sieg sehen würden, wenn es nicht gefährlich wäre, sie bekannt werden zu lassen. Dieses weise angewandte Mittel verdient Nachahmung.

34.

Welcher Ruf oder welche Meinung bewirkt, daß das Volk einen Bürger zu begünstigen anfängt; und ob es mit mehr Klugheit Ämter erteilt als ein Fürst.

Wir haben früher erzählt, wie Titus Manlius, später Torquatus genannt, seinen Vater Lucius Manlius von den Folgen einer Anklage rettete, die der Volkstribun Marcus Pomponius gegen ihn erhoben hatte. Obgleich nun die Art der Rettung einigermaßen gewalttätig und ungesetzlich war, so gefiel doch diese kindliche Pietät gegen den Vater jedermann so sehr, daß er nicht nur nicht zur Rede gestellt, sondern bei der Wahl der Kriegstribunen an zweiter Stelle ernannt wurde. Bei Gelegenheit dieses Erfolges scheint es mir gut zu untersuchen, wie das Volk die Männer bei der Übertragung von Ämtern beurteilt, und ob nach dem, was wir hier sehen, unser oben gezogener Schluß richtig ist, daß das Volk bessere Wahlen treffe als ein Fürst.

Das Volk richtet sich bei seinen Amtszuteilungen nach dem, was die öffentliche Stimme oder der Ruf von einem Mann sagt, wenn es ihn nicht durch seine bekannten Taten, durch Vermutung oder durch eine Meinung, die man von ihm hat, genauer kennt. Die beiden letzteren Dinge rühren von den Vätern solcher Männer her, die große Männer und einflußreich in der Stadt waren und von deren Söhnen man daher glaubt, daß sie ihren Vätern ähnlich sein werden, solange sie nicht durch ihre Handlungen das Gegenteil bewiesen haben. Oder aber diese Dinge rühren aus dem Benehmen des Manns selbst her, von dem man spricht. Das beste Benehmen in dieser Hinsicht ist gesetzte, wohlgesittete, von jedem für weise gehaltene Männer zu seinem Umgang zu haben. Da es kein sichereres Zeichen der Sinnesart eines Menschen gibt als die Gesellschaft, mit der er umgeht, so erwirbt ein Mann, der gute Gesellschaft hat, mit Recht einen guten Namen; denn es ist unmöglich, daß er nicht einige Ähnlichkeit mit ihr habe. Oder drittens erwirbt man diesen öffentlichen Ruf durch eine ungewöhnliche und ausgezeichnete Handlung, die dem Vollbringer, wenn es auch nur eine Privathandlung ist, Ehre macht.

Von allen drei Dingen, die anfänglich einen guten Ruf verleihen, ist keines wirksamer als das letzte. Das erste, Ahnen und Väter, ist so trügerisch, daß die

Menschen zögern, sich darauf zu verlassen, und in kurzem verzehrt es sich, wenn es nicht durch die eigene Anerkennung dessen, der zu beurteilen ist, begleitet wird. Das zweite, daß man dich durch deinen Umgang erkennt, ist besser als das erste, doch es ist viel weniger sicher als das dritte; denn solange man kein Zeichen sieht, das du selbst gibst, beruht dein Ruf auf der Meinung, die gar leicht wankend gemacht wird. Das dritte hingegen, das durch deine Werke entstanden und darauf gegründet ist, gibt dir sogleich einen solchen Namen, daß du später vieles dagegen tun mußt, um es zu verwischen. Wer daher in einer Republik geboren wird, muß diese Richtung nehmen und sich bestreben, durch eine außerordentliche Handlung sich hervorzutun. Viele Römer taten dies in ihrer Jugend dadurch, daß sie entweder ein Gesetz vorschlugen, das den allgemeinen Nutzen bezweckte, oder einen mächtigen Bürger als Übertreter der Gesetze anklagten, oder etwas ähnliches Auffallendes und Neues taten, das von ihnen reden machte.

Diese Dinge sind nicht allein nötig, sich anfänglich Ansehen zu geben, sie sind auch notwendig, um dies Ansehen zu erhalten und zu vergrößern. Zu diesem Zweck maß man sie wiederholen, wie es Titus Manlius sein ganzes Leben hindurch tat. Nachdem er seinen Vater auf so mutvolle und außerordentliche Weise verteidigt und durch diese Handlung sein erstes Ansehen erworben hatte, focht er einige Jahre später mit dem Gallier und zog dem Erlegten die goldene Kette vom Hals, die ihm den Namen Torquatus gab. Nicht zufrieden damit, ließ er schon in reiferem Alter seinen Sohn hinrichten, weil er ohne Erlaubnis gefochten, obgleich er den Feind überwunden hatte. Diese drei Handlungen gaben ihm damals einen größeren Namen und machen ihn durch alle Jahrhunderte berühmter als es irgendein Triumph, irgendein Sieg tat, womit er geschmückt ist wie nur irgendein Römer. Die Ursache ist die, daß, was die Siege betrifft, sehr viele Römer Manlius gleich waren; was diese einzelnen Handlungen betrifft, sehr wenige oder keiner. Dem älteren Scipio erwarben alle seine Triumphe keinen so großen Ruhm, als daß er noch im ersten Jünglingsalter am Tesino seinen Vater verteidigt hatte, und daß er nach der Niederlage bei Cannae mutvoll mit entblößtem Schwert mehrere Jünglinge zum Schwur zwang, Italien nicht zu verlassen, wie sie es schon beschlossen hatten. Diese beiden Handlungen waren der Ursprung seines Rufs und dienten ihm als Stufen zu den Triumphen über Spanien und Afrika. Die hohe Meinung von ihm stieg noch mehr, als er in Spanien die Tochter dem Vater, die Gattin dem Gatten zurücksandte.

Diese Art zu verfahren ist nicht allein für die Bürger nötig, welche Ruhm erwerben wollen, um die höchsten Würden in ihrer Republik zu erreichen, sie ist auch für die Fürsten notwendig, die sich in ihren Staaten in Ansehen erhalten wollen. Nichts erwirbt ihnen soviel Achtung, als wenn sie, ein seltenes Vorbild, dastehen durch ein seltenes, das öffentliche Wohl bezweckendes Werk oder Wort, das den Herrn großmütig, freisinnig oder gerecht zeigt und so ist, daß es bei seinen Untertanen gleichsam zum Sprichwort wird. Kehren wir aber zum Anfang dieses Kapitels zurück.

Wenn das Volk einem seiner Bürger das erste Amt gibt, indem es auf die drei obengenannten Gründe baut, so baut es nicht schlecht; wenn aber hierauf viele Beispiele eines guten Betragens einen Mann bekannter machen, dann baut es besser; denn in diesem Fall kann es sich fast niemals täuschen. Ich spreche hier nur von den Ämtern, die man Männern zu Anfang erteilt, ehe sie noch durch eine feste Erfahrung bekannt sind oder von einer Handlung zu einer anderen ungleichen übergehen. Hierin begehen die Völker, sowohl was die falsche Meinung als was die Bestechung durch irgendein Mittel betrifft, immer kleinere Irrtümer als die Fürsten. Es könnte sein, daß sich die Völker über den Ruf, die Gesinnung und die Werke eines Mannes täuschen, indem sie sie für größer halten als sie wirklich sind, was einem Fürsten nicht begegnen kann, da es ihm gesagt und er durch seine Ratgeber darauf aufmerksam gemacht werden würde. Damit nun auch die Völker diesen Rat nicht entbehren, haben die guten Gesetzgeber der Republiken verordnet, daß bei Besetzung der höchsten Ämter der Stadt, wo es gefährlich wäre, Männer zu wählen, die der Sache nicht gewachsen sind, jedem Bürger, wenn man sieht, daß sich der Volkswille auf die Wahl solcher richtet, erlaubt ist und zum Ruhm gerechnet wird, die Fehler dieser Männer in der Versammlung aufzudecken, damit das Volk, genau unterrichtet, besser urteilen könne. Daß dies in Rom Gebrauch war, bezeugt die Rede, welche Fabius Maximus im zweiten punischen Krieg an das Volk hielt, als bei der Konsulwahl die Gunst sich dem Titus Ottacilius zuwandte. Fabius hielt ihn nicht für gewachsen, in diesen Zeiten das Konsulat zu verwalten, und sprach gegen ihn, indem er seine Unzulänglichkeit bewies, so daß er ihm die Würde entzog und die Volksgunst denen zuwandte, die sie besser verdienten.

Die Völker urteilen also bei der Wahl der Magistrate nach den sichersten Zeichen, die man von den Menschen haben kann; sie irren, wenn sie wie die Fürsten beraten werden können, weniger als die Fürsten; und ein Bürger, der die Volksgunst wünscht, muß sie durch eine bemerkenswerte Tat, wie Manlius, gewinnen.

35.

Welche Gefahr es mit sich bringt, sich zum Ratgeber aufzuspielen; und je außerordentlicher die Sache ist, wozu man rät, desto größere Gefahr läuft man.

Wie gefährlich es ist, sich zum Haupt einer Neuerung aufzuspielen, wobei viele beteiligt sind, wie schwer es sei, eine solche Neuerung zu betreiben und durchzusetzen und, wenn sie durchgesetzt ist, zu erhalten, dies zu erörtern ist ein zu hoher Gegenstand und würde uns zu weit führen, als daß ich hier darüber sprechen könnte. Dies auf einen passenderen Ort aufsparend, werde ich daher nur von den Gefahren sprechen, in welche sich die Bürger oder die Ratgeber eines Fürsten begeben, die einem solchen zum Fassen eines wichtigen und bedeutenden Beschlusses so raten, daß diese Entscheidung ganz ihm zugeschrieben wird. Da nämlich die Menschen die Dinge nach dem Erfolg beurteilen, so wird alles Übel, das daraus entspringt, dem Urheber des Rates aufgebürdet, und sind die Folgen gut, so wird er dafür gelobt; doch die Belohnung hält bei weitem dem Schaden nicht die Waage.

Als sich der gegenwärtige Sultan Selim II., den man Großtürke nennt, nach dem Berichte einiger Reisenden, die aus seinen Ländern kommen, zu einem Feldzug gegen Syrien und Ägypten gerüstet hatte, wurde er von einem seiner Paschas, dessen Paschalik an den Grenzen Persiens liegt, aufgemuntert, gegen den Sofi zu ziehen. Durch diesen Rat bewogen, unternahm er mit einem sehr zahlreichen Heer diesen Feldzug, kam in einem weit ausgedehnten Land an, wo viele Wüsten und nur wenige Gewässer sind, fand dieselben Schwierigkeiten, welche einst viele römische Heere zugrunde gerichtet hatten, und litt durch sie so sehr, daß er durch Hunger und Pest, obgleich im Krieg überlegen, einen großen Teil seiner Truppen verlor. Voll Zorn über den Urheber des Rates, ließ er ihn hinrichten.

Man liest von vielen Bürgern, die zu einer Unternehmung aufmunterten und, weil sie ein schlechtes Ende nahm, ins Exil geschickt wurden. Einige römische Bürger setzten durch, daß ein Konsul aus den Plebejern gewählt werden solle. Durch Zufall wurde der erste, der an der Spitze des Heeres auszog, geschlagen, und jene Bürger würden darunter gelitten haben, wenn sie nicht die große Macht der Partei, die durch jenen Beschluß geehrt ward, beschützt hätte.

Es ist daher ausgemacht, daß sich die Ratgeber einer Republik und die Ratgeber eines Fürsten in der Klemme befinden: daß sie entweder ihre Amtspflicht verletzen, wenn sie nicht rücksichtslos raten, was ihnen für die Stadt oder für den Fürsten nützlich scheint, oder daß sie sich, wenn sie es raten, in die Gefahr begeben, Leben und Amt zu verlieren; da alle Menschen hierin blind sind, daß sie guten und schlechten Rat nach dem Erfolg beurteilen. Wenn ich bedenke, wie sie diese Schande oder diese Gefahr vermeiden können, so sehe ich keinen anderen Ausweg, als die Dinge gemäßigt anzugreifen, keines als eigene Unternehmung zu behandeln, seine Meinung ohne Leidenschaft zu sagen und sie ohne Leidenschaft mit Bescheidenheit zu verteidigen; so daß, wenn die Stadt oder der Fürst sie befolgt, er dies freiwillig tut und nicht durch dein ungestümes Drängen dazu gezogen scheint. Wenn du so handelst, so ist nicht anzunehmen, daß ein Fürst oder Volk dir wegen deines Rates übel will, da dieser nicht gegen den Willen vieler befolgt worden ist. Denn da ist Gefahr, wo viele widersprochen haben, die bei einem unglücklichen Ausgang sich zu deinem Untergang vereinigen. Entbehrt man auch in diesem Fall den Ruhm, welchen man erwirbt, wenn man allein gegen viele etwas rät und dies gelingt, so hat man dagegen zweierlei Gutes: erstens keine Gefahr; zweitens, wenn du deine Sache gemäßigt rätst und wegen Widerspruch dein Rat nicht angenommen wird und aus dem Rat eines andern ein Unheil entspringt, so geht daraus für dich der größte Ruhm hervor. Obgleich dich nun der Ruhm, den du durch das Unglück deiner Stadt oder deines Fürsten erwirbst, nicht erfreuen kann, so ist er doch immer einigermaßen in Anschlag zu bringen.

Einen anderen Rat kann man, glaube ich, den Menschen in dieser Sache nicht geben; denn wollte man ihnen raten, sie sollten schweigen und ihre Meinung nicht sagen, so wäre dies der Republik oder ihrem Fürsten nachteilig, und sie selbst werden dadurch der Gefahr nicht entgehen. Bald werden sie verdächtig werden, und es könnte ihnen wie einem Freunde des Königs Perseus von Mazedonien ergehen. Als dieser König von Paulus Aemilius geschlagen worden war und mit wenigen Freunden floh, gab es sich, daß bei der Besprechung des Geschehenen einer von ihnen dem König viele Fehler zu nennen anfing, die Ursache seines Sturzes gewesen waren. Perseus wandte sich mit den Worten gegen ihn: „Verräter, der du bis jetzt gezögert hast, mir dies zu sagen, wo ich kein Hilfsmittel mehr habe“ und tötete ihn mit eigener Hand. So empfing dieser Mazedonier dafür die Strafe, daß er stumm gewesen war, als er hätte sprechen sollen, und sprach, als er hätte schweigen sollen, und er entging dadurch, daß er keinen Rat gab, nicht der Gefahr. Ich glaube daher, daß man sich auf die obengenannte Weise zu benehmen habe.

36.

Warum die Gallier von jeher zu Beginn der Schlacht für mehr als Männer und später für weniger als Weiber galten.

Die Kühnheit des Galliers, der am Flusse Anio jeden Römer herausforderte, und der hierauf erfolgte Zweikampf zwischen ihm und Titus Manlius erinnert mich an das, was Livius mehrere Male sagt, daß die Gallier im Anfang des Gefechtes mehr als Männer sind, im Verlauf der Schlacht aber weniger als Weiber werden. Um diese Erscheinung zu erklären, sagen viele, dies liege in ihrer Natur, und ich glaube, daß sie recht haben; allein es folgt nicht daraus, daß diese ihre Natur, die sie im Anfang mutig macht, nicht durch Kunst so ausgebildet werden könnte, daß sie bis zu Ende mutig bleiben. Ich will dies zu beweisen suchen.

Man kann zu diesem Zweck die Heere in drei Klassen einteilen. In die erste gehören die, in welchen man feurigen Mut und Ordnung sieht. Die Ordnung ist's, die den wahren Mut und die Tapferkeit erzeugt. So war es bei den Römern. Die Geschichte berichtet, daß in ihren Heeren während eines langen Zeitraumes eine gute Ordnung herrschte, welche durch eine strenge Kriegszucht eingeführt worden war. In einem guten Heer darf nichts ohne Vorschrift geschehen; so findet man, daß im römischen Heer, das sich alle Heere zum Muster nehmen müssen, weil es die Welt besiegt hat, weder gegessen noch geschlafen, weder eingekauft noch irgendein anderes häusliches oder Kriegsgeschäft verrichtet wurde, ohne daß der Konsul Befehl dazu gab. Heere, wo es anders gehalten wird, sind keine wahren Heere; richten sie auch etwas aus, so geschieht es durch blinde Wut und ungestümes Feuer, nicht durch Tapferkeit. Ein Heer hingegen, das geregelte Tapferkeit besitzt, braucht sein Feuer mit Maß nach und nach; keine Schwierigkeit kann es feige machen noch seinen Mut verringern, denn die gute Schlachtordnung gibt ihm stets neuen Mut und neues Feuer und nährt es mit Siegeshoffnung, die niemals fehlt, solange die Scharen standhalten.

Umgekehrt ist es mit der zweiten Klasse von Heeren, wo man blinde Wut und keine Ordnung sieht, wie es bei den Galliern war, die im Gefecht immer nachließen. So wie es ihnen nicht gelang, durch den ersten Angriff zu siegen, war ihr ungestümer Mut, auf den sie ihre Hoffnung setzten, durch keine geregelte Tapferkeit unterstützt, sie hatten außer ihm nichts, worauf sie hätten vertrauen können, und ließen, sowie er abgekühlt war, nach. Die Römer hingegen fürchteten wegen ihrer guten Schlachtordnung weniger Gefahren, mißtrauten dem Sieg nicht und fochten standhaft mit demselben Mut und mit derselben Tapferkeit am Ende wie am Anfang, ja durch die Schlacht erhitzt, entbrannten sie von immer größerer Kampflust.

Die dritte Gattung von Heeren ist die, bei denen man weder natürlichen Mut noch künstliche Ordnung findet. So sind unsere neueren italienischen Heere beschaffen. Sie sind ganz unnütz, und wenn sie nicht auf ein Heer stoßen, das durch irgendeinen Zufall davonläuft, so werden sie wohl niemals siegen. Man braucht dafür weiter keine Beispiele anführen; denn sie zeigen jeden Tag, daß sie nicht die geringste Tapferkeit besitzen.

Damit nun jeder auch durch Livius' Zeugnis hören mag, wie ein gutes Heer beschaffen sein soll und was man ein schlechtes nennt, so will ich die Worte des Papirius Cursor anführen, als er Fabius, seinen General der Reiterei, strafen wollte: *Nemo hominam, nemo Deorum verecundiam habeat, non edicta Imperatorum, non auspicia observentur: sine commeatu vagi milites in pacato, in hostico errent; immemores sacramenti, licentia sola se, ubi volint, exauelorent; infrequentia deserantur signa; neque conveniant ad ediclum, nec discernant interdiu, nocte, aequo, iniquo loco, iussu, iniussu Imperatoris pugnent, et non signa, non ordines servent; latrocinii modo, coeca et fortuita, pro solemni et sacrata militia sit.*[43] Es läßt sich hieraus leicht schließen, ob die Heere unserer Zeit blind und dem Zufall preisgegeben oder durch feierliche Auswahl und Eid geheiligt seien, und wie viel ihnen zu dem fehle, was man ein Heer nennen kann, und wie weit sie davon entfernt sind, mutvoll und geordnet wie die römischen oder auch nur mutig wie die gallischen zu sein.

37.

Ob kleine Gefechte vor der Schlacht nötig sind, und auf welche Weise man das Heer mit einem neuen Feind bekannt machen soll, wenn man sie vermeiden will.

Es scheint, daß sich bei den Handlungen der Menschen, wie wir früher gezeigt haben, außer den anderen Schwierigkeiten bei der Durchsetzung einer Sache auch noch die findet, daß immer dem Guten ein Übel nahe ist, das so leicht mit diesem Guten entsteht, daß es unmöglich scheint, das eine zu vermeiden, wenn man das andere will. Dies sieht man bei allem, was die Menschen tun. Das Gute wird daher nur schwer erreicht, wenn dir das Glück nicht auf eine Weise bei-

[43] Wenn niemand vor Menschen, niemand vor Göttern Ehrerbietung habe, wenn man keine Befehle der Feldherren, keine Vogeldeutungen mehr beachte, wenn die Soldaten, ohne Urlaub sich verlaufend, in Freundes- und Feindeslanden umherschwärmen, vergessend ihres Eides die Fahnen verlassen, nicht auf Befehl sich versammeln, nicht unterscheiden, ob sie bei Tag oder bei Nacht, auf günstigem oder ungünstigem Boden, mit oder ohne Befehl des Feldherrn kämpfen, nicht auf das Feldgeschrei achten, nicht sich zu ihren Rotten halten, und man, einer Räuberbande ähnlich, ein blindes, dem Zufall preisgegebenes Heer habe statt eines durch feierliche Auswahl und Eid geheiligten Heeres.

steht, daß es durch seine Macht diesen gewöhnlichen und natürlichen Mißstand besiegt.

Auf diese Betrachtung wurde ich von neuem geführt durch den Zweikampf des Titus Manlius und des Galliers, worüber Livius sagt: *Tanti ea dimicatio ad universi belli eventum momenti fuit, ut Gallorum, exercitus, relictis trepide castris, in Tiburtem agrum, mox in Campaniam transierit.*[44]

Auf der einen Seite nämlich erwäge ich, daß ein guter Feldherr durchaus vermeiden muß, etwas zu tun, was, an sich von wenig Bedeutung, doch schlimme Wirkung auf sein Heer hervorbringen kann; denn sich in einen Kampf einlassen, wozu nicht alle Streitkräfte verwendet werden und wo doch alles aufs Spiel gesetzt wird, ist ein völlig tollkühnes Verfahren, wie ich oben sagte, als ich das Besetzen der Pässe tadelte. Auf der anderen Seite erwäge ich, daß weise Feldherren, wenn sie einen neuen Feind, der Ruf hat, gegen sich haben, genötigt sind, ehe es zur Schlacht kommt, ihre Soldaten sich an diesem neuen Feind in leichten Gefechten versuchen zu lassen, damit sie ihn kennen und behandeln lernen und dadurch den Schrecken verlieren, den ihnen Gerücht und Ruf eingeflößt hat. Dies ist für den Feldherrn von höchster Wichtigkeit, denn er wird fast durch die Notwendigkeit dazu gezwungen, da er einer gewissen Niederlage entgegenzugehen scheint, wenn er nicht zuerst durch kleine Versuche seinen Soldaten den Schrecken nimmt, womit sie der Ruf des Feindes erfüllt hat. Valerius Corvinus wurde an der Spitze eines Heeres gegen die Samniter abgeschickt, einen neuen Feind, gegen den die Römer noch niemals ihre Waffen versucht hatten, und Livius sagt, Valerius habe die Römer in einigen leichten Gefechten sich mit den Samnitern messen lassen: *Ne eos novum bellum, ne novus hostis terreret.*[45] Allein es ist die größte Gefahr vorhanden, daß, wenn deine Soldaten in diesen Gefechten besiegt werden, ihre Furcht und Feigheit zunimmt und eine deiner Absicht entgegengesetzte Wirkung die Folge ist, das heißt, daß du sie entmutigst, während du ihnen Zuversicht einflößen wolltest. Dies ist also eine von den Sachen, wo das Übel dem Guten so nahe ist und beide so verwandt miteinander sind, daß man sehr leicht in das eine gerät, indem man das andere zu erreichen glaubt.

Meine Meinung über die Sache ist daher die, daß ein guter Feldherr mit aller Sorgfalt darauf bedacht sein muß, daß er nichts tut und nichts zuläßt, was durch sein Mißglücken dem Heer den Mut nehmen könnte. Was ihm den Mut nehmen kann, ist, anfänglich den Kürzeren zu ziehen; er muß sich daher vor kleinen Gefechten hüten und sie nur dann erlauben, wenn er im größten Vor-

[44] So wichtig war dieser Kampf für den Ausgang des ganzen Krieges, daß das Heer der Gallier sein Lager eilig verließ, in das tiburtinische Gebiet und bald darauf nach Campanien zog.

[45] Damit sie der neue Krieg und der neue Feind nicht schrecke.

teil ist und die gewisse Hoffnung auf den Sieg hat. Er darf es nicht unternehmen, Pässe, wo er nicht sein ganzes Heer aufstellen kann, zu verteidigen. Er darf nur die von seinen Festungen besetzen, deren Verlust notwendig seinen Untergang nach sich zöge; und bei denen, die er besetzt, muß er die Besatzungen und sein Heer in eine solche Verfassung setzen, daß, wenn sie der Feind nehmen will, er alle seine Streitkräfte gegen ihn anwenden kann; alle übrigen Plätze muß er unverteidigt lassen. Denn geht etwas verloren, was man preisgibt, und das Heer ist noch beisammen, so verliert man weder die Ehre des Krieges noch die Hoffnung, ihn siegreich zu beenden. Geht hingegen etwas verloren, das du verteidigen wolltest und von dem jedermann glaubt, daß du es mit Erfolg verteidigen würdest, dann ist der Verlust verderblich, du hast fast wie die Gallier durch eine Sache von wenig Bedeutung den Krieg verloren.

Als Philipp von Mazedonien, der Vater des Perseus, ein Kriegsmann und einer der ersten Machthaber jener Zeit, von den Römern angegriffen wurde, verließ und verheerte er einen großen Teil seiner Länder, die er nicht verteidigen zu können glaubte. Als kluger Fürst erachtete er für verderblicher, dadurch, daß er nicht verteidigen könnte, was er zu verteidigen unternähme, seinen Kriegsruf zu verlieren, als diese Länderstrecken als etwas außer acht Gelassenes dem Feinde preiszugeben. Als sich die Römer nach der Niederlage bei Cannae in bedrängter Lage befanden, verweigerten sie vielen ihrer Schutzbefohlenen und Untertanen ihren Beistand, indem sie ihnen auftrugen, sich so gut wie möglich selbst zu verteidigen. Diese Maßregeln sind viel besser, als die Verteidigung zu übernehmen und dann doch nicht verteidigen zu können; denn in diesem Fall verliert man Verbündete und Soldaten, in jenem nur Verbündete.

Um aber wieder zu den kleinen Gefechten zurückzukehren, sage ich, daß, wenn ein Feldherr durch die Neuheit des Feindes durchaus gezwungen ist, ein solches Gefecht zu liefern, er es mit so großem Vorteil tun muß, daß gar keine Gefahr ist, es zu verlieren; oder aber, was noch besser ist, er mache es wie Marius, als er gegen die Cimbern zog. Diese unbändigen Volksstämme rückten zur Plünderung Italiens heran, und es ging ihnen, wegen ihrer wilden Tapferkeit und Menge, und weil sie schon ein römisches Heer geschlagen hatten, ein großer Schrecken voraus.

Marius hielt daher für nötig, ehe es zur Schlacht käme, etwas zu tun, wodurch er seinem Heer diesen Schrecken, womit es der furchtbare Feind erfüllt hatte, nähme. Als sehr kluger Feldherr legte er zu diesem Zweck sein Heer mehr als einmal an Ort, wo die Cimbern vorbeiziehen mußten. So sollten hinter den Verschanzungen des Lagers seine Soldaten die Barbaren betrachten und ihre Augen an den Anblick des Feindes gewöhnen, damit sie, eine regellose Masse, mit Gepäck beladen, schlecht bewaffnet und zum Teil nur Troß sehend, wieder Vertrauen gewännen und kampflustig würden. Diese von Marius weise ergriffene Maßregel verdient sorgfältig nachgeahmt zu werden, um sich nicht in die Gefahren zu begeben, die ich oben gezeigt habe, und nicht in die Lage der Gallier zu geraten, *qui ob rem parvi ponderis trepidi in Tiburtem agrum, et in Campaniam transierunt.*[46] Da wir aber in diesem Kapitel Valerius Corvinus angeführt haben, so wollen wir im folgenden durch seine Worte zeigen, wie ein Feldherr sein soll.

38.

Wie ein Feldherr sein soll, auf den sein Heer vertrauen könne.

Wie wir oben gesagt haben, stand Valerius Corvinus den Samnitern, neuen Feinden des römischen Volkes, gegenüber, weshalb er, um seinen Soldaten Zuversicht einzuflößen und sie mit dem Feind bekannt zu machen, leichte Gefechte liefern ließ. Da ihm dies noch nicht ausreichend schien, wollte er vor der Schlacht zu ihnen sprechen und bewies ihnen durch die triftigsten Gründe, wie wenig sie diese Feinde anzuschlagen hätten, indem er die Tapferkeit des römischen Soldaten und seine eigene anführte. Aus den Worten, die ihm hier Livius in den Mund legt, läßt sich abnehmen, wie ein Feldherr sein soll, auf den das Heer vertrauen mag. Diese Worte sind folgende: *Tum etiam intueri, cuius dactu auspicioque ineunda pugna sit: utrum qui audiendus dumtaxat magnificus adhortator sit, verbis tantum ferox, operum militarium expers; an qui et ipse tela traetare, procedere ante signa, versari media in mole pugnae sciat. Facta mea, non dicta vos milites sequi volo, nec disciplinam modo, sed exemplum etiam a me petere, qui hac dextra mihi tres Consulatus, summamque laudem peperi.*[47]

Diese Worte, wohl erwogen, belehren jeden, wie er verfahren soll, wenn er den Feldherrnrang würdig einnehmen will. Wer anders ist, wird bald finden, daß ihm dieser Rang, wenn er durch Glück oder Ehrgeiz weit kommen sollte, Ruf nimmt, nicht gibt. Denn nicht die Titel verherrlichen den Mann, sondern der Mann die Titel.

Der Anfang dieses Kapitels führt noch auf eine andere Betrachtung. Wenn

---

[46] Die wegen eines Vorfalls von wenig Wichtigkeit sich eilig in das tiburtinische Gebiet und von da nach Campanien zogen.

[47] Dann muß jeder auch erwägen, unter wessen Führung und Leitung er in den Kampf zieht. Ob der Feldherr, der zu ruhmvollen Taten ermuntert, bloß mit Worten tapfer, an den Kriegsarbeiten keinen Teil nimmt, oder ob er selbst die Waffen braucht, vor den Fahnen herschreitet und mitten im Gedränge des Kampfes arbeitet. Meinen Taten, ihr Soldaten, will ich, daß ihr folget, nicht meinen Worten, und nicht bloß Befehle sollt ihr von mir nehmen, sondern auch Beispiele, von mir, der mit dieser Rechten sich drei Konsulate und den höchsten Ruhm erworben hat.

nämlich die großen Feldherren außerordentliche Mittel anwandten, um den Mut eines Veteranenheeres zu stählen, wenn es sich mit ungewohnten Feinden zu messen hatte, so läßt sich daraus abnehmen, um wieviel größerer Sorgfalt und Geschicklichkeit es bedarf, wenn man ein neues Heer befehligt, das noch nie einem Feind ins Auge geschaut hat. Wenn ein ungewohnter Feind einem alten Heer Schrecken einflößt, so muß jeder Feind ein neues Heer mit noch viel größerem Schrecken erfüllen.

Dennoch hat man oft gesehen, daß gute Feldherren alle diese Schwierigkeiten mit höchster Klugheit überwanden, wie der Römer Gracchus und der Thebaner Epaminondas, von denen wir früher erzählten, daß sie mit neuen Heeren die geübtesten Veteranenheere schlugen. Ihre Mittel waren, die Soldaten an den Gehorsam und die Kriegszucht zu gewöhnen und sie einige Monate in Scheingefechten zu üben, von denen sie dann mit dem größten Vertrauen zum ernstlichen Kampf übergingen. Kein Kriegsmann darf daher Mißtrauen in die Möglichkeit setzen, gute Heere zu bilden, wenn es ihm nicht an Menschen fehlt; denn der Fürst, der Überfluß an Menschen und keine Soldaten hat, darf sich nicht über die Feigheit seiner Untertanen, sondern allein über seine eigene Nachlässigkeit und Unklugheit beschweren.

39.

Daß ein Feldherr Geländekenntnis besitzen muß.

Unter die Dinge, welche einem Heerführer nötig sind, gehören die Gelände- und Landeskenntnis. Ohne diese Kenntnis, sowohl im allgemeinen als im einzelnen, kann ein Heerführer nichts Gutes zustande bringen. Verlangen aber alle Wissenschaften eine Fertigkeit, wenn man sie vollkommen innehaben will, so verlangt diese eine besonders große. Diese Fertigkeit, oder vielmehr diese Kenntnis im einzelnen, wird mehr durch die Jagd, als durch irgendeine andere Übung erworben. Die alten Schriftsteller sagen daher, die Heroen, welche zu ihrer Zeit die Welt regierten, seien in Wäldern und Jagden herangewachsen; denn die Jagd lehrt, außer jener Kenntnis, noch eine Menge anderer zum Krieg nötiger Dinge.

Als Cyrus, erzählt Xenophon in seiner Cyropädie, den König von Armenien angriff und seine Disposition zur Schlacht traf, sprach er zu seinen Streitern, dies sei nichts anderes als eine jener Jagden, die sie oft mit ihm gehalten hätten. Der in die Berge geschickte Hinterhalt gleiche jenen Jägern, welche in den Schluchten Netze gespannt, und der durch die Ebene sprengende Heeresteil sei gleich jenen Treibern, die das Wild aus seinem Lager aufgejagt, damit es in die Netze fiel.

Dies diene zum Beweis, daß die Jagd nach Xenophon ein Bild des Krieges sei. Sie ist daher für Männer hohen Standes eine ehrenvolle und notwendige Übung. Auch kann die Geländekenntnis auf keine andere bequeme Art als durch die Jagd erlangt werden. Man lernt dadurch die besondere Beschaffenheit der Gegend, wo man sich mit Jagen beschäftigt, kennen. Hat man sich aber mit einer Gegend wohl vertraut gemacht, so versteht man mit Leichtigkeit alle neuen Länder; denn alle Länder und alle Geländeabschnitte darin haben unter sich einige Gleichförmigkeit, so daß man von der Kenntnis des einen leicht zur Kenntnis des anderen übergeht. Hat man jedoch in der Beurteilung einer Gegend noch keine Fertigkeit erlangt, so wird man nur schwer und nie ohne großen Zeitverlust eine andere erkennen.

Besitzt man hingegen diese Fertigkeit, so wird man auf den ersten Blick wissen, wie weit sich diese Ebene erstreckt, welche Abdachungen dieser Berg hat, woher jenes Tal kommt und alle anderen ähnlichen Dinge, woraus man sich früher eine sichere Wissenschaft gebildet hat.

Daß diese Sache ihre Richtigkeit habe, beweist Livius durch das Beispiel des Publius Decius, der sich als Kriegstribun im Heere des Konsuls Cornelius gegen die Samniter befand. Als sich der Konsul in ein Tal zurückgezogen hatte, wo das römische Heer von den Samnitern eingeschlossen werden konnte, und man diese Gefahr wahrnahm, sprach er zum Konsul: *Videsne tu, Aule Corneli, cacumen illud supra hostem? Arx illa est spei salutisque nostrae, si eam (quam caeci relinquere Samnites) impigre capimus.*[48] Vor diesen Worten des Decias sagt Livius: Es hatte wahrgenommen *Publius Decius, tribunus militum, unum editum in saltu collem, imminentem hostium castris, aditu arduum impedito agmini, expeditis haud difficilem.*[49] Als er nun vom Konsul mit dreitausend Mann dahin abgeschickt worden war, das römische Heer gerettet hatte und mit einbrechender Nacht abziehen wollte, um auch sich und seine Soldaten zu retten, läßt ihn Livius folgende Worte sagen: *Ite mecum, ut dum lucis aliquid superest, quibus locis (hostes) praesidia ponant, qua pateat hinc exitus, exploremus. Haec omnia sagulo gregali amictus, ne ducem circumire hostes notarent, perlustravit.*[50]

Zieht man also diesen ganzen Text in Betracht, so wird man sehen, wie nützlich und notwendig es für einen Feldherrn ist, Geländekenntnis zu besitzen.

---

[48] Siehst du, Aulus Cornelius, jenen Gipfel über dem Feind? Er ist die Burg unserer Hoffnung und Rettung, wenn wir ihn, den die blinden Samniter unbesetzt ließen, rasch besetzen.

[49] Der Kriegstribun Publius Decius hatte im Waldgebirge eine einzige hervorragende Höhe bemerkt, welche das feindliche Lager beherrschte und für eine bepackte Schar schwer, für eine unbepackte aber nicht schwer zu ersteigen war.

[50] Kommt mit mir, und solange wir noch etwas Tageslicht haben, laßt uns erspähen, wo sie ihre Posten aufstellen und wo uns ein Ausweg offen bleibt. Dies alles hat er untersucht, in einen Soldatenmantel gehüllt, damit die Feinde nicht merkten, daß der Anführer umhergehe.

Hätte sie Decius nicht besessen und die Beschaffenheit der Gegend nicht erkannt, so hätte er nicht schließen können, wie nützlich es dem römischen Heer sei, jene Höhe zu besetzen; ebensowenig hätte er von ferne wissen können, ob diese Höhe zugänglich war oder nicht; und nachdem er von der besetzten Höhe abziehen wollte, um sich mit dem Konsul wieder zu vereinigen, und vom Feind umgeben war, hätte er die offenen und die vom Feind bewachten Stellen nicht von ferne erspähen können. Notwendigerweise mußte also Decius vollkommene Geländekenntnis besitzen, welche bewirkte, daß er durch Besetzung jener Höhe das römische Heer rettete und hierauf, vom Feind umringt, einen Weg zu seiner und der Seinigen Rettung zu finden wußte.

40.

Daß Betrug im Krieg ruhmvoll sei.

Obgleich Betrug in jedem Geschäfte schändlich ist, so ist er doch im Kriege löblich und ruhmvoll, und wer den Feind durch Betrug überwindet, wird in gleichem Maß gelobt, als wer ihn mit Gewalt besiegt. Man sieht dies aus dem Urteil der Verfasser von Lebensbeschreibungen großer Männer, die Hannibal und andere Feldherren preisen, welche sich in dieser Art zu verfahren auszeichneten. Man liest hiervon eine Menge Beispiele, die ich nicht wiederholen will. Nur das will ich bemerken, daß ich nicht daran denke, jenen Betrug ehrenvoll zu nennen, den du dir durch Brechung deines gegebenen Wortes und der geschlossenen Verträge zuschulden kommen läßt; denn obgleich du dir dadurch manchmal Zepter und Reich erwirbst, wie ich oben erörtert habe, so wirst du dir doch niemals auf diese Weise Ruhm erwerben.

Ich spreche im Gegenteil nur von jenem Betrug, wodurch du den Feind, der dir nicht traut, hintergehst und worin eigentlich die Kunst der Kriegführung besteht. So gab sich Hannibal am See von Perugia den Anschein, als fliehe er, um den Konsul und das römische Heer einzuschließen, und umgab, um der Hand des Fabius Maximus zu entschlüpfen, die Hörner seines Schlachtviehs mit Feuer. Ähnlich diesem war der Betrug des samnitischen Feldherrn Pontius, um das römische Heer im caudinischen Engpaß einzuschließen. Nachdem er sein Heer hinter die Berge versteckt hatte, ließ er mehrere Viehherden durch Soldaten in Hirtenkleidern über die Ebene treiben, die, von den Römern gefangen, einstimmig aussagen mußten, das samnitische Heer belagere Nocera.

Die Konsuln glaubten diese Nachricht, und so kam es, daß sie sich in die caudinischen Engpässe einschlossen, wo sie plötzlich von den Samnitern angegriffen wurden. Für Pontius würde dieser durch Betrug gewonnene Sieg glorreich gewesen sein, wem er den Rat seines Vaters befolgt hätte, der wollte, daß man die Römer entweder auf ehrenvolle Weise entlasse oder alle töte und sich des Mittelwegs enthalte: *quae neque amicos parat, neque inimicos tollit.*[51] Dieser Weg ist in Staatsangelegenheiten stets verderblich gewesen, wie wir seines Orts erörtert haben.

41.

Man soll das Vaterland verteidigen, mag es Ruhm bringen oder Schmach, und wie man es auch verteidigt, ist es gut verteidigt.

Es war also das römische Heer von den Samnitern umringt, welche den Römern die schimpflichsten Bedingungen vorschlugen. Sie sollten durchs Joch gehen und entwaffnet nach Rom geschickt werden. Die Konsuln waren wie vom Donner getroffen und das ganze Heer in Verzweiflung. Der Legat Lucius Lentulus aber sprach: Ich glaube nicht, daß irgendeine Maßregel zur Rettung des Vaterlandes zu fliehen sei. Roms Leben hängt von dem Leben dieses Heeres ab. Man muß es auf jede Weise retten. Das Vaterland ist gut verteidigt, wie es auch verteidigt werde, mit Schimpf oder Ruhm. Wird dies Heer gerettet, so hat Rom Zeit, die Schmach auszulöschen. Wird es nicht gerettet und stirbt es auch ruhmvoll, so ist Rom und seine Freiheit verloren. Sein Rat wurde befolgt.

Dieses Beispiel verdient bemerkt und nachgeahmt zu werden von jedem Bürger, der seinem Vaterland zu raten hat. Wo es sich um Sein oder Nichtsein des Vaterlandes handelt, darf nicht in Betracht kommen, ob etwas gerecht oder ungerecht, menschlich oder grausam, löblich oder schändlich, man muß vielmehr mit Hintansetzung jeder Rücksicht die Maßregeln ergreifen, die ihm das Leben retten und die Freiheit erhalten.

Die Franzosen zeigen sich so in Wort und Tat, um die Majestät ihres Königs und die Macht ihres Reiches zu verteidigen. Keine Rede kann sie in größere Ungeduld versetzen, als wenn man äußert: diese Maßregel ist schimpflich für den König. Ihr König, sagen sie, könne sich durch keinen seiner Beschlüsse, sei es im Glück oder Unglück, Schande zuziehen; denn er möge unterliegen oder siegen, so geschehe es königlich.

[51] Der weder Freunde erwirbt noch die Feinde wegschafft.

42.

Daß man erzwungene Versprechen nicht halten müsse.

Als die Konsuln mit dem entwaffneten Heer und der erlittenen Schmach nach Rom zurückgekehrt waren, trat der Konsul Spurius Posthumius sogleich im Senat auf und behauptete, der Friedensschluß dürfe nicht gehalten werden, da das römische Volk nicht dazu verbunden sei, sondern er und die anderen, welche den Frieden versprochen hätten; wolle sich daher Rom von jeder Verbindlichkeit freimachen, so habe man ihn und alle die anderer Häupter den Samnitern auszuliefern. Er beharrte so fest auf seiner Meinung, daß der Senat einstimmte und ihn nebst den anderen gefangen nach Samnium schickte, wo sie den Frieden für ungültig erklärten. So günstig aber war in diesem Fall dem Posthumius das Geschick, daß ihn die Samniter nicht zurückbehielten und er, nach Rom zurückgekehrt, bei den Römern durch seine Besiegung größeren Ruhm erwarb als Pontius bei den Samnitern durch seinen Sieg.

Zwei Dinge sind hier bemerkenswert. Erstens, daß ein Feldherr in jeder Lage Ruhm erwerben kann, da er ihn durch den Sieg gewöhnlich erringt, nach dem Verlust der Schlacht aber beweisen kann, daß er an dem ungünstigen Ausgang keine Schuld habe, oder diese Schuld durch eine unmittelbar darauf folgende ausgezeichnete Tat wieder gutmachen kann. Zweitens, daß es nicht schimpflich ist, Versprechungen nicht zu halten, die man aus Zwang gemacht hat. Wirklich werden auch erzwungene Versprechungen, die den Staat betreffen, immer gebrochen werden, wenn der Zwang aufhört, ohne daß sich der, welcher sie bricht, Schande dadurch zuzieht. Die Geschichte aller Völker enthält hiervon Beispiele, und jeder Tag zeigt uns neue. Es werden aber zwischen den Fürsten nicht nur erzwungene Verträge nicht gehalten, wenn der Zwang aufhört, sondern sie brechen auch alle anderen Versprechungen, sobald die Ursache aufhört, die sie dazu bewogen hatte. Ob dies lobenswert sei oder nicht, ob sich ein Fürst so benehmen solle oder nicht, haben wir in unserem Traktat vom Fürsten ausführlich abgehandelt und können deshalb hier darüber schweigen.

43.

Daß die Menschen, die in einem Land geboren werden,
fast zu allen Zeiten dieselbe Natur behalten.

Nicht unüberlegt noch ohne Grund pflegen kluge Männer zu sagen, daß, um vorauszusehen, was sein wird, man betrachten müsse, was gewesen ist; denn alle Begebenheiten sind jederzeit nur die Seitenstücke zu irgendeinem Ereignis der Vergangenheit. Dies kommt daher, daß die handelnden Personen auf der großen Bühne der Welt, die Menschen, stets dieselben Leidenschaften haben, und also dieselbe Ursache stets dieselbe Wirkung hervorbringen muß. Wahr ist, daß die Handlungen der Menschen bald in dem einen, bald in dem anderen Land kräftiger und tugendhafter sind, je nach der Form der Erziehung, welche den Völkern ihre Eigentümlichkeit gibt. Die Kenntnis der Zukunft durch die Vergangenheit wird auch dadurch erleichtert, daß eine Nation lange Zeit dieselben Sitten behält, indem sie entweder anhaltend habsüchtig oder anhaltend hinterlistig ist, oder irgendein anderes ähnliches Laster oder eine Tugend hat.

Wenn man die Geschichte unserer Vaterstadt Florenz liest und die Begebenheiten der neuesten Zeit betrachtet, so wird man die Deutschen und Franzosen voll Habsucht, Hochmut, Unbändigkeit und Treulosigkeit finden; denn durch diese vier Eigenschaften wurden unserer Stadt in verschiedenen Zeiten schwere Wunden geschlagen. Was die Wortbrüchigkeit betrifft, so weiß jeder, wie oft König Karl VIII. Geldsummen erhielt, die Zitadelle von Pisa zurückzugeben versprach und es niemals tat. So zeigte dieser König seinen Mangel an Treue und Glauben und seine große Habsucht. Übergehen wir aber diese neuerlichen Vorgänge.

Jeder kann gehört haben, daß im Krieg der Florentiner mit den Visconti, den Herzogen von Mailand, Florenz, aufs Äußerste gebracht, auf den Gedanken kam, den Kaiser nach Italien zu rufen, der durch sein Ansehen und seine Kriegsmacht die Lombardei angreifen sollte. Der Kaiser versprach mit einem großen Heer herbeizukommen, den Visconti den Krieg zu erklären und Florenz gegen ihre Macht zu schützen, wenn man ihm hunderttausend Dukaten zur Rüstung und hunderttausend nach seiner Ankunft in Italien geben wolle. Die Florentiner gingen diese Bedingungen ein, bezahlten die erste Summe und, als er Verona erreicht hatte, die zweite, worauf er unverrichteter Sache wieder nach Hause ging, indem er sagte, sie seien selbst schuld und hätten den bestehenden Vertrag nicht beachtet.

Wäre also Florenz nicht durch die Not gezwungen oder durch die Leidenschaft hingerissen worden, und hätte man aus der Geschichte die uralten Sitten der Barbaren gekannt, so würde die Republik weder damals noch gar manches andere Mal von ihnen hintergangen worden sein. Immer waren sie sich gleich, und in allen Stücken und gegen jedermann zeigten sie sich als dieselben. Geradeso machten sie es ehemals den Toskanern. Als diese mehrere Niederlagen erlitten hatten, von den Römern hart bedrängt wurden und ihrem Angriff mit den eigenen Streitkräften nicht mehr widerstehen konnten, schlossen sie mit den Galliern, die diesseits der Alpen in Italien wohnten, einen Vertrag, eine

Summe Geldes auszubezahlen, wogegen ein Heer zu ihnen stoßen und mit ihnen gegen die Römer ziehen sollte.

Die Folge davon war, daß die Gallier nach dem Empfang des Geldes nicht für Toskana fechten wollten, indem sie sagten, sie hätten die Summen nicht dafür erhalten, daß sie seinen Feinden den Krieg erklärten, sondern dafür, daß sie sich der Beraubung des toskanischen Gebietes enthielten. So waren die Hetrurier durch die Habsucht und Treulosigkeit der Gallier gleichzeitig des Geldes und der Hilfe beraubt, die sie sich dadurch zu erkaufen hofften. Man sieht aus diesem Beispiel der alten Toskaner und aus dem der Florentiner, daß die Franzosen stets dieselben geblieben sind, und leicht läßt sich hieraus schließen, wie sehr sich die Fürsten auf sie verlassen können.

44.

Oft erreicht man durch Ungestüm und Kühnheit, was man auf gewöhnliche Weise nie erreicht haben würde.

Als die Samniter vom römischen Heer angegriffen worden waren und sich ihr Heer nicht im Feld halten konnte, beschlossen sie, ihre Städte mit Besatzungen zu versehen, ihr ganzes Heer aber nach Toskana, das mit den Römern Waffenstillstand geschlossen hatte, hinüberzuführen und zu versuchen, ob die Gegenwart des Heeres zu bewirken vermöge, was ihren Gesandten abgeschlagen worden war, nämlich daß die Toskaner die Waffen wieder ergriffen. In der Rede an die Toskaner, als sie die Gründe auseinandersetzten, die sie hauptsächlich zur Erhebung des Schildes bewogen hatten, bedienten sich die Samniter der denkwürdigen Worte: *Rebellasse, quod pax servientibus gravior, quam liberis bellum esset.*[52] So brachten sie sie teils durch Überredung, teils durch die Gegenwart des Heeres zur Erneuerung des Kampfes.

Es ist hierüber zu bemerken, daß ein Fürst, der von einem anderen etwas zu erhalten wünscht, ihm, wenn es die Umstände erlauben, keine Zeit zur Überlegung lassen darf und es so einrichten muß, daß die Notwendigkeit einer schnellen Entschluß vor Augen liegt, das heißt, daß der Gebetene sieht, daß Weigerung oder Aufschub einen augenblicklichen und gefährlichen Unwillen erzeugt. Dieses Mittels hat sich in unseren Tagen geschickt der Papst Julius II. gegen die Franzosen und Gaston de Foix, der Feldherr des Königs von Frankreich, gegen den Markgrafen von Mantua bedient.

[52] Sie seien aufgestanden, weil der Friede für ein Volk in Knechtschaft härter sei, als der Krieg für ein freies Volk.

Als Julius II. die Bentivogli aus Bologna vertreiben wollte und dafür hielt, daß er zu diesem Zweck französischer Soldaten und der Neutralität der Venezianer bedürfe, auf sein Ansuchen aber von beiden eine ungewisse doppelsinnige Antwort erhielt, beschloß er, beide dadurch, daß er ihnen keine Zeit ließ, zu seinem Willen zu vermögen. Er zog also mit so viel Leuten, wie er zusammenbringen konnte, von Rom ab, marschierte gegen Bologna und ließ den Venezianern sagen, sie sollten neutral bleiben, und dem König von Frankreich, er solle ihm Soldaten schicken. Da nun beide Mächte auf diese Weise durch die Kürze der Bedenkzeit gedrängt waren und sahen, daß Aufschub oder Weigerung den Unwillen des Papstes zu offenbarem Ausbruch bringen müsse, gaben sie seinem Begehren nach, und der König schickte Hilfe und die Venezianer blieben neutral.

Als Gaston de Foix mit seinem Heer noch in Bologna stand, wurde ihm der Aufruhr Brescias gemeldet, zu dessen Wiedereroberung er auf zwei Wegen ziehen konnte, der eine lang und beschwerlich durch das Gebiet des Königs, der andere kurz durch das mantuanische. Auf diesem letzten Weg mußte man nicht nur durch das Gebiet des Markgrafen durchziehen, sondern um hineinzukommen, mußte man gewisse Engpässe zwischen Sümpfen und Seen, von denen die Gegend voll ist, passieren, welche er durch Schanzen und auf andere Weise gesperrt und bewacht hielt. Gaston de Foix beschloß, den kürzesten Weg einzuschlagen; um aber jede Schwierigkeit zu überwinden und dem Markgrafen keine Zeit zum Besinnen zu geben, setzte er zu gleicher Zeit sein Heer auf diesem Weg in Marsch und ließ dem Markgrafen bedeuten, er solle ihm die Schlüssel zum Passe überschicken. Der Markgraf, durch diesen raschen Entschluß verblüfft, sendete wirklich die Schlüssel, was er nie getan haben würde, wenn Gaston de Foix zaghaft zu Werke gegangen wäre.

Auch hatte der Markgraf die triftigsten Entschuldigungsgründe einer abschlägigen Antwort, da er mit dem Papst und den Venezianern im Bündnis stand und sich einer seiner Söhne in den Händen des Papstes befand. Allein von der plötzlichen Maßregel überrascht, gab er aus den Ursachen, die wir oben auseinandergesetzt haben, seine Erlaubnis. Ebenso handelten die Toskaner, indem sie wegen der Gegenwart des samnitischen Heeres die Waffen ergriffen, was sie zu jeder anderen Zeit verweigert haben würden.

45.

Was besser sei in der Schlacht, den Angriff des Feindes auszuhalten und sodann auf ihn einzudringen, oder sogleich mit Ungestüm auf ihn loszubrechen.

Die römischen Konsuln Decius und Fabius standen den Heeren der Samniter und Toskaner gegenüber. Bei der hierauf erfolgten Schlacht ist zu bemerken, welche der zwei verschiedenen Verfahren der Konsuln das bessere sei. Decius brach im stärksten Sturmschritt und mit allen seinen Streitkräften auf den Feind los; Fabius hielt ihn nur aus, indem er einen allmählichen Angriff für nützlicher hielt und seine Kraft bis zuletzt aufsparte, wenn die Kampflust des Feindes vorbei und seine erste Hitze verraucht sein würde. Der Erfolg zeigt, daß der Plan des Fabius viel besser gelang als der seines Kollegen. Decius ermattete sich durch den ersten Angriff so sehr, daß er seinen Flügel im Begriff sah, dem Feind den Rücken zu zeigen. Um jetzt durch Aufopferung seiner selbst den Ruhm zu erringen, den er sich durch den Sieg nicht hatte erwerben können, weihte er sich nach dem Vorbild seines Vaters freiwillig für die römischen Legionen dem Tod. Fabius aber, um lebend nicht weniger Ehre zu verdienen als sein Kollege sterbend, ließ alle seine Reserven vorrücken und gewann den glänzendsten Sieg. Man sieht hieraus, daß die Verfahrungsweise des Fabius sicherer und nachahmenswerter ist.

46.

Woher es kommt, daß eine Familie in einer Stadt längere Zeit dieselben Sitten beibehält.

Es hat nicht nur jede Stadt ihre Eigentümlichkeit, wodurch sie sich von der anderen unterscheidet, und erzeugt festere oder weichlichere Männer, sondern es zeigt sich auch eine solche Verschiedenheit zwischen den einzelnen Familien einer und derselben Stadt. Daß dies seine Richtigkeit habe, sieht man überall, und auch Rom liefert dafür viele Beweise. So waren die Manlius hart und starrsinnig, die Publicola gütig und volksfreundlich, die Appius ehrgeizig und Feinde des Volkes, und ebenso hatten viele andere Familien ihre scharf unterschiedenen Eigenschaften.

Diese Erscheinung kann nicht allein im Blut seinen Grund haben, weil sich dieses durch die Verschiedenheit der Ehen notwendig verändert, sondern sie muß durch die verschiedene Erziehung in den einzelnen Familien hervorgebracht werden. Es kommt viel darauf an, ob ein Knabe von zarter Jugend an immer von einer Sache gut oder übel sprechen hört; denn dies läßt notwendig einen Eindruck zurück, der seiner Handlungsweise in jedem Lebensalter die Richtung gibt. Wäre dem nicht so, so könnten die Appius unmöglich alle dieselbe Gemütsart gehabt haben und von denselben Leidenschaften getrieben worden sein, wie wir dies bei vielen Gliedern dieses Hauses und zuletzt bei einem Zensor Appius aus Livius ersehen. Als sein Kollege nach achtzehn Monaten nach der Bestimmung des Gesetzes sein Amt niedergelegt hatte, wollte Appius nicht ein Gleiches tun, indem er behauptete, er könne nach dem ersten Gesetz über die Zensur fünf Jahre lang im Amt bleiben. Obgleich nun hierüber viele Volksversammlungen gehalten wurden und viele Aufläufe entstanden, war es trotz des Willens des Volkes und der Mehrzahl des Senats doch niemals möglich, ihn zur Niederlegung der Zensur zu bewegen. In der Rede aber, die der Volkstribun P. Sempronius gegen ihn hielt, kann man den Übermut und alle Anmaßungen der Appius, sowie die durch Gehorsam gegen die Gesetze und den geheiligten Namen des Vaterlandes bewiesene Bürgertugend unzähliger Römer lesen.

47

Daß ein tugendhafter Bürger aus Vaterlandsliebe persönliche Beleidigungen vergessen müsse.

Als der Konsul Manlius im Krieg mit den Samnitern in einer Schlacht verwundet worden und deshalb sein Heer in Gefahr war, hielt der Senat für nötig, zur Ersetzung des durch die Wunden geschwächten Konsuls Papirius Cursor als Diktator abzusenden. Da nun der Diktator von Fabius, der als anderer Konsul mit einem Heer in Toskana stand, ernannt werden mußte und man fürchtete, er werde Papirius nicht ernennen wollen, weil er sein Feind war, so schickte der Senat zwei Gesandte an ihn ab, ihn zu bitten, er möge seinen persönlichen Haß beiseite legen und Papirius zum Wohl des Staates ernennen. Fabius tat es, von Vaterlandsliebe bewogen, obgleich er durch Schweigen und Gebärden deutlich zu erkennen gab, wie viele Überwindung ihn diese Ernennung koste. An ihm muß sich jeder ein Beispiel nehmen, der für einen guten Bürger gelten will.

48.

Wenn der Feind einen großen Fehler macht, läßt sich ein Fallstrick dahinter vermuten.

Als der Legat Fulvius an der Spitze des römischen Heeres in Toskana zurückgeblieben war, weil sich der Konsul wegen gewisser feierlicher Gebräuche nach Rom begeben hatte, machten die Toskaner einen Versuch, ob sie den Legaten ins Netz locken könnten. Sie legten zu diesem Zweck in die Nähe des römischen Lagers einen Hinterhalt und ließen eine große Viehherde von einigen Soldaten in Hirtenkleidern unter den Augen des römischen Heeres bis an die Palisaden des Lagers herantreiben. Der Legat jedoch geriet über diese Frechheit, die ihm ganz unnatürlich schien, in Erstaunen, traf Maßregeln, die den Betrug entdeckten und der Plan der Toskaner schlug fehl.

Es läßt sich hier leicht anmerken, daß ein Feldherr einem offenbaren Fehler des Feindes nicht trauen darf; denn immer wird Betrug dahinterstecken, da man die Menschen vernünftigerweise nicht als allzu unvorsichtig annehmen kann. Doch häufig verblendet uns das Verlangen zu siegen so sehr, daß wir nur sehen, was uns günstig zu sein scheint, und für alles andere keine Augen haben.

Als die Gallier nach ihrem Sieg an der Allia gegen Rom heranrückten und die Tore offen und unbewacht fanden, verschoben sie ihren Einzug jenen Tag und die Nacht, da sie Betrug fürchteten und die Römer nicht für so feige und unverständig halten konnten, ihr Vaterland zu verlassen.

Als die Florentiner im Jahre 1508 zur Belagerung von Pisa auszogen, versprach ein gefangener Pisaner, Alfonso del Mutolo, dem florentinischen Heer ein Tor der Festung zu übergeben, wenn man ihn freilassen wolle. Dies geschah. Um die Sache ins Werk zu setzen, hatte er jetzt häufige Unterredungen mit den Bevollmächtigten der Kommissare und kam nicht heimlich, sondern offen und in Begleitung von Pisanern, die er beiseite warten ließ, wenn er mit den Florentinern sprach. Man konnte also leicht seine Treulosigkeit vermuten, weil es vernünftigerweise nicht anzunehmen war, daß er mit redlichen Absichten so offen unterhandelt haben würde. Doch das heftige Verlangen, Pisa einzunehmen, machte die Florentiner so blind, daß sie, seiner Anordnung zufolge, das Luccaertor geführt, durch den doppelten Verrat Alfonsos zu ihrer Unehre mehrere Offiziere und andere Mannschaften einbüßten.

49.

Um eine Republik frei zu erhalten, sind jeden Tag neue Vorkehrungen nötig; und wegen welcher Verdienste Q. Fabius „Maximus" genannt wurde.

Wir haben schon früher gesagt, daß es notwendigerweise jeden Tag in einer großen Stadt Vorfälle gibt, die des Arztes bedürfen; und je bedeutender sie sind, einen desto weiseren Arzt muß man aufsuchen. In keiner anderen Stadt gab es mehr solcher Vorfälle und von sonderbarerer, unverhoffterer Natur als in Rom; wie zum Beispiel, als sich alle römischen Weiber gegen das Leben ihrer Männer verschworen zu haben schienen, so viele Weiber hatten ihre Männer schon vergiftet, und so viele andere hatten schon Gift zubereitet. Wie ferner die Verschwörung der Bacchanalien, welche zur Zeit des mazedonischen Krieges entdeckt wurde, worin schon mehrere tausend Männer und Weiber verwickelt waren, und die ohne ihre Entdeckung der Republik gefährlich gewesen wäre oder vielleicht noch nach der Entdeckung wenn die Römer nicht daran gewöhnt gewesen wären, eine Menge von Fehlenden zu züchtigen.

Wenn wir nicht aus unendlich vielen Zeichen die Größe dieser Republik und die Kraft ihrer Vollstreckungen kennten, so würden wir diese aus der Art der Strafen ersehen, die sie denen, die gefehlt hatten, auflegte. So stand sie nicht an, eine volle Legion auf einmal, eine ganze Stadt zum Tod zu verdammen, und acht oder zehntausend Menschen zu verweisen mit so außerordentlichen Bedingungen, daß man glauben möchte, nicht einer könne sie halten, geschweige denn so viele; wie es jenen Soldaten erging, welche die Republik nach ihrem unglücklichen Kampf bei Cannae nach Sizilien verwies und ihnen auferlegte, kein Haus zu betreten und stehend zu essen. Von allen anderen Hinrichtungen aber war das Dezimieren der Heere die schrecklichste, wo nach dem Los jeder zehnte Mann des ganzen Heeres sterben mußte. Es ließ sich zur Züchtigung einer Menge keine abschreckendere Strafe ersinnen; denn wenn eine Menge ein Verbrechen begeht, wo der Urheber ungewiß ist, kann man nicht alle strafen, weil ihrer zu viele sind; und durch die Bestrafung eines Teiles und die Strafentlassung der übrigen würde man den Bestraften unrecht tun und die Straflosen zu neuen Verbrechen ermutigen. Wird hingegen der zehnte Teil durch das Los zum Tod bestimmt, wenn alle zu sterben verdienen, so beklagt sich der Bestrafte über das Los und der Straflose fürchtet, es möge das nächste Mal ihn treffen, und hütet sich zu fehlen.

Es wurden also die Giftmischerinnen und die Verschwörer der Bacchanalien bestraft, wie es ihr Verbrechen verdiente. Obgleich nun diese Krankheiten für eine Republik üble Folgen haben, so sind sie doch nicht tödlich, da man fast immer Zeit hat, sie zu heilen; nicht aber hat man Zeit bei solchen, die den Staat betreffen; denn diese werden ohne schnelle Abhilfe durch einen klugen Mann der Republik verderblich. In Rom waren durch die freigebige Erteilung des Bürgerrechts an Fremde so viele neue Geschlechter entstanden, welche so großen Anteil an den Wahlen erhielten, daß die Regierung anfing sich zu verändern, in die Hände anderer Männer zu kommen und von den gewohnten Grundsätzen abzuweichen. Als dies Quintius Fabius, der damals Zensor war, wahrnahm, bildete er aus allen jenen neuen Geschlechtern, von denen die Unordnung herrührte, vier Tribus, damit sie, auf so kleinen Raum beschränkt, nicht das ganze Rom verderben konnten. Fabius erkannte das Übel richtig und wandte ohne Erschütterung das gehörige Mittel dagegen an; was ihm das Vaterland so sehr dankte, daß er den Beinamen Maximus erhielt.

VOM FÜRSTEN

Niccolò Machiavelli Bürger, und Sekretär zu Florenz, dem Durchlauchtigen Lorenzo de' Medici, Herzog von Urbino, Herrn von Pesaro usw.

Wer nach der Gnade eines Fürsten strebt, pflegt ihm in der Regel das Kostbarste, was er besitzt, oder doch etwas, was ihm angenehm sein könnte, zum Geschenk zu bringen. Daher werden ihm häufig Pferde, Waffen, Goldstoffe, Edelsteine und dergleichen Dinge, eines Fürsten würdig, dargebracht. – So habe auch ich lange darüber nachgedacht, was ich Eurer Durchl. zur Bezeugung meiner Untertänigkeit darbringen könne; und ich fand nichts Besseres, als eine Darstellung der Handlungen der Großen, deren Kenntnis mir eine lange Erfahrung in den Welthändeln unserer Tage und das Studium der Geschichte der Vorzeit verschafft hat. Ich übergebe daher Eurer Durchl. die Resultate dieses meines Nachdenkens in einem kleinen Band zusammengefaßt, nicht als ob ich solche Ihrer würdig hielte, sondern weil Ihre Gnade mir zu einer geneigten Aufnahme Hoffnung gibt. Ich kann Ihnen nichts Besseres anbieten als die Mittel, alles das, was ich in der Schule des Unglücks durch so viele Jahre erlernt habe, in kurzer Zeit fassen zu können.

Mein Werk hat zwar das Gepräge einer blumenreiche Sprache nicht, noch trägt es den Schmuck einer glänzenden und prächtigen Darstellung; es hat das Süße nicht, mit welchem so manche Schriftsteller ihre Schriften zu zieren pflegen: es soll sich bloß durch die Wichtigkeit des Inhaltes und seine Gründlichkeit empfehlen.

Auch möge man es nicht anmaßend finden, daß ich, als ein Mann niederen Standes, mir sozusagen herausnehme, die Fürsten regieren lehren zu wollen. Denn, wie die Landschaftsmaler zur Aufnahme erhöhter Gegenstände, als Berghöhen und der Lokalverhältnisse des Hochgelegenen, ihren Standpunkt unten in der Ebene suchen, und, um niedere Orte zu zeichnen, die Gipfel der Berge ersteigen, so muß man Fürst sein, um das Wesen des Volkes – und ein Mann des Volkes, um das Wesen des Fürsten kennenzulernen.

Geruhen Sie demnach, durchlauchtiger Fürst, dies Werkchen so gnädig aufzunehmen, als es warm aus meiner Seele floß. Sie werden, wenn Sie es aufmerksam durchlesen, darinnen meinen innigsten Wunsch nicht verkennen, Sie auf jener hohen Stufe von Macht zu sehen, zu welcher Sie das Schicksal und Ihre vortrefflichen Talente bestimmt haben. Und wenn Sie von der erhabenen Stelle, auf der Sie sich befinden, bisweilen herabsehen, dann werden Sie finden, daß ich eine so harte und andauernde Verfolgung des Schicksals schuldlos leide.

1.

Von den monarchischen Regierungsformen und dem Erwerb der Oberherrschaft.

Alle Regierungen, unter welchen bisher die Menschen lebten und noch leben, waren und sind republikanisch oder monarchisch. Die Monarchien sind entweder bei einer Familie, welche dieselbe lange schon beherrscht, erblich oder erst neu erworben. Letztere hat entweder ein jetzt erst neu gewordener Regent an sich gezogen, wie dies der Fall mit Francesco Sforza in Mailand war, oder sie sind mit den Erbstaaten eines anderen Fürsten, der sie sich erworben hat, vereinigt, wie Neapel mit den Staaten des Königs von Spanien. Sie können einen Fürsten haben oder frei sein; und man kann sie durch eigene oder fremde Waffengewalt, durch Glück oder persönliche Tüchtigkeit erwerben.

2.

Von den erblichen Monarchien.

Ich rede hier nichts weiter mehr von den Republiken, von denen ich bereits anderswo ausführlich gesprochen habe, sondern nur von Monarchien und will, den Einschlag in den bereits angelegten Zettel webend, dartun, wie diese Monarchien regiert und behauptet werden können. Ich sage also, daß in den erblichen und angestammten Staaten die Schwierigkeiten, sie zu behaupten, weit geringer sind als in den neu erworbenen. Bei den ersteren genügt es, wenn man es bei der bisherigen Einrichtung beläßt und sich nach den Umständen richtet. Wenn da ein Fürst nur mittelmäßige Talente besitzt, so wird er sich gleichwohl auf dem Thron halten, wenn ihn nicht eine außerordentliche und überlegene Macht desselben beraubt. – Und wenn auch der Eroberer noch so stark ist, so kann er doch leicht wieder zu seinem Thron kommen, wenn jener nur ein wenig Unglück hat. Als Beispiel dient uns in Italien der Herzog von Ferrara, der allein deswegen, weil er sich in dem Besitz des Herzogtums befestigt hatte, im Jahre 1484 Venedig und im Jahre 1510 Papst Julius II. die Spitze bieten konnte. Ein Fürst, den die Geburt zum Thron rief, hat weniger Gelegenheit und weniger Ursache, seine Untertanen zu kränken; er wird daher auch natürlicherweise von denselben geliebt, ja sie haben sogar eine gewisse natürliche Neigung zu diesem ihrem Landsmann, wenn ihn anders nicht außergewöhnliche Laster noch verhaßt machen; denn Alter und Stetigkeit der Herrschaft löschen die Erinnerungen und die Gründe der Neuerungen aus, wohingegen eine Staatsveränderung stets die Kragsteine zum Aufbau einer anderen stehen läßt.

3.

Von den zusammengesetzten Monarchien.

Desto schwieriger ist die Regierung einer neuerworbenen Monarchie. Ist dieser Erwerb nicht durchaus neu, sondern gleichsam ein Glied, indem man das Ganze zusammen als eine gemischte Monarchie bezeichnen kann, dann hat eine solche Veränderung die schwierige Folge, welche allen neuen Regierungen gemein ist: die Menschen, welche in der Hoffnung einer phantastischen Verbesserung ihres Zustands gerne ihre Regenten wechseln, finden sich nämlich in dieser Erwartung, welche ihnen die Waffen gegen ihre Beherrscher in die Hände gab, durch die Erfahrung getäuscht. Das ist aber unvermeidlich, da ein Fürst notwendigerweise seine neuen Untertanen immer beleidigt, indem er sie mit militärischen Besatzungen und allen den tausend Übeln, welche eine Eroberung und Besetzung des Landes nach sich zieht und sozusagen notwendig macht, belästigen muß. Eine andere Folge ist, daß alle die, welche durch die Eroberung des Thrones sich beleidigt glauben, Feinde des neuen Regenten werden; daß dieser die Freundschaft derer, die ihm geholfen, nicht erhalten kann, weil er nie imstande ist, ihre Erwartungen ganz zu befriedigen, und er sie gleichwohl aber auch nicht mit Strenge behandeln darf, weil er ihnen verpflichtet ist. – Auch bei der stärksten Armee bedarf man der Neigung der Einwohner eines Landes, in welches man eindringen will. Aus diesem Grund nahm Ludwig XII. von Frankreich zwar Mailand schnell ein, allein er verlor es auch ebenso geschwind wieder. Um es ihm das erstemal zu entreißen, reichten allein Lodovico Sforzas eigene Streitkräfte aus; denn da das Volk, das ihm selbst die Tore geöffnet hatte, sich in seinen Erwartungen getäuscht fand, faßte es einen unüberwindlichen Widerwillen gegen den neuen Regenten. Unleugbar verliert deswegen auch ein Regent ein Land nicht so leicht wieder, dessen Thron er nach einem Aufstand wiedergewonnen hat; denn der Aufstand gibt ihm Veranlassung, weniger rücksichtsvoll zu sein und sich durch die Bestrafung der Schuldigen, sowie eine strenge Beaufsichtigung der Verdächtigen und Ausgleichung seiner Schwächen zu sichern. So hatte der Herzog Lodovico Sforza nichts weiter zu tun, als die mailändischen Grenzen etwas zu beunruhigen und Mailand wieder Frankreich zu entreißen; aber die ganze Welt mußte sich verbinden, um seine Armeen aufzureiben und aus Italien zu treiben, um ihm Mailand zum zweiten Mal zu nehmen. Die Ursachen sind die von mir oben angeführten. Nichtsdestoweniger wurde Mailand Frankreich das erste und zweite Mal entrissen. Die allgemeinen Gründe, warum dies das erstemal geschah, sind erwähnt worden; zu betrachten sind noch die Gründe, warum es das zweite Mal geschah, und die Mittel zu nennen, welche der König von Frankreich oder ein anderer

Fürst, der sich an seiner Stelle befand, hatte, um sich besser im Besitz seiner Eroberungen zu halten als der König von Frankreich. Man bemerke hier zuerst: die vereinigten Länder liegen entweder mit den Besitzungen des Eroberers im gleichen Land, und beide haben eine Sprache miteinander gemein, oder dies ist nicht der Fall. Im ersten Fall ist es sehr leicht, den Besitz derselben sich zu erhalten, besonders wenn sie zuvor nicht frei waren. Man hat hier nicht viel mehr nötig, als die Familie der vorigen Regenten auszurotten. Läßt man nur die Einwohner bei ihren alten Verhältnissen, dann werden sie, wenn anders kein Unterschied der Sitten und Gebräuche hervortritt, ruhig fortleben. Burgund, die Bretagne, die Gascogne und die Normandie geben uns hierfür ein Beispiel, da diese solange schon mit Frankreich vereinigt sind. Die Sprache derselben weicht zwar ein wenig von der französischen ab; Sitten aber und Gebräuche sind eben dieselben, und darum harmonieren sie auch zusammen.

Um also einen eroberten Staat zu erhalten, müßte man zuerst das ganze Geschlecht der vorigen Regenten ausrotten und dann zweitens die Gesetze nicht abändern und die Abgaben nicht erhöhen. Durch diese Behandlung könnten die Erblande und die neuerworbenen bald zu einem Staatskörper umgeschaffen werden.

Weit gefährlicher ist es aber, wenn man Länder erobert, in denen eine andere Sprache gesprochen wird und andere Sitten, Gebräuche und Gewohnheiten zu Hause sind; hier sind Mühe und Glück erforderlich, um sich in dem Besitz derselben zu befestigen. Ein vorzügliches Mittel zu diesem Zweck würde sein, wenn der neue Regent in denselben residierte; dies würde den Besitz mehr sichern und befestigen. Die Osmanen geben uns hier das Beispiel. Der Sultan würde sich durch kein Mittel im Besitz von Griechenland behauptet haben, wenn er nicht seine Residenz dahin verlegt hätte. Leicht kann der Regent durch seine Gegenwart den Unordnungen, da er sie entstehen sieht, auf der Stelle steuern, während der abwesende Beherrscher nicht eher etwas von denselben erfährt, als wenn sie schon eine gewisse Reife erlangt haben und kein Mittel mehr ausreicht. So können Minister und Staatsdiener das Land auch nicht aussaugen, und bei der Leichtigkeit, Zutritt beim Fürsten zu erhalten, werden gute Untertanen ihn lieben, die bösen aber ihn fürchten. Auswärtige werden sich eher hüten, einen solchen Staat anzugreifen; denn solange der Herrscher dort wohnt, kann er ihn nur sehr schwer verlieren.

Das andere bessere Mittel ist, daß man an einen oder zwei Plätze, welche sozusagen der Schlüssel des Landes sind, Kolonien schickt oder starke Militärbesatzungen dahin legt. Kolonien kosten den Fürsten wenig; ohne allen oder mit nur geringem Aufwand entsendet er sie und unterhält sie; und er kränkt durch diese Ansiedlungen niemand als die, welchen er zugunsten der Kolonisten ihren Grund und Boden und ihre Häuser raubt. Die letzteren machen nur einen kleinen Teil der Untertanen aus, während die ersteren, die er kränkte, ihm wegen ihrer Armut und Zerstreuung unschädlich sein werden. Die, welche ungekränkt bleiben, verhalten sich um so ruhiger, weil sie befürchten, bei der geringsten Bewegung das gleiche Schicksal zu haben. Hieraus folgt: die Kolonien kosten nichts, man kann auf ihre Treue mehr rechnen; die Kränkung der Beleidigten ist nicht so schlimm, und diese werden durch Armut und Zerstreuung unschädlich. Indes ist es Grundregel, daß man die Menschen entweder durch Freundlichkeit gewinne oder aus der Welt schaffe; denn wegen geringfügiger Kränkungen können sie sich rächen, wegen schwerer aber sind sie dazu außerstande. Beleidigt man sie aber, dann muß man es ihnen auch unmöglich machen, sich rächen zu können.

Kostspieliger würde es sein, wenn man statt dessen das Militär als Mittel zu dem beabsichtigten Zweck gebrauchte; der Aufwand für die Besatzungen würde die Einkünfte des Landes erschöpfen, und der Fürst würde von seiner Eroberung und Erwerbung bloß Schaden haben. Auch beleidigt er dann viel mehr Einwohner des Landes, weil diese Maßregel dem ganzen Land schadet, und da mit den Besatzungen öfter gewechselt werden muß, so wird der Druck und zugleich der Haß gegen den Regenten allgemein. Und gerade diese Feinde sind die gefährlichsten, weil es innere Feinde sind. Besatzungen sind daher so schädlich, wie Kolonien nützlich sind.

Hat das neuerworbene Land andere Gesetze und Gewohnheiten als jenes, welches der Fürst zuvor besaß, dann muß sich der Fürst das Übergewicht über die schwächeren Nachbarn desselben verschaffen, sich zu ihrem Beschützer aufwerfen, die Mächtigsten derselben schwächen und vorzüglich jeden Fremden, der sich mit ihm an Macht messen kann, von dem Land fernhalten.

Ehrgeiz und Furcht der Mißvergnügten im Inneren des Landes könnten sonst gar zu leicht einen solchen ins Land ziehen. So riefen die Aetoler die Römer nach Griechenland, und überall, wohin sie kamen, wurden sie von den Einheimischen selbst herbeigerufen. Wenn daher ein mächtiger Feind in einem Land erscheint, so wird er gewiß überall durch die minder mächtigen Unzufriedenen, aus Eifersucht gegen ihren Überwinder, verstärkt. Diese Mindermächtigen zu gewinnen, verursacht ihm gar keine Mühe, weil sie allesamt freudig eine Masse mit dem Staat bilden, den er erobert hat. Der Regent muß diese also im Auge behalten, es verhindern, daß sie zu mächtig werden oder daß sie weiter um sich greifen. Er muß daher ihre Kräfte selbst so wie seine eigenen gegen die Mächtigeren benutzen, um allein Herr zu bleiben. – Versteht er dies nicht, so hat er nicht nur einen unruhigen Besitz, sondern der volle Verlust des Ganzen wird bald und sicher die unfehlbare Folge sein. – Die Römer verstanden die Anwendung dieser Maxime auf ihre Eroberungen trefflich. Sie siedelten Kolonien an, unterstützten die Mindermächtigen, ohne gleichwohl ihre Macht zu vergrößern, sie schwächten die Übermächtigen und gestatteten gar keinen Einfluß eines Fremden auf die Einwohner. – Griechenland diene hier als einziges Beispiel. Die Römer unterstützten die Achaier und Aetoler, verjagten den Antiochus aus Mazedonien und schwächten dann Mazedonien selbst. Der guten Dienste ungeachtet, welche die Achaier und Aetoler ihnen geleistet hatten, gestanden sie ihnen doch nie eine Vergrößerung zu. Aller Vorstellungen Philipps ungeachtet, erkannten sie ihn dann erst als Freund an, als sie ihn hinlänglich gedemütigt hatten; und Antiochus konnte es mit all seiner Macht nicht erzwingen, daß er an dieser Provinz irgendwelchen Anteil erhielt. Dies Verhalten der Römer sollte allen klugen Fürsten zum Muster dienen, wie man gegenwärtigen Übeln steuern und künftigen vorbeugen müsse. Entfernter Gefahr ist leichter zu begegnen, läßt man sie näher kommen, dann sind die Mittel dagegen erschwert; die Krankheit ist unheilbar geworden. Die Schwindsucht, sagen die Ärzte, ist anfangs schwer zu erkennen, aber leicht zu heilen; dagegen ist sie, wenn man sie nicht gleich im Anfang erkennt und die richtige Heilmethode angewendet hat, leicht zu erkennen, aber schwer zu heilen. Ebenso steht es auch mit der Politik. Sieht man das aufkeimende Übel schon von weitem – wozu freilich ein nicht gemeiner Kopf gehört –, dann kann man es leicht abwenden; aber alle Abhilfe kommt zu spät, wenn man es nicht erkannt und es schon so weit um sich gegriffen hat, daß es nun für jedermann offen daliegt. Die Römer sahen alle Zufälle dieser Art voraus und begegneten ihnen so genau zur rechten Zeit, daß sie nie in die Notwendigkeit versetzt waren, dem Krieg auszuweichen; sie wußten, daß sie durch einen Aufschub ihn nie ganz vermeiden, wohl aber ihrer Gegner Vorteil befördern würden. So eilten sie, Philipp und Antiochus in Griechenland zu bekriegen, damit diese nicht den Krieg nach Italien verpflanzten. Und obgleich sie damals beiden Kriegen ausweichen konnten, so unterließen sie doch, dies zu tun. Jenes Sprichwort, das die klugen Leute unserer Tage stets im Munde führen: kommt Zeit, kommt Rat, hatte nicht ihren Beifall; sie fanden es zweckmäßiger, ihre Tapferkeit und Politik stets tätig sein zu lassen. – Alles unterliegt dem Wechsel der Zeit, aus ihr entkeimt ebenso das Böse wie das Gute.

Werfen wir einen Blick auf Frankreich, um zu untersuchen, ob dieses Reich auch nur den geringsten der bisher dargelegten Grundsätze befolgt hat. Wir wollen Karl VIII. übergehen und nur von Ludwig XII. reden, dessen Verhalten, weil er länger in Italien herrschte, besser ins Auge fiel. Man wird finden, daß er ein Verfahren einhielt, das gerade demjenigen zuwiderläuft, welches durchaus notwendig ist, um sich in einem an Sitten und Gebräuchen heterogenen Staat zu erhalten.

Die Ehrsucht der Venezianer, welche dadurch die Hälfte der Lombardei zu gewinnen hofften, brachte Ludwig nach Italien. Ich will diesen Zug nach Italien oder die Partei, die der König hierbei ergriff, nicht tadeln; denn da er sich einmal in Italien festzusetzen wünschte und keine Freunde in der Lombardei hatte, so mußte er sie nehmen, wo sie sich ihm boten, um so mehr als ihm das üble Verfahren seines Vorgängers dort alle Tore schloß; auch würde sein ganzes Unternehmen schnell gelungen sein, wenn er keine Fehler dabei begangen hätte. Nach der Eroberung der Lombardei gewann er den von Karl verlorenen Ruhm wieder. – Genua gab nach; Florenz, der Marchese von Mantua, der Herzog von Ferrara, die Bentivoglio, als Herren von Bologna, die Gräfin von Forli, die Herren von Faenza, Pesaro, Rimini, Camerino und Piombino, die Luccaner, Pisaner, Sieneser und alle anderen suchten seine Freundschaft. – Jetzt erst entdeckten die Venezianer ihre Torheit, Ludwig zum Herrn von zwei Dritteln von Italien gemacht zu haben, um zwei Städte in der Lombardei zu erhalten.

Man bedenke, wie leicht es dem König gewesen wäre, sich auf dieser Höhe des Einflusses zu erhalten, wenn er den vorgezeichneten Grundsätzen gefolgt und die Sicherheit seiner sämtlichen Verbündeten begründet hätte. Denn dieser waren viele, alle aber ohnmächtig; sie hatten den Papst und Venedig zu fürchten und waren daher in die Notwendigkeit versetzt, sich mit dem König zu vereinigen, welchem es also leicht war, durch sie den noch mächtig Gebliebenen das Gleichgewicht zu halten.

Aber kaum war er in Mailand, als er schon gerade das Gegenteil tat. Er half Papst Alexander die Romagna erobern und übersah es, daß er sich selbst schwächte, indem er sich der Freunde beraubte, die sich ihm in die Arme geworfen hatten, und den Papst groß machte, indem er zu der geistlichen Macht, die ihm schon soviel Einfluß verleiht, so viel weltliche fügte. – Er war genötigt fortzufahren, da er sich einmal eingelassen hatte, und so kam er endlich in die Notwendigkeit, selbst nach Italien zu gehen, um dem Ehrgeiz Alexanders Schranken zu setzen und ihn an der Eroberung Toskanas zu hindern. Aber nicht genug, daß er den Papst größer machte und sich seiner Freunde beraubte, er beging auch noch die Torheit, das Königreich Neapel, das er besitzen wollte, mit Spanien zu teilen. Er, zuvor allein Italiens Herr, setzte selbst sich noch jemand zur Seite, um den Ehrgeizigen und Unzufriedenen im Land einen Gegenstand zu verschaffen, an den sie sich anschließen konnten. Er hätte Neapel einen ihm zinsbaren König geben können; doch er verjagte diesen, um einen einzusetzen, der ihn selbst fortjagen konnte. Gewiß, die Vergrößerungssucht ist eine allen Menschen gemeine, eine allen von Natur aus eigene Leidenschaft. Wegen jeder Vergrößerung, die ihnen gelingt, werden sie gelobt, nie getadelt. Doch Begierde danach, ohne Macht, ist ein tadelnswürdiger Fehler. Hatte also Frankreich Kräfte genug, um Neapel anzugreifen, so hätte es dies tun müssen, ohne dieses aber nie mit einem anderen teilen sollen. Es verdiente Entschuldigung, daß es die Lombardei mit den Venezianern teilte, weil es hierdurch Fuß in Italien faßte; aber die Teilung Neapels ist um so weniger zu rechtfertigen, je minder notwendig sie war. – So beging Ludwig fünf Fehler. Er richtete die Schwachen zugrunde, – er vermehrte die Macht eines in Italien bereits Übermächtigen, – er brachte einen sehr mächtigen Fremden hinein, – er hatte keine ständige Residenz daselbst, – er schickte keine Kolonisten hin. – Und gleichwohl hätte er alle diese Fehler aushalten können, wenn er nicht noch den sechsten dazu gemacht hätte, nämlich: daß er die Venezianer des Ihrigen beraubte. Freilich hätte zu dieser Schwächung nicht bloß die Stunde geschlagen, sondern diese wäre sogar notwendig gewesen, wenn er die Macht des Papstes nicht vergrößert und den König von Spanien nicht nach Italien gezogen hätte; nach diesem Verfahren aber durfte er nie in ihren Untergang willigen; denn wenn sie mächtig waren, so hätten sie immer einen Einfall der anderen in die Lombardei abgehalten; sowohl weil die Venezianer nie darein gewilligt hätten, ohne selbst die Herren des Landes zu werden, als auch weil die anderen Frankreich die Lombardei nie konnten entreißen wollen, um sie den Venezianern zu geben, und beide anzugreifen ihnen der Mut gefehlt haben würde.

Einige werden mir zwar einwenden: Ludwig habe dem Papst die Romagna und Neapel an Spanien überlassen, um einem Krieg auszuweichen. Man soll aber nie etwas richtiger Berechnung Zuwiderlaufendes zugeben, um einen Krieg zu vermeiden; denn man weicht demselben nicht aus, sondern man schiebt ihn bloß zu eigenem Schaden auf. Denen, welche dagegen einwenden, daß Ludwig dem Papst sein Wort gegeben habe, zu seinen Gunsten nach Italien zu ziehen, um für sich Dispens in seiner Heirat und für den Erzbischof von Rouen die Kardinalswürde zu erhalten, wird unten im 18. Kapitel „Von der Verbindlichkeit des Versprechens der Fürsten" geantwortet werden. Kurz, Ludwig verlor die Lombardei, weil er von den Maßregeln anderer, welche Länder erobert und die Eroberung zu erhalten gesucht haben, überall abwich. Das ist auch gar nicht verwunderlich, sondern ganz folgerichtig und natürlich. Dies habe ich dem Kardinal von Rouen zu Nantes sehr bestimmt gesagt, als der Herzog von Valentinois – so nannte man Cesare Borgia, den Sohn des Papstes Alexanders – sich der Provinz Romagna bemächtigte. Denn als der Kardinal sich gegen mich äußerte: „Die Italiener verstünden sich nicht auf den Krieg", erwiderte ich ihm: „daß die Franzosen ebenso fremd in der Politik seien, weil sie die Kirche so mächtig werden ließen". Die Erfahrung zeigte es auch, daß die Kirche und der König von Spanien, deren Macht in Italien Frankreich gründete, dasselbe in der Folge stürzten.

Hieraus folgt fast unfehlbar: Ein Fürst, der eines anderen Macht erhöht, gräbt sich selbst sein Grab; denn er hat sich seine Macht entweder durch Klugheit oder durch Gewalt geschaffen, und jeder dieser beiden Vorzüge ist dem zu neuer Macht Gelangten verdächtig.

4.

Warum sich das von Alexander eroberte Reich des Darius nach seinem Tod nicht gegen die Nachfolger des Mazedoniers erhob.

Bedenkt man die Schwierigkeit, einen neuerworbenen Staat zu beherrschen, dann muß man sich über die Möglichkeit wundern, daß nach dem Tod Alexanders des Großen, der in wenigen Jahren ganz Asien eroberte und dann kurz nach dieser Eroberung starb, seine Nachfolger sich in diesen Eroberungen ohne weitere Schwierigkeiten als jene, die sie sich durch ihren eigenen Ehrgeiz zuzogen, behaupten konnten, da doch den unterjochten Nationen die Stunde zur Abwerfung des neuen Jochs jetzt geschlagen zu haben schien.

Nachfolgende Betrachtungen beantworten indes diesen Einwurf.

Alle uns bekannten Monarchien werden auf zweierlei Art regiert. Entweder ist der Regent unumschränkt und erwählt sich als Helfer in den Regierungsgeschäften Minister und Räte nach Willkür; oder ein Fürst und die Stände regieren miteinander, und zwar letztere nicht durch fürstliche Gnade und Bewilligung, sondern durch das Alter ihrer Familie. Diese Mitherrscher besitzen eigene Länder und Untertanen, welche sie für ihre Herren erkennen und eine gewisse natürliche Ergebenheit für sie haben. – Der Fürst, der unumschränkt allein und durch seine Diener herrscht und der einzige Herr ist, den das Land anerkennt, ist gewaltiger und geehrter; und der Gehorsam, der einem anderen außer ihm geleistet wird, geschieht sicher nicht aus Liebe, sondern weil er Minister oder Beamter des in unumschränktem Ansehen stehenden Fürsten ist. – Beispiele für diesen Unterschied der Regierungsform sind heute der Sultan und der König von Frankreich. In dem Reich des Großtürken herrscht nur einer, alle übrigen sind Diener. Dieser teilt sein Land in Sandschaks und ernennt Statthalter über diese, die er nach Belieben ein- und absetzt. – Frankreich dagegen hat eine Menge von Großen, welche ihre eigenen Untertanen haben, von denen sie anerkannt werden und deren Liebe sie besitzen. Kein König würde diesen ihre Vorrechte nehmen können, ohne sehr viel bei diesem Schritt zu wagen. Betrachtet man nun diese beiden Staaten, dann zeigt es sich, daß es schwer wäre, das Reich der Osmanen zu erobern, aber leicht, sich darin zu behaupten, wenn es einmal genommen ist. Denn wer es erobern will, kann nicht durch die Stände herbeigerufen werden und von einem Aufruhr der Minister keine Erleichterung seiner Unternehmung hoffen, was aus den oben angegebenen Verhältnissen folgt; denn es hält schwer, diese – alle Sklaven und Kreaturen des Großherrn – zu bestechen; ja eine solche Bestechung würde sogar ohne Nutzen sein, solange die Bestochenen aus den oben angeführten Gründen das Volk nicht für sich zu gewinnen vermögen.

Wer die Osmanen angreifen will, muß darauf gefaßt sein, sie vereint zu finden, und alles von der eigenen Macht, aber gar nichts von ihren Spaltungen hoffen. Nach einer Besiegung derselben, die sie außerstand setzte eine neue Armee zu bilden, würde nur noch die fürstliche Familie zu fürchten sein, welche ausgerottet werden müßte; und dann wäre niemand mehr zu fürchten übrig, weil sonst niemand die Liebe und Achtung des Volkes besitzt, und der Überwinder, der vor seinem Sieg nichts von dem Volk zu hoffen hatte, hat nun auch nichts mehr von demselben zu fürchten.

Anders verhält es sich mit den Staaten, die eine der französischen ähnliche Verfassung haben. Es ist leicht, in dieselben einzudringen, wenn man nur einen der Mächtigen des Reiches auf seine Seite bringt; denn Mißvergnügte und unruhige Köpfe finden sich überall. Leicht kann man sich durch diese den Weg zur Eroberung des Throns bahnen; aber um ihn zu erhalten, sind tausend Schwierigkeiten zu überwinden, die, ebenso von denen, welche dem Eroberer Hilfe geleistet, als von denen, welche er überwunden hat, herrühren. Da genügt es nicht, die fürstliche Familie auszurotten; die übrigbleibenden Großen stellen sich doch an die Spitze der durch sie gebildeten Parteien; diese kann man weder alle befriedigen, noch alle aus der Welt schaffen, und darum wird eine solche Eroberung bei der ersten Gelegenheit wieder verloren.

Das Reich des Darius hatte vollkommene Ähnlichkeit mit jenem der Osmanen. Darum mußte Alexander ihn zuerst ganz besiegen und im Feld überwinden. Nach den Niederlagen und dem Tod des Darius blieb er aber auch – aus den oben dargelegten Ursachen – ruhig im Besitz seiner Länder. Mit mehr Einigkeit hätten seine Nachfolger das Ganze sehr leicht erhalten können, besonders da keine andere Unruhe entstand als jene, welche sie selbst erzeugten. Länder aber von der Verfassungsform – wie jene der Franzosen – so ruhig zu besitzen, ist unmöglich. Daher die häufigen Beispiele von Unruhen und Empörungen der Spanier, Gallier und Griechen gegen die Römer, deren Quelle die vielen Herrscherfamilien dieser Staaten waren. Solange diese sich bei ihrer alten Macht erhielten, solange wankte die Herrschaft der Römer; erst dann blieb ihr Besitz ohne Störung, als ihre dauernde Übermacht dieselben vertilgt hatte. Als aber Uneinigkeit die Römer selbst schied, fand doch jeder durch das Ansehen, das er sich in den Provinzen zu verschaffen gewußt hatte, Mittel genug, sich die Herrschaft über dieselben anzumaßen. Dies war um so leichter, als von der Familie der alten Beherrscher kein Zweig mehr übrig war und nur die Herrschaft der Römer galt.

Nach diesen Betrachtungen wird sich dann auch niemand wundern, daß es Alexander so leicht war, sich in Asien zu behaupten, und dem Pyrrhus und vielen anderen so schwer, ihre Eroberungen festzuhalten. Man kann die Ursache gewiß nicht in der größeren oder geringeren Tapferkeit der Sieger finden; sie liegt in der Verschiedenheit des Zustandes der eroberten Staaten selbst.

5.

Wie man die Städte oder Monarchien regieren muß, die vor ihrer Eroberung unter ihrer eigenen Verfassung lebten.

Liebt das Volk, welches erobert worden, die Freiheit und seine Gesetze, dann gibt es drei Mittel, sich zu behaupten: Erstens, man muß den Staat zerstören, oder zweitens, der Eroberer muß darin residieren, oder er muß drittens dem Volk seine Gesetze lassen, ihm aber eine Steuer auferlegen und innerhalb des Staats eine aus wenigen bestehende Verwaltungsbehörde schaffen, die ihm denselben befreundet erhalten soll. Weil diese Verwaltungsbehörde, weil sie von dem erobernden Fürsten geschaffen, sich bewußt ist, nicht ohne seine Gunst und Macht bestehen zu können, so muß sie alles aufbieten, ihn zu halten.

Und es ist leichter, eine freiheitsgewohnte Stadt zu beherrschen, wenn man sie durch ihre Bürger regieren läßt, als wenn man andere Maßregeln nimmt. Dies beweisen die Lakedämonier und Römer. Erstere führten eine aus wenigen bestehende Regierungsbehörde zu Athen und Theben ein und verloren dennoch beide Staaten wieder. Diese behaupteten sich in Karthago, Capua und Numantia, weil sie diese Städte zerstörten. Hingegen, als sie nach Spartas Beispiel Griechenland seine Freiheit und seine Gesetze ließen, verfehlten sie ihren Zweck und waren genötigt, verschiedene Städte dieses Landes zu zerstören, um sich nur darin zu behaupten. Hieraus folgt: Das sicherste Mittel, sich in eroberten Städten zu behaupten, ist deren Zerstörung. Wer eine zuvor freie Stadt erobert und sie nicht zerstört, der sehe zu, daß er von ihr nicht vernichtet werde. Freiheit und die Erinnerung an die vorige Verfassung, welche weder die Zeit noch Wohltaten aus dem Gedächtnis der Bürger verwischen können, werden diesen immer zum Vorwand der Empörung dienen. Wirft man nicht die Fackel der Zwietracht unter sie oder zerstreut sie, dann werden sie sich bei jeder Gelegenheit zur Wiedererlangung ihrer Freiheit vereinigen; so wie Pisa, obgleich so viele Jahre unter die Herrschaft von Florenz gebeugt, dies tat. Städte und Provinzen aber, die einmal gewöhnt sind, unter einem Fürsten zu leben, werden, wenn auch die fürstliche Familie ausgerottet ist, diese Gewohnheit nicht ablegen, andererseits aber, nach Vertilgung ihres Regenten und seiner Familie, sich nicht so leicht wieder vereinigen, um einen anderen zu wählen. An Gehorsam gewöhnt, verstehen sie es nicht, unter freier Verfassung zu leben; sie greifen daher um so später zu den Waffen und erleichtern daher ihre Unterjochung. Freie Völker aber haben ein lebendigeres Gefühl, einen hell lodernden Haß und glühende Rachgier; nie erstirbt in ihnen das Gefühl ihrer früheren Freiheit. Daher ist es das sicherste, sie entweder zu vertilgen oder unter ihnen zu wohnen.

6.

Von Monarchien, die man durch Waffengewalt und Tüchtigkeit erwirbt.

Man finde es nicht auffallend, wenn in den nachstehenden Betrachtungen über neue Fürsten und Fürstentümer großartige Beispiele angeführt werden. Es ist ja dem Menschen eigen, den Wegen anderer zu folgen und ihre Handlungen nachzuahmen, und gleichwohl kann man diesen Wegen nicht überall folgen – und oft seine Muster nicht erreichen. Der Vernünftige wird sich daher immer gerade die vortrefflichsten Männer zum Muster aufstellen und die von ihnen eingeschlagenen Wege verfolgen, damit er, wenn er sie auch nicht erreicht, ihnen doch etwas ähnlich werde. Er muß es so machen wie die Schützen, welche höher anlegen, als das Ziel ist, wenn sie berechnet haben, daß das Ziel weiter entfernt ist, als der Bogen den Pfeil in gerader Richtung schnellt, nicht damit der Pfeil so hoch gehe, sondern damit er so um so sicherer das Ziel treffe.

Die Talente des neuen Fürsten bestimmen das Maß der Schwierigkeit in der Behauptung eines neuen Fürstentums. Es zeugt von Glück und persönlichem Wert, wenn ein Privatmann zu einem Thron gelangt, und beides scheint die Hindernisse, welche sich hierbei auftürmen, teilweise zu mildern; nichtsdestoweniger wird aber derjenige, der auf Glück verzichten mußte, sich eher behaupten. Die wenigsten Beschwerlichkeiten wird der zu bekämpfen haben, der, weil er kein anderes Land hat, in dem erworbenen Reich zu residieren genötigt ist. Unter denen, die durch persönliche Tüchtigkeit und nicht durch Glück zum Thron gekommen, sind die vortrefflichsten und berühmtesten Moses, Kyros, Romulus, Theseus u. a. Wenn auch Moses bloß göttliche Befehle vollstreckte, so erwirbt ihm doch schon dieses Verhältnis zu Gott unsere Bewunderung. Von den Taten des Kyros und der übrigen, welche sich auf Throne emporgeschwungen haben, ist alles zu bewundern. Ihre Taten und ihre einzelnen Einrichtungen waren – genau betrachtet – von jenen des Moses, der unter einer so erhabenen Leitung wirkte, wenig verschieden. Jeder Blick auf ihre Taten und ihren Lebenswandel beweist uns, daß sie dem Glück bloß die Gelegenheit dankten, die ihnen den Stoff darbot, aus dem sie die Form bildeten, welche ihnen die beste schien. Ohne diese Gelegenheit wäre ihre Vortrefflichkeit ohne Wert gewesen, und ohne diese Vortrefflichkeit hätten sie die Gelegenheit entwischen lassen. So war es notwendig, daß Moses die Israeliten unter dem Druck Ägyptens fand, damit sie Lust bekamen, sich von ihm, von diesem befreit, wegführen und retten zu lassen. – So mußte Romulus aus Alba entführt und gleich nach seiner Geburt ausgesetzt werden, um Roms Stifter und König werden zu können. – So mußte Kyros durch einen langen Frieden verweichlichte Meder und der medischen Herrschaft überdrüssige Perser finden. – Und wenn die Athener nicht zerstreut gewesen wären, dann hätte Theseus seine Tüchtigkeit nicht zeigen können.

Die Gelegenheit war es, welche diese Männer groß und zu Helden machte, und ihre Klugheit, welche sie diese Gelegenheit zum Glück und zum Glanz ihres Vaterlands erkennen ließ.

Es wird jedem schwer werden, wie sie Throne zu erobern, aber leicht, sich auf den erworbenen zu behaupten. Die Hindernisse, die sie zu übersteigen haben, liegen zum Teil in der Notwendigkeit, in den Staaten neue Gesetze zu machen und eine neue Verfassung einzuführen, in welche sie, um ihren Staat und ihre Sicherheit zu gründen, gesetzt sind. Es ist gewiß kein geringes Wagnis und sehr zweifelhaft im Erfolg und äußerst gefährlich, neue Gesetze aufzustellen. Wer solche einführt, hat alle die, welche sich bei den vorigen wohl befanden, zu Feinden und nur sehr laue Freunde an denen, welchen die neuen Vorteile bringen; eine Lauheit, die teils durch die Furcht vor denen erzeugt wird, welche, mit den vorigen zufrieden sind, teils aber auch durch das Vorurteil, das gegen alle neuen Einrichtungen sich so lange erhebt, bis man dieselben gewohnt geworden. Bei jeder Gelegenheit greifen also erstere sie mit aller Parteileidenschaft an, während die anderen sie nur schwach verteidigen, und so ist der Fürst zugleich mit ihnen gefährdet.

Hier kommt jedoch alles darauf an, ob die Gesetzgeber durch eigene Kraft wirken können oder fremder Hilfe bedürfen; nämlich ob sie, um ihr Werk durchzuführen, bitten müssen oder Zwang ausüben können. Im ersten Fall sind sie immer schlimm dran und bringen nichts zustande; hängen sie aber nur von sich ab und können sie Gewalt gebrauchen, dann laufen sie nur selten Gefahr; und dann gelingt es fast immer.

Daher haben alle bewaffneten Propheten gesiegt, während die unbewaffneten zugrunde gingen. Auch ist zu bemerken, daß außer allem dem hier Angeführten auch noch die Unbeständigkeit der Menschen starken Einfluß hat: es ist leicht, sie zu überreden, aber stets schwer, sie in dem Glauben zu erhalten. Man muß daher solche Maßregeln treffen, daß man sie, wenn sie nicht mehr freiwillig glauben, zum Glauben zwingen kann. Ohne Gewalt würden Moses, Kyros, Theseus und Romulus nie ihren Gesetzen dauernden Gehorsam verschafft haben. Girolamo Savonarola ist hierfür das Beispiel unserer Tage. Er fiel, weil es ihm an Macht fehlte, seine Anhänger in dem Glauben an sich zu erhalten und die Zweifler hierzu zu zwingen. Der Weg solcher Leute ist gleich anfangs felsig und gefährlich, und sie bedürfen zum Ausharren und zur Überwindung mehr als gemeinen Mut. Haben sie die Schwierigkeiten aber einmal besiegt und bringt ihnen die Vernichtung ihrer Feinde und Neider Ansehen und Verehrung, dann bleiben sie bei Macht, Glück, Ehre und in Sicherheit.

Diesen hohen Beispielen wollen wir noch ein geringeres anfügen, welches übrigens mit den vorigen viele Ähnlichkeit hat und statt aller anderen dienen kann. – Hiero, aus dem Privatstand zum Thron von Syrakus erhoben, hatte dem Glück nichts weiter als die Gelegenheit zu danken. Die Syrakusaner, von der Tyrannei erdrückt, wählten ihn zu ihrem Anführer, und so verdiente er sich selbst den Thron. Die Schriftsteller jener Zeit sagen: Ihm habe schon im Privatstand, um Fürst zu sein, nur ein Königreich gefehlt.

Er entließ die alten Krieger und warb neue an; er gab seine vorigen Freunde auf und erwarb sich neue; und mit diesen, ihm ganz ergebenen Freunden und Kriegern ward es ihm leicht, seine Gebäude aufzuführen. Es ward ihm wohl schwer, zum Thron zu gelangen, aber er hielt sich ohne Mühe auf demselben.

7.

Monarchien, die man mit fremder Gewalt oder durch Glück gewinnt.

Derjenige, welchen das Glück allein aus dem Privatstand auf den Thron erhebt, wird zwar mit wenig Schwierigkeiten dahin gelangen, aber desto mehr hat er, um sich auf demselben zu erhalten. Kein Hindernis beengt seinen Weg, – er geht nicht, sondern fliegt zum Thron; erst dann, wenn er denselben in Besitz genommen hat, erwächst die ganze Fülle der Schwierigkeiten.

Dies ist das Schicksal jener Fürsten, welchen für Geld oder durch die Gunst dessen, der ihn überließ, ein Staat zuteil wurde; z. B. so wie jener Regenten in Griechenland und in dem Hellespont, welche Darius zu seiner Sicherheit und Ehre als Fürsten einsetzte. Zu diesen gehören auch noch jene Kaiser Roms, welche durch die Gewogenheit der bestochenen Heere aus dem Privatstand zu dieser Würde erhoben worden sind. Diesen bleibt zu ihrer Erhaltung die Neigung und das Glück jener, die sie erhoben, das einzige Mittel. Beides ist äußerst schwankend und veränderlich. – Es fehlt ihnen an Fähigkeit und Macht, sich zu behaupten. Denn wie sollte ein Mann, der sein ganzes Leben bisher im Privatstand zugebracht hat, ohne besondere vorzügliche Talente zu besitzen, zu regieren verstehen? Und, wenn er es verstünde, wie will er ohne treue, ihn liebende Soldaten herrschen? Es verhält sich mit den über Nacht entstandenen Herrschaften wie mit allen Dingen, die schnell aufkeimen und wachsen: sie können keine so starken Wurzeln fassen und sich so gut anpassen, daß nicht der erste Sturm sie niederreißen solle, wenn anders die Stifter derselben nicht soviel Fähigkeiten haben, um Mittel zu finden, sich das zu sichern, was ihnen das Glück verliehen hat, und gleich nach ihrer Erhebung jene Festigkeit zu gewinnen versuchen, welche andere schon vor derselben gehabt haben.

Wir haben für den Thronerwerb durch persönliches Verdienst und durch das Glück zwei Beispiele neuerer Zeiten, Francesco Sforza und Cesare Borgia. Francesco Sforza erhob sich mit den gehörigen Mitteln und durch seine große Tüchtigkeit aus dem Privatstand zu der Würde eines Herzogs von Mailand und erhielt sich leicht auf dieser mit so vieler Anstrengung erklommenen Stufe. Cesare Borgia, gewöhnlich Herzog von Valentinois genannt, erhielt durch das Glück seines Vaters ein Land, das er gleich nach dessen Tod wieder verlor, obgleich er gar nichts versäumte, was ein kluger und fähiger Mann tun kann, um in den Staaten festen Fuß zu fassen, die er dem Glück oder den Waffen eines anderen zu verdanken hat. Denn wie gesagt: wer den Grund nicht zuvor gelegt hat, ehe er Fürst geworden, der könnte es durch große Kraft noch tun, wenn er es geworden, aber nicht ohne große Gefahr für Bau und Baumeister.

Bedenkt man, wie weit es der Herzog von Valentinois gebracht hatte, so überzeugt man sich, daß der Grund seiner künftigen Macht schon gelegt war. Es wird nicht überflüssig sein, dies näher zu beleuchten, denn es ist nicht möglich, einem neuen Fürsten ein besseres Muster aufzustellen als ihn. Wenn er bisweilen seinen Zweck verfehlte, so lag die Schuld gewiß nicht an ihm, sondern an der außerordentlichen Feindseligkeit des Schicksals gegen ihn.

Es kostete Alexander VI. unendlich viel Mühe, seinen Sohn groß zu machen. Denn erstens: Er sah keine Möglichkeit, ihm ein anderes Land außer dem Eigentum der Kirche zu geben, und er wußte, daß der Herzog von Mailand und Venedig, das Faenza und Rimini in Schutz genommen, nie gestatten würden, daß er sich dieser Gebiete bemächtige. – Zweitens: Er sah ein, daß die Waffenmacht Italiens, deren er sich hätte bedienen können, sich in den Händen solcher Männer befand, welche alles von dem Anwachsen der päpstlichen Macht zu fürchten hatten, nämlich in den Händen der Orsini, der Colonna und ihrer Anhänger; daß er sich also auf diese nicht verlassen könne. – Diese Hindernisse mußten aus dem Weg geräumt, es mußte eine Verwirrung unter den Staaten Italiens erzeugt werden, um sich mit Sicherheit eines Teils derselben bemächtigen zu können. Dies erleichterten ihm die Venezianer, da diese aus anderen Ursachen die Franzosen nach Italien riefen; er selbst widersetzte sich dem nicht, sondern erleichterte es durch die Aufhebung der ersten Ehe des Königs Ludwig. Dieser war nicht sobald auf Einladung der Venezianer und mit Papst Alexanders VI. Einwilligung in Mailand eingerückt, als er seiner Ehre wegen des Papstes Absicht unterstützte und ihm zum Angriff auf die Romagna Truppen gab, mit denen sich auch der Herzog nach Besiegung der Colonna dieses Landes bemächtigte. Als es aber auf die Erhaltung dieser Eroberung und die weiteren Fortschritte ankam, stellten sich ihm zwei bedenkliche Schwierigkeiten in den Weg. Die eine bereiteten ihm die Orsini, die er bisher zu seinen Zwecken gebraucht hatte; jetzt fürchtete er, sie möchten ihn in der Gefahr stecken lassen und nicht nur ihn an den neuen Eroberungen hindern, sondern sogar die bereits gemachten ihm wieder abnehmen. – Die andere stellte ihm Frankreich entgegen, von welchem er gleichfalls verlassen zu werden befürchtete. Das Benehmen der Orsini nach Faenzas Eroberung und bei der Belagerung von Bologna hatte er kalt gefunden, und da ihn der König von Frankreich nach der Eroberung des Herzogtums Urbino von einem Einfall in die Toskana abhielt, so erkannte er nun klar die Absicht und entschloß sich daher, nichts mehr auf das Glück und fremde Waffen ankommen zu lassen. Er fing daher damit an, die Orsini und Colonna zu schwächen, indem er die Edlen von ihrer Partei in seine Dienste zog, ihnen beträchtliche Besoldungen, ansehnliche Ämter und nach ihrem Rang sogar Feldherrnstellen, Statthalterschaften gab.

So entzog er der Gegenpartei in wenigen Monaten alle ihre Macht und verstärkte sich selbst damit. Dann zerstreute er die Colonna und wartete nun auf eine Gelegenheit, die Orsini zu stürzen. Auch diese fand sich mit der Zeit, und er wußte sie auch mit der äußersten Gewandtheit zu benutzen. Zu spät wurden nun diese gewahr, daß der Kirche und des Herzogs wachsende Macht ihren Untergang befördere. Sie hielten daher zu Magione, im perusinischen Gebiet, einen Landtag. Dieser erzeugte den urbinatischen Aufstand, Unruhen in Romagna und eine Menge Gefahren für den Herzog, die er jedoch mit Hilfe der Franzosen zu überwinden wußte. Nach dieser glücklichen Entwicklung entzog er den letzteren wie auch allen Fremden sein Zutrauen, und mit dem festen Entschluß, nicht mehr von ihnen abhängig zu sein, bot er seine ganze List auf, sie zu betrügen. Er verstand es so gut, seine Gesinnung zu verbergen, daß die Orsini sich mit ihm aussöhnten, durch Vermittlung des Signor Paolo, den er auf jede Weise sich verbindlich zu machen und ergeben zu halten suchte, indem er ihm Kleider, Geld und Pferde schenkte. Die Orsini waren sogar töricht genug, sich ihm zu Sinigaglia in die Hände zu liefern. Als er ihre Häupter weggeräumt und sich die Freundschaft ihrer Anhänger verschafft hatte, war seine Macht um so fester gegründet, da er die ganze Romagna nebst dem Herzogtum Urbino besaß und das Volk sich unter seiner Regierung wohl befand. – Da diese Seite sehr merkwürdig und nachahmenswert ist, so muß ich noch dabei verweilen.

Nach der Eroberung der Romagna fand er, daß diese Provinz durch die Unfähigkeit ihrer Beherrscher, die ihre Untertanen eher ausgeplündert als in Zucht und Ordnung gehalten hatten, arm und unmoralisch geworden, und daß im ganzen Land Parteien, Raub, Gewalttätigkeiten und Mord herrschend waren. Er überzeugte sich daher, daß bloß eine gute Regierung die Ruhe wiederbringen und das Land an die königliche Herrschaft gewöhnen könne. Remiro d'Orco, ein tätiger, entschlossener, aber grausamer Mann, wurde von ihm an die Spitze der Geschäfte gestellt, und diesem ließ er überall freie Hand mit unbeschränkter Gewalt. D'Orco stellte auch in kurzem Ruhe und Ordnung wieder her und erwarb sich ein nicht geringes Ansehen. – Aber der Herzog befürchtete, eine so ausgebreitete Gewalt könnte dem Volk verhaßt werden, er organisierte daher in der Mitte des Landes ein Zivilgericht mit einem ausgezeichneten Vorsitzenden, und jede Stadt hatte dort ihren Anwalt, und da er endlich auch bemerkte, daß ihn die bisherige Strenge doch sehr verhaßt gemacht, so ließ er einst in der Frühe diesen Gouverneur Remiro d'Orco in zwei Stücke zerhauen und mit einem Stück Holz und einem blutigen Messer zur Seite auf dem Marktplatze zu Cesena ausstellen, um dem Volk zu zeigen, daß nicht er, sondern das heftige Temperament seines Ministers die Ursache der verübten Grausamkeiten gewesen. Dieses grauenhafte Schauspiel machte einen tiefen Eindruck und befriedigte die Gemüter. – Doch wir müssen zu unserm Gegenstand wieder zurückkehren.

Der Herzog stand nun auf einer sehr hohen Stufe der Macht, und nachdem er sich zweckmäßig gerüstet und die meisten von denen, die ihm in der Nähe schaden konnten, sich vom Hals geschafft hatte, so war er gegen alle nahe Gefahr gedeckt. Wollte er in seinem Vergrößerungsplane fortschreiten, so hatte er nur noch Frankreich zu fürchten; denn er wußte, daß der König seinen begangenen Fehler – obgleich zu spät – eingesehen hatte und keine weitere Ausbreitung seiner Macht mehr zugeben würde. Er fing daher an, neue Freunde zu suchen und nahm gegen die Franzosen, als sie in Neapel eindrangen, um die Spanier, welche eben Gaeta belagerten, zu verjagen, eine zweideutige Haltung an. Er würde auch gewiß seinen Zweck und seine Absicht, die letzteren zu gewinnen, bald erreicht haben, wenn sein Vater nur noch kurze Zeit gelebt hätte.

So behandelte er die Gegenwart. Für die Zukunft hatte er Ursache zu fürchten, ein neuer Papst werde ihm nicht freundlich gesinnt sein und ihm die von Alexander erhaltenen Schenkungen wieder abnehmen, und diesem suchte er durch vier Mittel vorzubeugen.

Erstens: indem er das ganze Geschlecht aller derer ausrottete, welche er um das Ihrige gebracht hatte; um den nachfolgenden Papst durchaus außerstand zu setzen, ihnen wieder dazu zu verhelfen;

zweitens: machte er sich den ganzen römischen Adel zu Freunden, um durch diesen den Papst in Schach halten zu können;

drittens: gewann er so viele Kardinäle, wie möglich, und

viertens: suchte er noch vor des Papstes Tod so mächtig zu werden, daß er den ersten Sturm allein auszuhalten imstande wäre.

Mit dreien dieser Maßregeln war er schon vor Alexanders Tod zustande gekommen, und auch mit der vierten war er beinahe schon zu Ende. Von den verarmten Großen entkamen ihm wenige, der ganze Adel Roms war auf seiner Seite, die meisten Kardinäle seine Kreaturen. Was seinen Machtzuwachs anging, so hatte er den Plan gefaßt, sich Toskanas zu bemeistern, Perugia und

Piombino besaß er bereits und Pisa hatte er unter seinen Schutz genommen. Da er die Franzosen nicht mehr zu fürchten hatte, weil sie schon von den Spaniern aus Neapel verjagt worden waren und beide seiner Freundschaft bedurften, so hätte er einen Handstreich gegen Pisa ausgeführt. Lucca und Siena hätten sich ihm hierauf sofort ergeben, es sei nun aus Eifersucht gegen die Florentiner oder aus Furcht, und die Florentiner hätten es nicht verhindern können. Und hätte er all dies Weitumfassende vollendet, wie er es gewiß noch in dem Jahr, als Alexander starb, vollendet haben würde, so wären sein Ansehen, seine Macht und seine eigenen Kräfte ausreichend gewesen, um sich ohne fremde Hilfe zu erhalten. Doch fünf Jahre, nachdem er zuerst den Degen gezogen, starb Alexander. Er hinterließ ihn in dem allein sicheren Besitze der Romagna, alles andere war in nichts zerronnen; er selbst zwischen zwei feindlichen, sehr mächtigen Herren, auf den Tod erkrankt. – Nun war er sehr tapfer, listig und geschickt genug, den Zeitpunkt abzulauern, wie und wann er die Menschen an sich ziehen oder verderben müsse. Seine Maßregeln waren auch so gut getroffen, daß, wäre er gesund geblieben und hätten ihn nicht jene zwei Heere bedroht, er gewiß alle Schwierigkeiten überwunden haben würde.

Daß die Grundlagen seiner Macht gut waren, beweist, daß Romagna länger als einen Monat auf ihn wartete, und daß die Baglioni, die Vitelli und die Orsini, welche sogleich nach Rom eilten, nichts gegen ihn ausrichten konnten, obgleich er todkrank war. Und wenn er auch nicht den päpstlichen Stuhl nach seiner Willkür besetzen konnte, so schloß er doch diejenigen davon aus, welche, er nicht wünschte. Wäre er eben nicht selbst bei Alexanders Tode krank gewesen, dann würde er leichte Arbeit gehabt haben. Bei der Wahl Julius II. sagte er mir: „Er habe alle möglichen Vorgänge nach Alexanders Tode berechnet und sich auf alles gefaßt gemacht; daß er aber zu eben der Zeit, in welcher sein Vater starb, selbst in Lebensgefahr kommen werde, habe er nicht voraussehen können."

Alle seine Maßnahmen genau erwogen, sehe ich keinen begründeten Vorwurf, welchen man dem Herzog machen könnte. Ich glaube vielmehr, er sei das Muster für alle, welche fremde Waffen und das Glück zum Thron erhoben; mit seinem Mut und seinen weitausschauenden Plänen konnte er nicht anders handeln; bloß seine Krankheit und Alexanders schneller Tod hemmten die Ausführung seiner Pläne. Kein Usurpator, der sich seiner Feinde und Freunde versichern, durch Gewalt und List groß werden, Furcht und Liebe vom Volk, Ehrfurcht und Gehorsam von den Soldaten erlangen will, der sich jener, die ihm schaden können oder wollen, entledigen, neue Verfassungen einführen, mit Ernst, Würde und Strenge – und doch auch großmütig und freigebig sein will, der insubordinierte Soldaten abschaffen, dagegen brauchbarere anwerben und sich die Freundschaft und Achtung der übrigen Regenten erhalten will, damit sie ihm, wo nicht nützlich, doch wenigstens auch nicht schädlich werden –

kann sich ein schicklicheres Muster wählen, als den Herzog von Valentinois. Nur die zweckwidrige Auswahl zum Papsttum in der Person Julius II. könnte man ihm zum Vorwurfe machen. Wenn er auch nicht gerade nach seiner Willkür den päpstlichen Stuhl besetzen konnte, so stand es doch bei ihm, alle diejenigen, die nicht nach seinem Wunsch waren, von demselben auszuschließen. Er hätte nie in die Erhebung jener Kardinäle einwilligen sollen, welche er beleidigt hatte, oder die ihn nach ihrer Erhebung zum päpstlichen Thron zu fürchten hatten. Furcht oder Haß sind die Quellen der Kränkungen unter den Menschen. – Die Kardinäle von San Pietro in Vincoli, Colonna, San Giorgio und Ascanio hatte er beleidigt. Alle übrigen, den Kardinal von Rouen und die spanischen Kardinäle ausgenommen (diese wegen der Stammesverwandtschaft und gegenseitiger Verbindlichkeit, jener wegen des Einflusses, den er durch diese Verbindung mit Frankreich hatte), mußten ihn im Fall der Erhebung zur Papstwürde fürchten. Es erforderte daher die Klugheit, daß er entweder einen Spanier oder, wenn dies unmöglich war, den Kardinal von Rouen, nie aber den Kardinal von San Pietro in Vincoli, der ihn stürzte, zum Papst zu machen suchen mußte.

Wer glaubt, daß die Großen über neuen Wohltaten die alten Beleidigungen vergessen, irrt sehr. Der Herzog beging also bei dieser Papstwahl einen Fehler, und dieser war der Grund seines endlichen Unterganges.

8.

Vom Thronerwerb durch Verbrechen.

Noch auf zweierlei Wegen kann ein Privatmann zum Thron kommen, ohne es ganz dem Glück oder seiner Tapferkeit und Talenten zu verdanken zu haben, und auch hiervon wird zu reden nötig sein, obgleich man von dem einen dieser Wege eingehender in einer Betrachtung der Republiken sprechen könnte. Man kann nämlich durch Verbrechen zur Alleinherrschaft gelangen oder durch die Liebe seiner Mitbürger Fürst werden.

Übergehen wir es, den Wert des ersten zu beurteilen, und begnügen wir uns, ein neueres und ein älteres Beispiel hiervon anzuführen, welche denen, die sich in der Notwendigkeit befinden, auf diesem Weg zu wandeln, zum Muster dienen können.

Der Sizilianer Agathokles wurde nicht nur vom Privatstand, sondern von ganz niedrigen Lebensverhältnissen aus König von Syrakus. Dieser, ein Sohn eines Töpfers, führte durch alle Stufen seines Glücks hindurch ein verbrecherisches Leben, aber es begleitete jedes seiner Verbrechen viel Verstand und Mut.

Aus seiner militärischen Karriere bis zur Prätorswürde gelangt, wandelte ihn die Lust an, Fürst von Syrakus zu werden und durch Gewalt und ohne fremde Hilfe das zu behalten, was man ihm freiwillig bereits gegeben hatte. Nachdem er sich über diesen Plan mit Hamilcar, der eben an der Spitze eines karthagischen Heeres in Sizilien stand, ins Einvernehmen gesetzt, ließ er einst das Volk und den Rat von Syrakus zu einer – angeblich das allgemeine Beste bezweckende Beratschlagung versammeln und dann auf ein gegebenes Zeichen alle Senatoren und die reichsten Bürger durch seine Soldaten niedermachen; und auf diese Art bemächtigte er sich des Throns ohne Widerstand seitens der Bürger. Zweimal schlugen ihn die Karthager aufs Haupt und belagerten ihn schließlich in der Stadt; dennoch verteidigte er diese, besetzte sie mit einem Teil seiner Leute und fiel mit dem anderen sogar in Afrika ein, befreite Syrakus und trieb die Karthager so sehr in die Enge, daß sie gezwungen waren, sich mit ihm in Unterhandlungen einzulassen und, mit dem Besitz Afrikas zufrieden, ihm Sizilien zu überlassen.

Von all dem kann man indes wenig oder nichts auf Rechnung des Glücks setzen. Nicht durch fremde Unterstützung, sondern durch die Grade des Soldatenstandes hindurch, die er mit tausend Schwierigkeiten und Gefahren erkämpft, gelangte er zur Oberherrschaft und behauptete sie gegen so erbitterte und gefährliche Feinde. Gewiß ist Bürgermord, Freundesverrat, Treulosigkeit, Mangel an Menschlichkeit und Gottesfurcht keine Tugend zu nennen; durch sie kann man wohl einen Thron, nie aber Ehre erwerben.

Aber als unerschrockener Mann in Gefahren, mit einer unüberwindlichen Standhaftigkeit bei allen Widerwärtigkeiten sieht Agathokles keinem der größten Helden nach, obgleich er wegen seiner schändlichen Grausamkeit und den Tausenden von Ruchlosigkeiten, die er beging, nicht unter die großen Menschen gezählt werden kann. Man darf es also weder auf Rechnung seines Glücks noch seiner Tugend setzen, was er ohne diese und jenes tat.

In den neueren Zeiten unter der Regierung Alexanders VI. spielte Oliverotto da Fermo eine ähnliche Rolle. In seiner Kindheit, als Waisenknabe von Giovanni Fogliani, seiner Mutter Bruder, erzogen, lernte er bei Paolo Vitelli die Kriegskunst. Nach Paolos Tod diente er unter dessen Bruder Vitellozzo und erhielt durch Verstand, Talente und körperliche Vorzüge bald die ersten militärischen Ehrenstellen. Durch seinen Ehrgeiz zu großen Dingen angefeuert, entschloß er sich mit Vitellozzos Einwilligung, Fermo zu erobern, worin ihn einige von dessen Bürgern, welche ihr Vaterland lieber unterjocht als frei sehen wollten, unterstützten. So schrieb er denn an seinen Oheim: Nach so langem Fernsein wünsche er sehr, in seine Vaterstadt zurückzukommen, um ihn und seine Freunde zu besuchen und sich etwas nach seinem väterlichen Vermögen umzusehen, bis jetzt habe er bloß nach Ehre gestrebt; und um seinen Mitbürgern zu zeigen, daß er seine Zeit gut benutzt habe, wünsche er öffentlich mit hundert seiner Freunde und Dienerschaft glanzvoll zu Pferde einzuziehen. Er bäte ihn daher, es so einzurichten, daß er von den Einwohnern mit Auszeichnung empfangen werde. Eine solche Ehre würde auch auf ihn als seinen Oheim und Erzieher zurückfallen.

Fogliani erfüllte auf das pünktlichste seinen Wunsch; Oliverotto wurde bei seinem Einzug in die Stadt mit großem Prunk empfangen und wendete einige Tage im geheimen dazu an, die Ausführung seines schändlichen Vorhabens einzuleiten. Dazu diente ihm ein glänzendes Fest, zu dem er Fogliani und die Vornehmsten der Stadt einlud. Gegen das Ende der Tafel und der bei solchen Gelegenheiten üblichen Tischfreuden lenkte er die Unterhaltung absichtlich auf ernsthafte Gegenstände, besonders auf die Größe des Papstes Alexander und die Taten seines Sohnes Cesare. Als Fogliani und die übrigen Gäste sich hierüber äußerten, erhob er sich schnell von seinem Stuhl mit der Äußerung: daß man über diese Dinge nur an einem geheimen Ort reden dürfe; und er zog sich in ein Zimmer zurück, wohin Giovanni und alle anderen Bürger ihm folgten. Sie hatten sich kaum gesetzt, als aus Schlupfwinkeln dieses Gemachs Soldaten hervorbrachen und Giovanni nebst allen übrigen erschlugen. – Oliverotto bestieg hierauf sein Pferd, sprengte durch die Stadt und belagerte im Palast die oberste Behörde, so daß sie aus Schreck gezwungen war, ihm zu gehorchen und eine Regierung einzusetzen, an deren Spitze er als Fürst trat. In dieser Würde wußte er sich auch sehr trefflich zu benehmen und zu behaupten, indem er die unzufriedenen und ihm schädlichen Menschen aus dem Weg räumte, neue Staats- und Kriegsgesetze entwarf, so daß er im Laufe eines Jahres, währenddessen er die Fürstengewalt innehatte, nicht nur in der Stadt Fermo sicher, sondern allen seinen Nachbarn furchtbar ward.

Daß Agathokles und andere seiner Art nach tausend Schlechtigkeiten und Grausamkeiten so lange lebten, ohne daß je eine Verschwörung innerer Feinde gegen sie entstand, und daß sie sogar imstande waren, äußeren Feinden die Spitze zu bieten, während so viele andere mittels Grausamkeit nicht einmal die Regierung in den Zeiten des Friedens, viel weniger im Krieg behaupten konnten, verdient unsere Bewunderung, und es scheint alles daran zu liegen, ob man von der Grausamkeit einen guten oder üblen Gebrauch mache. Ich verstehe unter einem guten Gebrauch derselben – wenn man anders je von einem Laster sagen kann, daß man davon einen guten Gebrauch machen darf –, wenn man nur einmal, und zwar nur um der eigenen Sicherheit willen, grausam ist und dies den Untertanen nützlich wird. Üblen Gebrauch derselben nenne ich, wenn sie da, wo sie aufhören sollte, immer mehr anwächst. Die erste Art kann man mit Gottes und der Menschen Hilfe zu seinem Zweck mit Vorteil gebrauchen, wie dies bei Agathokles der Fall war. Mit der zweiten kann man sich nicht behaupten.

Daraus folgt: wer auf eine widerrechtliche und gewaltsame Weise eine Krone an sich reißt, muß alle Grausamkeiten auf einmal ausüben, damit er nicht nötig habe, alle Tage damit von vorne anzufangen; dann aber die Gelegenheit ergreifen, die Gemüter durch Wohltaten wieder zu versöhnen. Ein Fürst, der aus Furcht oder durch üblen Rat verleitet von diesem Grundsatz abweicht, darf nie das Schwert aus der Hand legen; er kann ebensowenig seinen Untertanen trauen, als diese ihm, wegen des stets erneuerten Druckes, mit welchem er sie ununterbrochen plagt, trauen können.

Die Verbrechen müssen auf einmal vollführt werden, damit die, welche davon betroffen werden, nicht Zeit gewinnen, sie zu fühlen; Wohltaten aber dürfen nur nach und nach erwiesen werden, damit man sie desto besser würdige. Und ein Fürst muß vor allem seine Untertanen so zu behandeln wissen, daß kein Zufall, er sei gut oder böse, sein Benehmen ändern könne. Im Drang der Not kommt die Rache zu spät, und Wohltaten helfen schlechterdings zu nichts mehr; denn man dankt sie dem Fürsten nicht, weil man es bemerkt, daß Zwang sie erzeugt hat.

9.

Von der Alleinherrschaft eines Bürgers.

Wenn ein Bürger nicht durch Verbrechen noch Gewalt, sondern durch die Gunst seiner Mitbürger ihr Fürst wird – welches ich ein Bürgerfürstentum nennen möchte –, dann bedarf er weder außerordentlicher Tüchtigkeit noch ausgezeichneten Glücks, sondern nur einer guten Dosis vom Glück begünstigten Scharfsinns. Entweder erhebt ihn die Liebe des Volkes, oder die Gunst des Adels. Diese Parteien finden sich in jeder Stadt; denn, entweder das Volk fürchtet, von dem Adel kommandiert und unterdrückt zu werden, oder dieser sucht das Volk zu kommandieren und zu unterdrücken. Dieses wechselseitige Streben ist es demnach, was Monarchien oder die Freiheit oder Anarchien erzeugt.

Die monarchische Regierungsform wird von dem Volk oder dem Adel eingeführt, sowie die Umstände eine oder die andere dieser Parteien dazu bestimmen. Sowie der Adel sieht, daß er das Volk nicht meistern kann, dann wählt er einen aus seiner Mitte zum Regenten, um unter seinem Namen desto ungehinderter eigene Willkür ausüben zu können.

Ebenso handelt das Volk, wenn es sieht, daß ihm der Adel über den Kopf gewachsen ist; es wählt sich einen Fürsten, dem es seine Gewalt übergibt, um von ihm gegen alle Anmaßungen des Adels geschützt zu werden.

Wer durch den Adel zum Thron erhoben worden ist, hat gewiß mehr Mühe, sich darauf zu erhalten, als jener, den die Stimme des Volkes dahin rief; denn er ist von einer Menge Menschen umgeben, welche so viel als er selbst zu sein wähnen, die er daher nicht behandeln und denen er nicht befehlen kann, wie er will. Dagegen ist der, den das Volk zum Thron erhob, Alleinherrscher, und niemand, oder doch nur wenige werden sich seinen Befehlen entziehen.

Kein rechtschaffener Mann kann, ohne gemeinschädlich zu handeln, dem Adel Genüge leisten; das Volk, das weit billiger ist, ist leichter zu befriedigen; der Adel bestrebt sich, Unterdrücker zu werden, und das Volk will nicht unterdrückt sein. – Hierzu kommt noch, daß ein Fürst sich nie des Volkes versichern kann, das ihn haßt; denn er hat es mit zu vielen zu tun; da aber der Adeligen weit weniger sind, so kann er mit diesen leichter zurechtkommen.

Ein Fürst, den das Volk haßt, hat im schlimmsten Fall zu befürchten, daß er von diesem verlassen werde; doch dieses und noch weit schlimmere Folgen hat er auch von dem feindlichen Adel zu befürchten. Denn da dieser scharfsichtiger und schlauer ist, so kommt er der Gefahr zuvor und sucht sich zu seiner eigenen Sicherheit der Freundschaft dessen zu versichern, der mutmaßlich gewinnen wird.

Es ist sozusagen eine Notwendigkeit, daß der Fürst immer mit dem gleichen Volk leben muß; in bezug auf die Großen ist dies nicht der Fall; diese kann er nach Willkür erheben und stürzen, erhalten oder ausrotten.

Man muß – um den Gegenstand zu erschöpfen – den Adel hauptsächlich nach zwei Seiten hin betrachten. Die, welche sich ganz an den Fürsten anschließen, muß man achten und lieben, wenn sie anders nicht zu eigennützig oder raubsüchtig sind. Jene, welche sich nicht an den Fürsten anschließen, werden hierzu entweder durch Furcht oder Mangel an Einsicht bestimmt. Erstere kann man, besonders wenn sie Verstand genug haben, um Rat erteilen zu können, gebrauchen; denn man kann in guten Zeiten Ehre von ihnen haben, und in den Zeiten des Unglücks sind sie nicht gefährlich. Wird aber ihr Benehmen durch Absicht oder Ehrbegierde erzeugt, dann denken sie mehr an sich selbst als an den Fürsten, und dieser muß sie so genau beobachten, sich so vor ihnen hüten, als wenn sie seine offenbarsten Feinde wären; denn bei jedem Sturm werden sie zuverlässig ihn stürzen helfen.

Wen die Gunst des Volkes zum Thron erhob, der muß dessen Neigung zu erhalten sich bemühen; und dies wird ihm leicht fallen, denn das Volk verlangt bloß, nicht unterdrückt zu werden. Wem aber der Adel wider den Willen des Volkes die Krone aufsetzt, der muß vor allem sich um die Volksgunst bemühen; so etwas wird ihm nicht schwer werden, wenn er es nur in seinen Schutz nimmt. Und da der Dank für die Wohltaten eines Mannes, von dem man nur Böses erwartete, doppelt warm wird, so kann ein solcher Fürst sicher hoffen, vom Volk mehr geliebt zu werden, als wenn es selbst ihn zu dieser Würde erhoben hätte. – Die Liebe des Volkes ist auf verschiedene Weise zu erlangen, doch kann man hierüber wenig allgemeine Regeln aufstellen, da alles auf Zeit und Verhältnisse ankommt. Doch ist es im allgemeinen richtig: Ein Fürst bedarf immer der Liebe des Volkes und kann ohne diese im Notfall nicht bestehen.

Nabis, Spartas Regent, belagert von ganz Griechenland und Roms sieggewohnten Heeren, verteidigte gegen sie das Vaterland und seine Obergewalt. Er hatte nur nötig, sich der Freundschaft einiger Edeln zu versichern, um sich aus der Gefahr zu ziehen; diese würde aber bei weitem unzureichend gewesen sein, wenn er selbst vom Volk gehaßt gewesen wäre.

Man setze dem nicht das altbekannte Sprichwort entgegen: Wer auf das Volk baut, baut auf Sand; denn dies ist nur dann wahr, wenn ein Bürger von demselben Befreiung aus den Händen der Feinde oder von dem Druck der Behörden erwartet, worin er sich freilich meist getäuscht finden wird. So erging es den Gracchen zu Rom und Messer Giorgio Scali zu Florenz. Ein Fürst aber, der das Befehlen versteht, ein beherzter Mann ist, und dem es in Unglücksfällen nicht an Mut fehlt, der auch sonstige Vorsorge trifft und mit seinem Geist und seinen Einrichtungen beständig das Ganze belebt, wird durch sein Zutrauen auf die Volksgunst nicht übel fahren.

Bürgerfürstentümer sind immer in Gefahr zu scheitern, wenn eine unumschränkte Herrschaft eingeführt werden soll; denn der Fürst regiert entweder selbst oder durch seine Magistraturen und Beamten. Im letzteren Fall ist die Gefahr noch größer, weil der Fürst von dem Willen der Bürger, welche die Ehrenstellen bekleiden, abhängig ist, die ihm bei der ersten entstehenden Bewegung sehr leicht die Regierung wieder entreißen können, entweder indem sie einen förmlichen Aufstand gegen ihn anzetteln oder ihm den Gehorsam verweigern. Und dann ist es zu spät, unumschränkt werden zu wollen; denn er weiß nicht, wem er trauen soll, und die Untertanen, gewöhnt, den Behörden zu gehorchen, versagen ihm nun gänzlich den Gehorsam, und er wird immer in bedenklichen Zeiten Mangel an Leuten haben, auf die er sich verlassen kann. Er kann sich nach den Erfahrungen, die er in Zeiten des Friedens gemacht hat, nicht richten, wo die Bürger ihn nicht entbehren können; hier schließt sich jeder an ihn an, jeder überhäuft ihn mit Diensterbietungen, jeder will für ihn sterben – denn der Tod ist noch weit entfernt. Aber in Zeiten des Unglücks, wenn er des Volks bedarf, findet er wenige Anhänger. Es ist um so gefährlicher, diese Erfahrung zu machen, weil man sie nur einmal machen kann. Ein kluger Fürst muß es daher so einzurichten verstehen, daß die Untertanen immer und unter allen Verhältnissen seiner bedürfen, und auf diese Art werden sie ihm auch ununterbrochen treu verbleiben.

10.

Feststellung der Stärke jeder Fürstengewalt.

Es ist nötig, daß wir auch auf das Verhältnis dieser Fürstentümer in Hinsicht auf ihre Verteidigungskräfte einen Blick werfen, ob der Fürst nämlich mächtig genug sei, sich bei einem Angriff aus eigenen Kräften zu erhalten, oder ob er fremde Hilfe nicht entbehren könne. Um diesen Gegenstand besser zu beleuchten, behaupte ich nach meinem Dafürhalten: So wie jene sich selbst erhalten können, welche Menschen oder Geld genug haben, um eine starke Armee organisieren und damit jedem, der sie anfallen will, die Spitze bieten zu können; so werden dagegen die anderen, welche sich auf ihre Festungen verlassen und diese verteidigen müssen, weil sie nicht im offenen Feld erscheinen können, jederzeit fremder Unterstützung bedürfen. Von dem ersten Fall haben wir schon gehandelt und wir werden uns noch weiter dazu äußern. Hinsichtlich des zweiten kann man nur raten, daß die Fürsten ihre Residenz befestigen sollen, ohne sich um das übrige Land zu bekümmern.

Ein Fürst der seine Residenz befestigt hat, sich mit seinen Untertanen in dem Verhältnis befindet, welches oben schon angeführt worden, und von dem noch ausführlicher gesprochen werden soll, wird von niemand mutwillig angegriffen werden, denn kein Mensch befaßt sich gerne mit halsbrechenden Unternehmungen. Ein Angriff gegen einen Fürsten in einem gutbefestigten Platz und im Besitz der Liebe seines Volkes kann aber nicht leicht erscheinen. Die Städte Deutschlands erfreuen sich eines hohen Grades von Freiheit, obschon sie nur ein kleines Gebiet haben; sie gehorchen dem Kaiser, wenn sie wollen, und fürchten weder ihn noch einen anderen mächtigen Nachbar; denn da alle mit starken Mauern und tiefen Gräben umzogen sind, eine ihren Bedürfnissen entsprechende Artillerie haben und ihre Magazine jederzeit auf ein Jahr mit Holz und Lebensmitteln gefüllt dastehen, so sind die Belagerungen dieser Städte lang und beschwerlich. Auch haben sie immer Gelegenheit, die niedere Volksklasse auf ein Jahr lang mit Arbeiten zu beschäftigen, die den Lebensnerv der Stadt bilden und von denen das Volk sich nährt, so daß das niedere Volk ihnen nicht lästig wird. Auch werden die soldatischen Übungen stets aufrechterhalten, und sie haben außerdem noch viele Bräuche, um sie nicht in Verfall geraten zu lassen.

Ein Fürst, im Besitz einer festen Stadt und der Liebe seiner Untertanen, ist also sehr schwer anzugreifen, und der dies tut, wird schwerlich mehr als Schande sich erwerben; denn bei der Wandelbarkeit, welcher die menschlichen Schicksale unterworfen sind, ist es fast nicht möglich, ein ganzes Jahr lang untätig vor einer Stadt zu lagern.

Aber, wird man einwenden, wenn die Belagerten Besitzungen außerhalb der Stadt haben und sie in Brand gesetzt und verwüstet sehen, werden sie da nicht ungeduldig werden und, teils aus Sorge um ihr Eigentum, teils wegen der Beschwerden einer langen Belagerung, den Fürsten verlassen?

Ich antworte: Ein mächtiger und mutiger Regent wird diese Schwierigkeiten stets besiegen, indem er bald bei dem Volk die Hoffnung nährt, daß das Übel bald vorübergehen werde, bald ihm die Grausamkeit der Feinde recht fürchterlich ausmalt, bald sich auf eine geschickte Weise derer versichert, die er für allzu verwegen hält. Da der Feind gewöhnlich beim Vorrücken gleich beträchtlichen Schaden tut, wo alles noch voll Eifers und Mutes, sich zu wehren, ist, darf der Fürst um so weniger besorgt sein; denn ist einmal dieser Eifer erkaltet und sehen die Untertanen ein, daß der Schaden nun einmal da und ihm nicht mehr abzuhelfen ist, dann schließen sie sich noch enger an den Fürsten an, weil sie glauben, er sei ihnen nun doppelt verpflichtet, da ihre Liebe und Anhänglichkeit an ihn die Verheerung und Plünderung ihrer Häuser und Güter nach sich gezogen habe. – Die Menschen pflegen sich anderen ebenso um des Guten willen, das sie ihnen erzeigen, als um jenes, welches sie von ihnen empfangen, zu verbinden.

Mit diesen Hilfsquellen, glaube ich, wird es einem klugen Fürsten nicht schwer fallen, die Bürgerschaft zur Beharrlichkeit während einer langen Belagerung zu bewegen, wenn es anders der belagerten Stadt nur nicht an den erforderlichen Lebensmitteln und Verteidigungsmitteln fehlt.

II.

Von den geistlichen Fürstentümern.

Ich komme nun zu den geistlichen Fürstentümern. Es ist äußerst schwer, sie zu erwerben; man gewinnt sie entweder durch persönliches Verdienst oder Glück und behauptet sie ohne das eine und das andere; sie ruhen auf alten religiösen Fundamenten, welche so haltbar sind, daß man sich darauf, man verfahre und lebe auch wie man wolle, behaupten kann.

Diese Fürsten allein haben einen Staat und verteidigen ihn nicht, haben Untertanen und regieren sie nicht, und da diese Staaten nicht verteidigt sind, werden sie ihnen nicht genommen, und da die Untertanen nicht regiert werden, kümmern sie sich nicht darum und haben weder den Willen noch die Kraft, sich von ihnen loszureißen. Man darf also diese Fürstentümer allein gesichert und glücklich nennen. Da höhere Weisheit sie regiert und erhält, an welche der menschliche Verstand nicht hinreicht, werde ich mich nicht weiter damit beschäftigen; denn sie sind erhöht und gehalten von Gott, und jede Erörterung wäre da anmaßend und unbesonnen.

Fragte man aber, wodurch die Kirche eine so große Macht in weltlichen Dingen erlangt habe, die Frankreichs Monarchie heutzutage noch zittern machte, sie aus Italien vertrieb und die Venezianer zertrümmerte, da doch vor Alexanders Thronbesteigung nicht nur die Mächtigeren Italiens, sondern auch die unbedeutendsten italienischen Barone und Herren sich in weltlichen Dingen wenig um sie kümmerten: dann würde man gezwungen sein, nachfolgende, obwohl schon bekannt genug gewordene Tatsachen, wieder anzuführen.

Italien war nämlich vor Karls, Königs von Frankreich, Zug dahin unter der Herrschaft des Papstes, der Venezianer, des Königs von Neapel, des Herzogs von Mailand und der Florentiner geteilt. Diese hatten zur Hauptsorge, daß erstens kein fremdes Heer in Italien eindränge, und daß zweitens keiner von ihnen sich selbst vergrößere. Der Papst und die Venezianer waren die Mächtigsten; alle übrigen mußten sich daher vereinigen, um sie in Schranken zu halten, wie man es bei der Verteidigung des Herzogtums Ferrara getan hatte. Um den Papst niederzuhalten, bediente man sich der römischen Barone, welche in zwei Lager geteilt waren und an deren Spitze die Orsini und Colonna standen, welche wegen ihres beständigen Zwistes immer unter Waffen standen, ohne sich an den Papst zu kehren und dadurch den Heiligen Stuhl schwächten und in Ohnmacht erhielten. Zwar bestieg diesen bisweilen ein mutiger Mann, wie Sixtus IV.; allein in der kurzen Zeit, welche er denselben innehatte, konnte er sich nicht von diesen Schwierigkeiten befreien. Schuld daran war die kurze Lebensdauer der Päpste. Zehn Jahre, die durchschnittlich ein Papst lebte, reichten kaum zu, eine der eben angeführten Faktionen zu demütigen. Denn wenn die Partei der Colonna unter einem Papst fast ganz erloschen war, dann erholte sie sich unter einem anderen wieder, der mit den Orsini in Fehde lag, und es war nicht geraten, sie dann wieder zu unterdrücken. Aus diesen Gründen war die weltliche Macht des Papstes in Italien so gering geachtet.

Endlich erschien Alexander VI. und zeigte besser als seine Vorgänger, was ein Papst mit Geld und Truppen zu tun vermag. Wir haben gesehen, was er durch den Herzog von Valentinois und bei Gelegenheit des Zuges der Franzosen ausführte. Er wollte zwar nicht die Kirche, sondern eigentlich seinen Sohn groß und mächtig machen; aber nach seinem und seines Sohnes, des Herzogs, Tod wurde diese die Erbin seiner Errungenschaften.

Julius, Alexanders Nachfolger, fand die Kirche mächtig vor, da sie die ganze Romagna besaß, die Faktionen der römischen Barone durch seines Vorgängers Energie vertilgt, und somit einen gebahnten Weg zur Sammlung eines Schatzes, woran vor Alexander noch kein Papst gedacht hatte. Er trat daher nicht nur in dessen Fußtapfen, sondern er ging selbst noch weiter. Er nahm sich vor, Bologna wegzunehmen, die Venezianer völlig zu entkräften und die Franzosen aus Italien zu vertreiben. Dies gelang ihm und verschaffte ihm um so mehr Ruhm, da er die Kirche und nicht seine Familie zu vergrößern strebte.

Die Orsini und Colonna ließ er so, wie er sie fand. Und obgleich sie einige Unruhen hervorriefen, so wurden sie doch durch zwei Gründe im Zaum gehalten: einmal durch die Macht der Kirche, die. ihnen Furcht einflößte, und weil kein Glied aus ihrem Haus sich im Kollegium der Kardinäle befand, welche die Grundursache ihrer Händel untereinander waren. Und es werden diese Parteien sich nie ruhig verhalten, sooft sie Kardinäle haben, weil diese inner- und außerhalb von Rom dieselben unterhalten und die Glieder ihrer Familien nötigen, Partei zu nehmen, so daß der Ehrgeiz dieser Prälaten die Quelle der Zwietracht der Barone wird.

So fand Seine Heiligkeit Papst Leo X. den Päpstlichen Stuhl mächtig, und von ihm hoffte man, daß, wenn jene Päpste ihn durch Waffengewalt erhoben, er ihn durch seine Güte und die tausend Vortrefflichkeiten, welche ihn zierten, noch mächtiger und ehrwürdiger machen werde.

12.

Vom Militärstand.

Nach dieser Abhandlung von den verschiedenen Arten der Regierungen, von denen ich anfangs mir vorgenommen zu sprechen und einigermaßen die Gründe ihres Gedeihens und ihres Unterganges angegeben, auch die Art und Weise gezeigt habe, wie viele Menschen sie zu gewinnen und zu behaupten suchten, haben wir nur noch von dem Militär und dessen zweifacher Anwendung im Angriffs- und Verteidigungskriege zu sprechen.

Wir haben oben gesagt, ein Fürst müsse, um festzustehen, auf ein gutes Fundament bauen, sonst ist er rettungslos verloren. Die stärksten Fundamente alter neuer und vermischter Staaten sind gutes Militär und gute Gesetze. Da es gute Gesetze ohne ein solches nicht geben kann, diese aber auch zugleich nötig sind, so will ich hier zuerst nur von dem Militär- und Waffenstand sprechen.

Das Militär, das ein Fürst zur Verteidigung seines Staates hält, besteht entweder aus eigenen Truppen, oder aus Söldnern, oder aus Hilfstruppen, oder aus gemischten Truppen. Söldner und Hilfstruppen sind unnütz und gefährlich. Ein Fürst, der sich auf sie verläßt, ist nie sicher. Sie sind uneins, ehrgeizig, undiszipliniert, treulos, tapfer unter Freunden, feig gegen Feinde und haben weder Gottesfurcht noch Redlichkeit, und so verschiebt sich der Untergang nur so lange, als sich ein Angriff verschiebt. In Friedenszeiten bist du von ihnen, im

Krieg von den Feinden geplündert. Nicht Liebe, noch sonst irgendein anderes Motiv – nur der Sold knüpft sie an den Dienst, und dieser ist nicht groß genug, um ihnen zum Tod für dich Last zu machen. Sie wollen deine Krieger sein, solange es Friede ist; sowie es aber zum Krieg kommt, reißen sie aus und laufen davon.

Dies zu beweisen, ist nicht schwer. Italiens jetzige Zerrüttung hat bloß in dem langjährigen Vertrauen auf diese Mietlinge ihren Grund, die es besoldete, die zwar anfangs siegten und unter sich ganz tapfer schienen, aber, als der Fremde im Land war, ihre Schwäche zeigten. König Karl von Frankreich eroberte Italien so recht spielend und nahm es mit einem Kreidestrich weg. Allerdings hatten daher jene recht, welche sagten, daß unsere Sünden daran schuld seien; obgleich es nicht jene Sünden waren, die sie meinten, sondern die, von denen ich im dritten Kapitel geredet habe, nämlich: der Ehrgeiz und Eigennutz der Fürsten, welche auch dafür gestraft worden sind.

Doch zur Sache zurück. – Die Führer dieser in Sold genommenen Truppen sind entweder vortreffliche Männer oder nicht. Sind sie ersteres, so kannst du dich darum nicht auf sie verlassen, weil sie bloß auf ihren eigenen Ruhm bedacht, entweder dich, ihren Herren oder andere gegen deine Absicht zu unterdrücken suchen. Sind sie es nicht, so ruinieren sie dich ohnehin.

Wollte man einwenden, daß jeder, der die Macht hierzu in Händen habe, sei er Söldner oder nicht, es auch so machen werde, so würde ich darauf folgendes erwidern: Entweder es ist ein Fürst, der die Waffen ergreifen muß, oder eine Republik. Ist es ein Fürst, dann muß er selbst als Führer ausziehen, ist es eine Republik, dann muß einer ihrer Bürger diese Stelle übertragen erhalten. Ist dieser hierzu untauglich, dann muß ein anderer an seine Stelle treten; ist er aber brauchbar, dann muß er doch so eingeschränkt werden, daß er nicht gegen die Gesetze handeln kann.

Die Erfahrung zeigt, daß nur Fürsten und bewaffnete Freistaaten große Fortschritte machen können, während Söldlinge nichts als Schaden tun. Zudem kann eine Republik sich mit ihren bewaffneten Bürgern gegen Unterdrückung durch einen der Ihrigen besser sichern als durch fremde Waffen. So waren Rom und Sparta viele Jahrhunderte unter Waffen und frei, und noch jetzt sind die Schweizer die Stärkstbewaffneten und Freiesten.

Ein Beispiel für die Wirkung von Söldnerwaffen im Altertum liefern die Karthager. Diese nahmen zwar die Feldherren aus ihren Bürgern, und gleichwohl hätten sie beinahe durch die in ihrem Sold stehenden Truppen am Schluss des ersten Feldzuges mit den Römern ihre Freiheit verloren. – Philipp von Mazedonien ward nach Epaminondas' Tod von den Thebanern an die Spitze ihrer Heere gestellt worden, und nachdem er ihre Feinde besiegt hatte, raubte er ihnen selbst die Freiheit. Sforza verließ jählings den Dienst der Königin von

Neapel, Johanna II., die sich dann, um ihr Reich zu retten, gezwungen sah, sich Alphonso, dem König von Aragonien, in die Arme zu werfen. Francesco Sforza, sein Sohn, nach Herzog Filippos Tod von den Mailändern gegen Venedig angeworben, schlug die Venezianer bei Caravaggio und vereinigte sich in der Folge mit ihnen zur Unterjochung von Mailand.

Auf die Einwendung, daß die Venezianer und Florentiner gleichwohl nur mit solchen Truppen Eroberungen gemacht haben, und gleichwohl seien ihre Generäle nicht ihre Fürsten geworden, antworte ich: die Florentiner hatten aber auch ein seltenes Glück, und die Feldherren, welche sie zu fürchten Ursache gehabt hätten, haben entweder nie gesiegt oder eine Menge Hindernisse auf ihrem Weg gefunden, oder sie hatten ihrem Ehrgeiz ein anderes Ziel gesteckt. Johann Auguth siegte nie und konnte also deswegen nie Beweise seiner Treue ablegen; man wird aber nicht leugnen können, daß er, wenn er gesiegt, die Florentiner in seiner Gewalt gehabt hätte. – Sforza lag in steter Fehde mit den Braccianern, und beide beobachteten sich auf das genaueste. Sein Sohn Francesco hatte sich zum Ziel seines Ehrgeizes die Lombardei ausersehen; Braccio den Kirchenstaat und das Königreich Neapel. Wenden wir aber den Blick auf die Vorgänge in neuerer Zeit.

Die Florentiner hatten Paul Vitelli, einen sehr klugen Mann, der aus dem Privatstand zu einer so ansehnlichen Würde emporgestiegen war, an die Spitze ihrer Heere gestellt. Hätte er Pisa erobert, dann hätten sich die Florentiner ihm ohne Wahl ergeben müssen; denn sie wären verloren gewesen, wenn er zu ihren Feinden übergegangen wäre. Bei genauer Betrachtung wird man finden, daß die Venezianer mit Sicherheit und rühmlichem Erfolg handelten, solange sie selbst die Waffen führten, d. h. solange sie nämlich mit ihren eigenen Edelleuten und dem bewaffneten Volk zur See fochten, – und daß, als sie Landkriege anfingen und italienische Gewohnheiten annahmen, sogleich alles Glück von ihnen wich. Als sie sich am Anfang auf dem festen Land ausdehnten, hatten sie von ihren Generälen nicht viel zu befürchten, denn sie hatten noch sehr wenig festes Land, aber ein desto größeres Ansehen und Macht. Aber bald entdeckten sie ihren Fehler, als sie sich weiter ausbreiteten und unter Carmagnolas Anführung den Herzog von Mailand schlugen. Denn jetzt sahen sie, daß Carmagnola zwar einerseits ein tapferer Soldat war, andererseits aber sich nicht sehr eilte, um den Krieg in die Länge zu ziehen; sie begriffen daher leicht, daß sie nun auf keine weiteren Siege rechnen konnten, weil es der Feldherr nicht wollte, und daß sie ihn aber ebensowenig entlassen durften, ohne das bereits Eroberte wieder zu verlieren. – Es blieb ihnen also zu ihrer eigenen Sicherheit nichts übrig, als ihn zu ermorden.

Dann wählten sie Bartolommeo Coleoni, aus Bergamo gebürtig, den Roberto da San Severino, Grafen von Pitigliano und noch mehrere andere zu ihren

Feldherren, von denen sie keine Siege zu erwarten, aber sicheren Verlust zu befürchten hatten, wie es später auch in der Schlacht bei Vaila eintraf, in welcher sie alles verloren, was sie mit so viel Aufwand in acht Jahrhunderten erworben hatten. Denn Söldnertruppen erobern träge und langsam, aber erleiden plötzliche und erstaunliche Niederlagen.

Da mich diese Beispiele auf Italien brachten, das so lange schon von fremden Söldnern regiert wurde, so sei es mir erlaubt, auf den Ursprung und die Entwicklung dieses Verhältnisses zurückzugehen, damit es leichter verbessert werden könne.

Zuerst muß man aber wissen, daß, je weniger das Reich in Italien Gehorsam fand und je mehr die Macht des Papstes stieg, in desto mehr Staaten teilte sich Italien.

Die meisten großen Städte ergriffen nämlich die Waffen gegen den Adel, der sie unterdrückt hielt und vom Kaiser unterstützt ward. Dagegen schützte der Papst, der seine weltliche Macht zu verstärken suchte, die Städte. Viele andere wurden von ihren eigenen Bürgern unterjocht, und so fiel fast ganz Italien in die Hände der Kirche und einiger Republiken; man war daher gezwungen, fremde Truppen in Sold zu nehmen, denn die Geistlichen und diese Bürger, welche sich zu Fürsten aufgeworfen hatten, verstanden den Krieg nicht. Der erste, der diesen Truppen Ehre verschaffte, war ein Edelmann aus der Romagna namens Alberigo da Conio[1], dessen Schüler unter andern Braccio und Sforza waren, welche damals in Italien den Ton angaben. In ihre Fußtapfen traten alle folgenden Feldherren, die bis auf unsere Zeiten die Waffen Italiens befehligten. Das Ende von dem allem war, daß Karl VIII. Italien durchzog, Ludwig XII. dasselbe plünderte, Ferdinand von Aragonien ihm Gewalt antat und die Schweizer ihm die Ehre raubten. Die Art, wie diese Freischarenführer vorgingen, um ihren Leuten Achtung zu verschaffen, war zuerst, dem Fußvolk alle Achtung zu entziehen; denn da sie, ohne eigenes Gebiet und Vermögen, allein auf ihren Erwerb angewiesen, durch eine geringe Zahl Fußvolk keine Achtung gewinnen, eine größere aber nicht ernähren konnten, so beschränkten sie sich auf Reiterei, wodurch sie bei erträglicher Anzahl Erwerb und Ehre fanden. Ja es kam so weit, daß bei einer Armee von 20000 Mann kaum 2000 Mann Infanterie waren. Dann erfanden sie das Geheimnis, sich und ihre Soldaten allen größeren Beschwerden zu entziehen und ihnen alle Furcht zu nehmen, indem sie es einführten, daß man in den Gefechten den Feind nicht tötete, sondern gefangennahm und ohne Lösegeld wieder freigab. Bei Nacht beschossen sie nie die belagerten Orte und ebensowenig die Belagerten die Lager dieser; ja, sie befestigten

[1] Gemeint ist Alberigo da Barbiano, der Gründer der Compagnia di San Giorgio, dessen Geschlecht im Besitz der Grafschaft Conio war.

nicht einmal ihre Lager mit Palisaden oder Gräben, noch rückten sie im Winter ins Feld. Mit dieser Kriegsordnung vermieden sie Arbeit und Gefahr und brachten – wie ich sagte – dadurch über Italien Sklaverei und Schande.

13.

Von den Hilfstruppen.

Hilfsvölker – die zweite Gattung nutzloser Truppen – sind es, wenn ein Potentat angerufen wird, daß er mit seinen Waffen komme, dich zu unterstützen und zu verteidigen. Eine solche unglückliche Maßregel ergriff vor einigen Jahren Papst Julius II. Nach dem unglücklichen Versuch, den er mit Mietstruppen auf Forrara gemacht, wiederholte er einen ähnlichen mit Hilfstruppen, welche Spaniens König Ferdinand ihm zuschickte.

Hilfstruppen können demjenigen nützen, der sie leiht, doch demjenigen, der sie erhält, sind sie allezeit schädlich. Dieser verliert, wenn sie geschlagen werden, und gerät, wenn sie siegen, in die Abhängigkeit des Gebers. Die ältere Geschichte liefert hierzu eine Menge Belege, allein wir wollen hier nur bei dem Beispiel Julius II. stehenbleiben, weil es noch in frischem Andenken ist. Bei seinem Plan auf Ferrara konnte er nichts Schlimmeres tun, als daß er sich einem Fremden überließ; bloß sein gutes Glück wendete von ihm den Schaden ab, den sonst diese seine Wahl ihm unvermeidlich hätte bringen müssen; denn als seine Hilfstruppen bei Ravenna geschlagen waren, erschienen allen unvermutet und zum Glück die Schweizer und schlugen die Sieger in die Flucht. So war er weder abhängig von seinen Feinden, denn diese waren geschlagen, noch von seinen Hilfstruppen, denn er hatte mit anderen Waffen als den ihrigen gesiegt.

Die Florentiner, von aller Waffenmacht entblößt, riefen, um Pisa zu unterjochen, 10000 Mann Franzosen zu Hilfe, und dieser Fehler brachte ihnen mehr Unglück, als sie je zuvor gehabt hatten. – Der Kaiser von Konstantinopel ließ zur Verteidigung gegen seine Nachbarn 10000 Türken in Griechenland einrücken, welche sich aber nach Beendigung des Krieges zurückzukehren weigerten. Dies war der Anfang der Unterjochung Griechenlands durch die Türken.

Derjenige also, der nie siegen will, der bediene sich nur der Hilfstruppen; sie sind weit gefährlicher als die Mietstruppen; denn von ihrer Seite ist der Untergang fertig, sie sind alle einig und stehen unter dem Kommando eines andern, während Mietstruppen, die kein Ganzes bilden und von dir angeworben und bezahlt sind, wenn sie gesiegt haben, Zeit und eine bessere Gelegenheit brauchen, um feindlich gegen dich aufzutreten. Und stellst du einen Dritten an ihre

Spitze, dann kann dieser sich nicht so bald Einfluß genug verschaffen, um dir zu schaden. Kurz, feige und träge Mietstruppen sind so schädlich wie tapfere Hilfsvölker. Ein weiser Fürst muß sich daher allezeit beider enthalten und lieber mit seinen eigenen Truppen überwunden werden, als mit fremden siegen wollen, da man einen durch fremde Waffen errungenen Vorteil nicht einen wahren Sieg nennen kann.

Auch hier ist Cesare Borgia, den anzuführen ich nie Bedenken tragen werde, wieder ein Muster. Dieser Herzog drang mit Hilfsvölkern in die Romagna ein. Er nahm Imola und Forli bloß mit französischen Hilfstruppen weg; als er sich aber in der Folge nicht genug auf diese verlassen zu können glaubte, wandte er sich an Mietstruppen und besoldete die Orsini und Vitelli. Er fand sie aber in seinen späteren Kriegshändeln unzuverlässig, treulos und gefährlich, vernichtete sie und bediente sich dann nur seiner eigenen Leute. Man darf nur, um sich von dem Unterschiede zwischen beiden Arten von Militär genau zu überzeugen, betrachten, wie verschieden die Macht des Herzogs, solange er auf die Franzosen allein und solange er auf die Orsini und Vitelli angewiesen war, von jener war, als er ohne sie focht. Denn nie war sein Wert mehr anerkannt als eben jetzt, da er sich allein, als Herr, mit seinen eigenen Truppen schlug.

Ich wollte nur Beispiele aus der jüngsten italienischen Geschichte anführen, doch möchte ich Hieron von Syrakus nicht übergehen, dessen ich ja oben schon Erwähnung tat. Als ihm Syrakus den Oberbefehl übergab, sah er ein, daß die Truppen, welche man in Sold genommen hatte, nichts taugten; denn ihre Führer wirtschafteten schon damals ebenso wie die jetzigen in Italien. Aber da er sich überlegt hatte, daß er sie weder behalten dürfe noch auch entlassen könne, so ließ er sie sämtlich zusammenhauen und setzte den Krieg mit seinen eigenen Waffen fort und nicht mehr mit fremden.

Hierher gehört auch noch ein passendes Gleichnis aus dem Alten Testament. Als David sich bei Saul zu dem Kampf mit dem Philister Goliath erbot, gab ihm Saul, um seinen Mut zu stärken, seine eigenen Waffen. Doch David erwiderte ihm, er könne damit nicht zurechtkommen und er wolle daher mit seinem Feind nur mit seiner Schleuder und seinem Messer kämpfen. – So sind fremde Waffen stets zu schwer oder zu enge oder fallen dem Träger vom Leib. Karl VII., Vater König Ludwigs XI. von Frankreich, sah, nachdem er mit Glück und Mut die Engländer vertrieben hatte, die Notwendigkeit eigener Rüstung ein und organisierte zu diesem Zweck durch sein ganzes Reich Regimenter von Infanterie und Kavallerie. Sein Sohn Ludwig dankte die Infanterie wieder ab und nahm dafür Schweizer in Sold. In diesem Fehler, dem auch seine Nachfolger verfielen, liegt die Quelle alles Unglückes, welches dieses Königreich traf, wie man jetzt deutlich sieht. Denn durch diese Erhebung des Ansehens der Schweizer setzten die Könige ihre eigenen Truppen herunter, – die, weil sie gewohnt waren, neben den Schweizern zu fechten, ohne diese nicht siegen zu können glaubten. Daher sind auch die Franzosen den Schweizern nicht gewachsen und können ohne sie gegen andere nichts ausrichten.

Frankreich hat also ein gemischtes Heer, das teils aus eigenen, teils aus Soldtruppen besteht; beide vereinigt sind zwar den Hilfstruppen oder den in Sold stehenden Völkern allein weit vorzuziehen, sie stehen aber, wie ich bewiesen habe, den eigenen weit nach. Hätte Frankreich die von Karl VII. eingeführte Organisation beibehalten, dann würde es unüberwindlich sein. Doch so handeln die Menschen, weil es ihnen an Klugheit fehlt. Sie gehen drauflos, wenn ein augenblicklicher Vorteil sich zeigt, der sie blendet, so daß sie das darunter, verborgene Übel nicht sehen, wie ich oben von der Schwindsucht gesagt habe. Einem Fürsten, der das Übel erst nach seinem Ausbruch erkennt, fehlt es an der wahren Politik, – aber nur wenige Menschen besitzen die seltene Gabe, es vorauszusehen und ihm vorzubeugen.

Untersucht man den ersten Zusammenbruch des römischen Reiches, so wird man ihn in der unglücklichen Maßregel, die Goten in Sold zu nehmen, finden. Von da ab begann die Kraft des Römerreiches dahinzusiechen, und all seine schwindenden Kräfte gingen auf die Goten über.

Hieraus schließe ich: Ein jeder Fürst ist ohne eigenes Militär nicht sicher, er muß vielmehr, wenn es ihm an Hilfsquellen in der Not fehlt, sozusagen von der Gnade des Glücks leben. Daher war es jederzeit die Meinung der Klügeren, daß nichts so schwach und zerbrechlich sei, als der Ruf einer Macht, die nicht auf eigenen Kräften beruht. Eigene Kräfte beruhen allein auf den Untertanen und Bürgern und Kreaturen des Fürsten, alle anderen sind Hilfsvölker oder Mietstruppen. Es wird nicht schwer sein, aus den ersteren eine Armee zu bilden, wenn man sich der angegebenen Mittel, besonders aber jener bedient, welche Philipp, Alexanders des Großen Vater, und andere Fürsten und Republiken angewendet haben und worauf ich mich überall beziehe.

14.

Wie der Fürst sich in bezug auf das Kriegswesen verhalten muß.

Ein Fürst muß alle seine Gedanken, allen seinen Fleiß auf das Studium der Kriegskunst, der einzigen, deren Beherrschung man von ihm erwartet, verwenden; denn durch sie allein erhalten sich Fürsten von Geburt auf ihrem Thron, und durch sie gelangen öfters Privatpersonen dazu. Dagegen zeigt es sich, daß Regenten, welche mehr an ein üppiges Leben dachten als an die Waffen, ihr Reich verloren haben. Gewiß das erste Mittel, einen Thron zu verlieren, ist die

Geringschätzung dieser Wissenschaft, ihre Anwendung aber das sicherste Mittel, einen Thron zu gewinnen.

Francesco Sforza schwang sich als Privatmann durch die Kriegskunst auf Mailands Thron, doch seine Söhne sanken als Herzöge wieder in den Privatstand zurück, weil sie die Mühen und Strapazen des Waffenhandwerks scheuten. Zu den übrigen Gründen des Unglücks, welches dir der Mangel an Kriegsrüstung zuzieht, kommt noch, daß du darum mißachtet wirst: dies ist ein Schimpf, den ein Fürst, wie hernach gezeigt werden wird, vermeiden soll. Gegen den, der sich an der Spitze eines Heeres befindet, kommt ein Unbewaffneter gewiß nicht auf. Ohnehin widerstrebt es der Vernunft, daß ersterer diesem gehorche und ein Unbewaffneter sicher sei vor bewaffneten Dienern, und es ist daher unmöglich, daß diejenigen in Harmonie leben, von denen der eine Argwohn, die anderen Verachtung hegen. Ein der Kriegskunst unkundiger Fürst kann daher, abgesehen von jemandes Unglück, wie bemerkt, nie Ansehen oder die Hochachtung seines Heeres haben, noch sich auf dasselbe verlassen. Es ist daher unbedingt notwendig, daß ein Fürst die Kriegskunst zu seinem ersten Studium mache; ja, er muß sogar in Friedenszeiten sich mehr damit befassen, als selbst in Kriegszeiten. Und dies kann auf zweierlei Art geschehen, sowohl durch praktische Übungen als durch theoretisches Studium.

Was die praktischen Übungen anbetrifft, so muß er, abgesehen davon, daß er die Seinigen in guter Zucht und Übung erhält, sich immer mit der Jagd beschäftigen, damit er sich an Strapazen gewöhne, auch die Natur des Geländes kennenlernen, beobachten, wie sich die Berge erheben, die Täler einmünden, die Ebenen sich erstrecken, von der Beschaffenheit der Flüsse und Seen sich unterrichten, und darauf die größte Sorge verwenden. Dies hat doppelten Nutzen. Der Fürst wird einmal mit seinem Land bekannt und lernt dadurch die besten Verteidigungsmöglichkeiten desselben kennen, zweitens begreift er auch dank seiner Vertrautheit mit seinem Land unschwer die Geländeverhältnisse eines anderen, dessen Kenntnis für ihn notwendig ist; denn die Hügel, Täler, Ebenen, Flüsse und Seen, welche z. B. in Toskana sind, haben eine gewisse Ähnlichkeit mit den anderen, und man kann leicht von dem Gelände einer Provinz auf jenes einer andern schließen.

Fehlt einem Fürsten diese Kenntnis, dann fehlt ihm das erste, nötigste Erfordernis zum Feldherrn. Denn obige Eigenschaften lehren ihn den Feind aufsuchen und passende Plätze zum Lagern auszuwählen, Armeen zu führen, Schlachten zu leiten und Städte mit Vorteil zu belagern. Philopoemen, Fürst der Achäer, wird von den alten Schriftstellern neben anderem deswegen gelobt, daß er im Frieden stets an den Krieg dachte, auf seinen Wanderungen öfters anhielt und seine Begleiter fragte: „Wenn der Feind auf diesem Hügel stünde und unsere Armee hier, wer hätte den Vorteil? Wie könnten wir an ihn kommen und ihn regelrecht angreifen? Und wenn wir zum Rückzuge genötigt würden, wie müßten wir ihn ausführen? Und umgekehrt, wie den zurückgehenden Feind verfolgen?" – Und nachdem er ihnen noch eine Menge dergleichen Kriegsfälle vorgelegt hatte, hörte er sodann das Gutachten seiner Begleiter über diese Fragen an und sagte ihnen dann auch seine Meinung und die Gründe dafür. Daher konnte ihm beim Ausbruch eines Krieges nicht leicht etwas begegnen, woran er nicht vorher schon gedacht hatte.

Was das theoretische Studium betrifft, so muß ein Fürst die Geschichte lesen, um aus derselben die Taten großer Feldherren und die Ursache ihrer Siege und ihrer Verluste kennenzulernen, um diese zu vermeiden und jene nachzuahmen. Vor allem aber muß er es einigen der berühmtesten Männer gleichtun und suchen, daß er einen jener Heroen sich zum Muster aufstelle, so z. B. wie Alexander der Große den Achilles, Cäsar den Alexander und Scipio den Kyros zum Muster nahmen. Liest man das Leben des Kyros bei Xenophon, so findet man in Scipios Leben, daß er alle Tugenden und Vorzüge, welche Xenophon seinem Helden beilegt, ohne Ausnahme angenommen und ihnen gemäß gehandelt hat.

Ähnlich soll ein weiser Fürst verfahren und auch im Frieden nie müßig sein, damit er bei jedem Wechsel des Glücks stets bereit sei, ihm die Stirn zu bieten.

15.

Was die Menschen und besonders die Fürsten lobens- oder tadelnswert macht.

Es bleibt nun noch zu untersuchen, wie sich ein Fürst gegen seine Untertanen und Freunde zu betragen habe. Und da ich sehr gut weiß, daß viele über diesen Gegenstand geschrieben haben, so sorge ich mich, man möge es anmaßend finden, daß ich denselben von einer abweichenden Seite betrachte. Da ich aber etwas Nützliches für die Unterrichteten schreiben will, so dürfte es, nach meinem Dafürhalten, besser sein, wenn ich dem wirklichen Wesen der Sache nachgehe, als einem Phantasiebild von ihr.

Und viele haben sich Republiken und Monarchien zusammenphantasiert, die nie existiert haben. Es ist ein so außerordentlicher Unterschied zwischen der Art, wie man wirklich lebt und wie man leben sollte, daß alle, welche bloß darauf sehen, was geschehen sollte, und nicht auf das, was wirklich geschieht, eher ihren Untergang als ihre Erhaltung erleben. Es ist daher unvermeidlich, daß ein Mann, der überall rein moralisch handeln will, unter so vielen anderen, die nicht so handeln, früher oder später zugrunde gehen muß. Es ist also notwendig, daß ein Fürst, der sich behaupten will, auch lernen müsse, nicht gut handeln zu können, um erforderlichenfalls hiervon Gebrauch zu machen. – Ich übergehe daher alles, was man sich in bezug auf einen Fürsten eingebildet hat, und halte mich bloß an das Wahre und Wirkliche.

Alle Menschen und besonders die Fürsten, über welche am meisten geredet wird, weil ihr hoher Stand sie der öffentlichen Aufmerksamkeit am meisten darstellt, werden mit einer jener Eigenschaften gekennzeichnet, die ihnen Lob oder Tadel zuziehen. Den einen nennt man freigebig, den andern karg (*misero*), (ich bediene mich hier eines toskanischen Ausdrucks, da das Wort *avaco* in unserer Sprache auch einen Raubgierigen bedeutet; *misero* nennen wir den, der von seinem Vermögen allzu kärglichen Gebrauch macht), diesen freigebig, jenen räuberisch; der eine wird grausam, der andere gütig, der eine zuverlässig, ein anderer treulos, jener weibisch und schwach, dieser kühn und mutig, der eine herablassend, der andere stolz, der eine unzüchtig, der andere keusch, dieser rechtschaffen, jener verschlagen, jener talentvoll, dieser dumm, der eine fromm, der andere ungläubig genannt. – Niemand wird leugnen, daß der Fürst, der von allen diesen Eigenschaften nur die guten besäße, ein wahres Kleinod sein würde. Weil nun aber die Schwäche der Menschen es unmöglich macht, daß alle sich in einem vereinigen, so gebietet die Klugheit, daß ein Fürst jene Laster, welche ihn um seinen Thron bringen könnten, vermeide und sich nach Möglichkeit vor den übrigen hüte. Ist dies nicht möglich, so kann er sich bei einiger Vorsicht gehen lassen. Er darf auch kein Bedenken tragen, die Schande solcher Laster auf sich zu laden, ohne welche er die Herrschaft schwer retten könnte. Denn, nach genauer Erwägung, wird man sich überzeugen, daß die Ausübung einer scheinbaren Tugend ihn gestürzt haben würde, während ihn dagegen ein scheinbares Laster erhob.

16.

Von der Freigebigkeit und der Kargheit.

Ich werde mit den beiden ersten oben angeführten Eigenschaften hier den Anfang machen. Ich sage daher: es ist gut, für freigebig gehalten zu werden, aber ein Fürst, der die Freigebigkeit auf eine Weise übt, daß er nicht mehr gefürchtet wird, der wird Nachteil davon haben. Übt er sie auf edelmütige und gehörige Weise, so wird sie nicht bekannt, und er entgeht nicht der Schmach des Gegenteils.

Will man sich den Ruf der Freigebigkeit erhalten, so darf man gar keinen Aufwand scheuen, und so wird ein Fürst, wenn er sich dazu versteht, dabei sein ganzes Vermögen vergeuden und endlich genötigt sein, wenn er den Ruf eines Freigebigen erhalten will, sein Volk mit außerordentlichen Auflagen zu belasten, in dessen Eigentum einzugreifen und kein Mittel zu verschmähen oder unversucht zu lassen, um Geld zu erhalten. Durch solche Gewalttätigkeiten macht er sich seinen Untertanen verhaßt, so wie andererseits seine Armut ihm die allgemeine Hochachtung entzieht. Bei dem ersten widrigen Zufall ist er in Gefahr umzukommen; denn seine Freigebigkeit hat bei vielen Anstoß erregt und nur wenige bereichert. Und, sowie er dies erkennt und hierin eine Änderung eintreten läßt, wird er als geizig verschrien.

Ein Fürst muß also, da er ohne seinen größten Schaden die Freigebigkeit nicht so üben kann, daß sie als solche bekannt wird, wenn er klug ist, es nicht achten, als geizig verschrien zu werden. Wenn man in der Folge sieht, daß seine Einkünfte ihm genügen, daß er sich gegen seine Feinde zu verteidigen und sie allenfalls auch anzugreifen vermag, ohne deshalb seine Untertanen zu belästigen, dann werden alle ihn freigebig nennen, denen er nichts nahm, d. h. unendlich viele, und nur ein kleiner Haufen, dessen Forderungen er nicht entsprach, wird ihn geizig schildern.

Wir haben in unseren Tagen große Unternehmungen nur von denen ausführen sehen, welche man für sparsam verschrie, alle übrigen gingen zugrunde. Julius II. benutzte den Ruf seiner Freigebigkeit, um den Päpstlichen Stuhl zu besteigen; als er auf denselben erhoben war, dachte er nicht daran, sich denselben zu erhalten, sonst hätte er den Krieg gegen den König von Frankreich nicht führen können. Durch langjährige Sparsamkeit legte er so viel zurück, daß ihn kein Krieg nötigte, eine ungewöhnliche Auflage zu machen. Ohne seine genaue Sparsamkeit hätte der gegenwärtige König von Spanien nicht so viele Unternehmungen anfangen und zu Ende führen können.

Ein Fürst also, der nicht arm und verächtlich noch genötigt sein will, seine Untertanen zu plündern und räuberisch zu werden, um sich verteidigen zu können, muß sich um den Vorwurf des Geizes wenig kümmern; denn dieses Laster ist eines von denen, welche ihn auf dem Thron erhalten.

Aber, könnte man mir einwenden: Cäsar hat durch seine Freigebigkeit einen Thron, und viele andere dadurch die höchsten Ehrenstellen erhalten. – Gut; doch entweder hat jemand schon einen Thron, und dann wird die Freigebigkeit sehr schädlich; oder er versucht ihn erst zu erlangen, und dann ist es nötig, für freigebig gehalten zu werden; und aus eben diesem Grund suchte auch Cäsar, nach dem Zepter strebend, diesen Ruf; er würde aber, wenn er nach der Erlangung desselben länger gelebt und sich nicht eingeschränkt hätte, das Reich zugrunde gerichtet haben.

Wollte darauf jemand einwenden: Aber viele sehr freigebige Fürsten haben glänzende Heldentaten getan, so antworte ich: Ein Fürst greift entweder in sein oder seiner Untertanen Vermögen, oder in jenes Dritter. Im ersten Fall muß er äußerst haushälterisch verfahren, im zweiten muß er seine Gaben gleichmäßig verteilen, und der Fürst, der ins Feld zieht, von Beute, Raub und Plünderung lebt und mit fremdem Gut haushält, der muß Verschwender sein, wenn er anders seine Soldaten auf seiner Seite erhalten will. Es ist auch gar keine Unannehmlichkeit, von jenem reichlich zu geben, was weder dem Fürsten noch den Untertanen gehört, wie Kyros, Cäsar und Alexander taten; ja ein Fürst wird sogar dadurch noch an Ansehen gewinnen. Nur die Verschwendung seines eigenen Vermögens wird ihm schädlich; die Freigebigkeit selbst verhindert die Möglichkeit ihrer Dauer; du wirst dadurch entweder arm und verächtlich, oder durch deine Bemühungen, dies zu verhüten, ein Räuber und allgemein verabscheut. Dem Haß und der Verachtung muß aber ein Fürst vor allem auszuweichen versuchen, und die Freigebigkeit setzt dich immer dieser doppelten Gefahr aus. Es ist also klüger, für geizig zu gelten, – ein Fehler, der wenigstens keinen Haß erzeugt, als sich durch Freigebigkeit in die Notwendigkeit zu setzen, in den Ruf eines Raubgierigen zu verfallen; denn dies erzeugt zugleich Schande und Haß.

17.

Von der Grausamkeit und Milde, und ob es besser sei, gefürchtet oder geliebt zu werden.

Zu den anderen oben angeführten Eigenschaften übergehend bemerke ich: Alle Fürsten sollten wünschen, für huldreich und gnädig und nicht für grausam zu gelten, doch müssen sie sich bei Gnadenerteilungen sehr in acht nehmen. Man hielt Cesare Borgia für grausam; doch seine Grausamkeit beruhigte die Romagna, einigte deren Einwohner und gab dieser Provinz Frieden und Treu und Glauben wieder. Betrachtet man es wohl, so wird man sich überzeugen, daß er weit menschlicher war als das Volk von Florenz, das, um den Vorwurf der Grausamkeit zu vermeiden, Pistoja verwüsten ließ. Wenn es darauf ankommt, die Untertanen in Einigkeit und Gehorsam zu erhalten, dann muß einem Fürsten der Vorwurf der Grausamkeit sehr gleichgültig sein; denn durch ganz wenige Beispiele bringt er es dahin, wenn er auch einige Anführer am Leben strafte, als humaner zu gelten als jene, welche aus allzu großer Nachsicht Unordnungen einreißen ließen, welche Plünderung und Mord erzeugen. Unordnungen dieser Art erregen bei einem ganzen Gemeinwesen Anstoß, während jene Exekutionen, die von Fürsten ausgehen, nur einzelnen weh tun.

Übrigens ist es unmöglich, daß ein neuer Fürst sich nicht grausam benehme, da jede neue Besitzergreifung mit soviel Gefahr verbunden ist. Virgil beweist dieses durch die Dido und läßt sie, die Grausamkeit ihrer Regierung entschuldigend, sagen:

Res dura et regni novitas, me talia cogunt
Moliri, et late fines custode tueri.

Indessen muß doch ein Fürst sich auch nicht vor seinem eigenen Schatten fürchten, sondern bedächtig und vorsichtig Klugheit und Milde so zu verbinden wissen, daß ein zu großes Zutrauen ihn nicht unvorsichtig und ein überspannter Argwohn nicht unerträglich mache.

Hier fragt sich's also: ob es besser sei, geliebt oder gefürchtet zu werden. Ich glaube, beides wäre allerdings zu wünschen, aber da dies sehr schwer ist, und daher eine Wahl getroffen werden muß, so ist letzteres vorzuziehen. – Man darf nämlich gar wohl sagen: alle Menschen sind undankbar, unbeständig, heuchlerisch, furchtsam und eigennützig. Solange man ihnen Wohltaten erzeigt, ohne sie zu brauchen, bieten sie Vermögen, Leben, Kinder und alles zum Dank an, wie ich oben schon sagte. Brauchst du sie aber, dann empören sie sich und nichts ist dem, der unbedachtsam und ohne sonstige Vorkehrungen auf ihr Wort baut, gewisser als sein Verderben. Man verdient wohl die Freundschaft derer, welche man durch Wohltaten und Edelmut gewinnt, aber man besitzt sie nicht, und kann daher nie im Notfall auf sie rechnen.

Ohnehin wagen es die Menschen weniger, jene zu beleidigen, welche sie fürchten, als jene, welche sie lieben. Liebe wird bloß durch das Band des Anstands erhalten, welches die Menschen, da sie schlecht sind, jedesmal zerreißen, wenn sie ihren Vorteil anderwärts finden; Furcht aber gründet sich auf die Vorstellung eines zu erwartenden Übels, und diese hört niemals auf.

Doch muß eine solche Furcht, welche ein Fürst sich verschafft, von der Art sein, daß man ihn, wenn auch nicht liebt, doch auch nicht hasse. Beides verträgt sich sehr wohl zusammen und er wird es erzielen, wenn er seiner Untertanen Vermögen und Weiber unangetastet läßt. Wird er auch hie und da in die Notwendigkeit versetzt, jemand das Leben zu nehmen, so darf dieses doch nicht eher geschehen, als bis ein hinreichender Grund und offenkundiger Rechtsfall vorliegt, und nie darf er das Vermögen dieser Opfer angreifen; denn leichter vergißt der Mensch den Mord seines Vaters, als er den Raub und Verlust seines Erbteils verzeiht. – An Ursachen, jemandem das Seinige zu nehmen, wird es nie fehlen, und nur zu leicht gewöhnt man sich, fremdes Eigentum zu rauben, sobald man einmal angefangen hat, vom Raub zu leben, seltener aber findet man Gelegenheit zum Blutvergießen.

An der Spitze einer großen Armee hat ein Fürst nicht die entfernteste Ursache, den Ruf der Grausamkeit zu scheuen, denn sonst wird seine Armee nicht in Ordnung und in dem Stand bleiben, etwas unternehmen zu können. – Unter Hannibals Wundertaten ist dies die größte, daß er ein so starkes und aus unendlich vielen verschiedenen Arten von Menschen bestehendes Heer in ein fremdes Land führte, ohne daß bei diesem je die geringste Unordnung, weder in guten noch in bösen Tagen, weder unter sich selbst noch gegen ihren Befehlshaber entstand. Dies war bloß Folge seiner unmenschlichen Grausamkeit, welche, verbunden mit seinen übrigen Tugenden, ihm die Bewunderung und Furcht seiner Soldaten erwarb; ohne diese würde alles andere ihm nichts geholfen haben. Und gleichwohl bewundern oberflächliche Schriftsteller einerseits seine Taten, verdammen aber den Grund, worauf diese gebaut waren. Daß ihm aber auch sicher seine übrigen Tugenden wenig geholfen hätten, beweist das Schicksal Scipios, dieses nicht nur für seine, sondern für alle Zeiten bewundernswerten Feldherrn, gegen den sich sein Heer in Spanien erhob. Dieser Aufruhr kam nur von seiner Milde, die seinen Soldaten mehr Freiheit ließ, als die Grundsätze einer guten Kriegszucht erlauben. Daher warf ihm auch Fabius Maximus im Senat öffentlich vor, daß er die Soldaten verderbe. Einer seiner Legaten vernichtete die Lokrenser, des Feldherrn Milde ließ ihn straflos und rächte sie nicht, was nur eine Folge seiner Weichherzigkeit war. Es bemerkte daher im Senat einer, der ihn entschuldigen wollte: daß es Menschen gäbe, welche besser verstünden nicht zu fehlen, als die Verbrechen anderer zu bestrafen und zu verbessern. – Nichts ist gewisser, als daß Scipio in der Folge seinen ganzen Ruhm verloren haben würde, wenn er auf einem Thron ein gleiches Verhalten eingehalten hätte; nur unter einer republikanischen Regierung konnte sein Fehler übersehen und sogar noch gelobt werden.

Hieraus ergibt sich der Schluß: Da eigene Neigung der Grund der Liebe, des Fürsten Wille aber der Grund der Furcht unter den Menschen ist, so kann sich ein kluger Fürst bloß auf das, was von ihm, nicht aber auf das, was von der Neigung anderer abhängt, verlassen, doch muß er sich bemühen, dem Haß auszuweichen.

18.

Wie ein Fürst sein Versprechen und Wort halten müsse.

Jedem ist es klar, daß es lobenswert ist, wenn ein Fürst sein Wort hält, und mit Rechtschaffenheit und ohne Hinterlist seinen Weg geht. Allein die Erfahrung unserer Tage lehrt uns, daß bloß jene Fürsten mächtig geworden sind, die es mit Treu und Glauben leicht nahmen und sich darauf verstanden, andere zu täuschen und zu betrügen, und daß jene, welche redlich ihre Verbindlichkeiten befolgten, am Ende übel wegkamen.

Zuerst muß man daher wissen, daß man mit zweierlei Waffen kämpfen könne, d. h. mit den Gesetzen und mit der Gewalt. Die erste Art ist Sache der

Menschen, die zweite Sache der wilden Tiere. Aber bei der Unzulänglichkeit der ersteren muß man öfters zur letzteren seine Zuflucht nehmen. Ein Fürst muß also die Rolle eines Menschen und jene einer Bestie zu spielen verstehen. Dies wollten uns die Alten unter dem Bild des Achilles und anderer Fürsten vorstellen, von denen sie erzählen, sie seien dem Kentauren Chiron zur Erziehung übergeben worden. Dies will nichts anderes sagen als daß, weil der Lehrer halb Tier und halb Mensch war, auch dessen Schüler beide Eigenschaften annehmen mußten, weil die eine ohne die andere nicht lange bestehen könne.

Da nun ein Fürst genötigt ist, die Rolle eines wilden Tieres gut zu spielen, muß er sich den Fuchs und den Löwen zum Muster nehmen; der Löwe nämlich entgeht den Netzen nicht, der Fuchs entwischt dem Wolf nicht. Er muß daher ein Fuchs sein, um die Schlingen zu wittern und ihnen zu entgehen, und ein Löwe, um die Wölfe zu schrecken. Die, welche bloß Löwen sein wollen, verstehen ihre Sache schlecht.

Ein kluger Fürst darf daher sein Versprechen nie halten, wenn es ihm schädlich ist, oder die Umstände, unter denen er es gegeben hat, sich geändert haben.

Diese Grundregel würde nicht gut sein, wenn alle Menschen gut wären. Weil aber alle böse und schlecht sind, und in dem angegebenen Fall dem Fürsten ihr Versprechen auch nicht halten würden, so berechtigt ihn dieses, auch wortbrüchig zu werden. Es wird ihm auch nie ein Vorwand fehlen, den Bruch desselben zu beschönigen. Tausend neuere Beispiele könnte ich hier anführen, um zu zeigen, welche Menge von Friedensschlüssen, von Zusicherungen und Verträgen durch wortbrüchige Fürsten null und nichtig geworden sind, – wobei aber immer jene, welche am geschicktesten die Rolle des Fuchses zu spielen verstanden, am besten weggekommen sind. Nur muß man es gleich dem Fuchs verstehen, seine Rolle durch geschickte Wendungen meisterhaft zu verstecken. Denn die Menschen sind so einfältig und so gewöhnt, den herrschenden Verhältnissen nachzugeben, daß der, welcher betrügen will, immer Leute findet, welche sich betrügen lassen.

Eines der neueren Beispiele darf hier nicht unangeführt bleiben. Alexander VI. tat sein ganzes Leben hindurch nichts anderes als betrügen. Niemand besaß mehr die Gabe andere zu täuschen als er; niemand bestätigte je sein Versprechen mit stärkeren Eidschwüren als er, und niemand hielt es weniger; und gleichwohl gelangen ihm seine Betrügereien sämtlich, – so gut kannte er die schwache Seite der Menschen.

Es ist also nicht nötig, daß ein Fürst alle die Tugenden, welche ich oben angab, gerade wirklich besitze, sondern es ist schon hinlänglich, wenn er sie nur zu besitzen scheint. Ja, ich getraue mir zu behaupten, daß es sogar gefährlich für ihn sein würde, wenn er sie wirklich alle besäße und immer ausübte, da es ihm im Gegenteil nützlich ist, wenn er sie nur zu besitzen scheint. Ein Fürst muß gnädig, rechtschaffen, herablassend, aufrichtig und gottesfürchtig scheinen und es sein, und gleichwohl so ganz Herr über sich sein, daß er im Fall der Not gerade das Gegenteil von dem allen tun kann.

Man kann als richtig voraussetzen: ein Fürst und namentlich ein neuer Fürst kann nicht so handeln, wie die Menschen gewöhnlich handeln sollten, um rechtschaffen genannt zu werden; das Staatserfordernis nötigt ihn oft Treue und Glauben zu brechen und der Menschenliebe, der Menschlichkeit und Religion entgegen zu handeln. Er muß also nach dem Wind segeln, aber nicht ganz vom Weg des Guten ablenken, solange dies nur möglich ist; erst dann muß er ohne Bedenken Verbrechen begehen, wenn es die äußerste Not erfordert.

Es muß sich daher ein Fürst angewöhnen, sich nie anders zu äußern als auf eine, jenen fünf Tugenden entsprechende Weise, so daß jeder, der ihn sieht, sich überzeugt halte, er sei die Güte, die Redlichkeit, die Treue, die Höflichkeit und Frömmigkeit selbst. Letztere Eigenschaft besonders darf er nie unterlassen äußerlich zu zeigen; denn die Menschen pflegen gemeiniglich mehr nach den Augen, als nach den Händen zu urteilen; denn jeder ist in der Lage zu sehen, wenige aber zu fühlen. Jeder sieht, was der Fürst scheint, aber fast niemand weiß es, was er in Wirklichkeit ist, und diese Minorität wagt es nicht, der Meinung der vielen entgegenzutreten, welche der Schild der Majestät des Staates deckt.

Man beurteilt die Handlungen aller Menschen, besonders aber die Handlungen der Fürsten, welche keinen Richter über sich haben, bloß nach dem Erfolg. – Es muß also des Fürsten einziger Zweck sein, sein Leben und seine Herrschaft zu erhalten. Man wird alle Mittel, deren er sich hierzu bedient, rechtfertigen, und jeder wird ihn loben; denn der Pöbel hält sich nur an den äußeren Schein und beurteilt die Dinge nur nach ihrem Erfolg. Nun ist aber fast nichts in der Welt als Pöbel, und die bessere Minorität entscheidet bloß da, wo die Majorität nicht zu entscheiden weiß.

Es lebt noch jetzt ein Fürst[2], den man eben nicht öffentlich nennen kann, der aber stets die Worte Frieden und Treue im Mund führt, – aber gewiß schon längst seine Ehre und Länder verloren haben würde, wenn er immer nach seinen Worten gehandelt hätte.

---

[2] König Ferdinand von Kastilien und Aragonien.

19.

Daß man sich vor Verachtung und Haß hüten müsse.

Nach diesen Bemerkungen über die wichtigsten Eigenschaften eines Fürsten wollen wir, der Kürze wegen, die übrigen unter der allgemeinen Regel zusammenfassen: Daß ein Fürst sorgfältigst alles das vermeiden müsse, was ihn verhaßt und verächtlich machen kann; handelt er danach, dann wird er stets seine Rechnung finden, und seine Schandtaten werden ihm keinerlei Gefahr bringen.

Nichts macht ihn, wie wir oben schon gesagt haben, verhaßter, als wenn er räuberisch ist und sich an dem Vermögen und den Weibern seiner Untertanen vergreift; sie werden ohne Anstand zufrieden mit ihm sein, wenn er von beidem die Hände läßt; und so bleibt ihm nichts mehr übrig, als den Ehrgeiz einiger unruhigen Köpfe zu unterdrücken, mit denen er auf manche Weise und mit Leichtigkeit fertig werden kann.

Verächtlich wird ein Fürst, wenn man ihn für inkonsequent, leichtsinnig, weibisch, kleinmütig und unentschlossen hält. Vor diesen Fehlern muß er sich wie vor ebenso vielen Klippen hüten, dagegen in allen seinen Handlungen Größe, Ernst, Mut und Festigkeit zeigen. Und wenn er sich mit den besonderen Angelegenheiten seiner Untertanen beschäftigt, dann muß er dieselben mit einem unwiderruflichen Ausspruche entscheiden und es so einrichten, daß niemand ihn zu hintergehen oder zu einem anderen Entschluß zu verleiten wage. Mit einem solchen Verhalten wird jeder Fürst allgemein geschätzt werden, und eine solche allgemeine Verehrung wird jede Konspiration gegen ihn zertrümmern oder doch sicher erschweren und jeden äußeren, fremden Angriff, besonders weil man die Verehrung seiner Untertanen für ihn kennt, von ihm fernhalten. Bekanntlich hat jeder Fürst immer zweierlei zu fürchten, nämlich: die fremden Potentaten und seine eigenen Untertanen. Gegen erstere muß er sich durch eine gut disziplinierte Armee und gute Freunde verteidigen, welche ihm, wenn er jene besitzt, nie fehlen werden. Mit der Sicherheit der äußeren Angelegenheiten geht auch die innere Ruhe Hand in Hand, wenn anders beide nicht durch eine Verschwörung gestört werden. Sollten auch Auswärtige Bewegungen gegen ihn unternehmen, so wird er, wenn er sich den von nur angegebenen Grundsätzen gemäß konsequent verhält, ihnen allezeit Widerstand leisten können. – Ein Beispiel liefert uns der Spartaner Nabis, den ich schon erwähnte.

Hat ein Fürst von außen nichts zu fürchten, dann kann er – nach meinen oben angegebenen Regeln – wenn er sich nicht schon Haß und Verachtung bereitet hat, den Verschwörungen seiner Untertanen gegen ihn leicht vorbeugen. Gewöhnlich setzen die, welche sich gegen einen Fürsten verschwören, voraus, daß das Volk dessen Tod wünsche; denn bei der Überzeugung, daß dieses seinen Fürsten ungern verlöre, werden sie schwerlich einen so gefährlichen Entschluß fassen. Der Schwierigkeiten auf seiten der Verschwörer sind unzählige. Von den vielen Verschwörungen kennen wir nur wenige, die glücklich ausgeführt worden sind. – Wer über ein Unternehmen dieser Art gegen den Fürsten brütet, vermag nichts für sich allein; er wird sich daher mit solchen verbinden, die er für Mißvergnügte hält. Sobald du aber irgend jemand zum Vertrauten eines solchen Geheimnisses machst, gibst du ihm zugleich die Mittel in die Hand, sich eine ansehnliche Belohnung zu verschaffen. Bei dieser Aussicht auf ein gewisses Glück auf der einen und der Gefahr auf der anderen Seite müßte er dann ein seltener Freund von dir oder ein durchaus unversöhnlicher Feind des Fürsten sein, um zu schweigen. Kurz, unter den Verschworenen herrscht immer Dummheit, Eifersucht und Furcht vor der Strafe, wodurch ihnen all ihr Mut genommen wird. Für den Fürsten streiten dagegen die Majestät, die Gesetze, Freunde und Staatsgewalt; und wenn er gar im Besitz der Liebe des Volkes ist, dann ist die Verwegenheit einer Verschwörung gegen ihn kaum denkbar.

Die Verschworenen, die sonst vor dem Ausbruche ihrer Revolution sehr viel befürchten müssen, haben es nach vollbrachter Beendung noch mehr, da sie das Volk gegen sich haben und nirgends mehr ein Unterschlupf finden.

Man hat hierfür eine große Menge Beispiele; ein einziges der neueren kann aber genügen. Messer Annibale Bentivoglio, Fürst von Bologna, der Großvater des jetzt lebenden Annibale Bentivoglio, fiel unter den Dolchen der Canneschi, die sich gegen ihn verschworen hatten. Alsbald erhob sich das Volk in Masse und mordete die ganze Familie der Canneschi, so sehr geliebt waren die Bentivoglio in Bologna. Da Annibales Sohn noch in der Wiege lag – er hieß Giovanni und war erst sechs Monate alt – und kein anderer Bentivoglio zur Regierung übrig war, so berief Bologna einen, der sich, wie es hieß, zu Florenz aufhielt und bisher nur für eines Schmiedes Sohn gegolten hatte. Diesem wurde als Vormund des Staates die Regierung so lange übertragen, bis der kleine Sohn des Annibale Bentivoglio diese selbst als Regent zu übernehmen imstande wäre.

Aus diesem Beispiel ersieht man klar, daß ein Fürst sich wenig um Verschwörungen sorgen soll, wenn das Volk ihm wohlgesinnt ist; ist es ihm aber feind und haßt es ihn, so muß er sich bei jeder Gelegenheit und vor jedem fürchten. Daher waren kluge Fürsten und vernünftige Staatseinrichtungen stets darauf bedacht, das Volk zufrieden und die Großen bei guter Laune zu erhalten; denn das ist einer der wichtigsten Punkte für einen Fürsten.

Unstreitig ist Frankreich eines dieser gut eingerichteten Reiche. Unter den tausend zur Erhaltung der Sicherheit des Regenten und der Freiheit des Volkes getroffenen trefflichen Maßregeln ist unzweifelhaft die gesetzmäßige Macht des Parlamentes die beste. Denn da der Gründer der Konstitution dieses Reiches überzeugt war, daß es nötig sei, den Ehrgeiz und Übermut der Großen zu zügeln, andererseits aber auch dieselben gegen den Haß des Volkes zu schützen, der aus der Furcht vor denselben resultierte, so fand er es zweckwidrig, daß der König sich selbst damit befaßte, damit er weder, wenn er dem Volk zu viel einräumte, beim Adel verhaßt werde, noch auch durch Nachsicht gegen den Adel sich mit dem Haß des Volkes belaste. Darum setzte er einen dritten zum Richter ein, den Großen Einhalt zu tun und das Volk zu schützen, ohne den Regenten weder der einen noch der anderen Partei auszusetzen. Er konnte gar keine bessere und klügere Ordnung schaffen, noch eine bessere Bürgschaft für die Sicherheit des Königs und des Reiches finden.

Dies ist für die Fürsten ein Wink, daß es rätlich ist, alle Gnadensachen sich vorzubehalten, das Strafrecht aber und alles, was Mißvergnügen erzeugt, ihren Staatsbeamten zu überlassen. Noch füge ich hinzu: Ein Fürst soll die Großen schützen, jedoch so, daß er sich nicht beim Volk verhaßt macht.

Viele werden mir vielleicht den Einwurf machen: Die Schicksale so mancher römischen Kaiser seien ebenso viele Beispiele zur Widerlegung dieser meiner Meinung, da, auch beim untadeligsten Leben und großer Geisteskraft, einige derselben nichtsdestoweniger das Reich verloren, oder von den Ihrigen, die sich gegen sie verschworen, ermordet wurden. Solchen Einwürfen zu begegnen, werde ich die Eigenschaften einiger Kaiser auseinandersetzen und den dem oben Dargelegten ganz entsprechenden Grund ihres Unterganges zeigen. Teilweise werde ich Dinge in Betrachtung ziehen, welche für den, der die Taten jener Zeit liest, von Wichtigkeit sind. Es dürfte genügen, wenn ich alle jene Kaiser bespreche, welche von Marcus Philosophus bis zu Maximinus folgten, nämlich: Marcus, Commodus, sein Sohn, Pertinax, Julian, Severus, Antonin, Caracalla, sein Sohn, Macrinus, Heliogabalus, Alexander und Maximin. Zunächst ist zu bemerken, daß, wenn man in anderen Monarchien bloß mit dem Ehrgeiz der Großen und dem Übermut der Volkspartei zu kämpfen hat, Roms Kaiser eine dritte Schwierigkeit überwinden, nämlich die Grausamkeit und die Habsucht der Soldaten ertragen mußten.

Die Schwierigkeit, Soldaten und Volk zugleich zu befriedigen, hat vielen dieser Kaiser den Untergang bereitet. Letzteres liebt die Ruhe und wünscht sich daher einen stillen friedlichen Regenten; jene verlangen einen kriegerischen, grausamen, stolzen und raubsüchtigen Kriegsmann zu ihrem Fürsten. Diese Eigenschaften mußte ein Kaiser haben, wenn Roms Legionen ihn lieben sollten, um dadurch doppelten Sold zu erhalten und so ihre Grausamkeiten und ihren Geldhunger zu befriedigen. Daher kam es, daß der Kaiser, der von Natur oder aus Absicht in solchem Ansehen nicht stand, um beiden Teilen sein Übergewicht fühlbar machen zu können, stets verloren war. Da nun die meisten dieser Kaiser, und besonders jene, welche sich aus dem Privatstand auf den Thron geschwungen hatten, diese Schwierigkeit, d. h. beide Teile zu Freunden zu behalten, kannten, so schlugen sie sich auf die Seite der Soldaten und machten sich wenig daraus, das Volk zu beleidigen. Und dies war sozusagen ein notwendiges Übel. Denn da es nun einmal unvermeidlich ist, daß ein Fürst von einigen gehaßt werde, so muß er dahin trachten, daß dies nicht von den meisten geschehe und, wenn er auch dieses nicht erreichen kann, doch wenigstens – es koste, was es wolle – mit aller Kraft dahin streben, daß ihn die stärkste Partei nicht verabscheue. Die römischen Kaiser hatten bei ihrem neuen Glück eine mehr als gewöhnliche Unterstützung nötig, um sich auf dem Thron erhalten zu können. Es ist also gar nicht zu verwundern, daß sie sich mehr um die Gunst der Soldaten, als um jene des Volkes bewarben. Und gleichwohl kam es noch darauf an, auf welche Art sie die Gewogenheit derselben benutzten, um Nutzen oder Schaden zu haben.

Pertinax und Alexander, welche ein bescheidenes Leben führten, fielen, weil sie sanft und gnädig waren, die Gerechtigkeit liebten und Gewalttätigkeiten verabscheuten. – Marc Aurel lebte und starb geliebt und geehrt, weil er der Erbfolge und nicht dem Volk oder den Soldaten den Thron zu verdanken hatte. Seine Tugenden erwarben ihm allgemeine Hochachtung, und seine großen Talente zeigten ihm den Weg, beide Teile in Schranken zu halten und sich vor Haß und Verachtung zu sichern. – Doch Pertinax ward gleich im dritten Monat seiner Regierung ermordet; denn die Soldaten, der eigenmächtigen Zügellosigkeit unter Commodus' Herrschaft gewohnt, fanden die so nötige Subordination, die er herzustellen sich bemühte, unerträglich. Auch war er alt und wider ihren Willen zum Kaiser erhoben, und also ebenso verhaßt als verachtet.

Hier drängt sich mir die Bemerkung auf: Man kann sich ebensogut durch Gutes tun als durch Böses tun verhaßt machen. Aus diesem Grund wird öfters ein Fürst, um sich auf dem Thron zu behaupten, von guten Taten abgehalten. Denn, wenn die Partei, deren er bedarf – es sei nun die des Adels, der Armee oder des Volkes – verdorben ist, dann muß er in ihren Ton stimmen, und da sind ihm die guten Werke schädlich.

Von Alexander, dem man so großes Lob erteilt, sagt man auch, daß er während seiner vierzehnjährigen Regierung niemand anders als nach Urteil und Recht habe hinrichten lassen, und dem ungeachtet ward er, weil man ihm vorwarf, er sei weibisch und werde von seiner Mutter regiert, verachtet und von seinen Soldaten, die sich gegen ihn verschworen hatten, ermordet.

Commodus dagegen, Severus, Caracalla und Maximin waren höchst grausam und raubgierig und plagten, um den Soldaten gefällig zu sein, das Volk mit allen nur ersinnlichen Gewalttätigkeiten, und gleichwohl war ihr Ende tragisch, jenes des Severus allein ausgenommen, dessen Regierung, der Bedrückungen des Volkes ungeachtet, glücklich war, weil er eine Menge vortrefflicher Eigenschaften hatte, die ihm die Bewunderung des Volkes und die Liebe und Ehrfurcht der Armeen erwarben, indem ersteres gewissermaßen verblüfft und betäubt, diese aber gehorsam und zufriedengestellt wurden. In den großen Taten dieses Fürsten zeigt sich die Rolle des Fuchses und des Löwen; eine Vereinigung, die, wie wir gesehen haben und auch jetzt wieder sehen werden, von jedem Fürsten nachgeahmt werden müsse.

Severus bemerkte des Kaisers Julian Feigheit, er beredete daher die Armee, welche er damals in Illyrien kommandierte, mit ihm nach Rom zu gehen, um den Tod des Pertinax zu rächen, den seine eigene Leibwache ermordet hatte. Unter diesem Vorwand, hinter welchem er seinen geheimen Wunsch nach dem Zepter sorgfältigst verbarg, ging er mit solcher Eile auf Rom los, daß er mit seiner Armee schon in Italien stand, ehe man noch in Rom wußte, daß er aufgebrochen wäre.

In Rom angekommen, wurde er vom Senat aus Furcht zum Kaiser gewählt und Julian ermordet. Aber er fand zwei mächtige Hindernisse, sich des ganzen Reiches zu bemächtigen. Diese kamen in der Hauptsache von zwei Männern, nämlich von Pescenius Niger, der in Asien die Legionen kommandierte und auch den Kaisertitel schon angenommen hatte, und Clodius Albinus im Okzident, der gleichfalls nach dem Thron strebte. Beide auf einmal anzugreifen, war zu gefährlich; er entschloß sich daher, den einen mit den Waffen des Betruges und den anderen mit jenen der Gewalt zu bekämpfen. Er schrieb also dem Albinus: da der Senat ihn zum Kaiser erwählt habe, wolle er diese Würde mit ihm teilen. Er übersandte ihm den Titel Cäsar und gesellte sich ihn infolge einer Senatsentschließung als Kollegen bei. Albinus nahm dieses ohne Bedenken für bare Münze.

Nachdem aber Severus in der Zwischenzeit den Pescenius Niger besiegt und sogar getötet und die Ruhe im Orient hergestellt hatte, eilte er nach Rom zurück, wo er sich über Albinus' Undankbarkeit beschwerte, der ihm – wie er vorgab – verräterisch nach dem Leben getrachtet habe, weshalb er sich in die Notwendigkeit versetzt sähe, mit der Armee nach Gallien aufzubrechen, um dieses Benehmen zu bestrafen. Schleunigst bewerkstelligte er dieses; er tötete Albinus und nahm ihm Herrschaft und Leben.

Bei näherer Betrachtung dieser Handlungen wird man leicht die Grausamkeit und Wildheit eines Löwen und die List des Fuchses entdecken. Man wird finden, daß Severus allgemein gefürchtet und von den Soldaten nicht gehaßt war; aber aufhören, sich darüber zu verwundern, wie ein neuer Regent sich in einem so großen Reich habe erhalten können, weil stets sein großes Ansehen ihm zum Schild gegen den Haß diente, den ihm seine Brandschatzungen zuziehen konnten.

Auch sein Sohn Antoninus war ein ausgezeichneter Mann und vereinigte in sich so viele vortreffliche Eigenschaften, daß sie ihm die Bewunderung des Volkes und die Liebe der Armee verschafften. Er war Soldat, konnte ungeheure Strapazen ertragen, war ein Feind der Üppigkeit und der Wollust, und eben darum von der ganzen Armee geliebt. Doch er war zugleich wieder so unerhört wild und grausam, daß er einen großen Teil des Volkes von Rom und die ganze Bevölkerung von Alexandrien ermordete. Dies machte ihn der ganzen Welt und selbst seiner eigenen Umgebung verhaßt, weshalb er denn auch endlich von einem Centurio mitten unter seiner Armee niedergestochen wurde. Hier ist zu bemerken, daß vor solch einem, mit kaltem, überlegendem, festem Sinn begangenen Attentat kein Fürst sicher ist, da jeder, der sein Leben nicht achtet, es ausführen kann.

Da aber solche Taten sehr selten sind, so hat ein Fürst eben nicht nötig, sich deshalb sehr zu fürchten; er muß sich nur hüten, keinen seiner Höflinge und Staatsbeamten schwer zu beleidigen. Hierin versah es Antoninus Caracalla, da er unter seiner Leibwache einen Centurio behielt, dessen Bruder er schändlich hatte ermorden lassen und den er selbst täglich damit bedrohte, ein Wagnis, das ihm endlich selbst das Leben kostete.

Commodus hätte, wenn er anders die Regierung, die er ererbt hatte, zur Beruhigung und Zufriedenheit des Volkes und des Militärs hätte führen wollen, weiter nichts nötig gehabt, als dem Vorbild seines Vaters getreu zu bleiben. Da er aber grausam und tierischen Sinnes war und nur vom Raub leben wollte, ließ er seinen Soldaten alle mögliche Freiheit. Er vergaß seine Würde so sehr, daß er mit den Gladiatoren auf dem öffentlichen Kampfplatze kämpfte und eine Menge anderer Unziemlichkeiten beging, welche ihn dem Heer verächtlich machten, und da ihn das Volk schon längst verwünschte, so verlor er in einer gegen ihn ausgebrochenen Verschwörung sein Leben. – Nun noch einige Worte über Maximin.

Die Armee setzte, nachdem sie Alexander ermordet, den sie, wie ich soeben erzählte, für weibisch hielt, Maximin, einen gefürchteten Krieger, auf den erledigten Thron. Aber auch dieser behielt nicht lange die Regierung, weil er ebenfalls verhaßt und verachtet war; denn es war allgemein bekannt, daß er in Thrakien ein Hirte gewesen war. Wegen der Grausamkeiten, die seine Stellvertreter in Rom und in den übrigen Orten des Reiches verübten, ehe er dasselbe noch in Besitz nehmen konnte, wurde er selbst für grausam gehalten. Furcht und Verachtung erzeugten in Afrika, Rom und in ganz Italien einen Aufruhr gegen ihn, wozu sich noch sein eigenes Heer gesellte, welches Aquileja belagerte und, während es Schwierigkeiten in seiner Eroberung fand, angewidert von seiner Grausamkeit, zugleich im Angesicht so vieler seiner Feinde, ihn weniger fürchtete und ermordete.

Auch Heliogabalus, Macrinus und Julianus wurden bald ermordet; da sie nur Eigenschaften hatten, die sie verächtlich machten, übergehe ich sie hier; nur bemerke man zum Schluß noch folgendes: Jetzt haben die Fürsten nicht mehr so nötig, die Soldaten zu schonen und ihre Freundschaft zu suchen. Keiner hat eine Armee, die mit dem Oberbefehl und der Verwaltung der Provinzen durch die Länge der Zeit verwachsen wäre, wie es mit dem Heer des römischen Reiches der Fall war. Hier war es nötig, ja sogar Pflicht für die Regenten, mehr die Soldaten als das Volk zu gewinnen; denn dieses hatte weniger Kraft als die ersteren.

In unseren Tagen aber müssen die Fürsten mehr das Volk als die Soldaten zufriedenstellen; denn das Volk hat das Übergewicht. – Man muß aber hiervon den Sultan der Osmanen und den von Ägypten ausnehmen. Ersteren, weil er beständig 12000 Mann zu Fuß und 15000 Mann zu Pferde unterhält, auf welchen die Sicherheit und Macht seines Staates beruht, und deren Gunst ihm also unentbehrlich ist; den zweiten, weil sein Staat sich ganz in den Händen seiner Soldaten befindet und er dadurch gezwungen wird, sich diese als Freunde zu erhalten, ohne sich um das Volk zu kümmern.

Das Reich des Großsultans unterscheidet sich von allen übrigen und ähnelt jenem des Papstes, das man kein erbliches Fürstentum nennen kann, auch kein neues Fürstentum. Denn dem Verstorbenen folgen nicht seine Söhne auf dem Thron, sondern jene, welche die Wahl der dazu berufenen Großen hierzu bestimmt. Bei dem Alter dieser Gewohnheit kann ein solcher Fürst ebensowenig als ein Papst ein neuer Fürst genannt werden; denn es sind bei seiner Regierung die Schwierigkeiten nicht vorhanden, welche sonst bei neuen Fürsten entstehen. Denn wiewohl der Fürst erst in diese Würde neu eintritt, so geschieht dies doch so, als ob er ein Erbreich anträte; denn die Regierungsform ist alt.

Um aber wieder zu meinem Gegenstand zurückzukommen, so wird man nach einer Überlegung des Dargelegten einsehen, daß Haß und Verachtung der Grund des Sturzes der genannten Kaiser waren; man wird die Ursachen erkennen, warum dieser im Glück, jener mit Unglück geendet, je nachdem sie sich bald so, bald anders benahmen. Dem Pertinax und Alexander war es als neuen Fürsten nicht nützlich, sondern schädlich, daß sie Marc Aurel, als einen Erbfürsten, nachahmten, und ebenso mißlang die Nachahmung des Severus einem Caracalla, Commodus und Maximin, da es ihnen hierzu an der nötigen Fähigkeit und Kraft fehlte.

Ein Fürst, der erst neu zur Regierung gelangt ist, kann sich das Verhalten eines Marc Aurel nicht zum Muster nehmen, und er hat es auch nicht nötig, den Severus, nachzuahmen. Er muß aber vom ersten die zur Erlangung der Fürstenwürde nötigen Eigenschaften, und vom zweiten jene annehmen, welche einem Fürsten einen schon bestehenden und festgegründeten Staat erhalten können.

20.

Ob Festungen und viele andere Vorkehrungen, die oftmals von Fürsten getroffen werden, nützlich oder schädlich sind.

Mehrere Fürsten haben sich ihres Throns dadurch versichert, daß sie ihre Untertanen entwaffneten; andere haben die unterworfenen Städte gegeneinander aufgehetzt und ihre Feindschaft genährt. Einige haben sich absichtlich Feinde gemacht; wieder andere diejenigen zu gewinnen gesucht, die ihnen beim Anfang ihrer Regierung verdächtig waren. Man fand ferner Fürsten, von denen der eine Festungen anlegte, der andere sie wieder schleifte. – Über dieses alles läßt sich nichts Bestimmtes sagen, sondern man muß die besonderen Verhältnisse eines jeden Staats betrachten; und deswegen soll hier, soweit es der Gegenstand erlaubt, nur im allgemeinen darüber gesprochen werden.

Es hat sich noch nie ereignet, daß neue Fürsten ihre Untertanen entwaffnet haben, vielmehr haben sie ihnen Waffen in die Hände gegeben, wenn diese unbewaffnet waren. Ein Fürst also, der sie bewaffnet, ist auch Herr darüber. Die Wankelmütigen und Verdächtigen werden ihm dadurch getreu; die Getreuen bleiben es und alle seine Untertanen vereinigen sich mit ihm. – Im Ganzen kann man zwar nicht alle Untertanen bewaffnen; wenn man aber nur denen, die bewaffnet werden, Wohltaten erzeigt, dann kann man wegen der übrigen um so sicherer sein, weil die Bewaffneten für diesen Vorzug stets dankbar sind, und die übrigen ein solches Benehmen mit dem Glauben entschuldigen: für eine größere Gefahr gehöre auch eine größere Belohnung. Durch eine Entwaffnung aber beleidigt man sie und gibt Anlaß, sie glauben zu machen, es fehle an Zutrauen entweder aus Feigheit oder aus Zweifel an ihrer Treue, was beides Haß erzeugt. Da aber ein Fürst schlechterdings nicht ohne Truppen sein kann, so wird er dadurch genötigt, Söldner in Dienst zu nehmen, über deren Wert ich schon oben gesprochen habe. Wenn diese auch noch so trefflich sind, so werden sie doch nicht zulänglichen Schutz gegen mächtige Feinde und unruhige Untertanen leisten können.

Aus diesem Grund haben die Fürsten in neuerworbenen Staaten immer einheimische Soldaten gehalten; die Geschichte liefert uns hierfür eine Menge Beispiele. Wenn aber ein Fürst ein neues Land erwirbt und es mit seinen Erbstaaten vereinigt, dann ist es nötig, die Einwohner desselben zu entwaffnen, jene ausgenommen, welche ihre Anhänglichkeit an den Erwerber zuvor schon gezeigt haben. Und auch diese muß man nach und nach weichlich und weibisch machen, daß alle Macht nur auf den eigenen Soldaten, welche man in den Erblanden in seiner Umgebung hatte und unterhielt, beruht.

Unsere Ahnen, und zwar gerade die, welche man für die klügsten hielt, pflegten zu sagen, daß es notwendig war, Pistoja mittels innerlicher Spaltungen und Pisa durch Festungen zu behaupten. Nach diesem Grundsatze nährte man überhaupt in einigen Städten Zwistigkeiten, um sich derselben besser zu versichern. Dies durfte zwar in jener Zeit, da in Italien ein gewisses Gleichgewicht herrschte, wohl getan gewesen sein, jetzt aber glaube ich, dürfte man es nicht als Lehre aufstellen. Denn abgesehen davon, daß solche Spaltungen meiner Ansicht nach überhaupt nichts taugen, sind solche in ihrem Inneren uneinige Städte bei dem ersten Anrücken eines äußeren Feindes verloren; sicher wird der schwächere Teil ihn verstärken helfen, dem dann der mächtigere keinen Widerstand mehr leisten kann. Venedig blies, wie ich glaube, aus den oben angeführten Gründen immer die Flamme der Parteisucht der Welfen und Ghibellinen in den Städten an, und obgleich dasselbe stets den Ausbruch von Blutvergießen unter denselben verhinderte, so unterhielt es doch diese Spaltungen, um sie zu beschäftigen, damit sie nicht an eine Empörung gegen sie dächten. In der Folge aber war dies den Venezianern sehr schädlich; denn nach der Niederlage bei Vaila warf die eine Partei die Maske ab und nahm ihnen ihre Oberherrschaft gänzlich.

Ein solches Verhalten verrät auch Schwäche des Fürsten, der dieses Beispiel nachahmen wollte. Ein mächtiger Fürst wird daher solche Spaltungen nicht gestatten; sie beschäftigen zwar in Friedenszeiten die Untertanen, doch in Kriegszeiten sind sie um so schädlicher.

Ohne allen Zweifel werden Fürsten groß und mächtig, wenn sie die ihnen entgegenstehenden Hindernisse überwinden. Man findet auch, daß, wenn das Schicksal einen neuen Fürsten, der den Ruhm nötiger hat als ein Erbfürst, groß machen will, es ihm Feinde erweckt und dadurch seinen Mut und seine Tatkraft übt, um ihn so auf der Leiter, die seine Feinde ihm herbeigetragen haben, von Sprosse zu Sprosse zum höchsten Gipfel der Macht hinanschreiten zu lassen.

Darum glauben viele, ein kluger Fürst müsse sich gelegentlich durch List selbst einige Feinde machen, um durch den Sieg über sie mächtiger und geehrter zu werden. Viele und besonders neuerhobene Fürsten fanden jene, welche ihnen am Anfang ihrer Regierung verdächtig vorkamen, treuer und nützlicher als die, auf welche sie zuvor fest bauten. – Pandolfo Petrucci, Fürst von Siena, brauchte sogar lieber die, welche ihm verdächtig gewesen waren, als die anderen. Da aber dieses sich nach den Umständen richtet und Änderungen unterworfen ist, so bemerke man nur folgendes: Wenn die, welche am Anfang Feinde des Fürsten waren, seines Schutzes zu ihrer Erhaltung bedürfen, dann wird der Fürst sich ihrer leicht versichern können, und sie werden ihm um so treuer anhängen, weil sie durch ihre Dienste die üble Meinung, die er von ihnen gefaßt haben könnte, zu verwischen suchen müssen. Und so zieht der Fürst von ihnen mehr Vorteil als von denen, die ihm in allzu großer Sicherheit dienen und seine Angelegenheiten aus dem Auge verlieren.

Hier darf man, da es der Gegenstand verlangt, die Bemerkung nicht übergehen, daß ein Fürst, der durch die Liebe der Einwohner zur Regierung gekommen ist, die Beweggründe, die jene dazu gehabt haben, besonders genau untersuchen müsse, ob nicht vielmehr Haß gegen den vorigen Regenten, als Neigung zu ihm, sie hierzu bestimmt habe.

Im ersten Fall wird es ihm schwer sein, sich dauernd ihrer Gunst zu versichern, weil er dieselbe unmöglich wird befriedigen können. Durch ältere und neuere Beispiele wird er sich überzeugen lernen, daß es leichter sei, die Freundschaft derer zu gewinnen, welche mit der vorigen Regierung zufrieden lebten und also seine Feinde waren, als die jener, welche nur ihre Unzufriedenheit zu seinen Freunden machte und folglich dazu bestimmte, ihm zur Eroberung des Throns zu verhelfen.

Manche Fürsten pflegten, um ihre Herrschaft besser zu sichern und den Aufwieglern einen Zaum anzulegen, Festungen zu erbauen und dadurch zugleich eine sichere Zufluchtsstätte gegen den ersten Angriff zu haben. Dieses schon von den Alten eingehaltene Verfahren ist vortrefflich. In unsern Tagen sahen wir dagegen den Niccolò Vitelli zwei Forts von Citta di Castello demolieren, um sich dieses Platzes zu versichern. Guid' Ubaldo, Herzog von Urbino, ließ, als er sein Herzogtum, woraus Cesare Borgia ihn vertrieben hatte, wiedererhielt, auf der Stelle alle Festungen in dieser ganzen Provinz schleifen, weil er überzeugt war, er würde sein Land, wenn sich keine festen Plätze mehr darin befänden, nicht so leicht wieder verlieren. Die Bentivoglio taten nach ihrer Rückkehr nach Bologna das gleiche.

Festungen sind also bloß nach den Verhältnissen der Zeit nützlich oder schädlich, und wenn sie auf der einen Seite nützen so schaden sie oft auf der andern. Ein Fürst z. B., der seine Untertanen mehr als Fremde zu fürchten hat, muß Festungen anlegen; wenn er aber sich minder vor den Seinigen als vor Fremden zu fürchten hat, so kann er solche entbehren. Die Festung, welche Francesco Sforza in Mailand baute, hat dem Hause Sforza mehr geschadet, und wird ihm auch ferner noch schädlicher werden als irgendeine andere Unruhe in jenem Staat.

Die beste Festung für einen Fürsten ist nur die Liebe des Volkes. Sein Haß erschüttert alle Festungen; denn hat es einmal die Waffen in der Hand, so werden ihm stets Freunde zu Hilfe eilen. Keinem Fürsten unserer Zeiten – die Gräfin von Forli ausgenommen – haben Festungen etwas genützt. Dieser diente die ihrige, als ihr Gemahl, der Graf Girolamo, ermordet wurde, dazu, sich vor dem ersten Angriff zu bergen, darin von Mailand aus Hilfe zu erwarten und so ihr Land wiederzuerhalten; besonders unterstützten sie noch die Zeitumstände, daß fremde Fürsten damals ihren mißvergnügten Untertanen keine Hilfe leisten konnten. Als in der Folge Cesare Borgia sie angriff und ihre Untertanen sich an denselben anschlossen, hatte sie Gelegenheit, die Erfahrung zu machen, daß die Liebe des Volkes ihr nützlicher gewesen wäre als ihre Festung. Man kann also beide, die, welche Festungen, und jene, welche deren keine haben, keineswegs tadeln, nur jene verdienen aber Tadel, welche sich zu sehr darauf verlassen und sich zu wenig um die Liebe des Volkes kümmern.

21.

Wie sich ein Fürst benehmen soll, um Achtung zu gewinnen.

Nichts kann einem Fürsten die allgemeine Verehrung dauernder sichern, als große Taten und außerordentliche Unternehmungen. Ein neueres Beispiel hiervon ist Ferdinand, König von Aragon, jetzt König von Spanien, den man beinahe einen neuen Fürsten nennen könnte, weil er durch seinen Ruhm und sein Ansehen aus einem wenig bedeutenden König einer der ersten Monarchen der Christenheit wurde. Betrachtet man seine Handlungen genau, dann wird man finden, daß sie alle groß und einige sogar außerordentlich waren. Am Anfang seiner Regierung wendete er seine Waffen gegen das Königreich Granada, und dieser Krieg war die Grundlage seiner Größe. Anfangs, betrieb er ihn in aller Muße und ohne den Anschein, als wäre er auf Hindernisse gestoßen. Die Barone von Kastilien wünschten selbst nichts sehnlicher als Krieg, er hatte also von ihrer Seite um so weniger etwas zu befürchten, da sie keine Neuerung argwöhnten und es nicht einmal fühlten, daß er sein Ansehen und seine Macht auf Kosten der ihrigen vergrößerte und das Vermögen der Kirche und des Volkes zum Unterhalte jener Armeen verwendete, durch die er später so berühmt wurde.

Ferner bediente er sich, um noch größere Unternehmungen beginnen zu können, des Vorwandes der Religion und jagte mit frommer Grausamkeit die Marranen aus seinen Staaten. – Einen schändlicheren und unerhörteren Vorgang wird man wohl schwerlich finden.

Unter gleichem Vorwand wendete er seine Waffen gegen Afrika, dann gegen Italien und endlich gegen Frankreich und begann so immer große Taten, die derart eine aus der anderen flossen, daß er stets die allgemeine Erwartung auf den Ausgang spannte und niemand so viel Zeit ließ, an etwas anderes zu denken, folglich auch kein ihm nachteiliger Plan von anderen unternommen werden konnte.

Auch wird jeder Fürst es sehr nützlich finden, wenn er auffallende Beispiele bezüglich der inneren Verwaltung gibt, ähnlich jenen, welche von Messer Bernabò von Mailand berichtet werden, sooft man nur Gelegenheit zu etwas hat, dessen Wirkung, sei es im Guten oder im Bösen, auf das bürgerliche Leben eine außerordentliche ist, und eine Weise zu belohnen und zu bestrafen herauszufinden, von der man noch lange zu reden hätte.

Vor allem aber muß ein Fürst sich bestreben, in allen seinen Handlungen etwas Außerordentliches und Großartiges zu zeigen. Ferner vermehrt noch seine Hochachtung, wenn er sich mit fester Selbständigkeit als Freund und als Feind zeigt und sich gerade und offen für den einen und gegen den anderen erklärt, denn dieses ist ihm stets vorteilhafter als Neutralität.

Denn wenn zwei mächtige Nachbarn eines Staates einander befehden, dann wird es für einen dritten Fürsten, er mag von dem künftigen Überwinder etwas zu befürchten haben oder nicht, in jedem Fall immer besser sein, sich für einen zu entscheiden und einen ordentlichen Krieg zu führen. Hält er es aber mit keinem, dann wird er zur großen Freude des Überwundenen am Ende gewiß, eine Beute des Siegers, von niemand beklagt werden und nirgends Hilfe erhalten; denn der Sieger will keine verdächtigen Freunde, die ihm im Fall eines Unglücks nichts helfen können; und auch von dem Überwundenen ist nichts zu erwarten, weil er im Krieg keine Unterstützung erhalten hat.

Als Antiochus auf den Ruf der Ätolier nach Griechenland zog, um die Römer daraus zu vertreiben, ersuchten seine Gesandten die Achäer, welche Freunde der Römer waren, neutral zu bleiben; die Römer forderten sie dagegen auf, sie möchten sich für sie erklären. Man beratschlagte sich hierüber in der Bundesversammlung der Achäer. Der Gesandte des Antiochus schlug eine Neutralität vor, der römische aber antwortete dagegen: „Man will euch überreden, ihr handeltet am klügsten, euch nicht in diesen Krieg zu mischen, ich versichere euch aber, ihr würdet nichts Schlimmeres tun können; denn wenn ihr neutral bleibt, dann werdet ihr euch der Willkür des Siegers überlassen müssen, ohne daß es euch jemand danken wird, und ohne daß ihr Ruhm davon habt."

Man wird immer finden, daß der, welcher keine freundschaftlichen Gesinnungen hat, zur Neutralität und der wahre Freund zum Gegenteil raten wird. Ein unentschlossener Fürst wird gewöhnlich seine Zuflucht zur Neutralität nehmen, um sich aus einer augenblicklichen Verwirrung zu ziehen, aber meist begründet er dadurch sein eigenes Verderben.

Erklärt man sich aber öffentlich für eine der beiden Parteien, und derjenige, für den man sich erklärt, siegt, dann ist er dafür Dank schuldig und wird sogar Freund werden, wenn er auch mächtig ist und man sich in seiner Gewalt befindet; denn so niederträchtig sind die Menschen nie, daß sie die, welche ihnen wesentliche Dienste leisten, aus Undank verderben sollten. Zudem ist nie ein Sieg so vollständig, daß der Sieger nicht noch nötig hätte, einige Rücksicht zu nehmen, zumal auf die Gerechtigkeit. Wird aber der Freund überwunden, dann wird man von ihm aufgenommen und nach Möglichkeit unterstützt und wird Teilhaber eines glücklichen Loses, das für ihn noch fallen kann.

Ist aber das Verhältnis der Kämpfenden von der Art, daß man den Überwinder nicht zu fürchten braucht, so handelt man um so klüger, sich für einen derselben zu erklären, weil man alsdann einen Nachbarn unterdrücken hilf, welchen jener, wenn er klug wäre, zu erhalten suchen sollte. Bleibt man dann Sieger – denn das Gegenteil hiervon ist kaum möglich –, so hat man jenen in seiner Gewalt.

Hier aber sei jeder Fürst gewarnt, sich nicht mit einem Mächtigeren, als er selbst ist, zum Angriff auf andere zu verbinden, den Fall der Not ausgenommen, wie ich oben auseinandergesetzt. Denn siegt dieser, so wird man von ihm abhängig, und davor können sich Fürsten nicht sorgfältig genug hüten. Die Venezianer verbanden sich ohne Not mit Frankreich gegen den Herzog von Mailand, und dies erzeugte ihr Verderben.

Kann man sich aber einer solchen Verbindung nicht entziehen – wie dies das Schicksal der Florentiner war, als der Papst und der König von Spanien die Lombardei angriffen –, dann muß ein Fürst allerdings aus den angeführten Gründen Partei ergreifen.

Man glaube aber hier nur nicht mit sicherem Erfolg Partei ergreifen zu können, verspreche sich vielmehr stets einen ganz zweifelhaften davon; denn nie vermeidet man einen Abweg, ohne auf einen andern zu stoßen. Alle Klugheit besteht hier einzig darin, das Verhältnis der Nachteil und die Natur der Sache zu erkennen und das kleinere Übel als ein gutes anzusehen.

Ein Fürst muß sich ferner als ein Freund menschlicher Vorzüge zeigen, alle, welche sich in irgendeinem Gewerbe auszeichnen, ehren. Ferner soll er seine Bürger ermuntern, ihre Geschäfte ruhig zu treiben, im Handel, Ackerbau und in jedem andern Zweig menschlicher Tätigkeit, damit der eine sich nicht enthalte sein Besitztum auszuschmücken aus Furcht, es könnte ihm weggenommen werden, der andere, ein Geschäft zu eröffnen, aus Furcht vor Zöllen; er soll vielmehr Preise aussetzen für den, der solche Unternehmungen beginnen will, und immer und auf jede Weise sei er darauf bedacht, seine Stadt oder sein Gebiet zu erweitern.

Schließlich muß der Fürst jährlich zu gewissen Zeiten öffentliche Vergnügungen und Schauspiele zur Unterhaltung des Volkes anordnen. Es wird auch gut sein, wenn er den Zunftversammlungen der Künstler und Handwerker, die sich in jeder Stadt befinden, bisweilen beiwohnt und dort seine Pracht und Güte wirken läßt, doch so, daß er dabei die Größe seines Standes nicht vergißt; denn das darf nie und bei keiner Gelegenheit geschehen.

22.

Von den Ministern der Fürsten.

Die Wahl der Minister ist von nicht geringer Wichtigkeit, denn man beurteilt die Einsicht und Klugheit des Fürsten nach den Männern, welche ihn umgeben. Sind diese geschickt und getreu, dann hält man ihn selbst für klug, weil er ihren Wert erkannt hat, und man kann, wenn sie es nicht sind, der von ihm getroffenen schlechten Wahl wegen nicht günstig von ihm urteilen. Alle diejenigen, die Messer Antonio da Venafro kannten, mußten wegen der Wahl dieses vortrefflichen Ministers den Fürsten Pandolfo Petrucci von Siena für den klügsten Mann halten.

Der Verstand der Menschen aber ist von dreierlei Art. Entweder sie erkennen eine Sache mit eigenem Scharfblick, oder erst wenn sie von anderen darauf hingewiesen werden, oder sie verstehen weder das eine noch das andere. Die erste Art ist vortrefflich, die zweite gut, die dritte aber taugt nichts.

War Pandolfo nicht im ersten Fall, so doch gewiß im zweiten. Denn wenn ein Fürst so viel Verstand hat, um das Gute und Schlechte in den Handlungen und Äußerungen anderer zu unterscheiden, obgleich sein Verstand nicht der durchdringendste ist, so wird er gewiß auch die guten und bösen Handlungen seines Ministers beurteilen können, und durch ein gnädiges Billigen der ersten und Verwerfen der zweiten ihn dazu zwingen, rechtschaffen zu sein.

Wie und wodurch kann man aber einen Minister beurteilen? – Gibt es überhaupt ein sicheres Mittel, so ist es das folgende: Bemerkt man, daß der Minister bloß an sein liebes Ich denkt, d. h. daß sein Eigennutz der einzige Zweck aller seiner Handlungen ist, dann wird er nie ein guter Minister sein, dann kann man sich nie auf ihn verlassen. Wer die Geschäfte des Staates besorgt, darf nie an sich selbst denken und den Fürsten nie von etwas anderem als von Staatsangelegenheiten unterhalten.

Der Fürst muß aber auch für seinen Minister sorgen, um ihn zum Guten zu verpflichten; er muß ihn daher mit Ehre, Auszeichnung, Reichtum und Ämtern so überhäufen, daß er nicht nach mehr trachten kann und die Überzeugung gewinne, daß er es unmöglich weiterbringen könne und die vielen Ämter ihn Veränderungen fürchten lassen, da er einsieht, sich ohne den Fürsten nicht behaupten zu können.

Bei einem solchen wechselseitigen Verhalten können Fürsten und Minister sich aufeinander verlassen; aus jeder Abweichung hiervon wird aber immer für den einen oder den anderen Schaden erfolgen.

23.

Wie man die Schmeichler fliehen muß.

Man darf hier ein Übel nicht übergehen, welches Fürsten, wenn sie nicht besonders klug sind oder eine gute Wahl treffen, nicht ohne die größte Schwierigkeit vermeiden können: und dies ist die an allen Höfen herrschende Schmeichelei. Denn die Menschen besitzen eine so starke Dosis Eigenliebe und täuschen sich so sehr in der Meinung von sich selbst, daß es ihnen schwer wird, sich vor dieser Seuche zu hüten; auch geraten oft sogar jene, die sich davor hüten wollen, in Gefahr, sich Verachtung zuzuziehen.

Da es nun kein anderes Mittel gibt, die Schmeichler fernzuhalten, als wenn man zeigt, daß man darüber nicht böse werde, wenn jemand die Wahrheit sagt, so wird man, wenn es jeder wagt, uns diese zu sagen, bald die Achtung verlieren. Aus diesem Grund muß also ein kluger Fürst den Mittelweg gehen und sich vernünftige Männer erwählen, denen allein er gestattet, ihm in allem, worüber er sie befragt, die Wahrheit zu sagen, und die sich schlechterdings nie um etwas anderes bekümmern dürfen. Dieses vorausgesetzt, muß er sich aber nach allem bei ihnen erkundigen, ihre Meinung anhören und alsdann danach seine eigenen Urteil fällen; dabei muß er aber jeden glauben machen, es sei ihm um so angenehmer, je offener man mit ihm umgehe. Außer diesen darf er keinem anderen mehr Gehör geben, sondern er muß fest auf seinem Entschlusse beharren.

Hält ein Fürst dies Verhalten nicht ein, dann verderben ihn entweder die Schmeichler, oder seine Entschlüsse, wechseln so oft, als er einen andern Vortrag anhört, und hierdurch verliert er an Achtung.

Die Bemerkung des im Dienste Kaiser Maximilians stehenden Priesters Lucas über Seine Majestät ist hier durchaus bezeichnend. Er sagte einst von ihm: „Der Kaiser fragt niemand um Rat und tut doch gleichwohl auch nichts nach seinem Kopf." – Er handelte also gerade demjenigen entgegen, was ich oben bemerkt habe. Er ist ein verschlossener Mann, vertraut seine Geheimnisse niemand an und holt darüber von niemandem ein Gutachten ein. Werden die geheimen Pläne aber ins Werk gesetzt, so werden sie allmählich bekannt und erfahren von denen, die er um sich hat, Widerspruch, und er, als leicht beeinflußbarer Mann, steht davon ab. Daher kommt es, daß er die Dinge, die er heute schafft, morgen wieder zerstört, und daß niemand weiß, was er will und was er zu tun beabsichtigt, und daß man auf seine Entschlüsse keineswegs bauen kann.

Ein Fürst muß sich daher immer, aber nur, wenn er will und nicht, wenn es andere wollen, Rat erteilen lassen, so zwar, daß ohne seinen Befehl ihm niemand Rat aufdringen darf. Doch muß er unaufhörlich Erkundigung einziehen, alle Mitteilungen gelassen anhören, ja denjenigen seine Ungnade zeigen, von denen er merkt, daß sie hinter dem Berg halten.

Jene irren sehr, welche glauben, ein Fürst, der sich Rat erteilen lasse, sei nicht selbständig, sondern sein Verstand beruhe bloß auf diesem Rat.

Es ist ja eine allgemeine und untrügliche Regel: En Fürst, der nicht selbst Verstand genug hat, kann nicht gut beraten sein, es sei denn, daß er sich zufällig einem sehr klugen Mann anvertraute. Hier könnte er allerdings gut geleitet werden; aber es würde nicht lange dauern, denn ein solcher Minister würde ihn bald um seinen Staat bringen.

Hat aber ein am Verstand schwacher Fürst viele Ratgeber, dann wird es ihm wieder an Fähigkeit fehlen, ihre widersprechenden Vorschläge zu fassen und zu vereinigen. Alle werden an ihren eigenen Nutzen denken, ohne daß er sie zurechtzuweisen oder zu beurteilen vermag. Und da nun die Menschen immer schlecht sind, wenn man es nicht versteht, sie zu zwingen, gut zu sein, so wird ein Fürst, der nicht Menschenkenner ist, übel fahren.

Hieraus folgt der Schluß: Die guten Ratschläge, sie mögen kommen, woher immer, müssen ihren Ursprung in der Klugheit der Fürsten haben und nicht die Klugheit der Fürsten in den guten Ratschlägen.

24.

Warum Italiens Fürsten ihre Länder verloren haben.

Ein neuer Fürst, der die von mir oben angeführten Maßregeln klug beobachtet, wird ebenso sicher, und wohl noch sicherer auf seinem Thron sein als ein Erbfürst. – Man ist aufmerksamer auf die Handlungen eines neuen Fürsten, als auf die eines solchen, welchen die Erbfolge zum Thron rief, und wenn man daher Weisheit, Güte und Verdienste an ihm erkennt, so werden ihm seine Untertanen mehr und dauernder gewonnen und verbindlich gemacht, als das Erbfolgerecht es vermocht hätte. Die Menschen werden viel mehr von der Gegenwart ergriffen als von der Vergangenheit, und wenn sie sich behaglich fühlen, dann suchen sie keine Veränderung ihres Zustands. Im Gegenteil, sie verteidigen vielmehr ihren Fürsten mit allen Kräften, wenn er nur in anderen Dingen nach seinen Pflichten handelt.

Und so wird der Ruhm eines Fürsten, der ein neues Fürstentum gegründet und es durch Gesetze, durch Tapferkeit seiner Waffen, durch Freundschaftsbündnisse und durch gutes Beispiel befestigt hat, doppelt groß sein; so wie im Gegenteil die Schande eines Fürsten, der, zum Thron geboren, wegen Mangel an Klugheit diesen verliert, eine doppelte sein wird.

Wenn man daher die Zufälle betrachtet, durch welche der König von Neapel, der Herzog von Mailand und andere in unseren Tagen ihre Länder verloren haben, so wird man finden, daß sie alle hauptsächlich in der Organisation ihres Kriegsstandes fehlten aus den Gründen, welche oben ausführlich erörtert worden sind, und daß der weitere Fehler sie ganz ins Verderben stürzte, daß sie entweder den Haß des Volkes auf sich luden, oder sich der Gunst der Großen nicht versicherten.

Ohne diese Fehler verliert man einen Staat, der soviel Lebenskraft besitzt, daß er eine Armee im Feld halten kann, nicht leicht. Philipp von Mazedonien – nicht der Vater Alexanders des Großen, sondern jener, den Titus Quinctius überwand – hatte, im Verhältnis zu den ihn bekriegenden Römern und Griechen, nur ein kleines Land; und gleichwohl konnte er, da er ein guter Soldat war und sich der Liebe des Volkes und der Großen zu versichern wußte, den Krieg mehrere Jahre lang fortsetzen; und obgleich er einige Städte verlor, so erhielt er sich doch sein Königreich.

Unsere Fürsten, die viele Jahre hindurch ihre Gewalt behauptet, haben es also nicht dem Schicksale, sondern ihrer eigenen Feigheit zuzuschreiben, daß sie ihre Staaten verloren haben. Denn weil sie nicht an die Möglichkeit eines Glückswechsels dachten (sie machten es, wie die Menschen es gewöhnlich machen, die bei heiterem Himmel Sturm und Ungewitter nicht fürchten), so flohen sie bei der Annäherung eines Feindes, statt sich zu verteidigen; sie erhielten sich bloß die Hoffnung, daß ihr Volk, mißvergnügt über die Sieger, sie über kurz oder lang zurückrufen werde. – Eine Zuflucht, mit der man sich zwar trösten kann, wenn man nichts anderes hat, die aber sehr schimpflich ist, solange man bessere Mittel hat, sich zu helfen.

Ist es nicht töricht, fallen zu wollen, in der Hoffnung, daß man von einem anderen schon wieder aufgehoben werde? – Entweder dies mißlingt oder, wo nicht, so wird der Gefallene auf seine eigenen Kosten aufgehoben und wird von dem, der ihm diese Hilfe geleistet hat, abhängig. Kurz, keine Verteidigung ist besser und sicherer als jene, welche man sich selbst und aus eigener Kraft zu verschaffen weiß.

25.

Vom Einfluß des Glücks auf die Schicksale der Welt und inwieweit man ihm widerstehen könne.

Es ist mir nicht unbekannt, daß viele die Meinung hegten und noch hegen, die Welt werde so ganz von der göttlichen Vorsehung und dem Glück regiert, daß menschliche Klugheit nichts dagegen ausrichten könne; woraus dann folgt, daß man sich bloß dem Spiel des Schicksals und des Zufalls überlassen müsse, ohne sich um irgend etwas anderes zu bekümmern. Man hat in unseren Zeiten so große Veränderungen gesehen, und noch täglich geschieht so viel gegen die allgemeine Erwartung, daß dieser Glaube sich täglich mehr verbreitet; ich selbst finde mich daher, sooft ich daran denke, halb und halb geneigt, demselben Beifall zu geben.

Da wir aber doch die Freiheit des Willens nicht verloren haben, so könnte man vielleicht sagen, die eine Hälfte unserer Handlungen hänge vom Schicksal ab, die andere aber oder etwas weniger sei unserem freien Willen überlassen.

Ich glaube, man kann dies Verhältnis mit einem reißenden Strom vergleichen. Dieser überschwemmt, wenn er aus seinen Ufern tritt, das Land, entwurzelt Bäume, stürzt Häuser um und verflößt ganze Landstreifen oder schwemmt ihren Boden weg. Jeder flieht vor ihm alles weicht seinem Ungestüm, ohne daß jemand seine Wut zu hemmen vermag. Dies alles geschieht nicht, wenn er ruhig ist: da kann man ungehindert Wälle und Dämme aufführen, welche für die Zukunft ihn abhalten, aus seinem Ufer zu treten, oder doch zum wenigsten die Heftigkeit des Wasserstromes brechen.

Ähnlich steht es mit dem Schicksal: Widersteht man ihm nicht, dann übt es seine ganze Gewalt aus und richtet diese ganz dahin, wo es weiß, daß ihm weder Damm noch Schranken entgegenstehen.

Betrachtet man das Italien, welches die Schaubühne so großer Veränderungen war, und jenes, das sie erzeugte, so findet man, daß es ein Land ohne Schutzwehren und Dämme ist: Und wären darin, wie in Deutschland, Spanien und Frankreich, bessere Vorsichtsmaßregeln getroffen, so würde es entweder von der Überschwemmung durch Ausländer ganz freigeblieben sein, oder diese würden doch zum wenigsten nicht so weit um sich gegriffen haben.

Ich will von der Art, wie man dem Schicksal im allgemeinen begegnen solle, nicht mehr sagen, sondern bloß von besonderen Fällen sprechen. – Zuerst muß die Frage erörtert werden: Woran liegt es aber, daß ein Fürst, den heute das Glück anlächelt, morgen stürzt, ohne daß seine Natur oder sein Betragen sich geändert hätten? – Ich glaube, das kommt einmal aus den oben weitläufig erörterten Gründen, nämlich weil er sich bloß auf das Glück verlassen hat, und also stürzen muß, wenn dieses seine Laune wechselt.

Ich bin auch überzeugt, daß der glücklich ist, der sein Benehmen den Verhältnissen der Zeit anpaßt, und unglücklich, wer dies zu tun nicht versteht; denn die Erfahrung lehrt, daß die Menschen, um zu ihrem Zweck zu gelangen – welcher immer in Ehre und Reichtum besteht –, die verschiedensten Mittel anwenden.

Der eine handelt bedachtsam, der andere nicht; der eine braucht Gewalt, der andere List; der eine handelt rasch, der andere sanft; und jeder kann durch diese verschiedenen Mittel zum Ziel gelangen. Auch sieht man ferner, daß von zwei Vorsichtigen der eine das Ziel erreicht, der andere nicht; und daß im Gegenteil wieder zwei andere von ganz ungleichen Temperamenten, oft auf ganz verschiedenen Wegen, beide ihren Zweck doch erreichen. Gewiß kann dies bloß Folge der Verschiedenheit der Zeitverhältnisse sein, welche ihrem Vorgehen günstig oder ungünstig sind.

Daher kommt es, wie ich schon oben sagte, daß zwei bei ganz entgegengesetztem Handeln zu dem gleichen Ziel kommen, während von zwei anderen, welche einen gleichen Weg einschlagen, der eine sein Ziel erreicht, der andere aber nicht. Hierauf beruht auch der böse und gute Erfolg. Kommen dem Sanften und Bedächtigen die Verhältnisse der Zeit so zustatten, daß sein Benehmen ihnen entspricht, dann ist er glücklich; ändern sich aber Zeit und Umstände, dann wird er, weil er sein Benehmen nicht auch geändert hat, zugrunde gehen.

Niemand aber besitzt Verstand genug, um sein Betragen immer den Zeitverhältnissen anzupassen: Sei es, weil man nicht allezeit seinem inneren Trieb widerstehen oder sich nicht so leicht entschließen kann, einen Weg zu verlassen, der bisher zum Hafen führte. Darum kann der Mann mit dem sanften Temperament nicht ungestüm sein, wenn er es sein sollte, und dies schadet ihm; ja, wohl schwerlich würde sich sein Schicksal ändern, wenn er sein Verhalten der Zeit und den Umständen anpaßte.

Papst Julius II. handelte in allem nach seinem heftigen Temperament; alles gelang ihm nach Wunsch, um so mehr, weil Zeit und Verhältnisse es auch so forderten. Man erinnere sich nur des ersten Unternehmens auf Bologna unter Messer Giovanni Bentivoglio. Dieses erregte das Aufsehen der Venezianer, die Könige von Frankreich und Spanien waren darüber schwierig, und gleichwohl ging er mit seinem ungestümen wilden Wesen in Person nach Bologna, ohne daß Venedig und Spanien sich gerührt hätten, weil ersteres sich fürchtete und dieses Neapel zurückzugewinnen wünschte. Zugleich durfte ihm der König von Frankreich, welcher Venedig gerne demütigen wollte, seine Hilfe nicht versagen, um ihn nicht zu beleidigen.

Julius führte also mit seiner wilden und heftigen Gemütsart das aus, was ein anderer Papst mit aller menschlichen Klugheit nicht ausgeführt haben würde. – Auch würden seine Absichten gewiß gescheitert sein, wenn er – wie an seiner Stelle jeder andere Papst getan haben würde – seine Abreise von Rom so lange verschoben hätte, bis die nötigen Vorbereitungen beendet gewesen wären. Frankreich würde dann eine Menge Entschuldigungen einzuwenden gewußt und die anderen ihm Furcht einzujagen gesucht haben.

Seine übrigen Handlungen wollen wir übergehen. Sie sind sich alle ähnlich, alle waren glücklich. Der Tod ließ ihm keine Zeit, einen Wechsel zu erleben.

Denn wäre eine Zeit erschienen, welche ein sanftes Benehmen erfordert hätte, dann würde er, der die ihm eigene Heftigkeit nicht ablegen konnte, verloren gewesen sein.

Hieraus folgt: Menschen, die sich fest vornehmen, beständig ein und denselben Weg einzuhalten, sind so lange glücklich, wie ihr Verhalten mit dem Glück überein stimmt; sie werden aber unglücklich, sobald dieses wechselt und sie sich mit ihm nicht ändern wollen.

Schließlich, glaube ich, sei es besser, ungestüm, als vorsichtig zu sein, weil das Glück ein Weib ist, mit dem man nicht auskommen kann, wenn man es nicht prügelt und stößt. Wir sehen ja aus der Erfahrung, daß es sich eher von hitzigen als phlegmatischen Menschen zwingen läßt und aus diesem Grund eine Freundin junger Leute ist, weil diese weniger vorsichtig, aber desto kühner und feuriger sind.

26.

Ermahnung, Italien von den Barbaren zu befreien.

Wenn ich alles bisher Abgehandelte genau überlege und in Erwägung ziehe, ob die jetzigen Verhältnisse Italiens einem Fürsten, der dort eine neue Regierungsform einführen wollte, die für ihn ehrenvoll und für das ganze Land nützlich wäre, hierzu günstig seien, so finde ich, daß so viel zu Gunsten eines solchen Unternehmens zusammenkommt, daß ich zweifeln muß, ob je eine günstigere Zeit kommen könne. – Und war es, wie ich auseinandersetzte, nötig, daß das Volk Israels unter dem Druck der Ägypter seufzte, um in Moses Tatkraft kennenzulernen; daß die Perser von den Medern unterdrückt wurden, um Kyros' Tapferkeit glänzen zu lassen; daß die Athener zerstreut wurden, um Theseus' Trefflichkeit zu erkennen; so war es auch nötig, daß Italiens Bewohner, jetzt in einer solchen Tiefe des Elends, sklavischer als die Israeliten, bedrängter als die Perser, zerstreuter als die Athener, ohne Haupt, ohne Gesetze, verachtet, geplündert, zerrissen, von Ausländern tyrannisiert seien, damit einer der Söhne Italiens Gelegenheit habe, die Größe seiner Tatkraft zu zeigen.

Zwar zeigten sich von Zeit zu Zeit Leute von Mut, an deren göttliche Sendung zu unserer Befreiung man hätte glauben mögen; doch das Glück verließ sie mitten unter ihren besten Bemühungen.

Italien, das in den letzten Zügen liegende Italien, sage ich, sieht der Erscheinung eines Erretters entgegen, der die Leiden der Lombardei, des Königreichs Neapel und Toskanas beende und seine eiternden Wunden heile, welche durch die Länge der Zeit beinahe unheilbar sind. Es fleht zu Gott um einen Erretter, der es von dem unerträglichen Joch des fremden Despotismus befreie. Es ist bereit, jeder Fahne zu folgen, die ein Tapferer wehen lassen wird.

Auf niemand kann es zur Zeit zuversichtlicher hoffen, als auf Ihr Haus, Erlauchter Herzog! Seine Söhne sitzen auf dem Stuhl Petris, Gottes Gnade waltet sichtbar über demselben, und so kann es durch seine Tatkraft und sein Glück sich an die Spitze dieses rühmlichen Beginnens stellen. Ihnen selbst kann es nicht schwer fallen, wenn Sie den angeführten Mustern folgen. Diese, obgleich seltene und bewundernswürdige Männer, waren doch nur Menschen, und nicht einer hat unter so günstigen Umständen gehandelt und gewirkt, als die jetzigen sind. Ihre Sache war eben nicht gerechter als die Ihrige, Durchlauchtiger Fürst! Und Gott nicht mehr für dieselbe als für Sie; denn hier ist eine Sache, die so gerecht ist wie möglich. Es wäre ein heiliges Unternehmen, die Waffen zugunsten eines Volkes zu ergreifen, welches sein Heil durch sonst nichts anderes finden kann.

Jeder notwendige Krieg ist gerecht; und die Waffen, welche zur Verteidigung eines hilflosen Volkes ergriffen werden, sind Waffen des Mitleids. Alles wird sich zu diesem Vorhaben vereinen, und da, wo die Gelegenheit vortrefflich ist, können die Schwierigkeiten nie groß sein, wenn man nicht die Straße verläßt, die ich als gut bezeichnet habe. – Noch mehr: Außerordentliche Vorzeichen waren schon da; das Meer hat sich geteilt; eine Wolke diente zum Wegweiser; aus einem Felsen floß Wasser; Manna regnete vom Himmel; kurz, alles vereinte sich, Sie emporzuheben. Nun liegt es Ihnen ob, das übrige zu vollenden. – Gott will nicht alles tun, um uns nicht den freien Entschluß zu nehmen und einen Teil jenes Ruhmes, der uns zukommt.

Wundern darf man sich gar nicht, wenn noch keiner der genannten Italiener die Hoffnungen erfüllen konnte, die man jetzt auf Ihre erhabene Familie setzt, und daß Italien in seinen Kriegen so unglücklich war, als ob die kriegerische Tugend gänzlich aus demselben verschwunden wäre. – Das kommt nur daher, weil die alten Einrichtungen nichts mehr taugten und niemand bessere zu erfinden wußte.

Nichts ehrt einen Fürsten, der erst die Regierung angetreten hat, mehr, als von ihm ausgehende neue Gesetze und neue Einrichtungen. Diese werden ihm allgemeine Ehrfurcht und Verehrung erwerben, wenn sie auf guter Grundlage aufgebaut und in sich selbst großartig sind.

Italien gebricht es gar nicht an bildungsfähigem Stoff. Es fehlt da nicht an tapferen Männern, sondern an Führern. Beweise hiervon liefern uns so manche Zweikämpfe, und so manche Fehde unter Privatpersonen zeugt von der den Italienern eigenen Kraft und Geschicklichkeit. – Warum vergißt man solche aber, wenn sie ein Heer bilden? – Weil ihre Anführer nichts taugen; wer Verstand hat, will nicht gehorchen, und jeder glaubt Verstand zu haben, und noch nie wollte einer dem anderen nachgeben, wenn dieser auch noch so viele Verdienste hatte.

Dies ist die wahre Ursache, warum in all den Kriegen, welche wir seit zwanzig Jahren erlebt haben, eine bloß aus Italienern bestehende Armee, nie etwas taugte. Der Taro, Alessandria, Capua, Genua, Vaila, Bologna, Mestri beweisen uns dieses. Will also das Haus Medici den vortrefflichen Helden folgen, welche ehedem ihr Vaterland von fremder Tyrannei befreiten, dann muß es vor allem als Grund zu jeglicher Unternehmung eigene Soldaten halten; denn bessere und treuere gibt es nicht. Und wenn gleich jeder einzelne Soldat brav ist, so werden sie doch alle zusammen noch braver handeln, wenn ihr eigener Fürst sie anführt, ehrt und belohnt.

Es ist daher nötig, sich ein vaterländisches Heer zu bilden, um den Fremden widerstehen zu können. Man hält die schweizerische und spanische Infanterie für furchtbar; doch beide haben ihre Fehler; weshalb man ihnen nicht nur eine dritte Heeresverfassung entgegenstellen, sondern das feste Vertrauen haben könnte, sie zu besiegen. Die Spanier können den Angriff der Reiterei nicht aushalten, und die Schweizer fürchten eine Infanterie, wenn sie so beharrlich im Kampf ist als sie selbst.

Man hat es schon gesehen und wird es noch ferner erfahren, daß die Spanier der französischen Kavallerie weichen müssen und die Schweizer von der spanischen Infanterie besiegt wurden. Bezüglich der Schweizer hat man, wenn auch keinen vollkommenen Beweis, so doch wenigstens eine Probe in der Schlacht bei Ravenna erlebt, als die spanische Infanterie auf die deutsche stieß, die mit der schweizerischen gleiche Taktik hat. Denn die Spanier drangen mit ihrer Gewandtheit und gedeckt durch ihre Schilde unter den Piken der Deutschen weg, ohne daß sie sich wehren konnten; und gewiß würden sie auch aufgerieben worden sein, wenn nicht die Kavallerie in die Spanier eingehauen hätte.

Da man nun den Fehler dieser Korps kennt, so wird es leicht sein, ein neues so zu organisieren, daß es der Infanterie und Kavallerie die Spitze bieten kann. Man dürfte nur die Art zu schlagen verändern. Dergleichen Erfindungen werden einem neuen Fürsten Ruhm und Ehre bringen.

Man darf also eine so schöne Gelegenheit nicht vorübergehen lassen. Und so wird Italien nach so langen Leiden endlich auch seinen Erlöser sehen. Mit welcher Liebe und mit welchem Dank würde derselbe nicht überall aufgenommen werden! In allen Provinzen, sage ich, die unter diesen fremden Überschwemmungen gelitten haben, und wo so lange schon Rache in allen Adern kocht. Welche Städte könnten ihm wohl die Tore verschließen, welche Völker ihm den Gehorsam versagen? Welchen Neid könnte er zu bekämpfen haben? Könnte auch nur ein einziger Sohn Italiens ihm zu huldigen sich weigern? Gewiß nicht; denn alles ist des Druckes dieser Barbarenherrschaft müde.

Übernehme daher Ihr berühmtes Haus diese Aufgabe mit der Gesinnung und den Hoffnungen, mit denen gerechte Unternehmungen angepackt werden, auf daß unter Ihrem Banner unser Vaterland geadelt werde und unter Ihren Auspizien sich erfülle die Prophezeiung Petrarcas:

Virtù contra furore
Prenderà l'arme, et fia 'l combatter corto;
Ché l'antico valore
Nell' Italici cor non e ancor morto.[3]

[3] Manneskraft wird gegen Wut die Waffen ergreifen, und möge der Kampf kurz sein; denn die alte Tapferkeit ist in den italienischen Herzen noch nicht erstorben.

GESCHICHTE VON FLORENZ

Dem heiligsten und seligsten Vater, unserem Herrn Clemens VII. der untertänige Diener Niccolò Machiavelli

Nachdem mir von Eurer Heiligkeit, seligster und heiligster Vater, als Sie sich noch in weniger hohem Rang befanden, aufgetragen worden war, die Geschichte des florentinischen Volkes zu schreiben, habe ich allen Eifer und alle Geschicklichkeit, die ich der Natur und Erfahrung verdanke, aufgeboten, dem Wunsch Eurer Heiligkeit zu entsprechen. Da ich nun zu den Zeiten gekommen bin, wo durch den Tod des erlauchten Lorenzo de' Medici Italien die Gestalt veränderte, und da die späteren Begebenheiten, höher und größer, in höherem und größerem Geist beschrieben werden müssen, so habe ich es für gut befunden, alles, was ich bis zu diesen Zeiten geschrieben habe, in einen Band zu bringen und Eurer Heiligkeit darzureichen, damit dieselbe einigermaßen die Frucht Ihrer Aussaat und meiner Anstrengungen zu kosten beginne.

Lest Ihr also, heiligster Vater, mein Buch, so werdet Ihr zuerst sehen, wie beim Verfall des römischen Reiches im Abendland alles Bestehende in Italien einstürzte, und aus den Trümmern neue Staaten entstanden, die mehrere Jahrhunderte fortdauerten. Ihr werdet sehen, wie der Papst, die Venezianer, das Königreich Neapel und das Herzogtum Mailand die Hauptmächte Italiens wurden. Ihr werdet sehen, wie Euer Vaterland von der Zeit an, wo es sich aus innerer Uneinigkeit vom Gehorsam gegen die Kaiser lossagte, uneinig blieb, bis es unter dem Schatten Eures Hauses regiert zu werden begann.

Es wurde mir von Eurer Heiligkeit ausdrücklich auferlegt und befohlen, daß ich die Taten Eurer Vorfahren so beschreiben solle, daß man sieht, ich sei fern von jeder Schmeichelei. Denn so sehr es gefällt, das verdiente Lob der Menschen zu hören, so sehr mißfällt Erdichtetes und nach Gunst Erteiltes. Ich fürchte daher sehr, daß es Eurer Heiligkeit scheinen möge, ich hätte bei der Beschreibung der Güte Giovannis, der Weisheit Cosimos, der Leutseligkeit Pieros und der Pracht und Klugheit Lorenzos Eure Befehle überschritten. Dagegen aber verwahre ich mich bei Eurer Heiligkeit und jedermann, dem diese Beschreibungen als wenig treu mißfallen sollten. Denn da ich die Aufzeichnungen derer, die in verschiedenen Zeiten ihre Taten beschrieben haben, voll ihres Lobes fand, so mußte ich es entweder wiedergeben, wie ich es fand, oder es hämisch verschweigen. Und wenn unter ihren vortrefflichen Handlungen eine ehrgeizige Absicht, entgegengesetzt – wie einige sagen – dem öffentlichen Wohl, verborgen lag, so bin ich, der ich sie nicht kenne, nicht gehalten, davon zu schreiben; denn in allen meinen Erzählungen habe ich niemals eine schlechte

Handlung durch einen edlen Beweggrund verdecken wollen, noch eine lobenswerte Handlung verdunkeln, indem ich sie als zu einem entgegengesetzten Zweck geschehen darstelle.

Wie sehr ich aber von Schmeichelei entfernt bin, erkennt man in allen Teilen meiner Geschichte und besonders in den öffentlichen Reden und Privatgesprächen, sowohl den aufrichtigen als auch unehrlichen, worin ich stets in Ausdruck und Inhalt dem Charakter der sprechenden Person ohne allen Rückhalt treu bleibe. Überall jedoch vermeide ich die gehässigen Worte, die zur Würde und Wahrheit der Geschichte nicht nötig sind.

Es kann mich also niemand, der meine Schriften gerecht betrachtet, als Schmeichler tadeln, besonders wenn man beachtet, daß ich vom Vater Eurer Heiligkeit nicht viel gesprochen habe. Die Ursache davon ist sein kurzes Leben, währenddessen er sich nicht bekannt machen konnte, und ich konnte ihn nicht schreibend preisen. Allein groß und herrlich waren seine Werke, da er Eure Heiligkeit gezeugt hat, ein Werk, wodurch er alle seine Vorfahren weit hinter sich zurückläßt und mehr Jahrhunderte Nachruhm gewinnen wird, als ihm sein Mißgeschick viele Lebensjahre nahm.

Ich habe mich also bestrebt, heiligster Vater, in meiner Geschichte, indem ich die Wahrheit nicht beflecke, jedermann zu befriedigen, und vielleicht werde ich niemand befriedigt haben. Und wenn dies der Fall sein sollte, so würde es mich nicht befremden; denn ich bin der Meinung, daß es unmöglich ist, die Geschichte seiner Zeit zu schreiben, ohne viele zu verletzen. Dem ungeachtet rücke ich frohen Mutes ins Feld, in der Hoffnung, wie ich durch die Leutseligkeit Eurer Heiligkeit geehrt und genährt bin, so werde ich von den Heerscharen Eures heiligsten Urteils unterstützt und verteidigt werden. Und mit demselben Mut und der Zuversicht, womit ich bis jetzt geschrieben habe, werde ich mein Unternehmen fortsetzen, wenn ich noch weiterlebe und Eure Heiligkeit mich nicht verläßt.

Vorrede des Verfassers

Als ich die innere und äußere Geschichte des florentinischen Volkes zu schreiben beschloß, war meine Absicht anfänglich, meine Erzählung mit dem Jahre 1434 nach Christi Geburt anzufangen, der Zeit, wo die Familie Medici durch die Verdienste Cosimos und seines Vaters Giovanni mehr Gewalt als irgendeine andere in Florenz gewann. Denn ich dachte, Messer Lionardo von Arezzo und Messer Poggio, zwei vortreffliche Geschichtsschreiber, würden alle Begebenheiten, die sich vor dieser Zeit zugetragen haben, ausführlich beschrieben haben. Später aber las ich ihre Schriften aufmerksam, um zu sehen, nach welchen Regeln und Formen sie im Schreiben zu Werke gegangen sind, damit durch ihre Nachahmung unsere Geschichte mehr den Beifall der Leser erhalte. Ich fand nun, daß sie zwar in der Beschreibung der Krieg der Florentiner mit den auswärtigen Fürsten und Völkern sehr sorgfältig gewesen sind, daß sie aber die bürgerliche Zwietracht und die inneren Feindschaften und ihre Wirkungen zum Teil ganz verschwiegen, zum Teil so kurz beschrieben haben, daß es dem Leser weder Nutzen noch Unterhaltung gewähren kann. Ich glaube, sie taten dies entweder, weil ihnen diese Begebenheiten so unbedeutend schienen, daß sie sie nicht für würdig hielten, dem Gedächtnis aufbewahrt zu werden, oder weil sie die Nachkommen derer zu verletzen fürchteten, die bei der Erzählung hätten angeklagt werden müssen.

Diese beiden Beweggründe scheinen mir – es sei gesagt ohne ihnen zu nahe zu treten – großer Männer völlig unwürdig. Denn wenn irgend etwas in der Geschichte ergötzt oder belehrt, so sind es die ausführlichen Beschreibungen der Begebenheiten; wenn irgendeine Schrift für die Bürger nützlich ist, welche die Republiken verwalten, so ist es die, welche die Ursachen des Hasses und der Spaltungen der Städte darlegt, damit sie, weise durch fremde Gefahr, sich einig halten können. Und wenn jedes Beispiel einer Republik anregt, so regen die, welche man von der eigenen liest, noch viel mehr an und sind viel nützlicher. Und wenn es in irgendeiner Republik bemerkenswerte Spaltungen gab, so ist es in Florenz. Denn der größere Teil der Republiken, von denen man Nachrichten hat, begnügten sich mit einer Spaltung, durch welche sie je nach den Ereignissen ihre Stadt entweder erhoben oder gestürzt haben. Florenz hingegen begnügte sich nicht mit einer, sondern hat mehrere durchgemacht. In Rom entstand, wie jedermann weiß, nach Vertreibung der Könige die Entzweiung zwischen Adel und Volk, und darin hielt es sich bis zu seinem Sturz. So Athen, so alle anderen Republiken, welche in jenen Zeiten blühten. In Florenz hingegen spaltete sich zuerst der Adel unter sich, dann der Adel und das Volk, und zuletzt das Volk und der Pöbel; und oft kam es, daß sich eine dieser Parteien nach ihrem Sieg in zwei spaltete. Durch diese Spaltungen entstand so großes Blutvergießen, erfolgten so viele Verbannungen, so viele Familien gingen unter, wie nie in irgendeiner Republik, von der man Nachrichten hat. Und fürwahr, nach meinem Urteil scheint mir kein anderer Beweis so sehr die Macht unserer Stadt darzulegen, als der, welcher in diesen Spaltungen selbst liegt. Denn während sie Kraft genug gehabt haben würden, die größte und mächtigste Republik zu vernichten, schien die unserige immer größer zu werden. So groß waren jene Bürger, solche Macht lag in ihrem Geist und so fest war ihr Wille, sich und ihr Vaterland zu erheben, daß immer die, welche von so großen Übeln frei blieben, Florenz mehr durch ihre Tüchtigkeit erhöhen konnten, als es die Verderblichkeit der Ereignisse, die es geschwächt hatten, hatte herabdrücken können. Und ohne Zweifel, wenn Florenz so glücklich gewesen wäre, nach seiner Befreiung vom Kaiserreich eine Regierungsform anzunehmen, die die Einigkeit erhalten hätte, so weiß ich nicht, welche Republik in neuer oder alter Zeit Florenz überlegen wäre, so groß war die Fülle seiner Kraft an Waffen und Kunstfleiß. Denn nachdem es die Gibellinen in so großer Zahl aus seinen Mauern vertrieben hatte, daß Toskana und die Lombardei voll von ihnen war, stellten die Guelfen und die, welche in der Stadt blieben, im Krieg mit Arezzo, ein Jahr vor der Schlacht bei Campaldino, 1200 Schwere Reiter und 12000 Mann Fußvolk eigener Bürger ins Feld. Später im Krieg mit Philipp Visconti, Herzog von Mailand, als die Kraft des Kunstfleißes, nicht die eigenen Waffen – denn diese waren in jener Zeit vernichtet – zu erproben war, gaben die Florentiner in den fünf Jahren, die dieser Krieg dauerte, fünf Millionen Gulden aus, und nach beendetem Krieg belagerten sie, mißvergnügt über den Frieden, um die Macht ihrer Stadt besser zu beweisen, Lucca.

Ich vermag daher nicht zu erkennen, aus welchem Grund diese Spaltungen keine ausführliche Beschreibung verdienen sollten.

Und wenn jene vortrefflichen Schriftsteller zurückgehalten wurden, weil sie das Andenken der Männer nicht angreifen wollten, von welchen sie zu sprechen hatten, so täuschten sie sich, sie zeigten geringe Kenntnis des menschlichen Ehrgeizes und des Verlangens der Menschen, ihren und ihrer Vorfahren Namen zu verewigen. Sie erinnerten sich nicht, daß viele, denen die Gelegenheit fehlte, durch lobenswerte Handlungen Ruf zu erwerben, ihn durch schändliche Dinge zu erwerben gestrebt haben. Sie bedachten nicht, daß die Geschäfte, die Größe in sich haben, wie Regieren und Staatenlenken, wie sie auch gehandhabt werden, und welches Ende sie haben mögen, stets den Menschen mehr Ehre als Tadel zu bringen scheinen.

Die Erwägung dieser Dinge bewog mich zur Änderung meines Plans, und ich beschloß, meine Geschichte mit dem Ursprung dieser Stadt zu beginnen.

Da es aber meine Absicht nicht ist, fremde Stellen einzunehmen, so werde ich bis zum Jahr 1434 nur die Begebenheiten im Inneren der Stadt beschreiben und von den auswärtigen nichts anderes sagen, als was zum Verständnis der inneren nötig ist. Nach dem Jahre 1434 werde ich sodann beide Teile ausführlich beschreiben. Damit man ferner diese Geschichte besser und jederzeit verstehe, werde ich, ehe ich von Florenz handle, beschreiben, durch welche Übergänge Italien unter die Mächte kam, die es jetzt regieren. Alle diese Begebenheiten, sowohl italienische als florentinische, werden in vier Büchern beendet sein.

Das erste Buch wird kurz alle Ereignisse erzählen, die sich vom Sinken des römischen Reiches bis zum Jahre 1434 in Italien zugetragen haben.

Das zweite Buch wird mit seiner Erzählung vom Ursprung der Stadt Florenz bis zu dem Krieg kommen, der nach Vertreibung des Herzogs von Athen mit dem Papst geführt wurde.

Das dritte Buch wird mit dem Tod des Königs Ladislaus von Neapel 1434 enden.

Mit dem vierten Buch werden wir bis zum Jahr 1434 kommen, von welcher Zeit an sodann die inneren und äußeren Begebenheiten der Stadt Florenz bis auf unsere gegenwärtige Zeit ausführlich beschrieben werden sollen.

Erstes Buch

Die Völker, welche im Norden jenseits des Rheines und der Donau wohnen, wachsen in diesem gesunden und zur Fortpflanzung günstigen Himmelsstrich manchmal zu solcher Menge an, daß ein Teil der Bevölkerung das Vaterland zu verlassen und neue Wohnsitze zu suchen gezwungen ist. Wenn eines dieser Länder sich der überflüssigen Bewohner entledigen will, so teilt sich das Volk in drei Teile, deren jeder gleichmäßig aus Edlen und Unedlen, aus Armen und Reichen zusammengesetzt wird. Das Los entscheidet sodann, welcher Teil anderswo sein Glück zu suchen hat, und die zwei anderen Teile, des dritten entledigt, bleiben zum Genuß der heimatlichen Güter zurück. Solche Volksmassen waren es, die das römische Reich zerstörten. Die Kaiser aber gaben ihnen die Gelegenheit dazu, indem sie, Rom, den alten Sitz des Reiches, verlassend, nach Konstantinopel zogen und so das abendländische Reich schwächer machten, welches, ihren Augen entrückt, den Räubereien ihrer Statthalter und deren Feinde mehr ausgesetzt war. Und fürwahr, es bedurfte zur Zerstörung eines solchen Reiches, gegründet auf das Blut so vieler großen Männer, keiner geringeren Trägheit der Fürsten, noch geringerer Treulosigkeit der Statthalter, noch kleinerer Macht und Hartnäckigkeit derer, die es angriffen; denn nicht ein Volk allein, sondern viele Völker, verschworen sich zu seinem Untergang.

Die ersten, die nach den Zimbern, welche der römische Bürger Marius besiegte, das Reich angriffen, waren die Visigoten, oder in neuerer Sprache die Westgoten. Diese erhielten, nach mehreren an den Grenzen des Reiches gelieferten Schlachten, von den Kaisern die Erlaubnis, an den Ufern des Donaustromes ihre Wohnsitze aufzuschlagen. Hier blieben sie lange Zeit, und obgleich sie aus verschiedenen Ursachen und zu verschiedenen Zeiten oft Angriffe auf die römischen Provinzen machten, so wurden sie doch immer durch die Macht der Kaiser im Zaum gehalten. Der letzte Kaiser, der sie ruhmvoll überwand, war Theodosius. Unter sein Gefolge gebracht, erwählten sie keinen neuen König über sich, begnügten sich mit dem Sold, den ihnen Theodosius zugestand, lebten unter seiner Regierung und dienten unter seinen Fahnen.

Als aber Theodosius starb (395), und Arcadius und Honorius, seine Söhne, Erben das Reiches wurden, aber nicht seiner Tapferkeit und seines Glücks, so änderten sich mit dem Fürsten die Zeiten. Theodosius hatte über die drei Teile des Reiches drei Statthalter gesetzt, Rufinus über den östlichen, Stilicho über den westlichen und Gildo über den afrikanischen. Diese drei Männer dachten nach dem Tod des Fürsten nicht daran, ihre Provinzen zu verwalten, sondern sie als Fürsten zu besitzen. Gildo und Rufinus wurden während ihrer ersten Versuche besiegt. Stilicho aber, der seine Absicht besser zu verbergen wußte, versuchte das Vertrauen der neuen Kaiser zu gewinnen und zu gleicher Zeit solche Verwirrung in ihrem Reich hervorzubringen, daß es ihm leichter wäre, sich desselben sodann zu bemächtigen. Um ihnen die Westgoten zu Feinden zu machen, riet er den Kaisern, diesem Volk den gewohnten Sold nicht mehr zu geben. Und da er diese Feinde nicht für stark genug hielt, das Reich in Verwirrung zu bringen, so trieb er die Burgunder, Franken, Vandalen und Alanen, gleichfalls nordische Völker, die schon aufgebrochen waren, neue Wohnsitze zu suchen, zum Angriff der römischen Provinzen an.

Die Westgoten, ihres Soldes beraubt, sannen auf Rache. Um besser zum Krieg geordnet zu sein, ernannten sie Alarich zu ihrem König, griffen das Reich an, verheerten nach vielen Zusammenstößen Italien und eroberten und plünderten Rom (410). Nach diesem Sieg starb Alarich. Astolf, sein Nachfolger, nahm Placidia, die Schwester der Kaiser, zur Gemahlin, und übernahm, als Preis für diese Verschwägerung, Gallien und Spanien zu Hilfe zu ziehen, in welche Länder die Vandalen, Burgunder, Alanen und Franken, durch die obengenannten Ursachen bewogen, eingefallen waren.

Als nun die Vandalen, welche den Baetica genannten Teil Spaniens erobert hatten, von den Westgoten so stark gedrängt wurden, daß sie kaum mehr widerstehen konnten, wurden sie zur Besitznahme Afrikas von Bonifacius, dem kaiserlichen Statthalter dieser Provinz, herbeigerufen, der sich empört hatte und die Strafe der Kaiser fürchtete. Die Vandalen ließen sich aus dem angeführten Grund bereitwillig auf diese Unternehmung ein und machten sich unter ihrem König Genserich zu Herren Afrikas.

Mittlerweile war Theodosius, Arcadius' Sohn, im Reich gefolgt, der dem Abendland so wenig Aufmerksamkeit widmete, daß diese Völker dachten im Besitz ihrer Eroberungen bleiben zu können. So herrschten die Vandalen in Afrika, die Alanen und Westgoten in Spanien; und die Franken und Burgunder nahmen nicht nur Gallien ein, sondern die von ihnen eroberten Länder erhielten ihren Namen und werden jetzt Frankreich und Burgund genannt.

Ihre glücklichen Erfolge reizten neue Völker zur Zerstörung des Reiches an, und ein anderer Volksstamm, die Hunnen, eroberten Pannonien, eine auf den diesseitigen Ufern der Donau gelegene Provinz, welche heute von ihrem Namen Ungarn genannt wird. Zu diesen Unordnungen kam noch hinzu, daß der Kaiser, der sich von so vielen Seiten angegriffen sah, um weniger Feinde zu haben, bald mit den Vandalen, bald mit den Franken Verträge schloß, was die Macht und das Ansehen der Barbaren vermehrte und des Reiches verminderte.

Auch die Insel Britannien, das heutige England, war vor so großer Zerstörung nicht sicher. In Furcht vor den Völkern, die Frankreich erobert hatten, und nicht absehend, wie sie der Kaiser beschützen könne, riefen die Briten die

Angeln, ein germanisches Volk, zu Hilfe. Die Angeln kamen unter ihrem König Vortigern herüber, verteidigten zuerst ihre Schützlinge, vertrieben sie aber bald von der Insel, wo sie selbst ihre Wohnsitze aufschlugen und dem Land ihren Namen gaben.

Die Einwohner Britanniens, ihres Vaterlandes beraubt, wurden kühn durch die Not und dachten, obgleich sie ihr eigenes Land nicht verteidigen konnten, das Land anderer erobern zu können. Sie setzten also mit ihren Familien über das Meer, bemächtigten sich der Gegenden, die sie zunächst der Meeresküste fanden, und nannten das Land die Bretagne.

Die Hunnen, die, wie ich oben gesagt, Pannonien erobert hatten, vereinigten sich mit anderen nordischen Völkern, den Gepiden, Herulern, Thüringern und Ostrogoten (wie in der alten Sprache die Ostgoten hießen), und brachen auf, neue Länder zu suchen. Da sie in Frankreich nicht eindringen konnten, das die Streitkräfte der Barbaren verteidigten, zogen sie unter Attila, ihrem König, nach Italien. Um allein zu regieren, hatte Attila kurz zuvor seinen Bruder Bleda getötet und war hierdurch so mächtig geworden, daß Andarich, König der Gepiden, und Velamir, König der Ostgoten, ihm wie seine Untertanen gehorchten. Nach seinem Einfall in Italien belagerte Attila Aquileja, wovor er, ohne ein anderes Hindernis zu finden, zwei Jahre lang lag. Während der Belagerung dieser Stadt verwüstete er das ganze Land rings umher, was, wie ich gegebenen Orts sagen werde, der Stadt Venedig den Ursprung gab. Nach der Einnahme und Zerstörung Aquilejas und vieler anderen Städte wandte er sich gegen Rom. Doch die Ehrfurcht vor dem Papst vermochte so viel über Attila, daß er auf dessen Bitten nicht nur Rom verschonte, sondern Italien verließ und sich nach Österreich zurückzog, wo er starb.

Nach Attilas Tod ergriffen Velamir, der König der Ostgoten, und die Häupter der anderen Nationen die Waffen gegen seine Söhne Eurich und Urich, töteten den einen und zwangen den anderen, mit den Hunnen über die Donau und in ihr Vaterland zurückzukehren. Die Ostgoten und Gepiden ließen sich in Pannonien nieder, und die Heruler und Thüringer blieben an den jenseitigen Ufern der Donau.

Nach Attilas Abzug aus Italien war der abendländische Kaiser Valentinian darauf bedacht, das Land wieder herzustellen und verlegte, um es besser verteidigen zu können, seinen Sitz von Rom nach Ravenna.

Die Unfälle, die das abendländische Reich beständig erlitt, waren Ursache, daß der Kaiser, der in Konstantinopel wohnte, öfter einem anderen den Besitz des abendländischen Reiches zugestand, da so viele Gefahren und Kosten damit verbunden waren. Öfter auch ernannten die Römer, ohne seine Erlaubnis, wenn sie sich verlassen sahen, zu ihrer Verteidigung selbst einen Kaiser, oder es riß ein Mann durch sein eigenes Ansehen die Herrschaft an sich. So geschah es in dieser Zeit nach dem Tod Valentinians durch den Römer Maximus, der dessen Witwe, Eudoxia, zwang, ihn zum Ehemann zu nehmen. Eudoxia, begierig, diese Unbill zu rächen, da sie, aus kaiserlichem Blute entsprossen, die Verbindung mit einem, der nur ein Privatmann gewesen war, nicht ertragen konnte, munterte heimlich Genserich, den König der Vandalen und Herrn von Afrika, auf, nach Italien überzusetzen, indem sie ihm die Leichtigkeit und den Nutzen der Eroberung zeigte.

Genserich, von der Beute angelockt, kam sogleich und plünderte Rom, das er verlassen fand, vierzehn Tage lang. Nachdem er sodann noch mehrere Städte Italiens eingenommen und geplündert und sich und sein Heer mit Beute beladen hatte, kehrte er nach Afrika zurück. Wieder in Rom eingezogen, ernannten die Römer, da Maximus getötet war, den Römer Avitus zum Kaiser.

Nach vielen Ereignissen in und außerhalb Italiens und nach dem Tod mehrerer Kaiser kam Zeno auf den Thron von Konstantinopel, und auf den von Rom Orestes und Augustulus, sein Sohn, die sich der Herrschaft durch List bemächtigten. Während sie dieselbe durch Gewalt zu behaupten dachten, schlossen die Heruler und Thüringer, die sich, wie ich gesagt habe, nach Attilas Tod jenseits der Donau niedergelassen hatten, ein Bündnis, und kamen unter ihrem Feldherrn Odoaker nach Italien. In die Landstriche, die sie leer ließen, rückten die Longobarden unter ihrem König Godogus ein, und diese wurden, wie wir gegebenen Orts sagen werden, die letzte Pest Italiens. Nachdem also Odoaker in Italien eingefallen war, besiegte und tötete er Orestes bei Pavia, und Augustulus floh. Nach diesem Sieg, damit Rom mit der Macht den Titel ändere, nannte sich Odoaker, den Kaisernamen aufgebend, König von Rom. Er war der erste von den Häuptern der Völker, die damals die Welt durchstreiften, der sich in Italien niederließ. Die anderen Völker hatten, aus Furcht, das Land nicht halten zu können, weil der morgenländische Kaiser leicht zu seinem Beistand herbeikommen konnte, Italien ausgeplündert und dann andere Länder gesucht, um ihre Wohnsitze aufzuschlagen. In dieser Zeit stand also das alle römische Reich unter folgenden Fürsten: Zeno, in Konstantinopel regierend, gebot dem ganzen Ostreich; die Ostgoten beherrschten Moesien und Pannonien; die Westgoten, Sueven und Alanen hatten Gaskonien und Spanien inne; die Franken und Burgunder Frankreich; die Heruler und Thüringer Italien.

Das Reich der Ostgoten war auf Theodorich, Velamirs Enkel, übergegangen. Theodorich, der mit dem morgenländischen Kaiser Zeno in Feindschaft stand, schrieb ihm, seine Ostgoten hielten für unbillig, daß sie allen anderen Völkern an Tapferkeit überlegen, an Gebiet nachstehen sollten, und unmöglich könne er sie in den Grenzen Pannoniens eingeengt erhalten. Da er sich also genötigt sehe, sie die Waffen ergreifen und neue Länder suchen zu lassen, so wolle er zuvor Zeno davon in Kenntnis setzen, damit er vorbeugen könne, indem er ihnen ein

Land abträte, wo sie mit seiner Einwilligung ehrenvoller und bequemer leben könnten. Teils aus Furcht, teils im Verlangen, Odoaker aus Italien zu vertreiben, erlaubte Zeno Theodorich, gegen Odoaker zu ziehen und Italien in Besitz zu nehmen. Theodorich brach alsbald aus Pannonien auf, wo er die Gepiden, ein ihm befreundetes Volk, zurückließ, drang in Italien ein und tötete Odoaker und dessen Sohn. Nach Odoakers Beispiel nahm er den Titel König von Italien an und verlegte seinen Sitz nach Ravenna, von den Ursachen bewogen, die schon Valentinian daselbst zu wohnen veranlaßt hatten.

Theodorich war im Krieg und Frieden einer der ausgezeichnetsten Männer; im Krieg stets siegreich, beglückte er im Frieden seine Städte und Länder. Die Ostgoten verteilte er unter ihren Führern in die Städte, damit sie sie im Krieg anführen und im Frieden in Ordnung halten sollten. Er vergrößerte Ravenna, stellte Rom wieder her und gab außer den Waffen den Römern jede andere Ehre wieder. Alle barbarischen Könige, die Eroberer des Reiches, hielt er durch sein Ansehen allein, ohne Krieg in ihren Grenzen zurück. Zwischen der Spitze des adriatischen Meeres und den Alpen erbaute er Städte und Kastelle, um neuen Barbaren, die Italien angreifen wollten, leichter den Durchgang zu verwehren. Und wenn so viele Tugenden am Ende seines Lebens nicht durch einige grausame Handlungen befleckt worden wären, verursacht durch mehrfachen Argwohn wegen seiner Krone, wie die Beseitigung des Symmachus und Boetius, zweier heiligen Männer, so würde sein Gedächtnis in jeder Hinsicht der größten Ehre völlig würdig sein. Denn durch seine Tapferkeit und Regententugenden erhoben sich nicht nur Rom und Italien wieder, sondern auch alle übrigen Teile des abendländischen Reiches, von der anhaltenden Bedrängnis befreit, die sie so viele Jahre hindurch durch die Überschwemmungen so vieler Barbarenstämme erduldet hatten, und wurden in gute Ordnung und sehr glücklichen Zustand versetzt.

Und fürwahr, wenn jemals Italien und diese von den Barbaren durchstreiften Länder unglücklich waren, so waren sie es in dem Zeitraum von Arcadius und Honorius bis zu ihm. Denn erwägt man, welchen Schaden einer Republik oder einem Reich der Wechsel des Fürsten oder der Regierung, nicht durch eine äußere Gewalt, sondern allein durch bürgerliche Zwietracht verursacht; und sieht man hier, daß schon wenige Staatsveränderungen ausreichen, jede Republik und jedes Reich zu zerstören, so mächtig sie auch sein mögen: so kann man sich dann leicht eine Vorstellung machen, wie sehr in dieser Zeit Italien und die anderen römischen Provinzen litten, die nicht allein die Regierung und den Fürsten änderten, sondern die Gesetze, die Sitten, die Lebensart, die Religion, die Sprache, die Kleidung, die Namen. Und wenn schon beim bloßen Gedanken an eines dieser Übel das festeste und standhafteste Gemüt erbebt, wie erst beim Anblick und Erdulden aller zusammen.

Diese völlige Umwälzung alles Bestehenden hatte den Untergang, die Entstehung und Vergrößerung vieler Städte zur Folge. Aquileja, Luni, Chiusi, Popolonia, Fiesole und viele andere wurden gänzlich zerstört. Venedig, Siena, Ferrara, Aquila und viele kleinere Städte und Kastelle, die ich der Kürze wegen übergehe, wurden neu erbaut. Florenz, Genua, Pisa, Mailand, Neapel, Bologna wurden aus kleinen Orten große Städte. Zu alle dem kommt noch hinzu die Zerstörung und Wiederaufbauung Roms und vieler anderen Städte, die verschiedene Male zerstört und wieder erbaut wurden.

Unter den Trümmern und den neuen Völkern entstanden neue Sprachen. So bildeten sich durch die Mischung der Muttersprache dieser neuen Völker mit der altrömischen die neuen Sprachen, welche man jetzt in Frankreich, Spanien und Italien spricht.

Überdies haben nicht nur die Länder, sondern die Seen, die Flüsse, die Meere und die Menschen die Namen geändert. So findet man in Frankreich, Spanien und Italien eine Menge neuer, von den allen völlig verschiedener Namen, wie, um die anderen zu übergehen, der Po, der Gardasee, das Inselmeer, die von den Alten anders genannt wurden. Und auch die Menschen wurden aus Cäsarn und Pompejus' Johann, Matthäus und Peter.

Doch unter so großen Veränderungen war die der Religion nicht von geringerer Wichtigkeit. Denn durch den Kampf der Gewohnheit des alten Glaubens mit den Wundern des neuen entstand Aufruhr und blutige Zwietracht unter den Menschen. Und wenn nur wenigstens die christliche Religion einig gewesen wäre, so würden geringere Unordnungen erfolgt sein. Da aber die griechische Kirche, die römische und die von Ravenna miteinander im Streit lagen, und überdies die ketzerischen Sekten die katholische bekämpften, so erfüllten sie auf vielfache Weise die Welt mit Trauer. Ein Beweis davon ist Afrika, das viel größere Drangsal durch die arianische Sekte erlitt, der die Vandalen anhingen, als irgend durch die habsüchtige und grausame Natur dieses Volkes.

Da also bei so großen Verfolgungen außer den unzähligen Übeln, die die Menschen erduldeten, den meisten die Möglichkeit fehlte, zum Beistand Gottes, auf den alle Unglücklichen zu hoffen pflegen, ihre Zuflucht zu nehmen, weil die Mehrzahl nicht wußte, an welchen Gott sie sich wenden sollten, so malte sich im Leben der Schrecken ihrer Seele auf dem Antlitz ab, und jedes Beistands und jeder Hoffnung entbehrend, starben sie eines elenden Todes.

Theoderich verdient daher kein geringes Lob, da er der erste war, der so große Übel stillte. Italien versetzte er während seiner achtunddreißigjährigen Regierung in so blühenden Zustand, daß die alten Wunden nicht mehr zu erkennen waren. Als er aber starb und Atalarich, der Sohn seiner Tochter Amalasuntha, an die Regierung kam, so kehrte in kurzer Zeit Italien, da des Schicksals Zorn noch nicht gekühlt war, zu seinen alten Leiden zurück. Atalarich starb kurz nach seinem Großvater, und seine Mutter, die ihm auf dem Thron folgte, ward von Theodalus verraten, den sie zu ihrem Beistand in der Regierung des Reiches berufen hatte. Theodatus ermordete sie und machte sich zum König.

Der Haß, den er sich dadurch bei den Ostgoten zuzog, ermutigte den Kaiser Justinian zum Versuche, ihn aus Italien zu vertreiben. Belisar, der schon Afrika besiegt und nach der Vertreibung der Vandalen unter das Reich zurückgebracht hatte, wurde von Justinian zum Feldherrn in diesem Feldzuge ernannt. Zuerst eroberte Belisar Sizilien, setzte von hier nach Italien über und nahm Neapel und Rom ein. Nach dieser Niederlage erschlugen die Goten ihren König Theodatus als die Ursache derselben und erwählten an seine Stelle Vitiges, der nach einigen Gefechten von Belisar in Ravenna belagert und gefangen wurde. Doch mitten im Lauf seiner Siege wurde Belisar von Justinian zurückgerufen. An seine Stelle kamen Johann und Vitalis, Belisar ganz ungleich an Tapferkeit und Sitten, so daß die Goten wieder Mut faßten und Ildebald, Statthalter in Verona, zu ihrem König ernannten.

Als dieser fiel, kam Totila auf den Thron, der das Heer des Kaisers schlug, Toskana und Neapel wieder einnahm und durch seine Feldherrn fast alle Staaten unterwarf, die Belisar wieder erobert hatte. Dies bewog Justinian, letzteren nach Italien zurückzusenden. Doch, mit wenigen Streitkräften hier angekommen, verlor Belisar eher den Ruhm seiner früheren Taten, als daß er neuen erworben hätte. Denn während er mit dem Heer vor Ostia stand, stürmte Totila unter seinen Augen Rom. Und da Totila sah, daß er die Stadt weder hinter sich lassen noch halten konnte, zerstörte er sie zum größten Teil, vertrieb das Volk und führte die Senatoren mit sich, und zog, Belisar gering achtend, mit seinem Heer nach Kalabrien, den Soldaten entgegen, die zum Beistand Belisars aus Griechenland kamen. Belisar, der Rom verlassen sah, wandte sich zu einer ehrenvollen Unternehmung; denn, in das zerstörte Rom eingezogen, baute er mit größter Schnelligkeit die Mauern wieder auf und rief das Volk zurück. Aber seiner lobenswerten Unternehmung widersetzte sich das Glück. Justinian, von den Parthern angegriffen, rief Belisar zurück, der, seinem Herrn zu gehorchen, Italien verließ. So blieb das Land Totila preisgegeben, der Rom von neuem einnahm. Doch wurde Rom nicht mit derselben Grausamkeit behandelt, wie das erstemal; denn Totila wandte sich auf die Bitten St. Benedikts, der in dieser Zeit im Ruf großer Heiligkeit stand, eher zur Wiederaufbauung der Stadt. Indessen hatte Justinian mit den Parthern Frieden geschlossen und wollte Italien ein neues Heer Italien zur Hilfe schicken, als er von den Slaven, einem neuen nordischen Volk, zurückgehalten wurde, die über die Donau gesetzt waren und Illyrien und Thrakien angriffen. So eroberte Totila fast ganz Italien.

Als aber Justinian die Slaven besiegt hatte, sandte er das Heer unter dem Eunuchen Narses, einem großen Kriegsmann herüber, der, in Italien angelangt,

Totila schlug und tötete. Die der Niederlage entkommenen Reste der Goten warfen sich nach Pavia, wo sie Teja zu ihrem König ernannten. Narses andererseits nahm nach seinem Sieg Rom und lieferte zuletzt bei Nocera Teja eine Schlacht, worin er ihn überwand und tötete. Durch diese Niederlage erlosch der Namen der Goten völlig in Italien, wo sie von ihrem König Theoderich bis zu Teja siebzig Jahre geherrscht hatten.

Kaum aber war Italien von den Goten befreit, so starb Justinian, und sein Sohn und Thronfolger Justinus rief, auf den Rat seiner Gemahlin Sophia, Narses aus Italien zurück und sandte ihm Longinus zum Nachfolger.

Longinus folgte dem Beispiel der andern und bewohnte Ravenna. Überdies gab er Italien eine neue politische Form; denn er setzte nicht Statthalter der Provinzen ein, wie die Goten getan hatten, sondern gab allen großen und kleineren Städten von einiger Bedeutung Häupter, die er Herzoge nannte. Bei dieser Einrichtung ehrte er Rom nicht mehr als die andern Städte; denn er schaffte Konsuln und Senat ab, die sich bis dahin dem Namen nach erhalten hatten, und ordnete Rom einem Herzog unter, der jährlich von Ravenna gesandt und römischer Herzog genannt wurde. Für den Stellvertreter des Kaisers zu Ravenna, der ganz Italien verwaltete, bestimmte er den Titel Exarch. Diese Zersplitterung machte die Zerstörung Italiens leichter und gab den Longobarden schneller Gelegenheit, es zu erobern.

Narses war gegen den Kaiser heftig erbittert, weil er ihm die Verwaltung des Landes genommen, das er durch seine Tapferkeit und durch sein Blut erobert hatte. Und der Kaiserin Sophia genügte es nicht, daß sie ihn durch die Abrufung beleidigte, sondern sie fügte noch die beschimpfenden Worte hinzu: sie wolle ihn zu den andern Eunuchen in die Spinnstube zurückkehren lassen. Auf das Höchste erbittert, beredete daher Narses Alboin, den König der Longobarden, der damals in Pannonien regierte, zur Eroberung Italiens herbeizuziehen.

Die Longobarden waren, wie oben gezeigt wurde, in jene Gegenden an der Donau eingerückt, welche die Heruler und Thüringer verlassen hatten, als sie ihr König Odoaker nach Italien führte. In diesen Gegenden blieben sie eine Zeitlang, bis Alboin, ein Mann voll wilder Kühnheit, auf den Thron kam, unter dem sie über die Donau setzten, Commundus, dem König der Gepiden, der Pannonien inne hatte, eine Schlacht lieferten und ihn besiegten. Unter der Beute befand sich die Tochter Commundus', Rosinunda, die Alboin zur Gemahlin nahm und sich zum Herrn Pannoniens machte. Aus dem Schädel Commundus' aber ließ er, bewogen von seiner wilden Natur, eine Schale machen, aus der er, zum Andenken dieses Sieges, trank. Von Narses also, mit dem er im Gotenkrieg Freundschaft gehalten hatte, nach Italien gerufen, ließ er Pannonien den Hunnen, die nach Attillas Tod in ihr Vaterland zurückgekehrt waren, zog nach Italien und eroberte, da er das Land in so viele Teile zerstückelt fand, in der kürzesten Zeit Pavia, Mailand, Verona, Vicenza, ganz Toskana und den größeren Teil von Flaminia, das heute die Romagna genannt wird. Durch so große und rasche Erfolge der Eroberung Italiens gewiß, feierte er zu Verona ein Gastmahl und ließ, durch vieles Trinken fröhlich, den Schädel Commundus', mit Wein gefüllt, der Königin Rosmunda kredenzen, die ihm gegenüber saß, wobei er so laut sagte, daß sie es hören konnte, sie solle anläßlich dieser großen Festesfreude mit ihrem Vater trinken! Dies Wort drang wie ein Dolchstoß in die Brust der Dame, die sich zu rächen beschloß. Sie wußte, daß Almagild, ein edler Longobarde, jung und tapfer, eine ihrer Mägde liebte. Mit dieser verabredete sie, heimlich zu veranstalten, daß Almagild statt bei ihr bei der Königin schlafe. Als er sich nun an einem dunkeln Ort zur bestimmten Zusammenkunft eingestellt hatte, glaubte Almagild der Magd beizuwohnen und umarmte Rosmunda, die sich nach der Tat zu erkennen gab und ihm erklärte, er habe zu wählen, ob er Alboin erschlagen und sich immer ihrer und des Thrones erfreuen, oder vom König als Schänder seiner Gemahlin getötet sein wolle. Almagild willigte ein, Alboin zu ermorden; aber als sie ihn getötet hatten, sahen sie nicht nur die Unmöglichkeit, sich der Herrschaft zu bemächtigen, sondern fürchteten, in Anbetracht der Liebe der Longobarden zu Alboin, um ihr Leben und flüchteten mit dem ganzen königlichen Schatz nach Ravenna, wo sie Longinus ehrenvoll aufnahm.

Während dieser Vorgänge war der Kaiser .Justinus gestorben und Tiberius an seine Stelle ernannt worden, der, mit dem Krieg gegen die Parther beschäftigt, nicht an Italien denken konnte. Longinus hielt daher die Zeit für günstig, sich durch Rosmunda und ihren Schatz zum König der Longobarden und ganz Italiens zu machen, teilte ihr seinen Plan mit und überredete sie, Almagild zu ermorden und ihn zum Gemahl zu nehmen. Sie willigte ein und bereitete einen Becher vergifteten Weines, den sie Almagild darreichte, als er durstig aus dem Bad stieg. Doch als Almagild den Becher halb geleert hatte, fühlte er Schmerz in seinen Eingeweiden und zwang, Argwohn schöpfend, Rosmunda, den Rest auszutrinken. So starben beide nach wenigen Stunden, und Longinus sah sich der Hoffnung beraubt, König zu werden.

Unterdessen waren die Longobarden zu Pavia zusammengekommen, das sie zum Hauptsitz ihres Reiches gemacht hatten, und ernannten Klephis zu ihrem König, der Imola wieder aufbaute, das von Narses zerstört worden war, Rimini und fast alle Städte bis nach Rom eroberte, aber im Lauf seiner Siege starb. Dieser Klephis war so grausam, nicht allein gegen die Fremden, sondern auch gegen seine eigenen Longobarden, daß diese, in der Furcht vor der königlichen Gewalt, keinen neuen König ernannten, sondern dreißig Herzoge aus ihrer Mitte wählten, die die Anderen regieren sollten. Dieser Beschluß war Ursache, daß die Longobarden nicht ganz Italien eroberten. Ihr Reich konnte sich nicht über Benevent ausdehnen; und Rom, Ravenna, Cremona, Mantua, Padua, Monselice, Parma, Bologna, Faenza, Forli, Cesena verteidigten sich teils eine Zeitlang, teils wurden sie nie von ihnen erobert. Denn daß sie keinen König hatten, hinderte sie, schnell zum Kriege bereit zu sein, und nachdem sie wieder Könige wählten, waren sie, an die Freiheit gewöhnt, weniger gehorsam und mehr zu innerer Zwietracht geneigt. Dies verzögerte zuerst ihren Sieg und vertrieb sie zuletzt aus Italien. Während also dies der Zustand der Longobarden war, schlossen die Römer und Longinus einen Vertrag mit ihnen, daß man die Waffen niederlege, und jeder behalte, was er besaß.

In dieser Zeit begannen die Päpste mehr Gewalt zu gewinnen, als sie zuvor gehabt hatten. Die ersten Nachfolger St. Petrus erwarben durch ihr heiliges Leben und durch die Wunder die Ehrfurcht der Menschen. Ihre Beispiele verbreiteten so sehr die christliche Religion, daß die Fürsten ihr zu gehorchen genötigt waren, um die große Verwirrung zu beseitigen, welche in der Welt herrschte. Da also der Kaiser Christ geworden war und seinen Sitz von Rom nach Konstantinopel verlegt hatte, so folgte daraus, wie wir anfangs gesagt haben, daß das römische Reich eher unterging, und die römische Kirche schneller wuchs. Bis zum Einfall der Longobarden jedoch war Italien ganz den Kaisern oder den Königen untergeben, und die Päpste konnten in diesen Zeiten niemals andere Gewalt gewinnen, als die, welche ihnen die Ehrfurcht vor ihren Sitten und ihrer Lehre gab. Im übrigen gehorchten sie entweder den Kaisern oder den Königen und wurden von ihnen manchmal getötet und als ihre Diener in ihren Geschäften gebraucht. Was den Päpsten aber größeres Gewicht in den Angelegenheiten Italiens gab, war, daß Theoderich, König der Goten, seinen Wohnsitz in Ravenna errichtete. Denn, da Rom ohne Fürst blieb, hatten die Römer Grund, dem Papst mehr Gehorsam zu leisten, um einen Beschützer zu haben. Doch hierdurch wuchs seine Gewalt nicht sehr, und es wurde nur erwirkt, daß die römische Kirche der von Ravenna vorging. Als aber die Longobarden einfielen und Italien unter mehr als einen Herrn kam, da gab dies den Päpsten Gelegenheit, kräftiger aufzutreten. Denn da der Papst gleichsam das Haupt in Rom war, so nahmen die Kaiser von Konstantinopel und die Longobarden Rücksicht auf ihn, so daß sich die Römer durch den Papst nicht als Untertanen, sondern als Genossen mit den Longobarden und mit Longinus verbündeten. So fuhren die Päpste fort, bald Freunde der Longobarden, bald der Griechen zu sein, und vermehrten dadurch ihre Würde. Nun aber geriet das oströmische Reich in Verfall, und zwar zu dieser Zeit unter dem Kaiser Heraclius. Die slavischen Volksstämme, deren wir oben Erwähnung getan, griffen Illyrien von neuem an, eroberten es und nannten das Land von ihrem Namen Slavonien. Die andern Teile des oströmischen Reiches wurden zuerst von den Persern, dann von den Sarazenen, die unter Mahomed aus Arabien kamen, und zuletzt von den Türken angegriffen und Syrien, Afrika und Ägypten losgetrennt. Der Papst konnte also bei der Ohnmacht dieses Reiches nicht mehr in seiner Bedrängnis dahin seine Zuflucht nehmen; auf der andern Seite wuchs die Macht der Longobarden; und so dachte er, er müsse neue Unterstützung suchen und wandte sich an die Könige von Frankreich. Auf diese Weise wurden alle Kriege, welche in diesen Zeiten die Barbaren in Italien führten, zum größten Teile durch die Päpste verursacht; und alle Barbaren, welche Italien überschwemmten, wurden größtenteils von ihnen herbeigerufen. Diese Art zu verfahren dauert noch in unserer Zeit fort, was Italien zerstückelt und schwach gehalten hat und noch hält.

Bei der Schilderung der Begebenheiten von dieser Zeit an bis auf die unsrige wird daher nicht mehr der Verfall des römischen Reiches gezeigt werden, das ganz zu Boden lag, sondern die steigende Macht der Päpste und der andern Fürsten, die Italien bis zum Kriegszug Karls VIII. regierten. Man wird sehen, wie die Päpste zuerst durch Kirchenbann, dann durch diesen und durch die Waffen zusammen, vereint mit dem Ablaß, gewaltig waren und verehrt, und wie durch den Mißbrauch beider der Kirchenbann alle Wirkung verloren hat, und ihre Waffen von der Willkür anderer abhängen.

Doch, zu unserer Ordnung zurückkehrend, sage ich, daß Gregor III. Papst und Astolf König der Longobarden geworden war. Astolf nahm entgegen der geschlossenen Verträge Ravenna ein und bekriegte den Papst. Gregor, der kein Vertrauen mehr auf den Kaiser von Konstantinopel halte, weil er schwach war, und auch dem Wort der Longobarden nicht glauben wollte, die es oft gebrochen hatten, nahm seine Zuflucht zu Frankreich. Es regierte dort Pippin II., der, ursprünglich Herr Austrasiens, des heutigen Brabant, König von Frankreich nicht sowohl durch seine eigene Leistung, als durch die seines Vaters Karl Martel und seines Großvaters Pippin geworden war. Denn als Verwalter des Reiches brachte Karl Martel den Sarazenen jene denkwürdige Niederlage bei Tours am Loirefluß bei, worin 200000 Sarazenen getötet wurden; und so wurde sein Sohn Pippin durch das Ansehen und Verdienst des Vaters später König des Reiches. Zu ihm sandte, wie ich gesagt habe, Papst Gregor um Hilfe gegen die Longobarden. Pippin versprach, sie ihm zu schicken, doch wünsche er ihn vorher zu sehen und ihm persönlich Ehre zu zeigen. Gregor begab sich also nach Frankreich und zog durch die Städte der Longobarden, seiner Feinde, ohne daß sie ihn daran hinderten, so groß war die Ehrfurcht, die man vor der Religion hatte. In Frankreich angekommen, wurde Gregor vom König geehrt und mit seinem Heer über die Alpen zurückgesandt, das die Longobarden in Pavia belagerte. Astolf, durch Mangel gezwungen, bat um Frieden, und die Franzosen schlossen einen Vertrag auf die Bitten des Papstes, der nicht den Tod seines Feindes wollte, sondern daß er sich bekehre und lebe. In dem Vertrag versprach

Astolf, der Kirche alle Städte zurückzugeben, die er erobert hatte. Als aber die Kriegsvölker Pippins nach Frankreich zurückgekehrt waren, hielt Astolf den Vertrag nicht, und der Papst wandte sich von neuem an Pippin.

Pippin sandte seine Heere von neuem nach Italien, überwand die Longobarden, nahm Ravenna und gab es gegen den Willen des griechischen Kaisers mit allen übrigen Städten des Exarchates dem Papst und fügte das Land Urbino und die Mark hinzu. Während der Übergabe dieser Städte starb Astolf, und der Lombarde Desiderius, der Herzog von Toskana war, ergriff die Waffen, sich der Herrschaft zu bemächtigen, und bat den Papst um Beistand, indem er ihm seine Freundschaft versprach. Der Papst gewährte sein Begehren, so daß die andern Fürsten Desiderius wichen. Anfänglich hielt Desiderius Wort und fuhr fort, die Städte, nach der mit Pippin geschlossenen Übereinkunft, dem Papst zu übergeben; und von Konstantinopel kam kein Exarch mehr nach Ravenna, sondern es wurde nach dem Willen des Papstes regiert. Hierauf starb Pippin, und im Reich folgte ihm sein Sohn Karl, der wegen der Größe seiner Taten der Große genannt wurde. Im Pontifikat war unterdessen Theodor I. gefolgt. Dieser geriet mit Desiderius in Zwietracht und wurde von ihm in Rom belagert, so daß sich der Papst an Karl um Beistand wandte. Karl setzte über die Alpen, belagerte Desiderius in Pavia, nahm ihn und seine Söhne gefangen und schickte sie nach Frankreich. Sodann besuchte er den Papst in Rom und sprach dort aus, daß der Papst als Stellvertreter Gottes nicht von den Menschen gerichtet werden könne.

Der Papst und das römische Volk ernannten ihn zum Kaiser. So begann Rom den Kaiser wieder im Westen zu haben, und während der Papst von den Kaisern bestätigt zu werden pflegte, fing nun der Kaiser an, bei seiner Wahl den Papst nötig zu haben; das Reich verlor allmählich seine Würde, und die Kirche erwarb sie; und durch diese Mittel wuchs ihre Gewalt über die weltlichen Fürsten stets. Die Longobarden waren seit 232 Jahren in Italien und hatten nun von Fremden nichts mehr als den Namen. Als daher Karl Italien wieder ordnen wollte, was zur Zeit Papst Leo III. geschah, erlaubte er ihnen, die Orte zu bewohnen, wo sie aufgewachsen waren, und ließ sie das Land von ihrem Namen die Lombardei nennen. Damit sie Ehrfurcht vor dem römischen Namen haben sollten, wollte er, daß der ganze Teil Italiens in ihrer Nähe, welcher unter das Exarchat von Ravenna gehört hatte, die Romagna genannt wurde. Überdies ernannte er seinen Sohn Pippin zum König von Italien, dessen Gerichtsbarkeit sich bis nach Renevent erstreckte. Den ganzen Rest Italiens besaß der griechische Kaiser, mit dem Karl einen Vertrag geschlossen hatte.

In dieser Zeit bekam das Pontifikat Paschalis I., unter dem die Pfarrer der Kirche von Rom sich Kardinäle zu nennen anfingen, um, als die nächsten beim Papst und an seiner Wahl teilnehmend, ihre Gewalt mit einem glänzenden Titel zu schmücken. Sie maßten sich so großes Ansehen an, besonders nachdem sie das römische Volk von der Papstwahl ausgeschlossen hatten, daß selten ein Papst gewählt wurde, der nicht zu ihrer Zahl gehörte. Nach dem Tode Paschalis' wurde also Eugenius II., Kardinal von Santa Sabina, ernannt.

Italien veränderte in der Hand der Franken zum Teil Form und Einrichtungen; denn der Papst erlangte im Weltlichen mehr Gewalt, und sie brachten die Namen Graf und Markgraf herüber, wie früher Longinus, der Exarch von Ravenna, den Namen Herzog eingeführt hatte.

Nach einigen Päpsten kam der Römer Saurüssel (Osporcus) auf den heiligen Stuhl, der sich wegen seines schmählichen Namens Sergius nennen ließ. Dies gab dem Gebrauch der Päpste, bei ihrer Wahl den Namen zu ändern, den Ursprung.

Indessen war Kaiser Karl gestorben und sein Sohn Ludwig in der Regierung gefolgt. Nach dessen Tod entstand so heftiger Streit unter seinen Söhnen, daß zur Zeit seiner Enkel das Kaiserreich dem Hause Frankreich genommen wurde und auf Deutschland überging. Der erste deutsche Kaiser hieß Arnulf. Durch ihre Zwietracht verloren die Karolinger nicht nur das Kaiserreich, sondern auch die Krone Italiens. Denn die Longobarden gewannen wieder Kräfte und verletzten den Papst und die Römer, so daß der Papst, der nicht sah, zu wem er seine Zuflucht nehmen sollte, aus Not Berengar, Herzog von Friaul, zum König von Italien ernannte. Diese Ereignisse gaben den Hunnen, die in Pannonien wohnten, Mut, Italien anzugreifen. Doch Berengar widerstand und zwang sie, nach Pannonien oder Ungarn zurückzukehren, wie dieses Land von ihnen genannt wurde.

Kaiser in Griechenland war in dieser Zeit Romanus, der, als Präfekt der Kriegsmacht Konstantins, diesem das Reich entrissen hatte. Da sich bei dieser Staatsveränderung Apulien und Kalabrien gegen ihn erhoben, die, wie wir oben sagten, dem griechischen Kaiser gehorchten, so erlaubte er, im Unwillen über diesen Aufstand, den Sarazenen, herüberzukommen. Die Sarazenen eroberten diese Länder und versuchten hierauf, Rom zu stürmen.

Weil Berengar beschäftigt war, sich gegen die Hunnen zu verteidigen, machten die Römer Alberich, Herzog von Toskana, zu ihrem Feldherrn und verteidigten durch dessen Tapferkeit Rom. Die Sarazenen hoben die Belagerung auf, bauten auf dem Berg Gargano ein Kastell und beherrschten von hier aus Apulien und Kalabrien und machten Streifzüge in das übrige Italien.

So geriet Italien in diesen Zeiten in die schlimmste Drangsal, da es von der Seite der Alpen durch die Hunnen, von der Seite Neapels durch die Sarazenen bekriegt wurde. Viele Jahre lang, unter drei Berengaren, die einer auf den andern folgten, lag Italien in diesen Zuckungen. Während dieser Zeit waren der Papst und die Kirche jeden Augenblick bedrängt, da sie, wegen der Uneinigkeit der abendländischen Fürsten und der Ohnmacht des oströmischen Kaisers, niemand hatten, zu dem sie ihre Zuflucht nehmen konnten. Die Sarazenen zerstörten in diesen Zeiten die Stadt Genua und alle ihre Seeküsten, und hieraus entstand die Größe der Stadt Pisa, wohin sich viele aus dem Vaterland vertriebene Einwohner flüchteten. Diese Begebenheiten fallen in das 931ste Jahr der christlichen Religion. Als aber Otto, Herzog von Sachsen, der Sohn Heinrichs und Mathildens, ein kluger Mann von großem Ansehen, zum Kaiser ernannt worden war, wandte sich der Papst Agapitus mit der Bitte an ihn, über die Alpen zu kommen und Italien von der Tyrannei der Berengaren zu befreien.

Die Staaten Italiens waren in diesen Zeiten folgendermaßen geordnet. Die Lombardei stand unter Berengar III. und seinem Sohn Albert. Toskana und die Romagna wurden durch einen Beamten des abendländischen Kaisers verwaltet. Apulien und Kalabrien gehorchten zum Teil dem griechischen Kaiser, zum Teil den Sarazenen. Zu Rom wurden jährlich zwei Konsuln aus dem Adel ernannt, die nach der alten Sitte die Stadt regierten; ein Präfekt sprach dem Volk Recht; ein Rat von zwölf Männern ernannte jährlich die Rektoren für die untergebenen Städte. Der Papst hatte in Rom und in ganz Italien mehr oder weniger Autorität, je nachdem ihn die Kaiser oder die, welche in Italien am mächtigsten waren, unterstützten.

Der Kaiser Otto kam also nach Italien, nahm den Berengaren, die es fünfundfünfzig Jahre regiert hatten, die Herrschaft und gab dem Papst seine Würde wieder. Otto hatte einen Sohn und einen Enkel, die gleichfalls Otto hießen, und ihm nacheinander im Reich folgten. Zur Zeit Ottos III. wurde Papst Gregor V. von den Römern vertrieben. Otto kam daher nach Italien und setzte ihn in Rom wieder ein. Um sich zu rächen, nahm nun der Papst den Römern die Gewalt, den Kaiser zu ernennen, und gab sie sechs deutschen Fürsten, drei Bischöfen: von Mainz, Trier und Köln, und drei Fürsten: von Brandenburg, Pfalz und Sachsen. Dies geschah im Jahr 1003. Nach dem Tode Ottos III. wurde von den Kurfürsten Herzog Heinrich von Bayern[1] zum Kaiser gewählt, der nach zwölf Jahren von Stephan VIII. gekrönt wurde. Heinrich und Simeonda Kunigunde waren von sehr heiligem Leben, was man aus vielen frommen Stiftungen und der Erbauung vieler Kirchen sieht, worunter die Kirche von San Miniato in der Nähe der Stadt Florenz gehört. Heinrich starb 1024 und hatte Konrad von Schwaben zum Nachfolger, dem Heinrich II. folgte. Dieser kam nach Rom, und da durch drei Päpste Schisma in der Kirche war, setzte er sie alle drei ab und ließ Clemens II. erwählen, von dem er als Kaiser gekrönt wurde.

Italien war damals teils von Republiken, teils von Fürsten, teils von Beamten des Kaisers verwaltet, deren höchster, und dem die andern untergeordnet

[1] von Sachsen.

waren, Kanzler hieß. Unter den Fürsten war der mächtigste Gottfried und die Gräfin Mathilde, seine Gemahlin, die Tochter Beatrices, der Schwester Heinrichs II. Sie und ihr Gemahl besaßen Lucca, Parma, Reggio und Mantua, nebst allem, was heute das Patrimonium genannt wird.

Den Päpsten machte damals der Ehrgeiz des römischen Volkes viel zu schaffen, das sich zuerst ihres Ansehens bedient hatte, um sich von den Kaisern zu befreien. Kaum aber hatte es die Herrschaft der Stadt, und kaum war die Regierung nach seinem Gutdünken umgeformt, so wurde es der Feind der Päpste, und sie mußten viel mehr Unbilden von diesem Volk erdulden, als von irgendeinem christlichen Fürsten. Während die Päpste durch den Kirchenbann das ganze Abendland zittern machten, lehnte sich fortwährend das römische Volk gegen sie auf, und beide hatten kein anderes Streben, als dem andern Ansehen und Gewalt zu entreißen.

Als daher Nikolaus II. den heiligen Stuhl bestieg, beraubte er die Römer der Teilnahme an der Papstwahl, wie ihnen Gregor V. schon die Wahl des Kaisers genommen hatte, und wollte, daß die Wahl des Papstes allein den Kardinälen zustehe. Damit war er noch nicht zufrieden, sondern schloß mit den Fürsten, die Kalabrien und Apulien beherrschten – wer sie waren, werden wir sogleich sagen – eine Übereinkunft und zwang alle Beamten, die die Römer in ihr Gebiet sandten, dem Papst zu huldigen und enthob einige ihrer Ämter.

Nach dem Tode Nikolaus' war Schisma in der Kirche; denn die Geistlichkeit der Lombardei wollte dem Papst Alexander II., der in Rom gewählt worden war, nicht Gehorsam leisten und wählte Cadolo von Parma zum Gegenpapst. Heinrich, dem die Macht der Päpste verhaßt war, ließ Alexander bedeuten, er solle dem heiligen Stuhl entsagen, und den Kardinälen, sie sollten nach Deutschland kommen, um einen neuen Papst zu wählen. So wurde er der erste Fürst, der erfahren mußte, von welcher Bedeutung die geistlichen Waffen seien; denn der Papst rief ein Konzilium in Rom zusammen und beraubte Heinrich der Kaiserwürde und des Reiches. Der eine Teil der italienischen Völker folgte dem Papst, der andere dem Kaiser und dies war der Samen der Parteien der Guelfen und Gibellinen, auf daß Italien durch innere Kriege zerfleischt werde, nachdem die Überschwemmungen der Barbaren versiegt waren. Da also Heinrich exkommuniziert war, wurde er von seinen Völkern gezwungen, nach Italien zu kommen und barfuß kniefällig den Papst um Verzeihung zu bitten. Dies trug sich im Jahr 1077 zu. Bald jedoch entstand neue Zwietracht zwischen dem Papst und Heinrich, und der Papst exkommunizierte ihn von neuem. Der Kaiser schickte seinen Sohn, der gleichfalls Heinrich hieß, mit einem Heer nach Rom und belagerte mit Hilfe der Römer, die den Papst haßten, Gregor in der Engelsburg. Doch Robert Guiscard kam aus Apulien Gregor zu Hilfe, und Heinrich wartete ihn nicht ab, sondern kehrte nach Deutschland zurück. Nur die Römer beharrten in ihrem Starrsinn, so daß Rom durch Robert von neuem verheert und in die alten Trümmer gelegt wurde, aus denen es durch die Bemühungen mehrerer Päpste erstanden war. Da dieser Robert das Königreich Neapel gründete, scheint es mir nicht überflüssig, seine Taten und Herkunft eingehender zu erzählen.

Als Uneinigkeit unter den Erben Karls des Großen entstand, wie wir oben gezeigt haben, erhielten die Normannen, ein neuer nordischer Volksstamm, Gelegenheit, Frankreich anzugreifen und eroberten das Land, welches heute von ihnen Normandie heißt. Von diesen Völkern kam ein Teil nach Italien, zur Zeit, als dieses Land durch die Berengaren, durch die Sarazenen und durch die Hunnen durchstreift wurde, und eroberten einige Städte in der Romagna, welche sie während dieser Kriege durch ihre Tapferkeit behaupteten. Tankred, einer dieser normännischen Fürsten, halte mehrere Söhne, worunter Wilhelm mit dem Beinamen Ferabac[2] und Robert, Guiscard genannt. Die Herrschaft war auf Wilhelm übergegangen, und das Kriegsgetümmel in Italien hatte sich einigermaßen gelegt. Doch behaupteten die Sarazenen Sizilien und machten täglich Raubzüge an die Küsten Italiens. Wilhelm verbündete sich daher mit dem Fürsten von Capua und von Salerno und mit dem Griechen Melorkus, dem Statthalter des griechischen Kaisers in Apulien und Kalabrien, zum Angriff Siziliens. Im Fall des Sieges wurde festgesetzt, daß jeder den vierten Teil der Beute und des Landes erhalten solle. Die Unternehmung glückte, sie vertrieben die Sarazenen und eroberten Sizilien. Doch nach dem Sieg ließ Melorkus heimlich Soldaten aus Griechenland kommen, nahm die Insel für den Kaiser in Besitz und teilte nur die Beute. Wilhelm war darüber mißvergnügt, behielt sich aber auf eine gelegenere Zeit vor, es zu zeigen, und segelte mit den Fürsten von Salerno und von Capua von Sizilien ab. Als diese sich von ihm getrennt hatten, um nach Hause zurückzukehren, kehrte Wilhelm nicht in die Romagna zurück, sondern wandte sich mit seinen Soldaten gegen Apulien, nahm unversehens Melfi ein und eroberte von hier aus trotz der Streitkräfte des griechischen Kaisers in kurzer Zeit fast ganz Apulien und Kalabrien. In diesen Ländern herrschte zur Zeit Nikolaus' II. Wilhelms Bruder, Robert Guiscard. Da Robert mit seinem Neffen wegen der Erbschaft im Streit lag, bediente er sich zur Beilegung des Ansehens des Papstes, und der Papst tat es gerne, da er sich Robert zu gewinnen wünschte, um in ihm einen Verteidiger gegen die deutschen Kaiser und den Übermut des römischen Volkes zu haben. Es kam auch so, wie wir oben gezeigt haben, daß auf Bitten Gregors VII. Robert Heinrich aus Rom vertrieb und das Volk zähmte. Auf Robert folgten seine Söhne Rüdiger und Wilhelm, die ihren Staat über Neapel und alle Städte von Neapel

[2] Auch Braccio de Ferro, Eisenarm.

bis Rom und später über Sizilien ausdehnten, zu dessen Herrn sich Rüdiger machte. Als aber hierauf Wilhelm nach Konstantinopel ging, um sich mit der Tochter des Kaisers zu vermählen, griff ihn Rüdiger an und entriß ihm die Herrschaft. Stolz durch diese Eroberung, ließ sich Rüdiger anfänglich König von Italien nennen, begnügte sich jedoch später mit dem Titel des Königs von Apulien und Sizilien. Er war der erste, der diesem Königreich Namen und Einrichtung gab, das sich bis heute in den alten Grenzen erhalten hat, obgleich es mehrere Male nicht allein das Geschlecht, sondern auch die Nation seiner Herrscher gewechselt hat. Denn als der Stamm der Normänner erlosch, ging das Reich auf die Deutschen über, von diesen auf die Franzosen, von ihnen auf die Aragonier, und heute besitzen es die Flamen.

Den heiligen Stuhl hatte Urban II. bestiegen, der in Rom verhaßt war. Da er wegen der Uneinigkeit auch in Italien nicht sicher zu sein glaubte, wandte er sich zu einer ehrenvollen Unternehmung, ging mit dem ganzen Klerus nach Frankreich und versammelte zu Clermont eine große Menge Volkes, der er eine Rede gegen die Ungläubigen hielt, wodurch er die Gemüter so sehr entflammte, daß sie Asien den Sarazenen zu entreißen beschlossen. Dieser Feldzug und alle ähnlichen wurden später Kreuzzüge genannt, weil alle, die daran teilnahmen, auf Harnisch und Kleidung mit einem roten Kreuze gekennzeichnet waren. Die Führer des ersten Kreuzzuges waren Gottfried, Eustach und Balduin von Bouillon, Grafen von Boulogne, und Peter, ein Einsiedler von gepriesener Heiligkeit und Klugheit. Viele Könige und viele Völker trugen durch Geld dazu bei, und viele Privaten dienten ohne allen Sold, so viel vermochte damals über die Gemüter der Menschen die Religion und das Beispiel ihrer Oberhäupter. Am Anfang war diese Unternehmung ruhmvoll; denn ganz Kleinasien, Syrien und ein Teil Ägyptens kam in die Gewalt der Christen. Es entstand dadurch der Orden der Ritter von Jerusalem, der heute noch herrscht und die Insel Rhodos regiert, das einzige Bollwerk, das gegen die Macht der Mohammedaner übrig geblieben ist. Auch der Orden der Templer entstand, der vor kurzer Zeit durch ihre schlechten Sitten unterging. In verschiedenen Zeiten erfolgten verschiedene Begebenheiten, wobei viele Nationen und einzelne Männer gepriesen wurden. Der König von Frankreich, der König von England setzten zur Unterstützung dieser Unternehmung über das Meer, und die Völker Venedigs, Pisas und Genuas erwarben hohen Ruf. Mit verschiedenem Glück dauerte der Kampf bis zu den Zeiten des Sarazenen Saladin fort. Doch, durch Saladins Tapferkeit und durch eigene Zwietracht verloren die Christen allen Ruhm, den sie im Anfang erworben hatten. Nach neunzig Jahren wurden sie von dem Ort vertrieben, den sie mit so großer Ehre glücklich wieder erobert hatten.

Nach dem Tode Urbans wurde Paschalis II. zum Papst gewählt, und Heinrich V. war Kaiser geworden. Dieser kam nach Rom, indem er sich den Schein der Freundschaft mit dem Papst gab; dann setzte er den Papst und den ganzen Klerus gefangen und gab ihnen nicht eher die Freiheit, bis ihm gestaltet wurde, über die Kirche Deutschlands nach Gefallen verfügen zu können.

In dieser Zeit starb die Gräfin Mathilde und hinterließ der Kirche ihren ganzen Staat als Erbe.

Nach dem Tode Paschalis' und Heinrichs V. folgten mehrere Päpste und mehrere Kaiser, bis Alexander III. den heiligen Stuhl bestieg und das Reich an Friedrich von Schwaben kam, der Barbarossa genannt wurde. Die Päpste hatten in diesen Zeiten mit dem römischen Volk und mit den Kaisern viele Streitigkeiten gehabt, die zur Zeit Barbarossas zu großer Heftigkeit anwuchsen. Friedrich war ein vortrefflicher Kriegsmann, aber voll so großen Stolzes, daß es ihm unerträglich war, daß er dem Papst weichen sollte. Dessenungeachtet kam er nach seiner Wahl nach Rom, um sich krönen zu lassen, und kehrte friedlich nach Deutschland zurück. Aber nicht lange blieb er dieses Sinnes. Als er von neuem nach Italien gezogen war, um einige Städte in der Lombardei zu unterwerfen, die ihm den Gehorsam versagten, trug es sich zu, daß der Kardinal von S. Clemente, von Nation ein Römer, von Alexander abfiel und von einigen Kardinälen zum Papst ernannt wurde. Alexander beklagte sich über den Gegenpapst beim Kaiser, der Crema belagerte, und erhielt zur Antwort: Sie sollten beide zu ihm kommen, dann wolle er entscheiden, wer von ihnen Papst sei. Diese Antwort mißfiel Alexander, und da er den Kaiser geneigt sah, den Gegenpapst zu begünstigen, exkommunizierte er ihn und floh zu Philipp, König von Frankreich.

Friedrich, der unterdessen den Krieg in der Lombardei fortsetzte, nahm und zerstörte Mailand, was Ursache war, daß sich Verona, Padua und Vicenza zur gemeinschaftlichen Verteidigung gegen ihn verbündeten. Mittlerweile war der Gegenpapst gestorben, weshalb Friedrich an seine Stelle Guido von Cremona ernannte. Bei der Abwesenheit des Papstes und dem Widerstand, den der Kaiser in der Lombardei fand, hatten die Römer wieder einige Gewalt in Rom ergriffen und forderten die Städte, die ihre Untertanen zu sein pflegten, zum Gehorsam auf. Da die Tuskulaner ihrer Autorität nicht weichen wollten, so rückten sie in Masse gegen sie aus. Doch die Tuskulaner wurden von Friedrich unterstützt und brachten dem römischen Heer eine so blutige Niederlage bei, daß Rom später nie wieder weder bevölkert noch reich würde. Währenddessen war der Papst Alexander nach Rom zurückgekehrt, wo er wegen der Feindschaft der Römer gegen Friedrich und wegen der Feinde, die der Kaiser in der Lombardei hatte, sicher zu sein glaubte. Doch Friedrich zog mit außer Acht lassen jeder Rücksicht zur Belagerung Roms heran. Alexander erwartete ihn nicht, sondern floh zu Wilhelm, König von Apulien, der nach Rüdigers Tod das Reich geerbt hatte. Friedrich, durch die Pest vertrieben, hob die Belagerung auf und kehrte nach Deutschland zurück. Um jetzt Pavia und Tortona, die der Partei des Kaisers anhingen, bekämpfen zu können, erbauten die Städte der Lombardei, die sich gegen ihn verbündet hatten, eine Stadt als Waffenplatz in diesem Krieg und nannten sie, zur Ehre Alexanders und zur Schmach Friedrichs, Alexandria. Nun starb auch der Gegenpapst Guido, und an seiner Statt wurde Johann von Fermo ernannt, der durch die Unterstützung der Partei des Kaisers seinen Wohnsitz in Montefiascone einrichtete.

Der Papst Alexander war mittlerweile nach Tusculum gegangen, wohin ihn die Tuskulaner gerufen hatten, damit er sie durch sein Ansehen vor den Römern schütze. Hier kamen Gesandte des Königs Heinrich von England zu ihm, um zu melden, daß am Tod des heiligen Thomas, Bischofs von Canterbury, ihr König keine Schuld habe, wie ihn die öffentliche Stimme anklagte. Der Papst sandte daher zwei Kardinäle nach England, um die Wahrheit zu erforschen. Obgleich nun diese den König nicht in offenbarer Schuld fanden, so legten sie ihm doch, weil die Sünde es verlangte und weil er den Bischof nicht geehrt hatte, wie er es verdiente, als Buße auf, daß er alle Barone des Königreichs zusammenrufe und sich durch einen Schwur vor ihnen rechtfertige. Überdies sollte er sogleich zweihundert Soldaten, bezahlt für ein Jahr, nach Jerusalem schicken, und er selbst sollte verpflichtet sein, mit einem Heer, so zahlreich er es aufbringen könne, persönlich, ehe drei Jahre vergingen, dahin zu segeln. Endlich sollte er alles, was er im Königreich zur Beeinträchtigung der Kirchenfreiheit angeordnet halte, zurücknehmen und sollte einwilligen, daß jeder von seinen Untertanen nach Belieben nach Rom appellieren dürfe. Alle diese Bedingungen wurden von Heinrich angenommen, und ein so mächtiger König unterwarf sich einem Urteilsspruch, dem sich zu unterwerfen heute ein Privatmann sich schämen würde. Doch, während der Papst so große Gewalt über die fernen Fürsten hatte, konnte er es nicht dahin bringen, daß ihm die Römer gehorchten, von denen er die Erlaubnis nicht erlangen konnte, in Rom zu wohnen, obgleich er versprach, sich mit nichts anderem als dem Kirchlichen zu beschäftigen. So viel mehr sind die Dinge, die ein Nimbus umgibt, in der Ferne gefürchtet, als in der Nähe.

In dieser Zeit war Friedrich wieder nach Italien gekommen, aber während er sich rüstete, den Papst von neuem zu bekriegen, erklärten ihm seine sämtlichen Prälaten und Barone, sie würden ihn verlassen, wenn er sich nicht mit der Kirche versöhne. Friedrich war daher gezwungen, sich in Venedig vor dem Papst zu demütigen, wo sie einen Frieden miteinander schlossen, worin der Papst den Kaiser jeder Gewalt über Rom beraubte und den König Wilhelm von Sizilien und Apulien als seinen Verbündeten erklärte. Friedrich, der nicht ohne Krieg leben konnte, unternahm einen Kreuzzug, um seinem Ehrgeiz, dem er gegen den Statthalter Christi nicht hatte Luft machen können, gegen die Mohammedaner Luft zu machen. Doch am Cydnus angekommen, badete er, durch die Klarheit des Wassers angelockt, in diesem Fluß, und diese Unvorsichtigkeit brachte ihm den Tod. So halfen die Wasser den Mohammedanern mehr als die Bannflüche den Christen; denn diese zähmten seinen Stolz, jene töteten ihn.

Nachdem Friedrich tot war, blieb dem Papst nur noch die Widerspenstigkeit der Römer zu bezähmen. Nach vielen Streitigkeiten über die Ernennung der Konsuln vereinigte man sich dahin, daß die Römer nach ihrer Sitte die Konsuln wählen sollten, daß aber diese nicht eher ihr Amt antreten durften, als bis sie der Kirche Gehorsam gelobt hatten. Dieser Vertrag bewirkte, daß der Gegenpapst Johann auf den Albanerberg flüchtete, wo er kurz darauf starb.

In dieser Zeit war der König Wilhelm von Neapel gestorben, und der Papst beabsichtigte, dieses Reich unter seine Herrschaft zu bringen, weil der König keine andern Söhne als einen natürlichen Sohn, Tankred, hinterlassen hatte. Doch die Barone gaben dem Papst ihre Einwilligung nicht, sondern wollten, daß Tankred ihr König sei. Coelestinus III., der damals Papst war, bewirkte daher, im Verlangen, Tankred das Königreich zu entziehen, daß Heinrich, der Sohn Friedrichs, zum Kaiser gewählt wurde, und versprach ihm das Königreich Neapel unter der Bedingung, daß er der Kirche alle Städte, die ihr gehörten, zurückgebe. Um die Sache zu erleichtern, zog er Konstanze, die schon bejahrte Tochter Wilhelms, aus dem Kloster und gab sie Heinrich zum Weib. Und so ging das Königreich Neapel von den Normannen, die seine Gründer waren, auf die Deutschen über. Sobald der Kaiser Heinrich die Angelegenheiten Deutschlands in Ordnung gebracht hatte, zog er mit seiner Gemahlin Konstanze und seinem vierjährigen Sohn Friedrich nach Italien und bemächtigte sich des Königreichs ohne viel Schwierigkeit, da Tankred gestorben war und nur einen kleinen Knaben, Rüdiger, hinterlassen hatte.

Nach einiger Zeit starb Heinrich in Sizilien, und Friedrich folgte ihm im Königreich Neapel. Zum Kaiser aber wurde durch die Unterstützung Papst Innozenz III. der Herzog Otto von Sachsen gewählt. Doch kaum war Otto gekrönt, so wurde er, gegen alles Erwarten, Feind des Papstes, bemächtigte sich der Romagna und rüstete sich zum Angriff auf Neapel. Nun exkommunizierte ihn der Papst, so daß er von jedermann verlassen wurde, und die Kurfürsten wählten König Friedrich von Neapel zum Kaiser. Friedrich kam wegen der Krone nach Rom, aber der Papst wollte ihn nicht krönen, weil er seine Macht fürchtete, und versuchte ihn aus Italien fortzubringen, wie er Otto fortgebracht hatte. Unwillig zog Friedrich nach Deutschland und besiegte Otto nach mehreren Kriegen. Währenddessen starb Innozenz, der außer seinen andern vortrefflichen Werken das Spital des heiligen Geistes in Rom erbaute. Ihm folgte Honorius III., zu dessen Zeit der Orden des heiligen Dominicus und des heiligen Franziskus 1218 entstand. Dieser Papst krönte Friedrich, dem Johann, ein Nachkomme Balduins, Königs von Jerusalem, der mit den Überresten der Christen in Asien war und noch diesen Titel führte, seine Tochter zur Gemahlin gab. Als Mitgift trat er ihm den Titel dieses Reiches ab, woher es kommt, daß die Könige von Neapel den Titel König von Jerusalem führen.

Der politische Zustand Italiens war damals folgender: Die Römer ernannten keine Konsuln mehr, sondern erwählten an ihrer Statt mit derselben Gewalt bald einen, bald mehrere Senatoren. Der Bund, den die Städte der Lombardei gegen Friedrich Barbarossa geschlossen hatten, dauerte noch fort; es waren Mailand, Brescia, Mantua mit dem größeren Teil der Städte der Romagna, und weiter Verona, Vicenza, Padua und Treviso. Auf der Seite des Kaisers waren Cremona, Bergamo, Parma, Reggio, Modena und Trient. Die andern Städte und Kastelle der Lombardei und der Romagna unterstützten je nach Notwendigkeit bald die eine, bald die andere Partei. Zur Zeit Ottos III. war ein Ezelin nach Italien gekommen, der sich hier niederließ und einen Sohn hatte, welcher einen zweiten Ezelin zeugte. Dieser, reich und mächtig, schloß sich an Friedrich II. an, der, wie gesagt wurde, Feind des Papstes geworden war.

Auf Betreiben und mit Hilfe Ezelins kam der Kaiser nach Italien, nahm Verona und Mantua, zerstörte Vicenza, eroberte Padua, schlug das Heer der verbündeten Städte und rückte sodann gegen Toskana. Ezelin hatte indessen die ganze Mark Treviso unterworfen, konnte aber Ferrara nicht einnehmen, das Azzo von Este und die Truppen, die der Papst in der Lombardei hatte, verteidigten. Nach Aufhebung der Belagerung gab daher der Papst diese Stadt Azzo von Este zum Lehen, von dem jene Este abstammen, welche heute Ferrara beherrschen. Friedrich machte in Pisa halt, da er sich Toskanas bemächtigen wollte. Als er nun seine Freunde und Feinde in diesem Land zur Erklärung aufforderte, säte er so große Zwietracht aus, daß er Ursache des Ruins von ganz Italien wurde; denn die Parteien der Guelfen und Gibellinen vermehrten sich, indem man Guelfen die nannte, welche der Kirche dienten, und Gibellinen die, welche dem Kaiser folgten; diese Namen wurden zuerst zu Pistoja gehört. Von Pisa aufgebrochen, verheerte Friedrich das Gebiet der Kirche mit Feuer und Schwert, so daß der Papst, der sich nicht anders zu helfen wußte, einen Kreuzzug gegen den Kaiser predigte, wie seine Vorgänger gegen die Sarazenen getan hatten. Friedrich dagegen, um sich nicht auf einmal von seinen Soldaten verlassen zu sehen, wie Friedrich Barbarossa und seine anderen Vorfahren, nahm eine große Zahl Sarazenen in Sold. Und um sie sich zu verpflichten und ein festes Bollwerk in Italien gegen die Kirche zu errichten, das die päpstlichen Bannflüche nicht fürchte, gab er ihnen Nocera im Königreich Neapel, damit sie, im Besitz eines eigenen Zufluchtsorts, ihm mit größerer Sicherheit dienen könnten.

Den heiligen Stuhl hatte Innozenz IV. bestiegen, der in der Furcht vor Friedrich nach Genua und von da nach Frankreich ging und daselbst ein Konzilium nach Lyon berief. Friedrich beschloß, darauf zu erscheinen, wurde aber durch den Aufstand Parmas zurückgehalten, das er belagerte. Da Parma seine Angriffe abschlug, ging er nach Toskana und von da nach Sizilien, wo er starb, indem er seinen Sohn Konrad in Schwaben hinterließ und in Apulien Manfred, mit einer Geliebten gezeugt, den er zum Herzog von Benevent gemacht hatte.

Konrad kam, um das Königreich in Besitz zu nehmen; doch in Neapel angekommen, starb er und hinterließ Konradin als Knaben, der sich in Deutschland befand. Manfred setzte sich daher zuerst als Vormund Konradins in Besitz des Staates; dann aber sprengte er das Gerücht aus, Konradin sei gestorben und machte sich gegen den Willen des Papstes und der Neapolitaner, die er mit Gewalt zur Einwilligung zwang, zum König.

Während diese Dinge im Königreich Neapel vorgingen, erfolgten in der Lombardei blutige Unruhen zwischen den Guelfen und Gibellinen. Haupt der Partei der Guelfen war ein Legat des Papstes, Haupt der Gibellinen Ezelin, der fast die ganze Lombardei zwischen dem Po und den Alpen besaß. Da sich während des Kriegs Padua gegen ihn empörte, ließ Ezelin 12000 Paduaner niedermachen, wurde aber selbst, ehe er den Krieg beendet hatte, in einem Alter von achtzig Jahren getötet. Nach seinem Tod wurden alle Städte, die er besessen hatte, frei.

König Manfred von Neapel setzte nach dem Beispiel seiner Vorfahren die Feindschaft gegen die Kirche fort und hielt den Papst Urban IV. in beständiger Bedrängnis, so daß Urban einen Kreuzzug gegen ihn ausschrieb und nach Perugia ging, um die Krieger zu erwarten. Da er aber dachte, daß sie, gering an Zahl, schwach und spät kommen würden, glaubte er sicherere Hilfe zur Besiegung Manfreds nötig zu haben. Er ernannte daher Karl von Anjou, den Bruder Ludwigs IX. von Frankreich, zum König von Sizilien und Neapel und trieb ihn an, nach Italien zu kommen, um dieses Reich in Besitz zu nehmen. Ehe aber Karl nach Rom kam, starb Urban, an dessen Stelle Clemens IV. gewählt wurde. Zur Zeit dieses Papstes warf Karl mit dreißig Galeeren zu Ostia Anker, während er seine andern Kriegsvölker an Land kommen ließ. Bei seinem Verweilen in Rom ernannten ihn die Römer, um sich ihn zu verbinden, zum Senator, und der Papst belehnte ihn mit dem Königreich Neapel, mit der Verpflichtung, jährlich der Kirche 50000 Dukaten zu bezahlen, wozu er noch ein Dekret erließ, daß in Zukunft weder Karl noch ein anderer König von Neapel Kaiser sein dürfe. Karl zog hierauf gegen Manfred, schlug und tötete ihn in der Nähe von Benevent und machte sich zum Herrn von Sizilien und Neapel. Konradin, dem durch das Testament seines Vaters dieser Staat gehörte, versammelte ein zahlreiches Heer in Deutschland und zog nach Italien gegen Karl. Bei Tagliacozzo kam es zur Schlacht, worin Konradin zuerst besiegt, dann auf der Flucht erkannt, gefangen und hingerichtet wurde.

Italien blieb so lange ruhig, bis Hadrian V. im Pontifikat folgte. Da sich Karl in Rom aufhielt und die Stadt durch seine Senatorwürde regierte, wurde dem Papst seine Macht unerträglich, so daß er seinen Sitz nach Viterbo verlegte und den Kaiser Rudolf aufforderte, gegen Karl nach Italien zu ziehen. So riefen die Päpste unaufhörlich, bald aus Eifer für die Religion, bald aus eigenem Ehrgeiz, neue Völker nach Italien und erregten neue Kriege; und nachdem sie einen Fürsten mächtig gemacht hatten, bereuten sie es und versuchten ihn zu stürzen; und nie gaben sie zu, daß dieses Land, das sie wegen ihrer Schwäche selbst nicht besitzen konnten, ein anderer besitze. Und die Fürsten fürchteten sie, weil sie immer, kämpfend oder fliehend, siegten, wenn sie nicht einer List erlagen, wie Bonifatius VIII. und einige andere, die unter dem Schein von Freundschaft von den Kaisern gefangen genommen wurden. Rudolf kam nicht nach Italien, weil er durch einen Krieg mit dem König von Böhmen zurückgehalten wurde.

Währenddessen starb Hadrian, und Nikolaus III., aus dem Hause Orsini, ein kühner und ehrgeiziger Mann, wurde zum Papst gewählt. Dieser wollte durchaus die Macht Karls schwächen und bewirkte, daß sich Kaiser Rudolf beschwerte, daß Karl einen Statthalter zur Sicherheit der Guelfenpartei in Toskana hielt, welche er nach Manfreds Tod in dieses Land wieder eingesetzt hatte. Karl gab dem Kaiser nach und rief seine Statthalter zurück. Nun sandte der Papst den Kardinal Orsini, einen seiner Neffen, als Reichsstatthalter dahin, so daß der Kaiser für diese ihm erzeigte Ehre der Kirche die Romagna zurückgab, welche ihr seine Vorgänger entrissen hatten; und der Papst machte Bertold Orsini zum Herzog der Romagna. Da Nikolaus jetzt so mächtig geworden zu sein glaubte, daß er Karl die Stirn bieten könne, beraubte er ihn der Senatorwürde und erließ ein Dekret, daß niemand mehr aus königlichem Blut Senator in Rom sein dürfe. Er hatte im Sinn, Karl auch Sizilien zu entreißen und knüpfte zu diesem Zweck heimlich mit König Peter von Aragon Unterhandlungen an, die zur Zeit seines Nachfolgers in Ausführung kamen. Ferner hatte er die Absicht, aus seinem Haus zwei Könige zu machen, den einen in der Lombardei, den andern in Toskana, deren Macht die Kirche vor den Deutschen schützen sollte, wenn sie nach Italien kommen wollten, und vor den Franzosen, die in Neapel waren. Allein der Tod verhinderte die Ausführung seiner Pläne.

Er war der erste Papst, der offen den eignen Ehrgeiz zeigte, und der unter dem Vorwand, die Kirche mächtig zu machen, seiner Familie Ehre und Besitzungen zuzuwenden dachte. Und wenn von dieser Zeit rückwärts nie irgendeines Neffen oder Verwandten der Päpste erwähnt wurde, so wird nun in Zukunft die Geschichte so voll davon sein, daß wir sogar von ihren Söhnen sprechen werden. Und wie sie bis zu unsrer Zeit gestrebt haben, sie als Fürsten zu hinterlassen, so fehlt den Päpsten für die Zukunft nur noch der Versuch, ihnen das Pontifikat erblich zu hinterlassen. Wahr ist jedoch, daß bis jetzt die von ihnen errichteten Throne kurze Dauer gehabt haben; denn größtenteils vollenden die Päpste wegen ihres kurzen Lebens entweder die Pflanzung ihrer Pflanzen nicht, oder wenn sie sie auch pflanzen, so hinterlassen sie sie doch mit so wenigen und schwachen Wurzeln, daß sie der erste Windstoß ausreißt, sobald die Kraft fehlt, welche sie gestützt hatte.

Auf Nikolaus folgte Martin IV., der, von Nation ein Franzose, die Partei Karls begünstigte. Karl sandte sein Heer zur Unterstützung Martins in die Romagna, die sich gegen ihn erhoben hatte. Als das Heer Forli belagerte, ordnete der Astrologe Guido Bonatto an, daß in einem von ihm bestimmten Augenblick das Volk die Franzosen angriff, die sämtlich gefangen und getötet wurden. Zur selben Zeit kam die von Papst Nikolaus mit König Peter von Aragon angesponnene Unternehmung zur Ausführung. Nach dem verabredeten Plan töteten die Sizilianer alle Franzosen, die sich auf der Insel befanden, und Peter machte sich zum Herrn derselben, indem er sagte, sie gehöre ihm, weil er Konstanze, die Tochter Manfreds, zum Weib habe. Während der Rüstungen zur Wiedereroberung Siziliens starb Karl und hinterließ Karl II., der kriegsgefangen in Sizilien war. Um seine Freiheit zu erhalten, versprach er, in die Gefangenschaft zurückzukehren, wenn er innerhalb dreier Jahre beim Papst nicht ausgewirkt habe, daß das königliche Haus von Aragon mit dem Königreich Sizilien belehnt würde.

Statt nach Italien zu kommen, um dem Kaiserreich sein Ansehen im Land wiederzugeben, sandte Kaiser Rudolf einen Gesandten dahin mit der Vollmacht, alle Städte frei zu machen, die sich loskaufen würden. Viele Städte kauften sich daher los und änderten mit der Freiheit die Verfassung.

Im Reich folgte Adolf von Nassau, und im Pontifikat Pietro del Murone, der sich Coelestinus nannte. Dieser Papst, der ein Eremit und voller Heiligkeit war, entsagte nach sechs Monaten dem Pontifikat, und Bonifatius VIII. wurde gewählt.

Der Himmel, welcher wußte, daß eine Zeit kommen mußte, wo die Franzosen und die Deutschen Italien räumen würden, und wo das Land ganz in der Hand der Italiener bleiben würde, ließ – damit der Papst, von ultramontanischen Hindernissen befreit, seine Macht weder befestigen noch genießen könne – in Rom zwei mächtige Familien, die Colonna und Orsini, heranwachsen, die durch ihre Macht und Nähe den Papst schwach halten sollten. Papst Bonifatius, der dies erkannte, wollte die Colonna vernichten und exkommunizierte sie nicht nur, sondern rief einen Kreuzzug gegen sie auf. Wenn dies ihnen auch wohl einigermaßen schadete, so schadete es doch mehr der Kirche; denn die Waffen, welche sie aus Eifer für den Glauben kräftig geführt hatte, fingen an, ihre Schärfe zu verlieren, als sie sie aus eigenem Ehrgeiz gegen die Christen wandte. So bewirkte das zu große Verlangen, ihre Begierde zu befriedigen, daß sich die Päpste allmählich entwaffneten. Überdies beraubte Bonifatius zwei Colonna, die Kardinäle waren, der Kardinalswürde, und Sciarra, das Haupt dieses Hauses, der vor ihm flüchtete, wurde von katatonischen Seeräubern gefangen und unerkannt ans Ruder geschmiedet. Später jedoch wurde er im Hafen von Marseille erkannt und von König Philipp von Frankreich zu sich geladen, der von Bonifatius exkommuniziert und des Reiches verlustig erklärt worden war. Philipp, erwägend, daß man im Krieg mit den Päpsten entweder unterlag oder viele Gefahren lief, wandte sich zur List und gab sich den Schein, als wolle er mit dem Papst einen Frieden machen, sandte aber heimlich Sciarra nach Italien, der, in Anagni, wo der Papst war, angekommen, in der Nacht seine Freunde versammelte und ihn gefangen nahm. Obgleich Bonifatius kurz darauf vom Volk von Anagni befreit wurde, starb er doch aus Schmerz über diese Unbill in Raserei. Es war Bonifatius, welcher im Jahr 1300 das Jubiläum einführte und verordnete, daß es alle 100 Jahre gefeiert werden sollte.

In diesen Zeiten erfolgten viele Kämpfe zwischen den Guelfen und Gibellinen, und weil Italien von den Kaisern verlassen worden war, wurden viele Städte frei, und in vielen erhoben sich Tyrannen.

Papst Benedikt gab den beiden Colonna den Kardinalshut zurück und hob den Bannfluch gegen Philipp von Frankreich auf.

Ihm folgte Clemens V., der als Franzose 1305 den Hof nach Frankreich verlegte.

Mittlerweile starb Karl II., König von Neapel, und sein Sohn Robert folgte ihm auf dem Thron. Kaiser war Heinrich von Luxemburg geworden, der, um sich zu krönen, nach Rom aufbrach, obgleich der Papst nicht dort war. Heinrichs Zug hatte große Bewegungen in der Lombardei zur Folge, da er alle Verwiesenen, egal ob Guelfen oder Gibellinen, wieder in die Städte einsetzte. Die Folge war, daß sie, einer den andern vertreibend, das Land mit Kriegsgetümmel erfüllten, ohne daß es der Kaiser durch seine Anstrengungen verhindern konnte. Aus der Lombardei aufgebrochen, kam Heinrich über Genua nach Pisa, wo er sich bestrebte, Toskana dem König Robert zu nehmen. Da er keine Fortschritte machte, ging er nach Rom, wurde aber von den Orsini, mit Unterstützung König Roberts, nach wenigen Tagen vertrieben und kehrte nach Pisa zurück. Um nun mit besserem Erfolg Toskana zu bekriegen und es der Regierung König Roberts zu entziehen, ließ er Robert durch König Friedrich von Sizilien angreifen. Als er aber hoffte, zu gleicher Zeit Toskana zu erobern und dem König Robert seine Staaten zu entreißen, starb er.

Ihm folgte Ludwig von Bayern im Reich. Den heiligen Stuhl bestieg Johann XXII., zu dessen Zeit der Kaiser unaufhörlich die Guelfen und die Kirche verfolgte, die hauptsächlich durch König Robert und die Florentiner verteidigt wurden. Viele Kriege der Visconti gegen die Guelfen entstanden daraus in der

Lombardei, und Castruccios von Lucca gegen die Florentiner in Toskana. Da aber die Familie der Visconti dem Herzogtum Mailand den Ursprung gab, einem der fünf Fürstentümer, die später Italien regierten, so will ich ihre Herkunft weiter rückwärts nachweisen.

In der Lombardei war jener Städtebund entstanden, dessen wir oben Erwähnung getan haben, um sich gegen Friedrich Barbarossa zu verteidigen. Mailand, aus seinen Trümmern erstanden, schloß sich, die erlittene Unbill zu rächen, dem Bund an, der Barbarossa zügelte und die Partei der Kirche in der Lombardei eine Zeitlang kräftig hielt. In den Kriegen nun, die damals geführt wurden, wurde die Familie della Torre in Mailand sehr mächtig, und ihr Ansehen wuchs stets, solange die Kaiser in der Lombardei wenig Gewalt hatten. Als aber Friedrich II. nach Italien kam und die Gibellinen durch Ezelin mächtig geworden waren, entstand in jeder Stadt eine Gibellinenpartei, und zu der in Mailand gehörte die Familie der Visconti, welche die della Torre aus der Stadt vertrieb. Kurze Zeit jedoch waren sie verwiesen, als sie durch zwischen Kaiser und Papst geschlossene Verträge in ihr Vaterland wieder eingesetzt wurden. Als hierauf der Papst mit seinem Hof nach Frankreich gegangen war und Heinrich von Luxemburg seinen Krönungszug nach Rom machte, wurde er von Maffeo Visconti und Guido della Torre in Mailand aufgenommen, die damals die Häupter beider Familien waren. Maffeo aber beabsichtigte, sich des Kaisers zu bedienen, um Guido zu vertreiben, da er die Sache für mühelos erachtete, weil Guido zu der dem Reich feindlichen Partei gehörte. Er machte sich also die Beschwerden, die das Volk über das üble Betragen der Deutschen führte, zunutze, ermutigte vorsichtig einen jeden und beredete die Mailänder, die Waffen zu ergreifen und sich aus der Knechtschaft dieser Barbaren zu befreien. Als er nun die Gemüter nach seinen Zwecken gestimmt zu haben glaubte, ließ er durch einen Vertrauten einen Tumult veranstalten, worauf das Volk die Waffen gegen die Deutschen ergriff. Kaum war der Aufruhr ausgebrochen, als Maffeo mit seinen Söhnen und allen seinen Anhängern unter Waffen standen, zu Heinrich eilten und ihm meldeten der Aufstand rühre von den della Torre her, die, nicht zufrieden, als Bürger in Mailand zu leben, Gelegenheit ergriffen hätten, den Kaiser zu berauben, um sich die Guelfen Italiens zu verbinden und Fürsten der Stadt zu werden; er solle aber gutes Muts sein, sie und ihre Partei würden ihn, wenn er sich verteidigen wolle, auf jeden Fall retten. Heinrich hielt alles, was Maffeo sagte, für wahr und vereinigte seine Streitkräfte mit denen der Visconti, worauf sie die della Torre, die in mehrere Teile der Stadt geeilt waren, um den Aufruhr zu stillen, angegriffen, die, welche sie erreichen konnten, töteten und die anderen, ihrer Güter beraubt, verbannten. So blieb Maffeo Visconti gleichsam Fürst in Mailand. Nach ihm blieben Galeazzo und Azzo und nach diesen Luchino und Giovanni. Giovanni wurde Erzbischof der Stadt, und von Luchino, welcher vor ihm starb, blieben Bernabò und Galeazzo. Als aber kurz darauf auch Galeazzo starb, blieb von ihm Giovanni Galeazzo, Graf di Virtù genannt. Dieser ermordete nach dem Tod des Erzbischofs seinen Oheim Bernabo hinterlistig und blieb allein Fürst von Mailand. Er war der erste, der den Titel Herzog führte. Von ihm blieben Philipp und Giovan Maria Angelo. Als dieser von dem Volk in Mailand erschlagen wurde, blieb der Staat dem Philipp, welcher keine Söhne hinterließ, und so kam der Staat Mailand vom Haus der Visconti an das Haus der Sforza, auf die Weise und aus den Ursachen, die wir seines Orts erzählen werden.

Um zu meinem Ausgangspunkt zurückzukehren, sage ich, daß Kaiser Ludwig nach Italien kam, um seiner Partei Ansehen zu geben und sich krönen zu lassen. Um Gelegenheit zu haben, Geld von den Mailändern zu ziehen, versprach er ihnen die Freiheit und setzte die Visconti ins Gefängnis. Dann befreite er durch Castruccio von Lucca die Visconti wieder und ernannte, zu Rom angekommen, um Italien leichter in Verwirrung bringen zu können, Bero della Cervara zum Gegenpapst, durch dessen Ansehen und die Kraft der Visconti er die Gegenparteien Toskanas und der Lombardei schwach zu halten beabsichtigte. Allein Castruccio starb, und sein Tod war Ursache des Anfangs von Ludwigs Mißgeschick; denn Pisa und Lucca empörten sich gegen ihn, und die Pisaner schickten den Gegenpapst gefangen nach Frankreich, so daß der Kaiser, an den Angelegenheiten Italiens verzweifelnd, nach Deutschland zurückkehrte.

Kaum war er fort, da kam König Johann von Böhmen nach Italien, herbeigerufen durch die Gibellinen Brescias, und machte sich zum Herrn dieser Stadt und Bergamos. Da dieser Zug mit Zustimmung des Papstes geschah, obgleich er sich den Schein des Gegenteils gab, so begünstigte der Legat von Bologna den König, in der Meinung, daß dies ein gutes Mittel sei, die Rückkehr des Kaisers nach Italien zu verhindern. Durch diese Maßregel änderte Italien den Zustand. Denn als die Florentiner und der König Robert sahen, daß der Legat die Unternehmungen der Gibillinen begünstigte, wurden sie Feinde aller, deren Freund der Legat und der König von Böhmen war. Ohne auf die Guelfen- oder Gibellinenpartei Rücksicht zu nehmen, vereinigten sich viele Fürsten mit ihnen, worunter die Visconti, die della Scala, der Mantuaner Filippo Gonzaga, die Carrara, die Este. Der Papst exkommunizierte sie daher sämtlich, und der König ging, aus Furcht vor diesem Bund, nach Hause, um mehr Streitkräfte zu sammeln. Als er aber hierauf mit einem größeren Heer nach Italien zurückgekommen war, fand er die Unternehmung nichtsdestoweniger schwierig, so daß er, entmutigt, zum Mißvergnügen des Legaten, nach Böhmen zurückkehrte, nur Reggio und Modena besetzt ließ und Parma dem Schutze Marsilios und Pieros de Rossi befahl, welche in dieser Stadt sehr mächtig waren. Nach des Königs Abzug schloß sich Bologna dem Bund an, und die Verbündeten teilten sich in die vier Städte, die noch auf der Seite der Kirche blieben, und kamen überein, daß

Parma den Scala, Reggio den Gonzaga, Modena den Este, Lucca den Florentinern zufallen solle. Die Kriege aber wurden später zu einem guten Teil durch die Venezianer beigelegt.

Es wird vielleicht manchem unpassend scheinen, daß wir unter so vielen Begebenheiten in Italien bis nun gezögert haben, von den Venezianern zu sprechen, die doch eine Republik sind, welche an Verfassung und Macht vor jedem andern Fürstentum Italiens gepriesen werden muß. Damit dieses Befremden aufhören möge, wenn man die Ursache hört, will ich weit zurückgehen, damit ein jeder höre, welches ihre Anfänge waren, und warum sie so lange zögerten, in den Angelegenheiten Italiens handelnd aufzutreten.

Als Attila, König der Hunnen, Aquileja belagerte, verzweifelten die Einwohner nach langer Verteidigung an ihrem Heil und flüchteten, so gut sie konnten, mit ihren beweglichen Gütern auf viele unbewohnte Felsen an der Spitze des adriatischen Meeres. Auch die Paduaner, die sich den Brand nahe sahen und fürchteten, Attila werde nach Eroberung Aquilejas gegen sie rücken, schafften alle ihre beweglichen Güter von größerem Wert an einen Ort im selben Meer, Rivo alto genannt, wohin sie auch ihre Weiber, Kinder und Greise sandten, während sie ihre Jugend in Padua zur Verteidigung der Stadt zurückbehielten. Außer ihnen gingen die Einwohner von Monselice, mit den Bewohnern der umliegenden Hügel, von demselben Schrecken getrieben, auf die Felsen desselben Meeres. Als nun Aquileja gefallen war, und da Attila Padua, Monselice, Vicenza und Verona zerstört halte, blieben die Paduaner und sonst die Kräftigsten hier, um die Sümpfe von Rivo alto zu bewohnen. Alle übrigen Bewohner dieses Landes, das vor Alters Venezia genannt wurde, ringsumher flüchteten sich, durch die nämlichen Ereignisse vertrieben, gleichfalls in dieselben Sümpfe. So verließen sie, durch die Not gezwungen, herrliche, fruchtbare Länder und zogen in unfruchtbare, häßliche und jeder Bequemlichkeit entbehrende Gegenden. Weil es aber Velo Völker waren, die sich auf einmal miteinander vereinigten, so machten sie in ganz kurzer Zeit diese Strecken nicht nur bewohnbar, sondern auch angenehm, gaben sich Gesetze und Einrichtungen und erfreuten sich ihrer in Sicherheit, während so große Stürme Italien verwüsteten. In kurzer Zeit wuchsen sie an Ansehen und Macht. Außer den vorgenannten Einwohnern flüchteten sich viele aus den Städten der Lombardei dahin, hauptsächlich durch die Grausamkeit Klephis, des Königs der Lombarden, vertrieben, was nicht wenig zur Vergrößerung der Stadt beitrug. Zur Zeit, als Pippin, König von Frankreich, auf die Bitten des Papstes, zur Vertreibung der Longobarden nach Italien kam, war die Republik schon so herangewachsen, daß im Vertrag zwischen ihm und dem griechischen Kaiser bestimmt wurde, daß der Herzog von Benevent und die Venezianer keinem von beiden untertänig sein, sondern sich mitten in ihrer Freiheit erfreuen sollten. Wie sie die Notwendigkeit dazu geführt hatte, im Meer zu wohnen, so zwang sie dieselbe Notwendigkeit ferner, auf Mittel zu denken, wie sie durch das Meer ehrenvoll leben könnten, da sie sich des Landes nicht bedienen konnten. Sie besegelten daher alle Küsten der Erde und füllten ihre Stadt mit mannigfaltigen Kaufmannsgütern an, so daß Venedig der Stapelplatz von Europa wurde und von den Kaufleuten der andern Nationen, die diese Waren bedurften, häufig besucht wurde. Viele Jahre dachten sie an keine andere Herrschaft als an solche, die ihnen den Absatz ihrer Waren erleichterte. Sie eroberten daher viele Häfen in Griechenland und Syrien; und bei den Zügen der Franzosen nach Asien, die sich häufig ihrer Schiffe zur Überfahrt bedienten, wurde ihnen als Belohnung die Insel Kandia übergeben. Während sie nach diesen Grundsätzen verfuhren, war ihr Name auf dem Meer furchtbar und in Italien verehrt, so daß sie bei allen vorkommenden Streitigkeiten meist Schiedsrichter waren. So wurde z. B., als unter den Verbündeten über jene Städte, die sie unter sich zu teilen hatten, Uneinigkeit entstand, die Sache den Venezianern überwiesen, durch deren Entscheidung Bergamo und Brescia den Visconti blieb. Als sie aber, von Herrschsucht getrieben, Padua, Vicenza, Treviso und später Verona, Bergamo, Brescia und viele Städte im Königreich Neapel und der Romagna erobert hatten, stieg die Meinung von ihrer Macht zu solcher Höhe, daß sie nicht nur den italienischen Fürsten, sondern auch den ultramontanischen Königen furchtbar waren. Diese verbündeten sich daher gegen sie, und in einem Tag wurde ihnen der Staat entrissen, den sie in vielen Jahren mit unendlichem Aufwand gewonnen hatten. Und obgleich sie in diesen letzten Zeiten einen Teil davon wieder erobert haben, so haben sie doch weder Ansehen noch Kräfte wieder errungen und leben gleich allen übrigen italienischen Fürsten von anderer Gnade abhängig.

Den heiligen Stuhl hatte Benedikt XII. bestiegen. Da er den Besitz Italiens völlig verloren zu haben glaubte und fürchtete, daß sich Kaiser Ludwig zum Herrn des Landes machen werde, beschloß er, sich alle die Männer zu Freunden zu machen, die sich der italienischen Städte bemächtigt hatten, welche dem Kaiser zu gehorchen pflegten. Damit sie Ursache haben sollten, das Reich zu fürchten und sich zur Verteidigung Italiens an ihn anzuschließen, erließ er ein Dekret, daß alle Tyrannen der Lombardei die Städte, welche sie an sich gerissen hatten, mit rechtmäßigem Titel besitzen sollten. Doch während dieses Zugeständnisses starb Benedikt, und Clemens V. wurde an seine Stelle gewählt. Der Kaiser, welcher sah, mit welcher Freigebigkeit der Papst die Städte des Reichs verschenkt hatte, wollte seinerseits nicht weniger freigebig mit fremdem Gut sein, als es der Papst gewesen war, und schenkte allen Männern, die in den Städten der Kirche Tyrannen waren, ihre Städte, welche sie durch kaiserliche Autorität besitzen sollten. Hierdurch wurden Galeotto Malatesti und seine Brüder Herrn von Rimini, von Pesaro und von Fano; Antonio van Montefeltro

Herr der Mark und Urbinos; Gentile da Varano von Camerino; Guido da Polenta von Ravenna, Sinibaldo Ordelaffi von Forli und Cesena; Giovanni Manfredi von Faenza; Lodovico Alidosi von Imola, und in vielen anderen Städten viele andere Männer, so daß von allen Städten der Kirche wenige ohne Fürsten blieben. Diese Maßnahme hielt die Kirche bis zu Alexander VI. schwach, der ihr in unserer Zeit durch den Sturz der Nachkommen jener Männer ihre Gewalt wiedergab. Als der Kaiser dieses Zugeständnis machte, befand er sich zu Trient und verbreitete, er wolle nach Italien kommen. Viele Kriege in der Lombardei waren die Folge, worin sich die Visconti zu Herrn Parmas machten.

In dieser Zeit starb Robert von Neapel und hinterließ nur zwei Enkelinnen, die Töchter seines Sohnes Karl, der längere Zeit zuvor gestorben war. Er verfügte, daß die älteste, Johanna, Erbin des Reiches sein und Andreas, den Sohn des Königs von Ungarn, seinen Neffen heiraten solle. Andreas lebte nicht lange mit ihr, als sie ihn ermorden ließ und sich mit einem andern Vetter, dem Fürsten von Tarent, namens Lodovico, vermählte. Aber König Ludwig von Ungarn, der Bruder Andreas', kam mit einem Heer nach Italien, um seinen Tod zu rächen, und vertrieb die Königin Johanna mit ihrem Gemahl aus dem Königreich.

In dieser Zeit trug sich in Rom eine merkwürdige Begebenheit zu. Ein Niccolo di Lorenzo, Kanzler im Kapitol, vertrieb die Senatoren aus Rom, machte sich unter dem Titel „Tribun" zum Haupt der römischen Republik und brachte sie mit einem solchen Ruf von Gerechtigkeit und Tugend in ihre alte Form, daß nicht allein die nahen Städte, sondern ganz Italien Gesandte zu ihm schickten. Schon fingen die alten Provinzen, die Rom wiedererstanden sahen, an, das Haupt zu erheben, und erwiesen ihm, einige von Furcht, andere von Hoffnung bewogen, Ehre. Aber Niccolo verließ sich, trotz so großen Rufes, in seinen ersten Anfängen selbst. Unter so großem Gewicht verzagend, ergriff er heimlich, ohne von irgend jemand vertrieben zu sein, die Flucht und ging zum König Karl von Böhmen, der auf Betreiben dos Papstes, zur Schmach Ludwigs von Bayern, zum Kaiser erwählt worden war. Um sich den Papst zu verbinden, sandte ihm Karl Niccolo als Gefangenen. Einige Zeit darauf trug sich zu, daß nach Niccolos Vorbild ein Francesco Baroncelli zu Rom das Tribunat ergriff und die Senatoren vertrieb. Als schnellstes Mittel, ihn zu unterdrücken, zog nun der Papst Niccolo aus dem Kerker, schickte ihn nach Rom und gab ihm das Tribunat zurück. Niccolo ergriff die Regierung wieder und ließ Francesco hinrichten. Als ihm aber die Colonna feind geworden waren, wurde auch er nach nicht langer Zeit getötet und die Regierung den Senatoren zurückgegeben.

Mittlerweile kehrte der König von Ungarn, nachdem er die Königin Johanna vertrieben hatte, in sein Reich zurück. Der Papst aber, der lieber die Königin in der Nähe von Rom haben wollte als diesen König, brachte es dahin, daß er einwilligte, Johanna das Reich zurückzugeben, jedoch unter der Bedingung, daß ihr Gemahl Lodovico sich mit dem Titel eines Fürsten von Tarent begnügte und nicht König genannt würde.

Als das Jahr 1350 gekommen war, glaubte der Papst, man könne das von Bonifatius VIII. für alle hundert Jahre angeordnete Jubiläum auf 50 Jahre verkürzen. Er tat es durch ein Dekret, und die Römer gaben für diese Wohltat zu, daß er vier Kardinäle nach Rom sandte, die Verfassung der Stadt umzuformen und die Senatoren nach seinem Willen zu ernennen. Der Papst erklärte ferner Lodovico von Tarent zum König von Neapel, und die Königin Johanna gab für dieses Zugeständnis Avignon, das ihr erblich gehörte, der Kirche.

In dieser Zeit war Luchino Visconti gestorben, und Giovanni, Erzbischof von Mailand, allein Herr geblieben. Dieser führte viele Kriege mit Toskana und seinen Nachbarn, so daß er sehr mächtig wurde. Nach seinem Tod blieben Bernabò und Galeazzo, seine Neffen, an seiner Stelle. Aber kurz darauf starb auch Galeazzo und hinterließ Giovanni Galeazzo, welcher mit Bernabò den Staat teilte.

In diesen Zeiten war Karl, König von Böhmen, Kaiser, und Innozenz VI. Papst. Innozenz schickte den Kardinal Aegidius (Albornoz), einen Spanier von Nation, nach Italien, der durch seine Tapferkeit nicht allein in der Romagna und in Rom, sondern in ganz Italien der Kirche wieder Ansehen gegeben halte. Aegidius eroberte Bologna wieder, das vom Erzbischof von Mailand eingenommen worden war; zwang die Römer, einen fremden Senator anzunehmen, der ihnen jedes Jahr vom Papst gesandt werden sollte; schloß einen ehrenvollen Vertrag mit den Visconti; schlug und nahm den Engländer Johann Aguto (Hawkwood) gefangen, der mit 4000 Engländern zum Beistand der Gibellinen in Toskana Kriegsdienst tat. Als daher Urban V. im Pontifikat folgte, beschloß er auf die Nachricht so vieler Siege, Italien und Rom zu besuchen, wohin auch Kaiser Karl kam. Nach wenigen Monaten aber kehrte Karl ins Reich und der Papst nach Avignon zurück.

Nach dem Tod Urbans wurde Gregor XI. ernannt. Da auch der Kardinal Aegidius gestorben war, war Italien in seine alte Zwietracht zurückgekehrt, da sich die verbündeten Städte und die Visconti gegenüberstanden. Der Papst sandte daher zuerst 6000 Bretonen nach Italien; dann kam er in Person und verlegte 1376 den Hof, nachdem er 70 Jahre in Frankreich gewesen war, wieder nach Rom. Als aber Gregor XI. starb, wurde Urban VI. gewählt, und kurz darauf in Fondi von zehn Kardinälen, die Urbans Wahl für unregelmäßig erklärten, Clemens VII.

In diesen Zeiten erhoben sich die Genueser gegen die Visconti, unter deren Regierung sie mehrere Jahre gelebt hatten. Zwischen Genua und Venedig entstand wegen der Insel Tonedos ein sehr heftiger Krieg, den ganz Italien teilte. In diesem Krieg war es, wo man zuerst die Pulvergeschütze sah, ein neues, von den Deutschen erfundenes Kriegswerkzeug. Die Genuesen hatten zwar eine Zeitlang die Oberhand, belagerten Venedig mehrere Monate, doch am Ende des Krieges blieben die Venezianer Sieger. Im Jahre 1381 wurde durch Vermittlung des Papstes der Friede geschlossen.

In der Kirche war, wie wir gesagt haben, Schisma entstanden, und die Königin Johanna unterstützte den schismatischen Papst. Urban ließ daher Karl von Durazzo, der aus dem neapolitanischen Königshaus abstammte, einen Feldzug gegen ihr Reich unternehmen. Karl entriß Johanna die Krone, machte sich zum Herrn des Königreichs, und Johanna entfloh nach Frankreich. Der König von Frankreich sandte unwillig darüber Ludwig von Anjou nach Italien, um der Königin ihr Reich wieder zu erobern, Urban aus Rom zu vertreiben und den Gegenpapst daselbst einzusetzen. Doch Ludwig starb in der Mitte dieses Feldzugs, und seine Soldaten kehrten geschlagen nach Frankreich zurück. Der Papst ging mittlerweile nach Neapel, wo er neun Kardinäle in den Kerker setzte, weil sie sich der Partei Frankreichs und des Gegenpapstes angeschlossen hatten. Später entzweite er sich mit dem König von Neapel, weil dieser einen seiner Neffen nicht zum Fürsten von Capua machen wollte. Ohne jedoch seinen Unwillen merken zu lassen, ersuchte er den König, ihm Nocera als Wohnort zu gestatten, woselbst er sich sodann befestigte und Vorbereitungen traf, Karl des Reiches zu berauben. Der König zog daher zur Belagerung Noceras heran. Der Papst floh nun nach Genua, wo er jene Kardinäle, die er gefangen hielt, töten ließ. Von hier ging er nach Rom, wo er, um sich Ansehen zu geben, neunundzwanzig Kardinäle ernannte.

In dieser Zeit ging der König Karl von Neapel nach Ungarn, wo er zum König ernannt wurde. Bald darauf aber wurde er ermordet und hinterließ seine Gemahlin mit seinem Sohne Ladislaus und seiner Tochter Johanna in Neapel.

In dieser Zeit hatte auch Johann Galeazzo Visconti seinen Oheim Bernabò ermordet und den ganzen Staat Mailand an sich gerissen. Nicht zufrieden, daß er Herzog der ganzen Lombardei geworden war, wollte er auch Toskana erobern. Als er aber die Herrschaft darüber zu ergreifen glaubte, um sich sodann zum König von Italien zu krönen, starb er.

Urban VI. war Bonifatius IX. gefolgt. Auch der Antipapst Clemens VII. starb zu Avignon, und Benedikt XIII. wurde an seine Stelle ernannt.

In diesen Zeiten waren viele Engländer, Deutsche und Bretonen in Italien, die teils von den Fürsten, welche in verschiedenen Zeiten nach Italien gekommen waren, mitgebracht, teils von den Päpsten, als sie in Avignon wohnten, gesandt worden waren. Mit diesen Soldaten führten längere Zeit die italienischen Fürsten ihre Kriege, bis sich der Romagnole Lodovico da Cento erhob, der eine Kompagnie italienischer Soldaten bildete, die er nach dem heiligen St. Georg benannte. Seine Tapferkeit und Kriegszucht nahm in kurzer Zeit den fremden Waffen den Ruf und übertrug ihn auf die Italiener, deren sich von nun an die Fürsten Italiens in den Kriegen, welche sie miteinander führten, bedienten.

Der Papst war mit den Römern in Zwietracht geraten und begab sich nach Scesi (Assisi), wo er so lange blieb, bis das Jubiläum von 1400 kam. Damit er zum Nutzen der Stadt jetzt nach Rom zurückkehre, willigten die Römer ein, von neuem einen von ihm beauftragten fremden Senator anzunehmen, und ließen ihn die Engelsburg befestigen. Unter diesen Bedingungen kehrte Bonifatius XI. nach Rom zurück. Um die Kirche reicher zu machen, verordnete er, daß bei Erledigung der Pfründen jeder neue Besitzer einen Jahresbeitrag an die Kammer bezahlen müsse.

Obgleich Johann Galeazzo, Herzog von Mailand, zwei Söhne, Giovanmariangelo und Filippo, hinterließ, teilte sich doch nach seinem Tod der Staat in viele Teile. In den Unruhen, die hierbei entstanden, wurde Giovanmaria getötet, und Philipp war eine Zeitlang im Kastell von Pavia eingeschlossen, wo er durch die Treue und Tapferkeit des Kastellans Sicherheit fand. Unter den andern, die Städte ihres Vaters nahmen, war Guglielmo della Scala, der sich als Verwiesener in den Händen Francescos von Carrara, Herrn von Padua, befand und durch ihn die Regierung von Verona wieder ergriff. Aber nicht lange blieb er im Besitz, denn er wurde auf Veranstaltung Francescos vergiftet und ihm die Stadt genommen. Die Vicentiner, welche unter den Fahnen der Visconti lange und sicher gelebt hatten, fürchteten aus diesem Grund die Macht des Herrn von Padua und übergaben sich den Venezianern. Die Venezianer übernahmen wegen ihrer den Krieg gegen Francesco und entrissen ihm zuerst Verona und dann Padua.

Mittlerweile starb Papst Bonifatius, und Innozenz VII. wurde erwählt. Diesen bat das Volk von Rom, daß er ihm die Zitadelle zurückgebe und die Freiheit wiedergebe. Der Papst wollte nicht einwilligen, und das Volk rief Ladislaus, König von Neapel zu Hilfe. Nachdem später ein Vergleich zustande gekommen war, kehrte der Papst nach Rom zurück; denn er war aus Furcht vor dem Volk nach Viterbo geflohen, wo er seinen Neffen Lodovico zum Grafen der Mark gemacht hatte.

Nach seinem Tod wurde Gregor XII. ernannt, mit der Verpflichtung, dem Pontifikat zu entsagen, sobald auch der Gegenpapst entsagen würde. Um zu versuchen, ob man die Kirche wieder vereinigen könne, kam auf Ermahnen der Kardinäle der Gegenpapst Benedikt nach Porto Venere und Gregor nach Lucca. Hier unterhandelten sie viele Dinge, brachten aber keines zum Abschluß, so daß beide Päpste von ihren Kardinälen verlassen wurden und Benedikt nach Spanien, Gregor nach Rimini ging. Die Kardinäle andererseits veranstalteten, mit Unterstützung Baldassarre Cossas, Kardinal und Legat von Bologna, ein

Konzil zu Pisa, wo sie Alexander V. ernannten. Dieser exkommunizierte sogleich den König Ladislaus, belehnte Ludwig von Anjou mit seinem Reich, griff vereint mit den Florentinern, Genuesern, Venezianern und dem Legaten Baldassarre Cossa Ladislaus an und nahm ihm Rom. In der Hitze des Krieges jedoch starb Alexander, und Baldassarre Cossa wurde erwählt, der sich Johann XXIII. nennen ließ. Von Bologna, wo er ernannt wurde, begab sich Johann nach Rom, vereinigte sich mit Ludwig von Anjou, der mit der Flotte aus der Provence gekommen war, und als es zur Schlacht kam, schlugen sie Ladislaus. Aber durch die Schuld der Condottieri konnten sie den Sieg nicht verfolgen, so daß dieser König nach kurzer Zeit wieder Kräfte gewann, Rom wieder einnahm und der Papst nach Bologna und Ludwig in die Provence floh. Der Papst, der auf Mittel dachte, die Macht Ladislaus' zu vermindern, bewirkte nun, daß König Sigmund von Ungarn zum Kaiser gewählt wurde, und forderte ihn auf, nach Italien zu kommen. Sie berieten sich in Mantua und kamen überein, ein allgemeines Konzil zu versammeln, worauf die Kirche wieder vereinigt werden sollte, da sie, vereinigt, leicht der Macht ihrer Feinde werde widerstehen können. Es waren in dieser Zeit drei Päpste, Gregor, Benedikt und Johann, und dadurch die Kirche schwach und ohne Ansehen. Als Ort des Konzils wurde Konstanz, eine Stadt in Deutschland, gegen die Absicht des Papstes Johann gewählt. Aber obgleich durch den Tod des Königs Ladislaus die Ursache verschwunden war, aus welcher Johann das Konzil in Anregung gebracht hatte, so konnte er, da er sich dazu verpflichtet hatte, doch nicht abschlagen, darauf zu erscheinen. Als er in Konstanz war, erkannte er nach wenigen Monaten zu spät seinen Fehler und versuchte zu fliehen. Nun wurde er in den gefangen gesetzt und gezwungen, dem Pontifikat zu entsagen. Gregor, der eine Gegenpapst, entsagte gleichfalls durch einen Bevollmächtigten; Benedikt, der andere Gegenpapst, der nicht entsagen wollte, wurde zum Ketzer erklärt. Von seinen Kardinälen verlassen, wurde am Ende auch er gezwungen, zu entsagen; und das Konzil ernannte Oddo aus dem Hause Colonna zum Papst, der sich Martin V. nannte. So vereinigte sich die Kirche, nachdem sie vierzig Jahre in mehrere Päpste war gespalten gewesen.

Philipp Visconti war, wie wir gesagt haben, in dieser Zeit in der Zitadelle von Pavia eingeschlossen. Als aber Facino Cane starb, der sich in den Unruhen der Lombardei zum Herrn von Vercelli, Alessandria, Novara und Tortona gemacht und viele Reichtümer zusammengebracht hatte, hinterließ er, da er keine Kinder hatte, seine Gemahlin Beatrice als Erbin und vereinbarte vor seinem Tod mit seinen Freunden, daß sie eine Heirat zwischen Beatrice und Philipp bewirken sollten. Durch diese Heirat mächtig geworden, eroberte Philipp Mailand und den ganzen Staat der Lombardei wieder. Dann, um für die großen Wohltaten so dankbar zu sein, wie es fast immer alle Fürsten sind, beschuldigte er seine

Gemahlin des Ehebruchs und ließ sie hinrichten. Da er also sehr mächtig geworden war, begann er, an Krieg mit Toskana zu denken, um die Pläne Giovan Galeazzos, seines Vaters, zu verfolgen.

König Ladislaus von Neapel hatte sterbend seiner Schwester Johanna außer dem Reich ein großes Heer hinterlassen, das von den ausgezeichnetsten Condottieris Italiens befehligt war. Einer der ersten war Sforza von Cotignuola, der nach jenen Waffen[3] im Ruf der Tapferkeit stand. Die Königin, um der üblen Nachrede zu entgehen, sie lebe mit einem Pandolfello, der sie aufgezogen hatte, nahm Jakob von der Mark, einen Franzosen aus königlichem Blut, zum Gemahl, unter der Bedingung, daß er sich begnüge, Fürst von Tarent zu heißen, und ihr Titel und Regierung des Königreichs lasse. Doch kaum war er in Neapel angekommen, da riefen ihn die Soldaten zum König aus, so daß zwischen Gatte und Gattin große Zwietracht entstand. Mehrere Male überwanden sie einander, doch zuletzt behielt die Königin die Oberhand, die hierauf Feindin des Papstes wurde. Um sie nun in Not zu bringen, und auf daß sie sich ihm in die Arme werfen sollte, entsagte Sforza gegen ihr Erwarten ihrem Sold. Hierdurch fand sie sich plötzlich entwaffnet. Da sie kein anderes Mittel hatte, wandte sie sich um Hilfe an Alfons, König von Aragon und Sizilien, und nahm ihn an Sohnes Statt an. Ferner nahm sie Braccio von Montone in Sold, der gleich Sforza Ruf in den Waffen hatte und Feind des Papstes war, weil er ihm Perugia und einige andere Städte der Kirche genommen hatte. Später folgte Friede zwischen der Königin und dem Papst. Aber Alfons, der fürchtete, daß sie ihn wie ihren Gemahl behandeln möchte, suchte sich vorsichtig in Besitz der Kastelle zu setzen. Sie aber war schlau, kam ihm zuvor und befestigte sich in der Zitadelle von Neapel. Als so der Argwohn zwischen ihnen wuchs, kam es zum Kampf, und die Königin, von Sforza unterstützt, der in ihren Sold zurückkehrte, überwand Alfons, vertrieb ihn aus Neapel, beraubte ihn der Adoption und adoptierte Ludwig von Anjou. Hierdurch entstand ein neuer Krieg zwischen Braccio, der der Partei Alfonsos gefolgt war, und Sforza, der die Königin unterstützte. Während dieses Krieges ertrank Sforza, als er über den Fluß Pescara setzte, so daß die Königin von neuem entwaffnet blieb. Sie würde aus dem Königreich vertrieben worden sein, wenn ihr Philipp Visconti, Herzog von Mailand, nicht zu Hilfe gekommen wäre, der Alfons nach Aragon zurückzukehren zwang. Allein Braccio, nicht dadurch entmutigt, daß sich Alfons selbst verlassen hatte, setzte den Feldzug gegen die Königin fort und belagerte Aquila. Nun nahm der Papst, der die Größe Braccios der Kirche nicht für zuträglich erachtete, Francesco, Sforzas Sohn, in seinen Sold, welcher gegen Braccio zog und

[3] *secondo quelle armi* weil die Führer von Miettruppen kein Interesse daran hatten, ihr Leben und ihre Truppen aufs Spiel zu setzen.

ihn bei Aquila schlug und tötete. Von der Partei Braccios blieb sein Sohn Oddo das Haupt. Diesem nahm der Papst Perugia, ließ ihm jedoch den Staat Montone. Aber kurz darauf wurde er in der Romagna, für die Florentiner fechtend, getötet, so daß von der Kompagnie Braccios Niccolo Piccinino im größten Ansehen blieb.

Wir sind nun mit unserer Erzählung den Zeiten nahe gekommen, welche ich bezeichnet habe. Denn was noch Wichtiges abzuhandeln übrig ist, sind hauptsächlich nur die Kriege der Florentiner und Venezianer mit Herzog Philipp von Mailand, die erzählt werden sollen, wo wir ausführlicher von Florenz handeln werden. Ich will daher nicht weiter gehen und nur kurz ins Gedächtnis rufen, welches in Hinsicht auf Fürsten und Waffen der Zustand Italiens in den Zeiten war, zu denen wir gekommen sind.

Von den Hauptstaaten Italiens besaß die Königin Johanna II. das Königreich Neapel. Ein Teil der Städte der Mark, des Patrimoniums und der Romagna gehorchten der Kirche; in einem Teil hatten sich die Vicarien oder Tyrannen der Herrschaft bemächtigt; wie die Este in Ferrara, Modena und Reggio; die Manfredi in Faenza; die Alidosi in Imola; die Ordelaffi in Forli; die Malatesti in Rimini und Pesaro; die Varano in Camerino. Von der Lombardei gehorchte ein Teil dem Herzog Philipp, ein Teil den Venezianern; denn alle, welche einzelne Städte darin besaßen, waren vertilgt worden, ausgenommen das Haus der Gonzaga, das in Mantua herrschte. Vom größeren Teil Toskanas waren die Florentiner Herren: Lucca allein und Siena lebten unter eigenen Gesetzen; Lucca unter den Guinigi, Siena war frei. Die Genueser bald frei, bald Knechte entweder der Könige von Frankreich oder der Visconti, lebten ungeehrt und wurden unter die kleineren Mächte gezählt.

Alle diese Hauptmächte waren von eigenen Waffen entblößt. Der Herzog Philipp, der in seinen Zimmern verschlossen blieb und sich nicht sehen ließ, führte seine Kriege durch seine Kommissäre. Die Venezianer, so wie sie sich nach dem Land wandten, legten jene Waffen ab, denen sie ihren Ruhm zur See verdankten, und leiteten, der Sitte der übrigen Italiener folgend, unter fremder Führung ihre Heere. Der Papst, dem es als Geistlichen nicht wohl anstand, die Rüstung anzulegen, und die Königin von Neapel, als Weib, taten notgedrungen, was die andern aus schlechter Wahl getan hatten. Die Florentiner gehorchten derselben Notwendigkeit; denn da durch die häufige Zwietracht der Adel vertilgt war und die Republik in der Hand von Männern blieb, die im Handel aufgewachsen waren, so folgten sie den Einrichtungen und dem Geschick der andern.

Die Waffen Italiens waren also in der Hand entweder der kleineren Fürsten oder von Männern ohne Staaten. Die kleineren Fürsten umgürteten sich damit, nicht durch Ruhmliebe bewegt, sondern entweder um reicher oder um sicherer zu leben. Die anderen, von Kind auf unter den Waffen aufgewachsen, verstanden kein anderes Handwerk und strebten in den Waffen durch Erwerbung von Besitz oder Macht nach Ehre. Unter diesen letzteren hatten damals am meisten Namen: Carmagnola, Franz Sforza, Niccolo Piccinino, Zögling Braccios, Agnolo della Pergola, Lorenzo und Micheletto Attenduli, Tartaglia, Giacopaccio, Ceccolino von Perugia, Niccolo von Tolentino, Guido Torello, Antonio dal Ponte ad Era und viele andere. Neben diesen waren die Herren, von denen ich oben gesprochen habe, wozu noch die Barone von Rom, die Orsini und Colonna kamen, nebst anderen Herren und Edelleuten des Königreichs Neapel und der Lombardei. Vom Krieg lebend, hatten sie gleichsam ein Bündnis und Einverständnis untereinander; sie hatten den Krieg zum Handwerk gemacht und zogen ihn, sich schonend, auf eine Weise hinaus, daß größtenteils beide kriegführenden Teile verloren. Zuletzt brachten sie den Krieg zu solcher Erbärmlichkeit herab, daß jeder mittelmäßigste Feldherr, in dem nur ein Schimmer der alten Tapferkeit erwacht wäre, sie zum Erstaunen ganz Italiens, das sie in seiner Unklugheit ehrte, mit Schmach bedeckt hätte.

Von diesen Müßiggängern von Fürsten also und von diesen erbärmlichen Waffen wird meine Geschichte voll sein. Ehe ich jedoch damit beginne, muß ich, meinem anfänglichen Versprechen gemäß, zur Erzählung des Ursprungs von Florenz zurückkehren und ausführlich darlegen, welches in diesen Zeiten die Verfassung dieser Republik war, und durch welche Übergänge sie während der großen Erschütterungen, die ein Jahrtausend hindurch Italien erfuhr, dahin gelangt war.

Zweites Buch

Die häufige und fortwährende Erbauung neuer Städte gehört unter die großen und bewunderungswürdigen Gebräuche der alten Republiken und Fürstentümer, die in unserer Zeit verloren gegangen sind. Nichts ist eines vortrefflichen Fürsten und einer wohlgeordneten Republik würdiger, als neue Städte zu erbauen, wo sich die Menschen wegen der Bequemlichkeit der Verteidigung oder des Ackerbaues sammeln können.

Den Alten war dies leicht, da sie den Brauch hatten, in die besiegten oder leeren Länder neue Bewohner zu schicken, die sie Kolonien nannten. Dieser Gebrauch war nicht nur der Grund dafür, daß neue Städte erbaut wurden, sondern er sicherte dem Sieger den Besitz des überwundenen Landes, füllte die leeren Stellen mit Bewohnern an, und die Menschen blieben dadurch in den Ländern wohl verteilt. Die Folge war, daß sie, bequem in einem Land wohnend, sich darin in größerem Maß vermehrten und im Angriff rascher, in der Verteidigung sicherer waren.

Daß diese Gewohnheit durch die falschen Grundsätze der Republiken und Fürsten heute nicht mehr besteht, ist der Grund des Verfalls und der Schwäche der Länder. Dieser Gebrauch allein ist es, was die Herrschaften sicherer macht und die Länder, wie ich gesagt habe, reichlich bewohnt erhält.

Die Sicherheit entsteht dadurch, daß die Kolonie, welche von einem Fürsten in ein neuerobertes Land gelegt wird, gleichsam eine Burg und eine Wache ist, die anderen im Gehorsam zu halten.

Man kann ohne diesen Gebrauch ein Land nicht ganz bewohnt, noch die Bewohner wohl darin verteilt erhalten, weil nicht alle Stellen im Land der Zeugung günstig oder gesund sind, und weil es in den einen an Menschen fehlt, während in den anderen Überfluß daran ist. Hat man daher nicht ein Mittel, sie fortzunehmen, wo Überfluß ist, und sie dorthin zu verpflanzen, wo sie fehlen, so verdirbt das Land in kurzer Zeit; denn der eine Teil desselben wird bei wenigen Einwohnern zur Einöde, der andere wird durch zu viele arm. Da nun die Natur diesem Mißstand nicht abhelfen kann, muß es die Betriebsamkeit des Menschen tun; denn die ungesunden Länder werden durch eine Menge Menschen, die sie auf einmal einnimmt, gesund. Diese Menge macht durch den Ackerbau die Erde gesund und reinigt durch die Feuer die Luft, was die Natur nie allein tun kann. Die Stadt Venedig ist ein Beweis dafür. Obgleich sie an einem sumpfigen ungesunden Ort gelegen ist, so machten ihn dennoch die vielen Bewohner, die auf einmal hier zusammenkamen, gesund. Auch Pisa war wegen der schädlichen Luft nie reich mit Bewohnern angefüllt, bis Genua und seine Seeküsten durch die Sarazenen zerstört wurden und die aus der Heimat vertriebenen Menschen auf einmal in so großer Zahl dorthin flüchteten, daß sie die Stadt volkreich und mächtig machten.

Da also der Gebrauch, Kolonien zusenden, abgekommen ist, so behauptet man die besiegten Länder mit größerer Schwierigkeit, die leeren Länder werden niemals angefüllt und die überfüllten nicht erleichtert. Viele Stellen der Erde, besonders in Italien, sind daher in Vergleich mit den alten Zeiten fast Einöden geworden, und der Grund dafür war und ist, daß die Fürsten kein Verlangen nach wahrem Ruhm haben, und daß man in den Republiken keine Tradition findet, die gelobt zu werden verdiente.

Durch die Kolonien entstanden also in den alten Zeiten häufig entweder neue Städte oder die schon angefangenen wuchsen heran. Zu diesen letzteren gehört die Stadt Florenz, die Fiesole ihre Entstehung, den Kolonien ihre Vergrößerung verdankt.

Es ist vollkommen richtig, wie Dante und Villani beweisen, daß die Stadt Fiesole, die auf der Kuppe des Berges lag, für ihre Märkte nicht auf der Höhe, sondern in der Ebene zwischen dem Fuß des Berges und dem Arno einen Platz bestimmt hatte, um sie besuchter zu machen und den Leuten, die mit ihren Waren kommen wollten, mehr Bequemlichkeit zu gewähren. Diese Märkte halte ich für die Veranlassung der ersten Baulichkeiten, die man an diesen Stellen ausführte. Die Kaufleute wollten zur Unterbringung ihrer Waren bequeme Schuppen haben, und diese wurden mit der Zeit bleibende Gebäude. Als hierauf die Römer durch Karthagos Besiegung Italien vor den Angriffen auswärtiger Feinde gesichert hatten, vermehrten sich die Gebäude in großer Zahl. Die Menschen bleiben nicht länger in schwieriger Lage, als sie durch die Notwendigkeit darin erhalten werden. Wie daher die Furcht vor den Kriegen die Fiesolaner zwang, gerne an einer festen und rauhen Stelle zu wohnen, so zogen sie nun, wo diese Furcht aufhörte, von der Bequemlichkeit gerufen, lieber an angenehme und zugängliche Stellen herab. Das Gefühl der Sicherheit also, welches das Ansehen der römischen Republik in Italien erzeugte, konnte die Wohnungen, die auf die erwähnte Weise entstanden waren, in solcher Zahl vermehren, daß ein Städtchen daraus wurde. Sein Name war ursprünglich Villa Arnina. Später entstanden die Bürgerkriege in Rom, zuerst zwischen Marius und Sulla, dann zwischen Cäsar und Pompeius und hierauf zwischen Cäsars Mördern und den Männern, die seinen Tod rächen wollten. Von Sulla zuerst nun und dann von jenen drei Bürgern, die, nachdem sie Cäsar gerächt hatten, das Reich unter sich teilten, wurden Kolonien nach Fiesole geschickt. Diese Kolonien schlugen alle oder zum Teil ihre Wohnungen in der Ebene auf und bauten sie dem schon angefangenen Städtchen an. Durch dieses Anwachsen geschah es, daß der Ort so viele Gebäude und Einwohner sowie jede andere bürgerliche Einrichtung erhielt, daß man ihn unter die Städte Italiens rechnen konnte.

Wo sich aber der Name Florenz herleite, darüber gibt es verschiedene Meinungen. Einige wollen, es sei von Florinus, einem der Häupter der Kolonie, so genannt. Andere sagen, daß es ursprünglich nicht Florentia, sondern Fluentia genannt wurde, weil es am Flusse Arno lag. Sie führen Plinius als Beleg an, welcher sagt, die Fluentiner wohnen am Arnofluß. Diese Meinung dürfte falsch sein, denn Plinius zeigt in seinem Text, wo die Florentiner wohnen, nicht, wie sie sich nennen; und das Wort Fluentiner muß man als ein verdorbenes Wort betrachten, da Fronlinus und Tacitus, die fast zu Plinius' Zeit schrieben, Florenz und Florentiner sagen. Schon zu Tiberius' Zeit regierte es sich nach der Sitte der andern italienischen Städte, und Tacitus berichtet, es seien florentinische Gesandte zum Kaiser gekommen, zu bitten, daß die Wasser der Chiana nicht auf ihr Land abgeleitet würden. Es läßt sich aber vernünftigerweise nicht annehmen, daß diese Stadt zu gleicher Zeit zwei Namen gehabt habe. Ich glaube daher, daß sie immer Florenz genannt wurde, was auch die Ursache dieses Namens sein mag. Ebenso entstand sie, was auch die Ursache ihres Ursprungs gewesen sein mag, doch gewiß unter der römischen Herrschaft und wird in den Zeiten der ersten Kaiser zuerst von den Schriftstellern erwähnt.

Als das Reich durch die Barbaren verheert wurde, wurde auch Florenz durch Totila, König der Ostgoten, zerstört. Zweihundertfünfzig Jahre später wurde es von Karl dem Großen wieder aufgebaut, und von dieser Zeit an bis 1200 nach Christus hatte es dieselben Schicksale wie die Herrn Italiens. Hier herrschten, wie wir in unserer allgemeinen Übersicht gezeigt haben, während dieses Zeitraums zuerst die Nachkommen Karls, dann die Berengaren und zuletzt die deutschen Kaiser. Die Florentiner konnten während dieser Zeit weder anwachsen noch irgend etwas tun, das der Aufzeichnung würdig wäre, weil die Herrscher, denen sie gehorchten, zu mächtig waren. Zwar nahmen und zerstörten sie Fiesolo im Jahr 1010 am Tag des heiligen Romulus, einem Festtage der Fesolaner. Doch dies taten sie entweder mit der Erlaubnis der Kaiser oder in der Zeit, wo vom Tod des einen bis zur Wahl des andern jedermann mehr Freiheit hatte.

Als später die Päpste mehr Autorität in Italien gewannen und die Kaiser schwächer wurden, zeigten alle Städte des Landes immer weniger Ehrfurcht vor dem Fürsten, bis zuletzt im Jahre 1080 während der Regierung Heinrichs III. Italien sich offen in Anhänger des Kaisers und der Kirche spaltete. Trotz dieser Spaltung blieben die Florentiner bis zum Jahr 1215 einig; sie gehorchten dem Sieger und waren nur auf ihre Erhaltung, nicht auf Ausdehnung ihrer Herrschaft bedacht. Wie aber im menschlichen Körper die Krankheiten gefährlicher, ja tödlicher sind, je später sie kommen, so litt Florenz desto mehr, je später es an den Faktionen Italiens teilnahm. Die Veranlassung seiner ersten Spaltung ist sehr bekannt, da sie von Dante und vielen andern Schriftstellern beschrieben worden ist. Doch will ich sie kurz erzählen:

Unter die mächtigsten Familien in Florenz gehörten die Buondelmonti und Uberti. Nach ihnen kamen die Amidei und Donati. Die Familie der Donati zählte eine reiche Witwe, die eine Tochter von großer Schönheit hatte. Diese Dame hatte bei sich beschlossen, ihre Tochter mit Messer Buondelmonte, einem jungen Ritter, dem Haupt der Familie Buondelmonti, zu vermählen. Aus Nachlässigkeit aber, oder weil sie immer noch Zeit zu haben glaubte, hatte sie ihren Plan noch niemand mitgeteilt, als der Zufall wollte, daß sich Messer Buondelmonte mit einem Mädchen aus dem Hause Amidei verlobte. Die Dame war hierüber äußerst mißgestimmt, hoffte jedoch, durch die Schönheit ihrer Tochter die Sache rückgängig zu machen, noch ehe die Hochzeit gefeiert wurde. Als sie daher eines Tags Messer Buondelmonte allein auf ihr Haus zukommen sah, stieg sie, ihre Tochter nach sich führend, herab und trat ihm, als er vorbeiging, mit den Worten entgegen: „Ich bin sehr erfreut, daß Ihr Euch vermählt, obgleich ich meine Tochter hier für Euch aufgehoben hatte." Dabei öffnete sie die Türe und zeigte ihm das Mädchen. Als der Ritter die Schönheit des Mädchens sah, die wirklich selten war, und überlegte, daß sie an Herkunft und Mitgift seiner Verlobten nicht nachstehe, entbrannte er in solcher Sehnsucht nach ihrem Besitz, daß er sein gegebenes Wort, die Unbill eines Bruches und alle üblen Folgen, die daraus entstehen konnten, vergaß. Er gab der Dame zur Antwort: „Da Ihr Eure Tochter für mich aufgehoben habt, so würde ich ein Undankbarer sein, wenn ich sie ausschlüge, da es noch Zeit ist", und vermählte sich mit ihr ohne Aufschub. Als die Sache bekannt wurde, erfüllte Unwille die Familie der Amidei und die der Uberti, welche ihr durch Heiraten verschwägert war. Sie hielten, mit noch vielen andern Verwandten, eine Zusammenkunft und beschlossen, daß man diese Unbill nicht ohne Schande dulden könne, und durch keine andre Rache als Messer Buondelmontes Tod rächen dürfe. Als einige die Übel erörterten, die daraus folgen könnten, sprach Mosca Lamberti: „Wer viel bedenkt, beschließt nichts"; und führte das bekannte Sprichwort an: „Geschehene Dinge sind nicht zu ändern." Der Mord wurde also Mosca, Stiatta Uberti, Lambertuccio Amidei und Oderigo Fifanti übertragen. Am Ostermorgen begaben sich diese in ein Haus der Amidei, das zwischen der alten Brücke und St. Stefan lag, und als Messer Buondelmonte auf einem Schimmel herüberritt, indem er dachte, es sei ebenso leicht, eine Unbill zu vergessen als eine Verlobte zu verstoßen, wurde er am Fuß der Brücke bei einer Bildsäule des Mars von ihnen überfallen und erschlagen. Dieser Mord spaltete die ganze Stadt. Ein Teil schloß sich den Buonidelmonti an, der andere den Uberti, und da diese Familien an Häusern, Türmen und Menschen stark waren, so kämpften sie viele Jahre, ohne einander vertreiben zu können. Ihre Feindschaft, der zwar kein

Friede ein Ende machte, wurde doch manchmal durch Waffenstillstände ausgesetzt, und auf diese Weise wurde sie, je nach den Ereignissen, bald gedämpft, bald entbrannte sie von neuem.

In diesem Zustand blieb Florenz bis zur Zeit Friedrichs II. (1246). Als König von Neapel meinte Friedrich, seine Streitkräfte gegen die Kirche vermehren zu können, und begünstigte, um seine Macht in Toskana zu befestigen, die Uberti und ihre Anhänger, die mit seiner Unterstützung die Buondelmonti vertrieben. So teilte sich auch unsere Stadt, wie ganz Italien längere Zeit geteilt war, in Guelfen und Gibellinen. Es scheint mir nicht überflüssig, die Familien aufzuzählen, die beiden Parteien anhingen.

Die, welche der Guelfenpartei folgten, waren die Buondelmonti, Nerli, Rossi, Frescobaldi, Mozzi, Baldi, Pulci, Gherardini, Foraboschi, Bagnesi, Guidalotti, Sacchetti, Manien, Lucardesi, Chiaramontesi, Compiobbesi, Cavalcanti, Giandonati, Gianfigliazzi, Scali, Gualterotti, Importuni, Bostichi, Tornaquinci, Vecchietti, Tosinghi, Arrigucci, Agli, Sizi, Adimari, Visdomini, Donati, Pazzi, della Bella, Ardinghi, Tedaldi, Cerchi.

Für die Gibellinenparlei waren die Uberti, Mannelli, Ubriachi, Fifanti, Amidei, Infangati, Malespini, Scolari. Guidi, Galli, Cappiardi, Lamberti, Soldanieri, Cipriani, Toschi, Amieri, Palermini, Migliorelli, Pigli, Barucci, Gattani, Agolanti, Brunelleschi, Gaponsacchi, Elisei, Abali, Tedaldini, Giuochi, Galigai.

Überdies vereinigten sich mit diesen beiden Parteien adeliger Familien viele Familien aus dem Volk, so daß fast die ganze Stadt durch diese Spaltung zerrüttet wurde.

Die vertriebenen Guelfen zogen sich nach den Ortschaften des oberen Arnotals zurück, wo sie einen großen Teil ihrer Burgen hatten, und verteidigten sich hier so gut sie konnten gegen die Streitkräfte ihrer Feinde. Als aber Friedrich starb, dachten die Männer der Mitte in Florenz und die, welche den meisten Einfluß auf das Volk hatten, es sei besser, die Stadt wieder zu vereinigen, als sie durch Fortdauer der Spaltung zu zerstören. Sie brachten es dahin, daß die Guelfen, die Unannehmlichkeiten vergessend, zurückkehrten und von den Gibellinen, die den Argwohn ablegten, aufgenommen wurden. Vereinigt, hielten sie die Zeit für günstig, ehe der neue Kaiser Kräfte gewinne, eine freie Verfassung anzunehmen und sich zur Verteidigung zu ordnen.

Sie teilten die Stadt in sechs Teile und erwählten zwölf Bürger, von jedem Stadtsechstel zwei, um sie zu regieren, die Anzianer genannt und jährlich gewechselt wurden. Um die Feindschaften zu verhüten, die aus den Urteilsprüchen entstehen, ordneten sie zwei fremde Richter an, wovon der eine Hauptmann das Volkes, der andere Podestà genannt wurde, und die sowohl in den bürgerlichen als peinlichen Fällen den Bürgern Recht sprechen sollten. Da kein Staat von Dauer ist, ohne daß man für seinen Verteidiger sorgt, errichteten sie zwanzig Fähnlein in der Stadt und zweiundsechzig im Gebiet, unter die sie die ganze Jugend einschrieben. Auf den ersten Ruf des Hauptmanns oder der Anzianer mußte jeder sogleich bewaffnet unter seiner Fahne erscheinen, deren Felder nach den Waffen verschieden bezeichnet waren, so daß die Armbrustschützen eine andere hatten als die Schildträger. Jedes Jahr, am Weihnachtstag, gaben sie mit großem Gepränge den neueingeschriebenen Leuten ihre Fahnen und dem ganzen Heer neue Führer, Um ihren Heeren mehr Majestät zu geben und einen Sammelpunkt zu haben, wohin jeder in der Schlacht Zurückgeworfene sich zurückziehen und dann von neuem dem Feind die Spitze bieten konnte, führten sie einen großen Wagen ein, der von zwei mit roten Decken geschmückten Ochsen gezogen wurde und worauf eine rot und weiße Fahne aufgepflanzt war. Wenn sie ins Feld rücken wollten, führten sie diesen Wagen auf den Neuen Markt und übergaben ihn mit feierlichem Pomp den Anführern des Volkes. Zum Glanz ihrer Unternehmungen hatten sie ferner eine Glocke, Martinella genannt, die einen Monat lang, ehe das Heer aus der Stadt zog, anhaltend geläutet wurde, damit der Feind Zeit habe, sich zur Verteidigung zu rüsten. Solche Tapferkeit besaßen damals jene Männer, und mit solcher Hochherzigkeit handelten sie, daß den Feind überfallen, was heute für ehrenvoll und klug gehalten wird, damals für schimpflich und hinterlistig galt. Diese Glocke wurde auch dem Heer nachgeführt, und es wurde bei den Wachen und andern Kriegsgeschäften durch sie Befehl erteilt.

Mit diesen Kriegs- und bürgerlichen Einrichtungen gründeten die Florentiner ihre Freiheit. Es läßt sich kaum denken, wieviel Autorität und Kraft Florenz in kurzer Zeit gewann. Es wurde nicht nur das Haupt Toskanas, sondern nahm unter den ersten Republiken Italiens seinen Platz ein; und es würde zur höchsten Größe emporgestiegen sein, wenn es nicht durch die häufigen und immer neuen Spaltungen gebeugt worden wäre.

Die Florentiner lebten zehn Jahre unter dieser Regierungsform. Sie zwangen in dieser Zeit die Pistoleser, die Aretiner und die Saneser, ein Bündnis mit ihnen zu schließen. Von der Belagerung Sienas zurückkehrend, nahmen sie Volterra, zerstörten noch einige Kastelle und führten die Einwohner nach Florenz. Diese Feldzüge wurden alle auf den Rat der Guelfen unternommen, die viel mehr als die Gibellinen in der Stadt vermochten. Denn teils wurden die Gibellinen wegen ihres hochmütigen Benehmens, als sie zur Zeit Friedrichs II. regierten, vom Volk gehaßt, teils wurde die Partei der Kirche der des Kaisers vorgezogen, denn mit dem Beistand der Kirche hoffte Florenz die Freiheit zu erhalten, unter dem Kaiser fürchtete es, sie zu verlieren.

Da sich also die Gibellinen ihrer Autorität beraubt sahen, konnten sie keine Ruhe finden und warteten nur die Gelegenheit ab, die Regierung wieder zu ergreifen. Diese schien ihnen gekommen, als sich Manfred, Friedrichs Sohn, des

Königreichs Neapel bemächtigt und die Macht der Kirche gebeugt hatte (1257). Insgeheim unterhandelten sie mit Manfred, ihre Gewalt wieder zu ergreifen, konnten es aber nicht so machen, daß ihre Unterhandlungen nicht von den Anzianern entdeckt worden waren. Die Anzianer luden die Uberti vor. Diese gehorchten nicht nur nicht, sondern ergriffen die Waffen und verschanzten sich in ihren Häusern. Unwillig hierüber, bewaffnete sich das Volk und zwang sie mit dem Beistand der Guelfen, Florenz zu verlassen und mit der ganzen Gibellinenpartei nach Siena zu gehen (1258).

Von Siena aus verlangten die Gibellinen Hilfe von König Manfred, und durch die Geschicklichkeit Messer Farinatas degli Uberti wurden die Guelfen von den Soldaten des Königs am Arbiafluß mit so großenVerlusten geschlagen (1260), daß die der Niederlage Entkommenen ihre Stadt für verloren hielten und nicht nach Florenz, sondern nach Lucca flohen.

Manfred hatte den Gibellinen als Führer seiner Truppen den Grafen Giordano gesandt, einen Mann, der in jenen Zeiten in großem Kriegsruf stand. Der Graf ging nach dem Sieg mit den Gibellinen nach Florenz und unterwarf die Stadt völlig der Botmäßigkeit Manfreds, in dem er die Magistrate und jede andere Einrichtung, die einen Schein freier Regierungsform hatte, abschaffte. Diese unklugerweise zugefügte Unrecht wurde von der Masse mit großem Haß aufgenommen, und ihre Freundschaft für die Gibellinen wurde zu bitterster Feindschaft, was später deren gänzlichen Untergang zur Folge hatte.

Als die Angelegenheiten des Königreichs die Rückkehr des Grafen Giordano nach Neapel nötig machten, ließ er den Grafen Guido Novello, Herrn von Casentino, als königlichen Statthalter in Florenz zurück. Dieser hielt zu Empoli eine Versammlung der Gibellinen. Hier war jeder der Meinung, zur Erhaltung der Macht der Gibellinenpartei in Toskana müsse man notwendig Florenz zerstören, das allein durch sein guelfisch gesinntes Volk imstande sei, der Partei der Kirche wieder Kräfte zu geben. Da war weder Bürger noch Freund, der sich diesem grausamen Ausspruch gegen eine so edle Stadt widersetzt hätte, außer Messer Farinala degli Uberti. Er allein verteidigte sie offen und ohne alle Rücksicht, indem er sprach: „Ich habe mich nur darum so vielen Mühen und Gefahren ausgesetzt, um in meinem Vaterland wohnen zu können. Warum sollte ich jetzt nicht wollen, wonach ich früher gestrebt habe, und warum sollte ich ausschlagen, was mir das Glück gewährt hat? Ich werde nicht weniger der Feind derer sein, die anderer Meinung sind als der Feind der Guelfen. Fürchtet einer von euch meine Vaterstadt, wohlan, er versuche es, sie zu zerstören. Ich hoffe sie mit derselben Tapferkeit zu verteidigen, mit der ich die Guelfen vertrieb." Messer Farinata war ein Mann von großem Mut, ausgezeichnet in den Waffen, Anführer der Gibellinen, und bei Manfred war er hoch geachtet. Sein Ansehen machte daher diesen Reden ein Ende, und man dachte an andere Mittel, sich die Regierung zu erhalten.

Die Guelfen, welche nach Lucca geflohen waren, wurden auf die Drohungen des Grafen von den Lucchesern ausgewiesen und gingen nach Bologna. Von da wurden sie von den Guelfen von Parma gegen die Gibellinen herbeigerufen. Sie besiegten dort durch ihre Tapferkeit die Gegner und erhielten alle ihren Besitz. So an Reichtum und Ehre gewachsen, erfuhren sie, daß Papst Clemens Karl von Anjou herbeigerufen hatte, Manfred das Königreich zu nehmen, und schickten Gesandte an den Papst, um ihm ihre Streitkräfte anzubieten. Der Papst nahm sie nicht nur zu Freunden auf, sondern gab ihnen seine Fahne, die später immer von den Guelfen im Krieg geführt wurde und dieselbe ist, deren man sich noch in Florenz bedient. Manfred wurde hierauf durch Karl der Krone beraubt und getötet, und da die Guelfen von Florenz dazu beigetragen hatten, so wurde dadurch ihre Partei stärker und die der Gibellinen schwächer.

Die Gibellinen, welche mit dem Grafen Guido Novello in Florenz regierten, dachten daher, es sei gut, durch eine Wohltat das Volk zu gewinnen, das sie zuvor durch jede Unbill bedrückten. Aber die Mittel, welche, ehe die Not kam, geholfen hätten, halfen jetzt, wo man sie widerwillig anwandte, nicht nur nichts, sondern beschleunigten ihren Sturz. Sie dachten sich das Volk zum Freund und Anhänger zu machen, wenn sie ihm einen Teil der Ehrenstellen und der Gewalt wiedergaben, die sie ihm genommen hatten. Sie wählten sechsunddreißig Bürger aus dem Volk, die, im Verein mit zwei Rittern, welche man von Bologna kommen ließ, die Verfassung der Stadt reformieren sollten.

Kaum hatten sich die Sechsunddreißig versammelt, als sie die ganze Stadt in Zünfte unterschieden und jeder einen Beamten vorsetzten, die den unter die Zünfte Geordneten Recht sprechen sollte. Ferner gaben sie jeder Zunft eine Fahne, unter der sich alle bewaffnet versammeln sollten, wenn die Stadt ihrer bedürfe. Diese Zünfte waren anfangs zwölf, sieben große und fünf kleine, später wuchs die Zahl der kleinen auf vierzehn, so daß alle zusammen, wie jetzt, einundzwanzig ausmachten. Außerdem hatten die sechsunddreißig Reformatoren noch andere Einrichtungen zum öffentlichen Vorteil am Werk.

Um die Soldaten zu ernähren, befahl der Graf Guido, den Bürgern eine Steuer aufzulegen, wobei er solche Schwierigkeiten fand, daß er die Sache nicht durchzusetzen wagte. Nun glaubte er die Herrschaft verloren und hielt mit den Oberhäuptern der Gibellinen eine Zusammenkunft, in der sie dem Volk mit Gewalt zu nehmen beschlossen, was sie ihm aus Unklugheit zugestanden. Als sie ausreichende Streitkräfte gerüstet zu haben glaubten, ließen sie Lärm schlagen, während die Sechsunddreißig versammelt waren; Diese zogen sich erschrocken in ihre Häuser zurück, und augenblicklich waren die Fahnen der Zünfte entfaltet, gefolgt von einer Menge Bewaffneter. Benachrichtigt, der Graf Guido stehe mit seiner Partei bei San Giovanni, sammelten sie sich bei Santa Trinità und gaben Messer Giovanni Soldanieri den Befehl über sich. Als auf der anderen Seite der Graf erfuhr, wo das Volk stehe, rückte er zum Angriff vor. Das Volk wich der Schlacht nicht aus, sondern rückte dem Feind entgegen. Wo heute die Halle der Tornaquinci steht, trafen sie aufeinander, und der Graf wurde mit Verlust mehrerer der Seinigen an Gefangenen und Toten zurückgeworfen. Dadurch in Schrecken versetzt, fürchtete er, die Feinde würden in der Nacht einen Angriff machen, und da die Seinigen geschlagen und entmutigt waren, ihn töten. Diese Idee wirkte so mächtig in ihm, daß er, ohne an andere Vorkehrungen zu denken, lieber durch Flucht als durch Kampf sein Leben zu retten beschloß und gegen den Rat der Rektoren und der Partei mit allen seinen Soldaten nach Prato zog. Kaum aber war er in Sicherheit, so verließ ihn die Furcht; er erkannte seinen Irrtum, und um ihn wieder gut zu machen, zog er morgens, mit Tagesanbruch, mit seinen Soldaten nach Florenz zurück, um mit Gewalt wieder in die Stadt einzudringen, die er aus Feigheit verlassen hatte. Doch sein Plan gelang ihm nicht. Das Volk, das ihn nur schwer hätte vertreiben können, konnte ihm leicht den Eingang verwehren. So ging er betrübt und beschämt nach Gasentino, und die Gibellinen zogen sich auf ihre Landsitze zurück. Als das Volk auf diese Weise Sieger geblieben, wurde auf Ermahnen derer, die das Wohl der Republik wollten, beschlossen, die Stadt wieder zu vereinigen und alle ausgewanderten Bürger, sowohl Gibellinen als Guelfen, zurückzurufen. Die Guelfen kehrten also sechs Jahre nach ihrer Vertreibung zurück, den Gibellinen ward die frische Unbill verziehen und auch sie in ihr Vaterland wieder eingesetzt (1267). Doch waren sie vom Volk und den Guelfen heftig gehaßt, weil diese die Verbannung nicht vergessen konnten, und das Volk zu lebhaft an ihre Tyrannei, während es unter ihrer Regierung gelebt hatte, sich erinnerte. So konnte weder der eine noch der andere Teil die Gemüter beruhigen. Während man in dieser Form in Florenz lebte, verbreitete sich das Gerücht, daß Konradin, Manfreds Neffe, mit einem Heer aus Deutschland zur Eroberung Neapels herbeikomme. Die Gibellinen wurden dadurch mit Hoffnung erfüllt, ihre Gewalt wieder ergreifen zu können. Die Guelfen dagegen dachten, wie sie sich gegen ihre Feinde sichern sollten, und begehrten Hilfe vom König Karl, um sich verteidigen zu können, wenn Konradin herüberkomme. Als diese Truppen heranrückten, wurden die Guelfen so übermütig, und die Gibellinen gerieten in solche Furcht, daß sie zwei Tage vor ihrer Ankunft, ohne vertrieben zu werden, die Flucht ergriffen.

Nachdem die Gibellinen fort waren, ordneten die Florentiner die Regierung der Stadt neu. Sie wählten zwölf Männer als Häupter, die zwei Monate an der Regierung bleiben sollten, und die sie nicht Anzianer, sondern Gutmänner (Buonomini) nannten. Nach diesen kam ein Rat von achtzig Bürgern, den sie die Credenza nannten. Nach ihm kamen hundertachtzig Volksmänner, dreißig von jedem Stadtsechstel, die mit der Credenza und den zwölf Gutmännern der allgemeine Rat genannt wurden. Ferner führten sie noch einen andern Rat von hundertundzwanzig Bürgern, Volksmännern und Edeln, ein, durch den alle Beschlüsse der anderen Räte bestätigt und die Ämter der Republik verteilt wurden. Als diese Regierung festgesetzt war, stärkten sie noch die Guelfenpartei durch Magistrate und andere Einrichtungen, damit sie sich mit größerer Kraft gegen die Gibellinen verteidigen könne. Die Güter der Gibellinen wurden in drei Teile geteilt, deren einen sie dem öffentlichen Schatz, den zweiten dem Magistrat der Partei, die Hauptleute (Capitani) genannt, den dritten den Guelfen als Ausgleich für die erlittenen Schäden zuwiesen. Ferner machte der Papst, um Toskana guelfisch zu erhalten, den König Karl zum kaiserlichen Statthalter Toskanas.

Während die Florentiner kraft dieser neuen Verfassung im Inneren durch die Gesetze, im Äußern durch die Waffen ihr Ansehen erhielten, starb der Papst, und nach langem Streit wurde endlich nach zwei Jahren Gregor X. gewählt (1271). Dieser war lange in Syrien gewesen, wo er sich zur Zeit seiner Wahl noch befand, fern vom Streben der Parteien, und legte diesen daher nicht die Bedeutung bei wie seine Vorgänger. Als er auf seiner Reise nach Frankreich durch Florenz kam, hielt er es für die Pflicht eines guten Hirten, die Stadt wieder zu einigen. Wirklich brachte er es dahin, daß die Florentiner einwilligten, die Syndizi der Gibellinen in Florenz zu empfangen, um über die Art ihrer Rückkehr zu verhandeln (1273). Obgleich aber der Kompromiß geschlossen wurde, so war die Furcht der Gibellinen doch so groß, daß sie nicht zurückkehren wollten. Der Papst gab nun der Stadt die Schuld und exkommunizierte sie in seinem Unwillen. Solange Gregor lebte, blieb Florenz exkommuniziert, nach dessen Tod jedoch wurde es durch Papst Innozenz V. wieder eingesegnet (1275).

Nikolaus III., aus dem Hause Orsini, bestieg hierauf den heiligen Stuhl. Stets fürchteten die Päpste den, dessen Macht in Italien groß geworden war, mochte sie auch durch die Unterstützung der Kirche gewachsen sein, und versuchten sie zu schwächen. Hieraus entstanden die häufigen Unruhen und die häufigen Veränderungen in Italien. Die Furcht vor einem Mächtigen bewog die Päpste, einen Schwachen zu erhöhen, und war er gewachsen, so fürchteten sie ihn und versuchten ihn zu stürzen. Dies bewog sie, Manfred Neapel fort zu nehmen und es Karl zu gewähren; dies war es, warum sie diesen später fürchteten und versuchten ihn zu stürzen. Nikolaus III. also bewirkte aus diesen Beweggründen, daß Karl durch den Kaiser die Regierung Toskanas weggenommen wurde, und sandte, unter dem Namen des römischen Reichs, Messer Latino als seinen Legaten in dieses Land (1279).

Florenz befand sich damals in sehr schlimmem Zustand. Der guelfische Adel war übermütig geworden und fürchtete die Magistrate nicht. Jeden Tag wurden

Morde und andere Gewalttaten in großer Zahl verübt, ohne daß die Täter bestraft wurden, da sie bald bei diesem, bald bei jenem Edlen Schutz fanden. Um diesen Übermut zu zügeln, dachten die Häupter des Volkes, es wäre gut, die Verwiesenen wieder einzusetzen. Dies gab dem Legaten Gelegenheit, die Stadt wieder zu vereinigen. Die Gibellinen kehrten zurück (1280), und statt der zwölf Männer wurde die Regierung aus vierzehn zusammengesetzt, von jeder Partei sieben, die ein Jahr lang regierten und vom Papst ernannt wurden.

In dieser Regierungsform blieb Florenz zwei Jahre, bis Martin, von Nation ein Franzose, Papst wurde, der dem König Karl alle Gewalt wiedergab, die ihm Nikolaus genommen hatte. Sogleich erwachten in Toskana die Parteien wieder. Die Florentiner ergriffen die Waffen gegen den Statthalter des Kaisers; und um die Gibellinen der Regierung zu berauben und die Mächtigen im Zaum zu halten, führten sie eine neue Form des Regimentes ein. Die Zünfte waren damals, im Jahr 1282, seitdem sie Magistrate und Fahnen erhallen, sehr angesehen. Sie ordneten durch ihre Autorität an, daß an die Stelle der vierzehn drei Bürger erwählt würden, die Prioren hießen. Diese sollten zwei Monate die Regierung der Republik führen und konnten aus dem Volk und Große sein, wenn sie nur Kaufleute waren oder ein Handwerk betrieben. Später wurde der erste Magistrat auf sechs Mitglieder erweitert, damit von jedem Stadtsechstel einer darin sitze. Diese Zahl erhielt sich bis zum Jahr 1382, wo die Stadt in Viertel geteilt und die Zahl der Prioren auf acht festgesetzt wurde. Manchmal jedoch wurden auch während dieses Zeitraums, infolge der Ereignisse, zwölf gewählt.

Dieser Magistrat war, wie man mit der Zeit sah, Ursache des Sturzes der Edlen. Das Volk schloß sie, infolge verschiedener Ereignisse, davon aus und unterdrückte sie dann ohne alle Scheu. Anfänglich ließen es die Edlen geschehen, weil sie nicht einig waren, und so wurde ihr zu großes Verlangen, einander die Regierung zu entreißen, Ursache, daß sie dieselbe gänzlich verloren. Dem Magistrat wurde ein Palast angewiesen, wo er beständig wohnen sollte, während es früher herkömmlich war, daß sich die Magistrate und Räte in den Kirchen versammelten. Um ihn zu ehren, gab man ihm ferner eine Anzahl Häscher und andre nötige Diener bei. Anfangs wurde er zwar nur Prioren genannt, später aber fügte man zu größerem Glanz den Titel Signoren hinzu.

Die Florentiner blieben eine Zeitlang im Innern ruhig. Während dieser Zeit führten sie den Krieg mit den Aretinern, weil diese die Guelfen vertrieben hatten und besiegten sie glücklich bei Campaldino (1289). Da die Stadt an Menschen und Reichtümern anwuchs, wollte man auch ihre Mauern ausdehnen, und ihr Umkreis wurde in der Weise erweitert, wie man ihn jetzt sieht. Früher reichte ihr Durchmesser bekanntlich nur von der alten Brücke bis an die Kirche St. Lorenzo.

Durch die äußeren Kriege und den innern Frieden waren die Parteien der Gibellinen und Guelfen in Florenz fast verschwunden. Es blieben nur noch die feindlichen Bestrebungen übrig, die von Natur in jeder Stadt zwischen Mächtigen und Volk zu bestehen pflegen. Denn da das Volk unter den Gesetzen leben will und die Mächtigen den Gesetzen befehlen wollen, so können sie unmöglich miteinander auskommen. Solange Florenz die Gibellinen fürchten mußte, gärte es nur im stillen; kaum aber waren diese überwunden, so brauste die Gärung mächtig auf. Jeden Tag sah man Männer aus dem Volk beleidigt, und die Gesetze und Magistrate reichten nicht hin, sie zu rächen; denn jeder Edle verteidigte sich durch seine Verwandten und Freunde gegen die Soldaten der Prioren und des Hauptmanns. Im Verlangen, diesem Mißstand abzuhelfen, verordneten die Ersten der Zünfte, daß jede Signoria beim Antritt ihres Amtes einen Gonfalonier der Gerechtigkeit ernennen sollte, der ein Mann aus dem Volk sein mußte, unter zwanzig Fähnlein eingeschrieben, tausend Mann erhielt und mit seinem Banner und den Bewaffneten auf den ersten Ruf der Signoren oder des Hauptmanns bereit sein sollte, die Gerechtigkeit zu unterstützen. Der erste gewählte Gonfalonier war Ubaldo Ruffoli (1293). Dieser entfaltete das Banner und zerstörte die Häuser der Galletti, weil einer aus dieser Familie in Frankreich einen Volksmann getötet hatte. Den Zünften war die Einführung dieser Einrichtung leicht, weil die Edlen untereinander in schweren Feindschaften lagen und nicht eher die gegen sie getroffenen Maßnahmen beachteten, als bis sie die Strenge jener Vollstreckung sahen. Anfangs war ihr Schrecken groß, doch bald kehrten sie zu ihrem Übermut zurück; denn da immer einer von ihnen zu den Signoren gehörte, so war es ihnen leicht, den Gonfalonier an der Ausübung seines Amtes zu hindern. Da überdies der Kläger einen Zeugen nötig hatte, wenn er eine Beleidigung erduldete, so fand sich niemand, der gegen die Edlen aussagen wollte. So kehrte Florenz in kurzer Zeit in dieselben Unordnungen zurück, und das Volk erlitt von den Großen dieselben Unbilden; denn die Prozesse waren langsam, und die Urteilssprüche entbehrten der Vollstreckung.

Als nun die Volksmänner nicht wußten, was sie tun sollten, ermutigte Giano della Bella, aus sehr edlem Haus, aber Freund der Freiheit der Stadt, die Häupter der Zünfte, die Republik zu reformieren. Auf seinen Rat wurde verordnet, daß der Gonfalonier mit den Prioren im Palast residieren und 4000 Mann unter seinen Befehlen haben solle. Ferner wurden alle Edlen des Rechtes beraubt. Signoren zu werden. Die Genossen des Schuldigen wurden derselben Strafe unterworfen, und das öffentliche Gerücht sollte zur Einleitung des Verfahrens dienen. Durch diese Gesetze, die man die Ordonnanzen der Gerechtigkeit nannte, erwarb das Volk großes Ansehen und Giano della Bella großen Haß. Die Edlen hatten von ihm, als dem Zerstörer ihrer Macht, die schlimmste Meinung, und die reichen Volksmänner waren ihm mißgestimmt, weil ihnen seine Macht zu groß schien. Er mußte dies bei der ersten Gelegenheit erfahren. Der Zufall wollte, daß ein Volksmann in einem Streit getötet wurde, woran mehrere Edle teilnahmen. Unter diesen war Messer Corso Donati, dem man, als dem kühnsten von den andern, die Schuld zuschrieb. Er wurde daher vom Volkshauptmann verhaftet; und wie nun die Sache sein mochte, ob Messer Corso nicht gefehlt hatte, oder ob ihn der Hauptmann nicht zu verurteilen wagte, er wurde freigesprochen. Diese Freisprechung mißfiel dem Volk so sehr, daß es die Waffen ergriff, zum Hause Giano della Bellas strömte und ihn bat, er solle bewirken, daß die Gesetze beachtet würden, deren Erlaß er bewirkt hatte. Giano, der Messer Corsos Bestrafung wünschte, ließ die Waffen nicht niederlegen, wie viele urteilten, daß er hätte tun sollen, sondern ermahnte das Volk, zu den Signoren zu gehen, um sich über den Fall zu beschweren und zu bitten, daß sie abhelfen möchten. Das Volk glaubte nun vom Hauptmann beleidigt und von Giano della Bella verlassen zu sein und ging, voll Zorn, nicht zu den Signoren, sondern zum Palast des Hauptmanns, nahm ihn ein und verheerte ihn. Diese Handlung mißfiel allen Bürgern, und die, welche den Sturz Gianos wünschten, klagten ihn an und schoben die ganze Schuld auf ihn. Als sich daher unter den nächsten Signoren keiner seiner Freunde befand, wurde er vom Hauptmann als Aufwiegler das Volkes angeklagt. Während sein Prozeß geführt wurde, bewaffnete sich das Volk und versammelte sich an seinem Haus, in dem es ihm Schutz gegen die Signoren und seine Feinde anbot. Giano wollte weder diese Volksgunst auf die Probe stellen, noch sein Leben den Magistraten anvertrauen, da er die Böswilligkeit dieser und die Unbeständigkeit jener fürchtete. Um daher seinen Feinden die Gelegenheit zu nehmen, ihn zu beleidigen, und seinen Freunden, das Vaterland zu verletzen, beschloß er, sich zu entfernen und dem Neid das Feld zu räumen. Er verließ die Stadt, die er, zu seiner Last und Gefahr, aus der Knechtschaft der Mächtigen befreit hatte, und wählte sich ein freiwilliges Exil (1295).

Nach Giano della Bellas Entfernung faßte der Adel Hoffnung, seine Würde wieder zu erlangen. Ihre üble Lage ihren Spaltungen zuschreibend, vereinigten sich die Edlen miteinander und sandten zwei aus ihrer Mitte an die Signoria, die sie dem Adel günstig glaubten, mit der Bitte, daß sie die Strenge der gegen den Adel gemachten Gesetze einigermaßen zu mildern geruhe. Als das Begehren bekannt wurde, setzte es die Gemüter der Volksmänner in Aufruhr; denn sie fürchteten, die Signoria werde sich den Edlen beugen. So kam es infolge des Verlangens der Edlen und des Argwohns des Volkes zur Ergreifung der Waffen. Die Edlen setzten sich an drei Punkten fest, bei St. Johann, auf dem Neuen Markt und auf dem Platz der Mozzi unter drei Häuptern, Messer Forese Adimari, Messer Vanni de Mozzi und Messer Geri Spini. Die Volksmänner versammelten sich in sehr großer Zahl unter ihren Fahnen am Palast der Signoren, die damals in der Nähe von St. Procolo wohnten; und da das Volk diese Signoria im Verdacht hatte, beauftragte es sechs Bürger, mit ihr zu regieren.

Während beide Teile sich zum Kampf vorbereiteten, strengten sich einige Männer, sowohl aus dem Volk als aus dem Adel, und mit ihnen einige Geistliche von gutem Ruf an eine Versöhnung zustande zu bringen. Den Edlen stellten sie vor, daß die Ursache, warum ihnen die Ehrenstellen entzogen und die Gesetze gegen sie gemacht worden, ihr Hochmut gewesen sei und ihr schlechtes Betragen. Daß sie jetzt die Waffen ergriffen und durch Gewalt wieder haben wollten, was sie sich durch ihre Uneinigkeit und verkehrte Handlungsweise nehmen ließen, sei nichts anders, als ihr Vaterland zerstören und ihre Lage verschlimmern zu wollen. Sie sollten bedenken, daß ihnen das Volk an Zahl und Reichtümern sowie an Haß weit überlegen sei, und daß der Adel, durch den sie den andern vorzugehen glaubten, nicht kämpfe, und wenn es zum Waffengebrauch komme, sich als ein leerer Name erweise, der nicht ausreiche, sie gegen so viele zu verteidigen.

Auf der andern Seite stellten sie dem Volk vor, daß es nicht klug sei, den Sieg stets bis zum äußersten verfolgen zu wollen, und daß es nie eine weise Maßregel war, die Menschen zur Verzweiflung zu bringen. Denn wer nichts Gutes mehr hofft, scheut nicht das Schlimmste. Man solle bedenken, daß der Adel derselbe sei, der in den Kriegen Ehre verschafft habe. Es sei daher weder gut noch gerecht, ihn mit so großem Haß zu verfolgen. Leicht ertrügen die Edlen, sich der höchsten Würde nicht zu erfreuen, das aber könnten sie nicht ertragen, daß es durch die erlassenen Verordnungen in der Gewalt eines jeden stehe, sie aus ihrem Vaterland zu vertreiben. Es sei daher gut, die Ordonnanzen zu mildern und durch diese Wohltat die Niederlegung der Waffen zu bewirken. Man solle nicht im Vertrauen auf die Zahl das Glück der Schlacht versuchen; denn häufig habe man gesehen, daß die Vielen von den Wenigen besiegt worden seien.

Im Volk waren die Meinungen geteilt. Viele wollten den Kampf, da man doch notwendig eines Tags dazu kommen müsse. Es sei daher besser, daß es gleich geschehe, als daß man warte, bis die Feinde mächtiger geworden. Wenn man glauben könnte, daß sich die Edlen durch Milderung der Gesetze zufrieden geben, so würde diese Milderung gut sein. Doch ihr Stolz sei so groß, daß sie sich nie anders als gezwungen beruhigen würden.

Viele andere, weisern und ruhigeren Gemütes, hielten dafür, daß die Milderung der Gesetze wenig, der Kampf hingegen viel bedeute. Ihre Meinung ging durch, und es wurde verordnet, daß zur Anklage der Edlen Zeugen nötig seien.

Nach Niederlegung der Waffen blieben beide Teile voll Argwohn, und jeder befestigte sich durch Türme und Waffen. Das Volk gestaltete die Regierung um, indem es sie auf kleinere Zahl beschränkte, wozu es dadurch bewogen wurde, daß jene Signoren den Edlen günstig gewesen waren. Seine Ersten blieben die Mancini, Magalotti, Altoviti, Peruzzi und Gerretani.

Nachdem die Verfassung festgesetzt, wurde 1298, zu größerem Glanz und besserer Sicherheit der Signoren, der Palast der Signoria gegründet, und ein Platz, durch Schleifung der Häuser, die früher den Uberti gehört, davor angelegt. Zur nämlichen Zeit wurden auch die öffentlichen Gefängnisse angefangen, und alle diese Gebäude waren in wenigen Jahren beendet. Nie war unsere Stadt größer und glücklicher als in diesen Zeiten; sie war voller Menschen und Reichtümer und genoß das größte Ansehen. Die Zahl ihrer waffenfähigen Bürger erreichte 30000, derer aus dem Gebiete 70000; und teils als Untertanin, teils als Freundin gehorchte ihr ganz Toskana. Obgleich zwischen Edlen und Volk einiger Unwille und Argwohn herrschte, so sah man doch keine üble Wirkung, sondern alle lebten in Frieden und Eintracht. Und wäre dieser Friede nicht durch neue Feindschaften im Inneren gestört worden, so durfte er die äußeren nicht fürchten; denn die Stadt war so weit gekommen, daß sie die Kaiser nicht mehr fürchtete, noch ihre Verwiesenen, und daß sie allen Staaten Italiens durch ihre Streitkräfte die Spitze bieten konnte. Die Übel aber, die ihr durch die äußeren Kräfte nicht zugefügt werden konnten, fügten ihr die inneren zu.

(1300.) Zu Florenz waren zwei Familien, die Cerchi und Donati, beide sehr mächtig durch Reichtümer, Adel und Menschen. Als Nachbarn in Florenz und im Stadtgebiete waren sie in Zwist geraten, doch war er nicht so bedeutend, daß sie zu den Waffen gegriffen hätten, und vielleicht würden die Folgen nicht schwer gewesen sein, wenn die schlimme Stimmung nicht durch neue Ursachen vermehrt worden wäre. Unter die ersten Familien von Pistoja gehörte die der Cancellieri. Es trug sich zu, daß Lore, Sohn Messer Guglielmos, und Geri, Sohn Messer Bertaccios, beide aus dieser Familie, beim Spiel in Wortwechsel gerieten und Geri von Lore leicht verwundet wurde. Der Vorfall war Messer Guglielmo unangenehm; er dachte daher, durch Demut ärgerliche Folgen zu vermeiden, machte jedoch die Sache noch schlimmer. Er befahl seinem Sohn, zum Vater des Verwundeten ins Haus zu gehen und ihn um Verzeihung zu bitten. Lore gehorchte seinem Vater. Allein diese Höflichkeit vermochte die harte Gemütsart Messer Bertaccios nicht zu besänftigen. Er ließ Lore ergreifen und ihm zu größerer Schmach von seinen Knechten auf einem Freßtrog die Hand abhauen. Hierauf sprach er zum Verstümmelten: „Geh nun zu deinem Vater zurück und sag' ihm, daß man die Wunden mit Eisen und nicht mit Worten heilt." Die Grausamkeit dieser Handlung erbitterte Messer Guglielmo so sehr, daß er die Seinigen die Waffen ergreifen ließ, um Rache zu nehmen. Um sich zu verteidigen, bewaffnete sich gleichfalls Messer Bertaccio; und nicht nur diese Familie, sondern die ganze Stadt Pistoja spaltete sich. Da die Cancellieri von Messer Cancelliere abstammten, der zwei Weiber gehabt hatte, deren eine Bianca hieß, so nannte sich die eine Partei nach denen, die von ihr abstammten, die weiße, und die andere Partei, um einen entgegengesetzten Namen zu wählen, die schwarze. Längere Zeit hindurch lieferten sie sich häufige Gefechte, wobei viele Menschen starben und viele Häuser zerstört wurden. Da sie sich nicht versöhnen konnten, wünschten sie, durch Unheil erschöpft, entweder ihrer Zwietracht ein Ende zu machen oder dieselbe durch die Spaltung anderer zu vergrößern, und kamen nach Florenz. Weil die Schwarzen mit den Donati verwandt waren, wurden sie von Messer Corso, dem Haupt dieser Familie, unterstützt. Die Folge war, daß die Weißen, um eine mächtige Stütze gegen die Donati zu haben, sich an Messer Veri de' Cerchi wandten, einen Mann, der in keiner Hinsicht Messer Corso nachstand.

Diese von Pistoja gekommenen Leidenschaften vermehrten den ganzen Haß der Cerchi und Donati, der sich schon so offen zeigte, daß die Prioren und die andern guten Bürger jede Stunde fürchteten, es werde von ihnen zu den Waffen gegriffen und sich dann die ganze Stadt spalten. Sie wandten sich daher an den Papst und baten ihn, gegen diese Gärung die Abhilfe, die sie selbst nicht treffen konnten, durch seine Autorität zu schaffen. Der Papst ließ Messer Veri zu sich bescheiden und drang in ihn, mit den Donati Frieden zu machen. Messer Veri zeigte sich hierüber befremdet; er sagte: „Er stehe nicht in Feindschaft mit ihnen, und da der Friede Krieg voraussetze, so wisse er nicht, warum Friede nötig sei, da kein Krieg zwischen ihnen herrsche." Messer Veri kehrte also von Rom zurück, ohne daß etwas erwirkt wurde, und die Gärung wuchs so sehr, daß der kleinste Vorfall den Ausbruch herbeiführen konnte, wie es denn auch kam. Es war im Monat Mai, wo sich das Volk an den Festlagen auf den Straßen von Florenz öffentlich zu vergnügen pflegt. Einige Jünglinge der Donati hielten mit ihren Freunden zu Pferde in der Nähe der Kirche von Santa Trinita, um dem Tanz junger Weiber zuzusehen. Einige Cerchi, gleichfalls von vielen Edlen begleitet, kamen dazu, und da sie die Donati, welche vorn waren, nicht erkannten, spornten sie, begierig, auch etwas zu sehen, ihre Pferde unter sie und drängten sie. Die Donati hielten sich für beleidigt und zogen die Waffen. Die Cerchi erwiderten kräftig, und nach vielen, auf beiden Seiten geschlagenen und empfangenen Wunden trennten sie sich. Diese Unordnung war der Anfang großer Übel. Die ganze Stadt spaltete sich, sowohl das Volk als die Großen, und die Parteien nahmen den Namen der Weißen und Schwarzen an.

Häupter der weißen Partei waren die Cerchi. Ihnen schlossen sich an die Adimari, die Abati, ein Teil der Tosinghi, der Bardi, der Rossi, der Frescobaldi, der Nerli und der Mannotti, alle Mozzi, Scali, Gherardini, Cavalcanti, Malespini, Bostichi, Giandonati, Vecchietti und Arrigucci. Zu ihnen kamen noch viele Familien aus dem Volk nebst allen Gibellinen, die in Florenz waren. Durch die große Zahl, die ihnen folgte, hatten sie fast die ganze Regierung der Stadt.

Andererseits waren die Donati Häupter der schwarzen Partei. Mit ihnen hielten es die Teile der obengenannten Familien, welche sich den Weißen nicht anschlossen; ferner alle Pazzi, die Bisdomini, Manieri, Bagnesi, Tornaquinci, Spini, Buondelmonti, Gianfigliazzi, Brunelleschi. Diese Krankheit steckte nicht nur die Stadt an, sondern spaltete auch das ganze Gebiet. Die Hauptleute der Partei und jeder, der die Guelfen und die Republik liebte, fürchteten daher sehr, durch diese Spaltung werde zum Verderben der Republik die Gibellinenpartei wieder erwachen. Sie sandten von neuem zu Papst Bonifacius, daß er an Abhilfe denke, wenn er nicht wolle, daß die Stadt, die stets der Schild der Kirche gewesen, gibellinisch werde. Der Papst sandte den Kardinal Matteo d'Aquasparta als Legaten nach Florenz. Doch da der Kardinal bei der weißen Partei Schwierigkeiten fand, die weniger fürchtete, weil sie mächtiger war, reiste er zornig von Florenz ab und belegte die Stadt mit dem Interdikt. So wurde die Verwirrung noch größer, als sie es vor seiner Ankunft gewesen.

Während also alle Gemüter aufgeregt waren, trug es sich zu, daß bei einem Leichenbegängnis, wobei sich viele Cerchi und Donati befanden, zuerst ein Wortwechsel zwischen ihnen und dann ein Kampf entstand, der für den Augenblick nur Tumult zur Folge hatte. Als aber jeder nach Hause zurückgekehrt war, beschlossen die Cerchi, die Donati anzugreifen, und rückten mit einer großen Zahl Reiter gegen sie heran, wurden jedoch, durch die Tapferkeit Messer Corsos abgeschlagen und ein großer Teil von ihnen verwundet. Die ganze Stadt stand unter den Waffen; die Signoren und die Gesetze waren durch die Wut der Mächtigen ohnmächtig geworden; die weiseren und besseren Bürger lebten in beständiger Unruhe. Bei den Donati und ihrer Partei war die Furcht größer, weil sie weniger vermochten. Um daher Vorkehrungen zu treffen, versammelten sich Messer Corso, die andern schwarzen Oberhäupter und die Parteihauptleute und kamen überein, vom Papst einen Mann aus königlichem Blut zu verlangen, der nach Florenz kommen sollte, die Verfassung zu reformieren. Durch dieses Mittel dachten sie die Weißen überwinden zu können. Die Versammlung und dieser Beschluß wurde den Prioren angezeigt, und von der Gegenpartei als ein Angriff auf die öffentliche Freiheit ausgelegt. Da beide Parteien gerüstet waren, bewaffneten die Signoren durch Dantes Rat und Klugheit, der damals Signor war, ermutigt, das Volk, vereinigten viele aus dem Stadtgebiete mit. ihm und zwangen die Häupter der Parteien, die Waffen niederzulegen. Hierauf verbannten sie, mit Messer Corso, viele der schwarzen Partei (1301), und, um sich in diesem Spruch unparteiisch zu zeigen, verwiesen sie auch einige der weißen Partei, die bald darauf unter anständigen Vorwänden zurückkehrten.

Da Messer Corso und die Seinigen den Papst ihrer Partei günstig glaubten, gingen sie nach Rom und stellten ihm mündlich vor, was sie schon geschrieben. Am Hof des Papstes befand sich Karl von Valois, Bruder des Königs von Frankreich, der vom König von Neapel nach Italien gerufen worden war, um Sizilien zu erobern. Dem Papst schien es daher, besonders auf die Bitten der verwiesenen Florentiner, gut, ihn nach Florenz zu senden, bis die zur Schiffahrt bequeme Zeit käme. Karl brach auf, und obgleich die Weißen, welche die Herrschaft hatten, Argwohn gegen ihn hegten, wagten sie, weil er Haupt der Guelfen und vom Papst gesandt war, doch nicht, ihm den Einzug zu verwehren, sondern gaben ihm, um ihn sich zum Freund zu machen, die Gewalt, nach seinem Gutbefinden über die Stadt zu verfügen. Sobald Karl diese Gewalt hatte, ließ er alle seine Freunde und Anhänger bewaffnen, was das Volk mit einem solchen Argwohn erfüllte, er wolle ihm seine Freiheit nehmen, daß jeder die Waffen ergriff und zu Hause blieb, um sogleich bereit zu sein, wenn Karl eine Bewegung mache.

Die Cerchi und die Häupter der weißen Partei waren bei der Masse verhaßt, weil sie einige Zeit Häupter der Republik gewesen und sich hochmütig benommen hatten, dies ermutigte Messer Corso und die andern verwiesenen Schwarzen, nach Florenz zu kommen, besonders, da sie wußten, daß Karl und die Parteihauptleute sie zu begünstigen geneigt seien. Während die Stadt, aus Furcht vor Karl, bewaffnet war, zog also Messer Corso mit allen Verwiesenen und vielen andern, die ihm folgten, ohne von jemand verhindert zu werden, in Florenz ein. Obgleich Messer Veri de' Cerchi aufgefordert wurde, ihm entgegen zu rücken, wollte er es nicht tun, er sagte, das Volk von Florenz, gegen das Messer Corso ziehe, solle ihn züchtigen. Doch es kam umgekehrt; denn er wurde vom Volk aufgenommen, nicht gezüchtigt, und Messer Veri mußte, wenn er sich retten wollte, die Flucht ergreifen. Messer Corso machte, nachdem er das Pintitor genommen hatte, bei San Pietro Maggiore, in der Nähe seines Hauses, halt. Nachdem er hier viele Freunde und Volk, das neuerungssüchtig herbeiströmte, versammelt hatte, war sein erstes, daß er alle, die aus einem Staats- oder Privatgrund verhaftet waren, aus den Gefängnissen befreite. Sodann zwang er die Signoren, abzudanken und in ihre Häuser zurückzukehren, ernannte zu neuen Signoren Volksmänner von der schwarzen Partei und beschäftigte sich fünf Tage lang mit Plünderung der Häupter der weißen Partei.

Die Cerchi und die andern Häupter ihrer Partei hatten die Stadt verlassen und sich in ihre festen Orte zurückgezogen, da sie sich Karl entgegen und den größten Teil des Volkes feind sahen. Während sie früher nie dem Rat des Papstes folgen wollten, waren sie nun gezwungen, sich um Hilfe an ihn zu wenden, indem sie ihm zeigten, Karl sei gekommen, um Florenz zu entzweien, nicht zu vereinen. Der Papst sandte daher von neuem Messer Matteo d'Acquasparta als seinen Legaten. Dieser ließ die Cerchi und Donati Frieden machen und befestigte denselben durch Heiraten. Als er aber wollte, daß die Weißen auch an den Ämtern teilhaben sollten, willigten die Schwarzen, die die Regierung hatten, nicht ein, so daß der Legat, weder befriedigter, noch weniger erzürnt als das letzte Mal, abreiste und die Stadt als ungehorsam mit dem Interdikt belegte.

Es blieben also beide Parteien in Florenz, und jede unzufrieden. Die Schwarzen, die sich die feindliche Partei nahe sahen, fürchteten, sie könne zu ihrem Verderben die verlorene Gewalt wieder ergreifen; und die Weißen sahen sich ihrer Gewalt und ihrer Ehre beraubt. Zu diesem Unwillen und natürlichen Argwohn kamen neue Unbilden hinzu. Messer Niccolo de'Cerchi begab sich mit mehreren seiner Freunde zu seinem Landsitz. Als er an die Brücke über den Affrico kam, wurde er von Simone, dem Sohn Messer Corso Donatis angegriffen. Der Kampf war heftig und hatte auf beiden Seiten einen traurigen Ausgang; denn Messer Niccolo wurde getötet und Simone so gefährlich verwundet, daß er in der folgenden Nacht starb. Dieser Vorfall brachte von neuem die ganze Stadt in Aufruhr. Obgleich die schwarze Partei mehr Schuld hatte, wurde sie doch von der Regierung beschützt; und ehe noch das Urteil gesprochen war, entdeckte man eine Verschwörung der Weißen mit Messer Ferrante, einem Baron Karls, um wieder in die Regierung eingesetzt zu werden. Die Sache kam durch Briefe ans Licht, welche die Cerchi an Ferrante geschrieben, doch es herrschte die Meinung, die Briefe seien falsch und eine Erfindung der Donati, um die Schande zu überdecken, die sie sich durch Messer Niccolos Ermordung zugezogen hatten. Alle Cerchi und ihre Anhänger von der weißen Partei, worunter der Dichter Dante war, wurden verbannt, ihre Güter eingezogen und ihre Häuser geschleift. Sie zerstreuten sich mit vielen Gibellinen, die sich ihnen angeschlossen hatten, an verschiedene Orte und suchten durch neue Umtriebe neues Glück. Nachdem Karl durch sein Kommen dies angerichtet hatte, reiste er ab und ging zum Papst zurück, um seinen Feldzug gegen Sizilien zu verfolgen. Er zeigte sich darin nicht weiser noch redlicher, als er in Florenz gewesen war, und so kehrte er mit Schimpf, nachdem er viele der Seinigen verloren, nach Frankreich zurück.

(1304.) Nach Karls Entfernung lebte man in Florenz sehr ruhig. Messer Corso allein war unruhig, da er den Rang in der Stadt nicht zu haben glaubte, der ihm seiner Meinung nach gebührte, sondern bei der bestehenden Volksregierung die Republik von viel Geringeren als ihm verwaltet sah. Durch diese Leidenschaft getrieben, dachte er die Unlauterkeit seiner Absichten durch einen ehrbaren Beweggrund zu verdecken und beschuldigte viele Bürger, die öffentliche Gelder verwaltet hatten, sie hätten diese zu Privatzwecken verwendet: es sei gut, Untersuchung und Strafe eintreten zu lassen. Dieser Meinung schlossen sich viele, die dasselbe Verlangen wie er fühlten, an. Dazu kam noch die Unwissenheit vieler andern, die wirklich glaubten, Messer Corso bewege Vaterlandsliebe. Auf der andern Seite verteidigten sich die verleumdeten Bürger, da sie beim Volk in Gunst standen, mit Erfolg, und dieser Zwist wuchs so sehr, daß es nach vergeblicher Anwendung der bürgerlichen Mittel zum Kampf kam. Auf der einen Seite waren Messer Corso und Messer Lottieri, Bischof von Florenz, mit vielen Großen und einigen Volksmännern; auf der andern Seite waren die Signoren mit dem größeren Teile des Volkes. In mehreren Teilen der Stadt wurden Gefechte geliefert. Als die Signoren die große Gefahr sahen, in der sie waren, sandten sie um Hilfe zu den Lucchesern. Sogleich war das ganze Volk von Lucca in Florenz, und durch seine Autorität wurde damals der Streit beigelegt und die Unruhen gestillt. Das Volk behielt die Regierung und seine Freiheit, ohne die Urheber des Aufruhrs weiter zu strafen.

Der Papst hatte die Unruhen von Florenz erfahren und sandte, um sie beizulegen, Messer Niccolo von Prato als seinen Legaten dahin. Dieser war ein Mann von großem Ansehen durch seinen Rang, seine Gelehrsamkeit und Sitten und erwarb sogleich ein solches Zutrauen, daß er sich die Gewalt konnte geben lassen, eine Verfassung nach seinem Gutbefinden einzuführen. Da er Gibelline war, hatte er im Sinn, die Verwiesenen wieder in ihr Vaterland einzusetzen. Zuerst aber wollte er das Volk gewinnen und erneuerte zu diesem Zweck die alten Kompagnien des Volkes, eine Einrichtung, welche die Macht desselben sehr vermehrte und die der Großen verminderte. Als sich jetzt der Legat die Menge verpflichtet zu haben glaubte, dachte er die Rückkehr der Verwiesenen zu erwirken und versuchte verschiedene Wege. Es gelang ihm aber nicht nur mit keinem, sondern er kam bei der Regierung in solchen Verdacht, daß er zur Abreise gezwungen wurde, voll Erbitterung zum Papst zurückkehrte und Florenz in größter Verwirrung und mit dem Interdikt belegt verließ. Und nicht allein durch eine Krankheit, sondern durch viele war die Stadt zerrüttet. Da war die Feindschaft des Volkes und der Großen, der Guelfen und Gibellinen, der Weißen und Schwarzen. Die ganze Stadt war bewaffnet, und überall wurden Gefechte geliefert. Viele waren über die Abreise des Legaten unzufrieden, weil sie die Rückkehr der Verwiesenen wünschten. Die ersten von denen, welche den Aufstand begannen, waren die Medici und Giugni, die sich mit dem Legaten zugunsten der Rebellen erklärt hatten. Es wurde also in mehreren Teilen von Florenz gekämpft.

Zu diesen Übeln kam noch eine Feuersbrunst hinzu, die bei Orto San Michele in den Häusern der Abati ausbrach. Das Feuer griff auf die Häuser der Caponsacchi über und verzehrte sie mit den Häusern der Mazzi, der Amieri, Toschi, Cipriani, Lamberti, Cavalcanti und dem ganzen Neuen Markt. Von da verbreitete es sich über den Stadtteil Porta Santa Maria, der ganz abbrannte, änderte an der alten Brücke die Richtung und verzehrte die Häuser der Gherardini, Pulci, Amidei, Lucardesi und noch viele andere, daß ihre Zahl 1700 oder mehr erreichte. Viele waren der Meinung, das Feuer sei durch Zufall während der Hitze des Kampfes ausgebrochen. Einige andere versichern, daß es von Neri

Abati, Prior von San Pietro Scheraggio, einem ausschweifenden und nach Unheil lüsternen Mann, gelegt wurde. Als er das Volk mit dem Kampf beschäftigt sah, dachte er eine Verruchtheit ausüben zu können, welcher die Menschen, weil sie beschäftigt waren, nicht abzuhelfen vermochten, und damit es ihm besser gelänge, legte er Feuer im Haus seiner Genossen an, wo er es bequemer konnte.

Es war das Jahr 1304 im Monat Juli, daß Florenz durch Feuer und Schwert verwüstet wurde. Messer Corso Donati allein bewaffnete sich während so großen Getümmels nicht; denn er glaubte auf diese Weise leichter der Schiedsrichter beider Parteien zu werden, wenn sie, des Kampfes müde, sich zu einer Einigung wendeten. Doch die Waffen wurden eher darum niedergelegt, weil beide Teile sich mit Blut gesättigt waren, als daß eine Vereinigung zwischen ihnen zustande gekommen wäre. Die einzige Folge war, daß, ohne die Rückkehr der Rebellen zu erwirken, die Partei, welche sie begünstigte, die schwächere blieb.

Als der Legat bei seiner Rückkehr nach Rom von den neuen Auseinandersetzungen in Florenz erfuhr, empfahl er dem Papst: wenn er Florenz einig machen wolle, müsse er zwölf der ersten Bürger der Republik zu sich bescheiden, worauf man dann leichter an Aufhebung des Übels denken könne, weil ihm die Nahrung entzogen sei. Dieser Rat wurde vom Papst angenommen, und die gerufenen Bürger, worunter Messer Corso Donati, gehorchten. Nach ihrer Entfernung ließ der Legat den Verwiesenen sagen, jetzt sei es Zeit, nach Florenz zurückzukehren, da die Stadt ihrer Häupter beraubt sei. Auf diese Weise gedrängt, zogen die Verbannten nach Florenz, drangen durch die Stellen, wo die Mauern noch nicht aufgebaut waren, in die Stadt ein und rückten bis auf den Platz von San Giovanni vor. Merkwürdig war, daß die, welche kurz zuvor für ihre Rückkehr gekämpft hatten, als sie unbewaffnet baten, in ihr Vaterland wieder eingesetzt zu werden, jetzt die Waffen gegen sie ergriffen, als sie sie bewaffnet sahen, um mit Gewalt die Stadt einzunehmen; so viel höher schätzten jene Bürger das öffentliche Wohl als die persönliche Freundschaft; und vereint mit dem ganzen Volk, zwangen sie sie zurückzukehren, woher sie gekommen waren. Die Unternehmung der Verbannten mißlang, weil sie einen Teil ihrer Leute bei Lastra gelassen und Messer Toloselto Uberti, der mit dreihundert Pferden von Pistoja kommen sollte, nicht erwartet hatten. Sie hielten dafür, daß ihnen die Schnelligkeit mehr als die Streitkräfte den Sieg geben müsse; und so ereignet es sich häufig bei solchen Unternehmungen, daß dir die Langsamkeit die Gelegenheit nimmt und die Schnelligkeit die Kräfte.

Nach dem Abzug der Rebellen kehrte Florenz zu seinen alten Spaltungen zurück. Um der Familie der Cavalcanti ihre Gewalt zu entziehen, erstürmte das Volk die Stinche, ein Kastell im Grevetal, das von alters ein Besitztum jener Familie war. Da die gefangenen Verteidiger die ersten waren, die man in die neuerbauten Gefängnisse setzte, so erhielten später die Gefängnisse von dem Kastell, woher jene kamen, ihren heutigen Namen, die Stinche (1307). Ferner erneuerten die, welche die Ersten in der Republik waren, die Kompagnien des Volkes und gaben ihnen Fahnen, während sie sich früher unter denen der Zünfte versammelten. Den Häuptern gaben sie den Titel Gonfaloniere der Kompagnien und Kollegen der Signoren und wollten, daß sie bei den Aufständen mit den Waffen, im Frieden mit Rat der Signoria beistehen sollten. Den zwei alten Rektoren gesellten sie einen Exekutor, der im Verein mit den Gonfalonieren gegen den Übermut der Großen vorgehen sollte.

Mittlerweile war der Papst gestorben, und Messer Corso und die andern Bürger waren von Rom zurückgekehrt. Man würde ruhig gelebt haben, wenn die Stadt durch den unruhigen Geist Messer Corsos nicht von neuem erschüttert worden wäre. Um sich Ansehen zu geben, hatte er immer eine entgegengesetzte Meinung als die Großen verteidigt, und wohin er das Volk sich neigen sah, dahin wandte er, um dessen Wohlwollen zu erwerben, seine Autorität. So war er aller Zwistigkeiten und Neuerungen Haupt, und alle, die etwas Ungesetzliches zu erwirken wünschten, wandten sich an ihn. Viele angesehene Bürger haßten ihn daher, und man sah diesen Haß zu solcher Heftigkeit anwachsen, daß die Partei der Schwarzen in offene Spaltung geriet, indem sich Messer Corso auf eigene Kräfte und Autorität stützte und seine Gegner auf die Regierung. Doch so groß war seine persönliche Gewalt, daß ihn jedermann fürchtete. Um ihm die Volksgunst zu entziehen, was auf solche Weise leicht ist, streuten sie aus, er wolle sich der Tyrannei bemächtigen. Dies war leicht wahrscheinlich zu machen; denn seine Lebensweise überschritt alles bürgerliche Maß. Diese Meinung mehrte sich sehr, als er eine Tochter Uggucciones delle Faggiuola zum Weib nahm, der Haupt der Gibellinen und weißen Partei und in Toskana sehr mächtig war.

Als die Heirat bekannt wurde, gewannen seine Gegner dadurch Mut und ergriffen die Waffen gegen ihn. Das Volk verteidigte ihn aus derselben Ursache nicht, sondern vereinigte sich zum größeren Teil mit seinen Feinden. Oberhäupter seiner Gegner waren Messer Rosso della Tosa, Messer Pazzino de' Pazzi, Messer Geri Spini und Messer Berto Brunelleschi. Diese versammelten sich mit ihrem Anhang und dem größeren Teil des Volkes an den Stufen des Palastes der Signoren, auf deren Befehl der Volkshauptmann, Messer Piero Branca, Messer Corso anklagte, daß er sich mit dem Beistand Uggucciones zum Tyrannen machen wolle. Nach der Anklage wurde er vorgeladen, sodann als widerspenstig zum Rebellen erklärt (1308), und von der Anklage bis zum Urteil vergingen nur zwei Stunden. Nachdem dieser Spruch gegeben war, zogen die Signoren mit den Kompagnien des Volkes unter ihren Fahnen gegen ihn heran.

Messer Corso, nicht entmutigt durch die Abkehr vieler der Seinigen, nicht durch das gefällte Urteil, weder durch die Autorität der Signoren, noch durch die Menge seiner Feinde, befestigte sich in seinem Haus, wo er sich zu halten können hoffte, bis Ugguccione, nach dem er gesandt, zu seiner Unterstützung herbeikommen würde. Er hatte seine Häuser und die umgebenden Straßen verbarrikadiert und mit Männern besetzt, die seine Anhänger waren und sich so gut verteidigten, daß das Volk, trotz seiner großen Zahl, nicht eindringen konnte. Der Kampf war also heftig, und schon zählten beide Teile viele Tote und Verwundete. Als jetzt das Volk sah, daß es von den offenen Stellen nicht stürmen konnte, ging es in die anstoßenden Häuser, durchbrach die Scheidewände und drang an Stellen ein, wo es niemand erwartet hatte. Als sich Messer Corso von den Feinden umgeben sah und nicht mehr auf den Beistand Uggucciones baute, beschloß er, da er am Sieg zweifeln mußte, einen Versuch zur Rettung seines Lebens zu machen, stellte sich mit Gherardo Bordoni an die Spitze einer Schar seiner tapfersten und zuverlässigsten Freunde, machte einen Ausfall, brach sich kämpfend Bahn durch die Feinde und zog durchs Tor alla Groce aus der Stadt.

Doch, lebhaft verfolgt, wurde Gherardo am Affrico von Boccaccio Cavicciuli getötet und Messer Corso von katalanischen Reitern, Soldaten der Signoria, zu Rovezzano eingeholt und gefangen. Doch auf dem Rückweg nach Florenz, um seine Feinde nicht erblicken zu müssen und ihrem Hohn zu entgehen, ließ er sich vom Pferd fallen und wurde, zu Boden liegend, von einem derer, die ihn gefangen führten, getötet. Die Mönche von San Salvi hoben den Leichnam auf und begruben ihn ohne alle Ehre. Dieses Ende hatte Messer Corso, dem das Vaterland und die Partei der Schwarzen vieles Gute und vieles Böse verdankte; und wenn er ruhigeren Geistes gewesen wäre, so würde sein Andenken glücklicher sein. Dennoch verdient er unter die seltenen Bürger unserer Stadt gezählt zu werden. Wahr ist, daß seine Unruhe das Vaterland und die Partei ihre Verpflichtungen gegen ihn vergessen ließen und zuletzt ihm den Tod gab, und dem einen und der anderen viel Verderben brachte. Ugguccione, der zur Unterstützung seines Schwiegersohns heranrückte, hörte zu Reniole, Messer Corso werde vom Volk angegriffen. Er dachte daher, er könne ihm nichts nützen und kehrte, um nicht, ohne ihm zu helfen, sich selbst zu schaden, wieder um.

Mit Messer Corsos Tod, der sich im Jahre 1308 ereignete, hatten die Aufstände ein Ende, und man lebte so lange ruhig, bis man hörte, daß Kaiser Heinrich von Luxemburg mit allen florentinischen Rebellen nach Italien komme, denen er versprochen hatte, sie in ihr Vaterland wieder einzusetzen. Den Häuptern der Regierung schien es daher gut, um weniger Feinde zu haben, die Zahl derselben zu vermindern, und sie beschlossen, daß alle Rebellen wieder eingesetzt werden sollten, die ausgenommen, welchen namentlich im Gesetz die

Rückkehr verboten wurde. Demnach blieb der größere Teil der Gibellinen und einige der weißen Partei, worunter Dante Alighieri, und die Söhne Messer Veris de' Cerci, und Giano della Bellas verwiesen. Überdies baten sie König Robert von Neapel um Hilfe, und als sie seinen Beistand nicht als Freunde erwirken konnten, gaben sie ihm die Stadt für fünf Jahre, auf daß er sie als seine Untertanen verteidige. Der Kaiser kam auf dem Weg von Pisa und ging von da längs der Seeküste nach Rom, wo er sich im Jahr 1312 krönen ließ. Hierauf beschloß er, die Florentiner zu unterwerfen, und zog über Perugia und Arezzo gegen Florenz. Beim Kloster San Salvi, eine Miglie von der Stadt, lagerte er sich mit seinem Heer und blieb daselbst fünfzig Tage ohne etwas auszurichten. Er gab daher die Hoffnung auf, eine Umwälzung in der Stadt hervorzubringen und zog nach Pisa ab, wo er mit König Friedrich von Sizilien übereinkam, das Königreich Neapel anzugreifen. Als er aber, mit seinem Heer aufgebrochen, schon den Sieg hoffte und König Robert um seinen Thron zitterte, starb er in Buonconvento (1313).

Kurze Zeit darauf trug es sich zu, daß Ugguccione della Faggiuola Herr von Pisa wurde und bald danach von Lucca, wohin ihn die Gibellinenpartei gerufen hatte, und den Nachbarn schweren Schaden zufügte. Um sich davon zu befreien, verlangten die Florentiner von König Robert seinen Bruder Piero, ihre Heere zu befehligen. Ugguccione auf der andern Seite vergrößerte unablässig seine Macht und hatte im Arno- und Nievoletal durch Gewalt und List viele Kastelle erobert. Als er Monte Catini belagerte, erachteten die Florentiner für nötig, dieses Kastell zu befreien, wenn der Brand nicht ihr ganzes Land verzehren sollte. Nachdem sie ein großes Heer zusammengebracht, setzten sie ins Nievoletal über, und hier kam es zur Schlacht, worin sie nach einem heftigen Kampf geschlagen wurden (1315). Piero, König Roberts Bruder, blieb, und nie fand man seinen Leichnam wieder; mit ihm wurden über zweitausend Mann erschlagen. Doch auch auf Uggucciones Seite war der Sieg nicht fröhlich, denn einer seiner Söhne und viele andere Häupter des Heeres waren gefallen.

Nach dieser Niederlage befestigten die Florentiner ihre Städte und Ortschaften ringsum, und König Robert sandte ihnen als Feldherrn den Grafen von Andria, der Graf Novello genannt wurde. Durch Novellos Betragen, oder weil es die Natur der Florentiner ist, daß sie jede Regierung anwidert und jeder Unfall spaltet, teilte sich die Stadt, trotz des Krieges mit Ugguccione, in Freunde und Feinde des Königs. Oberhäupter der Feinde waren Messer Simon della Tosa und die Magalotti mit gewissen andern Volksmännern, die den anderen in der Regierung überlegen waren. Diese bewirkten, daß man nach Frankreich und dann nach Deutschland sandte, Offiziere und Soldaten zu erhalten, um bei deren Ankunft den Grafen, des Königs Statthalter, vertreiben zu können. Das Schicksal fügte jedoch, daß sie keine erhalten konnten. Dennoch gaben sie ihr

Unternehmen nicht auf, fuhren fort, sich einen Herrn zu suchen, vor dem sie sich beugen könnten, und da sie in Frankreich und Deutschland keinen fanden, holten sie ihn aus Agobbio. Nachdem sie zuerst den Grafen vertrieben, ließen sie Lando von Agobbio als Exekutor oder vielmehr als Büttel kommen, dem sie die vollste Gewalt über die Bürger gaben. Dieser war ein raubgieriger und grausamer Mann. Mit vielen Bewaffneten durch die Straßen ziehend, nahm er bald dem einen, bald dem anderen, nach dem Willen derer, die ihn erwählt hatten, das Leben; und so groß war seine Frechheit, daß er eine falsche Münze mit florentinischem Gepräge schlug, ohne daß sich jemand ihm zu widersetzen wagte (1316) zu solcher Macht hatte ihn die Zwietracht der Republik geführt. Große, fürwahr, und unglückliche Stadt, die weder die Erinnerung an die früheren Spaltungen, noch die Furcht vor Ugguccione, noch die Autorität eines Königs einig erhalten konnte, so daß sie sich in der übelsten Lage befand, außen durch Ugguccione verheert, innen durch Lando von Agobbio gebrandschatzt.

Die Freunde des Königs, die Gegner Landos und seines Anhangs, waren adelige Familien und Große aus dem Volk, sämtlich Guelfen. Dessenungeachtet konnten sie, da ihre Gegner die Regierung in der Hand hatten, sich nur mit großer Gefahr erklären. Doch entschlossen, aus so schändlicher Tyrannei sich zu befreien, schrieben sie insgeheim an König Robert, daß er den Grafen Guido von Battifolle zu seinem Vikar in Florenz ernenne. Dies geschah sogleich, und die feindliche Partei, obgleich die Signoren Gegner des Königs waren, wagte wegen der guten Eigenschaften des Grafen keinen Widerstand. Der Graf hatte jedoch nicht viel Autorität, weil die Signoren und Gonfaloniero der Kompagnien Lando und seine Partei unterstützten. Während Florenz in diesem unruhigen Zustand war, kam die Tochter König Albrechts aus Deutschland, um sich zu Karl, König Roberts Sohn, ihrem Gemahl, zu begeben (1317). Die Freunde des Königs erzeigten ihr große Ehre und beklagten sich bei ihr über den Zustand der Stadt und über die Tyrannei Landos und seiner Anhänger. Vor ihrer Abreise vereinten sich durch ihre Unterstützung und durch die, welche der König sandte, die Bürger und nahmen Lando die Gewalt, der mit Raub beladen und bluttriefend nach Agobbio zurückgeschickt wurde. Bei der Reform der Regierung war dem König die Oberherrschaft auf drei Jahre verlängert worden, und da schon sieben Signoren aus der Partei Landos erwählt waren, so wurden noch sechs aus der des Königs dazu ernannt. Einige Jahre bestand die Signoria jedesmal aus dreizehn Mitgliedern, doch später wurde sie nach dem alten Gebrauch wieder auf sieben beschränkt.

In diesen Zeiten wurde Ugguccione die Herrschaft von Lucca und von Pisa genommen. Castruccio Gastracani, Luccas Bürger, war Herr seiner Vaterstadt (1321), und als feuriger Jüngling, voll Kühnheit und glücklich in seinen Unternehmungen, wurde er in kürzester Zeit Fürst der Gibellinen in Toskana. Dies bewog die Florentiner, die bürgerliche Zwietracht mehrere Jahre lang ruhen zu lassen; denn zuerst waren sie darauf bedacht, daß Castruccios Kräfte nicht wüchsen, und als sie gegen ihren Willen gewachsen waren, wie sie sich dagegen verteidigen sollten. Damit die Signoren mit besserem Rat beschlössen und mit größerer Autorität ausführten, ernannten sie zwölf Bürger, die sie Gutmänner nannten, ohne deren Rat und Zustimmung die Signoren nichts von Wichtigkeit tun durften. Mittlerweile war das Ende der Herrschaft König Roberts gekommen, und die Stadt, ihr eigener Fürst geworden, nahm die alte Verfassung mit den herkömmlichen Rektoren und Magistraten wieder an. Einig hielt sie die große Furcht, die sie vor Castruccio hatte, der nach vielen Kämpfen mit den Herrn der Lunigiana Prato angriff (1323). Diese Stadt beschlossen die Florentiner zu unterstützen; sie schlossen die Läden und brachen in Masse auf, so daß 20000 Mann zu Fuß und 1500 zu Pferd bei Prato zusammenkamen.

Um Castruccio Kräfte zu entziehen und sich zu geben, erließen die Signoren eine Proklamation, daß jeder guelfische Rebell, der zur Unterstützung Pratos erscheinen würde, nach dem Feldzug ins Vaterland wieder eingesetzt sein solle. Über 4000 Rebellen eilten herbei. Dieses große Heer, das mit solcher Schnelligkeit bei Prato stand, entmutigte Castruccio so sehr, daß er, ohne das Glück der Schlacht versuchen zu wollen, sich nach Lucca zurückzog. Im Lager der Florentiner entstand dadurch Streit zwischen Edlen und Volk. Dieses wollte ihn verfolgen, um ihn durch eine Schlacht zu vernichten. Jene wollten zurückkehren, indem sie sagten: „Es genüge, Florenz in Gefahr gebracht zu haben, um Prato zu befreien. Dies sei gut gewesen, da die Notwendigkeit dazu gezwungen habe; jetzt aber, wo sie nicht mehr bestehe, und wo wenig zu gewinnen und viel zu verlieren sei, dürfe man das Glück nicht versuchen." Als sie sich nicht einigen konnten, wurde die Entscheidung den Signoren überwiesen, die jedoch im Rat, zwischen Volk und Großen, denselben Streit hatten. Sobald dies in der Stadt bekannt wurde, versammelten sich viele Menschen auf dem Platz vor dem Palast und stießen solche Drohungen gegen die Großen aus, daß diese aus Furcht nachgaben. Als aber endlich der Beschluß ausgeführt wurde, und zwar von vielen wider Willen, war es zu spät, und der Feind zog sich unangetastet nach Lucca zurück.

Diese Unordnung erbitterte das Volk so sehr gegen die Großen, daß die Signoren den Verwiesenen ihr Versprechen, das sie auf Begehren und Ermahnen der Großen gegeben hatten, nicht halten wollten. Die Verwiesenen, die dies vermuteten, beschlossen zuvorzukommen und erschienen zuerst vor den Toren der Stadt, um vor dem Heer einzuziehen. Dies hatte man vorausgesehen, und so gelang es ihnen nicht, sondern sie wurden von den in Florenz Gebliebenen zurückgeschlagen. Um nun zu versuchen, ob sich durch Einigung erhalten lasse, was sie durch Gewalt nicht hatten erhalten können, schickten sie acht Männer als Gesandte, die Signoren an ihr Wort zu erinnern, und an die Gefahren, denen sie sich dafür ausgesetzt hätten, wofür sie die versprochene Belohnung hofften. Die Edlen zwar, die dieser Verpflichtung Schuldner zu sein glaubten, weil sie persönlich versprochen hatten, wozu sich die Signoren verpflichtet, bemühten sich sehr zugunsten der Verbannten. Doch wegen des Unwillens der Masse darüber, daß der Erfolg des Feldzugs gegen Castruccio nicht so war, wie er hätte sein können, erwirkten sie nichts. Der Stadt gereichte dies zum Vorwurf und zur Unehre. Viele Edle waren erbittert und versuchten durch Gewalt zu erhalten, was ihren Bitten war abgeschlagen worden. Sie verabredeten mit den Verbannten, daß sie bewaffnet vor die Stadt kommen sollten, zu gleicher Zeit würden sie selbst im Innern zu ihrem Beistand die Waffen ergreifen. Aber die Sache wurde vor dem festgesetzten Tag entdeckt, und die Verwiesenen fanden die Stadt in Waffen und bereit, die außen abzuhalten und die innen zu entmutigen, daß keiner die Waffen ergriff. So mußten sie ohne Erfolg von der Unternehmung ablassen. Nach ihrem Abzug wünschte man diejenigen zu strafen, welche an ihrer Herbeirufung Schuld hatten; aber obgleich jedermann wußte, wer die Schuldigen waren, so wagte doch niemand sie zu nennen, geschweige denn anzuklagen. Damit also die Wahrheit rücksichtslos gesagt und erfahren werde, wurde verordnet, daß jeder im Rat die Schuldigen aufschreiben und das Blatt geheim dem Hauptmann überreichen solle. Nun wurden Messer Amerigo Donati, Messer Teghiajo Frescobaldi und Messer Lotteringo Gherardini angeklagt, und weil ihnen der Richter günstiger war, als es ihre Vergehen vielleicht verdienten, zu einer Geldstrafe verurteilt.

Die Verwirrung, welche durch das Erscheinen der Rebellen vor den Toren in Florenz entstand, zeigte, daß ein einziges Haupt für die Kompagnien des Volkes nicht ausreichend sei. Man wollte daher, daß in Zukunft eine jede drei oder vier Offiziere haben solle, und gab jedem Gonfalonier drei oder vier Pennonieri bei (wie man sie nannte), damit in den Fällen, wo die ganze Kompagnie nicht vereint zu handeln hatte, ein Teil davon unter einem Führer verwandt werden könnte. Wie es in allen Republiken kommt, daß nach einem schwerwiegenden Ereignis einige alte Gesetze abgeschafft und einige andere erneuert werden, so geschah es auch jetzt. Früher ernannte man die Signoria jedesmal nach Ablauf ihrer Zeit; nun aber ließen sich die wirklich regierenden Signoren, weil sie viele Macht hatten, die Gewalt geben, die Signoren zu ernennen, welche während der nächsten vierzig Monate regieren sollten. Die Namen derselben wurden in einen Beutel gelegt, und alle zwei Monate wurden sie gezogen. Ehe aber die vierzig Monate herum waren, wurden neue Einbeutelungen vorgenommen, da viele Bürger nicht eingebeutelt worden zu sein fürchteten. Auf diese Art entstand der Gebrauch, alle, sowohl inneren als äußeren Magistrate für längere Zeit einzubeuteln, während zuvor am Ende der Amtszeit durch die Räte die

Nachfolger gewählt wurden. Später nannte man diese Einbeutelungen Squittinien. Da sie alle drei oder längstens fünf Jahre vorgenommen wurden, so schien dadurch der Stadt viel Verdruß erspart, und die Ursache des beständigen Tumultes gehoben, der bei der Ernennung jedes Magistrates durch die vielen Mitbewerber entstand. Man schlug diesen Weg ein, weil man nicht anders abzuhelfen wußte, sah aber die Mängel nicht, welche unter diesem geringen Vorteil verborgen lagen.

Im Jahre 1325 war Castruccio durch die Eroberung Pistojas so mächtig geworden, daß die Florentiner, seine Größe fürchtend, ihn, ehe er seine Herrschaft in Pistoja befestigt hatte, anzugreifen und diese Stadt seiner Botmäßigkeit zu entziehen beschlossen. Sie brachten an Bürgern und Freunden 20000 Mann zu Fuß und 3000 Reiter zusammen und legten sich mit diesem Heer vor Altopascio, um dieses Kastell zu nehmen und ihn dadurch zu hindern, Pistoja auf diesem Weg zu unterstützen. Es gelang den Florentinern, Altopascio einzunehmen. Hierauf zogen sie, das Land verheerend, gegen Lucca, doch durch die geringe Klugheit und noch geringere Treue des Feldherrn wurden keine großen Fortschritte gemacht. Ihr Feldherr war Messer Raimondo di Cardona. Dieser hatte gesehen, daß die Florentiner früher mit ihrer Freiheit freigiebig waren und sich bald dem König, bald den Legaten, bald andern Männern von geringerem Rang unterworfen hatten. Er dachte daher, wenn er sie in Not führe, könne es leicht kommen, daß sie ihn zum Fürsten machten. Auch unterließ er nicht, häufig darum anzuhalten, und begehrte dieselbe Gewalt in der Stadt, die sie ihm im Heer gegeben war, sonst, sagte er, könne er den Gehorsam nicht erwirken, den ein Feldherr nötig habe. Als die Florentiner nicht einwilligten, verlor er absichtlich Zeit, die Castruccio gewann; denn die Hilfsvölker kamen an, welche ihm die Visconti und die andern Tyrannen der Lombardei versprochen hatten. Als Castruccio stark an Zahl geworden war, verstand Messer Raimondo, der zuerst aus Untreue nicht gesiegt hatte, jetzt aus Mangel an Klugheit nicht, sich zu retten. Sich langsam zurückziehend wurde er von Castruccio in der Nähe von Altopascio angegriffen und geschlagen. Viele Bürger wurden hier gefangen und getötet, worunter Messer Raimondo selbst, der für seine Treulosigkeit und verkehrten Maßregeln vom Schicksal die Strafe erhielt, welche er von den Florentinern verdient hatte. Die Schäden, welche Castruccio nach dem Sieg den Florentinern an Beute, Gefangenen, Verheerungen und Brand zufügte, lassen sich nicht beschreiben. Ohne einen Mann sich gegenüber zu sehen, durchstreifte er während mehrerer Monate das Land, so weit er wollte; und es war den Florentinern genug, nach so großer Niederlage die Stadt zu retten.

So sehr jedoch verloren sie nicht den Mut, daß. sie nicht große Geldsummen zusammenbrachten, Soldaten anwarben und zu ihren Freunden um Hilfe sandten. Doch keine Vorkehrung genügte, einen so starken Feind zu zügeln; und sie waren gezwungen, den Herzog Karl von Kalabrien, König Roberts Sohn, zu ihrem Herrn zu wählen. Denn nur so konnten sie ihn bewegen, zu ihrer Verteidigung herbeizukommen, weil die Könige von Neapel, an die Herrschaft über Florenz gewöhnt, Untertänigkeit, nicht Freundschaft wollten. Da aber Karl, in einen Krieg mit Sizilien verwickelt, nicht selbst kommen konnte, die Herrschaft zu übernehmen, sandte er Gautier, Herzog von Athen, einen Franzosen von Nation. Dieser nahm als Vikar des Herrn von der Stadt Besitz und ordnete die Regierung nach seiner Willkür. Doch war sein Betragen maßvoll und stand so sehr mit seiner Natur im Widerspruch, daß ihn jedermann liebte. Nach Beilegung des sizilianischen Krieges kam Karl mit 1000 Reitern nach Florenz, wo er im Juli 1326 einzog. Seine Ankunft hatte zur Folge, daß Castruccio das florentinische Land nicht ungestört verheeren konnte. Doch was man außen an Ansehen gewann, verlor man innen, und die Schäden, welche die Feinde nicht zufügten, mußte man durch die Freunde erdulden. Die Signoren taten nichts ohne des Herzogs Genehmigung, und in Zeit von einem Jahr zog er 400.000 Gulden aus der Stadt, obgleich man ihm nach der Übereinkunft nur 200.000 zu geben hatte: so groß waren die Lasten, welche er oder sein Vater täglich der Stadt auflegte.

Zu diesen Schäden kamen noch neuer Argwohn und neue Feinde hinzu. Die Gibellinen der Lombardei wurden über Karls Erscheinen in Toskana so unruhig, daß Galeazzo Visconti und die andern lombardischen Tyrannen durch Geld und Versprechungen Ludwig von Bayern nach Italien riefen, der gegen den Willen des Papstes zum Kaiser gewählt worden war. Ludwig kam in die Lombardei; von da ging er nach Toskana und machte sich mit Castruccios Hilfe zum Herrn von Pisa (1327). Hier erhielt er neue Geldsummen und zog sodann nach Rom. Die Folge war, daß Karl, um das Königreich Neapel fürchtend, von Florenz abzog, und Messer Filippo da Saggineto als seinen Vikar zurückließ. Nach der Abreise des Kaisers machte sich Castruccio zum Herrn von Pisa; aber andererseits nahmen ihm die Florentiner Pistoja durch einen Vertrag mit dieser Stadt. Nun lagerte Castruccio davor und belagerte sie mit solcher Tapferkeit und Hartnäckigkeit, daß die Florentiner, trotz vieler Versuche, die Stadt zu unterstützen, und trotz vieler Angriffe, bald auf sein Heer, bald auf sein Land, doch weder durch Gewalt noch durch Geschicklichkeit konnten sie ihn zur Aufhebung der Belagerung bringen; so groß war sein Rachedurst gegen die Pistoleser, und mit solcher Begierde strebte er, den Florentinern den Rang abzugewinnen. So wurden die Pistoleser denn gezwungen, ihn zum Herrn aufzunehmen.

Doch wenn Castruccio diese Belagerung großen Ruhm brachte, so war sie doch mit solcher Anstrengung für ihn verbunden gewesen, daß er nach seiner

Rückkehr nach Lucca starb (1328). Wie es nun selten kommt, daß das Schicksal nicht ein Glück oder ein Unglück mit einem anderen Glück oder Unglück begleitet, so starb gleichfalls Herzog Karl von Kalabrien in Neapel, damit die Florentiner in kurzer Zeit wider Erwarten von der Herrschaft des einen und der Furcht vor dem anderen befreit würden. Als sie jetzt frei waren, reformierten sie die Verfassung; alle alten Räte wurden abgeschafft und zwei neue eingeführt, der eine von dreihundert Bürgern aus dem Volk, der andere von zweihundertfünfzig Großen und Volksmännern. Der erste wurde Rat des Volkes genannt, der zweite Rat der Gemeinde.

Nach seiner Ankunft in Rom ernannte der Kaiser einen Gegenpapst und traf viele Anordnungen gegen die Kirche. Viele andere jedoch versuchte er erfolglos, so daß er am Ende mit Beschämung nach Pisa abzog (1329). Hier erhoben sich aus Zorn, oder weil sie nicht bezahlt wurden, 800 Mann deutsche Reiterei gegen ihn und befestigten sich zu Montechiaro auf dem Ceruglio. Nach des Kaisers Abzug von Pisa in die Lombardei nahmen sie Lucca ein, vertrieben Francesco Castracani, den der Kaiser dort gelassen hatte, und boten in der Absicht, aus dieser Beute Nutzen zu ziehen, die Stadt für 80.000 Gulden den Florentinern an. Das Anerbieten wurde auf den Rat Messer Simones della Tosa ausgeschlagen. Dieser Beschluß würde für unsere Stadt sehr nützlich gewesen sein, wenn die Florentiner immer desselben Sinnes geblieben wären. Doch da sie bald darauf anderen Sinnes wurden, war es sehr schädlich; denn, wenn sie damals Lucca für so geringen Preis haben konnten und nicht wollten, so wollten sie es später und bekamen es nicht, obgleich sie es um viel höheren Preis kauften; und dies war die Ursache dafür, daß Florenz zu seinem größten Schaden mehrere Male seine Verfassung änderte. Lucca also, von den Florentinern ausgeschlagen, wurde vom Genueser Messer Gherardino Spinoli für 30.000 Gulden gekauft. Da nun die Menschen gleichgültig sind gegen das, was sie haben können, und was sie nicht erreichen können, begehren, so war Messer Gherardinos Kauf und der geringe Preis, den er bezahlt hatte, kaum bekannt, als das Volk von Florenz von äußerster Begierde entbrannte, Lucca zu haben, indem es sich selbst und allen, die ihm abgeraten hatten, Vorwürfe machte. Um jetzt die Stadt mit Gewalt zu erlangen, nachdem es sie nicht hatte kaufen wollen, schickte es seine Soldaten ab, das Gebiet der Luccheser zu berauben und zu verheeren.

Mittlerweile war der Kaiser aus Italien abgezogen, und der Gegenpapst war auf Befehl der Pisaner als Gefangener von Pisa nach Frankreich gegangen. Die Florentiner blieben von Castruccios Tod 1328 bis zum Jahr 1340 im Innern ruhig und wandten ihre ganze Aufmerksamkeit auf die äußern Angelegenheiten ihres Staates. So führten sie infolge des Zuges des Königs Johann von Böhmen in der Lombardei und wegen Lucca in Toskana viele Kriege. Die Stadt schmückten sie durch neue Gebäude. Nach dem Plan des Malers Giotto, der damals in großem Ruf stand, erbauten sie den Turm von Santa Reparata; und da 1333 das Wasser des Arno infolge einer Überschwemmung an manchen Stellen in Florenz über 12 Ellen hoch stand und einen Teil der Brücken und viele Gebäude einriß, stellten sie das Zerstörte mit großer Emsigkeit und beträchtlichen Kosten wieder her.

Im Jahr 1340 aber entstanden neue Ursachen der Erschütterung. Die mächtigen Bürger hatten zwei Wege zu wachsen oder ihre Macht zu erhalten. Der eine war, die Einbeutelungen auf eine Weise zu beschränken, daß die obrigkeitlichen Ämter immer auf sie oder ihre Freunde kamen. Der andere, die Rektorenwahl in die Hände zu bekommen, damit ihnen die Rektoren sodann in ihren Urteilen günstig wären. Auf diesen zweiten Punkt legten sie so großen Wert, daß sie manchmal einen dritten Rektor anstellten, wenn sie die ordentlichen zwei nicht befriedigten. So hatten sie in dieser Zeit außerordentlich unter dem Titel: Hauptmann der Wache, Messer Jacopo Gabbrielli von Agobbio angestellt und ihm jede Gewalt über die Bürger gegeben. Gabbrielli beging aus Rücksicht auf die Regierenden täglich viele Ungerechtigkeiten und verletzte unter andern Messer Pietro dei Bardi und Messer Bardo Frescobaldi. Adelig und stolz von Natur, konnten diese nicht ertragen, daß sie ein Fremder mit Unrecht und aus Rücksicht auf wenige Mächtige verletzt hatte, und verschworen sich, an ihm und der Regierung Rache zu nehmen. Zu dieser Verschwörung gehörten viele adelige Familien und einige aus dem Volk, denen die Tyrannei der Regierenden mißfiel. Sie waren übereingekommen, daß jeder viele bewaffnete Leute in seinem Haus versammeln und am Morgen nach Allerheiligen, wenn alles in der Kirche wäre, um für seine Toten zu beten, die Waffen ergreifen solle. Hierauf wollten sie den Hauptmann und die Ersten der Regierung töten und sodann durch neue Signoren und neue Einrichtungen den Staat reformieren.

Da man aber die gefährlichen Entschlüsse mit desto mehr Widerwillen ergreift, je länger man sie überlegt, so ereignet es sich immer, daß die Verschwörungen, deren Ausführung auf sich warten läßt, verraten werden. Es vermochte über Messer Andrea dei Bardi, einen der Mitverschworenen, als er die Sache überlegte, die Furcht vor der Strafe mehr als die Hoffnung auf Rache; er erzählte alles seinem Schwager, Jacopo Alberti, der es den Prioren, und die Prioren den Regierenden anzeigten. Da die Gefahr dringend war, weil Allerheiligen herannahte, kamen viele Bürger im Palast zusammen und verlangten, Aufschub für gefährlich erachtend, daß die Signoren die Glocke läuten und das Volk zu den Waffen rufen sollten. Gonfalonier war Taldo Valori und Francesco Salviati einer der Signoren. Als Verwandten der Bardi mißfiel ihnen, daß Sturm geläutet werden sollte; sie wendeten daher ein: „Es sei nicht gut, wegen jeder unbedeutenden Sache das Volk sich bewaffnen zu lassen; denn nie habe die Gewalt Gutes bewirkt, die man der nicht durch einen Zügel gehemmten Menge gebe;

leicht sei es, das Volk aufzuregen, schwer, es zu zähmen, daher besser, zuerst die Wahrheit der Sache zu untersuchen und mit Gerichtsstrafen dagegen vorzugehen, als mit Gefahr des Ruins von Florenz auf eine bloße Erzählung hin im Tumult züchtigen zu wollen." Man hörte jedoch nicht auf diese Worte, sondern zwang auf beleidigende Weise und unter Schmähungen die Signoren zum Läuten. Auf den Klang der Glocke eilte das ganze Volk bewaffnet auf den Platz.

Als sich die Bardi und Frescobaldi entdeckt sahen, ergriffen sie gleichfalls die Waffen, um mit Ruhm zu siegen oder ohne Schande zu sterben. Sie hofften den Stadtteil jenseits des Flusses, wo ihre Häuser standen, verteidigen zu können und besetzten die Brücken, in der Hoffnung auf Unterstützung, welche sie von den Edlen der Landschaft und andern Freunden erwarteten. Doch dieser Plan wurde durch die Volksmänner gestört, die mit ihnen jenen Stadtteil bewohnten und zugunsten der Signoria die Waffen ergriffen. Auf diese Weise von einander getrennt, verließen sie die Brücken und zogen sich in die Straße zurück, wo die Bardi wohnten, die festeste von allen anderen und verteidigten sie tapfer. Messer Jacopo von Agobbio, sich bewußt, daß die ganze Verschwörung gegen ihn gerichtet war, zitterte um sein Leben und hielt, von Furcht erstarrt, in der Nähe des Palastes der Signoren, untätig in der Mitte seiner Bewaffneten.

Mehr Mut aber hatten die Rektoren, deren Schuld kleiner war, und besonders der Podestà, der Messer Maffeo von Marradi hieß. Dieser erschien auf dem Kampfplatz, trat furchtlos, nachdem er über die Brücke Rubaconte gegangen, unter die Schwerter der Bardi und gab ein Zeichen, daß er sprechen wolle. Das ehrfurchtgebietende Äußere des Mannes, seine Sitten und sein Rang bewirkten, daß augenblicklich die Waffen gesenkt wurden; und man hörte ihn ruhig an. Mit gemäßigten aber ernsten Worten tadelte er ihre Verschwörung, zeigte ihnen die Größe ihrer Gefahr, wenn sie diesem Andrang des Volkes nicht wichen; gab ihnen Hoffnung, gehört und gnädig verurteilt zu werden; versprach zu bewirken, daß man mit ihrem begründeten Unwillen Mitleid haben werde. Sodann zu den Signoren zurückgekehrt, beredete er sie, nicht einen Sieg zu verlangen, wo das Blut ihrer Mitbürger zu vergießen sei und diese nicht ungehört zu verdammen. So brachte er es dahin, daß mit Einwilligung der Signoren die Bardi und Frescobaldi mit ihren Freunden die Stadt verließen und sich ungehindert in ihre Kastelle zurückzogen. Nach ihrem Abzug und nachdem das Volk die Waffen abgelegt, verfuhren die Signoren allein gegen die aus der Familie der Bardi und Frescobaldi, welche die Waffen ergriffen hatten. Um sie ihrer Macht zu berauben, kauften sie den Bardi die Kastelle Mangona und Vernia ab und verordneten durch ein Gesetz, daß kein Bürger Kastelle in einem Umkreis von zwanzig Miglien von Florenz besitzen dürfe. Wenige Monate darauf wurde Stiatta Frescobaldi enthauptet, und viele andere aus dieser Familie zu Rebellen erklärt. Doch es genügte der Regierung nicht, die Bardi und Frescobaldi besiegt und gedemütigt zu haben. Wie die Menschen fast immer handeln: – je mehr Gewalt sie haben, einen desto schlechteren Gebrauch machen sie davon und desto übermütiger werden sie – so geschah es auch jetzt. Während es früher nur einen Hauptmann der Wache gab, der Florenz mit Trauer erfüllte, ernannte nun die Regierung einen zweiten mit sehr großer Gewalt für das Stadtgebiet, damit die Männer, welche ihr verdächtig waren, weder innerhalb noch außerhalb von Florenz wohnen konnten. Sie verfolgte alle Edlen mit solcher Heftigkeit, daß diese bereit waren, die Stadt und sich zu verkaufen, um sich zu rächen. Als nun die Edlen die Gelegenheit abwarteten, kam sie gut, und sie benutzten sie noch besser.

Infolge der vielen Unruhen in Toskana und der Lombardei war die Stadt Lucca unter die Herrschaft Mastinos della Scala, Herrn von Verona, gekommen (1341); dieser hatte sich bereitwillig gezeigt, sie den Florentinern zu übergeben, tat es aber nicht; denn als Herr von Parma glaubte er Lucca behalten zu können, und um sein gegebenes Wort kümmerte er sich nicht. Um sich dafür zu rächen, verbündeten sich die Florentiner mit Venedig und führten einen so heftigen Krieg gegen ihn, daß er an dem Punkt war, seinen ganzen Staat zu verlieren. Ihnen jedoch entsprang kein anderer Vorteil daraus, als die kleine Befriedigung, Mastino gezüchtigt zu haben; denn die Venezianer – wie alle handeln, die sich mit Mindermächtigen verbünden – schlossen, nachdem sie Treviso und Vicenza erobert hatten, ohne auf die Florentiner Rücksicht zu nehmen, Friede. Als aber kurz darauf die Visconti, Mailands Herren, Mastino Parma nahmen, glaubte er Lucca nicht länger behalten zu können und beschloß, es zu verkaufen. Die Kauflustigen waren die Florentiner und die Pisaner. Als nun beim Betreiben der Unterhandlungen die Pisaner sahen, daß die Florentiner als die Reicheren Lucca erhalten würden, wandten sie sich zur Gewalt und belagerten es mit dem Beistand der Visconti. Die Florentiner traten deshalb nicht vom Kauf zurück, sondern schlossen den Kontrakt mit Mastino ab, bezahlten einen Teil des Geldes, gaben Geiseln für den andern Teil und sandten Naddo Rucellai, Giovanni di Bernardino de' Medici und Rosso di Ricciardo de' Ricci ab, den Besitz zu ergreifen. Diese drangen mit Gewalt in Lucca ein, und die Stadt wurde ihnen von den Soldaten Mastinos übergeben. Die Pisaner setzten nichtsdestoweniger die Belagerung fort und strebten mit größtem Eifer, Lucca einzunehmen, während es die Florentiner befreien wollten. Nach einem langen Krieg wurden die Florentiner, mit Verlust von Geld und Gewinn von Schande, aus der Stadt vertrieben, und die Pisaner wurden die Herrn.

Wie es in solchen Fällen immer kommt, erbitterte der Verlust dieser Stadt das Volk von Florenz gegen die Regierung, die es an allen Orten und auf allen Plätzen öffentlich schmähte, indem es ihr Habsucht und verkehrte Maßregeln Schuld gab. Zu Anfang des Krieges hatte man dessen Leitung zwanzig Bürgern übertragen, die Messer Malatesta von Rimini zum Feldherrn ernannten. Dieser führte den Krieg mit wenig Mut und noch weniger Klugheit. Die Zwanzig sandten daher um Beistand an König Robert von Neapel, der ihnen den Herzog Gautier von Athen schickte. Nun wollte der Himmel, der die Dinge für das zukünftige Unheil vorbereitete, daß der Herzog gerade in Florenz ankam, als der Feldzug um Lucca gänzlich verloren war (1342). Die Zwanzig, welche das Volk erbittert sahen, wollten es durch Ernennung eines neuen Feldherrn mit neuer Hoffnung zu erfüllen und es durch diese Wahl entweder im Zaum zu halten oder die Ursachen, sie zu beschuldigen, zu heben. Damit das Volk Grund habe zu fürchten, und damit sie der Herzog von Athen mit mehr Autorität beschützen könne, ernannten sie ihn zuerst zum Konservator und sodann zum General ihrer Schweren Reiter. Die Edlen, welche aus den obengenannten Ursachen unzufrieden waren, und von denen viele mit Gautier von der Zeit her, wo er in des Herzogs Karl von Kalabrien Namen Florenz regiert hatte, bekannt waren, dachten, jetzt sei die Zeit gekommen, mit dem Untergang der Stadt ihren Brand zu löschen.[1] Sie urteilten, daß es kein anderes Mittel gebe, das Volk, das sie gebeugt hatte, zu zähmen, als sich einem Fürsten zu unterwerfen, der das Verdienst des einen Teils und die Frechheit des anderen kenne und die eine zügeln, das andre belohnen werde. Dazu kam noch die Hoffnung auf Vorteil als Belohnung ihrer Verdienste um ihn, wenn er durch ihr Wirken die Herrschaft erwürbe. Sie waren also insgeheim mehrere Male bei ihm und beredeten ihn, die Herrschaft über das Ganze zu ergreifen, wobei sie ihm nach allen ihren Kräften beizustehen versprachen. Ihre Autorität und Zuversicht wurde durch das Gewicht einiger Volksfamilien verstärkt, der Peruzzi, Acciajuoli, Antellesi und Buonaccorsi, welche, mit Schulden belastet, was sie nicht mit eigenem konnten, mit fremdem Geld zu bezahlen und durch die Dienstbarkeit des Vaterlandes aus der Dienstbarkeit ihrer Gläubiger sich zu befreien wünschten. Diese Anregungen entzündeten im ehrgeizigen Gemüt des Herzogs noch größere Herrschsucht. Um sich in den Ruf der Strenge und Gerechtigkeit zu setzen und auf diesem Weg seine Beliebtheit bei der Menge zu vermehren, verfolgte er die Männer, welche den lucchesischen Krieg geleitet hatten, nahm Messer Giovanni de' Medici, Naddo Rucellai und Guglielmo Altoviti das Leben, verbannte viele und verurteilte viele zu Geldstrafen.

Diese Verurteilungen versetzten die Bürger des Mittelstandes in große Furcht und befriedigten nur die Großen und die Menge: diese, weil es ihre Natur ist, sich über das Unheil zu freuen; jene, weil sie sich für so viele Übel gerächt sahen, die sie von den Volksmännern erduldet hatten. Wenn Gautier durch die Straßen ging, ward mit lautem Zuruf sein rechtlicher Sinn gelobt, und jeder ermahnte

[1] *Incendium meum ruina restinguam.* (Catilina. Sallustius bell. Catil. 27)

ihn öffentlich, den Betrug der Bürger zu untersuchen und zu strafen. Das Amt der Zwanzig war ohnmächtig geworden, groß war des Herzogs Ansehen, und sehr groß war die Furcht. Um sich ihm befreundet zu zeigen, ließ jeder sein Wappen an sein Haus malen; zum Fürsten fehlte Gautier nur der Titel. Da er jetzt alles sicher versuchen zu können glaubte, ließ er den Signoren melden: „Er erachte es zum Wohl der Stadt für nötig, daß ihm die unumschränkte Herrschaft gewährt werde. Da die ganze Stadt einwillige, wünsche er, daß auch sie einwilligten.“ Obgleich die Signoren lange schon das Verderben ihres Vaterlandes vorausgesehen hatten, erfüllte sie doch dieses Begehren alle mit Unwillen, und obwohl sie ihre Gefahr kannten, wollten sie ihre Pflicht gegen das Vaterland nicht versäumen und gaben mutig eine verneinende Antwort. Um sich mehr den Schein von Religion und Menschlichkeit zu geben, hatte der Herzog das Minoritenkloster Santa Croce zu seiner Wohnung gewählt. Als er jetzt seinen bösen Gedanken zur Ausführung bringen wollte, ließ er öffentlich ausrufen, das ganze Volk solle den folgenden Morgen auf dem Platz Santa Croce vor ihm erscheinen. Dieser Aufruf beunruhigte die Signoren viel mehr als zuvor seine Worte. Sie berieten sich daher mit den Bürgern, die sie für Freunde des Vaterlands und der Freiheit hielten, insgeheim über das, was zu tun sei. Die Macht des Herzogs erkennend, sahen sie kein anderes Mittel, als ihn zu bitten und zu versuchen, ob, wo die Kräfte nicht hinreichten, die Bitten genügen würden, ihn von seinem Plan abzubringen oder doch seine Herrschaft weniger hart zu machen. Ein Teil der Signoren begab sich daher zu ihm, und einer von ihnen hielt folgende Rede:

„Wir kommen, oh Herr, zu Euch, zuerst durch Euer Begehren bewogen, dann durch den Befehl, den Ihr zur Versammlung des Volkes gegeben. Denn wir glauben gewiß zu sein, daß Ihr auf außerordentlichem Weg erlangen wollt, was wir Euch auf ordentlichem nicht gewährt haben. Unsere Absicht ist es nicht, uns mit Gewalt Euern Plänen zu widersetzen. Wir wollen Euch nur vorstellen, wie schwer die Last sein wird, die Ihr auf Euere Schultern laden wollt, und wie gefährlich der Entschluß, den Ihr ergreift, Ihr möget Euch dann immer an unseren Rat erinnern und an den Rat derer, die Euch nicht zu Eurem Nutzen, sondern um ihre Wut zu kühlen, anders raten.“

„Ihr strebt, eine Stadt dienstbar zu machen, die immer frei war; denn die Herrschaft, welche wir dem königlichen Haus von Neapel gestatteten, war Bundesgenossenschaft, nicht Knechtschaft. Habt Ihr erwogen, was in einer solchen Stadt der Name der Freiheit bedeutet, und wie mächtig er ist? Keine Gewalt unterdrückt ihn, keine Zeit verwischt ihn, kein Verdienst wiegt ihn auf! Bedenkt, Herr, welche Streitkräfte nötig sein werden, eine so große Stadt dienstbar zu halten. Was Ihr an Fremden immer auf den Beinen halten könnt, reicht nicht aus. Auf die Einheimischen könnt Ihr nicht vertrauen; denn die, welche jetzt Euere Freunde sind und Euch aufmuntern, diesen Entschluß zu fassen, werden, sobald sie durch Eure Autorität ihre Feinde gezüchtigt haben, Euch zu vernichten und sich selbst zu Fürsten zu machen versuchen. Die Menge, auf die Ihr Euch verlaßt, wendet sich beim kleinsten, Unfall. So müßt Ihr fürchten, in kurzer Zeit die ganze Stadt zur Feindin zu haben, und Euer und unser Untergang wird die Folge sein."

„Ihr könnt kein Mittel finden gegen dieses Übel, denn nur die Herrn können ihre Herrschaft sichern, welche wenige Feinde haben, die man durch Tod oder Verbannung leicht vernichtet. Beim allgemeinen Haß hingegen läßt sich niemals Sicherheit finden; denn du weißt nicht, woher das Übel kommen wird; und wer jedermann zum Feind hat, kann sich gegen niemand sichern. Und versuchst du es doch, so stürzt du dich in größere Gefahren; denn die Übriggebliebenen entbrennen von größerem Haß und sind zur Rache bereiter."

„Daß die Zeit nicht ausreicht, die Sehnsucht nach Freiheit auszutilgen, ist gewiß. Denn häufig hört man, daß in einer Stadt von solchen die Freiheit wieder erkämpft wurde, die sie niemals selbst genossen hatten, sondern allein durch die Erinnerung, die ihnen ihre Väter hinterlassen haben, lieben und die wiedererrungene mit größter Beharrlichkeit und Gefahr behaupten. Und sollten nie die Väter daran erinnert haben, so erinnern die öffentlichen Paläste, die Säle der Magistrate, jede Spur freier Einrichtungen daran, deren ursprüngliche Bestimmung die Bürger begreiflicherweise zu erfahren höchst begierig sind."

„Was wollt Ihr tun, das die Süßigkeit der Freiheit aufwöge, das den Menschen die Sehnsucht nach dem jetzigen Zustand nähme? Mögt Ihr ganz Toskana diesem Reich unterwerfen, mögt Ihr täglich triumphierend über unsere Feinde in diese Stadt zurückkehren – so wird doch all dieser Ruhm nicht ihr gehören, sondern Euch, und die Bürger werden keine Untertanen erwerben, sondern Mitknechte, durch die sie ihre eigene Knechtschaft erschwert sehen. Und wenn Eure Sitten fromm wären, Eure Regierung gütig, Eure Urteile gerecht, – es würde nicht ausreichen, um Euch Liebe zu erwerben. Täuschen würdet Ihr Euch, wenn Ihr es glaubtet; denn wer an Unabhängigkeit gewöhnt ist, den drückt jede Kette, den zwängt jedes Band. Doch es ist unmöglich, einen gewalttätigen Staat mit einem guten Fürsten zu finden; denn notwendig müssen sie sich gleich werden, oder einer durch den anderen stürzen."

„Glaubt uns also: Ihr müßt entweder diese Stadt mit größter Gewalttätigkeit unter Eurer Herrschaft halten, und dazu reichen die Zitadellen, die Besatzungen, die äußeren Freunde häufig nicht aus, oder Ihr müßt Euch mit der Gewalt begnügen, die wir Euch gegeben haben. Hierzu ermahnen wir Euch und erinnern Euch, daß allein der Gehorsam dauert, welcher freiwillig ist. Wollt Euch, von ein wenig Ehrgeiz verblendet, nicht an eine Stelle versetzen, wo Ihr – bei der Unmöglichkeit, zu bleiben oder höher zu steigen – notwendig zu Eurem und unsrem Verderben herabstürzen müßt."

Diese Worte machten nicht den geringsten Eindruck auf den verhärteten Sinn des Herzogs. Er sagte, „Es sei seine Absicht nicht, der Stadt die Freiheit zu nehmen; er wolle sie ihr vielmehr geben; denn nur die uneinigen Städte seien dienstbar, die einigen frei. Wenn Florenz durch sein Wirken der Parteien, des Ehrgeizes und der Feindschaften ledig werde, so gebe er ihm und nehme ihm nicht die Freiheit. Zur Übernahme dieser Last bewege ihn nicht eigener Ehrgeiz, sondern die Bitten vieler Bürger; gut würden sie daher tun, mit dem zufrieden zu sein, womit die andern zufrieden seien. Was die Gefahren betreffe, in die er dadurch kommen könne, so schlage er sie nicht aus; denn kein braver Mann unterlasse aus Furcht vor dem Übel das Gute, und nur ein Kleinmütiger verfolge wegen des zweifelhaften Ausgangs eine Unternehmung nicht. Er denke sich so zu verhalten, daß sie in kurzem erkennen würden, sie hätten ihm zu wenig getraut und zu viel gefürchtet."

Als die Signoren sahen, daß sie weiter nichts erwirken konnten, kamen sie mit dem Herzog überein, daß am nächsten Morgen das Volk sich auf ihrem Platz versammele und daß durch die Autorität desselben für ein Jahr lang dem Herzog die Herrschaft unter den nämlichen Bedingungen gegeben werden solle, wie sie früher Herzog Karl von Kalabrien erhalten hatte.

Es war am 8. September 1342, als der Herzog, begleitet von Giovanni della Tosa, allen seinen Genossen und von vielen anderen Bürgern, auf dem Platz erschien. Er bestieg mit der Signoria die Rednerbühne (ringhiera), wie die Florentiner die Stufen am Fuße des Palastes der Signoren nennen, und von hier aus wurde dem Volk die Übereinkunft vorgelesen, welche zwischen der Signoria und ihm abgeschlossen worden war. Als man zu dem Punkt kam, wo der Herzog die Herrschaft für ein Jahr erhielt, riefen Stimmen aus der Volksmenge „Lebenslänglich!" Nun erhob sich zwar Messer Francesco Rustichelli, einer der Signoren, um zu sprechen und den Tumult zu stillen; doch seine Worte wurden durch das Geschrei unterbrochen, und der Herzog wurde mit Zustimmung des Volks nicht für ein Jahr, sondern lebenslänglich zum Herrn erwählt. Hierauf ward er von den Stufen herabgeholt und unter der Menge, die seinen Namen rief, auf dem Platz umhergetragen. Es ist gängig, daß der Mann, welcher der Wache des Palastes vorgesetzt ist, in Anwesenheit der Signoren darin verschlossen bleibt. Rinieri di Giotto, der damals dieses Amt bekleidete, ließ ihn, bestochen von den Freunden des Herzogs, ohne die Anwendung von Gewalt abzuwarten, ein, und die Signoren kehrten erschrocken und beschimpft in ihre Häuser zurück. Der Palast wurde von den Dienern des Herzogs geplündert, das Gonfalon des Volkes zerrissen und des Herzogs Fahne auf die Zinnen aufgepflanzt. Dies geschah zu unaussprechlichem Gram und Schmerz der Guten und zur großen Freude derer, die aus Unwissenheit oder Bosheit einwilligten.

Nachdem der Herzog die Herrschaft erlangt hatte, verbot er, um denen die Autorität zu nehmen, welche die Verteidiger der Freiheit zu sein pflegten, den Signoren, sich im Palast zu versammeln und wies ihnen ein Privathaus zu. Er nahm den Gonfalonieren der Volkskompagnien die Fahnen; hob die Ordonnanzen der Gerechtigkeit gegen die Großen auf, befreite die Gefangenen aus den Gefängnissen, ließ die Bardi und Frescobaldi aus der Verbannung zurückkehren, verbot jedermann in Florenz, Waffen zu tragen. Um sich besser gegen die Stadt verteidigen zu können, machte er sich das Gebiet derselben zum Freund. Er erwies den Aretinern und allen anderen Untertanen der Florentiner viele Wohltaten. Er schloß Frieden mit den Pisanern, obwohl er zum Fürsten gemacht wurde, um mit ihnen Krieg zu führen. Er nahm den Kaufleuten die Anweisungen auf die Gelder, welche sie im lucchesischen Krieg der Republik geliehen hatten. Er erhöhte die alten Zölle und führte neue ein. Er nahm den Signoren alle Gewalt. Seine Rektoren waren Messer Baglione von Perugia und Messer Guglielmo von Assisi; mit ihnen und mit Messer Gerrettieri Bisdomini beriet er sich. Die Steuern, welche er den Bürgern auflegte, waren drückend und seine Urteilssprüche ungerecht. Die Strenge und Menschlichkeit, die er geheuchelt hatte, war in Stolz und Grausamkeit verwandelt. Viele große Bürger und adelige Volksmänner wurden mit Geldstrafen belegt, hingerichtet, mit neuen Martern gefoltert. Um außen nicht besser zu regieren als innen, ernannte er sechs Rektoren für die Landschaft, die die Bewohner unterdrückten und beraubten. Er beargwöhnte die Großen, obgleich er von ihnen begünstigt worden war und er vielen von ihnen das Vaterland wiedergegeben hatte. Denn er konnte nicht glauben, daß die hochherzigen Gemüter, die man im Adel zu finden pflegt, unter seiner Botmäßigkeit zufrieden sein könnten. Er wandte sich daher dazu, der Menge Wohltaten zu erweisen, indem er dachte, durch ihre Gunst und durch die fremden Waffen die Tyrannei behaupten zu können. Als der Monat Mai kam, wo das Volk in den Städten ein Fest zu feiern pflegt, ließ er die Menge und das geringe Volk mehrere Kompagnien bilden, ehrte sie mit glänzenden Titeln und gab ihnen Fahnen und Geld. Ein Teil von ihnen ging in festlichem Zug durch die Stadt, und der andere empfing mit größtem Gepränge den Zug. Als sich das Gerücht seiner neuen Herrschaft verbreitete, besuchten ihn viele aus französischem Blut, und allen gab er als zuverlässigeren Dienern Stellen. So wurde Florenz in kurzem nicht nur Untertanin der Franzosen, sondern auch ihrer Sitten und Gewohnheiten. Männer und Weiber ahmten sie ohne Rücksicht auf das bürgerliche Leben und ohne Scham nach. Was aber vor allem mißfiel, war die Gewalt, die er und die Seinigen ohne alle Scheu an den Frauen verübten.

Die Bürger waren also voll Erbitterung, da sie die Hoheit ihres Staates gestürzt, die Einrichtungen zerstört, die Gesetze abgeschafft, jedes ehrbare Leben verderbt, alle bürgerliche Bescheidenheit erloschen sahen. Sie, die gewohnt waren, keinen königlichen Prunk zu sehen, konnten nicht ohne Schmerz dem Herzog, von bewaffneten Trabanten zu Fuß und zu Pferd umgeben, begegnen. Denn jetzt, wo sie ihre Schande mehr in der Nähe sahen, waren sie gezwungen, dem, den sie am meisten haßten, Ehre zu bezeugen. Hierzu kam noch die Furcht, wenn sie die häufigen Hinrichtungen und die immerwährenden Steuern betrachteten, wodurch er die Stadt arm machte und aussaugte. Diese Erbitterung und diese Furcht kannte und fürchtete der Herzog; dennoch wollte er jedem zeigen, daß er geliebt zu sein glaube. Als ihm Matteo di Morozzo, entweder um Dank zu erwerben oder um sich aus der Gefahr zu befreien, verriet, daß die Familie der Medici mit einigen anderen gegen ihn sich verschworen hatte, untersuchte der Herzog die Sache nicht nur nicht, sondern ließ den Entdecker elend sterben. Durch dieses Verfahren nahm er denen den Mut, die ihn zu seinem Heil warnen wollten, und gab ihn denen, die ihn zu stürzen strebten. Ferner ließ er Bettone Cini mit solcher Grausamkeit die Zunge abschneiden, daß er daran starb, weil er die Steuern getadelt hatte, die der Herzog den Bürgern auferlegte (1343). Dies vermehrte die Erbitterung der Bürger und den Haß gegen ihn; denn die Stadt, welche mit größter Ungebundenheit zu handeln und von allem zu sprechen gewohnt war, konnte nicht ertragen, daß ihr die Hände gebunden und noch dazu der Mund geschlossen sein sollte.

Die Erbitterung und der Haß stieg also so sehr, daß sie nicht nur die Florentiner, die die Freiheit nicht zu erhalten wissen und die Knechtschaft nicht ertragen können, sondern jedes noch so knechtisch gesinnte Volk zur Wiedererringung der Freiheit entflammt haben würden. Viele Bürger von jedem Stand beschlossen, das Leben zu verlieren oder die Freiheit wieder zu erlangen. Es bildeten sich in drei Teilen drei Verschwörungen von drei Gattungen von Bürgern: Großen, Volksmännern und Handwerkern. Außer den gemeinschaftlichen Ursachen bewog die Großen, daß sie die Regierung nicht wieder erhalten sollten; die Volksmänner, daß sie sie verloren hatten, und die Handwerker, daß sie ihres Verdienstes zu entbehren glaubten. Erzbischof von Florenz war Messer Agnolo Acciaiuoli, der in seinen Predigten früher die Handlungen des Herzogs gepriesen und ihm beim Volk große Gunst erwirkt hatte. Als er ihn aber als Herrn sah und sein tyrannisches Benehmen erkannte, glaubte er sein Vaterland betrogen zu haben, und um seinen Fehler wieder gut zu machen, urteilte er, es gebe kein anderes Mittel, als daß dieselbe Hand, welche die Wunde geschlagen, sie heile. Er stellte sich an die Spitze der ersten und stärksten Verschwörung, wozu die Bardi, Rossi, Frescobaldi, Scali, Altoviti, Magalotti, Strozzi und Mancini gehörten. Die Führer der zweiten Verschwörung waren Messer Manno und Corso Donati, mit ihnen die Pazzi, Cavicciuli, Cerchi und Albizzi. Von der dritten war der Erste Antonio Adimari, mit ihm die Medici, Bordoni, Rucellai und Aldobrandini. Sie wollten den Herzog im Haus der Albizzi zu töten, wohin sie glaubten, daß er am Tage S. Giovanni gehen werde, um das Pferderennen zu sehen. Doch er ging nicht hin. Sie wollten ihn anzugreifen, wenn er durch die Stadt spazieren ginge. Aber sie sahen dabei Schwierigkeit; denn er ging wohl begleitet und gerüstet und wechselte immer seine Gänge, so daß sie ihn an keinem bestimmten Ort erwarten konnten. Sie sprachen davon, ihn im Rate zu erschlagen. Doch hier, glaubten sie, wenn auch er getötet wäre, in der Gewalt seiner Soldaten zu bleiben.

Während diese Dinge unter den Verschworenen verhandelt wurden, vertraute sich Antonio Adimari einigen Sanesern, seinen Freunden an, um Soldaten von ihnen zu erhalten, nannte ihnen einen Teil der Verschworenen und versicherte, die ganze Stadt sei bereit, sich zu befreien. Einer der Saneser teilte die Sache Messer Francesco Brunelleschi mit, nicht um sie zu verraten, sondern in der Meinung, auch er gehöre zu den Verschworenen. Messer Francesco, entweder aus Furcht um sich oder aus Haß gegen andere, überbrachte alles dem Herzog. Nun wurden Pagolo del Mazzeca und Simone da Monterappoli verhaftet. Als diese die Menge und den Stand der Verschworenen verrieten, erschrak der Herzog, und es wurde ihm geraten, die Verschworenen lieber zu sich bringen als ergreifen zu lassen; denn wenn sie entflohen, konnte er sich durch Verbannung ohne Ärgernis vor ihnen sichern. Der Herzog ließ also Antonio Adimari zu sich rufen, der, auf seine Genossen vertrauend, sogleich erschien. Er wurde verhaftet. Messer Francesco Brunelleschi und Messer Uguccione Buondelmonti rieten dem Herzog, er solle bewaffnet die Stadt durchsprengen und die Verhafteten hinrichten lassen. Doch er wollte nicht, da er gegen so viele Feinde zu wenig Streitkräfte zu haben glaubte. Er entwarf einen anderen Plan, wodurch er, wenn's gelang, sich seiner Feinde versicherte und für Streitkräfte sorgte. Der Herzog war gewohnt, die Bürger zu sich einzuladen, um sich in den vorkommenden Fällen zu beraten. Nachdem er ausgesandt hatte, Soldaten zusammenzubringen, machte er eine Liste von dreihundert Bürgern und ließ sie durch seine Häscher unter dem Vorwand, er wolle sich mit ihnen beraten, zu sich bescheiden. Wenn sie versammelt wären, beabsichtigte er, sie durch Tod oder Kerker aus dem Weg zu räumen. Die Verhaftung Antonio Adimaris und die Aussendung nach Soldaten, was nicht geheim geschehen konnte, hatte die Bürger, besonders die schuldbewußten, in Furcht vergesetzt. Die Kühnsten verweigerten daher den Gehorsam, und da jeder die Liste gelesen hatte, gingen sie einer zum anderen und ermutigten sich, die Waffen zu ergreifen, um lieber wie Männer mit dem Schwert in der Hand zu sterben, als sich wie Schafe zur Schlachtbank schleppen zu lassen. So klärten sie in wenigen Stunden alle drei Verschwörungen einander auf und beschlossen am folgenden Tage, den 26. Juli 1343, auf dem Alten Markt einen Auflauf zu veranstalten, dann die Waffen zu ergreifen und das Volk zur Freiheit aufzurufen.

Am andern Tag zur Zeit der None wurden nach der gegebenen Anordnung die Waffen ergriffen. Auf den Ruf der Freiheit bewaffnete sich das ganze Volk, und alles sammelte sich in seinen Straßen unter Fahnen mit dem Wappen des Volkes, welche die Verschworenen insgeheim angefertigt hatten. Alle Häupter, sowohl der adeligen als der Volksfamilien kamen zusammen und schworen sich gegenseitigen Schutz und Tod dem Herzog. Nur einige Buondelmonti und Cavalcanti und jene vier Volksfamilien, die dazu beigetragen, ihn zum Herrn zu machen, erschienen nicht, sondern versammelten sich mit den Fleischern und andern aus der niedersten Menge auf dem Platz zur Unterstützung des Herzogs.

Auf diesen Lärm setzte der Herzog den Palast in Verteidigungszustand, und die Seinigen, welche in verschiedenen Teilen der Stadt wohnten, stiegen zu Pferde, um auf den Platz zu eilen, wurden aber unterwegs an vielen Orten bekämpft und getötet. Doch kamen ungefähr 300 Reiter auf dem Platz an. Der Herzog war im Zweifel, ob er ausrücken solle, um die Feinde anzugreifen, oder ob er sich im Palast verteidigen solle. Auf der anderen Seite fürchteten die Medici, Cavicciuli, Rucellai und andere Familien, die am meisten von ihm verletzt worden waren, wenn er einen Angriff mache, würden sich viele von denen, welche die Waffen gegen ihn ergriffen hatten, als seine Freunde erklären. Um ihm daher die Möglichkeit zu nehmen, auszurücken und seine Streitkräfte zu vermehren, schlossen sie sich zusammen und griffen den Platz an. Als bei ihrem Anrücken jene Volksfamilien, die sich für den Herzog erklärt hatten, sich ernsthaft angegriffen sahen, änderten sie ihren Sinn, da des Herzogs Glück sich geändert hatte, und schlossen sich sämtlich ihren Mitbürgern an. Nur Messer Uguccione Buondelmonti, der in den Palast ging, und Messer Giannozzo Cavalcanti taten dies nicht. Der letztere zog sich mit einem Teil seiner Genossen auf den Neuen Markt zurück, stieg auf eine Bank und bat das Volk, das bewaffnet zu dem Platz zog, den Herzog zu unterstützen. Um ihnen Furcht zu machen, vergrößerte er dessen Streitkräfte und drohte ihnen sämtlich mit dem Tod, wenn sie hartnäckig ihr Unternehmen gegen den Herrn verfolgten. Als er aber weder jemand fand, der ihm folgte, noch seine Vermessenheit züchtigte, zog er sich, um das Glück nicht länger zu versuchen, in sein Haus zurück.

Unterdessen war auf dem Platz der Kampf zwischen dem Volk und den Soldaten des Herzogs heftig. Obgleich aber letztere der Palast unterstützte, wurden sie besiegt, und ein Teil ergab sich in die Gewalt der Feinde, ein Teil floh mit Zurücklassung der Pferde in den Palast. Während man auf dem Platz kämpfte, erbrachen Corso und Messer Amerigo Donati mit einem Teil des Volkes die Stinche, verbrannten die Schriften des Podestà und der Schatzkammer, verwüsteten die Häuser der Rektoren und töteten alle Beamten des Herzogs, die sie erreichen konnten. Als auf der anderen Seite der Herzog den Platz verloren, die ganze Stadt feindlich und keine Hoffnung auf Beistand sah, versuchte er durch eine menschliche Handlung das Volk zu gewinnen. Er ließ die Gefangenen vor sich kommen, gab ihnen mit freundlichen und gefälligen Worten die Freiheit und schlug Antonio Adimari, obgleich gegen dessen Willen, zum Ritter. Er ließ seine Fahne vom Palast herabnehmen und die des Volkes aufpflanzen. Doch er hatte das zu spät und zur unrechten Zeit getan, weil es gezwungen und widerwillig geschah, half es ihm nichts. Er saß also verstimmt im Palast belagert; er sah, daß er alles verlor, weil er zu viel gewollt hatte, und fürchtete, in wenig Tagen entweder durch Hunger oder durchs Schwert sterben zu müssen. Um eine Regierung einzusetzen, versammelten sich die Bürger in Santa Reparata und ernannten vierzehn Bürger, zur Hälfte Große, zur Hälfte aus dem Volk, die mit dem Bischof volle Gewalt erhielten, den Staat von Florenz zu reformieren. Ferner erwählten sie sechs Männer, die so lange die Gewalt des Podestà haben sollten, bis der Gewählte ankommen würde.

Zur Unterstützung des Volkes waren viele Bewaffnete nach Florenz gekommen, worunter Saneser mit sechs Gesandten, in ihrem Vaterland hochgeehrte Männer. Diese unterhandelten über eine Übereinkunft zwischen dem Volk und dem Herzog. Doch das Volk weigerte sich, von einer Einigung sprechen zu hören, wenn nicht zuerst Messer Guglielmo von Assisi, dessen Sohn und Messer Cerretieri Bisdomini in ausgeliefert würden. Anfänglich wollte der Herzog nicht einwilligen; doch ließ er sich durch die Drohungen der Soldaten, die mit ihm eingeschlossen waren, zwingen. Ohne Zweifel ist die Erbitterung größer, und schwerer sind die Wunden, wenn die Freiheit wieder errungen wird, als wenn man sie verteidigt. Messer Guglielmo und sein Sohn wurden den Tausenden ihrer Feinde übergeben, und der Jüngling zählte noch nicht achtzehn Jahre. Doch Jugend, Unschuld und Schönheit vermochten ihn nicht vor der Wut der Menge zu retten. Die, welche ihre Opfer nicht lebend durchbohren konnten, durchbohrten ihren Leichnam, und nicht zufrieden, sie mit dem Schwert zu zerfleischen, zerrissen sie sie mit den Händen und mit den Zähnen. Alle Sinne sollten durch die Rache befriedigt werden. Nicht genug, daß sie ihr Jammergeschrei gehört, ihre Wunden gesehen, ihr zerfetztes Fleisch gefühlt hatten, wollten sie nun den Geschmack daran letzen, damit, wie es ihre äußern Sinne schon waren, auch ihr Eingeweide gesättigt werde. So verderblich diese rasende Wut den beiden Unglücklichen ward, so nützlich wurde sie Messer Cerretieri. Die Menge, durch die Grausamkeit an diesen beiden ermüdet, vergaß ihn. Da man nicht weiter nach ihm verlangte, blieb er im Palast, wo ihn in der folgenden Nacht einige seiner Verwandten und Freunde abholten und in Sicherheit brachten.

Nachdem die Menge ihren Rachedurst durch Blut gestillt hatte, wurde der Vertrag geschlossen, daß der Herzog mit den Seinen und seiner Habe sicher abziehen und allen seinen Rechten auf Florenz entsagen solle. Außerhalb des Gebietes, im Gasentinischen, sollte er die Entsagung ratifizieren. Infolge dieses Vertrages reiste er am 6. August in Begleitung vieler Bürger von Florenz ab und ratifizierte, im Casentinischen angekommen, obgleich mit Widerstreben, die Entsagungsakte. Er würde nicht Wort gehalten haben, wenn ihm nicht Graf Simone gedroht hätte, er werde ihn nach Florenz zurückführen.

Dieser Herzog war, wie seine Regierung beweist, habsüchtig und grausam, in den Audienzen schwierig, im Antworten hochmütig. Er wollte die Unterwürfigkeit, nicht das Wohlwollen der Menschen und wünschte daher eher gefürchtet als geliebt zu sein. Sein Äußeres war nicht weniger hassenswert als seine Sitten. Er war klein und schwarz, hatte langen dünngesäten Bart. In jeder Hinsicht verdiente er Haß. So entzogen ihm nach zehn Monaten seine schlechten Sitten die Herrschaft, welche ihm die schlechten Ratschläge anderer gegeben hatten.

Diese Ereignisse im Inneren der Stadt ermutigten alle den Florentinern untertänigen Städte, zur Freiheit zurückzukehren. Arezzo, Castiglione, Pistoja, Volterra, Colle, San Gimignano erhoben sich. So war Florenz auf einmal des Tyrannen und seines Gebietes ledig; und durch die Wiedererringung seiner Freiheit lehrte es seine Untertanen, wie sie die ihre wieder erringen konnten. Nachdem also der Herzog vertrieben und das Gebiet verloren war, dachten die vierzehn Bürger und der Bischof, daß sie eher ihre Untertanen durch Frieden besänftigen als durch Krieg sich zu Feinden zu machen hätten, und zeigten sich so zufrieden mit ihrer Freiheit, wie mit der eigenen. Sie schickten Gesandte nach Arezzo, der Herrschaft zu entsagen, die sie über diese Stadt hatten, und mit ihr einen Vertrag zu schließen, damit sie sich der Aretiner als Freunde bedienen könnten, da sie es nicht als Untertanen konnten. Mit den anderen Städten verglichen sie sich ebenfalls, so gut sie konnten, nur um dieselben befreundet zu erhalten, damit sie als Freie Florenz unterstützen und seine Freiheit erhalten sollten. Diese klug ergriffene Maßregel hatte den glücklichsten Erfolg. Arezzo begab sich nach nicht vielen Jahren wieder unter florentinische Herrschaft, und die andern Städte kehrten in wenigen Monaten zum alten Gehorsam zurück. So erhält man häufig schneller mit weniger Gefahr und Kosten die Dinge, indem man sie flieht, als wenn man sie mit aller Gewalt und Hartnäckigkeit verfolgt hätte.

Nach Beilegung der äußeren Angelegenheiten wandte man sich zu den inneren. Nach einigem Streit zwischen den Großen und den Volksmännern kam man überein, daß die Großen in der Signoria den dritten Teil und von den anderen Ämtern die Hälfte haben sollten. Die Stadt war, wie wir oben gezeigt, in Sechstel geteilt, und so wählte man immer sechs Signoren, von jedem Sechstel einen. Nur bisweilen waren infolge der Ereignisse zwölf oder dreizehn ernannt worden; kurz darauf aber kam man jedesmal wieder auf sechs zurück. In dieser

Sache schien daher eine Reform gut, sowohl weil die Sechstel schlecht geteilt waren, als auch, weil die Zahl der Signoren vermehrt werden mußte, um den Großen gehörig ihren Teil geben zu können. Man teilte also die Stadt in Viertel und ernannte von jedem Viertel drei Signoren. Man schaffte den Gonfalonier der Gerechtigkeit und die der Volkskompagnien ab und ernannte an die Stelle der zwölf guten Männer acht Räte, vier von jeder Klasse.

Nach Einführung dieser Regierungsform würde sich die Stadt beruhigt haben, wenn die Großen mit der Bescheidenheit hätten leben wollen, die ein Freistaat fordert. Doch sie handelten entgegengesetzt: Privatleute, wollten keine Gleichen; Magistrate, wollten Herren sein; täglich bewiesen Vorfälle ihren Übermut und Hochmut. Dies mißfiel dem Volk, und es beklagte sich, daß für einen Tyrannen, der vernichtet war, tausend gewachsen seien. Auf der einen Seite wuchs der Übermut, auf der andern die Erbitterung so sehr, daß die Häupter der Volksmänner dem Bischof die Pflichtvergessenheit der Großen und die Mißhandlung des Volkes durch dieselben vorstellten und ihn überredeten, er möge dahin wirken, daß sich die Großen mit ihrem Anteil an den anderen Ämtern begnügten und dem Volk den Magistrat der Signoria allein ließen. Der Bischof war von Natur rechtschaffen, aber leicht bald auf diese, bald auf jene Seite zu wenden. Dies war die Ursache, daß er auf das Drängen seiner Genossen zuerst den Herzog von Athen begünstigt und später auf den Rat anderer Bürger sich gegen ihn verschworen hatte. Bei der Reform des Staates hatte er die Großen begünstigt, und nun schien es ihm gut, das Volk zu begünstigen, bewogen durch die Gründe, welche ihm jene Bürger aus dem Volk vortrugen. Im Glauben, bei anderen dieselbe Unbeständigkeit zu finden, die er selbst hatte, war er überzeugt, die Sache im guten durchführen zu können, versammelte die Vierzehn, welche die Autorität noch nicht verloren hatten, und ermahnte sie mit den besten Worten, die er wußte, die Würde der Signoria dem Volk abtreten zu wollen, wobei er ihnen die Ruhe der Stadt versprach, wo nicht, ihnen Untergang und Absetzung drohte. Diese Worte brachten die Großen in hohem Grade auf. Messer Ridolfo dei Bardi antwortete dem Bischof in harten Ausdrücken, er nannte ihn einen Treulosen und warf ihm vor, daß er aus Leichtfertigkeit mit dem Herzog Freundschaft gemacht und aus Verräterei ihn vertrieben habe. Er schloß, daß sie die Ehrenstellen, die sie mit ihrer Gefahr errungen hätten, mit ihrer Gefahr verteidigen wollten. Hierauf verließ er erbittert mit allen anderen den Bischof und setzte seine Verwandten und alle adeligen Familien von seinem Entschluß in Kenntnis. Die Volksmänner meldeten gleichfalls den anderen ihre Absicht.

Während die Großen sich zur Verteidigung ihrer Signoren rüsteten, schien es dem Volk nicht gut, abzuwarten, bis sie bereit wären. Es eilte bewaffnet vor den Palast und rief, sein Wille sei, daß die Großen der Würde entsagten. Die Signoren sahen sich verlassen; denn als die Großen das ganze Volk bewaffnet sahen, wagten sie nicht, die Waffen zu ergreifen, sondern ein jeder blieb in seinem Haus. Nachdem daher die Signoren aus dem Volk sich vergeblich bemüht hatten, das Volk zu beruhigen, indem sie versicherten, ihre adeligen Amtsgenossen seien bescheiden und rechtschaffen, so sandten sie dieselben, als am wenigsten schlimme Maßregel, zu ihren Häusern zurück, wohin sie nur mit Mühe sicher geleitet wurden. Nach der Entfernung der Großen aus dem Palast wurde auch den vier adeligen Räten das Amt genommen. Man ernannte statt ihrer noch acht Volksmänner. Den acht Signoren, welche blieben, wurde ein Gonfalonier der Gerechtigkeit ernannt, ferner sechzehn Gonfaloniere der Volkskompagnien, und der Rat wurde auf eine Weise reformiert, daß die ganze Regierung in der Gewalt des Volkes blieb.

Zur Zeit dieser Vorfälle war eine große Preistreiberei in der Stadt, so daß die Großen und das geringe Volk mißvergnügt waren. Dieses aus Hunger, jene, weil sie ihre Würde verloren hatten. Dies ließ Messer Andrea Strozzi darauf sinnen, der Stadt die Freiheit zu rauben. Er verkaufte sein Korn viel günstiger als die anderen. Als sich daher täglich viele Leute vor seinem Haus versammelten, erkühnte er sich eines Morgens zu Pferde zu steigen und rief, von einigen dieser Leute gefolgt, das Volk zu den Waffen. In wenigen Stunden brachte er über viertausend Menschen zusammen, mit denen er auf den Platz der Signoren zog und die Öffnung des Palastes begehrte. Allein die Signoren trieben sie durch Drohungen und durch die Waffen vom Platz und setzten sie hierauf durch Proklamation so sehr in Furcht, daß nach und nach jeder nach Hause zurückkehrte. Kaum konnte Messer Andrea, der sich auf diese Weise bald allein fand, sich durch die Flucht aus den Händen der Obrigkeit retten.

Dieser Anschlag, obgleich er verwegen war und den Ausgang hatte, welchen solche Meutereien zu haben pflegen, gab den Großen Hoffnung, das Volk bezwingen zu können, da sie sahen, daß die niedere Menge mit ihm in Zwietracht war. Um diese Gelegenheit nicht zu verlieren, beschlossen sie, sich mit jeder Gattung von Beistand zu bewaffnen, damit Billigkeit und Gewalt bei Wiedererringung dessen für sie kämpfe, was ihnen Ungerechtigkeit und Gewalt entrissen hatte. Ihre Zuversicht auf den Sieg wuchs so sehr, daß sie sich offenkundig mit Waffen versahen, ihre Häuser befestigten, bis in die Lombardei zu ihren Freunden um Hilfe sandten. Auch das Volk betrieb im Verein mit den Signoren seine Rüstungen; es bewaffnete sich und forderte die Peruginer und Saneser zur Unterstützung auf. Schon waren auf beiden Seiten Hilfstruppen erschienen; die ganze Stadt bewaffnet. Die Großen, diesseits des Arno, hatten sich an drei Punkten befestigt: an den Häusern der Cavicciuli, in der Nähe von San Giovanni, an den Häusern der Pazzi und Donati bei San Piero Maggiore, an den Häusern der Cavalcanti auf dem Neuen Markt. Die Großen, jenseits des Arno, hatten sich an den Brücken und in den Straßen zwischen ihren Häusern befestigt. Die Nerli verteidigten die Carrajabrücke, die Frescobaldi und Mannelli Santa Trinità, die Rossi und Bardi die Alte Brücke und die Brücke Rubaconte. Auf der andern Seite versammelten sich die Volksmänner unter dem Gonfalon der Gerechtigkeit und den Bannern der Volkskompagnien.

Unter diesen Umständen wollte das Volk den Kampf nicht länger verschieben. Die ersten, welche sich in Bewegung setzten, waren die Medici und Rondinelli. Sie griffen die Cavicciuli von der Seite an, wo der Platz San Giovanni zwischen ihre Häuser vorspringt. Hier war der Kampf heftig: Von den Türmen herab wurden Steine auf die Angreifenden geschleudert, und von unten wurden sie mit der Armbrust beschossen. Drei Stunden währte das Kämpfen, und stets wuchs das Volk. Von der Menge gedrängt und sich ohne Unterstützung sehend, verloren jetzt die Cavicciuli den Mut und ergaben sich in die Gewalt des Volkes. Das Volk erhielt ihnen Häuser und Vermögen, nahm ihnen bloß die Waffen und befahl ihnen, sich in die Wohnungen der mit ihnen verwandten und befreundeten Popolanen entwaffnet zu verteilen. – Nachdem dieser erste Sturm gelungen, war es leicht, auch die Pazzi und Donati zu besiegen, weil sie weniger mächtig waren als jene. Nur die Cavalcanti blieben noch diesseits des Arno. Diese waren stark durch Menschen und Lage. Als sie jedoch alle Banner gegen sich sahen, und daß die andern von drei Bannern allein überwunden waren, ergaben auch sie sich ohne großen Widerstand.

Schon drei Teile der Stadt waren in der Hand des Volkes. Einer blieb in der Gewalt der Großen, aber der schwierigste, sowohl durch die Macht derer, die ihn verteidigten, als durch die Lage, denn er war vom Arnofluß geschützt, so daß man die Brücken stürmen mußte, die auf die oben gezeigte Weise verteidigt waren. Der erste Angriff wurde auf die Alte Brücke gerichtet. Doch die Verteidigung war kräftig: Die Türme waren bewaffnet, die Straßen verrammelt und die Barrikaden mit tapfern Männern besetzt; das Volk wurde mit großem Verlust zurückgeschlagen. Als man erkannte, daß alle Anstrengung hier nutzlos war, wurde versucht, über die Brücke Rubaconte zu dringen. Doch hier fand man dieselben Schwierigkeiten. Das Volk ließ daher vier Banner zur Bewachung beider Brücken zurück und griff mit den übrigen die Carrajabrücke an. Zwar verteidigten sich auch die Nerli männlich, allein sie konnten dem Andrang des Volkes nicht widerstehen, sowohl weil diese Brücke, die keine Türme verteidigten, schwächer war, als auch, weil ihnen die Capponi und die andern benachbarten Volksfamilien in den Rücken fielen. Von allen Seiten beschossen, verließen sie die Barrikaden und gaben dem Volk Bahn. Nach ihnen besiegte das Volk die Rossi und die Frescobaldi; denn alle Volksmänner jenseits des Arno vereinigten sich mit den Siegern.

Nur noch die Bardi waren übrig. Doch weder die Niederlage der anderen, noch die Vereinigung des ganzen Volkes gegen sie, noch die geringe Hoffnung auf Beistand vermochte sie zu entmutigen. Lieber wollten sie kämpfend sterben oder ihre Häuser verbrannt und geplündert sehen, als sich freiwillig der Willkür ihrer Feinde zu unterwerfen. Sie verteidigten sich also so tapfer, daß das Volk mehrere Male von der Alten Brücke und von der Brücke Rubaconte umsonst zu stürmen versuchte. Immer wurde es mit großem Verlust an Toten und Verwundeten zurückgeschlagen. – In früheren Zeiten war eine Straße gebaut worden, auf welcher man, zwischen den Häusern der Pitti durchgehend, an die Mauern auf dem Hügel San Giorgio gelangen konnte. Auf diese Straße sandte das Volk sechs Banner mit dem Befehl, auf der Rückseite die Häuser der Bardi anzugreifen. Dieser Angriff nahm den Bardi den Mut und gab dem Volk den Sieg. Denn als die Verteidiger der Straßenbarrikaden erfuhren, daß ihre Häuser gestürmt wurden, verließen sie den Kampf und eilten zur Verteidigung jener. Die Folge war, daß die Barrikade der Alten Brücke durchbrochen und die Bardi von allen Seiten in die Flucht geschlagen wurden. Die Quaratesi, Panzanesi und Mozzi nahmen sie auf. Währenddessen plünderte und verheerte der unedelste Teil des Volkes beutegierig alle ihre Häuser und zerstörte und verbrannte ihre Paläste und Türme mit solcher Wut, daß der grausamste Feind des florentinischen Namens sich solcher Verwüstung geschämt haben würde.

Nach dem Sieg über die Großen gestaltete das Volk den Staat um. Da es drei Gattungen gab, mächtiges, mittleres und niederes Volk, so wurde bestimmt, daß die Mächtigen zwei, die Mittleren drei und die Niederen gleichfalls drei Signoren haben sollten. Der Gonfalonier sollte bald aus der einen, bald aus der andern Gattung gewählt werden. Ferner wurden alle Ordonnanzen der Gerechtigkeit gegen die Großen wieder in Kraft gesetzt, und um die Großen noch mehr zu schwächen, wurden viele von ihnen unter die Menge gemischt. Die Niederlage der Edlen war so groß und beugte ihre Partei so sehr, daß sie nie wieder die Waffen gegen das Volk zu ergreifen wagten und immer leutseliger, ja unterwürfig wurden. Die Folge war, daß Florenz nicht allein der Waffen, sondern aller Hochherzigkeit bar wurde.

Die Stadt blieb nach dieser Niederlage ruhig bis zum Jahre 1353. Im Lauf dieser Zeit wütete jene denkwürdige Pest, die Messer Giovanni Boccaccio mit so großer Beredsamkeit geschildert hat, und an der in Florenz über 96000 Menschen starben (1348). Ferner führten die Florentiner den ersten Krieg mit den Visconti, veranlaßt durch den Ehrgeiz des Erzbischofs, damals Fürsten von Mailand. Kaum war dieser Krieg beendet, da fingen die Parteiungen im Inneren der Stadt wieder an. Obgleich der Adel vernichtet war, fehlten dem Schicksal doch nicht Mittel, durch neue Spaltungen neue Erschütterungen hervorzubringen.

Drittes Buch

Die heftige natürliche Feindschaft zwischen Volk und Adel, deren Grund darin liegt, daß dieser befehlen, jenes nicht gehorchen will, ist Ursache aller Übel, die in den Städten entstehen. Aus diesen widerstrebenden Leidenschaften bekommt alles andere, was die Republiken erschüttert, seine Nahrung. Dies hielt Rom uneinig, dies hat – wenn es erlaubt ist, Kleines mit Großem zu vergleichen – Florenz geteilt gehalten. Die Wirkungen aber, die in beiden Städten daraus hervorgingen, waren verschieden. Die Feindschaften, welche am Anfang in Rom zwischen Volk und Edlen bestanden, wurden durch Worte, die von Florenz durchs Schwert entschieden. Die von Rom endeten mit einem Gesetz, die von Florenz mit der Verbannung und dem Tod vieler Bürger. Die von Rom vermehrten stets die kriegerische Tapferkeit, durch die von Florenz erlosch sie völlig. Die von Rom führten die Stadt von Gleichheit zu einer sehr großen Ungleichheit der Bürger, die von Florenz haben es von Ungleichheit zu einer wunderbaren Gleichheit gebracht.

Diese Verschiedenheit der Wirkungen kann nur durch das verschiedene Ziel verursacht sein, welches diese beiden Völker verfolgten. Das Volk von Rom wünschte die höchsten Würden in Gemeinschaft mit den Edlen zu genießen, das von Florenz kämpfte um den ausschließlichen Besitz der Regierung, ohne daß die Edlen daran teilnähmen. Da also das Verlangen des römischen Volkes berechtigter war, waren die Verletzungen den Edlen erträglicher. Leicht gab der Adel nach, ohne zu den Waffen zu greifen; und nach einigem Streit kam man überein, ein Gesetz zu geben, wodurch das Volk befriedigt wurde und die Edlen in ihren Würden blieben. Das Verlangen des florentinischen Volkes hingegen war beleidigend und ungerecht. Mit größerer Kraft rüstete sich daher der Adel zu seiner Verteidigung, und deshalb kam es zum Blutvergießen und zur Verbannung der Bürger. Die Gesetze, welche hierauf erlassen wurden, waren nicht zum gemeinschaftlichen Nutzen, sondern allein zugunsten des Siegers gegeben.

Aus derselben Ursache ging hervor, daß die Stadt Rom durch die Siege des Volkes tapferer wurde. Da die Volksmänner die Staatsämter, die Stellen im Heer und den Oberbefehl mit den Edlen führten, so wurden sie mit derselben Tapferkeit erfüllt, welche jene besaßen. Die Stadt, in der die Tapferkeit wuchs, wuchs an Macht. In Florenz hingegen wurden durch den Sieg des Volkes die Edlen der Staatsämter beraubt. Wollten sie dieselben wieder erwerben, so mußten sie in Betragen, in Gesinnung, in der Lebensart den Volksmännern nicht nur gleich sein, sondern auch scheinen. Hieraus entstand die Vertauschung der Wappen, die Veränderung der Familientitel, welche die Edlen, um Volk zu scheinen, vornahmen. So erlosch jene kriegerische Tapferkeit, jene Hochherzigkeit, welche der Adel besaß, und im Volk, das sie nicht besaß, konnte sie sich nicht entzünden. Florenz wurde dadurch immer niedriger und verworfener.

Während Rom, als seine Tapferkeit sich in Hochmut verwandelt hatte, dahin kam, daß es sich ohne einen Fürsten nicht erhalten konnte, ist Florenz dahin gekommen, daß es leicht durch einen weisen Gesetzgeber unter jede Regierungsform gebracht werden könnte.

Diese Dinge lassen sich beim Lesen des vorigen Buches zum Teil klar erkennen. Ich habe darin die Entstehung der Stadt Florenz, den Ursprung ihrer Freiheit mit den Ursachen ihrer Spaltungen gezeigt, und wie die Parteien des Adels und des Volkes mit der Tyrannei des Herzogs von Athen und mit der Vernichtung des Adels endigten. Es bleiben nun die Feindschaft zwischen Volk und Menge, und die verschiedenen Ereignisse, die sie erzeugte, zu erzählen.

Nachdem die Macht des Adels gebrochen und der Krieg mit dem Erzbischof von Mailand beendet war, schien in Florenz kein Grund zu Unruhen geblieben zu sein. Doch das widrige Geschick unserer Stadt und ihre schlechten Einrichtungen ließen eine Feindschaft zwischen den Familien der Albizzi und Ricci entstehen, welche Florenz spaltete, wie es zuerst die der Buondelmonti und Uberti und hierauf der Donati und Cerchi gespalten hatte.

Die Päpste, welche in Frankreich wohnten, und die Kaiser, welche in Deutschland waren, hatten zu verschiedenen Zeiten, um ihre Autorität in Italien zu erhalten, eine Menge Soldaten verschiedener Nationen dahin gesandt. So befanden sich in dieser Zeit Engländer, Deutsche und Bretonen im Land, und da sie wegen Beendigung der Kriege ohne Sold waren, folgten sie einer Abenteurerfahne und brandschatzten bald diesen, bald jenen Fürsten. Eine dieser Kompagnien kam im Jahre 1353 nach Toskana, befehligt vom Mgr. Reale (Fra Moriale), einem Provenzalen. Ihr Erscheinen setzte alle Städte des Landes in Schrecken, und die Florentiner rüsteten nicht nur Soldaten von Staats wegen, sondern viele Bürger, worunter die Albizzi und die Ricci, bewaffneten sich zur eigenen Sicherheit. Diese Familien haßten sich, und jede dachte, wie sie die andere unterdrücken könne, um den ersten Rang in der Republik zu erhalten. Doch waren sie noch nicht zu Waffengewalt geschritten, sondern griffen sich nur in den Magistraten und den Räten an. Als nun die ganze Stadt bewaffnet war, entstand zufällig auf dem Alten Markt ein Streit, wobei sich viele Leute versammelten, wie es bei solchen Vorfällen gewöhnlich ist. Als sich der Lärm ausbreitete, wurde den Ricci hinterbracht, die Albizzi griffen sie an, und den Albizzi, die Ricci rückten gegen sie. Die ganze Stadt kam dadurch in Aufruhr, und kaum gelang es den Magistraten, beide Familien zu zügeln, damit der Kampf nicht wirklich erfolge, von dem das Gerücht durch Zufall und ohne Schuld einer von beiden ergangen war. Dieser Vorfall, obgleich unbedeutend, entflammte ihre Gemüter noch mehr, und jeder suchte mit größerem Eifer sich Anhänger zu erwerben. Da jedoch durch den Sturz der Großen die Bürger schon zu solcher Gleichheit gekommen waren, daß man mehr Ehrfurcht vor den Magistraten hatte als früher gewöhnlich, so beabsichtigten sie, auf gesetzlichem Weg und ohne Privatgewalttätigkeit zu Werke zu gehen.

Wir haben früher erzählt, daß nach dem Sieg Karls I. die Regierung aus der Guelfenpartei ernannt und ihr große Gewalt über die Gibellinen gegeben wurde. Dies hatten die Zeit, die verschiedenen Ereignisse und die neuen Spaltungen so sehr in Vergessenheit gebracht, daß viele Nachkommen der Gibellinen die ersten Staatsämter führten. Uguccione dei Ricci, Haupt der Familie, arbeitete nun darauf hin, daß das Gesetz gegen die Gibellinen erneuert werde, worunter nach der Meinung vieler die Albizzi gehörten, die, aus Arezzo gebürtig, vor vielen Jahren nach Florenz gezogen waren (1354). Uguccione dachte daher, wenn er das Gesetz erneuere, die Albizzi der Ämter zu berauben, da darin bestimmt war, daß jeder Nachkomme eines Gibellinen verurteilt werden solle, der ein Staatsamt bekleide. Dieser Plan Ugucciones wurde Piero die Filippo degli Albizzi verraten, der ihn zu unterstützen beschloß, da er urteilte, durch Widerstand werde er sich selbst als Gibellinen erklären. Das Gesetz also, durch den Ehrgeiz dieser Männer erneuert, entzog nicht, sondern gab Piero degli Albizzi Ansehen und war der Anfang vieler Übel. Wirklich läßt sich auch kein verderblicheres Gesetz für eine Republik geben als ein solches, das weit zurückgreift.

Dadurch also, daß Piero das Gesetz unterstützt hatte, wurde die Entdeckung seiner Feinde, um ihn zu hemmen, der Weg zu seiner Größe. Sich an die Spitze dieser neuen Einrichtung stellend, gewann er immer mehr Autorität, indem ihn die neue Guelfenpartei vor jedem andern unterstützte (1357). Da es keinen Magistrat gab, der untersuchte, welches die Gibellinen seien, und da folglich das gegebene Gesetz nicht viel Kraft hatte, so erwirkte er, daß die Hauptleute die Gewalt haben sollten, die Gibellinen zu ermitteln, und ihnen nach der Ermittlung zu erklären und sie zu warnen, daß sie kein Amt übernähmen: würden sie dieser Warnung nicht gehorchen, so sollten sie verurteilt werden. Daher kommt es, daß seitdem alle die, welche in Florenz der Fähigkeit, Ämter zu führen, beraubt sind, Gewarnte (Ammoniti) genannt werden. Als nun den Hauptleuten mit der Zeit die Kühnheit wuchs, warnten sie ohne alle Scheu nicht nur die, welche es verdienten, sondern jeden, den sie aus irgendeinem habsüchtigen oder ehrgeizigen Beweggrund wollten. Vom Jahr 1357, wo diese Einrichtung begann, bis 1366, waren schon über zweihundert Bürger gewarnt. Die Hauptleute und die Partei der Guelfen waren dadurch mächtig geworden; denn aus Furcht gewarnt zu werden, ehrte sie, und besonders die Häupter der Partei, Piero degli Albizzi, Messer Lapo da Castiglionchio und Carlo Strozzi, jedermann. Obgleich dieses übermütige Verfahren vielen mißfiel, so waren doch die Ricci mißvergnügter als alle anderen, da sie die Ursache dieser Unordnung gewesen zu sein glaubten, wodurch sie die Republik zerrüttet und ihre Feinde, die Albizzi, ihrer Absicht zuwider, höchst mächtig geworden sahen.

Als sich daher Uguccione dei Ricci unter den Signoren (1366) befand, wollte er dem Übel ein Ende setzen, dessen Urheber er und die Seinigen gewesen waren. Er verordnete durch ein neues Gesetz, daß den sechs Hauptleuten drei hinzugefügt würden, wovon zwei aus den kleineren Handwerkern, und befahl, daß die Ermittlung der Gibellinen jedesmal durch vierundzwanzig dazu beauftragte guelfische Bürger bestätigt werden mußte. Diese Verordnung mäßigte für damals zu einem guten Teil die Macht der Hauptleute; das Warnen unterblieb fast ganz, und wenn auch einige gewarnt wurden, so waren es doch wenige. Nichtsdestoweniger wachten die Albizzi und Ricci mit ihrem Anhang, und aus gegenseitigem Haß behinderten sie Gesetze, Unternehmungen, Beschlüsse. In solchem Kampf lebte man von 1366 bis 1371, wo die Partei der Guelfen die Kräfte wieder gewann.

Die Familie der Buondelmonti zählte einen Ritter namens Messer Benchi, der für seine Verdienste in einem Krieg gegen die Pisaner zum Volksmann gemacht wurde. Er war dadurch fähig, Signor zu werden; als er aber diese Würde zu bekleiden erwartete, wurde ein Gesetz gegeben, daß kein zum Volksmann gemachter Großer Signor sein dürfe. Dies beleidigte Messer Benchi sehr, er schloß sich Piero degli Albizzi an, und sie beschlossen, durch das Warnen die geringeren Volksmänner zu züchtigen und die Regierung allein zu behalten. Durch den Anhang, den Messer Benchi beim alten Adel, und durch den, welchen Piero beim größeren Teil der mächtigen Volksmänner hatte, bewirkten sie, daß die Guelfenpartei wieder Kräfte gewann. Durch neue Reformen in der Partei ordneten sie die Sache so, daß sie über die Hauptleute und die vierundzwanzig Bürger nach Belieben verfügen konnten. Man kehrte nun mit mehr Kühnheit als zuvor zum Warnen zurück, und das Haus der Albizzi, als Haupt dieser Partei, wuchs stets. Auf der anderen Seite ermangelten die Ricci und ihre Freunde nicht, die Pläne der Albizzi, soviel sie konnten, zu behindern. So lebte man im größten Argwohn und fürchtete für jedermann alles Unheil.

Von Vaterlandsliebe bewogen, versammelten sich daher viele Bürger in San Piero Scheraggio (1372), und nachdem sie lange unter sich über diese Unordnungen gesprochen, begaben sie sich zu den Signoren, wo einer von ihnen, der sich größeren Ansehens erfreute, folgende Rede hielt:

„Viele von uns, Erlauchte Herrn, fürchteten, obgleich in öffentlichem Interesse, auf Privatveranstaltung zusammenzutreten. Sie dachten entweder als anmaßend bemerkt oder als ehrgeizig verurteilt zu werden. Doch später haben wir erwogen, daß jeden Tag und ohne Scheu viele Bürger in den Logen und in den

Häusern nicht zu öffentlichem Nutzen, sondern aus eigenem Ehrgeiz zusammenkommen. Wir waren daher der Meinung, daß auch die nichts zu fürchten haben, welche zu öffentlichem Wohl und Nutzen sich versammeln, wenn die nichts fürchten, welche sich zum Untergang der Republik vereinen. Und was die andern von uns halten, darum kümmern wir uns nicht, da auch sie nicht anschlagen, was wir von ihnen denken mögen."

„Unsere Vaterlandsliebe, Erlauchte Herrn, hat uns zuerst bewogen, zusammenzutreten; nun bewegt sie uns, vor Euch zu erscheinen, um über das Übel, das man schon so groß sieht, und das stets in unserer Republik wächst, zu sprechen und Euch bereitwillig unsern Beistand zu seiner Ausrottung anzubieten. Obgleich die Unternehmung schwer scheint, so könnte sie Euch doch gelingen, wenn Ihr die Privatabsichten außer Acht laßt und nebst der öffentlichen Macht Eure Autorität brauchen wollt."

„Die allgemeine Verderbnis aller Städte Italiens, Erlauchte Herrn, hat Eure Stadt verdorben und verdirbt sie immer weiter. Seit das Land sich aus der Gewalt der Kaiser zog, haben die Städte, ohne mächtigen Zügel, der sie leitete, nicht als frei, sondern als in Sekten gespalten ihre Verfassungen und Regierungen geordnet. Hieraus sind alle andern Übel, alle übrigen Unordnungen entstanden, die in ihnen erscheinen. Zuerst findet man unter ihren Bürgern weder Eintracht noch Freundschaft, außer zwischen denen, die eines Verbrechens gegen das Vaterland oder gegen Private Mitschuldig sind. Religion und Gottesfurcht ist in allen erloschen, der Schwur und das gegebene Wort währt so lange wie der Vorteil. Des Schwurs bedienen sich die Menschen, nicht um ihn zu halten, sondern als Mittel, um leichter zu betrügen, und je besser und sicherer der Betrug gelingt, desto mehr Lob und Ruhm erwirbt man. Die Bösen werden wegen ihrer Geschicklichkeit gelobt, die Guten wegen ihrer Einfalt getadelt. Und fürwahr, was nur verdorben sein kann und was verderben kann, trifft in Italiens Städten zusammen! Die Jünglinge sind müßig, die Greise ausschweifend, und jedes Geschlecht und jedes Alter beflecken schändliche Sitten. Zur Besserung reichen die guten Gesetze nicht aus, weil sie durch die schlechten Gebräuche verdorben werden. Hieraus entsteht jene Habsucht, die man bei den Bürgern sieht, und jene Begierde, nicht nach wahrem Ruhm, sondern nach schimpflichen Ehren, woraus Haß, Feindschaft, Streit, Faktionen entspringen, deren Folge Blut, Verbannung, Unterdrückung der Guten, Erhebung der Bösen ist. Denn im Vertrauen auf ihre Unschuld suchen die Guten nicht wie die Bösen Anhang, der sie verteidige und ehre; und unverteidigt und ungeehrt gehen sie unter. Diese Erfahrung erzeugt die Liebe zu den Parteien und ihre Macht; denn die Bösen schließen sich aus Habsucht und Ehrgeiz, die Guten notgedrungen an. Und was noch verderblicher ist, die Rädelsführer und Ersten der Parteien geben durch ein frommes Wort ihrer Absicht und ihrem Ziel ehrbaren Anstrich. Obgleich sämtlich Feinde der Freiheit, unterdrücken sie doch stets, unter dem Vorwand, durch aristokratische oder demokratische Formen die Freiheit zu verteidigen, die Republik. Als Preis ihres Sieges verlangen sie nicht den Ruhm, die Stadt befreit, sondern die Befriedigung, die anderen überwunden und die Herrschaft an sich gerissen zu haben. Einmal so weit, ist nichts so ungerecht, grausam oder habsüchtig, daß sie sich nicht zur Tat erkühnten. Deshalb werden die Einrichtungen und die Gesetze nicht zum öffentlichen Nutzen, sondern zum eigenen Vorteil gemacht. Deshalb wird über Krieg, Frieden, Bündnisse nicht zum allgemeinen Ruhm, sondern zur Befriedigung Weniger beschlossen."

„Wenn aber die anderen Städte voll dieser Unordnungen sind, so ist die unsere mehr als jede andere damit befleckt. Immer sind die Gesetze, die Statuten, die politischen Einrichtungen nicht einer freien Verfassung gemäß, sondern nach dem Ehrgeiz der Partei, die Siegerin geblieben ist, angeordnet worden und werden angeordnet. Ist daher eine Partei vertrieben, eine Spaltung verwischt, so erhebt sich immer eine andere. Denn die Stadt, welche sich mehr durch die Parteien als durch die Gesetze erhalten will, muß sich notwendig in sich selbst spalten, sobald eine Partei ohne Widerstand in ihr geblieben ist. Sie kann sich gegen die Privatmittel nicht schützen, die sie zu ihrem Heil zuvor selbst angeordnet hatte."

„Daß dies wahr ist, beweisen die alten und neuen Spaltungen unserer Stadt. Jeder glaubte, nach Zerstörung der Gibellinen würden die Guelfen lange in Glück und Ehre leben. Doch bald spalteten sie sich in Weiße und Schwarze. Nach der Weißen Besiegung war die Stadt niemals ohne Parteien. Bald um die Verwiesenen zu begünstigen, bald wegen der Feindschaft des Volkes und der Großen bekämpften wir uns stets. Und um anderen zu geben, was wir in Eintracht selbst nicht besitzen wollten oder konnten, unterwarfen wir bald dem König Robert, bald seinem Bruder, bald seinem Sohn, zuletzt dem Herzog von Athen unsere Freiheit. Doch unter keiner Regierungsform konnten wir Ruhe finden; denn nie vereinigten wir uns, frei zu leben, und Knechte zu sein, dazu willigten wir nicht. Wir scheuten nicht – so sehr sind unsere Stände zu Spaltungen geneigt – noch unter der Botmäßigkeit Roberts lebend, die Majestät eines Königs einem gemeinen Menschen, in Agobbio geboren, nachzusetzen. Den Herzog von Athen darf man zur Ehre der Stadt nicht erwähnen, dessen harter, tyrannischer Charakter uns klug machen und leben lehren mußte. Doch kaum war er vertrieben, so hatten wir die Waffen in der Hand: mit mehr Haß und größerer Wut, als wir uns jemals bekämpft hatten, kämpften wir jetzt. Unser alter Adel wurde besiegt und ergab sich in die Willkür des Volkes."

„Viele glaubten nun, es werde nie wieder eine Ursache des Aufruhrs und der Parteiung entstehen, da denen ein Zügel angelegt war, deren Hochmut und unerträglicher Ehrgeiz allein die Ursache gewesen zu sein schien. Doch jetzt lehrt die Erfahrung, wie trügerisch die Meinung der Menschen ist, wie falsch ihr Urteil. Der Hochmut und der Ehrgeiz der Großen erlosch nicht, er ging auf die Volksmänner über, die nun nach Art ehrgeiziger Menschen den ersten Rang in der Republik zu erhalten streben. Ohne andere Mittel, ihn an sich zu reißen, als die Zwietracht, haben sie die Stadt von neuem geteilt und den Namen der Guelfen und Gibellinen, der vergessen war und den man zum Wohl der Stadt nie hätte hören sollen, wieder aufgeweckt."

„Es ist eine Fügung von oben, damit von den menschlichen Dingen nichts ewig noch ruhig sei, daß es in allen Republiken unheilschwangere Familien gibt, die zu ihrem Verderben geboren werden. An solchen ist unsere Republik reicher gewesen als jede andere; denn nicht eine, sondern viele haben sie erschüttert und gebeugt, wie die Buondelmonti zuerst und die Uberti, dann die Donati und die Cerchi, und jetzt – oh Schmach und Lächerlichkeit! – verwirren und spalten sie die Ricci und Albizzi."

„Wir haben Euch an die verdorbenen Sitten und an unsere alten und fortwährenden Spaltungen nicht erinnert, um Euch zu entmutigen, sondern um Euch auf die Ursachen derselben aufmerksam zu machen und Euch zu beweisen, daß Ihr sie zu erkennen vermögt, wie wir sie erkennen. Wir wollten Euch dadurch zeigen, daß das Beispiel jener Euch nicht mit Mißtrauen in Eure Kräfte erfüllen darf, diese bändigen zu können. Jene alten Familien besaßen so große Macht, so kräftig war die Unterstützung, die ihnen die Fürsten gewährten, daß die Institutionen und Gesetze des Staates nicht ausreichten, sie zu zügeln. Jetzt hingegen, wo die Kaiser bei uns keine Gewalt haben, wo man den Papst nicht fürchtet, wo ganz Italien und unsere Stadt zu solcher Gleichheit gediehen ist, daß sie auf sich selbst stehen kann, ist die Schwierigkeit nicht groß. Trotz der alten widersprechenden Erfahrung kann sich besonders unsere Republik einig erhalten, die guten Sitten und eine freie Verfassung wieder herstellen, wenn nur Eure Herrlichkeiten sich zum ernsten Wollen entschließen. Von Vaterlandsliebe bewogen, von keiner persönlichen Leidenschaft, fordern wir Euch dazu auf."

„Mag auch die Verderbtheit in unsrer Vaterstadt groß sein, hebt immer für jetzt das Übel, das sie krank macht, die Raserei, die sie verzehrt, das Gift, das sie tötet. Klagt der alten Unordnungen nicht die Natur des Menschen an, sondern die Zeiten, deren Änderung Eure Stadt durch bessere Einrichtungen ein besseres Los hoffen läßt. Die Tücke des Schicksals läßt sich durch Klugheit besiegen, wenn Ihr dem Ehrgeiz dieser Familien einen Zügel anlegt, wenn Ihr die Einrichtungen, welche die Nährer der Faktionen sind, abschafft und solche annehmt, welche einer wahren freien Verfassung entsprechen. Geruht es lieber jetzt durch die Milde der Gesetze zu tun, als daß es bei einem Aufschub die Bürger mit dem Beistand der Waffen selbst zu tun genötigt sind."

Die Signoren, schon bewegt durch die eigene Erkenntnis und noch mehr durch die Autorität und Ermahnungen dieser Männer, gaben sechsundfünfzig Bürgern Gewalt, für das Heil der Republik zu sorgen. Es ist sehr richtig, daß die Vielen geschickter sind, eine gute Ordnung der Dinge zu erhalten, als daß sie eine solche selbst zu finden wüßten. Diese Bürger waren mehr darauf bedacht, die gegenwärtigen Sekten auszurotten, als die Ursache der künftigen zu entfernen. So erreichten sie weder das eine noch das andere; denn sie hoben die Ursachen der neuen nicht, und von den bestehenden machten sie, zu größerer Gefahr der Republik, die eine mächtiger als die andere. Sie beraubten also aller Ämter, ausgenommen derer der Partei der Guelfen, für drei Jahre drei aus der Familie der Albizzi und drei aus der der Ricci, worunter Piero degli Albizzi und Uguccione dei Ricci. Sie verboten allen Bürgern, in den Palast zu gehen, außer zur Zeit, wo die Magistrate versammelt waren. Sie verordneten, daß jeder, der unterdrückt und der im Besitz seiner Güter gestört wurde, den Täter in einer Bittschrift an die Räte anklagen könne, worauf dieser als Großer ermittelt und nach der Ermittlung den Nachteilen der Großen unterworfen wurde.

Diese Verordnungen nahmen der Partei der Ricci die Kühnheit und mehrte die der Albizzi. Denn, wenn man auch beiden gleich stark zur Ader gelassen hatte, so litten doch die Ricci viel mehr, da Piero, obgleich ihm der Palast der Signoren geschlossen wurde, doch der der Guelfen offen blieb, wo er die größte Autorität hatte. Wenn er und sein Anhang zuvor schon warm im Warnen waren, so wurden sie nach dieser Unbill noch viel wärmer. Zu diesem bösen Willen kamen noch neue Ursachen hinzu.

Auf dem heiligen Stuhl saß Gregor XI. (1375). In Avignon wohnend, regierte er wie seine Vorgänger Italien durch Legaten, die, voll Habsucht und Hochmut, viele Städte bedrückt hatten. Einer von ihnen, der sich damals in Bologna befand, dachte eine Preistreiberei, die damals in Florenz war, als Gelegenheit zu ergreifen, um sich zum Herrn von Toskana zu machen. Er unterstützte die Stadt nicht nur nicht mit Lebensmitteln, sondern um ihr die Hoffnung auf die nächste Ernte zu nehmen, griff er sie mit Frühlingsanfang mit einem großen Heer an. So hoffte er die entwaffneten und ausgehungerten Florentiner leicht zu überwinden; und vielleicht wäre es ihm gelungen, wenn die Waffen, mit denen er sie angriff, nicht treulos und käuflich gewesen wären. Die Florentiner, die kein besseres Mittel hatten, gaben seinen Soldaten 130000 Gulden, und diese ließen von der Unternehmung ab.

Die Kriege fängt man an, wenn man will, aber man beendet sie nicht, wenn man will. Dieser Krieg, angefangen durch den Ehrgeiz des Legaten, wurde durch den Unwillen der Florentiner fortgesetzt. Sie schlossen ein Bündnis mit Messer Bernabo und mit allen der Kirche feindlichen Städten und ernannten acht Bürger zur Leitung des Krieges mit der Gewalt, ohne Appellation zu handeln und, ohne Rechenschaft abzulegen, Ausgaben zu machen. Dieser Krieg mit dem Papst erweckte, obgleich Uguccione tot war, die Partei der Ricci, welche gegen die Albizzi immer Messer Bernabò begünstigt und der Kirche entgegengehandelt hatte, wieder; um so mehr, als die acht sämtlich Feinde der Guelfenpartei waren. Dies bewirkte, daß Piero degli Albizzi, Messer Lapo da Castiglionchio, Carlo Strozzi und die andern sich zum Angriff ihrer Gegner näher aneinander anschlossen. Sie warnten also, und die Acht führten den Krieg, der drei Jahre dauerte und nicht eher endete, als bis der Papst starb. Der Krieg wurde mit solcher Tapferkeit und zu solcher Zufriedenheit des Volkes geleitet, daß den Acht jedes Jahr das Amt verlängert wurde. Man nannte sie Heilige, obgleich sie die Bannflüche gering geachtet, die Kirchen ihrer Güter beraubt und die Geistlichkeit zur Feier des Gottesdienstes gezwungen hatten. So viel höher schätzten diese Bürger damals das Vaterland als die Seele. Sie bewiesen der Kirche, daß sie sie als ihre Feinde beugen konnten, wie sie sie zuvor als ihre Freunde beschützt hatten; denn sie brachten die ganze Romagna, die Mark und Perugia zum Aufstand gegen dieselbe.

Doch während sie den Papst mit solchem Erfolg bekriegten, konnten sie sich gegen die Parteihauptleute und deren Anhang nicht verteidigen. Der Neid der Guelfen gegen die Acht vergrößerte ihre Kühnheit, und nicht genug, daß sie die anderen edlen Bürger beleidigten, enthielten sie sich sogar nicht, einige der Acht zu verletzen. Die Anmaßung der Parteihauptleute wuchs zu solcher Höhe, daß sie mehr als die Signoren gefürchtet waren. Mit geringerer Ehrerbietung erschien man vor diesen als vor jenen, und der Palast der Partei stand in höherer Achtung als der der Signoria, so daß kein Gesandter nach Florenz kam, der nicht Aufträge an die Hauptleute gehabt hätte. Nachdem also Papst Gregor gestorben war und die Stadt ohne äußere Kriege blieb, lebte man im Inneren in großer Verwirrung. Auf der einen Seite war die Kühnheit der Guelfen unerträglich, auf der anderen sah man kein Mittel, sie zu züchtigen. Man war der Meinung, daß man zwangsläufig zu den Waffen greifen müsse, um zu sehen, welcher der beiden Regierungssitze den Vorrang habe. Auf der Seite der Guelfen war der ganze alte Adel mit dem größeren Teil der mächtigen Volksmänner; die Ersten waren, wie wir gesagt haben, Messer Lapo, Piero und Carlo. Auf der andern Seite waren alle Volksmänner geringeren Standes. Ihre Häupter waren die Acht des Krieges, Messer Giorgio Scali, Tommaso Strozzi, denen sich die Ricci, Alberti und Medici anschlossen. Der Rest der Menge schlug sich, wie es fast immer der Fall ist, auf die Seite der Unzufriedenen.

Den Häuptern der Guelfenpartei erschienen die Kräfte ihrer Gegner stark und die Gefahr groß, sobald eine ihnen feindliche Signoria sie würde demütigen wollen. Da sie es für gut hielten, dem zuvorzukommen, versammelten sie sich und untersuchten den Zustand der Stadt und ihre Stellung. Sie hielten dafür, daß die große Zahl, wozu die Gewarnten angewachsen waren, ihnen so viele Vorwürfe zuziehe, daß die ganze Stadt ihnen feind werde. Dagegen sahen sie kein anderes Mittel, als wie sie die Gewarnten der Ehrenstellen beraubt hatten, sie auch der Stadt zu berauben, indem sie den Palast der Signoren mit Gewalt einnähmen und die ganze Regierung in die Gewalt ihrer Partei brächten. Dadurch wollten sie den alten Guelfen nachahmen, die nur darum in der Stadt sicher lebten, weil sie alle ihre Gegner vertrieben. Jeder stimmte hierin überein, aber über die Zeit waren sie uneinig. Es war im April 1378. Messer Lapo wollte keinen Aufschub; er stellte vor: „Nichts schade so sehr der Zeit als die Zeit, und besonders ihnen, da in der nächsten Signoria Salvestro von Medici leicht Gonfalonier werden könne, den sie als Gegner ihrer Partei kannten." Piero degli Albizzi dagegen wollte Aufschub. Er hielt dafür, man bedürfe Streitkräfte und könne diese nicht ohne Aufsehen versammeln; würden sie aber entdeckt, so begäben sie sich in offene Gefahr. Er schloß daher, es sei nötig, daß man bis kommenden Johannistag warte, wo am höchsten Feiertag der Stadt eine große Menschenmenge zusammenströme, worunter sie so viele Soldaten verbergen könnten, wie sie wollten. Um zu verhüten, was man von Salvestro fürchte, sollte man ihn verwarnen. Wolle man das nicht, so solle man einen aus dem Kollegium verwarnen, der aus seinem Viertel sei. Beim Ziehen des Stellvertreters könne dann, da die Beutel leer seien, leicht der Zufall wollen, daß er oder ein anderer aus seinem Viertel gezogen würde, was ihm die Fähigkeit, Gonfalonier zu werden, nähme. Dieser Beschluß wurde gefaßt, obgleich Messer Lapo ungern einwilligte. Er urteilte: „Aufschub sei schädlich. Nie sei die Zeit zu einem Geschäft völlig günstig. Wer daher abwarten wolle, bis alle Momente günstig seien, versuche nie etwas, oder wenn er es doch versuche, so tue er es meistens zu seinem Nachteil." Sie warnten also das Kollegium, aber es gelang ihnen nicht, Salvestro zu hindern; denn als die acht ihren Beweggrund durchschauten, bewirkten sie, daß kein Stellvertreter gezogen wurde.

Es wurde Salvestro di Messer Alamanno dei Medici zum Gonfalonier gezogen. Aus einer sehr edlen Volksfamilie entsprossen, war es ihm unerträglich, daß das Volk durch wenige Mächtige unterdrückt werden sollte. Entschlossen, diesem Übermut ein Ziel zu setzen, und die günstige Stimmung des Volks für ihn und viele edle Volksmänner als seine Amtsgenossen erkennend, teilte er seinen Plan Benedetto Alberto, Tommaso Strozzi und Messer Giorgio Scali mit, die ihm ihren ganzen Beistand bei der Ausführung versprachen. Sie entwarfen also insgeheim ein Gesetz, das die alten Ordonnanzen der Gerechtigkeit gegen die Großen erneuerte, die Gewalt der Parteihauptleute verminderte und den Gewarnten ein Mittel gab, zur Bekleidung der Würden zurückgerufen zu werden. Damit es fast zu gleicher Zeit vorgeschlagen und durchgesetzt werde, es mußte nämlich zuerst unter den Kollegen, sodann in den Räten darüber beraten werden, ließ Salvestro, der gerade Vorsitzender war, eine Würde, die, solange sie dauert, fast zum Fürsten der Stadt macht, an demselben Morgen das Kollegium und den Rat versammeln und legte den Kollegen zuerst, vom Rat getrennt, den Gesetzvorschlag vor. Das Gesetz fand in der Versammlung der Wenigen als eine Neuerung so großen Widerstand, daß es nicht durchging. Als Salvestro sah, daß ihm die ersten Wege, sein Gesetz durchzusetzen, abgeschnitten waren, entfernte er sich unter dem Vorwand eines Bedürfnisses aus dem Saal und ging, ohne daß man es merkte, in den Rat. Hier stieg er an einen erhöhten Ort, wo ihn jeder hören und sehen konnte, und sprach: „Ich glaubte nicht zum Gonfalonier ernannt zu werden, um Richter zu sein über Privatsachen, die ihre ordentlichen Richter haben, sondern um über den Staat zu wachen, den Übermut der Großen zu zügeln und die Gesetze zu mildern, durch deren Mißbrauch man die Republik zugrunde gehen sieht. Eifrig war ich auf beides bedacht, und soviel mir möglich war, habe ich abgeholfen. Aber die Bosheit der Menschen widersetzt sich meinen gerechten Unternehmungen so heftig, daß mir der Weg versperrt ist, Gutes zu bewirken. Ihr könnt meinen Vorschlag nicht einmal hören, geschweige denn darüber beraten. Da ich also sehe, daß ich der Republik und dem allgemeinen Wohl nichts mehr nützen kann, so weiß ich nicht, aus welchem Grund ich mein Amt behalten soll, das ich entweder nicht verdiene, oder wovon andere glauben, daß ich es nicht verdiene. Ich will deshalb nach Hause gehen, damit das Volk einen andern an meine Stelle setzen kann, der entweder größeres Verdienst oder besseres Glück hat als ich.“ Nach diesen Worten entfernte er sich aus dem Rat, um nach Hause zu gehen.

Die, welche im Rat in die Sache eingeweiht waren, und die anderen, welche Neuerungen wünschten, erhoben Lärm, worauf die Signoren und Kollegen herbeieilten. Als sie ihren Gonfalonier fortgehen sahen, hielten sie ihn durch Bitten und Autorität zurück und bewogen ihn, in den Rat, der voll Tumult war, zurückzukehren. Viele adelige Bürger wurden hier durch Worte auf das beleidigendste bedroht; Carlo Strozzi wurde von einem Handwerker an der Brust gefaßt und wäre von ihm getötet worden, wenn ihn die Umstehenden nicht mit Mühe geschützt hätten. Was aber noch größeren Tumult erregte und die ganze Stadt bewaffnete, war, daß Benedetto degli Alberti aus dem Fenster des Palastes mit lauter Stimme das Volk zu den Waffen rief. Sogleich war der Platz voll Bewaffneter, und was die Kollegen zuvor auf die Bitten nicht tun wollten, taten sie nun auf die Drohungen. Zur gleichen Zeit hatten die Parteihauptleute viele Bürger in ihrem Palast versammelt, um zu beraten, wie sie gegen die Verordnungen der Signoren verfahren sollten. Als sie aber den Lärm hörten und erfuhren, was in den Räten beschlossen worden, flüchtete jeder in sein Haus.

Niemand beginne eine Umwälzung in einem Staat im Glauben, sie dann nach Belieben anhalten oder nach Wunsch leiten zu können. Es war Salvestros

Absicht, ein Gesetz einzuführen und die Stadt zu beruhigen. Die Sache aber ging anders. Die erregte Leidenschaft hatte jedermann so sehr erbittert, daß die Kaufläden nicht geöffnet wurden, die Bürger sich in den Häusern befestigten, viele ihre Habe in den Klöstern und den Kirchen verbargen, und daß es schien, ein jeder fürchte nahes Unheil. Die Zünfte versammelten sich und jede ernannte einen Syndikus. Die Prioren beriefen ihre Kollegen und diese Syndizi und berieten einen ganzen Tag, wie die Stadt zu allgemeiner Zufriedenheit beruhigt werden könne. Aber die Meinungen waren verschieden, und sie konnten sich nicht einigen. Am folgenden Tag entfalteten die Zünfte ihre Fahnen. Die Signoren, die dies erfuhren und fürchteten, was kam, beriefen den Rat, um es zu verhüten. Allein kaum war er versammelt, als sich der Lärm erhob, und augenblicklich waren die Fahnen der Zünfte, von einer großen Zahl Bewaffneter gefolgt, auf dem Platz. Um den Zünften und dem Volk Hoffnung zu geben, daß man sie befriedigen würde, und um ihnen die Ursachen zu nehmen, Unheil zu stiften, gab der Rat den Signoren, den Kollegen, den Parteihauptleuten und den Syndizi der Gewerbe unumschränkte Vollmacht, die man in Florenz Balia nennt, die Verfassung der Stadt zum allgemeinen Wohl zu reformieren.

Während dies angeordnet wurde, trennten sich einige Fahnen der kleinen Zünfte von den anderen, angetrieben durch die, welche sich für die neu von den Guelfen erduldeten Unbilden zu rächen sehnten, und plünderten und verbrannten das Haus des Messer Lapo da Castiglionchio. Als Messer Lapo erfuhr, die Signoria habe gegen die Einrichtungen der Guelfen Maßregeln ergriffen, und das Volk in Waffen sah, und da ihm nur übrig blieb, sich zu verbergen oder zu flüchten, so versteckte er sich zuerst in Santa Croce und entfloh sodann in Mönchskleidern nach Casentino. Hier hörte man ihn mehrere Male über sich selbst klagen, daß er Piero degli Albizzi beigestimmt, und über Piero, daß er den Johannistag abwarten wollte, um sich der Regierung zu versichern. Piero und Carlo Strozzi verbargen sich beim ersten Lärm, im Glauben, wenn er vorüber sei, durch ihre vielen Verwandten und Freunde sicher in Florenz bleiben zu können. Nachdem Messer Lapos Haus verbrannt war, wurden – weil Unheil schwer anzufangen und leicht zu vergrößern ist – noch viele andere Häuser entweder aus allgemeinem Haß oder aus Privatfeindschaft geplündert und verbrannt. Um Gesellschaft zu haben, die sie mit größerer Gier fremdes Eigentum zu rauben begleite, brachen die Plünderer die öffentlichen Gefängnisse auf. Hierauf plünderten sie die Klöster degli Agnoli und San Spirito, wo viele Bürger ihre Habe verborgen hatten. Auch die Schatzkammer würde den Händen dieser Räuber nicht entgangen sein, wenn sie nicht durch die Ehrerbietung vor einem der Signoren beschützt worden wäre, der zu Pferde, von vielen Bewaffneten gefolgt, so gut er konnte, dieser rasenden Menge widerstand.

Als die Volkswut teils durch die Autorität der Signoren, teils durch den Einbruch der Nacht einigermaßen gedämpft war, begnadigte die Balia den folgenden Tag die Gewarnten unter der Bedingung, daß sie während drei Jahren kein Amt führen dürften. Sie schaffte die zum Nachteil der Bürger von den Guelfen gegebenen Gesetze ab. Sie erklärte Messer Lapo da Castiglionchio und seine Genossen nebst mehreren anderen, welche die Masse haßte, zu Rebellen. Nach diesen Beschlüssen wurden die neuen Signoren bekannt gemacht, deren Gonfalonier Luigi Guicciardini war. Durch sie faßte man Hoffnung, die Unruhen stillen zu können, da sie jedermann für friedfertige Männer und für Freunde der öffentlichen Ruhe hielt. Dennoch öffneten sich die Kaufläden nicht, die Bürger legten die Waffen nicht nieder und zahlreiche Haufen durchzogen die ganze Stadt. Die Signoren übernahmen deshalb das Amt nicht außerhalb des Palastes mit dem herkömmlichen Gepränge, sondern im Inneren, ohne irgendeine Zeremonie zu beachten. Diese Signoren urteilten, nichts Nützlicheres könne am Anfang ihrer Amtsführung geschehen, als die Stadt zu beruhigen. Sie ließen daher die Waffen niederlegen, die Kaufläden öffnen, viele Leute aus der Landschaft, die die Bürger zu ihrer Unterstützung herbeigerufen hatten, aus Florenz entfernen. Sie besetzten viele Punkte der Stadt mit Wachen. So würde sich die Stadt beruhigt haben, wenn sich die Gewarnten hätten beruhigen können. Doch sie waren nicht damit zufrieden, daß sie drei Jahre warten sollten, um die Ehrenstellen wieder zu erhalten. Um sie zu befriedigen, versammelten sich die Zünfte von neuem und begehrten von den Signoren, es solle zum Wohl und zur Ruhe der Stadt verordnet werden, daß jeder Bürger, der zu irgendeiner Zeit Signor, Kollege, Parteihauptmann oder Konsul irgendeines Gewerbes gewesen, nicht als Gibelline gewarnt werden könne; ferner sollten neue Einbeutelungen in der Guelfenpartei vorgenommen und die vorgenommenen verbrannt werden. Diese Forderungen wurden nicht nur von den Signoren, sondern unverzüglich von allen Räten bewilligt. Es schien, dadurch sollte der schon von neuem begonnene Tumult gestillt werden.

Doch da es den Menschen nicht genügt, das Ihrige wieder zu erlangen, sondern da sie fremdes Eigentum wegnehmen und sich rächen wollen, so stellten die, welche durch die Unordnungen Vorteil hofften, den Handwerkern vor, daß sie nicht eher sicher sein würden, bis viele ihrer Feinde vertrieben und vernichtet seien. Dies voraussehend, ließen die Signoren die Vorsteher der Zünfte mit ihren Syndizi vor sich kommen, und der Gonfalonier Luigi Guicciardini sprach zu ihnen in folgender Form:

„Wenn die Signoren und ich mit ihnen nicht schon seit langer Zeit das Schicksal unserer Stadt kennten, daß nach Beendung der äußeren Kriege die inneren anfangen, so würden uns diese Unruhen mehr befremdet und unser Mißfallen in höherem Grad erregt haben. Weil aber die gewohnten Dinge weniger schmerzen, haben wir die letzten Unruhen mit Geduld ertragen, besonders, da sie ohne unsere Schuld anfingen, und da wir hofften, sie würden, wie die früheren, einmal ein Ende nehmen, indem wir euch in so vielen und gewichtigen Forderungen entsprochen haben. Nun aber, wo wir voraussehen, daß ihr nicht ruht, daß ihr vielmehr wollt, man solle euren Mitbürgern neues Unrecht zufügen, weitere Verbannungen über sie verhängen, wächst mit eurer Pflichtvergessenheit unser Mißfallen."

„Fürwahr, wenn wir geglaubt hätten, daß während unserer Amtsführung entweder durch Widerstand oder Nachgiebigkeit gegen euch unsere Vaterstadt zugrunde gehen sollte, wir würden durch Flucht oder Verbannung diesen Ehren entgangen sein. Doch in der Hoffnung, mit Männern zu tun zu haben, die einige Menschlichkeit, einige Vaterlandsliebe besitzen, übernahmen wir gerne die Regierung, im Glauben, durch unsere Güte sicher euren Ehrgeiz zu besiegen. Doch jetzt lehrt uns die Erfahrung das Gegenteil. Je willfähriger wir uns betragen, je mehr wir euch nachgeben, desto übermütiger werdet ihr, desto größeres Unrecht begehrt ihr."

„Wenn wir so sprechen, so geschieht es nicht, um euch zu beleidigen, sondern damit ihr in euch geht. Mag euch ein anderer sagen, was euch angenehm ist, wir wollen euch sagen, was euch nützt. Sprecht, die Hand aufs Herz, was ist's, das ihr mit Ehren noch von uns verlangen könnt? Ihr habt den Parteihauptleuten die Gewalt nehmen wollen – sie ist ihnen genommen. Ihr habt begehrt, daß die Beutel verbrannt und neue Reformen gemacht werden – wir haben es gestattet. Ihr habt gewollt, daß die Gewarnten die Ehrenstellen wieder erhalten könnten – man hat es erlaubt. Auf eure Bitten haben wir den Mordbrennern und Kirchenräubern verziehen, und so viele geehrte und mächtige Bürger sind ins Exil geschickt worden, um euch zu befriedigen. Den Großen sind in Rücksicht auf euch durch neue Verordnungen Schranken gesetzt worden."

„Wo werden eure Forderungen ein Ende haben, wie lange werdet ihr unsere Freigebigkeit mißbrauchen? Seht ihr nicht, daß wir mit mehr Geduld unsere Niederlage ertragen als ihr euren Sieg? Wozu wird eure Uneinigkeit eure Vaterstadt führen? Erinnert ihr euch nicht, daß während ihrer Uneinigkeit Castruccio, ein geringer Bürger Luccas, sie bedrängt hat? Daß sie der Herzog von Athen, ein Privatmann, euer Condottiere, unterjocht hat? Als sie hingegen einig war, vermochte sie ein Erzbischof von Mailand, ein Papst nicht zu überwinden; es blieb ihnen am Ende so vieler Kriegsjahre nur Schande."

„Warum wollt ihr also, daß eure Zwietracht eine Stadt im Frieden zur Sklavin machen soll, der so viele mächtige Fürsten im Krieg nicht die Freiheit entreißen konnten? Welche andere Frucht werdet ihr aus eurer Uneinigkeit ziehen, als Knechtschaft? Was anderes aus den Gütern, die ihr geraubt habt und rauben werdet, als Armut? – Es sind dieselben Güter, die durch unsern Gewerbefleiß die ganze Stadt nähren. Sind wir ihrer beraubt, so werden wir die Stadt nicht ernähren können, und die, welche sie genommen haben, werden sie als unrechtmäßig erworbenes Gut nicht zu erhalten verstehen. Hunger und Armut der Stadt wird die Folge sein."

„Ich und die Signoren befehlen euch, und erlaubt es der Anstand, so bitten wir euch, haltet einmal inne und beruhigt euch bei den Anordnungen, die wir getroffen haben. Wollt ihr aber doch etwas Neues, so verlangt es auf gesetzlichem Wege, nicht im Aufruhr und mit den Waffen; denn ist euer Begehren ehrbar, so werden wir euch stets gehorchen. Gebt böswilligen Menschen nicht zu euerm Vorwurf und Verderben Gelegenheit, in euerm Gefolge eure Vaterstadt zu verwüsten."

Diese Worte machten durch ihre Wahrheit großen Eindruck auf die Bürger. Sie dankten höflich dem Gonfalonier, daß er für sie als guter Herr und für die Stadt als guter Bürger immer getan, was seines Amtes. Dann erklärten sie sich stets bereit, den Befehlen zu gehorchen, die sie erhalten würden. Um ihnen dazu Gelegenheit zu geben, beauftragten die Signoren für jeden höheren Magistrat zwei Bürger, die mit den Syndizi der Gewerbe unterhandeln sollten, ob zur öffentlichen Ruhe eine Reform vorzunehmen sei, worüber sie dann den Signoren Bericht zu erstatten hätten.

Während die Sache auf diese Weise vor sich ging, brach ein Aufstand aus, welcher der Republik viel schädlicher war als der erste. Der größte Teil der Brandstiftungen und Plünderungen der letzten Tage war vom niedersten Pöbel der Stadt verübt worden. – Die, welche sich darunter am kühnsten gezeigt, fürchteten nach Beilegung der Hauptstreitigkeiten für ihre begangenen Verbrechen bestraft und, wie dies immer geschieht, von denen verlassen zu werden, die sie zum Unheil angestiftet hatten. Hierzu kam noch ein Haß, den das geringe Volk auf die reichen Bürger und die Ersten der Zünfte hatte, da es für seine Arbeit nicht so befriedigt zu werden glaubte, wie dieselbe, seiner Meinung nach, gerechterweise verdiene. Als nämlich zur Zeit Karls I. die Stadt in Zünfte geteilt wurde, gab man ihnen Haupt und Verwaltung und verordnete, daß den Untergebenen einer jeden Zunft vom Haupt derselben in bürgerlichen Sachen Recht gesprochen werde. Diese Zünfte waren, wie schon gesagt, anfangs zwölf; später wuchs mit der Zeit ihre Zahl auf einundzwanzig an, und ihre Macht war so groß, daß sie in wenigen Jahren die ganze Regierung der Stadt ergriffen. Da mehr und weniger Angesehene darunter waren, so teilten sie sich in Große und Kleine; sieben davon wurden Große genannt und vierzehn Kleine. Aus dieser Teilung und aus den anderen Ursachen, die wir oben erzählt haben, entstand die Anmaßung der Parteihauptleute; denn diejenigen Bürger, welche vor alters Guelfen gewesen waren, und die sich allein dieses Amt vorbehielten, begünstigten die Volksmänner der großen Zünfte und verfolgten die der kleinen nebst ihren Verteidigern. Hieraus entstanden so viele Aufstände gegen sie, als wir erzählt haben. Bei der Einführung der Zünfte blieben viele von den Handwerken, die das geringe Volk und der unterste Pöbel betreibt, ohne eigene Zunft und wurden verschiedenen Zünften, denen die Art ihres Handwerks konform war, unterstellt. Wenn sie für ihre Arbeit nicht bezahlt oder sonst von ihren Meistern unterdrückt wurden, so hatten sie keine andere Zuflucht als die Vorsteherschaft der Zunft, die sie verwaltete. Von diesen schien ihnen nun nicht so Recht gesprochen zu werden, wie sie es für angemessen hielten. Von allen Zünften hatte und hat die meisten dieser Untergeordneten die Wollzunft; denn sehr mächtig und an Autorität die erste von allen, nährte und nährt sie durch ihren Kunstfleiß den größeren Teil der Menge und des geringen Volkes.

Die Menge also, sowohl der Teil, welcher der Wollzunft untergeordnet war, als die den anderen Zünften untergebenen Teile, war aus den genannten Ursachen erbittert. Als jetzt noch die Furcht wegen der verübten Brandstiftungen und Plünderungen hinzukam, versammelten sie sich mehrere Male des Nachts, um über das Vorgefallene zu beraten, wobei sie einander die Gefahr zeigten, in der sie schwebten. Hier hielt einer der heftigsten und erfahrensten, um die anderen zu ermutigen, folgende Rede:

„Wenn wir jetzt erst darüber zu beschließen hätten, ob man die Waffen ergreifen, die Häuser der Bürger in Brand stecken und plündern, die Kirchen berauben solle, so würde ich einer von denen sein, die raten, sich zweimal zu besinnen. Vielleicht würde ich billigen, eine ruhige Armut einem gefährlichen Gewinn vorzuziehen. Da wir aber einmal zu den Waffen gegriffen haben und schon viel Unheil geschehen ist, so handelt es sich meines Erachtens darum, auf welche Weise wir die Waffen nicht aus der Hand geben und wie wir uns der Strafe der begangenen Missetaten entziehen können."

„Sicher glaube ich, daß auch ohne anderen Lehrer die Not unsere beste Lehrerin ist. Ihr seht die ganze Stadt voll Klagen, Geschrei und Haß gegen uns; die Bürger treten zusammen, die Signoria und die Magistrate sind in beständiger Sitzung versammelt. Glaubt, daß man Netze für uns flicht, daß neue Rüstungen unsere Köpfe bedrohen. Wir müssen daher auf zweierlei hinarbeiten, zwei Zwecke durch unsere Beschlüsse zu erreichen versuchen: Erstens, daß wir für unsere Taten in den letzten Tagen nicht bestraft werden; zweitens, daß wir in Zukunft freier und gemächlicher als früher leben können."

„Sollen uns aber, meiner Meinung nach, die alten Verbrechen verziehen werden, so müssen wir neue begehen, die Missetaten verdoppeln, Mord, Brand und Plünderung häufen und vor allem viele Teilnehmer zu gewinnen versuchen. Wo viele fehlen, straft keiner; kleine Vergehen werden gezüchtigt, große und schwere Verbrechen belohnt. Wenn viele leiden, versuchen sich wenige zu rächen; denn allgemeine Unbilden erträgt man geduldiger als einzeln erlittene. So werden wir durch Verbreitung des Unheils leichter Verzeihung finden und uns die Wege zu dem bahnen, was wir als Stütze unserer Freiheit verlangen."

„Wir gehen, meines Erachtens, einem gewissen Sieg entgegen, weil die, welche uns widerstehen könnten, uneinig und reich sind. Ihre Uneinigkeit wird uns den Sieg geben; ihre Reichtümer in unseren Händen werden ihn uns erhalten. Laßt euch durch das Alter ihres Blutes nicht abschrecken, das sie uns vorwerfen. Alle Menschen haben den gleichen Ursprung, ihre Geschlechter sind gleich alt, alle hat die Natur gleich geschaffen. Zieht sie nackt aus, ihr werdet sehen, daß sie uns gleich sind. Kleidet uns in ihre Kleider, sie in die unsrigen, und ohne allen Zweifel werden wir als Adel, sie Pöbel erscheinen. Nur Armut und Reichtum macht zwischen uns den Unterschied."

„Es schmerzt mich, viele unter euch zu wissen, die das Geschehene aus Gewissenhaftigkeit bereuen und sich neuer Taten enthalten wollen. Wollt ihr das wirklich, so seid ihr nicht die Männer, wofür ich euch hielt. Weder Gewissen noch Schande darf euch abschrecken. Der Sieger, mag er siegen durch welches Mittel er will, trägt niemals Schande davon und das Gewissen dürfen wir nicht in Anschlag bringen. Wer, wie wir, Hunger und Kerker zu fürchten hat, kann und darf der Furcht vor der Hölle nicht Raum geben. Betrachtet die Handlungsweise der Menschen. Ihr werdet sehen, daß alle, die zu großem Reichtum und zu großer Macht gelangen, durch Gewalt oder Betrug dazu gelangt sind. Was sie aber durch Hinterlist oder Gewalttat an sich gerissen, beschönigen sie, um die Verworfenheit des Erwerbs zu verbergen, durch die falschen Titel Eroberung und Gewinn. Wer aus Unklugheit oder Dummheit diese Mittel meidet, schleppt sich in ewiger Knechtschaft und Armut dahin. Treue Knechte bleiben immer Knechte und ehrliche Leute immer arm; nur die Verräter und Kühnen brechen die Ketten, nur Räuber und Betrüger machen sich von der Armut los. Gott und die Natur haben alle Glücksgüter mitten unter die Menschen geworfen, mehr dem Raub als dem Fleiß, mehr der Schlechtigkeit als der Redlichkeit werden sie zuteil. Daher kommt es, daß sich die Menschen gegenseitig aufzehren, und daß der Schwache immer Unrecht hat."

„Man muß daher dreinschlagen, wenn sich die Gelegenheit darbietet. Und nicht günstiger könnte das Glück sie uns schenken. Entzweit sind noch die Bürger, unschlüssig die Signoria, eingeschüchtert die Magistrate. So können wir sie leicht unterdrücken, ehe sie sich vereinen und Mut fassen. Wir werden dann allein Herrn der Stadt sein oder doch so viel Anteil an der Regierung haben, daß nicht nur die alten Verbrechen straflos bleiben, sondern daß wir imstande sein werden, mit neuen Unbilden zu drohen."

„Ich gestehe, dieser Entschluß ist kühn und gefährlich. Doch, wo die Not drängt, da wird Tollkühnheit zur Klugheit, und die Gefahr bedachten bei großen Plänen mutige Männer nie. Die Unternehmungen, die man mit Gefahr beginnt, lohnen sich am Ziel, und der Gefahr entgeht man nicht ohne Gefahr. Auch wird wohl jeder glauben, daß, wo Kerker, Folter und Schafott droht, Untätigkeit mehr zu fürchten ist als der Versuch, sich zu sichern. Dort sind die Übel gewiß, hier ungewiß."

„Wie oft habe ich euch klagen hören über den Geiz eurer Brotherrn, über die Ungerechtigkeit eurer Richter! Jetzt ist die Zeit gekommen, euch von ihnen zu befreien, ja, euch so weit über sie zu erheben, daß sie mehr über euch klagen, daß sie mehr euch fürchten sollen als ihr sie."

„Die Gelegenheit, die uns die Umstände darbieten, hat Flügel, und die entflohene sucht man vergebens zu erhaschen. Ihr seht die Rüstungen eurer Gegner. Laßt uns ihnen zuvorkommen. Wer zuerst die Waffen erhebt, wird zweifelsohne seinen Feind zu Fall bringen und sich erhöhen. Der Preis des Sieges ist Ehre für viele von uns, Sicherheit für alle."

Diese Rede entflammte die schon erhitzten Gemüter zum Unheil, daß sie die Waffen zu ergreifen beschlossen, nachdem sie noch mehr Genossen zu ihrem Plan hinzu gezogen hatten. Sodann verpflichteten sie sich durch einen Schwur zu gegenseitigem Beistand, wenn einer von ihnen in die Hände der Magistrate fallen sollte.

Während sie sich vorbereiteten, sich in den Besitz der Republik zu setzen, kam ihr Plan den Signoren zur Kenntnis, die sogleich einen gewissen Simone della Piazza ergreifen ließen. Von ihm erfuhren sie die ganze Verschwörung und daß am folgenden Tag die Unruhen ausbrechen sollten. Als sie die Gefahr sahen, versammelten sie die Kollegen und jene Bürger, welche mit den Syndizi der Gewerbe über die Einigung der Stadt unterhandelten; doch brach die Nacht an, ehe sie alle beisammen waren. Die Syndizi gaben den Signoren den Rat, die Konsuln der Gewerbe zu sich zu bescheiden. Diese rieten sämtlich, man solle alle Schweren Reiter nach Florenz kommen und den nächsten Morgen die Gonfaloniere des Volkes mit ihren Kompagnien bewaffnet auf den Platz rücken lassen. Zur Zeit, als Simone gefoltert wurde und die Bürger sich versammelten, richtete ein gewisser Niccolo von S. Friano gerade die Uhr des Palastes und merkte, was vorging. Nach Hause zurückgekehrt, setzte er seine ganze Nachbarschaft in Aufruhr, so daß augenblicklich mehr als 1000 Bewaffnete auf dem Santo Spirito Platz beisammen waren. Der Lärm kam den andern Verschworenen zu Ohren; S. Piero Maggiore und S. Lorenzo, die bestimmten Sammelplätze, füllten sich mit bewaffneten Männern.

Schon war der Tag angebrochen, es war der 21. Juli, und noch waren nicht über 80 Bewaffnete zum Beistand der Signoren auf dem Platz erschienen. Von den Gonfalonieren kam kein einziger; denn als sie hörten, daß die ganze Stadt bewaffnet war, fürchteten sie sich, ihre Häuser zu verlassen. Zuerst auf dem Platz war der Teil der Menge, welcher sich bei S. Piero Maggiore versammelt hatte. Bei ihrer Ankunft rührten sich die Schweren Reiter nicht. Nach ihnen erschien die übrige Menge. Als sie keinen Widerstand fand, verlangte sie mit schrecklichem Geschrei ihre Gefangenen von der Signoria. Da ihre Drohungen nichts fruchteten, versuchte sie Gewalt und verbrannte die Häuser Luigi Guicciardinis. Nun lieferte die Signoria aus Furcht vor Schlimmerem die Gefangenen aus. Als sie diese wieder hatten, nahmen sie dem Exekutor das Gonfalon der Gerechtigkeit und verbrannten unter demselben die Häuser vieler Bürger, die verfolgend, welche aus einem öffentlichen oder Privatgrund verhaßt waren. Um sich für persönliche Unbilden zu rächen, führten viele Bürger den Schwarm an die Häuser ihrer Feinde; denn es war ausreichend, daß eine Stimme unter der Menge rief: „Zum Hause des und des!" oder daß der, welcher das Gonfalon trug, sich dahin wandte. Überdies verbrannten sie alle Papiere der Wollzunft. Nachdem sie vieles Unheil gestiftet, wollten sie auch ein löbliches Werk tun und machten Salvestro de' Medici und noch so viele andere Bürger zu Rittern, daß ihre Zahl vierundsechzig erreichte. Hierunter waren Antonio degli Albizzi, Tommaso Strozzi und ihre übrigen Vertrauten, obgleich auch viele durch Zwang dazu gemacht wurden. Das merkwürdigste bei diesen Vorfällen ist, daß sie die Häuser vieler Männer verbrannten, die kurz darauf an einem und demselben Tage von derselben Menge – so nahe folgte die Wohltat der Unbill – zu Rittern gemacht wurden. Dies widerfuhr unter anderem dem Gonfalonier der Gerechtigkeit Luigi Guicciardini.

Die Signoren, die sich bei so großem Tumult von den Schweren Reitern, den Häuptern der Gewerbe und ihren Gonfaloniern verlassen sahen, waren bestürzt. Niemand hatte sie der getroffenen Anordnung gemäß unterstützt. Von den sechzehn Bannern erschienen nur der goldene Löwe und das Grauwerk (Vaio), unter Giovanni della Stufa und Giovenco Cambi, die nur kurze Zeit auf dem Platz blieben. Da sie sahen, daß ihnen die andern nicht nachkamen, zogen auch sie wieder ab. Als auf der anderen Seite die Bürger die Wut der entfesselten Menge und den Palast verlassen sahen, blieb ein Teil in ihren Häusern, ein Teil schloß sich dem Schwarm der Bewaffneten an, um, unter sie gemischt, besser ihre Häuser und die ihrer Freunde beschützen zu können. So vermehrte sich die Macht der Menge und die der Signoren verminderte sich. Der Tumult dauerte den ganzen Tag über. Als die Nacht anbrach, sammelten sie sich am Palast Messer Stefanos hinter der Kirche S. Barnaba; ihre Zahl überstieg 6000. Vor Tagesanbruch ließen sie sich durch Drohungen von den Zünften ihre Fahnen schicken. Am Morgen zogen sie sodann mit den Fahnen der Zünfte vor den Palast des Podestà, und als der Podestà die Übergabe verweigerte, stürmten und nahmen sie diesen Palast ein.

Um einen Vergleich zu versuchen, da man keine Mittel, sie durch Gewalt zu zügeln, sah, beriefen die Signoren vier ihrer Kollegen und sandten sie an den Palast des Podestà, ihre Absicht zu hören. Diese fanden, daß die Häupter der Menge mit den Syndizi der Zünfte und einigen Bürgern beschlossen hatten, was sie von der Signoria begehren wollten. Sie kehrten also mit vier Abgeordneten der Menge und mit den Forderungen zurück: daß die Wollzunft keinen fremden Richter mehr haben dürfe, daß drei neue Zünfte gebildet werden sollten, die eine für die Wollkämmer und Färber, die andere für die Barbiere, Wamsschneider, Schneider und dergleichen Handwerke, die dritte für das geringe Volk, daß aus diesen drei neuen Zünften immer zwei Signoren und aus den vierzehn kleinen Zünften drei sein sollten; daß die Signoria für Gebäude sorgen solle, wo sich diese neuen Zünfte versammeln könnten; daß keiner aus diesen Zünften innerhalb von zwei Jahren zur Bezahlung einer Schuld, die unter 50 Dukaten betrage, gezwungen werden dürfe; daß das Leihhaus die Zinsen nachlasse und nur die Kapitalien zurückerstattet werden müßten; daß die Verurteilten und Verbannten freigesprochen würden, daß allen Gewarnten die Ämter zurückgegeben würden. Überdies forderten sie noch vieles andere zum Vorteil ihrer besonderen Gönner, und verlangten dagegen, daß viele ihrer Feinde verbannt und gewarnt würden. Diese Forderungen, so schmählich und drückend sie für die Republik waren, wurden von den Signoren, den Kollegen und dem Rat des Volkes aus Furcht vor Schlimmerem unverzüglich zu gewähren beschlossen. Damit der Beschluß aber Kraft erhalte, war es nötig, daß er auch im Rat der Gemeinde durchgehe, was man auf den anderen Tag verschieben mußte, da am selben Tag nicht zwei Räte versammelt werden dürfen. Doch schienen die Zünfte für jetzt zufrieden und die Menge befriedigt zu sein. Wirklich versprachen sie, sobald das Gesetz in Kraft trete, würden sich alle Unruhen legen.

Am anderen Morgen, während im Rat der Gemeinde beraten wurde, zog die ungeduldige, wankelmütige Menge unter den gewöhnlichen Fahnen auf den Platz und erhob ein so lautes, furchtbares Geschrei, daß der ganze Rat und die Signoren in Schrecken gerieten. Guerriante Marignolli, einer der Signoren, mehr durch die Furcht als durch eine andere persönliche Leidenschaft bewegt, stieg unter dem Vorwand, die untere Tür zu bewachen, herab und entfloh nach Hause. Doch konnte er sich, als er aus dem Palast ging, nicht so verbergen, daß ihn der Schwarm nicht erkannt hätte. Es geschah ihm weiter nichts zuleide, als daß die Menge bei seinem Anblick schrie, alle Signoren sollten den Palast verlassen, sonst würden sie ihre Kinder umbringen und ihre Häuser anzünden. Mittlerweile war das Gesetz beschlossen worden, und die Signoren hatten sich in ihre Zimmer zurückgezogen. Der Rat war herabgestiegen, ging aber nicht aus dem Palast, sondern stand in der Halle und im Hof umher, an der Rettung der Stadt verzweifelnd, als er so große Pflichtvergessenheit bei der Menge sah und so große Bosheit oder Furcht bei denen, die sie hätten zügeln können. Auch die Signoren waren bestürzt und fürchteten für das Heil des Vaterlands, als sie sich von einem der Ihrigen verlassen und von keinem Bürger weder durch Beistand noch Rat unterstützt sahen. Während sie also ungewiß waren, was sie tun könnten oder sollten, überredete sie Messer Tommaso Strozzi und Messer Benedetto Alberti, entweder durch eigenen Ehrgeiz bewogen, weil sie Herrn des Palastes zu bleiben wünschten, oder vielleicht auch, weil sie es so für gut hielten, dem Ungestüm des Volkes zu weichen und als Privatleute in ihre Häuser zurückzukehren. Dieser Rat, von den Häuptern des Aufstandes gegeben, entrüstete, obgleich die anderen nachgaben, zwei Signoren, Alamanno Acciajuoli und Niccolò del Bene. Einige Energie gewinnend, sagten sie, wenn die anderen sich entfernen wollten, könnten sie es nicht verhindern, sie aber wollten, ehe ihre Zeit zu Ende sei, nur mit dem Leben ihre Gewalt lassen. Dieser Zwiespalt vergrößerte die Furcht der Signoren und den Zorn des Volkes so sehr, daß der Gonfalonier sein Amt lieber mit Schande als mit Gefahr enden wollte und sich dem Schutz Messer Tommaso Strozzis befahl. Dieser nahm ihn mit aus dem Palast und führte ihn in sein Haus. Auf dieselbe Art entfernten sich die übrigen Signoren einer nach dem anderen. Um jetzt nicht für mutiger als klug zu gelten, gingen Alamanno und Niccolò, als sie sich allein sahen, auch ihrerseits fort, und der Palast blieb in der Hand der Menge und der Acht des Krieges, die ihr Amt noch nicht niedergelegt hatten.

Als der Pöbel in den Palast drang, trug ein gewisser Michele di Lando, ein Wollkämmer, das Gonfalon der Gerechtigkeit. Barfuß und mit wenigen Lumpen bedeckt stieg dieser, gefolgt vom ganzen Schwarm, die Treppe hinauf, und als er in den Audienzsaal der Signoren gekommen war, blieb er stehen und wandte sich mit den Worten zur Menge:

„Ihr seht, der Palast und die Stadt sind in eurer Gewalt. Was wollt ihr, daß jetzt geschehe?“ Einstimmig antworteten sie, er solle Gonfalonier und Signor sein und sie und die Stadt nach Gutdünken regieren. Michele nahm die Herrschaft an. Da er ein verständiger und kluger Mann war, der der Natur mehr verdankte als dem Glück, beschloß er, die Stadt zu beruhigen und den Aufruhr zu stillen. Um das Volk zu beschäftigen und Zeit zu gewinnen, sich zu rüsten, befahl er, daß man einen Ser Nuto hole, der von Messer Lapo da Castiglionchio zum Bargello bestimmt worden war. Der größere Teil der Umstehenden entfernte sich zur Ausführung dieses Auftrags. Um nun die Herrschaft durch Gerechtigkeit anzufangen, die er durch Gunst erlangt hatte, ließ er öffentlich befehlen, daß niemand brenne oder raube. Jeden in Schrecken versetzend, richtete er den Galgen auf dem Platz auf. Die Reform der Stadt zu beginnen, setzte er die Syndizi der Zünfte ab und ernannte neue, beraubte die Signoren und Kollegen des Magistrates, verbrannte die Beutel der Ämter. Indessen wurde Ser Nuto von der Menge auf den Platz getragen und an einem Fuß an den Galgen gehenkt. Nun riß jeder ein Stück von ihm ab und in einem Augenblick blieb nichts mehr von ihm übrig als der Fuß. Andererseits hatten die Acht des Krieges, im Glauben, durch die Entfernung der Signoren Fürsten der Stadt zu sein, schon neue Signoren bestimmt. Nur Michele, der dies voraussah, ließ ihnen zuteil werden, sie sollten unverzüglich den Palast räumen; denn er wolle jedermann zeigen, daß er ohne ihren Rat Florenz regieren könne. Hierauf ließ er die Syndizi der Gewerbe versammeln und ernannte die Signoria, vier aus dem Pöbel, zwei für die großen und zwei für die kleinen Zünfte. Er nahm ferner neue Squittinien vor und teilte die Regierung in drei Teile, wovon der eine den neuen Zünften, der andere den kleinen, der dritte den großen Zünften gebühren sollte. Messer Salvestro de' Medici gab er die Einkünfte der Kaufläden der Alten Brücke und sich die Podesteria von Empoli. Vielen anderen Bürgern, die Freunde der Menge waren, zeigte er viele andere Wohltaten, sowohl um sie für das Geschehene zu belohnen, als auch damit sie ihn jederzeit gegen die Eifersucht beschützen sollten.

Die Menge meinte, Michele sei bei der Reform des Staates zu parteiisch für die größeren Volksmänner gewesen, und sie glaubte nicht so viel Anteil an der Regierung zu haben wie nötig, um sich darin zu behaupten und sich verteidigen zu können. Von der gewohnten Keckheit getrieben, ergriff sie die Waffen, zog lärmend unter ihren Fahnen auf den Platz und verlangte, daß die Signoria auf den Rednerplatz herabsteigen solle, um neue Dinge zu ihrer Sicherheit und ihrem Vorteil zu beschließen. Als Michele ihre Anmaßung sah, wollte er sie nicht noch mehr aufbringen. Er tadelte, ohne darauf zu hören, was sie verlangten, bloß die Art, wie sie forderten, und ermahnte sie, die Waffen niederzulegen. Alsdann werde ihnen gewährt werden, was ihnen gezwungen zu gewähren die Würde der Signoria nicht erlaube. Hierüber erzürnt, zog sich die Menge nach dem Palast bei Santa Maria Novella zurück, wo sie aus sich acht Häupter mit Dienern und anderen Einrichtungen, die ihnen Ansehen und Ehrerbietung gaben, anordnete, so daß die Stadt zwei Regierungssitze hatte und von zwei verschiedenen Machtgruppen verwaltet wurde. Diese Häupter beschlossen unter sich, daß immer acht Gewählte aus ihren Zünften mit den Signoren im Palast wohnen, und daß von ihnen alles, was die Signoria beschlossen, bestätigt werden solle. Sie nahmen Messer Salvestro de' Medici und Michele di Lando alles, was sie ihnen in ihren anderen Beschlüssen bewilligt hatten. Sie übertrugen vielen aus ihrer Mitte Ämter und Besoldungen, um ihren Rang mit Würde zu behaupten. Nach Fassung dieser Beschlüsse sandten sie, um dieselben in Kraft zu setzen, zwei aus ihrer Mitte an die Signoria, zu begehren, daß diese Beschlüsse durch die Räte bestätigt würden, mit dem Beifügen, sie würden sie mit Gewalt durchsetzen, wenn es nicht gutwillig geschehe. Diese beiden richteten mit großer Keckheit und noch größerer Anmaßung ihren Auftrag an die Signoria aus. Sie warfen dabei dem Gonfalonier seine Würde, die sie ihm gegeben, und die bezeugte Ehre vor, und mit wie großem Undank und wenigen Rücksichten er sich gegen sie benommen habe. Als sie zuletzt von Worten zu Drohungen kamen, konnte Michele so große Vermessenheit nicht länger ertragen. Mehr seines jetzigen Ranges als seiner niedern Herkunft eingedenk, wollte er auf außerordentliche Weise eine außerordentliche Frechheit züchtigen, zog sein Schwert, das er umgegürtet hatte, und verwundete sie zuerst schwer, dann ließ er sie binden und in den Kerker werfen.

Als dies bekannt wurde, entbrannte die ganze Menge in Zorn. Im Glauben, bewaffnet erreichen zu können, was sie unbewaffnet nicht erhalten hatte, ergriff sie mit Wut und Getöse die Waffen und brach auf, die Signoren zu zwingen. Andererseits beschloß Michele, der dies vermutete, zuvorzukommen, indem er es für ruhmvoller hielt, selbst anzugreifen, als hinter den Mauern den Feind zu erwarten und wie seine Vorgänger zur Unehre des Palastes und zur eigenen Schande fliehen zu müssen. Nachdem er also eine große Zahl Bürger versammelt, die von ihrem Irrtum zurückzukommen begannen, stieg er zu Pferde und ritt, gefolgt von vielen Bewaffneten, nach Santa Maria Novella, um anzugreifen. Die Menge, die, wie wir oben gesagt, denselben Beschluß gefaßt hatte, brach fast zur selben Zeit wie Michele auf, und der Zufall wollte, daß jeder verschiedene Straßen einschlug, so daß sie sich unterwegs nicht begegneten. Als Michele zurückkehrte, fand er den Platz genommen und die Menge im Begriff, den Palast zu stürmen. Sogleich begann er den Kampf, besiegte seine Feinde, vertrieb einen Teil aus der Stadt und zwang die anderen, die Waffen wegzuwerfen und sich zu verbergen.

Nach dem Sieg legten sich die Unruhen allein durch das Verdienst des Gonfaloniers, der an Mut, Klugheit und Tugend in jener Zeit alle seine Mitbürger übertraf und unter die wenigen Männer gezählt zu werden verdient, die ihrem Vaterland Wohltaten erzeigt haben. Denn wäre sein Charakter bösartig oder ehrgeizig gewesen, so verlor die Republik völlig ihre Freiheit und geriet unter größere Tyrannei als die des Herzogs von Athen. Aber seine gute Gesinnung erlaubte niemals, daß ein Gedanke in seiner Brust aufstieg, der gegen das öffentliche Wohl war. Seine Klugheit leitete die Dinge so, daß ihm viele seiner Partei nachgaben, und die andern konnte er durch die Waffen unterwerfen. Alles dies versetzte die Menge in Furcht und brachte die besseren Handwerker wieder zu sich selbst. Man bedachte, welche Schmach es für Männer sei, die die stolzen Großen überwunden hatten, die Herrschaft des stinkenden Pöbels zu ertragen.

Als Michele den Sieg über die Menge gewann, war die neue Signoria schon gezogen. Es befanden sich darunter zwei von so gemeinem, ehrlosem Stand, daß das Verlangen der Bürger wuchs, sich von so großem Schimpf zu befreien. Als daher am 1. September die neuen Signoren das Amt übernahmen und der Platz voll Bewaffneter war, erhob sich, sobald die alten Signoren ausgezogen waren, mit Getöse unter den Bewaffneten der Ruf, sie wollten keinen aus dem niederen Volk unter den Signoren. Um sie zu befriedigen, beraubte die Signoria jene beiden, deren einer Tira, der andere Baroccio hieß, des Amtes und wählten Messer Giorgio Scali und Francesco di Michele an ihre Stelle. Ferner schafften sie die Zünfte des niederen Volkes ab und beraubten ihre Glieder, ausgenommen Michele di Lando, Lorenzo di Puccio und einige andere von besserer Art, der Ämter. Sie teilten die Würden in zwei Teile, deren einen sie den großen, den anderen den kleinen Zünften bestimmten. Nur von den Signoren sollten immer fünf den kleinen und vier den großen Zünften angehören, und der Gonfalonier sollte abwechselnd aus der einen und aus der anderen Klasse gewählt werden. Nachdem diese Verfassung eingeführt war, beruhigte sich für damals die Stadt.

Obgleich aber die Republik aus der Hand des Pöbels gezogen war, so blieben doch die kleinen Handwerker mächtiger als die adeligen Volksmänner. Diese sahen sich hierin nachzugeben gezwungen, um dem geringen Volk den Beistand der Zünfte zu entziehen, indem sie diese zufriedenstellten. Die Sache wurde auch von denen unterstützt, welche wünschten, daß die gezüchtigt wurden, welche unter dem Namen der Guelfenpartei mit solcher Gewalttätigkeit so viele Bürger verletzt hatten. Unter denen, welche diese Form der Regierung begünstigten, waren Messer Giorgio Scali, Messer Benedetto Alberti, Messer Salvestro de' Medici und Messer Tommaso Strozzi; sie wurden dadurch fast Fürsten der Stadt. Diese Einrichtungen und die Art ihrer Durchsetzung entschied die Spaltung zwischen den adeligen Volksmännern und den kleinen Handwerkern, welche durch den Ehrgeiz der Ricci und Albizzi schon begonnen hatte. Da diese Spaltung von nun an in verschiedenen Zeiten sehr traurige Wirkungen hervorbrachte, und da wir ihrer öfter werden zu erwähnen haben, so wollen wir die eine Partei Volkspartei, die andere die plebejische nennen. Die neue Verfassung dauerte drei Jahre und brachte eine Menge Verbannungen und Hinrichtungen, da die Regierenden im größten Argwohn lebten, weil es innen und außen viele Unzufriedene gab. Die Unzufriedenen im Innern versuchten täglich eine Umwälzung hervorzurufen, oder man glaubte es doch wenigstens. Die äußeren, ohne Rücksicht, die sie zurückhielt, säten bald durch diesen Fürsten, bald durch jene Republik Aufruhr, bald in der einen, bald in der anderen Partei.

Es befand sich damals zu Bologna Giannozzo von Salerno, Feldherr Karls von Durazzo, eines Nachkommen der Könige von Neapel, der in der Absicht, die Königin Johanna anzugreifen, seinen Feldherrn wegen des Beistands, den ihm Papst Urban, der Feind der Königin, leistete, in dieser Stadt hielt (1379). In Bologna befanden sich gleichfalls viele florentinische Verbannte, die mit Giannozzo und Karl in enger Verbindung standen. Dies war Ursache, daß in Florenz die Regierenden in größtem Argwohn lebten und man den Beschuldigungen gegen die, welche verdächtig waren, leicht Glauben beimaß. Während dieser Spannung der Gemüter wurde dem Magistrate mitgeteilt, Giannozzo solle mit den Verbannten vor Florenz erscheinen, worauf viele im Inneren die Waffen ergreifen und ihm die Stadt übergeben würden. Auf diesen Bericht hin wurden viele Bürger angeklagt, als deren erste Piero degli Albizzi und Carlo Strozzi genannt wurden, und nach ihnen Cipriano Mangioni, Messer Jacopo Sacchetti, Messer Donato Barbadori, Filippo Strozzi und Giovanni Anselmi. Alle, außer Carlo Strozzi, welcher entfloh, wurden verhaftet. Damit niemand zu ihren Gunsten die Waffen zu ergreifen wage, beauftragten die Signoren Messer Tommaso Strozzi und Messer Benedetto Alberti nebst einer großen Schar Bewaffneter mit der Bewachung der Stadt. Nach ihrer Verhaftung wurden diese Bürger verhört, und aus der Untersuchung ging hervor, daß sie keine Schuld hatten. Als sie daher der Hauptmann nicht verurteilen wollte, wiegelten ihre Feinde das Volk so sehr auf und reizten es zu solcher Wut gegen sie, daß sie notgedrungen zum Tod verurteilt wurden. Piero degli Albizzi half weder die Größe seines Hauses noch sein altes Ansehen, da er längere Zeit vor allen seinen Mitbürgern geehrt und gefürchtet gewesen war. Als er damals vielen Bürgern ein Gastmahl gab, sandte ihm entweder ein Freund, um ihn bei solcher Größe menschlicher zu machen, oder ein Feind, um ihm mit dem Wankelmut des Glückes zu drohen, ein silbernes Becken voll Zuckerwerk, worunter ein Nagel verborgen war. Als der Nagel entdeckt und allen Gästen gezeigt worden, legte man den Sinn so aus, er werde erinnert, das Rad Fortunas festzunageln; denn da ihn die Göttin auf den Gipfel ihres Rades erhoben, so könne es geschehen, daß er bei Fortsetzung des Umschwungs in den Abgrund gezogen werde. Diese Auslegung wurde zuerst durch seinen Sturz, dann durch seinen Tod bewahrheitet (1380).

Nach diesen Hinrichtungen blieb die Stadt voll Verwirrung; denn die Besiegten und die Sieger fürchteten einander. Schlimmere Auswirkungen aber brachte die Furcht der Regierenden hervor; denn der geringste Vorfall brachte sie zu neuen Unbilden gegen die Partei: sie verurteilten, warnten, verbannten ihre Mitbürger. Dazu kamen neue Gesetze und Einrichtungen, die häufig zur Befestigung der Regierung gemacht wurden. Alles dies geschah mit Verletzung derer, welche ihrer Faktion verdächtig waren. Zu gleichem Zweck wurden sechsundvierzig Männer ernannt, die in Gemeinschaft mit der Signoria die Republik von den dem Staat Verdächtigen reinigen sollten. Diese warnten neununddreißig Bürger und machten viele Volksmänner zu Großen und viele Große zu Volksmännern. Um sich den äußeren Streitkräften besser widersetzen zu können, nahmen sie Messer Giovanni Aguto (John Hawkwood) in Sold, einen Engländer von hohem Waffenruf, der für den Papst und für andere längere Zeit in Italien gedient hatte. Die Furcht nach außen kam daher, daß man hörte, Karl von Durazzo rüste zum Angriff des Königreichs Neapel mehrere Kompagnien

Schwerer Reiter, worunter, wie das Gerücht ging, sich viele verbannte Florentiner befänden. Diesen Gefahren wurde, außer durch Rüstung von Streitkräften, durch eine Summe Geldes vorgebeugt. Als nämlich Karl in Arezzo angekommen war, erhielt er von den Florentinern 40000 Dukaten und versprach, sie nicht zu beunruhigen. Er begann hierauf seinen Feldzug, eroberte glücklich das Königreich Neapel und schickte die Königin Johanna gefangen nach Ungarn. Dieser Sieg vermehrte die Furcht der Regierenden in Florenz von neuem; denn sie glaubten nicht, daß ihr Geld mehr über den König vermöge als die alte Freundschaft, in der sein Haus mit den Guelfen gestanden, die sie mit so großer Unbill unterdrückten.

Dieser wachsende Argwohn vermehrte die Verfolgungen, die ihn indes nicht beseitigten, sondern so sehr vergrößerten, daß der größere Teil der Stadt höchst verdrossen war. Hierzu kam der Übermut Messer Giorgio Scalis und Messer Tommaso Strozzis, deren Autorität über die der Magistrate ging, so daß jedermann von ihnen mit dem Beistand der Menge unterdrückt zu werden fürchtete. Nicht nur den Guten, sogar den Aufrührerischen schien ihr Verfahren tyrannisch und gewalttätig. Damit aber Messer Giorgios Übermut einmal ein Ende habe, trug sich zu, daß einer seiner Vertrauten Giovanni di Cambio wegen Umtrieben gegen den Staat anklagte. Giovanni wurde vom Hauptmann unschuldig befunden (1381). Der Richter wollte nun den Ankläger mit der Strafe belegen, die den Angeklagten betroffen hätte, wenn er als schuldig befunden worden wäre. Da Messer Giorgio seinen Vertrauten weder durch Bitten noch durch seine Autorität retten konnte, so stellte er sich mit Messer Tommaso Strozzi an die Spitze einer Menge Bewaffneter, befreite ihn mit Gewalt, verheerte den Palast des Hauptmanns und zwang diesen, sich zu verbergen, wenn er sich retten wollte. Diese Handlung erfüllte die Stadt mit solchem Haß gegen Messer Giorgio, daß seine Feinde ihn vernichten und die Stadt nicht nur aus seiner, sondern aus der Hand des Pöbels nehmen zu können glaubten, der sie drei Jahre lang durch seine Anmaßung unterjocht hatte. Auch der Hauptmann trug viel dazu bei, der, nachdem der Lärm vorüber war, zu den Signoren ging und sagte: „Er sei gerne gekommen, das Amt zu übernehmen, wozu ihn die Signoren erwählt; denn er habe gerechten Männern zu dienen gedacht, die zur Unterstützung, nicht zur Verhinderung der Gerechtigkeit die Waffen ergriffen. Da er aber das Verfahren der Stadt und ihre Lebensweise gesehen und erprobt habe, so gebe er die Würde, welche er gerne übernommen, um Nutzen und Ehre zu erwerben, ebenso gerne zurück, um Gefahr und Schaden zu meiden." Der Hauptmann wurde von den Signoren getröstet und ihm Mut zugesprochen, indem sie ihm Entschädigung für die erlittenen Schäden und Sicherheit für die Zukunft versprachen. Ein Teil der Signoren versammelte sich mit einigen Bürgern, die sie für Freunde des Vaterlandes hielten und die ihnen am wenigsten verdächtig waren. Man kam überein, dies sei eine günstige Gelegenheit, die Stadt aus der Gewalt Messer Giorgios und des Pöbels zu befreien, da sich die Masse wegen dieser letzten übermütigen Handlung von ihm abgewendet habe. Es schien ihnen daher gut, diese Gelegenheit zu nutzen, ehe die erbitterten Gemüter sich wieder versöhnen würden; denn sie wußten, daß die Gunst der Masse durch das geringste Ereignis gewonnen und verloren wird. Ferner waren sie der Meinung, daß es, um die Sache durchzusetzen, nötig sei, Messer Benedetto Alberti in ihren Plan zu ziehen, ohne dessen Einwilligung sie die Unternehmung für höchst gefährlich hielten.

Messer Benedetto war ein sehr reicher Mann, leutselig und ein strenger Freund der Freiheit seines Vaterlandes. Das tyrannische Verfahren mißfiel ihm aufs höchste, und so war es leicht, ihn zu beruhigen und zu bewegen, daß er zum Sturz Messer Giorgios seine Zustimmung gab. Die Ursache, die ihn zum Feind der adeligen Volksmänner und der Guelfenpartei und zum Freunde der Menge gemacht halte, war der Übermut der erstgenannten und ihr tyrannisches Verfahren gewesen. Als er daher später gesehen, daß ihnen die Menge gleich geworden war, hatte er sich schon vor längerer Zeit von ihr entfernt, und die Unbilden, welche vielen Bürgern zugefügt worden, waren ganz ohne seine Teilnahme geschehen. Die Ursachen also, die ihn bewogen hatten, die Partei der Menge zu ergreifen, dieselben Ursachen bewogen ihn jetzt, sie zu verlassen.

Nachdem sie Messer Benedetto und die Häupter der Gewerbe in ihren Plan einbezogen und für Waffen gesorgt, wurde Messer Giorgio verhaftet und Messer Tommaso floh. Am anderen Tag ward Messer Giorgio zu solchem Schrecken seiner Partei enthauptet, daß keiner sich rührte, sondern ein jeder um die Wette zu seinem Untergang beitrug. Als er sah, daß er im Angesicht desselben Volkes sterben müßte, das ihn kurz zuvor angebetet hatte, beklagte er sich über sein widriges Geschick und über die Bosheit der Bürger, die ihn durch ihre ungerechten Kränkungen gezwungen hätten, eine Menge zu unterstützen und zu ehren, die weder Treue noch Dankbarkeit kenne. Als er hierauf Messer Benedetto Alberti unter den Bewaffneten erkannte, sprach er zu ihm: „Auch du, Messer Benedetto, gestattest, daß mir eine Unbill widerfährt, die ich an deinem Platz dir nie würde zufügen lassen? Aber ich kündige dir an: Dieser Tag ist das Ende meines Unglücks und der Anfang des deinen." Er beklagte sich sodann über sich selbst, daß er zu sehr auf ein Volk vertraut habe, das jede Stimme, jede Handlung, jeder Verdacht bewegt und besticht. Mit diesen Klagen starb er in der Mitte seiner bewaffneten, über seinen Tod frohlockenden Feinde. Nach ihm wurden einige seiner vertrautesten Freunde hingerichtet und ihre Leichname vom Volk umhergeschleift.

Die Verurteilung dieses Bürgers erschütterte die ganze Stadt; denn bei der Vollstreckung ergriffen viele die Waffen, um der Signoria und dem Hauptmann

Beistand zu leisten; viele andere ergriffen sie entweder aus Ehrgeiz oder aus Furcht für sich selbst. Da aber die Stadt voll widerstrebender Parteien war, so hatte jede ein verschiedenes Ziel, und alle wünschten es zu erreichen, ehe die Waffen niedergelegt würden. Dem alten Adel, Große genannt, war es unerträglich, der Staatsämter beraubt zu sein; ihr ganzes Streben ging dahin, sie wieder zu erlangen, und deshalb wünschten sie, daß den Parteihauptleuten die Gewalt wiedergegeben werde. Den adeligen Volksmännern und den großen Zünften mißfiel, daß sie die Regierung mit den kleinen Zünften und mit dem geringen Volk teilen mußten. Andererseits wollten die kleinen Zünfte eher ihre Würde vermehren als vermindern, und das geringe Volk fürchtete die Kollegen seiner Zünfte zu verlieren. Dieser Zwiespalt erzeugte während eines Jahres häufiger Unruhen in Florenz. Bald ergriffen die Großen die Waffen, bald die großen, bald die kleinen Zünfte, mit ihnen das geringe Volk, und mehrere Male stand in verschiedenen Teilen der Stadt alles unter den Waffen. So lieferten sie unter sich und mit den Soldaten des Palastes viele Gefechte; denn die Signoria half bald nachgebend, bald kämpfend so großen Mißständen ab, so gut sie konnte. Nach zweien Parlamenten und mehreren Balien, die zur Reform der Stadt ernannt wurden, nach vielen Schäden, Erschütterungen und schweren Gefahren kam endlich eine neue Verfassung zustande. Alle die, welche seit der Zeit, wo Messer Salvestro de' Medici Gonfalonier gewesen, verwiesen worden waren, wurden dadurch wieder ins Vaterland eingesetzt. Vorrang und Besoldungen wurden allen denen genommen, welche dieselben durch die Balia des Jahrs 78 erhalten hatten. Der Guelfenpartei wurden die Ehrenstellen zurückgegeben. Die neuen Gewerbe verloren ihre Zünfte und Obrigkeiten, und die Mitglieder wurden wieder unter ihre alten Zünfte eingereiht. Die kleinen Zünfte wurden des Gonfaloniers der Gerechtigkeit beraubt und von der Hälfte auf den dritten Teil der Ämter beschränkt, deren höchste ihnen ganz entzogen wurden. So versetzte sich die Partei der adeligen Volksmänner und der Guelfen wieder in Besitz der Regierung, und die Partei des Pöbels, die vom Jahre 1378–1381, wo diese Staatsveränderung erfolgte, geherrscht hatte, verlor sie.

Diese Regierung verletzte ihre Mitbürger nicht weniger, und ihr Anfang war nicht weniger traurig, als es bei der Regierung der Menge der Fall gewesen. Viele adelige Volksmänner, die als Verteidiger der Menge galten, wurden mit einer großen Zahl plebejischer Oberhäupter verwiesen. Unter letzteren war Michele di Lando. So viel Gutes auch seine Autorität bewirkt hatte, als die entfesselte Menge die Stadt verwüstete – es vermochte ihn nicht vor der Wut der Partei zu schützen. Sein Vaterland lohnte seine guten Werke mit Undank. Häufig verfallen die Fürsten und Republiken in diesen Fehler, und die Folge ist, daß die Menschen, erschreckt durch solche Beispiele, ihre Fürsten verletzen, ehe sie die Undankbarkeit derselben fühlen könnten. – Wie solche Verbannungen und

Hinrichtungen immer Messer Benedetto Alberti mißfielen, so mißfielen sie ihm auch jetzt; er tadelte sie in öffentlichen Reden und im Kreis seiner Bekannten. Die Ersten des Staates fürchteten ihn daher; denn sie hielten ihn für einen der eifrigsten Freunde der Menge und glaubten, er habe zum Tod Messer Giorgio Scalis, nicht weil ihm dessen Verfahren mißfiel, beigestimmt, sondern um die Regierung allein zu behalten. Seine Reden und sein Benehmen vergrößerten den Argwohn, und die ganze Partei, welche die Herrschaft hatte, hielt die Augen auf ihn gerichtet, um die erste Gelegenheit zu ergreifen, wo sie ihn stürzen könnte.

Während man in diesem Zustand lebte, waren die äußeren Angelegenheiten nicht von Bedeutung, und eine Begebenheit, die sich damals zutrug, erregte mehr Schrecken, als daß Schaden daraus erwachsen wäre. Ludwig von Anjou kam nämlich in dieser Zeit nach Italien, um der Königin Johanna das Königreich Neapel wieder zu geben und Karl von Durazzo daraus zu vertreiben. Sein Zug versetzte die Florentiner in große Furcht; denn Karl forderte, nach der Sitte der alten Freunde, Hilfe von ihnen, und Ludwig verlangte von ihnen, wie der tut, der neue Freundschaften sucht, daß sie neutral bleiben sollten. Um daher dem Schein nach Ludwig zu befriedigen, aber Karl beizustehen, verabschiedeten sie Messer Giovanni Aguto und ließen ihn vom Papst Urban, der Karls Freund war, in Sold nehmen. Ludwig durchschaute leicht diese Täuschung und hielt sich für sehr geschädigt von den Florentinern. Während der Krieg zwischen Ludwig und Karl in Apulien geführt wurde, kamen aus Frankreich neue Truppen zur Verstärkung Ludwigs. In Toskana angekommen, wurden diese von den verwiesenen Aretinern nach Arezzo geführt, und die Partei, welche für Karl regierte, aus der Stadt vertrieben. Als sie hierauf den Staat in Florenz zu ändern dachten, wie sie ihn in Arezzo geändert hatten, starb Ludwig. Nun veränderten die Dinge in Apulien und in Toskana mit dem Glück die Gestalt. Karl sicherte sich den Besitz des Königreichs, das er so gut wie verloren hatte, und die Florentiner, welche Florenz nicht verteidigen zu können fürchteten, erwarben Arezzo, das sie von den Soldaten, die es für Ludwig innehatten, kauften (1384). Nachdem er sich Apulien gesichert, ging Karl nach Ungarn, um dieses Reich in Besitz zu nehmen, das ihm durch Erbschaft zukam, und ließ sein Weib und seine noch kleinen Kinder Ladislaus und Johanna in Apulien zurück, wie wir oben erzählt haben. Karl setzte sich auf den Thron Ungarns, wurde aber kurz darauf ermordet.

In Florenz wurden wegen des Erwerbes von Arezzo so feierliche Freudenfeste gefeiert, als jemals irgendeine Stadt wegen eines eigenen Sieges veranstaltet hatte. Staat und Bürger zeigten sich hierbei in ihrem Glanz; denn viele Familien feierten, mit dem Staat um die Wette, Feste. Die aber, welche an Pracht und Glanz alle übrigen übertraf, war die Familie der Alberti; denn die Bankette und

Turniere, die sie hielt, waren nicht eines Geschlechtes von Privatleuten, sondern jedes Fürsten würdig. Diese Dinge vermehrten den Neid gegen die Alberti sehr, der, zum Argwohn hinzukommend, den die Regierung gegen Messer Benedetto hegte, Ursache seines Sturzes ward. Die Regierenden konnten sich wegen seiner nicht beruhigen, da es ihnen schien, es könne jeden Tag geschehen, daß er, von seiner Partei begünstigt, sein Ansehen wieder gewinne und sie vertreibe. Während sie diese Befürchtungen hegten, trug es sich zu, daß zur Zeit, als er Gonfalonier der Kompagnien war (1387), sein Schwiegersohn Messer Filippo Magalotti zum Gonfalonier der Gerechtigkeit gemacht wurde. Dies verdoppelte die Furcht der Ersten des Staates; denn zu sehr, dachten sie, vermehre sich hierdurch Messer Benedettos Kraft und die Gefahr des Staates. Im Wunsch, ohne Unruhen abzuhelfen, ermutigten sie seinen Verwandten und Feind Bese Magalotti, der Signoria anzuzeigen, Messer Filippo könne und dürfe das Amt nicht erhalten, weil ihm das zur Bekleidung erforderliche Alter fehle.

Die Sache wurde von der Signoria untersucht, und ein Teil der Signoren erklärte aus Haß, ein Teil, um Aufruhr zu verhüten, Messer Filippo für unfähig zu jener Würde. An seine Stelle wurde Bardo Mancini gezogen, ein ausgemachter Gegner der plebejischen Partei und der heftigste Feind Messer Benedettos. Als er daher das Amt übernommen, ernannte er eine Balia, die bei Wiederergreifung und Reformierung der Regierung Messer Benedetto Alberti verbannte und den Rest der Familie, mit Ausnahme Messer Antonios, warnte. Vor seiner Abreise rief Messer Benedetto alle seine Verwandten zu sich, und als er sie trauernd und Tränen vergießend sah, sprach er:

„Ihr seht, meine Väter und Eltern, daß das Schicksal mich stürzt und euch bedroht. Ich wundere mich darüber nicht, und auch ihr dürft nicht erstaunen; denn stets ist dies das Los der Männer, die unter vielen Bösen gut sein wollen, und die erhalten wollen, was die Mehrzahl zu zerstören sucht."

„Meine Vaterlandsliebe bewog mich, mich Messer Salvestro de' Medici anzuschließen und später mich von Messer Giorgio Scali zu entfernen. Dieselbe Vaterlandsliebe bewog mich, die Sitten der jetzt Regierenden zu hassen. Nicht genug, daß niemand da ist, der sie züchtige, sie wollen auch niemand, der sie tadle. Ich bin damit zufrieden, sie durch mein Exil von der Furcht zu befreien, in der sie nicht allein vor mir lebten, sondern vor jedem, von dem sie wissen, daß er ihre tyrannische, verbrecherische Handlungsweise kennt. Sie bedrohen durch meine Unterdrückung die anderen."

„Ich beklage mich nicht über mein eigenes Los; denn die Ehre, welche mir das Vaterland während seiner Freiheit gegeben hat, kann es mir während seiner Knechtschaft nicht nehmen; und stets wird mir die Erinnerung an mein früheres Leben mehr Vergnügen gewähren, als mich das Ungemach meiner Verbannung schmerzen kann. Wohl bekümmert es mich, daß mein Vaterland die

Beute weniger bleibt, daß es ihrem Hochmut und ihrer Habsucht unterworfen bleibt. Ich sorge mich um euch; denn ich fürchte, daß das Unglück, welches heute für mich endet und für euch beginnt, euch härter verfolgen wird, als es mich verfolgt hat."

„Ich ermahne euch daher, stählt euer Gemüt gegen jedes Mißgeschick und betragt euch so, daß, wenn euch Widriges widerfährt – und viel wird euch widerfahren – jedermann erkenne, daß ihr frei von jedem Vorwurf und ohne eure Schuld leidet."

Hierauf, damit er sich im Ausland in nicht weniger hohen Ruf von Tugend setze, als er in Florenz getan, besuchte er das heilige Grab; und auf seiner Rückkehr starb er auf Rhodos. Seine Gebeine wurden nach Florenz geführt und mit den größten Ehrenbezeugungen von denen begraben, die ihn lebend durch jede Verleumdung und Unbill verfolgt hatten.

Bei diesen Vorgängen wurde nicht nur die Familie der Alberti verletzt, sondern mit ihr wurden viele Bürger gewarnt und verbannt. Unter letzteren war Piero Benini, Mallco Alderotti, Giovanni und Francesco del Bene, Giovanni Benci, Andrea Adimari, nebst einer großen Zahl kleiner Handwerker. Unter den Gewarnten waren die Covoni, Benini, Ricci, Formiconi, Corbizzi, Mannelli und die Alderotti. Es war herkömmlich, die Balien auf eine bestimmte Zeit zu ernennen, die ernannten Bürger aber dankten, nachdem sie getan, wozu sie beauftragt worden, ehrenhalber ab, wenn auch die Zeit noch nicht gekommen war. Da nun die Mitglieder der gegenwärtigen Balia die Regierung befriedigt zu haben glaubten, wollten sie nach der Sitte abdanken. Als man dies hörte, eilten viele bewaffnet an den Palast und begehrten, daß sie vor der Abdankung noch viele andere verbannen und warnen sollten. Dies mißfiel den Signoren sehr. Sie hielten daher die Lärmenden so lange durch Versprechungen hin, bis sie sich zum Handeln bereit gemacht hatten, und brachten sie dann durch Furcht zur Niederlegung der Waffen, die ihnen die Wut in die Hand gegeben hatte. Um jedoch eine so wütende Leidenschaft zum Teil zu befriedigen und um den plebejischen Handwerkern mehr Autorität zu nehmen, verordneten sie, daß diese nur den vierten Teil der Ehrenstellen haben sollten, während sie zuvor den dritten gehabt hatten. Damit ferner immer zwei Männer von denen, auf welche die Begierenden am meisten vertrauten, unter den Signoren wären, gaben sie dem Gonfalonier der Gerechtigkeit und vier andern Bürgern die Gewalt, einen Beutel von Auserwählten zu machen, wovon für jede Signoria zwei gezogen werden sollten.

Als diese Verfassung eingeführt war, sechs Jahre, nachdem der Staat 1381 geordnet worden, lebte die Stadt bis 1393 im Inneren sehr ruhig. Während dieser Zeit setzte Johann Galeazzo Visconti, Graf di Virtù genannt, seinen Oheim Messer Bernabò gefangen und wurde dadurch Fürst der ganzen Lombardei.

Durch Gewalt wollte Galeazzo König von Italien zu werden, wie er durch Betrug Herzog von Mailand geworden, und er fing im Jahre 1390 einen heftigen Krieg mit den Florentinern an, dessen Ereignisse auf eine Weise wechselten, daß der Herzog öfter der Gefahr zu unterliegen näher war als die Florentiner, diese aber ohne seinen Tod unterlegen wären. Die Verteidigung war jedoch mutig und bewunderungswürdig für eine Republik, und der Ausgang war bei weitem nicht so schlimm, als der Krieg hatte fürchten lassen. Denn als der Herzog Bologna, Pisa, Perugia und Siena erobert, und als er schon die Krone vorbereitet hatte, sich in Florenz zum König von Italien krönen zu lassen, starb er. So verhinderte der Tod Galeazzo seine früheren Siege zu genießen, und die Florentiner fühlten ihre gegenwärtigen Niederlagen nicht.

Während dieses Kriegs mit dem Herzog wurde zum Gonfalonier der Gerechtigkeit Messer Maso degli Albizzi ernannt, den die Hinrichtung Pieros zum Feinde der Alberti gemacht hatte. Der Haß der Parteien gärte immerfort, und Messer Maso wollte sich, obgleich Messer Benedetto Alberti im Exil gestorben war, sich am Rest dieser Familie zu rächen, ehe er sein Amt niederlegen würde. Er ergriff die Gelegenheit, daß ein Mann wegen gewisser Unterhandlungen mit den Rebellen verhört wurde. Dieser nannte Alberto und Andrea degli Alberti (1393). Sogleich wurden sie verhaftet. Die ganze Stadt geriet dadurch in solchen Aufruhr, daß die Signoren sich mit Waffen versahen, das Volk zum Parlament riefen und eine Balia ernannten, kraft deren sie viele Bürger verbannten und neue Ämtereinbeutelungen vornahmen. Unter den Verwiesenen waren fast alle Alberti. Überdies wurden noch so viele Handwerker gewarnt und hingerichtet, daß die Menge der Unbilden die Zünfte und das geringe Volk zum Aufstand brachten, da sie sich Ehre und Leben entrissen sahen. Ein Teil von ihnen ging auf den Platz, ein anderer strömte an das Haus Messer Veris de' Medici, der nach Messer Salvestros Tod Oberhaupt der Familie war. Denen, welche auf den Platz kamen, gaben die Signoren, um sie einzuschläfern, Messer Rinaldo Gianfigliazzi und Messer Donato Acciajuoli mit den Fahnen der Guelfenpartei und des Volkes in der Hand zu Häuptern, als zwei Volksmänner, die der Menge mehr als alle anderen angenehm waren. Die, welche zum Haus Messer Veris strömten, baten ihn, er möge die Regierung übernehmen und sie von der Tyrannei jener Bürger befreien, die der Guten und des öffentlichen Wohles Zerstörer seien.

Alle, welche in irgendeiner Form Erinnerungen jener Zeit hinterlassen haben, stimmen überein, daß Messer Veri, wäre er ehrgeiziger als gut gewesen, sich ohne Hindernis zum Fürsten der Stadt machen konnte. Die schweren Unbilden, welche mit Recht und Unrecht den Zünften und ihren Freunden zugefügt worden, hatten die Gemüter dergestalt zur Rache entflammt, daß ihnen zur Befriedigung ihrer Leidenschaft nur ein Oberhaupt fehlte, das sie führte.

Auch fehlte es nicht daran, daß Messer Veri aufmerksam gemacht wurde, was er tun könne; denn Antonio de' Medici, der früher längere Zeit in persönlicher Feindschaft mit ihm gestanden hatte, drängte ihn, die Herrschaft der Republik zu ergreifen. Doch Messer Veri antwortete: „Als du mein Feind warst, haben mich niemals deine Drohungen geschreckt; ebensowenig soll mir jetzt, wo du mein Freund bist, dein Rat schaden." Und sich zur Menge wendend, ermahnte er sie, gutes Muts zu sein; denn er wolle ihr Beschützer sein, wenn sie sich nur von ihm raten lasse. Sodann ging er in ihrer Mitte auf den Platz und begab sich in den Palast zu den Signoren, wo er sprach: „Es kann mich durchaus nicht schmerzen, daß ich so gelebt habe, daß mich das Volk von Florenz liebt. Das aber schmerzt mich, daß es mich beurteilt, wie mein früheres Leben nicht verdient. Nie habe ich mich aufrührerisch oder ehrgeizig gezeigt und weiß daher nicht, wie es kommt, daß man mich als unruhig für eine Stütze des Aufruhrs oder als ehrgeizig für einen Usurpator der Regierung hält. Ich bitte daher Eure Herrlichkeiten, daß mir die Unwissenheit der Menge nicht als Verbrechen aufgebürdet wird; denn was an mir liegt, habe ich mich, sobald ich konnte, in Eure Gewalt begeben. Nur so ermahne ich Euch: Geruht das Glück mit Mäßigung zu benutzen und laßt es Euch genügen, zum Heil der Stadt Euch lieber eines mittelmäßigen Sieges zu erfreuen, als daß Ihr im Verlangen nach dem vollen Sieg die Stadt zerstört."

Messer Veri wurde von den Signoren gelobt und aufgefordert, die Waffen niederlegen zu lassen; dann würden sie nicht ermangeln, zu tun, was er und die andern Bürger ihnen raten würden.

Nach diesen Worten kehrte Messer Veri auf den Platz zurück und vereinte seine Scharen mit denen, welche Messer Rinaldo und Messer Donato führten. Sodann sprach er zu allen: „Ich habe den besten Willen gegen euch bei den Signoren gefunden: Vieles ist besprochen worden, aber die Kürze der Zeit und die Abwesenheit der Magistrate haben es nicht abzuschließen erlaubt. Ich bitte euch daher, legt die Waffen nieder und gehorcht den Signoren. Ich beteure euch: Eher Höflichkeit als Hochmut, eher Bitten als Drohungen sind geeignet, sie zu bewegen, Rang und Sicherheit wird euch unfehlbar werden, wenn ihr euch von mir leiten laßt." So brachte er es dahin, daß im Vertrauen auf sein Wort jeder nach Hause ging.

Nachdem die Waffen niedergelegt waren, bewaffneten die Signoren zuerst den Platz, schrieben dann zweitausend zuverlässige Bürger ein, gleich in Banner geteilt, denen sie auf den ersten Ruf zu ihrem Beistand bereit zu sein befahlen, und verboten den Nichteingeschriebenen, sich zu bewaffnen (1394). Nach diesen Vorbereitungen verwiesen und richteten sie viele von den Handwerkern hin, welche sich bei dem Aufstand am kühnsten gezeigt hatten. Damit der Gonfalonier der Gerechtigkeit mehr Hoheit und Ansehen habe, verordneten sie, daß ein Alter von 45 Jahren zur Bekleidung dieser Würde nötig sein sollte. Ferner erließen sie zur Befestigung des Staates viele Verordnungen, die denen, gegen welche sie gerichtet waren, unerträglich und den guten Bürgern der eigenen Partei gehässig waren; denn sie hielten eine Regierung nicht für gut oder sicher, die man mit so großer Gewalttätigkeit verteidigen mußte. Nicht allein denen von den Alberti, welche in der Stadt blieben, und den Medici, die das Volk getäuscht zu haben glaubten, sondern vielen andern mißfiel so große Gewalttätigkeit.

Der erste, der sich zu widersetzen suchte, war Messer Donato di Jacopo Acciajuoli. Obwohl groß in der Stadt und Messer Maso degli Albizzi, der durch seine Verrichtungen als Gonfalonier gleichsam Haupt der Republik war, eher überlegen als gleich, konnte er doch unter so vielen Unzufriedenen nicht zufrieden leben, noch aus dem öffentlichen Schaden, wie die meisten tun, persönlichen Vorteil ziehen. Er kam daher auf den Gedanken, den Versuch zu machen, ob er den Verbannten das Vaterland oder wenigstens den Gewarnten die Ämter wiedergeben könne. Er fing damit an, bald diesem, bald jenem Bürger seine Meinung zuzuflüstern, indem er zeigte, man könne anders nicht das Volk beruhigen und die Leidenschaften der Parteien stillen. Er wartete bloß, bis er in der Signoria sitzen würde, um seinen Wunsch zur Ausführung zu bringen. Da aber in unsern Handlungen Aufschub Überdruß, Eile Gefahr erzeugt, so wollte er, um dem Überdruß zu entgehen, die Gefahr wagen. Unter den Signoren waren Michele Acciaiuoli, sein Verwandter, und Niccolo Ricoveri, sein Freund. Messer Donato glaubte daher, es sei ihm eine Gelegenheit gegeben, die er nicht verlieren dürfe, und forderte sie auf, den Räten ein Gesetz vorzuschlagen, worin die Wiedereinsetzung der Bürger enthalten sein sollte. Von ihm beredet, sprachen sie mit ihren Amtsgenossen, die zur Antwort gaben, sie wollten keine Neuerungen versuchen, wo der Gewinn zweifelhaft und die Gefahr gewiß sei. Als nun Messer Donato zuerst alle Mittel umsonst versucht hatte, ließ er ihnen, vom Zorn hingerissen, sagen: „Da sie nicht wollten, daß die Stadt mit den Stimmbohnen in der Hand geordnet werde, so werde man sie mit den Waffen ordnen." Diese Worte mißfielen so sehr, daß nach Mitteilung der Sache an die Ersten der Regierung Messer Donato vorgeladen wurde. Er erschien und wurde von dem Mann, dem er die Botschaft aufgetragen hatte, überwiesen und nach Barletta verbannt (1396). Verbannt wurden ferner Alamanno und Antonio de' Medici mit allen aus dieser Familie, die von Messer Alamanno abstammten, zugleich mit vielen unedlen Handwerkern, die aber Einfluß bei der Menge hatten. Diese Dinge erfolgten zwei Jahre, nachdem durch Messer Maso der Staat gereinigt worden war.

Während die Stadt auf diese Weise im Inneren viele Unzufriedene und außen viele Verbannte zählte, befanden sich zu Bologna Picchio Cavicciuli, Tommaso dei Ricci, Antonio dei Medici, Benedetto degli Spini, Antonio Girolami, Cristofano di Carlone mit zwei andern von gemeiner Herkunft, sämtlich Jünglinge voll Kühnheit und bereit, das Äußerste zu wagen, um in ihr Vaterland zurückzukehren. Diesen ließen auf geheimen Wegen Piggiello und Baroccio Cavicciuli, die gewarnt in Florenz lebten, sagen: Wenn sie in die Stadt kämen, würden sie sie insgeheim in ihr Haus aufnehmen; von da ausfallend, könnten sie Messer Maso degli Albizzi erschlagen und das Volk zu den Waffen rufen, das sich bei seiner Unzufriedenheit leicht zum Aufstand bringen lasse, besonders da die Ricci, Adimari, Medici, Mannelli und viele andere Familien sich ihnen anschließen würden. Von diesen Hoffnungen bewogen, kamen sie am 4. August 1397 nach Florenz, und nachdem sie sich heimlich dahin begeben, wo es angeordnet war, schickten sie aus, Messer Maso zu beobachten, mit dessen Tod sie den Aufstand beginnen wollten. Messer Maso ging aus seinem Haus und trat in eine Apotheke bei S. Piero Maggiore, wo er blieb. Der, welcher ihn beobachtete, eilte, es den Verschworenen zu melden, die sogleich die Waffen ergriffen; als sie aber an den angezeigten Ort kamen, war er fort. Nicht entmutigt, daß ihnen ihr erster Plan nicht gelungen war, wandten sie sich zum den Alten Markt, wo sie einen der Gegenpartei erschlugen. Nun erhoben sie Lärm, richteten sich mit dem Rufe: „Volk, Waffen, Freiheit, Tod den Tyrannen!" zum Neuen Markt und erschlugen am Ende der Via Calimala einen zweiten. Sie setzten mit demselben Ruf ihren Weg fort, als aber niemand die Waffen ergriff, zogen sie sich in die Loggia della Nighitlosa zurück. Hier stellten sie sich an einen erhöhten Ort, umgeben von einer großen Menschenmenge, die mehr aus Neugierde, als um sie zu unterstützen, herbeigelaufen war, und forderten sie mit lauter Stimme auf: „Ergreift die Waffen und befreit euch aus der Knechtschaft, die euch so sehr verhaßt ist. Fürwahr, mehr die Klagen der Unzufriedenen der Stadt, als die eigenen Unbilden hatten uns bewegt, eure Befreiung zu versuchen. Wir erfuhren, daß viele zu Gott beteten, er möge euch eine Gelegenheit zur Rache geben; nur ein Haupt wolltet ihr, das sich dem Aufstand an die Spitze stellte. Und jetzt, wo die Gelegenheit da ist, wo ihr Häupter habt, die euch antreiben, sieht einer den anderen an, und erstarrt wartet ihr ab, bis euer Befreier ermordet und eure Fesseln erschwert sind. Wir staunen, daß ihr, die ihr wegen der geringsten Unbill die Waffen zu ergreifen pflegt, euch bei so großen Beleidigungen nicht erhebt, daß ihr ertragen wollt, daß so viele eurer Mitbürger verbannt, so viele gewarnt sind. Doch noch steht es in eurer Macht, den Verbannten das Vaterland, den Gewarnten den Staat wiederzugeben." Diese Worte, obgleich wahr, machten nicht den geringsten Eindruck auf die Menge, mochte sie nun Furcht zurückhalten, oder mochte der Tod jener beiden Männer die Mörder verhaßt gemacht haben. Als die Urheber des Tumultes sahen, daß weder Worte noch Taten die Kraft hatten, irgend jemand zu bewegen, gewahrten sie zu spät, wie gefährlich es ist, ein Volk frei machen zu wollen, das durchaus Sklave sein will, und zogen sich, am Gelingen verzweifelnd, in die Kirche Santa Reparata zurück, wo sie sich nicht, um ihr Leben zu retten, sondern um ihren Tod zu verzögern, einschlossen. Auf den ersten Lärm bewaffneten sich die Signoren in der Verwirrung und verriegelten den Palast. Als sie aber die Sache erfuhren und hörten, wer die Urheber des Aufruhrs waren und wo sie sich eingeschlossen hatten, gewannen sie Zuversicht und befahlen dem Hauptmann, mit vielen Bewaffneten sie zu ergreifen. Ohne große Mühe wurden die Tore der Kirche gesprengt und ein Teil von ihnen bei der Verteidigung getötet, ein Teil gefangen. Bei dem Verhör fand man außer ihnen nur Baroccio und Piggiello Cavicciuli schuldig, die mit ihnen hingerichtet wurden.

(1400) Nach diesem Vorfall entstand ein anderer von größerer Bedeutung. Die Stadt war, wie wir oben sagten, in dieser Zeit im Krieg mit dem Herzog von Mailand. Als der Herzog sah, daß zu ihrer Unterwerfung offene Gewalt nicht ausreichte, wandte er sich zur verborgenen und schloß durch die Vermittelung der florentinischen Verwiesenen, von denen die Lombardei voll war, einen Vertrag, woran viele im Inneren Teilnehmer waren und wodurch abgeschlossen war, daß an einem bestimmten Tag ein großer Teil der waffenfähigen Verbannten von den nächsten Orten um Florenz ausgehen und durch den Arnofluß in die Stadt eindringen sollten, wo sie dann vereint mit ihren Freunden im Inneren zu den Häusern der Ersten des Staates eilen, diese töten und die Republik nach ihrem Willen umformen sollten. Unter den Verschworenen im Inneren war einer der Ricci, Samminiato genannt. Wie es nun häufig bei Verschwörungen kommt, daß wenige nicht ausreichen und viele sie verraten, so fand Samminiato, während er Teilnehmer zu gewinnen suchte, seinen Ankläger. Samminiato teilte die Sache Salvestro Cavicciuli mit, den die Unbilden, die seine Verwandten und er selbst erduldet hatten, hätten treu machen sollen. Doch dieser schlug die nahe Gefahr höher an als die ferne Hoffnung und eröffnete sogleich den ganzen Vertrag den Signoren, die Samminiato verhaften ließen und den ganzen Plan der Verschwörung zu verraten zwangen. Von den Teilnehmern jedoch wurde keiner ergriffen, außer Tommaso Davizi, der, von Bologna kommend, nicht wußte, was in Florenz vorgefallen war, und vor seiner Ankunft verhaftet wurde. Die anderen entflohen nach Samminiatos Verhaftung sämtlich voll Schrecken. Nachdem Samminiato und Tommaso nach ihren Vergehen bestraft waren, gab man mehreren Bürgern Balia, durch ihre Machtvollkommenheit die Schuldigen zu verfolgen und den Staat zu sichern. Diese erklärten zu Rebellen sechs von der Familie der Ricci, sechs von der der Alberti, zwei Medici, drei Scali, zwei Strozzi, Bindo Alloviti, Bernardo Adimari mit vielen Unedlen. Sie warnten überdies die ganze Familie der Alberti, Ricci und Medici für zehn Jahre, wenige von ihnen ausgenommen. Von den Alberti war Messer Antonio nicht gewarnt, weil er als ein ruhiger und friedfertiger Mann galt. Während die Furcht vor der Verschwörung noch nicht vorüber war, trug es sich zu, daß ein Mönch verhaftet wurde, den man zur Zeit, da die Verschworenen unterhandelten, mehrere Male von Bologna nach Florenz hatte gehen sehen. Der Mönch bekannte, daß er Messer Antonio mehrere Male Briefe gebracht habe. Sogleich wurde dieser verhaftet und, obgleich er anfangs leugnete, vom Mönch überwiesen, hierauf zu einer Geldstrafe verurteilt und hundert Miglien von der Stadt verbannt. Damit die Alberti nicht täglich den Staat in Gefahr brächten, wurden alle aus dieser Familie, welche über fünfzehn Jahre zählten, verbannt.

Dieses Ereignis trug sich 1400 zu, und zwei Jahre darauf starb Johann Galeazzo, Herzog von Mailand, dessen Tod, wie wir gesagt haben, dem Krieg ein Ende machte, nachdem er zwölf Jahr gedauert hatte. Da in dieser Zeit die Regierung mehr Autorität gewonnen hatte, indem sie außen und innen ohne Feinde geblieben, wurde Pisa belagert und diese Stadt ruhmvoll erobert. Im Inneren blieb es vom Jahre 1400 bis 1433 ruhig; nur im Jahr 1412 wurde, weil die Alberti den Bann brachen, eine neue Balia gegen sie ernannt, die den Staat durch neue Verordnungen befestigte und die Alberti durch Steuern verfolgte.

In dieser Zeit führten auch die Florentiner mit Ladislaus, König von Neapel, einen Krieg, der 1414 durch den Tod des Königs endigte. Als der König während dieses Krieges im Nachteil war, trat er den Florentinern die Stadt Cortona ab, deren Herr er war. Kurz darauf jedoch gewann er wieder Kräfte und erneuerte den Kampf. Der Krieg wurde nun viel gefährlicher als zuvor, und wenn er nicht durch des Königs Tod ein Ende genommen hätte, wie schon der Krieg mit dem Herzog von Mailand geendet hatte, so würde auch Ladislaus, wie jener Herzog, Florenz in Gefahr gebracht haben, seine Freiheit zu verlieren. Dieser Krieg endete also nicht weniger glücklich als jener; denn als der König schon Rom, Siena, die ganze Mark und die Romagna erobert hatte, und als ihm nur noch Florenz fehlte, um mit seiner Macht in die Lombardei zu dringen, starb er. So war der Tod immer der beste Verbündete der Florentiner und tat mehr für ihre Rettung, als ihre Tapferkeit.

Nach dem Tod des Königs blieb die Stadt acht Jahre lang außen und innen ruhig. Am Ende dieser Zeit erneuerten sich, mit dem Krieg gegen Herzog Philipp von Mailand, die Parteien. Sie legten sich erst mit dem Sturz der Regierung, welche von 1381 bis 1434 herrschte, mit so großem Ruhm so viele Kriege geführt und Arezzo, Pisa, Gortona, Livorno und Montepulciano ihrer Herrschaft unterworfen hatte. Noch Größeres würde diese Regierung getan haben, wenn die Stadt einig geblieben wäre und die alten Leidenschaften in ihr nicht von neuem entbrannt wären, wie im folgenden Buche ausführlich gezeigt werden soll.

Viertes Buch

Die Städte, besonders die, welche nicht gut geordnet sind, die sich unter dem Namen Republiken verwalten, ändern häufig ihre Regierungen und Verfassungen nicht durch die Freiheit und die Knechtschaft, wie viele glauben, sondern durch die Knechtschaft und Zügellosigkeit. Nur der Name der Freiheit wird von den Dienern der Zügellosigkeit, dies sind die Volksmänner, und von den Dienern der Knechtschaft, dies sind die Edlen, gepriesen. In der Tat wollen beide weder den Gesetzen noch den Menschen untergeben sein.

Wahr ist, wenn es sich ereignet – doch es ereignet sich selten –, daß die Stadt so glücklich ist, einen weisen, tugendhaften und mächtigen Bürger zu besitzen, von dem Gesetz ausgehen, wodurch diese Leidenschaften der Edlen und der Volksmänner beruhigt oder auf eine Weise in Schranken gehalten werden, daß sie nicht Böses wirken können – dann kann man die Stadt frei nennen, kann man den Staat für dauerhaft und fest halten. Denn, auf gute Gesetze und gute Einrichtungen gegründet, bedarf er nicht wie die anderen des Verdienstes eines Mannes, der ihn erhält.

Mit solchen Gesetzen und Einrichtungen waren viele alte Republiken, deren Staaten langes Leben hatten, ausgestattet.

Solche Gesetze und Einrichtungen entbehrten und entbehren alle die, welche häufig ihre Regierungsform von der Tyrannei zur Anarchie und umgekehrt geändert haben und ändern. Wegen der mächtigen Feinde, die jede dieser beiden Regierungsformen hat, ist keine und kann keine irgend beständig sein. Die eine gefällt den Guten nicht, die andere mißfällt den Weisen; die eine kann leicht Böses tun, die andere tut nur schwer das Gute; in der einen haben die Übermütigen zu viel Gewalt, in der andern die Zügellosen, und beide müssen sie durch den Erfolg und das Glück eines Mannes erhalten werden, der entweder durch den Tod hinschwinden oder durch Mühe und Sorgen untüchtig werden kann.

Ich sage also, daß der Staat, welcher in Florenz mit der Hinrichtung Messer Giorgio Scalis 1381 seinen Anfang nahm, zuerst durch die Leistung Messer Masos degli Albizzi, dann durch das Niccolos da Uzano erhalten wurde. Vom Jahre 1414 bis 1422 lebte die Stadt ruhig, da der König Ladislaus tot und die Lombardei in mehrere Teile zerfallen war und so Florenz weder außen noch innen etwas zu befürchten hatte. Neben Niccolo da Uzano waren Bürger von Autorität Bartolommeo Valori, Nerone di Nigi, Messer Binaldo degli Albizzi, Neri di Gino und Lapo Niccolini.

Die Parteien, welche durch die Zwietracht der Albizzi und der Ricci entstanden und später durch Messer Salvestro de' Medici zu so großem Aufruhr wieder erweckt wurden, erloschen niemals. Obgleich die Partei, welche von der Masse begünstigt wurde, nur drei Jahre lang regierte und im Jahr 1380 besiegt wurde, konnte man sie doch niemals ganz vernichten, da sie den größeren Teil der Stadt umfaßte. Wahr ist, daß sie die häufigen Parlamente, die anhaltende Verfolgung ihrer Häupter vom Jahr 81 bis 1400, fast ganz zugrunde richteten. Die ersten Familien, welche als Häupter dieser Partei verfolgt wurden, waren die Alberti, Ricci und Medici. Sie wurden mehrere Male eines Teils ihrer Glieder und Reichtümer beraubt, und wenn einige in der Stadt blieben, nahm man ihnen doch die Ämter. Diese Schläge machten diese Partei demütig und verzehrten sie fast ganz. Gleichwohl blieb in vielen Männern eine Erinnerung an die erlittenen Unbilden und ein Rachedurst zurück, den sie, keine Stütze findend, in ihrer Brust verschlossen hielten.

Die adeligen Volksmänner, welche friedlich die Stadt regierten, machten zwei Fehler, die den Sturz ihrer Herrschaft zur Folge halten. Der eine, daß sie durch die anhaltende Herrschaft übermütig wurden. Der andere, daß sie aus Eifersucht untereinander und wegen des langen Besitzes der Regierung nicht mit der nötigen Sorgfalt auf die achteten, welche ihnen schaden konnten. Indem sie also durch ihr schlimmes Verfahren täglich den Haß der Masse erneuerten und die gefährlichen Männer, weil sie sich nicht fürchteten, nicht bewachten, oder um ihrer gegenseitigen Eifersucht willen nährten, bewirkten sie, daß die Familie der Medici wieder Autorität gewann. Der erste aus dieser Familie, der sich wieder zu erheben begann, war Giovanni di Bicci. Sehr reich geworden und von gütigem, leutseligem Charakter, wurde er durch Zugeständnis der Regierenden zur höchsten Würde geführt (1420). Man feierte seine Ernennung in der Stadt mit solcher Freude, da die Menge einen Beschützer gewonnen zu haben glaubte, daß die Klugen mit Recht Argwohn schöpften; denn man sah, daß alle alten Leidenschaften sich von neuem zu reizen begannen. Niccolo von Uzano ermangelte nicht, die andern Bürger aufmerksam zu machen. Er zeigte, „Wie gefährlich es sei, einen Mann zu fördern, der in so großem Ansehen bei der Masse stehe. Leicht sei es, sich den Unordnungen am Anfang zu widersetzen, lasse man sie aber wachsen, so sei es schwer, abzuhelfen. Er erkenne in Giovanni viele Eigenschaften, wodurch er Messer Salvestro übertreffe.“ Niccolo wurde von den ihm Gleichstehenden nicht gehört, weil sie auf seinen Ruf eifersüchtig waren und Gefährten zu haben wünschten, ihn zu unterdrücken.

Während es so in Florenz im verborgenen zu gären begann, war Philipp Visconti, zweiter Sohn Johann Galeazzos, durch den Tod seiner Bruders Herr der ganzen Lombardei geworden. Er glaubte sich nun in jede Unternehmung einlassen zu können und verlangte sehr danach, sich Genuas zu bemächtigen, das damals unter dem Dogen Messer Tommaso da Campo Fregoso frei lebte. Er mißtraute aber dem Gelingen dieser oder anderer Unternehmungen, wenn er zuerst nicht einen neuen Vertrag mit den Florentinern bekanntmache. Das Ansehen, welches er dadurch gewann, hielt er für ausreichend, um seine Wünsche zu befriedigen. Er schickte also Gesandte mit seinem Begehren nach Florenz. Viele Bürger rieten: man solle es nicht tun, sondern es beim alten Frieden, der sich viele Jahre mit ihm erhalten, bewenden lassen; denn sie erkannten, daß ihm der neue Vertrag bedeutenden Vorteil brachte und die Stadt wenig Nutzen daraus zog. Viele andere wollten den Vertrag schließen und durch die Kraft desselben Philipp Grenzen setzen, bei deren Überschreitung jeder seine schlimme Absicht erkennen werde, worauf man dann; wenn er den Frieden breche, mit mehr Berechtigung Krieg mit ihm anfangen könne. Nachdem man auf diese Weise lange über die Sache gestritten, wurde der Friede bestätigt, und Philipp versprach darin, sich nicht in die Angelegenheiten der Staaten zu mischen, welche diesseits der Flüsse Magra und Panaro lagen (1421).

Nach dem Abschluß dieses Vertrags eroberte Philipp Brescia (1422) und bald darauf Genua. Dies geschah wider Erwarten derer, welche in Florenz den Frieden angeraten halten; denn sie glaubten, Brescia werde von den Venezianern verteidigt werden und Genua werde sich selbst verteidigen. Mit dem Dogen von Genua schloß Philipp einen Vertrag, wodurch er ihm Serezana und andere Städte diesseits der Magra unter der Bedingung ließ, sie den Genuesern zu geben, wenn er sie veräußern wolle. Philipp verletzte also dadurch den Frieden. Überdies schloß er einen Vertrag mit dem Legaten von Bologna. Diese Dinge beunruhigten die Gemüter unserer Bürger und bewogen sie, da sie neue Übel fürchteten, auf neue Vorkehrungen zu sinnen. Als Philipp von dieser Aufregung Kenntnis erhielt, sandte er, entweder um sich zu rechtfertigen oder um die Gesinnung der Florentiner zu erforschen, oder um sie einzuschläfern, Gesandte nach Florenz, indem er sich über den erregten Verdacht befremdet zeigte und sich erbot, allem Geschehenen, was irgend Argwohn erzeugen könnte, zu entsagen. Die Gesandten richteten nichts anderes aus, als daß sie die Stadt teilten. Die, welche den meisten Anteil an der Regierung hatten, hielten für gut, sich zu bewaffnen und zu rüsten, die Pläne des Feindes zu stören. Wenn die Rüstungen gemacht seien und Philipp ruhig bleibe, so habe man keinen Krieg angefangen, sondern Ursache zum Frieden gegeben. Viele andere, entweder aus Neid gegen die Regierenden oder aus Furcht vor dem Krieg, waren der Meinung, man dürfe nicht leichtfertig auf einen Verbündeten verdächtigen. Was er getan hatte, verdiene nicht so großen Argwohn; dagegen wüßten sie wohl, daß, die Zehn ernennen und Truppen in Sold nehmen, Krieg bedeute. Fange man aber mit einem so mächtigen Fürsten Krieg an, so sei es zum gewissen Verderben der Stadt und ohne irgendeinen Nutzen davon hoffen zu können, da wir über etwaige Eroberungen wegen der dazwischen liegenden Romagna uns der Herrschaft nicht erfreuen und an die Städte der Romagna wegen der Nachbarschaft der Kirche nicht denken könnten. Die Autorität derer jedoch, welche sich zum Krieg rüsten wollten, galt mehr als derer, welche den Frieden wollten. Sie ernannten die Zehn, nahmen Truppen in Sold und legten neue Abgaben auf. Weil nun diese Auflagen mehr die kleineren als die größeren Bürger drückten, erfüllten sie die Stadt mit Klagen. Jeder verdammte den Ehrgeiz und die Habsucht der Mächtigen, indem man sie beschuldigte, sie wollten einen unnötigen Krieg anfangen, um ihre Begierden zu befriedigen, und das Volk unterdrücken, um zu herrschen.

Es war mit dem Herzog noch nicht zum offenen Bruch gekommen, aber alles war voll Argwohn. Philipp hatte auf Begehren des Legaten von Bologna, der Messer Antonio Bentivogli, welcher sich verbannt zu Castel Bolognese befand, fürchtete, Soldaten nach Bologna gesandt (1423), die durch ihre Nähe am florentinischen Gebiete die Regierung beunruhigten. Was aber am meisten jedermann in Furcht versetzte und eine treffliche Ursache den Krieg zu erklären gab, war die Unternehmung des Herzogs gegen Forli. Herr von Forli war Giorgio Ordelaffi, der sterbend seinen Sohn Tibaldeo unter die Vormundschaft Philipps stellte. Die Mutter, welcher der Vormund verdächtig schien, sandte Tibaldeo ihrem Vater Lodovico Alidosi, der Herr von Imola war. Allein sie wurde vom Volk von Forli gezwungen, ihn zur Befolgung des väterlichen Testamentes in die Hände des Herzogs zurückzugeben. Um nun weniger Verdacht zu erregen und seine Absicht besser zu verheimlichen, veranlaßte Philipp, daß der Marchese von Ferrara als seinen Prokurator Guido Torello mit Soldaten sende, um die Regierung von Forli zu übernehmen. So kam diese Stadt in die Gewalt Philipps.

Als man diese Sache in Florenz erfuhr, erleichterte sie, zusammen mit der Nachricht von der Ankunft der Soldaten in Bologna, den Beschluß der Kriegserklärung, obgleich diese viel Widerspruch fand und Giovanni de' Medici öffentlich abmahnte. Er zeigte, daß „Wenn man auch der schlimmen Absicht des Herzogs gewiß wäre, so sei es doch besser, abzuwarten, bis er angreife, als ihm mit dem Heer entgegenzurücken. Denn im letzteren Fall sei der Krieg in den Augen der Fürsten Italiens ebenso auf der Seite des Herzogs als auf der unsrigen gerechtfertigt. Man könne dann nicht so zuversichtlich ihre Hilfe begehren, wie man es können werde, wenn sich sein Ehrgeiz offenbart habe. Mit ganz anderem Mut und mit anderen Streitkräften verteidige man sein Eigentum als fremdes." Die anderen sagten, man solle den Feind nicht zu Hause erwarten, sondern ihn aufsuchen; das Glück sei dem Angreifer befreundeter als dem Verteidiger, und mit kleineren Schäden, wenn auch mit größeren Kosten, führe man Krieg im fremden Land als in der Heimat. So drang diese Meinung durch, und es wurde beschlossen, daß die Zehn alle Mittel ergreifen sollten, damit die Stadt Forli den Händen des Herzogs entrissen werde.

Als Philipp sah, daß die Florentiner die Stadt erobern wollten, die er unter seinen Schutz genommen, legte er die Rücksicht beiseite und sandte Agnolo della Pergola mit einer starken Heeresabteilung nach Imola (1424), damit der Herr dieser Stadt, mit der eigenen Verteidigung beschäftigt, nicht an die Beschützung seines Enkels denken könne. Agnolo kam in der Nähe von Imola an, als die Soldaten der Florentiner noch zu Modigliana standen, und da bei der großen Kälte die Stadtgräben zugefroren waren, nahm er in einer Nacht Imola durch Überfall und schickte Lodovico gefangen nach Mailand. Als die Florentiner Imola verloren und den Krieg eröffnet sahen, sandten sie ihr Heer gegen Forli, das sogleich belagert und von allen Seiten berannt wurde. Damit das Heer des Herzogs nicht vereinigt Forli befreien könne, hatten sie den Grafen Alberigo (da Barbiano) in Sold genommen, der von seiner Stadt Zagonara aus täglich bis an die Tore Imolas streifte.

Agnolo della Pergola sah, daß er wegen der Verschanzungen, womit unsere Soldaten ihr Lager umgeben hatten, Forli nicht sicher befreien konnte. Er dachte daher Zagonara zu bestürmen, urteilend, die Florentiner würden diesen Ort nicht gerne verloren gehen lassen; wollten sie aber Zagonara unterstützen, so mußten sie die Belagerung von Forli aufheben und mit Nachteil zur Schlacht kommen. Die Soldaten des Herzogs zogen also vor Zagonara und zwangen Alberigo eine Kapitulation zu verlangen. Diese wurde ihm gewährt und darin festgesetzt, daß er die Stadt übergeben solle, wenn er innerhalb 14 Tagen nicht von den Florentinern befreit würde. Als man von dieser bedenklichen Lage im Heer und in Florenz erfuhr, wünschten beide, daß der Feind diesen Sieg nicht haben solle, und so erhielt er einen größeren. Das Heer zog von Forli ab, um Zagonara zu befreien, und als es auf den Feind traf, wurde es nicht nur durch die Tapferkeit der Gegner sondern auch das schlechte Wetter geschlagen. Die Unsrigen, die einige Stunden im tiefsten Kot und vom Regen überschüttet marschiert waren, stießen auf den frischen Feind, der sie leicht besiegen konnte. Doch starb bei einer so großen Niederlage, die durch ganz Italien gepriesen wurde, niemand als Lodovico degli Obizzi mit zwei der Seinigen, die vom Pferd gestürzt, im Kot erstickten.

Die Nachricht von dieser Niederlage erfüllte ganz Florenz mit Trauer, am meisten aber die großen Bürger, die zum Krieg geraten hatten. Sie sahen den Feind stark, sich entwaffnet, ohne Verbündete und das Volk ihnen entgegen, das sie auf allen Plätzen mit beleidigenden Worten schmähte. Es beklagte sich über die getragene Abgabenlast und über den grundlos angefangenen Krieg, indem es sagte: „Haben sie jetzt die Zehn ernannt, um dem Feind Schrecken einzujagen? Haben sie jetzt Forli unterstützt und aus den Händen des Herzogs gerissen? Sieh, wie sich ihre Ratschläge entpuppt haben und zu welchem Zweck sie handelten: nicht um die Freiheit zu verteidigen, die ihre Feindin ist, sondern um ihre eigene Macht zu vergrößern. Doch Gott hat sie in seiner Gerechtigkeit gedemütigt. Nicht mit diesem Feldzug allein haben sie die Stadt bedrückt, sondern mit vielen; denn ähnlich war der gegen den König Ladislaus. An wen werden sie sich jetzt um Beistand wenden? An den Papst Martin, den sie Braccio zu Gefallen mißhandelt haben? An die Königin Johanna, die, von ihnen im Stich gelassen, sich dem König von Aragon in die Arme werfen mußte?" Außerdem sagten sie alles, was ein erzürntes Volk zu sagen pflegt. Die Signoren versammelten daher viele Bürger, die durch gute Worte die erregte Leidenschaft der Menge beschwichtigen sollten.

Messer Rinaldo degli Albizzi, Messer Masos ältester Sohn, der durch seine Tüchtigkeit und durch das Andenken seines Vaters nach der ersten Stufe der Stadt strebte, sprach lange. Er zeigte, daß es nicht klug sei, die Dinge nach dem Erfolg zu beurteilen; denn oft habe ein guter Rat ein schlechtes Ende, und ein schlechter Rat ein gutes. Wenn man den schlechten Rat wegen des guten Ausgangs lobe, so tue man nichts anders, als die Menschen zum Fehlen ermutigen, was zum großen Schaden der Republik ausschlage, denn immer sei der schlechte Rat nicht glücklich. Ebenso wenn man eine weise Maßregel tadle, die kein erfreuliches Ende habe; denn man nehme den Bürgern den Mut, die Stadt zu beraten und ihre Meinung zu sagen. Dann zeigte er die Notwendigkeit dieses Krieges, und daß man ihn in Toskana hatte führen müssen, wenn man ihn nicht in der Romagna angefangen hätte. Da es aber Gottes Wille gewesen sei, daß das Heer geschlagen worden, so werde der Verlust desto schwerer sein, je mehr man sich selbst verlasse. Biete man dagegen dem Schicksal die Stirn und treffe die Vorkehrungen, die man könne, so würden weder sie die Niederlage fühlen, noch der Herzog den Sieg. Die künftigen Kosten und Auflagen dürften sie nicht erschrecken; denn es sei billig, die Auflagen anders zu verteilen, und die Kosten würden viel geringer sein als die früheren; denn geringere Rüstungen bedarf, wer sich verteidigen will, als wer anzugreifen sucht. Er ermahnte sie zuletzt, ihre Väter nachzuahmen, die sich stets gegen jeden Fürsten verteidigt hätten, weil sie in keinem Unglück den Mut verloren.

Durch seine Autorität ermuntert, nahmen also die Bürger den Grafen Oddo, Braccios (da Monlone) Sohn in Sold. Als Führer gaben sie demselben Niccolo Piccinino, Braccios Zögling, bei, der vor allen anderen, die unter Braccios Fahnen gedient haben, einen guten Ruf hatte. Ihm gaben sie noch andere Condottieri bei und machten einige der ausgeplünderten Schweren Reiter wieder beritten. Sie ernannten zwanzig Bürger, neue Auflagen aufzulegen, die, dadurch ermutigt, daß sie durch die letzte Niederlage die mächtigen Bürger gedemütigt sahen, diese rücksichtslos belasteten (1426).

Diese Belastung traf die großen Bürger sehr. Anfänglich beschwerten sie sich ehrenhalber nicht über ihre Auflagen, sondern tadelten die Sache im allgemeinen als ungerecht und rieten, man solle eine Erleichterung eintreten lassen. Dies, vielen bekannt, wurde in den Räten verhindert. Um daher durch die Tat die Härte der Auflage fühlbar und die Sache vielen verhaßt zu machen, bewirkten sie, daß die Einnehmer dieselbe mit aller Strenge eintreiben sollten, indem diese die Gewalt erhielten, jeden, der sich den öffentlichen Häschern widersetzen würde, zu töten. Hieraus entstanden viele traurige Vorfälle, wo Bürger getötet und verwundet wurden. Man glaubte nun, daß die Parteien zum Blutvergießen kommen würden, und jeder Kluge befürchtete ein nahes Unheil, da die Großen, berücksichtigt zu werden gewohnt, nicht ertragen konnten, daß man Hand an sie lege, und die andern wollten, daß jeder gleich belastet werde. Viele der ersten Bürger hielten daher Zusammenkünfte und kamen überein, daß es Not tue, die Regierung wieder zu ergreifen. Denn ihre Nachlässigkeit habe die Menschen ermutigt, die öffentlichen Geschäfte zu tadeln, und die kühn gemacht, welche Häupter der Menge zu sein pflegten. Nachdem sie diese Dinge mehrere Male unter sich besprochen, beschlossen sie, sich sämtlich auf einmal wieder zu sehen. So vereinigten sich in der Kirche Santo Stefano über siebzig Bürger mit der Erlaubnis Messer Lorenzo Ridolfis und Francescos Gianfigliazzi, die damals unter den Signoren saßen. Giovanni de' Medici erschien nicht dabei, sei es, daß er als verdächtig nicht eingeladen war, oder daß er, als ihrer Meinung entgegen, nicht teilnehmen wollte.

Messer Rinaldo degli Albizzi sprach zu allen. Er zeigte den Zustand der Stadt, und daß Florenz durch ihre Nachlässigkeit wieder in die Gewalt des Pöbels gefallen sei, woraus es (1381) ihre Väter gerissen. Er erinnerte an die Ungerechtigkeit jener Regierung, welche vom Jahr 78 bis 81 bestand, und daß durch sie allen Anwesenden, dem der Vater, dem der Ahne getötet worden war. In dieselbe Gefahr gerate man wieder, und die Stadt falle in dieselben Unordnungen zurück. Schon habe die Menge eine Auflage nach Gefallen aufgelegt, und wenn sie nicht größere Kraft oder bessere Ordnung zurückhalte, so werde sie bald die Regierung nach Willkür ernennen. Geschehe dies, so werde die Menge ihre Plätze einnehmen und die Regierung verderben, die zweiundvierzig Jahre zu so großem Ruhm der Stadt amtiert habe. Florenz werde dann entweder dem Zufall preisgegeben unter der Willkür der Menge verwaltet werden, wo ein Teil zügellos, der andere in Gefahr lebe oder unter der Herrschaft eines aus dem Pöbel, der sich zum Fürsten machen würde. Er behaupte daher, daß jeder, der das Vaterland und seine Ehre liebe, schmerzlich ergriffen sei und die Verdienste Bardo Mancinis ins Gedächtnis zurückrufen müsse, der die Stadt zum Ruin der Alberti aus denselben Gefahren zog, in der sie jetzt schwebe. Der Grund dieser Kühnheit der Menge liege in den weitherzigen Squillinien, die durch ihre Nachlässigkeit vorgenommen worden und wodurch der Palast mit neuen und gemeinen Männern angefüllt sei. Er schloß daher, er sehe nur die eine Art abzuhelfen, daß man den Großen die Regierung wieder gebe und den kleinen Zünften die Gewalt nehme, indem man sie von vierzehn auf sieben beschränke. Dadurch werde der Pöbel in den Räten weniger Gewalt haben, sowohl wegen der Verminderung seiner Zahl, als auch weil die Großen mehr Autorität darin erhielten, die ihm aus alter Feindschaft entgegenarbeiten würden. Es sei Klugheit, daß man sich der Menschen nach den Umständen zu bedienen wisse. Wenn sich ihre Väter des Pöbels bedienten, den Übermut der Großen zu vernichten, so sei es jetzt, wo die Großen demütig und der Pöbel übermütig geworden, zweckmäßig, seinen Übermut durch die Großen zu zügeln. Zur Durchführung der Sache habe man List und Gewalt, und zu letzterer könne man leicht greifen, da einer von ihnen unter den Zehn sei und insgeheim Soldaten in die Stadt führen könne.

Messer Rinaldo wurde gelobt und sein Rat von jedermann gebilligt. Unter andern sprach Niccolo da Uzano: Alles, was Messer Rinaldo gesagt, sei wahr, und die Mittel gut und sicher, wenn man sie anwenden könne, ohne zu einer offenbaren Spaltung der Stadt zu kommen. Bestimmt könne man dies verhindern, wenn es gelinge, Messer Giovanni de' Medici in ihren Plan einzubeziehen; denn nehme Giovanni teil, so könne die Menge, des Oberhauptes und der Kraft beraubt, nicht schaden. Nehme aber Giovanni nicht teil, so lasse sich die Sache nicht ohne Waffen beilegen, und mit den Waffen, halte er dafür, sei Gefahr vorhanden, entweder nicht zu siegen oder den Sieg nicht genießen zu können. Er rief ihnen bescheiden seine früheren Erinnerungen ins Gedächtnis und daß sie dieser Schwierigkeit in einer Zeit, wo man es leicht konnte, nicht hatten abhelfen wollen. Jetzt aber sei es zu tun nicht mehr Zeit, ohne größeren Schaden zu fürchten, und es bleibe kein anderes Mittel, als Giovanni zu gewinnen. Es wurde also Messer Rinaldo der Auftrag gegeben, zu Giovanni zu gehen und zu sehen, daß er ihn zu ihrer Meinung bewege.

Der Ritter führte den Auftrag aus; er drang mit den besten Worten, die er wußte, in ihn, mit ihnen an dieses Unternehmen zu gehen und nicht die Menge dadurch, daß er sie begünstige, zum Untergang der Regierung und der Stadt kühn machen zu wollen. Giovanni antwortete: „Die Pflicht eines weisen und guten Bürgers, glaube er, sei, die gewohnten Einrichtungen seiner Vaterstadt nicht umzustürzen. Nichts sei den Menschen so schädlich als die Veränderung derselben; denn man müsse viele verletzen, und wo viele unzufrieden seien, habe man täglich ein schlimmes Ereignis zu fürchten. Es scheine ihm, ihr Beschluß habe zwei höchst verderbliche Wirkungen. Die eine, daß sie die Ämter denen gäben, die sie, weil sie sie nie gehabt, weniger würdigen und weniger Ursache haben, sich zu beschweren, wenn sie sie nicht haben. Die andere, daß sie die Ämter denen nähmen, welche, gewohnt sie zu haben, nie ruhen würden, wenn man sie ihnen nicht zurückgäbe. So würde die Unbill, die man dem einen

Teil zufüge, viel größer sein als die Wohltat, welche man dem anderen bezeuge. Der Urheber würde sich daher wenige Freunde erwerben und sehr viele Feinde machen, und diese würden ihn mit mehr Heftigkeit angreifen als jene verteidigen. Denn die Menschen seien von Natur bereiter zur Rächung der Übel als zur Dankbarkeit für die Wohltaten, da die Dankbarkeit Schaden zu bringen, die Rache Nutzen und Vergnügen zu gewähren scheine.“ Hierauf wandte er seine Worte an Masser Rinaldo selbst und sagte: „Und Ihr, wolltet Ihr Euch an die früheren Ereignisse erinnern, und wie hinterlistig man in dieser Stadt zu Werke geht, Ihr würdet Euch weniger warm bei diesem Beschluß zeigen. Kaum würden die, die Euch dazu raten, mit Eurer Kraft dem Volk die Gewalt genommen haben, so würden sie Euch mit dem Beistand des Volkes, das durch diese Unbill Euer Feind geworden wäre, gleichfalls die Gewalt nehmen. Es würde Euch gehen wie Messer Benedetto Alberti, der durch die Überredungskünste derer, die ihn nicht liebten, in den Sturz Messer Giorgio Scalis und Messer Tommaso Strozzis einwilligte, und kurz darauf von den gleichen, die ihn überredet hatten, ins Exil geschickt wurde.“ Er ermahnte ihn daher, die Sache reiflicher zu überlegen: „Er solle seinen Vater nachahmen, der, um das Wohlwollen der Masse zu erwerben, den Salzpreis herabsetzte, eine Verordnung erließ, daß jeder, dessen Steuer unter einem halben Gulden betrage, nach Belieben bezahlen könne oder nicht, und befahl, daß am Tag, wo sich die Räte versammeln, jeder vor seinen Gläubigern sicher sein solle. Er schloß damit, daß er alles tun werde, was in seinen Kräften stehe, damit die Stadt ihre Verfassung behalte.“

Diese Unterhandlungen wurden bekannt und vermehrten Giovannis Ansehen und den Haß gegen die anderen Bürger, von welchen er sich entfernte, um denen, die mit seiner Unterstützung Neuerungen beabsichtigen sollten, den Mut zu nehmen. In allen seinen Reden erklärte er jedermann, daß er nicht Faktionen nähren, sondern sie ausrotten wolle, Und was an ihm liege, so strebe er nach nichts anderem als nach der Einigung der Stadt. Viele seines Anhangs waren darüber unzufrieden; denn sie hätten gewünscht, daß er kräftiger aufgetreten wäre. Unter diesen war Alamanno de' Medici, der, von heftiger Natur, nicht abließ, ihn anzutreiben, die Feinde zu verfolgen und die Freunde zu begünstigen, seine Kälte und sein Zögern verdammend. Dies sagte er, sei Ursache, daß die Feinde ohne Scheu gegen ihn unterhandelten, und diese Unterhandlungen würden eines Tags zum Untergang seines Hauses und seiner Freunde führen. Auf dieselbe Weise drang er in seinen Sohn Cosimo. Allein Giovanni ließ sich, was ihm auch entdeckt oder prophezeit werden mochte, nicht von seinem Entschluß abbringen. Doch hatte sich bei alledem die Partei schon offenbart, und die Stadt war in offener Spaltung. Im Palast waren zum Dienst der Signoren zwei Kanzler, Ser Martino und Ser Pagolo. Dieser begünstigte die Partei Uzanos, jener die medizeische. Als nun Messer Rinaldo sah, daß sich Giovanni ihnen nicht anschließen wollte, dachte er, man müsse Ser Martino seines Amts entheben, indem er meinte, der Palast werde ihnen dann stets günstiger gesinnt sein. Die Gegner erhielten davon Kenntnis und verteidigten nicht nur Ser Martino, sondern Ser Pagolo ward zur großen Verstimmung und Kränkung seiner Partei entlassen.

Dies würde schlimme Folgen gehabt haben, wenn nicht der Krieg der Stadt näher gekommen wäre, die schon durch die Niederlage bei Zagonara in Furcht versetzt war. Während dieser Vorgänge in Florenz hatte Agnolo della Pergola mit dem Heer des Herzogs alle Städte der Romagna, die die Florentiner besaßen, mit Ausnahme von Castrocaro und Modigliana, eingenommen, teils wegen der Schwäche der Orte, teils durch die Schuld der Gouverneure. Zwei Vorfälle trugen sich bei Eroberung dieser Städte zu, woraus man erkennt, wie sehr die Tapferkeit selbst dem Feind gefällt und wie sehr ihm die Feigheit und der Verrat zuwider sind.

Kastellan des Kastells Monte Petroso war Biagio del Melano. Vom Feuer umgeben, das die Feinde gelegt hatten, und keinen Ausweg erblickend, das Kastell zu retten, warf er von dem noch nicht brennenden Teil Stroh und Decken herab und darauf seine zwei kleinen Kinder, indem er den Feinden zurief: „Nehmt für euch die Güter, die mir das Glück gegeben und die ihr mir entreißen könnt. Die Güter, die ich mir selbst und meinem Mut verdanke, meinen Ruhm und meine Ehre, die werde ich euch nicht geben, und ihr sollt mir sie nicht nehmen." Die Feinde eilten herbei, die Kinder zu retten, und reichten ihm Seile und Leitern, damit auch er sich errette. Er aber nahm sie nicht an und wollte lieber in den Flammen sterben als den Feinden seines Vaterlandes die Rettung seines Lebens verdanken. Eine Handlung, wahrhaft des gepriesenen Altertums würdig, und um so bewunderungswerter, je seltener sie ist. Seine Kinder erhielten von den Feinden zurück, was man den Flammen entreißen konnte, und wurden mit größter Sorgfalt ihren Verwandten gesandt. Nicht weniger liebevoll zeigte sich die Republik gegen sie; denn sie wurden bis an ihren Tod auf Staatskosten unterhalten

Das Gegenteil trug sich in Galeata zu. Hier war Zanobi del Pino Podestà, der, ohne sich zu verteidigen, das Kastell dem Feind übergab und noch dazu Agnolo rief, die Alpen der Romagna zu verlassen und in die Hügel Toskanas zu ziehen, wo er den Krieg mit weniger Gefahr und größerem Gewinn führen könne. Agnolo war diese Feigheit und falsche Bosheit unausstehlich. Er gab den Podestà seinen Knechten preis, die ihm nach vielfacher Verhöhnung nur mit Schlangen bemaltes Papier zu essen gaben, indem sie sagten, er solle dadurch vom Guelfen zum Gibellinen werden. So starb er fastend nach wenigen Tagen.

Mittlerweile war der Graf Oddo mit Niccolo Piccinino ins Lamonalal vorgerückt, um zu versuchen, ob er den Herrn von Faenza zum Bündnis mit den

Florentinern zwingen könne, oder um wenigstens Agnolo della Pergola zu verhindern, daß er nicht ungestört die Romagna durchstreife. Da aber dieses Tal sehr fest und die Einwohner kriegerisch sind, so wurde der Graf Oddo getötet und Niccolo Piccinino gefangen und nach Faenza gebracht. Das Glück jedoch wollte, daß die Florentiner durch die Niederlage erreichten, was sie vielleicht durch den Sieg nicht erreicht haben würden. Niccolo Piccinino bemühte sich so sehr bei dem Herrn von Faenza und dessen Mutter, daß er sie zu Freunden der Florentiner machte. In dem Vertrag wurde Niccolo Piccinino freigegeben. Doch er selbst befolgte den Rat nicht, den er andern gegeben halte. Als er mit der Stadt über seine Kondottierestelle unterhandelte, schienen ihm entweder die Bedingungen schlecht, oder er fand sie anderwärts besser, zog fast *ex abrupto* aus Arezzo, wo er sein Standquartier hatte, ab nach der Lombardei und trat in den Sold des Herzogs.

Erschreckt durch dieses Ereignis und entmutigt durch die häufigen Verluste, glaubten die Florentiner diesen Krieg nicht mehr allein fortführen zu können und schickten Gesandte zu den Venezianern mit der Bitte, daß sie, solange es einfach sei, sich der Vergrößerung eines Fürsten widersetzen möchten, der, wenn man ihn wachsen lasse, sowohl Venedig als Florenz abträglich werden würde. Denselben Rat gab den Venezianern Francesco Carmignuola, ein Mann, der in jenen Zeiten als ausgezeichnet im Krieg galt, und der früher Soldat des Herzogs gewesen war, sich aber gegen ihn erhoben hatte. Die Venezianer waren ungewiß, weil sie nicht wußten, wie weit sie Carmignuola trauen könnten, und fürchteten, die Feindschaft zwischen dem Herzog und ihm möchte falsch sein. Während sie auf diese Weise schwankten, trug es sich zu, daß der Herzog Carmignuola durch einen von dessen Dienern vergiften ließ. Das Gift war nicht stark genug, ihn zu töten, brachte ihn aber dem Tod nahe. Als man die Ursache der Krankheit entdeckte, legten die Venezianer den Verdacht ab, und da die Florentiner fortfuhren, in sie zu dringen, schlossen sie mit denselben ein Bündnis. Beide Teile verpflichteten sich darin, den Krieg auf gemeinschaftliche Kosten zu führen; die Eroberungen in der Lombardei sollten den Venezianern gehören, die in der Romagna und in Toskana den Florentinern; und Carmignuola wurde Feldherr des Bundes. Der Krieg wurde durch diesen Vertrag in die Lombardei gebracht, wo ihn Carmignuola tapfer führte. In wenigen Monaten nahm er dem Herzog nicht nur viele kleinere Städte, sondern auch die Stadt Brescia weg, eine Eroberung, die in jenen Zeiten und nach der Art jener Kriege für bewunderungswürdig galt.

Der Krieg hatte nun vom Jahr 22 bis 27 gedauert, und die Bürger waren der bis jetzt aufgelegten Steuern so müde, daß sie sich einigten, sie neu zu verteilen (1427). Damit sie dem Reichtum gemäß gleich verteilt würden, wurde verordnet, die Steuern auf Hab und Gut zu legen, und daß, wer hundert Gulden Vermögen habe, einen halben Gulden Steuer bezahlen müsse. Da also das Gesetz, nicht die Menschen, diese Steuer zu verteilen hatte, so wurden die mächtigen Bürger sehr hoch veranlagt. Ehe man das Gesetz beschlossen hatte, war es daher von ihnen bekämpft worden; nur Giovanni hatte es offen gelobt, und dadurch war es durchgegangen. Weil beim Verteilen eines jeden Hab und Gut zusammengerechnet wurde, was die Florentiner katastrieren nennen, so nannte man die Steuer Kataster. Diese Art setzte zum Teil der Tyrannei der Mächtigen Grenzen; denn sie konnten nun nicht mehr die Kleinen unterdrücken und sie durch Drohungen in den Räten zum Schweigen bringen wie früher. Die Steuer war daher der Masse angenehm und wurde von den Mächtigen mit größtem Mißfallen aufgenommen. Aber die Menschen werden niemals befriedigt, und kaum haben sie etwas, so begnügen sie sich nicht mehr damit und wollen noch mehr. Nicht mit der Gleichheit der Steuer zufrieden, die aus dem Gesetz folgte, verlangte das Volk, man solle in die Vergangenheit zurückgehen und nachsehen, was die Mächtigen weniger bezahlt hatten, als jetzt nach dem Kataster auf sie kam; dieses Begehren erschreckte die Großen viel mehr als der Kataster, und um sich dagegen zu verteidigen, ließen sie nicht ab, den Kataster zu verdammen. „Er sei sehr ungerecht, behaupteten sie, weil er auch auf die beweglichen Güter gelegt sei, die man heute besitzt und morgen verliert. Überdies gebe es viele Personen, die verborgenes Geld hätten, das der Kataster nicht auffinden könne. Dem fügten sie hinzu, die Männer, welche, um die Republik zu verwalten, ihre Geschäfte versäumten, müßten weniger von ihr belastet werden, da es ihr genügen müsse, daß sie sich persönlich anstrengten. Es sei ungerecht, daß sich die Republik ihres Vermögens und ihrer Tätigkeit erfreue und bei den anderen nur des Geldes."

Die anderen, denen der Kataster gefiel, antworteten: „Wenn sich die beweglichen Güter änderten, so könne man auch die Steuern ändern, und durch ihre häufige Änderung ließe sich jenem Mißstand abhelfen. Die, welche verborgenes Geld hätten, in Anschlag zu bringen, sei nicht nötig; denn solange das Geld keinen Nutzen bringe, sei es unbillig, daß es bezahle, und bringe es Nutzen, so müssen sie es offenbaren. Wenn es ihnen nicht gefiele, sich für die Republik zu bemühen, so sollten sie es nur unterlassen und sich nicht darein mischen. Die Republik werde immer liebevolle Bürger finden, denen es nicht schwer scheinen werde, dieselbe mit Geld und mit Rat zu unterstützen. Der Vorteil und die Ehre, die das Regieren mit sich bringe, seien so groß, daß es ihnen daran genügen müsse, ohne sich von den Lasten ausschließen zu wollen. Doch das Übel liege, wo sie es nicht sagten: es schmerze sie, nicht mehr ohne ihren Schaden Krieg anfangen zu können, da sie mit den andern zu den Kosten beitragen müßten. Hätte man diese Art früher erfunden, so würde man nicht mit dem König Ladislaus Krieg geführt haben und würde jetzt nicht mit dem Herzog

Philipp Krieg führen; zwei Kriege, die sie nur, um sich die Beutel zu füllen, nicht aus Notwendigkeit angefangen hätten."

Diese Aufregung der Gemüter beschwichtigte Giovanni de' Medici. Er zeigte, „Daß es nicht gut sei, auf die Vergangenheit zurückzukommen, daß man vielmehr für die Zukunft sorgen müsse. Wenn die Steuern früher ungerecht gewesen, so müsse man Gott danken, daß man die Art gefunden, sie gerecht zu machen. Man solle diese Art zur Einigung der Stadt dienen lassen, nicht zu ihrer Spaltung, wie es geschehen würde, wenn man den früheren Abgaben nachforsche und sie den gegenwärtigen gleichstelle. Wer mit einem mittelmäßigen Sieg zufrieden sei, tue immer besser; denn wer übersiegen wolle, verliere immer." Durch solche Worte beschwichtigte er diese Aufregung und bewirkte, daß von der Gleichstellung nicht mehr gesprochen wurde.

Unterdessen hatte der Krieg mit dem Herzog fortgedauert. Durch die Vermittelung des päpstlichen Legaten wurde in Ferrara ein Friede geschlossen, doch der Herzog hielt anfangs die Bedingungen desselben nicht ein. Die Allianz ergriff daher von neuem die Waffen und schlug sein Heer, als es zum Kampf kam, bei Maclovio (1428). Nach dieser Niederlage machte der Herzog neue Friedensvorschläge, worauf die Venezianer und die Florentiner eingingen: diese, weil sie gegen die Venezianer Verdacht schöpften, da sie viel Geld auszugeben glaubten, nur um andere mächtig zu machen; jene, weil sie Carmignuola nach der dem Herzog beigebrachten Niederlage so langsam zu Werk gehen sahen, daß sie ihm nicht mehr trauen zu können glaubten. Man schloß also im Jahr 1428 den Frieden, wodurch die Florentiner die verlorenen Städte in der Romagna wieder erhielten und die Venezianer im Besitz von Brescia blieben und noch dazu die Stadt und Landschaft Bergamo vom Herzog bekamen. Die Florentiner gaben 3 500 000 Dukaten in diesem Krieg aus, durch den sie den Venezianern Gebiet und Macht, sich selbst Armut und Zwietracht gewannen.

Sobald der Friede nach außen eingetreten war, fing der Krieg im Inneren wieder an. Da die großen Bürger den Kataster nicht ertragen konnten und keinen Weg sahen, ihn abzuschaffen, dachten sie Mittel aus, ihm mehr Feinde zu machen, um zum Angriff mehr Gefährten zu haben. Sie zeigten daher den zum Ausschreiben angestellten Beamten, das Gesetz zwinge sie, auch die Güter des Gebietes zu katastrieren, um zu sehen, ob sich Güter von Florentinern darunter befänden. Es wurden also alle Untertanen vorgeladen, in einer gewissen Zeit Verzeichnisse ihres Vermögens zu bringen. Nun sandten die Volteiraner an die Signoria, sich über die Sache zu beschweren, und die Beamten, erzürnt, setzten achtzehn von ihnen gefangen. Dies brachte die Volterraner in hohem Grade auf, doch aus Rücksicht auf ihre Gefangenen blieben sie ruhig.

In dieser Zeit wurde Giovanni de' Medici krank. Als er seine Krankheit als tödlich erkannte, rief er seine Söhne Cosimo und Lorenzo zu sich und sprach:

„Ich glaube die Jahre gelebt zu haben, die mir Gott und die Natur bei meiner Geburt bestimmten. Ich sterbe zufrieden, da ich euch reich, gesund und mit solchen Eigenschaften hinterlasse, daß ihr geehrt und in jedermanns Gunst in Florenz leben könnt, wenn ihr in meine Fußtapfen tretet. Denn nichts gewährt mir im Tod so große Befriedigung, als das Bewußtsein, daß ich niemals jemand verletzt habe, sondern daß ich vielmehr nach meinen Kräften jedermann diente. So ermahne ich euch zu tun. Von der Regierung, wenn ihr sicher leben wollt, nehmt, was euch die Gesetze und die Bürger geben. Dies wird euch niemals Neid noch Gefahr zuziehen; denn was wir uns nehmen, nicht was uns gegeben wird, macht uns verhaßt, und immer werdet ihr viel mehr erhalten als die, welche dadurch, daß sie den Anteil anderer wollen, den ihrigen verlieren, und eh' sie ihn verlieren, in beständiger Sorge leben. Durch diese Künste habe ich unter so vielen Feinden, unter so vielen Streitigkeiten mein Ansehen in dieser Stadt nicht nur erhalten, sondern vergrößert. Ebenso werdet ihr euch erhalten und vergrößern, wenn ihr meinen Fußtapfen folgt. Tut ihr es aber nicht, so bedenkt, daß euer Ende nicht glücklicher sein wird, als das Ende der Männer gewesen ist, die, solange wir denken können, sich selbst gestürzt und ihr Haus zerstört haben." Er starb bald darauf (1429) und hinterließ bei der Bevölkerung der Stadt ein sehnliches Verlangen nach ihm, wie es seine vortrefflichen Eigenschaften verdienten. Giovanni war barmherzig und gab nicht nur jedem Almosen, der darum bat, sondern unterstützte häufig, ohne gebeten zu sein, die Not der Armen. Er liebte jedermann, lobte die Guten und hatte Mitleid mit den Bösen. Er verlangte niemals Ämter und erhielt sie alle. Er ging nie in den Palast außer gerufen. Er liebte den Frieden und mied den Krieg. Er stand den Menschen im Unglück bei und half ihnen im Glück. Fern davon, den Staat zu berauben, war er des öffentlichen Vermögens Mehrer. In den Ämtern liebenswürdig, nicht sehr beredet, aber von größter Klugheit. Sein Anblick zeigte Schwermut, aber im Gespräche war er freundlich und scherzhaft. Er starb reich an Schätzen, aber reicher an gutem Ruf und an Liebe. Seine Erbschaft an Glücksgütern wie an Geistesgütern wurde von Cosimo nicht allein erhalten, sondern vermehrt.

Die Volterraner wurden des Kerkers müde und versprachen, um ihre Freiheit zu erhalten, dem Befehl zu gehorchen. Sie wurden also freigelassen und kehrten nach Volterra zurück. Als nun die Zeit kam, daß dort die neuen Prioren ins Amt traten, wurde darunter ein Giuslo gezogen, ein Plebejer, aber von Einfluß bei der Menge, der einer von denen war, welche in Florenz eingekerkert gewesen. Dieser schon selbst wegen der öffentlichen und persönlichen Unbill von Haß gegen die Florentiner durchdrungen, wurde noch von Giovanni di …[1], einem

[1] Contugi. Anm. d. ital. Ausg. V. J. 1804.

Edlen, der mit ihm in der Regierung saß, angetrieben, durch die Autorität der Prioren und die Beliebtheit, die er beim Volk genoß, die Stadt den Händen der Florentiner zu entreißen und sich zum Fürsten zu machen. Auf dessen Rat ergriff Giusto die Waffen, durchsprengte die Stadt, nahm den Hauptmann, der für die Florentiner hier war, gefangen und machte sich mit der Einwilligung des Volkes zum Herrn. Dieser Aufstand von Volterra mißfiel den Florentinern sehr; da sie jedoch mit dem Herzog Frieden gemacht und der Vertrag noch ganz neu war, meinten sie, zur Wiedereroberung Zeit zu haben, und sandten, um diese Zeit nicht zu verlieren, unverzüglich Messer Rinaldo degli Albizzi und Messer Palla Strozzi als Kommissäre ab, Volterra zu belagern. Giusto indessen, der damit rechnete, daß ihn die Florentiner angreifen würden, begehrte Hilfe bei den Sanesern und Lucchesern. Die Saneser schlugen sie ihm ab, indem sie sagten, sie stünden mit den Florentinern im Bündnis. Und Pagolo Guinigi, welcher Herr von Lucca war, verweigerte, um sich die Gunst des florentinischen Volkes, die er im Krieg des Herzogs verloren zu haben glaubte, weil er sich als Philipps Freund erklärt hatte, wieder zu gewinnen, Giusto nicht nur die Hilfsvölker, sondern schickte den, der sie zu verlangen gekommen war, gefangen nach Florenz. Unterdessen versammelten die Kommissäre, um die Volterraner unvorbereitet zu treffen, alle ihre Schweren Reiter, hoben aus dem unteren Arnotal und aus der Landschaft Pisa eine bedeutende Menge Fußvolk aus und zogen damit gegen Volterra. Doch weder darum, daß er sich von seinen Nachbarn verlassen sah, noch wegen des nahen Angriffs der Florentiner, gab sich Giusto selbst auf, sondern auf die Festigkeit der Lage und auf die Größe der Stadt vertrauend, rüstete er sich zur Verteidigung.

In Volterra war ein Messer Arcolano, Bruder jenes Giovannis, der Giusto überredet hatte, die Herrschaft zu ergreifen, ein Mann von Einfluß beim Adel. Dieser versammelte seine Vertrauten und zeigte ihnen: Gott habe durch dieses Ereignis dem Vaterland in seiner Not geholfen; denn wenn sie die Waffen ergreifen, Giusto der Herrschaft berauben und die Stadt den Florentinern wieder geben wollten, so würde die Folge sein, daß sie die Ersten der Stadt würden und ihr die allen Privilegien erhielten. Über die Sache einig, gingen sie in den Palast, wo sich der Herr befand. Ein Teil von ihnen blieb unten, und Messer Arcolano stieg mit drei von ihnen in den Saal, wo er Giusto bei einigen Bürgern fand. Er zog ihn daher beiseite, als ob er mit ihm von einer wichtigen Angelegenheit sprechen wolle, und führte ihn, von einem Gespräche ins andere, in ein Zimmer, wo er und seine Gefährten ihn mit den Schwertern angriffen. Doch sie waren nicht so rasch, daß sie Giusto nicht Zeit gelassen hätten, Hand an seine Waffen zu legen. Er verwundete zwei von ihnen schwer, ehe sie seine Meister wurden, aber da er am Ende so vielen nicht widerstehen konnte, wurde er getötet und aus dem Palast auf die Straße geworfen. Nach Ergreifung der Waffen übergab die Partei des Messer Arcolano die Stadt den florentinischen Kommissären, die mit dem Heer in der Nähe standen. Sie zogen ohne Bedingungen ein. Die Folge war, daß Volterra seinen Zustand verschlimmerte; denn unter anderem wurde der größere Teil seiner Landschaft losgetrennt und die Stadt zum Vikariat gemacht.

Nachdem Volterra fast auf einmal verloren und wieder erobert war, sah man keine Ursache zu neuem Krieg, wenn ihn nicht der Ehrgeiz der Menschen von neuem angefangen hätte. In den Kriegen mit dem Herzog hatte Niccolo Fortebraccio, der Neffe Braccios von Perugia, lange Zeit der Stadt Florenz gedient. Beim Friedensschluß wurde er von den Florentinern entlassen und lagerte, als sich der Vorfall mit Arezzo zutrug, noch in Fucecchio. Die Kommissäre in diesem Feldzug bedienten sich daher seiner und seiner Soldaten. Es war die Meinung, Messer Rinaldo habe ihn während der Zeit, wo er mit ihm diesen Krieg führte, überredet, sich über ein erdichtetes Unrecht beklagend, die Luccheser anzugreifen, mit dem Versprechen, wenn es Niccolo tue, werde er in Florenz erwirken, daß der Feldzug gegen Lucca unternommen und Niccolo zum Feldherrn ernannt werde. Als Volterra erobert und Niccolo nach Fucecchio in die Quartiere zurückgekehrt war, nahm er, entweder von Messer Rinaldo überredet oder aus eigenem Antrieb, im November 1429 Ruoti und Compito, zwei Kastelle der Luccheser, weg, stieg dann mit 300 Pferden und 300 Mann Fußtruppen in die Ebene herab und machte sehr große Beute. Sobald die Nachricht von diesem Angriff in Florenz bekannt wurde, bildeten sich in der ganzen Stadt Gruppen aus allen Klassen von Leuten, und der größere Teil wollte, daß man einen Feldzug gegen Lucca unternehme. Die großen Bürger, welche dafür sprachen, waren die der Partei der Medici, und an sie hatte sich Messer Hinaldo angeschlossen, sei es nun, daß er die Unternehmung für nützlich für die Republik hielt oder daß ihn eigener Ehrgeiz bewog, indem er glaubte, diese Eroberung werde unter seiner Führung gemacht werden. Die, welche sich widersetzten, waren Niccolo da Uzano und seine Partei.

Es scheint unglaublich, daß sich so verschiedene Meinungen über das Anfangen von Kriegen in einer und derselben Stadt zeigten. Dieselben Bürger und dasselbe Volk, die nach zehn Friedensjahren getadelt halten, daß dem Herzog Philipp der Krieg erklärt werde, um die eigene Freiheit zu verteidigen, verlangten nun nach so großen Ausgaben, in so großer Bedrängnis der Stadt, auf das dringendste, daß mit Lucca Krieg angefangen werde, um anderen die Freiheit zu nehmen. Und umgekehrt tadelten die, welche jenen Krieg gewollt hatten, diesen. So sehr ändern sich mit der Zeit die Ansichten, so viel mehr ist die Menge fremdes Eigentum wegzunehmen bereit, als das ihrige zu bewahren, und so viel mehr bewegt die Menschen die Hoffnung, zu erobern, als die Furcht, zu verlieren; denn dies glaubt man nur in der Nähe, jenes hofft man, obgleich ferne. Das Volk von Florenz war durch die Eroberungen, die Niccolo Fortebraccio gemacht hatte und machte, und durch die Briefe der Lucca benachbarten Rektoren mit Hoffnung erfüllt. Die Vikare von Vico und von Pescia schrieben um die Erlaubnis, die Kastelle, welche sich ihnen ergeben wollten, anzunehmen; denn in kurzem werde man das ganze Gebiet von Lucca erobern. Hierzu kam noch der Gesandte, den der Herr von Lucca nach Florenz geschickt hatte, sich über die Angriffe Fortebraccios zu beklagen und die Signoria zu bitten, daß sie nicht einem Nachbar und einer Stadt, die ihr immer befreundet gewesen, den Krieg erklären möge. Der Gesandte hieß Messer Jacopo Viviani. Er war kurz zuvor von Pagolo Guinigi, dem Herrn von Lucca, gefangen gehalten worden, weil er sich gegen denselben verschworen hatte. Obgleich ihn aber Pagolo schuldig fand, schenkte er ihm doch das Leben, und weil er glaubte, Messer Jacopo habe ihm die Unbill verziehen, vertraute er auf ihn. Doch Messer Jacopo, sich mehr der Gefahr als der Wohltat erinnernd, ermunterte nach seiner Ankunft in Florenz insgeheim die Bürger zum Krieg. Diese Ermunterung, zu den andern Hoffnungen hinzukommend, bewirkte, daß die Signoria den Rat versammelte. Es kamen also 498 Bürger zusammen, vor denen die Sache von den Ersten der Stadt besprochen wurde.

Unter den Ersten, die den Feldzug wollten, wie wir oben gesagt haben, war Messer Rinaldo. Er zeigte den Nutzen, den man aus der Eroberung ziehe, zeigte die Aktualität des Unternehmens, da ihnen die Stadt von den Venezianern und dem Herzog preisgegeben sei und der Papst, in die Angelegenheiten Neapels verwickelt, nichts hindern könne. Dazu fügte er die Leichtigkeit der Eroberung, da Lucca einem seiner Bürger dienstbar sei, und jene natürliche Kraft, jenen alten Eifer, seine Freiheit zu verteidigen, verloren habe. So werde es entweder vom Volk, um den Tyrannen zu vertreiben, oder vom Tyrannen, aus Furcht vor dem Volk, übergeben werden. Er erzählte die Unbilden, die der Herr unserer Republik zugefügt, dessen böse Gesinnungen gegen dieselbe, und wie gefährlich er werden könne, wenn der Papst oder der Herzog von neuem Florenz den Krieg erklären sollte. Er schloß, daß nie ein Feldzug vom florentinischen Volk unternommen worden, der leichter, nützlicher, gerechter gewesen sei.

Gegen diese Meinung sprach Niccolo da Uzano: „Nie unternahm die Stadt Florenz einen Feldzug, der ungerechter und gefährlicher war, aus dem größerer Schaden entspringen muß."

„Zuerst zieht man aus, eine guelfische Stadt zu verwunden, die immer Freundin des florentinischen Volkes gewesen ist, und die in ihrem Schoß mit eigener Gefahr häufig die Guelfen aufgenommen hat, die nicht in ihrem Vaterland bleiben durften. Nirgends wird man in unserer Geschichte finden, daß das freie Lucca Florenz verletzt hat. Haben aber die, welche diese Stadt dienstbar gemacht, wie einst Castruccio und jetzt Guinigi, Florenz verletzt, so kann man nicht ihr die Schuld beimessen, sondern dem Tyrannen. Wenn man dem Tyrannen den Krieg erklären könnte, ohne die Bürger zu bekriegen, so würde es mir weniger mißfallen. Weil dies aber nicht möglich ist, so kann ich auch nicht einwilligen, daß eine früher befreundete Stadt ihrer Güter beraubt wird."

„Da man jedoch heute so lebt, daß die Frage, ob gerecht oder ungerecht, nicht viel bedeutet, so will ich diesen Punkt übergehen und nur an den Nutzen der Stadt denken. Nützlich, glaube ich, kann man nur nennen, was uns nicht leicht Schaden zuziehen kann. Nun weiß ich nicht, wie jemand eine Unternehmung nützlich nennen kann, wo der Schaden gewiß und der Nutzen zweifelhaft ist. Der gewisse Schaden sind die Ausgaben, die der Feldzug nach sich zieht, und diese Ausgaben zeigen sich so groß, daß eine ausgeruhte Stadt davor erschrecken muß, geschweige denn eine Stadt, die durch einen langen und schweren Krieg erschöpft ist wie die eure. Der Nutzen, den man daraus ziehen kann, ist die Eroberung von Lucca, und dieser Nutzen ist, ich gestehe es, groß; allein man muß die Befürchtungen erwägen, die sich dabei einstellen, und diese erscheinen mir so groß, daß ich die Eroberung für unmöglich halte. Glaubt nicht, daß die Venezianer und Philipp in diese Eroberung einwilligen werden. Die Venezianer willigen nur scheinbar ein, um nicht undankbar zu scheinen, da sie vor kurzem mit eurem Geld ein so großes Gebiet erobert haben. Dem Herzog ist es lieb, daß ihr euch in neue Kriege und in neue Ausgaben verwickelt, damit er euch, aufgerieben und ausgesaugt, dann von neuem angreifen kann. Und es wird ihm nicht an einem Mittel fehlen, mitten im Krieg und wenn ihr am meisten auf den Sieg hofft, die Luccheser zu unterstützen, sei es verdeckt durch Geld, oder daß er von seinen Soldaten verabschiedet und als Abenteurer ihnen zu Hilfe sendet."

„Ich mahne daher, enthaltet euch des Feldzugs. Man lebe mit dem Tyrannen auf eine Weise, daß man ihm im Inneren so viele Feinde macht, wie man kann. Es gibt keinen bequemeren Weg, Lucca zu unterjochen, als daß man es unter dem Tyrannen leben und von ihm bedrücken läßt. Denn leitet man die Sache klug, so wird man die Stadt in eine Lage führen, daß der Tyrann sie nicht behaupten kann, und daß sie, unvermögend sich selbst zu regieren, euch notwendig in die Arme fällt."

„Doch ich sehe die Leidenschaften erregt, meine Worte werden nicht gehört. So will ich euch nur das prophezeien, daß ihr einen Krieg führen werdet, worin ihr viel ausgebt und viele Gefahren lauft; anstatt Lucca zu erobern, werdet ihr es vom Tyrannen befreien; eine befreundete, unterjochte schwache Stadt werdet ihr zur freien, euch feindlichen Stadt machen, mit der Zeit ein Hindernis der Größe eurer Republik."

Als für und gegen den Feldzug gesprochen war, kam es nach der Sitte zur Abstimmung, und von der ganzen Zahl widersprachen nur achtundneunzig.

Nachdem der Beschluß gefaßt und die Zehn zur Leitung des Krieges ernannt waren, nahmen sie Soldaten zu Fuß und zu Pferd in Sold, ernannten Astorre Gianni und Messer Rinaldo degli Albizzi zu Kommissären und kamen mit Niccolo Fortebraccio überein, daß er ihnen die genommenen Kastelle geben und den Feldzug in unsrem Sold fortsetzen solle. Mit der Armee im Gebiet von Lucca angekommen, teilten die Kommissäre dasselbe; Astorre breitete sich in der Ebene gegen Camajore und Pietrasanta aus; Messer Rinaldo zog gegen die Berge, indem sie urteilten, nachdem man die Stadt ihres Gebietes beraubt habe, werde es ein leichtes sein, sie zu erobern. Doch ihre Unternehmungen waren unglücklich, nicht daß sie nicht viele Kastelle eingenommen hätten, sondern wegen der Vorwürfe, die während der Führung des Krieges beiden gemacht wurden. Wahr ist, daß Astorre Gianni zu solchen Vorwürfen augenscheinliche Ursache gab.

In der Nähe von Pietrasanta ist ein Tal, Seravezza genannt, reich und voll Einwohner. Als diese das Heranrücken des Kommissärs erfuhren, gingen sie ihm entgegen und baten ihn, sie als treue Diener des florentinischen Volkes anzunehmen. Astorre nahm ihre Anerbietung scheinbar an, dann ließ er alle Pässe und festen Punkte des Tals durch seine Soldaten besetzen und die Männer in ihrer Hauptkirche versammeln. Hierauf nahm er sie alle gefangen und ließ grausam und habsüchtig seine Soldaten das ganze Land ausplündern und zerstören, ohne die heiligen Orte noch die Frauen und Jungfrauen zu verschonen. Diese Vorfälle erfuhr man in Florenz, so wie sie sich zugetragen, und sie mißfielen nicht nur der Regierung, sondern der ganzen Stadt.

Einige von den Seravezzesern, die aus den Händen des Kommissärs entflohen waren, eilten nach Florenz und erzählten auf allen Straßen jedermann ihr Elend. Von vielen, die den Kommissär entweder als Bösewicht oder als Gegner ihrer Faktion gestraft wünschten, aufgemuntert, gingen sie zu den Zehn und verlangten Gehör. Vorgelassen, hielt einer von ihnen folgende Rede:

„Wir sind gewiß, Erlauchte Herrn, daß unsere Worte Glauben und Mitleid bei Euren Herrlichkeiten finden werden, sobald Ihr erfahrt, auf welche Art Euer Kommissär unser Land eingenommen hat und auf welche Weise wir hierauf von ihm behandelt worden sind."

„Unser Tal, wie die Geschichten Eurer allen Häuser auf jedem Blatt zeigen werden, war stets guelfisch und ist oft ein treuer Zufluchtsort für Eure Bürger gewesen, die, von den Gibellinen verfolgt, sich zu uns gewendet haben. Immer haben unsere Vorfahren und wir den Namen der preiswürdigen Republik angebetet, weil sie Haupt und Fürst der Guelfenpartei gewesen ist. Solange die Luccheser Guelfen waren, dienten wir willig ihrer Herrschaft, als sie aber unter den Tyrannen kamen, der die alten Freunde verließ und der Gibellinenpartei folgte, haben wir ihm nicht freiwillig, sondern gezwungen gehorcht."

„Gott weiß es, wie oft wir ihn angefleht haben, daß er uns Gelegenheit gebe, unsere Gesinnung gegen die alte Partei zu zeigen. Wie blind sind die Menschen in ihren Wünschen! Was wir zu unserm Heil wünschten, ist unser Verderben geworden."

„Kaum erfuhren wir, daß Eure Fahnen gegen uns zogen, so gingen wir nicht als Feinde, sondern als unserem alten Herrn Euerm Kommissär entgegen. Wir legten das Tal, unsere Habe und uns in seine Hand und empfahlen uns seiner Treue an, im Glauben, daß er, wenn auch nicht das Herz eines Florentiners, doch wenigstens ein Menschenherz im Busen trage. Eure Herrlichkeiten mögen uns verzeihen, aber die Unmöglichkeit, Schlimmeres zu erfahren, als wir erfahren haben, gibt uns Mut zu sprechen. Euer Kommissär hat vom Menschen nichts als die Gestalt, nichts vom Florentiner als den Namen: eine tötende Pest, ein grausames Raubtier, ein so entsetzliches Ungeheuer, wie je ein Dichter es schildert! In unserem Tempel versammelt, unter dem Vorwand, mit uns sprechen zu wollen, machte er uns zu Gefangenen, verheerte und verbrannte das ganze Tal, schlug und tötete die Einwohner, raubte, plünderte, zerstörte ihre Habe, schwächte die Weiber, schändete die Jungfrauen und gab sie, aus den Armen ihrer Mütter gerissen, seinen Soldaten preis."

„Wenn wir durch eine Schuld, am florentinischen Volk oder an ihm verübt, so großes Übel verdient hätten, oder wenn er uns mit den Waffen in der Hand während der Verteidigung gefangen genommen hätte – wir würden uns weniger beschweren. Uns selbst würden wir dann anklagen, da wir durch solche Beleidigung oder durch unsere Vermessenheit unser Schicksal verdient hätten. Doch wir übergaben uns ihm entwaffnet und freiwillig, und daß er uns dann doch beraubt hat und mit solcher Unbill und Schmach ausgeplündert, darüber sind wir gezwungen, uns zu beschweren."

„Obgleich wir die Lombardei mit unseren Klagen erfüllen konnten und durch ganz Italien den Ruf unserer Mißhandlung verbreiten, so haben wir es doch nicht tun wollen, um nicht eine so ehrenvolle, milde Republik durch die Schändlichkeit und Grausamkeit ihres ruchlosen Bürgers zu beflecken. Wenn wir vor unserm Ruin seine Habsucht gekannt hätten, wir würden uns angestrengt haben, seinen gierigen Schlund, obgleich er weder Maß noch Boden hat, anzufüllen, und wir würden auf diese Weise durch einen Teil unserer Habe den Rest gerettet haben."

„Doch da es zu spät ist, so wollten wir zu Euch unsere Zuflucht nehmen, wir wollten Euch anflehen, daß Ihr das Unglück Eurer Untertanen lindert, damit die anderen Menschen nicht entmutigt werden, sich unter Eure Herrschaft zu begeben. Und wenn Euch unsere unzähligen Übel nicht rühren, so laßt Euch durch Gottes Zorn bewegen, der seine Tempel beraubt und verbrannt und unser Volk in seinem Schoß verraten sah."

Nach diesen Worten warfen sie sich wehklagend auf die Erde und flehten, daß ihnen Habe und Vaterland wiedergegeben werde, und da man die Ehre nicht könne zurückgeben, daß man wenigstens die Frau dem Gatten, dem Vater die Tochter lasse. Die Grausamkeit der Sache, zuvor schon bekannt und nun in der lebhaften Schilderung derer, die sie erduldet, gehört, machte tiefen Eindruck auf den Magistrat. Ohne Aufschub wurde Astorre zurückgerufen, sodann verurteilt und gewarnt. Nach den Besitztümern der Seravezzeser wurde gesucht, und was man finden konnte, zurückgegeben; für den Rest entschädigte sie die Stadt mit der Zeit auf verschiedene Weise.

Messer Rinaldo degli Albizzi wurde seinesteils nachgesagt, er führe den Krieg nicht zum Nutzen des florentinischen Volkes, sondern zu seinem eigenen. Seitdem er Kommissär, sei ihm die Begierde, Lucca zu erobern, aus dem Sinn geschwunden; denn es genüge ihm, die Landschaft zu plündern, seine Besitzungen mit Vieh und sein Haus mit Beute anzufüllen. Ja, er sei nicht einmal mit der Beute zufrieden, die seine Trabanten für ihn machten; er kaufe sogar den Soldaten die ihrige ab und sei so vom Kommissär zum Kaufmann geworden. Diese Verleumdungen, welche Messer Rinaldo zu Ohren kamen, ergriffen sein biederes, stolzes Gemüt mehr, als sich für einen ernsten Mann geziemt hätte, und entrüsteten ihn so sehr, daß er, erbittert gegen den Magistrat und gegen die Bürger, ohne Urlaub abzuwarten oder zu begehren, nach Florenz zurückkehrte. Sogleich begab er sich vor die Zehn und sprach: „Ich weiß wohl, wie schwer und gefährlich es ist, einem zügellosen Volk und einer zwieträchtigen Stadt zu dienen. Das erste wird von jedem Gerücht eingenommen, die andere verfolgt die schlechten Werke, belohnt die guten nicht und klagt die zweifelhaften an. So lobt dich niemand, wenn du siegst, jeder verdammt dich, wenn du fehlst, jedermann verleumdet dich, wenn du unterliegst; denn die befreundete Partei verfolgt dich aus Eifersucht, die feindliche aus Haß. Nichtsdestoweniger habe ich nie, aus Furcht vor einem nichtigen Vorwurf, unterlassen, ein Werk zu tun, das meiner Vaterstadt gewissen Nutzen brachte. Doch die Schändlichkeit der jetzigen Verleumdungen hat meine Geduld besiegt und meine Natur geändert. Ich bitte daher Eure Herrlichkeiten, daß Ihr in Zukunft bereiter seid, Eure Mitbürger zu verteidigen, damit auch sie bereiter sind, gut fürs Vaterland zu handeln. Da es in Florenz nicht gebräuchlich ist, ihnen den Triumph zu gewähren, so sei es wenigstens gebräuchlich, sie vor unverdienter Beschimpfung zu schützen. Bedenkt, daß auch Ihr Bürger dieser Stadt seid und daß Euch jede Stunde ein Vorwurf aufgebürdet werden kann, der Euch fühlen läßt, wie tief redliche Männer Verleumdung kränkt."

Die Zehn bestrebten sich der Zeit gemäß ihn zu besänftigen und übertrugen die Sorge für den Feldzug Neri di Gino und Alamanno Salviati. Diese ließen von den Streifzügen durch das Gebiet von Lucca ab und legten sich mit dem

Heer vor die Stadt. Da die Jahreszeit noch kalt war, lagerten sie sich zu Capannole; hier glaubten jedoch die Kommissäre Zeit zu verlieren, sie wollten daher der Stadt näher rücken. Doch die Soldaten willigten wegen des schlechten Wetters nicht ein, obgleich die Zehn auf Belagerung trieben und keine Entschuldigung annehmen wollten. In Florenz war in jener Zeit (1430) ein ausgezeichneter Baumeister, Filippo de Ser Brunellesco, von dessen Werken unsere Stadt so voll ist, daß er nach dem Tod verdiente, daß seine Bildsäule von Marmor, mit einer Inschrift darunter, in der Hauptkirche von Florenz aufgestellt wurde, die heute noch dem Leser seine Verdienste bezeugt. Brunellesco zeigte, daß man Lucca überschwemmen könne in Anbetracht der Lage der Stadt und des Flußbettes des Sergio, und wußte seine Meinung so geltend zu machen, daß die Zehn den Versuch befahlen. Es entstand daraus nichts anderes als Unordnung für unser Lager und Sicherheit für die Feinde. Die Luccheser erhöhten nämlich durch einen Damm das Terrain auf der Seite, wohin man den Sergio richtete, und durchbrachen hierauf in einer Nacht den Damm des Kanals, durch den man das Wasser leitete. Das Wasser also, das ein hohes Wehr bei Lucca und den Damm des Kanals offen fand, verbreitete sich auf eine Weise über die ganze Ebene, daß das Heer, anstatt sich der Stadt nähern zu können, sich entfernen mußte.

Nachdem also dieses Unternehmen nicht gelungen war, ernannten die neuen Zehn, sobald sie das Amt übernommen hatten, Messer Giovanni Guicciardini zum Kommissär. Dieser begann, so schnell er konnte, die Belagerung. Als sich der Herr von Lucca gedrängt sah, sandte er auf Antrieb eines Messer Antonio del Rosso aus Siena, der im Namen der Stadt Siena bei ihm war, Salvestro Trenta und Leonardo Buonvisi zum Herzog von Mailand. Die beiden Gesandten begehrten im Namen des Herrn Hilfe vom Herzog. Als sie ihn aber kalt fanden, baten sie ihn insgeheim um Soldaten, indem sie ihm im Namen des Volkes versprachen ihren Herrn gefangen auszuliefern und sodann den Besitz der Stadt zu geben. Sie setzten ihn dabei in Kenntnis: Wenn er diese Maßregel nicht bald ergreife, so werde der Herr die Stadt den Florentinern geben, die mit vielen Versprechungen in ihn drängen. Die Furcht davor bewog den Herzog, die Rücksichten beiseitezusetzon. Er bewirkte, daß der Graf Francesco Sforza, der in seinem Sold stand, öffentlich seine Entlassung begehrte, um ins Königreich Neapel zu ziehen. Nachdem dies gewährt war, zog der Graf mit seiner Kompagnie nach Lucca, obwohl die Florentiner, die von der Unterhandlung wußten und befürchteten, was geschah, seinen Freund Boccaccino Alamanni zu ihm sandten, der Sache zu entgegen zu wirken. Als der Graf in Lucca eingerückt war, zogen sich die Florentiner mit dem Heer nach Librafatta zurück. Der Graf belagerte nun sogleich Pescia, wo Pagolo da Diaccelo Vikar war. Dieser, mehr von der Furcht beraten als an ein besseres Mittel denkend, floh nach Pistoja, und die

Stadt wäre verloren gewesen, wenn sie nicht Giovanni Malavolti, der die Besatzung befehligte, verteidigt hätte. Als der Graf Pescia nicht beim ersten Sturm einnehmen konnte, zog er nach Borgo a Buggiano, nahm es ein und verbrannte das benachbarte Kastell Stigliano.

Als die Florentiner diese Verluste sahen, nahmen sie zu den Mitteln ihre Zuflucht, die sie öfter gerettet hatten. Sie wußten, daß, wo gegen die Söldner die Kräfte nicht ausreichen, die Bestechung hilft, und boten dem Grafen Geld an, wofür er nicht allein abziehen, sondern ihnen auch Lucca geben sollte. Da der Graf kein Geld mehr aus Lucca ziehen konnte, entschloß er sich leicht, es von denen zu nehmen, die solches hatten, und kam mit den Florentinern überein, ihnen Lucca zwar nicht zu geben, worein er ehrenhalber nicht einwilligen wollte, aber diese Stadt zu verlassen, wenn er 50000 Dukaten erhielte. Nach Abschluß dieser Übereinkunft half er, damit ihn das Volk von Lucca beim Herzog entschuldige, dazu, daß die Luccheser ihren Herrn vertrieben.

In Lucca war, wie wir oben gesagt haben, Messer Antonio del Rosso sanesischer Gesandter. Dieser verhandelte im Auftrag des Grafen mit den Bürgern über den Sturz Pagolos. Häupter der Verschwörung waren Piero Cennami und Giovanni da Chivizzano. Der Graf lagerte außerhalb der Stadt am Sergio, und bei ihm befand sich Lanzilao, der Sohn des Herrn. Die Verschwornen also, vierzig an der Zahl, gingen in der Nacht bewaffnet zu Pagolo. Auf den Lärm ging ihnen dieser ganz betrübt entgegen und fragte nach der Ursache ihres Besuches. Piero Cennami antwortete: „Sie seien längere Zeit von ihm regiert worden und, von Feinden umgeben, so weit gebracht, daß sie durch Hunger und Schwert sterben müßten. Sie seien daher entschlossen, sich in Zukunft selbst zu regieren und forderten von ihm die Schlüssel der Stadt und den Schatz." Pagolo erwiderte: „Der Schatz sei verbraucht, die Schlüssel und er stünden in ihrer Gewalt, er bitte sie nur um das eine, daß sie seine Herrschaft, die ohne Blut begonnen und gedauert habe, ohne Blut enden lassen möchten." Der Graf Francesco führte Pagolo und dessen Sohn zum Herzog, und sie starben später im Gefängnis.

Der Abzug des Grafen befreiten die Luccheser vom Tyrannen und die Florentiner von der Furcht vor des Grafen Soldaten. Jene bereiteten sich daher zur Verteidigung vor, diese kehrten zum Angriff zurück. Die Florentiner hatten den Grafen von Urbino zum Feldherrn gewählt. Dieser drängte die Stadt heftig und zwang dadurch die Luccheser, sich von neuem an den Herzog zu wenden, der ihnen Niocolo Piccinino unter dem gleichen Vorwand zur Hilfe sandte, unter dem er den Grafen gesandt hatte. Als Niccolo heranmarschierte, um in Lucca einzuziehen, rückten ihm die Unsrigen am Sergio entgegen. Beim Übersetzen über den Fluß kam es zur Schlacht, worin sie geschlagen wurden; der Kommissär mit wenigen unserer Soldaten rettete sich nach Pisa. Diese Niederlage setzte unsere ganze Stadt in Trauer. Weil die Unternehmung von der ganzen Stadt ausgegangen war, wußten die Volksmänner nicht, gegen wen sie sich wenden sollten; sie verleumdeten daher die Männer, welche den Krieg geleitet hatten, da sie nicht die verleumden konnten, welche ihn beschlossen hatten, und brachten die Vorwürfe, die man Messer Rinaldo gemacht, wieder vor. Mehr aber als jeder andere wurde Messer Giovanni Guicciardini mitgenommen. Man beschuldigte ihn, er hätte nach dem Abzug des Grafen Francesco den Krieg beenden können, aber er sei mit Geld bestochen worden, wovon er eine Summe nach Hause geschickt hatte; man nannte den Überbringer und den Empfänger. Diese Beschuldigung und das Geschrei wurde so laut, daß der Volkshauptmann, von der öffentlichen Stimme bewogen und von der Gegenpartei angetrieben, ihn vorlud. Messer Giovanni, aufs höchste entrüstet, erschien. Seine Verwandten aber bemühten sich um ihrer Ehre willen so sehr, daß der Hauptmann die Klage aufgab.

Die Luccheser nahmen nach dem Krieg nicht nur alle ihre Kastelle wieder ein, sondern eroberten alle Städte und Orte der Landschaft Pisa, mit Ausnahme von Bientina, Calcinaia, Livorno und Librafatta (1433). Und hätte man eine Verschwörung, die in Pisa angezettelt worden, nicht entdeckt, so wäre auch diese Stadt verloren gegangen. Die Florentiner rüsteten wieder ein Heer und machten Sforzas Zögling Michelotto zu ihrem Feldherrn. Auf der anderen Seite verfolgte der Herzog seinen Sieg. Um mit mehr Streitkräften die Florentiner beugen zu können, bewirkte er, daß sich Genua, Siena und der Herr von Piombino zur Verteidigung Luccas verbündeten und Niccolo Piccinino als ihren Feldherrn in Sold nahmen. Er warf dadurch die Maske völlig ab. Demzufolge erneuerten Venedig und Florenz ihr Bündnis, und der Krieg begann offen in der Lombardei und in Toskana geführt zu werden. In beiden Ländern wurden mit verschiedenem Glück verschiedene Schlachten gekämpft, bis die Parteien, aus Erschöpfung, im Mai 1433 Frieden schlossen. Die Florentiner, Luccheser und Saneser, die im Krieg einander mehrere Kastelle abgenommen hatten, gaben sie sämtlich zurück, und jeder kehrte in den Besitz der seinigen zurück.

Während dieses Krieges gärte im Inneren der Haß der Parteien immer fort. Nach dem Tode seines Vaters Giovanni handelte Cosimo de' Medici mit größerem Mut in den Staatsangelegenheiten und mit größerem Eifer und mehr Freigebigkeit den Freunden gegenüber, als sein Vater getan hatte. So betrübte ich alle, die sich über Giovannis Tod gefreut hatten, als sie sahen, wie Cosimo war. Cosimo war ein Mann von größter Klugheit, von ernstem, angenehmem Äußeren, ganz freigebig, ganz leutselig. Nie versuchte er etwas gegen die Parteien noch gegen die Regierung, sondern bestrebte sich, jedermann zu dienen und sich durch seine Freigebigkeit viele Bürger zu Anhängern zu machen. Sein Beispiel vermehrte daher die Vorwürfe gegen die Regierenden, und er war überzeugt, auf die angeführte Weise so mächtig und sicher als irgendein anderer in Florenz zu leben oder durch die Waffen und durch die Volksgunst seinen Gegnern überlegen zu sein, wenn es durch ihren Ehrgeiz zu außergesetzlichen Ereignissen käme. Kräftige Werkzeuge der Gründung seiner Macht waren Averardo de' Medici und Puccio Pucci. Von diesen beiden verschaffte ihm Averardo durch seine Kühnheit, Puccio durch seine Klugheit und seinen Scharfsinn Anhang und Größe. Puccios Rat und Urteil waren so sehr geschätzt und jedermann bekannt, daß die Partei Cosimos nicht nach ihm, sondern nach Puccio genannt wurde.

Die so geteilte Stadt fing den Krieg mit Lucca an, und der Haß der Parteien flammte während desselben auf, statt zu verlöschen. Obschon Cosimos Partei die war, welche den Krieg unterstützt hatte, so wurden doch mit der Leitung desselben viele Männer der Gegenpartei beauftragt, weil sie in der Staatskunst als ausgezeichneter galten. Unvermögend, dies zu verhindern, bestrebten sich Averardo de' Medici und die anderen mit aller Kunst und Geschicklichkeit, diese Männer zu verleumden. Wenn man einen Verlust erlitt, und man erlitt deren viele, so wurde nicht das Glück oder die Kraft des Feindes, sondern die Unklugheit des Kommissärs angeklagt. Daher die Erschwerung der Vergehen Astorre Giannis. Daher die Erbitterung Messer Rinaldos degli Albizzi und sein im Stich lassen des Heeresbefehls ohne Erlaubnis. Daher die Vernehmung Messer Giovanni Guicciardinis durch den Volkshauptmann. Daher endlich alle anderen Vorwürfe, die den Magistralen und den Kommissären gemacht wurden. Denn die begründeten wurden vergrößert, die unbegründeten erdichtet und begründete und unbegründete wurden vom Volk geglaubt, das sie gewöhnlich haßte.

Diese Dinge und dieses außerordentliche Verfahren Avalen Niccolo da Uzzano und den anderen Häuptern der Partei sehr wohl bekannt. Oft hatten sie sich über die Mittel abzuhelfen besprochen, aber keine gefunden; denn die Sache wachsen zu lassen, erschien ihnen gefährlich und ein offener Angriff schwer. Vor allen gefielen Niccolo die ungesetzlichen Mittel nicht. Während des Krieges außen und dieser Umtriebe im Inneren ging daher Niccolo Barbadori (Goldbart) zu Niccolo da Uzzano, ihn zu bestimmen, daß er in den Sturz Cosimos einwillige. Er fand ihn zu Hause in seinem Arbeitszimmer, wo er ganz in Gedanken versunken saß, und ermahnte ihn mit den besten Gründen, die er anzuführen wußte, sich mit Messer Rinaldo zur Vertreibung Cosimos zu vereinigen. Niccolo da Uzano antwortete in folgender Rede:

„Es würde für dich, für dein Haus und für unsere Republik gut sein, wenn du und die anderen, die dir in dieser Meinung folgen, lieber einen Silberbart hättten als einen Goldbart, wie man sagt, daß du hast. Ihr Rat, von einem grauen und erfahrenen Oberhaupt ausgehend, würde dann weiser und nützlicher für jeden sein.“

„Die, welche Cosimo aus Florenz zu vertreiben denken, haben meiner Ansicht nach zuerst ihre Kräfte und die Kräfte Cosimos zu messen. Ihr habt unsere Partei die adelige und die Gegenpartei die plebejische getauft. Wenn die Sache dem Namen entspräche, würde auf jeden Fall der Sieg zweifelhaft sein, und eher müßten wir fürchten als hoffen, da wir das Beispiel des alten Adels dieser Stadt haben, der von der Menge vernichtet worden ist. Aber wir müßten viel mehr fürchten, weil unsere Partei zerrissen, die der Gegner ganz ist. Zuerst haben sich Neri di Gino und Nerone di Nigi, zwei unserer ersten Bürger, nie auf eine Weise erklärt, daß man sagen könnte, sie seien mehr unsere Freunde als ihre. Es sind hier viele Familien, ja viele Häuser gespalten, denn viele handeln aus Eifersucht auf die Brüder oder die Schwager uns entgegen und begünstigen sie. Ich will dir einige der wichtigsten anführen, die andern magst du selbst betrachten. Von den Söhnen Messer Masos degli Albizzi hat sich Luca, aus Eifersucht auf Messer Rinaldo, auf ihre Seite geschlagen. Im Haus der Guicciardini ist von den Söhnen Messer Luigis Piero der Feind Messer Giovannis und begünstigt unsere Gegner. Tommaso und Niccolo Soderini treten aus Haß gegen ihren Oheim Francesco offen gegen uns auf."

„Erwägt man daher wohl, wer wir sind und wer sie, so weiß ich nicht, warum unsere Partei mehr adelig genannt zu werden verdiente als die ihrige. Wäre es, weil ihnen die ganze Menge folgt, so sind wir deshalb in desto schlimmerer Lage und sie in desto besserer, und kommt es zu den Waffen oder zum Abstimmen, so werden wir nicht widerstehen können. Nur das alte Ansehen dieser Regierung, die sich fünfzig Jahre lang erhalten hat, ist der Grund, wenn wir noch unsere Würde haben; sobald es aber zur Probe kommt und unsere Schwäche sich entdeckt, werden wir sie verlieren."

„Wenn du sagen solltest, unser gerechter Beweggrund werde unseren Einfluß vermehren und ihnen den ihrigen entziehen, so antworte ich, daß diese Gerechtigkeit von den anderen eingesehen und geglaubt sein müßte. Gerade das Umgekehrte ist aber der Fall. Denn unser Beweggrund ist allein der Argwohn, Cosimo wolle sich zum Fürsten machen. Und diesen Argwohn hegen wir, nicht die andern; ja, was noch schlimmer ist, sie glauben das von uns, was wir von ihm glauben. Die Werke Cosimos, die ihn uns verdächtig machen, sind, daß er mit seinem Geld jedermann dient, nicht nur den Privaten, sondern dem Staat, nicht nur den Florentinern, sondern den Gondollieris; daß er bald diesen, bald jenen Bürger unterstützt, der die Magistrate nötig hat, daß er durch die Liebe, die die Masse zu ihm hegt, bald diesen, bald den andern seiner Freunde zu höheren Ehrenstellen erhebt. Man müßte also als Ursachen seiner Vertreibung anführen, daß er mitleidig, dienstfertig, freigebig und von jedermann geliebt ist. Sage mir doch, wo ist das Gesetz, welches den Menschen Mitleid, Freigebigkeit, Liebe verbietet, oder sie darum tadelt und verdammt? Obgleich dies alles Mittel sind, welche sogleich zur Herrschaft führen, so hält man sie doch nicht für solche, und wir sind nicht imstande, es begreiflich zu machen. Denn wir haben durch unser Benehmen allen Glauben verloren, und die Stadt, der die Parteiung angeboren, und die, weil sie immer in Parteien gelebt hat, verdorben ist, kann solchen Anklagen kein Ohr leihen."

„Gesetzt aber auch, es gelinge euch, Cosimo zu vertreiben, und es könnte mit einer günstigen Signoria leicht gelingen – wie könntet ihr jemals in der Mitte seiner vielen Freunde, die hier zurückbleiben und von Verlangen nach seiner Rückkehr brennen würden, verhindern, daß er zurückkehrte? Dies wäre unmöglich; denn nie könntet ihr euch ihrer versichern, weil es so viele sind, weil er die allgemeine Liebe besitzt. Je mehr von seinen ersten Freunden ihr vertreiben würdet, desto mehr Feinde würdet ihr euch machen. So würde er in kurzer Zeit zurückkehren, und ihr hättet weiter nichts gewonnen, als daß ihr ihn gut vertrieben hättet und er böse zurückkäme; denn seine Natur würde durch die, welche ihn zurückgerufen hätten, verdorben werden, er würde sich ihnen, wegen seiner Verpflichtung gegen sie, nicht widersetzen können."

„Würdet ihr seinen Tod planen, so wird euch dies nie durch die Magistrate gelingen; denn sein Geld und euer stets bestechlicher Sinn werden ihn retten. Gesetzt aber, er stürbe oder kehre, vertrieben, nicht zurück, so sehe ich nicht, was unsere Republik dabei gewinnen sollte. Denn befreit man sie von Cosimo, so macht man sie Messer Rinaldo dienstbar, und ich für meinen Teil bin einer von denen, welche wünschen, daß kein Bürger den anderen an Macht und Ansehen übertreffe. Sollte aber einer von beiden an der Spitze stehen, so weiß ich nicht, aus welchem Grund ich Messer Rinaldo mehr lieben sollte als Cosimo. Ich will dir weiter nichts sagen, als daß Gott diese Stadt davor bewahren möge, daß einer ihrer Bürger ihr Fürst wird; sollten wir es aber doch durch unsere Sünden verdienen, so bewahre uns Gott vor Rinaldo."

„Du solltest also nicht raten, daß man eine Maßregel ergreife, die in jeder Hinsicht verderblich ist. Glaube nicht, von wenigen begleitet, dich dem Willen der vielen widersetzen zu können. Alle diese Bürger sind teils aus Unwissenheit, teils aus Bosheit, die Republik zu verkaufen bereit, und so sehr ist ihnen das Glück befreundet, daß sie den Käufer gefunden haben. Folge daher meinem Rat, bestrebe dich, bescheiden zu leben, und du wirst wegen der Freiheit sowohl die Männer unserer Partei als auch die der Gegenpartei im Verdacht haben. Entsteht dann eine Erschütterung, so wirst du als neutral jedermann angenehm sein, und so wirst du dir nützen und deinem Vaterland nicht schaden."

Diese Worte zügelten Barbadori insoweit, daß es ruhig blieb, solange der Krieg mit Lucca währte. Als aber der Friede eingetreten war und zugleich Niccolo von Uzanos Tod, blieb die Stadt ohne Krieg und ohne Zügel. Ohne irgendeine Rücksicht wuchsen die bösen Leidenschaften, und Messer Rinaldo, der nun allein Fürst der Partei zu sein glaubte, ließ nicht ab, alle die Bürger zu bitten und zu belagern, von denen er glaubte, sie könnten Gonfalonier werden, daß sie sich vorbereiten sollten, die Republik von jenem Mann zu befreien, der sie notwendig durch die Bosheit weniger und die Unwissenheit vieler in Knechtschaft führe. Dieses Treiben Messer Rinaldos und das Treiben derer, welche die Gegenpartei begünstigten, hielt die ganze Stadt mit Argwohn erfüllt. So oft ein Magistrat ernannt wurde, sagte man öffentlich, wie viele von der einen und der andern Partei darin saßen, und während der Ziehung der Signoren war die ganze Stadt in Aufruhr. Jeder Fall, der vor die Magistrate kam, so unbedeutend er auch sein mochte, verwandelte sich zum Wettstreit unter ihnen. Die Geheimnisse wurden ausgeplaudert. Sowohl das Gute als das Böse wurde unterstützt und verfolgt. Die Guten wie die Bösen wurden gleichermaßen heruntergerissen. Kein Magistrat tat sein Amt.

Während Florenz in dieser Verwirrung und Messer Rinaldo von diesem Verlangen, Cosimos Macht zu brechen, durchdrungen war, erfuhr er, daß Bernardo Guadagni Gonfalonier werden könnte und bezahlte dessen Steuern, damit ihm die Schuld an den Staat nicht diese Würde nähme. Als es hierauf zur Ziehung der Signoren kam, wollte das Schicksal, unserer Zwietracht günstig, daß Bernardo zum Gonfalonier gezogen wurde, um im September und Oktober zu amtieren. Sogleich besuchte ihn Messer Rinaldo und sagte ihm, „Wie sehr sich die Partei der Edlen und jedermann, der recht zu leben wünsche, gefreut habe, daß er zu dieser Würde gelangt sei. Es liege nun an ihm, so zu handeln, daß man sich nicht umsonst gefreut habe.“ Er zeigte ihm hierauf „Die Gefahren, die man im Zwiespalt laufe, und daß es kein anderes Mittel zur Einigung gebe, als Cosimo zu vernichten; denn Cosimo allein halte sie durch die Gunst, die aus seinen maßlosen Reichtümern entspringe, schwach. Cosimo habe sich so hoch erhoben, daß er Fürst werden würde, wenn man nicht vorbaue. Einem guten Bürger zieme es, dies zu verhüten, das Volk auf den Platz zu rufen, die Regierung wieder zu ergreifen und dem Vaterland seine Freiheit wiederzugeben.“ Er erinnerte ihn, „Daß Messer Salvestro de' Medici ungerechterweise die Macht der Guelfen zügeln konnte, denen für das Blut, das ihre Vorfahren vergossen hatten, die Regierung gebührte. Was aber jener gegen so viele ungerechterweise tun konnte, könne auch wohl er gerechterweise gegen einen einzigen tun“. Er ermahnte ihn, „Nichts zu fürchten; denn die Freunde würden sogleich mit den Waffen zu seinem Beistand bereit sein, und die Menge, die Cosimo anbete, dürfe er nicht wichtig nehmen; denn Cosimo werde bei ihr keine andere Hilfe finden als einst Messer Giorgio Scali. Ebensowenig sollten ihn Cosimos Reichtümer beunruhigen; denn wenn derselbe in der Gewalt der Signoren sei, würden sie ihnen gehören“. Er schloß, „Diese Handlung würde die Republik sicher und einig, ihn selbst berühmt machen“. Auf diese Worte antwortete Bernardo kurz, daß er für nötig erachte, was Messer Rinaldo sage, und da die Zeit zum Handeln verwandt werden müsse, so möge Messer Rinaldo sich bestreben, Streitkräfte zu rüsten, um bereit zu sein, und überzeugt sein, daß er Gefährten haben werde.

Nachdem Bernardo die Würde angetreten, sich die Zustimmung der Amtsgenossen gesichert hatte und mit Messer Rinaldo übereingekommen war, lud er Cosimo vor, welcher, obgleich von vielen Freunden gemahnt, mehr im Vertrauen auf seine Unschuld als auf die Gnade der Signoren erschien. Sobald Cosimo im Palast und verhaftet war, zog Messer Rinaldo mit vielen Bewaffneten aus seinem Haus, ihm nach die ganze Partei, auf den Platz, wo die Signoren das Volk zusammenrufen ließen und zweihundert Baliamänner ernannten, den politischen Zustand der Stadt zu reformieren. In dieser Balia wurde, sobald man konnte, über die Reform der Stadt und über Leben und Tod Cosimos verhandelt. Viele wollten, daß er verbannt, viele, daß er hingerichtet würde, viele schwiegen, entweder aus Mitleid für ihn oder aus Furcht für sich. Diese Meinungsverschiedenheit erlaubte nicht, zu einem Beschluß zu kommen.

Im Turm des Palastes ist ein Raum, so groß wie der Durchmesser des Turms erlaubt, das Herberglein (Alberghetlino) genannt, worin Cosimo verschlossen und Federigo Malavolti zur Bewachung übergeben wurde. Von diesem Ort aus hörte Cosimo das Parlament halten, das Waffengetöse auf dem Platz und das häufige Balialäuten. Er fürchtete daher um sein Leben, aber mehr noch fürchtete er, daß seine persönlichen Feinde ihn ohne Urteil töten könnten. Er enthielt sich deshalb der Speise so, daß er in vier Tagen nichts aß als ein wenig Brot. Als Federigo die Sache merkte, sagte er zu ihm: „Cosimo, du fürchtest vergiftet zu werden und läßt dich Hungers sterben, du erweist mir dadurch wenig Ehre, wenn du glaubst, daß ich zu einer solchen Schandtat fähig wäre. Ich glaube nicht, daß du das Leben verlieren wirst, so viele Freunde hast du inner- und außerhalb des Palasts. Solltest du es aber doch verlieren müssen, so darfst du gewiß sein, daß sie andere Mittel ergreifen werden, als sich meiner zum Werkzeug deiner Ermordung zu bedienen. Ich will mir mit keines Mannes Blut die Hände beflecken, am wenigsten mit dem deinen, der du mich niemals beleidigt hast. Sei also guten Muts, nimm die Speise und erhalte dich für die Freunde und fürs Vaterland. Damit du es mit größerem Vertrauen tun kannst, will ich von denselben Gerichten, die für dich bestimmt sind, mit dir essen." Diese Worte trösteten Cosimo vollkommen, er umarmte und küßte mit Tränen in den Augen Federigo und dankte ihm mit feurigen, kräftigen Worten für diese mitleidige, liebevolle Verrichtung seines Amtes, indem er die höchste Dankbarkeit versprach, wenn ihm jemals das Glück die Gelegenheit gäbe.

Als Cosimo wieder einigermaßen ermutigt war und sein Prozeß unter den Bürgern verhandelt wurde, trug es sich zu, daß, um ihm ein Vergnügen zu machen, Federigo einen Vertrauten des Gonfaloniers, namens Farganaccio, einen lustigen, scherzhaften Mann, zur Abendmahlzeit mitbrachte. Als diese so gut wie beendet war, winkte Cosimo, der diesen Besuch nutzen wollte, weil er ihn sehr gut kannte, Federigo, sich zu entfernen. Dieser verstand den Grund und ging mit dem Vorgeben, er wolle noch einiges, was zur Tafel fehle, besorgen, aus dem Zimmer. Allein gelassen, gab Cosimo nach einigen liebevollen Worten Farganaccio eine Anweisung und trug ihm auf, damit zum Spitalverwalter von Santa Maria Nuova zu gehen, um tausendeinhundert Dukaten zu holen. Hundert davon solle er für sich nehmen und tausend dem Gonfalonier bringen mit der Bitte, er möge eine anständige Gelegenheit ergreifen, zu ihm zu kommen. Farganaccio übernahm den Auftrag, das Geld wurde bezahlt, Bernardo wurde dadurch menschlicher, und die Folge war, daß Cosimo gegen den Willen Messer Rinaldos, der ihn aus dem Weg räumen wollte, nach Padua verbannt wurde. Weiterhin verbannt wurden Averardo und viele des Hauses Medici, mit ihnen Puccio und Giovanni Pucci, und um alle zu schrecken, welche über Cosimos Verbannung mißvergnügt waren, wurden den Acht der Verteidigung (Otto di guardia) und dem Volkshauptmann Balia gegeben.

Nach diesem Beschluß erschien Cosimo am 3. Oktober 1433 vor den Signoren, die ihm seine Verbannung verkündigten und ihn zum Gehorsam ermahnten, wenn er nicht wolle, daß man strenger gegen seine Güter und gegen ihn verfahre. Cosimo nahm die Verbannung mit heiterer Miene auf und versicherte, wohin ihn auch die Signoria sende, dort werde er gerne bleiben. Er bitte nur, da sie ihm das Leben erhalten, um ihren Schutz, denn er höre, viele seien auf dem Platz, die sein Blut verlangten. Er bot hierauf, wo er auch sein würde, der Stadt, dem Volk und ihren Herrlichkeiten sein Vermögen an. Der Gonfalonier beruhigte ihn und hielt ihn bis zur Nacht im Palast zurück. Dann führte er ihn in sein Haus und ließ ihn, nachdem er mit ihm gespeist, von vielen Bewaffneten an die Grenze begleiten. Wo Cosimo durchkam, wurde er ehrenvoll empfangen, von den Venezianern von Staats wegen besucht und geehrt, nicht als ob er ein Verbannter wäre, sondern als ob er die höchste Würde bekleide.

Als so Florenz Witwe war eines so großen und so allgemein geliebten Bürgers, fühlte sich jeder entmutigt, und gleich fürchteten sich Sieger und Besiegte. Um nichts zu unterlassen, was er für sich und für die Partei tun könnte, versammelte Messer Rinaldo, sein künftiges Mißgeschick ahnend, viele fremde Bürger und sprach zu ihnen:

„Ich sehe eueren Untergang drohen, weil ihr euch durch die Bitten, die Tränen und das Geld eurer Feinde besiegen ließet. Ihr begrifft nicht, daß Bitten und Weinen bald an euch sein würde, daß aber eure Bitten nicht gehört werden, eure Tränen kein Mitleid finden, und daß ihr vom empfangenen Geld das Kapital ersetzen und die Zinsen mit Folter, Schafott und Exil bezahlen werdet.

Viel besser wäre es gewesen, nichts zu tun, als Cosimo am Leben und seine Freunde in Florenz zu lassen. Denn die Mächtigen darf man entweder nicht angreifen oder angegriffen muß man sie vernichten. Ich sehe für uns kein anderes Mittel, als uns stark in der Stadt zu machen, damit man die Feinde, wenn sie sich regen, und bald werden sie es tun, mit den Waffen aus der Stadt vertreiben kann, da man sie auf den bürgerlichen Wegen nicht fortschicken konnte. Das Mittel ist dasselbe, worauf ich euch vor langer Zeit schon aufmerksam gemacht habe, daß wir uns die Großen durch Rückgabe und Zugestehung aller Ämter der Stadt wieder gewinnen und uns auf diese Partei stützen, da sich unsere Gegner auf die Menge gestützt haben. Hierdurch wird unsere Partei um so viel die stärkere sein, als sich mehr Leben, mehr Tapferkeit, mehr Mut und mehr Einfluß in ihr findet. Ich beteuere, wenn dieses letzte wahre Mittel nicht ergriffen wird, dann weiß ich nicht, wie man auf andere Weise die Regierung inmitten so vieler Feinde erhalten kann, und ich erkenne den nahen Untergang unserer Partei und der Republik."

Dem widersetzte sich Mariotto Baldovinetti, einer der Versammelten; er zeigte den Hochmut der Großen und ihre unerträgliche Natur, man dürfe nicht unter ihre gewisse Tyrannei seine Zuflucht nehmen, um die zweifelhaften Gefahren der Menge zu fliehen. Als daher Messer Rinaldo sah, daß sein Rat nicht gehört wurde, klagte er über sein und seiner Partei Mißgeschicks alle Schuld mehr dem Himmel zuschreibend, der es so wolle, als der Unwissenheit und Blindheit der Menschen.

Während es also auf diese Weise blieb, ohne daß irgendeine nötige Vorkehrung getroffen wurde, fand man einen Brief, den Messer Agnolo Acciajuoli an Cosimo geschrieben hatte. Er zeigte darin die Stimmung der Stadt gegen Cosimo und riet ihm, zu bewirken, daß ein Krieg angefangen werde und sich Nero di Gino zum Freunde zu machen. Denn sobald die Stadt Geld bedürfe, würde sich niemand finden, der ihr damit diene, und so würde sich sein Andenken bei den Bürgern und das Verlangen nach seiner Rückkehr erneuern. Und trenne man Neri von Messer Rinaldo, so werde diese Partei so schwach, daß sie nicht imstande sein werde, sich zu verteidigen. Dieser Brief, der in die Hände der Magistrate kam, war Ursache, daß Messer Agnolo verhaftet, in Untersuchung genommen und ins Exil geschickt wurde. Durch dieses Beispiel wurde jedoch die Partei, welche Cosimo begünstigte, in keiner Weise gezügelt.

Von dem Tag der Vertreibung Cosimos an war fast ein Jahr vergangen. Gegen Ende August 1434 wurde für die zwei folgenden Monate Niccolo di Cocco zum Gonfalonier gezogen und mit ihm acht Signoren, sämtlich Anhänger Cosimos. Diese Signoria erfüllte Messer Rinaldo und seine ganze Partei mit Schrecken. Ehe die Signoren das Amt übernehmen, bleiben sie drei Tage lang Privatleute. Messer Rinaldo kam daher von neuem mit den Häuptern seiner Partei zusammen und zeigte ihnen die gewisse und nahe Gefahr. Das Mittel dagegen sei, die Waffen zu ergreifen und zu bewirken, daß Donato Velluti, der damals als Gonfalonier residierte, das Volk auf dem Platz versammele, eine neue Balia ernenne, die neuen Signoren des Amtes beraube, daß man sodann andere, für den Staat zweckmäßige Signoren ernenne, die Beutel verbrenne und durch neue Squittinien mit Freunden anfülle. Dieser Plan wurde von vielen für sicher und notwendig erachtet, von vielen anderen für zu gewalttätig und zu protesterregend. Unter denen, welchen er mißfiel, war Messer Palla Strozzi, ein Mann von ruhigem, sanftem und menschlichem Charakter, mehr für das Studium der Wissenschaften geeignet, als eine Partei zu zügeln und sich bürgerlicher Zwietracht zu widersetzen. „Verschlagene oder verwegene Pläne", sagte er, „scheinen anfangs gut zu sein, zeigen sich aber während der Ausführung als schwer und am Ende verderblich. Er glaube, die Furcht vor einem neuen äußeren Krieg werde, da das Heer des Herzogs in der Romagna an den Grenzen stehe, bewirken, daß die Signoren mehr hieran dächten als an die innere Zwietracht. Sollte man aber sehen, daß sie doch eine Umwälzung versuchen wollten, und dies könnten sie nicht tun, ohne daß man es erfahre, so hätte man immer noch Zeit, die Waffen zu ergreifen und auszuführen, was man zum gemeinschaftlichen Wohl für nötig erachten werde. Wenn es dann aus Not geschehe, so werde das Volk weniger erstaunen und sie würden sich weniger Vorwürfe zuziehen." Es wurde also beschlossen, daß man die neuen Signoren einziehen lassen und ihr Verhalten bewachen solle. Erfahre man die geringste Bedrohung der Partei, so sollte jeder die Waffen ergreifen und auf dem Platz von S. Pulinari, in der Nähe des Palastes, zusammenkommen, von wo aus sie dann dahin ziehen könnten, wohin es ihnen nötig erscheinen würde.

Nachdem sie mit diesem Beschluß auseinandergegangen waren, traten die neuen Signoren das Amt an. Der Gonfalonier, um sich Ansehen zu geben und alle zu erschrecken, die sich ihm zu widersetzen dachten, verurteilte seinen Vorgänger, Donato Velluti, zum Kerker, als habe derselbe Staatsgelder veruntreut. Hierauf erforschte er seine Amtsgenossen wegen Cosimos Zurückrufung, und als er sie geneigt fand, sprach er darüber mit den Männern, die er für Häupter der Mediceischen Partei erachtete. Von diesen angefeuert, lud er Messer Rinaldo, Ridolfo Peruzzi und Niccolo Barbadori als Oberhäupter der Gegenpartei vor.

Auf diese Vorladung dachte Messer Hinaldo, nun sei nicht länger zu zögern, und zog mit einer großen Zahl Bewaffneter aus seinem Haus. Ihm schlossen sich sogleich Ridolfo Peruzzi und Niccolo Barbadori an. Bei ihm waren viele andere Bürger und eine Anzahl Soldaten, die sich in Florenz ohne Sold befanden. Alle machten nach der getroffenen Übereinkunft auf dem Platz von S. Pulinari halt. Messer Palla Strozzi, obgleich er viele Leute zusammengebracht hatte, ging nicht aus dem Haus, das gleiche tat Messer Giovanni Guicciardini. Messer Rinaldo schickte daher Abgesandte, sie anzutreiben und wegen ihres Zögerns zu tadeln. Messer Giovanni antwortete, er schade der feindlichen Partei genug, wenn er durch sein Zuhausebleiben seinen Bruder Piero zurückhalte, daß er nicht zur Unterstützung des Palastes ausziehe. Messer Palla kam, nach vielen Botschaften an ihn, zu Pferde mit zwei Männern zu Fuß und ohne Rüstung nach San Pulinari. Messer Rinaldo ritt ihm entgegen und tadelte ihn heftig wegen seiner Nachlässigkeit mit den Worten: „Sich den anderen nicht anschließen, hat entweder in Treulosigkeit seinen Grund oder in Verzagtheit, und jeden dieser beiden Vorwürfe muß ein Mann vermeiden, der für das gelten will, wofür ihr geltet. Wenn ihr glaubt, dafür, daß ihr eure Schuldigkeit nicht gegen die Partei tut, würden euch eure siegenden Feinde das Leben schenken oder die Verbannung, so täuscht ihr euch. Was mich betrifft, so würde ich, wenn uns ein Unstern trifft, immer die Beruhigung haben, daß ich es vor den Gefahr mit Rat und in der Gefahr mit Gewalt an mir nicht fehlen ließ. Euer und der andern Kummer hingegen wird doppelt schwer sein, wenn ihr daran denkt, daß ihr dreimal euer Vaterland verraten habt, das erste Mal, als ihr Cosimo erhieltet, das zweite Mal, als ihr meinen Rat nicht annahmt, das dritte Mal, daß ihr der Republik jetzt nicht mit den Waffen zu Hilfe kommt." Auf diese Worte antwortete Messer Palla nichts, was von den Umstehenden verstanden worden wäre, sondern wandte, indem er einige Worte murmelte, sein Pferd und ritt wieder heim.

Als die Signoren erfuhren, Messer Rinaldo und seine Partei habe die Waffen ergriffen, ließen sie den Palast abschließen und wußten in ihrer Ratlosigkeit nicht, was sie tun sollten. Dadurch aber, daß Messer Rinaldo zögerte, auf den Platz zu ziehen, weil er Streitkräfte abwartete, die nicht kamen, nahm er sich die Gelegenheit zu siegen und gab den Signoren Mut, sich zu rüsten. Viele Bürger gingen nun zu ihnen und ermahnten sie, sie mögen Maßregeln ergreifen, damit die Waffen niedergelegt würden. Es gingen also einige der wenigst Verdächtigen im Namen der Signoren zu Messer Rinaldo und sagten: „Die Signoria wüßte den Grund dieser Bewegungen nicht, und nie habe sie daran gedacht, ihn zu verletzen. Wenn man auch von Cosimo gesprochen habe, so habe man doch nicht daran gedacht, ihn wieder einzusetzen. Wenn dies der Grund des Argwohns sei, so würde man sie sicher stellen. Sie möchten in den Palast kommen, wo sie willkommen seien und jedem ihrer Begehren entsprochen werden solle." Diese Worte brachten Messer Rinaldo nicht zur Änderung seines Entschlusses; er entgegnete, er wolle sich dadurch sicher stellen, daß er sie absetze und daß dann die Stadt zur Wohlfahrt eines jeden neugeordnet werde.

Doch immer ist es der Fall, daß, wo die Autorität gleich und die Meinungen verschieden sind, selten etwas zum Guten beschlossen wird. Ridolfo Peruzzi, durch die Worte jener Bürger bewegt, sagte: „Er für seinen Teil strebe nach nichts anderem, als daß Cosimo nicht zurückkehre. Könne er dies durch Handel erreichen, so scheine es ihm Sieg genug; er wolle nicht, um eines größeren Sieges willen, seine Vaterstadt mit Blut tränken und werde daher der Signoria gehorchen." Hierauf zog er mit seinem Gefolge in den Palast, wo er freudig aufgenommen wurde. Das Verweilen also Messer Rinaldos bei S. Pulinari, die Mutlosigkeit Messer Pallas und der Abzug Ridolfos hatten Messer Rinaldo den Sieg genommen, und schon begann den Gemüter der Bürger, die ihm folgten, das erste Feuer zu fehlen. Hierzu kam noch die Autorität des Papstes.

Es befand sich Papst Eugenius in Florenz, der vom Volk aus Rom vertrieben worden war. Als dieser von den Unruhen hörte, hielt es es für seine Pflicht, sie zu dämpfen und sandte den Patriarchen Messer Giovanni Vilelleschi, einen sehr nahen Freund Messer Rinaldos, an diesen, mit der Bitte, zu ihm zu kommen; denn es werde dem Papst bei der Signoria weder Autorität noch Zutrauen fehlen, ihn ohne Blut und Schaden der Bürger zu befriedigen und zu schützen. Vom Freund überredet, zog Messer Rinaldo mit allen Bewaffneten, die ihm folgten, nach Santa Maria Novella, wo der Papst wohnte. Eugenius setzte ihn in Kenntnis, daß ihm die Signoria ihr Wort gegeben und jede Streitigkeit ihm überwiesen habe; lege Messer Rinaldo die Waffen nieder, so werde man die Dinge ordnen, wie er es wolle. Messer Rinaldo, der die Kälte Messer Pallas und die Leichtfertigkeit Ridolfo Peruzzis gesehen, begab sich, besseren Rates entbehrend, in seine Hände, indem er doch dachte, die Autorität des Papstes werde ihn erhalten. Der Papst ließ also Niccolo Barbadori und den anderen, die außen warteten, bedeuten, sie sollten die Waffen niederlegen; denn Messer Rinaldo bleibe bei ihm, um über den Vertrag mit den Signoren zu unterhandeln. Auf diese Kunde hin ging alles auseinander und entwaffnete sich.

Als die Signoren die Gegner entwaffnet sahen, unterhandelten sie durch die Vermittelung des Papstes lebhaft über den Vertrag und schickten auf der anderen Seite insgeheim in die Berge von Pistoja um Fußvolk. Dieses ließen sie mit allen ihren Schweren Reitern des Nachts nach Florenz kommen, riefen nach Besetzung der festen Orte der Stadt das Volk auf den Platz und ernannten eine neue Balia, die, sobald sie versammelt war, Cosimo und die anderen mit ihm Verwiesenen dem Vaterland zurückgab und von der feindlichen Partei Messer Rinaldo degli Albizzi, Ridolfo Peruzzi, Niccolo Barbadori, Messer Palla Strozzi mit vielen anderen Bürgern in so großer Anzahl verbannte, daß wenige Städte in Italien blieben, wohin ihrer nicht ins Exil geschickt wurden, und viele Städte außerhalb Italien damit angefüllt waren. So wurde Florenz durch dieses Ereignis nicht nur vieler Vornehmen, sondern eines Teiles seiner Reichtümer und seines Kunstfleißes beraubt.

Als der Papst so großes Mißgeschick über die kommen sah, die auf seine Bitten die Waffen niedergelegt hatten, war er aufs höchste verstimmt. Er klagte bei

Messer Rinaldo über die Unbill, die er im Vertrauen auf sein Wort erleide und ermahnte ihn zur Geduld und zur Hoffnung durch den Wechsel des Glücks. Messer Rinaldo antwortete: „Das wenige Vertrauen, das die, welche mir hätten glauben sollen, mir geschenkt haben, und das zu große Vertrauen, das ich Euch geschenkt habe, hat mich und meine Partei zugrunde gerichtet. Dennoch ich beklage mich mehr über mich selbst, als über irgend jemand, daß ich geglaubt habe, Ihr, der Ihr aus Eurem Vaterland vertrieben worden seid, könntet mich im meinigen erhalten. Die Spiele Fortunas habe ich gar wohl erlebt, und wie ich mich wenig auf das Wohlergehen verlassen habe, so verletzt mich das Mißgeschick weniger. Ich weiß, wenn es Fortuna gefällt, so kann sie sich mir freundlicher zeigen. Wenn es ihr aber auch nie gefallen sollte, so werde ich immer wenig Wert darauf legen, in einer Stadt zu leben, wo die Gesetze weniger vermögen als die Menschen. Denn das Vaterland ist wünschenswert, wo du dich des Vermögens und der Freunde sicher erfreuen kannst, nicht das, wo dir jenes leicht genommen werden kann und wo dich die Freunde, aus Furcht für sich selbst, in deiner höchsten Not verlassen. Immer war es den weisen und tugendhaften Männern weniger schmerzlich, von dem Unglück ihres Vaterlandes zu hören als es zu sehen, und sie halten es für rühmlicher, ein ehrenvoller Rebell zu sein als ein sklavischer Bürger." Er entfernte sich voll Unwillen vom Papst, und häufig bei sich selbst dessen Rat und die Kälte der Freunde tadelnd, ging er ins Exil.

Als Cosimo auf der anderen Seite die Nachricht seiner Wiedereinsetzung erhielt, kehrte er nach Florenz zurück. Selten trug es sich zu, daß ein Bürger, im Triumph von einem Sieg zurückkehrend, von seiner Vaterstadt mit so großem Zusammenlauf des Volkes und so großer Liebesbezeugung empfangen wurde, wie er, aus dem Exil zurückkehrend, empfangen wurde. Aus freiem Antrieb grüßte ihn jeder als: „Wohltäter des Volkes und Vater des Vaterlandes".

Fünftes Buch

Die Länder pflegen zumeist bei ihren Veränderungen von der Ordnung zur Unordnung zu kommen und dann von neuem von der Unordnung zur Ordnung überzugehen. Es ist von der Natur den menschlichen Dingen nicht gestattet, still zu stehen. Wie sie daher ihre höchste Vollkommenheit erreicht haben und nicht mehr steigen können, müssen sie sinken. Ebenso, wenn sie gesunken sind, durch die Unordnungen zur tiefsten Niedrigkeit herabgekommen, und also nicht mehr sinken können, müssen sie notwendig steigen. So sinkt man stets vom Guten zum Übel und steigt vom Übel zum Guten. Denn die Tapferkeit bringt Ruhe, die Ruhe Müßiggang, der Müßiggang Unordnung, die Unordnung Verfall. Ebenso entsteht aus dem Verfall Ordnung, aus der Ordnung Tapferkeit, hieraus Ruhm und Glück.

Es haben daher die Klugen beobachtet, daß die Wissenschaften nach den Waffen kommen, und daß in den Ländern und Republiken die Feldherren vor den Philosophen entstehen. Wenn gute, geordnete Waffen Siege erzeugt haben und die Siege Ruhe, so kann die Kraft kriegerischer Gemüter durch keinen ehrenvolleren Müßiggang verdorben werden als durch den der Wissenschaften, und der Müßiggang kann mit keiner größeren, gefährlicheren Täuschung als mit dieser in die wohleingerichteten Republiken eindringen. Dies erkannte Cato, als die Philosophen Diogenes und Karneades von Athen als Gesandte an den Senat geschickt nach Rom kamen, sehr gut. Sehend, daß ihnen die römische Jugend mit Bewunderung zu folgen begann, und das Übel erkennend, das aus diesem ehrbaren Müßiggang seinem Vaterland entspringen konnte, verordnete er, daß kein Philosoph in Rom aufgenommen werden dürfe.

Die Länder kommen also durch diese Übergänge zum Verfall. Sind sie dahin gekommen und die Menschen durch das Unglück weise geworden, so kehren sie, wie gesagt, zur Ordnung zurück; sonst müßte sie eine außerordentliche Kraft erstickt halten. Aus diesen Gründen machten zuerst die alten Toskaner, dann die Römer Italien bald glücklich, bald unglücklich. Später zwar wurde auf den römischen Trümmern kein Staat erbaut, durch welchen Italien auf eine Weise aus seinen Ruinen erstanden wäre, daß es unter einem tapfern Fürsten ruhmvoll hätte auftreten können. Doch es erhob sich doch so große Tapferkeit in einigen der neuen Republiken und Reiche, die aus den römischen Trümmern entstanden, daß sie – wenn auch eines nicht die übrigen beherrschte, doch zu diesem Zweck einträchtig und geordnet – Italien von den Barbaren befreiten und gegen sie verteidigten.

Unter diesen Reichen war das florentinische, wenn auch kleiner an Ausdehnung, an Autorität und Macht nicht das Kleinste. Ja, in der Mitte Italiens gelegen, reich und schnell zum Kampf bereit, bestanden die Florentiner entweder glücklich einen Krieg, der ihnen erklärt wurde, oder gaben dem den Sieg, dem sie sich anschlossen.

Wenn also aus der Tapferkeit dieser neuen Staaten keine Zeiten entstanden, die durch langen Frieden ruhig waren, so waren sie doch auch nicht durch die Heftigkeit der Kriege gefährlich. Denn man kann nicht behaupten, daß da Friede sei, wo häufig die Staaten mit den Waffen einander angreifen. Aber auch Krieg kann man es nicht nennen, wenn die Menschen nicht getötet, die Städte nicht verheert, die Staaten nicht zerstört werden. Jene Kriege sanken zu solcher Schwäche herab, daß sie ohne Furcht angefangen, ohne Gefahr geführt wurden und ohne Schaden endeten. So erlosch die Tapferkeit, welche in den anderen Ländern durch einen langen Frieden zu erlöschen pflegt, in Italien durch die Erbärmlichkeit der Kriege. Klar wird man dies aus unserer Beschreibung der Begebenheiten vom Jahr 1434 bis 1494 erkennen. Man wird dort sehen, daß am Ende von neuem den Barbaren der Weg geöffnet und Italien unter ihre Botmäßigkeit zurückgebracht wurde.

Wird man also die Taten unserer Fürsten außen und zu Hause nicht wie die Taten der Alten mit Bewunderung für ihre Tapferkeit und Größe lesen, so wird man sie vielleicht wegen ihrer entgegengesetzten Eigenschaften mit großem Erstaunen lesen, wenn man sieht, daß so viele edle Völker durch so schwache, schlecht geleitete Waffen im Zaum gehalten wurden. Und wenn bei der Beschreibung der Begebenheiten dieser verdorbenen Welt nichts vom Mut des Soldaten, von der Tapferkeit des Feldherrn, von der Vaterlandsliebe des Bürgers zu erzählen ist, so wird man dagegen sehen, mit welchen Täuschungen, mit welchen Listen und Künsten die Fürsten, die Soldaten und die Häupter der Republiken handelten, um sich ein Ansehen zu erhalten, das sie nicht verdienten. Dies zu kennen, wird vielleicht nicht weniger nützlich sein als die alte Geschichte; denn wenn diese die hochherzigen Geister zur Nachahmung entflammt, so wird jenes zur Vermeidung und Ausrottung anfeuern.

Italien war durch die, welche es beherrschten, zu dem Punkt gebracht, daß jeder Friede, der durch die Eintracht der Fürsten entstand, bald darauf durch die, welche die Waffen in der Hand hatten, gestört wurde. So erwarben die Staaten weder Ruhm durch den Krieg, noch Ruhe durch den Frieden. Als der Friede zwischen dem Herzog von Mailand und der Liga 1433 geschlossen war, wandten sich die Soldaten, die Krieg haben wollten, gegen die Kirche. Es gab damals zwei Söldnerbanden in Italien, die Braccios (da Montone) und die Sforzas. Oberhaupt dieser war der Graf Francesco, Sforzas Sohn; der anderen Führer waren Niccolo Piccinino und Niccolo Fortebraccio. Diesen Banden schlossen sich fast alle anderen italienischen Waffen an. Die geschätztere von beiden war die Sforzas, sowohl wegen der Tapferkeit des Grafen als auch dadurch, daß ihm der Herzog von Mailand seine natürliche Tochter Madonna Bianca versprochen hatte, eine Heirat, deren Hoffnung ihm sehr großes Ansehen verschaffte. Diese Banden Bewaffneter griffen also nach dem Frieden in der Lombardei aus verschiedenen Ursachen den Papst Eugenius an. Niccolo Fortebraccio war durch die alle Feindschaft bewogen, die Braccio immer mit der Kirche gehabt halte. Den Grafen trieb Ehrgeiz. Niccolo griff also Rom an und der Graf machte sich zum Herrn der Mark.

Die Römer vertrieben, weil sie den Krieg nicht wollten, Eugenius aus Rom, der, mit Gefahr und Schwierigkeit fliehend, nach Florenz kam. Hier erwog er die Gefahr, in der er war, da er sich von den Fürsten verlassen sah, welche seinetwegen die Waffen nicht wieder ergreifen wollten, die sie mit größtem Verlangen niedergelegt hatten. Er verhandelte daher mit dem Grafen und trat ihm die Herrschaft der Mark ab, obgleich ihm der Graf zur Unbill der Eroberung Verachtung entgegenbrachte. Denn bei Unterzeichnung des Orts, wo er seinen Agenten Briefe schrieb, sagte er, nach italienischer Sitte mit lateinischen Worten: *Ex Girifalco Nostro Firmiano, invito Petro et Paulo.*[1] Mit der Abtretung der Städte nicht zufrieden, wollte er auch noch zum Gonfalonier der Kirche ernannt sein, und alles wurde ihm gewährt, so viel mehr fürchtete Eugenius einen gefährlichen Krieg als einen schimpflichen Frieden. Freund des Papstes geworden, verfolgte der Graf Niccolo Fortebraccio, und es trugen sich in den Städten der Kirche viele Monate hindurch verschiedene Ereignisse zu, die alle mehr zum Schaden des Papstes und seiner Untertanen als zu dem der Kriegführenden waren. Zuletzt wurde zwischen ihnen, durch die Vermittlung des Herzogs von Mailand, auf dem Wege eines Waffenstillstandes ein Vertrag geschlossen, worin beide in den Städten der Kirche Fürsten blieben.

Als dieser Krieg in Rom erloschen war, wurde er von Batista da Canneto in der Romagna wieder entzündet. Dieser tötete in Bologna einige aus der Familie der Grifoni und vertrieb den Statthalter des Papstes mit seinen andern Feinden aus der Stadt. Um mit Gewalt diesen Staat zu behaupten, wandte er sich um Hilfsvölker an Filippo (Visconti), und der Papst, um sich für die Unbill zu rächen, verlangte Hilfe von den Venezianern und Florentinern. Beide wurden unterstützt, und sogleich standen zwei starke Heere in der Romagna. Filippos Feldherr war Niccolo Piccinino; die venezianischen und florentinischen Soldaten führten Gatta Melata und Niccolo von Tolentino. In der Nähe von Imola kam es zur Schlacht, worin die Venezianer und Florentiner geschlagen wurden. Niccolo von Tolenlino wurde in der Schlacht gefangen und zum Herzog ge-

[1] Aus unserem Geierfalken (Burg) zu Fermo, Petrus und Paulus zum Trotz.

schickt, wo er, entweder von diesem ermordet oder aus Schmerz über die erlittene Niederlage, nach wenigen Tagen starb.

Der Herzog verfolgte nach diesem Sieg das Glück nicht weiter, entweder weil er durch die früheren Kriege geschwächt war, oder weil er glaubte, die Liga würde nach dieser Niederlage ruhig bleiben. So gab er dem Papst und den Verbündeten Zeit, sich von neuem zu vereinen. Sie wählten den Grafen Francesco zu ihrem Feldherrn und entwarfen den Plan, Niccolo Fortebraccio aus den Städten der Kirche zu vertreiben, um zu versuchen, ob sie den Krieg siegreich beenden könnten, den sie zur Unterstützung des Papstes angefangen hatten. Als die Römer den Papst stark im Feld sahen, suchten sie einen Handel mit ihm, fanden denselben und erhielten einen päpstlichen Kommissär. Niccolo Fortebraccio besaß unter andern Städten Tivoli, Montefiascone, Città di Castello und Assisi. In letztere Stadt hatte sich Niccolo zurückgezogen, da er das Feld nicht behaupten konnte, und der Graf belagerte ihn darin. Während sich die Belagerung in die Länge zog, weil Niccolo sich tapfer verteidigte, hielt es der Herzog für nötig, entweder die Liga an der Einnahme dieser Stadt zu verhindern oder sich nach der Einnahme zur Verteidigung seiner Staaten zu rüsten. Um daher durch eine Diversion den Grafen zur Aufhebung der Belagerung zu bringen, befahl er Niccolo Piccinino durch die Romagna in Toskana einzufallen. Nun erachtete die Liga die Verteidigung Toskanas für nötiger als die Einnahme von Assisi und befahl dem Grafen, Niccolo den Paß zu sperren, der schon mit seinem Heer zu Forli stand. Der Graf brach mit seinen Scharen auf und zog nach Cesena, nachdem er seinem Bruder Leo den Krieg in der Mark und die Sorge für seine Staaten überlassen hatte. Während Piccinino einzudringen und der Graf ihn zu verhindern suchte, griff Niccolo Fortebraccio Leo an, nahm ihn zu seinem großen Ruhm gefangen, plünderte Leos Soldaten aus und eroberte, den Sieg verfolgend, mit demselben Stoß viele Städte der Mark.

Dieses Ereignis schmerzte den Grafen sehr, da er alle seine Staaten für verloren hielt. Einen Teil des Heeres Piccinino gegenüber lassend, zog er mit dem Rest gegen Fortebraccio, lieferte ihm eine Schlacht und siegte. Fortebraccio selbst wurde in der Niederlage gefangen und erhielt eine Wunde, an der er starb. Dieser Sieg gab dem Papst alle Städte wieder, die ihm Niccolo Fortebraccio genommen hatte, und zwang den Herzog von Mailand, um Frieden zu bitten. Der Friede wurde durch die Vermittelung des Marchese von Ferrara, Niccolo von Este, geschlossen und darin die vom Herzog eroberten Städte der Kirche zurückgegeben. Das Heer des Herzogs kehrte in die Lombardei zurück. Battista von Canneto – wie es allen geht, die sich durch fremde Streitkräfte und Tapferkeit in einen Staat erobern – konnte sich nach dem Abzug der Soldaten des Herzogs aus der Romagna durch seine eigenen Streitkräfte und Tapferkeit nicht in

Bologna behaupten und floh. Messer Antonio Bentivogli, Haupt der Gegenpartei, kehrte dahin zurück.

Alle diese Begebenheiten fallen in die Zeit der Verbannung Cosimos. Nach seiner Rückkehr waren die, welche ihn wieder eingesetzt, und so viele beleidigte Bürger ohne alle Rücksicht darauf bedacht, sich der Regierung zu versichern. Die Signoria, welche im November und Dezember im Magistrate folgte, nicht mit dem zufrieden, was ihre Vorgänger zugunsten der Partei getan, verlängerte und veränderte vielen die Verbannung und verbannten viele andere von neuem. Und nicht so sehr wie der Parteihaß schadete den Bürgern der Reichtum, die Verwandten, die Privatfeindschaften. Wäre diese Proskription mit Blutvergießen begleitet gewesen, sie würde der Oktavians und Sullas gleichgekommen sein. Zugegebenermaßen war auch sie etwas mit Blut befleckt. Antonio di Bernardo Guadagni wurde enthauptet und vier andere Bürger, worunter Zanobi dei Belfratelli und Cosimo Barbadori, die den Bann gebrochen hatten und sich in Venedig befanden, wurden von den Venezianern, die Cosimos Freundschaft höher als ihre Ehre schätzten, Cosimo gefangen übersandt und hierauf ehrlos hingerichtet. Diese Sache gab der Partei großes Ansehen und flößte den Feinden den größten Schrecken ein, angesichts des Umstands, daß eine so mächtige Republik den Florentinern ihre Freiheit verkaufe. Doch glaubte man, sie habe es nicht nur getan, um sich Cosimo gefällig zu zeigen, sondern auch um den Haß der Parteien mehr zu entflammen und die Spaltung unserer Stadt durch Blut gefährlicher zu machen; denn die Venezianer sahen keinen andern Widerstand gegen ihre Größe als unsere Einigkeit.

Nachdem sie ihre Feinde oder die Verdächtigen aus der Stadt vertrieben hatten, wandten sich die Regierenden zu Begünstigung neuer Geschlechter, um ihre Partei stärker zu machen, und gaben die Familie der Alberti und alle übrigen alten Rebellen dem Vaterland zurück. Alle Großen, mit Ausnahme sehr weniger, versetzten sie in den Stand der Volksmänner. Den Besitz der neuen Rebellen teilten sie zu geringem Preis unter sich. Hierauf befestigten sie sich durch Gesetze und neue Einrichtungen und nahmen neue Squittinien vor, indem sie die Namen ihrer Feinde aus den Beuteln herausnahmen und diese mit denen ihrer Freunde anfüllten. Durch den Sturz der Gegner gewarnt, hielten sie diese beschränkten Squittinien zur Erhaltung ihrer Regierung noch nicht für ausreichend und sannen sich aus, daß die Magistrate, welche Gewalt über Leben und Tod haben, immer aus den Ersten ihrer Faktion bestehen sollten. Sie wollten daher, daß die Akkoppiatoren, die die Einbeutelung der neuen Squittinien beaufsichtigen, im Verein mit der alten Signoria Gewalt haben sollten, die neue zu ernennen. Sie gaben den Acht der Obsorge Gewalt über Leben und Tod. Sie verordneten, daß die Verbannten nach Ablauf ihrer Zeit nicht zurückkehren durften, wenn sich zuvor von den Signoren und Kollegen, deren Zahl sechsunddreißig ist, nicht vierunddreißig zu ihrer Wiedereinsetzung vereinten. Den Verbannten zu schreiben und von ihnen Briefe zu empfangen verboten sie, und jedes Wort, jedes Zeichen, jede Gewohnheit, die im geringsten den Regierenden mißfiel, wurde aufs schwerste bestraft. Wenn in Florenz ein Verdächtiger zurückblieb, den diese Verfolgungen nicht erreichten, so wurde er durch die Abgaben, die sie neu einführten, bedrückt. So sicherten sie sich in kurzer Zeit, da sie die ganze feindliche Partei vertrieben und arm gemacht, die Regierung. Um äußeren Beistands nicht zu entbehren und um ihn denen zu entziehen, die einen Angriff beabsichtigen sollten, verbündeten sie sich mit dem Papst, den Venezianern und dem Herzog von Mailand zu gegenseitiger Verteidigung der Staaten.

Während dies der Stand der Dinge in Florenz war, starb die Königin Johanna von Neapel und setzte durch ihr Testament René von Anjou zum Thronerben ein. Es befand sich damals Alfons, König von Aragon, in Sizilien, der sich durch die Freundschaft, in der er mit vielen Baronen stand, auf die Eroberung des Königreichs vorbereitete. Die Neapolitaner und viele anderen Barone begünstigten René. Der Papst andererseits wollte weder René noch Alfons als König, sondern wünschte, daß Neapel durch einen päpstlichen Statthalter verwaltet werde. Alfons setzte also in das Königreich über und wurde vom Herzog von Sessa aufgenommen (1435). Hierauf nahm er einige Fürsten in seinen Sold, in der Absicht, mit Hilfe des Besitzes Capuas, das der Fürst von Tarent in seinem Namen besaß, die Neapolitaner zu seinem Willen zu zwingen, und sandte seine Flotte zum Angriff auf Gaëta, das für die Neapolitaner Besatzung hatte. Die Neapolitaner verlangten deshalb Hilfe bei Filippo Visconti. Der Herzog überredete die Genueser, diesen Krieg zu übernehmen, die nicht allein um den Herzog, ihren Fürsten, zu befriedigen, sondern um ihre Waren, die sie in Neapel und Gaëta hatten, zu retten, eine mächtige Flotte ausrüsteten. Als andererseits Alfons dies erfuhr, verstärkte er die seinige und segelte in Person den Genuesern entgegen. Oberhalb der Insel Ponzio kam es zur Schlacht, in der die aragonische Flotte geschlagen, Alfons mit vielen Fürsten gefangen und von den Genuesern in die Hände Filippos gegeben wurde.

Dieser Sieg versetzte alle Fürsten, welche in Italien die Macht Filippos fürchteten, in Schrecken; denn sie urteilten, er habe eine treffliche Gelegenheit, sich zum Herrn des ganzen Landes zu machen. Er aber – so verschieden sind die Ansichten der Menschen – ergriff eine Maßregel, die dieser Ansicht völlig widersprach. Alfons war ein kluger Mann. Sobald er mit Filippo sprechen konnte, zeigte er ihm, „Was für einen Fehler er mache, wenn er René begünstige und sich gegen ihn wende. Denn René, König von Neapel geworden, müsse sich mit allen Kräften danach streben, daß Mailand unter den König von Frankreich komme, um Beistand nahe zu haben und in seiner Not nicht nachsuchen zu müssen, daß man der Unterstützung den Durchzug gewähre. Dies könne er sich nicht anders sichern als durch Filippos Sturz, indem er bewirke, daß der Staat Mailand französisch werde. Das Gegenteil würde eintreten, wenn er, Alfons, König werde; denn da er keine andern Feinde als die Franzosen fürchte, so sei er genötigt, den zu lieben und ihm zu schmeicheln, ja sogar ihm zu gehorchen, der seinen Feinden den Weg öffnen könne. Deshalb würde Alfonso den Titel des Reiches haben, die Autorität und die Macht hingegen Filippo. So sei es viel mehr Filippos Sache als seine, die Gefahren der einen und der andern Maßregel zu erwägen, er müßte denn lieber ein Gelüst befriedigen wollen als sich seinen Staat sichern. Denn im einen Fall würde er Fürst sein und unabhängig, im anderen, in der Mitte zweier sehr mächtigen Fürsten stehend, werde er entweder die Krone verlieren oder in steter Furcht leben und als Knecht diesen Fürsten gehorchen müssen." Diese Worte vermochten so viel über Filippo, daß er seinen Entschluß änderte, Alfons frei gab, ihn ehrenvoll nach Genua und von da ins Königreich Neapel zurücksandte. Alfons begab sich nach Gaëta, dessen sich sogleich auf die Nachricht von seiner Befreiung einige Herrn, seine Anhänger, bemächtigt hatten.

Als die Genueser sahen, daß der Herzog, ohne auf sie Rücksicht zu nehmen, den König befreit hatte, daß er aus ihren Gefahren und Kosten Ehre zog, ihm der Dank der Befreiung und ihnen die Unbill des Gefangennehmens und der Niederlage blieb, gerieten sie alle gegen ihn in Unwillen. In der Stadt Genua wird, wenn sie in ihrer Freiheit lebt, durch freie Stimmwahl ein Oberhaupt, das sie Doge nennen, gewählt, nicht damit er absoluter Fürst sei, noch damit er allein beschließe, sondern als Haupt vorschlage, was durch ihre Magistrate und Räte beschlossen werden soll. Die Stadt hat viele edle Familien, die so mächtig sind, daß sie schwer der Herrschaft der Magistrate gehorchen. Von allen die mächtigsten sind die Familien Fregosa und Adorna. Durch diese entstehen die Spaltungen der Stadt, sie sind die Ursache, daß die freien Einrichtungen verdorben werden. Da sie einander nicht auf den bürgerlichen Wegen, sondern meist mit den Waffen die Dogenwürde streitig machen, so folgt daraus, daß immer eine Partei unterdrückt ist, während die andere regiert. Manchmal trägt es sich zu, daß die, welche sich ihrer Würde beraubt finden, zu den fremden Waffen ihre Zuflucht nehmen und das Vaterland, das sie nicht regieren dürfen, der Herrschaft eines Fremden unterwerfen. Hieraus entstand und entsteht, daß die Regenten der Lombardei meistens Genua gebieten, wie es damals, als Alfons von Aragon gefangen wurde, der Fall war. Unter den ersten Genuesern, die Ursache der Unterwerfung der Republik unter Filippo gewesen waren, war Francesco Spinola, der nicht lange darauf, nachdem er sein Vaterland dienstbar gemacht, wie es in solchen Fällen immer kommt, Filippo verdächtig wurde. Erbittert, hatte er sich gleichsam ein freiwilliges Exil zu Gaëta gewählt. Als er sich hier befand, erfolgte die Seeschlacht mit Alfons, woran er teilnahm und große Tapferkeit zeigte. Er glaubte sich daher von neuem um den Herzog so verdient gemacht zu haben, daß er wenigstens zum Lohn seiner Verdienste sicher in Genua bleiben könnte. Doch der Herzog fuhr in seinem Argwohn fort, da er nicht glauben konnte, daß der, welcher die Freiheit seines Vaterlandes nicht geliebt hatte, ihn liebe. Spinola beschloß nun, das Glück von neuem zu versuchen und auf einen Schlag die Freiheit dem Vaterland, sich Ruf und Sicherheit wiederzugeben. Er urteilte, er könne letzteres bei seinen Mitbürgern nur dadurch erreichen, daß die Hand, welche die Wunde geschlagen, Arznei und Heilung bringe. Den allgemeinen Unwillen sehend, der gegen den Herzog wegen der Befreiung des Königs sich erhoben hatte, erachtete er die Zeit für günstig, seinen Plan auszuführen. Er teilte ihn also einigen Männern mit, von denen er wußte, daß sie die gleiche Gesinnung hatten, und ermutigte und bestimmte sie, ihm zu folgen

Es war der Feiertag St. Johannes des Täufers gekommen, wo Arismino, der neue Statthalter, den der Herzog sandte, in Genua einzog. Als er schon in der Stadt war, begleitet von Opicino, dem alten Statthalter und vielen Genuese, wollte Francesco Spinola nicht mehr zögern und zog bewaffnet mit denen, die in seinen Plan eingeweiht waren, aus seinem Haus. Sobald er auf dem Platz war, der vor seiner Wohnung liegt, rief er „Freiheit". Es war merkwürdig zu sehen, mit welcher Schnelligkeit das Volk und die Bürger durch dieses Wort herbeiströmten. Niemand, der wegen seines Vorteils oder aus einer anderen Ursache den Herzog liebte, hatte Zeit, die Waffen zu ergreifen, ja, kaum ließ sich an die Flucht denken. Arismino flüchtete mit einigen Genuesern, die bei ihm waren, in die Zitadelle, in der die Besatzung für den Herzog war. Opicino dachte, wenn er sich in den Palast flüchte, wo zweitausend Bewaffnete unter seinen Befehlen standen, so werde er entweder sich retten oder die Freunde zu ihrer Verteidigung ermutigen können. Er schlug also diesen Weg ein, doch ehe er auf den Platz kam, wurde er getötet und sein Leichnam, in viele Stücke zerhauen, durch ganz Genua geschleift. Die Genueser unterstellten hierauf die Stadt wieder den freien Magistraten, eroberten in wenigen Tagen die Zitadelle und die andern Forts, welche der Herzog besaß, und befreiten sich völlig vom Joch Filippos.

Während diese Ereignisse anfangs die Fürsten Italiens erschreckt hatten, weil sie fürchteten, der Herzog möge zu mächtig werden, gaben sie ihnen nun, wo sie sahen, welches das Ende war, Hoffnung, ihn im Zaum halten zu können. Ungeachtet des kürzlich geschlossenen Bündnisses gingen daher die Florentiner und Venezianer mit den Genuesern einen Vertrag ein (1436). Als Messer Rinaldo und die andern Häupter der verbannten Florentiner die Dinge in Verwirrung sahen und daß die politische Welt die Gestalt verändert hatte, faßten sie Hoffnung, den Herzog zu einem offenen Krieg gegen Florenz bewegen zu können. Sie gingen also nach Mailand, und Messer Rinaldo sprach zum Herzog in folgender Rede:

„Wenn wir, einst deine Feinde, nun voll Vertrauen zu dir kommen, um deinen Beistand zu ersuchen, um in unser Vaterland zurückzukehren, so darf dies weder dich noch irgendeinen, der den Gang der menschlichen Dinge betrachtet und erwägt, wie unbeständig das Glück ist, befremden. Übrigens haben wir für unsere früheren und gegenwärtigen Handlungen, sowohl dir für das, was wir einst getan, als auch dem Vaterland für das, was wir jetzt tun, in die Augen fallende und gegründete Entschuldigungen anzuführen."

„Kein braver Mann wird je einen Bürger tadeln, der sein Vaterland zu verteidigen versucht, wie es sich auch verteidigen läßt. Nie war es unsere Absicht, dich zu beleidigen, wohl aber unser Vaterland vor Beleidigungen zu schützen. Du selbst wirst bezeugen, daß wir mitten im Lauf der größten Siege unseres Bundes, wenn wir dich zu wahrem Frieden geneigt erkannten, begieriger danach waren als du selbst. Wir fürchten daher nicht, daß wir je etwas getan haben, das uns besorgen ließe, nicht jede Gunst von dir erhalten zu können."

„Aber auch unser Vaterland kann sich nicht über uns beschweren, daß wir dich jetzt ermuntern, die gleichen Waffen gegen dasselbe zu ergreifen, gegen welche wir es mit so großer Standhaftigkeit verteidigt haben. Denn dasjenige Vaterland verdient die Liebe aller Bürger, welches alle seine Bürger gleich liebt, nicht das, welches mit Hintansetzung aller übrigen Wenige vergöttert. Niemand verdamme die Waffen ohne Unterschied, die man gegen das Vaterland wendet. Die Republiken, obgleich sie zusammengesetzte Körper sind, haben mit den einfachen Körpern Ähnlichkeit, und wie in diesen häufig Krankheiten entstehen, die ohne Eisen oder Feuer nicht geheilt werden können, so reißen in jenen oft so große Mißstände ein, daß ein frommer und guter Bürger, obgleich das Eisen dazu nötig ist, viel mehr sündigt, wenn er sie ungeheilt läßt, als wenn er sie heilt. Was aber kann eine größere Krankheit sein für den Körper einer Republik als die Knechtschaft? Welche Arznei ist notwendiger anzuwenden als die, welche sie von dieser Krankheit wiederherstellt? Nur die Kriege sind gerecht, welche notwendig sind, und die Waffen sind fromm, wo keine Hoffnung ist, außer bei ihnen. Ich weiß nicht, welche Notwendigkeit größer sein könnte als die unsrige, oder welche Frömmigkeit jene übertreffen könnte, welche das Vaterland aus der Knechtschaft befreit."

„Es ist also ausgemacht, daß unsere Sache fromm und gerecht ist, was von uns und von dir beachtet werden muß. Auch von deiner Seite fehlt diese Gerechtigkeit nicht; denn die Florentiner haben sich nicht geschämt, nach einem mit so großer Feierlichkeit verkündigten Frieden sich mit deinen Rebellen, den Genuesern, zu verbünden. Bewegt dich daher unsere Sache nicht, so muß dich der Unwille bewegen, und um so mehr, als du siehst, daß die Unternehmung leicht ist. Die frühere Erfahrung darf dich nicht entmutigen. Damals hast du die Macht des florentinischen Volkes gesehen und seine Standhaftigkeit in der Verteidigung, was beides allerdings dich noch mit Recht besorgt machen müßte, wenn es noch so wäre. Doch jetzt wirst du gerade das Gegenteil finden. Denn welche Macht glaubst du, daß eine Stadt hat, die neuerlich den größeren Teil ihrer Reichtümer und ihres Kunstfleißes von sich weggetrieben hat? Welche Standhaftigkeit glaubst du, daß ein Volk zeigt, das durch so mannigfaltige und neue Feindschaften entzweit ist? Diese Uneinigkeit ist Ursache, daß auch die Reichtümer, welche zurückgeblieben sind, nicht auf die Weise wie damals verwendet werden können. Denn die Menschen wenden gerne ihr Erbteil auf. wenn sie sehen, daß es für den Ruhm, für die Ehre, für ihre eigene Würde geschieht. Sie hoffen dann im Frieden das Vermögen wieder zu erwerben, was ihnen der Krieg genommen hat. Nicht so aber handeln sie, wenn sie sich im Krieg und im Frieden gleich unterdrückt sehen – wenn sie im Krieg die Unbill der Feinde, im Frieden den Übermut ihrer Gebieter zu ertragen haben. Und viel mehr schadet den Völkern die Habsucht ihrer Bürger als die Raubgier der Feinde; denn von dieser hofft man einmal das Ende zu sehen, von jener niemals."

„Du erhobst also in den früheren Kriegen die Waffen gegen eine ganze Republik, jetzt erhebst du sie gegen einen sehr kleinen Teil derselben. Du kamst, um vielen guten Bürgern die Regierung zu entreißen, jetzt kommst du, um sie wenigen schlechten zu nehmen. Du kamst, um einer Republik die Freiheit zu nehmen, jetzt kommst du, um sie ihr wieder zu geben. Es läßt sich vernünftigerweise nicht annehmen, daß bei so großer Verschiedenheit der Ursachen gleiche Wirkungen erfolgen sollten, sondern es ist ein gewisser Sieg zu hoffen. Wie sehr aber dieser Sieg deinen Thron befestigen wird, kannst du selbst beurteilen, da du dir Toskana zur Freundin machst und dir durch eine so große Wohltat verpflichtest. Mehr wird dir dann Toskana in deinen Unternehmungen nützen als Mailand. Und während diese Eroberung früher für ehrgeizig und gewalttätig gehalten worden wäre, wird man sie jetzt für gerecht und fromm erachten. Laß daher diese Gelegenheit nicht vorübergehen und bedenke, daß, wenn deine früheren Feldzüge gegen Florenz dir bei ihrer Schwierigkeit Kosten und Schande erzeugt haben, dieser dir bei seiner Leichtigkeit den größten Nutzen und den ehrenvollsten Ruf erzeugen muß."

Es waren nicht viele Worte nötig, den Herzog zu überreden, daß er den Florentinern den Krieg erkläre; denn er war von einem angeborenen Haß und einem blinden Ehrgeiz getrieben, der es ihm so befahl, um so mehr, als er durch die neue Unbill des mit den Genuesern geschlossenen Vertrags gereizt war. Nichtsdestoweniger entmutigten ihn die früheren Kosten, die Gefahren, in denen er sich befunden, die Erinnerung an die neuerlichen Niederlagen und die eitlen Hoffnungen Verbannter.

Der Herzog hatte sogleich auf die Nachricht von dem Aufstand Genuas Niccolo Piccinino mit allen seinen Schweren Reitern und so viel Fußvolk, wie er im Land zusammenbringen konnte, gegen diese Stadt geschickt. Niccolo sollte sich bestreben, Genua wieder zu erobern, ehe die Bürger Mut gefaßt und die neue Regierung geordnet hätten, wobei der Herzog sehr auf die Zitadelle vertraute, die in der Stadt für ihn Besatzung halte. Doch, obgleich Niccolo die Genueser von den Bergen trieb, ihnen das Tal Pozeveri, wo sie sich befestigt hatten, nahm, und sie hinter die Mauern der Stadt zurückschlug, so fand er doch in dem hartnäckigen Entschluß der Bürger, sich zu verteidigen, so große Schwierigkeit, daß er zum Abzug gezwungen war. Auf das Zureden der verwiesenen Florentiner befahl ihm daher der Herzog, die Riviera di Levante anzugreifen und an der pisanischen Grenze den Krieg im genuesischen Land so lebhaft zu führen, wie er könne. Er dachte, diese Unternehmung werde ihm allmählich die Maßregeln zeigen, die er ergreifen müsse. Niccolo griff also Serezana an und nahm es ein. Nachdem er sodann große Verheerung angerichtet hatte, zog er, um die Befürchtungen der Florentiner zu vergrößern, nach Lucca, indem er aussprengte, er wolle durch das Florentinische ziehen, um ins Königreich Neapel dem König Alfons zu Hilfe zu kommen.

Papst Eugenius reiste auf diese neuen Ereignisse von Florenz nach Bologna, wo er über einen neuen Vertrag zwischen dem Herzog und dem Bund aushandelte. Er zeigte dem Herzog, wenn er nicht in den Vertrag einwillige, so sei er, der Papst, gezwungen, dem Bund den Grafen Francesco abzutreten, der damals als sein Verbündeter in seinem Sold diente. Obgleich sich aber der Papst viel Mühe gab, so mißlangen doch alle seine Unterhandlungen; denn der Herzog wollte, ohne Genua zu erhalten, den Vertrag nicht schließen, und der Bund wollte, daß Genua frei bleibe. Beide Teile zweifelten daher an der Erhaltung des Friedens und rüsteten sich zum Krieg.

Als Niccolo Piccinino in Lucca war, befürchteten die Florentiner den Ausbruch des Krieges und ließen Neri di Gino mit seinen Soldaten in die Landschaft Pisa marschieren. Vom Papst erwirkten sie, daß sich der Graf Francesco mit Neri vereine, und beide machten mit ihrem Heer bei Santa Gonda halt. Piccinino, der bei Lucca stand, verlangte den Durchmarsch, um ins Königreich zu ziehen, und drohte ihn bei einer negativen Antwort zu erzwingen. Die Heere waren an Zahl und Feldherrn gleich. Kein Teil wollte daher das Glück versuchen, und da sie auch die kalte Jahreszeit noch zurückhielt, es war im Dezember, so verweilten sie viele Tage, ohne sich anzugreifen. Der erste von ihnen, der sich bewegte, war Niccolo Piccinino, dem gezeigt wurde, er könne Vico Pisano leicht einnehmen, wenn er einen nächtlichen Angriff mache. Niccolo versuchte den Sturm, als es ihm aber nicht gelang, Vico einzunehmen, verheerte er die Umgegend und plünderte und verbrannte Borgo S. Giovanni alla Vena. Diese Unternehmung, obgleich größtenteils mißlungen, ermutigte gleichwohl Niccolo zum weiteren Vorrücken, besonders da er gesehen hatte, daß der Graf und Neri untätig geblieben waren. Er griff also Santa Maria in Castello und Filetto an und nahm sie ein. Auch jetzt noch machte das florentinische Heer keine Bewegung, nicht daß der Graf Furcht gehabt hätte, sondern weil in Florenz von den Magistraten, aus Ehrerbietung vor dem Papst, der über Frieden unterhandelte, der Krieg noch nicht beschlossen war. Was die Florentiner aus Klugheit taten, hielten die Feinde für ein Zeichen von Furcht, und dies ermutigte sie zu neuen Unternehmungen. Sie beschlossen also Barga zu erobern und legten sich mit allen ihren Streitkräften davor. Dieser neue Angriff bewirkte, daß die Florentiner, mit außer Acht lassen der Rücksichten, nicht nur Barga zu befreien, sondern das lucchesische Land anzugreifen beschlossen. Der Graf zog also gegen Niccolo, lieferte ihm unter den Mauern von Barga eine Schlacht, überwand ihn und zwang ihn, fast zersprengt, die Belagerung aufzuheben.

Mittlerweile sandten die Venezianer, denen es schien, der Herzog habe den Frieden gebrochen, ihren Feldherrn Giovan Francesco da Gonzaga nach Ghiaradadda. Gonzaga richtete im Land des Herzogs große Verheerungen an und zwang ihn, Niccolo Piccinino aus Toskana zurückzurufen. Diese Abrufung, im Verein mit dem Sieg über Niccolo, ermutigte die Florentiner, die Eroberung Luccas zu unternehmen und gab ihnen Hoffnung. Sie sorgten sich dabei nicht und hatten keine Rücksicht zu nehmen, da sie den Herzog, den sie allein fürchteten, von den Venezianern bekämpft sahen, und da sich die Luccheser auf keine Weise beschweren könnten, weil sie den Feind aufgenommen und ihm den Angriff auf das florentinische Gebiet erlaubt hatten.

Im April 1437 setzte der Graf das Heer in Marsch. Vor dem Angriff auf Andere wollten die Florentiner das Ihrige wieder haben und nahmen Santa Maria in Castello und alle übrigen Orte, die Piccinino erobert hatte, wieder ein. Hierauf wandten sie sich in die Landschaft Lucca und griffen Camajore an. Die Einwohner, obgleich ihrem Herrn treu, ergaben sich, da die Furcht vor dem nahen Feind mehr über sie vermochte, als die Treue gegen den fernen Freund. Der Ruf dieser Eroberung erleichterte die Einnahme von Massa und Serezana. Nachdem dies geschehen war, ungefähr Ende Mai, kehrte das Heer gegen Lucca um, verheerte alle Felder und Wiesen, verbrannte die Dörfer, hieb Weinstöcke und Bäume um, raubte das Vieh und unterließ nichts, was man gegen die Feinde zu tun pflegt oder vermag.

Als die Luccheser auf der andern Seite sich vom Herzog verlassen sahen, verzweifelten sie an der Verteidigung des flachen Landes und gaben es preis. Dagegen befestigten sie mit Wällen und jedem andern passenden Bauwerk ihre

Stadt, die sie nicht zweifelten, wegen des Überflusses an Verteidigern, eine Zeitlang halten zu können. In die Zeit aber setzten sie ihre Hoffnung, durch die Erfahrung der früheren Kriege bewogen, welche die Florentiner gegen sie geführt hatten. Sie fürchteten nur den beweglichen Sinn der Menge, die, der Belagerung überdrüssig, die eigene Gefahr höher als die Freiheit anderer anschlagen und sie zu schimpflichem und nachteiligem Vertrage zwingen möchte. Um sie daher zur Verteidigung zu entflammen, versammelten sie die Menge auf dem Platz, und einer der Ältesten und Weisesten sprach folgendermaßen:

„Ihr müßt immer gehört haben, daß man für die Dinge, welche aus Not geschehen, Lob oder Tadel weder verdienen soll noch kann. Wenn ihr uns daher anklagen würdet, in dem Glauben, diesen Krieg, den die Florentiner jetzt gegen euch führen, hätten wir euch gewonnen, indem wir die Soldaten des Herzogs aufgenommen und ihnen den Angriff auf die Florentiner erlaubt haben, so würdet ihr euch sehr täuschen. Der alte Haß des florentinischen Volkes gegen euch ist euch bekannt. Er ist nicht durch eure Beleidigungen, nicht durch ihre Furcht verursacht, sondern vielmehr durch eure Schwäche und ihren Ehrgeiz; denn jene gibt ihnen Hoffnung, euch unterdrücken zu können, dieser spornt sie an, es zu tun. Glaubt nicht, daß irgendeine Leistung, die ihr ihnen erbringt, sie von diesem Verlangen abbringen, noch irgendeine Beleidigung, die ihr ihnen zufügtet, sie mehr entflammen könnte, euch zu verletzen."

„An ihnen ist es also, darauf zu sinnen, daß sie euch die Freiheit rauben, an euch, daß ihr die Freiheit verteidigt, und was auch sie und wir zu diesem Zweck tun werden, darüber mag man sich beklagen, aber nicht wundern. Beklagen wir uns, daß sie uns angreifen, daß sie unsere Kastelle stürmen, daß sie unsere Dörfer verbrennen und das Land verheeren. Wer aber wird von uns so einfältig sein, daß er sich darüber wundere? Denn wenn wir könnten, wir würden ihnen das Gleiche oder Schlimmeres tun. Und wenn sie diesen Krieg wegen Niccolos Zug angefangen haben, so würden sie uns, wenn er auch nicht gekommen wäre, aus einem anderen Grund den Krieg erklären, und das Übel, wenn es verschoben würde, wäre vielleicht größer. So darf man diesem Zug nicht die Schuld geben, sondern eurem schlimmen Los und ihrer ehrgeizigen Natur. Übrigens konnten wir dem Herzog die Aufnahme seiner Soldaten nicht verweigern, und als sie da waren, konnten wir sie nicht vom Krieg zurückhalten."

„Ihr wißt, daß wir uns ohne die Hilfe eines Mächtigen nicht erhalten können, und es gibt keine Macht, die uns mit mehr Treue und größeren Streitkräften beschützen könnte als der Herzog. Er hat uns die Freiheit wiedergegeben, er muß sie uns vernünftigerweise erhalten, er war immer unserer ewigen Feinde heftigster Feind. Wenn wir also, um die Florentiner nicht zu beleidigen, den Herzog erbittert hätten, so hätten wir den Freund verloren und den Feind mächtiger gemacht, der uns dann um so eher angegriffen hätte. Es ist daher viel besser, diesen Krieg mit der Liebe des Herzogs zu haben, als mit seinem Haß den Frieden; und wir müssen hoffen, daß er uns aus den Gefahren holen wird, in die er uns gebracht hat. wenn wir uns nur nicht selbst verlassen."

„Ihr wißt, mit welcher Wut die Florentiner uns mehrere Male angegriffen haben, und mit welchem Ruhm wir uns gegen sie verteidigen. Und oft hatten wir keine andere Hoffnung als auf Gott und die Zeit, und beide haben uns erhalten. Wenn wir uns aber damals verteidigten, wo ist der Grund, daß wir uns jetzt nicht verteidigen sollten? Damals hatte uns ihnen ganz Italien preisgegeben, jetzt haben wir den Herzog für uns, und wir müssen glauben, daß sich die Venezianer nicht beeilen werden, uns anzugreifen, da ihnen das Wachsen der Macht der Florentiner mißfällt. Früher waren die Florentiner ungebundener, sie hatten mehr Hoffnung auf Hilfsvölker, sie selbst waren stärker, und wir waren in jeder Hinsicht schwächer. Denn damals verteidigten wir einen Tyrannen, jetzt verteidigen wir uns; damals gehörte der Ruhm einem anderen, jetzt gehört er uns; damals griffen sie uns einig an, jetzt, wo ganz Italien mit ihren Rebellen angefüllt ist. greifen sie uns uneinig an."

„Wenn aber auch diese Hoffnungen nicht da wären, so muß uns die höchste Not zur hartnäckigen Verteidigung bewegen. Jeden Feind müssen wir mit Recht fürchten; denn jeder wird seinen Ruhm und unseren Sturz wollen; doch vor allen anderen müssen uns die Florentiner mit Entsetzen erfüllen; denn ihnen würde der Gehorsam nicht genügen und Tribut mit der Herrschaft über unsere Stadt, sondern sie würden unsere Personen und unser Vermögen haben wollen, um ihre Grausamkeit mit unserem Blut, ihre Habsucht mit unseren Gütern zu sättigen. Jeder daher, welchem Stand er auch angehört, muß sie fürchten."

„So laßt euch denn durch den Anblick unserer verheerten Felder, unserer verbrannten Dörfer, unserer eroberten Kastelle nicht erschüttern. Denn retten wir diese Stadt, so werden wir notwendig alles andere retten, verlieren wir sie aber, so würden wir alles andere erhalten haben, ohne daß es uns nützte. Erhalten wir unsere Freiheit, so kann unser Feind nur schwer im Besitz bleiben, verlieren wir hingegen die Freiheit, was hilft uns ein unnützer Besitz?"

„Ergreift also die Waffen, und im Kampf bedenkt, daß der Preis des Sieges die Rettung nicht nur des Vaterlandes, sondern eurer Häuser und des Lebens eurer Kinder ist."

Diese letzten Worte machten den lebhaftesten Eindruck auf die Gemüter des Volkes, und voll Feuer versprachen sie einstimmig, eher zu sterben, als sich selbst zu verlassen, oder an einen Frieden zu denken, der im geringsten ihre Freiheit beflecke. Hierauf ordneten sie alles unter sich an, was zur Verteidigung einer Stadt nötig ist.

Das florentinische Heer verlor mittlerweile keine Zeit und nahm nach vielfacher Verheerung des flachen Landes Monte Carlo durch Kapitulation; nach dessen Einnahme legte es sich vor Uzano, damit die Luccheser, von allen Seiten eingeschlossen, keinen Beistand erhoffen könnten und durch Hunger gezwungen sich ergäben. Das Kastell war sehr fest und mit Soldaten angefüllt, so daß die Einnahme desselben nicht, wie die der anderen, leicht war.

Als sich die Luccheser eingeschlossen sahen, wandten sie sich, wie natürlich, an den Herzog und empfahlen sich ihm durch alle erdenklichen Vorstellungen. Bald stellten sie ihm in ihrer Rede ihre Verdienste um ihn vor, bald die Beleidigungen der Florentiner, und wie sehr es seine anderen Freunde ermutigen würde, wenn er sie verteidige, wie sehr dagegen entmutigen, wenn er sie ohne Schutz lasse. Wenn sie mit der Freiheit das Leben verlören, so verliere er mit den Freunden die Ehre und alles Zutrauen bei allen denen, die sich jemals ihm zuliebe in Gefahr zu begeben hätten. Zu den Worten fügten sie die Tränen einiger, damit ihn, wenn ihn die Verpflichtung nicht rühre, das Mitleid bewege. Da also beim Herzog zum alten Haß gegen die Florentiner die neue Verpflichtung gegen die Luccheser hinzukam, und vor allem, da er sehr wünschte, daß die Florentiner nicht durch eine so große Eroberung wüchsen, so beschloß er, ein zahlreiches Heer nach Toskana zu schicken, oder die Venezianer mit solcher Heftigkeit anzugreifen, daß die Florentiner zum Aufgeben ihrer Unternehmung genötigt sein würden, um jenen beizustehen.

Als er diesen Entschluß gefaßt hatte, erfuhr man sogleich in Florenz, der Herzog rüste sich, ein Heer nach Toskana zu schicken. Dies bewirkte, daß die Florentiner die Hoffnung des Gelingens ihres Feldzuges zu verlieren begannen. Auf daß der Herzog in der Lombardei beschäftigt sei, trieben sie die Venezianer an, ihn mit allen Kräften zu drängen. Doch auch diese waren in Furcht, weil sie der Marchese von Mantua verlassen hatte und in den Sold des Herzogs getreten war. Da sie sich hierdurch gleichsam entwaffnet fanden, antworteten sie: „Sie könnten den Krieg, statt ihn zu verstärken, nicht einmal fortführen, wenn man ihnen nicht den Grafen Francesco sende, um Oberhaupt ihres Heeres zu sein, jedoch mit der Bedingung, daß er sich verpflichte, den Po in Person zu überschreiten. Sie wollten nicht bei dem alten Vertrag bleiben, worin er nicht zur Überschreitung verpflichtet war. Denn ohne Feldherrn wollten sie weder Krieg führen, noch könnten sie auf einen andern Hoffnung setzen als auf den Grafen, und der Graf könne ihnen nichts nützen, wenn er sich nicht verpflichte, den Krieg überall zu führen." Den Florentinern schien es nötig, daß der Krieg in der Lombardei kräftig geführt werde. Auf der anderen Seite sahen sie, wenn sie ohne den Grafen blieben, den Feldzug gegen Lucca gescheitert. Auch erkannten sie sehr wohl, daß Venedig dies begehrte, nicht nur weil es den Grafen nötig hatte, sondern auch um ihnen diese Eroberung zu stören. Andererseits war der Graf bereit, wie und wozu es den Verbündeten beliebe, in die Lombardei zu ziehen. Doch er wollte an der Verpflichtung nichts ändern, weil er sich jener Hoffnung nicht zu berauben wünschte, die er auf die ihm vom Herzog versprochene Heirat hatte.

Die Florentiner waren also von zwei verschiedenen Leidenschaften hin und her gezogen, von der Begierde Lucca zu erobern, und von der Furcht vor dem Krieg mit dem Herzog. Es siegte jedoch, wie es immer kommt, die Furcht, und sie willigten ein, daß der Graf nach der Einnahme Uzanos in die Lombardei gehe. Es blieb noch eine andere Schwierigkeit, die, weil es nicht in der Willkür der Florentiner lag, sie zu heben, ihnen mehr Sorge machte und mehr ihre Befürchtung erregte als die erste. Der Graf wollte den Po nicht überschreiten, und die Venezianer nahmen ihn anders nicht an. Als sich kein Mittel fand, beide Teile zu einigen, daß einer dem anderen aufrichtig nachgäbe, überredeten die Florentiner den Grafen, daß er sich zur Überschreitung des Flusses durch einen Brief verbindlich mache, den er an die Signoria von Florenz schreiben solle. Diese Privatversprechung, zeigten sie ihm, breche die öffentlichen Verträge nicht, und er brauche dann den Fluß doch nicht zu überschreiten. Es werde daraus der Vorteil erwachsen, daß die Venezianer, wenn der Krieg einmal entzündet sei, zur Fortsetzung desselben genötigt wären, worüber sie die Laune, auf der sie jetzt bestanden, vergessen würden. Den Venezianern andererseits zeigten sie, dieser Privatbrief reiche aus, den Grafen zu verpflichten, und deshalb möchten sie sich damit begnügen. Denn wo sie den Grafen in den Rücksichten, die er auf den Schwiegervater zu nehmen habe, schonen könnten, da sei es gut, es zu tun, und es sei weder ihm noch ihnen von Nutzen, ihn ohne offenbare Notwendigkeit zum Bruch zu bringen.

Auf diesem Weg wurde der Zug des Grafen in die Lombardei beschlossen. Nachdem er also Uzano eingenommen, einige Schanzen um Lucca herum, um die Luccheser eng eingeschlossen zu halten, gebaut, und den Kommissarien diesen Krieg empfohlen hatte, setzte er über das Gebirge und zog nach Reggio. Hier begehrten die Venezianer, auf seine Fortschritte argwöhnisch geworden, vor allem um seine Gesinnung zu erforschen, daß er über den Po setze und zu ihren anderen Soldaten stoße. Dies wurde vom Grafen rundweg abgeschlagen. Zwischen dem Beauftragten der Venezianer, Andrea Mauroceno, und ihm kam es nun zu beleidigenden Worten, indem einer den anderen großen Hochmuts und kleiner Treue beschuldigte. Nachdem sie gegenseitig lange protestiert hatten, der eine, daß er nicht zum Dienst verpflichtet sei, der andere nicht zur Bezahlung, kehrte der Graf nach Toskana zurück und der andere nach Venedig.

Der Graf wurde von den Florentinern in der Landschaft Pisa einquartiert, und sie hofften ihn zur Erneuerung des Krieges gegen die Luccheser bewegen zu können. Doch hierzu fanden sie ihn nicht geneigt. Der Herzog, als er erfahren, daß der Graf aus Ehrerbietung vor ihm nicht den Po hatte überschreiten wollen, dachte nun auch durch ihn die Luccheser retten zu können. Er bat ihn, er möge zwischen den Lucchesern und Florentinern Frieden machen, und wenn er könne, auch ihn, den Herzog, mit einschließen, wobei er ihm Hoffnung gab, sich mit seiner Tochter zu vermählen, wann es ihm beliebe. Diese Heirat spornte den Grafen sehr an; denn er hoffte sich dadurch, daß der Herzog keine Söhne hatte, zum Herrn Mailands zu machen. Er schlug daher immer den Florentinern das ab, was sie im Interesse des Krieges unternahmen, und beteuerte, er werde sich nicht rühren, wenn die Venezianer das Versprechen der Bezahlung und der Kondottierestelle nicht hielten. Die Zahlung allein genüge ihm nicht; denn wenn er wegen seiner Staaten sicher leben wolle, so müsse er eine andere Stütze haben als die Florentiner. Werde er daher von den Venezianern verlassen, so sei er genötigt, an sich selbst zu denken; und geschickt drohte er, sich mit dem Herzog zu einigen.

Diese Winkelzüge und diese Täuschungen mißfielen den Florentinern sehr; denn sie sahen den Feldzug gegen Lucca verloren und fürchteten überdies um ihren Staat, sobald der Herzog und der Graf beisammen sein würden. Um die Venezianer dahin zu bringen, daß sie dem Grafen die Kondottierestelle ließen, ging Cosimo de' Medici nach Venedig (1438), im Glauben, sie durch sein Ansehen zu bewegen. Er erörterte daselbst in ihrem Senat diesen Gegenstand lange, indem er zeigte, welches der politische Zustand Italiens sei, wie groß die Streitkräfte des Herzogs, wo der Ruf und die Macht der Waffen, und schloß „Wenn man den Herzog dem Grafen anschließe, so würden die Venezianer ins Meer zurückkehren und die Florentiner für ihre Freiheit kämpfen." Hierauf antworteten die Venezianer: „Daß sie ihre Kräfte und die der Italiener kannten und sich jedenfalls verteidigen zu können glaubten. Sie versicherten, sie seien nicht gewohnt, die Soldaten zu bezahlen, welche anderen dienten. Die Florentiner also sollten sich darauf besinnen, den Grafen zu bezahlen, da sie es wären, denen er diene. Es sei aber viel notwendiger, wenn sie sich eines sicheren Staates erfreuen wollten, den Hochmut des Grafen zu demütigen, als ihn zu bezahlen. Denn der menschliche Ehrgeiz hat keine Grenze, und wenn er jetzt ohne zu dienen bezahlt würde, so werde er bald mit einer noch pflichtvergesseneren und gefährlicheren Forderung kommen. Es scheine ihnen daher notwendig, seinem Übermut einmal Schranken zu setzen und ihn nicht so sehr anwachsen zu lassen, daß er unverbesserlich würde. Sollten aber doch die Florentiner aus Furcht oder aus sonst einem Grunde ihn sich als Freund erhalten wollen, so möchten sie ihn selbst bezahlen." Cosimo kehrte also unverrichteter Dinge zurück.

Nichtsdestoweniger drangen die Florentiner in den Grafen, daß er sich nicht von dem Bund trenne, und er selbst tat dies ungern. Aber das Verlangen, die Heirat zu schließen, hielt ihn unentschieden, so daß der geringste Vorfall ihn zum Entschluß bringen konnte, wie es denn auch kam. Der Graf halte zur Bewachung seiner Städte in der Mark Furlano, einen seiner ersten Kondottieri, zurückgelassen. Dieser wurde vom Herzog so lange gedrängt, bis er dem Sold des Grafen entsagte und in den des Herzogs trat. Dies bewirkte, daß der Graf mit Hintansetzung jeder Rücksicht aus Furcht, für sich mit dem Herzog einen Vertrag schloß. Unter den Bedingungen war die enthalten, daß sich der Herzog nicht in die Angelegenheiten der Romagna und Toskanas mischen solle. Nach diesem Vertrag überredete der Graf die Florentiner so dringend, daß sie mit den Lucchesern Friede machen sollten, und drängte sie so sehr dazu, daß sie, kein anderes Mittel sehend, im April 1438 einen Frieden schlossen, wodurch den Lucchesern ihre Freiheit blieb und den Florentinern Monte Carlo und einige andere Kastelle. Hierauf überschütteten sie ganz Italien mit Briefen voll Wehklagen, worin sie sagten: „Da Gott und die Menschen nicht gewollt hätten, daß die Luccheser unter ihre Herrschaft kämen, so hätten sie mit ihnen Friede gemacht.“ Und selten ist es der Fall, daß jemanden der Verlust seines Eigentums so sehr schmerzt, als es damals die Florentiner schmerzte, daß sie fremdes Eigentum nicht hatten wegnehmen können.

Obgleich mit einem so wichtigen Feldzug beschäftigt, unterließen die Florentiner in diesen Zeiten nicht, an ihre Nachbarn zu denken und ihre Stadt auszuschmücken. Es war, wie wir gesagt haben, Niccolo Fortebraccio gestorben, mit dem eine Tochter des Grafen von Poppi vermählt gewesen war. Dieser hatte bei Niccolos Tod Borgo a Santo Sepolcro und die Zitadelle dieser Stadt in Händen, die er zu Lebzeiten seines Schwiegersohns in dessen Namen befehligte. Nach dem Tod desselben sagte er, er besitze sie als Heiratsgut seiner Tochter und wollte sie dem Papst nicht herausgeben, der die Stadt als der Kirche genommenes Gut ansprach und zuletzt den Patriarchen mit seinen Soldaten zur Belagerung derselben absandte. Als der Graf sah, daß er den Angriff nicht bestehen konnte, bot er die Stadt den Florentinern an. Diese wollten sie nicht, halfen ihnen aber, bei der Rückkehr des Papstes nach Florenz, zwischen ihm und dem Grafen ins Mittel, beim Verhandeln. Als der Vergleich Schwierigkeiten fand, griff der Patriarch das Casentinische an und nahm Prato Vecchio und Romena ein, die er gleichfalls den Florentinern anbot. Die Florentiner wollten sie ebenfalls nicht annehmen, wenn der Papst nicht einwillige, daß sie sie dem Grafen zurückgeben dürften. Damit war der Papst nach vielem Streit zufrieden, wollte aber, daß die Florentiner ihm bei dem Grafen von Poppi zu erwirken versprächen, daß er ihm Borgo zurückgäbe.

Als auf diesem Weg der Papst befriedigt und da der Bau der Kathedrale von Florenz, Santa Reparata, den man lange Zeit zuvor begonnen hatte, so weit vorgerückt war, daß man den Gottesdienst feiern konnte, ersuchten die Florentiner den Papst, die Kirche persönlich einzuweihen. Er willigte gerne ein, und zu größerem Glanz der Stadt und des Tempels und zu größerer Ehre des Papstes wurde von Santa Maria Novella, wo Eugenius wohnte, bis zum Tempel, der eingeweiht werden sollte, ein Gerüst von vier Ellen Breite und zwei Ellen Höhe aufgebaut, das oben und auf den Seiten mit den reichsten Stoffen bedeckt war. Über dieses Gerüst ging allein der Papst mit seinem Hof, den Magistraten der Stadt und den Bürgern, die ihn zu begleiten bestimmt worden. Die ganze übrige Bürgerschaft und das Volk war auf der Straße, in den Häusern und im Tempel, um das Schauspiel zu betrachten. Nachdem alle Feierlichkeilen vorüber waren, die man bei solchen Einweihungen vorzunehmen pflegt, ehrte der Papst, um ein größeres Zeichen von Liebe zu geben, den damaligen Gonfalonier der Justiz, Giuliano Davanzati, einen zu allen Zeiten sehr angesehenen Bürger, mit der Ritterwürde, und die Signoria gab demselben, um nicht weniger wohlgeneigt als der Papst zu erscheinen, das Kapitanat von Pisa für ein Jahr.

In dieser Zeit (1439) fanden einige Streitigkeiten zwischen der römischen und griechischen Kirche statt, so daß sie nicht in allen Punkten des göttlichen Kultus übereinstimmten. Auf dem letzten Konzil, das zu Basel gehalten worden war, hatten die Prälaten der abendländischen Kirche lange über diesen Gegenstand gesprochen und beschlossen, daß man sich alle Mühe geben solle, den Kaiser und die griechischen Prälaten zu bewegen, daß sie auf dem Konzil zu Basel erschienen, um zu versuchen, ob sie sich mit der römischen Kirche einigen könnten. Dieser Beschluß widerstritt zwar der Majestät des griechischen Kaisertums, und es mißfiel dem Stolz seiner Prälaten, dem römischen Pontifex zu weichen. Doch ihre Bedrängnis durch die Türken, denen sie allein nicht widerstehen zu können glaubten, bewirkte doch, daß sie nachzugeben beschlossen, um dann mit mehr Zuversicht den Beistand der übrigen Christen begehren zu können. So begaben sich also der Kaiser mit dem Patriarchen und andern griechischen Prälaten und Baronen nach Venedig, um dem Beschluß des Konzils gemäß nach Basel zu gehen, beschlossen jedoch, von der Pest erschreckt, daß ihre Streitigkeiten in der Stadt Florenz beendet werden sollten. Es versammelten sich mehrere Tage hindurch in der Kathedrale die römischen und griechischen Prälaten, und nach vielen und langen Erörterungen gaben die Griechen nach und einigten sich mit der römischen Kirche und dem Papst.

Nachdem der Friede zwischen den Lucchesern und den Florentinern und zwischen dem Herzog und dem Grafen erfolgt war, glaubte man, daß die Waffen Italiens, und besonders die, welche die Lombardei und Toskana verwüsteten, leicht zum Ruhen gebracht werden könnten. Denn der Krieg, der im Königreich Neapel zwischen Ueno von Anjou und Alfons von Aragon geführt wurde, mußte mit dem Sturz eines von beiden ein Ende haben; und obgleich der Papst, weil er viele von seinen Städten verloren hatte, unzufrieden war, und obschon man wußte, wie groß der Ehrgeiz des Herzogs und der Venezianer war, so urteilte man doch, daß der Papst aus Notwendigkeit, die anderen aus Erschöpfung innehalten müßten. Aber die Sache kam anders; denn weder der

Herzog noch die Venezianer beruhigten sich, was zur Folge hatte, daß die Waffen von neuem ergriffen wurden und die Lombardei und Toskana sich von neuem Kriegsgetümmel erfüllten.

Des Herzogs stolzem Sinn war es unerträglich, daß die Venezianer Bergamo und Brescia besitzen sollten, um so mehr, als er sie unter den Waffen und jeden Tag an vielen Punkten Streifzüge in sein Land machen und dasselbe beunruhigen sah. Er wollte sie nicht nur im Zaum halten, sondern seine Städte wieder erobern zu können, sobald sie vom Papst, von den Florentinern und dem Grafen verlassen sein würden. Er entwarf daher den Plan, die Romagna dem Papst zu entreißen, indem er urteilte, wenn er dieses Land habe, so werde ihm der Papst nichts schaden können, und die Florentiner, wenn sie sich das Feuer nahe sähen, würden entweder aus Furcht um sich nicht losbrechen, oder wenn sie es täten, ihn nicht bequem angreifen können. Auch war dem Herzog der Unwille der Florentiner gegen die Venezianer wegen der lucchesischen Vorfälle bekannt, und er hielt sie daher für weniger bereit, die Waffen für die Venezianer zu ergreifen. Was den Grafen Francesco betraf, glaubte er, daß das neue Bündnis und die Hoffnung auf die Heirat ihn festhalten würden. Um also Vorwürfe zu vermeiden und jedermann weniger Ursache zum Losbrechen zu geben, besonders da er nach dem Vertrag mit dem Grafen die Romagna nicht angreifen durfte, bewirkte er, daß Niccolo Piccinino diesen Feldzug unternahm, als ob dieser es aus eigenem Ehrgeiz täte.

Niccolo befand sich, als der Vertrag zwischen dem Herzog und dem Grafen geschlossen wurde, in der Romagna. Mit dem Herzog übereingekommen, gab er sich den Schein, als sei er wegen der Freundschaft, die zwischen Philipp und seinem ewigen Feind, dem Grafen, geschlossen worden, erbittert und zog sich mit seinen Soldaten nach Camurata zurück, einem Ort zwischen Forli und Ravenna, wo er sich verschanzte, als ob er so lange hier verweilen wollte, bis er neuen Rat fände. Als sich das Gerücht von seiner Erbitterung überall verbreitet hatte, ließ Niccolo dem Papst melden: „Wie groß seine Verdienste um den Herzog und dessen Undankbarkeit sei, und daß dieser zu verstehen gebe, er wolle im Besitz fast aller Waffen Italiens unter den beiden ersten Feldherrn das ganze Land erobern. Wenn aber seine Heiligkeit wolle, so könne dieselbe bewirken, daß von den beiden Feldherrn, die der Herzog zu haben wähne, der eine ihm feind und der andere unnütz würde. Denn versehe seine Heiligkeit ihn, Niccolo, mit Geld und erhalte ihn unter den Waffen, so werde er die Staaten, die der Graf der Kirche weggenommen, angreifen, so daß der Graf an seine eigenen Angelegenheiten zu denken habe und den Ehrgeiz Philipps nicht unterstützen könne.“ Der Papst glaubte diesen Worten, da sie ihm vernünftig schienen, sandte Niccolo 5000 Dukaten und überhäufte ihn mit Versprechungen, indem er ihm und seinen Söhnen Staaten anbot. Obgleich der Papst von vielen vor

Täuschung gewarnt wurde, so glaubte er doch nicht daran und wollte niemand hören, der ihm abriet.

Die Stadt Ravenna wurde von Ostasio da Polenta für die Kirche verwaltet. Niccolo, als es ihm Zeit schien, seine Unternehmung nicht länger zu verschieben, weil sein Sohn Francesco zur Schande des Papstes Spoleto geplündert hatte, beschloß, Ravenna anzugreifen, sei es, daß er diese Belagerung für die leichteste hielt, oder daß er mit Ostasio in geheimem Einverständnis stand. Wenige Tage also nach dem Angriff nahm er Ravenna durch Kapitulation ein. Nach dieser Eroberung nahm er Bologna, Imola und Forli ein. Was aber das wunderbarste war – von zwanzig Kastellen, welche in diesen Staaten päpstliche Besatzung hatten, blieb nicht eins, das nicht in die Gewalt Niccolos kam. Es genügte Niccolo nicht, daß er durch diese Unbill den Papst verletzt hatte, er wollte ihn auch noch durch Worte verhöhnen, wie er es durch Werke getan. Er schrieb: „Er habe dem Papst verdientermaßen die Städte weggenommen, da er sich nicht geschämt, die Freundschaft, die zwischen dem Herzog und Niccolo bestanden hatte, trennen zu wollen, und da er Italien mit Briefen überschwemmt habe, zu melden, daß Niccolo den Herzog verlassen und sich den Venezianern angeschlossen hätte."

Nachdem Niccolo die Romagna erobert hatte, ließ er seinen Sohn Francesco zur Bewachung darin zurück und zog selbst mit dem größeren Teil seiner Soldaten in die Lombardei, wo er mit dem Rest des herzoglichen Heeres vereinigt die Landschaft Brescia angriff und in kurzer Zeit gänzlich einnahm. Hierauf belagerte er die Stadt. Der Herzog, welcher wünschte, daß ihm die Venezianer preisgegeben würden, entschuldigte sich beim Papst, bei den Florentinern und beim Grafen, indem er sagte, was Niccolo in der Romagna getan habe, sei, nicht nur gegen die Verträge, sondern auch gegen seinen Willen. Außerdem ließe er ihnen durch geheime Botschaften melden, er werde diesen Ungehorsam deutlich bestrafen, sobald Zeit und Gelegenheit es erlaube. Die Florentiner und der Graf glaubten ihm nicht, sondern hielten dafür, wie es die Wahrheit war, daß dieser Feldzug unternommen worden sei, um sie im Schach zu halten, so daß er die Venezianer bezwingen könne. Diese jedoch glaubten voll Stolz, aus eigener Kraft den Streitkräften des Herzogs widerstehen zu können, und ließen sich nicht herab, irgend jemand um Hilfe zu bitten, sondern führten durch ihren Feldherrn Gattamelata den Krieg. Auch wünschte der Graf Francesco mit der Unterstützung der Florentiner dem König René zu Hilfe zu ziehen, wenn ihn die Ereignisse in der Romagna und der Lombardei nicht zurückgehalten hätten. Die Florentiner ihrerseits würden ihn wegen der allen Freundschaft, in der ihre Stadt immer mit dem Haus Frankreich stand, auch gerne unterstützt haben, wogegen der Herzog seinen Beistand Alfonso wegen der Freundschaft zugewandt hätte, die er während Alfonsos Gefangenschaft mit diesem geschlossen hatte. Gleichwohl enthielten sich sowohl der Graf als die Florentiner, mit dem nahen Krieg beschäftigt, entfernterer Unternehmungen. Die Florentiner, die die Romagna von den Streitkräften des Herzogs besetzt und die Venezianer gedrängt sahen, fürchteten von fremdem Sturz den eigenen und baten den Grafen, nach Toskana zu kommen. „Man werde sodann untersuchen, was zu tun sei, um sich den Streitkräften des Herzogs zu widersetzen, die größer seien als je früher. Denn zügle man seinen Übermut nicht einigermaßen, so werde jeder, der in Italien Staaten besitze, darunter leiden." Der Graf erkannte die Furcht der Florentiner für begründet. Doch sein Verlangen, daß die festgesetzte Heirat erfolge, hielt ihn unentschieden, und der Herzog, der dieses Verlangen kannte, machte ihm die größte Hoffnung, wenn er die Waffen nicht gegen ihn erhöbe. Da das Mädchen schon alt genug war, um die Hochzeit feiern zu können, führte er die Sache mehrere Male so weit, daß alle gehörigen Vorbereitungen getroffen wurden; dann löste sich unter verschiedenen Vorwänden alles wieder auf. Um es dem Grafen glaubhafter zu machen, fügte er den Versprechungen Taten hinzu und sandte ihm 30.000 Gulden, die er ihm nach den Ehepakten geben sollte.

Doch der Krieg in der Lombardei wurde immer heftiger. Jeden Tag verloren die Venezianer mehr Kastelle, und alle Flotten, die sie auf jene Gewässer geschickt hatten, wurden von denen des Herzogs geschlagen. Die ganze Landschaft Verona und Brescia war besetzt und diese beiden Städte so eng eingeschlossen, daß sie sich, nach der allgemeinen Meinung, nur kurze Zeit halten konnten. Der Marchese von Mantua, der viele Jahre Kondottiere ihrer Republik gewesen, hatte sie gegen jedermanns Erwarten verlassen und sich an den Herzog angeschlossen. Was ihnen daher anfangs der Stolz nicht zu tun erlaubte, dazu bewog sie im Verlauf des Krieges die Furcht. Als sie erkannten, daß ihnen kein anderes Mittel blieb als die Freundschaft der Florentiner und des Grafen, begannen sie darum anzuhalten, obgleich verschämt und voll Mißtrauen; denn sie fürchteten dieselbe Antwort von den Florentinern, die sie selbst ihnen im Feldzug gegen Lucca und in den Angelegenheiten des Grafen gegeben hatten. Doch fanden sie sie nachgiebiger, als sie gehofft und durch ihr Benehmen verdient halten. So viel mehr vermochte bei den Florentinern der Haß gegen den alten Feind, als der neue Unwille gegen die gewohnten Freunde.

Sie hatten schon längere Zeit zuvor erkannt, daß die Venezianer in Not kommen mußten, und dem Grafen gezeigt, daß der Sturz jener sein eigener Sturz sei. „Er täusche sich, wenn er glaube, daß ihn der Herzog Philipp im Glück mehr als im Unglück achten werde. Die Ursache, warum er ihm die Tochter versprochen hatte, sei allein die Furcht, die er vor ihm habe. Da aber die Dinge, die man aus Notwendigkeit verspricht, auch die Notwendigkeit zu halten zwingt, so sei es nötig, daß er den Herzog in dieser Notwendigkeit erhalte, was ohne die Größe der Venezianer nicht möglich sei. Er solle daher bedenken, daß, wenn die Venezianer gezwungen würden, die Terra ferma zu verlassen, ihm nicht nur die Vorteile fehlen würden, die er von ihnen bekommen könne, sondern auch alle die, welche ihm die Furcht anderer vor ihnen verschaffen könnte. Wenn er die Staaten Italiens aufmerksam betrachte, werde er sehen, wer arm, wer sein Feind sei. Die Florentiner allein reichten, wie er selbst mehrere Male gesagt habe, nicht aus, ihn zu erhalten. Es sei also in jeder Hinsicht sein Vorteil, die Venezianer zu Land mächtig zu erhalten."

Diese Gründe, zum Haß hinzukommend, den der Graf gegen den Herzog gefaßt hatte, weil er mit dieser Heirat verhöhnt zu sein glaubte, bewogen ihn, in den Vertrag einzuwilligen, ohne daß er jedoch für damals zum Überschreiten des Poflusses sich verpflichten wollte. Der Vertrag wurde im Februar 1438 geschlossen. Die Venezianer trugen danach zwei Drittel, die Florentiner ein Drittel der Kosten, und beide verpflichteten sich, auf ihre Kosten die Staaten, welche der Graf in der Mark hatte, zu verteidigen. Mit diesen Streitkräften noch nicht zufrieden, fügte der Bund den Herrn von Faenza, die Söhne Messer Pandolfos Malalesli von Rimini und Pietro Giampagolo Orsini hinzu. Obgleich sie aber durch große Versprechungen den Marchese von Mantua versuchten, so konnten sie ihn doch nicht von der Freundschaft und dem Sold des Herzogs abbringen, und auch der Herr von Faenza, der, nachdem er von dem Bund in Sold genommen worden war, bei dem Herzog bessere Bedingungen fand, wandte sich wieder zu diesem. Dies nahm den Verbündeten die Hoffnung, die Angelegenheiten der Romagna schnell ins Reine bringen zu können.

Indessen stand der Krieg in der Lombardei so, daß Brescia von den Soldaten des Herzogs auf eine Weise belagert wurde, daß man jeden Tag die Übergabe durch Hunger fürchtete, und Verona war gleichfalls so eng eingeschlossen, daß man dasselbe Ende kommen sah. Sobald aber eine dieser beiden Städte verloren ging, erachtete man alle übrigen Kriegsrüstungen für nutzlos und die bisher gemachten Ausgaben für verloren. Dagegen sah man kein gewisseres Mittel, als den Grafen Francesco in die Lombardei ziehen zu lassen. Doch dies hatte drei Schwierigkeiten. Die erste, den Grafen zu bewegen, daß er den Po überschreite und überall Krieg führe. Die zweite, daß es den Florentinern schien, sie blieben, des Grafen entbehrend, der Willkür des Herzogs überlassen; denn leicht konnte der Herzog sich in seine festen Plätze zurückziehen und mit einem Teil seiner Streitkräfte den Grafen in Schach halten, während er mit den übrigen und ihren Rebellen, vor denen die damals Regierenden in sehr großer Furcht lebten, nach Toskana zog. Die dritte war, welchen Weg der Graf mit seinen Soldaten nehmen solle, der ihn sicher ins Paduanische führte, wo die übrigen venezianischen Soldaten standen. Von diesen drei Schwierigkeiten war die zweite, die die Florentiner betraf, am beunruhigendsten, doch das Bedürfnis erkennend, und von den Venezianern, die mit der größten Zudringlichkeit den Grafen von ihnen begehrten, ermüdet, stellten sie die fremde Not. den eigenen Befürchtungen voran. Es blieb noch die Schwierigkeit des Weges, worüber man beschloß, daß ihn die Venezianer sichern sollten. Zur Unterhandlung über den Vertrag mit dem Grafen und um ihn zum Überschreiten des Po zu bestimmen, war Neri di Gino Capponi an ihn gesendet worden. Es schien der Signoria gut, daß dieser sich auch nach Venedig begebe, um der dortigen Signoria diese Wohltat angenehmer zu machen und den Weg und den sicheren Durchzug des Grafen anzuordnen.

Neri reiste also von Cesena ab und fuhr in einer Barke nach Venedig. Nie wurde ein Fürst mit solcher Ehre von dieser Signoria empfangen als er; denn von seinem Kommen und dem, was durch ihn zu beraten und anzuordnen war, urteilten sie, hänge die Rettung ihrer Herrschaft ab. In den Senat eingeführt, hielt Neri folgende Rede:

„Meine Herren, durchlauchtiger Fürst, waren immer der Meinung, daß die Größe des Herzogs der Sturz dieses Staates und unserer Republik sei, und ebenso, daß das Heil beider Staaten Eure und unsere Größe sei. Hätten dies Eure Herrlichkeiten gleichfalls geglaubt, so würden wir uns in besserer Lage befinden, und Euer Staat würde vor den Gefahren sicher sein, die ihm jetzt drohen."

„Da Ihr uns aber zur Zeit, wo Ihr solltet, weder Hilfe geleistet noch Glauben beigemessen habt, so haben wir nicht schnell zur Heilung Eurer Krankheit eilen können, noch konntet Ihr dies schleunig verlangen, weil Ihr uns in Eurem Glück und Mißgeschick verkannt habt und nicht wißt, daß wir so beschaffen sind, daß wir den, den wir einmal lieben, immer lieben, und daß wir den, den wir einmal hassen, immer hassen. Welche Liebe wir immer für Eure durchlauchtige Signoria gefühlt haben, wißt Ihr selbst; Ihr habt öfters die Lombardei, um Euch zu unterstützen, mit unserem Geld und unseren Soldaten angefüllt gesehen. Unseren Haß gegen Filippo, unseren ewigen Haß gegen sein Haus kennt die ganze Welt. Und es ist unmöglich, daß eine alte Liebe oder ein alter Haß durch neue Verdienste oder durch neue Beleidigungen erlischt."

„Wir waren gewiß und sind es, daß wir in diesem Krieg zu großem Dank des Herzogs und mit wenig eigener Gefahr neutral bleiben konnten. Denn wäre er auch mit Eurem Untergang Herr der Lombardei geworden, so blieb doch in Italien noch so viel Lebenskraft, daß wir nicht an unserem Heil verzweifeln mußten; denn indem Macht und Staat anwächst, wächst Feindschaft und Eifersucht, woraus dann Kriege und Verluste zu entstehen pflegen."

„Wir wußten gleichfalls, welchen Kosten wir durch Vermeidung des gegenwärtigen Krieges entgingen, welche Gefahren wir vermieden, und daß dieser Krieg, der jetzt in der Lombardei ist, wenn wir losbrechen, nach Toskana gespielt werden könnte. Doch alle diese Befürchtungen sind vor der alten Zuneigung zu dieser Republik verschwunden, und wir haben beschlossen, mit derselben Schnelligkeit Euren Staat zu unterstützen, als wir den unsrigen verteidigen würden, wenn er angegriffen wäre.“

„Da also meine Herren vor allem die Befreiung von Verona und Brescia für nötig erachteten und dafür hielten, daß ohne den Grafen dies nicht geschehen könne, sandten sie mich zuerst ab, ihn zu bereden, daß er in die Lombardei ziehe und den Krieg überall führe, denn Ihr wißt, daß er zum Überschreiten des Po nicht verpflichtet ist. Ich bestimmte ihn dazu, indem ich ihn durch dieselben Gründe bewog, die uns selbst bewogen haben. Und er, wie er sich für unüberwindlich in den Waffen hält, will auch nicht im Edelmut überwunden sein und hat die Großmut, die er uns gegen Euch beweisen sieht, noch übertreffen wollen. Denn er weiß wohl, in welcher Gefahr Toskana nach seinem Abzug ist, und als er sah, daß wir Euerm Heil unsere Gefahren nachgesetzt haben, so hat auch er demselben seine Rücksichten nachsetzen wollen.“

„Ich komme also, Euch den Grafen mit 7000 Pferden und 2000 Fußknechten anzubieten: Er ist bereit, an jeden Ort dem Feind entgegenzuziehen. Ich bitte Euch nur und ebenso bitten Euch meine Herrn und er, da die Zahl seiner Soldaten die übersteigt, womit er zu dienen gehalten ist, daß Ihr ihn mit Eurer Freigebigkeit belohnt, damit er es nicht bereue, zu Eurem Dienst gekommen zu sein, und wir es nicht bereuen, ihn dazu aufgemuntert zu haben.“

Die Rede Neris wurde vom Senat mit nicht geringerer Aufmerksamkeit gehört, als ob es ein Orakel wäre, und seine Worte machten einen solchen Eindruck auf die Zuhörer, daß sie sich nicht geduldeten, bis der Fürst, nach dem Herkommen, antwortete, sondern aufgerichtet von ihren Sitzen, mit emporgehobenen Armen, der größere Teil weinend, dankten sie den Florentinern für so großen Liebesdienst und ihm, daß er ihn mit so großem Eifer und so großer Schnelligkeit ausgeführt habe. Niemals, in keiner Zeit, versprachen sie, sollte dies nicht nur nicht aus ihren Herzen, sondern auch nicht aus denen ihrer Nachkommen verschwinden, und stets müsse von nun an Venedig der Florentiner und ihr gemeinschaftliches Vaterland sein.

Nachdem dieses Feuer sich gelegt hatte, sprach man über den Weg, den der Graf nehmen solle, damit man ihn mit Brücken, mit Faschinen und allem andern versehen könne. Es gab vier Wege. Der eine von Ravenna längs der Meeresküste; dieser, weil er größerenteils von der Meeresküste und von Sümpfen eingeengt war, wurde nicht gebilligt. Der zweite war der gerade Weg; dieser war durch einen Turm, Uccellino genannt, der herzogliche Besatzung hatte, versperrt, und um vorbeizuziehen mußte man den Turm einnehmen, was schwer war, in so kurzer Zeit zu bewerkstelligen, daß die Besatzung keinen Hilfe heranziehen konnte. Dies erforderte Eile und Schnelligkeit. Der dritte durch die Selva del Lago; aber da der Po aus seinen Dämmen getreten war, machte er den

Marsch auf diesem Weg nicht nur schwer, sondern unmöglich. Es blieb noch der vierte durch die Landschaft Bologna, über Ponte Puledrano nach Cento, an die Pieve, und zwischen dem Bondeno und Finale nach Ferrara, von wo er teils zu Wasser, teils zu Land ins Paduanische ziehen und sich mit den venezianischen Soldaten vereinen konnte. Dieser Weg, obgleich er an sich viele Schwierigkeiten darbot und der Feind auf manchem Punkt während des Marsches angreifen konnte, wurde als der wenigst schlechte gewählt. Sobald er dem Grafen gezeigt worden war, brach dieser mit größter Schnelligkeit auf und kam den 20. Juni im Paduanischen an. Die Ankunft dieses Feldherrn erfüllte Venedig und sein ganzes Gebiet mit guter Hoffnung, und während die Venezianer zuvor an ihrer Rettung zu verzweifeln schienen, begannen sie nun neue Eroberungen zu hoffen.

Der Graf zog vor allem zur Befreiung Veronas. Um dies zu verhindern, ging Niccolo mit seinem Heer nach Soave, einem Kastell zwischen dem Vicentinischen und Veronesischen, und umgab sich mit einem Graben, der von Soave bis an die Sümpfe des Etsch geführt wurde. Als der Graf sich den Weg durch die Ebene versperrt sah, wollte er über das Gebirge gehen und sich auf diesem Weg Verona nähern. Er dachte, Niccolo werde entweder nicht glauben, daß er diesen Weg einschlage, der rauh und felsig war, oder wenn er es glaubte, so werde er keine Zeit haben, ihn zu verhindern. Nachdem er Lebensmittel für acht Tage angeschafft hatte, ging er mit seinen Soldaten über das Gebirge und kam unterhalb Soave in der Ebene an. Obgleich Niccolo einige Schanzen angelegt hatte, um dem Grafen auch diesen Weg zu versperren, so waren sie doch nicht hinreichend, ihn zurückzuhalten. Als nun Niccolo den Übergang des Feindes ganz gegen seine Erwartung vollzogen sah, zog er sich, um nicht zu seinem Nachteil eine Schlacht liefern zu müssen, hinter den Etsch zurück, und der Graf rückte ohne Hindernis in Verona ein.

Nachdem also der Graf die erste Mühe, Verona zu befreien, glücklich überwunden hatte, blieb ihm noch die zweite, Brescia zu unterstützen. Diese Stadt liegt in der Nähe des Gardasees und kann, wenngleich zu Land eingeschlossen, vom See aus mit Lebensmitteln versehen werden. Dies war die Ursache gewesen, daß sich der Herzog mit seinen Soldaten am See festgesetzt hatte; und im Anfang seiner Siege hatte er alle Kastelle genommen, die mittels des Sees Brescia Beistand leisten konnten. Die Venezianer hatten auch Galeeren dort, aber um mit den Herzoglichen zu kämpfen, waren sie nicht ausreichend. Der Graf hielt es daher für nötig, mit den Landtruppen die venezianische Flotte zu unterstützen, wodurch er hoffte, daß man leicht diese Kastelle erobern könne, die Brescia aushungerten. Er legte sich also vor Bardolino, ein Kastell am See, in der Hoffnung, daß sich nach dessen Einnahme die andern ergeben würden. Das Glück war dem Grafen in dieser Unternehmung feindlich; denn ein großer Teil seiner Soldaten wurde krank, so daß er die Belagerung aufhob und nach Zevio marschierte, einem veronesischen Kastell, das in einer gesunden und fruchtbaren Gegend liegt. Als Niccolo den Rückzug des Grafen sah, wollte er die Gelegenheil, die er zu haben glaubte, sich zum Herrn des Sees zu machen, nicht verlieren. Er ließ sein Heer zu Vesagio, zog mit einer ausgewählten Schar an den See und machte einen so wütenden Angriff auf die venezianische Flotte, daß er sie fast gänzlich eroberte. Infolge dieses Siegs blieben wenig Kastelle am See, die sich Niccolo nicht ergaben.

Die Venezianer, durch diesen Verlust erschreckt und deshalb fürchtend, die Brescianer könnten sich ergeben, drängten den Grafen durch Boten und Briefe, daß er die Stadt unterstütze. Da der Graf gesehen hatte, daß die Hoffnung der Unterstützung durch den See fehlgeschlagen und daß es durch die Ebene nicht möglich war, weil Niccolo Gräben, Schanzen und andere Hindernisse angebracht halte, zwischen denen man einem feindlichen Heer gegenüber nicht hindurch konnte, ohne einer offenbaren Niederlage entgegenzugehen, so beschloß er durch einen Marsch über das Gebirge, wodurch er schon Verona gerettet hatte, auch Brescia zu befreien. Nachdem er diesen Plan entworfen, brach der Graf von Zevio auf, zog durchs Acrilal an den St. Andreasee und weiter nach Torbole und Bencda am Gardasee. Von da rückte er vor Terma, wo er haltmachte; denn um nach Brescia vorbeizuziehen, war es notwendig, dieses Kastell zu erobern. Als Niccolo den Plan des Grafen erfuhr, führte er sein Heer nach Peschiera. Dann zog er mit dem Marchese von Mantua und einigen seiner auserlesensten Truppen dem Grafen entgegen. Als es zur Schlacht kam, wurde Niccolo geschlagen und seine Soldaten zersprengt, die zum Teil gefangen wurden, zum Teil auf die Flotte, ein Teil zum Heer flohen.

Niccolo selbst zog sich nach Terma zurück. Als es Nacht geworden, bedachte er, daß er in Terma den Tag erwartend unvermeidlich dem Feind in die Hände fallen müsse, und versuchte, um einer gewissen Gefahr zu entgehen, eine zweifelhafte. Er hatte von der Menge der Seinigen noch einen einzigen Diener bei sich, einen Deutschen von Nation, von großer Körperkraft, der sich ihm immer treu bewährt hatte. Diesen überredete er, ihn in einen Sack gesteckt auf die Schulter zu nehmen und als ob er die Bagage seines Herrn trage, in Sicherheit zu bringen. Das feindliche Heer war um Terma gelagert, aber wegen des Sieges am verflossenen Tage ohne Wachen und ohne alle Ordnung. So war es dem Deutschen leicht, seinen Herrn zu retten. Er hob ihn auf die Schulter, ging als Packknecht gekleidet, ohne angehalten zu werden, durchs ganze feindliche Lager und brachte ihn unversehrt zu seinen Soldaten.

Wäre also dieser Sieg mit so viel Glück benutzt worden, wie gewonnen, so würde er Brescia größeren Beistand und den Venezianern mehr Vorteil gebracht haben. Daß er hingegen schlecht benutzt wurde, war Ursache, daß die Freude bald ein Ende hatte und Brescia in derselben schwierigen Lage blieb. Niccolo, wieder bei seinem Heer, dachte, er müsse durch einen neuen Sieg diese Niederlage verwischen und den Venezianern die Möglichkeit, Broscia zu unterstützen, nehmen. Er kannte die Lage der Zitadelle von Verona und hatte von den Kriegsgefangenen erfahren, auf welche Weise dieses schlecht bewachte Fort zu erobern sei. Es schien ihm daher vom Glück die Gelegenheit dargeboten, seine Ehre wieder zu erlangen und die Freude des Feindes über den frischen Sieg durch einen frischeren Verlust in Schmerz zu verwandeln.

Die Stadt Verona liegt in der Lombardei, am Fuß der Berge, welche Italien von Deutschland trennen, und ist teils auf dem Berg, teils auf der Ebene erbaut. Der Fluß Etsch kommt aus dem Tal von Trient, und bei seinem Eintritt in Italien dehnt er sich nicht gleich durch die Ebene aus, sondern wendet sich zur Linken längs der Berge, wo er diese Stadt antrifft, durch deren Mitte er fließt, nicht zwar daß die Teile gleich wären, sondern er läßt einen größeren Teil davon gegen die Ebene als gegen die Berge zu. Auf diesen liegen zwei Kastelle, das eine San Piero, das andere San Felice genannt, die mehr durch die Lage als durch die Mauern fest erscheinen und bei ihrer hohen Lage die ganze Stadt beherrschen. In der Ebene diesseits des Etsch und mit der Stadtmauer verbunden liegen zwei andere Kastelle, tausend Schritte voneinander, wovon das eine die alte, das andere die neue Zitadelle heißt. Von der alten Zitadelle zieht sich im Innern eine Mauer bis zur neuen und bildet fast eine Sehne des Bogens, den die eigentliche Stadtmauer, welche beide Zitadellen verbindet, bildet. Der ganze Raum zwischen diesen beiden Mauern ist voll Einwohner und heißt die Vorstadt San Zeno.

Diese Zitadellen und diese Vorstadt einzunehmen war Niccolos Plan, indem er dachte, es werde ihm leicht gelingen, sowohl weil die Wachen immer nachlässig gehalten wurden, und weil er glaubte, der neue Sieg werde diese Nachlässigkeit vermehren, als auch weil er wußte, daß im Krieg kein Unternehmen so leicht gelingt, als ein solches, wovon der Feind glaubt, daß es dir unmöglich wäre. Nachdem er also eine Schar aus seinen Soldaten ausgewählt, zog er mit dem Marchese von Mantua in der Nacht nach Verona, erstieg, ohne gehört zu werden, die neue Zitadelle mit Leitern und nahm dieselbe ein. Von hier rückte er mit seiner Schar in die Stadt herab und brach das S. Antonstor auf, durch welches er seine Reiterei einließ. Die venezianische Besatzung in der allen Zitadelle, den Lärm hörend, als zuerst die Besatzung der neuen Zitadelle getötet und hierauf das Tor eingehauen wurde, erkannte, daß es Feinde waren, und begann durch Geschrei und Läuten das Volk zu den Waffen zu rufen. Die Bürger, dadurch aus dem Schlaf geweckt, waren in größter Verwirrung; die, welche am meisten Mut hatten, ergriffen die Waffen und eilten auf den Platz der Rektoren. Indessen halten die Soldaten Niccolos die Vorstadt San Zeno geplündert und rückten weiter vor. Als die Bürger erkannten, daß die Herzoglichen in den Mauern waren und nicht absahen, wie sie sich verteidigen könnten, drangen sie in die venezianischen Rektoren, daß sie sich in die Forts zurückziehen und ihre Person und die Stadt retten möchten. Es sei besser, daß sie ihr Leben und den Reichtum der Stadt für ein besseres Glück erhielten, als daß sie, im Verlangen das gegenwärtige Unglück zu vermeiden, selbst umkämen und die Stadt arm machten. Auf diese Weise flüchteten die Rektoren und was sonst noch von Venezianern da war, in das Fort San Felice. Hierauf gingen einige der ersten Bürger Niccolo und dem Marchese von Mantua entgegen und baten dieselben, daß sie lieber die Stadt reich zu ihrer Ehre möchten besitzen wollen als arm zu ihrer Schande, besonders da sich die Bürger nicht verteidigt und also weder Dank bei den ersten Herrn noch Haß bei ihnen verdient hätten. Niccolo und der Marchese trösteten sie und schützten, soviel sie bei einer so zügellosen Soldateska vermochten, die Stadt vor Plünderung. So gut wie gewiß, daß der Graf zur Wiedereroberung Veronas herbeiziehen werde, bestrebten sie sich hierauf mit aller Geschicklichkeit, die Forts in ihre Gewalt zu bekommen; die aber, deren Einnahme nicht möglich war, trennten sie durch Gräben und Barrikaden von der Stadt, damit dem Feind das Einrücken schwer würde.

Als der Graf Francesco, der mit seinem Heer bei Terma stand, diese Nachricht erfuhr, hielt er sie anfänglich für falsch; dann, durch zuverlässigeren Bericht von der Wahrheit überzeugt, wollte er durch Schnelligkeit seine frühere Nachlässigkeit wieder gut machen. Obgleich ihm alle Häupter seines Heeres rieten, er solle Verona und Brescia aufgeben und nach Vicenza marschieren, um nicht bei längerem Verweilen hier von den Feinden eingeschlossen zu werden, so wollte er doch nicht einwilligen, sondern versuchen, ob er Verona wieder einnehmen könne. In dieser Unentschiedenheit der Gemüter wandte er sich an die venezianischen Provveditoren und an Bernadetto de' Medici, der sich als Kommissär der Florentiner bei ihm befand, und versprach ihnen die Wiedereroberung als sicher, wenn ihn eines der Forts erwarten würde. Nachdem er also seinen Soldaten sich zu rüsten befohlen, marschierte er mit größter Schnelligkeit nach Verona. Als ihn Niccolo sah, glaubte er, der Graf marschiere, wie ihm die Seinigen geraten hatten, nach Vicenza; als sich aber hierauf das Heer gegen die Stadt wandte und gegen das Fort San Felice richtete, wollte er sich zur Verteidigung rüsten. Doch es war nicht mehr genug Zeit; denn die Barrikaden gegen die Forts waren nicht vollendet, und die Soldaten waren aus Habsucht nach Beute und Brandschatzung zerstreut. Niccolo konnte sie nicht schnell genug versammeln, um verhindern zu können, daß das Heer des Grafen in das Fort rückte und von da in die Stadt herabstieg, die es glücklich zum Schimpfe Niccolos und seiner Truppen wieder eroberte. Niccolo und der Marchese von Mantua flüchteten sich zuerst in die Zitadelle, dann durch die Ebene nach Mantua, wo sie die Reste ihrer Soldaten, die sich gerettet hatten, sammelten und hierauf mit den übrigen, die Brescia belagerten, sich vereinten. Verona wurde also in vier Tagen vom herzoglichen Heer erobert und verloren. Nachdem der Graf nach diesem Sieg mit großer Schwierigkeit Lebensmittel nach Brescia geschickt hatte, bezog er in Verona Winterquartiere, weites schon Winter und die Kälte groß war. Zu Torbole befahl er während des Winters einige Galeeren zu bauen, um mit dem Frühjahr zu Land und zu Wasser so stark zu sein, daß er Brescia völlig befreien könnte.

(1440.) Der Herzog sah, daß der Krieg wegen der Jahreszeit ruhte und daß ihm die Hoffnung, Verona und Brescia zu erobern, abgeschnitten war. Er sah, daß an allem das Geld und der Rat der Florentiner schuld war, und daß diese weder durch Beleidigungen, die sie von den Venezianern erlitten, von ihrer Freundschaft abgebracht werden konnten, noch daß er sie durch Versprechungen, die er ihnen gemacht hatte, gewinnen konnte. Er beschloß daher, damit sie die Früchte ihrer Aussaat mehr in der Nähe fühlen sollten, Toskana anzugreifen, wozu er von den verwiesenen Florentinern und von Niccolo aufgefordert wurde. Diesen bewog die Begierde, die Staaten Braccios zu erobern und den Grafen aus der Mark zu vertreiben; jene waren durch das Verlangen, in ihr Vaterland zurückzukehren, angespornt; und beide drangen mit passenden und seinen Wünschen entsprechenden Gründen in den Herzog. Niccolo stellte ihm vor, „Daß er ihn nach Toskana schicken und doch Brescia belagert halten könne, weil er Herr des Sees, und auf dem Land die Kastelle fest und wohl versehen seien. Es blieben ihm Führer und Soldaten genug, um sich dem Grafen widersetzen zu können, wenn dieser eine andere Operation machen wolle. Es sei aber nicht anzunehmen, daß er es tue, ohne erst Brescia zu befreien, und dies sei unmöglich. So werde also der Herzog in Toskana Krieg führen und den Feldzug in der Lombardei nicht aufgeben. Niccolo zeigte dem Herzog ferner, die Florentiner seien sogleich, wie sie ihn in Toskana sähen, genötigt, den Grafen zurückzurufen oder zu unterliegen, und was auch von beidem erfolge, so gehe daraus der Sieg hervor“. Die Verbannten behaupteten, es sei unmöglich, wenn Niccolo mit dem Heer vor Florenz rücke, daß das Volk, der Abgaben und des Übermutes der Großen müde, nicht gegen diese die Waffen ergriffe. Sie zeigten ihm, vor Florenz zu rücken sei leicht, indem sie ihm versicherten, der Weg durchs Casentinische sei wegen Messer Rinaldos Freundschaft mit dem Grafen von Poppi offen. So wurde der Herzog, zuvor schon selbst dazu geneigt, durch ihre Überredung um so mehr bestärkt, diesen Feldzug zu unternehmen.

Auf der anderen Seite unterließen die Venezianer, obwohl der Winter rauh war, nicht, in den Grafen zu dringen, daß er mit dem ganzen Heer Brescia befreie. Der Graf jedoch verneinte die Möglichkeit in dieser Jahreszeit; man müsse vielmehr das Frühjahr abwarten, mittlerweile die Flotte rüsten und dann zu

Wasser und zu Land die Stadt unterstützen. Die Venezianer waren hierüber mißvergnügt und schickten Geld und den übrigen Bedarf langsam, so daß in ihrem Heer viele Leute fehlten.

Von allen diesen Dingen unterrichtet, erschraken die Florentiner. Sie sahen, daß der Krieg ihnen im Nacken saß, und daß man in der Lombardei wenig Fortschritte gemacht halte. Nicht weniger Sorge machte ihnen der Verdacht, den sie gegen die Soldaten der Kirche hatten, nicht daß der Papst ihr Feind gewesen wäre, sondern weil sie diese Waffen mehr dem Patriarchen, ihrem heftigsten Feind, gehorchen sahen als dem Papst. Giovanni Vitelleschi aus Corneto war zuerst apostolischer Notarius, dann Bischof von Recanati, hierauf Patriarch von Alexandria und zuletzt Kardinal mit dem Titel Kardinal von Florenz. Dieser Mann war mutig und schlau und wußte es deshalb dahin zu bringen, daß ihn der Papst in hohem Grad liebte und an die Spitze der Heere der Kirche stellte. So war er in allen Feldzügen, die der Papst in Toskana, in der Romagna, im Königreich Neapel und in Rom führte, Feldherr. Er gewann dadurch so große Autorität über die Soldaten und über den Papst, daß dieser ihm zu befehlen fürchtete und die Soldaten ihm allein und niemand anderem gehorchten. Da nun dieser Kardinal mit dem Heer bei Rom stand, als sich das Gerücht verbreitete, Niccolo wolle in Toskana einfallen, so verdoppelte sich die Furcht der Florentiner, weil der Kardinal seit Messer Rinaldos Vertreibung immer der Feind der bestehenden Regierung gewesen war. Der Vertrag nämlich, der damals in Florenz durch seine Vermittelung zwischen den Parteien geschlossen worden, war nicht gehalten, sondern zum Nachteil Messer Rinaldos benutzt worden, und so hatte der Kardinal dadurch, daß er die Ursache der Niederlegung der Waffen war, den Feinden Messer Rinaldos Gelegenheit gegeben, diesen zu vertreiben. Den Regierenden schien daher für den Kardinal die Zeit gekommen, Messer Rinaldo für sein Mißgeschick zu entschädigen, wenn er sich mit Niccolo bei dessen Erscheinen in Toskana vereinigte. Sie befürchteten dies um so mehr, weil ihnen der Abzug Niccolos aus der Lombardei unzeitig schien, da er von einem fast gewonnenen Feldzug abließ, um sich in einen völlig zweifelhaften einzulassen, was er nach ihrer Ansicht nicht ohne ein neues Einverständnis oder einen geheimen Betrug tun würde. Diesen Argwohn teilten sie dem Papst mit, der schon seinen Fehler erkannt halte, daß er einem anderen zu große Gewalt gegeben.

Während aber die Florentiner auf diese Weise in Unruhe waren, zeigte ihnen das Glück einen Weg, wie sie sich vor dem Patriarchen sichern könnten. Die Republik ließ an allen Orten die Leute, welche Briefe brachten, eifrig überwachen, um zu entdecken, ob jemand gegen ihre Regierung etwas ausklüngele. Nun trug sich zu, daß zu Montepulciano ein Brief abgefangen wurde, den der Patriarch ohne Einwilligung des Papstes an Niccolo Piccinino schrieb. Diesen

Brief überreichte der mit den Angelegenheiten des Krieges betraute Magistrat unverzüglich dem Papst. Obgleich der Brief nicht mit gewöhnlichen Schriftzeichen geschrieben war und der Sinn so verwickelt, daß man keinen zusammenhängenden Gedanken herausbringen konnte, so erschreckte doch diese Dunkelheit bei der Unterhandlung mit dem Feind den Papst so sehr, daß er sich des Patriarchen zu versichern beschloß. Die Sorge für diese Unternehmung übertrug er Antonio Rido von Padua, dem Gouverneur der Engelsburg. Nachdem dieser den Auftrag erhalten, wartete er, zu gehorchen bereit, die Gelegenheit ab. Der Patriarch hatte beschlossen, nach Toskana zu marschieren, und als er den folgenden Tag aus Rom abziehen wollte, bedeutete er dem Kastellan, daß er morgens auf der Brücke des Kastells sein solle, weil er im Vorbeimarsch mit ihm zu sprechen habe. Antonio schien die Gelegenheit gekommen; er befahl den Seinen, was sie tun sollten, und erwartete zur bestimmten Zeit den Patriarchen auf der Brücke, die auf der Seite der Zitadelle nach Bedürfnis aufgezogen und herabgelassen werden kann. Als der Patriarch darauf war, gab Antonio, nachdem er zuerst im Gespräch mit ihm stehen geblieben war, den Seinen ein Zeichen, daß sie die Brücke aufzogen. So war der Patriarch plötzlich statt Befehlshaber eines Heeres Gefangener eines Kastellans. Die Soldaten, welche bei ihm waren, lärmten anfangs; dann, als sie den Willen des Papstes gehört, beruhigten sie sich. Der Kastellan tröstete den Patriarchen mit höflichen Worten und sprach ihm gute Hoffnung ein; doch dieser antwortete: „Die Großen verhaftet man nicht, um sie wieder loszulassen, und wer nicht verdient hat, verhaftet zu werden, hat nicht verdient, wieder losgelassen zu werden." Wirklich starb er bald darauf im Kerker, und der Papst setzte Lodovico, Patriarchen von Aquileja, an die Spitze seiner Soldaten. Während er früher niemals sich in die Krieg der Verbündeten und des Herzogs verwickeln wollte, willigte er jetzt ein, daran teilzunehmen, und versprach zur Verteidigung von Toskana alsbald mit 4000 Reitern und 2000 Mann zu Fuß zu erscheinen.

Von dieser Unruhe befreit, blieb den Florentinern die Furcht vor Niccolo und die Besorgnis wegen der Verwirrung der Angelegenheiten der Lombardei infolge der Uneinigkeit, welche zwischen den Venezianern und dem Grafen bestand. Um hierüber Genaueres zu erfahren, sandten sie Nori di Gino Capponi und Messer Giuliano Davanzati nach Venedig mit dem Auftrag, festzusetzen, wie das künftige Jahr der Krieg zu führen sei, und Neri trugen sie auf, daß er, nachdem er die Meinung der Venezianer gehört, zum Grafen gehe, um die seine zu hören und ihn zu dem zu bereden, was zum Heil der Allianz nötig wäre. Die Gesandten waren noch nicht in Ferrara, als sie erfuhren, Niccolo Piccinino habe mit 6000 Pferden den Po überschritten. Dies bewog sie, ihre Reise zu beschleunigen, aber in Venedig angekommen, fanden sie die dortige Signoria ganz dem Willen zugewandt, daß Brescia, ohne eine andere Jahreszeit abzuwarten, unterstützt werde. Denn diese Stadt könne die Unterstützung nicht bis zum Frühjahr abwarten, noch bis die Flotte gebaut sei, sondern wenn sie keine andere Hilfe sähe, würde sie sich dem Feind ergeben, und dies würde dem Feind den vollkommenen Sieg geben und ihnen den Verlust der ganzen Terra ferma zuziehen. Neri ging deshalb nach Verona, um den Grafen zu hören, und was dieser dagegen anführe. Der Graf bewies ihm durch viele Gründe, „Daß in dieser Jahreszeit gegen Brescia marschieren für die Gegenwart unnütz und für den künftigen Feldzug schädlich sei, denn in Anbetracht der Witterung und der Lage würde man nichts ausrichten, sondern sich nur in Unordnung bringen und seine Soldaten ermüden. Auf diese Weise würde man beim Erscheinen des Frühjahrs und der zu Operationen passenden Zeit genötigt sein, nach Verona zurückzukehren, um sich zu versehen und die Vorräte zu ersetzen, welche im Winter verzehrt werden und für den nächsten Sommer nötig wären. So würde man die ganze zum Krieg taugliche Zeit in Hin- und Hermärschen verzehren". Es waren Messer Orsatto Justiniani und Messer Giovanni Pisani bei dem Grafen zu Verona, beauftragt, über Dinge zu unterhandeln. Mit diesen wurde nach langem Streit beschlossen, daß die Venezianer dem Grafen für das nächste Jahr 80.000 Dukaten und ihren anderen Soldaten 40 Dukaten auf die Lanze geben sollten; ferner daß man das Ausrücken des ganzen Heeres betreibe und den Herzog angreife, damit er aus Furcht für seine eigenen Staaten Niccolo in die Lombardei zurückkehren lasse. Nach diesem Abschluß kehrten sie nach Venedig zurück. Die Venezianer sorgten, weil die Summe groß war, für alles sehr langsam.

Niccolo Piccinino setzte mittlerweile seinen Marsch fort. Er war schon in der Romagna angelangt und hatte es soweit gebracht, daß die Söhne Messer Pandolfos Malatosti die Venezianer verließen und sich dem Herzog anschlossen. Dies mißfiel in Venedig, aber noch viel mehr in Florenz; denn die Florentiner hatten auf diesem Weg Niccolo Widerstand leisten zu können geglaubt. Als sie aber die Malatesti aufständisch sahen, erschraken sie, besonders weil sie fürchteten, ihr Feldherr Pier Giampagolo Orsini, der in den Städten des Malatesti lag, könnte ausgeplündert werden und sie sich entwaffnet finden. Diese Nachricht erschreckte gleichfalls den Grafen; denn er fürchtete die Mark zu verlieren, wenn Niccolo in Toskana einfalle. Entschlossen, dem eigenen Haus zu Hilfe zu eilen, ging er nach Venedig, und beim Fürsten eingeführt, zeigte er, „Daß sein Marsch nach Toskana dem Bund nützlich sei. Der Krieg sei zu führen, wo das Heer und der Feldherr des Feindes stehe, nicht wo seine Städte und Besatzungen lägen. Denn mit der Besiegung des Heeres ist der Krieg gewonnen, sind aber die Städte genommen und das Heer unversehrt, so wird der Krieg oft noch lebhafter. Die Mark und Toskana, behauptete er, seien verloren, wenn man Niccolo nicht kräftigen Widerstand leiste. Seien diese verloren, so wäre in der Lombardei nicht mehr zu helfen; wenn aber auch letzteres der Fall sein sollte, so sei er nicht gewillt, seine Untertanen und seine Verbündeten zu verlassen. Er sei als Fürst in die Lombardei gekommen und wolle nicht als Kondottiere wieder abziehen".

Hierauf antwortete der Fürst, „Es sei augenscheinlich, wenn der Graf nicht nur die Lombardei verlasse, sondern mit dem Heer über den Po zurückmarschiere, daß Venedig alle seine Staaten auf dem Festland verlieren würde. Sie seien dann nicht willens, noch das Geringste an die Verteidigung zu wenden. Denn der ist nicht weise, der zu verteidigen versucht, was jedenfalls verloren gehen muß; und es ist bei kleinerer Schande weniger Schaden, die Staaten allein zu verlieren, als Staaten und Geld. Wenn der Verlust ihres Gebietes erfolgen sollte, dann werde man sehen, wieviel das Ansehen der Venezianer zur Erhaltung von Toskana und der Romagna bedeute. Sie seien daher völlig entgegengesetzter Meinung. Sie glaubten, wer in der Lombardei siege, werde überall anders siegen, und der Sieg sei leicht, da der Staat des Herzogs durch Niccolos Entfernung so schwach sei, daß man Philipp früher stürzen, als er entweder Niccolo zurückrufen oder andere Mittel rüsten könnte. Wer alles weise untersuche, werde sehen, daß der Herzog Niccolo zu keinem anderen Zweck nach Toskana gesandt habe, als um den Grafen von diesen Operationen abzubringen und den Krieg, den er zu Hause habe, anderwärts zu führen. Gehe ihm daher der Graf nach, ehe man die äußerste Not sehe, so werde er Philipp seinen Willen tun und den Genuß verschaffen, daß er seine Absicht erreicht hätte. Behalte man hingegen das Heer in der Lombardei und sorge in Toskana wie man könne, so werde Philipp zu spät seinen schlechten Plan gewahren und erst dann, wenn er ohne Rettung die Lombardei verloren und in Toskana nicht gesiegt haben werde".

Nachdem also beide ihre Meinung gesagt und entgegnet halten, kam man überein, daß einige Tage gewartet werden solle, um zu sehen, was dieser Vertrag der Malatesti mit Niccolo für Folgen habe, ob sich die Florentiner Pietro Giampagolos bedienen könnten, und ob der Papst aufrichtig zur Allianz halte, wie er es versprochen hatte. Wenige Tage nach dieser Übereinkunft wurden sie benachrichtigt, daß die Malatesti den Vertrag mehr aus Furcht als aus einem schlimmen Beweggrund geschlossen hatten, daß Pietro Giampagolo mit seinen Soldaten nach Toskana marschiert, und daß der Wille des Papstes, die Verbündeten zu unterstützen, besser sei als zuvor. Diese Nachrichten beruhigten den Grafen. Er willigte ein, in der Lombardei zu bleiben, während Neri Capponi mit 1000 von seinen Reitern und 500 von den anderen nach Florenz zurückkehren würde. Sollten jedoch die Dinge ins Toskana eine Wendung nehmen, daß das Wirken des Grafen daselbst nötig sei, so solle man schreiben, und dann werde er ohne alle Rücksicht aufbrechen. Neri kam mit diesen Soldaten im April in Florenz an, und denselben Tag traf Giampagolo ein.

Mittlerweile beabsichtigte Niccolo Piccinino, nachdem er die Angelegenheiten der Romagna gesichert hatte, nach Toskana herabzusteigen. Als er aber über das Gebirge von San Benedetto gehen und durch das Tal von Montone ziehen wollte, fand er den Paß durch die Tapferkeit Niccolos von Pisa so gut bewacht, daß er urteilte, jeder Versuch von Gewalt würde an diesem Punkt umsonst sein. Bei so plötzlichem Angriff mit Soldaten und Offizieren schlecht versehen, hatten die Florentiner zur Bewachung der Gebirgspässe mehrere von den Bürgern mit in der Eile ausgehobenem Fußvolk beordert. Hierunter war der Ritter Messer Bartolommeo Orlandini, dem die Verteidigung des Castells Marradi und des Passes über das dortige Gebirge übertragen wurde. Wie nun Niccolo Piccinino wegen der Tapferkeit des Befehlshabers nicht der Meinung war, durch den Paß von San Benedetto dringen zu können, so urteilte er, den Paß bei Marradi wegen der Feigheit das Verteidigers erzwingen zu können.

Marradi ist ein Kastell am Fuß des Gebirges, welches Toskana von der Romagna trennt, doch auf der Seite der Romagna und am Anfang des Lamonatals. Obgleich es keine Mauern hat, so machen es doch der Fluß, die Berge und die Einwohner fest. Die Leute sind dort waffengeübt und treu, und der Fluß hat das Terrain auf eine Weise abgespült und hat so hohe und steile Ufer, daß es unmöglich ist, von der Seite des Tals nach Marradi zu kommen, sobald nur eine schmale Brücke, die über den Fluß führt, verteidigt wird. Auf der Seite der Berge ist die Talwand so rauh, daß hier die Lage Marradi sehr sicher macht. Nichtsdestoweniger machte die Feigheit Messer Bartolommeos diese wackeren Leute feige und diese feste Lage schwach. Kaum hörte er den Lärm der feindlichen Scharen, als er alles im Stich ließ, mit allen den Seinigen die Flucht ergriff und nicht früher als in Borgo a San Lorenzo haltmachte. Niccolo zog in die verlassene Stellung ein, voll Erstaunen, daß sie nicht verteidigt wurde, und voll Freude, daß er sie genommen hatte. Dann stieg er längs des Mugello hinab, wo er einige Kastelle nahm, und ließ zu Pulicciano sein Heer haltmachen. Von hier aus durchstreifte er das ganze Land bis an die Berge von Fiesole und war so kühn, daß er über den Arno setzte und bis drei Meilen von Florenz die ganze Gegend beraubte und verheerte.

Die Florentiner andererseits verloren nicht den Mut. Vor allem waren sie darauf bedacht, die Regierung festzuhalten, wofür sie sowohl wegen der Liebe, die Cosimo beim Volk besaß, nichts besorgten, als auch weil sie die ersten Magistrate auf wenige Bürger beschränkt hatten, die durch ihre Strenge jeden ruhig hielten, der etwa mißvergnügt oder nach einer Umwälzung begierig gewesen wäre. Auch wußten sie, mit welchen Streitkräften infolge der Übereinkunft in der Lombardei Neri zurückkehrte, und vom Papst erwarteten sie seine Soldaten. Diese Hoffnung hielt sie bis zu Neris Rückkehr lebendig. Neri, als er die verwüstete Gegend und die Stadt darob in Unruhe fand, beschloß ins Feld zu rücken, um Niccolo einigermaßen im Zaum zu halten, daß er nicht nach Belieben das Land verheere. Er sammmelte eine bedeutende Anzahl Fußsoldaten, sämtlich aus dem Volk, mit der vorhandenen Reiterei, marschierte aus und nahm Remole, das die Feinde besetzt hielten, wieder. Hier gelagert, verhinderte er Niccolo am Streifen und gab den Bürgern Hoffnung, ihnen den Feind vom Hals zu schaffen.

Als Niccolo sah, daß es in Florenz, während keine Soldaten in der Stadt waren, keine Unruhen gegeben hatte, und als er hörte, wie sicher man sich in Florenz fühlte, glaubte er die Zeit zu verschwenden und beschloß andere Operationen zu machen, damit die Florentiner veranlaßt würden, ihm ihre Soldaten nachzuschicken und ihm Gelegenheit zur Schlacht zu geben, durch deren Gewinn, wie er dachte, ihm alles übrige gelingen würde. Im Heer Niccolos war Francesco, Graf von Poppi, der sich beim Erscheinen der Feinde im Mugellotal gegen die Florentiner, mit denen er im Bündnis stand, erhoben hatte. Obgleich das die Florentiner schon früher befürchteten, erhöhten sie, um ihn sich durch Wohltaten zum Freund zu machen, seine Provision und machten ihn zum Kommissär über alle ihre Städte, die in seiner Nachbarschaft lagen. Doch so viel vermag die Liebe der Partei über die Menschen, daß weder Wohltat noch Befürchtung seine Ergebenheit für Messer Hinaldo und die anderen Männer, die zuvor Florenz regierten, verlöschen konnte. Sobald er hörte, daß Niccolo in der Nähe war, schloß er sich ihm an und drang unablässig in ihn, sich von der Stadt zu entfernen und ins Casentinische zu marschieren, indem er ihm die Festigkeit des Landes vorstellte und mit welcher Sicherheit er von dort die Feinde in der Enge treiben könne. Niccolo befolgte diesen Rat und nahm, im Casentinischen angelangt, Romena und Bibbiena ein. Hierauf legte er sich vor Kastell San Niccolo.

Dieses Kastell liegt am Abhang der Bergwand, welche das Casentinische vom Arnotal trennt, und wegen seiner sehr hohen Lage und ausreichenden Besatzung war seine Einnahme schwer, obgleich es Niccolo mit Katapulten und ähnlichem Geschütz unaufhörlich beschoß. Die Belagerung dauerte bereits über zwanzig Tage, während welcher Zeit die Florentiner alle ihre Soldaten zusammenzogen. Schon hatten sie unter mehreren Kondottieri dreitausend Reiter zu Fegghine versammelt, die der Feldherr Pietro Giampagolo und die Kommissäre Neri Capponi und Bernardo de' Medici befehligten. Zu diesen kamen vier Abgeordnete von Castel S. Niccolo und baten um Hilfe. Nach Untersuchung der Lage sahen die Kommissäre, daß sie das Kastell nur über die Berge unterstützen konnten, die das Arnotal bilden, und deren Bücken früher vom Feind als von ihnen besetzt werden konnte, weil er einen kürzeren Weg zu machen hatte und sich ihr Anrücken nicht verbergen ließ. Man hätte daher eine Operation versucht, die nicht gelingen und die Niederlage ihrer Soldaten herbeiführen konnte. Die Kommissäre lobten deshalb die Treue der Einwohner und trugen ihnen auf, sich zu ergeben, wenn sie sich nicht mehr zu verteidigen könnten.

Niccolo nahm also dieses Kastell nach zweiunddreißigtägiger Belagerung. Ein so großer Zeitverlust für eine so geringe Eroberung war zum guten Teil die Ursache, daß sein Feldzug scheiterte. Denn hielt er sich mit seinen Soldaten in der Umgegend von Florenz, so bewirkte er, daß die Regierenden nur mit Rücksichten die Bürger zum Geldgeben anhalten konnten, und größer war die Schwierigkeit, Soldaten zusammenzubringen und jede andere Rüstung zu machen, wenn sie den Feind im Nacken hatten, als ferne. Auch würden viele in der Stadt geneigt gewesen sein, einen Vergleich vorzuschlagen, um sich durch den Frieden mit Niccolo sicherzustellen, wenn sie gesehen hätten, daß der Krieg von Dauer sein würde. Aber das Verlangen des Grafen von Poppi, sich an den casentinischen Kastellanen zu rächen, die lange Zeit seine Feinde gewesen, bewog ihn, jenen Rat zu geben, und Niccolo nahm den Rat an, um den Grafen zufriedenzustellen. Dies wurde beider Verderben, und selten ist es der Fall, daß persönliche Leidenschaften dem allgemeinen Vorteil nicht schaden.

Niccolo nahm, den Sieg verfolgend, Bassina und Chiusi. In dieser Gegend suchte ihn der Graf von Poppi zu bereden, haltzumachen, indem er ihm vorstellte, er könne seine Soldaten zwischen Chiusi, Caprese und die Pieve ausdehnen; so werde er Herr des Gebirges sein, nach Belieben ins Casentinische, ins Arnotal, ins Chianatal und ins Tibertal herabsteigen können und bei jeder Bewegung, die der Feind machen könnte, sogleich bereit sein. Aber Niccolo erwog die Rauheit der Gegend und erwiderte, daß seine Pferde keine Steine fräßen, und marschierte nach Borgo S. Sepolcro, wo er freundlich aufgenommen wurde. Von diesem Ort aus versuchte er die Einwohner von Città di Castello zu gewinnen, die ihm aber, weil sie den Florentinern befreundet waren, nicht gehorchten. Nun ging er, im Wunsch, die Peruginer auf seine Seite zu bringen, mit vierzig Reitern nach Perugia und fand, als Bürger, liebevolle Aufnahme. Aber nach wenigen Tagen wurde er daselbst verdächtig, und von mehreren Dingen, die er mit dem Legaten und mit den Peruginern versuchte, gelang ihm keines, so daß er nach Empfang von 8000 Dukaten zum Heer zurückkehrte. Von da aus versuchte er insgeheim Cortona den Florentinern zu entreißen. Weil aber die Sache vor der Zeit sich entdeckte, fielen seine Pläne ins Wasser. Unter die ersten Bürger dieser Stadt gehörte Bartolommeo di Senso. Als dieser eines Abends auf Befehl des Hauptmanns an einem Tor die Wache bezog, wurde er von einem seiner Freunde aus der Landschaft gewarnt, er solle nicht aufziehen, wenn er nicht getötet sein wolle. Bartolommeo wollte den Grund der Sache hören und erfuhr den mit Niccolo unterhandelten Plan. Bartolommeo verriet alles dem Hauptmann, der, nachdem er sich der Häupter der Verschwörung versichert und die Wachen verdoppelt hatte, abwartete, bis Niccolo nach der getroffenen Verabredung kommen würde. Dieser kam in der Nacht zur festgesetzten Zeit und kehrte, als er sich entdeckt fand, ins Lager zurück.

Während diese Dinge auf diese Weise in Toskana vorgingen, und zwar mit wenig Gewinn für die Soldaten des Herzogs, war es in der Lombardei nicht ruhig, aber zu seinem Verlust und Schaden. Sobald es die Jahreszeit erlaubte, rückte Graf Francesco mit seinem Heer ins Feld. Da die Venezianer ihre Flotte auf dem See wiederhergestellt hatten, wollte er sich vor allem zum Herrn des Wassers machen und den Herzog vom See vertreiben; wenn dies getan sei, urteilte er, werde ihm das übrige leicht sein. Der Graf griff also mit der Flotte der Venezianer die des Herzogs an, schlug sie und nahm mit den Landtruppen die Kastelle, welche dem Herzog gehorchten. Die übrigen herzoglichen Truppen, welche zu Land Brescia einschlossen, suchten, als sie diese Niederlage erfuhren, das Weite. So wurde Brescia nach dreijähriger Belagerung von der Belagerung befreit. Nach diesem Sieg rückte der Graf sogleich gegen die Feinde, welche sich nach Soncino, einem Kastell am Ogliofluß, zurückgezogen hatten, delogierte sie und zwang sie zum Rückzug nach Cremona. Hier machte der Herzog halt und verteidigte von dieser Seite seine Staaten. Als ihn aber der Graf von Tag zu Tag mehr drängte, und als er alle seine Staaten oder doch einen großen Teil davon zu verlieren fürchten mußte, erkannte er die Verkehrtheit seiner Maßregel, Niccolo nach Toskana zu schicken. Er schrieb daher, um seinen Fehler wieder gutzumachen, an Niccolo, in welcher Lage er sich befinde und wie es mit seinen Unternehmungen stehe; Niccolo solle also, so schnell er könne, Toskana verlassen und in die Lombardei zurückkehren.

Mittlerweile hatten die Florentiner unter ihren Kommissären ihre Soldaten mit denen des Papstes vereinigt und bei Anghiari haltgemacht. Dies ist ein Kastell am Fuß der Berge, welche das Tibertal vom Chianatal scheiden. Es liegt vier Miglien von Borgo San Sepolcro; die Straße dahin ist eben, die Felder den Bewegungen der Reiterei günstig und überhaupt zu einem Schlachtfeld geeignet. Die Florentiner, von den Siegen des Grafen und von Niccolos Rückberufung in Kenntnis gesetzt, glaubten diesen Krieg mit dem Degen in der Scheide und ohne Pulver gewonnen zu haben. Sie schrieben daher den Kommissären, daß sie sich der Schlacht enthalten sollten, weil Niccolo nur noch wenige Tage in Toskana bleiben könne. Dieser Befehl kam Niccolo zur Kenntnis. Die Notwendigkeit des Abzugs sehend, beschloß er nun, um nichts unversucht zu lassen, eine Schlacht zu liefern, indem er die Feinde unvorbereitet und ihre Gedanken nicht mit dem Kampfe beschäftigt zu finden dachte. Er wurde dazu von Messer Rinaldo, vom Grafen von Poppi und den andern verwiesenen Florentinern aufgemuntert, die ihren offenbaren Untergang erkannten, wenn Niccolo abzog; kam es hingegen zur Schlacht, so glaubten sie entweder siegen zu können oder mit Ehre zu unterliegen. Infolge dieses Beschlusses brach Niccolo mit dem Heer, das zwischen Castello und Borgo stand, auf. Zu Borgo, ohne daß es die Feinde bemerkten, angekommen, zog er aus dieser Stadt 2000 Mann, die, auf die Tapferkeit des Feldherrn und seine Versprechungen trauend, ihm beutegierig folgten.

Niccolo wandte sich also, die Scharen in Schlachtordnung, gegen Anghiari und war dem florentinischen Lager schon bis auf weniger als zwei Miglien nahe, als Micheletto Attendulo eine große Staubwolke sah und, gewahrend, daß es die Feinde waren, zu den Waffen rief. Der Tumult im Lager der Florentiner war groß; denn während jene Heere gewöhnlich ohne Kriegszucht lagerten, war nun noch Nachlässigkeit hinzugekommen, weil sie den Feind fern und mehr zur Flucht als zum Kampf geneigt glaubten. Jeder befand sich daher ohne Rüstung von den Zelten fern an dem Ort, wohin ihn der eigene Wille, entweder um der Hitze zu entgehen, die groß war, oder sonst einem Vergnügen nachzugehen, gezogen hatte. Doch war die Tätigkeit der Kommissäre und des Feldherrn so groß, daß man vor der Ankunft des Feindes zu Pferde saß und seinem Angriff zu widerstehen bereit war.

Wie Micheletto der erste war, der den Feind entdeckte, so war er auch der erste, ihm bewaffnet entgegenzurücken, und sprengte mit seinen Schweren Reitern auf die Brücke des Flusses, welcher nicht sehr weit von Anghiari die Straße kreuzt. Vor der Ankunft des Feindes hatte Pietro Giampagolo die Gräben, welche die Straße einschließen, von Anghiari bis zur Brücke einebnen lassen. Da sich also Micheletto hinter der Brücke aufgestellt hatte, schlossen sich Simoncino, Kondottiere der Kirche mit dem Legaten zur Rechten, und die florentinischen Kommissäre mit ihrem Feldherrn Pietro Giampagolo zur Linken an. Das Fußvolk wurde zu beiden Seiten der Brücke längs des Flußufers aufgestellt. Den Feinden blieb also kein anderer Weg offen, ihre Gegner anzugreifen, als der gerade über die Brücke. Ebenso hatten die Florentiner nirgendwo anders als an der Brücke zu kämpfen, ausgenommen daß die Fußtruppen Befehl erhielten, das feindliche Fußvolk, wenn es von der Straße abgehe, um sich auf die Flanken seiner Schweren Reiter zu stellen, mit der Armbrust zu bekämpfen, damit es nicht unsere Reiterei in der Flanke beschießen könne, wenn sie über die Brücke vordränge.

Micheletto leistete also den ersten Feinden, die herankamen, kräftigen Widerstand und drängte sie sogar zurück. Als aber Astorre und Francesco Piccinino mit einer auserwählten Schar dazu kamen, drangen sie mit so heftigem Stoße auf Micheletto ein, daß sie ihm die Brücke nahmen und ihn bis an den Fuß der Anhöhe zurückwarfen, die zum Dorf von Anghiari hinansteigt. Doch jetzt, an beiden Flanken angegriffen, wurden die Feinde wieder zurückgedrängt und über die Brücke zurückgeworfen. So dauerte dieser Kampf zwei Stunden fort, indem bald Niccolo, bald die florentinischen Schweren Reiter Herrn der Brücke waren.

Obgleich aber der Kampf auf der Brücke gleich war, so wurde doch diesseits und jenseits der Brücke zu großem Nachteil Niccolos gekämpft. Denn wenn Niccolos Schwere Reiter die Brücke passierten, fanden sie die Feinde zahlreich; diese konnten sich auf dem ebengemachten Boden bewegen, und die Ermüdeten konnten von den Frischen unterstützt werden. Wenn hingegen die Florentiner die Brücke passierten, so konnte Niccolo nicht bequem die Seinen ersetzen, weil er durch die Gräben und Dämme, welche die Straße einfaßten, beengt war. Wirklich forcierten die Soldaten Niccolos öfter die Brücke, und immer wurden sie von den frischen Scharen der Gegner zurückgeworfen. Als aber die Brücke von den Florentinern forciert wurde, so daß ihre Geschwader auf der Straße vordrangen, hatte Niccolo wegen der Schnelligkeit der Angreifenden und der Unbequemlichkeit des Terrains nicht Zeit genug, um die Seinigen zu erneuen, und die Vorderen vermengten sich auf eine Weise mit den Hintern, daß sie einander in Unordnung brachten, das ganze Heer den Rücken zu kehren gezwungen war und alles unaufhaltsam gegen Borgo floh.

Die florentinischen Soldaten beschäftigten sich mit der Beute, die an Gefangenen, Gepäck und Pferden sehr bedeutend war; denn mit Niccolo entkamen nicht über 1000 Reiter. Die Männer aus Borgo, die Niccolo gefolgt waren, um Beute zu machen, wurden aus Freibeutern Beute; sie wurden sämtlich gefangen und mußten Lösegeld zahlen. Die Fahnen und der Park wurden erobert.

Aber der Sieg war viel nützlicher für Toskana als schädlich für den Herzog. Denn wenn die Florentiner die Schlacht verloren, war Toskana sein; und dadurch, daß er die Schlacht verlor, verlor er nichts anderes als die Waffen und die Pferde seines Heeres, die für nicht viel Geld wieder gekauft werden konnten. Niemals gab es Zeiten, wo der Krieg, den man im fremden Land führte, weniger gefährlich für den Angreifenden war als damals. Bei einer so großen Niederlage und in einer so langen Schlacht, die von zwanzig bis vierundzwanzig Uhr dauerte, blieb nur ein einziger Mann, der nicht an Wunden oder sonst durch einen kräftigen Streich, sondern vom Pferd gefallen und zertreten den Geist aufgab. Mit so großer Sicherheit fochten damals die Menschen. Denn da sie sämtlich zu Pferde, mit der Rüstung bedeckt und vor dem Tod sicher waren, sobald sie sich ergaben, war kein Grund da, warum sie hätten sterben sollen, da sie während des Kampfes die Rüstung und, wenn sie nicht mehr kämpfen konnten, das sich ergeben schützte.

Es ist diese Schlacht durch die Vorfälle während und nach derselben ein merkwürdiges Beispiel der Erbärmlichkeit dieser Kriege. Als die Feinde besiegt waren und Niccolo sich nach Borgo zurückgezogen, wollten ihn die Kommissäre verfolgen und in Borgo belagern, um den Sieg vollkommen zu machen. Aber weder Kondottiere noch Soldat wollte ihnen gehorchen, indem sie sagten, sie müßten die Beute sammeln und die Verwundeten pflegen. Und was das merkwürdigste ist, den andern Tag um Mittag gingen sie ohne Urlaub der Kommissäre oder Scheu vor dem Feldherrn nach Arezzo, ließen die Beute dort und kehrten nach Anghiari zurück. Ein Betragen, so sehr gegen jede löbliche Ordnung und jede Kriegszucht, daß das kleinste Überbleibsel eines nur einigermaßen geordneten Heeres ihnen leicht und verdient den Sieg hätte entreißen können, den sie unverdienterweise gewonnen hatten. Überdies ließen sie, als die Kommissäre wollten, daß sie die gefangenen Schweren Reiter gefangen halten sollten, um dem Feind die Gelegenheit zu nehmen, sich wieder zu sammeln, sie dem Verbot zum Trotz frei. Lauter Dinge, wobei man erstaunen muß, wie ein so beschaffenes Heer tapfer genug war, daß es zu siegen wußte, und wie der Feind feige genug war, daß er sich von so ordnungslosem Kriegsvolk besiegen ließ. Während also die florentinischen Soldaten nach Arezzo gingen und zurückkehrten, hatte Niccolo Zeit, mit seinen Schweren Reitern von Borgo aufzubrechen und zog gegen die Romagna. Mit ihm flüchteten die florentinischen Rebellen, die, jede Hoffnung nach Florenz zurückzukehren verloren sehend, in mehreren Gruppen in und außer Italien nach eines jeden Bequemlichkeit sich zerstreuten.

Messer Rinaldo wählte seinen Wohnsitz zu Ancona, und um sich das himmlische Vaterland zu gewinnen, da er das irdische verloren hatte, pilgerte er zum heiligen Grab. Nach seiner Rückkehr, als er die Hochzeit einer seiner Töchter feierte und gerade bei Tafel saß, starb er plötzlich. Und darin war ihm das Schicksal günstig, daß es ihn am wenigst unglücklichen Tage seiner Verbannung sterben ließ. Ein Mann fürwahr in jeder Lage geehrt, würde er es jedoch noch mehr gewesen sein, wenn ihn das Schicksal in einer einigen Stadt hätte geboren werden lassen; denn viele seiner Eigenschaften schadeten ihm in einer gespaltenen Stadt, die ihn in einer einigen belohnt haben würden.

Nachdem ihre Soldaten von Arezzo zurück waren und Niccolo abgezogen, rückten die Kommissäre vor Borgo. Die Borghesen wollten sich der Obhut der Florentiner übergeben, aber diese schlugen ab, sie anzunehmen. Beim Unterhandeln über den Vertrag jedoch schöpfte der päpstliche Legat Verdacht gegen die Kommissäre, sie wollten die Stadt der Kirche wegnehmen. Es kam hierüber zwischen ihnen zu beleidigenden Worten, und zwischen den Soldaten der Florentiner und denen der Kirche würde Unordnung erfolgt sein, wenn die Unterhandlung länger gewährt hätte. Da sie aber den Ausgang hatte, welchen der Legat wollte, so wurde alles wieder beigelegt.

Während die Angelegenheiten Borgos betrieben wurden, hörte man, Niccolo Piccinino sei nach Rom marschiert, und andere Nachrichten meldeten, nach der Mark. Der Legat und die Schweren Reiter Sforzas hielten daher für gut, nach Perugia zu ziehen, um entweder der Mark oder Rom, wo sich Niccolo hingewendet hätte, zu Hilfe zu kommen. Mit ihnen sollte Bernardo de' Medici gehen; Neri mit den florentinischen Soldaten sollte zur Eroberung des Casentinischen marschieren. Nach Fassung dieses Beschlusses legte sich Neri vor Rassina und nahm es. Mit demselben Angriff nahm er Bibbiena, Pralovecchio und Romena, und von da rückte er vor Poppi, das er von zwei Seiten einschloß, in der Ebene von Certomondo und auf dem Bergrücken, der nach Fronzole zieht. Der Graf, als er sich von Gott und den Menschen verlassen sah, hatte sich in Poppi eingeschlossen, nicht daß er irgend Beistand zu erhalten hoffte, sondern nur um zu versuchen, den Vertrag weniger verderblich zu machen. Als ihn nun Neri drängte, verlangte er zu kapitulieren und fand Bedingungen, die er unter solchen Umständen hoffen konnte, das heißt, er solle mit seinen Kindern und seiner tragbaren Habe abziehen dürfen und die Stadt und den Staat den Florentinern abliefen. Während der Unterhandlung stieg er auf die Brücke über den Arno herab, der am Fuße der Stadt vorbeifließt, und sprach voll Schmerz und von Kummer gebeugt zu Neri:

„Wenn ich meine Lage und Eure Macht wohl gemessen hätte, so würde ich jetzt als Freund kommen, Euch zu Eurem Sieg Glück zu wünschen, nicht als Feind Euch anzuflehen, daß meine Niederlage weniger schwer sein möge. So glänzend und erfreulich Euer gegenwärtiges Los ist, so kummervoll und unglücklich ist das meine. Ich hatte Pferde, Waffen, Untertanen, Staat und Schätze, was Wunder, wenn ich sie ungern lasse?"

„Aber wenn Ihr über ganz Toskana gebieten wollt und könnt, so müssen wir andern notwendig Euch gehorchen; und wenn ich diesen Fehler nicht begangen hätte, so würde mein Glück nicht erkannt worden sein und Eure Großmut könnte man nicht erkennen; denn erhaltet Ihr mich, so gebt Ihr der Welt ein ewig dauerndes Beispiel Eurer Milde. Es siege also Euer Mitleid über mein Vergehen. Laßt wenigstens dieses einzige Haus dem Nachkommen von Männern, von denen Eure Väter unzählige Wohltaten empfangen haben."

Neri antwortete, daß seine zu große Hoffnung auf die, welche wenig vermochten, ihn zu einem solchen Vergehen gegen die Republik Florenz gebracht habe, daß es bei den gegenwärtigen Zeitverhältnissen notwendig sei, daß er ihnen alle seine Besitzungen abtrete und diese Orte als Feind der Florentiner verlasse, da er sie als ihr Freund nicht habe behaupten wollen. Er habe sich auf eine Weise zu erkennen gegeben, daß er nicht da genährt werden könne, wo er bei jedem Glückswechsel der Republik würde schaden können; denn nicht ihn, sondern seine Staaten fürchte man. Wenn er aber in Deutschland Fürst werden könne, so würde dies die Stadt wünschen und würde ihn, seinen Ahnen zuliebe, auf die er sich berufe, unterstützen.

Hierauf antwortete der Graf, aufs höchste aufgebracht, er wünsche die Florentiner noch viel ferner zu sehen, und machte jeder freundlichen Unterredung ein Ende. Als er sah, daß nichts anderes zu tun war, trat er die Stadt und alle seine Rechte den Florentinern ab und reiste mit seiner sämtlichen Habe, mit seinem Weib und seinen Kindern weinend ab, indem er den Verlust eines Staates beklagte, den seine Vorfahren vierhundert Jahre lang besessen hatten.

Die Nachricht von allen diesen Siegen wurde zu Florenz von den Ersten der Regierung und vom Volk mit erstaunlicher Freude aufgenommen. Bernardetto de' Medici, der es falsch fand, daß Niccolo in die Mark oder nach Rom gezogen sei, marschierte mit seinen Soldaten zu Neri zurück. Hierauf miteinander nach Florenz zurückgekehrt, wurden ihnen die größten Ehrenbezeigungen sämtlich zuerkannt, welche nach der Verfassung die Stadt ihren siegreichen Bürgern zuerkennen kann, und von den Signoren und den Parteihauptleuten und dann von der ganzen Stadt wurden sie wie Triumphatoren empfangen.

Sechstes Buch

Es war immer, und es ist vernünftig, daß es so sei, der Zweck derer, die einen Krieg anfangen, daß sie sich bereichern und der Feind verarme. Und wegen keiner anderen Ursache sucht man den Sieg, noch wünscht man wegen etwas anderem Eroberungen, als um sich mächtig und den Gegner schwach zu machen. Hieraus folgt, daß, so oft du entweder durch deinen Sieg verarmst oder die Eroberung dich schwächt, notwendig das Ziel überschritten oder nicht erreicht wird, um dessentwillen die Kriege geführt werden.

Die Republik oder der Fürst, welcher die Feinde vernichtet und Herr ist über die Beute und die Lösegelder, wird durch die Siege im Krieg bereichert. Der verarmt durch die Siege, welcher die Feinde, obgleich er siegt, nicht vernichten kann, und wo die Beute und die Lösegelder nicht ihm, sondern seinen Soldaten gehören. Ein solcher ist im Unterliegen unglücklich, im Sieg noch unglücklicher; denn unterliegt er, so erträgt er die Unbilden, die ihm seine Feinde zufügen, siegt er, diejenigen, welche ihm seine Freunde zufügen, die, weil sie weniger billig, weniger erträglich sind, besonders wenn er sieht, daß er seine Untertanen durch neue Auflagen zu bedrücken genötigt ist. Und hat er irgend Menschlichkeit in sich, so kann er sich über einen Sieg nicht ungetrübt freuen, der alle seine Untertanen in Trauer versetzt.

Die alten, wohlgeordneten Republiken pflegten durch die Siege die Schatzkammer mit Gold und Silber anzufüllen, Geschenke unter das Volk zu verteilen, den Untertanen die Tribute zu erlassen und durch Spiele und feierliche Feste den Sieg zu feiern. Die Republiken der Zeiten hingegen, welche wir beschreiben, leerten zuerst die Schatzkammer, dann verarmten sie das Volk, und vor deinen Feinden sicherten sie dich nicht.

Alles dies rührte aus der Unordnung her, mit der diese Kriege geführt wurden. Denn da man die Feinde nur ausplünderte und weder gefangen hielt noch tötete, so verschoben sie so lange, den Sieger von neuem anzugreifen, wie es dauerte, bis sie vom Fürsten, der sie im Sold hatte, wieder mit Waffen und Pferden versehen wurden. Da ferner die Lösegelder und die Beute den Soldaten gehörten, so konnten sich die siegenden Fürsten derselben zu den neuen Ausgaben des neuen Soldes nicht bedienen, sondern zogen ihn aus den Eingeweiden ihrer Völker. Und nichts anders erzeugte der Sieg zum Vorteil der Völker, als daß der Fürst mit mehr Eifer und weniger Rücksicht ihre Lasten erschwerte.

Dahin hatten jene Soldaten den Krieg gebracht, daß dem Sieger und dem Besiegten, wenn er seinen Truppen gebieten wollte, neues Geld gleichermaßen notwendig war. Der eine hatte sie wieder auszurüsten, der andere zu belohnen; und wie jene, ohne wieder aufs Pferd gesetzt zu sein, nicht konnten, so wollten diese ohne neue Belohnung nicht fechten. Die Folge war, daß der eine den Sieg wenig genoß, der andere die Niederlage wenig fühlte; denn der Besiegte hatte Zeit, sich wieder zu sammeln, und der Sieger hatte nicht Zeit, den Sieg zu verfolgen.

Diese Unordnung und verkehrte Art des Kriegswesens war Ursache, daß Niccolo Piccinino eher wieder beritten war, als sich die Kunde von seiner Niederlage durch Italien verbreitet hatte, und heftiger den Feind nach der verlorenen Schlacht bekriegte, als er es zuvor getan hatte. Dies war der Grund dafür, daß er nach der Niederlage bei Terma (1440) Verona einnehmen konnte; dies war der Grund dafür, daß er, seiner Soldaten zu Verona beraubt, mit einem zahlreichen Heer nach Toskana ziehen konnte; dies war der Grund dafür, daß er, zu Anghiari geschlagen, ehe er in die Romagna kam, mächtiger im Feld stand als zuvor. Er konnte den Herzog von Mailand mit Hoffnung erfüllen, die Lombardei verteidigen zu können, die durch seine Abwesenheit der Herzog fast verloren glaubte. Wahrend Niccolo Toskana mit Getümmel erfüllte, war es mit dem Herzog so weit gekommen, daß er um seinen Thron fürchtete. Er urteilte, sein Sturz könne früher erfolgen, als Niccolo Piccinino, den er zurückgerufen hatte, zu seinem Beistand gekommen wäre. Um daher das Feuer des Grafen zu dämpfen und gegen ein Glück durch Geschicklichkeit Zeit zu gewinnen, dem er durch Gewalt nicht widerstehen konnte, nahm er zu denselben Mitteln seine Zuflucht, die ihm öfter in ähnlicher Lage geholfen halten. Er sandte nach Peschiera, wo der Graf war, den Fürsten von Ferrara, Niccolo von Este, der den Grafen in des Herzogs Namen zum Frieden ermahnte und ihm vorstellte: „Dieser Krieg sei dem Grafen nicht vorteilhaft; denn werde der Herzog so geschwächt, daß er sein Ansehen nicht behaupten könne, so sei der Graf der erste, der darunter leide, weil ihn dann die Venezianer und Florentiner nicht mehr schätzen würden. Zum Beweis, daß der Herzog den Frieden wünsche, bot er ihm den Abschluß der Heirat an; der Herzog werde seine Tochter nach Ferrara senden, die er ihm, nach erfolgtem Frieden, in die Hände zu geben versprach.“ Der Graf antwortete: „Wenn der Herzog aufrichtig den Frieden suche, so werde er ihn leicht finden, als eine Sache, welche die Venezianer und Florentiner wünschten. Wahr sei aber, daß er ihm nur schwer glauben könne, da er erkannt habe, daß der Herzog nie anders als aus Not Friede gemacht. Sobald diese aufhöre, komme ihm die Lust zum Krieg wieder. Auch der Verschwägerung mit dem Herzog könne er nicht Glauben beimessen, da er in dieser Beziehung schon so oft zum besten gehalten worden sei. Sollte jedoch der Friede geschlossen werden, so werde er dann in betreff der Heirat tun, was ihm seine Verbündeten raten würden.“

Die Venezianer, die ihre Soldaten, auch wenn kein Grund dafür vorlag, beargwöhnten, schöpften begründeterweise wegen dieser Unterhandlungen den größten Verdacht. Der Graf zwar, der diesen Verdacht heben wollte, setzte den Krieg kräftig fort, doch war er durch Ehrgeiz und die Venezianer durch Argwohn auf eine Weise lau geworden, daß während des Restes dieses Sommers wenig geschah. Als daher Niccolo Piccinino in die Lombardei zurückgekehrt war und der Winter bereits angefangen hatte, bezogen alle Heere die Winterquartiere: der Graf zu Verona, zu Cremona der Herzog, die florentinischen Truppen in Toskana und die des Papstes in der Romagna. Diese letzteren griffen, nach dem Sieg bei Anghiari, Forli und Bologna an, um diese Städte Francesco Piccinino aus der Hand zu nehmen, der sie im Namen seines Vaters verwaltete. Aber es gelang ihnen nicht, da sich Francesco kräftig verteidigte. Ihr Erscheinen jedoch setzte die Ravennater in solchen Schrecken, sie müßten unter die Herrschaft der Kirche zurückkehren, daß sie sich im Einverständnis mit ihrem Herrn, Ostasio von Polenta, in die Gewalt der Venezianer gaben. Als Vergeltung für die empfangene Stadt, damit ihnen niemals in keinerlei Zeitverhältnissen Ostasio mit Gewalt entreißen könne, was er ihnen aus Unklugheit gegeben, schickten ihn die Venezianer, um mit seinem Sohn zu sterben, nach Candia. Da es in jenen Unternehmungen trotz des Sieges bei Anghiari dem Papst an Geld fehlte, verkaufte er das Kastell Borgo San Sepolcro für 25.000 Dukaten den Florentinern.

Bei diesem Stand der Dinge, und da jeder durch den Winter vor dem Krieg sicher zu sein glaubte, dachte man nicht mehr an den Frieden; am wenigsten der Herzog, weil er durch Niccolo und die Jahreszeit gesichert war. Er hatte alle Friedensunterhandlungen mit dem Grafen abgebrochen, machte mit großer Geschwindigkeit Niccolo wieder beritten und betrieb jede andere Rüstung, die zu einem nahen Krieg erforderlich war. Hiervon unterrichtet, ging der Graf nach Venedig, um sich mit dem Senat zu beraten, was er das künftige Jahr zu unternehmen habe. Niccolo auf der anderen Seite, der sich in Ordnung befand und den Feind in Unordnung sah, wartete das Frühjahr nicht ab, sondern setzte im kältesten Winter über die Adda (1441), rückte ins Brescianische ein und nahm diese ganze Landschaft, außer Adula und Acri ein. Zweitausend Sforzeskische Reiter, die keinen Angriff erwarteten, nahm er gefangen und plünderte sie aus. Was aber dem Grafen am meisten mißfiel und die Venezianer am meisten in Furcht versetzte, war, daß Ciarpellone, einer der ersten Hauptleute des Grafen, sich gegen ihn erhob. Auf die Nachricht von diesen Dingen reiste der Graf unverzüglich von Venedig ab, und zu Brescia angekommen, fand er, daß Niccolo, nachdem er diesen Schaden zugefügt, in die Winterquartiere zurückgekehrt war. Da also der Graf den Krieg erloschen fand, so schien es ihm nicht gut, ihn wieder zu entzünden, sondern er wollte die Bequemlichkeit, sich wieder zu ordnen, die ihm der Feind gab, benutzen, um dann mit der neuen Jahreszeit sich für die alten Unbilden zu rächen. Er bewirkte daher, daß die Venezianer die Soldaten, welche in Toskana den Florentinern dienten, zurückriefen; und an die Stelle Galtamelatas, der gestorben war, wollte er, daß sie Micheletto Altendulo in Sold nahmen.

Als das Frühjahr kam, war Niccolo Piccinino der erste, der ins Feld rückte, und belagerte Cignano, ein Kastell 12 Miglien von Brescia entfernt. Zur Befreiung desselben kam der Graf heran, und beide Feldherren führten den Krieg nach ihrer Gewohnheit. Da der Graf um Bergamo fürchtete, legte er sich vor Martinengo, ein Kastell, dessen Lage, wenn es erobert war, die Unterstützung Bergamos leicht machte, welche Stadt von Niccolo hart bedrängt war. Weil aber dieser vorausgesehen, daß er nur auf dem Weg von Martinengo vom Feind gestört werden konnte, hatte er dieses Kastell mit allen Verteidigungsmitteln versehen, so daß der Graf alle Streitkräfte zur Belagerung nötig halte. Nun nahm Niccolo mit seinem Heer eine Stellung, daß er dem Grafen die Lebensmittel abschnitt, und verschanzte sich mit Verhauen und Redouten so gut, daß ihn der Graf nur mit offener Gefahr angreifen konnte. Die Sache kam dahin, daß der Belagerer in größerer Gefahr war als die Belagerten in Martinengo. Der Graf konnte wegen des Hungers die Belagerung nicht fortsetzen, noch wegen der Gefahr abziehen; man sah für den Herzog einen offenbaren Sieg und für die Venezianer und den Grafen eine unvermeidliche Niederlage.

Doch das Glück, dem es nicht an Mitteln fehlt, den Freunden zu helfen und den Feinden zu schaden, ließ in Niccolo Piccinino durch die Hoffnung dieses Sieges so großen Ehrgeiz erwachsen und machte ihn so übermütig, daß er ohne Rücksicht auf den Herzog noch auf sich diesem sagen ließ: „Da er nun lange Zeit unter seinen Fahnen gedient und noch nicht so viel Land erworben, daß man ihn darunter begraben könne, so wolle er von Philipp hören, mit welchem Lohn er für seine Anstrengungen belohnt werden solle. Denn in seiner Macht stehe es, den Herzog zum Herrn der Lombardei zu machen und ihm alle seine Feinde in die Hand zu legen. Es scheine ihm, einem gewissen Sieg müsse eine gewisse Belohnung entspringen. Er wünsche daher, daß Philipp ihm die Stadt Piacenza abtrete, damit er, ermüdet durch so langen Kriegsdienst, sich einmal ausruhen könnte." Er maßte sich an, zuletzt dem Herzog zu drohen, daß er die Unternehmung aufgeben werde, wenn er seinem Begehren nicht entspreche. Eine so beleidigende, übermütige Art, zu begehren, verletzte den Herzog so sehr und erfüllte ihn mit solchem Unwillen, daß er eher den Feldzug zu verlieren beschloß, als einzuwilligen. Denselben Mann, den so große Gefahren, so viele Drohungen der Feinde nicht biegen konnten, brachte das übermütige Benehmen der Freunde zum Biegen. Er beschloß mit dem Grafen Frieden zu machen, dem er Antonio Guido Buono von Tortona sandte, und durch diesen seine Tochter und die Friedensbedingungen anbot. Der Graf und alle Verbündeten nahmen das begierig an. Nachdem der Traktat insgeheim zwischen ihnen abgeschlossen war, schickte der Herzog Niccolo den Befehl, für ein Jahr Waffenstillstand mit dem Grafen zu schließen, indem er zu erkennen gab, er sei durch die Kriegskosten so sehr erschöpft, daß er einen gewissen Frieden nicht einem zweifelhaften Sieg aufopfern könne. Niccolo war erstaunt über diesen Beschluß, da er nicht begreifen konnte, welcher Grund den Herzog bewegen könne, auf einen so ruhmvollen Sieg zu verzichten, und er konnte nicht glauben, daß Philipp, um die Freunde nicht zu belohnen, seine Feinde retten wolle. Er widersetzte sich daher auf die Weise, die ihm am besten schien, diesem Entschluß, so daß der Herzog, um ihn zur Ruhe zu bringen, zur Drohung gezwungen war, er werde ihn, wenn er nicht einwillige, seinen Soldaten und seinen Feinden zur Beute geben. Niccolo gehorchte also mit keiner andern Gemütsstimmung, als der tun würde, der aus Zwang seine Freunde und sein Vaterland verläßt, über sein trauriges Los klagend, da ihm bald das Glück, bald der Herzog den Sieg über seine Feinde entreiße.

Nachdem der Waffenstillstand geschlossen, wurde die Vermählung der Madonna Bianca mit dem Grafen gefeiert. Als Mitgift gab ihm der Herzog die Stadt Cremona. Als dies geschehen war, wurde im November 1441 durch Francesco Barbarigo und Pagolo Trono für die Venezianer und Messer Agnolo Acciajuoli für die Florentiner der Friede geschlossen, worin die Venezianer Peschiera, Asola und Leonato, drei Kastelle des Markgrafen von Mantua, gewannen.

Nach Beendigung des Krieges in der Lombardei blieben die Kämpfe im Königreich, und diese, die nicht beruhigt werden konnten, waren der Grund dafür, daß auch in der Lombardei die Waffen von neuem ergriffen wurden. Der König Renatus war von Alfons von Aragon während des Krieges in der Lombardei des ganzen Königreichs beraubt worden mit Ausnahme von Neapel. Alfons, der nun den Sieg in der Hand zu haben glaubte, beschloß während der Belagerung von Neapel dem Grafen Benevent und seine übrigen Staaten, die er in dieser Gegend besaß, zu entreißen; denn er urteilte, dies könne ihm ohne Gefahr gelingen, da der Graf mit dem Krieg in der Lombardei beschäftigt war. Es gelang also Alfons diese Unternehmung leicht, und mit ein wenig Mühe nahm er alle diese Städte ein. Als aber die Nachricht vom Frieden der Lombardei kam, fürchtete Alfons, der Graf möge wegen seiner Städte Renatus zu Hilfe ziehen, und Renatus hoffte aus denselben Gründen auf den Grafen. Renatus versuchte ihn zu bewegen, indem er bat, er möge kommen, um einen Freund zu unterstützen und sich an einem Feind zu rächen. Auf der andern Seite bat Alfons Philipp, er möge, in Anbetracht ihrer Freundschaft, dem Grafen soviel zu schaffen machen, daß er, mit wichtigeren Unternehmungen beschäftigt, diese zu unterlassen genötigt wäre. Philipp nahm diese Einladung an, ohne zu bedenken, daß er einen Frieden störte, den er kurz zuvor mit so großem Nachteil geschlossen hatte. Er machte dem Papst Eugenius begreiflich, jetzt sei die Zeit gekommen, alle die Städte, welche der Graf der Kirche genommen, wieder zu erlangen, und versprach ihm zu diesem Zweck, bezahlt so lange der Krieg dauere, Niccolo Piccinino, der seit dem Friedensschluß mit seinen Soldaten in der Lombardei stand. Eugenius nahm aus Haß gegen den Grafen und aus Verlangen, das Seinige wieder zu erlangen, begierig diesen Rat an. Wenn er auch früher durch die gleiche Hoffnung von Niccolo getäuscht wurde, so glaubte er doch jetzt, wo der Herzog beitrat, Täuschung nicht fürchten zu dürfen. Nachdem er also seine Soldaten mit denen Niccolos vereint waren, griff er die Mark an. Der Graf, von einem so unverhofften Angriff getroffen, sammelte seine Scharen und rückte dem Feind entgegen.

Mittlerweile nahm Alfons Neapel ein (1442), wodurch das ganze Königreich, außer Castelnuovo, in seine Gewalt kam. Nach Zurücklassung einer guten Besatzung in Castelnuovo reiste Renatus ab und wurde zu Florenz, wo er durchkam, auf das ehrenvollste aufgenommen. Nach einem Aufenthalt von einigen Tagen, als er gesehen, daß er nicht länger Krieg führen könnte, brach er nach Marseille auf.

Alfons hatte unterdessen Castelnuovo genommen, und der Graf stand in der Mark gegen den Papst und Niccolo im Nachteil. Er wandte sich daher an die Venezianer und an die Florentiner um Hilfe an Soldaten und Geld, indem er ihnen klar machte: wenn sie jetzt nicht darauf bedacht wären, den Papst und den König zu zügeln, während er noch lebendig sei, so würden sie bald darauf an ihre eigene Rettung zu denken haben; denn jene würden sich mit Philipp vereinen und Italien unter sich teilen. Die Florentiner und Venezianer waren eine Zeitlang unentschieden, sowohl weil sie es nicht für gut hielten, sich mit dem Papst und mit dem König zu verfeinden, als auch weil sie mit den Angelegenheiten von Bologna beschäftigt waren. Hannibal Bentivogli hatte Francesco Piccinino aus dieser Stadt vertrieben, und um sich gegen den Herzog verteidigen zu können, der Francesco unterstützte, hatte er die Venezianer und Florentiner um Beistand gebeten, und diese hatten ihn ihm nicht verweigert. So konnten sie, mit diesem Krieg beschäftigt, sich nicht entschließen, dem Grafen beizustehen. Als es aber geschah, daß Hannibal Francesco Piccinino schlug und diese Angelegenheiten beruhigt erschienen, so beschlossen die Florentiner, den Grafen zu unterstützen. Zuvor aber, um sich vor dem Herzog zu sichern, erneuerten sie das Bündnis mit ihm, und der Herzog sträubte sich nicht dagegen. Er hatte eingewilligt, daß der Graf bekriegt wurde, während der König Renatus unter den Waffen stand; als er ihn aber vernichtet und des Königreichs völlig beraubt sah, gefiel es ihm nicht, daß dem Grafen seine Staaten entrissen wurden. Er willigte daher nicht nur in die Unterstützung des Grafen ein, sondern schrieb Alfons, er möge ins Königreich zurückkehren und den Grafen nicht mehr bekriegen. Obgleich dies Alfons ungern tat, so beschloß er, wegen der Verpflichtungen, die er gegen den Herzog hatte, doch ihn zu befriedigen und zog mit seinen Soldaten hinter den Tronto zurück.

Während in der Romagna die Dinge auf diese Weise betrieben wurden, blieben die Florentiner nicht ruhig unter sich. Es gehörte in Florenz unter die in der Regierung angesehenen Bürger Neri di Gino Capponi, dessen Ansehen Cosimo de' Medici mehr als das irgendeines andern fürchtete. Zum großen Einfluß Neris in der Stadt kam sein Einfluß bei den Soldaten hinzu; denn zu öfteren Malen Anführer der florentinischen Heere, hatte er sich diese durch seine Tapferkeit und durch Wohltaten gewonnen. Überdies erwarb ihm das Andenken der Siege, die man ihm und seinem Vater Gino verdankte – sein Vater hatte Pisa erobert, Neri Niccolo Piccinino bei Anghiari besiegt – die Liebe vieler und die Furcht derer, die keine Gesellschaft in der Regierung zu haben wünschten. Unter vielen anderen Führern des florentinischen Heeres war Baldaccio d'Anghiari ein sehr ausgezeichneter Kriegsmann; denn in dieser Zeit gab es keinen in Italien, der ihn an Körper-und Geisteskraft übertroffen hätte. Er stand beim Fußvolk, weil er immer dessen Oberhaupt gewesen, in so großem Ansehen, daß jedermann dafür hielt, es werde zu jeder Unternehmung, wie und wann er immer wolle, ihm folgen. Baldaccio war ein warmer Freund Neris, da er ihn wegen seiner Tugenden, deren Zeuge er immer gewesen, liebte. Dies erregte in den andern Bürgern den größten Argwohn; und urteilend, ihn zu entlassen sei gefährlich und ihn zu behalten noch gefährlicher, beschlossen sie, ihn aus dem Wege zu räumen. Diesem ihrem Gedanken war das Glück günstig.

Gonfalonier der Gerechtigkeit war Messer Bartolommeo Orlandini. Dieser, mit der Bewachung von Marradi beauftragt, als, wie wir oben sagten, Niccolo Piccinino in Toskana einfiel, war feige geflohen und hatte jenen Paß preisgegeben, den die Natur fast verteidigte. So große Feigheit mißfiel Baldaccio, und durch beleidigende Worte und durch Briefe machte er Bartolommeos Mutlosigkeit bekannt. Hierüber von Scham und Schmerz erfüllt, dürstete Messer Bartolommeo nach Rache; er dachte durch des Anklägers Tod den Schimpf seiner Schuld verwischen zu können.

Dieses Verlangen Messer Bartolommeos war den anderen Bürgern bekannt. Sie konnten ihn daher ohne viel Mühe überreden, daß er Baldaccio aus dem Weg räumen und zu gleicher Zeit sich für die Unbill rächen und den Staat von einem Mann befreien solle, den man entweder mit Gefahr nähren oder mit Schaden verabschieden müsse. Nachdem also Messer Bartolommeo den Entschluß gefaßt hatte, ihn zu töten, verschloß er in sein Zimmer viele bewaffnete Jünglinge, und als Baldaccio auf den Platz gekommen war, wohin er jeden Tag kam, um mit den Magistraten über seinen Sold zu unterhandeln, schickte der Gonfalonier nach ihm. Baldaccio gehorchte ohne Argwohn. Der Gonfalonier trat ihm entgegen und ging mit ihm durch den Gang längs der Zimmer der Signoren, von seinem Sold sprechend, zwei- oder dreimal auf und ab. Dann, als es ihm Zeit schien, in die Nähe des Zimmers gekommen, das die Bewaffneten verbarg, gab er ihnen das Zeichen. Diese stürzten heraus, fielen Baldaccio, der allein und ohne Waffen war, an und erschlugen ihn. Den Leichnam warfen sie aus dem Fenster des Palastes, das auf das Zollhaus geht, auf die Straße; von da trugen sie ihn auf den Platz, hieben ihm das Haupt ab und stellten es den ganzen Tag über dem ganzen Volk zur Schau aus (1443). Baldaccio hinterließ einen einzigen Sohn, den ihm sein Weib Annalena wenige Jahre zuvor geboren hatte; er lebte nicht lange. Annalena, des Sohnes und Gatten beraubt, wollte sich keinem anderen Mann vermählen; sie baute aus ihrem Haus ein Kloster, worin sie sich mit vielen edlen Frauen, die sich mit ihr vereinten, einschloß und in Heiligkeit lebte und starb. Und wie ihr Andenken durch das von ihr gegründete und benannte Kloster gegenwärtig lebt, so wird es ewig leben.

Diese Tat schwächte zum Teil die Macht Neris und nahm ihm Ansehen und Freunde. Doch genügte dies den regierenden Bürgern nicht. Es waren schon zehn Jahre seit dem Anfang ihrer Regierung verflossen. Die Gewalt der Balia war zu Ende, und viele wurden im Reden und Handeln beherzter, als es hätte sein sollen. Die Häupter der Regierenden urteilten daher, daß es nötig sei, die Regierung, wenn sie dieselbe nicht verlieren wollten, zu reorganisieren, indem sie den Freunden neue Gewalt gäben und die Feinde züchtigten. Sie ernannten also 1444 durch die Räte eine neue Balia, die die Ämter reformierte; wenigen Gewalt gab, die Signoria zu ernennen; die Kanzlei der Reformationen erneute, indem sie den Kanzler Ser Filippo Peruzzi entsetzte und einen anderen ernannte, der sich nach dem Gutdünken der Mächtigen benähme; den Verbannten die Zeit der Verbannung verlängerte; Giovanni di Simone Vespucci in den Kerker setzte; die Accoppiatoren der feindlichen Regierungspartei und mit diesen die Söhne Piero Baroncellis, alle Serragli, Bartolommeo Fortini, Messer Francesco Castellani und viele andere der Ämter beraubte. Durch diese Mittel gaben sie sich Gewalt und Ansehen wieder und nahmen den Feinden und Verdächtigen den Hochmut.

Nachdem so die Regierung gesichert und durch Züchtigung der Gegner gefestigt war, wandten sie sich zu den auswärtigen Angelegenheiten. Niccolo Piccinino war, wie wir oben sagten, vom König Alfons verlassen, und der Graf war durch die Hilfe, die er von den Florentinern erhalten hatte, mächtig geworden. Er griff daher Niccolo bei Fermo an und schlug ihn dermaßen, daß Niccolo, fast aller seiner Soldaten beraubt, mit wenigen nach Montecchio flüchtete. Hier jedoch befestigte und hielt er sich, so daß in kurzer Zeit alle seine Soldaten zu ihm zurückkehrten, und in so großer Zahl, daß er sich leicht gegen den Grafen verteidigen konnte, besonders da schon der Winter gekommen war, der jene

Feldherrn zwang, ihre Soldaten in die Winterquartiere zu legen. Niccolo beschäftigte sich den ganzen Winter eifrig mit der Wiederverstärkung seines Heeres und wurde hierin vom Papst und vom König Alfons unterstützt.

Als das Frühjahr kam, rückten beide Feldherrn ins Feld. Nun war Niccolo überlegen, der Graf dagegen kam in eine äußerst mißliche Lage und würde besiegt worden sein, wenn der Herzog nicht Niccolos Plan gestört hätte. Philipp sandte, ihn zu bitten, daß er unverzüglich zu ihm komme, da er über Dinge von der höchsten Wichtigkeit mündlich mit ihm zu sprechen habe. Niccolo, begierig sie zu hören, gab für ein ungewisses Gut einen gewissen Sieg auf, ließ seinen Sohn Francesco als Haupt des Heeres zurück und ging nach Mailand. Als dies der Graf erfuhr, wollte er die Gelegenheit, zuzuschlagen, während Niccolo abwesend war, nicht verlieren. In der Nähe des Kastells Monte Loro, wo es zur Schlacht kam, schlug er Niccolos Soldaten und nahm Francesco gefangen. Als Niccolo, in Mailand angekommen, sich von Filippo hinters Licht geführt sah und die Niederlage und Gefangennehmung seines Sohnes hörte, starb er im Jahre 1445 vor Schmerz in einem Alter von vierundsechzig Jahren. Er war ein mehr tapferer als glücklicher Feldherr. Seine beiden Söhne Francesco und Jacopo hatten weniger Verdienst und größeres Mißgeschick als der Vater, so daß die bracceskischen Waffen fast verschwanden und die sforzeskischen, immer vom Glück unterstützt, berühmter wurden.

Als der Papst Niccolos Heer geschlagen und ihn tot sah, auch durch die Hilfe Aragons nicht viel erhoffte, suchte er den Frieden mit dem Grafen. Der Friede wurde durch die Vermittelung der Florentiner geschlossen; dem Papst blieben darin von den Städten der Mark Osimo, Fabriano und Recanati, alle übrigen behielt der Graf unter seiner Herrschaft.

Nachdem der Friede in der Mark geschlossen war, würde ganz Italien Frieden gehabt haben, wenn er nicht durch die Bologneser gestört worden wäre. In Bologna waren zwei sehr mächtige Familien, die Canneschi und Bentivogli. Das Haupt dieser war Hannibal, jener Battista. Sie hatten sich verschwägert, um besser einander trauen zu können. Doch zwischen Männern, die nach derselben Größe streben, läßt sich leicht Verwandtschaft, nicht aber Freundschaft schließen. Bologna stand mit den Florentinern und Venezianern im Bündnis, das durch Hannibal Bentivogli, nach der Vertreibung Francesco Piccininos, geschlossen worden war. Da nun Battista wußte, wie sehr der Herzog wünschte, daß ihm die Stadt günstig sei, unterhandelte er mit ihm, Hannibal zu töten und Bologna wieder unter seine Fahnen zu bringen. Übereingekommen über die Art, griff Battista den 24. Juli 1445 Hannibal mit den Seinen an und tötete ihn. Dann durchsprengte er, den Namen des Herzogs rufend, die Stadt.

Es waren in Bologna die Kommissäre der Venezianer und Florentiner, die sich beim ersten Lärm in ihre Häuser zurückzogen. Als sie aber später sahen, daß das Volk die Mörder nicht unterstützte, sondern in großer Zahl bewaffnet auf dem Platz versammelt, Hannibals Tod beklagte, so faßten sie Mut und schlossen sich mit den Soldaten, die sich vorfanden, an das Volk an. Nun schlossen sie sich zusammen und griffen die canneskischen Soldaten an, die sie in wenigen Stunden besiegten und teils töteten, teils aus der Stadt vertrieben. Battista, der keine Zeit zur Flucht hatte, obgleich er sich den Streichen der Feinde entzogen, verbarg sich in seinem Palast in einer Grube, die zum Aufbewahren von Getreide bestimmt war. Aber seine Feinde, die ihn den ganzen Tag gesucht hatten und wußten, daß er die Stadt nicht verlassen hatte, versetzten seine Diener in solchen Schrecken, daß ihn ein Hausknecht aus Furcht zeigte. Noch in voller Rüstung aus der Grube gezogen, wurde er zuerst getötet, dann durch die Stadt geschleift und verbrannt. So war die Autorität des Herzogs ausreichend, ihn zur Ausführung dieses Unternehmens zu bewegen, aber er hatte nicht die Zeit, von seiner Macht Gebrauch zu machen.

Nachdem durch Battistas Tod und durch die Flucht der Canneschi diese Unruhen beigelegt waren, blieben die Bologneser in größter Verwirrung, da kein zur Regierung taugliches Glied des Hauses Bentivogli da war, indem Hannibal nur einen einzigen sechsjährigen Sohn namens Giovanni hinterließ. Man fürchtete daher, es möge unter den Freunden der Bentivogli eine Spaltung entstehen, die die Rückkehr der Canneschi zur Zerstörung des Vaterlandes und der Partei herbeiführe. Während dieser ängstlichen Spannung der Gemüter erklärte Francesco, der gewesene Graf von Poppi, der sich in Bologna befand, den Ersten der Stadt: „Wenn sie von einem Abkömmling aus Hannibals Blut regiert sein wollen, so könne er ihnen einen solchen zeigen.“ Er erzählte, daß vor etwa zwanzig Jahren Hannibals Vetter, Hercules, zu Poppi gewesen; und er wisse, daß Hercules ein Verhältnis mit einer jungen Frau dieses Kastells gehabt habe, die einen Sohn namens Santi gebar. Dieser, habe ihm Hercules mehrmals beteuert, sei sein Sohn, und Santi scheine es auch nicht verleugnen zu können; denn wer Hercules gekannt und den Jüngling kenne, sehe zwischen ihnen die größte Ähnlichkeit. Die Bürger maßen den Worten Francescos Glauben bei und warteten keinen Augenblick, mehrere Bürger nach Florenz zu senden, den Jüngling anzuerkennen und bei Cosimo und Neri zu bewirken, daß er ihnen abgetreten werde. Der Mann, den man für Santis Vater hielt, war gestorben, so daß der Jüngling unter der Obhut eines Oheims namens Antonio von Cascese lebte. Antonio war reich und kinderlos und Neris Freund. Nachdem man daher gehört, was an der Sache war, urteilte Neri, sie sei weder zu verachten noch unbesonnen anzunehmen und wollte, daß Santi vor Cosimo mit den Botschaftern von Bologna spreche. Sie kamen zusammen, und Santi wurde von den Bolognesern nicht nur geehrt, sondern fast vergöttert, so viel vermochte in ihrem Gemüt die

Liebe der Partei. Doch kam es für den Augenblick zu keinem Abschluß. Da rief Cosimo Santi auf die Seite und sagte zu ihm:

„Niemand kann dir in diesem Fall besser raten als du dir selbst; denn du hast den Entschluß zu fassen, wozu dich dein Sinn hinzieht. Bist du Hercules Bentivoglis Sohn, so wirst du dich zu den Unternehmungen, wenden, die dieses Hauses und deines Vaters würdig sind. Bist du aber der Sohn des Agnolo von Cascese, so wirst du in Florenz bleiben, um bis ans Ende deiner Tage niedrig in einer Wollwerkstatt dahin zu vegetieren."

Diese Worte machten tiefen Eindruck auf den Jüngling, und während er zuvor fast schon verweigert hatte, einen solchen Entschluß zu fassen, sprach er nun, er sei zu allem bereit, was Cosimo und Neri darüber beschlössen. Nachdem man sich also mit den bolognesischen Abgeordneten geeinigt hatte, wurde er mit Kleidern, Pferden und Dienern geehrt, kurz darauf mit zahlreicher Begleitung nach Bologna geführt und als Erzieher der Kinder Messer Hannibals und in die Regierung der Stadt eingesetzt. Hierbei benahm er sich mit solcher Klugheit, daß, während seine Vorfahren alle von ihren Feinden ermordet worden waren, er ruhig lebte und hochgeehrt starb.

Nach Niccolo Piccininos Tod und dem Friedensschluß in der Mark wünschte Philipp einen Feldherrn zu haben, der seine Heere befehligte, und unterhandelte insgeheim mit Ciarpellone, einem der ersten Offiziere des Grafen Francesco. Als sie den Vertrag geschlossen, begehrte Ciarpellone vom Grafen Urlaub, nach Mailand zu gehen, um in Besitz einiger Kastelle zu treten, die ihm Philipp in den letzten Kriegen geschenkt hatte. Der Graf, der die Sache merkte, ließ Ciarpellone, damit der Herzog nicht gegen seine Pläne sich desselben bedienen könnte, zuerst verhaften und bald darauf hinrichten, indem er erklärte, er habe ihn treulos gefunden. Dies mißfiel und erbitterte Philipp aufs höchste, während es den Florentinern und den Venezianern gefiel, weil sie sehr fürchteten, wenn die Waffen des Grafen und die Macht Philipps Freunde wurden. Dieser Zorn also war Ursache, daß sich neuer Krieg in der Mark entzündete.

Herr von Rimini war Gismondo Malalesti, der als Schwiegersohn des Grafen die Herrschaft über Pesaro erhoffte. Als aber der Graf Pesaro eingenommen hatte, gab er es seinem Bruder Alessandro, was Gismondo sehr unwillig machte. Zu diesem Unwillen kam hinzu, daß Federigo von Montefeltro, sein Feind, sich durch die Unterstützung des Grafen der Herrschaft über Urbino bemächtigt hatte. Dies bewirkte, daß Gismondo sich an den Herzog anschloß, und daß er den Papst und den König antrieb, dem Grafen den Krieg zu erklären. Dieser, um Gismondo die ersten Früchte dieses Krieges, den er wünschte, fühlen zu lassen, dachte ihm zuvorzukommen und griff ihn plötzlich an. Hierdurch wurde sogleich die Romagna und die Mark mit Getümmel erfüllt; denn Philipp, der König und der Papst schickten Gismondo zahlreiche Hilfsvölker, und die Florentiner und Venezianer versahen den Grafen, wenn nicht mit Soldaten, doch mit Geld.

Nicht mit dem Krieg in der Lombardei zufrieden, beabsichtete Philipp, dem Grafen Cremona und Pontremoli zu entreißen. Doch Pontremoli wurde von den Florentinern und Cremona von den Venezianern verteidigt. So fing auch in der Lombardei der Krieg wieder an, worin nach einigen Operationen im Cremonesischen Francesco Piccinino, der Feldherr des Herzogs, bei Casale von Micheletto und den Soldaten der Venezianer geschlagen wurde (1446). Durch diesen Sieg hofften die Venezianer dem Herzog den Staat entreißen zu können. Sie sandten einen Kommissär nach Cremona, griffen Ghiaradadda an und nahmen den ganzen Landstrich außer Crema weg. Hierauf setzten sie über die Adda und streiften bis nach Mailand. Der Herzog wandte sich an Alfons und bat ihn um Beistand, indem er ihm die Gefahr des Königreichs zeigte, wenn die Lombardei in der Hand der Venezianer wäre. Alfons versprach ihm Hilfstruppen zu schikken, die aber nur schwer ohne die Erlaubnis des Grafen passieren konnten.

Philipp wandte sich daher mit der Bitte an den Grafen, daß er seinen schon greisen, blinden Schwiegervater nicht verlassen könne. Der Graf hielt sich beleidigt vom Herzog, weil dieser ihm den Krieg erklärt habe. Auf der anderen Seite gefiel ihm die Größe der Venezianer nicht, und schon fehlte es ihm an Geld, womit ihn die Verbündeten kärglich versorgten; denn den Florentinern war die Furcht vor dem Herzog vergangen, die sie den Grafen schätzen machte, und die Venezianer wünschten seinen Sturz, da sie dafürhielten, die Herrschaft der Lombardei könne ihnen nur vom Grafen entrissen werden. Nichtsdestoweniger, während ihn der Herzog wieder in seinen Sold zu ziehen suchte und ihm den Oberbefehl über alle seine Truppen versprach, wenn er nur die Venezianer verlasse und die Mark dem Papst zurückgebe, schickten auch sie ihm Gesandte, indem sie ihm Mailand, wenn sie es nähmen, und die lebenslängliche Feldherrnwürde über ihre Soldaten versprachen, wenn er nur den Krieg in der Mark fortsetze und verhindere, daß Hilfstruppen von Alfons in die Lombardei kämen. Es waren also die Versprechungen der Venezianer groß und ihre Verdienste noch größer, da sie diesen Krieg angefangen hatten, um dem Grafen Cremona zu erhalten. Auf der anderen Seite waren die von dem Herzog zugefügten Unbilden frisch und seine Versprechungen untreu und klein. Gleichwohl war der Graf im Zweifel, welchen Entschluß er ergreifen sollte. Denn auf der einen Seite bewogen ihn die Verpflichtung gegen die Allianz, das gegebene Wort, die frischen Verdienste und die Versprechungen für die Zukunft. Auf der anderen Seite bewogen ihn die Bitten des Schwiegervaters und vor allem das Gift, welches er unter den großen Versprechungen der Venezianer verborgen fürchtete. Denn er urteilte, er müsse sowohl was die Versprechungen als was seinen Staat betraf, sobald sie gesiegt hätten, von ihrer Gnade abhängen; und der

Gnade hat sich kein kluger Fürst jemals, wenn nicht aus Not, anvertraut. Dieser Schwierigkeit, sich zu entschließen, wurde der Graf durch den Ehrgeiz der Venezianer enthoben, die in der Hoffnung, Cremona durch einige Einverständnisse, die sie in dieser Stadt hatten, zu erobern, ihre Soldaten unter einem anderen Vorwand sich nähern ließen. Aber die Sache wurde durch die Besatzung des Grafen entdeckt, und ihr Plan zeigte sich als unnütz; denn sie erwarben Cremona nicht und verloren den Grafen, der mit Hintansetzung jeder Rücksicht sich an den Herzog anschloß (1447).

Es war Papst Eugenius gestorben und zu seinem Nachfolger Nikolaus V. ernannt worden. Der Graf hatte schon das ganze Heer zu Cotignola, um in die Lombardei zu marschieren, als er die Nachricht erhielt, Philipp sei den letzten August 1447 gestorben. Diese Nachricht erfüllte den Grafen mit Sorgen. Er glaubte nicht, daß ihm seine Soldaten gehorchen würden, weil sie nicht die ganze Bezahlung erhalten hatten. Er fürchtete die Venezianer, weil sie bewaffnet und seine Feinde waren, da er sie kürzlich verlassen und an den Herzog sich angeschlossen habe. Er fürchtete Alfons, seinen ewigen Feind. Er hoffte nicht mehr auf den Papst noch auf die Florentiner; auf diese nicht, weil sie mit den Venezianern verbündet waren, auf jenen nicht, weil er die Städte der Kirche besaß. Doch beschloß er dem Schicksal die Stirn zu bieten und sich nach den Ereignissen zu raten; denn oft entdeckt man handelnd den Rat, der uns untätig immer verborgen bleiben würde. Es gab ihm große Hoffnung, daß er glaubte, wenn die Mailänder gegen den Ehrgeiz der Venezianer sich verteidigen wollten, könnten sie zu keinen anderen Waffen ihre Zuflucht nehmen als zu den seinen. Er faßte daher guten Mut und marschierte ins Bolognesische, sodann über Modena und Reggio, und machte an der Lenza halt, wo er nach Mailand sandte, um sich anzubieten.

Von den Mailändern wollte nach des Herzogs Tod ein Teil frei leben, ein Teil unter einem Fürsten; und von denen, die einen Fürsten wünschten, wollte ein Teil den Grafen, der andere den König Alfons. Da also die, welche die Freiheit liebten, einig waren, drangen sie gegen die anderen durch und führten nach ihrem Gutdünken eine Republik ein. Dieser gehorchten viele Städte des Herzogtums nicht, da auch sie wie Mailand ihrer Freiheit sich erfreuen zu können glaubten, und die, welche nicht nach der Freiheit strebten, wollten die Herrschaft der Mailänder nicht. Lodi also und Piacenza übergaben sich den Venezianern, Pavia und Parma machten sich frei. Als der Graf diese Verwirrung erfuhr, ging er nach Cremona, wohin seine Gesandten in Begleitung der mailändischen Gesandten mit dem Beschluß kamen, daß er mit denselben Bedingungen Feldherr der Mailänder sein solle, die sein letzter Traktat mit dem Herzog enthielt. Hinzu fügten sie noch, daß Brescia dem Grafen gehören solle, und wenn man Verona erobere, solle diese Stadt ihm gehören und er Brescia zurückgeben.

Ehe der Herzog starb, suchte Papst Nikolaus nach seiner Erhebung zum Pontifikat unter den italienischen Fürsten Frieden zu stiften. Zu diesem Zweck bewirkte er bei den Gesandten, die ihm die Florentiner bei seiner Ernennung schickten, daß in Ferrara ein Kongreß gehalten werden solle, um entweder über einen langen Waffenstillstand oder einen festen Frieden zu unterhandeln. Es kamen also in dieser Stadt der Legat des Papstes und die venezianischen, herzoglichen und florentinischen Gesandten zusammen. Die des Königs Alfons erschienen nicht. Dieser befand sich mit vielen Soldaten zu Fuß und zu Pferd in Tivoli, von wo aus er den Herzog unterstützte; und man glaubte, nachdem sie den Grafen auf ihre Seite gezogen, wollten nun beide Fürsten offen die Florentiner und Venezianer angreifen und nur mittlerweile, bis die Soldaten des Grafen in der Lombardei wären, die Friedensunterhandlungen zu Ferrara unterhalten, wohin der König nicht sandte, indem er versicherte, er werde ratifizieren, was der Herzog abschließe. Über den Frieden wurde viele Tage hindurch unterhandelt, und nach vielen Erörterungen war entweder ein Friede für immer oder ein Waffenstillstand auf fünf Jahre beschlossen, wie eins oder das andere dem Herzog gefalle. Als aber die herzoglichen Gesandten nach Mailand gingen, um Philipps Willen zu hören, fanden sie ihn tot. Die Mailänder wollten trotz seines Tods den Vertrag eingehen, doch die Venezianer wollten nun nicht mehr. Diese faßten die große Hoffnung, den mailändischen Staat zu erobern, besonders als sie sahen, daß sich ihnen Lodi und Piacenza sogleich nach des Herzogs Tod ergaben. So hofften sie entweder durch Gewalt oder durch Vertrag in kurzer Zeit Mailand des ganzen Gebietes berauben zu können und die Stadt selbst hierauf so kräftig zu drängen, daß sich dieselbe ihnen ergäbe, ehe ihr jemand zu Hilfe käme. Sie waren davon um so mehr überzeugt, als sie die Florentiner sich mit König Alfons in Krieg verwickeln sahen.

Der König, der bei Tivoli stand, wollte den Feldzug gegen Toskana, wie er mit Philipp beschlossen, beginnen, da er der Meinung war, der Krieg, der schon in der Lombardei angefangen hatte, werde ihm Zeit und Bequemlichkeit geben. Ehe er offen losbräche, wünschte er einen Fuß im Gebiet der Florentiner zu haben. Er knüpfte daher ein Einverständnis in der Festung Cennina im oberen Arnotal an und nahm sie ein. Die Florentiner, von diesem unerwarteten Unfall betroffen und das Heranrücken des Königs zum Angriff sehend, nahmen Schwere Reiter in Sold, ernannten die Zehn (des Krieges) und rüsteten sich nach ihrer Sitte zum Krieg. Der König war schon mit seinem Heer ins Sanesische gerückt und tat alles, was er konnte, diese Stadt zu seinem Willen zu erlangen. Doch die Bürger blieben standhaft Freunde der Florentiner und nahmen den König weder in Siena noch in eines ihrer Kastelle auf. Doch versahen sie ihn mit Lebensmitteln, worin sie ihre Ohnmacht und die Stärke des Feindes entschuldigten.

Dem König schien es nicht gut, durch das Arnotal einzudringen, wie es anfänglich sein Plan war, sowohl weil er Cennina wieder verloren hatte, als auch weil die Florentiner bereits einigermaßen mit Truppen versehen waren. Er setzte sich also gegen Volterra in Marsch und nahm viele Kastelle im Volterranischen. Von da zog er in's Pisanische, und durch den Beistand, den ihm die Grafen Arrigo und Fazio della Gherardosea leisteten, nahm er einige Kastelle ein. Von hier aus griff er Campiglia an, das er nicht einnehmen konnte, weil es von den Florentinern und vom Winter verteidigt wurde. Der König ließ daher in den genommenen Kastellen Besatzung zur Verteidigung und um das Land durchstreifen zu können und zog sich mit dem übrigen Heer in die Landschaft Siena in die Winterquartiere zurück.

Mittlerweile rüsteten die Florentiner, von der Jahreszeit unterstützt, mit allem Eifer Soldaten, deren Häupter Federigo, Herr von Urbino und Gismondo Malatesti von Rimini waren. Obgleich diese in Zwietracht lebten, hielt sie die Klugheit der Kommissäre Neri di Gino und Bernardetto de' Medici so einig, daß man noch im tiefen Winter ins Feld rückte (1448), die verlorenen Kastelle im Pisanischen und die Pomerance im Volterranischen wiedernahm und die Soldaten des Königs, die früher die Maremmen durchstreiften, dergestalt zügelte, daß sie die ihnen zur Bewachung gegebenen Kastelle kaum behaupten konnten.

Als aber das Frühjahr kam, machten die Kommissäre mit allen ihren Truppen, 5.000 Reitern und 2.000 Mann zu Fuß, hei Spedaletto halt. Der König rückte mit den Seinen, 15.000 Mann, bis drei Miglien von Campiglia; aber während man vermutete, er kehre zurück, um diesen Ort zu belagern, griff er Piombino an. Diese Stadt hoffte er, weil sie schlecht ausgerüstet war, leicht einzunehmen, und er hielt die Eroberung höchst nützlich für sich und für die Florentiner verderblich. Denn von diesem Ort aus konnte er die Florentiner durch einen langen Krieg aufreiben, da er Piombino zur See verproviantieren und die ganze Landschaft Pisa in Verwirrung bringen konnte. Den Florentinern mißfiel deshalb dieser Angriff. In der Beratung, was zu tun sei, urteilten sie, wenn man sich mit dem Heer in den Dickichten von Campiglia halten könne, so würde der König gezwungen sein, entweder geschlagen oder beschimpft abzuziehen. Zu diesem Zweck rüsteten sie vier Galeazzen, die sie zu Livorno hatten, aus, führten auf denselben 300 Mann Fußtruppen nach Piombino und setzten sich bei le Galdane fest, einem Ort, wo sie schwer angegriffen werden konnten, da sie an den Dickichten in der Ebene zu lagern für gefährlich erachteten.

Das florentinische Heer zog die Lebensmittel aus den umliegenden Ortschaften, die, selten und wenig bewohnt, es mit Schwierigkeit versahen. Das Heer litt dadurch und hatte besonders Mangel an Wein; denn da hier keiner gebaut wurde und man von anderwärts her keinen haben konnte, so war es unmöglich, daß für jeden da war. Der König hingegen, obgleich er von den florentinischen Soldaten beengt war, hatte mit Ausnahme von Streu alles im Überfluß, weil er zur See mit allem versehen wurde. Die Florentiner wollten daher versuchen, ob sie nicht auch zur See ihren Soldaten helfen könnten, und beluden ihre Galeazzen mit Lebensmitteln. Unterwegs aber begegneten den Galeazzen sieben Galeeren des Königs, die zwei davon einnahmen und zwei in die Flucht schlugen. Durch diesen Verlust schwand den florentinischen Soldaten die Hoffnung auf Erneuerung der Vorräte. Nun desertierten zweihundert oder mehr Troßknechte wegen Mangels besonders an Wein in das Lager des Königs, und die übrigen Truppen murrten, indem sie beteuerten, sie wollten nicht in einer Gegend bleiben, wo bei der drückendsten Hitze kein Wein und das Wasser schlecht sei. Die Kommissäre beschlossen daher, diese Stellung zu verlassen, und wandten sich zur Wiedereroberung einiger Kastelle, die noch in der Hand des Königs waren. Der König andrerseits, obgleich er nicht an Lebensmitteln Mangel litt und an Truppen überlegen war, sah sich in höchst mißlicher Lage; denn es waren in seinem Heer Krankheiten ausgebrochen, die in dieser Jahreszeit in den Maremmen entstehen, und sie wüteten so heftig, daß viele daran starben und fast alle krank waren.

Es wurden daher Friedensunterhandlungen angeknüpft, worin der König 50.000 Dukaten begehrte und daß ihm Piombino preisgegeben werde. Hierüber wurde zu Florenz beraten, und viele stimmten, sich nach dem Frieden sehnend, für die Annahme, indem sie behaupteten, sie wüßten nicht, wie man einen Krieg zu gewinnen hoffen könne, zu dessen Unterhaltung so große Kosten nötig seien. Doch Neri Capponi, der nach Florenz ging, ermutigte durch Gründe die Stadt so sehr, daß alle Bürger einstimmig nicht anzunehmen beschlossen, den Herrn von Piombino unter ihren Schutz nahmen und im Frieden und Krieg ihn zu unterstützen versprachen, wenn er nur sich nicht selbst verlasse und, wie er bis jetzt getan, sich verteidigen wolle. Als der König diesen Beschluß erfuhr und sah, daß er durch sein krankes Heer die Stadt nicht erobern konnte, hob er so gut als geschlagen die Belagerung auf. Zweitausend Tote zurücklassend, zog er sich mit dem Rest des kranken Heeres in die Landschaft Siena zurück und von da ins Königreich, ganz erbittert gegen die Florentiner, denen er mit der neuen Jahreszeit neuen Krieg drohte.

Während diese Dinge in Toskana auf solche Weise vorgingen, machte sich der Graf Francesco in der Lombardei, Feldherr der Mailänder geworden, vor allem Francesco Piccinino, der für die Mailänder diente, zum Freund, damit ihn dieser in seinen Unternehmungen unterstütze oder mit mehr Rücksicht in seinen Unternehmungen gegen ihn vorgehe. Er rückte sodann mit seinem Heer ins Feld und griff Pavia an. Die Pavianer glaubten sich gegen seine Streitkräfte nicht verteidigen zu können, wollten aber auf der andern Seite den Mailändern nicht gehorchen und boten ihm die Stadt unter der Bedingung an, daß er sie nicht der Herrschaft Mailands unterwerfe. Der Graf verlangte nach dem Besitz dieser Stadt, da es ihm ein kräftiger Anfang schien, seine Pläne ausführen zu können. Auch hielt ihn weder Furcht noch die Schande des Treubruchs ab; denn die Großen nennen Verlust Schande, nicht Gewinn durch Betrug. Aber er befürchtete, wenn er Pavia annahm, die Mailänder so sehr aufzubringen, daß sie sich den Venezianern ergäben. Nahm er es dagegen nicht an, so fürchtete er wegen des Herzogs von Savoyen, dem sich viele Bürger ergeben wollten. In beiden Fällen glaubte er der Herrschaft über die Lombardei beraubt zu sein. Da er jedoch dachte, es sei weniger Gefahr, die Stadt selbst zu nehmen, als sie von einem anderen nehmen zu lassen, entschloß er sich fürs erstere, indem er überzeugt war, er werde die Mailänder beruhigen können. Er stellte ihnen also vor, in welche Gefahr man sich begab, wenn er Pavia nicht angenommen hätte; denn die Bürger würden sich entweder den Venezianern oder dem Herzoge ergeben haben, und in beiden Fällen wäre ihr Staat verloren gewesen. Es müßte ihnen daher lieber sein, ihn, der ihr Freund sei, zum Nachbarn zu haben, als einen Potentaten, wie es jene beiden wären, und Feind.

Die Mailänder gerieten über den Fall in Bestürzung, da es ihnen schien, der Ehrgeiz des Grafen und das Ziel, wonach er strebe, entdeckt zu haben. Doch sie urteilten, ohne sich offenbaren zu können; denn ließen sie vom Grafen ab, so sahen sie nicht, wohin anders sie sich wenden konnten als an die Venezianer, deren Hochmut und harte Bedingungen sie fürchteten. Sie beschlossen daher, sich nicht vom Grafen zu trennen und für jetzt durch ihn den Übeln vorzubeugen, die ihnen bevorstanden, indem sie hofften, sie würden sich, hiervon befreit, auch von ihm befreien können. Sie waren nämlich nicht allein von den Venezianern angegriffen, sondern auch von den Genuesern und dem Herzog von Savoyen, im Namen Karls von Orleans, des Sohnes einer Schwester Philipps. Den Angriff dieser schlug der Graf mit wenig Mühe ab. Es blieben ihm also nur noch von den Feinden die Venezianer, die mit einem mächtigen Heer das Herzogtum erobern wollten und schon Lodi und Piacenza besaßen. Vor letzte Stadt legte sich der Graf, nahm sie nach langer beschwerlicher Belagerung ein und plünderte sie. Hierauf legte er, weil schon der Winter gekommen war, seine Truppen in die Winterquartiere, und er selbst begab sich nach Cremona, wo er den ganzen Winter mit seiner Gemahlin ausruhte.

Als aber das Frühjahr kam, rückten das venezianische und das mailändische Heer ins Feld. Die Mailänder wünschten Lodi zu erlangen und dann mit den Venezianern Frieden zu machen; denn die Kriegskosten waren angewachsen und die Treue des Feldherrn war ihnen verdächtig, so daß sie sich sehr nach dem Frieden sehnten, um sich zu erholen und um sich vor dem Grafen sicherzustellen. Sie beschlossen daher, daß ihr Heer Caravaggio belagern solle, indem sie hofften, Lodi werde sich ergeben, sobald dieses Kastell dem Feind weggenommen sei. Der Graf gehorchte den Mailändern, obgleich es sein Wunsch war, über die Adda zu setzen und das Brescianische anzugreifen. Er schloß also Caravaggio ein und verschanzte sich nach außen mit Gräben und anderen Schutzmitteln, damit die Venezianer mit Nachteil angreifen müßten, wenn sie ihn zur Aufhebung der Belagerung zwingen wollten.

Die Venezianer andererseits rückten mit ihrem Heer unter ihrem Feldherrn Micheletto bis auf zwei Bogenschüsse an das Lager des Herzogs heran, wo sie mehrere Tage blieben und viele Scharmützel lieferten. Nichtsdestoweniger fuhr der Graf fort, das Kastell zu bedrängen, und schon hatte er es so weit gebracht, daß es sich notwendig ergeben mußte. Dies mißfiel den Venezianern, da sie durch den Verlust des Kastells den Feldzug verloren glaubten. Es war daher unter ihren Feldherrn großer Streit über die Art, das Kastell zu unterstützen, und zuletzt sah man keinen andern Weg, als mit sehr großem Nachteil den Feind in seinen Verschanzungen anzugreifen. Doch sie schlugen den Verlust dieses Kastells so hoch an, daß der venezianische Staat, von Natur furchtsam und fern von jeder zweifelhaften und gefährlichen Maßregel, lieber, um Caravaggio nicht zu verlieren, aller Gefahr aussetzen wollte, als mit dessen Verlust den Feldzug zu verlieren.

Es wurde also beschlossen, den Grafen unter allen Umständen anzugreifen, und eines Morgens zu früher Stunde ausgerückt, griffen die Venezianer seine Linien von der Seite an, wo sie am wenigsten bewacht waren. Beim ersten Anfall, wie es bei den Angriffen, die man nicht erwartet, der Fall ist, geriet das ganze Heer Sforzas in Verwirrung. Doch sogleich half der Graf jeder Unordnung auf eine Weise ab, daß die Feinde nach vielen vergeblichen Anstrengungen, die Brustwehren zu übersteigen, nicht nur zurückgeworfen, sondern dergestalt in die Flucht geschlagen wurden, daß vom ganzen Heer, das über 12000 Pferde betrug, keine 1000 sich retteten und alles Gepäck und der ganze Park erbeutet wurde. Nie bis auf diesen Tag erlitten die Venezianer eine größere, schrecklichere Niederlage.

Unter der Beute und den Gefangenen fand man ganz niedergeschlagen einen venezianischen Provveditor, der vor der Schlacht und während des Krieges schimpflich vom Herzog gesprochen hatte, den er einen gemeinen Bastard nannte. Jetzt, nach der Niederlage, gefangen und seiner Schuld bewußt, fürchtete er nach seinen Verdiensten belohnt zu werden; und als er zitternd in größter Angst vor den Grafen gebracht wurde, warf er sich nach der Natur hochmütiger gemeindenkender Menschen, die im Glück übermütig, im Unglück kriechend und niederträchtig sind, weinend auf die Knie und flehte um Verzeihung seiner beleidigenden Reden. Der Graf hob ihn auf, sprach ihm, indem er ihn beim Arm nahm, Mut zu und ermahnte ihn, Gutes zu hoffen. Dann fuhr er fort: „Ich erstaune, daß ein Mann von Klugheit und Ernst, wofür Ihr gelten wollt, in so großen Irrtum gefallen ist, daß Ihr schimpflich von denen sprecht, die es nicht verdienen. Was die Dinge betrifft, die Ihr mir vorgeworfen habt, so weiß ich nicht, was mein Vater Sforza mit meiner Mutter Madonna Lucia gemacht hat; denn ich war nicht dabei und konnte die Art ihres ehelichen Verkehrs nicht überwachen. Was sie daher getan haben mögen, dafür glaube ich weder gelobt noch getadelt werden zu können. Das weiß ich aber recht gut, daß ich mich in dem, was ich zu tun hatte, auf eine Weise benommen habe, daß mich niemand tadeln kann, und Ihr und Euer Senat könnt dafür das beste und neueste Zeugnis ablegen. Ich ermahne Euch, in Zukunft bescheidener zu sein, wenn Ihr von andern sprecht, und vorsichtiger in Eueren Unternehmungen."

Nach diesem Sieg rückte der Graf mit seinem siegreichen Heer ins Brescianische und nahm die ganze Landschaft weg. Hierauf schlug er zwei Miglien von Brescia Lager. Die Venezianer auf der andern Seite fürchteten nach der erlittenen Niederlage, daß Brescia, wie es auch kam, zuerst angegriffen würde, und hatten es mit einer Besatzung versehen, so gut und schnell sie sie auftreiben konnten. Dann brachten sie mit aller Tätigkeit Streitkräfte zusammen, sammelten die Überbleibsel ihres Heeres, soviel es möglich war, und verlangten von den Florentinern, kraft der Allianz, Hilfstruppen. Diese, vom Krieg des Königs Alfons befreit, sandten ihnen 1000 Fußknechte und 2000 Reiter zu Hilfe. Mit diesen Streitkräften hatten die Venezianer Zeit, auf Verträge zu denken.

Es war eine Zeitlang für die venezianische Republik fast Verhängnis, im Krieg zu unterliegen und in den Verträgen zu siegen, und was sie im Krieg verloren hatten, gab ihnen der Friede oft doppelt zurück.[1] Die Venezianer wußten, daß die Mailänder den Grafen fürchteten und der Graf nicht Feldherr, sondern Herr der Mailänder zu sein wünsche, und daß es in ihrer Willkür stand, mit einem von beiden Frieden zu machen, da ihn der eine aus Ehrgeiz, die andern aus Furcht wünschten. Sie wählten, ihn mit dem Grafen zu machen und ihm Hilfstruppen zur Eroberung Mailands anzubieten. Sie sagten sich, wenn die Mailänder sich vom Grafen hintergangen sehen würden, würden sie vom Zorn erfüllt eher jedem anderen als ihm sich unterwerfen wollen, und wenn man sie so weit führe, daß sie sich selbst nicht verteidigen noch dem Grafen mehr trauen könnten, so würden sie gezwungen sein, da sie niemand hätten, dem sie sich in die Arme werfen könnten, ihnen in den Schoß zu fallen. Infolge dieses Planes erforschten sie die Gesinnung des Grafen und fanden ihn zum Frieden sehr geneigt, da er wünschte, daß der Sieg bei Caravaggio sein gehöre und nicht den Mailändern. Sie schlossen also einen Vertrag, worin die Venezianer sich verbindlich machten, dem Grafen so lange, bis er Mailand erobert habe, 13000

[1] Dieses Verhängnis hat sich auf das moderne Italien vererbt.

Gulden monatlich zu geben und ihn überdies während des Krieges mit 4000 Reitern und 2000 Fußknechten zu unterstützen. Der Graf machte sich auf der anderen Seite verbindlich, den Venezianern Kastelle, Gefangene und alles andere, was er in diesem Krieg erobert hatte, zurückzugeben und sich mit den Städten allein zu begnügen, die der Herzog Philipp bei seinem Tod besaß.

Als dieser Vertrag in Mailand bekannt wurde, erfüllte er diese Stadt viel mehr mit Trauer, als sie der Sieg von Caravaggio erfreut hatte. Die Vornehmen klagten, das Volk jammerte, die Weiber und Kinder weinten, und alle zusammen nannten sie den Grafen einen treulosen Verräter. Obgleich sie ihn weder durch Bitten noch durch Versprechungen von seinem undankbaren Vorsatz zurückbringen zu können glaubten, schickten sie ihm doch Gesandte, um zu sehen, mit welcher Stirn und mit welchen Worten er seine ruchlose Handlung begleite. Vor dem Grafen erschienen, sprach einer von ihnen in folgender Rede:

„Die etwas von jemand zu erlangen wünschen, pflegen ihn durch Bitten, Belohnungen oder Drohungen anzugreifen, damit er entweder durch Mitleid oder Vorteil oder Furcht bewogen ihren Wünschen entspreche. Aber bei grausamen und habgierigen Menschen, die ihrer Meinung nach mächtig sind, helfen diese drei Mittel nichts. Umsonst bemüht sich, wer sie durch Bitten zu erweichen, durch Belohnungen zu gewinnen oder durch Drohungen zu schrecken glaubt. Wir kennen jetzt, leider zu spät, deine Grausamkeit, deinen Ehrgeiz und deinen Hochmut, und wir kommen zu dir, nicht weil wir etwas erreichen wollten, noch daß wir glaubten, es zu erhalten, wenn wir es auch begehrten, sondern um dich an die Wohltaten, die du vom mailändischen Volk empfangen hast, zu erinnern, und um dir zu beweisen, mit welchem Undank du sie belohnt hast, damit wir bei so großen Übeln, die wir fühlen, wenigstens dadurch einiges Vergnügen kosten, daß wir sie dir vorwerfen."

„Du mußt dich sehr wohl erinnern, welches deine Lage nach dem Tod des Herzogs Philipp war. Du warst des Papstes und des Königs Feind, du hattest die Florentiner und die Venezianer verlassen und wegen des gerechten und frischen Unwillens dieser und weil jene dich nicht mehr brauchten, warst du ihr Feind geworden. Du warst erschöpft durch deinen Krieg mit der Kirche, mit wenig Soldaten, ohne Verbündete, ohne Geld, und aller Hoffnung beraubt, deine Staaten und dein altes Ansehen erhalten zu können. Leicht war dein Sturz, wäre nicht unser Einfall gewesen; denn wir allein nahmen dich in unser Land auf, von der Ehrfurcht bewogen, die wir vor dem glücklichen Andenken unseres Herzogs halten. Bei deiner Verwandtschaft und neuen Freundschaft mit ihm glaubten wir, würde deine Liebe auf seine Erben übergehen, und kamen zu seinen Wohltaten die unsrigen hinzu, so müßte diese Freundschaft nicht nur fest, sondern unzertrennlich sein. Wir fügten daher zu dem allen Kontrakte Verona und Brescia hinzu."

„Was konnten wir dir mehr geben oder versprechen? Und du, was konntest du, ich sage nicht von uns, sondern unter solchen Umständen von irgend jemand, ich sage nicht erhalten, sondern wünschen? Du empfingst also von uns ein nur erhofftes Gutes, und wir zur Belohnung empfingen von dir ein unverhofftes Böse."

„Doch du hast nicht bis jetzt gezögert, uns deinen ruchlosen Sinn zu beweisen. Kaum warst du unsrer Waffen Herr, so nahmst du gegen alle Gerechtigkeit Pavia an. Dies mußte uns warnen, was das Ende deiner Freundschaft sein würde. Aber wir ertrugen diese Unbill, indem wir dachten, daß dieser Erwerb durch seine Größe deinen Ehrgeiz sättigen sollte. Ach, daß denen, die das Ganze wollen, der Teil nicht genügen kann!"

„Du versprachst, daß wir uns deiner späteren Eroberungen erfreuen sollten. Du wußtest wohl, daß du uns das, was du uns in mehreren Malen gabst, auf einmal wieder entreißen konntest, wie es nach dem Sieg von Caravaggio geschah, der zuerst mit unserem Blut und unserem Geld vorbereitet, dann zu unserem Verderben errungen wurde."

„Oh, unglücklich die Städte, die gegen den Ehrgeiz, der sie unterjochen will, ihre Freiheit verteidigen müssen; aber viel unglücklicher die, welche sich durch treulose Söldner, wie du, zu verteidigen genötigt sind. So nütze wenigstens unser Beispiel der Nachwelt, da Thebens Beispiel uns nicht genügt hat und jenes Philipps von Mazedonien, der nach dem Sieg über die Feinde zuerst aus ihrem Feldherrn der Thebaner Feind und dann ihr Fürst wurde!"

„Wir können also keiner andern Schuld angeklagt werden, als daß wir dem getraut haben, dem wir mißtrauen mußten. Denn dein früheres Leben, dein unersättliches Gemüt, mit keinem Rang noch Staat jemals zufrieden, mußte uns warnen. Wir durften nicht die Hoffnung in einen Soldaten setzen, der den Herrn von Lucca verraten, die Florentiner und Venezianer gebrandschatzt, den Herzog geringgeschätzt, einen König verhöhnt und vor allem Gott und seine Kirche so blutig verfolgt hat. Wie durften wir glauben, daß so große Fürsten in der Brust Francesco Sforzas von kleinerem Gewicht seien als die Mailänder, und daß er, der den anderen mehr als einmal wortbrüchig war, uns Wort halten werde."

„Doch diese Unklugheit, die uns zur Schuld fällt, entschuldigt deine Treulosigkeit nicht. Sie wäscht die Schmach nicht ab, die unsere gerechten Klagen in der ganzen Welt dir erzeugen sollen. Sie wird nicht verhüten, daß gerechte Gewissensbisse dich verfolgen, wenn die Waffen, die wir vorbereitet haben, um andere anzugreifen und zu entmutigen, uns selbst verwunden und zerfleischen. Denn du selbst wirst dich der Rache würdig fühlen, welche die Hochverräter, die Vatermörder verdienen."

„Und sollte der Ehrgeiz dich verblenden, so wird die ganze Welt, Zeuge deiner Ruchlosigkeit, dir die Augen öffnen – Gott wird sie dir öffnen, wenn Meineid, Treubruch und Verrat ihm mißfallen und wenn er nicht immer, wie er bis jetzt um eines verborgenen Guten willen getan hat, der Bösewichter Freund sein will!"

„Versprich dir daher keinen gewissen Sieg; denn Gottes gerechter Zorn wird dich daran hindern, und wir sind bereit, eher das Leben als unsere Freiheit zu verlieren. Und sollten wir sie gleichwohl nicht verteidigen können, so wollen wir uns jedem anderen Fürsten eher als dir unterwerfen. Sollten aber dennoch unsere Sünden so groß sein, daß wir trotz unserem innersten Widerstreben in deine Hände geraten, so sei fest überzeugt, daß die Herrschaft, welche du mit Betrug und Schändlichkeit beginnst, entweder bei dir oder bei deinen Söhnen mit Schmach und Verderben beendet wird."

Der Graf, obgleich er sich in jeder Hinsicht von den Mailändern verletzt fühlte, zeigte doch weder durch Worte noch durch Gebärden irgend ungewöhnliche Entrüstung. „Ich will", gab er zur Antwort, „eurem erzürnten Gemüt die schwere Unbill eurer unklugen Worte zugutehalten. Ich würde ausführlich darauf antworten, wenn ich vor einem Richter stünde, der über unsere Streitigkeiten entscheiden sollte. Man würde dann sehen, daß ich nicht die Mailänder beleidigt habe, sondern mich vorgesehen, daß sie mich nicht beleidigen. Ihr wißt recht gut, wie ihr euch nach dem Sieg bei Caravaggio benommen habt. Anstatt mich mit Verona und Brescia zu belohnen, suchtet ihr mit den Venezianern Frieden zu machen, damit mir allein die Feindschaft zum Vorwurf werde, und ihr die Früchte des Sieges mit dem Dank für den Frieden und den ganzen Nutzen, den man aus dem Krieg gezogen, davon trüget. Ihr könnt euch daher nicht beschweren, wenn ich einen Vertrag geschlossen habe, den ihr zuerst zu schließen versucht habt. Zögerte ich einen Augenblick, diese Maßregel zu ergreifen, so hätte ich jetzt euch dieselbe Undankbarkeit vorzuwerfen, die ihr mir vorwerft. Ob dies wahr ist oder nicht, wird derselbe Gott, den ihr zum Rächer eurer Unbilden anruft, durch den Ausgang dieses Krieges zeigen. Ihr werdet daraus erkennen, wer von uns mehr Gottes Freund ist und wer in diesem Kampf die Gerechtigkeit auf seiner Seite hat."

Als die Gesandten abgereist waren, rüstete sich der Graf, die Mailänder anzugreifen, und diese bereiteten sich zur Verteidigung vor. Durch Francesco und Jacopo Piccinino, die wegen des alten Hasses der bracceskischen und sforzeskischen Waffen den Mailändern treu blieben, dachten sie ihre Freiheit wenigstens so lange zu verteidigen, bis sie die Venezianer vom Grafen lostrennen könnten, von denen sie nicht glaubten, daß sie ihm treu, noch daß sie ihm lange befreundet sein sollten. Auf der anderen Seite dachte der Graf, der dieses gleichfalls einsah, es sei eine weise Maßregel, die Venezianer, die er durch den Vertrag nicht genügend gefesselt glaubte, durch den Vorteil festzuhalten. Bei der Verteilung der Kriegsoperationen willigte er daher ein, daß die Venezianer Crema angreifen sollten, während er gegen das übrige Herzogtum ziehen würde. Dieser Pakt, den Venezianern zur Lockung vorgeschlagen, war Ursache, daß sie so lange in der Freundschaft mit dem Grafen ausharrten, bis der Graf schon den Mailändern das ganze Gebiet weggenommen und sie so nahe an die Hauptstadt zurückgedrängt hatte, daß sie sich nicht mit den nötigen Vorräten versehen konnten. An jeder anderen Hilfe verzweifelnd, schickten sie daher Gesandte nach Venedig, zu bitten, „Daß man mit ihrer Lage Mitleid haben und, wie es die Sitte der Republiken sein müsse, ihre Freiheit gegen einen Tyrannen verteidigen möge, der, wenn es ihm gelinge, sich zu Mailands Herrn zu machen, nicht mehr nach Belieben gezügelt werden könne. Man sollte nicht glauben, daß er mit den im Vertrag bestimmten Grenzen sich begnügen würde, sondern er werde die allen Grenzen des Herzogtums wieder wollen". Die Venezianer hatten sich Cremas noch nicht bemächtigt, und da sie diese Stadt, ehe sie die Farbe wechselten, haben wollten, so antworteten sie öffentlich, sie könnten wegen ihres Vertrages mit dem Grafen Mailand nicht unterstützen. Aber im geheimen behandelten sie die Gesandten auf eine Weise, daß sie auf ein Bündnis Hoffnung faßten und ihren Signoren die feste Hoffnung darauf geben konnten.

Der Graf stand mit seinem Heer Mailand schon so nahe, daß er die Vorstädte angriff, als es den Venezianern, die Crema genommen hatten, nicht gut schien, den Abschluß des Bündnisses mit den Mailändern länger zu verzögern. Das geschah also, und unter den Bedingungen versprachen sie bestimmt die Verteidigung ihrer Freiheit. Nachdem der Vertrag geschlossen war, befahlen sie ihren Soldaten, die sie beim Grafen hatten, aus seinem Lager aufzubrechen und ins Venezianische zurück zu marschieren. Ferner meldeten sie dem Grafen den Friedensschluß mit den Mailändern und gaben ihm zwanzig Tage Zeit, dem Frieden beizutreten. Den Grafen versetzte diese Maßregel der Venezianer nicht in Erstaunen; denn er hatte sie lange zuvor schon vorausgesehen und gefürchtet, daß es jeden Tag so kommen könne. Gleichwohl konnte er sich nicht enthalten, als der Fall wirklich eingetreten war, sich darüber zu beklagen und dasselbe Mißvergnügen zu fühlen wie früher die Mailänder, als er sie verlassen hatte. Er verlangte von den Gesandten, die ihm den Vertrag zu melden von Venedig geschickt waren, zur Antwort zwei Tage Bedenkzeit, und während derselben beschloß er, die Venezianer hinzuhalten und die Unternehmung nicht aufzugeben. Er sagte also öffentlich, er wolle den Frieden annehmen und schickte Gesandte nach Venedig, mit weitgehenden Vollmachten zu ratifizieren. Insgeheim aber trug er ihnen auf, nicht zu ratifizieren, sondern durch Ausflüchte und Schikanen den Abschluß zu verzögern. Um die Venezianer mehr glauben zu machen, daß er ernstlich spreche, schloß er mit den Mailändern einen einmonatigen Waffenstillstand, entfernte sich von Mailand und dislozierte seine Truppen in die Orte, die er in der Umgegend eingenommen hatte. Diese Maßregel war Ursache seines Sieges und des Sturzes der Mailänder. Die Venezianer, die sich auf den Frieden verließen, wurden langsamer in den Kriegsrüstungen, und die Mailänder, die Waffenstillstand geschlossen, den Feind entfernt und die Venezianer als ihre Freunde sahen, glaubten fest, daß der Graf die Unternehmung aufgebe. Diese Meinung schadete ihnen in zweierlei Hinsicht; erstens, indem sie die Anordnungen zu ihrer Verteidigung vernachlässigten; zweitens, indem sie in der vom Feind befreiten Landschaft – es war gerade Saatzeit – viel Korn säten, was zur Folge hatte, daß sie der Graf eher aushungern konnte. Dem Grafen andererseits nützten alle diese Dinge, die den Feinden schadeten, und überdies gab ihm der Waffenstillstand Zeit, Atem zu holen und sich Unterstützung zu verschaffen.

Die Florentiner hatten sich in diesem Krieg in der Lombardei für keine der Parteien erklärt. Den Grafen hatten sie in keiner Art unterstützt, weder als er die Mailänder verteidigte noch nachher; denn da er es nicht bedurfte, hatte er sie nicht dringend darum ersucht. Nur hatten sie nach der Niederlage bei Caravaggio, kraft der Verbindlichkeit der Allianz, den Venezianern Hilfstruppen gesandt. Als aber der Graf Francesco allein geblieben war und niemand hatte, an den er sich wenden konnte, war er genötigt, dringend Hilfe von den Florentinern zu begehren. Er tat es öffentlich bei der Regierung und privat bei seinen Freunden, besonders bei Cosimo de' Medici, mit dem er immer eine ununterbrochene Freundschaft unterhalten und von dem er stets bei allen seinen Unternehmungen treu beraten und unterstützt worden war. Auch in dieser großen Not verließ ihn Cosimo nicht, sondern unterstützte ihn als Privatmann reichlich und gab ihm Mut, sein Unternehmen fortzusetzen. Er wünschte gleichfalls, daß ihm die Stadt öffentlich beistehe, doch hierin fand sich Schwierigkeit.

In Florenz war Neri di Gino Capponi sehr mächtig (1449). Diesem schien es nicht der Vorteil der Stadt zu sein, daß der Graf Mailand erobere, und er glaubte, es würde Italien mehr zum Heil gereichen, wenn der Graf den Frieden ratifiziere, als den Krieg fortsetze. Zuerst fürchtete er, daß die Mailänder in ihrem Unwillen gegen den Grafen sich völlig den Venezianern ergeben würden, was das Verderben aller war. Dann, wenn es dorn Grafen auch gelingen sollte, Mailand zu erobern, so hielt er so viele Waffen und einen so großen Staat miteinander vereinigt für furchtbar; und wenn Francesco als Graf schon unerträglich war, so urteilte Neri, würde er ein noch viel unerträglicherer Herzog werden. Er behauptete daher, „Es sei für die Republik Florenz und für Italien besser, daß sich der Graf mit seinem Waffenruhm begnüge und die Lombardei in zwei Republiken geteilt werde, die sich niemals zum Angriff auf die andern Staaten vereinigen würden und für sich allein nicht angreifen könnten. Um das zu erwirken, sehe er kein anderes besseres Mittel, als den Grafen nicht zu unterstützen und die alte Allianz mit den Venezianern zu erhalten". Diese Gründe fanden bei den Freunden Cosimos keinen Eingang, weil sie glaubten, Neris Beweggrund zu diesem Rat sei nicht, daß er dies für das Wohl der Republik halte, sondern weil er nicht wolle, daß der Graf, Cosimos Freund, Herzog werde, in der Meinung, hierdurch werde Cosimo zu mächtig werden.

Cosimo andererseits zeigte gleichfalls durch Gründe, „Daß dem Grafen beistehen für Italien und für die Republik höchst nützlich sei. Es sei eine wenig weise Meinung zu glauben, daß sich die Mailänder frei erhalten könnten; denn die Beschaffenheit der Bürgerschaft, ihre Lebensweise, die durch die Zeit eingewurzelten Faktionen in dieser Stadt widerstrebten jeder republikanischen Regierungsform. Notwendig müsse es daher kommen, daß entweder der Graf ihr Herzog würde oder die Venezianer ihre Herrn. Bei dieser Wahl aber sei niemand so töricht, daß er zweifelte, was besser sei, einen mächtigen Freund zum Nachbarn zu haben oder einen noch viel mächtigeren Feind. Er glaube nicht, daß man zu fürchten habe, die Mailänder würden sich, weil sie mit dem Grafen im Krieg seien, den Venezianern unterwerfen; denn der Graf habe in Mailand eine Partei, nicht jene. Sobald sie daher als Freie sich nicht würden verteidigen können, würden sie sich immer eher dem Grafen als den Venezianern unterwerfen".

Diese Meinungsverschiedenheit hielt die Stadt lange unentschieden. Am Ende beschloß man, Gesandte an den Grafen zu schicken, um über die Art des Vertrages zu unterhandeln, und fänden sie den Grafen stark genug, um glauben zu können, daß er siegen werde, den Vertrag abzuschließen, wenn nicht, schlau auszuweichen und zu zögern.

Die Gesandten waren zu Reggio (1450), als sie erfuhren, der Graf sei Herzog von Mailand. Nach Ablauf des Waffenstillstandes schloß er mit seinem Heer die Stadt wieder ein, in der Hoffnung, sie in kurzer Zeit den Venezianern zum Trotz einzunehmen. Denn diese konnten sie nur von der Seite der Adda unterstützen, wo er ihnen leicht den Paß versperren konnte; und daß ihn die Venezianer ihrerseits einschließen würden, fürchtete er, weil es Winter war, nicht, sondern er hoffte, ehe der Winter vorüber wäre, den Sieg zu haben; besonders da Francesco Piccinino gestorben und dessen Bruder Jacopo allein Haupt der Mailänder geblieben war. Die Venezianer hatten einen Gesandten nach Mailand geschickt, um die Bürger zu ermahnen, daß sie sich wacker verteidigen sollten, indem sie ihnen große und baldige Unterstützung versprachen. Es fielen also während des Winters zwischen den Venezianern und dem Grafen einige leichte Gefechte vor. Als aber die Jahreszeit milder wurde, lagerten sich die Venezianer unter Pandolfo Malatesta mit dem Heer an der Adda. Hier berieten sie sich, ob sie, um Mailand zu befreien, den Grafen angreifen und das Glück der Schlacht versuchen sollten. Pandolfo, ihr Feldherr, urteilte, daß diese Probe nicht zu machen sei, da er die Tapferkeit des Grafen und seines Heeres kannte; und er glaubte, daß man ohne Kampf sicher siegen könne, weil der Mangel an Fütterung und Getreide den Grafen vertreiben werde. Er riet daher, daß man in dieser Stellung bleibe, um den Mailändern Hoffnung auf Entsatz zu machen, damit sie nicht verzweifelnd dem Grafen sich ergäben. Dieser Plan wurde von den Venezianern gebilligt, sowohl weil sie ihn für sicher hielten, als auch weil sie Hoffnung hatten, Mailand werde, wenn man es in dieser Not halte, gezwungen sein, sich unter ihre Herrschaft zu begeben, indem sie überzeugt waren, es werde sich niemals dem Grafen ergeben, in Anbetracht der Unbilden, die es von ihm empfangen.

Indessen war die Not der Mailänder fast auf's Äußerste gestiegen. Die Armen, welche diese Stadt immer in Menge hat, starben jetzt auf den Straßen vor Hunger. Lärm und Klagen an verschiedenen Punkten der Stadt war die Folge. Dies beunruhigte die Magistrate sehr, und sie verhüteten aufs sorgsamste, daß sich die Leute zusammenrotteten. Es dauerte lange, bis die Menge in ihrer Gesamtheit zum Unheil bereit wird; aber ist sie es einmal, so bringt sie der geringste Vorfall in Bewegung. Zwei Männer von nicht besonderem Stand sprachen in der Nähe des neuen Tores von der Bedrängnis der Stadt und ihrem Elend und was es für Mittel zur Rettung gebe. Zu ihnen traten nach und nach andere, so daß es eine gute Zahl wurde. Nun verbreitete sich durch Mailand das Gerücht, die vom neuen Tor seien gegen die Magistrate in Waffen. Dies brachte die ganze Menge, die nur einen Aufruhr erwartete, dazu sich zu bewaffnen. Sie ernannten Guasparre da Vicomercato zu ihrem Anführer, zogen an den Ort, wo die Magistrate versammelt waren, und griffen sie mit solchem Ungestüm an, daß sie alle, die nicht fliehen konnten, töteten. Unter diesen erschlugen sie den venezianischen Gesandten Lionardo Veniero, der über den Grund ihres Hungers und ihres Elends froh war.

Auf diese Weise gleichsam Fürsten der Stadt geworden, schlugen sie untereinander vor, was zu tun sei, um so großen Leiden zu entgehen und einmal auszuruhen. Jeder urteilte, daß man bei der Unmöglichkeit, die Freiheit zu erhalten, unter einen Fürsten seine Zuflucht nehmen müsse, der sie verteidigen würde. Der eine wollte König Alfons, der andere den Herzog von Savoyen, der dritte den König von Frankreich zu seinem Herrn herbeirufen. Vom Grafen war keiner, der gesprochen hätte, so mächtig war noch der Unwille gegen ihn.

Als man sich jedoch über die andern nicht einigen konnte, war Guasparre da Vicomercato der erste, der den Grafen nannte. Er zeigte ausführlich: „Wenn man sich den Krieg vom Nacken schaffen wolle, so gebe es kein anderes Mittel, als den Grafen zu rufen. Denn das Volk von Mailand bedürfe eines gewissen und augenblicklichen Friedens, nicht einer fernen Hoffnung auf künftige Unterstützung“. Er entschuldigte durch seine Worte die Taten des Grafen, beschuldigte die Venezianer, beschuldigte alle übrigen Fürsten Italiens, „Die, der eine aus Ehrgeiz, der andere aus Habsucht, Mailands Freiheit nicht gewollt hätten. Da nun ihre Freiheit preiszugeben sei, so sollten sie dieselbe einem Mann geben, der sie zu verteidigen wüßte und vermöchte, damit wenigstens der Knechtschaft Friede entspringe und nicht größere Verwüstung und gefährlicherer Krieg". Erstaunlich war die Aufmerksamkeit, mit der er angehört wurde, und als er seine Rede geendet hatte, riefen alle einstimmig, daß man den Grafen rufe, und ernannten Guasparre zum Gesandten, ihn zu rufen. Guasparre begab sich auf Befehl des Volkes zum Grafen und brachte ihm die frohe glückliche Nachricht. Der Graf nahm sie freudig an. Er zog am 26. Februar 1450 als Fürst in Mailand ein und wurde mit höchster erstaunlicher Freude von denselben Mailändern empfangen, die nicht lange zuvor mit so großem Haß über ihn geschimpft hatten.

Als die Nachricht von diesem Erfolg nach Florenz kam, befahl man den florentinischen Gesandten, die unterwegs waren, daß sie, statt mit dem Grafen über einen Vertrag zu unterhandeln, dem Herzog zum Sieg Glück zu wünschten. Der Herzog nahm die Gesandten ehrenvoll auf und ehrte sie sehr, weil er wohl wußte, daß er gegen die Macht der Venezianer in Italien keine treueren noch kräftigeren Freunde als die Florentiner haben könne. Man sah nämlich, daß die Florentiner, die die Furcht vor dem Haus der Visconti abgelegt, nun mit den Streitkräften der Aragonier und Venezianer zu kämpfen hatten. Denn die aragonischen Könige von Neapel waren ihre Feinde wegen der Freundschaft, die das forentinische Volk, wie sie wußten, stets mit dem Hause Frankreich unterhalten; und die Venezianer erkannten, daß die alle Furcht vor den Visconti sich zur neuen vor ihnen umgestaltet hatte; und weil sie wußten, mit welchem Eifer die Florentiner die Visconti verfolgt hatten, so suchten sie, dieselben Verfolgungen fürchtend, ihren Sturz. Diese Dinge waren Ursache, daß der neue Herzog sich leicht mit den Florentinern einigte, und daß die Venezianer und König Alfons einen Vertrag gegen die gemeinschaftlichen Feinde schlossen. Sie verpflichteten sich zur gleichen Zeit, die Waffen zu erheben; der König sollte die Florentiner und die Venezianer den Herzog angreifen, der, weil er neu auf dem Thron war, wie sie glaubten, weder durch eigene Streitkräfte noch durch fremde Hilfe ihnen widerstehen könnte.

Weil aber die Allianz zwischen den Florentinern und den Venezianern noch bestand und der König nach dem Krieg von Piombino mit Florenz Frieden gemacht hatte, so wollten sie den Frieden nicht brechen, ehe durch einen Vorwand der Krieg gerechtfertigt wäre. Beide schickten daher Gesandte nach Florenz, die von seiten ihrer Herrn erklärten, das neue Bündnis sei nicht geschlossen, um irgend jemand anzugreifen, sondern um ihre Staaten gegenseitig zu verleidigen. Sodann beschwerte sich der Venezianer, „Daß die Florentiner des

Herzogs Bruder Alessandro den Durchmarsch durch die Lunigiana gestattet hätten, um in die Lombardei zu ziehen, und weiter, daß sie den Vertrag veranlaßt und empfohlen hätten, der zwischen dem Herzog und dem Marchese von Mantua geschlossen worden. Alle diese Dinge, behauptete er, seien dem venezianischen Staat nachteilig und der Freundschaft zuwider, in der beide Republiken miteinander stünden. Er mache sie daher freundschaftlich aufmerksam, daß wer mit Unrecht beleidige, dem anderen Ursache gebe, mit Recht sich beleidigt zu fühlen; und wer den Frieden breche, möge den Krieg erwarten".

Die Signoria beauftragte mit der Antwort Cosimo. Dieser ging in einer langen und weisen Rede alle Wohltaten durch, die seine Vaterstadt der venezianischen Republik erwiesen. Er zeigte, welch ein großes Gebiet sie durch das Geld, durch die Soldaten und durch den Rat der Florentiner erworben. Er erinnerte Venedig: „Da von den Florentinern die Ursache der Freundschaft gekommen, so würde von ihnen nie die Ursache der Feindschaft kommen; und da sie immer Freunde des Friedens gewesen, so lobten sie sehr den neugeschlossenen Vertrag, wenn er zum Frieden, nicht zum Krieg geschlossen wäre. Wahr sei, daß er über die geführten Beschwerden sehr erstaunt ist, da er sieht, daß auf so unbedeutende, unnütze Dinge eine so große Republik einen solchen Wert legt. Verdienten diese Dinge aber auch beachtet zu werden, so erklärten die Florentiner jedermann, wie es ihr Wille sei, daß ihr Land einem jeden frei und offen stehe; und der Herzog sei so beschaffen, daß er, um mit Mantua Freundschaft zu schließen, weder ihrer Unterstützung noch ihres Rates bedürfe. Er fürchte daher, es möge unter diesen Beschwerden ein anderes Gift verborgen liegen, als sie zeigten. Sollte dies der Fall sein, so würde man jedermann leicht überzeugen, daß so nützlich die Freundschaft der Florentiner, so verderblich ihre Feindschaft sei." Die Sache ging für damals leicht vorüber, und es schien, als kehrten die Botschafter sehr befriedigt zurück. Gleichwohl ließ das neue Bündnis und das Verfahren der Venezianer und des Königs die Florentiner und den Herzog eher neuen Krieg fürchten, als dauernden Frieden hoffen. Die Florentiner verbündeten sich daher mit dem Herzog. Mittlerweile entdeckte sich die schlimme Absicht der Venezianer; denn sie schlossen mit den Sanesern Bündnis und vertrieben alle Florentiner und deren Untertanen aus Stadt und Gebiet. Kurz darauf tat Alfons das gleiche, ohne auf den das Jahr zuvor geschlossenen Frieden irgend Rücksicht zu nehmen und ohne eine gerechte oder auch nur scheinbare Ursache zu haben.

Ferner suchten sich die Venezianer die Bologneser zu erwerben. Sie verstärkten die Verbannten, brachten sie in der Nacht mit vielen Soldaten durch die Abzugsgräben nach Bologna, und man wußte nicht eher vom Eindringen derselben, als bis sie selbst Lärm erhoben. Auf diesen Lärm erwacht, hörte Santi Bentivogli, die ganze Stadt sei von den Rebellen besetzt. Obgleich ihm aber von vielen geraten wurde, daß er durch die Flucht sein Leben rette, da er durch sein Bleiben die Regierung nicht behaupten könne, so beschloß er dennoch, dem Schicksal die Stirn zu bieten. Er ergriff seine Waffen, ermutigte die Seinen, und nachdem er einige Freunde zusammengebracht, griff er einen Teil der Rebellen an, schlug sie, tötete viele und vertrieb den Rest aus der Stadt. Nun äußerte jeder, er habe den wahrsten Beweis geliefert, daß er zum Haus der Bentivogli gehöre.

Diese Werke und Demonstrationen erzeugten in Florenz den festen Glauben an nahen Krieg. Es wandten sich daher die Florentiner zu ihren gewohnten Verteidigungsmitteln; sie ernannten den Magistrat der Zehn, nahmen neue Kondottieri in Sold, sandten Botschafter nach Rom, nach Neapel, nach Venedig, nach Mailand, nach Siena, um die Freunde um Hilfe zu ersuchen, die Verdächtigen zur Erklärung zu bringen, die Zweifelhaften zu gewinnen und die Pläne der Feinde zu ausfindig zu machen. Vom Papst erhielt man nichts anderes als allgemeine Worte, gute Gesinnung und Ermahnungen zum Frieden. Vom König leere Entschuldigungen, die Florentiner entfernt zu haben, und das Erbieten, jedem, der es verlange, sicheres Geleit zu geben. Obgleich er sich aber bemühte, den Plan des neuen Krieges völlig zu verbergen, so erkannten die Gesandten doch seine schlimme Absicht und entdeckten viele Rüstungen, die er zum Krieg gegen ihre Republik machte. Mit dem Herzog wurde von neuem durch verschiedene Verpflichtungen das Bündnis befestigt. Durch seine Vermittlung wurde mit den Genuesern Freundschaft gemacht und die alten Repressaliendifferenzen und viele andere Streitigkeiten beigelegt, obgleich die Venezianer auf jede Weise diese Beilegung zu stören versuchten. Ja, sie ermangelten nicht, den Kaiser von Konstantinopel inständig zu bitten, daß er die florentinische Nation aus seinem Land vertreiben solle; mit so großem Haß ergriffen sie diesen Krieg und soviel vermochte in ihnen die Herrschsucht, daß sie ohne alle Scheu ein Volk vernichten wollten, das die Ursache ihrer Größe gewesen war. Doch von diesem Kaiser wurden sie nicht gehört. Der venezianische Senat verbot den florentinischen Botschaftern das Betreten der Staaten der Republik, indem er anführte, bei der Freundschaft mit dem König könne man sie nicht ohne dessen Teilnahme hören. Die Saneser nahmen die Gesandten mit guten Worten auf, da sie eher vernichtet zu sein fürchteten, als sie die Allianz verteidigen könnte. Sie hielten daher für gut, die Waffen einzuschläfern, denen sie nicht Widerstand leisten konnten. Die Venezianer und der König wollten, wie man damals vermutete, um den Krieg zu rechtfertigen, Gesandte nach Florenz schicken. Als man jedoch den venezianischen nicht ins florentinische Gebiet einließ und der das Königs dieses Amt nicht allein verrichten wollte, so blieb die Gesandtschaft unvollendet und die Venezianer erkannten dadurch, daß sie von denselben Florentinern, die sie wenige Monate vorher geringgeschätzt hatten, noch geringer geschätzt waren.

Mitten in der Furcht vor dem Ausbruch kam Kaiser Friedrich III. nach Italien, um sich krönen zu lassen. Am 30. Januar 1451 zog er mit 1500 Pferden in Florenz ein und wurde von der Signoria aufs ehrenvollste aufgenommen. Er blieb bis zum 6. Februar in der Stadt, an dem er nach Rom zur Krönung aufbrach. Hier wurde er feierlich gekrönt und feierte seine Vermählung mit der Kaiserin, die zur See nach Rom gekommen war. Hierauf kehrte er nach Deutschland zurück und kam im Mai wieder durch Florenz, wo ihm dieselbe Ehre wie das erste Mal erwiesen wurde. Als er von da zurückkehrte, wollte er den Marchese von Ferrara belohnen, der ihm Dienste geleistet hatte, und gab ihm Modena und Reggio.

Die Florentiner ermangelten nicht, zur selben Zeit sich zum drohenden Krieg vorzubereiten. Um sich Ansehen und dem Feind Schrecken zu geben, schlossen sie und der Herzog mit dem König von Frankreich ein Bündnis zur Verteidigung der gegenseitigen Staaten, welches sie mit großem Gepränge und großer Freude durch ganz Italien bekanntmachten.

Es war im Mai des Jahres 1452, als die Venezianer den Krieg mit dem Herzog nicht mehr verschieben wollten. Sie griffen ihn mit 16000 Pferden und 6000 Mann Fußvolk auf der Seite von Lodi an, und zur selben Zeit machte der Markgraf von Montferrat, entweder aus eigenem Ehrgeiz oder von den Venezianern angetrieben, einen Angriff auf der Seite von Alessandria. Der Herzog andererseits hatte 18000 Pferde und 3000 Mann Fußvolk zusammengebracht. Alessandria und Lodi hatte er mit Truppen versehen und ebenso alle übrigen Orte gerüstet, wo ihn die Feinde angreifen könnten. Er fiel daher mit seinem Heer ins Brescianische ein, wo er den Venezianern großen Schaden zufügte. Von beiden Teilen wurde das Land beraubt und die schwachen Orte verheert. Als aber der Markgraf von Montferrat bei Alessandria von den Soldaten des Herzogs geschlagen wurde, konnte dieser mit größeren Streitkräften den Venezianern sich widersetzen und ihr Land angreifen.

Während also der Krieg in der Lombardei mit wechselndem aber unbedeutendem Erfolg, der nicht erwähnt zu worden verdient, geführt wurde, brach gleichfalls in Toskana zwischen König Alfons und den Florentinern der Krieg aus und wurde weder mit größerer Tapferkeit noch mit größerer Gefahr geführt als in der Lombardei.

Ferrando, des Königs Alfons natürlicher Sohn, marschierte mit 12000 Soldaten, die Federigo, Herr von Urbino, befehligte, nach Toskana. Ihre erste Operation war der Angriff auf Fojano im Chianatal; denn da sie die Saneser zu Freunden hatten, drangen sie auf dieser Seite ins florentinische Gebiet ein. Das Kastell war schwach an Mauern, klein und zählte daher nicht viele Einwohner, aber diese galten nach jenen Zeiten für kühn und treu. Es waren 200 Soldaten darin, welche die Signoria als Besatzung geschickt hatte. Vor dieses so versehene

Kastell legte sich Ferrando, und so groß war die Tapferkeit der Belagerten oder so klein die seine, daß er es nicht eher als nach sechsunddreißig Tagen nahm. Dieser Zeitverlust gab der Stadt die Möglichkeit, die anderen Orte von größerer Bedeutung zu verproviantieren, ihre Soldaten zu versammeln und sich besser zu ihrer Verteidigung zu rüsten, als sie es war. Nach der Einnahme des Kastells rückten die Feinde in den Distrikt Chianti, wo sie zwei kleine Landsitze, welche Privatbürger besaßen, nicht erobern konnten. Sie zogen also ab und belagerten Castellina, ein Kastell an der Grenze dieses Distrikts, zehn Miglien von Siena, das schwach befestigt und noch schwächer durch seine Lage war. Aber dennoch konnten diese beiden Schwächen die Schwäche des angreifenden Heeres nicht übertreffen; denn nach einer vierundvierzigtägigen Belagerung zog es mit Schande ab. So furchtbar waren jene Heere und so gefährlich jene Kriege, daß Städtchen, die man heute als unmöglich zu verteidigen preisgibt, damals als uneinnehmbare Plätze verteidigt wurden.

Während Ferrando mit dem Heer im Chiantidistrikt stand, machte er viele Streif- und Beutezüge ins Florentinische, und zwar bis sechs Miglien an die Stadt, zu großer Furcht und großem Schaden der Untertanen der Florentiner. Diese hatten währenddessen ihre Truppen, 8000 Mann, unter Astorre von Faenza und Gismondo Malatesti gegen Castello di Colle geführt und hielten sie vom Feind fern, besorgend, sie könnten sonst zur Schlacht genötigt werden. Sie urteilten nämlich, wenn sie die Schlacht nicht verlören, könnten sie den Krieg nicht verlieren; denn die kleinen Kastelle, die man verliert, erhält man durch den Frieden zurück, und wegen der größeren Städte waren sie sicher, da sie wußten, daß diese der Feind nicht angreifen würde. Der König hatte auch eine Flotte von ungefähr zwanzig Schiffen, Galeeren und Fusten[2] im Meer von Pisa. Während an Land Castellina belagert wurde, legte er mit dieser Flotte an der Feste Vada an und nahm sie durch die Nachlässigkeit des Kastellans ein. Hierdurch belästigten sodann die Feinde die Umgegend. Dem wurde jedoch leicht durch einige Soldaten ein Ende gemacht, welche von den Florentinern nach Campiglia geschickt wurden und die Feinde auf die Küste beschränkten.

Der Papst mischte sich in diesen Krieg nur insoweit, als er glaubte, die Parteien versöhnen zu können. Obgleich er sich aber des Krieges nach außen enthielt, fand er ihn fast gefährlicher zu Hause. Es lebte in dieser Zeit ein römischer Bürger, Messer Stefano Porcari, durch Blut und Bildung, aber viel mehr noch durch Hochherzigkeit edel. Dieser wünschte nach Sitte der Männer, die nach Ruhm streben, des Andenkens Würdiges entweder zu tun oder doch wenigstens zu versuchen. Er urteilte, nichts anderes versuchen zu können, als seine Vaterstadt den Händen der Prälaten zu entreißen und ihr die alte Verfassung wieder-

[2] Fuste (minor liburnica), eine Art flachbordiges Segelschiff mit Rudern.

zugeben. Er hoffte dadurch, wenn es ihm gelänge, Roms neuer Gründer und zweiter Vater genannt zu werden. Glücklichen Ausgang dieses Unternehmens ließen ihn die schlechten Sitten der Prälaten hoffen und die Unzufriedenheit der Barone und des römischen Volkes. Aber vor allem gaben ihm Petrarcas Verse Hoffnung in der Canzone, die beginnt: *Spirto gentil che quelle membra reggi*[3]; und wo er sagt:

Sopra il Monte Tarpejo, canzon, vedrai.
Un Cavalier, ch' Italia tutta onora.
Pensoso piu d'altrui, che di se stesso.[4]

Messer Stefano wußte, daß die Poeten oft von göttlichem und prophetischem Geist erfüllt sind. Er urteilte daher, es müsse durchaus eintreffen, was Petrarca in diesem Lied prophezeit, und er sei der Mann, der so ruhmvollen Unternehmens Vollbringer sein müsse, da er an Beredsamkeit, Kenntnissen, Volksgunst und Freunden jedem anderen Römer überlegen zu sein glaubte. Auf diesen Gedanken gekommen, konnte er sich nicht auf eine Weise vorsichtig benehmen, daß er durch Worte, Benehmen und seine Lebensweise sich nicht entdeckt hätte, so daß er dem Papst verdächtig wurde. Um ihm die Gelegenheit zu schaden zu nehmen, verbannte ihn dieser nach Bologna und befahl dem Statthalter dieser Stadt, daß er ihn jeden Tag vor sich erscheinen lasse. Messer Stefano war durch diesen ersten Stoß nicht entmutigt, sondern verfolgte mit größerem Eifer sein Unternehmen. Er unterhandelte auf den vorsichtigsten Wegen, die er kannte, mit seinen Freunden und ging mehrmals mit solcher Schnelligkeit nach Rom und zurück, daß er sich zur rechten Zeit dem Statthalter zur befohlenen Stunde vorstellen konnte. Als er aber Männer genug zu seinem Willen versammelt zu haben glaubte, beschloß er, den Versuch nicht zu verschieben. Er trug seinen Freunden, die in Rom waren, auf, daß sie an einem bestimmten Tag ein glänzendes Nachtmahl anordnen sollten, wozu alle Verschworenen mit der Aufforderung geladen werden sollten, daß jeder seine zuverlässigsten Freunde mitbringe. Er selbst versprach bei ihnen zu sein, ehe das Mahl vorüber wäre. Es wurde alles nach seinem Willen angeordnet, und schon war Messer Stefano im Hause angekommen, wo man speiste. Als die Tafel vorüber war, erschien er in Goldstoff gekleidet mit Halsketten und anderem Schmuck, die ihm Majestät und Ansehen gaben, unter den Gästen. Nachdem er sie umarmt, ermahnte er sie durch eine lange Rede, festen Mut zu fassen und zu so ruhmvoller Unternehmung sich bereit zu machen. Dann verteilte er die Rollen und befahl, daß

[3] Schöner Geist, der diese Glieder lenkt.
[4] Auf dem Kapitol, mein Lied, wirst du einen Ritter sehen, mehr für anderer Glück besorgt, als für sich selbst, den ganz Italien ehrt.

ein Teil von ihnen den folgenden Morgen den Palast des Papstes einnehmen, die anderen durch Rom das Volk zu den Waffen rufen sollten. Die Sache kam in der Nacht zur Kenntnis des Papstes; einige sagen, durch Treulosigkeit Verschworner; andere, daß man Messer Stefanos Anwesenheit in Rom erfuhr. Wie dem auch sein mag, der Papst ließ in derselben Nacht, wo das Gastmahl gehalten worden, Messer Stefano mit dem größeren Teil seiner Gefährten verhaften und hierauf, wie es ihre Vergehen verdienten, hinrichten. Solches Ende hatte Messer Stefanos Plan. Und in der Tat mag jedermann seine Absicht loben, aber ein jeder wird immer sein Urteil tadeln; denn solche Unternehmungen, wenn sie beim Ersinnen einen Schimmer von Ruhm besitzen, bringen doch bei der Ausführung fast immer das gewisseste Verderben.

Der Krieg in Toskana dauerte fast schon ein Jahr, und es war 1453 die Jahreszeit gekommen, wo die Heere wieder ins Feld rücken, als Signor Alessandro Sforza, des Herzogs Bruder, mit 2000 Pferden den Florentinern zu Hilfe kam. Da hierdurch ihr Heer angewachsen und das des Königs das schwächere geworden, wollten die Florentiner das Verlorene wieder erobern und nahmen mit wenig Mühe einige Kastelle wieder ein. Hierauf belagerten sie Fojano, das durch die Sorglosigkeit der Kommissäre geplündert wurde, so daß die zerstreuten Einwohner mit großer Schwierigkeit sich zur Rückkehr entschlossen und durch Freiheiten und andere Belohnungen dazu gebracht werden mußten. Auch die Feste Vada wurde wieder erlangt; denn als die Feinde sahen, daß sie sie nicht behaupten konnten, verließen und verbrannten sie sie. Während diese Dinge vom florentinischen Heer getan wurden, wagte das aragonische nicht, sich dem Feinde zu nähern. Es hatte sich in die Nähe von Siena zurückgezogen, machte aber häufige Streifzüge ins Florentinische, wo es raubte und Tumult und großen Schrecken verbreitete. Auch ermangelte der König nicht, zu versuchen, ob er die Feinde auf anderem Wege angreifen könnte, um ihre Streitkräfte zu teilen und sie durch neue Erschütterungen und Angriffe zu entmutigen.

Herr des Bagnotales war Gherardo Gambacorti, der entweder wegen Freundschaft oder wegen Verpflichtung immer so wie seine Vorfahren entweder Soldat oder Schutzbefohlener der Florentiner gewesen war. Mit diesem unterhandelte König Alfons, daß er ihm diesen Staat abtrete, wofür er ihn mit einem anderen Staat im Königreich Neapel entschädigen würde. Diese Unterhandlung wurde nach Florenz überbracht. Um Gherardos Absicht zu entdecken, schickte man ihm einen Gesandten, der ihn an seine und seiner Vorfahren Verpflichtungen erinnern und ermahnen solle, daß er in der Treue gegen die Republik fortfahre. Gherardo zeigte Erstaunen und beteuerte mit den höchsten Schwüren, „Nie sei ihm ein so ruchloser Gedanke in den Sinn gekommen. Er würde in Person nach Florenz kommen, sich zum Pfand seiner Treue zu machen, allein da er unwohl sei, wolle er seinen Sohn tun lassen, was er selbst nicht könne." Wirklich gab er seinen Sohn als Geisel dem Gesandten, der ihn nach Florenz mitnahm. Diese Worte und dieses Benehmen ließ die Florentiner glauben, Gherardo spreche wahr und sein Ankläger sei Lügner und falsch gewesen. Sie beruhigten sich daher mit diesem Gedanken. Aber Gherardo setzte mit größerer Tätigkeit die Unterhandlung mit dem König fort, nach deren Abschluß der König den Johanniterritter Bruder Puccio mit vielen Soldaten ins Bagnotal sandte, um von den Burgen und Ortschaften Gherardos Besitz zu ergreifen. Die Einwohner jedoch, die der florentinischen Republik ergeben waren, versprachen mit Widerwillen den Kommissären des Königs Gehorsam.

Bruder Puccio halle fast schon vom ganzen Staat Besitz ergriffen; es fehlte nur noch, daß es auch mit der Burg Corzano geschah. Bei Gherardo, während er die Übergabe vornahm, befand sich unter seinem Gefolge der Pisaner Antonio Gualandi, ein feuriger Jüngling. Dieser, dem Gherardos Verrat mißfiel, erwog die Lage des Kastells und dessen Besatzung und erkannte in ihren Mienen und Gebärden ihre Unzufriedenheit. Als daher Gherardo am Tor stand, um die aragonischen Soldaten einzulassen, drehte sich Antonio gegen das Innere der Burg, stieß mit beiden Händen Gherado hinaus und befahl der Besatzung, daß sie vor dem Angesicht eines so ruchlosen Mannes das Kastell verschlösse und der florentinischen Republik erhielte. Sobald dieser Lärm in Bagno und den andern benachbarten Orten gehört wurde, ergriffen die Einwohner die Waffen gegen die Aragonier, pflanzten die Fahne von Florenz auf und vertrieben jene aus ihren Mauern.

Als man diese Vorfälle in Florenz erfuhr, warfen die Florentiner Gherardos Sohn, den sie als Geisel erhalten hatten, ins Gefängnis und schickten Soldaten nach Bagno, die das Land für die Republik verteidigen sollten. Dann machten sie diesen Staat, der von seinem Fürsten regiert worden, zum Vikariat. Aber Gherardo, Verräter an seinen Oberherrn und an seinem Sohn, entkam mit genauer Not durch die Flucht und ließ sein Weib und seine Familie mit seinem ganzen Vermögen in der Gewalt der Feinde. Dieses Ereignis wurde in Florenz hoch angeschlagen; denn gelang es dem König, sich dieses Landes zu bemächtigen, so konnte er mit wenig Kosten nach Belieben ins Tibertal und ins Casentinische streifen, wo er der Republik so viel zu schaffen gemacht haben würde, daß die Florentiner nicht alle ihre Streitkräfte dem aragonischen Heer, das zu Siena stand, hätten entgegensetzen können.

Außer den Rüstungen in Italien, um die Streitkräfte der feindlichen Allianz zurückzudrängen, hatten die Florentiner Messer Agnolo Acciajuoli als Botschafter an den König von Frankreich gesandt, mit ihm auszuhandeln, daß er dem König Renatus von Anjou Erlaubnis gebe, zu des Herzogs und ihrer Unterstützung nach Italien zu kommen. Er werde so des Königs Freunde verteidigen und könne dann, wenn er in Italien wäre, auf die Eroberung des Königreichs Neapel denken, zu welchem Zweck sie ihm Hilfe an Soldaten und Geld versprachen. Während also in der Lombardei und in Toskana der Krieg, wie wir erzählt haben, geführt wurde, schloß der Gesandte mit dem König Renatus den Vertrag ab, daß er bestimmt im Juni mit 2400 Reitern nach Italien kommen solle; bei seiner Ankunft zu Alessandria sollten ihm die Verbündeten 30000 Florinen geben und hierauf während des Krieges 10000 monatlich. Als der König kraft dieses Vertrages nach Italien ziehen wollte, wurde er vom Herzog von Savoyen und vom Markgrafen von Montferrat zurückgehalten, die als Freunde der Venezianer ihm den Durchmarsch nicht erlaubten. Der König wurde daher vom florentinischen Gesandten aufgefordert, daß er, um den Freunden Ansehen zu geben, in die Provence zurückkehre und zur See mit einigen der Seinigen nach Italien gehe, auf der anderen Seite in den König von Frankreich dringe, er möge bei jenem Herzog bewirken, daß seine Soldaten durch Savoyen marschieren dürften. Der Erfolg entsprach dem Rat; Renatus begab sich zur See nach Italien, und seine Soldaten wurden dem König von Frankreich zu Gefallen in Savoyen eingelassen. König Renatus wurde vom Herzog Francesco auf das ehrenvollste empfangen, und nachdem sie die italienischen und französischen Soldaten vereinigt, griffen sie die Venezianer an und versetzten sie in solchen Schrecken, daß in kurzer Zeit alle Kastelle, welche die Venezianer im Cremonesischen genommen hatten, wiedererobert waren. Nicht damit zufrieden, nahmen Renatus und der Herzog fast das ganze Brescianische weg, und das venezianische Heer, das sich im Feld nicht mehr sicher glaubte, zog sich unter die Mauern von Brescia zurück.

Als aber der Winter kam, schien es dem Herzog gut, seine Soldaten in die Winterquartiere zu legen, und dem König Renatus wies er zum gleichen Zweck Piacenza an. So verging der Winter 1453, ohne daß irgend etwas getan wurde. Als hierauf der Sommer kam und der Herzog meinte, man werde ins Feld rücken und die Venezianer ihrer Staaten auf dem Festland berauben, ließ ihm König Renatus melden, er sei genötigt nach Frankreich zurückzukehren. Dieser Entschluß war dem Herzog neu und unerwartet und verursachte ihm daher das größte Mißvergnügen. Aber obgleich er unverzüglich zum König ging, ihm den Abzug abzuraten, konnte er ihn doch weder durch Bitten noch Versprechungen davon abbringen, sondern Renatus versprach nur, einen Teil seiner Soldaten zurückzulassen und seinen Sohn Johann zu senden, der statt seiner den Verbündeten dienen solle. Den Florentinern mißfiel dieser Abzug nicht, da sie nach Wiedereroberung ihrer Städte und Kastelle den König Alfons nicht mehr fürchteten und auf der andern Seite nicht wünschten, daß der Herzog mehr als seine Städte in der Lombardei erobere. Renatus reiste also ab und sandte, wie er versprochen, seinen Sohn nach Italien, der jedoch nicht in der Lombardei blieb, sondern nach Florenz weiterreiste, wo er auf das ehrenvollste aufgenommen wurde.

Der Abzug des Königs bewirkte, daß sich der Herzog bereitwillig zum Frieden wandte; die Venezianer, Alfons und die Florentiner wünschten ihn, weil sie alle drei erschöpft waren; und auch der Papst hatte seinen Wunsch danach auf alle Weise ausgesprochen und tat es noch, weil in diesem Jahr der Großtürke Mahomed Konstantinopel erobert und sich Griechenlands völlig bemächtigt hatte. Diese Eroberung versetzte alle Christen in Schrecken, mehr aber als jeden anderen den Papst und die Venezianer, da beide seine Waffen schon in Italien zu fühlen glaubten. Der Papst bat daher die italienischen Mächte, sie sollten ihm Gesandte mit der Vollmacht schicken, einen allgemeinen Frieden zu schließen. Sie gehorchten alle; als es aber zur näheren Erörterung kam, fand die Unterhandlung viele Schwierigkeiten. Der König wollte, daß ihm die Florentiner die Kriegskosten ersetzen sollten, und die Florentiner wollten selbst dafür entschädigt sein. Die Venezianer verlangten vom Herzog Cremona, der Herzog von ihnen Bergamo, Brescia und Crema. Es schien daher, daß diese Schwierigkeiten unmöglich zu lösen seien. Doch was in Rom zwischen vielen schwer zu machen schien, war in Mailand und in Venedig zwischen zweien sehr leicht. Während in Rom über den Frieden unterhandelt wurde, schlossen ihn der Herzog und die Venezianer den 9. April 1454 ab. Kraft desselben trat jeder wieder in Besitz der Orte, die er vor dem Krieg besessen hatten, und dem Herzog war gestattet, die Kastelle wiederzuerobern, die ihm die Fürsten von Montferrat und Savoyen genommen hatten; den anderen italienischen Fürsten war ein Monat zum Beitritt gewährt. Der Papst und die Florentiner, mit ihnen die Saneser und die anderen kleinen Mächte stimmten in der gegebenen Zeit bei. Nicht zufrieden damit, wurde zwischen den Florentinern, dem Herzog und den Venezianern Friede auf fünfundzwanzig Jahre geschlossen. Von den italienischen Fürsten zeigte sich nur der König Alfons mit diesem Frieden unzufrieden, dessen Abschluß ihm wenig Ansehen zubringen schien, da er nicht als Hauptperson, sondern nebenbei darin aufgenommen werden sollte. Er blieb also lange unentschieden und ließ nichts von sich hören. Als ihm jedoch der Papst und die übrigen Fürsten viele feierliche Gesandtschaften schickten, ließ er sich von ihnen und besonders vom Papst überreden und trat mit seinem Sohn dem Bündnis für dreißig Jahre bei. Außerdem schlossen der Herzog und der König doppelte Verwandtschaft und feierten doppelte Hochzeiten, indem jeder die Tochter dem Sohn des anderen vermählte. Damit aber dennoch in Italien der Samen des Krieges zurückbleibe, willigte der König nicht ein, den Frieden zu schließen, wenn ihm zuvor nicht von den Verbündeten gestattet würde, ohne sie zu beleidigen, den Genuesern, Gismondo Malatesti und Astorre, Fürsten von Faenza, den Krieg zu erklären. Nach Abschluß dieses Vertrages kehrte sein Sohn Ferdinand, der bei Siena stand, ins Königreich zurück, nachdem er durch sein Einrücken in Toskana kein Gebiet gewonnen und viele Leute verloren hatte.

Als dieser allgemeine Friede erfolgt war, fürchtete man nur, daß ihn der König Alfons wegen seiner Feindschaft mit den Genuesern stören könnte. Doch die Sache kam anders; denn nicht offen vom König, sondern wie es früher immer gekommen war, wurde er durch den Ehrgeiz der Söldner gestört. Die Venezianer hatten, wie es nach dem Friedensschluß Sitte ist, ihren Kondottiere Jacopo Piccinino aus ihrem Sold entlassen. Mit diesem vereinigten sich einige andere Kondottieri außer Dienst, rückten in die Romagna ein und von da ins Sanesische, wo sie haltmachten und Jacopo den Sanesern den Krieg erklärte, denen er einige Kastelle wegnahm. Im Anfang dieser Bewegungen, in den ersten Tagen des Jahrs 1455 starb Papst Nicolaus, und zu seinem Nachfolger wurde Calixtus III. gewählt. Um den neuen benachbarten Krieg zu unterdrücken, brachte dieser Papst sogleich unter seinem Feldherrn Giovanni Ventimiglia so viele Soldaten zusammen, wie er konnte, und sandte sie mit den Truppen der Florentiner und des Herzogs, die sich ebenfalls zur Unterdrückung dieser Bewegungen vereinigt halten, gegen Jacopo. In der Nähe von Bolsena kam es zur Schlacht, worin Ventimiglia zwar gefangen wurde, Jacopo aber unterlag. Dieser zog sich fast geschlagen nach Castiglione della Pescaia zurück, und hätte ihn Alfons nicht mit Geld unterstützt, so blieb er völlig vernichtet. Dies brachte jedermann auf den Glauben, Jacopos Bewegung sei auf Veranstaltung des Königs erfolgt. Alfons daher, der sich für entdeckt hielt, wollte durch den Frieden die Verbündeten aussöhnen, die er sich durch diesen unbedeutenden Krieg fast entfremdet hatte, und bewirkte, daß Jacopo den Sanesern die genommenen Kastelle zurückgab, wofür sie ihm 20000 Gulden geben sollten. Nach Abschluß dieses Vertrags nahm Alfons Jacopo und seine Soldaten ins Königreich auf.

Obgleich auf die Zügelung Jacopo Piccininos bedacht, versäumte der Papst nicht, zur selben Zeit zur Unterstützung der Christenheit sich zu rüsten, die man auf dem Punkt sah, von den Türken unterdrückt zu werden. Er sandte in alle christlichen Länder Botschafter und Prediger, die Fürsten und die Völker zu bereden, daß sie sich zum Schutz ihrer Religion bewaffnen und mit Geld und mit ihrer Person den Feldzug gegen den gemeinschaftlichen Feind unterstützen sollten. In Florenz wurden daher viele Almosen gegeben; viele auch bezeichneten sich mit einem roten Kreuz, als persönlich zum Krieg bereit. Außerdem wurden feierliche Prozessionen gehalten, und Staat und Bürger ermangelten nicht, ihre Bereitwilligkeit zu zeigen, mit Rat, Geld und Menschen unter den ersten Christen zu diesem Feldzug beizutragen. Doch diese Hitze für den Kreuzzug wurde einigermaßen durch die Nachricht abgekühlt, daß der Großtürke, als er mit seinem Heer Belgrad, ein Kastell in Ungarn am Donaufluß, belagerte, von den Ungarn geschlagen und verwundet worden sei. Als daher beim Papst und den Christen die Furcht aufhörte, womit sie der Verlust Konstantinopels erfüllt hatte, ging man mit den Kriegsrüstungen lauer zu Werke, die selbst in Ungarn durch den Tod des Woiwoden Johann, des Siegers bei Belgrad, erkalteten.

Um aber zu den Angelegenheiten Italiens zurückzukehren, sage ich, daß man 1456 schrieb, als der von Jacopo Piccinino erregte Tumult endete. Als die Menschen die Waffen niedergelegt hatten, schien es, Gott selbst wolle sie ergreifen, ein so furchtbarer Orkan wütete damals und brachte in Toskana Wirkungen hervor, die früher unerhört waren und den künftigen Leser in Erstaunen setzen werden. Am vierundzwanzigsten August, eine Stunde vor Tag, erhob sich aus dem adriatischen Meere bei Ancona eine Wasserhose und fiel, Italien auf einer zwei Miglien breiten Bahn durchkreuzend, bei Pisa in das tyrrhenische Meer. Von höheren Kräften getrieben, natürlichen oder übernatürlichen, und in sich selbst zerrissen, kämpfte sie in sich selbst, und bald zum Himmel emporsteigend, bald zur Erde herabfallend, stießen die zerfetzten Wolken gegeneinander, bald drehten sie sich mit reißender Schnelligkeit im Kreis und erregten vor sich eine über die Maßen heftige Windsbraut, und Blitz auf Blitz und der leuchtendste Glanz erschienen während ihres Kampfes. Diese chaotischen Gewitterwolken, dieser wütende Sturm und diese häufigen Donnerschläge erzeugten ein Getöse, wie man niemals beim heftigsten Erdbeben und stärksten Gewitter gehört hatte, und ein solches Entsetzen ergriff die Menschen, daß jeder, der es hörte, urteilte, das Ende der Welt sei gekommen, und die Erde, das Wasser, der Himmel, das Weltall würden, sich vermischend, in das alte Chaos zurückkehren. Dieser schreckliche Wirbelwind brachte auf seiner Bahn unerhörte wunderbare Wirkungen hervor. Merkwürdiger aber als anderwärts waren die Verheerungen in der Umgegend des Kastells S. Casciano. Dieses Kastell liegt acht Miglien von Florenz auf dem Bücken, der das Pesa- und Grievetal scheidet. Zwischen Casciano also und Borgo di S. Andrea, das auf demselben Rücken liegt, ging dieser wütende Sturm durch, indem er S. Andrea nicht berührte und S. Casciano nur so viel litt, daß einige Zinnen und die Schornsteine einiger Häuser herabgerissen wurden. Außen aber, im Raum, der zwischen beiden Orten ist, wurden viele Häuser bis zum Erdboden zerstört. Die Dächer der Kirchen von S. Martino a Bagnuolo und von Santa Maria della Pace wurden ganz, wie sie darauf gestanden, über eine Miglie fortgeführt. Ein Vetturin wurde mit seinen Maultieren, von der Straße entfernt, in den benachbarten Tälern tot gefunden. Alle die dicksten Eichen, alle die stärksten Bäume, die solcher Wut nicht weichen wollten, wurden nicht nur entwurzelt, sondern auch weit vom Ort, wo sie standen, weggetragen. Als der Sturm vorüber war und der Tag erschien, waren die Menschen völlig vom Schrecken erstarrt. Man sah die Landschaft verödet und verwüstet, man sah die Trümmer der Häuser und der Kirchen, man hörte die Klagen der Unglücklichen, die ihre Besitzungen zerstört sahen, deren Vieh unter den Trümmern verschüttet lag, die den Tod ihrer Angehörigen beweinten. Mitleid und Entsetzen ergriff alle, die es hörten und sahen. Ohne Zweifel wollte Gott eher Toskana bedrohen als züchtigen. Denn wäre ein so heftiger Sturm in eine große Stadt unter die dichtstehenden Häuser und zahlreichen Bewohner eingedrungen, wie er unter Eichen und Pappeln und wenige getrennt stehende Häuser eindrang, so würde er ohne Zweifel die größte Zerstörung und das furchtbarste Strafgericht angerichtet haben, das unsere Einbildungskraft sich ausmalen kann. Doch Gott wollte für damals, daß Warnung genüge, unter den Menschen das Andenken an ihn zu erneuern und an seine Macht.

Es war, um meinen Faden wieder aufzunehmen, König Alfons, wie wir oben gesagt, über den Frieden mißvergnügt. Da der Krieg, den er von Jacopo Piccinino ohne irgendeine schlechte Ursache den Sanesern hatte erklären lassen, keine bedeutende Wirkung hervorgebracht hatte, so wollte er sehen, was der hervorbringen würde, den er nach den Bedingungen des Bündnisses anfangen durfte. Er fing also 1456 zur See und zu Land mit den Genuesern Krieg an, im Wunsch, den Adorni die Regierung wiederzugeben und die Fregosi, die damals regierten, derselben zu berauben. Auf der anderen Seite ließ er Jacopo Piccinino gegen Gismondo Malatesti über den Tronto setzen. Dieser achtete, weil er seine Kastelle wohl besetzt hatte, Jacopos Angriff gering, so daß auf dieser Seite die Unternehmung des Königs keine Folgen hatte. Der Feldzug gegen Genua aber brachte ihm und seinem Reich mehr Krieg, als er gewünscht hatte. Doge von Venedig war damals Pietro Fregoso. Fürchtend, den Angriff des Königs nicht bestehen zu können, beschloß dieser, was er nicht halten konnte, wenigstens jemand zu geben, der ihn vor seinen Feinden schützte und ihm einmal für diese Wohltat den gerechten Lohn geben könnte. Er sandte Botschafter an König Karl VII. von Frankreich und bot ihm die Herrschaft über Genua an. Karl nahm das Anerbieten an und schickte, von der Stadt Besitz zu ergreifen, des Königs Renatus Sohn, Johann von Anjou, dahin (1458), der kurz zuvor von Florenz nach Frankreich zurückgekehrt war. Karl war überzeugt, Johann könne, da er viele italienische Sitten angenommen, besser als ein anderer diese Stadt regieren; und zum Teil urteilte er auch, er könne von hier aus auf die Eroberung des Königreichs Neapel sinnen, dessen Renatus, sein Vater, von Alfons beraubt worden war. Johann begab sich also nach Genua, wo er als Fürst aufgenommen wurde und die Kastelle der Stadt und des Staates in seine Gewalt erhielt.

Dieses Ereignis mißfiel Alfons, da er sich einen allzu bedeutenden Feind zugezogen zu haben glaubte. Gleichwohl dadurch nicht entmutigt, setzte er mit Entschiedenheit seinen Feldzug fort und hatte schon die Flotte unter Villamarina nach Porto Fino geführt, als er, von einer plötzlichen Krankheit befallen, starb. Durch seinen Tod waren Johann und die Genueser vom Krieg befreit. Ferdinand dagegen, der seinem Vater Alfons im Reich folgte, war voller Besorgnis, da er einen Feind von solchem Ansehen in Italien hatte und an der Treue vieler seiner Barone zweifelte, von denen er besorgte, sie möchten neuerungssüchtig den Franzosen sich anschließen. Er fürchtete ferner, daß der Papst, dessen Ehrgeiz er kannte, ihn als neu auf dem Thron, desselben zu berauben beabsichtigen könnte. Er hoffte allein auf den Herzog von Mailand, der wegen der Angelegenheiten des Königreichs nicht weniger ängstlich war als Ferdinand. Er fürchtete nämlich, wenn die Franzosen sich desselben bemächtigt hätten, würden sie auch sein Herzogtum erobern wollen, das sie, wie er wußte, als ihnen gehörig, verlangen zu können glaubten. Sogleich nach Alfons' Tod sandte daher der Herzog dem König Ferdinand Briefe und Soldaten; diese, um ihm Hilfe und Ansehen zu geben, jene um ihn zu ermahnen, daß er guten Mut fasse, mit der Versicherung, er werde ihn in keiner Not verlassen.

Der Papst dachte nach Alfons' Tod das Königreich seinem Neffen Pietro Lodovico Borgia zu geben. Um aber der Unternehmung einen ehrlichen Anstrich zu geben und um bei den andern Fürsten Italiens mehr Beistand zu finden, machte er bekannt, er wolle dieses Königreich unter die Oberherrschaft der römischen Kirche zurückbringen. Er drang daher in den Herzog, daß er Ferdinand keine Unterstützung gewähren solle, und bot ihm dafür die Kastelle an, die er schon im Königreich besaß.

Aber mitten in diesen Gedanken und neuen Umtrieben starb Calixtus, und im Pontifikat folgte Pius II., von Nation Saneser, aus der Familie der Piccolomini, mit Namen Aeneas. Dieser Papst war nur darauf bedacht, den Christen Wohltaten zu erzeigen und die Kirche mit Ehre zu umgeben. Jeder Privatleidenschaft abschüttelnd, krönte er auf des Herzogs von Mailand Bitten Ferdinand zum König von Neapel, indem er die italienischen Waffen eher beruhigen zu können urteilte, wenn er den wirklichen Besitzer erhielt, als wenn er entweder die Franzosen unterstützte, damit sie das Königreich eroberten, oder wenn er es wie Calixtus für sich nehmen wollte. Ferdinand jedoch machte für diese Wohltat den Neffen des Papstes, Antonio, zum Fürsten von Amalfi und vermählte seine natürliche Tochter mit ihm. Ferner gab er Benevent und Terracina der Kirche zurück.

Es schienen also die Waffen in Italien niedergelegt, und der Papst machte sich bereit, die Christenheit gegen die Türken in Bewegung zu setzen, wie von Calixtus schon begonnen worden war, als zwischen den Fregosi und Johann, Genuas Herrn, ein Zwist entstand, der größere und bedeutendere Kriege als die früheren entzündete. Pietrino Fregoso befand sich in seinem Kastell an der Seeküste. Dieser glaubte von Johann von Anjou nicht nach seinen und seines Hauses Verdiensten belohnt zu sein, da sie Ursache gewesen, daß Johann Fürst in Genua wurde. Es kam daher zwischen ihnen zur offenen Feindschaft. Dies gefiel Ferdinand als einziges Mittel und alleiniger Weg zu seiner Rettung; er unterstützte Pietrino mit Soldaten und Geld und hoffte, durch ihn Johann aus diesem Staat vertreiben zu können. Dies erkennend, sandte Johann um Hilfstruppen nach Frankreich, mit denen er Pietrino entgegenrückte. Dieser jedoch war durch viele Unterstützung, die ihm geschickt worden, sehr stark, so daß sich Johann auf die Verteidigung der Hauptstadt beschränkte. In einer Nacht nun drang Pietrino in Genua ein und besetzte einige Punkte der Stadt; als aber der Tag kam, wurde er von den Soldaten Johanns angegriffen und getötet und alle seine Soldaten teils getötet, teils gefangen.

Dieser Sieg gab Johann Mut, die Eroberung des Königreichs zu unternehmen. Im Oktober 1459 segelte er mit einer mächtigen Flotte von Genua dahin ab und landete in Baja. Von da rückte er nach Sessa, von dessen Herzog er aufgenommen wurde. An Johann schlossen sich an der Fürst von Tarent, die Aquilaner und viele andere Städte und Fürsten, so daß das Königreich fast ganz in Trümmern lag. Als dies Ferdinand sah, wandte er sich um Hilfe an den Papst und an den Herzog; und um weniger Feinde zu haben, schloß er mit Gismondo Malatesti einen Vertrag (1460), was jedoch Jacopo Piccinino, der Gismondos geborener Feind war, so sehr erzürnte, daß er aus dem Sold Ferdinands austrat und sich an Johann anschloß. Ferner sandte Ferdinand Federigo, dem Herrn von Urbino, Geld und brachte, sobald er konnte, ein für seine Zeiten gutes Heer zusammen, mit dem er sich am Fluß Sarni den Feinden entgegenstellte. Als es aber zur Schlacht kam, wurde König Ferdinand geschlagen und viele seiner bedeutendsten Truppenführer gefangen. Nach dieser Niederlage blieb Ferdinand nur noch die Stadt Neapel mit einigen wenigen Fürsten und Kastellen gehorsam; der größte Teil ergab sich Johann. Jacopo Piccinino riet nun, daß Johann mit diesem Sieg nach Neapel ziehe und sich der Hauptstadt des Reiches bemächtige. Doch Johann wollte nicht, indem er sagte, er wolle sie zuerst des ganzen Gebiets berauben und dann angreifen; er glaubte, wenn es seiner kleineren Städte beraubt sei, werde Neapels Einnahme leichter sein. Dieser verkehrte Plan nahm ihm den Sieg; denn er begriff nicht, daß leichter die Glieder dem Haupt folgen als das Haupt den Gliedern.

Ferdinand hatte sich nach der Niederlage nach Neapel geflüchtet. Hier nahm er die Vertriebenen aus seinen Staaten auf, brachte auf möglichst menschliche Weise Geld zusammen und bildete einen kleinen Kern zu einem Heer. Er sandte von neuem um Hilfstruppen an den Papst und an den Herzog; und von beiden wurde er mit größerer Schnelligkeit und reichlicher unterstützt als zuvor; denn sie lebten in der größten Unruhe, er möge das Königreich verlieren. Stark geworden, zog nun König Ferdinand aus Neapel, und da er begonnen hatte, wieder Ansehen zu gewinnen, gewann er von den verlorenen Kastellen wieder. Während so der Krieg im Königreich geführt wurde, trug sich ein Ereignis zu, das Johann von Anjou völlig sein Ansehen und die Möglichkeit den

Feldzug zu gewinnen nahm. Die Genueser waren des hochmütigen und habsüchtigen Benehmens der Franzosen so überdrüssig, daß sie die Waffen gegen den königlichen Statthalter ergriffen und ihn zwangen, sich in die Zitadelle Castelletto zu flüchten. Zu diesem Unternehmen waren die Fregosi und Adorni einig, und vom Herzog von Mailand wurden sie mit Geld und Soldaten unterstützt, sowohl beim Ergreifen der Regierung als bei der Erhaltung derselben. Als daher König Renatus hierauf mit seiner Flotte seinem Sohn zu Hilfe kam, indem er durch die Zitadelle Genua wieder zu erobern hoffte, wurde er beim Ausschiffen seiner Soldaten dergestalt geschlagen, daß er beschämt in die Provence zurückzukehren gezwungen war.

Als diese Nachricht im Königreich Neapel ankam, erschrak Johann von Anjou sehr. Gleichwohl ließ er von seiner Unternehmung nicht ab, sondern setzte längere Zeit hindurch den Krieg fort, von denjenigen Baronen unterstützt, die wegen ihrer Empörung bei Ferdinand keine Gnade zu finden glaubten. Zuletzt aber nach vielen Zwischenfällen wurden beide feindlichen Heere 1463 zur Schlacht geführt, worin Johann in der Nähe von Troja besiegt wurde. Doch schadete ihm nicht so sehr der Verlust der Schlacht, als der Abfall Jacopo Piccininos, der sich Ferdinand anschloß, so daß Johann, von Streitkräften entblößt, sich nach Ischia zurückzog, von wo er dann nach Frankreich zurückkehrte.

Dieser Krieg dauerte vier Jahre, und es verlor ihn der durch seine Nachlässigkeit, der ihn durch die Tapferkeit seiner Soldaten mehrere Male fast gewonnen hatte. Die Florentiner mischten sich nicht so ein, daß man es gesehen hätte. Wahr ist, daß sie von König Johann von Aragon, als er nach Alfons' Tod den Thron dieses Reiches bestieg, durch eine Gesandtschaft aufgefordert wurden, sie sollten seinen Neffen Ferdinand unterstützen, wie sie durch das neuerlich mit dessen Vater Alfons geschlossene Bündnis verpflichtet seien. Die Florentiner antworteten: „Sie hätten keine Verpflichtung gegen ihn und wollten dem Sohn nicht in einem Krieg helfen, den der Vater mit seinen Waffen angefangen habe. Wie dieser Krieg ohne ihren Rat oder Wissen begonnen worden sei, so solle er auch ohne ihre Hilfe geführt und beendet werden." Die Gesandten protestierten hierauf von Seiten ihres Königs die vertragsmäßige Strafe und den Schadenersatz und reisten erzürnt auf die Republik ab.

Die Florentiner hatten also während der Zeit dieses Krieges, was die äußern Angelegenheiten betrifft, Frieden. Aber deshalb waren sie nicht auch im Inneren ruhig, wie ausführlich im folgenden Buch gezeigt werden soll.

Siebtes Buch

Es wird den Lesern des vorigen Buches vielleicht scheinen, ein florentinischer Geschichtsschreiber habe sich zu weit in die Erzählung der Begebenheiten in der Lombardei und im Königreich Neapel eingelassen. Gleichwohl habe ich diese Erzählung nicht vermieden und werde es auch in Zukunft nicht tun. Wenn ich auch niemals die Geschichte Italiens zu schreiben versprochen habe, so glaube ich doch nicht übergehen zu dürfen, was sich in Italien Denkwürdiges zugetragen hat. Denn erzählte ich es nicht, so würde unsere Geschichte weniger verständlich sein und weniger gefallen, besonders da aus den Handlungen der anderen Republiken und Fürsten zum größten Teil die Kriege entstehen, in die sich die Florentiner einzulassen genötigt. sind. So entstanden aus dem Krieg Johanns von Anjou und des Königs Ferdinand der Haß und die heftige Feindschaft, die später zwischen Ferdinand und den Florentinern, besonders der Familie Medici, in Erscheinung traten. Der König beklagte sich, er sei in diesem Krieg nicht nur nicht unterstützt worden, sondern man habe seinem Feind Beistand geleistet, und sein Unwille wurde Ursache großer Übel, wie in unserer Geschichte gezeigt werden soll. Da ich aber mit Beschreibung der auswärtigen Begebenheiten bis zum Jahr 1463 vorgesprungen bin, so ist es nötig, daß ich viele Jahre rückwärts gehe, um die inneren Vorfälle während dieser Zeit zu erzählen.

Zuvor jedoch will ich nach unserer Gewohnheit durch einige Betrachtungen zeigen, daß die, welche hoffen, eine Republik könne einig sein, sich sehr in dieser Hoffnung täuschen. Wahr ist, daß einige Spaltungen den Republiken schaden, einige nützen. Die schaden, welche von Sekten und Parteigängern begleitet sind; die nützen, die sich frei von Sekten und Parteigängern halten. Da also der Gesetzgeber einer Republik nicht verhüten kann, daß es Feindschaften in ihr gibt, so hat er wenigstens zu verhüten, daß es Sekten gibt.

Hierzu ist zu wissen, daß auf zweierlei Weise die Bürger in den Städten Ansehen erwerben; entweder durch öffentliche Wege oder durch Privatmittel. Öffentlich erwirbt man es, wenn man eine Schlacht gewinnt, eine Festung erobert, eine Gesandtschaft mit Tätigkeit und Klugheit ausführt, die Republik weise und glücklich berät. Durch Privatmittel erwirbt man es, wenn man diesem und jenem Bürger Gutes tut, ihn vor der Obrigkeit schützt, ihn mit Geld unterstützt, ihn unverdient zu Ämtern befördert, wenn man sich durch öffentliche Spiele und Geschenke bei der Menge beliebt macht.

Aus dieser Art zu verfahren entstehen die Sekten und die Anhänger. So sehr das auf diese Weise gewonnene Ansehen schadet, so sehr nützt das andere, wenn es nicht mit den Sekten vermengt ist. Denn im letzteren Fall ist es durch Handlungen erworben, die zum allgemeinen Wohl gereichen, nicht durch solche, die zum Wohl Einzelner gereichen. Und obgleich auf keine Weise verhütet werden kann, daß nicht auch zwischen so beschaffenen Bürgern sehr heftiger Haß herrsche, so kann er doch der Republik nicht schaden, da sie keine Anhänger haben, die wegen eigenen Nutzens ihnen Gefolgschaft leisten. Im Gegenteil, dieser Haß muß nützen, da sie, um die Oberhand zu gewinnen, genötigt sind, ihre Anstrengungen auf die Erhöhung der Republik zu wenden und sich genau gegenseitig zu beobachten, damit die Schranken der bürgerlichen Gleichheit nicht überschritten werden.

Bei den Feindschaften in Florenz waren immer Sekten, und deshalb waren sie immer schädlich. Nie blieb eine siegreiche Sekte länger einig, als die feindliche Sekte am Leben war. Sobald diese vernichtet war, spaltete sich die regierende, da sie keine Furcht mehr hatte, die sie zurückhielt, noch eine Einrichtung besaß, die sie zügelte, wieder in sich selbst.

Die Partei Cosimos de' Medici siegte 1434; doch weil die geschlagene Partei groß war und voll der mächtigsten Männer, erhielt sich die siegreiche eine Zeitlang aus Furcht einig und menschlich. So machte sie in sich keinen Fehler, und beim Volk machte sie sich durch kein schlimmes Verfahren verhaßt. So oft daher die Regierenden des Volkes bedurften, um ihre Gewalt wieder zu ergreifen, fanden sie es immer geneigt, ihren Häuptern die ganze Balia und Macht zu gestatten, die sie wünschten. So nahmen sie von 1434–1455, das heißt während zwanzig Jahren, sechsmal durch die ordentlichen Räte die Gewalt wieder neu an. Es waren in Florenz, wie wir mehrmals gesagt haben, zwei sehr mächtige Bürger, Cosimo de' Medici und Neri Capponi. Neri war einer von denen, die ihr Ansehen auf öffentlichem Weg erwerben, so daß er eine Menge Freunde und wenige Anhänger hatte. Cosimo andererseits, der sich zu seiner Macht den öffentlichen und Privatweg geöffnet, hatte Freunde und Anhänger in Menge. Da nun Cosimos Partei einig blieb, während beide Männer lebten, so erhielt sie immer, was sie wollte, ohne Schwierigkeit vom Volk; denn es war mit der Macht die Gunst vereinigt.

Aber als im Jahre 1455 Neri starb und die feindliche Partei vernichtet war, fanden die Regierenden Schwierigkeiten bei der Wiederergreifung ihrer Gewalt. Die eigenen Freunde Cosimos, sehr mächtig unter den Regierenden, waren die Ursache. Sie fürchteten die Gegenpartei, die vernichtet war, nicht mehr, und es war ihnen lieb, die Macht Cosimos zu vermindern. Diese Stimmung gab den Spaltungen den Ursprung, die später im Jahr 1466 erfolgten. Sie rieten denen, welchen die Regierung zufiel, in den Räten, wo öffentlich über die Verwaltung des Staates gesprochen wurde: „Es sei gut, daß die Gewalt der Balia nicht wieder angenommen werde; man solle die Beutel schließen und die Magistrate durchs Los, nach der Gunst der früheren Squittinien, ziehen". Cosimo hatte, um diese Stimmung zu zügeln, eines der beiden Mittel, entweder die Regierung mit Gewalt durch die Anhänger, die ihm geblieben waren, wieder zu ergreifen und alle übrigen scharf anzufassen oder die Sache gehen zu lassen und der Zeit zu überlassen, seine Freunde zu überzeugen, daß sie nicht ihm, sondern sich selbst Regierung und Ansehen nahmen. Von diesen beiden Mitteln wählte er das letzte. Er wußte wohl, daß er bei dieser Art von Regierung, weil die Beutel mit seinen Freunden angefüllt waren, keine Gefahr lief und daß er nach Belieben die Zügel der Regierung wieder ergreifen konnte.

Als die Stadt zur Ernennung der Magistrate durchs Los zurückgebracht war, glaubte die Masse der Bürger ihre Freiheit wiedererlangt zu haben. Die Magistrate sprachen jetzt nicht nach dem Willen der Mächtigen Recht, sondern nach ihrer eigenen Überzeugung. Es wurde daher bald ein Freund des einen, bald ein Freund des anderen Mächtigen gezüchtigt, und so sahen die, welche ihre Häuser voll Klienten und Geschenke zu sehen gewohnt waren, dieselben von Sachen und Menschen leer. Sie sahen außerdem diejenigen ihre Gleichen geworden, die sie weit unter sich zu sehen gewohnt waren, und diejenigen ihre Vorgesetzten, die sonst ihnen gleich gewesen waren. Sie wurden nicht mehr berücksichtigt noch geehrt, sondern oft verhöhnt und verlacht, und von ihnen und der Republik sprach man jetzt auf den Straßen und auf den Plätzen ohne die geringste Scheu. So erkannten sie bald, daß nicht Cosimo, sondern sie die Regierung verloren hatten. Cosimo seinerseits gab sich den Schein, als sehe er diese Dinge nicht, und wenn ein Beschluß zu fassen war, der dem Volk gefiel, so war er der erste, der ihn unterstützte.

Was aber die Großen am meisten in Schrecken versetzte und Cosimo die beste Gelegenheit gab, sie eines Besseren zu belehren, war, daß die Art des Katasters vom Jahr 1427 wieder erweckt wurde, wonach nicht die Menschen, sondern das Gesetz die Steuern bestimmte. Die Durchsetzung dieses Gesetzes (1458) und die bereits erfolgte Ernennung der Magistrate, die es vollstrecken sollten, bewirkte, daß sie sich wieder ganz zusammenschlossen und zu Cosimo gingen, ihn zu bitten, er möge sie und sich aus den Händen des Pöbels reißen und der Regierung ein Ansehen wiedergeben, das ihn mächtig und sie geehrt mache. Cosimo antwortete, er sei damit zufrieden, aber er wolle, daß das Gesetz zu diesem Zweck auf ordentlichem Weg mit Willen des Volkes gemacht werde und nicht mit Gewalt, von der sie ihm in keinem Fall sprechen sollten. Es wurde in den Räten das Gesetz, eine neue Balia zu ernennen, versucht und nicht durchgesetzt. Die großen Bürger gingen daher noch einmal zu Cosimo und baten ihn auf die untertänigste Weise, er möge sich mit dem Parlament einverstanden erklären. Dies schlug Cosimo rein ab, da er sie so weit bringen wollte, daß sie ihren Fehler in vollem Maß erkennen sollten; und als Donato Cocchi als Gonfalonier der Gerechtigkeit ohne seine Einwilligung das Parlament halten wollte, ließ ihn Cosimo von den Signoren, die mit ihm saßen, dergestalt verhöhnen, daß er darüber verrückt wurde und als blödsinnig in sein Haus zurückgeschickt werden mußte. Weil es jedoch nicht gut ist, die Dinge so weit kommen zu lassen, daß man sie nicht mehr nach Belieben zurücknehmen kann, so schien es Cosimo, als Luca Pilli, ein leidenschaftlicher kühner Mann, das Gonfalon der Gerechtigkeit erhielt, Zeit, diesen die Sache leiten zu lassen, damit ein Tadel, den man sich durch dieses Unternehmen zuziehen könnte, Luca, nicht ihn treffe.

Luca schlug also am Anfang seines Amtes dem Volk häufig vor, die Balia wieder zu ernennen. Als er aber nichts durchsetzte, bedrohte er die, welche in den Räten saßen, mit beleidigenden stolzen Worten; und kurz darauf fügte er die Tat hinzu. Im August 1458, am Abend vor St. Lorenzo, nachdem er den Palast mit Bewaffneten angefüllt, rief er das Volk auf den Platz und zwang ihm mit Gewalt und mit den Waffen die Einwilligung ab, die es zuvor freiwillig nicht hatte geben wollen. So wurde die Regierung wieder ergriffen, die Balia und hierauf die Magistrate nach dem Gutdünken weniger ernannt. Um diese Regierung mit Schrecken zu beginnen, die sie mit Gewalt an sich gerissen, verbannten sie Messer Girolamo Machiavelli mit einigen anderen und beraubten überdies viele der Ämter. Messer Girolamo, der später den Bann nicht beachtete, wurde zum Rebellen erklärt; und als er, die Fürsten gegen sein Vaterland aufwiegelnd, in Italien umherreiste, wurde er in der Lunigiana durch die Treulosigkeit eines der dortigen Herrn verhaftet, nach Florenz geführt und im Kerker hingerichtet.

Diese Art von Regierung war die acht Jahre hindurch, die sie dauerte, unerträglich und gewalttätig. Denn da Cosimo, schon alt und müde und durch körperliche Leiden geschwächt, nicht auf die Weise, wie er pflegte, bei den öffentlichen Geschäften gegenwärtig sein konnte, plünderten wenige Bürger die Stadt.

Zur Belohnung für das, was er zum Wohl der Republik getan, wurde Luca Pitti zum Ritter gemacht. Er dagegen, um nicht weniger dankbar gegen die Republik zu sein als sie gegen ihn gewesen, wollte, daß die Prioren der Gewerbe, wie sie bisher hießen, nun, damit sie vom verlorenen Besitz wenigstens den Titel zurückerhielten. Prioren der Freiheit genannt würden. Ferner wollte er, daß der Gonfalonier der Gerechtigkeit, der bisher zur Rechten der Rektoren saß, in Zukunft in ihrer Mitte sitzen sollte. Damit Gott Teilnehmer ihres Unternehmens scheine, hielten sie öffentliche Prozessionen und feierliche Hochämter, ihm für die Wiedererlangung der Würden zu danken. Von der Signoria und von Cosimo wurde Messer Luca reichlich beschenkt. Ihnen nach beeilte sich die ganze Stadt um die Wette, und es herrschte die Meinung, die Geschenke hätten die Summe von 20000 Dukaten erreicht. Er stieg dadurch zu solchem Ansehen, daß nicht Cosimo, sondern Messer Luca die Stadt regierte. Dies machte ihn so zuversichtlich, daß er zwei Gebäude anfing, das eine in Florenz, das andere zu Rucciano, einem Ort eine Miglie von der Stadt, beide prächtig und königlich, aber das in der Stadt in jedem Betracht größer als irgendein anderes, das von einem Privatbürger bis zu diesem Tage gebaut worden war. Um sie zur Vollendung zu bringen, scheute er nicht die außerordentlichsten Mittel. Nicht allein die Bürger und einzelne Untertanen beschenkten ihn, sondern die Gemeinden und ganze Städte leisteten ihm Beistand. Mehr noch, alle Verbannten und jeder andere, der Mord, Diebstahl oder ein anderes Verbrechen begangen hatte, wofür er die öffentliche Strafe fürchtete, fand, wenn er nur zum Bau brauchbar war, in diesen Gebäuden sicheren Zufluchtsort. Die anderen Bürger, wenn sie auch nicht bauten wie er, waren nicht weniger gewalttätig, noch weniger raubgierig als er. So wurde Florenz, wenn es auch keinen äußern Krieg hatte, der es zerstörte, von seinen eigenen Bürgern zerstört. Es erfolgten, wie wir gesagt haben, während dieser Zeit die Kriege des Königreichs; und einige führte der Papst in der Romagna gegen die Malatesti, weil er sie Riminos und Cesenas, welche sie besaßen, berauben wollte, so daß Pius II. sein Pontifikat mit diesen Feldzügen und den Plänen des Türkenkrieges hinbrachte.

Aber Florenz fuhr in seinen Uneinigkeiten und Umtrieben fort. Es begann die Uneinigkeit in der Partei Cosimos im Jahr 1455 aus den angegebenen Ursachen. Sie wurde durch seine Klugheit, wie wir erzählt haben, für damals beigelegt. Aber im Jahr 1464 verschlimmerte sich Cosimos Krankheit so sehr, daß er aus der Welt schied. Seinen Tod beklagten Freunde und Feinde. Wer ihn wegen der bestehenden Regierung nicht liebte, erwog, wie groß die Raubgier der regierenden Bürger während seines Lebens gewesen war, wo sie doch die Ehrfurcht vor ihm weniger unerträglich machte, und fürchtete nun, nach seinem Tod gänzlich zugrunde gerichtet zu werden. Zu Piero, seinen Sohn, hatte man kein großes Vertrauen, denn obgleich dieser ein redlicher Mann war, so urteilte man doch, er werde, weil er kränklich und noch neu in der Regierung war, genötigt sein, auf diese Bürger Rücksicht zu nehmen, so daß sie ohne Zaum im Mund noch übermäßiger in ihrer Raubgier würden. Cosimo hinterließ daher bei jedermann eine große Trauer.

Cosimo war der angesehenste und berühmteste Bürger, der nicht Kriegsmann war, den jemals nicht nur Florenz, sondern irgendeine Republik, von der die Geschichte spricht, besaß. Er übertraf jeden anderen seiner Zeit nicht nur an Autorität und Reichtum, sondern auch an Freigebigkeit und an Klugheit. Unter allen Eigenschaften, die ihn zum Fürsten in seinem Vaterland machten, war die erste, daß er vor allen anderen Männern freigebig und prächtig war.

Seine Freigebigkeit zeigte sich am deutlichsten nach seinem Tod, als sein Sohn Piero sein Vermögen kennen lernen wollte. Da war kein Bürger, der in der

Stadt irgend Rang hatte, dem Cosimo nicht eine bedeutende Geldsumme geliehen, und oft auch ohne aufgefordert zu sein, wenn er erfuhr, daß ein Edler in Not war, hatte er ihn unterstützt.

Seine Prachtliebe zeigte sich in der Menge von Gebäuden, die er aufgeführt. Die Klöster und Tempel San Marco und San Lorenzo und das Nonnenkloster Santa Verdiana in Florenz, San Girolamo und die Abtei auf dem Fiesolaner Berg, eine Franziskanerkirche im Mugellotal stellte er nicht sowohl wieder her, sondern er baute sie von den Fundamenten aus neu auf. Überdies ließ er in Santa Croce, bei den Serviten, in S. Maria degli Angioli, in San Miniato sehr reiche Altäre und Kapellen errichten. Diese Tempel oder Kapellen füllte er, abgesehen davon, daß er sie erbaute, mit Schmuck und allem Nötigen zur Zierde des Gottesdienstes an. Zu diesen heiligen Gebäuden kamen seine Privathäuser hinzu. Diese sind: eines in der Stadt von der Beschaffenheit, wie es für einen so großen Bürger ziemte; vier außen: in Careggi, in Fiesole, in Cafaggiuolo und in Trebbio, lauter Paläste, nicht wie von Privatbürgern, sondern königlich. Und nicht zufrieden, durch die Pracht der Gebäude in Italien bekannt zu sein, baute er in Jerusalem ein Hospital für arme und kranke Pilger. Sehr große Summen verbrauchte er für diese Gebäuden.

Obgleich aber diese Wohnungen und alle seine übrigen Werke und Handlungen königlich waren, und obgleich er in Florenz allein Fürst war, so ließ er sich doch so sehr durch seine Klugheit mäßigen, daß er die bürgerliche Bescheidenheit nicht überschritt. Im Umgang, in der Dienerschaft, in Pferden, in der ganzen Lebensweise und in der Wahl der Verwandtschaften war er immer einem bescheidenen Bürger gleich. Er wußte, daß das Außerordentliche, das man jede Stunde sieht, und der Schein den Menschen viel mehr Neid zuzieht als die Wirklichkeit, wenn sie durch Ehrbarkeit verdeckt wird. Als er seinen Söhnen Gattinnen zu geben hatte, suchte er nicht die Verwandtschaft der Fürsten, sondern vermählte mit Giovanni Cornelia degli Alessandri und mit Piero Lucretia de' Tornabuoni. Von seinen Enkelinnen, den Töchtern Pieros, gab er Bianca Guglielmo dei Pazzi und Nannina Bernado Rucellai zur Ehe.

In Staats- und Regierungskunst erreichte ihn keiner seiner Zeitgenossen. Daher kam es, daß er sich bei so manchem Glückwechsel in einer so veränderlichen Stadt, bei einer so wankelmütigen Bürgerschaft einunddreißig Jahre am Staatsruder behauptete. Bei seiner großen Klugheit erkannte er die Übel von ferne und dadurch hatte er Zeit, entweder sie nicht wachsen zu lassen oder seine Maßnahmen zu treffen, daß sie gewachsen ihm nicht schadeten. Er besiegte nicht nur den heimischen Ehrgeiz der Republikaner, sondern überwand auch den Ehrgeiz vieler Fürsten mit soviel Glück und Klugheit, daß jeder, der sich mit ihm und seinem Vaterland verbündete, dem Feind gleich blieb oder überlegen wurde, und jeder, der sich ihm widersetzte, entweder Zeit und Geld verlor oder den Staat. Gutes Zeugnis hiervon können die Venezianer geben, die mit ihm vereint gegen den Herzog Philipp immer überlegen waren und mit ihm entzweit immer, zuerst von Philipp, dann von Francesco, besiegt und bedrängt wurden. Als sie sich mit Alfons gegen die Republik Florenz verbündeten, leerte Cosimo durch seinen Kredit Neapel und Venedig dergestalt von Geld, daß sie gezwungen waren, den Frieden anzunehmen, wie man ihn gewähren wollte. Von allen Schwierigkeiten, die Cosimo in der Stadt und außen zu überwinden halte, war das Ende ruhmvoll für ihn und schädlich für seine Feinde. Stets vermehrte die bürgerliche Zwietracht seine Gewalt in Florenz und der äußere Krieg seine Macht und sein Ansehen. Hierdurch vergrößerte er das Gebiet seiner Republik durch Borgo S. Sepolcro, Montedoglio, das Casentinische und das Bagnotal. Und so vernichtete sein Verdienst und sein Glück alle seine Feinde und erhöhte die Freunde.

Er wurde im Jahre 1389, geboren, am Tag des heiligen Cosmus und Damian. Die erste Hälfte seines Lebens war voller Unfälle, wie seine Verbannung, sein Sturz und häufige Lebensgefahr beweisen. Vom Konzil zu Konstanz, wohin er Papst Johann begleitet hatte, mußte er nach dessen Sturz, um sein Leben zu retten, verkleidet fliehen. Aber nach Zurücklegung seines vierzigsten Jahres lebte er sehr glücklich. Nicht nur die, welche sich in den öffentlichen Unternehmungen an ihn anschlossen, sondern auch die, welche seine Schätze durch ganz Europa verwalteten, nahmen an seinem Glück teil. Ausnehmender Reichtum in vielen Familien von Florenz entstand hieraus. So war es in der Familie der Tornabuoni, der Benci, der Portinari, der Sassetti der Fall; und nächst diesen wurden alle, die von seinem Rat und seinem Glück abhingen, reich. Obgleich er für Erbauung von Kirchen und für Almosen unaufhörlich Geld ausgab, klagte er doch manchmal seinen Freunden, daß er niemals so viel zur Ehre Gottes habe verwenden können, daß er ihn in seinen Büchern als Schuldner finde.

Er war von mittlerer Größe, sein Antlitz olivenfarb, sein Äußeres ehrwürdig. Ohne Gelehrsamkeit, aber sehr beredet und voll natürlicher Klugheit, war er gegen die Freunde dienstfertig, gegen die Armen barmherzig, in der Unterhaltung nützlich, im Rat vorsichtig, in der Ausführung rasch, und in seinen Reden und Antworten war er fein und ernst.

Am Anfang seiner Verbannung ließ Messer Rinaldo degli Albizzi Cosimo sagen: „Die Henne brüte;“ er antwortete: „Sie kann außerhalb des Nestes schlecht brüten.“ Anderen Rebellen, die ihm sagen ließen: „sie schliefen nicht“ gab er zur Antwort: „Er glaube es; denn er habe sie aus dem Schlaf geweckt.“ Vom Papst Pius, als er die Fürsten zum Türkenkrieg antrieb, sagte er: „Er ist alt und läßt sich auf eine Jugendunternehmung ein.“ Den venezianischen Botschaftern, die mit den Gesandten des Königs Alfons nach Florenz kamen, sich über die Republik zu beschweren, zeigte er sein entblößtes Haupt und fragte sie, welche Farbe es habe. Sie antworteten: „Weiß", und er fiel ein: „Es wird nicht lange Zeit vorübergehen, bis eure Senatoren weiß sein werden wie ich." Wenig Stunden vor seinem Tod fragte ihn seine Gemahlin, warum er die Augen schließe; er antwortete: „Um sie zu gewöhnen." Als ihm einige Bürger nach seiner Rückkehr aus der Verbannung sagten: „So viele Männer von Stand zu vertreiben würde die Stadt zugrunde richten und gegen Gott handeln", antwortete er: „Besser eine ruinierte Stadt, als eine verlorene. Zwei Ellen rosenfarbenen Tuches machen einen Mann von Stand. Die Herrschaft behauptet man nicht mit dem Rosenkranz in der Hand." Diese Worte gaben seinen Feinden Stoff, ihn zu verleumden als einen Mann, der mehr sich selbst als das Vaterland, mehr diese als jene Welt liebe. Es ließen sich noch viele andere seiner Worte anführen, die ich jedoch als überflüssig übergehe.

Cosimo war auch ein Freund und Gönner der Gelehrten. Er brachte den Griechen Argyropulos, einen großen Gelehrten jener Zeit, nach Florenz, damit die florentinische Jugend die griechische Sprache und seine andern Wissenschaften von ihm lernen könne. In seinem Haus ernährte er Marsilio Ficino, den zweiten Vater der platonischen Philosophie, den er innig liebte. Damit Marsilio bequemer dem Studium der Wissenschaften obliegen und Cosimo mit mehr Bequemlichkeit sich seines Umganges erfreuen könne, schenkte er ihm ein Landgut neben dem seinen in Careggi.

Seine Klugheit also, seine Reichtümer, Lebensweise und Glück machten ihn in Florenz bei den Bürgern gefürchtet und geliebt und erwarben ihm bei den Fürsten, nicht nur Italiens, sondern ganz Europas, erstaunliche Achtung. Er hinterließ dadurch eine solche Grundlage seinen Nachkommen, daß sie ihn an Verdienst erreichen, an Glück weit übertreffen konnten und so die Gewalt, die Cosimo in Florenz hatte, nicht allein in dieser Stadt, sondern in der ganzen Christenheit zu erhalten verdienten.

In der letzten Zeit seines Lebens jedoch hatte er schweren Kummer. Von seinen beiden Söhnen, Piero und Giovanni, starb der letzte, auf den er am meisten vertraute. Der andere war kränklich und wegen seiner Körperschwäche zu öffentlichen und Privatgeschäften wenig geeignet. Als er sich daher nach dem Tod seines Sohnes durch sein Haus tragen ließ, sprach er seufzend: „Dieses Haus ist zu groß für so wenig Familie." Es fiel auch der Erhabenheit seiner Denkungsart schwer, daß er das florentinische Gebiet durch keine ehrenvolle Eroberung vergrößert zu haben meinte. Es schmerzte ihn dies um so mehr, als er sich von Francesco Sforza betrogen glaubte, der ihm als Graf versprochen hatte, sogleich nach Mailands Einnahme Lucca für die Florentiner zu erobern. Dies geschah nicht, weil der Graf mit dem Glück den Sinn änderte. Herzog geworden, wollte er sich des Thrones im Frieden erfreuen, den er sich durch den Krieg erworben hatte; er mochte deshalb weder für Cosimo noch für irgend jemand einen Feldzug unternehmen und führte auch wirklich, seit er Herzog war, keine anderen Kriege, als die er zu seiner eigenen Verteidigung zu führen sich genötigt sah. Dies war für Cosimo Ursache des größten Verdrusses, da er Mühe und Geld verwendet zu haben meinte, um einen undankbaren treulosen Mann zu erheben. Er glaubte überdies, wegen seiner Körperschwäche nicht seine alte Tätigkeit auf die öffentlichen und Privatgeschäfte verwenden zu können. Dergestalt sah er beide zerrüttet; denn die Stadt wurde von den Bürgern, sein Vermögen von seinen Verwaltern und von seinen Söhnen zugrunde gerichtet. Alle diese Dinge waren Ursache, daß er die letzte Zeit seines Lebens in Sorgen zubrachte.

Nichtsdestoweniger starb er mit Ruhm umgeben und mit dem größten Namen. In der Stadt und auswärts zeigten alle Bürger und alle christlichen Fürsten seinem Sohne Piero ihr Beileid über seinen Tod. Er wurde mit größtem Pomp von allen Bürgern zu Grabe geleitet. Beigesetzt wurde er in der Kirche S. Lorenzo, und durch öffentliches Dekret wurde er auf seinem Grabmal „Vater des Vaterlandes“ genannt.

Wenn ich in Beschreibung der Taten Cosimos die Biographen der Fürsten nachgeahmt habe, nicht die Geschichtschreiber, so darf dies niemand befremden. Da er ein außergewöhnlicher Mann in unserer Stadt war, so bin ich genötigt gewesen, ihn auf außerordentliche Weise zu loben.

In dieser Zeit, während sich Florenz und Italien in dem angegebenen Zustand befand, hatte König Ludwig XI. von Frankreich einen sehr gefährlichen Krieg zu bestehen. Seine Barone hatten ihn mit dem Beistand das Herzogs Franz von der Bretagne und Karls des Kühnen von Burgund angegriffen. Dieser Krieg war von solcher Bedeutung, daß er nicht an die Unterstützung des Herzogs Johann von Anjou bei der Unternehmung auf Genua und das Königreich Neapel denken konnte. Im Gegenteil, da er die Hilfe eines jeden nötig zu haben meinte, gab er die Herrschaft über die Stadt Savona, die in der Gewalt der Franzosen geblieben, dem Herzog Francesco von Mailand und ließ demselben sagen: Wenn er wolle, so könne er zu des Königs Wohlgefallen die Eroberung Genuas versuchen. Francesco nahm es an; und mit dem Ansehen, das ihm die Freundschaft des Königs gab, und mit der Unterstützung der Adorni machte er sich zum Herrn von Genua. Um sich dem König für die empfangene Wohltat nicht undankbar zu zeigen, sandte er zu dessen Unterstützung 1500 Reiter unter Führung seines Erstgeborenen, Galeazzo, nach Frankreich.

Es waren also Ferdinand von Aragon und Francesco Sforza, der eine Herzog von Mailand und Fürst von Genua, der andere König des ganzen Königreichs Neapel geworden. Sie hatten miteinander Verwandtschaft geschlossen und überlegten nun, wie sie auf eine Weise ihre Staaten befestigen könnten, daß sie dieselben während ihres Lebens sicher besitzen und nach ihrem Tod ihren

Erben unabhängig hinterlassen könnton. Sie erachteten zu diesem Zweck für notwendig, daß der König sich derjenigen Barone versichere, die ihn im Kriege Johanns von Anjou angegriffen hatten, und daß der Herzog die Bracceskischen Waffen, seines Stammes geborene Feinde, zu vertilgen suche. Diese hatten sich unter Jacopo Piccinino zum größten Ansehen erhoben. Jacopo war der erste Feldherr Italiens geblieben, und da er keinen Staat hatte, mußte ihn jeder Regent fürchten, besonders der Herzog, der, durch sein eigenes Beispiel gewarnt, seinen Staat nicht behaupten, noch sicher seinen Söhnen hinterlassen zu können glaubte, solange Jacopo lebte.

Der König also suchte mit aller Geschicklichkeit einen Vertrag mit seinen Baronen und wandte jede Kunst an, sie sicher zu machen. Es gelang ihm leicht. Diese Fürsten sahen ihren Sturz offenbar, wenn sie den Krieg mit dem König fortsetzten: schlossen sie dagegen den Vertrag und trauten ihm, so war ihr Untergang zweifelhaft. Weil nun die Menschen immer lieber dasjenige Übel fliehen, welches gewiß ist, so folgt daraus, daß die mächtigen die kleineren Fürsten leicht täuschen können. Diese Fürsten glaubten an den Frieden des Königs, weil sie offenbare Gefahr im Krieg sahen, und begaben sich unter seinen Schutz. Sie wurden hierauf von ihm auf verschiedene Weise unter verschiedenen Vorwänden aus dem Weg geräumt.

Dies versetzte Jacopo Piccinino in Furcht, der mit seinen Soldaten zu Sulmona stand. Um dem König die Gelegenheit zu nehmen, ihn zu unterdrücken, knüpfte er durch die Vermittlung seiner Freunde mit dem Herzog Francesco wegen ihrer Aussöhnung Unterhandlungen an. Der Herzog machte ihm die glänzendsten Angebote, die er konnte. Nun beschloß Jacopo, sich unter seinen Schutz zu stellen, und brach von hundert Reitern begleitet nach Mailand auf (1465). Jacopo hatte unter seinem Vater und mit seinem Bruder lange Zeit, zuerst für den Herzog Philipp und später für das Volk von Mailand gedient. Durch den langen Umgang hatte er daher in Mailand viele Freunde und besaß allgemeines Wohlwollen, das die jetzigen Umstände noch vermehrten. Denn gegen die Sforzas hatte das Glück und die gegenwärtige Macht Neid erzeugt, und für Jacopo hatte sein Mißgeschick und die lange Abwesenheit beim Volk Mitleid und großes Verlangen, ihn zu sehen, erweckt. Alles dies zeigte sich bei seiner Ankunft. Wenige vom Adel blieben in der Stadt, die ihm nicht entgegengingen, die Straßen, wo er durchkam, waren mit Menschen angefüllt, die ihn sehen wollten, und überall wurde der Name seines Hauses gerufen. Diese Ehrenbezeigungen beschleunigten seinen Sturz; denn dem Herzog wuchs mit dem Argwohn das Verlangen, ihn zu vernichten. Um es verdeckter tun zu können, wollte er, daß Jacopo die Hochzeit mit Drusiana, seiner natürlichen Tochter, feierte, mit der ihn der Herzog längere Zeit zuvor verlobt hatte. Dann kam er mit Ferdinand überein, daß dieser ihn mit dem Titel des Feldherrn seiner

Kriegsvölker und 100.000 Gulden Gehalt in Sold nehmen solle. Als dies abgeschlossen war, reiste Jacopo mit einem herzoglichen Gesandten und seiner Gemahlin Drusiana nach Neapel. Hier wurde er freudig und ehrenvoll empfangen und mehrere Tage hindurch mit jeder Art von Festlichkeit unterhalten. Als er aber Urlaub verlangte, nach Sulmona zu gehen, wo seine Schweren Reiter lagen, wurde er vom König in die Zitadelle eingeladen, nach der Tafel mit seinem Sohne Francesco ins Gefängnis geführt und bald darauf getötet.

So fürchteten die italienischen Fürsten die Tapferkeit, die sie selbst nicht besaßen, in anderen und vernichteten sie, bis sie niemand mehr besaß und dadurch das Land der Zerstörung ausgesetzt wurde, welche es nach nicht langer Zeit verwüstete und beugte.

Papst Pius hatte in dieser Zeit die Angelegenheiten der Romagna beigelegt. Es schien nun Zeit, da er allgemeinen Frieden eingetreten sah, die Christen gegen die Türken in Bewegung zu setzen. Zu diesem Zweck wand er alle die Mittel wieder an, die seine Vorgänger angewandt halten. Alle Fürsten versprachen entweder Geld oder Soldaten, und insbesondere versprach der König Mathias von Ungarn und der Herzog Karl von Burgund persönlich zu erscheinen. Der Papst ernannte sie zu Feldherrn des Kreuzzuges und ging so weit in seiner Hoffnung, daß er von Rom abreiste und sich nach Ancona begab. Hier, war festgesetzt, sollte sich das ganze Heer versammeln, und die Venezianer hatten ihm Schiffe versprochen, um es nach Slavonien überzusetzen. Es kam also in Ancona nach der Ankunft des Papstes eine solche Menschenmenge zusammen, daß in wenigen Tagen alle Lebensmittel, die in der Stadt waren und aus den umliegenden Orten herbeigeschafft werden konnten, dermaßen ausgingen, daß jedermann Hunger litt. Überdies war kein Geld da, um es denen zu geben, die es nötig hatten, und keine Waffen, diejenigen auszurüsten, denen sie mangelten. Mathias und Karl erschienen nicht, und die Venezianer schickten einen Admiral mit einigen Galeeren, mehr um ihre Pracht zu zeigen und zum Schein Wort zu halten, als daß dieses Heer hätte darauf übergesetzt werden können. Die Folge war, daß der Papst, alt und krank, mitten in diesen Anstrengungen und Unordnungen starb. Nach seinem Tod ging jeder wieder heim.

Nachdem also der Papst 1465 gestorben, wurde Paul II., ein Venezianer, auf den heiligen Stuhl erhoben. Damit fast alle Fürstentümer Italiens den Regenten änderten, starb auch Francesco Sforza, Herzog von Mailand, sechzehn Jahre, nachdem er dieses Herzogtum erobert hatte, und zum Herzog wurde sein Sohn Galeazzo erklärt. Der Tod dieses Fürsten war Ursache, daß die Spaltung von Florenz entschiedener wurde und schneller ihre Wirkung tat. Als Cosimo starb, ließ Piero, Erbe des Vermögens und des Ranges seines Vaters, Messer Diolisalvi Neroni zu sich befehlen, einen Mann von großer Autorität und in Vergleich mit den anderen Bürgern von sehr großem Ruf, auf den Cosimo ein solches Vertrauen hatte, daß er sterbend Piero anbefahl, er sollte sich wegen Vermögen und Regierung ganz nach dessen Rat benehmen. Piero teilte Messer Diolisalvi mit, „Welches Vertrauen Cosimo auf ihn gesetzt, und da er seinem Vater nach dem Tod gehorchen wolle, wie er ihm während seines Lebens gehorcht hatte, so wünsche er sich über sein Erbe und die Regierung der Stadt mit ihm zu beraten. Um mit seinem Vermögen anzufangen, werde er alle Rechnungen seiner Wechselhäuser kommen lassen und sie ihm geben, damit er ihre Ordnung und Unordnung ermitteln und ihm dann mit seiner Klugheit raten könne." Messer Diolisalvi versprach, in allem Tätigkeit und Treue zu zeigen. Als aber die Rechnungen ankamen und genau untersucht wurden, erkannte er, daß überall viel Unordnung herrschte. Da ihn nun der eigene Ehrgeiz mehr drängte als die Liebe zu Piero oder die allen Taten Cosimos, so dachte er, es würde leicht sein, Piero das Ansehen zu nehmen und ihn des Staats zu berauben, den ihm sein Vater fast erblich hinterlassen halte. Es begab sich daher Messer Diolisalvi zu Piero mit einem Rat, der ganz ehrlich und vernünftig schien, aber darunter war sein Untergang verborgen. Er bewies ihm die Unordnung seiner Angelegenheiten und wieviel Geld herbeizuschaffen notwendig sei, wenn er nicht mit seinem Kredit das Ansehen seines Vermögens und seines Ranges verlieren wollte. Deshalb, sagte er ihm, könne er nicht mit größerer Schicklichkeit seinen Unordnungen abhelfen, als wenn er die Gelder einzuziehen suche, die sein Vater von vielen, sowohl Fremden als Bürgern, zu fordern habe. Cosimo nämlich, um sich Anhänger in Florenz und Freunde auswärts zu erwerben, war in Mitteilung seines Vermögens an jedermann in solchem Maß freigebig, daß, was er aus diesem Grund als Gläubiger zu fordern hatte, eine Summe erreichte, die keineswegs klein oder von wenig Bedeutung war.

Piero schien dieser Rat gut und angemessen, da er seinen Unordnungen mit dem Seinen abhelfen wollte. Aber kaum hatte er befohlen, daß diese Gelder zurückverlangt würden, so beklagten sich die Bürger, als ob er ihnen das Ihrige nehmen, nicht das Seinige zurückverlangen wollte, sagten ohne Rücksicht Böses von ihm und verleumdeten ihn als einen undankbaren geizigen Mann.

Als Messer Diotisalvi sah, daß Piero sich durch seinen Rat die allgemeine Ungunst bei Bürgern und Volk zugezogen hatte, vereinte er sich mit Messer Luca Pitti, Messer Agnolo Acciajuoli und Niccolo Soderini, und sie beschlossen, Piero Ansehen und Regierung zu entreißen. Die Ursachen, die diese Männer bewogen, waren verschieden. Messer Luca wünschte in Cosimos Stelle zu treten; denn er war so groß geworden, daß es ihn unwillig machte, Piero Ehererbietung zeigen zu müssen. Messer Diotisalvi, der Messer Luca als nicht geeignet kannte, Haupt der Regierung zu sein, dachte, es müsse notwendig nach Pieros Wegräumung das Ansehen des Ganzen ihm zufallen. Niccolo Soderino wollte, daß die Stadt freier lebe und nach dem Willen der Magistrate verwaltet werde. Messer Agnolo haßte die Medici persönlich aus folgender Ursache: Sein Sohn Raffaello hatte längere Zeit zuvor Alessandra dei Bardi mit einer sehr großen Mitgift geheiratet. Diese wurde entweder mit oder ohne ihre Verschuldung vom Schwiegervater und dem Gemahl mißhandelt. Von Mitleid mit der jungen Frau bewogen, entführte sie daher ihr Verwandter Lorenzo d'Ilarione in einer Nacht, von vielen Bewaffneten begleitet, aus dem Hause Messer Agnolos. Die Acciajuoli führten Klage ob dieser Beleidigung, die ihnen die Bardi zugefügt. Die Sache wurde Cosimo überwiesen, der die Entscheidung gab, daß die Acciajuoli der Alessandra ihre Mitgift zurückgeben sollten, und dann solle die Rückkehr zu ihrem Mann dem freien Willen der Frau anheimgestellt sein. Es stellte sich für Messer Agnolo nicht so dar, als ob ihn Cosimo in diesem Urteil als Freund behandelt habe, und da er sich an Cosimo selbst nicht hatte rächen können, so beschloß er, sich an seinem Sohn zu rächen.

Bei so großer Verschiedenheit der Beweggründe gaben gleichwohl die Verschworenen öffentlich die nämliche Ursache an. Ihrer Behauptung nach wollten sie, daß die Stadt durch die Magistrate, nicht durch den Rat weniger regiert werde. Außerdem vermehrte sich der Haß gegen Piero und es gab mehr Ursachen ihn zu lästern, daß viele Kaufleute in dieser Zeit ihre Zahlungen einstellten. Piero wurde deshalb öffentlich beschuldigt, er habe sie dadurch, daß er gegen alle Erwartung sein Geld zurückverlangt, zum Schimpf und Schaden der Stadt hierzu gebracht. Hinzu kam noch, daß er sich anschickte seinem Erstgebornen Lorenzo Ciarice degli Orsini zur Frau zu geben. Dies gab jedermann noch viel mehr Stoff, ihn zu verleumden. „Nun", hieß es, „da er für seinen Sohn eine florentinische Ehe ausschlagen will, sieht man klar, daß ihn die Stadt als Bürger nicht mehr faßt. Also bereitet er sich vor, die Herrschaft an sich zu reißen. Denn wer seine Mitbürger nicht zu Verwandten will, will sie zu Knechten. Es ist aber deshalb auch angemessen, daß er sie nicht zu Freunden hat." Es schien diesen Häuptern des Aufruhrs, sie hätten den Sieg in der Hand; denn der größere Teil der Bürger, durch den Namen der Freiheit getäuscht, den sie, um ihrem Unternehmen einen ehrbaren Anstrich zu geben, zum Schild ausgehängt hatten, schloß sich ihnen an.

Während es auf diese Weise in der Stadt gärte, schien es einem von denen, welchen die bürgerliche Zwietracht mißfiel, gut, zu versuchen, ob man dieselbe durch eine neue Lustbarkeit beilegen könne. Denn meistens ist das müßige Volk ein Werkzeug derer, die Revolutionen machen wollen. Man wollte daher diese Möglichkeit entfernen und die Leute mit etwas beschäftigen, was ihre Gedanken vom Staat ablenkte. Da sich Cosimos Sterbetag gerade jährte, kam man auf den Gedanken, daß es gut sei, die Stadt wieder aufzuheitern, und veranstaltete zwei Feste, die im Vergleich mit den anderen in Florenz üblichen sehr feierlich waren. Das eine stellte die heiligen drei Könige vor, wie sie dem Stern nach, der ihnen Christi Geburtsort zeigte, aus dem Morgenlande kamen, und war von solchem Pomp und so prächtig, daß Veranstaltung und Feier mehrere Monate die ganze Stadt beschäftigten. Das zweite war ein Turnier, so nennt man ein Schauspiel, das ein Gefecht zu Pferde darstellt, worin sich die ersten Jünglinge der Stadt gegen die berühmtesten Ritter Italiens erprobten. Unter den florentinischen Jünglingen erwarb dabei den größten Ruf Lorenzo, Pieros Erstgeborner, der nicht durch Gunst, sondern durch reine Tapferkeit den ersten Preis davontrug.

Nachdem diese Schauspiele gefeiert waren, kamen den Bürgern dieselben Gedanken wieder, und jeder folgte mit größerem Eifer als je seiner Meinung. Dies hatte große Zwistigkeiten und Umtriebe zur Folge, die noch durch zwei Ereignisse sehr vermehrt wurden. Das eine war, daß die Gewalt der Balia zu Ende ging. Das zweite war der Tod des Herzogs Francesco von Mailand. Der neue Herzog Galeazzo nämlich schickte Gesandte nach Florenz, um die Bestätigung des Vertrages zu begehren, den sein Vater Francesco mit der Stadt hatte, und worin unter anderem festgesetzt war, daß jedes Jahr dem Herzog eine gewisse Summe Geld bezahlt werden solle. Die führenden Gegner der Medici ergriffen die Gelegenheit dieses Begehrens und widersetzten sich öffentlich in den Räten der Gewährung. „Nicht mit Galeazzo“, betonten sie, „sondern mit Francesco habe man Freundschaft gemacht. Durch Francescos Tod also sei die Verbindlichkeit tot, und kein Grund sei vorhanden, sie wieder aufzuwecken. Denn Galeazzo besitze dieselbe Tapferkeit nicht, welche Francesco besessen, und folglich dürfe und könne man von ihm nicht denselben Vorteil erhoffen, sondern wenn man von Francesco wenig gehabt, so würde man von diesem noch weniger haben. Wolle aber ein gewisser Bürger zum Vorteil seiner Macht Galeazzo in Sold nehmen, so sei dies gegen die republikanische Verfassung und die Freiheit der Stadt.“ Piero dagegen zeigte, „Daß es nicht gut sei, eine so notwendige Freundschaft aus Geiz zu verlieren. Nichts sei der Republik und ganz Italien so heilsam wie ihr Bündnis mit dem Herzog, damit die Venezianer, sie einig sehend, nicht hofften, entweder durch verstellte Freundschaft oder durch offenen Krieg das Herzogtum zu unterjochen. Denn kaum würden sie merken, daß sich die Florentiner vom Herzog entfernt hätten, so würden sie die Waffen gegen ihn in der Hand haben, und da sie ihn jung, neu auf dem Thron und ohne Verbündete fänden, so würden sie das Herzogtum leicht entweder durch List oder durch Gewalt erobern. In beiden Fällen aber sehe man den Untergang der Republik.“

Es wurde weder auf die Worte Pieros gehört, noch auf diese Gründe. Die Feindschaft begann sich offen zu zeigen. Jede der Parteien kam des Nachts an einem anderen Ort in Gesellschaft zusammen; die Freunde der Medici in der Kirche della Crocetta, die Gegner in der della Pietà. Diese, in ihrer eifrigen

Tätigkeit, Piero zu stürzen, hatten die Unterschriften vieler Bürger, als ihrem Unternehmen günstig, gesammelt. Als sie wieder einmal in einer Nacht beisammen waren, hielten sie geheimen Rat über die Art ihres Verfahrens. Jedem gefiel, die Macht der Medici zu mindern, aber über die Art waren sie uneinig. Ein Teil, der gemäßigtste und bescheidenste, wollte, „Daß man dafür sorgen solle, zu verhindern, daß die Gewalt der Balia, da sie zu Ende sei, erneuert werde. Tue man dies, so werde dadurch die Absicht eines jeden erreicht. Die Räte und Magistrate würden dann die Stadt verwalten, und in kurzer Zeit würde die Gewalt Pieros schwinden. Mit dem Verlust des Ansehens, das ihm die Regierung gäbe, würde er seinen Handelskredit verlieren; denn mit seinem Vermögen stehe es so, daß er umzuwerfen genötigt sei, wenn man fest darauf halte, daß er sich der öffentlichen Gelder nicht bedienen könne. Sobald aber dies geschehen wäre, sei er nicht im geringsten mehr gefährlich, und man habe die Freiheit ohne Verbannungen und Blutvergießen wiedererlangt, was jeder gute Bürger wünschen müsse. Versuche man hingegen Gewalt anzuwenden, so könnte man sich in eine Menge Gefahren begeben; denn manche lassen einen fallen, der von selbst fällt, die ihn, wird er gestoßen, halten. Überdies, wenn man nichts Außergesetzliches gegen ihn veranstalte, so habe er keine Ursache, sich zu bewaffnen oder Freunde zu suchen. Und täte er es doch, so werde es ihm zu solchem Vorwurf gereichen und bei jedermann so großen Argwohn erregen, daß es seinen Sturz erleichtern und ihnen bessere Gelegenheit, ihn zu stürzen, geben würde." Vielen anderen gefiel dieser Aufschub nicht. Sie behaupteten, „Die Zeit werde ihn, nicht sie begünstigen, denn entschieden sie sich dazu, mit dem Gesetzlichen sich zu begnügen, so laufe Piero keine Gefahr, sie dagegen viel. Denn die ihm feindlichen Magistrate würden ihn sich der Stadt erfreuen lassen, und die ihm befreundeten würden ihn zu ihrem Verderben, wie es im Jahr 1458 geschehen, zum Fürsten machen. Wenn die vorige Meinung ein Rat von guten Männern sei, so sei dies einer von weisen Männern. Während die Gemüter gegen ihn entflammt seien, müsse man ihn vernichten. Die Art sei, sich im Inneren zu bewaffnen und außen den Markgrafen von Ferrara in Sold zu nehmen, um nicht entwaffnet und, wenn das Los eine befreundete Signoria gewähre, bereit zu sein, sich seiner zu versichern." Man einigte sich also dahin, die neue Signoria abzuwarten und nach ihr sich zu benehmen.

Unter den Verschworenen befand sich Ser Niccolo Fedini, der die Geschäfte ihres Kanzlers besorgte. Dieser, von gewisserer Hoffnung bewogen, verriet Piero alle Unterhandlungen seiner Feinde und überreichte ihm die Liste der Verschworenen und Unterzeichneten. Piero erschrak, als er die Zahl und den Rang der Bürger sah, die gegen ihn waren. Nachdem er sich mit seinen Freunden beraten hatte, beschloß er, gleichfalls eine Subskriptionsliste seiner Freunde zu machen, und als er die Sorge dafür einem seiner Vertrautesten übertragen hatte, fand er solche Veränderlichkeit und Unbeständigkeit in der Gesinnung der Bürger, daß viele der gegen ihn Unterzeichneten sich auch für ihn unterschrieben.

Während diese Dinge auf diese Weise vor sich gingen, kam die Zeit, wo der höchste Magistrat erneuert wurde, und zum Gonfalonier der Gerechtigkeit wurde Niccolo Soderini erhoben. Es war erstaunlich, mit welchem Zulauf, nicht nur der beamteten Bürger, sondern das ganzen Volkes, er zum Palast begleitet wurde. Auf dem Wege wurde ihm ein Olivenkranz aufs Haupt gesetzt, zum Zeichen, daß von ihm das Heil und die Freiheit des Vaterlandes abhängen müsse. Man sieht durch diese und viele andere Erfahrungen, daß es nicht begehrenswert ist, eine Magistratur oder einen Thron zu übernehmen, wenn sich an die Übernahme außerordentliche Erwartungen knüpfen. Denn da du ihr durch die Werke nicht entsprechen kannst, weil die Menschen mehr verlangen, als sie erreichen können, so erzeugt sie dir mit der Zeit Schimpf und Schande. Messer Tommaso Soderini und Niccolo waren Brüder. Niccolo war kühner und mutiger, Messer Tommaso weiser. Dieser war Pieros warmer Freund und kannte das Streben seines Bruders, wie er nur die Freiheit der Stadt wünsche, und daß, ohne jemand zu verletzen, der Staat gefestigt werde. Er ermahnte ihn daher, neue Squittinien vorzunehmen, wodurch die Beutel mit den Bürgern, welche die freie Verfassung liebten, angefüllt würden; geschehe dies, so festige man den Staat und stelle ihn nach seinem Willen, ohne jemand zu beleidigen, sicher. Niccolo glaubte leicht seinem Bruder und brachte mit diesen unnützen Gedanken allmählich die Zeit seiner Würde hin. Seine Freunde, die Häupter der Verschworenen, ließen es geschehen, weil sie aus Eifersucht nicht wollten, daß der Staat durch die Autorität Niccolos erneut werde, und immer glaubten noch Zeit zu haben, durch einen anderen Gonfalonier dasselbe zu tun. Es kam also das Ende der Würde Niccolos, und da er viele Dinge angefangen und kein einziges beendet hatte, legte er sie viel schimpflicher nieder, wie er sie ehrenvoll angetreten hatte.

Dieses Beispiel machte die Partei Pieros stärker; seine Freunde bestärkten sich in der Hoffnung, und die, welche neutral waren, schlossen sich ihm an. Da hierdurch die Parteien gleichgestellt waren, wurde mehrere Monate lang ohne Tumult die Zeit hingezogen. Die Partei Pieros jedoch gewann immer mehr Kräfte. Seine Feinde, die das fühlten, versammelten sich daher, und was sie durch die Magistrate und leicht zu tun nicht gewußt oder gewollt halten, wollten sie nun mit Gewalt tun. Sie beschlossen, Piero, der sich krank in Careggi befand, töten zu lassen und zu diesem Zweck den Markgrafen von Ferrara mit seinen Soldaten gegen die Stadt rücken zu lassen. Nachdem Piero getötet wäre, wollten sie bewaffnet auf den Platz gehen und durchsetzen, daß die Signoria eine Regierung nach ihrem Willen einführe; denn wenn dieselbe auch nicht ganz ihre Freundin war, so hofften sie doch den Teil, der ihnen entgegen wäre, durch die Furcht zum Nachgeben zu bringen. Messer Diotisalvi besuchte, um besser seine Absicht zu verheimlichen, Piero häufig, sprach ihm von der Einigkeit der Stadt und riet zur Aussöhnung. Piero wurden alle diese Unterhandlungen entdeckt, und überdies teilte ihm Messer Domenico Martelli mit, der Bruder Messer Diotisalvis, Francesco Neroni, sei in ihn gedrungen, er möge zu ihnen überwechseln, wobei er ihm den Sieg als gewiß und die Sache als gewonnen dargestellt habe.

Piero beschloß daher, der erste zu sein, der die Waffen ergreife, und nahm die Verhandlungen seiner Gegner mit dem Markgrafen von Ferrara zum Vorwand. Er gab vor, von Messer Giovanni (Benlivogli), Fürsten von Bologna, einen Brief empfangen zu haben, der ihm melde, daß der Markgraf von Ferrara mit Soldaten am Albofluß stünde, und daß sie öffentlich sagten, sie rückten gegen Florenz. Auf diese erdichtete Nachricht ergriff Piero die Waffen und zog in der Mitte einer großen Menge Bewaffneter nach Florenz. Nach ihm bewaffneten sich alle, die seiner Partei folgten, und das gleiche tat die Gegenpartei; aber mit besserer Ordnung als Pieros, weil sie vorbereitet war, während die anderen noch nicht ihrem Plan gemäß bereit waren. Messer Diotisalvi, dessen Haus in der Nähe des Hauses Pieros stand, hielt sich darin nicht für sicher, sondern ging bald in den Palast der Signoria, zu ermahnen, daß sie Piero zur Niederlegung der Waffen bringen solle, bald ging er zu Messer Luca, um ihn bei ihrer Partei festzuhalten. Aber von allen übrigen zeigte sich Messer Niccolo Soderini am feurigsten. Er ergriff die Waffen, und fast die ganze Menge aus seinem Viertel folgte ihm. Dann ging er zu den Häusern Messer Lucas und bat ihn, zu Pferd zu steigen und zur Unterstützung der Signoria, die für sie sei, mit auf den Platz zu kommen. „Dort“, fuhr er fort, „ist ohne Zweifel der Sieg gewiß. Wollt nicht, indem Ihr zu Hause bleibt, entweder den bewaffneten Feinden feige unterliegen oder Euch von den entwaffneten schimpflich täuschen lassen. Macht nicht, daß es Euch einmal reut, jetzt nicht getan zu haben, was Ihr dann nicht mehr Zeit haben werdet zu tun. Wollt Ihr durch den Krieg Pieros Sturz, so könnt Ihr das leicht erreichen. Wollt Ihr den Frieden, so ist es besser in der Verfassung zu sein, die Bedingungen vorzuschreiben, nicht zu empfangen.“ Diese Worte bewogen Messer Luca nicht, da er seinen Entschluß schon gefaßt hatte. Er war von Piero durch das Versprechen neuer Verwandtschaft und neuer Bedingungen abgewendet worden; denn sie hatten seine Nichte mit Giovanni Tornabuoni verlobt. Er ermahnte daher Niccolo, die Waffen niederzulegen und nach Hause zurückzukehren. Es müsse ihm genügen, daß die Stadt von den Magistraten regiert werde, und so werde es kommen. Jedermann werde die Waffen niederlegen, und die Signoria, wo sie die größte Partei hätten, würde die Richter ihrer Differenzen sein. Da ihn also Niccolo nicht anders bestimmen konnte, kehrte er nach Hause zurück. Aber zuvor noch sprach er zu ihm: „Ich kann allein meiner Stadt nicht Gutes tun, aber ich kann wohl das Böse vorher sagen. Dieser Entschluß, den Ihr ergreift, wird zur Folge haben, daß unser Vaterland seine Freiheit, Ihr Regierung und Vermögen, ich und die anderen das Vaterland verlieren." Die Signoria halte während dieses Tumults den Palast geschlossen und sich mit ihren Magistraten versammelt, keiner der Parteien Gunst zeigend. Die Bürger, und besonders die, welche zu Messer Lucas Anhang gehörten, als sie Piero bewaffnet und seine Gegner entwaffnet sahen, begannen darauf zu sinnen, nicht wie sie Piero anzugreifen hätten, sondern wie sie seine Freunde werden könnten. Die ersten Bürger, Häupter der Fraktionen, kamen daher im Palast in Gegenwart der Signoria zusammen. Hier sprachen sie viele Dinge von der Verfassung der Stadt, viele von der Versöhnung derselben. Da Piero wegen Körperschwäche nicht an der Beratung teilnehmen konnte, beschlossen sie einstimmig, ihn in seinem Haus zu besuchen, ausgenommen Niccolo Soderini. Dieser, nachdem er seine Kinder und seine Habe in Messer Tommasos Schulz befohlen, ging in sein Landhaus, um dort den Ausgang abzuwarten, den er für sich unglücklich und für das Vaterland schädlich vermutete. Als die übrigen Bürger vor Piero kamen, beschwerte sich einer von denen, die zum Sprechen bestimmt worden, über den in der Stadt entstandenen Tumult, indem er sagte, „Es sei am meisten schuld daran, wer zuerst die Waffen ergriffen. Da sie nun nicht wüßten, was Piero, der der erste gewesen, sie zu ergreifen, wolle, so seien sie gekommen, um seinen Willen zu hören, und wenn er sich mit dem Wohl der Stadt vertrage, so würden sie ihm folgen." Auf diese Worte antwortete Piero:

„Nicht wer zuerst die Waffen ergriff, ist Ursache des Aufruhrs, sondern wer der erste ist, Ursache zu geben, daß man sie ergreift. Wenn Ihr mehr daran denken würdet, wie Euer Benehmen gegen mich war, so würdet Ihr Euch weniger über das wundern, was ich, um mich zu retten, getan habe. Ihr würdet sehen, daß die nächtlichen Zusammenkünfte, das Sammeln von Unterschriften, die Zettelungen, mir Stadt und Leben zu entreißen, mich zur Bewaffnung gebracht haben. Daß ich diese Waffen nicht aus meinem Haus ausrücken lasse, ist offenbarer Beweis meiner Absicht, daß ich sie, um mich zu verteidigen, nicht um andere anzugreifen, ergriffen habe. Ich will nichts anderes und wünsche nichts anderes als meine Sicherheit und Ruhe. Nie habe ich durch meine Handlungen gezeigt, daß ich mehr wünsche; denn als die Gewalt der Balia zu Ende war, habe ich niemals an ein außergesetzliches Mittel gedacht, sie ihr wiederzugeben. Ich bin es sehr zufrieden, daß die Magistrate die Stadt regieren, wenn Ihr damit zufrieden seid. Erinnert Euch, daß Cosimo und seine Söhne mit der Balia und ohne die Balia in Florenz geehrt zu leben wissen. Im Jahr 1458 hat sie nicht mein Haus, sondern ihr habt sie erneut. Wollt ihr sie jetzt nicht, so will auch ich sie nicht. Aber dies genügt Euch nicht; denn ich habe gesehen, daß Ihr in Florenz nicht sicher sein zu können glaubt, wenn ich hier bin. Fürwahr, das hätte ich niemals, ich sage nicht geglaubt, sondern nur gedacht, daß meine und meines Vaters Freunde nicht mit mir in Florenz leben zu können glauben würden, da ich mich doch niemals anders gezeigt habe denn als ruhigen, friedfertigen Mann."

Dann wandte er sich an Messer Diotisalvi und dessen Brüder, die gegenwärtig waren, und warf ihnen mit ernsten, unwilligen Worten die Wohltaten Cosimos, das Vertrauen, das er auf sie gesetzt, und ihm große Undankbarkeit vor. Und solche Kraft hatten seine Worte, daß einige der Anwesenden so sehr in Aufregung gerieten, daß sie mit den Waffen über sie hergefallen wären, wenn sie Piero nicht zurückgehalten hätte. Zuletzt schloß Piero, daß er alles billigen werde, was sie und die Signoria beschließen würden, und daß er für sich nichts weiter begehre, als ruhig und sicher zu leben. Außerdem wurde von vielen Dingen gesprochen, doch für damals nichts beschlossen, außer im allgemeinen, daß es nötig sei, die Stadt zu reformieren und dem Staat neue Ordnung zu geben.

Gonfalonier der Gerechtigkeit war damals Bernardo Lotti, der nicht im Vertrauen Pieros war. Piero hielt daher nicht für gut, solange dieser im Amt wäre, etwas zu versuchen. Das schien ihm indes nicht viel zu bedeuten, weil das Ende seines Amtes nahe war. Als aber die Wahl der Signoren kam, die im September und Oktober sitzen, wurde im Jahre 1466 Roberto Lioni zur höchsten Würde gewählt. Sogleich nach Übernahme des Amtes – alles übrige war vorbereitet – rief dieser das Volk auf den Platz und machte eine neue Balia, ganz aus der Partei Pieros, die kurz darauf die Magistrate nach dem Willen des neuen Staates ernannte. Diese Dinge setzten die Häupter der feindlichen Faktion in Furcht; Messer Agnolo Acciajuoli floh nach Neapel, Messer Diotisalvi Neroni und Niccolo Soderini nach Venedig. Messer Luca Pitti blieb in Florenz, den Versprechungen Pieros und der neuen Verwandtschaft vertrauend. Die Geflohenen wurden zu Rebellen erklärt und die ganze Familie der Neroni zerstreut. Messer Giovanni Neroni, damals Erzbischof in Florenz, wählte sich, um größerem Übel zu entgehen, ein freiwilliges Exil in Rom. Mehrere andere Bürger, die eiligst abreisten, wurden an verschiedene Orte verbannt. Nicht damit zufrieden, wurde eine Prozession veranstaltet, Gott für die Erhaltung des Staates und die Wiedervereinigung der Stadt zu danken, während deren Feier einige Bürger verhaftet und gefoltert und hierauf ein Teil davon hingerichtet und andere ins Exil geschickt wurden.

Doch bei diesem Wechsel der Dinge war kein Beispiel so merkwürdig wie das Messer Luca Pittis. Sogleich zeigte sich der Unterschied, der zwischen dem Sieg und der Niederlage, zwischen der Schande und der Ehre ist. In seinem Haus sah man die größte Einsamkeit, wahrend es zuvor von einer Menge Bürger besucht war. Auf der Straße fürchteten seine Freunde und Verwandten nicht nur, ihn zu begleiten, sondern nur zu grüßen, dem einen Teil von ihnen waren die Ämter, einem Teil das Vermögen genommen worden, und alle waren gleich bedroht. Die stolzen Gebäude, die er begonnen hatte, standen von den Baumeistern verlassen. Die Wohltaten, die ihm erwiesen worden, verwandelten sich in Unbilden, die Ehrenbezeigungen in Verhöhnung. Viele von denen, die ihm als Gunst eine Sache von großem Wert geschenkt hatten, verlangten sie als geliehen zurück; und die andern, welche ihn mit ihrem Lob bis zum Himmel zu erheben pflegten, tadelten ihn als undankbar und gewalttätig. So bereute er zu spät, daß er Niccolo Soderini nicht geglaubt und lieber mit den Waffen in der Hand einen ehrenvollen Tod gesucht hatte, als ein entehrtes Leben unter seinen siegreichen Feinden.

Die Verbannten fingen an, unter sich verschiedene Mittel zu überlegen, die Stadt wieder zu erobern, die sie sich zu erhalten nicht gewußt hatten. Messer Agnolo Acciajuoli jedoch, der sich zu Neapel befand, wollte, ehe er sich auf etwas einließ, die Gesinnung Pieros versuchen, um zu sehen, ob er Versöhnung hoffen könne, und schrieb ihm einen Brief in dieser Form:

„Ich lache dem Spiel des Glücks und wie es nach Belieben die Freunde zu Feinden und die Feinde zu Freunden werden läßt. Du kannst Dich erinnern, daß ich während der Verbannung Deines Vaters dadurch, daß ich diese Unbill höher als eigene Gefahr anschlug, das Vaterland und fast auch das Leben verlor. Nie habe ich, während ich mit Cosimo lebte, unterlassen, Euer Haus zu ehren und zu unterstützen, und auch nach seinem Tod war es nicht meine Absicht, Dich zu verletzen. Wahr ist, daß Deine schlechte Gesundheit, das Alter Deiner Söhne mich so sehr erschreckten, daß ich urteilte, es sei dem Staat eine solche Form zu geben, daß nach Deinem Tod unser Vaterland nicht untergehe. Hieraus entstand, was ich nicht gegen Dich, sondern zum Wohl meines Vaterlandes getan habe. War dies aber doch ein Vergehen, so verdient es durch meine gute Absicht und durch meine früheren Werke verlöscht zu werden. Ich kann nicht glauben, da Dein Haus bei mir so lange Zeit so große Treue gefunden, daß ich bei Dir nicht Mitleid finden und daß so viele Verdienste durch einen einzigen Fehltritt zerstört werden sollten."

Nach Empfang dieses Briefes antwortete Piero so: „Daß Du in Neapel lachst, ist Ursache, daß ich nicht weine; denn würdest Du in Florenz lachen, so würde ich in Neapel weinen. Ich bekenne, daß Du meinem Vater Gutes gewollt hast, und Du wirst bekennen, daß Du von ihm Gutes empfangen hast. So war Deine Verpflichtung umso viel größer als die unsrige, als man die Taten mehr schätzen muß als die Worte. Da Du also für Dein Gutes belohnt worden bist, so darfst Du Dich jetzt nicht wundern, daß Du für Dein Böses den gerechten Preis davonträgst. Die Vaterlandsliebe entschuldigt Dich nicht; denn nie wird jemand glauben, daß diese Stadt von den Medici weniger geliebt und vergrößert worden ist als von den Acciajuoli. Bleibe daher entehrt zu Neapel, da Du geehrt zu Florenz zu leben nicht gewußt hast."

Verzweifelnd, Verzeihung erlangen zu können, begab sich Messer Agnolo nach Rom und schloß sich dem Erzbischof und andern Verbannten an. Sie bestrebten sich nun, durch die kräftigsten Mittel, die sie kannten, dem römischen Wechselhaus der Medici den Kredit zu entziehen. Dies verhütete Piero mit Schwierigkeit, doch brachte er es, von den Freunden unterstützt, dahin, daß ihr Plan fehlschlug.

Messer Diolisalvi andererseits und Niccolo Soderini versuchten mit größter Tätigkeit den venezianischen Senat gegen ihr Vaterland aufzuwiegeln. Sie urteilten, wenn die Florentiner mit neuem Krieg überzogen würden, so könnten sie ihn nicht bestehen, weil die Regierung neu und verhaßt sei. Es befand sich zu dieser Zeit zu Ferrara der Sohn Messer Palla Strozzis, Giovan Francesco, der bei der Staatsveränderung vom Jahr 1434 mit seinem Vater aus Florenz vertrieben worden war. Dieser hatte großen Kredit und galt, im Vergleich zu den anderen Kaufleuten, als sehr reich. Die neuen Rebellen zeigten Giovan Francesco die Leichtigkeit, ihr Vaterland wiederzuerlangen, wenn die Venezianer den Feldzug unternähmen. Dieses, glaubten sie, würde Venedig tun, wenn man einigermaßen zu den Kosten beitragen könne, sonst zweifelten sie daran. Giovan Francesco, der sich für die erlittenen Unbilden zu rächen verlangte, glaubte leicht ihrem Rat und versprach, zu diesem Feldzug mit seinem ganzen Vermögen beitragen zu wollen. Sie begaben sich daher zum Dogen und beklagten sich über ihre Verbannung.

„Wir ertragen", sagten sie, „die Verbannung nur darum, weil wir gewollt haben, daß unser Vaterland unter seinen Gesetzen lebe, und daß die Magistrate, nicht die wenigen Bürger geehrt werden. Piero de' Medici mit anderen, seinem Anhang, die tyrannisch zu leben gewöhnt sind, hat mit Hinterlist die Waffen ergriffen, mit Hinterlist uns zum Entwaffnen gebracht und dann mit Hinterlist uns aus unserem Vaterland vertrieben. Nicht damit zufrieden, mißbrauchten sie Gott zum Kuppler, um viele andere zu unterdrücken, die im Vertrauen auf das gegebene Wort in der Stadt geblieben waren. Während der öffentlichen und heiligen Zeremonien und der feierlichen Bittgänge, damit Gott ihres Verrates Teilnehmer sei, wurden viele Bürger eingekerkert und hingerichtet. Eine Sache von gottlosem, entsetzlichem Beispiel. Um dies zu rächen, wissen wir nicht, wohin mit mehr Hoffnung wir uns wenden könnten, als an einen Senat, der, weil er immer frei war, mit denen Mitleid haben muß, die ihre Freiheit verloren haben. Wir fordern also gegen die Tyrannen die freien Männer, gegen die Gottlosen die Frommen auf. Erinnert Euch, daß es die Familie der Medici war, die Euch die Herrschaft über die Lombardei genommen hat, als Cosimo, dem Willen der übrigen Bürger entgegen, den Senat Francesco (Sforza) begünstigte und unterstützte. Wenn Euch daher unsere gerechte Sache nicht bewegt, so muß Euch der gerechte Haß und das gerechte Verlangen, Euch zu rächen, bewegen."

Diese letzten Worte ergriffen den ganzen Senat, und sie beschlossen, daß ihr Feldherr Bartolommeo Colione das florentinische Gebiet angreifen solle. So bald als möglich war das Heer beisammen, zu welchem Hercules von Este stieß, von Borso, Markgrafen von Ferrara, gesandt (1467). Beim ersten Angriff, als die Florentiner noch nicht gerüstet waren, verbrannten die Venezianer Borgo di Dovadola und richteten einigen Schaden in der Umgegend an. Aber die Florentiner hatten, nach Vertreibung der Piero feindlichen Partei, mit dem Herzog Galeazzo von Mailand und mit dem König Fernando neue Allianz geschlossen, und als ihren Feldherrn hatten sie den Grafen Federigo von Urbino in Sold genommen. So mit den Freunden in Ordnung, maßen sie den Feinden weniger Bedeutung bei. Denn Ferrando sandte seinen Erstgebornen Alfonso, und Galeazzo kam in Person, beide mit angemessenen Streitkräften. Alle vereinten sich sodann in Castrocaro, einem Kastell der Florentiner, am Fuß der Berge, wo man aus Toskana in die Romagna herabsteigt. Die Feinde hatten sich mittlerweile in der Richtung von Imola zurückgezogen. Es erfolgten nun, nach der Sitte jener Zeiten, einige Scharmützel; weder der eine noch der andere stürmte oder belagerte Festungen, noch gab man dem Feind Gelegenheit zur Schlacht, sondern beide Teile blieben in ihren Zelten, und beide benahmen sich mit erstaunlicher Feigheit.

Dies mißfiel in Florenz; denn man sah sich von einem Krieg bedrängt, der große Kosten verursachte, aber wenig erhoffen ließ. Die Magistrate beschwerten sich daher bei den Bürgern, welche sie als Kommissäre zu diesem Feldzug bestellt hatten. Diese antworteten, an allem sei der Herzog Galeazzo schuld, der, weil er viel Autorität und wenig Erfahrung habe, nützliche Maßregeln zu ergreifen selbst nicht wisse und denen keinen Glauben beimesse, die es wüßten. Solange er beim Heer bleibe, sei es unmöglich, daß man irgend etwas Tapferes oder Nützliches tun könne. Die Florentiner ließen also dem Herzog melden, „Es sei für sie von großem Vorteil und Nutzen, daß er ihnen persönlich zu Hilfe gekommen sei; denn das Ansehen, welches ihnen dies gebe, sei allein schon geeignet, die Feinde zu entmutigen. Doch sie schlügen viel höher sein und seines Staates Heil an, als den eigenen Vorteil; denn solange er unversehrt sei, hofften sie das Gedeihen alles übrigen, leide er hingegen, so fürchteten sie jedes Mißgeschick. Sie erachteten daher nicht für allzu sicher, daß er lange Zeit von Mailand abwesend bleibe, da er neu auf dem Thron und seine Nachbarn mächtig und verdächtig seien, so daß wer etwas gegen ihn anzetteln wolle, es leicht könnte. Sie ermahnten ihn deshalb, in seinen Staat zurückzukehren und einen Teil der Truppen zu ihrer Verteidigung zurückzulassen". Galeazzo gefiel dieser Rat, und ohne etwas Schlimmes zu denken, kehrte er nach Mailand zurück. Von diesem

Hindernis befreit, rückten die Feldherrn der Florentiner dem Feind näher auf den Leib, um zu beweisen, daß die Ursache wahr sei, der sie ihr langsames Verfahren schuld gegeben. Es kam nun zu einer direkten Schlacht, die einen halben Tag währte, ohne daß einer der Teile wankte. Nichtsdestoweniger starb darin niemand; nur einige Pferde wurden verwundet und etliche Gefangene gemacht. Der Winter war bereits gekommen und die Zeit, wo die Heere gewohnt waren, die Winterquartiere zu beziehen; Messer Bartolommeo zog sich daher nach Ravenna zurück, die florentinischen Truppen begaben sich nach Toskana, die des Königs und des Herzogs in die Staaten ihrer Herrn.

Da aber durch diesen Angriff keine Bewegung in Florenz gefühlt wurde, wie es die florentinischen Rebellen versprochen, und da der Sold für die gemieteten Truppen ausging, so wurde über den Frieden unterhandelt und er ohne viel Schwierigkeit bald geschlossen. Die florentinischen Rebellen, nun aller Hoffnung beraubt, reisten nach verschiedenen Orten ab. Messer Diotisalvi begab sich nach Ferrara, wo er vom Markgrafen Borso aufgenommen und ernährt wurde. Niccolo Soderini ging nach Ravenna, wo er mit einer kleinen Pension, die er von den Venezianern erhielt, alterte und starb. Er galt als ein gerechter und mutvoller Mann, aber für unentschieden und langsam im Entschluß. Dies war Ursache, daß er als Gonfalonier der Gerechtigkeit eine Gelegenheit zu siegen verlor, welche er als Privatmann wieder erlangen wollte und nicht konnte.

Als der Friede geschlossen war, glaubten die Bürger, welche in Florenz die Oberhand behalten, nicht gesiegt zu haben, wenn sie nicht mit jeder Unbill nicht nur die Feinde, sondern auch die ihrer Partei Verdächtigen beugten. Sie bewirk ton daher bei Bardo Altoviti, damaligem Gonfalonier der Gerechtigkeit, daß er von neuem vielen Bürgern die Ämter, vielen anderen die Stadt entzog. Dies vergrößerte ihre Macht und den Schrecken der anderen. Nun übten sie diese Macht ohne alle Rücksicht aus und benahmen sich auf eine Weise, daß es schien, Gott und das Schicksal habe ihnen die Stadt preisgegeben. Piero erfuhr wenig davon, und diesem wenigen konnte er wegen seiner Krankheit nicht abhelfen; denn er war so gelähmt, daß er sich keines andern Gliedes als der Zunge bedienen konnte. Er konnte nichts dagegen tun, als sie ermahnen und bitten, daß sie bürgerlich leben und sich lieber ihres wohlbehaltenen Vaterlandes erfreuen sollten als des zerstörten. Um die Stadt aufzuheitern, beschloß er, die Hochzeit seines Sohnes Lorenzo prächtig zu feiern, dem er Ciarisse aus dem Hause Orsini verlobt hatte. Es wurde dabei der Pomp der Aufzüge und jeder anderen Pracht entfaltet, wie es für einen solchen Mann ziemte. Mehrere Tage vergingen unter neuen Arten von Bällen, Gastmählern und Vorstellungen von Theaterstücken der Alten. Um noch mehr die Größe des Hauses der Medici und des Staates zu zeigen, fügte man zwei militärische Schauspiele hinzu. Das eine wurde zu Pferde abgehalten und stellte eine Feldschlacht dar, das andere zeigte den Sturm auf eine Festung. Beides wurde mit der größtmöglichsten Ordnung und Tapferkeit ausgeführt.

Während diese Dinge auf diese Weise in Florenz vor sich gingen, lebte das übrige Italien ruhig, aber in großer Furcht vor der Macht des Türken, der in seinen Feldzügen gegen die Christen fortfuhr und Negroponte zu großem Schimpfe und Schaden des christlichen Namens erobert hatte. Es starb in dieser Zeit Borso, Markgraf von Ferrara, und ihm folgte sein Bruder Ercole. Es starb Gisinondo (Malatesta) von Rimini, ewiger Feind der Kirche, und Erbe seines Staates wurde Roberto, sein natürlicher Sohn, der später unter den Feldherrn Italiens im Krieg sehr ausgezeichnet war. Es starb Papst Paul, und zu seinem Nachfolger wurde Sixtus IV. gewählt, zuvor Francesco von Savona genannt. Er war ein Mann von niedrigstem und gemeinem Stand, aber durch seine Verdienste war er General des Franziskanerordens geworden und hierauf Kardinal. Dieser Papst war der erste, der zu zeigen begann, wie viel ein Papst vermöge, und daß viele Dinge, früher Vergehen genannt, sich unter der päpstlichen Autorität verbergen lassen. Er hatte unter seiner Familie Piero und Girolamo, die, wie jedermann glaubte, seine Söhne waren, doch bemäntelte er es durch anständigere Namen. Piero, weil er Mönch war, führte er zur Würde des Kardinalats, mit dem Titel von S. Sisto. Girolamo gab er die Stadt Forli, die er Antonio Ordelaffi nahm, dessen Vorfahren lange Zeit Fürsten dieser Stadt gewesen waren. Diese ehrgeizige Handlungsweise erwarb ihm die Achtung der Fürsten Italiens in höherem Grade, und jeder versuchte sich ihn zum Freund zu machen. Der Herzog von Mailand gab Girolamo seine natürliche Tochter Caterina (Sforza) zur Ehe und als Mitgift die Stadt Imola, deren er Adder degli Alidosi beraubt hatte. Zwischen diesem Herzog und dem König Ferrando wurde gleichfalls neue Verwandtschaft geschlossen. Elisabetta nämlich, die Tochter Alfonsos, des Erstgeborenen des Königs, wurde mit Giovan Galeazzo, dem ältesten Sohne des Herzogs, verlobt.

(1469.) Man lebte also in Italien sehr ruhig, und die größte Sorge der Fürsten war, einander zu beobachten und durch neue Heiraten, Freundschaften und Bündnisse sich einer des anderen zu versichern. Doch in so tiefem Frieden wurde Florenz von seinen eigenen Bürgern hart bedrängt, und Piero konnte sich, durch seine Krankheit verhindert, ihrem Ehrgeiz nicht widersetzen. Um jedoch sein Gewissen zu entlasten, und um zu sehen, ob er sie zum Bereuen bringen könne, ließ er sie alle in sein Haus bescheiden und sprach zu ihnen in folgender Weise:

„Ich hätte nie geglaubt, daß eine Zeit kommen könnte, wo das Benehmen und die Sitten der Freunde mich zwingen sollten, die Feinde zu lieben und herbeizuwünschen, und der Sieg die Niederlage. Ich dachte mir, Männer zu Gefährten zu haben, die in ihren Begierden einiges Maß und Ziel hätten, und denen es genügen würde, in ihrem Vaterland sicher und geehrt und überdies an ihren Feinden gerächt zu leben."

„Aber ich erkenne jetzt, wie sehr ich mich getäuscht habe, weil ich wenig den natürlichen Ehrgeiz aller Menschen kannte und noch weniger den euren. Es genügt euch nicht, in einer so großen Stadt Fürsten zu sein, und daß ihr Wenigen die Ämter, Würden und Besoldungen habt, womit man sonst viele Bürger zu ehren pflegte. Es genügt euch nicht, die Güter eurer Feinde unter euch geteilt zu haben. Es genügt euch nicht, daß ihr alle übrigen durch die öffentlichen Lasten drücken könnt, während ihr, frei davon, alle öffentlichen Vorteile habt. Ihr wollt auch noch mit jeder Art von Unbill einen jeden bedrängen!"

„Ihr beraubt den Nachbar seiner Güter, ihr verkauft die Gerechtigkeit, ihr umgeht die bürgerlichen Gerichtshöfe, ihr unterdrückt die friedlichen Männer und erhöht die übermütigen. Ich glaube nicht, daß in ganz Italien so viele Beispiele von Gewalltätigkeit und Habsucht vorkommen wie in dieser einzigen Stadt. Hat uns denn unser Vaterland das Leben gegeben, damit wir es ihm nehmen? Hat es uns zu Siegern gemacht, damit wir es zerstören? Ehrt es uns, damit wir es beschimpfen?"

„Ich gebe euch mein Wort, wie es redliche Männer geben und nehmen sollen – wenn ihr fortfahrt, euch so zu benehmen, daß ich bereuen muß, gesiegt zu haben, so werde auch ich mich so benehmen, daß ihr bereuen werdet, den Sieg mißbraucht zu haben."

Die Bürger antworteten nach Zeit und Ort angemessen, doch ließen sie von ihren bösen Taten nicht ab. Piero ließ daher insgeheim Messer Agnolo Acciaiuoli nach Gaffagiuolo kommen und sprach mit ihm lange über den Zustand der Stadt. Und man zweifelte nicht im geringsten, daß er, hätte ihn der Tod nicht unterbrochen, alle Verbannten, um die Räubereien der Bürger zu zügeln, dem Vaterland zurückgegeben hätte. Aber diesen höchst ehrenhaften Gedanken widersetzte sich der Tod. Den Leiden des Körpers und dem Kummer des Geistes erliegend, starb er in einem Alter von dreiundfünfzig Jahren. Sein Verdienst und seine Redlichkeit konnte sein Vaterland nicht völlig erkennen, weil er von seinem Vater Cosimo fast bis zu Ende seines Lebens begleitet war, und weil er die wenigen Jahre, die er ihn überlebte, in bürgerlichen Streitigkeiten und Krankheit zubrachte. Piero wurde in der Kirche S. Lorenzo neben seinem Vater beigesetzt. Sein Leichenbegängnis wurde mit dem Pomp gehalten, wie es ein solcher Bürger verdiente. Er hinterließ zwei Söhne, Lorenzo und Giuliano, die zwar beide einen jeden hoffen ließen, sie sollten für die Republik höchst nützliche Männer werden, deren Jugend jedoch jedermann erschreckte.

Es war in Florenz unter den ersten Bürgern der Regierung und weit den anderen überlegen Messer Tommaso Soderini, dessen Klugheit und Autorität nicht allein in Florenz, sondern bei allen Fürsten Italiens bekannt war. Diesem wurde nach Pieros Tod von der ganzen Stadt Ehrerbietung gezeigt, viele Bürger besuchten ihn als Haupt der Stadt in seinem Palast, und viele Fürsten schrieben ihm. Er aber, klug wie er war, und seinen und jenes Hauses Rang sehr wohl erkennend, antwortete auf die Briefe der Fürsten nicht und erklärte den Bürgern, daß nicht sein Palast, sondern der der Medici zu besuchen sei. Um seine Worte durch die Tat zu belegen, versammelte er alle die Ersten der adeligen Familien im Kloster St. Antonio, wohin er auch Lorenzo und Giuliano de' Medici kommen ließ. Hier erörterte er in einer langen ernsten Rede den Zustand der Stadt, den Italiens und das Streben seiner Fürsten. Dann schloß er, „Wenn sie wollten, daß man in Florenz einig und im Frieden, vor innern Spaltungen und äußeren Kriegen sicher lebe, so sei es notwendig, diesen Jünglingen Ehrerbietung zu zeigen und diesem Haus sein Ansehen zu erhalten. Denn die Menschen beklagen sich nie, wenn sie tun müssen, was sie gewohnt sind; so schnell man das Neue ergreift, so schnell läßt man es wieder; und immer war es leichter, eine Macht zu erhalten, die durch die Länge der Zeit die Eifersucht verlöscht hat, als eine neue Macht zu erwecken, die aus sehr vielen Gründen leicht gestürzt werden kann."

Nach Messer Tommaso sprach Lorenzo, seiner Jugend ungeachtet mit solchem Ernst und solcher Bescheidenheit, daß er jedem Hoffnung einflößte, er werde der sein, der er später wurde. Ehe sie sich trennten, schworen diese Bürger, die Jünglinge als Söhne, und diese schworen, sie als Väter zu betrachten. Nach diesem Beschluß wurden Lorenzo und Giuliano als Fürsten des Staates geehrt, und die Bürger wichen vom Rat Messer Tommasos nicht ab.

Während man nun innen und außen ruhig lebte, entstand, da kein Krieg war, der die allgemeine Ruhe gestört hätte – ein unerwarteter Tumult, der gleichsam ein Vorzeichen des künftigen Unheils war. Unter den Familien, die mit der Partei Messer Luca Pittis stürzten, war die der Nardi. Salvestro und seine Brüder, die Häupter dieser Familie, wurden zuerst ins Exil geschickt und dann wegen des Krieges, den Bartolommeo Colione anfing, zu Rebellen erklärt. Hierunter war Bernardo, ein Bruder Salvestros, ein rascher mutiger Jüngling. Da dieser wegen seiner Armut die Verbannung nicht zu ertragen vermochte und wegen des Friedensschlusses kein Mittel zu seiner Rückkehr erblickte, beschloß er etwas zu versuchen, wodurch Anlaß zu neuem Krieg gegeben werden könne. Denn oft bringt ein unbedeutender Anfang bedeutende Wirkungen, da bekanntlich die Menschen bereiter sind, sich einem Unternehmen anzuschließen, wenn es begonnen ist, als es zu beginnen. Bernardo hatte viele Bekannte in Prato und noch mehr in der Landschaft Pistoja, besonders in der Familie Palandra, die, obgleich Landadel, eine Menge Männer zählt und wie die andern Pistolesen in den Waffen und im Blutvergießen aufgewachsen war. Er wußte, daß diese unzufrieden waren, weil sie in ihren Feindschaften von den florentinischen Obrigkeiten übel behandelt worden. Er kannte überdies die Stimmung der Prateser, daß sie stolz und habsüchtig regiert zu sein glaubten, und bei manchem wußte er böse Gesinnungen gegen die bestehende Regierung. Alle diese Dinge flößten ihm Hoffnung ein, dadurch, daß er Prato zur Rebellion bringe, in Toskana ein Feuer entzünden zu können, zu dessen Nährung dann so viele beitrügen, daß die Zahl der Löschenden nicht genügen würde.

Er teilte seinen Gedanken Messer Diotisalvi mit und fragte ihn, welche Unterstützung er durch ihn von den Fürsten hoffen könne, wenn ihm die Einnahme Pratos gelinge. Es schien Messer Diotisalvi die Unternehmung äußerst gefährlich und das Gelingen fast unmöglich. Da er jedoch sah, daß er mit fremder Gefahr von neuem das Glück versuchen konnte, ermunterte er ihn zur Ausführung, indem er ihm von Bologna und von Ferrara die zuverlässigste Hilfe versprach, wenn er es dahin brächte, Prato wenigstens vierzehn Tage im Zaum zu halten und zu verteidigen. Durch dieses Versprechen mit glücklicher Hoffnung erfüllt, begab sich Bernardo heimlich nach Prato, teilte die Sache einigen mit und fand sie sehr bereit. Denselben Sinn und Willen fand er bei den Palandra, und über das Wann und Wie übereingekommen, setzte Bernardo Messer Diotisalvi von allem in Kenntnis.

Podostà von Prato für das florentinische Volk war Cäsar Petrucci. Solche Statthalter haben die Gewohnheit, die Schlüssel der Tore bei sich zu bewahren, und jedesmal, besonders in nicht verdächtigen Zeiten, wenn sie jemand aus der Stadt zum Aus- oder Eingehen während der Nacht verlangt, so geben sie sie ihm. Bernardo, der diese Sitte kannte, kam vor Tag mit den Palandra und etwa 100 Bewaffneten an das Tor, welches nach Pistoja führt. Die, welche im Innern um die Sache wußten, bewaffneten sich gleichfalls, und einer von ihnen verlangte vom Podestà die Schlüssel, vorgebend, es wünsche sie jemand aus der Stadt, um hineinzugelangen. Der Podestà, der nichts von einem solchen Ereignis ahnen konnte, schickte einen Diener damit ab. Sobald dieser eine Strecke vom Palast entfernt war, nahmen ihm die Verschworenen die Schlüssel, öffneten das Tor und ließen Bernardo mit seinen Bewaffneten ein. So zusammengekommen, teilten sie sich in zwei Abteilungen, deren eine vom Pratenser Salvestro geführt die Zitadelle besetzte, die andere mit Bernardo den Palast einnahm und Petrucci mit seinen ganzen Leuten einigen der Ihrigen zur Bewachung gab. Hierauf erhoben sie Lärm und zogen unter dem Rufe „Freiheit“ durch die Stadt. Der Tag war bereits angebrochen, und auf den Lärm eilten viele Volksmänner auf den Platz. Als sie hier hörten, die Zitadelle und der Palast seien besetzt und der Podestà mit den Seinigen gefangen, standen sie erstaunt und wußten nicht, wie es dazu hatte kommen können. Die acht Bürger, welche in dieser Stadt die höchste Würde bekleiden, versammelten sich in ihrem Palast, um zu beraten, was zu tun sei.

Aber Bernardo und die Seinen, als er eine Zeitlang durch die Stadt gezogen und niemand sich ihm anschließen sah, ging, da er erfuhr, die Acht seien versammelt, zu ihnen. Er trug vor, „Die Ursache seines Unternehmens sei, daß er sie und sein Vaterland von der Knechtschaft befreien wolle; und welcher Ruhm es für sie sein würde, wenn sie die Waffen ergriffen und ihn in diesem ehrenvollen Unternehmen begleiteten, wodurch sie immerwährend Ruhe und ewigen Nachruhm erwerben würden. Er erinnerte sie an ihre alle Freiheit und ihren gegenwärtigen Zustand. Er stellte die Hilfe als zuverlässig dar, wenn sie sehr wenige Tage nur den unbedeutenden Streitkräften, welche die Florentiner zusammenbringen könnten, widerstehen wollten. Er behauptete in Florenz ein Einverständnis zu haben, das sich unverzüglich zeigen werde, sobald man höre, daß Prato einig sei, sich ihm anzuschließen". Diese Worte machten keinen Eindruck auf die Acht. Sie antworteten, „Sie wüßten nicht, ob Florenz frei oder in Knechtschaft lebe, weil dies eine Sache sei, die sie nichts angehe. Wohl aber wüßten sie, daß sie für sich keine andere Freiheit wünschten, als den Magistraten zu dienen, welche Florenz verwalteten, und von denen sie niemals eine solche Unbill erfahren, daß sie die Waffen gegen dieselben zu ergreifen hätten. Sie ermahnten ihn daher, den Podestà in Freiheit zu lassen und die Stadt von seinen Soldaten zu befreien, sich selbst aber eiligst aus der Gefahr zu ziehen, in die er sich mit wenig Klugheit begeben habe".

Bernardo verlor durch diese Worte nicht den Mut, sondern beschloß zu versuchen, ob die Furcht die Prateser bewegen werde, da es Bitten nicht vermochten. Um sie in Schrecken zu versetzen, dachte er Petrucci hinrichten zu lassen, den er aus dem Gefängnis zog und an ein Fenster des Palastes aufzuhängen befahl. Petrucci war, den Strick um den Hals, schon dem Fenster nahe, als er Bernardo, der zu seinem Tod trieb, erblickte und sich mit den Worten zu ihm wandte: „Bernardo, du läßt mich töten und glaubst, dann würden dir die Prateser folgen. Es wird aber umgekehrt kommen; denn die Ehrfurcht dieses Volkes vor den Rektoren, welche das florentinische Volk hierher schickt, ist so groß, daß das Schauspiel dieser Unbill, welche mir geschieht, einen solchen Haß gegen dich erregen wird, daß dein Untergang die Folge sein muß. Nicht mein Tod, sondern mein Leben kann Ursache deines Sieges werden; denn befehle ich ihnen, was du willst, so werden sie leichter mir als dir gehorchen, und indem ich deine Befehle befolge, erreichst du deine Absicht." Bernardo, arm an Maßregeln, wie er war, hielt diesen Rat für gut und gebot ihm, in einen Erker, der auf den Platz sieht, zu gehen und dem Volk zu befehlen, daß es gehorche. Nachdem Petrucci dies getan, wurde er ins Gefängnis zurückgeführt.

Schon war die Schwäche der Verschworenen entdeckt, und viele Florentiner, welche in der Stadt wohnten, waren zusammengekommen, worunter der Rhodiserritter Messer Giorgio Ginori. Dieser war der erste, welcher die Waffen gegen sie erhob und Bernardo angriff, der sprechend auf dem Platz umherging, indem er bald bat, bald drohte, wenn man ihm sich nicht, anschließen und gehorchen würde. Hier also drang Messer Giorgio mit vielen, die ihm folgten, auf Bernardo ein, der verwundet und gefangen wurde. Als dies geschehen war, war es leicht, den Podestà zu befreien und die übrigen zu überwinden. Wenige an Zahl und in mehrere Abteilungen zerstreut, wurden sie fast alle gefangen oder getötet.

Mittlerweile war das Gerücht von diesem Ereignis nach Florenz gekommen, und zwar viel größer, als es wirklich sich zugetragen. Man hörte, Prato sei genommen, der Podestà mit seiner Familie ermordet und die Stadt mit Feinden angefüllt; Pistoja stehe in Waffen, und viele der dortigen Bürger gehörten zur Verschwörung. Sogleich war der Palast voller Bürger, die zur Signoria eilten, sich zu beraten. Es befand sich damals Roberto von S. Severino, ein Feldherr von großem Ruf, in Florenz. Man beschloß ihn daher mit so vielen Truppen, wie er zusammenbringen könne, nach Prato zu schicken und trug ihm auf, sich der Stadt zu nähern, genaue Nachricht von der Sache zu geben und einstweilen abzuhelfen, wie es ihm seine Klugheit eingeben würde. Roberto hatte erst das Kastell Campi passiert, als er schon einem Beauftragten Petruccis begegnete, welcher meldete, Bernardo sei gefangen, seine Gefährten in die Flucht getrieben und getötet und jeder Tumult zum Schweigen gebracht. Er kehrte daher nach Florenz zurück, wohin kurz darauf auch Bernardo gebracht wurde. Vom Magistrat über den wahren Grund der Sache gefragt, sagte er, als man sie unbedeutend fand: „Ich war entschlossen, lieber in Florenz zu sterben, als im Exil zu leben, und wollte, daß wenigstens meinem Tod eine denkwürdige Tat vorausgehe."

Nachdem dieser Tumult fast so schnell unterdrückt als entstanden war, kehrten die Bürger zu ihrer alten Lebensweise zurück, indem sie ohne alle Besorgnis die Regierung zu genießen dachten, die sie eingeführt und befestigt hatten. Hieraus entsprangen der Stadt diejenigen Übel, welche im Frieden meistens sich zu erzeugen pflegen. Die Jünglinge, zügelloser als gewöhnlich, machten für Kleidung, Gastmähler und dergleichen Üppigkeiten übermäßige Ausgaben, und müßig, verschwendeten sie mit Spiel und Weibern Zeit und Geld. Ihre Studien bestanden darin, in der Kleidung geschmackvoll zu erscheinen, im Reden scharfsinnig und schlau, und wer am geschicktesten über den andern lästerte, war der Weiseste und Geachtetste. Diese so beschaffenen Sitten wurden durch die Hofleute des Herzogs von Mailand verschlimmert, der mit seiner Gemahlin und dem ganzen herzoglichen Hof nach Florenz kam, um, wie er sagte, ein Gelübde zu erfüllen (1471). Er wurde mit dem Pomp aufgenommen, der einem so mächtigen Fürsten und engen Freund der Stadt gebührte. Man sah sodann eine Sache, welche man in jener Zeit in unserer Stadt noch nie gesehen, daß zur Fastenzeit, wo die Kirche befiehlt, daß man ohne Fleisch zu essen fasten soll, dieser sein ganzer Hof, ohne Scheu vor Gott und seiner Kirche, Fleisch speiste. Und weil viele Schauspiele aufgeführt wurden, ihn zu ehren, worunter in San Spirito vorgestellt ward, wie der heilige Geist über die Apostel kam, und weil durch die vielen Flammen, die bei dieser Feierlichkeit angezündet worden, diese Kirche gänzlich abbrannte, so wurde von vielen geglaubt, Gott, gegen uns entrüstet, habe dieses Zeichen seines Zornes gegeben. Wenn also der Herzog die Stadt Florenz voll höfischer Weichlichkeit und jeder wohlgeordneten Republik widersprechender Sitten fand, so verließ er sie noch viel verdorbener. Die guten Bürger dachten daher, es sei nötig, der Sache Schranken zu setzen und schrieben durch ein neues Gesetz dem Aufwand in der Kleidung, bei Leichenbegängnissen und bei Gastmählern Grenzen vor.

Mitten in so tiefem Frieden entstand ein neuer unverhoffter Tumult in Toskana. In der Landschaft Volterra wurde von einigen Bürgern aus Volterra eine Alaungrube entdeckt. Des Wertes dieses Fundes sich bewußt, schlossen sich diese an einige florentinische Bürger an, um jemand zu haben, der sie mit Geld unterstütze und durch Autorität beschütze, und gaben ihnen Teil am Gewinn. Die Sache wurde am Anfang, wie es meistens mit neuen Unternehmungen der Fall ist, vom Volk von Volterra wenig beachtet. Als es aber mit der Zeit den Nutzen erkannte. wollte es zu spät und fruchtlos tun, was zur rechten Zeil leicht gewesen wäre. Die Sache fing an, in ihren Räten zur Sprache zu kommen, indem behauptet wurde, es sei nicht billig, daß ein auf öffentlichem Grund und Boden gefundener Gewerbszweig zum Privatvorteil verwendet werde. Man schickte hierüber Abgesandte nach Florenz (1472). Die Sache wurde einigen Bürgern überwiesen, die entweder von den Beteiligten bestochen, oder weil sie es so für gut erachteten, den Bericht erstatteten, „Das volterranische Volk wolle nichts Gerechtes, wenn es seine Bürger der Frucht ihrer Mühen und ihres Gewerbefleißes zu berauben verlange, es gehöre folglich den Privaten, nicht ihm dieser Alaun, wohl aber sei es billig, daß sie ihm jährlich eine gewisse Summe Geldes bezahlten, zum Zeichen, daß sie es als Oberherrn anerkannten". Diese Antwort verminderte nicht, sondern vergrößerte den Tumult und den Haß in Volterra. Es wurde keine andere Sache mehr nicht nur in den Räten, sondern außen in der ganzen Stadt betrieben; das Gemeinwesen begehrte zurück, was es sich genommen glaubte, und die Einzelnen wollten erhalten, was sie zuerst erworben und was ihnen durch den Spruch der Florentiner bestätigt war. Es kam so weit, daß in diesem Streit ein in Volterra angesehener Bürger, namens Pecorino, getötet wurde. Gleiches Schicksal traf viele andere, die sich ihm anschlossen. Ihre Häuser wurden verheert und verbrannt, und in der Wut enthielten sich die Volterraner kaum, die Rektoren zu töten, die für das florentinische Volk in der Stadt waren.

Nachdem diese erste Beleidigung erfolgt war, beschlossen sie vor allem, Gesandte nach Florenz zu schicken, die der Signoria meldeten: Wenn sie ihnen die alten Verträge beachten wolle, so würden auch sie die Stadt in ihrer allen Botmäßigkeit erhalten. Über die Antwort wurde lange gestritten. Messer Tommaso Soderini riet, „Es seien die Volterraner aufzunehmen, um welchen Preis sie auch zurückkehren wollten. Die Zeitverhältnisse schienen ihm nicht so zu sein, daß man sich eine so nahe Flamme anfachen dürfe, die das eigene Haus anzünden könne. Er fürchte die Natur des Papstes, die Macht des Königs, und vertraue weder auf die Freundschaft der Venezianer noch auf die des Herzogs, weil er nicht wisse, wie lange die erste dauern werde und wie die zweite nützen könne". Dabei führte er das Sprichwort an: „Besser ein magerer Vergleich als ein fetter Sieg." Andererseits glaubte Lorenzo de' Medici eine Gelegenheit zu haben, zu zeigen, was er durch Rat und Klugheit gelte. Er beschloß daher, besonders da er von denen, welche auf Messer Tommasos Autorität eifersüchtig waren, dazu aufgemuntert wurde, den Feldzug zu unternehmen und mit den Waffen die Vermessenheit der Volterraner zu strafen. Wenn man diese, behauptete er, nicht zum warnenden Beispiel züchtige, so würden die anderen ohne irgendwelche Ehrerbietung oder Furcht beim geringsten Anlaß dasselbe zu tun sich nicht scheuen. Nachdem man also den Feldzug beschlossen, wurde den Volterranern geantwortet: „Sie könnten die Beachtung der Verträge nicht verlangen, die sie selbst gebrochen; sie sollten sich daher entweder der Gnade der Signoria anheimstellen oder den Krieg erwarten".

Mit dieser Antwort zurückgekehrt, rüsteten sich die Volterraner zur Verteidigung, indem sie die Stadt befestigten und an alle italienischen Fürsten sandten, um Hilfstruppen zusammenzubringen. Sie wurden jedoch von wenigen gehört; nur die Saneser und der Herr von Piombino machten ihnen einige Hoffnung auf Unterstützung. Die Florentiner andererseits dachten, der Sieg hänge hauptsächlich von ihrer Schnelligkeit ab, und brachten 10000 Mann zu Fuß und 2000 Reiter zusammen, die unter den Befehlen Federigos, Herrn von Urbino, in die Landschaft Volterra einrückten und dieselbe leicht gänzlich wegnahmen. Hierauf legten sie sich vor die Stadt, welche, auf einem hohen Punkt gebaut, mit steilen Abhängen auf fast allen Seiten, nur auf der Seite angegriffen werden konnte, wo die Kirche S. Alessandro steht. Die Volterraner hatten zu ihrer Verteidigung ungefähr 1000 Soldaten in Sold genommen. Diese, als sie die kräftige Belagerung der Florentiner sahen, mißtrauten der Möglichkeit, sich halten zu können, und waren in der Verteidigung langsam, in den Unbilden dagegen, die sie täglich den Volterranern zufügten, sehr rasch. So wurden diese armen Bürger außen von den Feinden angegriffen, innen von den Freunden unterdrückt. An ihrem Heil verzweifelnd, fingen sie an, sieh einen Handel zu überlegen, und als sie keinen bessern fanden, begaben sie sich in die Arme der Kommissäre.

Diese ließen sich die Tore öffnen und den größeren Teil des Heeres einmarschieren. Hierauf gingen sie in den Palast, wo die Prioren von Vollerterra waren, und befahlen ihnen, in ihre Häuser zurückzukehren. Unterwegs wurde einer der Prioren von einem Soldaten aus Verachtung ausgeplündert. Von diesem Anfang – da die Menschen bereiter zum Bösen sind als zum Guten – entstand die Verheerung und Plünderung der Stadt. Einen ganzen Tag lang dauerte das Rauben und Plündern; weder Weiber, noch Klöster und Kirchen wurden verschont; und in Gemeinschaft beraubten die Soldaten, sowohl die, welche sie schlecht verteidigt, als auch die, welche sie angegriffen hatten, die Stadt ihrer Habe.

Die Nachricht von diesem Sieg erfüllte die Florentiner mit der größten Freude, und weil es ganz Lorenzos Unternehmung gewesen, stieg dieser zum größten Ansehen. Einer seiner vertrautesten Freunde warf daher Messer Tommaso Soderini seinen Rat mit den Worten vor: „Was sagt Ihr nun, da Volterra erobert ist?“ Messer Tommaso antwortete: „Mir scheint es verloren; denn nahmt Ihr es gutwillig auf, so zogt Ihr Nutzen und Sicherheit daraus, da Ihr es hingegen mit Gewalt zu halten habt, so wird es Euch im Krieg Schwäche und Verdruß eintragen, im Frieden Schaden und Kosten.“

In dieser Zeit ließ der Papst, im Verlangen, die Städte der Kirche im Gehorsam zu halten, Spoleto verheeren, das sich infolge innerer Parteiung empört hatte. Hierauf belagerte er Città di Castello, das im selben Fall war. Fürst in dieser Stadt war Niccolo Vitelli. Dieser stand in enger Freundschaft mit Lorenzo de' Medici, der ihm daher seinen Beistand nicht versagte. Der Beistand war nicht so groß, daß er Niccolo geschützt hätte, wohl aber war er ausreichend, den ersten Samen der Feindschaft zwischen Sixtus und die Medici zu werfen, der bald darauf die schlimmsten Früchte hervorbrachte.

Es würde nicht lange gewährt haben, daß sie sich gezeigt hätten, wenn der Tod Bruder Pieros, Kardinals von San Sixto[1], nicht erfolgt wäre. Dieser Kardinal ging in Italien umher, unter anderem nach Venedig und Mailand, unter dem Vorwand, die Hochzeit des Markgrafen Ercole durch seine Gegenwart zu ehren – eigentlich aber, um die Gesinnung dieser Fürsten zu erforschen, um zu sehen, wie er sie gegen die Florentiner gestimmt finde. Doch nach Rom zurückgekehrt, starb er nicht ohne Verdacht, er sei von den Venezianern vergiftet worden, weil diese Sixtus' Macht fürchteten, wenn er sich des Geistes und der Tätigkeit Bruder Pieros hätte bedienen können. Denn er war zwar von der Natur aus gemeinem Blut geschaffen und dann in den Mauern eines Klosters gemein aufgewachsen, aber kaum war er zur Kardinalswürde gelangt, so offenbarte sich in ihm ein so großer Stolz und Ehrgeiz, daß ihn nicht nur das Kardinalat, sondern das Pontifikat nicht faßte; denn er scheute sich nicht, ein Gast-

[1] Pietro Riario, wie man annahm, ein Sohn Sixtus IV.

mahl in Rom zu feiern, das man bei jedem König für außerordentlich erachtet hätte, und worauf er über 20000 Gulden verwendete. Sixtus also, dieses Werkzeugs beraubt, verfolgte seine Pläne langsamer.

Da jedoch die Florentiner, der Herzog und die Venezianer das Bündnis erneuert und dem Papst und dem König Raum gelassen halten, daran teilzunehmen, verbündeten sich auch Sixtus und der König, indem sie den übrigen Fürsten Raum ließen, teilzunehmen. Schon sah man Italien in zwei Faktionen geteilt; denn täglich entstanden Dinge, die zwischen diesen beiden Allianzen Haß erzeugten. So war es mit der Insel Zypern der Fall; der König Ferrando strebte danach, und die Venezianer nahmen sie weg. Die Folge war, daß der Papst und der König sich enger aneinander anschlossen. In Italien galt damals Federigo, Fürst von Urbino, für ausgezeichnet in den Waffen, der lange Zeit für das florentinische Volk gedient hatte. Damit die feindliche Allianz dieses Führers entbehre, beschlossen der König und der Papst, Federigo zu gewinnen, und der Papst riet ihm und der König bat ihn, nach Neapel zu kommen. Federigo gehorchte zum Erstaunen und Mißfallen der Florentiner, welche glaubten, es werde ihm wie Jacopo Piccinino gehen. Doch es kam umgekehrt; denn Federigo wurde in Neapel und in Rom mit Ehrenbezeigungen überhäuft und kehrte als Feldherr dieser Allianz zurück. Ferner ermangelte der König und der Papst nicht, die Herrn der Romagna und die Saneser zu versuchen, um sie sich zu Freunden zu machen und durch sie den Florentinern mehr schaden zu können. Als die Florentiner diese Sache bemerkten, bewaffneten sie sich mit jedem zweckmäßigen Mittel gegen den Ehrgeiz jener. Da sie Federigo von Urbino verloren halten, nahmen sie Roberto (Malatesta) von Rimini in Sold. Sie erneuerten das Bündnis mit den Peruginern, und dem Herrn von Faenza verbündeten sie sich. Der Papst und der König führten an, die Ursache ihres Hasses gegen die Florentiner sei der Wunsch, daß diese sich von den Venezianern trennten und mit ihnen verbündeten. Denn der Papst glaube nicht, daß die Kirche ihr Ansehen, noch der Graf Girolamo (Riario) seine Staaten in der Romagna erhalten könne, wenn die Florentiner und die Venezianer vereinigt wären. Auf der anderen Seite besorgten die Florentiner, jene wollten sie mit den Venezianern verfeinden, nicht um sie sich zu Freunden zu machen, sondern um sie leichter beleidigen zu können. So lebte man in diesem Argwohn und in diesen entgegengesetzten Leidenschaften in Italien zwei Jahre lang, ehe irgendein Tumult entstand. Der erste aber, welcher ausbrach, obgleich klein, war in Toskana.

Braccio (da Montone) von Perugia, ein Mann, wie wir öfter gezeigt, von sehr großem Kriegsruf, hatte zwei Söhne hinterlassen, Oddo und Carlo. Dieser war von zartem Alter, jener wurde von den Einwohnern des Lamonatals getötet, wie wir oben gezeigt haben. Als aber Carlo das waffenfähige Alter erreicht, wurde er von den Venezianern wegen des Andenkens seines Vaters und wegen der Hoffnung, die man von ihm hegte, unter die Kondottieri der Republik aufgenommen. Es war in dieser Zeit das Ende seiner Dienstzeit gekommen, und er wollte nicht, daß ihm der Senat für damals die Kondottierestelle bestätige, sondern beschloß zu versuchen, ob er durch seinen Namen und das Ansehen seines Vaters in seine Staaten von Perugia zurückkehren könne. Hierein willigten die Venezianer ein, weil sie bei den Staatsveränderungen immer ihr Gebiet zu vergrößern pflegten. Carlo zog also nach Toskana, fand aber die Unternehmung gegen Perugia schwer, weil diese Stadt mit den Florentinern im Bündnis stand. Da er jedoch wollte, daß sein Zug ein würdiges Andenken erzeuge, griff er die Saneser an (1476), anführend, sie seien seine Schuldner für Dienste, welche ihnen sein Vater in Geschäften der Republik geleistet, und er wolle daher befriedigt sein. Er griff sie also mit solcher Wut an, daß er fast ihr ganzes Gebiet umkehrte. Beim Anblick dieser Beleidigung glaubten die Bürger von Siena, die leicht Böses von den Florentinern glauben, alles sei mit deren Zustimmung erfolgt, und überhäuften den Papst und den König mit Wehklagen. Sie sandten auch Botschafter nach Florenz, die sich über eine so große Unbill beklagten und geschickt zeigten, ohne unterstützt zu sein habe sie Carlo nicht mit solcher Zuversicht beleidigen können. Die Florentiner rechtfertigen sich dagegen durch die Versicherung, sie seien bereit, alles zu tun, damit Carlo vom Angriff absehe. Wirklich befahlen sie auf die Weise, wie es die Botschafter wollten, Carlo, daß er ablasse, die Saneser zu verletzen. Carlo beschwerte sich darüber, indem er sagte, die Florentiner hätten dadurch, daß sie ihn nicht unterstützten, sich einer großen Eroberung und ihn eines großen Ruhmes beraubt, denn in kurzer Zeit hätte er ihnen den Besitz dieser Stadt verschafft; solche Feigheit und so wenig Vorkehrungen zur Verteidigung habe er in ihr gefunden. Carlo zog also ab und kehrte in den vorigen Sold der Venezianer zurück. Die Sanesen aber, obgleich sie durch die Florentiner von so großen Verheerungen befreit wurden, blieben nichtsdestoweniger voll Erbitterung gegen sie. Sie glaubten denen keineswegs verpflichtet zu sein, die sie von einem Übel, dessen Ursache sie zuerst gewesen, befreit hätten.

Während diese Dinge auf die oben erzählte Weise zwischen dem König und dem Papst und in Toskana vorgingen, trug sich in der Lombardei ein Ereignis von größerer Bedeutung zu, das der Vorbote größerer Übel war. Es lehrte in Mailand Cola Montano, ein gelehrter und ehrgeiziger Mann, die lateinische Sprache den vornehmsten Jünglingen dieser Stadt. Dieser, mochten ihm nun das Leben und die Sitten des Herzogs verhaßt sein, oder ihn vielleicht eine andere Ursache bewegen, verabscheute in allen seinen Reden, unter einem nicht guten Fürsten zu leben. Glorreich und beglückt nannte er die, denen in einer Republik das Licht zu erblicken und zu leben Natur und Schicksal gestattet. „Alle berühmten Männer seien in den Republiken, nicht unter den Fürsten erstanden; denn diese nähren die verdienstvollen Männer, jene vertilgen sie, da die Republik Nutzen aus dem Verdienst zieht, der Fürst es fürchtet." Die Jünglinge, mit denen er den vertrautesten Umgang pflegte, waren Giovanni Andrea Lampognano, Carlo Visconti und Girolamo Olgiato. Mit diesen sprach er öfter über die böse Natur des Fürsten, über das Unglück, von ihm regiert zu sein, und gewann so großes Vertrauen auf den Mut und Willen dieser Jünglinge, daß er sie schwören ließ, ihr Vaterland von der Tyrannei dieses Fürsten zu befreien, sobald ihr Alter es erlauben würde. Während also diese Jünglinge von diesem Verlangen durchdrungen waren, das mit den Jahren weiter wuchs, beschleunigten die Sitten und das Verfahren des Herzogs und überdies persönlich erlittene Unbilden die Ausführung.

Galeazzo war wollüstig und grausam, und die häufigen Beispiele von beidem hatten ihn sehr verhaßt gemacht. Es genügte ihm nicht, die edlen Frauen zu verführen, er fand auch noch Vergnügen daran, ihre Schande bekannt zu machen; und er war nicht damit zufrieden, seine Untertanen hinrichten zu lassen, wenn er sie nicht auf irgendeine grausame Art zu Tode marterte. Ferner lebte er nicht ohne die üble Nachrede, seine Mutter ermordet zu haben. Er glaubte nicht Fürst zu sein, solange sie gegenwärtig wäre, und benahm sich auf eine Weise gegen sie, daß ihr der Wunsch kam, sich nach ihrem Witwensitz Cremona zurückzuziehen. Auf dem Weg dahin starb sie, von einer plötzlichen Krankheit befallen. Viele urteilten daher, ihr Sohn habe sie ermorden lassen.

Der Herzog hatte durch Frauen Carlo und Girolamo entehrt, und Giovanandrea die Besitznahme der Abtei Miramondo, die der Papst einem Verwandten desselben gegeben, nicht gestaltet. Diese Privatunbilden vermehrten das Verlangen dieser Jünglinge, ihr Vaterland dadurch, daß sie sich rächten, von so großem Übel zu befreien. Sie hofften, sobald es ihnen gelänge, ihn zu töten, würden nicht nur viele der Edlen, sondern das ganze Volk sich ihnen anschließen. Entschlossen zu diesem Unternehmen, kamen sie häufig zusammen, was bei ihrer alten Vertraulichkeit nicht auffiel. Sie sprachen immer von der Sache, und um mehr ihren Mut zur Tat zu stählen, stießen sie mit der Scheide der Dolche, die sie zu dieser Tat bestimmten, einander in die Seite und Brust. Sie berieten über Zeit und Ort. In der Zitadelle schien es ihnen nicht sicher; auf der Jagd ungewiß und gefährlich; zur Zeit, wo er durch die Stadt spazierenging, schwer, und das Mißlingen leicht; bei einem Gastmahl zweifelhaft. Sie beschlossen, ihn daher bei einem Pomp und öffentlicher Festlichkeit zu töten, wo sie seines Erscheinens gewiß wären und unter verschiedenen Vorwänden ihre Freunde versammeln könnten. Sie kamen ferner überein, wenn einer von ihnen aus irgendeiner Ursache vom Hof zurückgehalten würde, so sollten die anderen mit dem Schwert und den bewaffneten Freunden den Herzog erschlagen.

Man schrieb 1476, und das Weihnachtsfest war nahe. Da der Fürst am St. Stephanstag mit großem Pomp die Kirche dieses Märtyrers zu besuchen pflegte, so beschlossen sie, daß jetzt Ort und Zeit bequem sei, ihren Gedanken auszuführen. Als der Morgen dieses Feiertages kam, ließen sie einige ihrer vertrautesten Freunde und Diener sich bewaffnen, indem sie sagten, sie wollten Giovanandrea beistehen, der einigen Mitbewerbern zum Trotz eine Wasserleitung auf seine Besitzungen zu leiten gedenke. Diese Bewaffneten führten sie in die Kirche, anführend, sie wollten vor ihrer Abreise vom Fürsten Urlaub nehmen. Sie ließen ferner unter verschiedenen Vorwänden mehrere andere ihrer Freunde und Verwandten in die Kirche kommen, in der Hoffnung, wenn die Sache geschehen sei, würde jeder zum Rest des Unternehmens ihnen folgen. Ihre Absicht war, nachdem der Fürst getötet, mit jenen Bewaffneten sich zurückzuziehen, sich zu dem Teil der Stadt zu wenden, wo sie am leichtesten die Menge zum Aufstand zu bringen glaubten, und diese gegen die Herzogin und die Ersten der Regierung zu den Waffen zu rufen. Sie glaubten, daß das Volk wegen des Hungers, der es plagte, ihnen leicht ihnen folgen würde; denn sie dachten ihm die Häuser Messer Cecco Simoneltas, Giovanni Bollis und Francesco Lucanis, der drei Ersten der Regierung, preiszugeben und sich auf diesem Weg zu sichern und dem Volk die Freiheit wiederzugeben. Nachdem sie diesen Plan entworfen und den Mut zur Ausführung hatten, begab sich Giovanandrea mit den andern zu früher Stunde in die Kirche, und sie hörten miteinander die Messe. Hierauf wandle sich Giovanandrea nach einer Bildsäule des heiligen Ambrosius und sprach: „Oh Schutzpatron unserer Stadt, du weißt unsere Absicht und zu welchem Zweck wir uns in so große Gefahren begeben wollen. Sei unserer Unternehmung günstig und zeige durch Unterstützung der gerechten Sache, daß die Ungerechtigkeit dir mißfällt."

Dem Herzog andererseits, als er in die Kirche gehen sollte, begegneten viele Vorzeichen seines nahen Todes. Als es Tag geworden, legte er, wie er meistens pflegte, ein Panzerhemd an und zog es dann plötzlich wieder aus, als ob es sein Äußeres verunstalte oder ihn am Körper belästige. Er wollte in der Zitadelle Messe hören und fand, daß sein Kaplan mit allem Kirchenschmuck nach St. Stephan gegangen war. Er wollte, daß an dessen Statt der Bischof von Como die Messe feiere, und dieser führte gewisse begründete Hindernisse an. So beschloß er fast aus Notwendigkeit, in die Kirche zu gehen. Zuvor ließ er seine Söhne Giovan Galeazzo und Hermes kommen, umarmte und küßte sie viele Male und schien sich nicht von ihnen trennen zu können. Endlich entschloß er sich zu gehen; er verließ die Zitadelle, trat zwischen den Gesandten von Ferrara und den von Mantua in die Mitte und ging zur Kirche.

Um weniger Verdacht zu erregen und der Kälte zu entgehen, die heftig war, hatten sich die Verschworenen mittlerweile in ein Zimmer des Erzpriesters der Kirche, ihres Freundes, zurückgezogen. Als sie hörten, daß der Herzog komme, gingen sie in die Kirche, und Giovanandrea und Girolamo stellten sich rechter Hand an den Eingang, Carlo linker Hand. Schon traten die, welche dem Herzog vorhergingen, in die Kirche, dann trat er selbst ein, von einer großen Menge umgeben, wie es bei dieser Feierlichkeit für einen herzoglichen Prunk passend war. Die ersten, welche losbrachen, waren Lampognano und Girolamo. Unter dem Anschein, als wollten sie dem Fürsten Platz machen, näherten sie sich ihm, zogen ihre kurzen spitzen Waffen, die sie in den Ärmeln verborgen trugen, und fielen ihn an. Lampognano brachte ihm zwei Stiche bei, den einen in den Bauch, den andern in die Kehle. Girolamo verwundete ihn gleichfalls in den Hals und in die Brust. Carlo Visconti, weil er näher an der Tür stand und der Herzog an ihm vorbei war, als er von den Gefährten angefallen ward, konnte ihn nicht von vorne treffen, sondern durchbohrte ihm mit zwei Stößen Rückgrat und Schulter. Diese sechs Wunden kamen so schnell und plötzlich, daß der Herzog eher zu Boden lag, als fast jemand die Tat gewahrte. Er selbst konnte weiter nichts tun oder sagen, außer daß er im Fallen ein einziges Mal den Namen der Mutter Gottes anrief.

Als der Herzog am Boden lag, erhob sich ein großer Lärm, viele Schwerter wurden entblößt, und wie es in unvorhergesehenen Fällen geht, entfloh der eine aus der Kirche, der andere lief dem Tumult zu, ohne irgendeine Gewißheit zu haben oder den Grund der Sache zu kennen. Die jedoch, welche dem Herzog am nächsten waren, ihn töten gesehen und die Mörder erkannt hatten, verfolgten diese. Von den Verschworenen geriet Giovanandrea, als er sich aus der Kirche zurückziehen wollte, unter die Frauen, welche in großer Anzahl nach ihrer Gewohnheit auf der Erde saßen. In ihre Kleider verwickelt und zurückgehalten, wurde er von einem Mohren, des Herzogs Heiducken, eingeholt und getötet. Carlo wurde gleichfalls von den Umstehenden erschlagen. Aber Girolamo Olgiato kam im Gewühl aus der Kirche, und als er seine Genossen getötet sah und keinen andern Zufluchtsort wußte, ging er in sein Haus. Hier wurde er weder von seinem Vater noch von seinem Bruder aufgenommen; nur die Mutter hatte mit dem Sohn Mitleid und empfahl ihn dem Schutz eines Priesters, der ein alter Freund der Familie war. Dieser warf ihm sein Gewand um und führte ihn in seine Wohnung. Hier blieb er zwei Tage, nicht ohne Hoffnung, daß in Mailand Unruhen ausbrächen, die ihn retten würden. Als dies nicht geschah, fürchtete er, an diesem Ort entdeckt zu werden, und wollte verkleidet fliehen. Doch er wurde erkannt und fiel er in die Hände der Gerechtigkeit, wo er den ganzen Plan der Verschwörung entdeckte. Girolamo war dreiundzwanzig Jahre alt und zeigte nicht weniger Mut im Sterben, als er im Handeln gezeigt. Als er nackt vor dem Scharfrichter stand, der das Beil in der Hand hielt, sprach er diese Worte in lateinischer Sprache; denn er war gelehrt: *Mors acerba, fama perpetua, stabit vetus memoria facti.*[2]

[2] Bitter ist der Tod, doch ewig der Ruhm, gedenken wird die späte Nachwelt der Tat.

Die Unternehmung wurde von diesen unglücklichen Jünglingen verschwiegen vorbereitet und mutvoll ausgeführt; und dann erst gingen sie unter, als die, von denen sie glaubten, daß sie ihnen folgen und sie beschützen sollten, sie nicht beschützten und ihnen nicht folgten. Es mögen daher die Fürsten lernen, dergestalt zu leben und auf eine Weise Ehrfurcht und Liebe zu erwerben, daß keiner hoffen kann, sich, wenn er sie tötet, zu retten. Und die anderen mögen begreifen, wie eitel der Gedanke ist, der zu große Zuversicht einflößt, daß die Menge, obgleich unzufrieden, in deinen Gefahren dir folgen oder dich begleiten werde. Dieses Ereignis erschreckte ganz Italien, aber viel mehr noch die Ereignisse, welche sich binnen kurzem in Florenz zutrugen. Diese brachen den Frieden, der zwölf Jahre in Italien geherrscht hatte, wie wir im folgenden Buch zeigen werden, dessen Anfang so blutig und entsetzlich ist, wie sein Ende traurig und jammervoll.

Achtes Buch

Da der Anfang dieses achten Buchs in der Mitte zweier Verschwörungen steht, der schon erzählten in Mailand und der zu erzählenden in Florenz, so würde es, um unsere Sitte zu befolgen, passend scheinen, daß wir von den Verschwörungen und ihrer Wichtigkeit sprächen. Dies sollte gerne geschehen, wenn ich nicht an einem anderen Ort[1] davon geredet hätte, oder wenn es ein Stoff wäre, den man kurz abfertigen könnte. Da es hingegen eine Sache ist, die viele Betrachtungen will und schon anderen Orts besprochen ist, so werden wir sie übergehen und zu einem anderen Stoff schreiten.

Da die Regierung der Medici alle die Feindschaften, welche sie offen angegriffen, besiegt hatte, so war, wenn dieses Haus alleinige Gewalt in der Stadt gewinnen sollte, notwendig, daß es auch diejenigen Feindschaften überwand, welche im Verborgenen Ränke schmiedeten. Solange die Medici an Gewalt und Ansehen mit einigen der anderen Familien gleich kämpften, konnten sich die Bürger, welche auf ihre Macht eifersüchtig waren, ihnen offen widersetzen. Sie brauchten nicht zu fürchten, in den Anfängen ihrer Feindschaften unterdrückt zu werden, weil die Magistrate frei geworden waren und folglich keine der Parteien, außer nach der Niederlage, Ursache zur Furcht hatte. Aber nach dem Sieg im Jahr 1466 beschränkte sich die ganze Regierung dergestalt auf die Medici, die so große Autorität gewannen, daß die darüber Mißvergnügten entweder mit Geduld diesen Zustand ertragen, oder wenn sie dieselbe stürzen wollten, dies auf dem Weg von Verschwörungen und heimlich versuchen mußten. Die Verschwörungen jedoch, weil sie schwer gelingen, erzeugen meistenteils dem Urheber Verderben, und dem, gegen welchen sie gerichtet sind, Größe. Fast immer steigt daher ein Fürst einer Stadt, von solchen Verschwörungen angegriffen, wenn er nicht, wie der Herzog von Mailand, getötet wird, was selten geschieht, zu größerer Macht auf. Oft aber auch, wenn er gut ist, wird er böse; denn diese Erfahrung gibt ihm Ursache, zu fürchten, die Furcht, sich zu sichern, die Sicherung, zu verletzen, woraus dann der Haß entsteht und oft sein Sturz. So erliegt diesen Verschwörungen der Urheber sogleich, und dem, gegen welchen sie gerichtet sind, schaden sie jedenfalls mit der Zeit.

(1475.) Italien war, wie wir oben gezeigt, in zwei Parteien geteilt; Papst und König auf der einen Seite; auf der andern Venezianer, Herzog und Florentiner. Obgleich unter ihnen noch kein Krieg ausgebrochen war, so gaben sie sich doch jeden Tag neue Ursachen zum Ausbruch. Besonders bestrebte sich der Papst in

[1] Buch vom Staate III, 6.

allem, was er tat, die Regierung von Florenz zu beleidigen. Als Messer Filippo de' Medici, Erzbischof von Pisa, starb, investierte er gegen den Willen der Signoria von Florenz mit diesem Erzbistum Francesco Salviali, den er als Feind der Familie Medici kannte. Als die Signoria diesen nicht Besitz ergreifen lassen wollte, erfolgten zwischen dem Papst und ihr beim Betreiben dieser Sache neue Beleidigungen. Ferner begünstigte er zu Rom die Familie der Pazzi sehr und handelte der der Medici in jeder Angelegenheit entgegen.

Es glänzten die Pazzi damals in Florenz durch Reichtum und Adel aus allen anderen florentinischen Familien hervor. Haupt derselben war Messer Jacopo, der wegen seines Reichtums und Adels vom Volk zum Ritter ernannt worden war. Er hatte keine anderen Kinder als eine natürliche Tochter, wohl aber viele Neffen, die Söhne Messer Pieros und Antonios, seiner Brüder. Die ersten davon waren Guglielmo, Francesco, Rinato, Giovanni und demnächst Andrea, Niccolo und Galeotto. Cosimo de' Medici hatte, in Anbetracht des Reichtums und Adels dieser Familie, seine Enkelin Bianca mit Guglielmo vermählt. Er hoffte, daß die Verwandtschaft beide Familien einiger machen und die Feindschaft und den Haß verhüten würden, die aus dem Argwohn oft zu entstehen pflegen. Allein – so ungewiß und trüglich sind unsere Pläne – die Sache kam umgekehrt. Der Ratgeber Lorenzos zeigte ihm, daß es höchst gefährlich und seiner Autorität zuwider sei, bei Bürgern Reichtum und Gewalt zu vereinen. Dies bewirkte, daß Messer Jacopo und seine Neffen die Ämter nicht erhielten, welche sie im Verhältnis zu den anderen Bürgern zu verdienen glaubten. Hieraus entstand bei den Pazzi der erste Unwille und bei den Medici die erste Furcht, und was von beidem wuchs, gab dem andern Stoff zum Wachsen. Die Pazzi waren daher bei jeder Angelegenheit, wo andere Bürger konkurrierten, von den Magistraten nicht wohl angesehen. Der Magistrat der Acht ließ wegen eines unbedeutenden Prozesses Francesco dei Pazzi, der sich in Rom befand, nach Florenz kommen, ohne die Rücksicht auf ihn zu nehmen, die man auf die großen Bürger zu nehmen pflegt. Die Pazzi beschwerten sich deshalb überall mit beleidigenden und erbitterten Worten, was den Argwohn gegen sie vermehrte und ihnen noch mehr Unbilden zuzog. Es hatte Giovanni dei Pazzi die Tochter Giovanni Borromeis zur Frau, eines sehr reichen Mannes, dessen Vermögen, als er ohne andere Kinder starb, seiner Tochter zufiel. Dessenungeachtet bemächtigte sich Carlo, sein Neffe, eines Teils dieser Güter, und als die Sache zum Prozeß kam, wurde ein Gesetz gemacht, kraft dessen die Gemahlin Giovannis ihres väterlichen Erbes beraubt und dieses Carlo zugesprochen wurde. Diese Unbill schrieben die Pazzi allein den Medici zu. Hierüber beklagte sich Giuliano de' Medici oft bei seinem Bruder Lorenzo mit den Worten: „Er fürchte, durch zu viel Wollen werde alles verloren gehen". Dennoch wollte Lorenzo, warm von Jugend und Macht, an alles denken, und jeder sollte alles ihm zu verdanken haben.

Unvermögend bei solchem Adel und Reichtum so viele Unbilden zu ertragen, begannen die Pazzi auf Rache zu sinnen. Der erste, der einen Plan gegen die Medici vorschlug, war Francesco. Er war mutiger und empfindlicher als alle anderen, und so beschloß er, entweder zu erringen, was ihm fehlte, oder zu verlieren, was er hatte. Weil ihm die Regierung von Florenz verhaßt war, lebte er fast immer in Rom, wo er nach der Sitte der florentinischen Kaufleute einen bedeutenden Schatz arbeiten ließ. Als naher Freund des Grafen Girolamo (Riario), beklagten sich beide häufig beieinander über die Medici, und nach vielen Klagen kamen sie zu dem Schluß, wenn der eine in seinen Staaten, der andere in seiner Stadt sicher leben wollte, sei es nötig, den Staat von Florenz zu ändern. Dies könne, dachten sie, ohne den Tod Giulianos und Lorenzos nicht geschehen. Sie glaubten, daß der Papst und der König leicht darein willigen würden, wenn man beiden nur die leichte Ausführbarkeit der Sache zeige. Auf diesen Gedanken gekommen, teilten sie alles dem Erzbischof von Pisa, Francesco Salviati, mit, der als ehrgeiziger Mann und kurz zuvor von den Medici beleidigt, bereitwillig beitrat. Sie untersuchten nun unter sich, was zu tun sei, und beschlossen, damit die Sache leichter gelinge, Messer Jacopo dei Pazzi in ihren Plan zu ziehen, ohne den sie nichts ausrichten zu können glaubten. Sie hielten daher für gut, daß Francesco dei Pazzi zu diesem Zweck nach Florenz gehe; der Erzbischof und der Graf sollten in Rom bleiben, um mit dem Papst zu sprechen, wenn es Zeit scheinen würde, ihn in Kenntnis zu setzen. Francesco fand Messer Jacopo behutsamer und widerstrebender, als er gewünscht hätte. Auf seinen Bericht nach Rom dachte man, es bedürfe höherer Autorität, jenen zu bestimmen, weshalb der Erzbischof und der Graf alles Giovan Batista da Montesecco, Kondottiere des Papstes, mitteilten. Dieser war sehr geschätzt im Krieg und dem Grafen und dem Papst ergeben. Gleichwohl zeigte er, die Sache sei schwierig und gefährlich. Diese Gefahren und Schwierigkeiten bestrebte sich der Erzbischof zu widerlegen; er zeigte die Hilfe, welche der Papst und der König der Unternehmung leisten würden, den Haß, den die Bürger von Florenz auf die Medici hätten, die Verwandten, welche die Salviati und die Pazzi nach sich ziehen würden, die Leichtigkeit, die Medici zu töten, weil sie ohne Begleitung und ohne Argwohn durch die Stadt gingen, und dann, wenn sie getötet seien, die Leichtigkeit, den Staat zu verändern. Diese Dinge glaubte Giovan Batista nicht ganz, weil er viele andere Florentiner hatte anders sprechen hören.

Während dieser Unterhandlungen und Gedanken trug es sich zu, daß Carlo (Manfredi), Herr von Faenza, so krank wurde, daß man seinen Tod vermutete. Es schien dies dem Erzbischof und dem Grafen eine Gelegenheit, Giovan Batista nach Florenz und von dort in die Romagna zu senden, unter dem Vorwand, einige Kastelle wiederzuerlangen, welche der Herr von Faenza dem Grafen weggenommen hatte. Der Graf trug also Giovan Batista auf, mit Lorenzo zu sprechen und ihn in seinem Namen um Rat zu fragen, wie er sich in den Angelegenheiten der Romagna benehmen solle. Dann solle er mit Francesco dei Pazzi reden, und miteinander sollten sie Messer Jacopo dei Pazzi versuchen zu beeinflussen, damit er ihrem Plan beitrete. Um ihn durch die Autorität des Papstes bewegen könne, wollten sie, daß Giovan Batista vor seiner Abreise mit dem Papst spreche, der denn auch die größten Anerbietungen, die er konnte, zugunsten des Unternehmens machte.

Zu Florenz angekommen, sprach Giovan Batista mit Lorenzo, der ihn auf das leutseligste aufnahm und den verlangten Rat weise und liebevoll erteilte. Giovan Batista erstaunte darüber, er glaubte einen ganz anderen Mann gefunden zu haben, als er ihm beschrieben worden sei, und hielt ihn für ganz leutselig, ganz weise und für den besten Freund des Grafen. Dessenungeachtet wollte er mit Francesco reden, und als er ihn nicht antraf, weil er nach Lucca gegangen, sprach er mit Messer Jacopo und fand ihn anfangs der Sache sehr abgeneigt. Ehe er jedoch abreiste, bewog Messer Jacopo die Autorität des Papstes einigermaßen; er sagte zu Giovan Batista: „Er solle in die Romagna gehen und zurückkehren; indessen werde Francesco zu Florenz sein, dann könnten sie näher über die Sache sprechen". Giovan Batista ging hin und zurück und setzte mit Lorenzo de' Medici die vorgespiegelte Beratung über die Angelegenheit des Grafen fort. Dann ging er eine enge Verbindung mit Messer Jacopo und Francesco dei Pazzi ein, und sie brachten es dahin, daß Messer Jacopo in die Unternehmung einwilligte. Sie sprachen über die Art. Messer Jacopo schien das Gelingen ungewiß, solange beide Brüder in Florenz seien; man solle daher warten, bis Lorenzo nach Rom gehe, wie es hieß, daß er tun wolle, und dann solle man die Sache ausführen. Francesco gefiel es, daß Lorenzo zu Rom wäre; sollte er jedoch nicht dahin gehen, so, behauptete er, könne man entweder bei einer Hochzeit, beim Spiel oder in der Kirche die Brüder beide töten. Bezüglich der fremden Hilfe meinte er, daß der Papst zur Einnahme des Kastells Montone Truppen sammeln könne, da er gerechte Ursache habe, den Grafen Carlo (di Braccio) desselben zu berauben wegen der oben erzählten Tumulte, die dieser im Sanesischen und Perugischen erregt hatte. Abgeschlossen wurde jedoch weiter nichts, als daß Francesco dei Pazzi mit Giovan Batista nach Rom gehen und dort mit dem Grafen Girolamo und dem Papst alles festsetzen sollte.

Die Sache wurde in Rom von neuem verhandelt und am Ende festgesetzt, nachdem der Feldzug gegen Montone beschlossen, es solle Giovan Francesco da Tolentino, Kondottiere des Papstes, in die Romagna und Messer Lorenzo da Castello in sein Land gehen, beide mit Leuten aus dem Land ihre Kompanien vollzählig machen und sich bereit halten, die Befehle des Erzbischofs dei Salviali und Francescos dei Pazzi auszuführen. Diese sollten mit Giovan Batista da

Montesecco nach Florenz gehen, wo sie die nötigen Vorkehrungen zur Ausführung des Unternehmens treffen sollten, das der König Ferdinand durch seinen Gesandten auf alle Weise zu unterstützen versprach.

Zu Florenz angekommen, zogen Francesco dei Pazzi und der Erzbischof Jacopo den Sohn Messer Poggios[2] in ihren Plan, einen jungen Gelehrten, der aber ehrgeizig und höchst begierig nach Neuerungen war. Sie holten zwei Jacopi Salviali dazu, der eine Bruder, der andere Verwandter des Erzbischofs. Sie nahmen Bernardo Bandini und Napoleone Francesi auf, feurige Jünglinge, und der Familie der Pazzi sehr ergeben. Von Fremden nahmen außer den obengenannten Messer Antonio von Volterra und ein Priester Stefano, der im Haus Messer Jacopos dessen Tochter die lateinische Sprache lehrte, teil. Rinato dei Pazzi, ein kluger ernster Mann, der die Übel sehr wohl kannte, welche aus solchen Unternehmungen entstehen, willigte in die Verschwörung nicht ein; ja er verwünschte sie und störte sie durch jedes ehrbare Mittel, das er anwenden konnte.

Es hatte der Papst den Neffen des Grafen Girolamo, Raffaello Riario, auf die Universität zu Pisa geschickt, um Kirchenrecht zu studieren. Dieser wurde, während er noch dort war, vom Papst zum Kardinal erhoben. Es schien den Verschworenen gut, den neuen Kardinal nach Florenz zu bringen, damit seine Anwesenheit die Verschwörung verdecke, indem man unter sein Gefolge diejenigen Verschworenen, deren sie bedurften, verbergen und von ihm selbst Gelegenheit zur Ausführung nehmen konnte. Der Kardinal kam und wurde von Messer Jacopo dei Pazzi in seiner Villa Montughi in der Nähe von Florenz empfangen. Die Verschworenen wollten durch ihn Lorenzo und Giuliano zusammenbringen, und sobald dies geschehen war, sie töten. Sie richteten es daher so ein, daß die Medici den Kardinal in ihre Villa zu Fiesole einluden. Doch Giuliano kam entweder durch Zufall oder absichtlich nicht. Als dieser Plan vereitelt war, glaubten sie, wenn sie den Kardinal nach Florenz einluden, so müßten notwendig beide Brüder erscheinen. Nachdem dies festgesetzt war, bestimmten sie den 26. April 1478 für dieses Gastmahl. Die Verschworenen dachten also Lorenzo und Giuliano während des Gastmahls erschlagen zu können, kamen Sonnabend nachts zusammen und ordneten alles an, was den folgenden Morgen auszuführen wäre. Als hierauf der Tag kam, wurde Francesco gemeldet, daß Giuliano nicht zum Gastmahl komme. Die Häupter der Verschwörung sammelten sich daher von neuem und kamen überein, es sei die Ausführung nicht zu verschieben, weil bei so vielen Mitwissern unmöglich war, daß sie nicht entdeckt würden. Sie beschlossen deshalb, die Medici in der Kathedrale Santa Reparata zu erschlagen, wo bei der Anwesenheit des Kardinals die beiden Brüder nach ihrer Gewohnheit erscheinen würden. Sie wollten, Giovan Batista solle es

[2] Jacopo, Sohn Poggio Bracciolinis.

übernehmen, Lorenzo zu töten, Francesco dei Pazzi und Bernardo Bandini Giuliano. Giovan Batista weigerte sich, sei es, daß der vertraute Umgang mit Lorenzo ihn milder gestimmt hatte, oder mochte ihn vielleicht eine andere Ursache bewegen. Er sagte, nie werde er Mut genug haben, ein solches Verbrechen in der Kirche zu begehen und zum Verrat ein Sakrileg zu fügen. Dies war der Ursprung des Scheiterns ihrer Unternehmung. Da sie die Zeit drängte, waren sie genötigt, die Ausführung Messer Antonio von Volterra und dem Priester Stefano zu übertragen, zwei Männer, die durch ihren Stand und von Natur zu einem so großen Unternehmen höchst ungeschickt waren. Denn ist jemals bei irgendeinem Geschäft großer und fester Mut, oft erprobte Verachtung des fremden und eigenen Lebens und Entschlossenheit erforderlich, so ist es hier notwendig, wo man häufig in den Waffen erfahrene und mit Blutvergießen vertraute Männer den Mut verlieren sah. Nachdem dies geschehen war, setzten sie als Zeichen zum Handeln fest, wenn bei der Feier der Hauptmesse im Tempel der Priester das Abendmahl nehmen würde. Mittlerweile sollte der Erzbischof dei Salviati mit den Seinigen und Jacopo di Poggio den Regierungspalast besetzen, damit ihnen die Signoria freiwillig oder gezwungen günstig sei, wenn der Tod der beiden Jünglinge erfolgt wäre.

Nachdem dieser Beschluß gefaßt, gingen sie in den Tempel, wo bereits der Kardinal mit Lorenzo de' Medici erschienen war. Die Kirche war voll Volk. Der Gottesdienst hatte begonnen, aber Giuliano de' Medici war noch nicht in der Kirche. Francesco dei Pazzi und Bernardo, zu seiner Ermordung bestimmt, gingen daher in sein Haus und brachten ihn durch Bitten und mit List in die Kirche. Es ist fürwahr der Aufzeichnung würdig, mit welcher Beherztheit und mit welch hartnäckigem Entschluß Francesco und Bernardo ihren tötlichen Haß und ihre verderbliche Absicht verbergen konnten. Während sie Giuliano in den Tempel führten, unterhielten sie ihn sowohl auf dem Weg als auch in der Kirche mit Witzworten und jugendlichen Scherzreden. Francesco ermangelte nicht, unter dem Schein der Liebkosung ihn mit den Händen und Armen zu drücken, um zu fühlen, ob er einen Brustharnisch oder eine ähnliche Schutzwaffe unter der Kleidung trage. – Giuliano und Lorenzo kannten die feindliche Gesinnung der Pazzi und wußten, daß diese ihnen die Staatsgewalt zu entreißen wünschten. Aber um ihr Leben fürchteten sie nicht, weil sie glaubten, wenn etwas versucht werden sollte, so würden es die Pazzi auf bürgerlichem Weg, nicht auf so gewaltsame Weise tun. Aus diesem Grund gaben auch sie sich, für ihre persönliche Sicherheit unbesorgt, den Schein der Freundschaft.

Die Mörder waren also bereit. Die ersten beiden standen Lorenzo zur Seite, was bei der Menschenmenge im Tempel leicht und ohne Verdacht zu erregen möglich war. Die beiden anderen waren bei Giuliano. Als jetzt der festgesetzte Augenblick kam, zog Bernardo Bandini eine kurze Waffe, die zu diesem Zweck gefertigt war, und stieß Giuliano durch die Brust, der nach wenigen Schritten zu Boden fiel. Sogleich warf sich Francesco dei Pazzi auf ihn, bedeckte ihn mit Wunden und durchbohrte ihn mit solcher Heftigkeit, daß er in seiner blinden Wut sich selbst schwer am Bein verwundete. – Auf der anderen Seite griffen Antonio und Stefano Lorenzo an und führten mehrere Streiche nach ihm, brachten ihm aber nur eine leichte Halswunde bei. Denn entweder ihre Nachlässigkeit oder Lorenzos Mut, der, als er sich angegriffen sah, sich mit seinem Degen verteidigte, oder der Beistand seiner Umgebung vereitelte alle ihre Anstrengungen. Entmutigt flohen sie nun und verbargen sich, wurden aber später gefunden, schimpflich getötet und durch die ganze Stadt geschleift. Lorenzo seinerseits zog sich mit seinen Freunden, die um ihn standen, zurück und verschloß sich in die Sakristei des Tempels. Bernardo Bandini, als er Giuliano tot sah, erschlug noch Francesco Neri, einen armen Freund der Medici, entweder aus Haß, oder weil Francesco Giuliano beizustehen suchte. Und nicht zufrieden mit diesem doppelten Mord, eilte er gegen Lorenzo, um durch seinen Mut und rasche Entschlossenheit zu vollenden, was die andern durch ihr Zögern und ihre Schwäche verfehlt hatten. Doch er fand ihn in die Sakristei geflüchtet und konnte es nicht tun. Durch diese blutigen Ereignisse entstand ein so schrecklicher Tumult, daß man glaubte, der Tempel werde einstürzen. Der Kardinal klammerte sich während desselben an den Altar an und wurde hier mit Mühe von den Priestern so lange geschützt, bis ihn die Signoria, als der Lärm vorbei war, in ihren Palast konnte führen lassen. Er blieb dort in großer Angst bis zu seiner Freilassung.

Es befanden sich damals einige durch die Parteien aus ihre Heimat vertriebene Peruginer in Florenz, welche die Pazzi durch das Versprechen, ihnen das Vaterland wiederzugeben, in ihren Plan eingeweiht hatten. Diese hatte der Erzbischof dei Salviati mitgenommen, der mit Jacopo di Poggio, seinen Salviati und Freunden, zur Besetzung des Palastes gegangen war. Am Palast angekommen, ließ er einen Teil der Seinen unten mit dem Befehl, sie sollten sich des Tores bemächtigen, sobald sie Lärm hören würden. Er selbst stieg mit dem größern Teil der Peruginer hinauf, wo die Signoren gerade speisten, denn es war schon spät, und wurde ohne Schwierigkeit vom Gonfalonier der Gerechtigkeit, Cäsar Petrucci, eingelassen. Er trat also mit wenigen der Seinen ein und ließ die übrigen außen, deren größerer Teil sich selbst in die Kanzlei einschloß; denn die Tür war auf eine Weise eingerichtet, daß sie, wenn man sie zumachte, nur mit dem Schlüssel sowohl von innen als von außen geöffnet werden konnte. Mittlerweile war der Erzbischof beim Gonfalonier eingetreten unter dem Vorwand, er wolle ihm einige Dinge von seiten des Papstes melden, und fing an in abgebrochenen, zweideutigen Worten zu sprechen. Die Aufregung, welche sich dabei in seinen Mienen und Reden offenbarte, erregte den Argwohn des Gonfaloniers in solchem Grade, daß er plötzlich schreiend aus dem Zimmer stürzte, Jacopo di Poggio, auf den er stieß, an den Haaren faßte und in die Hände seiner Häscher gab. Auf diesen Lärm ergriff die Signoria die Waffen, welche ihr der Zufall darbot, und alle, die mit dem Erzbischof hinaufgestiegen, zum Teil eingeschlossen, zum Teil entmutigt, wurden entweder sogleich getötet oder lebendig aus den Fenstern des Palastes geworfen. Der Erzbischof, die beiden Jacopi Salviati und Jacopo di Poggio wurden vor die Fenster aufgehängt. Die, welche unten am Palast geblieben waren, hatten die Wache und das Tor gestürmt und das ganze untere Stockwerk genommen. So konnten die Bürger, die auf diesen Lärm zum Palast eilten, der Signoria weder bewaffnet Hilfe noch unbewaffnet Rat bringen.

Als sie unterdessen Lorenzo entkommen und einen von ihnen, auf dem die Hoffnung der Unternehmung beruhte, verwundet sahen, verloren Francesco dei Pazzi und Bernardo Bandini die Hoffnung. Bernardo war mit derselben Kaltblütigkeit auf seine Rettung bedacht, mit der er auf die Verletzung der Medici bedacht gewesen war und zog sich, als er die Sache verloren sah, in Sicherheit zurück. Francesco, verwundet nach Hause zurückgekehrt war, versuchte, ob er sich auf dem Pferd halten könne; denn die Absicht war, mit Bewaffneten in der Stadt umherzuziehen und das Volk zur Freiheit zu rufen. Doch er konnte nicht, so tief war die Wunde, und soviel Blut hatte er verloren. Nun entkleidete er sich, warf sich nackt auf sein Bett und bat Messer Jacopo, er möge tun, was er selbst nicht könne. Messer Jacopo, obgleich alt und in solchen Unruhen unerfahren, wollte doch diesen letzten Versuch ihres Glücks machen. Er stieg mit ungefähr hundert Bewaffneten, die vorher zu diesem Zweck gerüstet waren, zu Pferde, und ritt auf den Platz vor dem Palast, indem er das Volk und die Freiheit zu Hilfe rief. Doch das eine war durch das Glück und die Freigebigkeit der Medici taub gemacht, die andere in Florenz unbekannt, und niemand antwortete ihm. Nur die Signoren, die Herrn der oberen Teile des Palastes waren, begrüßten ihn mit Steinen und entmutigten ihn, soviel sie konnten, durch Drohungen. Während Messer Jacopo unentschieden hielt, kam sein Schwager Giovanni Serristori auf ihn zu und verwies ihm zuerst den Aufruhr, den sie erregt, dann ermahnte er ihn, nach Hause zu gehen mit der Versicherung, das Volk und die Freiheit liege den andern Bürgern so sehr am Herzen als ihm. Jacopo, jeder Hoffnung beraubt, da der Palast ihm feindlich, Lorenzo am Leben, Francesco verwundet, und niemand an seine Seite trat, beschloß, durch die Flucht, wenn er könne, sein Leben zu retten, und ritt mit den Begleitern, die bei ihm auf dem Platz waren, aus Florenz der Romagna zu.

Mittlerweile war die ganze Stadt in Waffen, und Lorenzo, von vielen Bewaffneten begleitet, hatte sich in sein Haus zurückgezogen. Der Palast war vom Volk wieder genommen, und die ihn besetzt hatten, waren alle teils gefangen, teils getötet. Schon rief man durch die ganze Stadt den Namen der Medici, die Glieder der Getöteten sah man auf den Spitzen der Waffen oder durch die Stadt geschleift, und mit zornigen Worten und grausamen Taten verfolgte jeder die Pazzi. Schon waren ihre Häuser vom Volk gestürmt. Francesco wurde nackt, wie er dalag, herausgezogen, zum Palast gebracht und an die Seite des Erzbischofs und der anderen aufgehängt. Doch unmöglich war es, welche Unbill ihm auf dem Weg auch geschehen oder gesagt werden mochte, einen Laut ihm abzuzwingen, sondern mit starrem Blick auf seine Henker, hauchte er ohne Klage die Seele aus. Guglielmo dei Pazzi, Lorenzos Schwager, rettete sich in dessen Haus, sowohl durch seine Unschuld als durch die Hilfe Biancas, seiner Gemahlin. Da war kein Bürger, der, bewaffnet oder unbewaffnet, nicht in dieser Not zu Lorenzos Wohnung ging, und jeder bot ihm Gut und Blut an; so groß war der Bang und die Gunst, welche dieses Haus durch seine Klugheit und Freigebigkeit sich erworben hatte. Rinato dei Pazzi hatte sich zur Zeit des Ereignisses auf seine Villa zurückgezogen. Als er die Sache hörte, wollte er verkleidet fliehen, doch unterwegs erkannt, wurde er verhaftet und nach Florenz gebracht. Auch Messer Jacopo wurde beim Überschreiten des Gebirges gefangen genommen. Als die Bergbewohner, die den Vorfall in Florenz gehört, seine Flucht sahen, griffen sie ihn an und führten ihn nach Florenz zurück; und so oft er sie bat, sie möchten ihn unterwegs erschlagen, er konnte es nicht erlangen. Messer Jacopo und Rinato wurden zum Tod verurteilt, vier Tage nach dem Ereignis.

Von allen, welche in diesen Tagen in so großer Zahl getötet worden, daß die Straßen mit menschlichen Gliedern bedeckt waren, wurde nur Rinato bedauert; denn er galt als weise und tugendhaft und war des Hochmuts nicht bezichtigt, den man den anderen aus dieser Familie zur Last legte. Dieses Ereignis sollte keines außerordentlichen Beispiels entbehren. Messer Jacopo wurde zuerst in der Gruft seiner Ahnen beigesetzt, dann wie ein Exkommunizierter herausgezogen und an der Stadtmauer verscharrt. Von hier wurde er noch einmal ausgegraben und an dem Strang, womit er hingerichtet worden, nackt durch die ganze Stadt geschleift. Und da er in der Erde keine Ruhe gefunden, ward er von denselben, die ihn umhergeschleift, in den damals sehr hoch gehenden Arno geworfen. Fürwahr ein großes Beispiel von Schicksal, einen Mann von solchen Reichtümern, aus so beglückter Lage in solches Unglück fallen, so schmählich untergehen zu sehen. Man erzählt von ihm einige Laster, darunter Spiel und Fluchen, mehr als es für den verworfensten Menschen gepaßt hätte. Diese Laster glich er durch viele Almosen aus; denn viele Bedürftige und wohltätige Anstalten unterstützte er reichlich. Dieses Gute kann man noch von ihm sagen, daß er am Sonnabend vor dem Sonntag, der zu so großem Verbrechen bestimmt war, um niemand in sein Mißgeschick hineinzuziehen, alle seine

Schulden bezahlte, und alle fremden Waren, die er im Lagerhaus und in seiner Wohnung hatte, mit erstaunlicher Sorgfalt den Eigentümern zustellte.

Giovan Batista da Montesecco wurde nach einer langen Untersuchung enthauptet. Napoleone Franzesi entging durch die Flucht dem Schafott. Guglielmo dei Pazzi wurde verbannt und seine Vettern, die noch am Leben waren, in der Zitadelle von Volterra in einen unterirdischen Kerker geworfen.

Als jeder Tumult gestillt und alle Verschworenen bestraft waren, wurde das Leichenbegängnis Giulianos gefeiert. Die Tränen aller Bürger begleiteten ihn. Denn er besaß so große Freigebigkeit und Leutseligkeit, als man nur immer bei einem Mann, in solchem Rang geboren, wünschen kann. Er hinterließ einen natürlichen Sohn, der wenige Monate nach Giulianos Tod geboren wurde und den Namen Julius erhielt. Dieser war voll des Erfolgs und Glücks, das in gegenwärtiger Zeit die ganze Welt kennt und das wir, wenn wir zu den gegenwärtigen Ereignissen kommen, so uns Gott das Leben erhält, ausführlich zeigen werden.

Die Soldaten, welche unter Messer Lorenzo von Castello im Tibertal und unter Giovan Francesco von Tolentino in der Romagna versammelt worden, waren zur Unterstützung der Pazzi aufgebrochen. Als sie aber das Scheitern der Unternehmung erfuhren, kehrten sie wieder um.

Aber da in Florenz die Staatsveränderung nicht erfolgt war, wie der Papst und der König wünschten, beschlossen sie durch Krieg zu tun, was ihnen durch Verschwörung nicht gelungen war. Beide brachten mit größter Schnelligkeit ihre Soldaten zusammen, um den Staat von Florenz anzugreifen, indem sie bekanntmachten, sie wollten weiter nichts von der Stadt, als daß sie Lorenzo de' Medici entferne, dem allein von allen Florentinern sie feind seien. Schon hatten die Soldaten des Königs den Tronto überschritten, die des Papstes standen im Peruginischen; und damit außer den weltlichen die Florentiner auch die geistlichen Wunden fühlten, exkommunizierte sie der Papst und belegte sie mit dem Bannfluch. Als daher die Florentiner so mächtige Heere heranrücken sahen, rüsteten sie sich mit größter Tätigkeit zur Verteidigung. Da der Krieg dem Namen nach gegen ihn geführt wurde, wollte Lorenzo de' Medici vor allem im Palast bei den Signoren sämtliche Bürger von Stand, über dreihundert an Zahl, versammeln und sprach zu ihnen in folgender Form:

„Ich weiß nicht, hohe Signoren, und ihr, erlauchte Bürger, ob ich bei euch über das Vorgefallene klagen oder mir Glück wünschen soll. Fürwahr, wenn ich bedenke, mit welcher Tücke, mit welchem Haß ich angegriffen und mein Bruder ermordet wurde, so kann ich mich der Betrübnis nicht enthalten und der Klagen aus meinem ganzen Herzen und aus meiner ganzen Seele. Wenn ich dann betrachte, mit welcher Schnelligkeit, mit welchem Eifer, mit welcher Liebe, mit welch ungeteilter Übereinstimmung der ganzen Stadt mein Bruder gerächt hat und ich beschützt wurde, so muß ich mir nicht nur Glück wünschen, sondern in allem mich selbst erheben und rühmen. In der Tat, wenn mich die Erfahrung belehrt hat, daß ich in dieser Stadt mehr Feinde hatte, als ich dachte, so ist sie mir auch ein Beweis, daß ich mehr eifrige und warme Freunde habe, als ich glaubte."

„Ich bin also genötigt bei euch zu klagen über die Unbilden anderer und mir Glück zu wünschen wegen eurer Verdienste um mich. Doch bin ich gezwungen, desto mehr über die Unbilden zu klagen, je ungewöhnlicher, beispielloser sie sind, je weniger wir sie verdient haben. Betrachtet, erlauchte Bürger, wohin das boshafte Schicksal unser Haus geführt hatte, daß es unter den Freunden, unter den Verwandten, in der Kirche nicht sicher war. Es pflegt, wer für sein Leben fürchtet, zum Beistand an die Freunde sich zu wenden; er pflegt seine Zuflucht zu den Verwandten zu nehmen; – und wir finden sie bewaffnet zu unserem Untergang. Es pflegen alle in der Kirche Schutz zu suchen, die aus öffentlichem oder Privatgrund verfolgt werden. Also die, bei denen andere Schutz finden, töten uns, und wo die Hochverräter und die Totschläger sicher sind, finden die Medici ihre Mörder!"

„Aber Gott, der früher niemals unser Haus verlassen, hat auch uns erhalten und die Verteidigung der gerechten Sache übernommen. Denn wem haben wir eine solche Unbill zugefügt, daß sie so großen Rachedurst verdiente? In der Tat haben wir diese, die sich als unsre so heftigen Feinde zeigten, niemals persönlich verletzt; denn hätten wir sie verletzt, so würden sie nicht die Bequemlichkeit gehabt haben, uns zu verletzen. Schreiben sie uns die öffentlichen Unbilden zu, wenn ihnen eine widerfahren sein sollte, was ich jedoch nicht wüßte, so beleidigen sie mehr euch als uns, mehr diesen Palast und die Majestät dieser Regierung als unser Haus; sie zeigen, daß ihr unsretwegen unverdient eure Bürger verletzt. Dies ist völlig aller Wahrheit zuwider; denn von uns, wenn wir gekonnt, und von euch, wenn wir gewollt hätten, wäre es nie geschehen. Wer genau nach der Wahrheit forscht, wird finden, daß unser Haus aus keinem anderen Grund mit solcher Übereinstimmung immer von euch erhöht worden ist, als weil es sich bestrebt hat, durch Leutseligkeit, Freigebigkeit, durch Wohltaten alle zu besiegen. Wenn wir also die Fremden geehrt haben, wie sollten wir die Verwandten verletzen?"

„Hat sie Herrschsucht angetrieben, wie die Einnahme des Palastes und ihr Erscheinen mit Bewaffneten auf dem Platz beweist, so bedarf es keiner Worte, um zu zeigen, wie schändlich, ehrgeizig und verdammungswürdig dieser Beweggrund ist, – er offenbart und verurteilt sich selbst zur Genüge."

„Haben sie es aus Haß und Eifersucht auf unsere Autorität getan, so beleidigen sie euch, nicht uns, die ihr sie uns gegeben. Fürwahr nur die Autorität verdient gehaßt zu sein, die man an sich reißt, nicht die, welche man durch Freigebigkeit, Leutseligkeit und Großmut erwirbt. Ihr wißt es, niemals stieg unser

Haus zu irgendeiner Stufe von Größe, ohne daß es durch diesen Palast und durch eueren einstimmigen Beschluß erhoben worden wäre. Nicht mit den Waffen und mit Gewalt kehrte mein Großvater Cosimo aus der Verbannung zurück, sondern durch euer einiges Zusammenwirken. Nicht mein Vater, alt und krank, verteidigte den Staat gegen so viele Feinde, sondern ihr, durch eure Autorität und Wohlwollen verteidigtet ihn. Ich selbst, nach meines Vaters Tod sozusagen noch ein Knabe, wie konnte ich den Rang meines Hauses behaupten, wäre nicht euer Rat und Beistand gewesen. Mein Haus konnte nicht und könnte nicht diese Republik regieren, wenn nicht ihr mit ihm sie regiert hättet und regiertet. Ich weiß daher nicht, welche Ursache, uns zu hassen, sie haben können, noch welche Ursache zur Eifersucht. Sie mögen ihre Vorfahren hassen, die durch Hochmut und Habsucht sich selbst das Ansehen genommen haben, das die unsrigen durch entgegengesetztes Streben gewannen."

„Aber geben wir zu, daß die Unbilden, die wir ihnen zugefügt, groß seien, und daß sie mit Grund unseren Untergang wünschten; warum diesen Palast angreifen? Warum sich mit dem Papst und mit dem König gegen die Freiheit der Republik verbinden? Warum den langen Frieden Italiens brechen? Dafür haben sie keine Entschuldigung. Denn sie mußten verletzen, wer sie verletzte, und nicht die Privatfeindschaft mit der öffentlichen vermengen, was zur Folge hat, daß nach ihrer Vernichtung unser Übel heftiger ist. Auf ihre Veranlassung rückten Papst und König mit den Waffen gegen uns heran und behaupten, diesen Krieg gegen mich und mein Haus zu führen."

„Wollte Gott, es wäre wahr; denn schnell und sicher wäre dann die Abhilfe, und ich würde kein so schlechter Bürger sein, daß ich mein Heil mehr als eure Gefahren anschlüge, sondern gerne würde ich den Brand der Republik durch meinen Untergang löschen. Jedoch, da die Großen immer die Unbilden, welche sie zufügen, mit einem weniger schmählichen Vorwand verdecken, so haben die Feinde diese Art gewählt, ihren pflichtvergessenen Angriff zu beschönigen. Solltet ihr jedoch anderer Meinung sein, so bin ich in eurer Gewalt. Ihr habt mich zu leiten oder fallen zu lassen, ihr, meine Väter, ihr, meine Beschützer! Was ihr mir auflegt, daß ich tue, ich werde es stets bereitwillig tun und niemals, wenn ihr es so wollt, werd' ich verweigern, diesen Krieg, mit meines Bruders Blut begonnen, mit dem meinigen zu beenden."

Die Bürger konnten, während Lorenzo sprach, die Tränen nicht zurückhalten, und mit dem Mitleid, womit sie ihn angehört, antwortete einer, den die anderen damit beauftragten: „Die Stadt verdanke so viel ihm und den Seinigen, daß er guten Mutes sein solle. Mit derselben Bereitwilligkeif, mit der sie den Tod seines Bruders gerächt und ihm das Leben erhalten hätten, würden sie ihm Ansehen und Regierung erhalten, und nicht eher sollte er diese verlieren, als sie das Vaterland verlören." Damit die Tat den Worten entspreche, ordneten sie vorerst eine Anzahl Bewaffnete zu seiner Leibwache, die ihn vor den heimischen Nachstellungen schützen sollte.

Dann rüstete man sich zum Krieg. Es wurden so viel Soldaten und Geld zusammengebracht, wie sie konnten. Sie sandten um Hilfe, kraft des Bundes, an den Herzog von Mailand und an Venedig. Da der Papst sich als Wolf, nicht als Hirte gezeigt, so rechtfertigten sie, um nicht als schuldig verschlungen zu werden, ihre Sache durch alle Mittel, die sie konnten. Sie erfüllten ganz Italien mit der Erzählung der Verräterei, die gegen ihren Staat verübt worden. Sie zeigten die Gottlosigkeit dos Papstes und seine Ungerechtigkeit. „Das Pontifikat, das er durch schlechte Mittel an sich gerissen, übe er schlecht aus, da er die, welche er zu den ersten Prälaten erhoben, in Gesellschaft von Verrätern und Meuchelmördern abgesandt habe, ein so heimtückisches Verbrechen im Tempel, mitten während des Gottesdienstes, bei der Feier des Sakramentes zu begehen. Jetzt, weil es ihm nicht gelungen, die Bürger zu erschlagen, die Verfassung der Stadt zu ändern und sie nach seiner Willkür zu brandschatzen, belege er sie mit dem Interdikt, bedrohe und verletze sie mit dem päpstlichen Bannfluch. Aber wenn Gott gerecht sei, wenn ihm Gewalttaten mißfielen, so müßten ihm die Frevel seines Statthalters mißfallen, und er müsse gestatten, daß die verletzten Menschen, bei jenem keinen Schutz findend, zu ihm selbst ihre Zuflucht nähmen." Statt das Interdikt anzunehmen und zu gehorchen, zwangen daher die Florentiner die Priester, den Gottesdienst zu halten. Sie riefen ein Konzil zusammen, aus allen toskanischen Prälaten bestehend, die unter ihrer Oberherrschaft standen, und appellierten darauf wegen der ihnen vom Papst zugefügten Kränkungen ans künftige allgemeine Konzil.

Es fehlten auch dem Papst nicht Gründe, seine Sache zu rechtfertigen. Er führte an, es wäre die Aufgabe eines Papstes, die Tyrannei zu stürzen, die Bösen zu vernichten, die Guten zu erheben, und dies müsse er durch jedes passende Mittel tun. Nicht aber sei es die Pflicht der weltlichen Fürsten, die Kardinäle gefangen zu halten, die Bischöfe aufzuhängen, die Priester zu erschlagen, in Stücke zu hauen und umherzuschleifen und ohne Unterschied Schuldige und Unschuldige zu morden.

Während so großer Klagen und Beschuldigungen gaben die Florentiner dennoch den Kardinal, den sie in ihrer Gewalt halten, dem Papst zurück. Die Folge war, daß sie der Papst ohne Rücksicht mit allen seinen und des Königs Streitkräften angriff. Die beiden Heere rückten unter Ferdinands Erstgebornen, Alfons Herzog von Calabrien, und unter Federigo Graf von Urbino in die Landschaft Chianti durchs Gebiet der Saneser ein, die auf der Seite der Feinde waren. Dort nahmen sie Radda und mehrere andere Kastelle und beraubten die ganze Landschaft, dann legten sie sich vor Gastellina. Dieser Angriff versetzte die Florentiner in große Furcht, weil sie keine Soldaten hatten und die Freunde mit dem Beistand zögern sahen. Der Herzog schickte zwar Unterstützung, aber die Venezianer leugneten die Verpflichtung, den Florentinern in Privatsachen beizustehen; denn da der Krieg gegen Private geführt werde, so seien sie nicht verbunden, daran teilzunehmen, indem man die persönlichen Feindschaften nicht öffentlich zu verteidigen hätte. Um die Venezianer zu einer vernünftigeren Ansicht zu bringen, sandten die Florentiner Messer Tommaso Soderini als Botschafter an den dortigen Senat. Mittlerweile nahmen sie Truppen in Sold und machten Ercole Markgrafen von Ferrara zum Feldherrn ihrer Heere. Während dieser Rüstungen bedrängte das feindliche Heer Castellina so heftig, daß die Einwohner, sich an der Hilfe verzweifelnd ergaben, nachdem sie vierzig Tage die Belagerung bestanden hatten. Von da wandten sich die Feinde gegen Arezzo und belagerten Monte San Savino.

Unterdessen war das florentinische Heer in Ordnung und rückte gegen die Feinde. Drei Miglien von ihnen machte es halt und belästigte sie so sehr, daß Federigo von Urbino einen Waffenstillstand von einigen Tagen verlangte. Der Waffenstillstand wurde gewährt, und zwar zu solchem Nachteil der Florentiner, daß die, welche ihn verlangten, selbst darüber erstaunt waren; denn erhielten sie ihn nicht, so waren sie schimpflich abzuziehen genötigt. Da sie hingegen während dieser Tage Bequemlichkeit hatten, sich wieder zu ordnen, nahmen sie, nach Ablauf des Waffenstillstandes, vor den Augen unserer Truppen jenes Kastell ein. Aber schon war der Winter gekommen, und die Feinde zogen sich, um an bequemeren Orten zu überwintern, ins Sanesische zurück. Die Florentiner bezogen gleichfalls bequemere Quartiere, und der Markgraf von Ferrara, der sich wenig und uns noch weniger genügt hatte, kehrte in seinen Staat zurück.

In dieser Zeit erhob sich Genua gegen das Herzogtum Mailand aus folgenden Gründen. Nach der Ermordung Galeazzos, der seinen Sohn Johann Galeazzo im zur Regierung unfähigen Alter hinterließ, entstand zwischen dessen Oheimen, Lodovico, Ottaviano und Ascanio Sforza, und dessen Mutter, Madonna Bona, Zwist, da jeder von ihnen die Vormundschaft des jungen Herzogs übernehmen wollte. In diesem Streit behielt die alte Herzogin Madonna Bona, durch den Rat Messer Tommaso Soderinis, des damaligen florentinischen Botschafters am Hof von Mailand, und Messer Cecco Simonettas, der Galeazzos Minister gewesen, die Oberhand. Die Sforza entflohen nun, Ottaviano ertrank beim Übersetzen über die Adda, und die andern wurden nebst Signor Roberto von San Severino, der bei diesen Vorfällen die Herzogin verlassen und an die Sforza sich angeschlossen hatte, an verschiedene Orte verbannt. Als hierauf der Krieg mit Toskana ausbrach, hofften diese Fürsten durch die neuen Ereignisse neues Glück finden zu können, brachen den Bann, und jeder von ihnen versuchte Veränderungen hervorzubringen, um in seinen Staat zurückzukehren. Der König Ferdinand, welcher sah, daß die Florentiner in ihrer Not allein vom

Herzogtum Mailand unterstützt wurden, wollte ihnen auch diese Hilfe zu entreißen, indem er der Herzogin so viel in ihrem eigenen Staat zu schaffen machte, daß sie den Florentinern beizustehen nicht imstande wäre. Durch Prospero Adorno also, den Signor Roberto und die verbannten Sforzas brachte er Genua zum Aufstand gegen den Herzog, in dessen Gewalt nur die Zitadelle blieb. In der Hoffnung darauf sandte die Herzogin bedeutende Streitkräfte ab, die Stadt wiederzuerobern, aber sie wurden geschlagen. Sie erwog nun die Gefahr, welche dem Thron ihres Sohnes und ihr bevorstehen konnte, wenn dieser Krieg fortdauerte, da Toskana zerrüttet und die Florentiner, auf die allein sie hoffte, bedrängt waren, und beschloß Genua zur Freundin zu haben, da sie es nicht zur Untertanin haben konnte. Sie kam mit Battistino Fregoso, dem Feind Prospero Adornos, überein, ihm die Zitadelle zu geben und ihn zum Fürsten von Genua zu machen, wenn er nur Prospero vertreibe und die empörten Sforza nicht unterstütze. Nach dieser Übereinkunft bemächtigte sich Battistino, mit Hilfe der Zitadelle und seiner Partei, Genuas und machte sich nach dortiger Sitte zum Dogen. Die Sforza und der Signor Roberto, aus dem Genuesischen vertrieben, zogen mit den Soldaten, die ihnen folgten, in die Lunigiana.

Als der Papst und der König die Unruhen in der Lombardei gedämpft sahen, benutzten sie diese aus Genua Verbannten, um Toskana auf der Seite von Genua aufzustören, damit die Florentiner durch Teilung ihrer Streitkräfte geschwächt würden. Sie bewirkten, daß der Signor Roberto mit seinen Soldaten aus der Lunigiana aufbrach und die pisanische Landschaft angriff. Es fing also der Signor Roberto den größten Tumult an, plünderte und nahm viele Kastelle im Pisanischen und streifte raubend bis an die Stadt Pisa.

Es kamen um diese Zeit Botschafter des Kaisers, des Königs von Frankreich und des Königs von Ungarn nach Florenz, die von ihren Fürsten an den Papst gesandt waren. Diese überredeten die Florentiner, daß sie Gesandte an den Papst, schicken sollten, indem sie versprachen, sich bei ihm alle Mühe zu geben, daß durch einen recht guten Frieden diesem Krieg ein Ende gemacht würde. Die Florentiner weigerten sich nicht, diesen Versuch zu machen, um bei jedermann gerechtfertigt zu sein, da sie ihresteils den Frieden wünschten. Die Gesandten begaben sich also nach Rom und kamen, ohne etwas ausgerichtet zu haben, zurück. Um sich nun durch das Ansehen des Königs von Frankreich zu ehren, da sie von den Italienern teils angegriffen, teils verlassen waren, sandten die Florentiner als Botschafter an diesen König Donato Acciajuoli, einen Mann, der griechischen und lateinischen Literatur sehr beflissen, dessen Vorfahren immer hohen Rang in der Stadt gehabt halten. Doch unterwegs in Mailand angekommen, starb er. Um daher seine Hinterbliebenen zu belohnen und sein Gedächtnis zu ehren, bestattete ihn das Vaterland auf das ehrenvollste, gab seinen Söhnen Abgabefreiheit und seinen Töchtern angemessene Mitgift zu ihrer

Verheiratung. An seiner Statt wurde als Botschafter an den König Guid' Antonio Vespucci gesandt, ein im römischen und Kirchen recht sehr erfahrener Mann.

Der Einfall des Signor Roberto in die Landschaft Pisa setzte, wie es bei unerwarteten Dingen der Fall ist, die Florentiner in Bestürzung. Mit einem heftigen Krieg auf der Seite von Siena konnten sie nicht absehen, wie sie für die Verteidigung der Gegend von Pisa sorgen sollten; doch unterstützten sie durch Kommandierte und andere Vorkehrungen die Stadt Pisa selbst. Um die Luccheser treu zu erhalten, daß diese dem Feind nicht Geld oder Lebensmittel lieferten, schickten sie Neri di Gino di Neri Capponi dahin. Doch bei dem Haß dieser Stadt gegen das florentinische Volk, der durch die alten Unbilden und die fortwährende Furcht entstanden war, wurde der Gesandte mit solchem Argwohn aufgenommen, daß er oft in der Gefahr schwebte, von der Menge erschlagen zu werden. Sein Erscheinen gab daher eher Anlaß zu neuem Unwillen als zu neuer Einigkeit. Ferner riefen die Florentiner den Markgrafen von Ferrara zurück, nahmen den Markgrafen von Mantua in Sold und verlangten sehr dringend von den Venezianern den Grafen Carlo, den Sohn Braccios, und Deifobo, den Sohn des Grafen Jacopo. Dies gewährten nach vielen Winkelzügen die Venezianer zuletzt; denn da sie einen Waffenstillstand mit den Türken geschlossen und deshalb keine Entschuldigung zum Deckmantel hatten, schämten sie sich, die Verträge nicht zu beachten. Es kamen also der Graf Carlo und Deifobo mit einer guten Zahl Schwerer Reiter, und mit ihnen wurden so viel Schwere Reiter vereint, wie man vom Heer trennen konnte, das unter dem Markgrafen von Ferrara den Truppen des Herzogs von Calabrien gegenüberstand. Hierauf marschierten sie in der Richtung von Pisa gegen den Signor Roberto, der sich mit seinen Soldaten am Serchiofluß befand. Hier hatte er zwar getan, als wolle er unsere Truppen erwarten, aber er erwartete sie nicht, sondern zog sich nach der Lunigiana in die Quartiere zurück, wo er vor seinem Einfall ins Pisanische gestanden. Nach seinem Abzug wurden vom Grafen Carlo alle Kastelle wiedererobert, welche die Feinde in der Landschaft Pisa genommen hatten.

(1479.) Vom Angriff auf der Seite von Pisa befreit, ließen die Florentiner alle ihre Truppen zwischen Colle und San Giminiano zusammenstoßen. Da aber durch des Grafen Carlo Einrücken Sforzianer und Braccianer in diesem Heer waren, so erwachte sogleich ihre alte Feindschaft, und man glaubte, daß es zwischen ihnen zu Kämpfen kommen werde, wenn sie lange beisammen zu sein hätten. Als kleineres Übel beschloß man daher, die Truppen zu teilen und die eine Hälfte unter dem Grafen Carlo ins Peruginische zu schicken, die andere zu Poggibonzi Stellung nehmen zu lassen, wo sie ihr Lager verschanzen sollten, um die Feinde vom Einfall ins Florentinische abhalten zu können. Man meinte durch diese Maßregel die Feinde gleichfalls zur Teilung ihrer Truppen zu zwingen; denn man glaubte, daß entweder der Graf Carlo Perugia, wo man dachte, daß er viele Anhänger habe, einnehmen würde, oder daß der Papst bedeutende Streitkräfte zur Verteidigung dahin abzusenden genötigt sei. Ferner wurde veranstaltet, um den Papst in größere Verlegenheit zu bringen, daß Messer Niccolo Vitelli, der aus Citta di Castello, wo sein Feind Messer Lorenzo jetzt Oberhaupt war, vertrieben worden war, mit Soldaten sich dieser Stadt näherte, um sich zu bestreben, seinen Gegner daraus zu vertreiben und die Stadt der Botmäßigkeit des Papstes zu entziehen.

Es schien anfangs, das Glück wolle die florentinischen Angelegenheiten begünstigen. Man sah den Grafen Carlo große Fortschritte im Peruginischen machen. Messer Niccolo Vitelli, obgleich es ihm nicht gelang, in Castello einzudringen, war doch mit seinen Soldaten im Feld überlegen und raubte um die Stadt herum ohne Widerstand. Ebenso streiften die Soldaten, welche zu Poggibonzi geblieben, täglich bis an die Mauern von Siena. Doch am Ende wurden alle diese Hoffnungen vereitelt. Zuerst starb der Graf Carlo mitten in seiner Siegeshoffnung. Sein Tod indessen würde die Lage der Florentiner verbessert haben, wenn man den Sieg, der daraus entsprang, zu benutzen gewußt hätte. Als nämlich der Tod des Grafen bekannt wurde, faßten die Soldaten der Kirche, die bereits sämtlich in Perugia versammelt waren, Hoffnung, die florentinischen Truppen schlagen zu können, rückten ins Feld und lagerten am See drei Miglien vom Feind. Auf der anderen Seite beschloß Jacopo Guicciardini, Kommissär dieses Heeres, auf den Rat des erlauchten Roberto (Malatesta) von Rimini, der nach des Grafen Carlo Tod der Erste und Angesehenste im Heer blieb, die Feinde, von deren Hochmut sie die Ursache erkannten, zu erwarten. Es kam also am See, wo einst Hannibal den Römern jene merkwürdige Niederlage beibrachte, zum Kampf, und die Soldaten der Kirche wurden geschlagen. Dieser Sieg wurde in Florenz von den Oberhäuptern mit Lob und von jedermann mit Freude aufgenommen und würde diesem Feldzug zur Ehre und zum Vorteil gereicht haben, wenn die Unordnungen, welche im Heer, das zu Poggibonzi lag, entstanden, nicht alles verwirrt hätten. So zerstörte, was das eine Heer gut machte, das andere völlig. Die Soldaten hatten im Sanesischen Beute gemacht, bei deren Teilung zwischen den Markgrafen von Ferrara und Mantua ein so heftiger Streit entstand, daß es zu den Waffen und blutigen Kämpfen kam. Die Sache ging so weit, daß die Florentiner sich nicht mehr beider bedienen zu können urteilten und einwilligten, daß der Markgraf von Ferrara mit seinen Soldaten heimkehrte.

Da also dieses Heer geschwächt war, ohne Anführer geblieben war und in jeder Hinsicht ordnungslos verfuhr, so faßte der Herzog von Calabrien, der mit seinem Heer bei Siena stand, Mut zum Angriff. Es kam, wie er dachte, Die florentinischen Truppen vertrauten nicht auf die Waffen, nicht auf die Menge, worin sie dem Feind überlegen waren, nicht auf ihre Stellung, die sehr fest war, als sie den Angriff gewahrten, sondern, ohne nur so lange zu warten, bis sie die Feinde sahen, flohen sie beim bloßen Anblick des Staubes und ließen den Gegnern Munition, Bagage und Geschütz. Solche Memmen waren jene Soldaten, und so große Unordnung herrschte damals in den Heeren, daß ein Pferd, das den Kopf oder die Kruppe wandte, über Sieg oder Niederlage entschied. Diese Flucht belud die Soldaten des Königs mit Beute und erfüllte die Florentiner mit Schrecken. Ihre Stadt war nicht nur vom Krieg, sondern von einer verheerenden Pest bedrängt, die dergestalt in der Stadt wütete, daß die Bürger, um dem Tod zu entgehen, in ihre Landhäuser sich zurückgezogen hatten. Dies machte auch die Niederlage schrecklicher; denn diejenigen Bürger, welche ihre Besitzungen im Pesa- und Elsatal hatten, eilten nach der Niederlage unverzüglich, so gut sie konnten, nicht allein mit ihren Kindern und Habseligkeilen, sondern mit ihren Arbeitern nach Florenz. Es schien, man fürchte, daß jede Stunde der Feind vor Florenz erscheinen könnte. Als die mit der Leitung des Krieges Beauftragten diese Unordnung sahen, befahlen sie den Soldaten, welche im Peruginischen gesiegt halten, die Belagerung von Perugia aufzuheben und ins Elsatal zu marschieren, um sich dem Feind zu widersetzen, der nach seinem Sieg ungestört das Land verheerte. Obgleich die Stadt Perugia so eng eingeschlossen war, daß man stündlich die Übergabe hoffte, so wollten die Florentiner doch eher ihr Eigentum verteidigen, als fremdes wegzunehmen versuchen. Das Heer also, von seinen glücklichen Erfolgen abgerufen, wurde nach S. Casciano geführt, einem Kastell acht Miglien von Florenz, da man anderwärts nicht so lange Stand halten zu können glaubte, bis die Überbleibsel des geschlagenen Heeres wieder gesammelt wären.

Von den Feinden andererseits machten die, welche der Abzug der florentinischen Truppen von Perugia von der Belagerung befreite, kühn geworden, täglich große Beute im Aretinischen und Cortonesischen. Die anderen, welche unter Herzog Alfons von Calabrien bei Poggibonzi gesiegt hatten, bemächtigten sich zuerst Poggibonzis, dann Vicos, und Certaldo plünderten sie. Nachdem sie diese Orte genommen und diese Beute gemacht, legten sie sich vor das Kastell Colle. Dieses Kastell galt damals für sehr fest, und da die Einwohner der florentinischen Regierung treu waren, konnte es die Feinde so lange im Schach halten, bis das Heer beisammen war. Die Florentiner, als sie ihre Soldaten sämtlich zu S. Casciano versammelt und die Feinde Colle aufs kräftigste belagerten, beschlossen sich ihnen zu nähern, um den Collegianern Mut zur Verteidigung zu geben, und damit die Feinde mit mehr Rücksicht angriffen, wenn die Gegner in der Nähe stünden. Infolge dieses Beschlusses ließen sie das Heer von S. Casciano aufbrechen und bei San Giminiano, fünf Miglien von S. Casciano, Lager schlagen, von wo aus sie durch leichte Reiterei und andere leichte Truppen täglich das Lager des Herzogs belästigten. Doch für die Collegianer war diese Unterstützung nicht ausreichend; denn die nötigsten Vorräte entbehrend, ergaben sie sich den 13. November zum Mißfallen der Florentiner und zur größten Freude der Feinde, besonders der Saneser, die abgesehen von ihrem allgemeinen Haß gegen die Stadt Florenz die Collegianer noch besonders haßten.

Es war schon spät im Winter und das Wetter zum Kriegführen höchst ungünstig. Der Papst und der König boten daher, entweder weil sie Hoffnung zum Frieden geben oder sich ruhiger ihrer Siege erfreuen wollten, den Florentinern einen Waffenstillstand für drei Monate an und gaben zehn Tage zur Antwort. Er wurde sogleich angenommen. Aber wie es jedermann geht, daß man die Wunden mehr fühlt, wenn das Blut abgekühlt ist, als wenn man sie empfängt, so ließ diese kurze Ruhe die Florentiner die ertragene Bedrängnis besser erkennen. Offen und ohne Scheu beschuldigten nun die Bürger einander, wiesen die Fehler in der Kriegführung nach, zeigten die verlorenen Kosten, die ungerechte Verteilung der Auflagen. Nicht nur in den Privatzirkeln, sondern in den öffentlichen Räten wurden diese Dinge mit Heftigkeit besprochen. Einer erkühnte sich sogar, sich Lorenzo de' Medici mit den Worten zu wenden: „Die Stadt ist erschöpft und will keinen Krieg mehr. Es ist notwendig, daß Sie an den Frieden denkt."

Diese Notwendigkeit erkennend, zog sich Lorenzo mit denjenigen von seinen Freunden, die er für die treuesten und weisesten hielt, zurück. Zuerst kamen sie zum Schluß, da man die Venezianer kalt und untreu, den Herzog unmündig und in bürgerliche Zwietracht verwickelt sah, daß durch neue Freunde neues Glück zu suchen sei. Aber sie waren unentschieden, in wessen Arme man sich zu geben habe, in die des Papstes oder des Königs. Nachdem sie alles erwogen, billigten sie die Freundschaft des Königs als beständiger und sicherer. Denn die Kürze des Lebens der Päpste, der Wechsel der Nachfolge, die geringe Furcht, welche die Kirche vor den Fürsten hat, die wenigen Rücksichten, die sie beim Ergreifen der Maßregeln nimmt, alles dies ist Ursache dafür, daß ein weltlicher Fürst auf einen Papst nicht völlig vertrauen kann. Ebensowenig kann eisernes Geschick sicher mit ihm verflechten. Denn wer im Krieg und in der Gefahr des Papstes Freund ist, wird im Sieg einen neben sich haben, bei der Niederlage dagegen allein sein, während den Papst die geistliche Macht und ihr Ansehen erhält und beschützt. Nachdem also beschlossen war, daß es vorteilhafter sei, den König zu gewinnen, urteilten sie nicht besser noch mit mehr Gewißheit dies tun zu können als durch Lorenzos Gegenwart. – Je mehr Freigiebigkeit man beim König zeige, desto eher glaubten sie gegen die frühere Feindschaft Mittel finden zu können. Lorenzo entschloß sich daher zu dieser Reise. Er empfahl die Stadt und den Staat Messer Tommaso Soderini, der gerade Gonfalonier der Gerechtigkeit war, reiste anfangs Dezember von Florenz ab und schrieb von Pisa aus der Signoria die Ursache seiner Abreise. Um ihn zu ehren und damit er mit mehr Ansehen den Frieden mit dem König unterhandeln könne, ernannten ihn die Signoren zum Botschafter des florentinischen Volkes und gaben ihm Vollmacht, sich mit dem König zu verbünden, wie er es für seine Republik am besten halten würde.

Zur selben Zeit griff der Signor Robert von S. Severino im Verein mit Lodovico und Ascanio Sforza – ihr Bruder Ottaviano war tot – das Herzogtum Mailand von neuem an, um die Regierung desselben wieder zu erlangen. Als sie Tortona genommen und Mailand und der ganze Staat bewaffnet war, wurde der Herzogin Bona geraten, die Sforza wieder ins Vaterland einzusetzen, und um dem Bürgerkrieg ein Ende zu machen, ihnen teil an der Regierung zu geben. Der Urheber dieses Rates war Antonio Tassino aus Ferrara. Dieser, ein Mann aus niederem Stand, war nach Mailand gegangen und kam dem Herzog Galeazzo in die Hände, der ihn der Herzogin, seiner Gemahlin, als Kammerdiener abtrat. Weil er schön von Körper war oder durch eine andere geheime Tugend, gewann er nach des Herzogs Tod einen solchen Einfluß auf die Herzogin, daß er fast den Staat regierte. Dies mißfiel Messer Cecco, einem durch Klugheit und lange Geschäftserfahrung höchst ausgezeichneten Mann sehr. Er bestrebte sich daher, wo er nur konnte, sowohl bei der Herzogin als bei den andern Gliedern der Regierung, Tassinos Autorität zu vermindern. Die Sache gewahrend, ermahnte Tassino, um sich für die Unbilden zu rächen und jemand in der Nähe zu haben, der ihn vor Messer Cecco schützte, die Herzogin, die Sforza wieder ins Vaterland einzusetzen. Sie befolgte seinen Rat und setzte sie, ohne Messer Cecco etwas mitzuteilen, wieder ein. Hierüber sagte ihr dieser: „Du hast eine Maßregel ergriffen, die mir das Leben und dir die Regierung kosten wird." Beides traf bald darauf ein. Der Signor Lodovico ließ Messer Cecco töten, und als nach einiger Zeit Tassino aus dem Herzogtum fortgejagt wurde, erbitterte dies die Herzogin so sehr, daß sie von Mailand abreiste und in die Hände Lodovicos der Vormundschaft über ihren Sohn entsagte. Lodovico war also allein Regent des Herzogtums Mailand geblieben, und wurde, wie gezeigt werden soll, Ursache von Italiens Ruin.

Lorenzo de' Medici war nach Neapel abgereist, und der Waffenstillstand war noch nicht abgelaufen, als gegen alle Erwartung Lodovico Fregoso, mit Hilfe eines Einverständnisses mit einem Einwohner, Serezana mit Bewaffneten überfiel, das Kastell eroberte und den Beamten des florentinischen Volkes gefangen nahm. Dieses Ereignis mißfiel den Ersten der florentinischen Regierung aufs höchste; denn sie glaubten überzeugt zu sein, daß alles auf Anordnung des Königs Ferrando geschehe. Sie beschwerten sich beim Herzog von Kalabrien, der mit seinem Heer zu Siena lag, daß sie während des Waffenstillstandes mit neuem Krieg überzogen würden. Dieser zeigte auf alle Weise sowohl durch

Briefe als Botschaften, diese Sache sei ohne seines Vaters oder seine Mitwirkung geschehen. Nichtsdestoweniger hielten die Florentiner ihre Lage für höchst kritisch. Sie sahen die Kassen leer, das Oberhaupt der Republik in den Händen des Königs, einen alten Krieg mit dem König und dem Papst, einen neuen mit den Genuesern und sich ohne Freunde; denn auf die Venezianer hofften sie nicht, und von der Regierung von Mailand fürchteten sie eher, weil sie wechselnd und unbeständig war. Nur eine Hoffnung blieb den Florentinern, was Lorenzo de' Medici beim König ausrichten würde.

Lorenzo war zur See in Neapel angekommen, wo er nicht nur vom König, sondern von der ganzen Stadt ehrenvoll und mit großer Erwartung aufgenommen wurde; denn da ein so heftiger Krieg allein, um ihn zu stürzen, ausgebrochen war, hatte die Größe seiner Feinde ihn sehr groß gemacht. Aber vor dem König erschienen, erörterte er auf eine Weise die Lage Italiens, die Stimmung seiner Fürsten und Völker und was man vom Frieden zu hoffen, vom Krieg zu fürchten habe, daß der König, nachdem er ihn gehört, vielmehr über die Erhabenheit seiner Sinnesart, die Gewandtheit seines Geistes und die Gediegenheit seines Urteils erstaunte, als es ihn zuvor in Erstaunen gesetzt hatte, daß Lorenzo allein einen so großen Krieg bestehen konnte. Er verdoppelte daher die Ehrenbezeigungen und begann darauf zu denken, wie er Lorenzo eher als Freund zu entlassen, denn als Feind zurückzuhalten habe. Gleichwohl hielt er ihn durch verschiedene Vorwände vom Dezember bis zum März hin, um nicht nur ihn, sondern die Stadt auf die Probe zu stellen. Denn es fehlte Lorenzo in Florenz nicht an Feinden, die gewünscht hätten, daß ihn der König zurückhielte und wie Jacopo Piccinino behandelte. Unter dem Schein der Betrübnis sprachen sie davon in der ganzen Stadt, bei den öffentlichen Beschlüssen widersetzten sie sich allem, was Lorenzo günstig war, und verbreiteten durch ihr Benehmen das Gerücht, daß man in Florenz die Regierung ändern werde, wenn ihn der König längere Zeit in Neapel zurückhielte. Dies bewirkte, daß der König seinen Entschluß solange verschob, um zu sehen, ob in Florenz Unruhen ausbrächen. Als aber die Dinge ruhig ihren Gang gingen, entließ er ihn am 6. März 1749. Zuvor gewann er ihn sich durch jede Gattung von Wohltat und Liebesbezeigung, und zwischen ihnen kam ein ewiger Vertrag zur Erhaltung der beiden Staaten zustande.

Es kehrte also Lorenzo nach Florenz sehr groß zurück, wenn er groß abgereist war, und wurde mit solcher Freude von der Stadt empfangen, wie es seine großen Eigenschaften und frischen Verdienste verdienten, da er sich selbst dem Tod ausgesetzt hatte, um seinem Vaterland den Frieden wiederzugeben. Zwei Tage nach seiner Ankunft wurde der Friede zwischen der Republik Florenz und dem König bekanntgemacht. Es verpflichteten sich dadurch beide Teile zur Erhaltung der beiderseitigen Staaten, die Rückgabe der den Florentinern im Krieg genommenen Städte sollte in der Willkür des Königs stehen, die im Turm von

Volterra gefangenen Pazzi sollten freigelassen und dem Herzog von Kalabrien sollte eine gewisse Zeit hindurch eine gewisse Summe Geldes bezahlt werden.

Sobald dieser Friede bekanntgemacht war, erfüllte er den Papst und die Venezianer mit Unwillen. Der Papst glaubte sich vom König geringgeschätzt und die Venezianer von den Florentinern; denn da beide Gefährten im Krieg gewesen waren, beschwerten sie sich, am Frieden keinen Teil zu haben. Als man diese Entrüstung zu Florenz erfuhr und glaubte, erweckte sie sogleich bei jedermann die Besorgnis, es werde aus diesem Friedensschlusse ein größerer Krieg entstehen. Die Ersten des Staates beschlossen daher, die Regierung einzuschränken und die wichtigen Beschlüsse einer kleinen Zahl zu übertragen. Sie führten also einen Rat von siebzig Bürgern mit der größten Gewalt in den Hauptgeschäften ein, die sie ihnen geben konnten. Diese neue Einrichtung brachte die Neuerungssüchtigen zur Ruhe. Um sich Ansehen zu geben, nahmen die Siebzig vor allem den Frieden, den Lorenzo mit dem König geschlossen, an; dann bestimmten sie Botschafter an den Papst und sandten sogleich Messer Antonio Ridolfi und Piero Nasi an ihn ab. Doch trotz dieses Friedens zog Herzog Alfons von Kalabrien nicht von Siena ab, indem er zeigte, er sei durch die Zwietracht der dortigen Bürger zurückgehalten. Diese Zwietracht war so groß, daß sie ihn, während er vor der Stadt gelagert war, hineinriefen und zum Schiedsrichter ihrer Streitigkeiten machten. Die Gelegenheit ergreifend, strafte der Herzog viele Bürger an Geld, verurteilte viele zum Kerker, viele zum Exil und einige zum Tod, so daß er durch dieses Benehmen nicht nur bei den Sanesern, sondern bei den Florentinern Verdacht erregte, er wolle sich zum Fürsten von Siena machen. Und man sah kein Mittel dagegen, da die Republik in neuer Freundschaft mit dem König stand und des Papstes und der Venezianer Feind war. Diese Besorgnis trat nicht nur beim Volk von Florenz, dem spitzfindigen Ausleger aller Dinge, sondern auch bei den Ersten der Regierung in Erscheinung, und jedermann behauptete, nie sei unsere Stadt in so großer Gefahr gewesen, die Freiheit zu verlieren. Aber Gott, der immer in einer solchen äußersten Not besondere Sorge für sie trug, ließ ein unverhofftes Ereignis entstehen, das dem König und dem Papst und den Venezianern mehr zu denken gab als Toskana.

Es hatte der Großtürke Mahomed ein großes Heer nach Rhodos geführt und belagerte diese Stadt seit vielen Monaten. Obgleich aber seine Streitkräfte groß waren und er die Stadt auf das hartnäckigste belagerte, so fand er die Belagerten doch noch standhafter, die mit solcher Tapferkeit alle seine Stürme abschlugen, daß Mahomed gezwungen war, mit Schimpf die Belagerung aufzuheben. Er verließ also Rhodos, und ein Teil seiner Flotte steuerte unter dem Pascha Jacomet[3] nach Valona. Mochte dieser nun die Leichtigkeit der Unternehmung

[3] Acubat von Gianone, Istorin del Regno di Napoli genannt.

sehen, oder mochte es sein Herr befohlen haben – als er längs der Küste Italiens hinsegelte, setzte er plötzlich 4000 Soldaten ans Land, griff die Stadt Otranto an, nahm sie sogleich ein, plünderte sie und tötete alle Einwohner. Dann befestigte er sich auf die beste Weise, die sich ihm darbot, in der Stadt und im Hafen, schiffte eine Anzahl Reiter aus und durchstreifte und beraubte die Umgebung. Als der König diesen Angriff sah und erkannte, von welch mächtigem Fürsten er ausging, sandte er überallhin Boten, die Sache zu melden und gegen den gemeinschaftlichen Feind Hilfe zu begehren. Zugleich rief er aufs dringendste den Herzog von Kalabrien und seine Soldaten, die zu Siena lagen, zurück.

So sehr dieser Angriff den Herzog und das übrige Italien in Bestürzung versetzte, so sehr erfreute er Florenz und Siena. Dieses glaubte seine Freiheit wiedererlangt zu haben und jenes den Gefahren entgangen zu sein, die es den Verlust derselben fürchten ließen. Diese Meinung bestärkten die Klagen des Herzogs bei seinem Abzug von Siena; er klagte das Schicksal an, daß es durch ein unverhofftes und unberechenbares Ereignis die Herrschaft Toskanas ihm genommen habe. Auch den Papst machte dieser Vorfall anderen Sinnes. Während er zuvor nie einen florentinischen Botschafter anhören wollte, wurde er jetzt insoweit milder, daß er jeden hörte, der ihm vom allgemeinen Frieden sprach. Die Florentiner wurden in Kenntnis gesetzt, daß wenn sie sich dazu verstünden, den Papst um Verzeihung zu bitten, sie dieselbe erhalten würden. Man wollte diese Gelegenheit nicht vorübergehen lassen und schickte dem Papst zwölf Gesandte. Nach ihrer Ankunft in Rom hielt sie anfänglich der Papst durch verschiedene Unterhandlungen hin, ehe er ihnen Audienz gab. Am Ende jedoch wurde zwischen den Parteien abgeschlossen, wie man in Zukunft zu leben habe und wie viel im Frieden und wie viel im Krieg eine jede beitragen solle. Hierauf erschienen die Gesandten zu den Füßen des Papstes, der sie in der Mitte seiner Kardinäle mit übermäßigem Pomp erwartete. Sie entschuldigten das Geschehene, indem sie bald die Notwendigkeit anklagten, bald die Bosheit andrer, bald die Wut des Volks und dessen gerechten Zorn. „Unglücklich sei, wer gezwungen wäre zu kämpfen oder zu sterben. Doch alles müsse man ertragen, um dem Tod zu entgehen. So hätten denn auch sie den Krieg, die Interdikte und die andern Nachteile, die das Geschehene nach sich gezogen, ertragen, damit ihre Republik der Knechtschaft entgehe, die der Tod der freien Städte zu sein pflege. Sollten sie dennoch, obgleich gezwungen, einen Fehltritt begangen haben, so seien sie zur Sühne bereit und vertrauten seiner Milde, daß er nach dem Muster des göttlichen Erlösers sie wieder in seine geheiligten Arme aufnehmen werde."

Auf diese Entschuldigungen antwortete der Papst in Worten voll Hochmut und Zorn, indem er ihnen alles vorwarf, was sie in früherer Zeit gegen die Kirche begangen hatten. „Nichtsdestoweniger wolle er, um den Vorschriften Gottes nachzukommen, die Verzeihung, welche sie verlangten, ihnen zu gewähren geruhen. Aber er erkläre ihnen, daß sie zu gehorchen hätten, und wenn sie den Gehorsam brächen, so sollten sie die Freiheit, die sie zu verlieren auf dem Punkt gewesen, wirklich verlieren, und mit Recht. Denn die verdienen frei zu sein, welche gute, nicht böse Werke üben, die Freiheit hingegen, welche mißbraucht wird, schadet sich und anderen. Gott wenig und noch weniger die Kirche achten, sei nicht das Benehmen eines freien Mannes, sondern eines zügellosen und mehr dem Bösen als dem Guten hingegebenen, dessen Züchtigung nicht nur der Fürsten, sondern jedes Christen Aufgabe sei. Wegen des Geschehenen hätten sie sich daher über sich selbst zu beklagen, da sie durch böse Werke Ursache zum Krieg gegeben und durch noch bösere den Krieg genährt hätten, der mehr durch die Güte anderer als durch ihre Verdienste beendet worden sei." Es wurde hierauf die Formel des Vertrages und des Segens abgelesen. Dazu fügte der Papst noch, außer dem Unterhandelten und Abgeschlossenen, daß die Florentiner – wollten sie die Frucht des Segens genießen – von ihrem Geld fünfzehn Galeeren die ganze Zeit über, da der Türke das Königreich bekriege, ausgerüstet halten müßten. Die Botschafter beschwerten sich sehr über diese auf den geschlossenen Vertrag gelegte Last, konnten sie jedoch weder durch Vermittlung oder Unterstützung noch durch Beschwerde in irgendeinem Teil erleichtern. Aber nach ihrer Rückkehr zu Florenz sandte die Signoria, um diesen Frieden zu bestätigen, Messer Guid'Antonio Vespucci, der kurz zuvor aus Frankreich zurückgekommen war (1481), als Botschafter zum Papst. Dieser Mann brachte durch seine Klugheit alles in erträgliche Grenzen und erhielt vom Papst viele Gnaden, was ein Zeichen aufrichtiger Versöhnung war.

Es hatten also die Florentiner ihre Angelegenheiten mit dem Papst in Ordnung gebracht, Siena und sie waren durch den Abzug des Herzogs von Kalabrien aus Toskana von der Furcht vor dem König befreit, und der Krieg mit den Türken dauerte fort. Sie drängten daher den König von jeder Seite zur Zurückgabe ihrer Kastelle, die der Herzog von Kalabrien in den Händen der Saneser gelassen hatte. Der König sorgte sich, die Florentiner könnten sich in seiner großen Not von ihm trennen und durch einen Krieg mit den Sanesern ihm die Hilfe verhindern, welche er vom Papst und den andern Italienern hoffte. Er willigte deshalb in die Rückgabe ein und verband sich durch neue Verpflichtungen die Florentiner von neuem. So bringen Zwang und Not, nicht geschriebene Verträge und Verpflichtungen die Fürsten zum Halten ihres Worts.

Durch die Wiedererstattung der Kastelle und den Abschluß des neuen Bündnisses erlangte Lorenzo de' Medici das Ansehen wieder, welches ihm zuerst der Krieg und dann der Frieden, als man vom König fürchtete, genommen hatte. Es fehlte zuvor nicht an solchen, die ihn verleumdeten. Offen wurde gesagt: „Um sich zu retten, habe er das Vaterland verkauft; im Krieg habe man die Kastelle verloren, und im Frieden werde man die Freiheit verlieren." Als man aber die Kastelle wiederhatte, ein ehrenvoller Vertrag mit dem König geschlossen und die Stadt in ihr alles Ansehen zurückgekehrt war, so änderte sich in Florenz, dieser sprechsüchtigen Stadt, die die Dinge nach dem Ausgang, nicht nach dem Plan beurteilt, die Rede. Nun wurde Lorenzo bis zum Himmel erhoben. „Seine Klugheit", hieß es jetzt, „habe im Frieden zu gewinnen gewußt, was das Mißgeschick ihm im Krieg entrissen hatte, und mehr er habe durch seinen Rat und Scharfblick vermocht, als die Waffen und die Gewalt des Feindes."

Die Angriffe der Türken hatten den Krieg verschoben, der durch den Unwillen des Papstes und der Venezianer über den Friedensschluß auszubrechen auf dem Punkt war. Wie aber der Anfang dieses Angriffs unverhofft und Ursache vieles Guten war, so war das Ende unerwartet und Ursache vielen Übels. Der Großtürke Mahomed starb ganz unerwartet, und bei der Zwietracht, die unter seinen Söhnen entstand, übergaben die Türken, welche sich in Apulien von ihrem Herrn verlassen fanden, Otranto dem König durch Vertrag. Als diese Furcht vorüber war, die den Papst und die Venezianer ruhig hielt, besorgte jedermann neuen Krieg. Auf der einen Seite waren Papst und Venezianer verbündet. Mit ihnen hielten Genueser, Saneser und viele andere kleinere Mächte. Auf der anderen Seite waren Florentiner, König und Herzog, denen sich Bologna und viele andere Herrn anschlossen. Die Venezianer wünschten sich Ferraras zu bemächtigen, und sie glaubten begründete Ursache zum Feldzug und gewisse Hoffnung des Gelingens zu haben. Die Ursache war, daß der Markgraf behauptete, er sei nicht mehr gehalten, den Visdomine[4] und das Salz von ihnen zu empfangen, indem die Übereinkunft laute, daß nach siebzig Jahren Ferrara von beiden Lasten frei sein solle. Es antworteten dagegen die Venezianer, solange er das Gebiet von Polesine behalte, solange müsse er den Visdomino und das Salz empfangen. Da nun der Markgraf nicht einwilligen wollte, glaubten die Venezianer gerechten Grund zu haben, die Waffen zu ergreifen, sowie gelegene Zeit dazu, indem sie den Papst gegen die Florentiner und den König erbittert sahen. Um sich ihn mehr zu gewinnen, nahmen sie den Grafen Girolamo, der nach Venedig gegangen war (1482), auf das ehrenvollste auf, gaben ihm das Bürgerrecht und schrieben ihn ins goldene Buch ein, stets ein Zeichen der größten Ehre für jeden, dem sie zuteil wird. Sie hatten, um diesen Krieg rasch beginnen zu können, neue Steuern aufgelegt und den Signor Roberto von San Severino zum Feldherrn ihrer Heere ernannt. Dieser nämlich war gegen Signor Lodovico, den Regenten Mailands, aufgebracht nach Tortona geflohen, und nachdem er hier einige Unruhen erregt, nach Genua gegangen, wo er von den Venezianern berufen und zu ihrem Oberfeldherrn gemacht wurde.

---

[4] Blutrichter

Als der Bund der Gegner diese Rüstungen zu neuen Bewegungen erfuhr, rüsteten auch sie sich zum Krieg. Der Herzog von Mailand wählte zu seinem Feldherrn Federigo, Herrn von Urbino, und die Florentiner den Signor Costanzo von Pesaro. Um die Absicht des Papstes zu erforschen und darüber ins Klare zu kommen, ob die Venezianer mit seiner Mitwirkung Ferrara den Krieg erklärten, schickte König Ferdinand den Herzog Alfons von Kalabrien mit seinem Heer an den Tronto und begehrte den Durchmarsch vom Papst, um in die Lombardei dem Markgrafen zu Hilfe zu ziehen. Dies schlug der Papst ab. Nun glaubten der König und die Florentiner seiner Absicht gewiß zu sein und beschlossen, ihn durch ihre Streitkräfte zu drängen; damit er durch die Not ihr Freund oder wenigstens verhindert würde, den Venezianern Hilfstruppen zu schicken. Denn schon standen diese im Feld, hatten dem Markgrafen den Krieg erklärt und zuerst sein Land verheert, dann sich vor Figarolo gelegt, ein für den Staat dieses Herrn sehr wichtiges Kastell. Nachdem also der König und die Florentiner den Papst anzugreifen beschlossen hatten, zog der Herzog von Kalabrien gegen Rom und richtete mit dem Beistand der Colonna, die sich mit ihm vereinten, weil die Orsini sich dem Papst angeschlossen hatten, großen Schaden im Land an. Auf der anderen Seite griffen die florentinischen Truppen mit Messer Niccolo Vitelli Città di Castello an, nahmen diese Stadt, vertrieben Messer Lorenzo, der sie für den Papst innehatte, und machten Messer Niccolo gleichsam zum Fürsten derselben.

Es befand sich also der Papst in der größten Klemme; denn innen war Rom von der Partei verwirrt und außen das Land vom Feind verheert. Nichtsdestoweniger wollte er als mutvoller Mann siegen und nicht dem Feind nachgeben. Er nahm den erlauchten Roberto von Rimini als seinen Feldherrn in Sold und ließ ihn nach Rom kommen, wo er alle seine Schweren Reiter vereint hatte. Hier zeigte er ihm, „Welche Ehre es für ihn sei, wenn er gegen die Streitkräfte eines Königs die Kirche von der Bedrängnis befreite, in der sie sich befand. Nicht nur er, sondern alle seine Nachfolger auf dem heiligen Stuhl würden ihm aufs höchste verpflichtet sein und nicht allein die Menschen, sondern Gott selbst würde den Dank übernehmen“. Der erlauchte Roberto riet ihm, nachdem er zuerst die Schweren Reiter des Papstes und alle seine Rüstungen in Augenschein genommen hatte, so viel Fußvolk anzuwerben, wie er könne. Dies wurde mit allem Eifer und größter Schnelligkeit ausgeführt. Es stand der Herzog von Kalabrien nahe bei Rom, so daß er täglich bis an die Tore der Stadt zog und raubte. Hierdurch wurde das römische Volk dergestalt entrüstet, daß sich viele freiwillig anboten, dem erlauchten Roberto zur Befreiung Roms zu folgen. Alle nahm dieser Herr dankend an. Nachdem er diese Rüstungen erfahren hatte, entfernte sich der Herzog eine Strecke von der Stadt, indem er dachte, der erlauchte Roberto werde in dieser Entfernung nicht den Mut haben, ihn anzugreifen, und teils auch, weil er seinen Bruder Federigo erwartete, der ihm mit Verstärkung von seinem Vater gesandt war.

Als sich der erlauchte Roberto an Schweren Reitern dem Herzog fast gleich und an Fußvolk überlegen sah, rückte er mit seiner ganzen Schar aus Rom aus und schlug zwei Miglien vom Feind ein Lager auf. Ganz gegen seine Erwartung die Gegner in seinem Nacken erblickend, urteilte der Herzog, er müsse kämpfen oder wie geschlagen fliehen. Fast gezwungen, um nicht eines Königssohnes Unwürdiges zu tun, beschloß er daher die Schlacht und wandte dem Feind die Stirn. Nun stellten beide Feldherren ihre Heere auf die Weise in Schlachtordnung, wie es damals gebräuchlich war, und führten sie zum Kampf, der bis Mittag währte. Diese Schlacht wurde mit mehr Tapferkeit gekämpft, als seit fünfzig Jahren irgendeine in Italien; denn es starben auf beiden Seiten im ganzen über tausend Mann. Der Ausgang war für die Kirche ruhmvoll. Die Menge ihres Fußvolks fügte den Reitern des Herzogs solchen Schaden zu, daß derselbe gezwungen war, den Rücken zu kehren, und der Herzog selbst würde gefangen worden sein, wenn ihn nicht eine Anzahl Türken, von denen, die in Otranto gewesen und die jetzt unter ihm dienten, gerettet hätte. Nach seinem Sieg kehrte der erlauchte Roberto triumphierend nach Rom zurück; doch er konnte ihn wenig genießen. Er hatte während der Mühen des Tages viel Wasser getrunken und zog sich dadurch einen Durchfall zu, der ihn in wenigen Tagen tötete. Sein Leichnam wurde vom Papst auf jede Weise geehrt.

Als der Papst diesen Sieg gewonnen hatte, sandte er sogleich den Grafen gegen Città de Castello, um zu sehen, ob er Messer Lorenzo in diese Stadt wieder einsetzen könne, und zum Teil auch einen Angriff auf die Stadt Rimini zu machen. Denn da der erlauchte Roberto bei seinem Tod nur einen einzigen kleinen Sohn unter der Obhut seiner Gemahlin hinterließ, dachte der Papst, es würde ihm leicht sein, diese Stadt zu erobern. Es würde ihm auch glücklich gelungen sein, wenn diese Dame nicht von den Florentinern verteidigt worden wäre, die sich ihm mit ihren Streitkräften auf eine Weise widersetzten, daß er weder gegen Castello noch gegen Rimini etwas ausrichten konnte.

Während dieser Vorfälle in der Romagna und zu Rom hatten die Venezianer Figarolo genommen und mit ihrem Heer den Po überschritten. Andererseits war das Lager des Herzogs von Mailand und des Markgrafen in Unordnung; denn der Graf Federigo von Urbino war krank geworden und hatte sich nach Bologna tragen lassen, wo er starb. Auf diese Weise gingen die Angelegenheiten des Markgrafen abwärts, und den Venezianern wuchs täglich die Hoffnung, Ferrara zu erobern. Auf der anderen Seite gaben sich der König und die Florentiner alle Mühe, den Papst zu ihrem Willen zu bewegen. Da es ihnen nicht gelungen war, ihn durch die Waffen zum Nachgeben zu bringen, so drohten sie ihm mit dem Konzil, das bereits vom Kaiser für Basel verkündet war. Durch die

Vermittlung der kaiserlichen Gesandten in Rom und der ersten Kardinäle, die den Frieden wünschten, wurde der Papst überredet und gedrängt, an den Frieden und die Einigung Italiens zu denken. Aus Furcht, und auch weil er sah, daß die Größe der Venezianer das Verderben des Kirchenstaates und Italiens sei, entschloß sich daher der Papst zum Handel mit dem Bund und sandte seine Bevollmächtigten nach Neapel. Hier schlossen für fünf Jahre Papst, König, Herzog von Mailand und Florentiner Bündnis, indem sie den Venezianern den Platz vorbehielten, beizutreten. Nachdem dies geschehen war, ließ der Papst den Venezianern bedeuten, daß sie sich vom Krieg mit Ferrara entfernen sollten. Dies wollten die Venezianer nicht, sondern sie machten größere Rüstungen zum Krieg. Nach einem Sieg über das Heer des Herzogs und des Markgrafen bei Argenta rückten sie so nahe vor Ferrara, daß, sie ihr Lager im Park des Markgrafen schlugen.

Es schien daher dem Bund nicht länger aufschiebbar, diesem Herrn kräftige Hilfe zu leisten. Man ließ demnach den Herzog von Kalabrien mit seinen Soldaten und denen des Papstes nach Ferrara rücken (1483), und die Florentiner sandten gleichfalls alle ihre Truppen. Um sich über den Operationsplan besser zu einigen, hielt der Bund einen Kongreß zu Cremona ab, wo der päpstliche Legat mit dem Grafen Girolamo, der Herzog von Kalabrien, der Signor Lodovico und Lorenzo de' Medici nebst vielen andern italienischen Fürsten zusammenkamen. Es wurden hier unter diesen Fürsten alle Einzelheiten des bevorstehenden Krieges besprochen. Weil sie urteilten, man könne Ferrara nicht besser unterstützen, als durch eine kräftige Diversion, sollte der Signor Lodovico gestatten, daß man durch den Staat des Herzogs von Mailand hindurch die Venezianer angriffe. Aber dieser Herr wollte nicht einwilligen, da er sich sorgte auf diese Weise einen Krieg in den Nacken zu ziehen, dem er nicht nach Belieben ein Ende machen könnte. Man beschloß daher, alle Streitkräfte bei Ferrara zu versammeln. Nachdem 4000 Schwere Reiter und 8000 Mann zu Fuß vereint waren, rückten die Verbündeten gegen die Venezianer, welche 2200 Schwere Reiter und 6000 Mann zu Fuß stark waren. Das erste schien dem Bund ein Angriff auf die Flotte, welche die Venezianer auf dem Po hatten, sein zu müssen. Sie wurde also bei Bondeno angegriffen und geschlagen, wobei sie mehr als 200 Schiffe verlor und Messer Antonio Justiniano, Provveditor der Flotte, gefangen wurde.

Als die Venezianer ganz Italien gegen sich vereint sahen, hatten sie, um sich mehr Ansehen zu geben, den Pfalzgrafen bei Rhein mit 200 Schweren Reitern in Sold genommen. Nach dem Verlust ihrer Flotte beorderten sie diesen mit einem Teil ihres Heeres, den Feind im Schach zu halten. Mit dem Rest des Heeres ließen sie den Signor Roberto von San Severino über die Adda setzen und, den Namen des Herzogs und seiner Mutter Bona rufend, vor Mailand rücken.

Auf diesem Weg glaubten sie eine Umwälzung in Mailand hervorzubringen, indem sie annahmen, der Signor Lodovico und seine Regierung sei in der Stadt gehaßt. Dieser Angriff verbreitete anfangs viel Schrecken und brachte Mailand dazu sich zu bewaffnen. Doch es wurde dadurch ein der Absicht der Venezianer entgegengesetzter Zweck erreicht; denn was der Herr Lodovico früher nicht gestatten wollte, gab er, durch diese Unbill bewogen, nun zu. Während der Markgraf von Ferrara mit 4000 Pferden und 2000 Mann zu Fuß zur Verteidigung seiner Staaten zurückblieb, rückte der Herzog von Kalabrien mit 12000 Pferden und 5000 Mann zu Fuß ins Bergamaskische ein, von da ins Brescianische, dann ins Veronesische und beraubte diese Städte fast ihres ganzen Gebietes, ohne daß es die Venezianer verhindern konnten. Kaum konnte der Signor Roberto mit seinen Soldaten die Städte selbst retten. Auf der andern Seite hatte auch der Markgraf von Ferrara einen großen Teil seiner Kastelle wiedererobert, da ihm der Pfalzgraf, der ihm entgegenstand, keinen Widerstand leisten konnte, weil er nicht mehr als 2000 Pferde und 1000 Mann zu Fuß hatte. So wurde den ganzen Sommer 1483 über glücklich für den Bund gefochten.

Als der Frühling des folgenden Jahres kam – der Winter war ruhig vorübergegangen –, rückten die Heere wieder ins Feld. Um die Venezianer schneller besiegen zu können, hatten die Verbündeten ihr ganzes Heer vereinigt, und wurde der Krieg wie das vorige Jahr geführt, so nahm man vielleicht den Venezianern alle ihre Staaten in der Lombardei. Denn gegen 13000 Pferde und 6000 Mann zu Fuß, die ihnen gegenüberstanden, hatten sie nur noch 6000 Pferde und 5000 Mann zu Fuß, weil der Pfalzgraf nach Ablauf des Jahres seiner Dienstzeit heimgegangen war. Aber wie es häufig kommt, wo viele mit gleicher Gewalt zusammenhandeln, da gibt meistens die Uneinigkeit dem Feind den Sieg. Durch den Tod Federigo Gonzagas, Markgrafen von Mantua, der durch seine Autorität den Herzog von Kalabrien und den Signor Lodovico einig hielt, begannen zwischen ihnen Differenzen zu entstehen und aus den Differenzen Argwohn. Giovan Galeazzo, Herzog von Mailand, war schon im Alter, die Regierung seines Staates übernehmen zu können, und da er die Tochter des Herzogs von Kalabrien zur Gemahlin hatte, so wünschte dieser, daß sein Schwiegersohn, nicht Lodovico, den Staat regiere. Lodovico, der diesen Wunsch des Herzogs kannte, beschloß ihm die Möglichkeit der Erreichung zu nehmen. Dieser Argwohn Lodovicos, den Venezianern bekannt, wurde von ihnen als Gelegenheit ergriffen. Sie glaubten, wie sie immer getan hatten, durch den Frieden siegen zu können, da sie durch den Krieg verloren; und nachdem insgeheim zwischen ihnen und Signor Lodovico über den Vertrag unterhandelt war, schlossen sie ihn im August 1484 ab. Als dieser Vertrag den Verbündeten zur Kenntnis kam, mißfiel er sehr, besonders als man sah, daß den Venezianern die genommenen Kastelle zurückzugeben werden sollten, Rovigo dagegen und das Polesinische, das sie dem

Markgrafen von Ferrara genommen hatten, zu lassen seien, und daß Venedig überdies alle Vorrechte, die es von alters her über Ferrara gehabt, wiedererhalten sollte. Es schien jedem, man habe einen Krieg geführt, worin man viel ausgegeben und während der Führung Ehre, am Ende hingegen Schande erworben, da man die genommenen Kastelle zurückgegeben und die verlorenen nicht wiedererobert hatte. Doch sahen sich die Verbündeten gezwungen, diesen Frieden anzunehmen, weil sie durch die Kriegskosten erschöpft waren und wegen der Böswilligkeit und des Ehrgeizes anderer nicht mehr ihr Glück auf die Probe stellen wollten.

Während in der Lombardei die Dinge in dieser Form betrieben wurden, schloß der Papst durch Messer Lorenzo Città di Castello ein, um Niccolo Vitelli daraus zu vertreiben, den die Verbündeten, um den Papst zu ihrem Willen zu vermögen, verlassen hatten. Während die Stadt eingeschlossen wurde, machten die Anhänger Niccolos einen Ausfall und schlugen die Feinde. Der Papst rief daher den Grafen Girolamo aus der Lombardei nach Rom zurück, um seine Streitkräfte zu ergänzen und die Belagerung von neuem zu beginnen. Aber später hielt er für besser, Messer Niccolo durch Frieden zu gewinnen, als von neuem mit Krieg zu überziehen, verglich sich mit ihm und versöhnte ihn auf die beste Weise, die er konnte, mit seinem Gegner Messer Lorenzo. Hierzu zwang ihn mehr die Besorgnis vor neuen Unruhen als die Liebe zum Frieden; denn er sah zwischen den Colonna und Orsini schlimmere Leidenschaft erwachen. Es war vom König von Neapel den Orsini im Kriege zwischen ihm und dem Papst die Landschaft Tagliacozzo genommen und den Colonna, die zu ihm hielten, gegeben worden. Als hierauf der Friede zwischen dem König und dem Papst geschlossen war, verlangten die Orsini kraft der Friedensbedingungen diese Landschaft zurück. Häufig wurde vom Papst den Colonna bedeutet, daß sie dieselbe zurückgeben sollten, aber sie willigten weder auf die Bitten der Orsini noch auf die Drohungen des Papstes in die Rückgabe ein, sondern verletzten die Orsini durch Worte und andere Beleidigungen von neuem. Unvermögend dies zu erlangen setzte der Papst alle seine Streitkräfte, in Einheit mit denen der Orsini, gegen die Colonna in Bewegung, verheerte ihre Häuser zu Rom, tötete und machte gefangen, wer dieselben verteidigen wollte, und beraubte sie des größeren Teils ihrer Kastelle. So legten sich diese Unruhen nicht durch Frieden, sondern durch die Vernichtung der einen Partei.

Auch in Genua und in der Toskana war es nicht ruhig. Die Florentiner hielten den Grafen Antonio da Marciano mit Soldaten an der Grenze von Serezana und belästigten, während des Krieges in der Lombardei, die Serezaner durch Streifzüge und Scharmützel. In Genua wurde der Doge, Battistino Fregoso, der dem Erzbischof Paul Fregoso vertraute, mit seiner Gemahlin und seinen Kindern von diesem der Freiheit beraubt, der sich dann selbst zum Fürsten von

Genua machte. Ferner hatte die venezianische Flotte das Königreich angegriffen, Gallipoli genommen und verheerte die Umgegend.

Als aber der Friede in der Lombardei geschlossen war, legte sich jeder Tumult, ausgenommen in Toskana und in Rom. Fünf Tage nach Verkündung des Friedens starb der Papst, entweder weil er das Ziel seines Lebens erreicht hatte, oder weil ihn der Schmerz über den Frieden, dessen Feind er war, tötete. Es hinterließ also dieser Papst Italien im Frieden, das er lebend immer im Krieg gehalten hatte. Durch seinen Tod war Rom mit Waffen versehen. Der Graf Girolamo zog sich mit seinen Soldaten in die Nähe der Engelsburg zurück. Die Orsini fürchteten, daß die Colonna die frischen Unbilden würden rächen wollen. Die Colonna begehrten ihre Häuser und Kastelle zurück. Es folgten daraus in wenigen Tagen Mord, Raub und Brand an vielen Orten der Stadt. Als aber die Kardinäle den Grafen überredeten, daß er die Engelsburg dem Kollegium zurückgeben lasse[5], in seine Staaten gehe und Rom von seinen Waffen befreie, so gehorchte er, im Wunsch, das Wohlwollen des künftigen Papstes zu erwerben, gab das Kastell dem Kollegium zurück und ging nach Imola. Da jetzt die Kardinäle von dieser Furcht befreit waren und die Barone der Unterstützung entbehrten, die sie in ihren Streitigkeiten vom Grafen hofften, so kam es zur Wahl des neuen Papstes. Nach einigem Streit wurde der Genueser Giovan Battisla Cibò, Kardinal von Malfetta, gewählt und nannte sich Innozenz VIII. Dieser brachte durch seine nachgiebige Natur – er war ein leutseliger und ruhiger Mann – die Waffen zum Ruhen und gab für damals Rom den Frieden.

Die Florentiner konnten sich nach dem Frieden der Lombardei nicht beruhigen, da es ihnen Schande schien, daß sie ein Privatedelmann des Kastells Serezana beraubt hätte. Weil in den Friedensbedingungen enthalten war, daß man nicht nur das Verlorene zurückverlangen könne, sondern jedem den Krieg erkläre, der den Erwerb desselben verhinderte, so rüsteten sie unverzüglich Geld und Soldaten zu dieser Belagerung. Agostino Fregoso, der Serezana erobert hatte, glaubte nun mit seinen Privatstreitkräften einen so großen Krieg nicht bestehen zu können und gab das Kastell St. Georg.

Da aber St. Georg und der Genueser des öfteren zu erwähnen ist, so scheint es mir nicht unpassend, die Verfassung und Einrichtungen der Stadt Genua, eine der ersten Italiens, zu beschreiben. Als die Genueser mit den Venezianern Frieden geschlossen, nach jenem höchst wichtigen Krieg, der vor vielen Jahren zwischen ihnen geführt worden war, konnte ihre Republik die Bürger nicht befriedigen, die ihr eine große Summe Geldes geliehen hatten. Sie gab ihnen daher die Zölle und wollte, daß jeder entsprechend seiner Forderung in der Form von den Zinsen der Hauptsumme so lange daran teilhabe, bis sie von der

[5] Die seine Gattin, Caterina Sforza, besetzt hielt.

Gemeinde völlig befriedigt wären. Damit sie zusammenkommen könnten, wurde ihnen der Palast, welcher oberhalb des Zollamtes steht, zugestanden. Diese Gläubiger also ordneten unter sich eine Art Regierung an, indem sie einen Rat von Hundert aus ihrer Mitte einführten, der über die öffentlichen Angelegenheiten beschlösse, und einen Magistrat von acht Bürgern, der die Beschlüsse als Oberhaupt aller ausführte. Ihre Forderungen teilten sie in Teile, die sie Luoghi (Aktien) nannten, und ihren ganzen Körper betitelten sie St. Georg. – Als ihre Regierung so eingeteilt war, bedurfte die Gemeinde der Stadt neuer Geldmittel. Sie wandte sich daher an St. Georg um neuen Beistand, der, reich und wohlverwaltet, ihr dienen konnte. Die Gemeinde, wie sie zuerst ihm die Zölle abgetreten, begann ihm dafür, als Pfand für die erhaltenen Gelder, von ihren Kastellen abzutreten; und durch die Bedürfnisse der Gemeinde und die Dienste St. Georgs ist die Sache so weit gekommen, daß dieser den größeren Teil der Kastelle und Städte des genuesischen Gebietes unter seiner Verwaltung hat. Er regiert und verteidigt sie und sandte jedes Jahr durch öffentliche Stimmenwahl seine Rektoren dahin, ohne daß sich die Gemeinde irgendwie einmischt. Hieraus ist entstanden, daß die Bürger ihre Liebe von der Gemeinde als tyrannisiertem Staat angewandt und sie St. Georg als wohl und gleich verwaltetem Teile zugewandt haben. Daher rührt die Leichtigkeit und Häufigkeit der Staatsveränderungen, und daß die Genueser bald einem Bürger, bald einem Fremden gehorchen; denn nicht St. Georg, sondern die Gemeinde wechselt die Regierung. Auf diese Weise, wenn zwischen den Fregosi und Adorni um die Dogenwürde gekämpft wird, hält sich, weil man um die Regierung der Gemeinde ficht, der größere Teil der Bürger abseits und läßt sie dem Sieger zur Beute. Das Amt St. Georg tut dabei weiter nichts, als daß es, wenn einer die Regierung ergriffen hat, ihn die Beachtung seiner Gesetze beschwören läßt, die bis auf diese Zeit nicht verändert worden sind. Denn da St. Georg Waffen, Geld und Staat hat, so kann man seine Gesetze ohne Gefahr einer gewissen und gefährlichen Empörung nicht umwerfen. Ein fürwahr seltenes Beispiel, von den Philosophen in ihren vielen geträumten und gesehenen Republiken niemals gefunden – in derselben Ringmauer, unter denselben Bürgern die Freiheit und die Tyrannei, das bürgerliche und das verdorbene Leben, die Gerechtigkeit und die Zügellosigkeit zu sehen! Denn diese Einrichtung allein erhält die Stadt voll alter ehrwürdiger Sitten, und wenn es geschähe – was mit der Zeit jedenfalls geschehen wird –, daß St. Georg ganz Genua unterwürfe, so würde dies eine merkwürdigere Republik sein als die venezianische.

Diesem St. Georg nun übergab Agostino Fregoso Serezana. St. Georg empfing es bereitwillig und übernahm die Verteidigung; er ließ unverzüglich eine Flotte in See stechen und schickte Soldaten nach Pietrasanta, um dem florentinischen Heer, das schon in der Nähe von Serezana war, die Zufuhr abzuschneiden. Die Florentiner andererseits wünschten Pietrasanta zu nehmen, weil ohne den Besitz dieses Kastells Serezana weniger nützlich war, da es zwischen Serezana und Pisa liegt. Aber sie konnten es mit gutem Recht nicht belagern, sie müßten denn von den Pietrasantesern oder der Besatzung in der Eroberung Serezanas gehindert werden. Damit dies geschehe, schickten sie von Pisa eine große Menge Munition und Lebensmittel mit einer schwachen Bewachung ins Lager, damit die Besatzung von Pietrasanta wegen der geringen Bewachung einen Angriff zu unternehmen weniger fürchte und wegen der bedeutenden Beute begieriger werde. Die Sache gelang nach dem Plan; denn als die Besatzung von Pietrasanta so große Beute vor Augen sah, nahm sie dieselbe weg. Dies gab den Florentinern rechtmäßige Ursache zur Belagerung; sie ließen also Sorezana liegen und rückten vor Pietrasanta, das eine starke Besatzung hatte, die sich kräftig verteidigte. Nachdem die Florentiner ihr Geschütz in der Ebene aufgepflanzt, führten sie eine Schanze auf dem Berg auf, um das Kastell auch von dieser Seite bedrängen zu können. Kommissär des Heeres war Jacopo Guicciardini. Während man zu Pietrasanta kämpfte, nahm und verbrannte die genuesische Flotte die Burg Vada und setzte Soldaten ans Land, die die Umgebung durchstreiften und beraubten. Diesen entgegen wurde Messer Bongianni Gianfigliazzi mit Fußvolk und Reiterei geschickt, der ihrem Hochmut zum Teil Schranken setzte, daß sie nicht mit solcher Ungebundenheit streiften. Die Flotte aber, die fortfuhr, die Florentiner zu belästigen, segelte nach Livorno und legte sich mit Kanonenbooten und anderem Kriegsgerät an den neuen Turm, den sie mehrere Tage mit Geschütz beschoß. Als sie jedoch sah, daß sie nichts ausrichtete, kehrte sie mit Schande wieder um.

Mittlerweile wurde vor Pietrasanta träge gefochten, wodurch die Feinde Mut gewannen, die Schanze angriffen und sie wegnahmen. Dies gab ihnen solches Ansehen und flößte dem florentinischen Heer so große Furcht ein, daß es auf dem Punkt war, von selbst auseinanderzulaufen. Es entfernte sich daher vier Miglien vom Kastell und die Führer befanden, man müsse sich, da es schon im Oktober war, in die Winterquartiere legen und die Belagerung für die neue Jahreszeit aufsparen. Als man diese Unordnung in Florenz erfuhr, erfüllte sie die Ersten des Staates mit Unwillen. Um das Lager an Ansehen und Streitkräften wiederherzustellen, wählten sie unverzüglich Antonio Pucci und Bernardo del Nero zu neuen Kommissären, die mit einer großen Summe Geldes ins Lager gingen. Hier zeigten diese den Hauptleuten die Entrüstung der Signoria, der Regierenden und der ganzen Stadt, wenn sie das Heer nicht vor die Mauern zurückführten. Welcher Schimpf es für sie sein würde, wenn so viele Hauptleute, mit einem so großen Heer, ohne jemand anders als eine kleine Besatzung gegenüber zu haben, ein an sich so schlechtes und schwaches Städtchen nicht erobern könnten. Sie zeigten den gegenwärtigen Nutzen und was man in Zukunft von diesem Erwerb hoffen könne. So entbrannten alle Gemüter vor Begierde, an die Mauern zurückzukehren, und vor allem anderen beschlossen sie, die Schanze zu stürmen. Bei diesem Sturm sah man, wie viel die Herablassung, die Leutseligkeit, die freundliche Begegnung und Zureden auf die Gemüter der Soldaten vermag. Den einen Soldaten ermahnend, dem andern versprechend, dem die Hand reichend, jenen umarmend, trieb sie Antonio Pucci, mit solchem Ungestüm zu stürmen, daß sie die Schanze in einem Augenblick eroberten. Doch war die Einnahme nicht ohne Verlust, denn der Graf Antonio da Marciano wurde durch eine Kanonenkugel getötet. Dieser Sieg versetzte die im Kastell in solchen Schrecken, daß sie von der Übergabe zu sprechen begannen. Damit die Sache mit größerem Ansehen abgeschlossen würde, wollte Lorenzo de' Medici sich ins Lager begeben, und nach seiner Ankunft gelangte man in einigen Tagen in den Besitz Pietrasantas.

Schon war der Winter gekommen, und es schien daher den Hauptleuten nicht gut, mit dem Feldzug fortzufahren, sondern sie wollten das Frühjahr abwarten, besonders weil der Herbst durch die schlechte Luft das Heer krank gemacht hatte. Viele Führer lagen schwer darnieder, worunter Antonio Pucci und Messer Bongianni Gianfigliazi nicht nur erkrankten, sondern zur allgemeinen Betrübnis starben. So groß war die Gunst, die sich Antonio durch seine Verrichtungen vor Pietrasanta erworben hatte. Nachdem die Florentiner Pietrasanta erobert hatten, sandten die Luccheser Botschafter nach Florenz, um es als ein Kastell, das früher ihnen gehört hatte, zu begehren. Sie führten an, es gehöre zu den Verpflichtungen des Bundes, daß alle Orte, die einer vom anderen wiedererlange, dem ersten Herrn zurückgegeben werden müßten. Die Florentiner leugneten die Verträge nicht, aber antworteten, sie wüßten nicht, ob sie in dem Frieden, der zwischen ihnen und den Genuesern unterhandelt wurde, Pietrasanta nicht zurückzugeben hätten und könnten folglich vor dem Abschluß nicht darüber beschließen. Sollten sie jedoch das Begehren gewähren, so sei es jedenfalls notwendig, daß Lucca darauf dächte, sie für die Kriegskosten und den Verlust, den sie durch den Tod so vieler ihrer Bürger erlitten, befriedigend zu entschädigen. Täten dies die Luccheser, so könnten sie leicht hoffen, das Kastell wiederzuerhalten. Es ging also dieser ganze Winter mit Friedensverhandlungen zwischen den Genuesern und den Florentinern hin, die in Rom durch die Vermittlung des Papstes betrieben wurden. Als es aber zu keinem Abschluß kam, würden die Florentiner mit Frühlingsanfang Serezana angegriffen haben, wenn sie nicht durch die Krankheit Lorenzos de' Medici und durch den Krieg, der zwischen dem Papst und zwischen dem König Fernando entstand, verhindert worden wären. Denn Lorenzo wurde nicht nur von der Gicht, einem Übel, das er von seinem Vater geerbt hatte, sondern von den heftigsten Magenschmerzen derart befallen, daß er zu seiner Heilung in die Bäder zu gehen genötigt war. Aber wichtigere Ursache war der Krieg, dessen Ursprung folgender war:

Es war die Stadt Aquila auf eine Weise dem Königreich Neapel untergeordnet, daß sie fast frei lebte. Großes Ansehen in ihr hatte der Graf von Montorio (1485). In der Nähe von Tronto stand mit seinen Schweren Reitern der Herzog von Kalabrien unter dem Vorwand, er wolle gewisse Unruhen dämpfen, die in dieser Gegend unter den Einwohnern entstanden waren. In der Absicht aber, Aquila völlig unter die Botmäßigkeit des Königs zu bringen, sandte er zu dem Grafen von Montorio, als ob er in den Angelegenheiten, die er damals betrieb, seiner sich bedienen wolle. Der Graf gehorchte ohne Argwohn, und beim Herzog angekommen wurde er von diesem zum Gefangenen gemacht und nach Neapel geschickt. Als man dies in Aquila erfuhr, geriet die ganze Stadt in Zorn; das Volk ergriff die Waffen und tötete den Kommissär des Königs, Antonio Concinello, und mit ihm einige Bürger, die als Anhänger Seiner Majestät bekannt waren. Um in ihrer Empörung Schutz zu haben, pflanzten die Aquilaner die Fahnen der Kirche auf und sandten Botschafter an den Papst, um ihm ihre Stadt und sich zu übergeben mit der Bitte, sie als sein Eigentum gegen die königliche Tyrannei zu unterstützen. Der Papst übernahm entschieden ihre Verteidigung, weil er aus privaten und öffentlichen Gründen den König haßte. Da der Signor Roberto von San Severino gerade Feind der Regierung von Mailand und ohne Sold war, nahm er ihn zu seinem Feldherrn und ließ ihn in größter Eile nach Rom kommen. Überdies drang er in alle Freunde und Verwandten des Grafen von Montorio, daß sie sich gegen den König erhoben; und wirklich ergriffen der Fürst von Altemura, von Salerno und von Bisignano die Waffen gegen ihn.

Als sich der König von einem so plötzlichen Krieg angegriffen sah, wandte er sich an die Florentiner und an den Herzog von Mailand um Hilfe. Die Florentiner waren ungewiß, was sie tun sollten. Denn es schien ihnen hart, für einen andern ihre eigenen Unternehmungen aufzugeben; und von neuem die Waffen gegen die Kirche zu ergreifen, schien ihnen gefährlich. Nichtsdestoweniger setzten sie, da sie im Bündnis standen, die Treue ihrem Vorteil und ihren Gefahren voran; sie nahmen die Orsini in Sold und sandten überdies alle ihre Truppen unter dem Grafen von Pitigliano gegen Rom dem König zu Hilfe. Der König bildete daher zwei Heere, das eine sandte er unter dem Herzog von Kalabrien gegen Rom, der im Verein mit den florentinischen Truppen dem Heer der Kirche widerstehen sollte. Mit dem anderen, unter seiner eigenen Leitung, widersetzte er sich den Baronen. Der Krieg wurde auf beiden Seiten mit wechselndem Glück geführt. Am Ende, als der König überall die Oberhand hatte, wurde im August 1486 durch die Vermittlung der Botschafter des Königs von Spanien der Friede geschlossen, worein der Papst einwilligte, weil er vom Unglück verfolgt worden war und es nicht mehr versuchen wollte. Es verbündeten sich alle italienischen Mächte, mit alleiniger Ausschließung der Genueser als Rebellen gegen das Herzogtum Mailand und Räuber der Kastelle der Florentiner. Der Signor Roberto von San Severino, der im Krieg dem Papst wenig treuer Freund und den anderen wenig furchtbarer Feind gewesen, zog nach dem Friedensschluß, fast vom Papst vertrieben, aus Rom ab. Von den Soldaten des Herzogs und der Florentiner verfolgt, sah er sich jenseits Cesena eingeholt und ergriff die Flucht. Er selbst kam mit weniger als hundert Pferden nach Ravenna; von seinen übrigen Schweren Reitern wurde ein Teil vom Herzog in Sold genommen, ein Teil von den Bauern niedergemacht. Der König, nachdem er Frieden gemacht und sich mit seinen Baronen versöhnt hatte, ließ Jacopo Coppola und Antonello von Aversa mit dessen Söhnen hinrichten, weil sie im Krieg seine Geheimnisse dem Papst verraten hatten.

Der Papst hatte aus der Erfahrung dieses Krieges erkannt, mit welcher Bereitwilligkeit und Eifer sich die Florentiner in ihren Freundschaften treu erwiesen. Während er daher früher, sowohl aus Liebe zu den Genuesern als auch wegen der Hilfe, die sie dem König geleistet, die Florentiner haßte, begann er nun, sie zu lieben und ihren Gesandten größere Gunst zu zeigen als die gewöhnliche. Diese Neigung nährte Lorenzo de' Medici, als er sie erkannte, mit aller Geschicklichkeit; denn er urteilte, es werde ihm ein großes Ansehen geben, wenn er zu seiner Freundschaft mit dem König die des Papstes hinzufügen könne. Der Papst hatte einen Sohn mit Namen Franz[6], den er durch Länder zu erhöhen wünschte und durch Freunde, damit er sie nach seinem Tod zu halten vermöchte. Er sah in Italien niemand, mit dem er ihn sicherer verbinden könne als mit Lorenzo, und bewirkte deshalb, daß ihm Lorenzo eine seiner Töchter zur Gemahlin gab. Nachdem diese Verwandtschaft geschlossen war, wünschte der Papst, daß die Genueser freiwillig den Florentinern Serezana abträten. Er stellte ihnen vor, sie könnten nicht behalten, was Agostino verkauft habe, noch könne Agostino dem St. Georg schenken, was nicht sein gehöre. Doch auszurichten vermochte er nicht das geringste, vielmehr rüsteten die Genueser, während diese Dinge in Rom unterhandelt wurden, viele Schiffe aus, und ohne daß man in Florenz etwas erfuhr, setzten sie 3000 Mann Fußtruppen ans Land und griffen die oberhalb von Serezana gelegene Burg Serezanello an, in deren Besitz die Florentiner waren. Das Dorf, welches daneben liegt, plünderten und verbrannten sie, pflanzten sodann das Geschütz vor die Burg und beschossen sie mit größtem Nachdruck. Dieser Angriff war den Florentinern überraschend und unverhofft. Unverzüglich sammelten sie ihre Soldaten unter Virginio Orsino zu Pisa und beschwerten sich beim Papst, daß, während er über den Frie-

[6] Franceschetto Cibò erhielt 1487 Maddalena de' Medici zur Gattin.

den verhandle, die Genueser Krieg anfingen. Sie sandten hierauf Piero Corsini nach Lucca, um diese Stadt treu zu halten. Sie sandten Pagolantonio Soderini nach Venedig, um die Gesinnung dieser Republik zu erforschen. Sie verlangten Hilfe vom König und von Signor Lodovico. Doch von niemand erhielten sie sie; denn der König sagte, er fürchte die Flotte der Türken, und Lodovico verschob unter anderen Ausflüchten die Absendung. Fast immer sind die Florentiner in ihren Kriegen allein und finden niemand, der sie mit der Entschiedenheit unterstützt, mit der sie anderen beistehen. Auch diesmal entmutigte sie es nicht, daß sie sich von den Verbündeten verlassen sahen, weil ihnen dies nicht neu war. Sie bildeten ein großes Heer und schickten es gegen den Feind unter Jacopo Guicciardini und Piero Vettori, die am Magrafluß ein Lager schlugen. Mittlerweile war Serezanello hart von den Feinden bedrängt, die es durch Minen und jedes andere Angriffsmittel zu nehmen suchten. Die Kommissäre beschlossen daher die Befreiung und die Feinde weigerten sich nicht zu schlagen. Die Genueser wurden besiegt, und Messer Lodovico dal Fiesco mit vielen anderen Häuptern des feindlichen Heeres gefangen (1487). Dieser Sieg entmutigte die Serezaner nicht so sehr, daß sie sich ergeben wollten, sondern hartnäckig bereiteten sie sich zur Verteidigung und die florentinischen Kommissäre zum Angriff. Serezana wurde also kräftig belagert und verteidigt. Als sich die Belagerung in die Länge zog, beschloß Lorenzo de' Medici ins Lager zu gehen. Durch seine Ankunft gewannen unsere Soldaten Mut, und die Serezaner verloren ihn. Die Beharrlichkeit der Florentiner im Angriff und die Lauheit der Genueser in der Unterstützung sehend, begaben sie sich ohne Kapitulation in die Arme Lorenzos, und in die Gewalt der Florentiner gekommen, wurden sie, mit Ausnahme weniger, der Urheber der Rebellion, menschlich behandelt. Der Signor Lodovico hatte während dieser Belagerung seine Schweren Reiter nach Pontremoli beordert, um zu zeigen, er komme uns zu Hilfe. Aber er hatte eine Einigung mit Genua, wo die Partei gegen die Regierenden aufstand und mit dem Beistand dieser Schweren Reiter sich dem Herzog von Mailand übergab.

In diesen Zeiten fingen die Deutschen Krieg mit den Venezianern an, und Boccolino von Osimo in der Mark brachte Osimo zum Aufstand gegen den Papst und machte sich zum Tyrannen. Boccolino willigte nach vielen Ereignissen, von Lorenzo de' Medici beredet, ein, diese Stadt dem Papst zurückzugeben und ging nach Florenz, wo er dem Worte Lorenzos gemäß längere Zeit sehr geehrt lebte. Später ging er nach Mailand, wo er nicht dieselbe Treue fand – denn Signor Lodovico ließ ihn töten. Die Venezianer, von den Deutschen angegriffen, wurden in der Nähe der Stadt Trient geschlagen, und der Signor Roberto von San Severino, ihr Feldherr, getötet. Nach dieser Niederlage schlossen die Venezianer, ihrem Glück gemäß, einen Vertrag mit den Deutschen, nicht wie Verlierende, sondern wie Sieger, so ehrenvoll war er für ihre Republik (1488).

Es entstanden auch in dieser Zeit bedeutende Unruhen in der Romagna. Francesco d'Orso von Forlì war ein Mann von großer Autorität in jener Stadt. Dieser wurde dem Grafen Girolamo verdächtig, so daß er mehrmals vom Grafen bedroht wurde. Deshalb in großer Furcht lebend, wurde Francesco von seinen Freunden und Verwandten ermahnt, zuvorzukommen. Da er vom Grafen ermordet zu werden fürchte, solle er ihn zuerst erschlagen und durch fremden Tod seiner Gefahr entgehen. Als sie dies beschlossen und den Mut zum Unternehmen gestählt, wählten sie zur Zeit den Tag des Marktes von Forlì. An diesem Tag, wo viele ihrer Freunde aus der Landschaft in die Stadt kamen, dachten sie sich ihrer Mitwirkung zu bedienen, ohne sie kommen lassen zu müssen. Es war im Monat Mai, wo der größere Teil der Italiener die Gewohnheit hat, bei Tage zu Nacht zu essen. Es dachten die Verschworenen, die bequeme Stunde, den Grafen zu erschlagen, sei nach seinem Mahl, wo er, während seine Familie zu Nacht speiste, fast allein in seinem Kabinett blieb. Als der Plan entworfen und diese Stunde bestimmt war, ging Francesco in den Palast des Grafen, wo er seine Gefährten in den ersten Zimmern zurückließ, während er selbst ans Kabinett, wo der Graf war, ging und einem Kammerdiener auftrug, ihn anzumelden. Francesco wurde eingelassen und fand den Grafen allein. Nach einigen Worten eines vorgeschützten Gespräches stieß er ihn nieder und rief die Gefährten, worauf sie auch den Kammerdiener erschlugen. Durch Zufall kam der Hauptmann der Stadt, um mit dem Grafen zu sprechen. Im Saal mit wenigen der Seinen angelangt, wurde auch er von den Mördern des Grafen getötet. Nach diesen blutigen Taten wurde ein großer Lärm erhoben und der Leichnam des Grafen aus dem Fenster geworfen. Durch den Ruf Kirche und Freiheit brachten sie das ganze Volk unter die Waffen, das die Habsucht und Grausamkeit des Grafen haßte, verheerten seinen Palast und nahmen die Gräfin mit allen ihren Kindern gefangen. Es blieb nur die Zitadelle zu nehmen, wenn ihre Unternehmung glücklichen Erfolg haben sollte. Als der Kastellan nicht einwilligen wollte, baten die Verschworenen die Gräfin[7], sie möge ihn zur Übergabe bewegen. Sie versprach es zu tun, wenn sie sie hineingehen ließen; als Pfand ihrer Treue sollten sie ihre Kinder zurückbehalten. Es glaubten die Verschworenen ihren Worten und erlaubten ihr hineinzugehen. Doch kaum war sie drinnen, als sie durch ihre Hinrichtung und jede Art von Martertod den Gemahl zu rächen drohte, und auf die Drohung, ihr die Kinder umzubringen, antwortete, sie habe das Mittel bei sich, wieder andere zu gebären. Entmutigt also, da sie sahen, daß der Papst sie nicht unterstützte, und erfuhren, daß Signor Lodovico[8], der Gräfin Oheim, Soldaten ihr zu Hilfe sandte, nahmen die Verschworenen von ihrer Habe, was

[7] Caterina Sforza-Riario.
[8] Lodovico Sforza Moro.

sie tragen konnten, und zogen nach Citta di Castello ab. Hierdurch wieder in Besitz der Regierung gesetzt, rächte die Gräfin durch jede Gattung von Grausamkeit den Tod ihres Gemahls. Als die Florentiner den Tod des Grafen erfuhren, ergriffen sie die Gelegenheit, die Burg Piancaldoli wiederzuerobern, die ihnen vom Grafen früher war genommen worden. Sie schickten ihre Soldaten davor und nahmen sie unter Verlust des hochberühmten Baumeisters Cecca[9] wieder ein.

Zu diesem Tumult in der Romagna gesellte sich ein zweiter in diesem Land von nicht minderer Bedeutung. Es hatte Galeotto, Herr von Faenza, die Tochter Messer Giovanni Bentivoglis, Fürsten von Bologna zur Gemahlin. Sei es nun aus Eifersucht, oder weil sie schlecht von ihrem Gemahl behandelt wurde, oder weil sie ein böses Weib war, haßte diese ihren Gemahl, und ihr Haß stieg zu solcher Heftigkeit, daß sie ihm Staat und Leben zu entreißen beschloß. Eine Krankheit heuchelnd, legte sie sich zu Bett und richtete ein, daß Galeotto, wenn er sie besuche, von ihren Vertrauten, die sie zu diesem Zweck im Gemach verborgen, getötet werden sollte. Sie hatte diesen Plan ihrem Vater mitgeteilt, der nach Ermordung des Schwiegersohnes Herr von Faenza zu werden hoffte. Als die bestimmte Zeit zu diesem Mord kam, begab sich Galeotto nach seiner Gewohnheit ins Zimmer seiner Gemahlin, und nachdem er eine Zeitlang mit ihr gesprochen hatte, stürzten aus ihren Verstecken im Gemach seine Mörder hervor, die ihn, ohne daß er es hindern konnte, erschlugen. Es war nach seinem Tod der Lärm groß. Seine Frau mit ihrem kleinen Sohne Astorre flüchtete in die Burg. Das Volk ergriff die Waffen. Messer Giovanni Bentivogli mit einem Kondottiere des Herzogs von Mailand, Bergamino, zuvor schon mit vielen Bewaffneten bereit, rückten in Faenza ein, wo sich auch der florentinische Kommissär Antonio Boscoli befand. Während nun bei solchem Tumult alle diese Häupter versammelt waren und über die Regierung der Stadt sprachen, erhoben die Einwohner des Lamonatals, auf das Getöse in Masse herbeigeeilt, die Waffen gegen Messer Giovanni und Bergamino, töteten diesen, nahmen jenen gefangen und empfahlen, den Namen Astorres und der Florentiner rufend, die Stadt in den Schutz ihres Kommissärs. Dieser Vorfall mißfiel zu Florenz jedermann sehr; doch sie ließen Messer Giovanni und seine Tochter in Freiheit setzen und übernahmen die Sorge für die Stadt und für Astorre mit dem Willen des ganzen Volkes.

Es ereigneten sich außerdem, nachdem die Kriege zwischen den größeren Fürsten beigelegt, viele Jahre hindurch eine Menge Unruhen in der Romagna, in der Mark und zu Siena, die zu erzählen ich für überflüssig halte, weil sie von geringer Wichtigkeit waren. Wahr ist, daß die Unruhen in Siena nach dem Abzug des Herzogs von Kalabrien, am Ende des Krieges vom Jahr 1478, häufi-

---

[9] Francesco d'Angelo, genannt la Cecca, geb. 1447, gest. am 4. Mai 1488.

ger kamen. Nach vielen Veränderungen, daß bald das Volk, bald der Adel herrschte, behielten die Edlen die Oberhand, worunter größere Autorität als die andern Pandolfo und Jacopo Petrucci gewannen, die, der eine durch Klugheit, der andere durch Mut, gleichsam Fürsten dieser Stadt wurden.

Aber die Florentiner lebten nach Beendung des Krieges von Serezana bis 1492, wo Lorenzo de' Medici starb, sehr glücklich. Nach Niederlegen der Waffen, die durch seinen Verstand und seine Autorität beruhigt worden, verwandte Lorenzo seinen Sinn darauf, sich und seine Stadt großzumachen. Seinem Erstgeborenen Piero vermählte er Alfonsina, die Tochter des Ritters Orsino. Giovanni, seinen zweiten Sohn, erhob er zur Kardinalswürde, was um so merkwürdiger war, als Giovanni ohne jedes frühere Beispiel, in einem Alter von noch nicht vierzehn Jahren zu so hohem Rang geführt wurde. Es war dies eine Leiter, sein Haus in den Himmel steigen zu machen, wie es dann in der Folge geschah. Giuliano, seinem dritten Sohn, konnte er wegen seines zarten Alters und Lorenzos kurzem Leben kein außerordentliches Glück verschaffen. Von seinen Töchtern vermählte er die erste mit Jacopo Salviati, die zweite mit Francesco Cibo, die dritte mit Piero Ridolfi; die vierte, die er, um sein Haus vereinigt zu halten, mit Giovanni de' Medici verheiratet hatte, starb.

In seinen übrigen Privatangelegenheiten war er, was den Handel betrifft, sehr unglücklich. Durch die Unordnung seiner Diener, die nicht als Privatleute, sondern als Fürsten sein Eigentum verwalteten, ging an vielen Orten ein bedeutender Teil seines Vermögens verloren, und es war nötig, daß ihn sein Vaterland mit einer großen Summe Geldes unterstützte. Um sich ähnlichen Unfällen nicht mehr auszusetzen, gab er die Handelsgeschäfte auf und wandte sich zum Grundbesitz, als beständigerem und festerem Reichtum. Er schaffte im Pratesischen, Pisanischen und Pesatal Landgüter an, die sowohl durch den Ertrag als durch die Beschaffenheit der Gebäude und Pracht nicht wie solche eines Privatbürgers, sondern königlich waren.

Hierauf wandte er sich zur Verschönerung und Vergrößerung seiner Stadt. Da viele unbebaute Flächen vorhanden waren, zog er neue Straßen, die mit Gebäuden besetzt werden sollten, wodurch Florenz schöner und größer wurde. Damit die Stadt in ihrer Verfassung ruhiger und sicherer leben und ihre Feinde fern von sich bekämpfen oder aufhalten könne, befestigte er gegen Bologna auf dem Kamm des Gebirges das Kastell Firenzuola. Gegen Siena machte er den Anfang zur Wiederherstellung und starken Befestigung von Poggio Imperiale. Gegen Genua schloß er durch die Eroberung Pietrasantas und Serezanas dem Feinde den Weg. Ferner erhielt er durch Subsidien und Provisionen die Baglioni in Perugia, die Vitelli in Città di Castello sich befreundet, und in Faenza hatte er selbst dir Regierung. Alle diese Dinge waren gleichsam feste Vorwerke für seine Stadt.

In diesen friedlichen Zeiten hielt er sein Vaterland in beständigen Festen. Turniere und Vorstellungen von Taten und Triumphen der Alten sah man dabei häufig. Sein Ziel war, die Stadt im Überfluß, das Volk einig und den Adel geehrt zu halten.

Erstaunlich liebte er jeden, der in einer Kunst ausgezeichnet war. Er begünstigte die Gelehrten. Messer Agnolo von Montepulciano[10], Messer Cristofano Landini und der Grieche Messer Demetrio[11] können dafür das gültigste Zeugnis ablegen. Der Graf Giovanni della Mirandola, ein fast göttlicher Mann, ließ daher alle anderen Teile Europas, das er durchwandert hatte, und schlug, von Lorenzos Pracht bewogen, seinen Wohnsitz in Florenz auf. An der Baukunst, Musik und Poesie ergötzte er sich aufs höchste, und wir besitzen von ihm nicht nur viele eigene Gedichte, sondern auch Kommentare zu poetischen Werken der Alten. Damit die florentinische Jugend dem Studium der Wissenschaften obliegen könne, eröffnete er in der Stadt Pisa eine Universität, wohin er die ausgezeichnetsten Männer, die damals in Italien lebten, berief. Dem Bruder Mariano von Chinazzano vom Orden des heiligen Augustin, weil er einer der vorzüglichsten Prediger war, erbaute er ein Kloster in der Nähe von Florenz.

Gott und Schicksal waren ihm aufs höchste günstig. Alle seine Unternehmungen hatten glücklichen Erfolg und alle seine Feinde nahmen ein unglückliches Ende. Außer den Pazzi wollte ihn noch in der Karmeliterkirche Batista Frescobaldi und in seiner Villa Baldinotto von Pistoja ermorden, und beide nebst den Mitwissern ihres Geheimnisses litten die wohlverdiente Strafe ihrer ruchlosen Pläne.

Durch diese Lebensweise, durch diese Klugheit und dieses Glück erwarb er nicht nur bei den Fürsten Italiens, sondern auch bei fernen Monarchen Bewunderung und Hochachtung. Matthias, König von Ungarn, gab viele Zeichen der Liebe, die er für ihn fühlte. Der Sultan von Ägypten ehrte ihn durch eine Gesandtschaft und Geschenke. Der Großtürke lieferte ihm Bernardo Bandini, den Mörder seines Bruders aus. Seine Zeitgenossen in Italien betrachteten ihn deshalb mit staunender Bewunderung.

Dieses Ansehen wuchs durch seine Klugheit täglich; denn im Erörtern der Dinge war er beredet und scharfsinnig, im Beschließen weise, in der Ausführung rasch und mutig. Laster lassen sich von ihm keine anführen, die so viele Tugenden befleckt hätten. Der Liebe zwar war er erstaunlich ergeben, und an scherzhaften Männern von beißendem Witz, sowie an Knabenspielen ergötzte er sich mehr, als einem so großen Mann zu ziemen schien, und oft sah man ihn unter seinen Söhnen und Töchtern sich in ihre Kurzweil mischen. Betrachtete

---

[10] Genannt Poliziano

[11] Demetrius Chalkondylas

man daher sowohl sein leichtes als sein ernstes Leben, so erschienen in ihm zwei verschiedene Personen fast in unmöglicher Vereinigung vereint.

Die letzte Zeit seines Lebens brachte er in schweren Leiden hin, durch seine Krankheit verursacht, die ihn unbeschreiblich peinigte. Er litt an unerträglichen Magenschmerzen, die zu solcher Heftigkeit anwuchsen, daß er im April 1492 in einem Alter von vierundvierzig Jahren starb.

Nie starb ein Mann nicht nur in Florenz, sondern in Italien, in so großem Rufe von Klugheit, noch dessen Verlust seinem Vaterland so schmerzlich gewesen wäre. Wie seinem Tod die größte Zerstörung entspringen sollte, zeigte der Himmel durch viele sehr deutliche Vorzeichen. Die höchste Spitze des Tempels Santa Reparata wurde unter anderem mit solcher Gewalt vom Blitz getroffen, daß ein großer Teil der Kuppel zum allgemeinen Schrecken und Staunen einstürzte. Seinen Tod beklagten alle seine Mitbürger und alle Fürsten Italiens, was sie deutlich zeigten; denn keiner blieb zurück, der nicht nach Florenz durch seine Botschafter seinen Schmerz über diesen großen Unfall gemeldet hätte. Aber ob sie begründete Ursache zur Betrübnis hatten, zeigte kurz nachher der Erfolg. Als Italien seines Rats beraubt war, fanden die Übergebliebenen kein Mittel, den Ehrgeiz Lodovico Sforzas, des Vormunds des Herzogs von Mailand, weder zu befriedigen noch in Schranken zu halten. Hierdurch begann, sogleich nach Lorenzos Tod, der böse Samen zu keimen, der nach kurzer Zeit, nachdem der, der ihn auszurotten gewußt hätte, nicht mehr am Leben war, Italien verwüstete und immer noch verwüstet.

DIE KUNST DES KRIEGES

Vorrede Machiavellis

An
Lorenzo Strozzi

Es haben Viele die Meinung gehegt, und Viele hegen die Meinung, Lorenzo, daß nichts weniger verträglich sei, ja, daß es nichts Widersprüchlicheres gebe, als Bürger- und Soldatenleben. Man sieht daher häufig, wenn jemand als Soldat sein Glück versuchen will, daß er plötzlich nicht nur seine Kleidung ändert, sondern sich auch in Sitten und Gewohnheiten, in Sprache und Benehmen von den Gebräuchen des gewöhnlichen Lebens entfernt. Wer zu jeder Gewalttätigkeit geschickt und bereit sein will, glaubt keine bürgerliche Kleidung tragen zu dürfen. Bürgerliche Sitten und Gebräuche kann er nicht befolgen, da er diese Sitten für weibisch, diese Gebräuche für seinem Handwerk zuwider hält. Das gewöhnliche Benehmen und die gewöhnliche Sprache beizubehalten, scheint ihm nicht gut, der durch einen Schnurrbart und durch Flüche die anderen Leute in Furcht versetzen will. Es ist deshalb in unseren Tagen jene Meinung sehr richtig.

Betrachtet man hingegen die Einrichtungen des Altertums, so findet man nirgends mehr Eintracht, Übereinstimmung, und größere, auf die Notwendigkeit gegründete gegenseitige Liebe, als zwischen Bürgern und Kriegern. Diese Notwendigkeit liegt darin, daß allen Ständen, in die ein Staat zum Wohl des Ganzen eingeteilt ist, alle Einrichtungen nichts nützen, die gemacht werden, damit man in der Furcht Gottes und der Gesetze lebe, wenn nicht für ihre Verteidigung gesorgt ist, welche, wohl geordnet, sogar Staaten erhält, die nicht wohl geordnet sind. Die beste Verfassung hingegen geht ohne den Schutz der Waffen gerade so zu Grunde, wie die prächtigen Säle eines königlichen Palastes, wenn sie, obgleich mit Gold und Edelsteinen geschmückt, kein Dach hätten, das sie vor dem Regen schützte.

Wenn man früher in Republiken und Monarchien alle Sorgfalt anwandte, die Menschen aus jedem Stande treu, friedfertig und gottesfürchtig zu erhalten, so verdoppelte man diese Sorgfalt beim Kriegerstand. Von wem sollte auch das Vaterland größere Treue verlangen, als von dem, der in seinem Dienst zu sterben versprechen muß? Wer sollte friedliebender sein, als der, welcher nur vom Krieg verletzt werden kann? Wer sollte mehr von Gottesfurcht durchdrungen sein, als der, welcher täglich unzähligen Gefahren ausgesetzt, ohne Unterlaß Gottes Beistand bedarf?

Diese Notwendigkeit, wohl gefühlt von den Gesetzgebern der Staaten sowohl, als von den Häuptern der Kriegsheere, bewirkte, daß der Lebenswandel der Soldaten von den übrigen Bürgern gelobt und mit allem Eifer befolgt und nachgeahmt wurde.

Da hingegen jetzt die Heere völlig verdorben und ganz dem entgegengesetzt sind, was sie im Altertum waren, so entstanden jene traurigen Meinungen, die den Kriegerstand verhaßt machen und Ursache sind, daß man den Umgang seiner Mitglieder meidet.

Aus allem jedoch, was ich gesehen und gelesen habe, schließe ich, daß es nicht unmöglich ist, diesen Stand zu seinen alten Grundsätzen zurückzuführen und ihm einige Form seiner früheren Vortrefflichkeit wieder zu geben.

Um daher diese meine geschäftslose Zeit nicht ohne eine Arbeit zuzubringen, entschloß ich mich, zur Unterhaltung der Verehrer der alten Großtaten, meine Ansichten über die Kriegskunst niederzuschreiben. Mag es gleich eine gewagte Sache sein, eine Kunst abzuhandeln, die man nicht ausgeübt hat, so glaube ich doch nicht, daß es ein Unrecht ist, mit Worten einen Rang einzunehmen, den viele mit größerer Anmaßung in der Wirklichkeit einnehmen. Die Fehler, die ich vielleicht schreibend gemacht habe, lassen sich ohne jemandes Schaden verbessern, während die Fehler, welche jene handelnd machen, nur aus dem Untergang der Reiche erkannt werden können.

An Euch ist es jetzt, Lorenzo, den Wert meiner Anstrengungen zu untersuchen, und durch Euer Urteil den Tadel oder das Lob zu bestimmen, das sie Euch zu verdienen scheinen. Ich sende sie Euch, um Euch meine Dankbarkeit zu bezeugen, obgleich das, was ich vermag, sich den Wohltaten nicht gleichstellt, die ich von Euch empfangen habe. Ich sende sie Euch, weil es herkömmlich ist, solche Schriften Männern zu widmen, die durch Adel, Reichtum, Talente und Freigebigkeit hervorstrahlen, und weil ich weiß, daß Euch an Reichtum und Adel nicht viele, an Talenten wenige, und an Freigebigkeit keiner gleichkommt.

Erstes Buch

Überzeugt, daß man einen Man nach seinem Tod loben darf ohne Vorwürfe zu verdienen, weil uns kein Beweggrund mehr der Schmeichelei verdächtig machen kann, habe ich keine Schwierigkeit, unseren Cosimo Rucellai zu loben, dessen Namen ich mir nie ohne Tränen ins Gedächtnis rufe, da ich in ihm alle Eigenschaften kennen gelernt hatte, welche der Freund vom Freund, das Vaterland vom Bürger verlangen kann. Ich weiß nichts was er besaß, selbst das Leben nicht ausgenommen, das er nicht willig für seine Freunde hingegeben hätte; und ich weiß kein Unternehmen, vor dem er zurückgeschreckt wäre, wenn es das Wohl seines Vaterlandes betroffen hätte. Ich gestehe offen, daß ich unter den vielen Männern, die ich kannte und mit denen ich umging, keinen fand, der mehr für alles Große und Schöne glühte. Bei seinem Tod klagte er einzig seinen Freunden, nur dafür geboren zu sein, um in der Blüte seiner Jahre in seinem Bett ungeehrt sterben zu müssen, ohne daß er nach seinen Wünschen habe nützlich sein können; denn er wußte, daß man nichts anderes von ihm rühmen konnte, als daß ein treuer Freund gestorben sei. Wenn aber gleich keine Handlungen zu Tage liegen, so kann doch ich und mancher andere, der ihn, wie ich, gekannt hat, von seinen lobenswerten Eigenschaften Zeugnis geben. Auch war ihm das Glück nicht so feindlich, daß er nicht einige kurze Denkmale der Feinheit seines Geistes hinterlassen hätte, wie einige Schriften und Liebesgedichte beweisen, worin er sich, obgleich nicht verliebt, doch gerne übte, um die Zeit seiner Jugend nicht unnütz zuzubringen, bis ihn das Schicksal auf erhabenere Gedanken führen würde. Diese Werke zeigen deutlich, wie glücklich er seine Gefühle hätte ausdrücken können, und wie berühmt er durch die Dichtkunst geworden wäre, wenn er sich ihr gewidmet haben würde.

Vom Schicksal eines so teueren Freundes beraubt, finde ich nur darin Trost, daß ich mich so viel wie möglich seines Andenkens erfreue, und wieder hervor rufe, was er teils treffend gesagt, teils weise erörtert hat. Da nun hiervon eine Unterhaltung in seinem Gärten mit Fabrizio Colonna das neuste ist, wobei dieser berühmte Krieger, durch Cosimos bald tiefe bald feine Fragen angeregt, ausführlich die Kriegskunst abhandelte, so will ich diese Unterhaltung, der ich mit mehreren unserer gemeinschaftlichen Freunde beiwohnte, dem Andenken aufbewahren, damit sowohl im Herzen der dabei anwesenden Freunde Cosimos die Erinnerung an alle seine Tugenden wieder erweckt werde, als auch damit die Anderen bereuen, nicht da gewesen zu sein, und damit sie eine Menge für das Kriegs- und Bürgerleben nützliche und von einem so vorzüglichen Mann weise erörterte Dinge lernen mögen.

Fabrizio Colonna wollte bei seiner Rückreise aus der Lombardei, wo er lange mit großem Ruhm für den katholischen König gefochten hatte, in Florenz, wo er durchkam, einige Tage ausruhen, um dem Herzog von Urbino seine Aufwartung zu machen, und einige seiner früheren Bekannten wieder zu sehen. Cosimo hielt es für schicklich, ihn in seine Gärten einzuladen, weniger um seine Prachtliebe zu zeigen, als um sich lange mit ihm unterhalten zu können, und eine Menge Dinge zu lernen, wie man sie von einem solchen Mann erwarten konnte. Er hoffte, ihn so den Tag über von den Gegenständen sprechen zu hören, welche seinen Geist besonders anzogen. Fabrizio nahm die Einladung an, und wurde von Cosimo und einigen seiner liebsten Freunde, worunter Zanobi Buondelmonti, Battista della Palla und Luigi Alamanni waren, empfangen; lauter junge Männer, die er liebte, und die sich mit dem größten Eifer denselben Studien widmeten. Ich sage nichts von ihren guten Eigenschaften; die Proben, welche sie hiervon jeden Tag, ja jede Stunde ablegen, loben sie ausreichend.

Fabrizio wurde also nach Zeit und Ort mit den ausgezeichnetsten Ehrenbezeigungen empfangen. Als man das Mahl beendet, die Tafel abtragen lassen, und alle jene Ergötzlichkeiten genossen hatte, denen große Männer, deren Geist ruhmvollen Gedanken zugewendet ist, nur wenige Augenblicke gewähren, so glaubte Cosimo, da die Nacht noch fern und die Hitze drückend war, am besten seine Wünsche zu erreichen, wenn man sich, unter dem Vorwand, der Hitze des Tages zu entfliehen, unter den geheimsten und dichtesten Schatten seiner Gärten versammeln würde. Hier ließen sich Einige aufs Gras nieder, das hier immer die größte Frische behält, die Anderen setzten sich auf Stühle, welche man in den Schatten sehr hoher Bäume gestellt hatte. Fabrizio konnte sich nicht enthalten, die Reize dieses schönen Ortes zu loben, und indem er die umstehenden Bäume mit Aufmerksamkeit betrachtete, fand er einige, die er nur schwer erkennen konnte. Cosimo bemerkte dies und sagte: „Ein Teil dieser Bäume ist Euch vielleicht unbekannt. Ihr müßt Euch darüber nicht wundern, denn die meisten verdanken ihre Berühmtheit mehr den Alten, als dem Gebrauch, den man heute davon macht.“ Er nannte ihm hierauf ihre Namen, und erzählte, wie sich sein Großvater, Bernardo, vorzüglich mit dieser Art von Baumzucht beschäftigt habe. „Ich dachte gleich, daß dem so sein müsse“, antwortete Fabrizio. „Dieser schöne Ort, und dieser Geschmack eures Großvaters erweckte das Andenken an einige Fürsten des Königreichs Neapel in meinem Gedächtnis, die sich gleichfalls an der Zucht und dem Schatten dieser Bäume der Alten ergötzten.“ – Hier schwieg er und blieb einige Zeit unschlüssig, dann fuhr er fort: „Wenn ich Euch nicht zu verletzen glaubte, so würde ich meine Meinung darüber aussprechen. Doch was sollte ich fürchten? Ich spreche ja mit Freunden, und zwar um die Dinge zu erörtern, nicht um sie herabzusetzen.

Ach, wie viel besser hätten jene getan (doch es fühle sich niemand betroffen) wenn sie versucht hätten den Alten in Kraft und Geistesstärke statt in Luxus und Weichlichkeit gleichzukommen, und sie in dem, was sie im Offenen taten nachzuahmen, nicht darin, was sie im Schatten verbargen; wenn sie die Sitten des wahren und vollkommenen Altertums angenommen hätten, und nicht die des falschen und verderbten! Denn von dem Augenblick an, wo meine Römer ihren Sinn dahin wandten, geriet mein Vaterland in Verfall." Cosimo antwortete (doch um das Lästige des zu häufigen Wiederholens der Worte, er sagte, er antwortete, zu vermeiden, werde ich von nun an die Namen der Sprechenden ohne weiteren Zusatz anführen). Es sagte also

Cosimo Rucellai:

Ihr beginnt eine Unterhaltung, die ich schon lange wünschte. Ich bitte, sprecht ohne Rücksicht, ich werde ohne Rücksicht fragen und wenn ich in meinen Fragen oder Antworten jemand entschuldige oder anklage, so geschieht es nicht, um zu entschuldigen oder anzuklagen, sondern nur, um von Euch die Wahrheit zu hören.

Fabrizio Colonna:

Es wird mir ein großes Vergnügen sein, Euch auf die Fragen, die Ihr an mich richtet, alles, was ich darüber weiß, zu antworten. Es ist dann an Euch, zu beurteilen, ob es wahr ist oder nicht. Eure Fragen werden mir angenehm sein; ich werde darin eben so viel Belehrung finden, wie Ihr aus meinen Antworten schöpfen könnt. Denn wer geschickt fragt, lenkt unsere Aufmerksamkeit auf viele Dinge und läßt uns viele andere entdecken, worauf der Gefragte vielleicht niemals von selbst gekommen wäre.

Cosimo Rucellai:

Ich will auf Eure Worte zurückkommen, daß mein Großvater und Eure Ahnen weiser gehandelt hätten, die Geistesstärke der Alten nachzuahmen als ihre Weichlichkeit. Ich will die Sache meines Großvaters zu verteidigen versuchen; die Sorge, Eure Ahnen zu verteidigen, mögt Ihr behalten. Ich glaube nicht, daß es zu den Zeiten meines Großvaters einen Mann gab, der die Weichlichkeit mehr verabscheut, und mehr für diese Rauheit der Lebensart gewesen wäre, die Ihr lobtet. Doch mußte er sich bald überzeugen, daß weder er selbst noch seine Kinder sie in einem so verderbten Jahrhundert annehmen konnten, wo jeder, der sich von der allgemeinen Sitte zu entfernen versuchen würde, dem Tadel und der Verachtung aller ausgesetzt wäre. Wirklich würde man den für einen Narren halten, der sich, wie Diogenes, während des Sommers, wenn die Sonne am höchsten steht, nackt auf dem Sand herumwälzen wollte, oder der es während der stärksten Winterkälte im Schnee tun würde. Wenn jemand, nach dem Beispiel der Spartaner, seine Kinder auf dem Land erziehen, sie im Freien schlafen, mit bloßem Kopf und Füßen gehen, sie in Eiswasser baden ließe, um sie gegen Schmerz abzuhärten, und damit sie weniger Liebe zum Leben und weniger Furcht vor dem Tod hätten, würde man ihn lächerlich machen, man würde ihn eher für ein wildes Tier als für einen Menschen halten. – Wenn man jemand sich nur von Gemüse ernähren und das Gold verachten sähe, gleich Fabrizius, so würden ihn einige loben und keiner ihm folgen. So entsagte denn mein Großvater, durch die Sitten unserer Tage abgeschreckt, den Alten und begnügte sich, sie in Dingen nachzuahmen, wodurch er die Aufmerksamkeit nicht auf sich zog.

Fabrizio Colonna:

Ihr habt ihn in diesem Punkt auf das Beste entschuldigt, und wahr ist was Ihr sagt; doch, ich spreche weniger von dieser rauhen Lebensart als von humaneren und unseren jetzigen Sitten näher liegenden Gebräuchen, welche ein Mann, der zu den Ersten einer Stadt gehört, wohl einführen kann. Meine Römer dienen mir immer zum Muster. Wenn man ihre Verfassung und die Ordnung ihres Gemeinwesens untersucht, so lassen sich eine Menge Gebräuche finden, die in einem Staat, wo noch ein Rest vom Guten übrig ist, einzuführen nicht unmöglich wäre.

Cosimo Rucellai:

Welches sind wohl die Gebräuche des Altertums, die Ihr wieder einführen möchtet?

Fabrizio Colonna:

Die Tugend ehren und belohnen, die Armut nicht verachten, die Regeln und Vorschriften der Kriegszucht achten, die Bürger zwingen, sich gegenseitig zu lieben, ohne Parteien zu leben und weniger Wert auf ihren Privatvorteil als auf das öffentliche Wohl zu legen; und die Ausübung noch mehrerer solcher Grundsätze, welche sich ganz leicht mit unserer Zeit vereinen lassen. Diese Grundsätze lassen sich ohne Mühe einflößen, wenn man es wohl überlegt und die gehörigen Mittel anwendet, denn aus ihnen leuchtet so sehr die Wahrheit, daß sie für die beschränktesten Geister zu erfassen sind. Wer dieses Ziel erreicht, pflanzt Bäume, unter deren Schatten man glücklicher und freudiger verweilt, als unter diesen.

Cosimo Rucellai:

Ich will hierauf nicht antworten, und überlasse über diese Punkte meinen Freunden die Entscheidung, die wohl im Stand sind hier zu urteilen. Nun kehr ich mich aber gegen Euch, den Ankläger derer, welche die Alten in den erstesten und wichtigsten Geschäften des Lebens nicht nachahmen. Ich glaube so am sichersten zum Ziel zu kommen, und so möchte ich denn von Euch erfahren, warum Ihr auf der einen Seite die verdammt, welche in ihren Handlungen die Alten nicht nachahmen, während ich auf der anderen Seite nicht sehe, daß Ihr in der Kriegskunst, die Ihr immer ausgeübt, und worin Ihr so großen Ruf erworben habt, einen Gebrauch des Altertums oder nur irgend etwas eingeführt habt, das eine Ähnlichkeit damit hätte.

Fabrizio Colonna:

Hier habe ich Euch erwartet, denn meine Worte verdienten keine andere Frage, und ich wünschte auch keine andere. Zwar könnte ich leicht eine Entschuldigung finden; allein da uns die Jahreszeit Muße gönnt, so will ich mich, zu Eurer und meiner Befriedigung, in eine ausgedehntere Erörterung einlassen.

Der Mann, welcher eine Unternehmung im Sinn hat, muß sich zuerst sorgfältig darauf vorbereiten, damit er bei günstiger Gelegenheit bereit ist, seinen Plan auszuführen. Wer sich aber mit Vorsicht vorbereitet, macht sein Vorhaben nicht bekannt; man kann ihn daher nicht der Nachlässigkeit beschuldigen, ehe die Gelegenheit gekommen ist. Handelt er dann nicht, so zeigt er, daß er nicht ausreichend vorbereitet ist, oder daß er gar nicht daran gedacht hat. Da mir nun nie die Gelegenheit gegeben wurde zu zeigen, wie ich mich vorbereitet habe, um die Heere zur Kriegszucht der Alten zurück zu führen, so dürft weder Ihr noch irgend jemand mir Schuld geben, wenn ich es nicht getan habe. Diese Rechtfertigung wird Eurem Vorwurf ausreichend begegnen.

Cosimo Rucellai:

Wenn ich gewiß wüßte, daß sich Euch nie die Gelegenheit darbot, wäre sie allerdings ausreichend.

Fabrizio Colonna:

Ich sehe wohl, daß Ihr zweifeln könnt, ob diese Gelegenheit gekommen ist oder nicht. Ich will Euch daher, wenn Ihr geduldig zuhören wollt, ausführlich die Vorbereitungen erklären, die man vor dem Handeln treffen muß. Ferner will ich Euch zeigen, welches die abzuwartende Gelegenheit ist, welche Art von Schwierigkeiten alle Vorbereitungen unnütz macht und die Gelegenheit am Entstehen hindert, und wie das Unternehmen selbst zu gleicher Zeit auf das schwerste und auf das leichteste auszuführen ist, obgleich dies ein Widerspruch zu sein scheint.

Cosimo Rucellai:

Ihr könnt mir und meinen Freunden kein größeres Vergnügen machen, und wenn Ihr nicht müde werdet, zu uns zu sprechen, so werden wir es niemals werden, Euch zuzuhören. Da aber diese Unterhaltung notwendig lange dauern muß, so will ich, mit Eurer Erlaubnis, meiner Freunde Beistand in Anspruch nehmen. Wir bitten Euch, nicht ungeduldig zu werden, wenn wir Euch manchmal durch eine zudringliche Frage unterbrechen.

Fabrizio Colonna:

Ich bin sehr zufrieden, Cosimo, daß Ihr und diese anderen Jünglinge Fragen an mich richtet; denn ich glaube, daß Euch die Jugend zu größeren Freunden des Kriegswesens und geneigter macht zu glauben, was ich sagen werde. Die

Männer, denen das Alter die Häupter gebleicht und das Blut zu Eis erstarrt hat, pflegen teils Feinde des Krieges, teils in ihren Irrtümern unverbesserlich zu sein. Sie glauben, die Zeiten, nicht die schlechten Einrichtungen, zwängen die Menschen, so zu leben, wie sie leben. Fragt mich also alle ohne Scheu und Rückhalt ich wünsche es, sowohl um einige Augenblicke ausruhen zu können, als auch, um das Vergnügen zu haben, in Eurem Geist keine Zweifel zurück zu lassen.

Ich will mit Euren Worten anfangen; daß ich im Krieg, meinem Handwerk, keinen Gebrauch der Alten angewendet hätte. Ich erwidere hierauf, da der Krieg ein Handwerk ist, wodurch sich die Menschen nicht jederzeit auf ehrbare Weise ernähren können, so kann nur eine Republik oder ein Königreich den Krieg als Handwerk führen. In beiden Regierungsformen, wenn sie gut eingerichtet sind, wird nie geduldet, daß ein Bürger oder Untertan ein Handwerk aus dem Krieg macht, noch treibt ihn jemals ein rechtschaffener Mann als sein eigentliches Handwerk. Denn nie wird man denjenigen für einen rechtschaffenen Mann halten, der ein Handwerk ergreift, worin er, wenn es ihm zu jeder Zeit Vorteil bringen soll, räuberisch, betrügerisch, gewalttätig sein und viele Eigenschaften haben muß, die ihn notwendig nicht rechtschaffen machen. In der Tat können die, welche aus dem Krieg ein Handwerk machen, die Größten wie die Kleinsten, nicht wohl anders sein, weil sie ihr Handwerk nicht im Frieden ernährt. Sie sind entweder genötigt zu denken, es werde nie Frieden geben, oder sie müssen die Kriegszeit so benutzen, daß sie im Frieden leben können. Beide Gedanken müssen aber dem rechtschaffenen Mann fremd sein, denn aus dem Verlangen nach Lebensunterhalt für alle Zeit, entstehen Diebstähle, Gewalttaten, Meuchelmord, die solche Soldaten an Freund und Feind verüben. Aus dem Widerwillen gegen den Frieden entstehen die Kunstgriffe, welche die Führer bei denen, die sie im Sold haben, anwenden, um den Krieg fortdauern zu machen. Wird aber doch Friede geschlossen, so versammeln häufig diese Führer, ihren Sold und das ungebundene Leben entbehrend, eine Bande Abenteurer und plündern schonungslos ein Land.

Unter den Ereignissen Eurer Geschichte wird Euch wohl noch erinnerlich sein, daß zu Ende der Kriege eine große Anzahl ohne Sold gebliebener Soldaten ihre zerstreuten Banden unter dem Namen Kompagnie vereinigten und Italien durchzogen, die Städte brandschatzend, das Land ausplündernd, ohne daß etwas ihren Zerstörungen ein Ziel setzen konnte. Habt Ihr nicht gelesen, daß die karthaginensischen Söldner, nach dem ersten punischen Krieg, sich erhoben, und aufrührerisch Mathon und Spendius zu Anführern wählten, und daß sie gegen ihre Mitbürger einen Krieg führten, gefährlicher als der so eben mit den Römern beendete? So täuschte sich zu unser Väter Zeit Franz Sforza, um auf ehrenvolle Weise während des Friedens leben zu können, die Mailänder, die ihn in ihrem Sold hatten, nicht nur, sondern er raubte ihnen die Freiheit und machte sich zu ihrem Fürsten. Wie er, waren alle anderen italienischen Soldaten, welche den Krieg zu ihrem einzigen Handwerk gemacht haben; und wenn sie durch ihre Treulosigkeit nicht alle zu Herzogen von Mailand geworden sind, so verdienen sie nur um so mehr Tadel, weil sie keine ebenso großen Vorteile aus einem eben so verbrecherischen Leben zu ziehen wußten. Sforza, der Vater Francescos, zwang die Königin Johanna, sich in die Gewalt des Königs von Aragon zu begeben, nachdem er sie gänzlich verteidigungslos mitten unter ihren Feinden gelassen hatte; alles nur um das Verlangen, welches ihn verzehrte, zu befriedigen, entweder Schätze von ihr zu erpressen, oder ihr Königreich zu rauben. Braccio zeigte dieselbe Treulosigkeit, um Herr von Neapel zu werden; und es wäre ihm geglückt, hätte er nicht unter den Mauern von Aquila den Tod gefunden.

Solche Unordnungen konnten nur daher kommen, daß sie den Soldatenstand als ihr eigenes Handwerk ausübten. Gibt es nicht zur Bestätigung meines Satzes ein Sprichwort, welches heißt: „Der Krieg macht die Diebe, der Friede henkt sie?“ Leute, welche in keinem anderen Stand leben können, und niemand finden, der sie unterstützt, oder nicht Mut und Talent genug haben, daß sie sich zu ehrenvoller Ausführung eines unrechtmäßigen Unternehmens zu vereinigen verstehen, sind auch wirklich durch die Not gezwungen die Schranken der bürgerlichen Gesellschaft zu durchbrechen, und die Gerechtigkeit muß sie wegräumen.

Cosimo Rucellai:

Ihr habt mir den Soldatenstand fast zu Nichts herabgesetzt, und ich hatte ihn doch für den schönsten und ehrenvollsten gehalten, dem man sich widmen könne. Wenn Ihr mir dies nicht besser erklärt, so bin ich keineswegs befriedigt. Wenn wahr ist, was Ihr sagt, woher kommt dann der Ruhm des Cäsar, Pompeius, Scipio, Marcellus und so vieler römischer Feldherrn, die die Fama gleich Göttern preist?

Fabrizio Colonna:

Ich bin mit der Entwicklung meines Gedankens noch nicht zu Ende. Er umfaßte zwei Punkte: der eine, daß ein braver Mann den Soldatenstand nicht zu seinem Handwerk machen kann; der andere, daß eine wohl eingerichtete Republik oder Monarchie nie erlaubt, daß ein Untertan oder Bürger ein Handwerk daraus mache. Über den ersten habe ich alles gesagt, was ich weiß, es bleibt mir der zweite zu entwickeln übrig; hierbei will ich auch Eure letzte Frage beantworten.

Zuerst machten sich Pompeius und Cäsar und fast alle römischen Feldherren nach dem letzten punischen Krieg mehr durch Tapferkeit als durch Tugend berühmt, währen die, welche vor ihnen lebten, den doppelten Ruhm der Tapferkeit und Tugend erwarben. Dieser Unterschied kommt daher, daß letztere niemals ein Handwerk aus dem Krieg machten, während die, welche ich zuerst nannte, sich dessen als ihres eigenen Handwerks bedienten. So lange die Republik ihre Sittenreinheit aufrecht erhielt, wagte es kein Bürger, selbst der mächtigste nicht, sich während des Friedens auf die Waffen zu stützen, um das Band der Gesetze zu brechen, die Provinzen zu berauben, sich die Gewalt anzumaßen und das Vaterland zu beherrschen. Niemals hatte bisher auch nur ein dunkler Plebejer den Gedanken gefaßt, seine Schwüre zu brechen, sich dem Glück eines Einzelnen anzuschließen, den Senat nicht zu fürchten, oder eine herrschsüchtige Unternehmung zu begünstigen, um zu allen Zeiten vom Kriegshandwerk leben zu können. Damals beeilten sich die Feldherren, durch die Ehre des Triumphs befriedigt, zum häuslichen Leben zurückzukehren. Die Soldaten, ihrerseits, legten die Waffen mit mehr Vergnügen nieder, als sie sie ergriffen hatten. Jeder kehrte dann zu der Beschäftigung zurück, die er zu seinem Lebensunterhalt erwählt hatte, und nie faßte einer von ihnen die Hoffnung, sich durch das Kriegshandwerk und die Beute ernähren zu können.

Hiervon ist Attilius Regulus ein großes und denkwürdiges Beispiel. Er befehligte die römischen Heere in Afrika, die Karthager waren, so zu sagen, besiegt, da verlangte er vom Senat die Erlaubnis, zu seinem Haus zurückkehren zu dürfen, um seine Felder zu bestellen, welche seine Taglöhner vernachlässigt hatten. Gewiß ist es klarer als der Tag, daß wenn Regulus den Krieg als sein Handwerk und als Mittel, Vermögen zu erwerben, betrachtet hätte, er nicht die Erlaubnis verlangt haben würde, seine Felder zu bestellen, während so viele reiche Provinzen als Beute vor ihm lagen; denn an einem einzigen Tag konnte er mehr gewinnen als alles wert war, was er besaß. Da aber tugendhafte Bürger, die aus dem Krieg kein Handwerk machen, als einzige Frucht des Krieges, Mühen, Gefahren und Ruhm haben wollen, so wünschen sie, wenn sie Ruhm genug erworben haben, zu ihrem Haus zurück zu kehren, und von ihrem Geschäfte zu leben.

Daß es die Menge und die gemeinen Soldaten auch so hielten, geht daraus hervor, daß jeder willig vom Kriegsdienst abließ, daß jeder sich willig zum Dienst einschreiben ließ, und jeder Dienende willig seinen Abschied nahm. Viele Beispiele bekräftigen, was ich sage, besonders wenn man betrachtet, daß eines der ersten Vorrechte, welche Rom seinen Bürgern gab, das war, daß sie nicht gezwungen werden konnten, gegen ihren Willen zu dienen.

So lange Rom seine Verfassung rein erhielt, das heißt, bis zur Zeit der Gracchen, sah man keinen Soldaten diesen Stand als Handwerk ergreifen. Es gab daher nur wenige böse Soldaten, und diese wurden streng bestraft.

Eine gut eingerichtete Republik soll also wollen, daß man sich zur Zeit des Friedens nur zum Krieg übe, daß man – wird der Friede gebrochen – den Krieg als eine Notwendigkeit und eine Quelle des Ruhmes betrachte, und daß der

Krieg als Handwerk nur vom Staat getrieben werden darf. So hielt es Rom. Jeder Bürger, der im Kriegshandwerk einen andern Zweck sucht, ist ein schlechter Bürger, und jede Republik, wo es anders ist, hat fehlerhafte Einrichtungen.

Cosimo Rucellai:

Ich bin durch das, was Ihr bis jetzt gesagt habt, zufrieden gestellt, und ich billige besonders den Schluß, den Ihr daraus gezogen habt. Was Ihr in Hinsicht auf die Republiken aufgestellt habt, halte ich für vollkommen begründet. Aber ich weiß nicht, ob es sich mit den Königen eben so verhält, ich möchte im Gegenteil wohl glauben, daß ein König wünschen sollte, Männer um sich zu haben, welche den Krieg zu ihrem ausschließlichen Handwerk machen.

Fabrizio Colonna:

Gerade ein wohleingerichtetes Königreich muß sich am meisten vor solchen Gesellen hüten, denn sie sind die Verderber seiner Könige und die wahren Diener der Tyrannei. Haltet mir nicht die Königreiche unserer Zeit entgegen, denn ich leugne, daß dies wohleingerichtete Königreiche sind. Denn die Königreiche, die gute Einrichtungen haben, gewähren nur ihrem König unumschränkte Herrschaft über das Heer. Nur hier ist ein augenblicklicher Entschluß nötig, und darum darf die Gewalt nur in einer einzigen Hand sein. In allem übrigen darf der Fürst nichts ohne Beratungen tun, und immer müssen die, welche ihn beraten, fürchten, er möge jemand in seiner Umgebung haben, der im Frieden den Krieg wünscht, weil er keine andere Nahrungsquelle hat.

Aber ich will Euch noch ein weiteres Feld überlassen, nicht bei einer wohleingerichteten Monarchie stehen bleiben, sondern eine den heute bestehenden ähnliche annehmen, und doch werde ich behaupten, daß die Könige diejenigen fürchten müssen, welche den Krieg zu ihrem Handwerk machen.

Es steht außer Zweifel, daß das Fußvolk der Nerv der Heere ist. Wenn nun ein König seine Kriegsverfassung nicht so einrichtet, daß seine Fußvölker im Frieden gerne zu ihrem Heim zurückkehren, um von ihrer Arbeit zu leben, so muß er notwendig zu Grunde gehen. Denn es gibt kein gefährlicheres Fußvolk als das, welches aus Menschen besteht, welche den Krieg nur als Handwerk treiben. Mit ihnen ist man in die Notwendigkeit versetzt, entweder immer den Frieden hinwegzustoßen, oder sie fortwährend zu bezahlen, wenn man sich nicht der Gefahr aussetzen will, daß sie sich zu Herren des Staates machen. Es ist aber unmöglich, immer Krieg zu führen; eben so wenig kann man fortwährend das Heer bezahlen; und so gerät man in Gefahr seine Staaten zu verlieren.

Meine Römer erlaubten, wie ich schon gesagt habe, so lange sie weise und tugendhaft waren, nie, daß ihre Bürger den Kriegerstand als Handwerk ergriffen, obgleich sie sie hätten bezahlen können, da sie fortwährend Krieg hatten. Um sich vor der Gefahr, die aus diesem beständigen Kriegshandwerk hätte entspringen können, zu schützen, so änderten sie, da sich die Zeiten nicht änderten, die Menschen, ersetzten allmählich die ausgedienten Leute, und hatten Ihre Dienstzeit so berechnet, daß eine Legion in 15 Jahren gänzlich erneuert war. Durch dieses Mittel standen ihre Soldaten immer in der Blüte des Alters, das heißt zwischen 18 und 35 Jahren, ein Alter, in dem die Füße, Hände und Augen gleiche Kraft erreicht haben. Man wartete nicht, bis ihre Kräfte abnahmen, ihre Verschlagenheit und Tücke aber wuchs, wie dies später geschah, als die Republik verderbt wurde.

Jetzt erst fingen Augustus und nachher Tiberius, mehr um ihre eigene Gewalt, als für das Wohl des Staats besorgt, an, das römische Volk zu entwaffnen, um es leichter unterjochen zu können, und hielten beständig dieselben Heere an den Grenzen des Reichs. Als ihnen diese Vorsichtsmaßnahme noch nicht ausreichend schien, um das Volk und den Senat unter dem Druck zu erhalten, führten sie ein eigenes Heer unter dem Namen Prätorianer ein, welches immer unter den Mauern Roms lagerte und eine an die Stadt gelehnte Zitadelle schien. Da es von nun an den Gliedern dieses Heeres erlaubt war, die Waffen zu ihrem alleinigen Handwerk zu machen, so zeigte sich bald Übermut in grellem Licht. Sie machten sich dem Senat furchtbar, den Kaisern wurden sie gefährlich. Bald ermordeten sie in ihrer frechen Zügellosigkeit ihre Herren, gaben und entrissen die Krone nach ihren Launen und bald sah man mehrere Kaiser zugleich von verschiedenen Heeren ernannt. Daraus entstanden zuerst die Teilung und endlich der gänzliche Untergang des Reichs.

Der König, der also in Sicherheit leben will, muß sein Fußvolk aus Leuten zusammensetzen, die, wenn die Zeit Krieg zu führen gekommen ist, sich aus Liebe zu ihm willig einstellen, die aber, wenn der Friede kommt noch lieber zu ihrem Heim zurückkehren. Er wird dies immer erreichen, wenn er Leute wählt, die sich von einem anderen Handwerk, als dem des Krieges zu ernähren wissen. Sobald es Friede ist, muß er verlangen, daß die Fürsten heimkehren, um ihre Vasallen zu regieren, die Eheleute, um von neuem ihre Güter zu bebauen, die gemeinen Soldaten, um ihr gewöhnliches Gewerbe auszuüben. Jeder von ihnen soll gerne in den Krieg ziehen, um den Frieden zu erkämpfen, aber niemals den Frieden zu stören versuchen, damit es Krieg gebe.

Cosimo Rucellai:

Eure Ansichten scheinen mir gut. Da sie jedoch dem, was ich bis jetzt geglaubt habe, gänzlich entgegengesetzt sind, so bleiben mir im Geist noch einige Zweifel. Ich sehe eine große Anzahl Herren und Edelleute, denen im Frieden der Krieg zur Hilfsquelle wird, wie Ihr und Eures gleichen, die in den Sold der Fürsten und Republiken treten. Ich sehe auch, daß fast alle Gendarmen ihr Gehalt behalten, und ein großer Teil der Fußknechte wird zur Bewachung der Städte und Kastelle gebraucht; so daß, meiner Meinung nach, selbst in Friedenszeit für jedermann Platz ist.

Fabrizio Colonna:

Ich denke doch nicht, daß Ihr davon überzeugt seid, selbst in Friedenszeit könne jeder durch dieses Handwerk seinen Unterhalt verdienen. Selbst angenommen, man könnte keinen anderen Beweis für das Gegenteil finden, so würde zur Widerlegung hinreichen, daß nur eine wenig zahlreiche Besatzung in den von Euch angeführten Plätzen nötig ist. Welches Verhältnis ist zwischen dem im Krieg nötigen Fußvolk und dem, dessen man im Frieden bedarf? Fürwahr, wenn es schon im Frieden notwendig ist, die Städte und Kastelle zu bewachen, muß dann die Besatzung nicht im Krieg verdoppelt werden? Hierzu muß dann die Besatzung nicht im Kriege verdoppelt werden? Hierzu muß man die Feldtruppen, und zwar immer in beträchtlicherer Anzahl rechnen, welche, sobald es Friede wird, ganz aufhören. Was die Wachen der Staaten, obgleich gering an Zahl, betrifft, so dient der Papst Julius II. und Eure Republik zum Beweis, wie furchtbar diejenigen sind, die nur den Krieg zum Gewerbe wollen. Ihr habt ihnen auch deswegen und wegen ihres Übermutes, die Sorge für Eure Sicherheit abgenommen, und habt die Schweizer an ihre Stelle gesetzt, die, im Gehorsam vor den Gesetzen geboren und aufgezogen, noch überdies durch eine regelmäßige Wahl, von ihren Gemeinden ausgesucht werden. Sagt also nicht mehr, es sei selbst in Friedenszeit für jedermann Platz.

Was die Gendarmen betrifft, so scheint eine Antwort auf Euren Einwurf schwieriger, weil sie ihren Sold auch noch behalten, wenn der Krieg aufgehört hat. Nichts desto weniger wird mit einiger Aufmerksamkeit die Antwort leicht zu finden sein, denn dieser Gebrauch, die Gendarmen stehend zu erhalten, ist ein verderbter und schlechter Gebrauch. Dies sind die Männer, welche aus dem Krieg ihr Handwerk machen; sie würden jeden Tag bei den Staaten, wo sie sind, tausend Unordnungen hervorbringen, wenn sie hinreichend zahlreiche Soldaten hätten. Da aber die Anzahl Untergebene nur klein ist, und sie nicht für sich allein ein Heer bilden können, so können sie nicht so schweren Schaden zufügen. Doch ist letzteres noch zu oft der Fall gewesen, wovon Francesco Sforza, sein Vater, und Braccio von Perugia, wie ich Euch erzählt habe, Beweise sind. Ich billige aber den Gebrauch, die Gendarmen stehend zu erhalten, durchaus nicht; er ist fehlerhaft und kann großes Übel erzeugen.

Cosimo Rucellai:

Würdet ihr keine in Sold nehmen? Oder im Fall Ihr Gendarmen hieltet, wie würdet Ihr sie halten?

Fabrizio Colonna:

Auf dem Weg der Ordonnanz, d. h., nicht wie sie in Frankreich gebräuchlich ist, denn diese ist so gefährlich wie die unsrige, und schützt vor dem Übermut der Soldaten nicht: sondern wie die Alten, welche ihre Reiterei aus eigenen Untertanen zusammensetzten, die im Frieden in ihre Heimat zurückgeschickt wurden, um da ihr gewöhnliches Handwerk zu treiben. Hierüber will ich später ausführlicher sprechen.

Wenn also dieser Teil des Heeres heute, selbst wenn Friede ist, vom Waffenhandwerk leben kann, so kommt dies nur von den schlechten Einrichtungen her. Was die Provisionen betrifft, welche man mir und den anderen Kondottieris immer fort bezahlt, so will ich offen gestehen, daß dies eine äußerst verderbte Maßnahme ist. Eine weise Republik soll sie niemals, wem es auch sei, fortbezahlen. Sie darf im Krieg nur ihre eigenen Bürger an die Spitze des Heeres stellen; und wenn der Friede wiederkehrt, so muß sie von ihnen verlangen, daß sie ihre gewöhnlichen Beschäftigungen wieder ergreifen.

Ein weiser König muß gleichfalls vermeiden, solche Gehälter zuzugestehen, oder wenn er welche erteilt, so sollen sie die Belohnung einer glänzenden Tat, oder der Preis von Diensten sein, welche er von einem Mann im Frieden oder Krieg erwartet. Da Ihr Euch auf mich berufen habt, so erlaube ich mir, mich selbst als Beispiel anzuführen.

Ich kann sagen, daß ich aus dem Krieg nie ein Handwerk gemacht habe; denn meine ganze Beschäftigung ist, meine Untertanen zu regieren und sie zu verteidigen; und um sie verteidigen zu können, den Frieden zu lieben, und mich auf den Krieg zu verstehen. – Es ist nicht sowohl weil ich mich auf den Krieg verstehe, daß mich mein König achtet und belohnt, als auch weil ich ihm auch während des Friedens mit meinem Rate nützlich sein kann. Ein weiser König, der mit Klugheit handeln will, darf sich nur mit solchen Männern umgeben. Hätte er hingegen entweder nur zu große Freunde des Friedens oder nur zu eifrige Anhänger des Kriegs um sich, so könnte er durch beide irregeleitet werden.

Ich weiß über diesen Gegenstand für jetzt nichts mehr zu sagen; sollte es Euch nicht genügen, so muß ich Euch auf Andere verweisen. Übrigens könnt Ihr Euch jetzt schon einen Begriff machen, wie schwer es ist, unser jetziges Kriegswesen zu den Einrichtungen des Altertums zurückzuführen, welche Vorbereitungen ein weiser Mann treffen muß, und welche Gelegenheit zur Ausführung er hoffen kann. Doch wenn Euch das Gespräch nicht langweilt, so werdet Ihr Schritt für Schritt diese Dinge besser verstehen, indem wir jeden Teil der Einrichtungen der Alten mit unseren jetzigen vergleichen.

Cosimo Rucellai:

Wenn wir schon anfangs gewünscht haben, Euch von diesen Dingen sprechen zu hören, so müssen wir jetzt bekennen, daß Eure Worte unser Verlangen verdoppelt haben. Wir danken daher für das, was wir Euch schon schuldig sind, und bitten, uns das Übrige nicht vorzuenthalten.

Fabrizio Colonna:

Weil es Euch denn so beliebt, so will ich diesen Stoff von seinem Ursprung an abhandeln, um verständlicher zu sein, da ich auf diese Art meine Gründe besser darlegen kann.

Jeder, der Krieg führt, nimmt sich das Ziel vor, das Feld gegen jede Art von Feind behaupten zu können und am Tag der Schlacht den Sieg davon zu tragen. Hierzu muß man ein Heer bilden. Um ein Heer zu bilden, muß man Leute suchen, sie bewaffnen, einteilen, sie in großen und kleinen Haufen üben, sie lagern, und sie dem Feind entgegenstellen, sei es nun festen Fußes oder im Marsch. Darin besteht die ganze Geschicklichkeit des Feldkriegs, welcher am notwendigsten und rühmlichsten ist. Wer dem Feind mit Vorteil eine Schlacht anzubieten versteht, kann alle übrigen, in der Führung des Kriegs gemachten Fehler wieder gut machen. Der aber, dem dies Talent abgeht, und wäre er in allen übrigen Teilen seiner Kunst noch so geschickt, wird niemals einen Feldzug mit Ehren beenden. Denn ein Sieg läßt alle übrigen schlechten Maßnahmen verschwinden, so wie eine Niederlage alle früher errungenen Vorteile vernichtet.

Da man zuerst Leute finden muß, so muß man zu ihrer Aushebung schreiten, was die Alten Auswahl nannten, welchen Ausdruck ich als ehrenvoll beibehalten werde. Die, welche für den Krieg Vorschriften gegeben haben, wollen, daß man Leute aus der gemäßigten Zone wähle, damit sie Mut mit Klugheit vereinen; denn die heißen Länder erzeugen kluge und nicht mutige Menschen, die kalten Länder mutige und nicht kluge. Diese Vorschrift wäre ganz gut für einen Fürsten, der die ganze Welt beherrschte; dieser könnte freilich seine Leute an den passenden Orten ausheben. Um aber eine Regel aufzustellen, die jeder befolgen kann, sage ich, daß jede Republik oder Monarchie ihre Soldaten im eignen Land auswählen muß, sei es nun warm, kalt oder gemäßigt. Beispiele beweisen, daß Übung in jedem Land gute Soldaten hervorbringt: denn wo die Natur im Rückstand ist, muß Kunst nachhelfen; und hier ist sie mächtiger als die Natur. Wenn man seine Soldaten von anderswoher holt, so kann dies nicht mehr Auswahl heißen, denn dies Wort bedeutet: die besten Leute eines Landes wählen, und die Macht besitzen, sowohl die, welche nicht wollen, als auch die, welche gerne dienen, einzuschreiben. Man kann also nur im eigenen Land zu dieser Auswahl schreiten, denn man kann im fremden Land nicht wählen wen man will; sondern man muß sich mit den Freiwilligen begnügen.

Cosimo Rucellai:

Aber doch kann man von den Freiwilligen die einen annehmen und die anderen nicht, und also dieses Verfahren ebenfalls Auswahl nennen.

Fabrizio Colonna:

In einem Sinn habt Ihr freilich recht; beachtet aber die damit verbundenen Nachteile, und Ihr werdet sehen, daß man diesem häufig nicht den Namen Auswahl geben kann.

Zuerst sind die, welche sich, ohne Eure Untertanen zu sein, freiwillig anwerben lassen, weit davon entfernt, die Besten zu sein; sie sind im Gegenteil der Auswurf der Gesellschaft. Wenn es in dem anderen Land Entehrte, Arbeitsscheue, Ausschweifende, Gottlose, der väterlichen Zucht Entsprungene, Lästerer, Spieler und von Kindheit in allen Lastern aufgewachsene Menschen gibt, so sind es nur diese, welche sich zu Eurem Dienst stellen. Nichts aber ist einem wahren und guten Heer widersprechender als diese Sitten. Wenn sich nun mehr Leute dieses Gelichters anbieten als man nötig hat, so kann man wohl unter ihnen eine Wahl treffen; wenn aber alle nichts taugen, so kann die Auswahl nicht gut sein. Häufig aber ist ihre Zahl nicht einmal für das Bedürfnis ausreichend. Gezwungen alle zu nehmen, kann man dieses Geschäft unmöglich Auswahl nennen, sondern nur in Sold nehmen von Fußknechten. Mit solchen Unordnungen werden heute, Deutschland ausgenommen, die Heere in Italien und anderwärts gebildet. Niemand wird auf Befehl des Fürsten Soldat, nur wer selbst will, tut Kriegsdienste. Schließt nun selbst, welche von den Einrichtungen der Heere des Altertums man bei einem auf diesem Weg zusammengebrachten Heer wird einführen können.

Cosimo Rucellai:

Auf welchem Weg soll es denn geschehen?

Fabrizio Colonna:

Wie ich schon gesagt habe, man soll die Heere aus den eigenen Untertanen und auf Befehl des Fürsten wählen.

Cosimo Rucellai:

Könnte man wohl bei so gewählten Soldaten einige alte Formen einführen?

Fabrizio Colonna:

Ja, wie Ihr wohl wißt, wenn sie im Fürstentum von ihren Fürsten, oder gesetzmäßigen Herren, in der Republik von einem Bürger befehligt sind, der gerade Heerführer ist, sonst ist es schwer, etwas Gutes zustande zu bringen.

Cosimo Rucellai:

Warum das?

Fabrizio Colonna:

Dies will ich Euch zur gehörigen Zeit sagen; für jetzt begnügt Euch damit, daß man auf andere Art nichts Gutes zustande bringt.

Cosimo Rucellai:

Man muß also die Auswahl in seinem eigenen Land vornehmen. Wo wird dies besser sein, in der Stadt oder auf dem Land?

Fabrizio Colonna:

Alle, welche über diesen Gegenstand geschrieben haben, stimmen dahin überein, daß es besser ist, die Leute auf dem Land zu wählen, weil sie dort gegen Entbehrungen abgehärtet, in Anstrengungen aufgewachsen, und gewöhnt sind in der Sonne zu bleiben, den Schatten zu meiden, das Eisen zu behandeln, einen Graben zu ziehen, eine Last zu tragen und gewöhnlich ohne Verschlagenheit und Tücke sind. Meine Meinung hierüber wäre, da es zweierlei Sorten Soldaten gibt, Reiterei und Fußvolk, das man das Fußvolk auf dem Land, die Reiter in der Stadt auswählen sollte.

Cosimo Rucellai:

In welchem Alter würdet Ihr sie nehmen?

Fabrizio Colonna:

Wenn ich ein ganz neues Heer zu bilden hätte, so würde ich Leute von 17 bis 40 Jahren nehmen; wenn es aber einmal völlig gebildet wäre und nur noch unterhalten werden dürfte, nur von 17 Jahren.

Cosimo Rucellai:

Den Beweggrund dieses Unterschieds sehe ich nicht ganz ein.

Fabrizio Colonna:

Ich will ihn Euch sagen. Wenn ich da ein Nationalheer zu organisieren hätte, wo gar keins besteht, so müßte ich notwendig die zum Dienst geeignetsten Leute alle nehmen, wenn sie nur das taugliche Alter hätten, um sie, wie ihr bald hören werdet, zu unterrichten. Wenn ich aber in einem Land, wo ein Nationalheer schon besteht, eine Auswahl zu treffen hätte, so würde ich Leute von 17 Jahren zur Hilfe nehmen, da die andern schon lange ausgewählt und eingeschrieben sind.

Cosimo Rucellai:

Ihr würdet also eine, der bei uns eingeführten ähnliche Einrichtung einführen?

Fabrizio Colonna:

Das ist mein Gedanke. Freilich würde ich das Heer ganz anders bewaffnen, mit Befehlshabern versehen, einüben, und in Schlachtordnung stellen, als das Eurige.

Cosimo Rucellai:

Ihr billigt also unsere Einrichtung?

Fabrizio Colonna:

Warum sollte ich sie verdammen?

Cosimo Rucellai:

Weil Ihr viele verständige Männer von jeher getadelt habt.

Fabrizio Colonna:

Es ist ein Widerspruch, wenn Ihr sagt, daß ein verständiger Mann die Einrichtung tadelt, man würde einem solchen wahrhaftig Unrecht tun, ihn für verständig zu halten.

Cosimo Rucellai:

Die unglücklichen Resultate, die sie immer geliefert hat, zwingen uns, der Meinung zu sein.

Fabrizio Colonna:

Hütet Euch, daß nicht Euer die Schuld ist und nicht der Ordonnanz; ich will Euch noch vor dem Ende unseres Gesprächs davon überzeugen.

Cosimo Rucellai:

Das wird uns allen sehr angenehm sein. Damit Ihr sie besser rechtfertigen könnt, will ich euch sagen, was man ihr zum Vorwurf macht. Entweder ist diese Landwehr schlecht, und sich darauf verlassen, zöge das Verderben der Republik nach sich; oder sie ist gut und der, welcher sie befehligt, kann sich ihrer leicht bedienen, um die Herrschaft an sich zu reißen. Sie führen die Römer an, welchen ihre eigenen Waffen die Freiheit raubte; sie führen die Venezianer und den König von Frankreich an, wovon erstere sich fremder Heere bedienen, um nicht einem ihrer Mitbürger gehorchen zu müssen; der König seine Untertanen entwaffnet hat, um sie leichter regieren zu können. Doch sie fürchten vielmehr, daß sie schlecht besteht und geben dafür zwei Hauptgründe an. Der eine ist die Unerfahrenheit der Soldaten, der andere der Zwang zu dienen. Denn, sagen sie, wenn das gehörige Alter vorbei ist, kann man nichts mehr lernen; und alles, was man gezwungen tut, tut man schlecht.

Fabrizio Colonna:

Das sind lauter Gründe von Leuten, welche die Dinge nicht im rechten Licht sehen. Ich will Euch dies sogleich beweisen.

Was zuerst das betrifft, daß die Landwehr schlecht sein soll, so sage ich, daß die Nationalheere die besten von allen sind, und daß man ein Nationalheer auf keine andere Art errichten kann. Da über diesen Punkt jedermann einig ist, so will ich damit nicht lange Zeit verlieren, indem alle Beispiele der alten Geschichte für mich sprechen. Man führt Unerfahrenheit und Zwang an. Wahr ist, daß Unerfahrenheit wenig Mut macht, und daß Zwang Unzufriedenheit erzeugt, wie man die Soldaten bewaffnet, einübt und aufstellt, wie Ihr im Lauf unseres Gespräches sehen werdet. Was den Zwang betrifft, so ist wohl zu beachten, daß die Leute, welche man auf Befehl des Fürsten einschreibt, weder gänzlich wider Willen, noch ganz freiwillig unter die Waffen treten. Wäre das Eintreten rein freiwillig, so würden jene Mißstände entstehen, welche ich schon bezeichnet habe als ich sagte, daß man keine Auswahl mehr treffen könne, und daß die Zahl der Freiwilligen immer zu gering sein würde. Ebenso würde Zwang allein schlimme Folgen haben. Man muß daher einen Mittelweg einschlagen, welcher weder gänzlich Zwang noch gänzlich freier Wille ist, sondern welche die Untertanen durch die Ehrfurcht vor ihren Fürsten herbeizieht; eine Ehrfurcht, welche durch die Scheu ihm zu mißfallen mehr bewirkt, als Drohung mit Strafe. Es entsteht hierdurch eine Mischung von Zwang und Freiheit, welche die Unzufriedenheit in hinreichend enge Grenzen einschließt, um keine übeln Folgen zu haben.

Ich sage nicht, daß solche Soldaten nicht besiegt werden können; die römischen Heere wurden es so oft! Wurde nicht selbst Hannibals Heer geschlagen? Es fällt also ins Auge, daß man unmöglich ein Heer so errichten kann, daß es nie überwunden wird. Eure verständigen Männer dürfen daher nicht aus einer einzigen Niederlage schließen, daß die Einrichtung schlecht ist, sondern, sie sollten sich überzeugen, daß wenn man geschlagen worden ist, man auch wieder Sieger werden kann, und daß die Hauptsache die ist, alle Ursachen der Niederlage zu entfernen. Wenn sie sich die Mühe geben wollten, diese Ursachen zu suchen, dann würden sie sehen, daß sie nicht von der Fehlerhaftigkeit der Maßregel herrühren, sondern daher, daß sie noch nicht ihre ganze Vollkommenheit erreicht hat. Und, wie gesagt, sie hätten dem abhelfen sollen, nicht dadurch, daß sie die Ordonnanz tadelten, sondern dadurch, daß sie ihre Mängel verbesserten. Die Folge meiner Rede soll Euch stufenweise zeigen, wie sie es hätten anfangen sollen.

Was die Furcht betrifft, eine solche Landesbewaffnung möchte den Staat umstürzen, indem sich ein Mann an ihre Spitze stellte, so antworte ich: die Waffen, welche die Gesetze und die öffentlichen Anordnungen den Bürgern oder den Untertanen in die Hände geben, weit entfernt jemals Schaden zu bringen, haben immer die größten Dienste geleistet; und diejenigen Republiken, welche sich darauf gestützt haben, sind lange von Knechtschaft unbefleckt gebelieben. Rom lebte 400 Jahre frei, und war bewaffnet; Sparta 800 Jahre. Eine Menge Republiken, welche sich nicht auf ihre eigenen Waffen stützten, konnten ihre Freiheit nicht über 40 Jahre erhalten. Eine Republik kann auch sicher der Waffen nicht entbehren. Wenn sie keine eigenen hat, so muß sie fremde mieten; und die schaden dem Staat viel eher als eigene Waffen, weil sie der Bestechung mehr Spielraum geben, und sie ein Bürger, der mächtig geworden, mit leichterer Mühe für seine ehrgeizigen Absichten gewinnt; und diese Pläne finden um so weniger Hindernisse, da die, welche er unterdrücken will, entwaffnet sind. Es muß aber eine Republik zwei Feinde mehr fürchten als einen. Die, welche sich auf fremde Waffen stützt, fürchtet zugleich den Fremden, den sie bezahlt, und ihre eigenen Bürger; und was ich Euch vor kurzem von Francesco Sforza gesagt habe, reicht sicher zum Beweise dafür, daß diese Furcht begründet ist. Die, welche sich nur ihrer eigenen Waffen bedient, fürchtet nur ihre Bürger. Ich werde mich aber, ohne auf alle Gründe, die sich anführen ließen, einzugehen, auf einen einzigen beschränken; nämlich, daß es dem Gründer einer Republik oder Monarchie nie in den Sinn kam, daß die Einwohner nicht mit eigenen Waffen die Verteidigung übernehmen sollten.

Die Venezianer hätten eine neue Universalmonarchie gegründet, wenn sie bei ihrer Kriegsverfassung mit derselben Weisheit verfahren wären, die sie bei ihren anderen Institutionen gezeigt haben. Man kann ihnen dies um so mehr vorwerfen, als sie von ihren ersten Gesetzgebern bewaffnet worden waren. Da sie jedoch damals auf dem Festland noch keine Besitzungen hatten, so waren sie nur für den Seeweg bewaffnet, worin sie sich immer durch Tapferkeit auszeichneten, und mit den Waffen in der Hand ihr Vaterland vergrößerten. Als aber die Zeit gekommen war, zur Verteidigung Vicenzas den Krieg auf dem Festland zu führen, so nahmen sie, anstatt einen ihrer Bürger gegen den Feind zu senden, den Marchese von Mantua in Sold; und diese unheilvolle Maßregel hielt sie in ihrem Lauf an, und hinderte sie, ihren Namen bis an den Himmel zu erheben, und ihre Herrschaft über die ganze Erde auszudehnen. Wenn sie es in dem Glauben taten, daß sie sich nicht getrauen dürften, Krieg zu Land zu führen, da sie nur zur See Krieg zu führen verstünden, so war dies Mißtrauen nicht weise. Denn viel leichter wird ein Admiral, der mit den Winden, mit den Wellen und mit Männern zu kämpfen pflegt, ein Feldherr zu Land werden, wo man mit Männern allein kämpft, als ein Feldherr ein Admiral werden wird. Meine Römer, die zu Land, nicht zur See zu kämpfen verstanden, nahmen im Krieg mit den zur See mächtigen Karthagern keine Griechen oder Spanier in Sold, die im Seekrieg erfahren waren, sondern sie beauftragten ihre zum Landkrieg bestimmten Bürger damit und siegten. Wenn die Furcht, einer ihrer Mitbürger möge sich der Alleinherrschaft bemächtigen, die Venezianer bewegte, so war das eine unüberlegte Furcht; denn (außer den Gründen, welche ich oben in dieser Beziehung angeführt habe) wenn sich ein Bürger mit Hilfe der Seemacht niemals zum Alleinherrscher einer Seestadt emporgeschwungen hatte, so würde er es um so weniger durch ein Landheer habe ausführen können. Das bedenkend, hätten sie einsehen sollen, daß nicht die Waffen der Mitbürger Tyrannen erzeugen, sondern daß es die schlechte Regierung ist, welche den Republiken Ketten bereitet. Da sie nun gut regierten, was hätten sie von den Waffen ihrer Mitbürger zu fürchten gehabt? Sie ergriffen also einen unguten Entschluß, welchem sie den Verlust des größten Teils ihre Ruhmes und Glücks zuzuschreiben haben. Was den Irrtum betrifft, den der König von Frankreich begeht, indem er sein Volk nicht zum Krieg ausbildet, wie von Euren verständigen Herren als Muster angeführt wird, so muß jeder, der seine Vorurteile auf die Seite setzen will, damit übereinstimmen, daß gerade dies der Hauptfehler der französischen Monarchie ist, und daß einzig diese Vernachlässigung ihre Schwäche verursacht.

Aber ich habe eine zu lange Abschweifung gemacht, und mich vielleicht von meinem Gegenstand entfernt. Jedenfalls tat ich es nur, um Euch zu antworten und zu beweisen, daß nur in den eigenen Waffen eine feste Stütze zu finden ist. Eigene Waffen aber lassen sich nur auf dem Weg einer Ordonnanz errichten. Dies ist das einzige Mittel, wo es auch sein mag, ein Heer zu bilden und Kriegszucht einzuführen. Wenn Ihr die Einrichtungen gelesen habt, welche Rom seinen ersten Königen, und besonders Servius Tullius verdankt, so werdet Ihr gefunden haben, daß die Klassenordnung nichts anders als eine Ordonnanz ist, um augenblicklich ein Heer zur Verteidigung der Stadt zusammen bringen zu können. Um aber wieder zu unserer Auswahl zurück zu kommen, so sage ich nochmals, daß ich zur Erneuerung eines schon bestehenden Heeres Jünglinge von 17 Jahren nahmen würde; hätte ich aber ein ganz neues Heer zu schaffen, so würde ich Leute von jedem Alter zwischen 17 und 40 Jahren nehmen, um mich ihnen auf der Stelle bedienen zu können.

Cosimo Rucellai:

Werdet Ihr hinsichtlich ihres Handwerks einen Unterschied machen?

Fabrizio Colonna:

Jene Schriftsteller machen ihn, indem sie weder Vogelsteller, Fischer, Köche, Kuppler, noch solche, die die Belustigung anderer zu ihrem Handwerk machen, angenommen haben wollen. Sie raten Bauern, Schmiede, Wagner, Zimmerleute, Metzger, Jäger und dergleichen zu wählen. Ich würde unter diesen wenig Unterschied machen, wenn aus dem Gewerbe auf die Güte des Mannes geschlossen werden soll, viel aber hinsichtlich der Dienste, welche sie leisten können. Aus diesem Grund sind die Bauern, durch ihre Gewohnheit, die Erde zu bearbeiten, von allen die nützlichsten. Nach ihnen kommen die Schmiede, die Zimmerleute, die Wagner, die Steinhauer, da ihr Handwerk bei vielen Gelegenheiten von Nutzen ist, und da es immer gut ist, Soldaten zu haben, welche doppelte Dienste leisten.

Cosimo Rucellai:

Woran erkennt man die Tauglichkeit und die Untauglichkeit zum Soldaten?

Fabrizio Colonna:

Ich will von der Art sprechen, wie man eine neue Auswahl vornimmt, um später ein Heer daraus zu bilden, weil mich das zu gleicher Zeit dazu führen wird, von der Wahl zur Erneuerung eines längst bestehenden zu sprechen. Ich sage also, daß man bei der Wahl des Soldaten entweder durch Erfahrung, d. h. durch irgendeine glänzende Tat, wodurch er sich bekannt gemacht, oder durch Vermutung geleitet werden kann. Leute, welche man zum ersten Mal einschreibt, und die bisher noch nicht unter den Waffen gestanden haben, können noch keine Proben ihrer Tapferkeit abgelegt haben, und man findet bei neuausgehobenen Milizen selten aber nie solche, die sich durch ihre Taten ausgezeichnet haben. Es ist also nötig, da, wo die Erfahrung die Wahl nicht leiten kann, zu Mutmaßungen seine Zuflucht zu nehmen; und diese gründen sich gewöhnlich auf Alter, Gewerbe und Äußeres. Von beiden ersteren haben wir gesprochen; es bleibt mir noch etwas über das dritte zu sagen übrig.

Es wollten einige den Soldaten groß haben, worunter Pyrrhus. Andere, wie Cäsar, sahen einzig auf Körperkraft. Die Körper- und Geisteskraft spricht sich durch Form und Ebenmaß der Glieder und die Anmut des Gesichtes aus. Daher wollen die, welche hierüber geschrieben haben, daß der Soldat lebhafte helle Augen, nervigen Hals, breite Brust, muskulöse Arme, lange Finger, wenig Bauch, runde Hüften, magere Beine und Füße habe; lauter Eigenschaften, die die Zeichen der Gewandtheit und Kraft sind, die man vor allem beim Soldaten sucht. Hauptsächlich muß man auf seine Sitten Acht haben, er muß für Ehre und Schande empfänglich sein, sonst wählt man ein Werkzeug der Unordnung, und einen Anfang der Verderbnis; denn Niemand wird glauben, daß bei schlechter Erziehung, und in einem viehischen Gemüt, ein Keim löblicher Tapferkeit Wurzel fassen könne.

Es scheint mir nicht überflüssig, ja ich halte es zur besseren Einsicht der Wichtigkeit der Wahl für notwendig, Euch die Weise zu sagen, welche die Konsuln, bei Antritt ihres Amtes bei der Wahl der römischen Legionen befolgten. Es war die Folge der fortwährenden Kriege, daß die Auswahl Veteranen und Rekruten umfaßte. Die Konsuln konnten sich daher bei der Wahl der alten Soldaten durch die Erfahrung, und bei der der neueren durch Mutmaßung leiten lassen. Man muß hier bemerken, daß solche Auswahlen stattfinden, um sich ihrer entweder gleich zu bedienen, oder um sie gleich einzuüben und mit der Zeit anzuwenden. Ich habe schon Einiges gesagt, und will darauf zurück kommen, wie man eine solche zu späterem Gebrauch errichtet, denn es ist meine Absicht, Euch zu zeigen, wie in Ländern, wo keine Miliz besteht, und wo man folglich keine Leute zu unmittelbarem Gebrauch ausheben kann, ein Heer zu errichten ist. In den Ländern, wo es gebräuchlich ist, Heere auf Befehl des Fürsten auszuheben, können die neuen Soldaten sogleich dienen, wie dies in Rom war, und noch heute bei den Schweizern der Fall ist. Denn, wenn es unter diesen Aushebungen auch Rekruten gibt, so sind doch zu gleicher Zeit eine so große Anzahl dienstgewohnter Soldaten darunter, daß alte und junge mit einander vermischt, ein gutes Ganzes geben. Überdies wurde noch, als die Kaiser die Heere in festen Standquartieren zu lassen angefangen hatten, für die jungen Soldaten, Tirones genannt, ein Exerziermeister angestellt, wie das im Leben der Kaiser Maximin zu ersehen ist. So lange Rom frei war, bestand diese Einrichtung nicht im Lager, sondern in der Stadt selbst; hier beschäftigten sich die Jünglinge mit kriegerischen Übungen, so, daß sie, für den Krieg ausgewählt, schon durch diesen Scheindienst hinreichende Gewandtheit erlangt hatten, um sich ohne Mühe an den wirklichen Dienst zu gewöhnen waren. Da aber die Kaiser in der Folge diese Übungen abschafften, so waren sie zu der Einrichtung genötigt, die ich Euch gesagt habe.

Ich komme also zu der Art, wie die Römer ihre Heere aushoben. Auf den Konsuln ruhte die Sorge für den Krieg, und es war hergebracht, einem jeden von ihnen zwei Legionen römischer Bürger, welche der Nerv ihrer Heere waren, zu bewilligen. Sobald sie ihr Amt angetreten hatten, bestand ihre erste Sorge, um zur Bildung ihres Heeres zu schreiten, in der Ernennung von 24 Kriegstribunen, sechs für jede Legion, wo diese ungefähr dieselben Verrichtungen, wie unsere jetzigen Obersten hatten. Sie versammelten hierauf alle waffenfähigen Bürger, und stellten die Tribunen einer jeden Legion abgesondert auf. Dann bestimmten sie diejenigen Tribus durchs Los, mit welchen die Auswahl anfangen sollte, und wählten aus derselben Tribus vier von den besten Leuten. Von diesen vieren wählten die Tribunen der ersten Legion einen, die der zweiten wählten aus den drei übrigen, die der dritten aus den zweien, und der letzte endlich gehörte der vierten Legion an. Nach diesen vier ersten rief man vier andere vor, von denen der erste von den Tribunen der zweiten Legion, der zweite von der dritten, der dritte von der der vierten gewählt wurde, und der vierte der ersten Legion verblieb. Hierauf wurden wieder vier andere herausgezogen, und der erste von der dritten, der zweite von der vierten, der dritte von der ersten Legion gewählt, und der vierte verblieb der zweiten.[1] So wechselte nach und nach diese Art auszuwählen, bis die Wahlen gleich, und die Legionen vollzählig waren. Wie schon gesagt, konnten die Ausgewählten unmittelbar angewendet werden; und da ein guter Teil der Bürger schon wirklich gedient hatte, alle aber im Scheinkrieg geübt waren, so konnte man die Auswahl nach Mutmaßung und Erfahrung treffen. In einem Land hingegen, wo man eine ganz neue Miliz schaffen, und folglich Leute nehmen muß, die erst mit der Zeit tauglich werden, kann man nur nach Vermutung wählen, welche sich auf das Alter und das Äußere gründet.

Cosimo Rucellai:

Alles, was ihr gesagt habt, scheint mir richtig. Doch ehe Ihr weiter geht, will ich euch eine Frage vorlegen, auf die ich kam, als Ihr sagtet, daß in den Ländern, wo die Einwohner nicht zum Kriegsdienst geübt sind, die Auswahl nach Vermutung geschehen müsse. Ich habe immer unsere Ordonnanz, besonders was die Zahl betrifft, tadeln hören. Viele sagen, wenn man die Zahl verringere, so gewähre das den Vorteil, daß die Leute besser und sorgfältiger gewählt sein würden; man lege so den Bürgern keine so große Last auf, und könne denen, welche die Wahl trifft, einige Auszahlungen geben, wodurch sie zufriedener und zum Gehorsam geneigter würden. Hierüber möchte ich nun Eure Meinung wissen: Ob Ihr die größere der kleineren Zahl vorzieht, und wie Ihr es in beiden Fällen mit der Auswahl halten würdet.

[1] So verteilten sich also die Ausgewählten aus jeder Tribus gleichmäßig unter die Legionen, und der Verlust in einer Schlacht traf verhältnismäßig jede Tribus. Nur ein Viertel der Mannschaft, welche eine Tribus stellte, befand sich bei jeder Legion.

Fabrizio Colonna:

Ohne Zweifel ist die große Zahl besser und nötiger als die kleine oder richtiger, überall wo keine zahlreichen Aushebungen möglich sind, ist eine vollkommene Ordonnanz unmöglich. Es soll mir ein leichtes sein, alle jene Einwürfe zu widerlegen. Zuerst, sage ich, gewähren wenig zahlreiche Aushebungen in einem volkreichen Land, wie z. B. Toskana, weder bessere Leute, noch eine vorzüglichere Auswahl. Denn beschränkte man sich auf durch Erfahrung bekannte Leute, so würde man nur sehr wenige finden, weil es in diesem Land nur wenige gibt, die schon im Krieg waren, und unter diesen kaum einige, welche ausreichende Proben abgelegt haben, um vor den andern gewählt zu werden. Will man in einem solchen Land eine Auswahl vornehmen, so kann es nicht nach Erfahrung, sondern nur nach Mutmaßung geschehen. Hierzu genötigt, möchte ich wohl wissen, wenn mir 20 jungen Leute von gutem Aussehen vorgeführt würden, nach welcher Vorschrift ich mich richten soll, um die einen zu nehmen, und die andern zurückzuweisen. Ich bin überzeugt, daß jeder mit mir der Meinung ist, daß es weniger nachteilig sei, sie alle zu nehmen, sie bewaffnen und einüben zu lassen, da man noch nicht weiß, welcher der beste ist, und sich eine sichere Wahl vorzubehalten, wenn bei der Einübung die Erfahrung gezeigt hat, wer von ihnen am meisten Kraft und Mut besitzt. Alles wohl erwogen, ist es also in diesem Fall ein Irrtum, wenn man sich, um bessere Leute zu erhalten, auf die kleinere Anzahl beschränkt.

Was die größere oder geringere Last betrifft, die daraus für Land und Leute entstehen soll, so behaupte ich, daß eine Ordonnanz, sie sei zahlreich oder nicht, doch niemals eine wirkliche Last für den Staat sein kann, da diese Einrichtung keinen Bürger seinem Gewerbefleiß entzieht, oder so in Anspruch nimmt, daß er seine eigenen Geschäfte vernachlässigen mußte, sondern daß sie sich einfach darauf beschränkt, die Leute an den Ruhetagen zu gemeinschaftlicher Übung zu versammeln. Dieser Gebrauch kann weder dem Land noch den Bürgern schaden, und ist für die Jugend ein wahres Vergnügen. Wer kann daran zweifeln, daß diese überall, wo sie darauf beschränkt ist, ihre Feiertage müßig, oder mit den schimpflichen Vergnügungen der Schenke zuzubringen, sich mit Eifer jenen Übungen hingeben würden? Denn da die Waffenübungen ein schönes Schauspiel gewähren, so sind sie für die Jugend ergötzlich.

Was ferner die Möglichkeit, die kleinere Zahl zu bezahlen, und sich dadurch ihres Gehorsams und ihres guten Willens zu versichern, betrifft, so antworte ich, daß man eine noch so wenig zahlreiche Ordonnanz nicht immer und nicht zur Genüge bezahlen kann. Wenn man z. B. eine Schar von 5000 Mann Fußvolk bilden, und es zu seiner Befriedigung bezahlen wollte, so würde das wenigstens monatlich 10000 Dukaten kosten. Eine so beschränkte Anzahl Fußvolk wäre aber erst nicht ausreichend zu einem Heer, und ihr Gehalt würde dennoch eine wahre Last für den Staat sein. Auf der anderen Seite würde ihnen ein solcher Sold nicht genügen, und sie nicht dazu bewegen, auf den ersten Ruf bereit zu sein, so daß diese Maßregel viel kosten, und doch wenig beträchtliche, sowohl für die Verteidigung, als den Angriff unzureichende Streitkräfte verschaffen würde. Wollte man den Sold oder die Zahl der Soldaten vermehren, so würde hiermit auch die Schwierigkeit, sie zu bezahlen, zunehmen, wollte man umgekehrt Sold oder Zahl vermindern, so würde man nur die Unzufriedenheit steigern und den Nutzen verringern, den eine solche Ordonnanz gewährt. Also unternehmen diejenigen, welche eine selbst daheim bezahlte Ordonnanz einführen wollen, eine unmögliche oder unnütze Sache. Wenn man sie aber um ins Feld zu ziehen aushebt, so ist es notwendig, ihnen einen Sold zu geben. Wenn übrigens eine solche Ordnung der Dinge zur Friedenszeit denen, welche eingeschrieben sind, einige Unannehmlichkeit verursacht, so finden sie dafür in allen Vorteilen ihren Lohn, welche die Institution einer Nationalbewaffnung gewährt, denn ohne diese ist nichts sicher in einem Land.

Ich schließe also, daß eine wenig zahlreiche Ordonnanz haben wollen, entweder um sie bezahlen zu können, oder aus irgendeinem anderen von den angeführten Gründen, ohne Überlegung handeln ließe; und was diese Meinung noch bestärkt, ist, daß jede Zahl immer unter Eueren Händen durch eine Menge Verhinderung, die die Leute haben, vermindert wird; so daß die kleine Zahl zu Nichts würde. Wenn im Gegenteil die Ordonnanz zahlreich ist, so könnt Ihr Euch nach Belieben Weniger oder Vieler bedienen. Außerdem hat sich Euch in der Tat und in der Meinung zu dienen, und immer wird die große Zahl eine größere Meinung von Euch hervorbringen. Da ferner eine Ordonnanz errichtet wird, um die Bürger in den Waffen zu üben, und wenn Ihr in einem volkreichen Land nur eine kleine Anzahl Leute einschreibt, so werden sie so weit auseinander wohnen, daß Ihr sie, ohne ihnen bedeutenden Schaden zu verursachen, nicht zur Übung vereinen könnt. Ohne diese Übung ist aber die Ordonnanz unnütz, wie ich an seinem Ort zeigen werde.

Cosimo Rucellai:

Was Ihr auf meine Frage geantwortet, ist mir ausreichend. Doch wünschte ich einen anderen Zweifel von Euch gelöst. Jene Männer behaupten auch, eine solche Menge Bewaffneter verursache nur Verwirrung, Zwietracht und Unordnung im Land.

Fabrizio Colonna:

Dies ist ein weiterer Irrtum, und ich will Euch sogleich sagen, warum. Bewaffnete Leute können auf zweierlei Art Unordnung verursachen: entweder unter sich, oder gegen Andere. Dem könnte leicht abgeholfen werden, wenn es nicht schon durch die Einrichtung selbst verhindert würde. Denn was die Zwietracht unter ihnen betrifft, so wird sie durch diese Einrichtung aufgehoben und nicht genährt, weil Ihr ihnen bei ihrer Organisierung Waffen und Anführer gebt. Ist das Land, wo Ihr diese Landesbewaffnung einführt, so unkriegerisch, daß die Einwohner keine Waffen führen, und so einig, daß sie keine Parteihäupter haben, so wird sie diese Einrichtung gegen den Feind tapferer, aber auf keine Art unter sich uneiniger machen. Den gut regierte Bürger fürchten die Gesetze und bewaffnet oder unbewaffnet können sie dieselben nie angreifen, wen nicht die Anführer, die Ihr vor sie setzt, die Urheber der Unruhen sind; und wie man letzteres verhütet, will ich Euch sogleich sagen. Wenn im Gegenteil ein Land kriegerisch, und von Parteien zerrissen ist, so kann allein diese Einrichtung die Eintracht wieder herstellen. In einem solchen Land führen die Bürger schon Waffen und haben schon Anführer, aber die Waffen sind zum Krieg unnütz und ihre Führer nähren die Zwietracht, unsere Einrichtung hingegen gibt ihnen zum Krieg nützliche Waffen, und Anführer, die die Zwietracht dämpfen. Denn in einem solchen Land nimmt der Beleidigte seine Zuflucht zum Oberhaupt seiner Partei, welches ihn, um sein Ansehen zu erhalten, eher zur Rache als zum Frieden ermahnt. Auf die entgegengesetzte Art handelt das vom Staat ernannte Oberhaupt. So entfernt unsere Maßregel die Ursache der Zwietracht, und bereitet die der Eintracht vor: Die einigen und weibischen Länder verlieren ihre Richtigkeit und behalten ihre Einigkeit; die uneinigen und von Zwietracht zerrissenen vereinigen sich und ihr wilder Mut, dem sie bisher die Zügel gelassen, wendet sich zum Vorteil des Staates.

Um endlich die Bewaffneten an der Unterdrückung der anderen zu verhindern, muß man in Betracht ziehen, daß dieses nur durch die Häupter, die sie befehligen, ausgeführt werden kann. Damit nun die Anführer keine Unordnung stiften, muß man Sorge tragen, daß sie nicht zu viel Gewalt über ihre Untergebenen erlangen. Bemerkt aber, daß diese Gewalt aber, daß diese Gewalt entweder durch die Natur oder durch Zufall erlangt wird. Was die Natur betrifft, so muß man dafür sorgen, daß wer in einer Gegend geboren ist, nicht den daselbst eingeschriebenen Leuten vorgesetzt, sondern zum Haupt jener Gegenden gemacht werde, wohin er keine natürlichen Verbindungen hat. Was den Zufall betrifft, so muß man die Sache so anordnen, daß jedes Jahr die Anführer von einer Statthalterschaft zur anderen übergehen; denn eine fortgesetzte Gewalt über dieselben Leute bindet und vereint sie so sehr mit ihnen, daß daraus dem Staat leicht Gefahr entspringen kann. Das assyrische Königreich und das römische Reich beweisen durch ihre Beispiele, wie nützlich jene Wechsel sind, und wie teuer man ihre Vernachlässigung bezahlt. Das erste dieser Reiche dauerte 1000 Jahre ohne Aufstände und Bürgerkriege; und nur daher kam dies, daß die Feldherrn, denen man den Oberbefehl über die Heere anvertraut hatte, jährlich wechselten. Im römischen Reich hingegen entstanden, nach dem Aussterben von Cäsars Familie, nur darum so viele Bürgerkriege zwischen den Feldherrn der Heere, so viele Verschwörungen der Feldherren gegen die Kaiser, weil man diese Feldherren immer an der Spitze derselben Heere ließ. Wenn einer von den ersten Kaisern, oder von denen, welche in der Folge mit Ruhm den Thron ausfüllten, wie Hadrian, Marc Aurel, Severus und ähnliche, die Vorsicht gehabt hätten, im Reich das Wechseln der Feldherrn einzuführen, so hätten sie zweifelsohne viel ruhiger und dauernder regiert; weil dann die Feldherrn weniger Gelegenheit zum Aufstand, die Kaiser weniger Ursachen der Furcht, und der Senat beim Erlöschen der Thronfolge mehr Ansehen bei der Wahl des neuen Kaisers gehabt hätte, welche eben dadurch besser ausgefallen wäre. Aber, sei es Unwissenheit oder Gleichgültigkeit bei den Menschen, schlechte Gewohnheiten können weder durch gute, noch durch schlimme Beispiele gehoben werden.

Cosimo Rucellai:

Ich weiß nicht, ob meine Fragen Euch nicht von Euerm Gang abgezogen haben, da wir von der Auswahl zu einem anderen Gegenstand übergegangen sind. Wenn ich mich nicht vorhin entschuldigt hätte, so würde ich glauben einigen Vorwurf zu verdienen.

Fabrizio Colonna:

Seid darüber ganz ruhig, was ich gesagt habe war nötig. Mein Vorsatz war, von der Ordonnanz, welche von vielen Leuten getadelt wird, zu sprechen; ich mußte sie also verteidigen, wenn ich haben wollte, daß ihr erster Teil, die Auswahl, stattfinden sollte. Ehe ich aber zu dem anderen Teil übergehe, will ich von der Auswahl der Reiterei sprechen.

Die Alten wählten sie aus den Reichsten, mit Rücksicht auf das Alter und die Eigenschaften des Mannes. Man wählte 300 für die Legion, so daß die Zahl der römischen Ritter bei jedem konsularischen Heer 600 nicht überstieg.

Cosimo Rucellai:

Würdet ihr die Ordonnanz für die Reiterei einführen, um sie zu Hause einzuüben, und wenn's notwendig ist zu gebrauchen?

Fabrizio Colonna:

Allerdings ist dies notwendig, und man kann nichts anderes tun, wenn man eigene Waffen haben und nicht welche von denen in Sold nehmen will, welche ihr Handwerk daraus machen.

Cosimo Rucellai:

Wie würdet Ihr Eure Reiter auswählen?

Fabrizio Colonna:

Ich würde den Römern nachahmen: Ich würde die Reichsten nehmen, und ihnen nach der jetzt üblichen Art Anführer geben, sie bewaffnen und einüben.

Cosimo Rucellai:

Wäre es gut, ihnen Sold zu geben?

Fabrizio Colonna:

Ja, aber nur so viel, wie zum Unterhalt derPferde nötig ist; denn wenn Ihr Euren Untergebenen Kosten verursachen würdet, so könnten sie sich über euch beschweren. Es ist daher nötig, ihnen das Pferd und die Unterhaltungskosten zu bezahlen.

Cosimo Rucellai:

Wie viel Reiterei würdet Ihr halten, und wie würdet Ihr sie bewaffnen?

Fabrizio Colonna:

Ihr geht zu einem anderen Gegenstand über. Ich will es Euch seines Orts sagen, das heißt, wenn ich entwickelt haben, wie man das Fußvolk bewaffnen soll und wie man es dazu tauglich macht, eine Schlacht zu liefern.

Ende des ersten Buches

Zweites Buch

Fabrizio Colonna:

Nachdem wir die Leute gefunden haben, halte ich es für nötig, sie zu bewaffnen. In dieser Absicht muß man, wie ich glaube, untersuchen, welcher Waffen sich die Alten bedienten, und die besten davon auswählen.

Die Römer teilten ihr Fußvolk in Schwerbewaffnete und Leichtbewaffnete ein. Die Leichtbewaffneten wurden als Veliten bezeichnet. Unter dieser Benennung begriff man Schleuderer, Bogenschützen, und die, welche den Wurfspieß führten; sie hatten größtenteils, als Schutzwaffe, eine Kopfbedeckung und am Arm eine Art Rundtartsche. Sie fochten außer dem Glied, und auf den Flügeln der Schwerbewaffneten. Die Rüstung letzterer bestand in einem Helm, welcher bis zu den Schultern herabreichte, und in einem Brustharnisch, dessen Tunika, mit Streifen besetzt, bis auf die Knie hing; Arme und Beine waren durch Arm- und Beinschienen bedeckt. Am Arm befestigt trugen sie einen vier Fuß langen und zwei Fuß breiten Schild, oben und unten mit einem eisernen Reif beschlagen zum Widerstand gegen die feindlichen Hiebe, und um durch das Aufstoßen auf den Boden abgenutzt zu werden. Als Angriffswaffe gürteten sie sich auf die linke Seite ein drei Fuß langes Schwert, und auf die rechte einen Dolch. In der Hand hatten sie einen Speer, *Pilum* genannt, den sie bei Eröffnung des Gefechts auf den Feind schleuderten. Dies waren der Hauptsache nach die Waffen, womit die Römer die Welt eroberten.

Zwar geben ihnen einige alten Schriftsteller außer den genannten Waffen noch eine Lanze, in Form eines Knebelspießes, in die Hand, doch ich kann nicht begreifen, wie ein Schildträger eine schwere Lanze handhaben soll. Denn wenn er beide Hände dazu braucht, so hindert ihn der Schild, und hält er sie nur mit einer Hand, so kann er wegen ihrer Schwere nichts damit ausrichten. Überdies kann sich, wenn man in Reih und Glied ficht, eigentlich nur das erste Glied der Lanze bedienen, weil es allein den hierzu nötigen Raum hat. Die hinteren Glieder können dies nicht, denn es liegt in der Natur der Sache, wie ich an seinem Ort zeigen werde, daß sich ein Herr in der Schlacht fortwähren zusammen drängt, weil man das weniger scheut, obgleich es ein Mißstand ist, als daß sich seine Zwischenräume erweitern, was ihn in die offenbarste Gefahr brächte Es sind daher alle Waffen, deren Länge vier Fuß übersteigt, in geschlossener Ordnung unnütz, denn wenn Ihr die Lanze mit beiden Händen führen wolltet, angenommen der Schild hindere Euch nicht daran, so würdet Ihr damit doch einem Feind, der Euch auf den Leib gerückt wäre, nichts anhaben können. Haltet Ihr sie, um euch des Schildes zu bedienen, mit einer Hand, so könnte Ihr sie nur in der Mitte ergreifen, und sie steht dann eben so weit rückwärts als vorwärts, und Eure Hintermänner hindern Euch daran, sie zu schwingen. Um Euch völlig zu überzeugen, daß die Römer keine Lanzen führten, oder sich ihrer nur äußerst selten bedienten, braucht Ihr nur die Schlachten in der Geschichte des Titus Livius nachzulesen. Nur sehr selten erwähnt er diese Waffen, und überall heißt es: „Nachdem die Wurfspieße abgeschleudert waren, griffen die Soldaten zum Schwert." So schiebe ich denn die Lanze ganz bei Seite und halte mich, was die Angriffswaffen der Römer betrifft, an den Degen, und in Hinsicht der Schutzwaffe an den Schild und die übrige oben genannte Rüstung.

Die Schutzwaffen der Griechen waren nicht so schwer, wie die der Römer. Für den Angriff legten sie mehr Wert auf die Lanze, als auf den Degen, besonders der mazedonische Phalanx, welcher wohl 20 Fuß lange Lanzen, Sarissen genannt, führte. Hiermit durchbrachen sie die Reihen der Feinde und hielten die Rotten in ihren Phalangen. Obgleich einige Schriftsteller behaupten, sie hätten auch Schilde gehabt, so kann ich aus den angeführten Gründen nicht begreifen, wie sie sich des Schildes und der Sarisse zugleich hätten bedienen können. Überdies erinnere ich mich nicht, daß in der Schlacht zwischen Paulus Aemilius und dem mazedonischen König Perseus der Schilde Erwähnung geschähe. Es wird hier nur von den Sarissen gesprochen, und daß den Römern der Sieg schwer wurde. Ich vermute daher, daß die mazedonische Phalanx nichts anders war, als was heute ein Regiment Schweizer ist, deren ganze Stärke und Macht in der Pike besteht.

Die Römer schmückten überdies ihr Fußvolk mit Helmbüschen; was den Anblick eines Heeres für die Freunde schön, für die Feinde schrecklich macht.

In den frühesten Zeiten der römischen Republik bestanden die Waffen der Reiterei in einem runden Schild und einem Helm als Kopfbedeckung; der übrige Körper war ungerüstet. Sie hatten ein Schwert und eine Lanze, bloß vorne mit einer eisernen Spitze versehen und dünn und schwach. Sie konnten daher den feindlichen Schild nicht festhalten und im Hin- und Herreißen zerbrach die Lanze, wo sie dann, ohne Rüstung, den Streichen bloß gelegt waren. In der Folge nahm die Reiterei die Rüstung des Fußvolkes an, nur daß der Schild kürzer und viereckig war. Die Lanze wurde stärker und mit zwei Spitzen versehen, damit man, wenn sie an einem Ende abgebrochen war, sich des anderen bedienen konnte.

So bewaffnet, sowohl zu Fuß als auch zu Pferd, machten sich meine Römer zu Herren der Welt, und die Frucht, die man sieht, macht es glaubhaft, daß ihre Heere die bestbewaffneten gewesen sind, die es jemals gegeben hat. Titus Livius bezeugt dies in seiner Geschichte sehr oft, wenn er beim Vergleich der feindlichen Heere sagt: „Aber die Römer waren ihnen an Tapferkeit, durch die Beschaffenheit ihrer Waffen, und an Kriegsdisziplin überlegen." Ich habe daher ausführlicher über die Waffen der Sieger gesprochen als über die der Besiegten. Nur über die jetzige Art der Bewaffnung scheint es mir gut, auch Einiges zu sagen.

Das Fußvolk hat zum Schutz ein eisernes Bruststück, zum Angriff eine 18 Fuß lange Lanze, die Pike genannt wird, und ein Seitengewehr, das vorne mehr rund als spitz ist. Dies ist die gewöhnliche Bewaffnung des heutigen Fußvolkes. Nur ein kleiner Teil schützt sich Hüften und Arme, Niemand den Kopf. Einige führen statt der Pike eine Hellebarde, deren Schaft, wie Ihr wißt, sechs Fuß lang ist, und deren eisen die Form einer Streitaxt hat. Dazu kommen noch Hakenschützen, welche durch ihr Feuer die Dienste tun, welche früher die Schleuderer und Bogenschützen taten.

Diese Art der Bewaffnung rührt von den Deutschen und besonders von den Schweizern her. Arm, und mit dem festen Willen frei zu sein, waren und sind sie genötigt, gegen den Ehrgeiz der Fürsten Deutschlands zu kämpfen, die bei ihrem Reichtum Pferde halten konnten, wozu diese Völker wegen ihrer Armut nicht im Stande waren. Da sie sich nun zu Fuß gegen ihre berittenen Gegner verteidigen wollten, so mußten sie zu den Einrichtungen der Alten ihre Zuflucht nehmen und Waffen aussuchen, die vor dem heftigen Angriff der Pferde schützen konnten. Diese Notwendigkeit brachte sie entweder zur Aufrechterhaltung oder Widererfindung der Schlachtordnung der Alten, ohne die wie jeder Vernünftige bestätigt, das Fußvolk ganz unnütz ist. Sie bewaffneten sich daher mit Piken, welche Waffe von größtem Nutzen ist, nicht nur um den Stoß der Reiter auszuhalten, sondern auch um sie zu besiegen. Die Vorzüge ihrer Waffen und Schlachtordnung haben die Deutschen so kühn gemacht, daß 15 bis 20.000 von ihnen die größten Reitermassen angreifen würden; wovon die Erfahrung der letzten 25 Jahre hinreichende Beweise geliefert haben. So mächtig wirkte das Beispiel ihrer Tapferkeit, welche sich auf diese Waffe und Schlachtordnung gründet, daß sie, seit dem Kriegszug Karls VIII. nach Italien, von allen Nationen nachgeahmt worden sind, worunter besonders die Spanier einen großen Ruf erworben haben.

Cosimo Rucellai:

Scheinen Euch die Waffen den Deutschen, oder die der alten Römer zu verdienen?

Fabrizio Colonna:

Ohne Zweifel die der Römer. Ich will Euch mit den Vorteilen und Nachteilen beider bekannt machen. Das deutsche Fußvolk kann durch seine Art der Bewaffnung den Stoß der Reiterei aushalten und zurücktreiben; es ist im Marsch weniger gehindert und setzt sich leichter in Schlachtordnung, weil es nicht vom Gewicht seiner Waffen gedrückt wird. Auf der anderen Seite ist es, aus Mangel an Schutzwaffen, allen Streichen in der Nähe und aus der Ferne bloß gelegt; es ist zum Angriff auf Städte, ja zu jedem Gefecht untauglich, wo hartnäckiger Widerstand geleistet wird. Die Römer hingegen widerstanden und besiegten gleichfalls die Reiterei. Sie waren vor Wunden aus der Ferne und Nähe sicher, weil sie mit Schutzwaffen versehen waren. Durch ihre Schilde gedeckt konnten sie besser angreifen, und besser den Angriff abwehren. Sie konnten sich im Handgemenge mit mehr Vorteil ihres Degens bedienen, als die Deutschen ihrer Pike; und wenn diese gleichfalls einen Degen haben, so wird er ihnen, da sie keinen Schild führen, im Handgemenge unnütz. Sie konnten sicher eine Stadt stürmen, da ihr Körper bedeckt war, und sie sich noch besser mit dem Schild decken konnten. So daß sie keine andere Unbequemlichkeit hatten als Schwere ihrer Waffen, und die Mühe, sie zu tragen, und diese überwanden sie dadurch, daß sie ihre Körper an Entbehrungen gewöhnten und gegen Ermüdung abhärteten. Und Ihr wißt, das, was man gewohnt ist, nicht schwer fällt. Ihr habt ferner wohl zu beachten, daß das Fußvolk sowohl Fußvolk als Reiterei zu bekämpfen haben kann. Es ist unbrauchbar, wenn es der Reiterei nicht widerstehen kann, und nicht besser ist es, wenn es der Reiterei zwar widerstehen kann, aber doch besser bewaffnetes und aufgestelltes Fußvolk fürchten muß. Wenn Ihr nun dieses römische und deutsche Fußvolk vergleicht, so werdet Ihr sehen, daß letzteres geschickt ist, Reiterei zu besiegen, aber in großem Nachteil steht, wenn es sich mit einem eben so aufgestellten, aber wie die Römer bewaffneten Fußvolk schlagen soll. Der Vorzug des einen vor dem anderen ist also, daß die Römer sowohl Reiterei als Fußvolk, die Deutschen nur Reiterei werden besiegen können.

Cosimo Rucellai:

Ich wünschte, daß Ihr zu einem einzelnen Beispiel kämt, damit wir die Sache besser verstehen.

Fabrizio Colonna:

An vielen Orten unserer Geschichte findet Ihr, daß das römische Fußvolk unzählige Reiter besiegt hat; aber nie werdet Ihr finden, daß es entweder wegen Fehlerhaftigkeit der eignen, oder Vorzug der feindlichen Bewaffnung von Fußvolk besiegt worden ist. Denn wäre die Bewaffnung der Römer fehlerhaft gewesen, so hätte notwendig von zwei Dingen eine stattfinden müssen: entweder sie wären auf ein besser bewaffnetes Volk gestoßen und in ihren Eroberungen aufgehalten worden, oder sie hätten ihre Art der Bewaffnung mit der feindlichen vertauscht. Da nun weder das eine noch das andere geschah, so läßt sich leicht schließen, daß ihre Art sich zu bewaffnen besser als die übrigen Völker war.

Nicht so verhielt es sich mit dem deutschen Fußvolk. Es unterlag jedesmal, wenn es mit einem eben so aufgestellten und eben so hartnäckigen Fußvolk zusammen traf, und zwar wegen des Vorteils, welchen die Feinde aus ihrer besseren Bewaffnung zogen. Als der Herzog von Mailand, Philipp Visconti, von 18000 Schweizern angegriffen wurde, schickte er ihnen den Grafen von Carmignola, seinen damaligen Feldherrn, entgegen. Dieser traf an der Spitze von 6000 Pferden und einigen Fußknechten auf die Schweizer, wurde von ihnen gewalttätig, und mit großem Verlust zurückgeschlagen. Carmignola, als ein kluger Mann, erkannte sogleich, worin die Stärke der feindlichen Waffen liege, er sah, wie sehr sie der Reiterei überlegen waren, und wie wenig Reiterei gegen ein so geordnetes Fußvolk auszurichten vermochte. Nachdem er nun sein Heer wieder gesammelt hatte, zog er von neuem gegen die Schweizer und ließ, in ihrer Nähe angelangt, seine Gendarmen absitzen und focht so mit dem Feind. Alle Schweizer bis auf 3000 verloren das Leben, und diese, als sie sahen, daß sie ohne sich verteidigen zu können niedergemacht wurden, warfen die Waffen von sich und gaben sich gefangen.

Cosimo Rucellai:

Woher kommt dieser große Nachteil?

Fabrizio Colonna:

Ich habe es Euch eben gesagt; da Ihr mich aber nicht verstanden habt, so will ich es wiederholen. Die deutschen Fußvölker, fast ohne Schutzwaffen, haben Pike und Degen für den Angriff. So bewaffnet stoßen sie in ihrer gewohnten Schlachtordnung auf den Feind, der, wenn er, wie Carmignolas Gendarmen, ausreichend mit Schutzwaffen versehen ist, mit dem Degen in der Faust vorrückt, in ihre Reihen einbricht, und keine andere Schwierigkeit findet, als sich ihnen so zu nähern, daß er sie mit dem Degen erreichen kann; ist er da, so ficht er ohne Gefahr. Wirklich kann der Deutsche einen Feind, der ihm zu nahe auf den Leib gerückt ist, wegen der Länge des Schaftes nicht mit seiner Pike treffen, und er muß sich seines Degens bedienen; welcher ihm unnütz wird, weil er ohne Schutz dem ganz mit Eisen bedeckten Feinde gegenüber steht. Wenn man daher die Vorteile und Nachteile beider erwägt, so wird man zu der Überzeugung kommen, daß der von Schutzwaffen entblößte Soldat ohne Rettung verloren ist, während sein Gegner mit einer guten Rüstung bedeckt, leicht den ersten Stoß überwindet und in die Zwischenräume der feindlichen Piken eindringt. Denn da die Heere gegen einander rücken (wie Ihr besser begreifen werdet, wen ich Euch gezeigt haben werde, wie man seine Leute in Schlachtordnung stellt), müssen sie sich notwendigerweise so treffen, daß die Haufen mit ihrer Front zusammen stoßen. Wenn nun auch die Pike einige der Angreifenden zu Boden streckt, so ist doch der Rest ausreichend, um den Sieg davon zu tragen. Aus diesem Grund richtete Carmignola ein großes Blutbad unter den Schweizern an und verlor nur wenige von den Seinen.

Cosimo Rucellai:

Ja, aber Carmignolas Soldaten waren Gendarmen und, obgleich abgesessen, so ganz mit Eisen bedeckt, daß sie tun konnten, was sie taten. Man sollte also meinen, daß, um denselben Erfolg zu erreichen, das Fußvolk auf dieselbe Art bewaffnet werden müßte.

Fabrizio Colonna:

Wenn Ihr Euch erinnern würdet, was ich Euch über die römische Bewaffnung gesagt habe, würdet Ihr nicht so denken. Ein Fußknecht, der den Kopf mit Eisen bedeckt, die Brust durch Brustharnisch und Schild geschützt, Arme und Beine verhüllt hat, ist viel mehr geeignet, sich gegen die Pike zu verteidigen und in die feindlichen Reihen einzudringen, als ein abgesessener Gendarm. Ihr sollt einige Beispiele aus der neueren Zeit haben. Eine spanische Schar Fußvolk in Sizilien eingeschifft, waren im Königreich Neapel gelandet, um sich mit Gonsalva, der die Franzosen in Barletta belagerte, zu vereinen. Der Graf von Aubigny zog ihnen mit seinen Gendarmen und ungefähr 4000 deutschen Lanzknechte entgegen. Letztere kamen zum Handgemenge und durchbrachen die Reihen der Spanier. Aber diese, durch ihre kleinen Schilde und die Flüchtigkeit ihrer Bewegungen gedeckt, mischten sich in die Reihen der Deutschen und durchbohrten sie mit ihren Degen. Fast alle Lanzknechte kamen um und die Spanier blieben Sieger. Es ist niemandem unbekannt, wie viele Deutsche in der Schlacht bei Ravenna das Leben verloren. Dies rührte aus derselben Ursache her. Die Spanier näherten sich dem deutschen Fußvolk auf Degenlänge und hätten es gänzlich vernichtet, wenn ihnen die französische Reiterei nicht zu Hilfe geeilt wäre. Auch jetzt noch konnten sich die Spanier dadurch, daß sie fest an einander schlossen, in Sicherheit zurückziehen. Ich ziehe also den Schluß, daß ein gutes Fußvolk nicht nur den Angriff der Reiterei aushalten können muß, sondern daß es auch das feindliche Fußvolk nicht fürchten darf; was, wie ich häufig gesagt habe, durch Waffen und Aufstellung erreicht wird.

Cosimo Rucellai:

So sagt mir denn, wie Ihr Euer Fußvolk bewaffnen würdet?

Fabrizio Colonna:

Ich würde zum Teil die römischen, zum Teil die deutschen Waffen nehmen, und ich wollte, daß die Hälfte auf römische die andere Hälfte auf deutsche Art bewaffnet wäre. Wenn ich nämlich bei 6000 Mann Fußvolk 3000 Mann mit dem römischen Schild bewaffnet hätte, 2000 mit der Pike, und 1000 mit dem Haken, nach Art der Deutschen, so reichte mir das aus. Ich würde die Piken entweder in die Front der Bataillone, oder dahin stellen, wo am meisten Reiterei zu fürchten wäre. Ich würde mich derer, die Schild und Schwert führen, dazu bedienen, die Piken zu stützen, um die Schlacht zu gewinnen, wie ich

Euch zeigen werde. Ich glaube, daß ein so aufgestelltes Fußvolk jedes andere Fußvolk überwinden würde.

Cosimo Rucellai:

Was Ihr über das Fußvolk gesagt habt, genügt uns; was aber die Reiterei betrifft, so wünschten wir zu wissen, welche Art der Bewaffnung Euch die vorteilhafteste scheint, die unserige oder die der Alten?

Fabrizio Colonna:

Ich glaube, daß man heute mit Hilfe der Sattelbögen und der Steigbügel, deren Gebrauch den Alten unbekannt war, viel fester zu Pferde sitzt als damals; ich glaube, daß man sich auch viel sicherer wappnet: so daß jetzt eine Schwadron Gendarmen, die mit ihrem ganzen Gewicht ansprengt, bei weitem geringeren Widerstand finden muß als die Reiterei der Alten. Trotz diesem Vorteil bin ich doch der Meinung, daß man sich auf die Reiterei nicht mehr verlassen sollte als man es früher getan hat. Denn wie oft hat in unseren Zeiten das Fußvolk den Angriff der Reiterei zur Schmach gewendet; und dies wird immer eintreffen, wenn ihr ein, so wie ich es wünsche, bewaffnetes und aufgestelltes Fußvolk gegenüber steht. Der König von Armenien, Tigranes, hatte, um ein römisches Heer unter Lucullus zu bekämpfen, 150.000 Reiter zusammengebracht, worunter sich unter dem Namen Katafrakten eine Schar befand, welche ganz wie unsere jetzigen Gendarmen bewaffnet war. Ihrerseits hatten die Römer kaum 6000 Reiter, nebst 15.000 Mann Fußvolk. Als Tigranes das feindliche Heer erblickte, rief er aus: „Das sind doch viele Pferde für eine Gesandtschaft." Nichts desto weniger wurde er besiegt als es zur Schlacht kam; und die Geschichtsschreiber spotten über die Katafrakten, weil ihr mit Eisen bedecktes Gesicht sie verhinderte, den Feind zu sehen und zu treffen, weil sie, mit Waffen beschwert, wenn sie stürzten, nicht wieder aufstehen, nicht von ihren eigenen Kräften Gebrauch machen konnten.

Ich behaupte, daß die Völker oder Reiche, die mehr Wert auf die Reiterei als auf das Fußvolk legen, immer schwach und jedem Unfall ausgesetzt sind, wozu in unseren Tagen Italien den Beweis liefert, das von den Fremden ausgeplündert, verheert und durchstreift wurde, nur weil es sein Fußvolk vernachlässigt und aus seinen Soldaten eben so viele Reiter gemacht hat. Es ist ohne Zweifel gut, Reiterei zu haben, aber nur als zweite, nicht als erste Grundlage des Heers. Nichts ist nützlicher und nötiger, um auf Kundschaft auszugehen, das Land des Feindes zu durchstreifen und zu verheeren, sein Heer zu beunruhigen und in Verwirrung zu bringen, es immer unter den Waffen zu halten, ihm die Lebensmittel abzuschneiden. Was aber die allgemeine Feldschlacht betriff, die Hauptsache des Kriegs und der Zweck, wofür man Heere bildet, so ist die Reiterei nützlicher den geschlagenen Feind zu verfolgen, wenn er einmal in Unordnung ist als zu irgend etwas anderem, was in der Schlacht vorkommt, und steht an Kraft dem Fußvolk weit nach.

Cosimo Rucellai:

Zwei Zweifel sind mir aufgekommen. Zuerst weiß ich, daß die Parther immer nur zu Pferde Krieg führten, und daß sie doch die Herrschaft der Welt mit den Römern teilten. Zweitens wünschte ich von Euch zu hören, wie der Stoß der Reiterei vom Fußvolk ausgehalten werden kann und woher die Stärke dieser und die Schwäche der andern Waffe rühren.

Fabrizio Colonna:

Ich habe Euch gesagt, oder doch wenigstens sagen wollen, daß unser Gespräch über die Kriegskunst die Grenzen Europas nicht überschreiten soll. Ich bin daher nicht verbunden, Euch von den Gebräuchen Asiens Rechenschaft zu geben. Doch will ich Euch aufmerksam machen, daß das Heer der Parther dem römischen ganz entgegengesetzt war, denn die Parther kämpften alle zu Pferde ohne Reih und Glied zu halten und stürzten sich ohne Ordnung auf den Feind; was ihre Fechtart immer wechselnd und voll Ungewißheit machte. Die Römer waren, man kann sagen, fast alle Fußvolk; sie fochten in Reih und Glied und festen Fußes. Beide Völker waren unterschiedlich Sieger, je nachdem die Schlachtfelder frei oder eingeengt waren. In letzterem Terrain hatten die Römer die Oberhand; die Parther im anderen. Überdies war ihre Fechtart der Natur der Gegenden, die sie zu verteidigen hatten, vollkommen angepaßt. Diese Gegenden, unermeßliche Ebenen, tausend Meilen vom Meer entfernt, deren nächste Flüsse zwei oder drei Tagreisen von einander fließen, und wo die Dörfer, ja die Einwohner selten sind, konnten von einem römischen Heer, dessen Bewegungen durch seine Waffen und Marschordnung aufgehalten wurden, nicht ohne große Gefahr durchzogen werden, da die Verteidiger, immer zu Pferde, und in ihren Bewegungen außerordentlich schnell, sich heute an einem Punkt befanden, von dem sie morgen fünfzig Meilen entfernt waren. Dies ist die wahre Ursache der Überlegenheit der parthischen Reiterei, des Unsterns von Crassus Armee und der Gefahren, mit welchem das Heer des Marcus Antonius zu kämpfen hatte.

Da ich aber, wie ich Euch gesagt, nicht von den Heeren außerhalb Europa sprechen will, so werde ich mich auf das beschränken, was die Griechen und Römer einst vorschrieben, und auf das, was heute die Deutschen tun.

Kommen wir nun auf Eure zweite Frage. Ihr wollt wissen, durch welche Ordnung oder durch welche natürliche Eigenschaft das Fußvolk der Reiterei überlegen ist? Ich antworte zuerst, daß die Reiterei nicht, wie das Fußvolk, an alle Orte dringen kann. Wenn eine Bewegung gemacht werden soll, so kann sie nur langsamer als das Fußvolk gehorchen; denn wenn es z. B. nötig ist, beim Vorrücken, rückwärts Front zu machen, oder währen des Rückzuges wieder vorzurücken, oder sich nach dem Halten wieder in Marsch zu setzen, oder während des Marsches Halt zu machen, so kann alles das von der Reiterei nicht mit derselben Schnelligkeit und Genauigkeit ausgeführt werden. Ferner können die Reiter, wenn sie ein Angriff in Verwirrung gebracht hat, nur schwer, selbst wenn dieser Angriff gescheitert ist, wieder in Ordnung gebracht werden; was dem Fußvolk fast nie widerfährt. Außerdem ereignet es sich oft, daß ein mutiger Mann ein furchtsames Pferd hat, oder ein furchtsamer Mann ein mutiges Pferd; und diese Ungleichheit führt Unordnung herbei.

Man darf sich nicht wundern, daß eine Masse Fußvolk den Stoß der Reiterei aushalten kann; denn das Pferd ist ein verständiges Tier; es kennt die Gefahr, und setzt sich ihr nur widerwillig aus. Wenn man nun die Kraft erwägt, die es vorwärts treibt, und die, welche es zurück hält, so wird man erkennen, um wie viel die anhaltende Kraft mächtiger ist als die antreibende; denn nur der Sporn treibt es vor, Piken und Degen halten es zurück. Auch hat die Erfahrung alter und neuer Zeit bewiesen, daß eine geschlossene Schar Fußvolk nichts von der Reiterei zu fürchten hat, und von ihr nicht angetastet werden kann. Wenn Ihr mir anmerkt, daß das Ungestüm, womit man vorsprengt, das Pferd anreizt mit Mut alles, was sich seinem Lauf widersetzt, zu Boden zu werfen, und es weniger empfindlich für die Piken als auch für den Sporn macht, so antworte ich, daß das so angetriebene Pferd, wenn es zu merken anfängt, es müsse durch Lanzenspitzen dringen, entweder langsamer läuft und auf der Stelle anhält, sobald es sich verletzt fühlt, oder daß es in der Nähe der Lanzen rechts oder links wendet. Wollt Ihr das probieren, so versucht nur, gegen eine Mauer anzureiten; Ihr werdet sehr wenige Pferde finden, welche mit dem gewünschten Feuer darauf losrennen werden. Als Cäsar im gallischen Krieg mit den Helvetiern zu kämpfen hatte, saß er ab und ließ alle Übrigen absitzen und die Pferde zurück führen, als mehr zur Flucht denn zur Schlacht tauglich.

Doch, ungeachtet dieser natürlichen Hindernisse, die den Reitern im Weg stehen, muß der Befehlshaber des Fußvolks immer die Wege wählen, welche der Reiterei die meisten Hindernisse darbieten, und selten wird der Fall eintreten, daß man sich nicht durch die Beschaffenheit des Landes sichern kann. Wenn man auf den Höhen hinzieht, so ist man vor jenem Ungestüm sicher, das man fürchtete. Marschiert man durch die Ebene, so gibt es wenig Ebenen, wo nicht die Arbeiten des Feldbaues und die Gehölze Sicherheit gewähren; denn jeder Zaun, jeder Graben, so seicht er auch ist, hält plötzlich jenes Ungestüm an, und Reben und Baumpflanzungen hindern die Bewegung der Reiterei gänzlich. Wie auf dem Marsch, so ist es auch in der Schlacht. Das geringste Hindernis, welches das Pferd antrifft, reicht aus um sein Feuer zu dämpfen. Ich will jedoch nicht zu sagen vergessen, daß die Römer eine so große Wichtigkeit auf ihre Schlachtordnung legten, und ein solches Vertrauen in ihre Waffen setzten, daß sie bei freier Wahl zwischen rauhem und dadurch vor der Reiterei geschütztem Terrain, worauf sie aber ihre Linien nicht entwickeln konnten, und offenem, der Reiterei ausgesetztem Terrain, wo sie sich aber ausbreiten konnten, immer das letztere dem ersten vorzogen.

Da wir jetzt unser Fußvolk nach altem und neuem Muster bewaffnet haben, so ist es Zeit, zu den Übungen überzugehen. Wir wollen zuerst die Übungen untersuchen, welche von den Römern vorgenommen wurden, ehe sie ihr Fußvolk zur Schlacht führten. Wie gut es auch gewählt und bewaffnet sein mag, so muß es doch mit dem größten Fleiß eingeübt werden, denn ohne diese Übung gab es nie einen guten Soldaten. Die Übungen müssen in drei Teile geteilt sein. Der erste, um den Körper abzuhärten, ihn zur Ertragung von Strapazen tauglicher, schneller und gewandter zu machen; der zweite, um die Waffen führen zu lernen; der dritte um Reih und Glied und seinen Platz im Heer halten zu lernen, sowohl auf dem Marsch als auch in der Schlacht und beim Lagern. Dies sind die drei Hauptgeschäfte eines Heeres, denn, wenn ein Heer mit Ordnung und Fertigkeit marschiert, lagert und schlägt, dann erhält der Feldherr seine Ehre, wenn auch der Ausgang der Schlacht nicht günstig ist.

Alle alten Republiken hatten so gut durch Sitten und Gesetze für diese Übungen gesorgt, daß kein Teil davon vernachlässigt wurde. Sie übten die Jugend im Wettlauf, um sie schnell zu machen; und im Springen, um sie gewandt zu machen; im Speerwerfen nach dem Pfahl und im Ringen, um sie stark zu machen. Diese drei Eigenschaften sind als für den Soldaten notwendig zu nennen, denn durch die Schnelligkeit kann er dem Feind im Besetzen wichtiger Punkte zuvorkommen, ihm unverhofft und unerwartet auf den Leib rücken und ihn verfolgen, wenn er bezwungen wurde. Die Gewandtheit läßt ihn den Streichen ausweichen, über einen Graben setzen, einen Wall ersteigen. Die Stärke läßt ihn besser die Waffen tragen, auf den Feind eindringen und seinen Angriff aushalten. Vor allem aber, um den Körper gegen Beschwerlichkeiten abzuhärten, gewöhnte man ihn, schwere Lasten zu tragen. Diese Gewohnheit ist notwendig, da bei schwierigen Unternehmungen der Soldat außer den Waffen oft noch Lebensmittel für mehrere Tage bei sich tragen muß. Ist er an diese Last nicht gewöhnt, so kann er es nicht, und dies verhindert, daß man entweder einer Gefahr entgeht, oder ruhmvoll einen Sieg gewinnt.

Um die Führung der Waffen zu lernen, übte man sie auf folgende Art. Man wollte, daß die Jünglinge eine Rüstung anlegten, deren Gewicht mehr als das doppelte der gewöhnlichen betrug, und statt des Schwerts gab man ihnen einen mit Blei gefüllten, im Vergleich zu diesem, sehr schweren Stock. Man ließ jeden einen Pfahl in die Erde pflanzen, dessen Ende sechs Fuß hervorstand, und der stark genug sein mußte, um durch die Hiebe nicht zerbrochen oder umgeworfen zu werden. Gegen diesen Pfahl übte sich der Jüngling mit dem Schild und dem Stock wie gegen einen Feind. Bald stach er ihn als wollte er Gesicht oder Kopf verwunden, bald als wollte er Hüften oder Beine treffen; bald wich er zurück, bald ging er wieder vor. Man trug Sorge, sich bei dieser Übung geschickt selbst zu decken, während man den Feind traf. Da nun die falschen Waffen äußerst schwer waren, so schienen die echten leichter, wenn man sich ihrer bediente. Die Römer wollten, daß der Soldat stechen, nicht hauen sollte, nicht nur weil der Stich tödlicher und schwerer abzuhalten ist, sondern auch weil der, welcher stößt, sich weniger Blößen gibt und eher zu erneutem Angriff bereit ist als der, welcher haut.

Wundert Euch nicht, daß die Alten diesen kleinen Dingen Ihre Aufmerksamkeit geschenkt haben, denn wenn es sich darum handelt, handgreiflich zu werden, ist jeder kleine Vorteil von großer Wichtigkeit; und ich rufe Euch mehr das ins Gedächtnis zurück, was die Schriftsteller gesagt haben, als daß ich Euch belehren wollte. Die Alten sahen es für die glücklichste Sache für eine Republik an, eine große Zahl in den Waffen geübter Bürger in sich zu schließen; denn es ist nicht der Glanz des Goldes und der Edelsteine, der dir den Feind unterwirft, sondern nur der Schrecken der Waffen. Außerdem können die Fehler, die man in den anderen Dingen macht, bisweilen wieder gut gemacht werden; die aber, welche man im Krieg macht, können nicht wieder gut gemacht werden, da ihnen die Strafe auf dem Fuß folgt. Überdies macht die Fechtkunst den Mann kühner, weil sich niemand scheut, das auszuüben, was er überzeugt ist, zu verstehen; daher wollten die Alten, daß ihre Bürger jede Kriegsübung trieben. Sie ließen sie schwerere Wurfspieße wie die echten gegen den Pfahl schleudern und außerdem, daß diese Übung richtig zielen lehrte, entwickelte sie die Muskelkraft des Armes. Auch im Schießen mit Pfeil und Bogen und im Schleudern wurde Unterricht erteilt. Jeder Art von Übung waren Meister vorgesetzt, so daß die jungen Leute, in der Folge zum Kriegsdienst bestimmt, schon an Mut und Tüchtigkeit Soldaten waren. Sie mußten nur noch in Reih und Glied marschieren und fechten lernen, und sie lernten das leicht, da sie unter die gemischt wurden, die, weil sie schon längere Zeit gedient hatten, Reih und Glied zu halten verstanden.

Cosimo Rucellai:

Welche Übungen würdet Ihr sie jetzt vornehmen lassen?

Fabrizio Colonna:

Die meisten der oben genannten, wie Laufen, Ringen und Springen. Ich würde sie durch Tragen schwererer als der gewöhnlichen Waffen ermüden. Ich würde sie im Schießen mit Bogen und Armbrust üben, und würde den Haken hinzufügen, ein neues Werkzeug, wie Ihr wißt, und ein notwendiges. Ich würde die ganze Jugend meines Staates diesen Übungen unterwerfen, aber besondere Sorgfalt würde ich den Teil, den ich für den Krieg ausgewählt hätte, widmen, und ihn unausgesetzt an den Feiertagen einüben. Ferner mußte ein Jeder schwimmen lernen, eine sehr nützliche Fertigkeit; denn die Flüsse haben nicht immer Brücken, und man hat nicht immer Schiffe bei der Hand. Wenn aber dein Heer nicht schwimmen kann, so muß es manche Bequemlichkeit entbehren, und muß oft eine günstige Gelegenheit vorübergehen lassen. Die Römer hatten aus keinem anderen Grund angeordnet, daß ihre Jugend sich auf dem Marsfeld übte, als daß sie sich in der nahen Tiber von der Ermüdung ihrer Spiele durch das Bad erholen und hierbei schwimmen lernen sollte. Nach dem Beispiel der Alten würde ich auch die, welche zu Pferde dienen sollen, einüben lassen. Es ist durchaus notwendig, daß sie nicht nur reiten können, sondern daß sie auch zu Pferde Herr ihrer Bewegungen sind. Zu dem Zweck hatten die Römer hölzerne Pferde, auf denen sie Gewandtheit erlangten, indem sie, bewaffnet und unbewaffnet, ohne irgendeine Hilfe, auf allen Seiten hinauf sprangen. Auch war ihre Reiterei auf das Zeichen ihres Führers im Nu abgesessen, und eben so schnell konnte sie wieder aufsitzen.

Wenn diesen Übungen zu Fuß und zu Pferd damals nichts im Weg stand, so würde es auch heute einer Republik oder einem Fürsten nicht schwer fallen, sie bei der Jugend wieder einzuführen, wie es genügend durch das Beispiel einiger Städte des Abendlandes gewiesen ist. Dort herrschen folgende Gebräuche. Alle Einwohner sind in verschiedene Fähnlein eingeteilt, deren jedes den Namen einer im Krieg gebräuchlichen Waffe führt. Da sie sich nur der Pike, Hellebarde, des Bogens und des Hakens bedienen, so geben sie ihnen die Benennung Piken, Hellebardiere, Hakenschützen und Bogenschützen. Jeder Einwohner muß erklären, zu welchem Fähnlein er eingeschrieben sein will. Da aber wegen des Alters, oder aus anderen Gründen, nicht alle zum Kriegsdienst tauglich sind, so wird aus jedem Fähnlein eine gewissen Anzahl Leute ausgewählt, die Geschworene heißen und sich an den Feiertagen in jenen Waffen, deren Namen sie führen, üben müssen. Jedem Fähnlein ist ein besonderer Übungsplatz von der Obrigkeit angewiesen; und alle die zum Fähnlein gehören, die Geschworenen ausgenommen, tragen zu den für die Übungen notwendigen Ausgaben eine gewisse Summe bei. Wir könnten es auch so machen, wie diese Völker; aber unsere Verblendung erlaubt uns nicht, eine gute Maßregel zu ergreifen. Ihren Übungen verdankten die Alten die Güte ihres Fußvolks, und nur deswegen haben die Völker des Abendlandes heute ein besseres Fußvolk als wir; denn die Alten übten es entweder zu Hause, wie jene Republiken, oder nur beim Heer, wie jene Kaiser aus den oben erwähnten Ursachen. Wir aber wollen uns zu Hause nicht einüben, und im Lager können wir es nicht, weil die Soldaten nicht unsere Untertanen sind, und weil wir sie keinen anderen Übungen unterwerfen können, als die, welche sie selbst vornehmen wollen. Aus diesen Ursachen wurden erst die Übungen und dann die regelmäßige Aufstellung vernachlässigt; und daher kommt die Schwäche der heutigen Königreiche und Republiken, besonders der italienischen.

Kommen wir aber zu unserem Gegenstand zurück, und fahren wir fort, den Nutzen der verschiedenen Übungen zu erörtern. Ich sage, es reicht nicht aus, um einen guten Soldaten zu bilden, daß er abgehärtet, stark, schnell und gewandt ist, sondern er muß auch sorgfältig in Reih und Glied bleiben, den Fahnen, der Trompete, der Trommel und der Stimme seines Hauptmanns gehorchen lernen. Er muß sich in Reih und Glied halten, zurück gehen, vorrücken, fechten und marschieren können. Denn, ohne daß diese Kriegsdisziplin mit der genauesten Sorgfalt beobachtet und ausgeführt wurde, gab es nie ein gutes Heer. Ohne Zweifel sind mutige und ungeordnete Soldaten viel schwächer als furchtsame und geordnete, denn die Ordnung vertreibt die Furcht, die Unordnung macht den Mut schwinden.

Damit Ihr aber besser versteht, was unten gesagt werden soll, müßt Ihr wissen, daß jede Nation in ihrer Kriegsverfassung ein Hauptglied angenommen hat, dessen Benennung wohl verschieden war, dessen Stärke aber überall 6000 bis 8000 Mann betrug. Dieses Glied hieß bei den Römern Legion, bei den Griechen Phalanx, bei den Galliern Caterra. Die Schweizer, welche allein in unseren Tagen einen Schatten vom Kriegswesen der Alten erhalten haben, nennen es Regiment.[1] Übrigens hat es jede Nation in verschiedene Bataillone geteilt und nach ihren Zwecken aufgestellt.

Wie die Römer ihre aus 5000 bis 6000 Mann bestehenden Legionen in zehn Kohorten teilten, so soll auch unser Regiment aus zehn Bataillonen und 6000 Mann zu Fuß bestehen. Jedes Bataillon soll 450 Mann stark sein, wovon 400 schwer bewaffnet und fünfzig leicht bewaffnet sind. Von den Schwerbewaffneten erhalten 300 Schild und Schwert, unter dem Namen Schildträger; 100 erhalten Piken und sollen ordentliche Piken heißen. Die Leichtbewaffneten, fünfzig an der Zahl, werden mit Haken, Armbrust, Partisane und Rundtartsche bewaffnet und erhalten den alten Namen ordentliche Veliten. So werden die zehn Bataillone aus 3000 Schildträgern, 1000 ordentlichen Piken und 500 ordentlichen Veliten bestehen; im Ganzen aus 4500 Mann Fußvolk. Da unser Regiment aber 6000 Mann enthalten soll, so müssen noch 1500 Mann dazu kommen, wovon 1000 Piken erhalten und außerordentliche Piken heißen, und 500 Leichtbewaffnete, die außerordentliche Veliten genannt werden. Auf diese Art würde mein Fußvolk zur Hälfte aus Schildträgern, zur Hälfte aus Soldaten bestehen, die Piken und andere Waffen führen. Jedem Bataillon würde ich einen Bataillonschef, vier Zenturionen und vierzig Dekurionen vorsetzen. Ferner hätten die ordentlichen Veliten einen Leutnant und fünf Dekurionen. Den außerordentlichen Piken würde ich drei Bataillonschefs, zehn Zenturionen und 1000

[1] Das Wort Regiment ist der Deutlichkeit wegen gewählt, das Original hat statt Regiment – Battaglione, und was wir Bataillone heißen, nennt es Battaglie.

Dekurionen geben und den außerordentlichen Veliten zwei Bataillonschefs, fünf Zenturionen und fünfzig Dekurionen. Dann würde ich das ganze Regiment unter einen Obersten stellen. Jeder Bataillonschef hätte seine Fahne und Spielleute. Auf diese Art würde ein Regiment aus zehn Bataillonen bestehen, und 3000 Schildträger, 1000 ordentliche Piken, 1000 außerordentliche Piken, 500 ordentliche Veliten und 500 außerordentliche Veliten in sich begreifen. Ich hätte so 6000 Mann Fußvolk, bei denen man 600 Dekurionen, fünfzehn Bataillonschefs mit fünfzehn Fahnen und Spielleuten, fünfundfünfzig Zenturionen, zehn Leutnants der ordentlichen Veliten, und einen Obersten über das Ganze, mit seiner Fahne und seinen Spielleuten zählen würde. Ich habe diese Einteilung mehrere Mal wiederholt, damit Ihr nicht irre werdet, wenn ich Euch die Aufstellung des Regiments und die Schlachtordnung der Armee erzähle.

Jeder König oder jede Republik, welche ihren Untertanen eine Kriegsverfassung geben will, sollte sie auf die angegebene Art bewaffnen und einteilen und so viele Regimenter in ihren Staaten ausheben, wie diese liefern können. Wenn die Soldaten nun auf obige Art eingeteilt sind, so ist zur Erlernung der Aufstellung und Bewegungen ausreichend, sie bataillonsweise einzuüben. Denn obgleich ein einzelnes Bataillon wegen seiner Zahl nicht die Form eines richtigen Heeres annehmen kann, so kann der Soldat doch auf diese Art alles das lernen, was er für seine Person auszuführen hat. Es gibt nämlich zwei Arten von Bewegungen; erstens die, welche die Soldaten im Bataillon auszuführen haben, und zweitens die des Bataillons, wenn das Heer beisammen ist. Wenn die Leute in der ersteren geschickt sind, so können sie auch die zweite ausführen; aber ohne die erste zu verstehen, können sie die zweite nie lernen. Wie gesagt, kann jedes Bataillon für sich, bei allen Bewegungen und in jedem Terrain Reih und Glied halten, sich in Schlachtordnung stellen, und die Signale mit der Trompete und Trommel, mittels welcher während des Gefechts kommandiert wird, verstehen lernen. Der Soldat muß diesem Geräusch zu gehorchen wissen, wie der Matrose der Pfeife, und alles, was dadurch befohlen wird, verstehen, sei es halten, vorrücken, umkehren, oder nach irgendeiner Seite Waffen und Gesicht wenden. Ein Bataillon, in dessen Reihen weder Bewegungen noch Terrainhindernisse Unordnungen bringen können, welches sie durch Trommel und Trompete erteilten, Befehle des Anführers versteht und auf der Stelle ausführt, ein solches Bataillon, sage ich, wird mit anderen vereint keine Schwierigkeit finden, alles das auszuführen, was alle Bataillone, zum Körper vereint als ein richtiges Heer, zu tun haben.

Da nun diese allgemeinen Übungen gleichfalls nicht gering zu achten sind, so könnte man im Frieden ein oder zweimal im Jahr das ganze Regiment versammeln und es in Form eines richtigen Heeres aufstellen. Man würde es einige Tage einüben, als ob man eine Schlacht liefern wollte, und hierbei Mittelpunkt,

Flügel und Reserve an ihre gehörigen Plätze stellen, und da ein Feldherr seine Schlachtordnung entweder nach einem Feind einrichtet, den er sieht, oder nach einem Feind, den er fürchtet ohne ihn zu sehen, so muß er sein Heer in diesen beiden Voraussetzungen üben. Er muß ihm die Zuordnung lehren und wie es fechten soll, wenn dies nötig wird, indem er ihm zeigt, welche Vorkehrungen getroffen werden müssen, wenn es währen des Marsches von der einen oder anderen Seite angegriffen wird. Wenn er einen gegenüberstehenden Feind bekämpfen lehrt, muß er seinen Soldaten zeigen, wie das Gefecht eingeleitet wird, wohin sie sich zurückzuziehen haben, wenn sie zurückgedrängt sind, wer ihre Stelle einzunehmen hat, welchem Signal, welchem Wirbel der Trommler, welchen Kommandos sie gehorchen müssen. Kurz er soll seine Soldaten mit diesen Scheingefechten und Angriffen so vertraut machen, daß in ihnen das Verlangen nach wirklichem Kampf rege werden muß. Nicht das gibt dem Heer Mut, daß in im mutige Männer sind, sondern daß die Schlachtordnung gut ist, denn wenn ich im ersten Treffen stehe und weiß, wohin ich mich, falls ich verwundet werde, zurückziehen soll, und wer meine Stelle einnehmen wird, so werde ich mit um so mehr Mut fechten, weil ich Hilfe nahe weiß. Ist mein Posten im zweiten Treffen, so werde ich nicht erschrecken, das erste zurückgetrieben und geschlagen zu sehen, weil ich schon vorausgesetzt habe, daß das nicht unmöglich sei, und weil ich es sogar gewünscht habe, um statt seiner meinem Fürsten den Sieg zu erringen. Diese Übungen sind durchaus notwendig, wenn man ein ganz altes Heer errichtet; sie sind da noch notwendig, wo schon ein altes Heer besteht. So wurden die Römer, obgleich als Knaben schon mit ihrer Schlachtordnung bekannt, doch ohne Unterlaß von ihren Feldherrn darin geübt, ehe diese sich dem Feind entgegen führten. Der Geschichtsschreiber Joseph berichtet, die immerwährenden Übungen der römischen Heere hätten bewirkt, daß selbst jeder Troß, den Gewinnsucht im Gefolge des Lagers hält, am Tag der Schlacht nützlich wurde, weil alle in Reih und Glied marschieren und fechten konnten. Wenn Ihr aber ein Heer aus lauter neuen Soldaten bildet, entweder um unmittelbar zu fechten, oder um eine Landesbewaffnung zu haben, die kämpft, wenn es die Umstände erfordern, so ist, ohne diese Übungen, sowohl in den Bataillonen als im Ganzen, nichts getan. Da die Schlachtordnung notwendig ist, so muß man Mühe und Fleiß verdoppeln, um sie jene zu lehren, die sie nicht wissen, und die, welche sie wissen, muß man in Übung erhalten, wie man denn sieht, daß zur Erreichung beider Zwecke viele ausgezeichnete Feldherren ihre Soldaten ohne Unterschied angestrengt haben.

Cosimo Rucellai:

Es scheint, diese Betrachtungen haben Euch ein wenig von der Frage abgebracht. Ihr habt uns noch nicht gezeigt, wie man die Bataillone üben soll, und habt schon von dem versammelten Heer und von den Schlachten gesprochen.

Fabrizio Colonna:

Ihr habt Recht, und der wahre Grund davon ist meine Vorliebe für diese Schlachtordnung, und der Schmerz, den mir ihre Vernachlässigung verursacht. Aber fürchtet nichts, ich werde zu meinem Gegenstand zurück kommen.

Wie ich Euch schon gesagt habe, ist Reih und Glied halten das wichtigste des Bataillonsunterrichts. Um das zu erreichen ist die Übung, welche man die Schnecke nennt, notwendig. Da ich ein Bataillon zu 400 Schwerbewaffneten angenommen habe, so wollen wir dieser Zahl bleiben. Man wird also das Bataillon in achtzig Glieder, das Glied zu fünf Mann aufstellen. Dann wird man sie lehren, sich im schnellen oder langsamen Marsch zum Ring zu verbinden und auseinander zu gehen. Wie dies geschieht, läßt sich leichter durch die Ausführung als durch Beschreibung zeigen. Übrigens ist letzteres um so weniger nötig, als jeder, der zum Handwerk gehört, weiß, wie diese Übung ausgeführt wird, welche nur dazu dient, den Soldaten an das Gliederhalten zu gewöhnen. Stellen wir aber nun ein solches Bataillon in Schlachtordnung.

Es gibt drei Hauptstellungen. Die erste und nützlichste ist die Masse in Form zweier Vierecke; die zweite das Viereck mit gehörnter Front; die dritte das hohle Viereck, dessen leerer Raum Platz genannt wird. Die erste Aufstellung kann auf zweierlei Art genommen werden. Die eine hiervon ist das Gliederverdoppeln, d. h. man läßt das zweite Glied in das erste, das vierte in das dritte, das sechste in das fünfte und so fort eintreten, so daß man nun statt achtzig Glieder zu fünf Mann, vierzig Glieder zu zehn Mann hat. Hierauf läßt man auf dieselbe Art die Glieder noch einmal verdoppeln, indem man ein Glied in das andere hineinschiebt, und so bleiben noch zwanzig Glieder, das Glied zu zwanzig Mann, übrig. Dies gibt beinahe zwei gleichseitige Vierecke; denn obgleich auf jeder Seite gleich viel Leute stehen, so ist die Masse, da die Leute Arm an Arm neben einander und mit zwei Schritt Abstand hinter einander stehen, doch von dem Rücken zur Front länger als von der einen Flanke zur andern. Da wir aber heute öfters vom vorderen Teil, vom Rücken und den Seiten des Bataillons oder des ganzen Heeres zu sprechen haben, so wißt, daß das Wort Kopf oder Front den vorderen Teil, Schweif oder Rücken den hinteren Teil und Flanken die Seiten bedeutet. Die fünfzig ordentlichen Veliten mischen sich nicht unter die anderen Glieder, sondern dehnen sich, wenn das Bataillon formiert ist, längs der Flanken aus.

Die andere Art, die Bataillone zu formieren ist folgende; da sie besser als die vorige ist, so will ich sie genau erklären. Ihr werdet nicht vergessen haben, aus wie viel Soldaten und Offizieren das Bataillon besteht und wie es bewaffnet ist. Die Stellung, welche es annehmen soll, ist, wie ich gesagt habe, in zwanzig Gliedern, das Glied zu zwanzig Mann. In Front fünf Glieder Piken, dahinter fünfzehn Glieder Schildträger; zwei Zenturionen vor der Front, die zwei übrigen als

Schließende am Schweif, um den Dienst der Offiziere zu tun, welche die Alten Tergiductoren nannten; der Bataillonschef mit seiner Fahne und Spielleuten zwischen den fünf Glieder Piken und den fünfzehn Gliedern Schildträgern; auf den Seiten jedes Gliedes vier Dekurionen, so daß jeder seine Leute neben sich hat, die auf der linken Flanke rechter, und die auf der rechten Flanke linker Hand; die fünfzig Veliten auf den Flanken und im Rücken des Bataillons verteilt. Wenn sich das Bataillon nun während eines gewöhnlichen Marsches auf diese Art formieren soll, so geschieht dies folgendermaßen. Vor dem Abmarsch trifft man diese Anordnung: Man stellt in achtzig Gliedern zu fünf Mann auf, wie wir vor kurzem gesagt haben, und läßt die Veliten entweder am Kopf oder am Schweif, wenn sie nur außerhalb dieser Stellung stehen. Man muß anordnen, daß jeder Zenturio zwanzig Glieder hinter sich hat, und zwar unmittelbar hinter sich fünf Glieder Piken, die übrigen, Schildträger. Der Bataillonschef mit den Sielleuten und der Fahne wird sich zwischen die Piken und Schildträger des zweiten Zenturion stellen und nimmt den Raum von drei Gliedern Schildträgern ein. Von den Dekurionen stehen zwanzig auf der linken Flanke der zwanzig Glieder des ersten Zenturios und zwanzig auf der rechten Flanke der Glieder des letzten Zenturios. Es ist zu bemerken, daß die Dekurionen, welche Piken zu leiten haben, Piken tragen, und die Dekurionen der Schildträger die Waffen derselben haben. Wenn man also in dieser Ordnung abmarschiert ist und sich in Schlachtordnung stellen will, so erhält der erste Zenturio Befehl, mit seinen zwanzig Gliedern Halt zu machen. Der zweite Zenturio setzt den Marsch fort, zieht sich rechts und marschiert längs der Flanke der stehenden zwanzig Glieder auf, und läßt, auf der Höhe des ersten Zenturios angekommen, halten. Der dritte Zenturio bricht gleichfalls rechts aus, marschiert auf und richtet sich auf die beiden stehenden Zenturionen ein. Der vierte Zenturio bricht ebenfalls rechts aus, marschiert längs der rechten Flanke der stehenden Glieder auf, und macht, auf der Höhe der anderen Zenturionen angekommen, Halt. Zwei Zenturionen begeben sich nun sogleich von der Front in den Rücken des Bataillons, und das Bataillon ist auf die Art, welche wir vorhin gezeigt haben, formiert. Die Veliten verteilen sich auf den Flanken wie bei der ersten Art der Formation.

Erstere Art heißt, in gerader Linie duplieren, die zweite, nach der Flanke duplieren. Die erste ist leichter, die zweite regelmäßiger und erlaubt, sich nach den Umständen zu richten. Bei der ersten bestimmt die Zahl die Form; denn von fünf Mann kommt man auf zehn, von zehn zu zwanzig, von zwanzig zu vierzig; so daß man durch das Duplieren in gerader Linie keine Front von fünfzehn, fünfundzwanzig, dreißig oder fünfunddreißig Mann erhalten kann; sondern der Zahl unterworfen ist. Doch es tritt jeden Tag der Fall ein, daß eine Entsendung von sechs- oder achthundert Mann Fußvolk dem Feind die Spitze bieten muß, wobei Euch das Duplieren in gerader Linie in Unordnung bringen würde. Ich würde daher der zweiten Art der Formation den Vorzug geben und die Schwierigkeit, welche sie darbietet, durch Übung und häufiges Ausführen erleichtern.

Ich sage also, daß es vor allem wichtig ist, Soldaten zu haben, die ihre Plätze im Glied schnell zu finden wissen, und es ist notwendig, sie in der gezeigten Aufstellung alle Bewegungen ausführen zu lassen, indem man sie in raschem Schritt sowohl vorrücken als zurück gehen und steile und schwierige Terrainteile überschreiten lehrt, ohne jemals aus Reih und Glied zu kommen. Soldaten, die dies wohl zu tun verstehen, sind praktische Soldaten, und hätten sie nie einem Feind ins Auge geschaut, so kann man sie alte Soldaten nennen. Solche hingegen, welche nicht Reih und Glied zu halten verstehen, und hätten sie zwanzig Feldzüge mitgemacht, müssen immer als Rekruten betrachtet werden. Dies wäre also der Aufmarsch, wenn man mit schmalen Gliedern marschiert ist.

Wenn aber die Bataillone aufmarschiert, und durch das Terrain oder den Feind auseinander gekommen sind, so muß auf der Stelle wieder Ordnung hergestellt werden, was das Wichtigste und Schwierigste ist und sehr häufig geübt und ausgeführt werden muß, wie dies bei den Alten geschah. Zwei Dinge sind dazu notwendig; erstens muß man in jedem Bataillon zahlreiche Sammelzeichen haben, und zweitens muß jeder Soldat seinen fest bestimmten Platz haben. *Verbi gratia*, wer anfangs ins zweite Glied gestellt worden ist, muß darin bleiben, nicht nur in demselben Glied, sondern auch an demselben Ort. Hierzu sind nun zahlreiche Sammelzeichen nötig. Zuerst muß die Fahne von besonderer Farbe sein, damit, bei der Zusanmmenkunft mehrerer Bataillone, ein jedes seine Fahne unterscheiden kann. Zweitens müssen der Bataillonschef und die Zenturionen verschiedene und erkennbare Helmbüsche tragen; und noch wichtiger ist, daß man die Dekurionen erkenne. Die Alten legten so viel Wichtigkeit auf diesen Punkt, daß jeder seine Nummer auf dem Helm hatte und erster, zweiter, dritter, vierter u.s.w. genannt wurde. Dies war noch nicht genug, jeder Soldat hatte die Nummer seines Gliedes, und die seiner Stelle in dem Glied auf den Schild geschrieben. Wenn die Leute so bezeichnet und gewohnt sind, diese Ordnung beizubehalten, so ist es ein Leichtes, auch nach der größten Verwirrung, wieder schnell aufzustellen. Denn so wie die Fahne hält, können Zenturionen und Dekurionen nach dem Augenmaß ungefähr ihre Plätze abschätzen; die rechts gehören, werden sich rechts, die links gehören, links, im gewöhnlichen Abstand aufstellen, und die Soldaten können, durch ihre Vorschrift und die verschiedenen Sammelzeichen geleitet, rasch wieder in ihre Glieder eintreten. So werdet Ihr leicht ein Faß wieder aufschlagen, dessen Dauben Ihr bezeichnet habt, doch nie wird es Euch gelingen, wenn Ihr jene Vorsichtsmaßregel vernachlässigt. Mit Fleiß und Übung lassen sich diese Dinge bald anweisen, und der Soldat lernt sie bald; und hat er sie einmal gut begriffen, so vergißt er sie schwer, weil die Rekruten durch die alten Soldaten geleitet werden; und so wird mit der Zeit ein ganzes Land durch diese Übungen Kriegsfertigkeit erlangen.

Es ist auch nötig, die Soldaten alle auf einmal, aus der Flanke und wenn kehrtgemacht war, wieder Front machen, oder aus Front Rechts- und Linksum, und kehrtmachen zu lehren. Dies ist ganz leicht, denn jeder Mann darf sich nur auf die Seite, welche befohlen wird, drehen, und wohin er das Gesicht dreht, wird dann Front sein. Es ist wahr, daß wenn Rechts- oder Linksum gemacht ist, die neue Front nicht dieselbe Länge hat, denn der Abstand von Brust zu Brust ist jetzt um vieles geringer als der von der Schulter des Mannes zu der seines Nebenmannes; was gerade umgekehrt bei der gewöhnlichen Aufstellung der Fall ist. Man muß also bei der Ausführung ab- und zugeben, und diese Unordnung ist von geringer Bedeutung, weil der Soldat leicht selbst abhelfen kann. Wichtiger ist und eine beständige Übung verlangt das Schwenken eines Bataillons, als wenn es eine feste Waffe wäre. Hier ist große Fertigkeit und besondere Aufmerksamkeit notwendig, denn wenn man z. B. links schwenken will, so muß der äußerste linke Flügel anhalten und die nächststehenden Soldaten müssen kurz treten, sonst sind die Soldaten des rechten Flügels genötigt zu laufen, und das Ganze würde in Verwirrung geraten.

Es ereignet sich fast immer, daß bei einem Heer auf dem Marsch Bataillone, welche nicht die vordersten sind, nicht in der Front, sondern in der Flanke oder im Rücken zu fechten haben, so daß ein Bataillon schnell die Flanke oder den Rücken zur Front machen muß. Wenn man nun will, daß solche Bataillone die oben erklärte Stellung annehmen sollen, so muß man die Piken auf die Seite stellen, wohin Front gemacht werden soll, und die Dekurionen, die Zenturionen und der Bataillonschef müssen ihre gehörigen Plätze einnehmen. Um nun dies zu erreichen, stellt man das Bataillon in Kolonne zu achtzig Glieder, das Glied zu fünf Mann auf. Die Piken bilden die zwanzig ersten Glieder, fünf Dekurionen kommen in das erste und fünf in das letzt Glied, die übrigen sechzig Glieder werden aus Schildträgern bestehen und drei Zenturien, jede zu hundert Mann bilden. Das erste und letzte Glied einer jeden Zenturie wird aus Dekurionen bestehen. Der Bataillonschef mit der Fahne und den Spielleuten wird in der Mitte der ersten Zenturie Schildträger, und jeder Zenturio an der Spitze seiner Zenturie stehen. Wenn Ihr so geordnet die Piken auf der linken Flanke haben wollt, so müssen die Zenturien nach der rechten Flanke duppliere, wollt Ihr sie auf der rechten Flanke haben, so muß nach der linken duppliert werden. Auf diese Art marschiert das Bataillon auf und hat die Piken auf einer Flanke, die Dekurionen in der Front und im Rücken, die Zenturionen an der Spitze und den Bataillonschef in der Mitte. Dies ist die Marschordnung. Wenn nun der Feind anrückt, und der Augenblick zum Frontmachen nach der Flanke da ist, so befiehlt man eine Viertelswendung nach der Seite der Piken und steht im Waffenviereck geordnet, denn Jeder befindet sich an seinem Posten, die Zenturionen ausgenommen, welche sogleich ihre angewiesenen Plätze einnehmen.

Fürchtet das Bataillon, währen es Marsches im Rücken angegriffen zu werden, so müssen die Glieder so verteilt werden, daß die Piken hinten stehen. Anstatt fünf Glieder Piken in die Front jeder Zenturie zu stellen, versammelt man sie nur im Rücken des Bataillons und beobachtet alles Übrige wie oben.

Cosimo Rucellai:

Wenn ich mich recht erinnere, habt Ihr mir gesagt, diese Art von Übung habe den Zweck, die Bataillone später zu einem Heer vereinigen zu können. Wenn aber diese vierhundert und fünfzig Mann ein Kriegsgeschäft für sich allein auszuführen hätten, wie würdet Ihr sie aufstellen.

Fabrizio Colonna:

Der Befehlshaber muß beurteilen, wohin er die Piken zu stellen hat, was mit der oben beschriebenen Übung keineswegs im Widerspruch steht; denn man beobachtet dasselbe Verfahren, sowohl wenn man die Bataillone zur Vereinigung mit anderen Bataillonen aufstellen will, als auch in allen übrigen Fällen, welche sich ereignen können. Eure Frage aber werde ich beantworten, indem ich Euch die beiden anderen Formationen erkläre, deren man sich immer nur bedient, wenn ein Bataillon abgesondert handelt, nie aber wenn es mit andern vereinigt ist.

Um ein Bataillon mit zwei Hörnern zu formieren, verteilt man die achtzig Glieder, das Glied zu fünf Mann, wie folgt: Zuerst stellt man einen Zenturio auf, hinter ihn fünfundzwanzig Glieder, zusammengesetzt aus zwei Reihen Piken links und drei Reihen Schildträger rechts. Nach den ersten fünf Gliedern werden in die zwanzig anderen zwanzig Dekurionen gestellt, alle zwischen Piken und Schildträger, die welche Piken tragen ausgenommen, welche bei den Piken stehen können. Nach diesen fünfundzwanzig Gliedern kommt ein zweiter Zenturio mit fünfzehn Gliedern Schildträger hinter sich. Nachher kommt der Bataillonschef zwischen den Spielleuten und der Fahne und hinter ihm andere fünfzehn Glieder Schildträger. Hinter diese stellt sich der dritte Zenturio und hat fünfundzwanzig Glieder zu zwei Reihen Piken auf der rechten und drei Reihen Schildträger auf der linken Seite hinter sich. Nach den ersten fünf Gliedern sind zwischen Piken und Schildträgern zwanzig Dekurionen gestellt. Zuletzt kommt der vierte Zenturio. Will man nun aus dieser Kolonne das Viereck mit zwei Hörnern formieren, so macht der erste Zenturio mit seinen fünfundzwanzig Rotten Halt. Der zweite Zenturio mit seinen fünfzehn Rotten Schildträgern marschiert fort, zieht sich rechts längs den stehenden Gliedern hin, und macht Halt, wenn er an dem zehnten Glied angekommen ist. Der Bataillonschef setzt sich mit den fünfzehn Gliedern Schildträger, die ihm folgen, in Bewegung, und sich gleichfalls rechtsziehend, marschiert er längs der ersten fünfzehn Glieder Schildträger auf und richtet sich auf sie ein. Nun setzt sich der dritte Zenturio mit seinen fünfundzwanzig Gliedern und dem vierten schließenden Zenturio in Marsch und sich rechts ziehend, rückt er längs der rechten Flanke der stehenden fünfzehn Glieder Schildträger, ohne aufzuhalten so lange vor bis seine fünfundzwanzig Glieder auf gleicher Höhe mit den fünfundzwanzig ersten Glieder angekommen sind. Wenn diese Bewegung ausgeführt ist, begibt sich der Zenturio, welcher an der Spitze der ersten fünfzehn Glieder Schildträger steht, in den Rücken auf den äußersten linken Flügel. So erhält man ein Viereck von fünfzehn vollen Gliedern, zu zwanzig Mann das Glied, welches an jedem Ende seiner Front ein Horn von zehn Gliedern Tiefe, das Glied zu fünf Mann, hat. Von einem Horn zum anderen ist eine Entfernung gleich der Breite von zehn Mann, Arm an Arm gestellt. Der Bataillonschef stellt sich in den leeren Raum, und ein Zenturio an die Spitze eines jeden Horns; im Rücken muß ebenfalls an jedem Ende des Vierecks ein Zenturio stehen; auf jeder Flanke stehen zwei Reihen Piken und zwanzig Dekurionen. Die zwei Hörner sind dazu bestimmt, das Geschütz, wenn das Bataillon welches hat, oder das Gepäck zu beschützen. Die Veliten zerstreuen sich längs der Flanke unter dem Schutze der Piken.

Wenn man aus diesem Hornviereck das hohle Viereck formieren will, so nimmt man von den fünfzehn Gliedern, das Glied zu zwanzig Mann, acht, und stellt sie vor beide Hörner, welche nun den Platz schließen. In diesen freien Raum stellt man das Gepäck, den Befehlshaber und die Fahne, aber nicht das Geschütz, welches man längs der Front und den Flanken des Vierecks auffahren läßt. Dies sind die verschiedenen Formationen eines Bataillons, wenn es einzeln verdächtige Orte durchziehen soll. Doch die Bataillonsmasse ohne Hörner und Platz ist die beste. Wohingegen zum Schutz der Unbewaffneten das Viereck mit Hörnern notwendig ist.

Die Schweizer haben noch mehrere andere Schlachtordnungen, z. B. die kreuzförmige. Zwischen die Arme des Kreuzes stellen sie ihre Hakenschützen, vor dem Angriff des Feindes gedeckt, auf. Da aber diese Aufstellungen nur für einzelne Bataillone dienen, und meine Absicht ist, Euch zu zeigen, wie sich mehrere vereinte Bataillone verhalten müssen, um den Feind zu bekämpfen, so werde ich mich nicht ermüden davon zu sprechen.

Cosimo Rucellai:

Ich glaube, die Art gut genug verstanden zu haben, wie man die Leute in diesen Bataillonen unterrichten soll. Wenn ich mich jedoch recht erinnere, so sagtet Ihr, daß außer den vier Bataillonen das Regiment noch 1000 außerordentliche Piken und 500 außerordentliche Veliten zähle. Sollen sie nicht auch zu denselben Übungen angehalten werden?

Fabrizio Colonna:

Freilich und mit großer Sorgfalt. Ich würde die Piken wenigstens zenturienweise dieselben Übungen vornehmen lassen, denn ihrer würde ich mich lieber, als der ordentlichen Bataillone, bei allen abgesonderten Kriegsgeschäften, als Geleiten, Fouragierungen und dergleichen bedienen. Was die Veliten betrifft, so würde ich sie einzeln in ihrer Heimat üben, denn da ihr Dienst im Fechten, ohne Reih und Glied zu halten, besteht, so braucht man sie nicht an den gemeinschaftlichen Übungen Teil nehmen zu lassen. Es reicht aus, sie sorgfältig in ihrer eigentümlichen Fechtart zu unterrichten.

Man muß also, wie ich Euch gesagt habe, und wie ich nicht müde werde zu wiederholen, die Soldaten der Bataillone so einüben, daß sie verstehen, ihre Glieder zu halten, daß sie ihre Plätze kennen und sie schnell wieder einnehmen, wenn der Feind oder das Terrain Unordnung unter sie gebracht hat. Sind sie daran gewöhnt, so lernen sie ohne Mühe, welchen Platz ihr Bataillon einnehmen muß, und was es sonst noch als Teil des Heeres zu tun hat. Jedesmal wenn ein Fürst oder eine Republik ernsthaft Sorgfalt darauf verwendet, diese Landesbewaffnung und diese Übungen einzuführen, kann als Frucht nicht ausbleiben, daß das Land immer vortreffliche, den Nachbarn überlegene Soldaten hat, geeignet, Gesetze vorzuschreiben, nie anzunehmen. Aber wie ich Euch gesagt habe, die Unordnung, in die wir versunken sind, ist Ursache, daß wir diese Dinge vernachlässigen und nicht genug Gewicht darauf legen. Aus diesem Grund sind unsere Heere nicht gut, und wenn auch ein Feldherr oder Soldat tapfer wäre, so kann er keine Probe davon ablegen.

Cosimo Rucellai:

Wie viel Gepäck soll jedes Bataillon haben?

Fabrizio Colonna:

Das erste, was ich vorschreiben würde, würde sein, daß weder Zenturionen noch Dekurionen reiten dürften, und wenn der Bataillonschef nicht zu Fuß gehen wollte, so müßte er Maultiere, nicht Pferde haben. Ich würde ihm gern zwei Packwägen gewähren, so wie einen für jeden Zenturio und zwei für drei Dekurionen, weil so viele Wagen zum Aufschlagen des Lagers gehören, wie ich seines Orts zeigen werde. Jedes Bataillon hätte so dreißig Packwagen, worauf notwendig die Zelte, Suppenkessel, Beile und eisernen Stäbe zum Lagerschlagen gepackt werden müßten, der übrige Raum könnte nach Belieben ausgefüllt werden.

Cosimo Rucellai:

Ich will wohl glauben, daß die Befehlshaber, welche Ihr jedem Bataillon vorgesetzt habt, unentbehrlich sind; allein ich bin noch im Zweifel, ob die Menge der anderen Befehlenden nicht Verwirrung verursachen könnte.

Fabrizio Colonna:

Dieser Mißstand würde stattfinden, wenn der Oberbefehl nicht auf einem einzigen Haupt ruhte. Da die Unterbefehlshaber ihm alle gehorchen, so halten sie die Ordnung aufrecht, und ohne sie wäre es unmöglich, den Soldaten zu leiten. Wenn man eine Mauer, die von allen Seiten Einsturz droht, stützen will, so wird es besser sein, viele, wenn auch schwache Stützen zu errichten, als sich mit wenigen stärkeren zu begnügen; denn wie groß auch die Stärke jeder einzelnen wäre, so könnte sie doch nicht verhindern, daß die Mauer in einiger Entfernung von ihr einstürzte. So muß in einem Heer je auf zehn Mann ungefähr einer gerechnet werden, der mehr Leben, mehr Herz oder wenigstens mehr Gewalt besitzt und durch seinen Mut, durch seine Worte und sein Beispiel die anderen zum Kampf antreibt und standhaft erhält. Daß diese von mir genannten Dinge in einem Heer notwendig sind, als: Befehlshaber, Fahne, Spielleute, beweist das Beispiel unserer eigenen Heere, mit der Ausnahme, daß bei uns nichts von allem dem seinen Zweck erfüllt. Denn wenn man will, daß die Korporäle dem Dienst Genüge leisten, wozu sie eingesetzt sind, so muß jeder seine wohl bezeichneten Leute haben, mit ihnen lagern, mit ihnen auf die Wache ziehen, mit ihnen in denselben Reihen marschieren; weil er, wenn er auf seinem Posten steht, als Lineal und Richtschnur dient zur Erhaltung der Regelmäßigkeit und Festigkeit der Glieder, und es ist dann unmöglich, daß Unordnung hinein kommt, oder wenn es geschieht, so nimmt jeder bald wieder seinen Platz ein. Wir hingegen stellen heute bloß dafür Korporäle an, um ihnen höhere Löhne zu geben, und sie zu besondern Diensten zu verwenden. Eben so ist es mit den Fahnen, die eher dazu dienen, eine Musterung glänzender zu machen, als zu anderen Kriegszwecken. Die Alten hingegen betrachteten die Fahnen als Leiter und Sammelzeichen, weil, so wie die Fahne Halt gemacht hatte, ein Jeder seinen Platz kannte, und sich beeilte, sich um sie zu sammeln. Man wußte, daß wenn sie sich in Bewegung setzte oder anhielt, dies das Zeichen zum Marsch oder Halt war. Das Heer muß aus vielen Körpern bestehen und jeder Körper muß seine Fahne, seine Leiterin haben, denn ist dem so, so hat das Heer viele Seelen und folglich viel Leben.

Die Soldaten müssen also der Bewegung der Fahne folgen, und die Fahne der Trommel und Trompete gehorchen. Wenn diese Instrumente wohl eingerichtet sind, so befehligen sie das Heer, und es wird ihm leicht, mit Schritten nach dem Takt, den die Instrumente angeben marschierend, Reih und Glied zu halten. Die Alten hatten deshalb Hörner, Flöten und andere Blasinstrumente, deren Töne vollkommen geregelt waren. Wie der Tänzer, der sich im Takt der Musik bewegt, in seinen Bewegungen nicht irre wird, so kommt ein Heer, das im Marsch der Trommel folgt, nicht in Unordnung. Die Alten wechselten ihre Weisen, je nachdem sie die Gangart ändern und die Gemüter der Soldaten entflammen, beruhigen oder standhaft machen wollten. Jede dieser verschiedenen Weisen hatte ihren eigenen Namen. Die dorische Weise flößte Standhaftigkeit ein; die phrygische Mut; und es wird berichtet, daß Alexander, als während der Tafel jemand die phrygische Weise spielte, so von Kampflust entbrannte, daß er nach seiner Waffe griff. Es wäre notwendig, diese Weisen wieder aufzufinden; und wenn dies zu viele Schwierigkeiten darböte, so dürfte man wenigstens diejenigen nicht vernachlässigen, die den Soldaten gehorchen lehren. Jeder kann diese letzteren nach seinem Gutdünken verändern und einrichten, wenn nur häufiges Hören das Ohr des Soldaten mit ihrer Bedeutung vertraut macht. Aber heute besteht der Nutzen, den man aus den Instrumenten zieht, größtenteils nur darin, daß sie ein gräuliches Getöse machen.

Cosimo Rucellai:

Ich wünschte von Euch zu hören, wenn Ihr je darüber nachgedacht habt, woher in unseren Tagen so große Feigheit, so große Unordnung und diese Vernachlässigung der Übung herrührt.

Fabrizio Colonna:

Gern will ich Euch meine Gedanken mitteilen. Ihr wißt, daß Europa das Andenken einer Menge großer Männer preist, die sich durch den Krieg berühmt gemacht haben; Afrika hat nur wenige hervorgebracht; Asien noch weniger. Dieser Unterschied rührt daher, daß es in den beiden letzten Weltteilen nur eine oder zwei Monarchien und wenige Republiken gab, wohingegen in Europa viele Republiken und einige Monarchien waren. Die Menschen aber zeichnen sich nur dann in einer Kunst aus, oder glänzen durch ihre Tapferkeit, wenn sie der Staat anwendet, oder aus der Dunkelheit hervorzieht, sie mögen in einer Monarchie oder Republik leben. Wo viele Staaten sind, entstehen viele große Männer, und wo wenige Staaten sind, wenige. Man findet in Asien einen Ninus, Cyrus, Artaxerres, Mitridates; kaum wird man einen anderen Namen finden, würdig diesen großen Namen verglichen zu werden. Ohne von den alten Ägyptern zu reden, nennt Afrika seinen Massinissa, Jugurtha und die Feldherren, welche die karthagische Republik in ihrem Schoß aufzog. Diese großen Krieger sind jedoch an Zahl gering, wenn man sie mit den von Europa hervorgebrachten vergleicht. In Europa sieht man Männer ohne Zahl glänzen, die in allen Künsten und Ständen hervorgeragt haben und ihre Menge wäre noch größer, könnte man ihnen die beifügen, deren Namen die neidische Zeit verlöscht hat.

Der Zeitraum des größten Glanzes der Tapferkeit war immer der, wo sie von der größten Anzahl Staaten aus Notwendigkeit, oder aus irgendeiner andern menschlichen Leidenschaft begünstigt wurden. Asien sah daher nur wenig gefeierte Männer aus seinem Schoß entstehen. Dies unermeßliche Land, so zu sagen der Herrschaft eines Einzigen unterworfen und durch seine Größe selbst, nur zu oft vom Genuß des Friedens in den Schlaf gewiegt, konnte nur eine kleine Anzahl in der Kriegs- und Regierungskunst ausgezeichneter Männer hervorbringen. Ebenso war es in Afrika. Doch zählt dies Land, dank der karthagischen Republik, einige große Männer mehr. Denn diese sind in einer Republik zahlreicher als in einer Monarchie: in jener ist die Tapferkeit fast immer geehrt, in dieser fürchtet man sie stets. Alles zielt daher in der Republik dahin ab, die Tapferkeit zu nähren, in den Monarchien sie zu ersticken.

Wenn man dagegen die Länder Europas betrachtet, so sieht man sie in der alten Zeit mit einer Menge Republiken und Fürstentümer angefüllt, welche, in beständiger Furcht vor einander, genötigt waren, die Kriegseinrichtungen in Kraft zu erhalten, und die Männer mit Ehrenbezeugungen zu überhäufen, welche sich in der Kriegskunst auszeichneten. So sieht man in Griechenland, ohne das Königreich Mazedonien zu zählen, eine Menge Republiken glänzen, die die seltensten Männer hervorgebracht haben. Italien schloß die Römer, Samniter, Toskaner, die zisalpinischen Gallier in sich; Gallien und Germanien waren voller Republiken und Fürstentümer; Spanien gewährte denselben Anblick. Wenn aber, im Vergleich mit den Römern, wenig andere der Vergessenheit entronnen sind, so muß man die Verblendung der Schriftsteller anklagen, welche gewöhnlich dem Wagen des Glücks folgend, nur den Sieger preisen. Kann man vernünftigerweise glauben, daß während 150 Jahren die Samniter und Toskaner, ohne unterjocht zur werden, mit den Römern kämpfen konnte, ohne daß eine Menge großer Feldherren unter ihnen aufgestanden sein sollten? Mußte dasselbe nicht in Gallien und Spanien der Fall sein? Wenn jedoch die Geschichtsschreiber nicht für gut fanden, diese Tapferkeit bei einzelnen Bürgern zu rühmen, so loben sie sie doch wenigstens bei den Völkern, deren Ausdauer in der Verteidigung ihrer Freiheit sie bis zum Himmel erheben.

Ist es also wahr, daß, desto mehr große Männer aufstehen, je zahlreicher die Staaten sind, so folgt notwendig, daß durch ihre Vereinigung zu einem großen Reich die Tapferkeit nach und nach verlöscht, da die Ursache seltener kommt, die die Menschen tapfer macht. Als das römische Reich, auf dem Gipfel seiner Macht, alle Republiken und Königreiche Europas, Afrikas und des größten Teiles von Asien umgestürzt hatte, blieb Rom die einzige, dem Ruhm geöffnete Bahn. Die großen Männer wurden nun in Europa so selten wie in Asien; und die Tapferkeit sank bald zur untersten Stufe herab. Denn da die Tapferkeit auf die Mauern Roms beschränkt war, so zog die Verderbnis dieser Stadt die der Welt nach sich, und nun konnten die Horden Skythiens die Trümmer eines Reichs unter sich teilen, das, nachdem es die Tapferkeit der andern Völker vernichtet hatte, nicht einmal seine eigene zu bewahren verstand.

Obgleich in der Folge die Überschwemmung der Barbaren das Reich in zahlreiche Staaten zerstückelte wurde, so ist doch die Tapferkeit nicht wieder auferstanden. Denn teils dauert es eine Weile bis Staaten und Verfassungen wieder erstehen, wenn sie zerstört sind; teils legen die neuen, durch das Christentum eingeführten Sitten nicht dieselbe Notwendigkeit auf, sich zu verteidigen, wie sonst. Damals erwürgte man die Besiegten, oder man führte sie in ewige Sklaverei ab, in der sie von nun an elend ihr Dasein dahin schleppten; man zerstörte die eroberten Städte, vertrieb die Einwohner und nachdem sie ihrer Güter beraubt waren, zerstreute man sie auf der ganzen Erde; alle Arten von Mißgeschick waren das Los des Überwundenen. Ohne Unterlaß durch diese immer neu erwachsenden Schrecken aufgeweckt, fürchteten damals die Menschen, ihr Kriegswesen zu vernachlässigen und jeder, der sich darin auszeichnete, wurde geehrt.

In unseren Tagen ist dieser Schrecken zum Teil verschwunden. Selten ereignet es sich, daß ein kleiner Teil der Besiegten getötet wird; die Gefangenen bleiben, bei der Leichtigkeit sich loszukaufen, nicht lange ihrer Freiheit beraubt; die Städte, und wenn sie sich hundertmal erheben würden, haben nicht mehr Zerstörung zu fürchten; die Einwohner behalten ihr Vermögen, und das größte Unglück, das ihnen begegnen kann, ist, Brandschatzungen zu bezahlen. Es ist daher nicht zu verwundern, daß die Menschen Widerwillen fühlen, sich dem Kriegsdienst und der Disziplin zu unterwerfen und sich abzumühen, um Gefahren zu entgehen, die sie nicht mehr zu fürchten haben. Überdies sind die verschiedenen Länder Europas im Vergleich mit ehemals, nur wenigen Herren untertan. Ganz Frankreich hat nur einen König, Spanien ebenfalls, und Italien ist nur in wenige Staaten geteilt, so daß die schwachen Städte sich verteidigen, indem sie sich der Partei des Sieges anschließen, und die mächtigen Staaten, aus den oben angeführten Gründen, keinen gänzlichen Untergang zu fürchten haben.

Cosimo Rucellai:

Allerdings wurden seit 25 Jahren viele Städte der Plünderung preis gegeben, und manche Throne gingen verloren. Diese Beispiele sollten den anderen Staaten zur Warnung dienen, und ihnen die Notwendigkeit, die alten Institutionen wieder in Ansehen zu setzen, fühlbar machen.

Fabrizio Colonna:

Ihr habt ganz recht. Wenn Ihr jedoch beachten wollt, welche Städte zerstört worden sind, so werdet Ihr sehen, daß es keine Hauptstädte irgendeines Staates, sondern Städte untergeordneten Ranges waren. So ist Tortona der Plünderung preis gegeben worden und nicht Mailand; Capua und nicht Neapel; Brescia, nicht Venedig; Ravenna, nicht Rom. Diese Beispiele können keine Änderung in der Denkungsart der Regenten hervorbringen; sie bestärken sie im Gegenteil nur in der Meinung, daß sie sich durch Tribut loskaufen können. Deshalb wollen sie sich den Mühen der Kriegsübungen nicht unterziehen, die sie eines Teils nicht für notwendig halten, und die ihnen andererseits als ein Labyrinth ohne

Ausgang erscheinen. Die Anderen, welche sich dienstbar machen ließen, und die solche Beispiele schrecken könnten, haben nicht mehr die Macht abzuhelfen; für die Fürsten, welche ihre Staaten verloren haben, ist es zu spät; und die, welche die Staaten derselben besitzen, wollen es weder noch verstehen sie es. Ihr einziges Ziel ist, in Frieden die Gunst des Glücks zu genießen, ohne jemals in eigener Tapferkeit eine Stütze zu suchen; denn, sie haben gesehen, daß bei dieser Armut an Tapferkeit das Glück allein die Welt regiert; und statt es zu meistern, ziehen sie vor, seine Sklaven zu sein.

Deutschland ist ein Beweis meiner Worte. Die große Zahl seiner Fürstentümer und Republiken hat dort immer die Tapferkeit bewahrt; und alles, was unser jetziges Kriegswesen Gutes darbietet, gehört diesen Völkern an, welche wechselseitig auf ihre Nachbarn eifersüchtig, und die Knechtschaft fürchtend (eine Furcht, die anderwärts nicht besteht), ihre Unabhängigkeit und ihr Ansehen zu erhalten wissen.

Das Gesagte wird ausreichen, um Euch meine Ansichten über die Ursachen der jetzigen Feigheit darzulegen. Ich weiß nicht, ob Ihr meine Meinung teilt, oder ob Ihr über einiges im Zweifel seid.

Cosimo Rucellai:

Durchaus nicht, ich verstehe alles vollkommen. Nur um wieder auf den Hauptgegenstand unseres Gesprächs zu kommen, wünsche ich zu erfahren, auf welche Art Ihr Eure Reiterei zum Dienst mit Euren Bataillonen aufstellen würdet; wie viel Ihr halten, und welche Befehlshaber und welche Waffen Ihr ihr geben würdet?

Fabrizio Colonna:

Ihr glaubt vielleicht, ich habe sie zurückgesetzt? Wundert Euch darüber nicht, denn ich habe zwei Beweggründe, wenig darüber zu sprechen. Erstens ist das Fußvolk der Nerv und die Hauptsache eines Heeres. Zweitens ist die Einrichtung der Reiterei weniger verderbt als die des Fußvolks, denn wenn sie nicht besser als die der Alten ist, so ist sie ihr doch gleich. Doch habe ich so eben gesagt, wie sie einzuüben sei. Was ihre Bewaffnung betrifft, so scheint mir die heute gebräuchliche, sowohl für die leichte Reiterei als für die Gendarmen, ganz zweckmäßig. Jedoch wünschte ich die ganze leichte Reiterei mit der Armbrust bewaffnet, und daß sie einige Hakenschützen enthielte. Denn obgleich letztere bei den übrigen Kriegsgeschäften von geringem Nutzen sind, so sind sie doch recht nützlich, um die Bauern zu erschrecken und sie von einem Paß zu vertreiben, der von ihnen besetzt ist. Ein Hakenschütze jagt ihnen mehr Angst ein, als zwanzig andere Soldaten.

Was die Zahl betrifft, so nehme ich die römischen Heere zum Muster. Ich würde jedem Regiment nur 300 Pferde zuteilen, worunter 150 Gendarmen und 150 leicht Reiter wären. Jeder dieser beiden Schwadronen würde ich einen

Schwadronschef geben, fünfzehn Dekurionen, einen Trompeter und eine Standarte. Für zehn Gendarmen gäbe ich fünf, und für zehn leichte Reiter zwei Wagen, worauf wie beim Fußvolk die Zelte, Kochgerätschaften, Beile und Zeltstangen transportiert würden, und in dem übrigen Raum ihr anderes Gepäck. Glaubt nicht, daß diese Menge Packwägen ein Mißbrauch sei, so lange jeder Gendarm vier Pferde zu seinem Dienst hat; darin liegt eigentlich das Übel. In Deutschland haben die Gendarmen nur ein Pferd, und für je zwanzig Mann einen Packwagen, der ihnen alles Nötige nachführt. Bei den Römer hatten die Ritter gleichfalls nur ein Pferd; übrigens lagerten die Triarier neben den Rittern, denen sie die Pferde putzen mußten. Man kann diesen Gebrauch leicht bei uns einführen, wie ich Euch bei Gelegenheit der Lagerordnung zeigen will. Wir können wohl dasselbe tun, was die Römer getan haben, und die Deutschen noch tun, ja es ist ein Fehler, sie nicht nachzuahmen.

Wenn die Reiter eingeschrieben und den Regimenten zugeteilt sind, so kann man sie zur selben Zeit wie die Bataillone einberufen, und Scheingefechte ausführen lassen, mehr um unter sich bekannt zu werden, als weil es sonst nötig wäre. Doch genug hiervon. Gehen wir jetzt dazu über, dem Heer eine Gestalt zu geben, um dem Feind mit der Hoffnung auf Sieg eine Schlacht anbieten zu können. Denn dies ist der Zweck, wozu man eine Kriegsmacht errichtet und so viel Sorgfalt auf sie wendet.

Ende des zweiten Buches

Drittes Buch

Cosimo Rucellai:

Da wir den Stoff unserer Unterhaltung ändern, so soll auch ein anderer Frager gewählt werden. Wenn ich fortführe, würde ich fürchten, der Anmaßung beschuldigt zu werden; ein Fehler, den ich immer an Anderen getadelt habe. Ich lege daher meine Diktatur nieder, und überlasse sie denen aus meinen Freunden, welche sie übernehmen wollen.

Zanobi Buondelmonte:

Es wäre uns sehr angenehm gewesen, Euch fortfahren zu sehen; da Ihr es aber einmal nicht wollt, so bezeichnet wenigstens unter uns Euern Nachfolger.

Cosimo Rucellai:

Ich übertrage diese Sorge Signor Fabrizio selbst.

Fabrizio Colonna:

Ich lasse es mir gefallen. Ich wünsche, daß wir den Gebrauch der Venezianer befolgen, wo immer der Jüngste zuerst spricht. Da der Krieg ein Handwerk für Jünglinge ist, so glaube ich, daß auch Jünglinge am geeignetsten sind, darüber zu sprechen, wie sie auch am bereitesten sind, es auszuüben.

Cosimo Rucellai:

Das trifft also Euch, Luigi. Ich sehe einen solchen Nachfolger mit Freuden, und Ihr werdet nicht weniger durch einen solchen Frager befriedigt sein. Kommen wir aber jetzt, ich bitte euch, zu unserem Gegenstand zurück, und verlieren wir keine Zeit mehr.

Fabrizio Colonna:

Ich bin gewiß, daß, um gehörig zu zeigen, wie man ein Heer zur Schlacht ordnet, es nötig sein würde, zu erzählen, wie die Griechen und Römer die Treffen in ihren Heeren aufstellten. Da Ihr Euch jedoch über diesen Stoff durch Lesen der alten Schriftsteller unterrichten könnt, so werde ich viele Einzelheiten weglassen, und nur diejenigen Dinge anführen, welche man, wie ich glaube, notwendig nachahmen muß, wenn man in unseren Tagen unserem Kriegswesen einigermaßen Vollkommenheit geben will. Bei dieser Gelegenheit will ich Euch zu gleicher Zeit zeigen, wie man ein Heer in Schlachtordnung stellen muß, wie es ein Ernstgefecht liefert, und wie man es durch Scheingefechte üben kann.

Der größte Fehler, den man bei Aufstellung eines Heeres in Schlachtordnung begeht, ist der, daß man es in ein einziges Treffen ausdehnt, und es so vom Erfolg eines einzigen Angriffs und von einer einzigen Wendung des Glückes abhängig macht. Man muß diese Unordnung dem Vergessen der Art der Alten, die Treffen in einander aufzunehmen, zuschreiben. Ohne diese Vorsicht ist es weder möglich, das erste Treffen zu unterstützen, noch es zu verteidigen, noch es im Gefecht abzulösen. Niemals verstand ein Volk dies besser als die Römer. Ihre Art war folgende. Ihr wißt, daß die Römer jede Legion in Hastati, Principes und Triarier einteilten. Die Hastati bildeten das erste Treffen des Heeres; ihre Scharen waren tief und dicht. Hinter ihnen standen die Principes in weniger dichten Scharen. Zuletzt kamen die Triarier, mit ausreichenden Zwischenräumen, um wenn es Not tat, Principes und Hastati aufnehmen zu können. Jede Legion hatte überdies Schleuderer und Bogenschützen und andere Leichtbewaffnete, die niemals in den Reihen blieben, sondern vor die Front des Heeres zwischen Reiterei und das Fußvolk gestellt wurden. Die Leichtbewaffneten eröffneten das Gefecht, und wenn sie siegreich waren, was selten eintraf, so verfolgten sie ihren Sieg; wurden sie zurück getrieben, so zogen sie sich um die Flügel, oder, durch zu diesem Zweck bestimmte Intervalle, zu den Unbewaffneten zurück. Nach ihrem Rückzug kamen die Hastati ins Gefecht. Wurden sie besiegt, zogen sie sich nach und nach in die Zwischenräume der Principes zurück und erneuerten zugleich mit diesen den Kampf. War dies zweite Treffen auch besiegt, so zog es sich auf die Triarier zurück. Hier bildeten alle vereint eine Masse und erneuerten noch einmal den Kampf. Wurden auch die Triarier geschlagen, dann war alles verloren, denn es war kein Mittel mehr übrig, sich wieder zu sammeln. Die Reiterei wurde auf die beiden Flanken des Heeres gestellt und schien die Flügel dieses Körpers zu bilden. Bald focht sie gegen die feindliche Reiterei, bald kam sie ihrem Fußvolk zu Hilfe, je nachdem ob es das Bedürfnis erforderte. Es ist fast unmöglich, ein Heer zu überwinden, welches sich auf diese Art dreimal wieder sammeln kann; denn es muß dreimal vom Glück verraten werden, oder der Feind muß Tapferkeit genug besitzen, um dreimal Sieger zu sein.

Die griechische Phalanx stellte sich nicht auf dieselbe Art wieder her. Obgleich er viele Befehlshaber und Unterabteilungen zählte, so machte man nur einen einzigen Körper, oder besser einen einzigen Kopf daraus. Die Art, wie man den Verlust jedes Gliedes ersetzte, war nicht, daß sich ein Treffen auf das andere zurückzog, wie bei den Römern, sondern ein Mann trat an die Stelle des anderen. Dies geschah wie folgt. Der Phalanx war, wir wollen annehmen, in fünfzig Glieder aufgestellt; wenn nun die Front ins Gefecht kam, so konnten nur die sechs ersten Glieder kämpfen, wie ihre Piken, Sarissen genannt, gerade lang genug waren, daß die Spitzen der Piken des sechsten Glieds über das erste Glied vorragte. Wenn nun im Gefecht ein Mann des ersten Glieds tot oder verwundet niederfiel, so nahm sein Hintermann des zweiten Glieds sogleich seine Stelle ein, welcher wieder durch seinen Hintermann im dritten Glied ersetzt wurde, und so fort, so daß die hinteren Glieder augenblicklich die Lücken er vorderen wieder ausfüllten. So blieben immer die Glieder ganz, und kein Raum war von Streitern leer, außer den hintersten Gliedern, welche nach und nach verbraucht wurden, weil niemand mehr da war, der sie ersetzte. Auf diese Art verzehrten die Verluste, welche die vordersten Glieder erlitten, die hintersten, und die ersten blieben immer unberührt. Durch diese Schlachtordnung war es eher möglich, die Phalanx zu vernichten als zu zersprengen, weil er sich durch seine Masse verteidigte.

Die Römer hatten Anfangs die Phalanxstellung angenommen, und ihre Legionen nach seinem Muster gebildet. In der Folge mißfiel ihnen diese Einrichtung und sie teilten ihre Legionen in mehrere Abteilungen, als Kohorten und Manipeln, weil sie dafür hielten, daß ein Körper desto mehr Leben hat, je mehr Seelen er hat, wie ich vor kurzem sagte, und aus je mehr Gliedern er zusammengesetzt ist, die sämtlich unabhängig von den anderen für sich allein bestehen.

In unseren Tagen bilden die Schweizer ihre Regimenter der Phalanx ähnlich, sowohl durch ihre Aufstellung in Masse, als durch die Art, wie sie ihre Verluste ersetzen. In der Schlacht stellen sie die Regimenter neben einander, und wenn sie sie hinter einander stellen, so kann das erste, sich zurückziehend, nicht in die Reihen des zweiten aufgenommen werden, sondern sie befolgen, um sich gegenseitig zu unterstützen, die Ordnung, daß sie ein Regiment vorne hin, das zweite rechts rückwärts stellen, so daß wenn das erste Hilfe nötig hat, das zweite vorrücken und ihm beistehen kann. Das dritte Regiment stellen sie auf einen Musketenschuß hinter die beiden ersten. Sie tun dies deswegen, damit, wenn die ersten zurückgedrängt werden, das dritte vorrücken könne, und damit die zurückweichenden und die vorrückenden Raum haben, einander auszuweichen; denn eine bedeutende Masse kann nicht wie ein kleiner Körper aufgenommen werden. Die kleineren Körper der römischen Legion hingegen konnten leicht so gestellt werden, daß sie sich gegenseitig einander aufnehmen und mit Leichtigkeit unterstützen konnten. Daß diese Aufstellung der Schweizer nicht so gut ist wie die altrömische, beweisen viele Beispiele der römischen Legionen, wenn sie griechische Phalangen bekämpften. Immer wurden diese von jenen aufgerieben, da die Gattung der römischen Waffen, wie ich früher sagte, und ihre Art, sich wieder zu sammeln, mehr vermochte als die Festigkeit der Phalanx.

Da ich also nach diesen Mustern ein Heer zu ordnen habe, so scheint mir gut, einen Teil der Waffen und Fechtart, sowohl des Phalanx als der Legion, beizubehalten. Ich habe daher in meinem Regiment 2000 Mann mit Piken, der Waffe der mazedonischen Phalanx und 3000 Mann mit Schild und Schwert, den Waffen der Römer, gewollt. Ich habe das Regiment in zehn Bataillone geteilt, wie die Römer die Legionen in zehn Kohorten. Ich habe Veliten, das heißt

Leichtbewaffnete angeordnet, um das Gefecht zu eröffnen, wie sie. – Wie ich die Waffen beider Völker gemischt habe, so soll auch meine Aufstellung von beiden etwas haben. – Jedes Bataillon soll fünf Glieder Piken an der Front haben, und der Rest aus Schildträgern bestehen, um mit der Front den Stoß der Reiterei auszuhalten und ohne Mühe in die Reihen des feindlichen Fußvolkes einbrechen zu können. Ich setze so den feindlichen Piken entgegen, und diese sollen mir ausreichen, um den Feind auszuhalten, so wie dann meine Schildträger, ihn zu besiegen.

Wenn Ihr die Stärke dieser Aufstellung betrachtet, so werdet Ihr sehen, daß auf diese Weise beide Waffen ihrem Zweck vollkommen entsprechen. Die Piken sind nützlich gegen die Reiterei, und rückt man gegen Fußvolk an, so haben sie, ehe das Handgemenge beginnt, ebenfalls ihren Nutzen, später jedoch im Gedränge sind sie unnütz. Um diesem Mißstand abzuhelfen, stellen die Schweizer immer hinter drei Glieder Piken ein Glied Hellebardiere, um den Piken Raum zu lassen, der übrigens nicht ausreichend ist. Wenn wir daher unsere Piken voraus, und die Schildträger dahinter stellen, so können wir den Stoß der Reiterei aushalten und am Anfang des Gefechts, die Reihen des Fußvolks öffnen und in Unordnung bringen. Wird nun das Gedränge größer und die Pike unnütz, so folgt ihr Schild und Schwert, deren man sich im dichtesten Handgemenge bedienen kann.

Luigi Alamanni:

Wir sind ungeduldig zu erfahren, wie Ihr ein so bewaffnetes und aufgestelltes Heer im Ganzen in Schlachtordnung stellen werdet.

Fabrizio Colonna:

Gerade das will ich Euch jetzt zeigen. Wißt denn, daß bei einem gewöhnlichen römischen Heer, das man konsularisches Heer nannte, nicht mehr als zwei Legionen römischer Bürger waren, zusammen 600 Pferde und ungefähr 11000 Mann zu Fuß stark. Dazu kamen die Reiterei und das Fußvolk, die ihnen ihre Freunde und Verbündeten schickten. Man teilte dieses Heer in zwei Teile, deren einen man rechten Flügel, den andern linken Flügel nannte. Die Zahl der Hilfsvölker zu Fuß durfte niemals die der Legionen übersteigen; doch sah man es gerne, wenn die Reiterei zahlreicher war. Mit diesem Heer von 22000 Mann zu Fuß und ungefähr 2000 diensttuenden Reitern führte der Konsul jede Kriegshandlung aus, unternahm jeden Feldzug. Nur wenn man sich sehr überlegenen Streitkräften widersetzen mußte, vereinten beide Konsuln ihre Heere.

Es ist noch zu bemerken, daß die Römer bei den drei Hauptgeschäften eines Heeres, beim Marsch, beim Lagern und in der Schlacht, gewöhnlich die Legionen in den Mittelpunkt stellten, weil sie diejenigen Streitkräfte, auf die sie am meisten zählten, mehr vereint haben wollten, wie ich bei Erörterung dieser drei Geschäfte zeigen werde. Die Hilfsvölker, mit den Legionssoldaten zu dienen gewohnt, waren so nützlich wie jene, weil sie dieselbe Disziplin hatten, und in derselben Schlachtordnung aufgestellt wurden. Wenn man also weiß, wie die Römer eine Legion in Schlachtordnung stellten, so weiß man, wie sie sie alle stellten. Wenn ich Euch daher gesagt habe, daß sie eine Legion in drei Treffen teilten, und daß ein Treffen das andere aufnahm, so habe ich Euch schon im Voraus gesagt, wie sie ein ganzes Heer in Schlachtordnung stellten.

Will ich nun hierin die Römer nachahmen, so werde ich zwei Regimenter nehmen, wie die Römer zwei Legionen hatten, und die Art wie ich sie aufstelle, wird mit der Schlachtordnung des ganzen Heeres bekannt machen; denn würden die Streitkräfte beträchtlicher, so brauchte man nur die Schlachtlinie länger zu machen. Es wird nicht nötig sein, Euch zu erinnern, aus wie viel Mann Fußvolk ein Regiment besteht, und Euch zu wiederholen, daß es in zehn Bataillone geteilt wird, wie viele Offiziere das Bataillon hat, welche Waffen eingeführt, was Piken, ordentliche und außerordentliche Veliten sind. Ich habe es Euch vor kurzem ausführlich erklärt und gebeten, es wohl im Gedächtnis zu behalten, weil dies durchaus nötig ist, um alles Folgende zu verstehen. Ich werde also ohne weitere Wiederholung zur Schlachtordnung schreiten.

Ich glaube, daß man die zehn Bataillone des ersten Regiments auf den linken und die zehn des zweiten auf den rechten Flügel stellen müsse. Die Bataillone des linken Flügels formieren sich auf folgende Art. Man stellt fünf Bataillone in Front neben einander, mit Intervallen von vier Schritten, so daß sie in der Breite 141 Schritte und in der Länge (Tiefe) vierzig Schritte Raum einnehmen. Hinter diese fünf Bataillone würde ich drei andere, vierzig Schritte in senkrechter Richtung entfernt, stellen, wovon zwei senkrecht hinter die zwei äußersten der fünf Bataillone, und eines in die Mitte käme. So werden diese drei Bataillone sowohl in der Breite als Tiefe denselben Raum wie die fünf einnehmen, mit dem Unterschied, daß die Intervallen der fünf vier Schritte, die der drei dreiunddreißig betragen. Hinter die drei Bataillone würde ich die zwei letzten aufstellen, und zwar senkrecht, auf vierzig Schritte Abstand hinter die zwei äußersten Bataillone, so daß ihre Intervalle einundneunzig Schritte beträgt. Der ganze Raum, welchen die Bataillone in dieser Ordnung einnehmen, wird 141 Schritte breit und 200 Schritte tief sein. Die außerordentlichen Piken würde ich längs der Flanke meiner Bataillone, zwanzig Schritte links seitwärts in 143 Gliedern, das Glied zu sieben Mann, aufstellen, so daß ihre Tiefe gleich der der zehn Bataillone wäre und noch vierzig Glieder weiter rückwärts reichten, um das Gepäck und die Unbewaffneten zu decken. Die Dekurionen und Zenturionen der außerordentlichen Piken würde ich auf ihre Plätze verteilen, von ihren drei Bataillonschefs aber einen an die Spitze, einen in die Mitte stellen, und einen als Tergiductor schließen lassen, wie die Alten diejenigen Offiziere nannten, welche im Rücken ihrer Heere standen. Kehren wir aber wieder zur Front des Heeres zurück. Ich würde also neben die außerordentlichen Piken die 500 außerordentlichen Veliten stellen und ihnen einen Raum von vierzig Schritten in der Front gewähren. Links seitwärts von diesen kämen die Gendarmen zu stehen, mit einem Raum von 150 Schritten in der Breite. Neben diese die leichte Reiterei mit demselben Raum. Die ordentlichen Veliten würde ich bei ihren Bataillonen lassen, und in die Intervalle der Bataillone stellen, deren Diener sie gleichsam sein würden, wenn es mir nicht besser schiene, sie zu den außerordentlichen Piken zu stellen; die Umstände würden mich zu einem oder dem anderen bestimmen. Den Obersten stellte ich in die Mitte zwischen das erste und zweite Treffen, oder vor die Front in die Intervalle des fünften Bataillons und der außerordentlichen Piken, wie mir es gerade am besten schiene. Er würde dreißig bis sechzig auserwählte Leute um sich haben, die mir Klugheit einen Auftrag auszurichten verstünden und durch ihre Tapferkeit einen Angriff abwehren könnten. Seine Spielleute und Fahne hätte er ebenfalls bei sich.

In dieser Ordnung würde ich das Regiment des linken Flügels, die Hälfte meines Heeres, aufstellen. Es würde in der Breite 511 Schritte einnehmen und in der Tiefe so viel wie ich oben angegeben, die zur Deckung der Unbewaffneten bestimmten außerordentlichen Piken ausgenommen, welche ungefähr hundert Schritte weiter rückwärts reichen. Das andere Regiment würde ich auf den rechten Flügel und ganz auf dieselbe Art wie das erste, aufstellen. Zwischen beiden ließe ich ein Intervall von dreißig Schritten. Diese würde mit einigen Stücken Geschütz besetzt, und dahinter käme der Feldherr des ganzen Heeres, umgeben von der Hauptfahne, den Spielleuten und wenigstens 200 auserwählten Kriegern, die meisten zu Fuß, zehn davon, alle Befehle auszuführen geschickt. Er selbst wäre zu Pferde, doch so bewaffnet, daß er nach Umständen sowohl zu Pferd als auch zu Fuß fechten könnte.

Für ein Heer sind zehn Belagerungsgeschütze, deren Kaliber nicht fünfzig Pfund übersteigt, ausreichend. Im Feld würde ich mich ihrer lieber zur Verteidigung des Lagers als in der Schlacht bedienen. Alles übrige Geschütz bestände eher aus Zehn-, denn aus Fünfzehnpfündern, und ich würde es vor die ganze Front des Heeres verteilen, wenn die Beschaffenheit des Terrains nicht erlaubte, es auf die Flügel an einen sicheren, vom Feind unangreifbaren, Ort aufzufahren.

Diese Schlachtordnung kann im Gefecht die Phalanx und die römische Legion ersetzen. In den vordersten Gliedern stehen die Piken, und alles Fußvolk ist so geordnet, daß, wenn man den Feind angreift und ihm widersteht, die vorderen Glieder, wie bei der Phalanx, durch die hinteren ersetzt werden können. Wird das erste Treffen auseinandergesprengt und muß es zurückweichen, so kann es in die Intervalle des zweiten Treffens eintreten, sich mit ihm vereinen, und von neuem eine Masse bildend, den Stoß des Feindes aushalten und ihn bekämpfen. Wäre das nicht ausreichend, so können sich die beiden ersten Treffen auf dieselbe Art nochmals zurückziehen und mit dem dritten vereint zum dritten Mal kämpfen. Durch diese Ordnung ersetzt man sich in der Schlacht sowohl nach griechischer als römischer Art. Was die Festigkeit des Heeres betrifft, so kann man es nicht fester aufstellen; denn beide Flügel sind reichlich mit Offizieren und Waffen versehen; seine einzige schwache Seite ist im Rücken, wo die Unbewaffneten stehen, und diese sind noch in der Flanke von den außerordentlichen Piken gedeckt. Der Feind kann das Heer von keiner anderen Seite angreifen, ohne es zum Empfang bereit zu finden. Der Rücken aber hat nichts zu fürchten, da der Feind kaum so beträchtliche Streitkräfte haben kann, um Euch zu gleicher Zeit auf allen Punkten anzugreifen; denn ist dem so, so dürft Ihr gar nicht gegen ihn im Feld erscheinen. Wären aber seine Streitkräfte auch um ein Drittel beträchtlicher als die Euren, und wäre er eben so gut geordnet wie Ihr, so ist doch, wenn er sich schwächt, um Euch auf mehreren Punkten anzugreifen, und Ihr ihn auf einem einzigen Punkt werft, alles für ihn verloren. Ist seine Reiterei zahlreicher als die Eure, so könnt Ihr ganz ruhig sein, weil die Reihen Eurer Piken, welche Euch einschließen, Euch vor jedem Angriff schützen, wenn auch Eure Reiterei zurückgetrieben worden wäre. Die Offiziere sind so aufgestellt, daß sie leicht befehlen und gehorchen können. Die Zwischenräume zwischen den Bataillonen und dem Treffen dienen nicht nur dazu, sich einander aufnehmen zu können, sondern gewähren auch denen, welche die Befehle des Feldherrn überbringen, freien Durchgang.

Ein römisches Heer zählte ungefähr 24.000 Mann. Dies soll auch die Stärke unseres Heeres sein, und wie die Hilfsvölker die Fechtart und Aufstellung der Legionen nachahmten, so sollen auch die Soldaten, welche wir unseren beiden Regimentern beifügen, die selbe Form und Disziplin haben. Da wir ein Beispiel von dieser Sache aufgestellt haben, so ist es leicht, dasselbe nachzuahmen, denn wenn man dem Heer noch zwei Regimenter beifügt, oder so viel Hilfsvölker wie man schon Soldaten hat, so braucht man nur die Schlachtlinie doppelt so breit zu machen, und da wo zehn Bataillone standen zwanzig aufzustellen, oder aber, wie es der Feind und das Terrain erfordern, die Treffen doppelt so tief zu stellen.

Luigi Alamanni:

In Wahrheit, Signor, ich glaube Euer Heer vor mir zu sehen. Ich brenne vor Verlangen, es fechten zu sehen. Nicht um alles in der Welt wollte ich, daß Ihr Fabius Maximus würdet, den Feind durch Zaudern hinhieltet und die Schlacht verzögertet. Schlimmeres würde ich dann von Euch sagen als das römische Volk von Fabius.

Fabrizio Colonna:

Fürchtet nichts. Hört Ihr nicht den Donner des Geschützes? Das unsrige hat schon gefeuert, aber dem Feind wenig geschadet. Die außerordentlichen Veliten, mit der leichten Reiterei zugleich, brechen vor, sie zerstreuen sich und stürzen mit Ungestüm und großem Geschrei auf den Feind. Sein Geschütz gibt eine Salve, aber die Kugeln fliegen unschädlich über die Köpfe unseres Fußvolks. Damit es nicht zum zweiten Mal feuern kann, haben es unsere Veliten und leichte Reiterei schon angegriffen; der Feind rückt zu seiner Verteidigung vor, so, daß freundliches und feindliches Geschütz nicht mehr schießen kann. Seht, mit welcher Tapferkeit, mit welcher Disziplin die Unsren fechten, weil sie ihnen durch beständige Übung zur Gewohnheit geworden, und weil sie Vertrauen in das Heer setzen, welches Ihr in festem Schritt, die Gendarmen auf den Flügeln in Schlachtordnung, heranrücken seht. Seht unser Geschütz, um Platz zu machen und den Raum frei zu lassen, sich durch die Intervalle, aus denen die Veliten gekommen sind, zurückziehen. Seht den Feldherrn, wie er den Mut der Soldaten entflammt und ihnen einen gewissen Sieg verspricht. Seht, wie die Veliten und leichten Reiter sich entfernt haben und auf die Flügel des Heeres zurückgekehrt sind, um zu versuchen, ob sie dem Gegner nicht in der Flanke eine Wunde versetzen können. Nun treffen die Heere aufeinander; seht, mit welcher Tapferkeit die Unseren den Angriff des Feindes ausgehalten haben, mit welcher Stille, und wie der Feldherr der Reiterei befiehlt, auszuhalten, nicht vorzubrechen, und mit dem Fußvolk auf gleicher Höhe zu bleiben. Seht, wie unsere leichte Reiterei über ein Fähnlein feindlicher Hakenschützen hergefallen ist, wie sie es in der Flanke fassen wollten, und wie ihm die feindliche Reiterei zu Hilfe geeilt ist, so daß es, zwischen beide gedrängt, nicht feuern kann und hinter seine Bataillone zurückkehrt. Seht, mit welchem Mut unsere Piken angreifen, wie das Fußvolk einander schon so nahe ist, daß die Piken nicht mehr gehandhabt werden können, und sich die Unseren nach den Regeln unserer Kriegsordnung nach und nach durch die Schildträger zurückziehen. Seht, wie während dieser Vorgänge ein Geschwader feindlicher Gendarmen die Gendarmen unseres linken Flügels geworfen hat, wie sich die Unseren nach Vorschrift hinter die außerordentlichen Piken zurückgezogen, mit ihrem Beistand wieder Front gemacht, den Feind zurückgeschlagen und ihm viele Leute getötet haben. Unterdessen haben sich alle ordentlichen Piken der vordersten Bataillone hinter die Glieder der Schildträger in Sicherheit gebracht und ihnen die Fortsetzung des Kampfes überlassen. Seht, mit welcher Tapferkeit, Sicherheit und Leichtigkeit die Schildträger den Feind zu Boden strecken. Seht Ihr nicht, wie gedrängt die Scharen im Kampf sind, daß sie kaum das Schwert führen können? Bemerkt Ihr, mit welchem ohnmächtigen Grimm die Feinde sterben? Denn Pike und Schwert sind ihnen unnütz, weil die erste zu lang ist, und das andere den Gegner zu gut gerüstet findet; ein Teil fällt, verwundet oder tot, die übrigen ergreifen die Flucht. Seht sie auf dem rechten Flügel fliehen. Sie fliehen auch auf dem linken. Unser ist der Sieg. – Haben wir nicht auf das glücklichste eine Schlacht gewonnen? Doch, der Sieg wäre glückseliger, dürft ich ihn verwirklichen.

Ihr sagt, daß wir unser zweites und drittes Treffen nicht nötig hatten, und daß unser erstes Treffen zur Besiegung des Feindes ausreichte. Ich habe Euch jetzt nichts anderes mehr zu sagen, als daß ich bereit bin, jeden Zweifel zu lösen, den Ihr haben mögt.

Luigi Alamanni:

Ihr habt mit solchem Feuer diese Schlacht gewonnen, daß ich noch voller Bewunderung und Staunen bin, und mich nicht gut erklären zu können glaube, wenn noch irgendein Zweifel mir im Geist geblieben ist. Doch im Vertrauen auf Eure Weisheit will ich den Mut fassen, zu sagen, was ich davon halte. Sagt mir zuerst, warum habt Ihr es sogleich hinter das Heer zurückgezogen und seiner nicht mehr erwähnt? Es scheint mir auch, daß Ihr die feindlichen Batterien zu hoch, und so wie es für Euch gut ist, habt feuern lassen. Sie könnten allerdings so feuern. Wenn übrigens das Geschütz, wie es oft stattfinden muß, mit voller Fahrt Eure Soldaten träfe, welches Mittel hättet Ihr dagegen? Da ich aber vom Geschütz zu sprechen angefangen habe, so will ich alles sagen, worüber ich noch im Zweifel bin, um nicht darauf zurückkommen zu müssen. Ich habe viele Leute ihre Verachtung für die Waffen und Disziplin der alten Heere bezeugen hören, sie gewährten weniger Vorteil, ja sie seien ganz unnütz, heute, wo der Gewalt des Geschützes weder Schlachtordnung noch Rüstung widerstehen könne. Daher sei es in ihren Augen eine Torheit, eine Schlachtordnung, in der man sich nicht halten könne, wieder in Kraft zu setzen, und das Gewicht einer Rüstung zu schleppen, die uns nicht schützen könne.

Fabrizio Colonna:

Da Eure Frage eine Menge Gegenstände begreift, so verlangt sie eine längere Antwort.

Ich habe mein Geschütz nur einmal feuern lassen; und auch das habe ich nicht ohne Bedenken getan. Die Ursache ist, daß mehr darauf ankommt, sich vor dem Getroffenwerden zu hüten als den Feind zu treffen. Um aber durch das Geschütz nicht getroffen zu werden, muß man außerhalb seines Bereichs stehen, oder sich hinter eine Mauer oder einen Wall begeben. Nichts anderes hält die Geschützkugeln ab; und noch dazu müssen beide sehr stark sein. Die Feldherren, welche sich entschließen, eine Schlacht zu liefern, können weder hinter Mauern oder Wällen stehen, noch außerhalb des Bereichs der Geschütze bleiben. Sie müssen also, da sie kein Mittel finden können, sich vollkommen zu schützen, eines aufsuchen, wodurch die Gefahr vermindert wird. Sie können aber kein anderes finden als sich auf der Stelle der feindlichen Batterie zu bemächtigen. Die Art, sie einzunehmen ist, zerstreut auf die Stücke loszustürzen, und nicht in Masse und langsamen Schritts, denn die Raschheit des Angriffs erlaubt keine Wiederholung des Feuers, und die zerstreute Fechtart hindert, daß es große Zerstörung anrichtet. Dies ist keine Verrichtung für geschlossene Scharen, denn wenn sie laufen, so geraten sie in Unordnung und rücken sie in Unordnung vor, so ersparen sie dem Feind die Mühe sie zu brechen, weil sie sich von selbst gebrochen haben. Ich habe daher mein Heer so aufgestellt, daß es beide Zwecke erreichen kann. Auf die Flügel habe ich 1000 Veliten gestellt und befohlen, daß sie sich, so wie unser Geschütz gefeuert hat, mit der leichten Reiterei auf die feindlichen Geschütze stürzen. Ich habe unser Geschütz sein Feuer nicht wiederholen lassen, damit das feindliche nicht Zeit gewinnt, wieder zu laden; denn ich konnte mir diese Zeit nicht nehmen und zugleich den Feind verhindern, sie zu benutzen. Da ich selbst nicht das zweite Mal gefeuert habe, so konnte es auch der Feind nicht mehr, wie er es das erste Mal getan hatte; denn ich habe mich des einzigen Mittels bedient, das feindliche Geschütz unnütz zu machen, das heißt, ich bin darauf los gegangen. Läßt nämlich der Feind seine Geschütze im Stich, so nehme ich sie ihm weg, will er sie verteidigen, so muß er sie da hinten lassen, und kann, da Freund und Feind davor steht, nicht mehr feuern. Auch ohne Beispiele würden diese Gründe schon ausreichen, da ich aber einige von den Alten weiß, so will ich sie anführen. Als Ventidius mit den Parthern zu kämpfen hatte, deren Stärke größtenteils in Pfeil und Bogen bestand, so ließ er sie bis unter die Brustwehren seines Lagers heranrücken, ehe er sein Heer herausführte, und er tat es nur deswegen, um ihnen sogleich auf den Leib zu rücken und ihnen keine Zeit zum Abschießen ihrer Pfeile zu lassen. Cäsar berichtet, daß er in einer Schlacht in Gallien mit solcher Wut von dem Feind angegriffen wurde, daß die Seinen nicht Zeit hatten, nach römischer Weise die Wurfspeere zu schleudern. Man sieht, daß der Wirkung einer Feuerwaffe in freiem Feld nur dadurch ausgewichen werden kann, wenn man sich ihrer so schnell wie möglich bemächtigt.

Ich habe noch einen anderen Beweggrund, von dem Geschütz keinen Gebrauch zu machen; vielleicht lacht Ihr darüber, und doch ist er nicht zu verachten. Nichts bringt mehr Unordnung und Verwirrung in ein Heer, als wenn es verhindert wird, zu sehen, was um es vorgeht, und viele tapfere Heere sind nur darum besiegt worden, weil sie durch Staub oder die Sonne geblendet waren. Nichts aber hindert die Aussicht so sehr wie Pulverdampf, und ich halte es für klüger, den Feind sich selbst blenden zu lassen, als ihn wie ein Blinder aufzusuchen. So würde ich entweder gar keinen Gebrauch von dem Geschütz machen, was wegen des großen Ansehens, in der diese Waffe steht, wahrscheinlich nicht gebilligt werden wird, oder ich würde es auf die Flügel des Heeres stellen, damit beim Feuern der Pulverdampf nicht den Mittelpunkt blendet, wo der Kern meines Heeres steht. Daß dem Feind die Aussicht nehmen nützlich ist, dafür kann Spaminondas als Beispiel angeführt werden. Um das feindliche Heer, das gegen ihn zur Schlacht anrückte, zu blenden, ließ er seine leichte Reiterei längs der feindlichen Front hin galoppieren. Es erhoben sich Staubwolken, versperrten den Feinden die Sicht, und er gewann die Schlacht.

Es scheint Euch, ich hätte die Kanonenkugeln zu meinem Vorteil über die Köpfe meines Fußvolks hinweggehen lassen. Ich antworte, daß die Fälle, wo das schwere Geschütz das Fußvolk nicht trifft, ohne Vergleich häufiger sind, als wo es dasselbe trifft. Denn das Fußvolk ist so nieder, und das Geschütz so schwer zu richten, daß durch eine Kleinigkeit, um die Ihr zu hoch zielt, die Kugeln über seine Köpfe hinaus fliegen, und wo Ihr zu tief zielt, sie sich in die Erde bohren und nicht bis zu ihm gelangen. Davor schützt ferner die Unebenheit des Terrains; der kleinste Busch, die geringste Erhöhung, welche sich zwischen dem Geschütz und den Soldaten befindet, verhindert seine Wirkung. Was die Reiter betrifft und besonders die Gendarmen, welche dichter als die leichten Reiter stehen, so können sie zwar, weil sie höher sind, leichter getroffen werden, man kann sie aber so lange im Rücken des Heeres halten bis das Geschütz gefeuert hat.

Es ist wahr, daß die Haken und die Feldgeschütze viel gefährlicher sind. Das beste Mittel dagegen ist aber immer, bald zum Kampf zu kommen; und wenn beim ersten Angriff einige Leute fallen, so fallen je immer Leute, und ein guter Feldherr und ein gutes Heer fürchtet keinen teilweisen, sondern nur einen allgemeinen Verlust. Man muß die Schweizer nachahmen, welche niemals aus Furcht vor dem Geschütz einer Schlacht ausgewichen sind, und welche den, der aus Schrecken davor aus den Reihen weicht, oder in seiner Haltung nur irgendein Zeichen von Furcht blicken läßt, mit dem Tod bestrafen.

Nachdem das Geschütz gefeuert hat, habe ich es in das Heer zurückgezogen, um den Bataillonen freien Raum zu lassen. Ich habe seiner nicht mehr erwähnt, als einer unnützen Sache, so bald der Kampf begonnen hatte.

Ihr habt noch weiter gesagt, daß wegen der Gewalt dieses Kriegswerkzeugs, viele Leute die alte Bewaffnungs- und Aufstellungsart für unnütz halten. Man sollte aus dieser Rede schließen, daß die Neueren Aufstellungen und Waffen erfunden haben, welche gegen das Geschütz Schutz gewähren. Wenn Ihr so etwas wißt, so werdet Ihr mir einen Gefallen tun, mich zu belehren; denn bis jetzt habe ich nie so etwas gesehen und glaube auch nicht, daß etwas erfunden werden kann. Ich möchte doch von diesen Leuten wissen, aus welchen Gründen unsere Fußknechte eiserne Bruststücke und Blechschürzen tragen, und die Reiter von Kopf bis zu Fuß gerüstet sind? Wenn sie die Rüstung der Alten wegen des Geschützes als unnütz verdammen, so müssen sie auch die jetzt gebräuchliche beiseite legen. Ich möchte auch hören, warum die Schweizer, der alten Aufstellungsart ähnlich, ein geschlossenes Regiment von 6000 bis 8000 Fußknechten formieren; und aus welchem Grund alle anderen Völker sie nachgeahmt haben, da doch dieser Aufstellungsart das Geschütz so gefährlich ist, wie jeder anderen, die man aus dem Altertum nähme? Ich glaube, sie wüßten nicht, was sie mir antworten sollten. Wenn Ihr aber Soldaten, die einige Urteilskraft besitzen, fragt, so werden sie Euch zuerst antworten, daß sie gerüstet gehen, weil ihre Rüstung, wenn sie sie auch nicht vor der Feuerwaffe schützt, doch Bolzen, Piken, Degen, Steine und alle übrigen Angriffswaffen abhält. Sie werden ferner antworten, daß sie geschlossen, wie die Schweizer marschieren, um das Fußvolk leichter zu sprengen, der Reiterei besser widerstehen zu können und dem Feind die Schwierigkeit, sie zu durchbrechen, entgegen zu stellen. Man sieht daraus, daß der Soldat viele andere Dinge, außer den Feuerwaffen, zu fürchten hat, und sich gegen diese Dinge durch Rüstung und Aufstellung verteidigt. Aus alldem folgt: je besser ein Heer gerüstet ist, und je dichter und stärker seine Scharen sind, desto sicherer ist es auch. Jeder, welcher der von Euch genannten Meinung ist, gibt zu, daß er entweder wenig Klugheit besitzt, oder sehr wenig über diese Dinge nachgedacht hat. Denn wenn wir sehen, daß ein so kleiner Teil der alten Bewaffnungsart, die heutige Pike und ein so kleiner Teil der alten Schlachtordnung, die Regimenter der Schweizer, so gute Dienste tun und unseren Heeren so große Festigkeit geben, warum sollten wir nicht glauben, daß die anderen Waffen und die anderen Schlachtordnungen, welche wir vernachlässigt haben, auch nützlich sind? Wenn wir, wie die Schweizer, bei unserer gedrängten Aufstellung keine Rücksicht auf das Geschütz genommen haben, welche andere Schlachtordnung können wir wählen, wo es uns mehr schaden könnte? Ist es nicht eine bekannte Sache, daß die Wirkung des Geschützes gegen dichte Massen am furchtbarsten ist?

Außerdem, wenn mich das feindliche Geschütz nicht abschreckt, eine Festung zu belagern, wo es mich mit größerer Sicherheit beschießt, indem ich es, hinter seiner Mauer geschützt, nicht wegnehmen, sondern nur nach längerer Zeit durch mein Geschütz zum Schweigen bringen kann, so daß es seine Schüsse nach Belieben vervielfacht, warum sollte ich es im freien Feld fürchten, wo ich sogleich darauf losgehen kann? Ich ziehe also endlich den Schluß, daß nach meiner Meinung das Geschütz nicht abhält, die Schlachtordnung der Alten einzuführen und ihre Tapferkeit zu zeigen. Hätte ich nicht schon früher mit Euch über dieses Kriegswerkzeug gesprochen, dann würde ich mich weiter darüber verbreiten, so beziehe ich mich aber auf das früher Gesagte.

Luigi Alamanni:

Wir können, was Ihr über das Geschütz gesagt habt, vollkommen verstanden haben. In Summe scheint Ihr bewiesen zu haben, daß im Feld, einem Heer gegenüber, das beste Mittel gegen das Geschütz ist, so schnell wie möglich darauf loszugehen. Hier aber habe ich einen Zweifel; es kommt mir vor, der Feind könne es z. B. zur Seite seines Heeres aufstellen, von wo aus es Euch beschießen könnte, und doch so gedeckt wäre, daß Ihr es nicht wegnehmen könntet. Ihr habt, wenn Ihr Euch wohl erinnert, beim Ordnen Eures Heers zur Schlacht, Intervalle von vier Schritten zwischen zwei Bataillonen und von zwanzig Schritten zwischen den Regimentern und den außerordentlichen Piken gelassen. Wenn nun der Feind sein Heer auf gleiche Weise aufstellte und sein Geschütz etwas rückwärts in seine Intervalle auffahren ließe, so wird es, glaube ich, von da aus Euch mit größter Sicherheit schaden können, weil Ihr nicht in die Streitkräfte des Feindes eindringen können werdet, um es wegzunehmen.

Fabrizio Colonna:

Euer Zweifel ist sehr klug, und ich werde meinen Verstand anstrengen, ihn zu lösen, oder ein Mittel dagegen zu finden. Ich habe Euch gesagt, daß die Bataillone entweder durch den Marsch oder durch die Schlacht in Bewegung sind, und daß sie der Natur der Sache nach sich so zusammen drängen, daß wenn Ihr die Intervalle für das Geschütz schmal macht, diese sich bald so verengen werden, daß die Bedienung des Geschützes ihren Dienst nicht mehr tun kann. Macht Ihr die Intervalle, um dieser Gefahr zu entgehen, breit, so setzt Ihr Euch der viel größeren aus, dem Feind nicht nur Raum zu geben, Eure Artillerie wegzunehmen, sondern auch Eure Linien zu durchbrechen. Ihr müßt überdies Wissen, daß es unmöglich ist, die Geschütze zwischen Eure Bataillone zu stellen, besonders die, welche auf Wägen gezogen werden. Denn das Geschütz marschiert nach einer Richtung und feuert nach der entgegengesetzten, so daß wenn sie marschieren und feuern sollen, die Geschütze vor dem Feuern notwendig wenden müssen; und zum Wenden ist so viel Raum nötig, daß fünfzig solcher Geschützwägen das ganze Heer in Unordnung brächten. Man muß sie also notwendigerweise außerhalb der Linien halten, und dort können sie auf die eben gezeigte Art angegriffen werden. Aber nehmen wir an, es könnte geschehen, und es ließe sich ein Mittelweg finden, wonach sich der Feind nicht so sehr zusammendrängte, um sein Geschütz am Feuern zu verhindern, und auch nicht genug öffnete, um uns Raum zu geben, so sage ich, daß diesem leicht abzuhelfen wäre, indem wir dem feindlichen Geschütz gegenüber gleichfalls Intervalle anbrächten, wodurch seine Kugeln freien Weg fänden, und so umsonst wüten würden. Dies ließe sich sehr leicht machen, denn wenn der Feind sein Geschütz sicher aufstellen will, so muß er es rückwärts in den hintersten Teil der Intervalle stellen, so daß wenn er nicht seine eigenen Leute treffen will, immer in derselben senkrechten Richtung die Kugeln abgeschossen werden müssen, denen man dann Raum geben und hierdurch leicht ausweichen kann. Es ist eine allgemeine Regel, daß man den Dingen, welche man nicht aufhalten kann, freien Weg lassen muß, wie es die Alten mit den Elefanten und Sichelwägen taten.

Ich glaube, ja ich bin mehr als gewiß, daß es Euch scheint, ich hätte meine Schlacht so liefern lassen, daß ich Sieger blieb. Doch ich entgegne Euch, wenn das früher hierüber Gesagte noch nicht ausreicht, daß es unmöglich wäre, daß ein auf meine Art geordnetes und bewaffnetes Heer nicht durch den ersten Angriff jedes andere Heer überwinden würde, welches wie unsere neueren Heere aufgestellt wäre. Letztere bilden meist nur ein Treffen, und führen keine Schilde. Sie sind so schlecht gerüstet, daß sie sich gegen den nahen Feind nicht verteidigen können, und auf eine Art aufgestellt, daß sie die Linie durch ihre Ausdehnung schwächen, wenn sie ihre Bataillone nebeneinander stellen; und daß es nur eine Quelle der Verwirrung und Unordnung für das Heer wird, wenn sie sie hinter einander stellen, das sie keine Vorkehrungen treffen, sich einander aufzunehmen. Obwohl sie ihre Heere in drei Treffen teilen und ihnen die drei Namen: Vorhut, Schlachtkörper und Nachhut geben, so bedienen sie sich dieser Abteilung doch nur auf dem Marsch und zur Unterscheidung der Lagerplätze; in der Schlacht jedoch sind alle zugleich zum ersten Angriff genötigt, und so hängen sie von der ersten Laune des Glücks ab.

Luigi Alamanni:

Ich habe noch bemerkt, daß im Verlauf der Schlacht Eure Reiterei, von der feindlichen geschlagen, sich unter den Schutz der außerordentlichen Piken zurückzog, von ihnen unterstützt, Stand hielt, und dann den Feind wieder zurückwarf. Ich glaube wohl, daß die Piken, wie Ihr sagt, den Angriff der Reiterei aushalten können, aber in einem großen und dichten Schlachthaufen wie die Schweizer; Ihr hingegen habt in Eurem Heer nur fünf Glieder Piken in Front und sieben in der Flanke, so daß ich nicht weiß, wie sie Widerstand leisten können.

Fabrizio Colonna:

Obgleich ich Euch gesagt habe, daß in der mazedonischen Phalanx sechs Glieder Teil am Gefecht nehmen konnten, so werdet Ihr doch einsehen, daß von einem Schweizerregiment, und bestände es aus 1000 Gliedern, nur vier oder höchstens fünf Glieder zu gleicher Zeit fechten können. Die Piken sind nämlich achtzehn Fuß lang, davon nehmen die Hände drei Fuß ein, es blieben also noch fünfzehn Fuß Pike frei. Das zweite Glied verliert außer dem, was es in den Händen hat, noch andere drei Fuß für den Abstand der Glieder, so daß ihm nur zwölf Fuß Pike nützlich bleiben. Dem dritten Glied bleiben aus denselben Gründen nur neun, dem vierten sechs, und dem fünften drei Fuß. Die übrigen Glieder sind zum Gefecht unnütz; sie dienen aber, wie wir gesagt haben, dazu die ersten Glieder zu ersetzen und bilden gleichsam einen Strebepfeiler für diese fünf. Wenn nun fünf ihrer Glieder den Stoß der Reiterei aushalten können, warum sollten es nicht auch fünf der Unseren können, wenn sie hinter sich noch andere Glieder haben, die ihnen gerade so zur Stütze dienen, obgleich sie nicht mit Piken bewaffnet sind? Scheinen Euch aber die Reihen der auf die Flanke gestellten außerordentlichen Piken zu dünn, so kann man daraus Vierecke formieren und sie auf die Flanke der zwei Bataillone stellen, welche ich ins letzte Treffen meines Regiments setze. Von hier aus können sie sowohl der Front als auch dem Rücken des Heeres zu Hilfe kommen und die Reiterei unterstützen, je nach dem es das Bedürfnis verlangt.

Luigi Alamanni:

Werdet Ihr Euch immer derselben Schlachtordnung bedienen, wenn Ihr eine Schlacht liefern wollt?

Fabrizio Colonna:

Durchaus nicht. Die Form des Heeres muß nach der Beschaffenheit des Terrains und nach der Gattung und Anzahl des Feindes verändert werden, wovon ich vor dem Schluß dieser Unterhaltung noch einige Beispiele anführen werde. Ich habe ihm diese Form gegeben, nicht sowohl weil sie stärker als andere ist, und sie ist wirklich die stärkste, sondern auch damit daraus Regeln und Vorschriften für Entwerfung jeder anderen Schlachtordnung gezogen werden können, denn jede Wissenschaft hat ihre allgemeinen Grundsätze, auf die dann weiter gebaut wird. Eins prägt Euch besonders ins Gedächtnis, daß Ihr nie ein Heer so ordnet, daß die vordersten Streiter von den Dahinterstehenden nicht unterstützt werden können, denn wer in diesen Irrtum verfällt, macht den größten Teil seines Heeres unnütz und kann, wenn er nur irgendeinen tapferen Widerstand findet, nie Sieger werden.

Luigi Alamanni:

In dieser Betrachtung hat sich mir ein Zweifel erhoben. Bei der Aufstellung Eurer Bataillone habt Ihr ins erste Treffen fünf, ins mittlere drei und ins letzte zwei gestellt. Ich möchte glauben, daß eine umgekehrte Anordnung besser wäre; denn ich denke, es muß größere Schwierigkeit darbieten, in ein Heer einzubrechen, wenn es der Angreifer, je weiter er eindringt, immer fester findet; und Eure Anordnung scheint mir zur Folge zu haben, daß er Euer Heer je weiter er hineindringt, desto schwächer findet.

Fabrizio Colonna:

Wenn Ihr Euch erinnert, daß die Triarier, das dritte Treffen der Römer, nicht mehr als 600 Mann betrugen, und wenn Ihr Euch ins Gedächtnis ruft, daß sie im hintersten Treffen standen, so werden Eure Zweifel verschwinden. Ihr werdet sehen, daß ich durch dieses Beispiel bewogen, in das hinterste Treffen zwei Bataillone, das sind 900 Mann, gestellt habe; so daß ich dem römischen Volk folgend, eher darin irre, daß ich zu viel nehme als zu wenig. Obschon nun ihr Beispiel ausreichen würde, so will ich Euch doch auch noch die Ursache davon sagen. Es ist folgende: Das erste Treffen muß fest und tief aufgestellt werden, weil es den Angriff des Feindes auszuhalten, und niemand in seine Reihen aufzunehmen hat. Es muß daher Überfluß an Soldaten haben, und bei wenigen Leuten würde es entweder durch geringe Tiefe oder durch Lücken schwach werden. Doch das zweite Treffen, weil es zuerst die Freunde aufnehmen muß, ehe es dem Feind Widerstand leistet, bedarf großer Intervalle und muß daher an Zahl schwächer als das erste sein. Denn wäre es an Zahl stärker oder von gleicher Zahl, so könnte es entweder keine Intervalle haben, was eine Unordnung wäre, oder wenn es Intervalle hätte, so müßte es das Vordertreffen auf beiden Seiten überragen, was dem Heer eine unregelmäßige Form gäbe. Es ist nicht richtig, wie Ihr sagt, daß der Feind das Regiment, je mehr er hineindringt, desto schwächer findet; denn er kann niemals mit dem zweiten Treffen kämpfen, ehe sich das erste damit vereint hat, so daß er das Mitteltreffen des Regiments kräftiger nicht schwächer findet, indem er mit dem ersten und zweiten Treffen zugleich fechten muß. Derselbe Fall tritt ein, wenn der Feind bis zum dritten Treffen gelangt ist, weil er hier nicht nur mit den zwei frischen Bataillonen, sondern mit dem ganzen Regiment fechten muß. Weil nun dies letzte Treffen die meiste Mannschaft aufzunehmen hat, so müssen auch seine Zwischenräume am größten und die Zahl der Aufnehmenden am kleinsten sein.

Luigi Alamanni:

Was Ihr gesagt habt, gefällt mir, doch antwortet noch auf dies. Wenn die fünf ersten Bataillone sich zwischen die drei mittleren zurückziehen, und nachher die acht zwischen die zwei hintersten, so scheint es nicht möglich, daß zuerst die acht vereinten Bataillone, und dann die zehn in denselben Raum gefaßt werden können, den fünf einnahmen.

Fabrizio Colonna:

Das erste, was ich Euch antworte ist, daß dieser Raum nicht der gleiche ist, denn die fünf Bataillone haben vier Intervalle zwischen sich, welche sich beim Zurückziehen zwischen die drei, oder zwischen die zwei ausfüllen; dann bleibt noch die Intervalle zwischen den beiden Regimentern, und die zwischen den Flügelbataillonen und den außerordentlichen Piken, was alles Raum gibt. Fügt noch hinzu, daß die Bataillone unberührt einen anderen Raum einnehmen, als wenn sie schon angetastet sind; denn in Unordnung gebracht schließen sie entweder, oder öffnen sie ihre Reihen. Sie öffnen sie, wenn sie sich so sehr fürchten, daß sie die Flucht ergreifen; sie schließen sie, wenn sie sich so fürchten, daß sie ihre Sicherheit nicht in der Flucht, sondern in der Verteidigung suchen. Also werden sie sich in unserem Fall bestreben, näher an einander zu schließen, und nicht, sich zu öffnen. Fügt hinzu, daß die fünf Glieder Piken, welche vorn stehen, nachdem sie das Gefecht eröffnet, sich durch ihre Bataillone in den Rücken des Heeres zurückzuziehen haben, um den Schildträgern Raum zum Fechten zu geben, und sie können dadurch, daß sie in den Rücken des Heeres marschieren, zu beliebiger Verrichtung von dem Feldherrn gebraucht werden, während sie vorne im Kampf ganz unnütz sein würden. Es können daher die angeordneten Räume den Rest der Mannschaft gar wohl fassen. Wäre übrigens dies noch nicht ausreichend, so sind die Flanken des Heeres keine Mauern, sondern Menschen, und können durch Ausweichen und Öffnen so viel Raum geben, wie zum Aufnehmen der vorderen Treffen nötig ist.

Luigi Alamanni:

Wenn sich die vordern Bataillone auf die mittleren zurückziehen, sollen dann die außerordentlichen Piken auf der Flanke des Heeres Stand halten und wie zwei Hörner zurückbleiben? Oder sollen auch sie sich zugleich mit den Bataillonen zurück ziehen? Wenn sie das letztere sollen, so sehe ich nicht, wie sie es können, weil sie hinter sich keine Bataillone mit geöffneten Intervallen haben, um sie zu empfangen.

Fabrizio Colonna:

Greift sie der Feind nicht an, wenn er die Bataillone zum Rückzug zwingt, so können sie in ihrer Ordnung stehen bleiben und dem Feind in die Flanke fallen, nachdem sich die vordersten Bataillone zurück gezogen haben. Wenn er sie aber auch angreift, wie man vernünftigerweise annehmen muß, weil er stark genug ist, die anderen zu zwingen, so müssen auch sie sich zurückziehen. Das können sie ganz gut tun, obgleich sie niemand hinter sich haben, der sie aufnimmt; denn die vordere Hälfte kann in gerader Linie duplieren, indem ein Glied in das andere eintritt, wie wir es gezeigt haben, als vom Duplieren die Rede war. Freilich muß man es etwas anders machen, wenn man sich durch das Duplieren zurückziehen will; denn ich sagte, daß das zweite Glied in das erste, das vierte in das dritte und so fort eintreten müsse; im gegenwärtigen Fall müßte die Bewegung nicht vorwärts, sondern auf das letzte Glied gemacht werden, damit durch das Duplieren die Glieder zurückgezogen würden und nicht vorrückten.

Um aber allen Einwürfen, die Ihr gegen meine Schlacht machen könntet, zu begegnen, sage ich, daß ich aus zwei Gründen mein Heer so geordnet und meine Schlacht so geliefert habe. Der erste ist, Euch zu zeigen, wie man ein Heer in Schlachtordnung stellt; der zweite zu zeigen, wie man es einübt. Die Aufstellung habt Ihr, glaube ich, vollkommen begriffen. Was die Übungen betrifft, so sage ich, daß das Heer so oft wie möglich in der angegebenen Form vereinigt werden muß, damit die Offiziere ihre Bataillone auf die angewiesenen Plätze führen lernen. Die Sache des Soldaten ist es, gut Reih und Glied in seinem Bataillone zu halten, die der Bataillonschef ist es, daß sie ihre Bataillone wohl an ihrem Platz im Heer halten und verstehen, den Befehlen des Feldherrn zu gehorchen. Sie müssen daher ihre Bataillone an einander zu reihen und ihren Platz rasch einzunehmen wissen. Die Bataillonsfahne muß an einem in die Augen fallenden Ort ihre Nummer geschrieben haben, sowohl damit das Bataillon beim Befehlen bezeichnet werden kann, als auch, damit es der Feldherr und die Soldaten an der Nummer leichter erkennen. Auch die Regimenter müssen nummeriert sein, und ihre Nummer auf ihrer Hauptfahne haben. Man muß wissen, welche Nummer das auf den rechten oder auf den linken Flügel gestellte Regiment hat, welche Nummern die Bataillone des Vorder- und Mitteltreffens haben und so fort.

Ich wollte auch, daß diese Nummern ein Maßstab der Ehrengrade im Heer seien. So wären z. B. der Dekurio der erste Grad; der zweite der Chef der fünfzig ordentlichen Veliten; der dritte, der Zenturio, der vierte, der Chef des ersten Bataillons; der fünfte, der des zweiten, der sechste, der des dritten u.s.f. bis zum zehnten Bataillon, dessen Chef im Rang unmittelbar auf den Oberst folgte, und zu dieser Stelle dürfte niemand befördert werden, der nicht durch alle Grade vorgerückt wäre. Da außer diesen Offizieren noch drei Bataillonchefs der außerordentlichen Piken und zwei der außerordentlichen Veliten übrig sind, so wollte ich, daß sie den Grad eines Chefs des ersten Bataillons hätten. Es würde mich nicht kümmern, daß ich so sechs Offiziere von demselben Grad hätte, weil jeder von ihnen sein möglichstes tun würde, in das zweite Bataillon vorzurücken.

Wenn nun jeder dieser Offiziere weiß, welchen Platz sein Bataillon einzunehmen hat, so folgt daraus notwendig, daß auf einen Trompetenstoß und wenn die Hauptfahne entfaltet ist, das ganze Heer in Schlachtordnung stehen wird. Dies ist die erste Übung, womit man ein Heer vertraut machen muß, nämlich rasches Zusammentreten; und um dies zu erreichen, muß man jeden Tag und mehrmals am Tag aufstellen und wieder aus einander gehen lassen.

Luigi Alamanni:

Welche Zeichen wolltet Ihr außer den Nummern für die Fahnen des Heeres annehmen?

Fabrizio Colonna:

Die Fahne des Feldherrn oder Hauptfahne würde das Wappen des Fürsten führen; die anderen Fahnen könnten dasselbe Wappen führen, oder Wappen oder Feld können verschieden sein, wie das dem Kriegsherrn besser dünkt. Hierauf kommt wenig an, wenn nur der Zweck erreicht wird, daß man sie von einander unterscheiden kann.

Doch, gehen wir zu zweiten Übung eines Heeres über; sie ist, dasselbe in Bewegung zu versetzen, machen, daß es in angemessenem Schritt marschiert und darauf sehen, daß während des Marsches die Richtung und Abstände nicht verloren gehen.

Die dritte Übung besteht in Unterweisung in den Schlachtmanövern. Das Geschütz feuert und zieht sich zurück, die außerordentlichen Veliten brechen vor und ziehen sich noch im scheinbaren Angriff zurück; die vordersten Bataillone, als ob sie geschlagen wären, ziehen sich in die Intervalle des zweiten Treffens zurück; dann ziehen sich die beiden ersten Treffen auf das dritte zurück, und von da kehrt alles wieder an seine Plätze zurück. Diese Übung muß so oft wiederholt werden, bis ein Jeder mit allem, was vorkommen kann, bekannt und vertraut wird; und durch häufiges Ausführen und Gewohnheit wird dies leicht erreicht.

Die vierte Übung besteht darin, daß man sie die Befehle des Generals verstehen lehrt, die durch den Schall von Instrumenten und Schwingen der Fahne gegeben werden, denn die Befehle mit der Stimme sind ohne andere Zeichen verständlich. Da diese Art zu befehligen auf die Instrumente und ihre verschiedene Tonarten gegründet ist, so will ich Euch die Instrumente anführen, deren sich die Alten bedienten. Bei dem lakedämonischen Heer waren, nach Thukydides, Flöten gebräuchlich; denn sie hielten die Flötentöne für geeigneter, den Soldaten beim Vorrücken Ruhe und Kaltblütigkeit einzuflößen und ihn nicht mutig zu machen. Von denselben Gründen bewogen, bedienten sich die Karthager beim ersten Angriff der Zither. Der König Atiates von Lydien bediente sich im Krieg der Zither und der Flöten. Doch Alexander der Große und die Römer hatten Hörner und Trompeten eingeführt. Sie dachten durch die Töne dieser Instrumente könne der Mut des Soldaten mehr entflammt, und er zum tapfern Kampf angefeuert werden.

Da wie wir unser Heer nach Art der Griechen und Römer bewaffnet haben, so wollen wir auch nach den Gebräuchen beider Nationen unsere Instrumente austeilen. Ich würde dem Feldhauptmann die Trompete geben, deren Schall nicht nur geschickt darin ist, das Heer zu entflammen, sondern auch vor allen anderen Tönen durch jeden Lärm gehört wird. Die Spielleute der Obersten und Bataillonchefs müßten aus kleinen Trommlern und Pfeifern bestehen, die nicht wie jetzt, sondern wie es bei Gastmählern gebräuchlich ist, zu spielen hätten. Der Feldherr wird also mit der Trompete das Zeichen geben, wann Halt gemacht, vorgerückt oder umgekehrt werden soll, wann das Geschütz feuern, wann sich die außerordentlichen Veliten in Bewegung setzen sollen und mittels Abwechslung der Töne der Trompete alle jene Bewegungen ausführen lassen, welche überhaupt vorkommen. Der Trompete werden sogleich die Trommelzeichen folgen. In dieser wichtigen Übung muß das Heer ausreichend unterrichtet werden. Die Reiterei wird sich ebenfalls der Trompete bedienen, doch von schwächerem Schall und verschiedenem Ton als die des Feldherrn. Dies ist alles, was ich über das Ordnen eines Heeres in Schlachtordnung und die zu haltenden Übungen zu sagen habe.

Luigi Alamanni:

Ich bitte Euch, mir es nicht zu verargen, wenn ich noch über eine Sache Auskunft ersuche. Warum laßt Ihr die leichte Reiterei und die außerordentlichen Veliten mit Geschrei und Getöse auf den Feind stürzen, während das übrige Heer mit tiefstem Schweigen das Gefecht eröffnet. Da ich die Ursache dieser Verschiedenheit nicht einsehe, wünschte ich eine Erklärung.

Fabrizio Colonna:

Die Meinungen der alten Feldherrn sind geteilt, ob man den Feind mit Geschrei und beschleunigtem Schritt attakieren, oder ihm schweigend und langsam entgegen gehen soll. Die letzte Art hat den Vorzug, daß man geschlossener marschieren kann, und die Befehle des Feldherrn besser hört. Durch die erste wird der Mut der Soldaten mehr entflammt. Da mir nun beide Dinge Rücksicht zu verdienen scheinen, so habe ich die einen mit Geschrei, die anderen schweigend vorrücken lassen. Es scheint mir durchaus nicht, daß anhaltendes Geschrei gut sei, weil es die Befehle zu hören verhindert, eine Sache, die sehr verderblich werden kann. Es scheint mir auch vernünftigerweise nicht möglich anzunehmen, daß die Römer nach dem ersten Angriff das Getöse fortgesetzt haben sollten; denn in ihrer Geschichte kommt häufig vor, daß Worte und Ermahnungen ihres Feldherrn die Fliehenden wieder zum Stehen brachte, oder daß auf das Kommando die Schlachtordnung auf verschiedene Weise geändert wurde; was nicht hätte geschehen können, wenn das Geschrei des Heeres die Stimme des Feldherrn übertönt hätte.

Ende des dritten Buchs

Viertes Buch

Luigi Alamanni:

Da ein so ruhmvoller Sieg unter meinen Befehlen gewonnen worden ist, so halte ich es nicht für klug, das immer unbeständige und launenhafte Glück von neuem zu versuchen. Ich wünsche daher meine Diktatur niederzulegen und ernenne Zanobi zu meinem Nachfolger im Amt des Fragens; indem ich die angezeigte Ordnung befolgen und beim Jüngsten anfangen will. Ich weiß, daß er die Ehre oder vielmehr diese Mühe nicht ausschlagen wird, sowohl um mir eine Freude zu machen, als auch weil er von Natur mutiger ist als ich. Er wird nicht fürchten, sich in diese Gefahr zu begeben, wo er Niederlage oder Sieg finden kann.

Zanobi Buondelmonte:

Ich bin bereit, den Posten einzunehmen, wozu Ihr mich benennt, obgleich ich lieber unter den Zuhörern geblieben wäre; denn die Fragen, welche ich bis jetzt gehört, haben mich mehr unterrichtet als die, welche ich selbst während Eures Gesprächs hätte stellen können. Doch, Signor Fabrizio, beliebt die noch übrige Zeit zu benutzen und die Geduld nicht zu verlieren, wenn wir Euch durch unsere Höflichkeiten Langeweile machen.

Fabrizio Colonna:

Ihr macht mir im Gegenteil ein Vergnügen damit. Dieser Wechsel der Fragenden lehrt mich Eure verschiedene Denkart und Eure verschiedene Geistesrichtung kennen. Aber glaubt Ihr, daß dem besprochenen Gegenstand noch etwas hinzuzufügen sei?

Zanobi Buondelmonte:

Ehe wir zu etwas Anderem übergehen, wünschte ich zwei Fragen an Euch zu richten. Zuerst, könnt Ihr nicht für gut finden, Eurem Heer eine andere Schlachtordnung zu geben? Dann, welche Vorsichtsmaßnahmen muß ein Feldherr treffen, ehe er sein Heer zur Schlacht führt und wie kann er unvorhergesehenen Zufällen während der Schlacht abhelfen?

Fabrizio Colonna:

Ich will versuchen, Euch zufrieden zu stellen. Ich werde Eure Fragen nicht einzeln beantworten, weil manchmal das, was als Antwort für die erste gilt, auch auf die zweite Anwendung findet.

Ich habe Euch eine Form für das Heer vorschlagen müssen, damit Ihr ihm hiernach alle Formen, die Terrain und Feind erfordern, geben könnt; denn man muß sich hierbei sowohl nach dem Terrain als nach dem Feind richten. Beachtet aber dies, daß es keine gefährlichere Form gibt, als Eurer Front eine zu große

Ausdehnung zu geben, wenn Ihr kein sehr zahlreiches und kriegsgewohntes Heer habt. Habt Ihr dies nicht, so ist es besser, Euch tief und weniger breit zu formieren, als Euch durch Ausdehnung in die Breite zu schwächen. Wenn Ihr im Vergleich mit dem Feind nur wenig Leute habt, so müßt Ihr andere Mittel versuchen, und z. B. Euer Heer mit einem Flügel an einen Fluß oder Sumpf lehnen, um nicht umringt werden zu können, oder auch die Flügel durch Gräben decken, wie Cäsar in Gallien tat.

Jedenfalls ist es allgemeiner Grundsatz, Eure Front nach Eurer und des Feindes Stärke auszudehnen oder einzuschränken. Ist der Feind weniger zahlreich, so müßt Ihr weite Ebenen suchen, in welcher Ihr, durch die vorzügliche Disziplin Eurer Soldaten begünstigt, Euren Feind nicht nur überflügeln, sondern auch Eurer Schlachtordnung ihre ganze Ausdehnung geben könnt; in felsigem und schwierigem Terrain, wo Ihr Euch Eurer Schlachtordnung nicht bedienen könnt, würdet Ihr keinen Vorteil haben. Aus diesem Grund suchten die Römer fast immer offene Gegenden und vermieden solche, die ihnen Schwierigkeiten darboten. Den entgegengesetzten Gang müßt Ihr befolgen, wenn Ihr nur wenig zahlreiche und schlecht disziplinierte Soldaten habt. Dann ist es notwendig, eine Position aufzusuchen, welche die Zahl ersetzt, oder in welcher die Unerfahrenheit Eurer Soldaten ohne Nachteil ist. Man muß auch die höheren Orte wählen, um mit mehr Vorteil auf den Feind stürzen zu können. Jedoch ist hierbei zu beobachten, daß Ihr Euer Heer nicht auf der Abdachung einer Anhöhe aufstellt, in der Nähe des Fußes einer andern, die der Feind besetzen kann; denn in diesem Fall würde Euch Euer erhöhter Standpunkt wegen des feindlichen Geschützes schädlich sein, von dem Ihr immer und bequem beschossen werden würdet, ohne es verhindern zu können, während Ihr, durch Eure eigenen Leute gehindert, das Feuer nicht bequem erwidern könntet.

Wer eine Schlacht liefern will, muß ebenfalls auf Sonne und Wind Acht geben. Beide dürft Ihr nicht im Gesicht haben, denn beide nehmen Euch die Aussicht, die Sonne durch Ihre Strahlen, der Wind durch den Staub. Auch vermindert der Wind die Kraft der Waffen, die man auf den Feind schleudert und macht das Treffen unsicher. Es reicht nicht aus, die Sonne zu Anfang der Schlacht nicht im Gesicht zu haben, man muß es so einrichten, daß sie Euch nicht schadet, wenn sie höher steigt. In diesem Fall wäre es am Besten, wenn das Heer die Sonne ganz im Rücken hätte, damit genug Zeit vorüber ginge, ehe sie ihm in die Augen scheinen könnte. Diese Vorsicht wurde von Hannibal bei Cannae beobachtet und von Marius gegen die Zimbern.

Wenn die Reiterei an Zahl viel geringer ist, stellt Euer Heer in die Weinberge oder zwischen Bäume und ähnliche Hindernisse, wie die Spanier in unseren Tagen getan haben, als sie die Franzosen an der Cirignuola, im Königreich Neapel, schlugen. Man hat häufig gesehen, daß mit denselben Soldaten durch nichts als eine Änderung der Schlachtordnung und der Natur des Schlachtfeldes der Besiegte wieder den Sieg errang. So zum Beispiel die Karthager, welche mehrmals von Regulus besiegt, durch die Ratschläge des Lakedämoniers Xantippus in der Folge wieder Sieger wurden. Xantippus überredete sie, in die Ebenen hinabzusteigen und durch ihre zahlreiche Reiterei und ihre Elefanten begünstigt, gelang es ihnen, die Römer zu überwinden.

Es scheint nach dem, was uns die Geschichte lehrt, daß fast alle ausgezeichnete Feldherren des Altertums, wenn sie sahen, daß der Feind einen Flügel seines Heeres verstärkte, ihm nie den stärksten Teil des ihrigen entgegenstellten, sondern den schwächsten, und daß sie ihren stärksten Teil dem schwächsten des Feindes entgegensetzten. Wenn nun die Schlacht begann, so befahlen sie ihren stärksten Scharen, sich auf Aushalten des feindlichen Angriffs zu beschränken und ihn nicht zurück zu treiben; dem schwächsten Teil ihrer Soldaten befahlen sie, sich schlagen zu lassen und sich bis zu dem hintersten Treffen des Heeres zurück zu ziehen. Dies verursacht zwei große Unordnungen unter dem Feind; erstens, daß er, im Vertrauen eines schnellen Siegs, fast immer in Unordnung gerät, was schnell seinen Untergang herbeiführt. Als Scipio in Spanien dem Karthager Hasdrubal gegenüber stand, wurde er benachrichtigt, Hasdrubal habe seine Gewohnheit, die Legionen, den Kern seines Heeres im Zentrum aufzustellen, erfahren, und werde eine ähnliche Anordnung treffen. Als es hierauf zur Schlacht kam, änderte Scipio seine Ordnung und stellte seine Legionen auf beide Flügel und die schwächsten Soldaten ins Zentrum. Als nun die Schlacht begann, befahl er den Soldaten des Zentrums, langsam vorzurücken und den Flügeln, sich mit Ungestüm auf den Feind zu stürzen; so daß nur die Flügel beider Heere ins Gefecht kamen und die Mittelpunkte zu entfernt von einander waren, um sich erreichen zu können. So war die Auswahl von Scipios Heer mit den schwächsten Soldaten Hasdrubals im Kampf und siegte ohne Mühe.

Das war damals gut, ließe sich aber heute wegen des Geschützes nicht anwenden; denn der freie Raum zwischen dem Zentrum beider Armeen würde dem Feind zum Feuern Zeit lassen; was, wie ich oben gesagt, sehr verderblich ist. Man muß also dieses Mittel beiseite legen, oder sich seiner nur bedienen, indem man das ganz Heer ins Gefecht führt und den schwächsten Teil zurückweichen läßt.

Wenn sich ein Feldherr an der Spitze eines zahlreicheren Heeres, als das seines Gegners, befindet, und es seine Absicht ist, ihn, ohne daß er sein Vorhaben merkt, zu überflügeln, so muß er seine Soldaten mit gleicher Front, wie die des Feindes aufstellen. Wenn nun das Gefecht eröffnet ist, so läßt er sein Zentrum sich nach und nach zurückziehen und seine Flügel sich ausdehnen, und immer wird es geschehen, daß der Feind, ohne es zu merken, überrundet ist.

Will ein Feldherr mit der Gewißheit fechten, nicht auseinander gesprengt werden zu können, so muß er eine Stellung wählen, die ihm einen sicheren und benachbarten Zufluchtsort darbietet, wie zwischen Sümpfen, auf Bergen oder in einer festen Stadt, weil ihn in diesem Fall der Feind nicht verfolgen, er aber den Feind verfolgen kann. Dies ist der Weg den Hannibal einschlug, als das Glück anfing, ihm den Rücken zu kehren, und er wegen der Tapferkeit des Marcus Marcellus besorgt war.

Einige Feldherren haben, um Unordnung in die Reihen des Feindes zu bringen, ihren Leichtbewaffneten befohlen, das Gefecht zu eröffnen und sich sogleich durch das Haupttreffen zurück zu ziehen. Wenn nun beide Heere auf einander gestoßen, und die Front eines jeden mit dem Kampf beschäftigt war, ließen sie die Leichtbewaffneten von neuem hinter den Flügeln hervorbrechen und den Feind angreifen, wodurch dieser in Unordnung gebracht und geschlagen wurde.

Wenn der Feind an Reiterei überlegen ist, so kann man, außer dem angeführten Mittel, hinter seine Reiter ein Bataillon Piken stellen und befehlen, daß sie während des Gefechtes vorbrechen, und man wird immer die Oberhand erhalten.

Viele Feldherren richteten einen Teil ihrer Leichtbewaffneten dazu ab, zwischen der Reiterei zu fechten, was der Reiterei immer den größten Vorteil brachte.

Von allen Feldherren, welche sich durch die Kunst, ein Heer in Schlachtordnung zu stellen, auszeichneten, werden Hannibal und Scipio am meisten gerühmt als sie einander in Afrika gegenüber standen. Da Hannibals Heer aus Karthagern und Verbündeten verschiedener Nationen bestand, stellte er achtzig Elefanten vor die Front; ins erste Treffen kamen die Hilfsvölker; ins zweite stellte er seine Karthager und ins letzte die Italiener, auf die er wenig Vertrauen setzte. Er hatte diese Anordnung deswegen getroffen, damit seine Hilfsvölker, vor sich den Feind, im Rücken von den Karthagern eingeschlossen, nicht fliehen konnten, sondern zum Kämpfen gezwungen, die Römer schlugen oder doch ermüdeten; er dachte dann mit seinen frischen und tapferen Scharen die schon ermatteten Römer leicht zu besiegen. Ihnen gegenüber stellte Scipio die Hastati, Principes und Triarier in gewöhnlicher Ordnung auf, so daß sie sich einander aufnehmen, oder unterstützen konnten. Die Front des römischen Heeres war voll Intervallen, welche mit Veliten besetzt waren, damit sie der Feind nicht bemerken konnte, sondern ein geschlossenes Treffen vor sich zu haben glaubte. Den Veliten befahl Scipio, wenn die Elefanten kämen, in die Zwischenräume der Treffen zurückzuweichen und den Elefanten den Weg frei zu lassen. So blieb das Anrennen dieser Tiere ohne Wirkung, und als dann die Schlacht begann, erhielt Scipio die Oberhand.

Zanobi Buondelmonte:

Indem Ihr von dieser Schlacht sprecht fällt mir ein, daß Scipio in der Mitte der Schlacht seine Hastati nicht in die Reihen der Principes eintreten ließ, sondern sie teilte und an die Flügel des Heeres zurückzog, um den Principes Raum zu geben, als er diese verschieben wollte. Wolltet Ihr mir wohl sagen, aus welchen Beweggründen er von der gewöhnlichen Regel abwich?

Fabrizio Colonna:

Hannibal hatte den Kern seines Heeres ins zweite Treffen gestellt. Um ihm gleichen Widerstand entgegensetzen zu können, vereinte Scipio die Principes und Triarier, so daß die Intervalle der Principes von den Triariern besetzt waren und die Hastati nicht mehr aufnehmen konnten. Er ließ diese also an die Flügel des Heeres zurückgehen und nicht zwischen die Principes einrücken. Bemerkt jedoch, daß dieses Manöver, das erste Treffen zu öffnen, um dem zweiten Raum zu geben, nur dann angewendet werden kann, wenn man im Vorteil ist, wie das bei Scipio der Fall war. Ist man im Nachteil und zum Rückzug genötigt, so könnte es nur zum offenbaren Verderben ausfallen, und man muß dann ein hinteres Treffen zur Aufnahme bereit halten. Kommen wir jedoch zu unserem Gegenstand zurück.

Unter anderen Kriegswerkzeugen bedienten sich die alten Völker Asiens der Streitwagen, welche, auf beiden Seiten mit Sicheln bewaffnet, den doppelten Vorteil gewährten, durch ihr ungestümes Anprallen die feindlichen Reihen zu öffnen, und, durch ihre Sicheln, Tod darin zu verbreiten. Gegen diesen Angriff sicherte man sich auf dreierlei Art. Entweder hielt man ihn durch die Dichte der Massen aus, oder man macht den Sichelwagen schnell durch Intervalle Platz, wie den Elefanten war, oder man setzte ihnen irgendein künstliches Hindernis entgegen. Letzteren Mittels bediente sich Sulla gegen Archelaus, der bei seinem Heer eine große Menge Sichelwagen hatte. Um ihren Angriff auszuhalten, ließ er hinter seine erste Linie eine Reihe Pfähle eingraben, zwischen denen die Sichelwagen hängen blieben. Merkwürdig ist die besondere Schlachtordnung, die Sulla gegen diesen Feind wählte. Er stellte seine Veliten und die Reiterei in Reserve, die Schwerbewaffneten aber ins erste Treffen mit vielen Intervallen, durch welche die Reserve, wenn es Not täte, vorrücken könnte. In der Hitze der Schlacht ließ er nun seine Reiterei durch die Intervallen durchbrechen und errang so den Sieg.

Um den Feind während des Gefechts zu verwirren, muß man etwas herbeizuführen versuchen, was ihn entmutigt, indem man entweder die Ankunft neuer Hilfsvölker ankündigt, oder ihm etwas zeigt, was dem ähnlich sieht, so daß der Feind, durch diesen Anblick getäuscht, den Mut verliert und leicht besiegt wird. Solche Mittel wurden von den römischen Konsuln Minucius Rufus und Acilius Glabrio angewandt. Caius Sulpitius setzte eine Anzahl Troßknechte und andere zum Krieg Unnütze auf Maulesel, ordnete sie so, daß sie von ferne wie Reiterei aussahen und ließ sie, während er mit den Galliern im Gefecht begriffen war, auf einem Hügel zum Vorschein kommen. Auf diese Art gewann er den Sieg. Dasselbe tat Marius als er gegen die Teutonen kämpfte.

Wenn nun ein Scheinangriff eine solche Wirkung während der Schlacht hat, wie entscheidend muß nicht ein wirklicher Angriff sein, besonders wenn er während der Hitze des Kampfes unvorhergesehen in den Rücken oder auf die Flanke des Feindes ausgeführt werden kann? Doch dieses Mittel ist schwierig, wenn euch die Beschaffenheit des Terrains nicht begünstigt, denn ist es von allen Seiten offen, so könnt Ihr unmöglich eine Abteilung Soldaten verdeckt aufstellen, wie es unter diesen Umständen notwendig ist. In einem waldigen und bergigen, und daher zum Hinterhalt geeigneten Land hingegen ist es leicht, einige Abteilungen zu verstecken, welche den Feind plötzlich und unversehens überfallen können. Ein solcher Angriff wird Euch immer den Sieg geben. Es ist manchmal von Erfolg, während der Schlacht Stimmen zu verbreiten, entweder der feindliche Feldherr sei gefallen, oder der andere Flügel Eures Heeres habe gesiegt. Dies gab oft dem, der es tat, den Sieg.

Man bringt die feindliche Reiterei leicht durch den Anblick oder das Getöse ungewöhnlicher Dinge in Unordnung. So tat Krösus, indem er seinem Gegner Kamele, und Pyrrhus, indem er der römischen Reiterei Elefanten entgegensetzte und sie durch den Anblick dieser Tiere in Schrecken und Verwirrung brachte. In unseren Tagen haben die Türken den Sophi in Persien und den Sultan in Syrien allein durch das Getöse der Haken geschlagen, deren ungewöhnlicher Knall der feindlichen Reiterei einen solchen Schrecken einjagte, daß es den Türken nicht schwer wurde, den Sieg davon zu tragen. Um das Heer des Hamilcar zu durchbrechen, stellten die Spanier in ihr erstes Treffen, mit Werg gefüllte, von Ochsen gezogene, Wagen. Bei Eröffnung des Gefechts zündeten sie sie an, so daß die Ochsen, um dem Feuer zu entfliehen, sich auf das Heer Hamilcars stürzten und seine Reihen durchbrachen.

Wie ich gesagt habe, pflegt man den Feind zu überlisten, indem man ihn während der Schlacht in einen Hinterhalt lockt, wenn das Land dazu geeignet ist. Ist es aber offen und eben, so ließen manche Feldherren Gruben graben und diese leicht mit Reisig und Erde überdecken, während einige feste Zwischenräume blieben, über welche sie sich zurückziehen konnten. War nun die Schlacht eröffnet, so zogen sie sich über die Zwischenräume zurück, und der verfolgende Feind stürzte in die Gräben.

Wenn ein Unfall während der Schlacht Eure Soldaten in Furcht versetzen könnte, so ist es sehr klug, diesen Unfall zu verheimlichen, oder ihn zum Guten zu wenden, wie Tullus Hostilius und Lucius Sulla taten. Letzterer sah, daß mitten in der Schlacht ein Teil seiner Mannschaft zum Feind überging, und daß sein Heer dadurch in Furcht geriet. Er ließ sogleich überall bekannt machen, es geschehe auf seinen Befehl, und dies brachte sein Heer nicht nur nicht in Verwirrung, sondern vergrößerte seinen Mut so sehr, daß es siegte. Ein anderes Mal hatte Sulla eine Anzahl Soldaten mit einem besonderen Auftrag abgesandt, wobei sie alle umgekommen waren. Damit nun sein Heer dadurch nicht in Furcht versetzt würde, sagte er, er habe sie mit Verdacht in die Hände des Feindes geliefert, weil er sie treulos gefunden habe. Während einer Schlacht in Spanien hieb Sertorius eine Soldaten, der ihm den Tod eines seiner Unterfeldherrn meldete, nieder, aus Furcht, er könnte durch diese Nachricht die Anderen entmutigen.

Sehr schwer ist es, ein schon auf der Flucht begriffenes Heer zum Stehen zu bringen und zu neuem Kampf zu bewegen. Man muß hier unterscheiden, ob das ganze Heer fortläuft, dann ist alles vergebens; oder ob nur ein Teil flieht, dann kann vielleicht noch geholfen werden. Viele römische Feldherren warfen sich den Flüchtlingen entgegen, stellten ihnen die Schande der Flucht dar und brachten sie so zum Stehen. So wie Lucius Sulla. Als schon ein Teil seiner Legionen den Rücken gewandt hatte, von den Soldaten des Mithridates verfolgt, warf er sich ihnen mit dem Schwert in der Hand entgegen und rief: „Wenn Euch jemand fragt, wo ihr Euern Feldherren gelassen habt, so sagt: Wir haben ihn fechtend in Böotien gelassen." Der Konsul Attilus stellte den Fliehenden die, welche nicht flohen entgegen und erklärte ihnen, daß wenn sie nicht wieder umkehrten, sie von Freund und Feind den Tod zu erwarten hätten. Als Philipp von Mazedonien erfuhr, daß seine Soldaten die Scythen fürchteten, stellte er einige seiner vertrauetsten Reiter hinter das Heer und befahl ihnen, jeden, der fliehen würde, niederzuhauen; so daß sie, den Tod im Gefecht dem auf der Flucht vorziehend, den Sieg errangen. Viele Römer haben, nicht sowohl um die Flucht aufzuhalten, als um ihren Kriegern Gelegenheit zu tapferer Tat zu geben, dem Manipularen, während des Gefechts, die Fahne aus der Hand gerissen, dieselbe mitten unter die Feinde geschleudert und dem der sie wieder erobern würde, eine Belohnung ausgesetzt.

Es scheint mir nicht unpassend, unserer Unterhaltung beizufügen, was nach der Schlacht vorkommt, besonders weil nur wenig darüber zu sagen ist, weil man es nicht auslassen darf, und weil es eigentlich noch zu unserer Erörterung gehört. Ich sage also, die Schlachten werden verloren oder gewonnen. Werden sie gewonnen, dann muß man mit aller Schnelligkeit den Sieg verfolgen, und darin Cäsar nachahmen, nicht Hannibal, welcher nach der Niederlage der Römer bei Cannae stehen blieb und so die Herrschaft über Rom verlor. Cäsar ruhte niemals nach dem Sieg, sondern verfolgte den geschlagenen Feind mit größerem Ungestüm und Mut als er den unversehrten Feind angegriffen hatte. Geht die Schlacht verloren, so muß ein Feldherr untersuchen, ob ihm aus dem

Verlust nicht einiger Nutzen erwachsen kann, besonders wenn ihm noch ein Überrest vom Heer geblieben ist. Die Gelegenheit kann durch zu wenig Vorsicht des Feindes entstehen, da er sich meistens nach dem Sieg der Sicherheit überläßt und so Gelegenheit gibt, ihn zu schlagen. Auf diese Art besiegte der Römer Martius die karthagischen Heere, welche nachdem sie die beiden Scipionen getötet und ihr Heer geschlagen hatten, jenen Rest, der mit Martius am Leben geblieben, verachteten, und von ihm angegriffen und geschlagen wurden. Man sieht hieraus, daß nichts so leicht gelingt als das, was Euch der Feind zu wagen außer Stand hält; denn gewöhnlich kommt der Schaden der Menschen daher, wo sie ihn am wenigsten fürchten.

Ein Feldherr, der nichts Ähnliches tun kann, muß wenigstens alle seine Kunst aufbieten, die schlimmen Folgen der Niederlage zu verringern. Hierzu ist notwendig, sich so zu verhalten, daß ihn der Feind nicht leicht verfolgen kann, oder daß ihm Gelegenheit sich aufzuhalten gegeben wird. Im ersten Fall haben einige, überzeugt, daß sie unterliegen mußten, ihren Offizieren mit verschiedenen Abteilungen und auf verschiedenen Wegen zu fliehen befohlen und ihnen einen entfernten Sammelplatz angegeben. Dies bewirkte, daß der Feind sein Heer zu zerstückeln fürchtete und sich alle oder doch die meisten retteten. Im zweiten Fall haben viele ihre kostbarste Habe dem Feind entgegen geworfen, damit er durch Beutelust aufgehalten, ihnen Zeit zur Flucht gab. Titus Didius zeigte keine geringe Schlauheit um seinen Verlust im Treffen zu verheimlichen. Da er nämlich bis nach Sonnenuntergang gefochten und viele Leute verloren hatte, ließ er während der Nacht den größeren Teil seiner Gefallenen begraben, so daß die Feinde, als sie so viel Tote auf ihrer Seite und so wenig auf der Seite der Römer sahen, sich im Nachteil glaubten und die Flucht ergriffen.

Ich glaube nun, so wie ich gesagt, großenteils Eure beiden Fragen auf einmal beantwortet zu haben. Wahr ist, daß mir über die Form der Heere noch zu sagen übrig bleibt, daß manchmal ein Feldherr die Front seines Heeres keilförmig aufgestellt hat, weil er auf diese Art das feindliche Heer leichter durchbrechen zu können glaubte. Gegen diesen Keil hat man sich in Form einer Schere aufgestellt, um in ihre Öffnung den Keil aufzunehmen, umringen und von allen Seiten bekämpfen zu können. Hierüber merkt Euch die allgemeine Regel, daß das beste Mittel gegen einen Anschlag des Feindes ist, das freiwillig zu tun, wozu er Euch zu zwingen vorhat. Denn tut Ihr es freiwillig, so könnt Ihr es mit Ordnung und zu Eurem Vorteil und seinem Nachteil ausführen; tätet Ihr es gezwungen, so würde es Euren Untergang herbeiführen. Zur Bestätigung dieses Satzes, soll es mich nicht kümmern, etwas schon Gesagtes zu wiederholen. Der Feind bildet einen Keil, um Eure Horde zu öffnen. Geht Ihr ihm mit geöffneten Horden entgegen, so bringt Ihr ihn in Unordnung, und er nicht Euch. Hannibal stellt die Elefanten vor die Front seines Heeres, um die Legionen Scipios zu öffnen; Scipio geht ihm geöffnet entgegen, siegt, und jener geht zu Grunde. Hasdrubal stellt seine tapfersten Soldaten ins Zentrum, um Scipios Truppen zu besiegen; Scipio befiehlt den Seinen, von selbst zurück zu gehen und schlägt ihn. So daß ähnliche Anschläge, wenn sie bekannt werden, die Ursache des Sieges dessen sind, gegen den sie angewendet waren.

Wenn ich mich recht erinnere, bleiben mir noch die Rücksichten zu nennen übrig, die ein Feldherr nehmen muß, ehe er sich in eine Schlacht einläßt. Hier muß ich Euch zuerst sagen, daß ein Feldherr nie eine Schlacht liefern darf, wenn er nicht im Vorteil oder dazu genötigt ist. Der Vorteil entsteht aus dem Terrain, aus der Schlachtordnung, aus größeren oder besseren Streitkräften. Die Notwendigkeit ist vorhanden, wenn Ihr Euch, nicht schlagend, auf jeden Fall verloren seht; als: wenn Ihr kein Geld habt, und deswegen Euer Heer auseinander zu gehen droht; wenn Euch der Hunger plagt; wenn der Feind Verstärkung erwartet. In diesen Fällen müßt Ihr immer, wenn auch mit Nachteil, angreifen; denn es ist besser, das Glück zu versuchen, wo es Euch noch günstig sein kann, als wenn Ihr es nicht versucht, einen gewissen Untergang vor Augen zu sehen. Ein Feldherr macht einen eben so großen Fehler, in diesem Fall nicht zu kämpfen, als wenn er die Gelegenheit zu siegen in den Händen gehabt hätte und aus Unwissenheit nicht erkannt hätte, oder aus Feigheit hätte entschlüpfen lassen.

Vorteile gewährt Euch manchmal der Feind selbst; manchmal verdankt Ihr sie Eurer Klugheit. Viele wurden beim Übersetzen über einen Fluß von einem geschickten Feind geschlagen, der abwartete, bis sie der Fluß geteilt hatte und dann über einen Teil herfiel. So tat es Cäsar mit den Helvetiern, als er den vierten Teil der Ihrigen tötete, der durch einen Fluß vom übrigen Heer getrennt war. Ist Euer Feind ermattet, weil er Euch zu unbedachtsam gefolgt ist und seid Ihr frisch und ausgeruht, so dürft Ihr diese Gelegenheit nicht vorbeigehen lassen. Ferner, wenn Euch der Feind früh Morgens die Schlacht anbietet, so könnt Ihr mehrere Stunden hindurch verzögern, aus dem Lager zu rücken; und wenn er nun lange genug unter den bewaffnet war, und die erste Hitze, mit der er gekommen, verraucht ist, dann könnt Ihr mit ihm fechten. So taten Scipio und Metellus in Spanien, der eine gegen Hasdrubal, der andere gegen Sertorius. Wenn der Feind seine Streitkräfte vermindert, entweder weil er sein Heer geteilt hat, wie die Scipionen, oder aus irgendeinem anderen Grund, dann müßt Ihr das Glück versuchen.

Der größere Teil kluger Feldherren hat lieber den Angriff des Feindes ausgehalten, als ihn selbst attackiert, denn dichtgeschlossen unangetasteten Scharen ist es nicht schwer, einen wütenden Angriff auszuhalten; und abgehaltene Wut verwandelt sich leicht in Feigheit. So tat es Fabius gegen die Samniter und Gallier und siegte, während sein Kollege Decius den Tod fand. Einige, die die Tapferkeit ihres Feindes fürchteten, haben den Kampf erst kurz vor Einbruch der

Nacht begonnen, damit ihre Soldaten, wenn sie besiegt wären sich im Schutz der Dunkelheit retten könnten. Einige erfuhren den Aberglauben des feindlichen Heers, zu einer gewissen Zeit nicht zu fechten, wählten gerade diese Zeit und siegten. So verfuhr Cäsar in Gallien gegen Ariovist, und Vespasian in Syrien gegen die Juden.

Die größte und wichtigste Vorsicht, die ein Feldherr beobachten muß, ist, in seiner Umgebung treue, im Krieg erfahrene und kluge Männer zu haben, mit denen er sich fortwährend berät, über seine und die feindliche Streitkräfte spricht: wer an Zahl überlegen, wer besser bewaffnet, oder besser beritten, oder besser eingeübt, wer zum Ertragen von Entbehrungen geeigneter sei, auf wen er sich mehr verlassen soll, auf das Fußvolk oder die Reiterei. Dann müssen sie die Beschaffenheit des Terrains, auf dem er steht, in Betracht ziehen: ob es dem Feind oder ihm günstiger ist; wer am bequemsten Zufuhr an Lebensmitteln erhält; ob es besser ist, die Schlacht zu verschieben oder zu liefern; was er durch die Zeit gewinnen oder verlieren kann, denn häufig wird der Soldat, wenn er sieht, daß sich der Krieg in die Länge zieht, mißmutig und verläßt, über die Strapazen mißvergnügt, seine Fahnen. Vor allem ist es wichtig, den Charakter des feindlichen Feldherren und seine Umgebung zu kennen: ob er verwegen oder vorsichtig; ob er furchtsam oder kühn ist. Es ist zu beachten, wie Ihr Euch auf die Hilfsvölker verlassen könnt. Vor allem aber müßt Ihr Euch hüten, Euer Heer nicht in den Kampf zu führen, wenn es sich fürchtet, oder auf irgendeine Weise am Sieg zweifelt; denn die sicherste Anzeige einer Niederlage ist, wenn man nicht glaubt siegen zu können. In diesem Fall müßt Ihr einer Schlacht ausweichen, entweder indem Ihr Fabius Maximus nachahmt, der feste Stellungen bezog und dadurch Hannibal die Lust nahm, in anzugreifen; oder wenn Ihr glaubt, daß Euch der Feind auch in einer festen Stellung angreifen wird, so müßt Ihr das Feld räumen und Eure Soldaten in die Festungen verteilen, um den Feind durch die Langwierigkeit und Entbehrungen der Belagerung zu ermatten.

Zanobi Buondelmonte:

Kann man einer Schlacht nicht anders ausweichen, als wenn man sein Heer verteilt und in Festungen verlegt?

Fabrizio Colonna:

Ich glaube, früher Einem von Euch gesagt zu haben, daß, wer im Feld steht die Schlacht nicht vermeiden könne, wenn er einen Feind hat, der ihn auf jede Weise schlagen will. Es gibt dagegen nur ein Mittel, nämlich sich fünfzig Meilen von seinem Gegner wegzustellen, um Zeit zu haben vor ihm davon zu gehen, wenn es ihm einfallen sollte, Euch aufzusuchen. Fabius Maximus wich niemals einer Schlacht mit Hannibal aus, sondern er wollte sie zu seinem Vorteil liefern; und Hannibal glaubte nicht, ihn besiegen zu können, wenn er ihn in den Positionen angriff, wo er gelagert hatte. Denn hätte er geglaubt, ihn besiegen zu können, so hätte Fabius sich auf jeden Fall mit ihm schlagen oder fliehen müssen. Philipp von Mazedonien, der Vater des Perseus, im Krieg mit den Römern, schlug sein Lager auf einem sehr hohen Berg auf, um nicht zur Schlacht genötigt zu werden; doch die Römer griffen ihn auf seinem Berg an und schlugen ihn. Der gallische Feldherr, Vercingetorix entfernte sich mit seinen Truppen viele Meilen weit, um sich nicht mit Cäsar schlagen zu müssen, der gegen sein Vermuten über einen Fluß gesetzt war. Wenn die Venezianer in unseren Tagen dem König von Frankreich keine Schlacht hätten liefern wollen, so hätten sie nicht warten sollen, bis das französische Heer die Addar überschritten hätte, sondern sie hätten sich wie Vercingetorix entfernen sollen. Sie hatten es erwartet, wußten aber weder die Gelegenheit zu ergreifen, die Schlacht während des Flußübergangs zu liefern, noch ihr auszuweichen; denn die Franzosen, schon nahe gekommen, als die Venezianer ihr Lager abbrachen, griffen sie an und schlugen sie. So wahr ist es, daß man die Schlacht nicht vermeiden kann, wenn der Feind auf jede Weise schlagen will. Und es soll mir niemand Fabius dagegen anführen, weil nach den Umständen er nicht mehr als Hannibal der Schlacht auswich.

Es ereignet sich oft, daß Eure Soldaten von Kampflust entbrannt sind, daß Ihr aber die Überzeugung habt, Ihr seid an Zahl, oder durch das Terrain, oder aus irgendeiner anderen Ursache im Nachteil, und daß Ihr sie daher von ihrer Kampflust abbringen wollt. Es ereignet sich ferner, daß Notwendigkeit oder Gelegenheit Euch zur Schlacht antreibt, eure Soldaten aber wenig Zuversicht zeigen und zum Kämpfen wenig aufgelegt sind, so daß Ihr sie im einen Fall zurückhalten, im andern anfeuern müßt.

Reicht im ersten Fall Überredung nicht aus, so gibt es kein besseres Mittel als einen Teil von ihnen dem Feind preis zu geben, damit sowohl die, welche gefochten haben, als die, welche nicht gefochten haben, Euch Glauben beimessen. Es läßt sich recht gut mit Kunst tun, was dem Fabius Maximus zufällig widerfuhr. Das Heer des Fabius, wie Ihr wißt, verlangte, mit Hannibals Heer zu schlagen; und dasselbe Verlangen hatte sein Magister Equitum. Dem Fabius aber schien es nicht gut, die Schlacht zu wagen; so daß diese Meinungsverschiedenheit die Teilung des Heeres zur Folge hatte. Fabius hielt die Seinigen im Lager zurück; der andere kämpfte, geriet in große Gefahr und wäre gänzlich geschlagen worden, wenn ihm nicht Fabius zu Hilfe geeilt wäre. Durch dieses Beispiel wurde der Magister Equitum zugleich mit dem ganzen Heer belehrt, wie weise es sei, dem Fabius zu gehorchen.

Handelt es sich darum, den Soldaten zum Kampf zu entflammen, so muß man ihn gegen die Feinde in Zorn bringen, indem man sagt, sie belegten ihn mit Schimpfworten. Man muß vorgeben, mit dem Feind im Einverständnis zu stehen und einen Teil bestochen zu haben. Man muß das Lager an einem Ort aufschlagen, wo man den Feind sehen kann und sich mit ihm in leichte Scharmützel einlassen, denn das, was man täglich sieht, schätzt man leicht gering. Man muß sich entrüstet zeigen und in einer zur rechten Zeit gehaltenen Rede den Soldaten ihre Feigheit vorwerfen, und um sie zu beschämen, sagen, man würde allein fechten, wenn sie die Gefahr nicht teilen wollten. Vor allen Dingen aber, wenn man den Soldaten im Kampf hartnäckig machen will, darf man ihn nichts, was ihm gehört, nach Hause schicken, oder irgendwo sicher aufbewahren lassen ehe der Krieg zu Ende ist; damit er die Überzeugung hat, daß, wenn er auch durch die Flucht sein Leben rettet, doch seine Habe verloren geht. Denn die Liebe zu dieser macht die Menschen nicht weniger hartnäckig sich zu verteidigen, als die Liebe zum Leben.

Zanobi Buondelmonte:

Ihr habt gesagt, man könne die Soldaten zum Fechten geneigt machen, indem man mit ihnen spricht. Versteht Ihr darunter, daß man zum ganzen Heer sprechen soll oder nur mit den Offizieren?

Fabrizio Colonna:

Die Wenigen zu einer Sache bereden oder sie davon abbringen, ist ganz leicht, denn wenn Worte nicht ausreichen, so könnt Ihr Ansehen und Gewalt brauchen. Das Schwierige aber ist, der Menge eine unheilvolle Meinung zu nehmen, die entweder dem allgemeinen Wohl oder Eueren Plänen zuwider läuft. Hier kann man nur Worte brauchen, und diese müssen von allen gehört werden, wenn man alle überreden will. Die großen Feldherren mußten daher zugleich Redner sein; denn ohne zum ganzen Heer sprechen zu können, läßt sich schwer etwas Gutes ausführen. Doch auch dies ist in unserer Zeit ganz außer Gebrauch gekommen. Lest das Leben Alexander des Großen und Ihr werdet sehen, wie oft er genötigt war, eine Versammlung zu halten, und öffentlich zum Heer zu reden. Auf andere Weise hätte er es niemals, reich und mit Beute beladen, wie es war, durch die Wüsten Arabiens und bis nach Indien mitten unter Ungemach und Überdruß geführt. Unzähligemal ereignen sich Unfälle, die ein Heer zu Grunde richten, wenn der Feldherr nicht weiß oder nicht gewohnt ist, mit ihm zu sprechen. Eine Rede hebt die Furcht, entflammt den Mut, vermehrt die Hartnäckigkeit, klärt die Täuschungen auf, verspricht Belohnungen, zeigt die Gefahren und den Weg, ihnen zu entgehen, tadelt, bittet, droht, erfüllt mit Hoffnung, tobt, schmäht und tut alles, wodurch menschliche Leidenschaften erregt oder gedämpft werden. Daher muß der Fürst oder die Republik, die eine neue Landesbewaffnung errichten und diesen Gebrauch wieder in Ansehen setzen will, ihre Soldaten gewöhnen, den Feldherrn sprechen zu hören, und den Feldherren, an das Heer Reden zu halten.

Ein starker Zügel und Sporn war bei den Alten die Religion und der Schwur, den der Soldat ablegte, wenn er ins Feld rückte. Jedem Vergehen drohten nicht nur die Übel, die man von Menschen fürchten kann, sondern auch die Strafe der Götter. Dies vereint mit den andern religiösen Zeremonien, machte oft den Feldherrn der Alten jede Unternehmung leicht und würde es immer tun, wo nur die Religion gefürchtet und beachtet würde. Sertorius benützte dies, indem er vorgab, mit einer Hindin zu reden, durch welche ihm die Götter den Sieg versprächen. Sulla gab vor, sich mit einer Bildsäule zu unterreden, die er aus dem Tempel des Apollo genommen hatte. Viele haben gesagt, es sei ihnen im Schlaf ein Gott erschienen, der sie zur Schlacht ermahnt habe. Zur Zeit unsrer Väter sagt König Karl VII. von Frankreich, während des Kriegs mit den Engländern, er berate sich mit einem gottgesandten Mädchen, das man überall die Jungfrau von Frankreich nannte; und dies verschaffte ihm den Sieg.

Es lassen sich auch Mittel anwenden, die bewirken, daß Eure Soldaten den Feind gering schätzen. So ließ der Spartaner Agesilaus seinem Heer einige nackte Perser vorführen, damit beim Anblick ihrer zarten Glieder alle Ursache zur Furcht verschwände.

Andere haben ihre Soldaten durch die Notwendigkeit zum Fechten gezwungen, indem sie ihnen alle Hoffnung zu entkommen nahmen, außer durch den Sieg. Dies ist das kräftigste und sicherste Mittel, den Soldaten im Kampf hartnäckig zu machen. Die Hartnäckigkeit wird durch Selbstvertrauen und Liebe zum Feldherrn oder zum Vaterland vermehrt. Selbstvertrauen bringen Waffen, Schlachtordnung, frische Siege und der Ruf des Feldherrn hervor. Die Liebe zum Vaterland liegt in der Natur; die Liebe zum Feldherren wird durch seine Tapferkeit mehr als durch irgendeine Wohltat hervorgerufen. Die Notwendigkeit kann mannigfach sein, doch die stärkste ist die, welche Euch zwingt zu siegen oder zu sterben.

Ende des vierten Buchs

Fünftes Buch

Fabrizio Colonna:

Ich habe Euch gezeigt, wie man ein Heer ordnet, um einem gegenüberstehenden Heer eine Schlacht zu liefern, ich habe erzählt, wie man sie gewinnt und viele Einzelheiten beigefügt, in Betracht der Umstände und verschiedener Ereignisse, die in der Schlacht stattfinden können. Es wird nun Zeit sein zu zeigen, wie man sein Heer gegen einen Feind ordnet, den man nicht sieht, von dem man aber jeden Augenblick unversehens angegriffen zu werden fürchtet; wie dies in feindlichem und verdächtigem Land der Fall ist.

Ihr müßt zuerst wissen, daß die Römer vorsichtshalber immer einige Turmen Reiterei vorausschickten, um den Weg auszukundschaften. Danach kam der rechte Flügel. Nach diesem alle Packwagen, welche ihm angehörten. Nach diesen kam eine Legion. Danach ihr Gepäck. Dann wieder eine Legion, von ihren Packwagen gefolgt. Nach diesen folgte der linke Flügel, mit seinem Gepäck am Schweif, und zuletzt kam die übrige Reiterei. Das war die gewöhnliche Marschordnung. Wenn das Heer unterwegs am Kopf oder am Schweif angegriffen wurde, so ließ man auf der Stelle alle Packwagen rechts oder links aus der Kolonne herausfahren wie man gerade wollte, oder nach welcher Seite es hinsichtlich des Terrains am besten geschehen konnte. Alles marschierte nun, frei von jedem hindernden Gepäck dahin auf, wo der Feind herkam. Wurde man in der Flanke angegriffen, so fuhren die Wagen nach der sicheren Seite und nach der anderen wurde Front gemacht. Dieses Verfahren war gut und klug angeordnet und scheint mir nachahmenswert.

Ich schicke also die leichten Reiter voraus, um das Land auszuspähen. Dann, wenn ich vier Regimenter habe, werde ich sie in Kolonne, jedes Regiment sein Gepäck hinter sich, marschieren lassen. Da es zweierlei Packwagen gibt, den einzelnen Soldaten gehörige und solche, worauf Vorräte zum allgemeinen Gebrauch des ganzen Lagers gepackt sind, so würde ich letztere in vier Teile teilen und jedem Regiment seinen Teil überlassen; eben so würde ich aus dem Geschütz und aus allen Unbewaffneten vier Abteilungen machen, damit jedes Regiment seinen gleichen Teil Troß hätte.

Da es aber manchmal vorkommt, daß Ihr durch ein Land zieht, welches nicht nur verdächtig, sondern so feindselig gesinnt ist, daß Ihr jede Stunde angefallen zu werden fürchten müßt, so seid Ihr genötigt, um sicherer zu marschieren, die Marschordnung zu ändern und Euch so zu ordnen, daß weder die Einwohner noch das feindliche Heer Euch etwas anhaben können, wenn sie Euch unversehens von irgendeiner Seite angreifen. In solchen Fällen pflegten die Feldherrn der Alten im quadrierten Heer zu marschieren; eine Benennung, die nicht daher kam, daß die Form des Heeres ein vollkommenes Quadrat gewesen wäre, sondern weil es auf diese Art geschickt war, auf vier Seiten zu kämpfen. Sie sagten dann, man bewege sich zum Marsch und zum Kampf bereit. Von dieser Ordnung will ich nicht abweichen, und meine zwei Regimenter, die ich als Muster für ein Heer angenommen habe, danach aufstellen.

Um also sicher durch ein feindliches Land zu ziehen und von allen Seiten Widerstand leisten zu können, wenn ich unversehens angegriffen würde, und um das Viereck der Alten nachzuahmen, würde ich ein solches Viereck formieren, dessen leerer Raum 212 Schritte ins Geviert betrüge. Zu diesem Zweck würde ich zuerst die Flanken 212 Schritte von einander aufstellen, und zwar jede Flanke aus fünf Bataillonen in Kolonnen, mit drei Schritten Abstand zwischen den Bataillonen, formieren. Die Tiefe dieser beiden Kolonnen würde mit den Abständen, indem ein Bataillon in der Normalstellung vierzig Schritte tief ist, 212 Schritte betragen. Zwischen die Köpfe und Schweife beider Flanken würde ich die übrigen zehn Bataillone, in zwei Teilen zu fünf, so aufstellen, daß vier sich an den Kopf der rechten Flanke, und vier an den Schweif der linken Flanke mit Bataillons-Intervallen von vier Schritten anlehnen. Ein Bataillon würde sich an den Kopf der linken Flanke und ein anderes an den Schweif der rechten Flanke lehnen. Da nun der Abstand der einen Flanke von der andern 212 Schritte beträgt, und da letztere Bataillone der Breite nach neben einander, und nicht der Tiefe nach hintereinander gestellt sind, so werden sie von jenen 212 Schritten nur 134 Schritte einnehmen. Es wird also in der Front zwischen den vier Bataillonen zunächst der rechten Flanke, und dem einen zunächst der linken Flanke, ein unbesetzter Raum von achtundsiebzig Schritten bleiben. Derselbe unbesetzte Raum bleibt zwischen den Bataillonen im Rücken des Vierecks, mit dem einzigen Unterschied, daß hinten der Raum gegen die rechte und vorne gegen die linke Flanke zu offen bleibt. Den vorderen Raum von achtundsiebzig Schritten würde ich mit den ordentlichen, den hinteren mit den außerordentlichen Veliten ausfüllen, wozu nicht ganz 1000 Veliten für jeden Raum ausreichen werden. Da ich haben will, daß der innere Raum des Vierecks 212 Schritte ins Gevierte betragen soll, so dürfen die fünf Bataillone der Front und die fünf des Rückens keinen Teil des Raums einnehmen, den die Flanken einnehmen. Die fünf hintern Bataillone müssen also mit ihrer Front den Schweif der Flanken, und die fünf vorderen Bataillone mit ihrem Rücken den Kopf der Flanken berühren. So bleibt auf jeder Ecke des Vierecks noch Raum, um ein anderes Bataillon aufzunehmen. Da es nun vier Räume sind, so würde ich vier Fähnlein außerordentliche Piken nehmen und eins in jede Ecke stellen. Die zwei übrigen Fähnlein dieser Piken würde ich, in ein Viereck formiert, in die Mitte des leeren Raumes meines Heeres stellen und an ihre Spitze den Feldherrn mit seiner Umgebung.

Da diese Bataillone zwar alle nach einer Richtung marschieren, aber nicht fechten, so muß man beim Antreten jede Seiten, welche nicht von den anderen Bataillonen gedeckt sind, zum Gefecht ordnen. Die fünf Bataillone der Front haben außer der Front alle übrigen Teile gedeckt; sie müssen daher wie gewöhnlich mit den Piken vorn antreten. Die fünf hinteren Bataillone sind von allen Seiten gedeckt, außer im Rücken, sie müssen also ihre Piken in die hintersten Glieder stellen, wie wir dies seines Orts gezeigt haben. Die fünf Bataillone der rechten Flanke sind von allen Seiten geschützt, nur in der rechten Flanke nicht; die fünf der linken Flanke sind überall gedeckt, nur nicht auf der linken Flanke; man muß daher beim Zusammentreten die Piken nach der offenen Flanke zu stellen. Die Dekurionen müssen am Kopf und Schweif stehen, damit, wenn es zum Gefecht kommt, alle Waffen und Führer ihre angewiesenen Plätze haben. Wie man sich hierbei zu benehmen hat, sagte ich bei der Aufstellung der Bataillone.

Das Geschütz würde ich in zwei Teile teilen, und den einen Teil außerhalb der rechten, den anderen außerhalb der linken Flanke fahren lassen. Die leichte Reiterei würde ich vorausschicken, um das Land auszuspähen. Die Gendarmen würde ich rückwärts, den einen Teil auf den rechten, den anderen Teil auf den linken Flügel, vierzig Schritte von den Bataillonen ab, aufstellen. Denn es ist allgemeiner Grundsatz beim Ordnen eines Heeres in Schlachtordnung, die Reiterei immer in den Rücken oder auf die Flügel zu stellen. Stellt Ihr sie in gerader Richtung vor Euer Heer, so ist von zwei Dingen eins nötig: entweder, Ihr müßt sie so weit vorschieben, daß sie, zurückgeschlagen, ausreichenden Raum hat, sich um die Flügel des Fußvolks herumzuziehen und nicht auf dasselbe stürzt, oder Ihr müßt Euer Fußvolk mit so großen Zwischenräumen aufstellen, daß sich die Reiter, ohne es in Unordnung zu bringen, durchziehen können. Diese Erinnerung sollte keiner für gering achten, denn viele, die nicht darauf hörten, haben ihren Untergang gefunden, sie sind durch ihre eigenen Reiter in Unordnung gebracht und auseinander gesprengt worden.

Die Wagen und der Troß verteilten sich auf den leeren Platz innerhalb des Heeres so, daß man leicht von einer Ecke und einer Seite des Vierecks zur anderen gehen kann.

Das ganze Viereck nimmt, das Geschütz und die Reiterei nicht mitgerechnet, einen Raum von 282 Schritten ins Gevierte ein. Es besteht aus zwei Regimentern, und es muß daher jedem sein Platz angewiesen werden. Jedes Regiment hat seine Nummer und besteht, wie Ihr wißt, aus zehn Bataillonen, unter den Befehlen eines Obersten. Ich würde also die fünf ersten Bataillone des ersten Regiments in die Front stellen, die andern fünf in die linke Flanke und den Oberst in den von Front und Flanke links gebildeten Winkel. Die fünf ersten Bataillone des zweiten Regiments stellte ich in die linke Flanke, die fünf anderen in den Rücken und den Oberst in den Winkel rechts mit dem Dienst eines Tergiductoren.

Wenn das Heer so aufgestellt ist, so muß es in Bewegung gesetzt werden und während des Marsches seine Ordnung vollkommen erhalten. Es ist dann ohne Zweifel vor allen tumultartigen Anfällen der Landesbewohner gesichert, und der Feldherr hat keine andere Vorsichtsmaßnahme dagegen zu treffen, als hier und da einige Reiter oder ein Fähnlein Veliten gegen sie abzuschicken, um sie entfernt zu halten. Niemals wird es sich ereignen, daß ein solcher Schwarm bis auf Degen- oder Pikenlänge anrückt; denn ungeordnete Leute haben immer Furcht vor geordneten Soldaten. Immer wird man sie mit Lärm und Geschrei einen gewaltigen Angriff machen sehen, ohne Euch anders nahe zu kommen, als wie ein Schwarm Kläffer hinter einem Bullenbeißer herbellt. Als Hannibal zum Unglück der Römer nach Italien kam, zog er durch ganz Gallien, ohne sich jemals um die tumultartigen Angriffe der Einwohner zu kümmern.

Dem Marsch des Heeres müssen Schanzgräber vorausgehen, die den Weg bahnen. Sie werden von den zum Kundschaften vorgeschickten Reitern gedeckt.

Ein Heer wird im Viereck zehn Miglien[1] am Tage zurücklegen können, und noch so viel Sonne übrig haben, um das Lager aufzuschlagen und zu befestigen; denn gewöhnlich legt ein Heer zwanzig Miglien täglich zurück.

Werdet Ihr von einem geordneten Heer angegriffen, so kann der Angriff nicht plötzlich geschehen; denn ein solches Heer marschiert in geregeltem Schritt, so daß Ihr Zeit habt, das Eure in Schlachtordnung zu stellen und ihm dieselbe oder eine ähnliche Form, wie ich sie oben gezeigt habe, zu geben. Würdet Ihr also von vorne angegriffen, so braucht Ihr nur das Geschütz von den Flanken und die Reiterei vom Rücken vorkommen zu lassen, um sie dann auf ihre Plätze, mit gehörigem Abstand, aufzustellen. Die 1000 Veliten in der Front werden aus ihrem Ort heraustreten, sich in zwei Teile zu 500 Mann verteilen und ihre Plätze zwischen der Reiterei und den Flügeln des Fußvolks einnehmen. In die Lücken, die sie gelassen haben, werden die zwei Fähnlein außerordentliche Piken, welche ich in die Mitte des Vierecks gestellt habe, eintreten. Die tausend Veliten im Rücken werden ihren Ort verlassen und sich zur Verstärkung längs beider Flanken verteilen; durch die Öffnung, die sie gelassen haben, gehen die Wagen und der Troß und fahren im Rücken der Schlachtlinien auf. Der Platz bleibt nun leer, nachdem jeder an seinen Ort gegangen ist, und die fünf hintersten Bataillone rücken zwischen den beiden Flanken gegen die Bataillone der Front vor. Auf vierzig Schritt Abstand machen drei Bataillone halt, mit gleichen Zwischenräumen zwischen einander; die zwei übrigen Batail-

[1] Italienische Meilen, Miglia, wovon vier auf eine deutsche Meile gehen.

lone bleiben um weitere vierzig Schritte dahinter. Diese Schlachtordnung ist in einem Augenblick gebildet und ist unserer oben gezeigten Schlachtordnung fast gleich. Ist sie in der Front schmaler, so ist sie dafür in der Flanke dichter, was ihr nicht weniger Widerstandsfähigkeit gibt. Da jedoch bei den fünf hintersten Bataillonen die Piken in den letzten Gliedern stehen, aus den Gründen, die wir oben gesagt, so ist es nötig, sie vorzubringen, wenn man haben will, daß diese Bataillone dem Heer als Reserve dienen sollen. Man muß sie also bataillonsweise einen Contremarsch machen lassen, oder die Piken durch die Reihen der Schildträger durchgehen und sich vorn aufstellen lassen. Letztere Art ist schneller und läßt sich mit weniger Unordnung ausführen als der Contremarsch. Dasselbe müssen bei jeder Art von Angriff immer diejenigen tun, die rückwärts stehen, wie ich sogleich zeigen werde.

Wenn es sich trifft, daß Euch der Feind im Rücken angreift, so ist Kehrtmachen das erste, was geschehen muß, und augenblicklich wird der Schweif des Heeres zum Kopf, und der Kopf zum Schweif. Zur weiteren Formation muß man sich gerade so verhalten, wie ich eben gesagt habe. Greift Euch der Feind in der rechten Flanke an, so muß das ganze Heer nach der rechten Seite Front machen und gleichfalls die vorigen Vorschriften befolgen; so daß die Reiterei, die Veliten, das Geschütz ihre gehörigen Plätze einnehmen. Der einzige Unterschied bei diesen Frontveränderungen ist, daß die, welche andere Plätze einnehmen müssen, einmal einen größeren, das andere Mal einen kleineren Weg zurückzulegen haben: Wenn nach der rechten Seite Front gemacht wird, so sind die Veliten, welche in die Intervallen an den Flügeln des Heeres einzutreten haben, und die Reiter, welche ihren Platz ändern müssen, diejenigen, welche zunächst der linken Flanke aufgestellt sind. Die Stelle der Veliten nehmen die in der Mitte stehenden zwei Fähnlein Piken ein. Zuvor aber haben die Wagen und der Troß durch jene Öffnung den Platz geräumt und sich hinter die linke Flanke zurückgezogen, welche jetzt der Rücken des Heeres geworden ist. Die andern Veliten, die bei der ersten Aufstellung in den Schweif gestellt worden, verändern ihre Plätze nicht, damit keine leere Stelle im Schweif, welcher jetzt zur Flanke wird, bleibe. Alles Übrige muß so ausgeführt werden, wie bei der Formation in Schlachtordnung nach dem Kopf vorgeschrieben worden ist.

Was über das Frontmachen nach der rechten Flanke gesagt worden, gilt auch für das Frontmachen nach der linken Flanke, und es muß dabei dieselbe Ordnung beachtet werden.

Käme der Feind in großer Anzahl und geordnet, um euch auf zwei Seiten anzugreifen, so müssen die zwei angegriffenen Seiten des Vierecks durch die zwei nicht angegriffenen verstärkt werden, so daß jede nun ein zweites Treffen und die Hälfte Geschütz, Veliten und Reiterei erhält. Käme der Feind von den drei oder vier Seiten, so müßte es notwendig entweder Euch, oder ihm, an Klugheit fehlen; denn wenn Ihr klug seid, werdet Ihr Euch niemals in eine Lage versetzen, daß Euch der Feind von drei oder vier Seiten mit einer bedeutenden Anzahl geordneter Soldaten zugleich angreifen kann. Der Feind muß nämlich, wenn er Euch mit eigener Sicherheit bekämpfen will, zahlreich sein, und jede Seite mit fast so viel Soldaten angreifen, wie Euer ganzes Heer zählt. Wenn Ihr aber so unklug seid, Euch in das Land und die Gewalt eines Feindes zu begeben, der gewöhnlich dreimal so viel Streitkräfte wie Ihr besitzt, so könnt Ihr, wenn es schlecht ausfällt, niemand als Euch selbst anklagen. Kommt es ohne Eure Schuld, durch irgendeinen Zufall, so wird es Schaden ohne Schande sein; und es wird Euch wie den Scipionen in Spanien und Hasdrubal in Italien gehen. Wenn aber der Feind nicht mehr Leute hat als Ihr und Euch durch einen Angriff auf mehreren Seiten in Unordnung bringen will, so ist es eine Torheit von ihm und ein Glück für Euch; denn er ist dann genötigt, sich so dünn aufzustellen, daß Ihr leicht auf eine seiner Abteilungen eindringen, eine anders abhalten und in Kürze alle nach einander aufreiben könnt.

Diese Aufstellung eines Heeres in Schlachtordnung gegen einen Feind, den man nicht sieht, aber fürchtet, ist notwendig, und es ist sehr nützlich, Euer Heer daran zu gewöhnen, sich in dieser Ordnung aufzustellen, darin zu marschieren, während des Marsches die Formation zum Gefecht nach dem Kopf zu vollführen, die Marschordnung wieder anzunehmen, nach dem Schweif Front zu machen, von da nach den Flanken, und zuletzt das Viereck wieder zu formieren. Mit diesen Bewegungen muß man den Soldaten notwendig vertraut machen, wenn man ein diszipliniertes und brauchbares Heer haben will. Auf diese Dinge müssen Feldherren und Fürsten anhaltende Sorgfalt verwenden. Und nichts anderes ist die Kriegsdisziplin, als diese Bewegungen befehlen und ausführen zu können, und nichts anders ist ein diszipliniertes Heer als ein solches, das mit diesen Übungen wohl vertraut ist. Unmöglich wird, wer solche Disziplin eingeführt hat, jemals gänzlich geschlagen werden. Wenn aber die Formation des Vierecks, wie ich Sie Euch gezeigt habe, etwas schwierig ist, so ist, weil man sie zur Übung vornimmt, diese Schwierigkeit notwendig, denn wer sich in dieser Ordnung aufstellen und darin halten kann, dem werden die Formationen, welche nicht so viele Schwierigkeiten machen, leicht sein.

Zanobi Buondelmonte:

Ich glaube, wie Ihr, daß diese Übungen unentbehrlich sind, und ich meinerseits wüßte nichts hinzuzufügen oder wegzunehmen. Indessen möchte ich zwei Dinge von Euch hören; erstens, wenn Ihr nach dem Schweif oder nach der Flanke Front machen wollt, sollen die Wendungen mit Stimme, oder durch Trommel und Trompete befohlen werden; zweitens sollen die, welche dem Heer den Weg bahnen, aus Soldaten Eurer Bataillone bestehen, oder nur schlechtes Gesindel zu diesem Geschäft verwendet werden?

Fabrizio Colonna:

Eure erste Frage ist wichtig, denn oft sind dadurch, daß die Befehle des Feldherrn nicht recht gehört oder falsch ausgelegt wurden, Heere in Verwirrung geraten. Es müssen daher die Befehle, deren man sich in der Gefahr bedient, klar und deutlich sein. Teilt Ihr Eure Befehle durch Trompete und Trommel mit, so muß unter den Signalen ein solcher Unterschied stattfinden, daß man sie nicht mit einander verwechseln kann. Befehlt Ihr mit der Stimme, so müßt Ihr Acht haben, allgemeine Ausdrücke zu vermeiden und besondere Worte zu wählen und von diesen besonderen Worten wieder die zu vermeiden, welche eine schlimme Auslegung zulassen. Oft hat das Wort: „Zurück! Zurück!" ein Heer zu Grunde gerichtet; man muß daher diesen Ausdruck vermeiden und an seiner Stelle „Kehrt!" anwenden. Wollt Ihr, um die Front zu verändern, nach der Flanke oder dem Schweif wenden lassen, so saget nie: „Wendet um", sondern „Zur Linken, zur Rechten, Kehrt, Front." Eben so müssen die anderen Befehle einfach und klar sein, wie: „Aufgeschlossen, halt, vorwärts, kehrt." Was sich mit der Stimme befehlen läßt, muß mit der Stimme befohlen werden, das übrige mit Trommel und Trompete.

Was die Schanzgräber betrifft, wonach Ihr ferner gefragt habt, so würde ich ihr Geschäft von meinen eignen Soldaten verrichten lassen, teils weil es die Alten so hielten, teils damit das Heer weniger durch Troß aufgehalten wird. Ich würde aus jedem Bataillon die erforderliche Anzahl herausnehmen, ihnen das zum Wegbahnen nötige Handwerkszeug geben und ihre Waffen den nächststehenden Rotten zum Tragen zurücklassen. Käme nun der Feind, so würden sie sie sogleich wieder ergreifen und in ihre Glieder eintreten.

Zanobi Buondelmonte:

Wer würde das zum Wegbahnen nötige Handwerkszeug tragen?

Fabrizio Colonna:

Besonders hierzu bestimmte Wagen.

Zanobi Buondelmonte:

Ich bezweifle sehr, daß Ihr jemals Eure Soldaten zum Schanzgraben bringen werdet.

Fabrizio Colonna:

Alles soll an seinem Ort besprochen werden. Für jetzt wollen wir diesen Teil liegen lassen und die Art, das Heer mit Lebensmitteln zu versehen, erörtern; denn ich glaube, wir haben es so sehr ermüdet, daß es Zeit ist, es zu erfrischen und mit Speise zu stärken. Ihr müßt zuerst wissen, daß ein Fürst sein Heer so beweglich wie möglich machen und alles entfernen soll, wodurch es in seinen Kriegshandlungen gehindert oder aufgehalten wird. Unter die Maßnahme, die am meisten Schwierigkeiten darbieten, gehört die Notwendigkeit, darauf zu wachen, daß das Heer immer mit Brot und Wein versehen ist. Die Alten dachten nicht an den Wein; denn wenn sie keinen hatten, so tranken sie Wasser mit etwas Essig vermischt, um ihm Geschmack zu geben, und so zählten sie zu den Vorräten eines Heeres den Essig und nicht den Wein. Man buk das Brot nicht in Backöfen wie es in den Städten gebräuchlich ist; sondern man gab jedem Mann ein gewisses Maß Mehl, das jeder auf seine Art zubereitete und wozu man als Würze Speck und Schweinefett fügte, dies gab dem Brot Geschmack und hielt den Soldaten bei Kräften. Die Vorräte eines Heeres bestanden folglich aus Mehl, Essig, Speck, Schweinefett und Gerste für die Pferde. Herden großen und kleinen Schlachtviehes folgten gewöhnlich dem Heer, und da sie nicht nachgefahren werden mußten, verursachten sie nur wenig Hindernis. Diese Anordnung hatte zur Folge, daß bei den Alten ein Heer mehrere Tage durch verödetes und schwieriges Land marschieren konnte, ohne Mangel an Lebensmitteln zu leiden, da es sich von Dingen ernährte, die leicht mitgeführt werden konnten.

Bei unseren neueren Heeren geschieht gerade das Gegenteil. Da sie des Weins nicht entbehren und so gebackenes Brot essen wollen wie sie es zu Hause haben, wovon keine Vorräte auf längere Zeit angeschafft werden können, so sind sie entweder bald dem Hunger ausgesetzt; oder wenn man sie nur notdürftig mit Proviant versorgen will, so verursacht dies große Schwierigkeit und Kostenaufwand. Ich würde daher meinem Heer diese Lebensart abgewöhnen; und wollte, daß es kein anderes Brot äße, als solches, was sich ein Jeder selbst gebacken hätte. Was den Wein betrifft, so würde ich nicht verbieten zu trinken und auch nicht, daß welcher zu dem Heer gebracht werde, ich würde aber weder Mühe noch Sorge auf seine Anschaffung verwenden. Hinsichtlich der übrigen Vorräte würde ich ganz das Beispiel der Alten befolgen. Wenn Ihr diesen Gegenstand mit Aufmerksamkeit betrachtet, so werdet Ihr sehen, welche Schwierigkeiten dadurch behoben werden, welchen Mühen und Sorgen ein Heer und ein Feldherr entgeht, und mit welcher Leichtigkeit eine jede Unternehmung ausgeführt werden kann.

Zanobi Buondelmonte:

Wir haben den Feind aus dem Feld geschlagen und sind danach durch sein Land marschiert; es ist anzunehmen, daß wir Beute gemacht, Städte gebrandschatzt und Gefangene gemacht haben. Ich möchte wissen, wie sich die Alten unter diesen Umständen benahmen?

Fabrizio Colonna:

Ich bin bereit, Euch das zu beantworten. Ihr werdet Euch gemerkt haben (denn ich sprach früher mit einem von Euch darüber), daß unsere jetzigen Kriege sowohl die Sieger als die Besiegten arm machen; denn wenn die einen ihre Staaten verlieren, so verlieren die anderen ihr Geld und ihr Material. So war es bei den Alten nicht, denn der Krieg bereicherte den Sieger. Dieser Unterschied rührt daher, daß man in unserer Zeit nicht auf die Beute achtet, wie es früher der Fall war, sondern daß man sie ganz dem Soldaten überläßt. Es entstehen daraus zwei sehr große Mißstände; der eben genannte, und der, daß der Soldat beutegieriger wird und weniger fest in Reih und Glied bleibt; und ich habe vielfach wiederholt, wie die Gier nach Beute den Sieger zu Grunde gerichtet hat.

Es hatten daher die Römer, unsere Meister in der Kriegskunst, beide Umstände vermieden, indem sie befahlen, daß alle Beute dem Staat gehören, und daß der Staat sodann nach Gutdünken darüber befinden solle. Zu diesem Zweck hatten sie die Questoren beim Heer, die das waren, was wir Schatzmeister nennen würden und zu welchen alle Brandschatzungen und Beute gebracht wurden. Hiervon bezahlte der Konsul den Soldaten ihren gewöhnlichen Sold, unterstützte die Verwundeten und Kranken und bestritt die übrigen Bedürfnisse des Heers. Der Konsul konnte wohl und tat es oft, den Soldaten eine Beute überlassen, doch hatte ein solches Zugeständnis keine Unordnung zur Folge; denn nachdem der Feind in die Flucht geschlagen war, wurde alle Beute in die Mitte des Heers gebracht und auf den Kopf, nach dem Grad eines jeden verteilt. Auf diese Art wurde erreicht, daß die Soldaten zu siegen, nicht zu rauben, strebten. – Die römischen Legionen besiegten nur den Feind, verfolgten ihn aber nicht, sie traten niemals aus ihren Gliedern, und nur die Reiterei, die Leichtbewaffneten, und was sonst noch an Soldaten, außer den Legionssoldaten, da war, verfolgten den Feind. Hätte die Beute dem gehört, der sie gewann, so wäre es nicht möglich und nicht angebracht gewesen, die Legionen geschlossen zu halten, und dies hätte viele Gefahren herbeigeführt. Eine weitere Folge davon war, daß der Staat bereichert wurde. Jeder Konsul führte bei seinem Triumph für die öffentliche Kasse beträchtliche Schätze mit, die alle aus Brandschatzungen und Beute bestanden. Noch eine andere wohl bedachte Einrichtung trafen die Alten: Sie verordneten, daß jeder Soldat bei dem Fahnenträger seines Bataillons den dritten Teil seines Soldes niederlegen mußte, den er niemals vor dem Ende des Krieges ausbezahlt erhielt. Diese Einrichtung hatte zwei Zwecke. Er erste, daß sich der Soldat von seinem Sold ein kleines Kapital erspare; denn da der größere Teil jung und leichtsinnig ist, so verschwenden sie nur desto mehr unnötigerweise, je mehr sie in Händen haben. Der andere, damit, wenn die Soldaten wissen, daß ihr Vermögen bei der Fahne aufbewahrt ist, sie gezwungen sind, sorgfältiger für die Sicherheit derselben zu wachen und sie mit größerer Hartnäckigkeit zu verteidigen. Alle diese Dinge müssen notwendig beachtet werden, wenn man den Kriegerstand wieder in seine Schranken zurückführen will.

Zanobi Buondelmonte:

Es scheint mir, daß ein Heer auf dem Marsch wohl immer gefahrvollen Zufällen ausgesetzt sein müsse, zu deren Verhütung die Geschicklichkeit des Feldherrn und die Tapferkeit der Soldaten notwendig sind. Es würde mir sehr lieb sein, wenn Ihr erzählen wolltet, was wohl Ähnliches vorkommen kann.

Fabrizio Colonna:

Mit Vergnügen will ich Euch Genüge leisten, denn dies zu zeigen ist durchaus notwendig, wenn ich einen vollkommenen Begriff von der Kriegswissenschaft geben will.

Die Feldherren müssen sich vor allem während des Marsches vor einem Hinterhalt in Acht nehmen. Sie können entweder von selbst hineinfallen, oder sich durch die Geschicklichkeit des Feindes, ohne es zu merken, hineinlocken lassen. Um der ersten Gefahr auszuweichen, ist es nötig, seinem Heer eine doppelte Vorhut voraus zu schicken, um das Land zu durchspähen. Die Wachsamkeit muß um so größer sein, je geeigneter das Land zu solchen Nachstellungen ist, wie zum Beispiel waldige und bergige Gegenden; denn gewöhnlich wird ein Hinterhalt in einem Wald oder hinter einem Hügel gelegt. So leicht aber ein Hinterhalt, den man nicht kennt, den Untergang eines Heeres herbeiführen kann, so wenig gefährlich ist er, wenn man ihn entdeckt hat. Vögel und Staub haben häufig eine solche Entdeckung herbeigeführt, denn jedesmal wenn der Feind gegen euch anrückt, erheben sich Staubwolken, die sein Herankommen ankündigen. Ebenso, wenn man Tauben oder andere Vögel, die in Kitten fliegen, aufsteigen und im Kreis herum fliegen sah, ohne daß sie sich niederließen, so hat der Feldherr oft geschlossen, daß hier ein Hinterhalt gelegt sei. Er hat nun Soldaten hingesandt, den Feind entdeckt, sich selbst so vor der Gefahr geschützt und jenem einen Niederlage beigebracht.

Um die Gefahr, in einen Hinterhalt gelockt zu werden, zu vermeiden, darf man all zu unwahrscheinlichen Dingen keinen Glauben beimessen. So zum Beispiel, wenn Euch der Feind eine leichte Beute überläßt. Seid versichert, daß er Euch nur eine Lockpfeife anbietet, und daß ein Fallstrick darunter verborgen, liegt. Flieht ein zahlreicher Feind vor wenigen der Eurigen, greifen wenigen der Eurigen, greifen wenige Feinde Euer ganzes Heer an, fliehen sie plötzlich ohne scheinbaren Grund, dann fürchte List; denn nie darf man glauben, der Feind handle ohne zu wissen was er tut. Um Euch weniger selbst zu täuschen und alle Gefahr zu vermeiden, müßt Ihr desto vorsichtiger sein, je schwächer und unklüger sich der Feind zeigt. In diesem Fall ist zweierlei zu beachten. Während Ihr ihn im Inneren fürchtet und Eure Vorsichtsmaßnahmen danach trefft, müßt Ihr durch Eure Reden und äußeren Handlungen Verachtung gegen ihn an den Tag legen. Durch letzteres Mittel flößet Ihr Euren Truppen die Hoffnung eines gewissen Sieges ein, durch ersteres haltet Ihr Euch auf der Hut und werdet nicht so leicht getäuscht.

Bemerkt wohl, daß der Marsch in Feindesland mit mehr und größeren Gefahren verbunden ist als selbst eine Schlacht. Der Feldherr muß daher auf dem

Marsch seine Wachsamkeit verdoppeln. Das erste, was er zu tun hat, ist, sich Beschreibungen und Karten von dem Land, indem er Krieg führt, zu verschaffen; so daß er die Ortschaften, ihre Zahl und Entfernung von einander, die Wege, die Berge, die Flüsse, die Sümpfe und überhaupt die Beschaffenheit des Terrains genau kennt. Um gehörig unterrichtet zu sein, ist es notwendig, daß er immer, unter verschiedenen Titeln, mit der Gegend bekannte Personen um sich hat, daß er sie sorgfältig befragt, ihre Aussagen vergleicht und sich die, welche mit einander übereinstimmen, aufzeichnet. Er wird Reiterabteilungen, durch verständige Offiziere befehligt, voraussenden, weniger um den Feind zu entdecken, als um das Terrain zu erkunden und zu sehen, ob es mit den Karten und den erhalten Nachrichten übereinstimmt. Die Boten müssen unter guter Bewachung vorausgeschickt werden, und man muß sich ihrer Treue durch Versprechen von Belohnung und Furcht vor Strafe versichern. Besonders wichtig ist, daß das Heer nicht weiß, zu welchem Unternehmen es geführt wird. Denn eine Hauptsache im Krieg ist, verschweigen zu können, was man vor hat. Damit Eure Soldaten durch einen unvorhergesehenen Angriff nicht in Verwirrung geraten, müßt Ihr sie ohne Unterlaß ermahnen, auf der Hut zu sein; denn was man früh gesehen hat, schadet weniger.

Um Unordnung auf dem Marsch zu vermeiden, haben viele das Gepäck und den Troß in die Nähe der Fahnen gestellt und verordnet, daß es diesen folge, damit, wenn man während des Vorrückens genötigt wird, haltzumachen oder sich zurückzuziehen, dies leichter ausgeführt werden könne; dieser Anordnung geb' ich als nützlich gern meinen Beifall. Man muß ferner während des Marsches Sorge tragen, daß sich nicht ein Teil des Heeres vom anderen trennt, oder, daß die Kolonne dadurch, daß die einen schneller und die anderen langsamer marschieren, auseinander kommt und sich an einigen Punkten schwächt; denn dies sind eben so viel Ursachen der Unordnung. Man muß daher die Offiziere auf den Seiten gehen lassen, damit sie durch Anhalten der Eiligen und Antreiben der Langsamen den Schritt gleichförmig erhalten. Nichts regelt den Schritt besser als Musik.

Man muß die Wege erweitern lassen, damit eine Bataillonskolonne wenigstens darauf marschieren kann.

Ihr müßt die Gewohnheiten und die Natur des Feindes studieren; ob er Euch lieber morgens, mittags oder abends angreift; ob er an Fußvolk oder Reiterei überlegen ist. Hiernach müßt Ihr dann Eure Vorsichtsmaßnahmen und Anordnungen richten. Führen wir aber einige Beispiele an.

Es kommt vor, daß Ihr Euch von einem Feind entfernt, der Euch überlegen scheint und mit Ihr keine Schlacht kämpfen wollt. Auf Eurem Rückzug verfolgt, gelangt Ihr an die Ufer eines Flusses, dessen Übergang Zeit erfordert; der Feind indessen ist auf dem Punkt, Euch zu erreichen und anzugreifen. Mehrere

Feldherren umgaben in einer solchen Gefahr ihren Rücken mit einem Graben, füllten diesen mit Reisig und zündeten es an; sodann bewerkstelligten sie mit ihrem ganzen Heer den Übergang, ohne daß es der Feind, durch die Flammen von ihnen getrennt, verhindern konnte.

Zanobi Buondelmonte:

Ich kann nur schwer glauben, daß ihn dieses Feuer zurückhalten sollte, besonders wenn ich mich erinnere, daß der karthagische Feldherr Hanno, vom Feind umzingelt, sich auf der Seite, wo er durchbrechen wollte, mit dürrem Holz umgab, welches er anzündete; so daß die Feinde es nicht für nötig hielten, ihn von dieser Seite zu bewachen, er aber, ihren Fehler nutzend, sein Heer durch die Flammen führte, indem er jedem Soldaten empfahl, das Gesicht mit dem Schild gegen Rauch und Flamme zu schützen.

Fabrizio Colonna:

Ihr habt Recht; beachtet jedoch das, was ich Euch gesagt und das, was Hanno getan. Die Feldherren, von denen ich sprach, gruben einen Graben, den sie mit Reisig anfüllten, so daß der Feind um durch zu kommen, über Graben und Feuer setzen mußte. Hanno machte Feuer ohne Graben; und da er darüber hinaus wollte, so durfte er es nicht einmal sehr stark machen, sonst hätte er auch ohne Graben nicht durchgekonnt. Wißt Ihr nicht, daß König Nabis von Lakedämonien, von den Römern in Sparta belagert, einen Teil der Stadt in Brand steckte, um die Feinde, die schon eingedrungen waren, am weiteren Vordringen zu hindern? Wirklich verschlossen ihnen diese Flammen den Durchgang und nötigten sie, die Stadt zu verlassen. Kommen wir aber wieder zu unserem Gegenstand zurück.

Als der Römer Quintus Lutatius, von den Zimbern verfolgt, an das Ufer eines Flusses gekommen war, zeigte er sich, damit ihm die Feinde Zeit zum Übergang ließen, geneigt, eine Schlacht anzunehmen. Er stellte sich zu diesem Zweck, als wolle er hier sein Lager aufschlagen, ließ Gräben ziehen, einige Zelte aufschlagen und schickte Reiterei, um Nahrung zu beschaffen, auf die benachbarten Felder. Die Zimbern überzeugt, daß er lagern würde, lagerten gleichfalls und teilten sich in mehrere Scharen, um Lebensmittel aufzusuchen. Kaum hatte Lutatius dies gemerkt, als er ohne Hindernis den Fluß überschritt.

Um über einen Fluß zu setzen, der keine Brücken hatte, haben einige Feldherrn den Lauf des Flusses abgeleitet, indem sie ihm um ihren Rücken herum ein neues Bett gruben; da nun die Wasser das alte Bett verließen, wurde der Übergang leicht.

Bei einem sehr reißenden Fluß stellt man zur Sicherung des Fußvolkes die stärksten Pferde oberhalb der Flut auf, um die Gewalt des Stroms zu brechen. Einen anderen Teil stellt man unterhalb, um dem Fußvolk beizustehen, wenn einige davon durch das Wasser fortgerissen werden sollten.

Man setzt auch mit Brücken, Schiffen oder Schläuchen über Flüsse, die sich nicht durchwaten lassen. Es ist daher gut, die dazu nötigen Materialien beim Heer zu haben.

Manchmal widersetzt sich der Feind auf dem anderen Ufer des Flusses Eurem Übergang. Zum Besiegen dieses Hindernisses kenne ich kein besseres Beispiel nachzuahmen, als das Cäsars. Er befand sich mit seinem Heer am Ufer eines Flusses in Gallien, dessen Überschreiten ihm Vercingetorix, einer der gallischen Anführer, verwehrte, indem er sich ihm auf dem anderen Ufer mit seinen Kriegern entgegenstellte. Cäsar zog mehrere Tage den Fluß aufwärts, in allen seinen Bewegungen vom Gegner verfolgt. Als er endlich sein Lager an einer waldigen und zum Verbergen von Truppen geeigneten Stelle aufgeschlagen hatte, wählte er aus jeder Legion drei Kohorten, befahl ihnen, zurück zu bleiben und sogleich nach seinem Abmarsch eine Brück über den Fluß zu schlagen und sie zu befestigen; er selbst setzte mit dem Rest seines Heeres seinen Weg weiter fort. Vercingetorix seinerseits, der dieselbe Anzahl Legionen sah und nicht ahnte, daß ein Teil davon zurückgeblieben sei, folgte wie früher seinem Gegner. Als nun Cäsar annehmen konnte, die Brücke sei fertig, kehrte er um, fand alles nach seinen Befehlen ausgeführt und setzte ohne Schwierigkeit über den Fluß.

Zanobi Buondelmonte:

Gibt es eine Regel, wie man die Furten erkennt?

Fabrizio Colonna:

Allerdings gibt es eine solche. Der Teil des Flusses zwischen dem Ort, wo die Wasser zu schlafen scheinen und dem, wo sie fließen, welcher dem Auge des Beobachter wie ein Streifen erscheint, ist immer weniger tief und leichter zu durchwaten als andere Stellen; denn hier hat der Fluß am meisten von dem Sand, den er auf dem Grund seines Bettes mit sich führt, angehäuft. Die Richtigkeit dieser Beobachtung gründet sich auf oft wiederholte Erfahrung.

Zanobi Buondelmonte:

Wenn aber eine Furt bodenlos geworden wäre, und die Reiterei Gefahr liefe einzusinken, was wäre dagegen zu tun?

Fabrizio Colonna:

Man macht Hürden von Flechtwerk, befestigt sie auf dem Grund des Flusses und läßt dann die Reiterei darüber reiten. Setzen wir aber unsre Erörterung fort.

Wenn es sich zutrüge, daß ein General zwischen zwei Bergen eingeklemmt wäre und nur zwei Wege zu seiner Rettung hätte, den vor sich und den, auf welchem er gekommen ist, beide aber vom Feind besetzt wären, so bliebe ihm kein anderer Ausweg als gewisse Feldherren nachzuahmen, die sich in ähnlichen Umständen befanden. Sie ließen nämlich in ihrem Rücken einen breiten und schwer überschreitbaren Graben ziehen, damit der Feind glauben solle, ihre Absicht sei, ihn durch dieses Hindernis aufzuhalten, während sie mit ihrem ganzen

Heer, ohne für ihren Rücken fürchten zu müssen, auf dem vor ihnen offenen Weg mit Gewalt eine Bahn zu brechen versuchen würden. In diesem Glauben verstärkte sich der Feind auf der unverschanzten Seite und verließ die geschlossene. Sie aber warfen über den Graben hierzu vorbereitete Brücken von Baumästen, kamen auf dieser Seite ohne Hindernis durch und retteten sich aus den Händen des Feindes. Der Konsul Lucius Minutius war mit dem römischen Heere in Ligurien zwischen einigen Bergen so von den Feinden eingeschlossen, daß er nicht herauskommen konnte. In dieser Lage schickte er einige numidische Reiter, die er bei seinem Heer hatte und welche schlecht bewaffnet, ganz kleine magere Pferde ritten, in Richtung des Passes ab, der vom Feind bewacht war. Bei ihrem ersten Anblick traten die Feinde zusammen, um ihnen den Durchgang zu verwehren; als sie aber sahen, daß diese Leute in schlechter Ordnung und nach ihrer Meinung schlecht beritten wären, schätzten sie sie gering und stellten nur einige Wachposten aus. Kaum gewahrten dies die Numidier, so trieben sie ihre Pferde an, stürzten sich auf sie los und drangen durch, ohne daß sie jene aufhalten konnten. Nachdem sie durchgedrungen, plünderten und verheerten sie das Land und zwangen so die Feinde, dem Heer des Lucius freien Durchgang zu lassen.

Einige Feldherren, von einer großen Menge Feinde angegriffen, drängten ihr Heer auf einen kleinen Raum zusammen und ließen sich vom Feind von allen Seiten einschließen. Auf den Teil, der ihnen am schwächsten erschien, drangen sie nun mit Gewalt ein, brachen sich eine Bahn und retten sich.

Marcus Antonius, auf dem Rückzug vor dem Heer der Parther, bemerkte, daß ihn die Feinde jeden Tag mit Sonnenaufgang, wenn er sich in Marsch setzte, anfielen und während des ganzen Weges belästigten; so daß er sich entschloß, erst Mittags aufzubrechen. Die Parther glaubten, er wolle diesen Tag im Lager bleiben und kehrten zu ihren Zelten zurück; Marcus Antonius aber konnte den Rest des Tages hindurch ohne Belästigung weiter ziehen. Um die Pfeile der Parther zu meiden, befahl derselbe Feldherr seinen Soldaten, wenn jene gegen sie anrückten, im ersten Glied nieder zu knien; dem zweiten Glied befahl er, die Schilde über die Häupter des ersten zu halten, dem dritten über das zweite, dem vierten über das dritte u.s.f., so daß sich das ganze Heer wie unter einem Dach befand und vor den Pfeilen der Parther geschützt war. Dies ist, was ich Euch über das, was einem Heer während des Marsches zustoßen kann, zu sagen habe. Wenn Euch nichts weiter einfällt, so wollen wir zu einem anderen Teil übergehen.

Ende des fünften Buchs

Sechstes Buch

Zanobi Buondelmonte:

Da wir den Gegenstand unsers Gesprächs ändern, so soll Battista sein Amt antreten, und ich will das meinige niederlegen. Wir werden hierdurch die guten Heerführer nachahmen. Wie uns Signor Fabrizio gesagt hat, stellen diese ihre besten Truppen ins erste und letzte Treffen des Heeres, da sie für nötig erachten, in den ersten Reihen Soldaten zu haben, welche das Gefecht kräftig eröffnen und in den letzten andere, die es mit gleichem Mut beenden können. So hat Cosimo diese Unterredung mit seiner gewöhnlichen Weisheit begonnen; Battista wird sie mit derselben Klugheit fortsetzen; Luigi und ich haben sie unterdessen im Gang gehalten. Da wir nun alle unsere Rolle ohne Sträuben übernommen haben, so wird sich auch Battista nicht weigern können.

Battista della Palla:

Ich habe mich bis jetzt leiten lassen und will es auch in Zukunft tun. Beliebt daher, Signor Fabrizio, Eure Rede fortzusetzen und entschuldigt, daß wir Euch durch unsere Umstände unterbrachen.

Fabrizio Colonna:

Ich habe schon gesagt, daß Ihr nichts tun könnt, was mir angenehmer wäre. Eure Unterbrechungen, weit entfernt meinen Geist zu ermüden, geben ihm einen neuen Schwung.

Um den Stoff, der uns beschäftigt, zu beschließen, ist es endlich Zeit unser Heer zu lagern. Alles auf dieser Welt strebt, wie Ihr wißt, nach Ruhe und Sicherheit, und gewiß ist Ruhe mit Furcht vermischt keine wahre Ruhe. Vielleicht hättet Ihr gewünscht, daß ich damit angefangen hätte, mein Heer lagern zu lassen, um es sodann gegen den Feind zu führen, während wir gerade das Gegenteil taten. Die Verkettung der Ideen bewog mich zu diesem Gang. Da ich Euch zeigen wollte, wie ein Heer auf dem Marsch aus der Marschordnung in die Schlachtordnung übergeht, so mußte ich Euch zuerst erklären, wie man es in Schlachtordnung stellt.

Um aber zu unserem Gegenstand zurückzukehren, sage ich, daß ein Lager, um sicher zu sein, ordnungsgemäß und fest sein muß. Ordnungsgemäß wird es durch die Sorge des Feldherrn; fest machen es Lage oder Kunst.

Die Griechen suchten feste Stellungen auf; nur wo ein Absturz, ein Flußufer, eine Gruppe Bäume oder sonst eine natürliche Schutzwehr Deckung gewährte, schlugen sie ihr Lager auf. Die Römer hingegen sicherten sich nicht nur durch die Lage als auch durch die Kunst und lagerten nie an einem Ort, wo sie nicht nach ihren Kriegsregeln ihr ganzes Heer ausbreiten konnten. Auf diese Art konnten die Römer immer dieselbe Lagerform beibehalten, weil sie sich nicht nach dem Terrain richten mußten. Nicht dasselbe konnten die Griechen tun, weil sie dem Terrain folgend, das überall eine andere Form hat, auch die Art zu lagern und die Form ihres Lagers ändern. Wo also die Römer keine durch Natur feste Stellung fanden, halfen sie durch die Kunst nach.

Da ich nun in unserem Gespräch immer gewollt habe, daß man die Römer nachahme, so werde ich auch beim Lagern nicht von ihnen abweichen. Ohne jedoch in allem ihren Einrichtungen zu folgen, werde ich nur die annehmen, welche mir für die gegenwärtigen Zeiten passend scheinen. Die Römer, wie ich schon öfter gesagt, hatten in ihrem konsularischen Heer zwei Legionen römischer Bürger, ungefähr 11.000 Mann zu Fuß und 600 Pferde, und überdies hatten sie andere 11.000 Mann zu Fuß, welche aus Hilfsvölkern, von ihren Bundesgenossen gesendet, bestanden. Niemals durften in ihrem Heer mehr fremde Soldaten als Römer sein, ausgenommen Reiterei, die die Zahl ihrer eigenen wohl überschreiten durfte. In allen Gefechten kamen ihre Legionen ins Zentrum und die Hilfsvölker auf die Flügel. Dieselbe Regel beachteten sie beim Lagern, wie Ihr wohl selbst in den Werken ihrer Schriftsteller gelesen habt. Ich will daher nicht ausführlich erzählen wie sie lagerten, sondern Euch bloß sagen, in welcher Ordnung ich jetzt mein Heer lagern lassen würde. Ihr werdet dann sehen, was ich von den Römern übernommen habe.

Ihr wißt, daß ich, wie die Römer ihre zwei Legionen, zwei Regimenter zu 6000 Mann zu Fuß und 300 Dienstpferde in das Regiment genommen habe. Ihr wißt ferner, wie viel Bataillone, welche Waffen und Benennungen ich angenommen habe. Bei der Marsch- und Schlachtordnung habe ich andere Kriegsvölker nur insofern erwähnt, daß ich sagte, man habe bei doppelt so vielen Leuten nichts zu tun, als die Scharen zu verdoppeln. Da ich Euch aber jetzt die Lagerordnung zeigen will, so scheint es mir gut, nicht bei zwei Regimentern stehen zu bleiben, sondern nach dem Muster der Römer ein rechtes Heer aus zwei Regimentern und eben so viel Hilfsvölkern zusammen zu setzen. Ich tue es, damit die Form des Lagers vollkommen werde, indem ich ein vollkommenes Heer lagern lasse; bei meinen früheren Erörterungen hatte ich diese Rücksicht nicht zu nehmen. Um aber ein richtiges Heer von 24.000 Mann zu Fuß und 2000 Dienstpferden, das in vier Regimenter, zwei aus eigenen Leuten, zwei aus fremden bestehend, eingeteilt ist, lagern zu lassen, werde ich folgendermaßen verfahren.

Wenn der Platz, wo ich lagern will, gefunden ist, so werde ich die Hauptfahne aufpflanzen und um dieselbe ein Quadrat abstecken, dessen Seiten fünfzig Schritte von ihr entfernt sind. Jede dieser Seiten wird in eine Himmelsrichtung gerichtet, als nach Aufgang, Niedergang, Mittag und Mitternacht. In das Quadrat kommt das Zelt des Feldherrn. Weil ich es für klug halte, und weil es die Römer größtenteils auch taten, so werde ich Bewaffnete und Unbewaffnete trennen und die Soldaten von Troß und Gepäck scheiden. Alle, oder den größten Teil der Bewaffneten, werde ich Richtung Sonnenaufgang, Troß und Gepäck in Richtung Sonnenuntergang lagern lassen; indem ich den Aufgang zur Front, den Untergang zum Rücken, Mittag und Mitternacht zu Flanken mache. Um den Lagerraum der Soldaten zu unterscheiden, werde ich folgende Anordnung treffen. Vom Hauptbanner an ziehe ich eine Linie gegen Aufgang in einer Länge von 680 Schritten. Danach ziehe ich zwei andere Linien, die diese in die Mitte nehmen und von derselben Länge sind, jedoch beide fünfzehn Schritte von ihr abstehen. Wo sie enden ist das Osttor, und der Raum zwischen den beiden äußersten Linien gibt eine Straße, die von dem Tor zum Zelt des Feldherrn führt, dreißig Schritte breit, 630 Schritte lang (denn fünfzig Schritte wird das Zelt des Feldherrn einnehmen) ist, und Generalgasse genannt wird. Es wird dann eine andere Straße vom Südtor bis zum Nordtor abgesteckt, die durch die Tete der Generalgasse geht, das Zelt des Feldherrn östlich berührt, 1250 Schritte lang (denn sie führt durch die ganze Breite des Lagers), dreißig Schritte breit ist und Kreuzgasse genannt wird. Wenn nun er Lagerraum des Feldherrn und die beiden Gassen bestimmt sind, so werde ich zuerst den beiden eigenen Regimentern ihre Räume anweisen und zwar dem einen rechter Hand, dem andern linker Hand der Generalgasse. Hierzu werde ich jenseits des Raumes, welchen die Breite der Kreuzgasse wegnimmt, zweiunddreißig Lagerräume links der Generalgasse und zweiunddreißig rechts derselben abstecken, indem ich zwischen dem sechzehnten und siebzehnten Lagerraum dreißig Schritte frei lasse für eine Querstraße, die alle Lagerräume der Regimenter durchschneidet, wie man bei der Verteilung derselben sehen wird. Von diesen zwei Reihen Lagerräumen werden die ersten an der Tete, welche an die Kreuzgasse stoßen, von den Befehlshabern der Gendarmen eingenommen. In die fünfzehn Lagerräume, die auf jeder Seite nach diesen folgen, kommen ihre Gendarmen, und da jedes Regiment 150 Gendarmen hat, so kommen zehn in einen Lagerraum. Die Lagerräume der Befehlshaber sind vierzig Schritte breit und zehn Schritte lang. Merkt Euch, daß so oft ich Breite sage, dies die Richtung von Nord nach Süd bedeutet und Länge jene von Ost nach West. Die Räume der Gendarmen sind fünfzig Schritte lang und dreißig breit. In die übrigen fünfzehn Lagerräume, die auf jeder Seite nach diesen folgen und die jenseits der Quergasse anfangen, lege ich die leichten Reiter, und zwar, da es 150 sind, zehn in einen Raum. In den sechzehnten, der noch übrig bleibt, lege ich ihren Befehlshaber und gebe ihm so viel Platz wie dem Befehlshaber der Gendarmen. So werden die Lagerräume der Reiterei beider Regimenter die Generalgasse in die Mitte nehmen und den Lagerräumen des Fußvolks als Maßstab dienen, wie ich nun erzählen will.

Ihr habt Euch gemerkt, daß ich die 300 Pferde eines jeden Regiments mit ihren Befehlshabern in zweiunddreißig Lagerräume an die Generalgasse gelegt habe, daß sie oben an der Kreuzgasse anfangen, und daß zwischen dem sechzehnten und siebzehnten Raum dreißig Schritte für eine Quergasse frei geblieben sind. Wenn ich nun die zwanzig Bataillone, woraus die zwei ordentlichen Regimenter bestehen, lagern lassen will, so werde ich die Lagerräume von je zwei Bataillonen hinter den Lagerräumen der Reiterei abstecken, so daß jeder fünfzehn Schritte lang und dreißig Schritte breit ist, wie die der Reiterei, mit welchen sie so verbunden werden, daß sich immer die Rückseite eines Reiterei- und Fußvolkraumes berührt. In jeden ersten Lagerraum auf jeder Seite, der an die Kreuzgasse stößt, kommt der Chef eines Bataillons; sein Raum entspricht also dem des Befehlshabers der Gendarmen und wird allein zwanzig Schritte breit und zehn lang gemacht. In die anderen fünfzehn Lagerräume, die auf beiden Seiten diesem folgen bis zur Quergase kommt auf jeder Seite ein Bataillon, und da letzteres 450 Mann stark ist, in jeden Raum dreißig Mann. Die anderen fünfzehn Lagerräume werde ich an die der leichten Reiter auf jeder Seite anstoßen und in jeden Teil ein Bataillon Fußvolk legen. Der letzte Lagerraum jedes Teils wird von dem Chef des Bataillons eingenommen und mit dem des Befehlshabers der leichten Reiter verbunden, mit einer Länge von zehn und einer Breite von zwanzig Schritten. So werden diese zwei ersten Zeltreihen zur Hälfte Reiterei, zur Hälfte Fußvolk enthalten. Da nun, wie ich oben gesagt habe, die Reiter alle Dienst tun sollen, und also weder zur Versorgung der Pferde, noch zu anderen Bedürfnissen Diener haben, so sollen die Fußknechte, die hinter den Reitern lagern, angehalten werden, diesen beizustehen und ihre Pferde zu pflegen und zu versorgen, wofür sie des andern Lagerdienstes enthoben sein sollen. So war es bei den Römern eingeführt.

Nachdem nun nächst diesen Lagerstellen auf jeder Seite dreißig Schritte für eine Gasse frei gelassen worden sind, von denen die eine, erste Gasse rechter Hand, und die andere, erste Gasse linker Hand heißt, werde ich auf jeder Seite eine Reihe doppelter Lagerräume abstecken. Diese Räume werden ihre Rückseiten einander zuwenden, dieselben Dimensionen haben wie die vorigen, und nach den ersten sechzehn auf dieselbe Art geteilt sein zum Beschuf der Quergasse. Hierein lege ich vier Bataillone, mit ihren Chefs oben und unten. Nachdem ich nun auf jeder Seite andere dreißig Schritte zu einer Gase frei gelassen habe, die rechts, zweite Gasse rechter Hand, links, zweite Gasse linker Hand heißt, werde ich auf jeder Seite eine andere Reihe von zweiunddreißig doppelten Lagerräumen, mit denselben Dimensionen und Abteilungen abstecken, worin ich auf jeder Seite andere vier Bataillone mit ihren Chefs legen werde. So werden die Reiter und die Bataillone der beiden eigenen Regimenter in drei Reihen auf jeder Seite, mit der Generalgasse in der Mitte, gelagert sein.

Die zwei Hilfsregimenter (weil ich sie aus ebensoviel Mannschaft zusammengesetzt habe) werden auf jeder Seite neben die zwei eigenen Regimenter mit denselben Reihen doppelter Lagerräume gelegt, indem zuerst eine Reihe Lagerräume abgesteckt wird, worin zur Hälfte Reiterei, zur Hälfte Fußvolk liegt und welche dreißig Schritte von der anderen absteht, um eine dritte Gasse rechter Hand und eine dritte Gasse linker Hand frei zu lassen. Hierauf werde ich auf beiden Seiten zwei andere Reihen Lagerräume abstecken, welche auf die gleiche Art unterschieden und angeordnet sind, wie die der eigenen Regimenter, und welche zwei andere Gassen haben, die nach der Zahl und der rechten oder linken Hand benannt werden.

So kommt also dieser ganze Teil des Heeres in zwölf Reihen doppelter Lagerräume zu liegen, mit dreizehn Gassen, einschließlich der General- und Kreuzgasse.

Von den Lagerstellen bis zum Graben bleibt auf allen Seiten ein Raum von 100 Schritten frei.

Wenn Ihr alle Dimensionen zusammenrechnet, so werdet Ihr finden, daß es von der Mitte des Lagerraums des Feldherrn bis zu dem Osttor 680 Schritte sind. Es sind noch zwei Entfernungen zu bestimmen, die eine vom Lagerraum des Feldherrn bis zum Südtor, die andere von demselben Raum bis zum Nordtor. Jede wird, vom Mittelpunkt an gemessen, 635 Schritte betragen. Zieht man von jeder Entfernung fünfzig Schritte für den Lagerraum des Feldherrn, fünfundvierzig Schritte für einen Platz, den ich auf beiden Seiten frei lassen will, dreißig Schritte für eine Gasse, welche diese beiden Räume in der Mitte trennen soll, und 100 Schritte, welche man auf jeder Seite zwischen Lager und Graben läßt, ab, so bleibt auf jeder Seite noch ein 400 Schritt breiter und 100 Schritt langer Raum für Lagerstellen, da nämlich die Länge dieses Raums der Länge des Lagerraums des Feldherrn gleich sein soll.

Indem ich nun diese Länge in der Mitte teile, stecke ich rechter und linker Hand des Feldherrn vierzig Lagerräume ab, die fünfzig Schritte lang und zwanzig breit sind, so daß es im Ganzen fünfzig Lagerräume gibt, in welche ich die Obersten, die Zahlmeister, die Quartiermeister und alle jene lege, die ein Amt beim Heer bekleiden, indem ich jedoch noch einigen Raum frei lasse für die Fremden, die kommen können und für die Freiwilligen, welche durch die Gunst des Feldherrn den Feldzug mitmachen dürfen.

Hinter dem Lagerraum des Feldherrn vorbei wird eine dreißig Schritte breite Gasse von Süd nach Nord gezogen und Kopfgasse genannt, welche neben den achtzig Lagerräumen entlangführen wird. Diese Gasse und die Kreuzgasse nehmen den Lagerraum des Feldherrn und die achtzig Räume auf den Seiten desselben in die Mitte. Von der Kopfgasse, da wo sie an den Lagerraum des Feldherrn stößt, ziehe ich eine andere Gasse, die von da an das Westtor führt, dreißig Schritte breit ist, ihrer Lage und Länge nach der Generalgasse entspricht und Platzgasse genannt wird.

Wenn nun beide Gassen gezogen sind, so werde ich den Platz abstecken, wo Markt gehalten wird, denselben vorne an die Platzgasse dem Lagerraum des Feldherrn gegenüber legen, an die Kopfgasse anstoßen und ihm die Form eines Quadrates geben, das 121 Schritte ins Geviert beträgt. Rechts und links dieses Platzes werde ich zwei Reihen Lagerräume abstecken, wovon jede Reihe acht doppelte Lagerräume enthält, die zwölf Schritte lang und dreißig Schritte breit sind, so daß auf jeder Seite des Platzes sechzehn Lagerräume denselben in die Mitte nehmen und im Ganzen zweiunddreißig ausmachen. Da hinein werden die Reiter gelegt, die die Hilfsregimenter mehr haben und ist nicht mit Raum genug, so werden ihnen einige von den Lagerräumen angewiesen, die den Feldherrn in die Mitte nehmen, und besonders von jenen, die gegen den Graben zu liegen.

Wir müssen noch den außerordentlichen Piken und Veliten der Regimenter ihr Lager anweisen. Jedes Regiment, wie Ihr wißt, hat nach unserer Organisation außer seinen zehn Bataillonen 1000 außerordentliche Piken und 500 Veliten; so daß die zwei eigenen Regimenter 2000 außerordentliche Piken und 1000 außerordentliche Veliten haben und genau so viel die Hilfsvölker. Es sind also noch 6000 Mann Fußvolk übrig, die ich alle in dem westlichen Teil längs dem Graben lagern lassen werde. Vom nördlichen Ende der Kopfgasse an, mit einem Abstand von 100 Schritten vom Graben, werde ich eine Reihe von fünf doppelten Lagerräumen abstecken, die alle zusammen fünfundsiebzig Schritte lang und sechzig breit sind, so daß durch ihre Teilung der Breite nach jeder Lagerraum fünfzehn Schritte lang und dreißig breit ist. Da es nun zehn Lagerräume sind, so lege ich 300 Mann Fußvolk hinein, dreißig Mann auf einen jeden. Eine Strecke von dreißig Schritten frei lassend, werde ich sodann auf dieselbe Art und mit denselben Dimensionen eine andere Reihe von fünf doppelten Lagerräumen, und dann noch eine andere und so fort abstecken, bis ich fünf Reihen von fünf doppelten Lagerräumen, welche zusammen fünfzig Lagerräume ausmachen, in gerader Linie gegen Norden, alle 100 Schritte vom Graben abstehend, abgesteckt, und 1500 Mann hinein gelagert habe. Indem ich mich hierauf links gegen das Westtor wende, sollen auf dieser Strecke, vom Eck bis an das Tor, fünf andere Reihen doppelter Lagerräume mit denselben Dimensionen und auf dieselbe Art (mit der einzigen Ausnahmen, daß von einer Reihe zur anderen nur fünfzehn Schritte Abstand sein wird) abgesteckt und wieder 1500 Mann hinein gelagert werden. So werden vom Nord- bis zum Westtor, dem Graben folgend, 100 Lagerräume, in zehn Reihen zu fünf doppelten Lagerräumen auf die Reihe geteilt, alle außerordentlichen Piken und Veliten der eigenen Regimenter aufnehmen. Eben so werden vom West- bis ans

Südtor, dem Graben folgend, ganz auf dieselbe Art andere zehn Reihen, von zehn Lagerräumen pro Reihe, die außerordentlichen Piken und Veliten der Hilfsregimente aufnehmen. Ihre Befehlshaber oder vielmehr ihre Bataillonschefs, können sich diejenigen Räume gegen den Graben zu, welche ihnen am bequemsten erscheinen, auswählen.

Das Geschütz werde ich überall längs den Aufwürfen des Grabens verteilen.

In den Raum, der gegen Westen noch übrig bleibt, kommt aller Troß und alles Gepäck des Lagers. Die Alten hatten, wie Ihr wißt, dafür den besondern Ausdruck: *Impedimenta*, worunter sie allen Troß und alle die Dinge, welche ein Heer außer den Soldaten nötig hat, verstanden. Nach ihrem Beispiel zähle ich dazu Troß und Gepäck: Zimmerleute, Schmiede, Hufschmiede, Steinmetze, Ingenieure[1], Bombardiere, welche man jedoch auch zu den Soldaten zählen kann; Hirten mit ihren Schaft- und Kuhherden, welche zur Nahrung des Heeres nötig sind; ferner Handwerker aller Art, nebst den öffentlichen Packwagen des Heeres, worauf Mund- und Kriegsvorräte mitgeführt werden. Die Lagerräume dafür werde ich nicht bis ins Einzelne bestimmen; ich werde bloß die Gassen bezeichnen, die nicht eingenommen werden dürfen. Dann werde ich die vier Räume, welche zwischen den Gassen bleiben, allem Gepäck und Troß in der Art anweisen, daß in den einen die Handwerker und Gewerkschaften, in den andern die Hirten, in den dritten die Mundvorräte und in den vierten die Kriegsvorräte kommen. Die Gassen, welche nicht eingenommen werden dürfen, werden die Platzgasse, die Kopfgasse und eine andere Gasse sein, die Mittelgasse heißen soll und in der Richtung von Nord nach Süd die Platzgasse in der Mitte durchschneidet und im westlichen Teil des Lagers denselben Zweck hat wie die Quergasse im östlichen Teil. Außerdem muß noch eine Gasse längs der Lagerräume der außerordentliche Piken und Veliten nach innen zu frei gelassen werden. All diese Gassen erhalten dreißig Schritte Breite.

Das Geschütz werde ich, wie gesagt, längs den Gräben des Lagers nach innen zu verteilen.

Battista della Palla:

Ich bekenne, daß ich mich auf diese Dinge nicht verstehe, glaube jedoch nicht, daß ich mich dieses Bekenntnisses zu schämen habe, da dies nicht mein Beruf ist. Nichtsdestoweniger gefällt mir Eure Anordnung sehr. Ich wünschte nur zwei Probleme gelöst zu haben. Erstens, warum Ihr die Gassen und die Räume zwischen Graben und Lager so breit macht. Zweitens, und das begreife ich noch weniger, wie werden die zum Lagern abgesteckten Räume benutzt?

[1] Ingegneri hießen ursprünglich jene, welche mit den Kriegswerkzeugen, Engins, umzugehen wußten.

Fabrizio Colonna:

Ihr müßt wissen, daß ich alle Gassen dreißig Schritte breit mache, damit ein Bataillon Fußvolk in seiner Normalstellung darin marschieren kann, welche, wenn Ihr Euch wohl erinnert, fünfundzwanzig bis dreißig Schritte breit ist. Daß der Raum zwischen Lager und Graben 100 Schritte breit sei, ist nötig, damit die Bataillone und das Geschütz sich darin bewegen können, die Beute hindurch geführt werden kann, und damit Raum da ist, sich durch neue Gräben und Brustwehren zu verschanzen. Auch damit der Feind nicht so leicht Feuer und anderes Wurfzeug hinein schleudern kann steht das Lager besser in einiger Entfernung von den Gräben. Was die zweite Frage betrifft, so ist es nicht meine Ansicht, daß jeder bezeichnete Raum mit einem einzigen Zeltdach bedeckt werde, sondern daß die, welche dort lagern, nach ihrer Bequemlichkeit mehr oder weniger Zelte darin aufschlagen, wenn sie nur seine Grenzen nicht überschreiten.

Zum Abstecken dieser Lagerräume bedarf es sehr geübter Leute und vorzüglicher Baumeister, welche es verstehen, sobald der Feldherr den Lagerplatz ausgewählt hat, demselben Form und Einteilung zu geben, indem sie mit Seil und Stäben so geschickt die Gassen bezeichnen und die Lagerräume unterscheiden, daß sogleich alles geordnet und eingeteilt ist.

Wenn man will, daß keine Verwirrung entstehe, so muß das Lager immer auf dieselbe Art abgesteckt werden, damit ein Jeder weiß, in welcher Gasse, in welchem Raum er seine Lagerstelle zu finden hat. Dies muß zu jeder Zeit, an jedem Ort beachtet werden, so daß das Lager eine bewegliche Stadt zu sein scheint, die, wohin sie geht, dieselben Straßen, dieselben Häuser und dasselbe Aussehen mit sich nimmt. Dies ist nicht möglich, wenn man feste Stellungen aussuchen, und daher die Form seines Lagers nach der Verschiedenheit des Terrains verändern muß. Statt dessen machten die Römer den Ort durch Graben, Walle und Brustwehren fest. Sie umgaben das Lager mit Palisaden und zogen vor demselben einen Graben, gewöhnlich von zwölf Fuß Breite und sechs Fuß Tiefe, dessen Dimensionen sie vergrößerten, je nachdem ob sie an einem Ort verweilen wollten, oder je nachdem wie sehr sie den Feind fürchteten.

Ich meines Teils würde jetzt keine Palisadierungen anlegen, wenn ich nicht an einem Ort überwintern wollte. Graben und Brustwehr würde ich nicht kleiner als die Römer machen, wohl aber größer, je nachdem wie es Not tut. Hinsichtlich des Geschützes würde ich an jeder Ecke einen Graben im Halbzirkel anlegen, von wo aus die gegen die Gräben vorrückenden Feinde in der Flanke beschossen werden würden.

Das Lagerschlagen muß fleißig geübt werden, damit die, welchen dieses Geschäft zufällt, das Lager schnell abstecken lernen und die Soldaten sogleich ihre Plätze erkennen. Alles das wird sich ohne Schwierigkeit ausführen lassen.

Gehen wir aber jetzt zu den Lagerwachen über, den ohne ordentliche Verteilung der Wachen würde alle übrige Mühe umsonst sein.

Battista della Palla:

Ehe Ihr zu den Wachen übergeht möchte ich Euch fragen, wie man sich zu benehmen hat, wenn man lagern will und der Feind nahe steht. Ich bezweifle, daß man in diesem Fall Zeit finden wird, das Lager ohne Gefahr gehörig anzuordnen.

Fabrizio Colonna:

Ihr müßt wissen, daß ein Feldherr nie in der Nähe des Feindes lagert, wenn er nicht bereit ist, eine Schlacht zu liefern, so oft der Feind will. Ist er dazu bereit, so ist beim Lagern nicht mehr Gefahr als sonst, denn die beiden ersten Treffen stellen sich in Schlachtordnung, und das dritte befestigt das Lager. In einem solchen Fall beauftragten die Römer die Triarier damit und die Principes und Hastati blieben unter den Waffen stehen. Da die Triarier zuletzt ins Gefecht kamen, hatten sie Zeit, wenn der Feind anrückte, die Arbeit liegen zu lassen, ihre Waffen zu ergreifen und an ihre Plätze zu treten. Ihr würdet nachdem Muster der Römer diejenigen Bataillone für das Lager sorgen lassen, welche Ihr in das hinterste Treffen an die Stelle der Triarier setzen wolltet.

Sprechen wir aber von den Wachen. Ich erinnere mich nicht gefunden zu haben, daß die Alten zur Sicherheit des Lagers während der Nacht Wachen über die Gräben hinaus aufstellten, wie man sie heute unter dem Namen Schildwachten aufstellt. Ich glaube, sie taten es deshalb nicht, weil sie dachten, das Heer könne auf diese Weise leicht in eine Falle gelockt oder überfallen werden, teils wegen der Schwierigkeit der Aufsicht, teils weil die Schildwachten vom Feind bestochen oder überwältigt werden können. Sie hielten es daher für gefährlich, sich zum Teil oder ganz auf sie zu verlassen, und das ganze Heer blieb hinter den Gräben. Die Wache wurde mit der größten Vorsicht und Ordnung gehalten und jeder, der von dieser Ordnung abwich, mit dem Tod bestraft. Wie diese Ordnung war, will ich übergehen, um Euch nicht zu ermüden, da Ihr es selbst nachlesen könnt, wenn Ihr es bis jetzt noch nicht getan habt. Ich will nur kurz sagen, was ich tun würde.

Ich würde für gewöhnlich jede Nacht ein Drittel des Heeres unter den Waffen stehen lassen. Der vierte Teil davon müßte immer auf den Füßen sein, verteilt auf alle Brustwehren und an alle Punkte des Heers. An jede Seite des Lagers kämen doppelte Wachen, wovon der eine Teil fest stehen bliebe, der andere Teil fortwährend von einer Ecke des Lagers zur anderen ginge. Dieselbe Ordnung würde ich auch am Tag beachten, wenn ich den Feind in der Nähe hätte. Was das Ausgeben der Parole betrifft, und ihre Erneuerung jeden Abend, und die anderen Dinge, welche bei solchen Wachen gebräuchlich sind, so will ich, wie von bekannten Dingen, nichts weiter davon sprechen.

An eines jedoch will ich erinnern, weil es sehr wichtig ist und viel Gutes bewirkt, wenn man es beachtet, und viel Schlimmes, wenn man es nicht beachtet, nämlich, daß man mit großem Fleiß darauf achtet, wer des Abends nicht im Lager ist und wer neu dazu kommt. Dies läßt sich leicht nachsehen, wenn man in der angegebenen Ordnung lagert, denn da jeder Lagerraum seine bestimmte Anzahl Leute faßt, so ist es leicht zu sehen, ob Leute fehlen oder mehr da sind. Fehlen welche ohne Erlaubnis, so bestraft man sie als Ausreißer; sind mehr da, so fragt man, wer sie sind, was sie da tun, und welches ihre übrigen Verhältnisse sind. Diese Vorsicht bewirkt, daß der Feind nur schwer mit Euren Offizieren im Einverständnis stehen und von Euren Plänen unterrichtet sein kann. Hätten die Römer diese Vorsicht nicht beachtet, so hätte Claudius Nero, dem Hannibal gegenüber, nicht aus seinem Lager in Lucanien aufbrechen, nach der Mark marschieren und wieder zurückkehren können, ohne daß Hannibal etwas davon gemerkt hätte.

Aber es reicht nicht aus, gute Verordnungen zu geben, wenn man nicht mit der größten Strenge auf ihrer Befolgung besteht, denn nirgends ist der Gehorsam so notwendig wie beim Heer. Es müssen daher die Gesetze zur Aufrechterhaltung des Gehorsams streng und hart sein und der Vollzieher unerbittlich. Bei den Römern wurde mit dem Tod bestraft, wer auf der Wache einen Dienstfehler machte, wer seinen angewiesenen Platz in der Schlacht verließ, wer etwas Verborgenes aus dem Lager trug, wer sich einer ausgezeichneten Waffentat rühmte und sie nicht getan hatte, wer gegen Befehl des Feldherrn focht und wer aus Furcht die Waffen wegwarf. Ereignete es sich, daß eine ganze Kohorte oder Legion einen solchen Fehler beging, so warf man, um nicht alle sterben zu lassen, die Namen in einen Beutel, zog den zehnten Teil heraus, und dieser mußte sterben. Diese Strafe war so beschaffen, daß, wenn sie nicht jeder fühlte, doch jeder fürchtete.

Weil aber, wo die Strafen groß sind auch die Belohnungen groß sein müssen, wenn man will, daß die Menschen zugleich fürchten und hoffen, so hatten die Römer auf jede ausgezeichnete Tat eine Belohnung gesetzt. Wer im Gefecht einem Mitbürger das Leben rettete, wer zuerst die Mauer einer feindlichen Stadt bestieg, wer zuerst in das Lager des Feindes drang, wer im Gefecht den Feind verwundete oder tötete, wer ihn vom Pferd warf, wurde belohnt. So wurde jede tapfere Handlung von den Konsuln anerkannt und belohnt und öffentlich von jedem gelobt. Und außer dem Ruhm, den er bei den Soldaten erwarb, zog der, welcher für eine jener Taten Gaben erhielt, mit feierlichem Pomp und unter großen Freudenbezeugungen seiner Freunde und Verwandten in seine Vaterstadt ein.

Es ist fürwahr nicht verwunderlich, wenn dieses Volk seine Herrschaft so weit ausbreitete, da es so fest auf Strafe und Belohnung gegen die bestand, welche durch gute oder schlechte Handlungen Lob oder Tadel verdienten.

Es wäre gut, die Römer größtenteils hierin nachzuahmen. Ich will daher noch folgende Art zu strafen, die bei ihnen eingeführt war, angeben. Nachdem der Schuldige vor dem Tribunen oder dem Konsul überwiesen war, erhielt er von ihm mit einer Gerte einen leichten Schlag. Nach diesem Schlag war es dem Schuldigen erlaubt zu fliehen und allen Soldaten erlaubt ihn zu töten. Sogleich schleuderte nun jeder Steine oder Wurfspieße auf ihn ab, oder verwundete ihn mit anderen Waffen, so daß jener bald tot zu Boden stürzte. Äußerst selten kam einer davon, und den Entkommenen war nur erlaubt mit so viel Beschwerde und Schande nach Hause zurück zu kehren, daß es viel besser für sie war zu sterben.

Fast dieselbe Strafart ist bei den Schweizern eingeführt, welche die Verurteilten von den anderen Soldaten insgesamt hinrichten lassen.

Dies ist wohl bedacht und sehr wohl getan. Wenn man will, daß jemand nicht zum Verteidiger des Schuldigen werde, kann man kein besseres Mittel finden, als ihn die Strafe vollziehen lassen; denn mit anderer Rücksicht begünstigt er ihn und mit anderem Verlangen begehrt er seine Strafe, wenn er selbst Vollstrecker ist, als wenn die Vollstreckung einem Anderen zukommt. Wenn man also will, daß ein Mann in seinen Fehlern nicht vom Volk unterstützt werden soll, so ist das beste Mittel, das Volk zu seinem Richter zu machen. Zur Bekräftigung dieses Satzes läßt sich das Beispiel des Manlius Capitolinus anführen. Vom Senat angeklagt, wurde er vom Volk so lange verteidigt, bis es sein Richter geworden war. Als es aber in seiner Sache zu entscheiden hatte, verurteilte es ihn zum Tod. Durch diese Art zu strafen werden daher Aufstände vermieden und Gerechtigkeit geübt.

Weil die Furcht vor dem Gesetz und vor den Menschen nicht ausreicht, bewaffnete Männer zu zügeln, so verbanden die Alten das Ansehen der Götter damit. Man ließ mit den feierlichsten Zeremonien die Soldaten den Kriegsgesetzen und der Kriegszucht Gehorsam schwören, damit sie, dagegen handelnd, nicht nur Gesetze und Menschen, sondern die Götter zu fürchten hätten, und man wandte alle Kunst an, sie mit Religion zu erfüllen.

Battista della Palla:

Erlaubten die Römer, daß Weiber bei Ihren Heeren waren, und daß sich der Soldaten jenen unnützen Spielen hingaben, die heute gebräuchlich sind?

Fabrizio Colonna:

Sie verboten beides, und dies Verbot war nicht sehr schwer zu befolgen. Es waren so viele Übungen, womit man jeden Tag die Soldaten bald einzeln bald im Ganzen beschäftigte, daß ihnen keine Zeit übrig blieb an Venus, an Spiele und andere Dinge zu denken, womit sich aufrührerische und unnütze Soldaten abgeben.

Battista della Palla:

Das gefällt mir. Aber sagt, wenn das Heer aufbrechen sollte, in welcher Ordnung geschah es?

Fabrizio Colonna:

Die Trompete des Feldherrn erscholl dreimal. Auf den ersten Trompetenstoß wurden die Zelte abgebrochen und gepackt, auf den zweiten wurden die Saumtiere beladen, auf den dritten setzte man sich so in Marsch wie ich oben gesagt habe, mit dem Gepäck hinter jedem Teil Bewaffneter und den Legionen in der Mitte. Ihr hättet daher zuerst ein Hilfsregiment in Marsch zu setzen, und nach ihm sein eigenes Gepäck und den vierten Teil des öffentlichen Gepäcks, welches in einem der vier Lagerräume untergebracht war, wie ich eben gezeigt habe. Es wird daher gut sein, einen jeden Teil an ein Regiment anzuweisen, damit er, wenn das Heer aufbricht, seinen Platz in der Kolonne weiß. So muß jedes Regiment mit seinem eigenen Gepäck und dem vierten Teil des öffentlichen der Reihe nach abmarschieren, auf dieselbe Art, wie ich die Marschordnung der römischen Heere beschrieben habe.

Battista della Palla:

Nahmen die Römer beim Aufschlagen der Lager noch andere Rücksichten als die, welche Ihr genannt habt?

Fabrizio Colonna:

Ich wiederhole Euch, daß die Römer beim Lagern immer dieselbe Form beibehalten wollten, und daß sie zu diesem Zweck auf nichts anderes Rücksicht nahmen. Außerdem aber zogen sie hauptsächlich zweierlei in Betracht; erstens, an einem gefundenen Ort zu lagern; und zweitens, so zu lagern, daß sie der Feind nicht überfallen und ihnen den Weg zum Wasser und den Lebensmitteln abschneiden konnte. Um Krankheiten zu vermeiden, vermieden sie sumpfige und schädlichen Winden ausgesetzte Gegenden. Sie erkannten diese nicht nur an der Beschaffenheit des Terrains, sondern auch am Aussehen der Bewohner. Fanden sie diese von schlechter Farbe, engbrüstig und mit anderen Übeln behaftet, so schlugen sie ihr Lager hier nicht auf.

Was das Nichtüberfallen werden betrifft, so müßt Ihr die Natur des Ortes, wo Eure Freunde und wo Eure Feinde stehen, betrachten und daraus einen Schluß ziehen, ob Ihr überfallen werden könnt oder nicht. Deshalb muß der Feldherr das Land genau kennen und genug Leute um sich haben, welche dieselbe Kenntnis besitzen.

Man vermeidet auch Krankheiten und Hunger, wenn man keine Unordnung im Heer einreißen läßt. Will man es gesund erhalten, so muß man dafür sorgen, daß die Soldaten unter Zelten schlafen, daß man sich dahin lagert, wo Bäume Schatten gewähren, wo Holz ist um die Speisen zu kochen, und daß man nicht in der Sonnenhitze marschiert. Es ist daher nötig, im Sommer vor Sonnenaufgang aufzubrechen und im Winter, sich zu hüten, daß man nicht durch Schnee und Eis marschiert, ohne Feuer zu machen zu können. Ferner muß man dafür sorgen, daß es dem Soldaten nicht an der nötigen Kleidung fehlt, und daß er kein ungesundes Wasser trinkt. Die zufällig Erkrankten muß man von den Ärzten heilen lassen. Denn ein Feldherr, der mit Krankheiten und dem Feind zu kämpfen hat, ist in der übelsten Lage.

Nichts trägt jedoch so viel dazu bei, das Heer gesund zu erhalten wie die Übungen; deshalb wurden bei den Alten jeden Tag Übungen gehalten. Man sieht daraus, wie viel die Übungen wert sind, da sie Euch im Lager gesund, im Gefecht zum Sieger machen.

Was den Hunger betrifft, so ist nicht allein nötig zu wachen, daß Euch der Feind die Lebensmittel nicht abschneidet, sondern Ihr müßt auch sehen wo Ihr sie her bekommt und dafür sorgen, daß die, welche Ihr habt, nicht verschleudert werden. Ihr müßt daher immer Vorräte für einen Monat beim Heer haben und den benachbarten Freunden als Steuer auflegen, daß sie Euch täglich versorgen. In einigen festen Plätzen müßt Ihr Vorräte lagern und sie vor allem mit Vorsicht austeilen, indem Ihr jeden Tag einem Jeden ein vernünftiges Maß gebt, und dieses so einrichtet, daß Ihr nicht aus Eurer Ordnung kommt. Denn jede andere Sache im Krieg kann mit der Zeit besiegt werden, diese allein besiegt mit der Zeit Euch. Und nie wird euch ein Feind, der Euch durch den Hunger überwinden kann, mit dem Schwert zu besiegen versuchen; denn wenn der Sieg auch nicht so ehrenvoll ist, so ist er sicherer und gewisser.

Dem Hunger wird aber ein Heer nicht entgehen können, welches die Gerechtigkeit nicht beachtet und zügellos alles verzehrt, was ihm in die Hände fällt. Durch die eine Unordnung kommen die Lebensmittel nicht ein und durch die andere werden die eingekommenen unnützerweise verzehrt. Die Alten befahlen daher, daß verzehrt wurde, was sie gaben und zwar zur vorgeschriebenen Zeit, denn kein Soldat aß, wenn nicht der Feldherr aß. Wie sehr dies von den neueren Heeren beachtet wird, weiß jeder. Verdientermaßen kann man sie nicht geregelt und mäßig nennen, sondern zügellos und Trunkenbolde.

Battista della Palla:

Ihr sagtet anfangs als wir das Lager aufschlugen, Ihr wolltet nicht bei zwei Regimentern stehen bleiben, sondern vier nehmen, um zu zeigen wie ein rechtes Heer lagern müsse. Ich wünschte daher, daß Ihr mir zwei Dinge sagt; erstens wenn ich mehr oder weniger Mannschaft hätte, wie müßte ich lagern? Zweitens, welche Anzahl an Soldaten scheint Euch ausreichend, um jeden Feind zu bekämpfen?

Fabrizio Colonna:

Auf Eure erste Frage antworte ich, wenn das Heer um 4000 bis 6000 Mann größer oder kleiner wird, so setzt man so viel Reihen Lagerräume wie nötig zu oder man nimmt sie weg; und auf diese Art kann man zusetzen und weglassen bis ins Unendliche.

Was die zweite Frage betrifft, so antworte ich, daß ein gewöhnliches römisches Heer ungefähr 24.000 Mann betrug. Wenn die Römer aber von bedeutenderer Macht gedrängt wurden, so war die größte Zahl, welche sie vereinten, 50.000. Mit dieser Zahl stellten sie sich den 200.000 Galliern entgegen, die sie nach dem ersten punischen Krieg angriffen; mit derselben Zahl stellten sie sich Hannibal entgegen. Bemerkt, daß die Römer und Griechen durch wenige Krieg führten, die sie durch Ordnung und Kunst verstärkten. Die Abend- und Morgenländer führten Krieg durch die Menge, und der eine Teil dieser Nationen, die Abendländer, bedienen sich der natürlichen Kühnheit; der andere Teil des großen Gehorsams, den diese Völker ihrem König zeigen. Da nun in Griechenland und Italien weder natürliche Kühnheit, noch natürliche Ehrfurcht vor dem König zu finden ist, so mußten sich diese Völker zur Kriegszucht wenden; welche so viel vermag, daß die Wenigen die Kühnheit und die natürliche Hartnäckigkeit der Vielen besiegen konnten.

Ich sage daher, wen man die Römer und Griechen nachahmen will, so darf man die Zahl von 50.000 Soldaten nicht überschreiten und muß eher weniger als mehr nehmen, denn eine größere Zahl würde Verwirrung herbeiführen, und die erlernte Kriegszucht und Schlachtordnung nicht beizubehalten erlauben. Pyrrhus pflegte zu sagen, mit 15.000 Mann wolle er die Welt angreifen. Gehen wir aber zu einem anderen Teil über.

Wir haben unser Heer eine Schlacht gewinnen lassen und die Gefahren gezeigt, in die es während des Kampfes kommen kann; wir haben es marschieren lassen und erzählt, von welchen Hindernissen es auf dem Marsch umgeben sein könne; zuletzt haben wir es lagern lassen. Wir müssen es nun nicht nur von den früheren Strapazen ein wenig ausruhen lassen, sondern auch daran denken, wie der Krieg zu beenden sei. Im Lager hat man sich mit vielerlei Dingen zu beschäftigen, besonders wenn noch Feinde im Feld stehen, wenn verdächtige Städte da sind, deren man sich versichern, und feindlich gesinnte, die man erobern muß. Es ist daher nötig, daß wir nun zeigen, wie man sich dabei zu verhalten hat, damit wir auch diese Schwierigkeit mit demselben Ruhm überwinden, mit dem wir bis jetzt den Krieg geführt haben.

Um also im Einzelnen darauf einzugehen, sage ich: Wenn Ihr haben wollt, daß viele Menschen oder Völker etwas tun, was Euch nützlich ist und ihnen großen Schaden verursacht, wie die Mauern niederreißen oder viele Bürger aus der Stadt verbannen, so müßt Ihr sie so täuschen, daß eine jede Stadt glaubt, es gehe sie nichts an, damit sie sich einander nicht unterstützen und dann alle ohne Rettung unterjocht sind. Oder Ihr müßt allen was sie tun sollen an demselben Ort befehlen, damit jede im Glauben, ihr allein sei es befohlen worden, an Gehorsam, nicht an Widerstand denkt; so werden, ohne Aufstand, von einer jeden Eure Befehle ausgeführt werden.

Wenn Ihr in die Treue eines Volkes Mißtrauen setzt und, um Euch seiner zu versichern, unversehens sein Land besetzen wollt, so könnt Ihr, um Eure Absicht zu verbergen, nichts besseres tun, als ihm irgendeinen Plan mitteilen, Hilfe verlangen und Euch stellen als wolltet Ihr einen anderen Feldzug unternehmen und seid weit entfernt an dieses Volk selbst zu denken. Es wird auf diese Weise nicht auf seine Verteidigung bedacht sein, weil es nicht vermutet, daß Ihr es angreifen wollt, und Ihr werdet nun leicht Eure Absicht erreichen.

Wenn Ihr erfahren habt, daß in Eurem Heer jemand ist, der den Feind von Euren Plänen benachrichtigt, so könnt Ihr nichts besseres tun, um aus seinem bösen Willen Vorteil zu ziehen, als ihm Dinge mitteilen, die Ihr nicht ausführen wollt und ihm die, welche Ihr ausführen wollt, verschweigen und sagen, Ihr fürchtetet Dinge, die Ihr nicht fürchtet und die, welche Ihr fürchtet, verbergen. Dies wird den Feind bewegen, sich in irgendeine Unternehmung einzulassen, indem er Eure Pläne zu kennen glaubt, wobei Ihr ihn leicht täuschen und überwinden könnt.

Wenn Ihr, wie Claudius Nero, im Sinn habt Euer Heer zu verkleinern, indem Ihr einem Freund Hilfe senden wollt, und der Feind es nicht merken soll, so ist es nötig Euer Lager nicht zu vermindern, sondern die Fahnen und Zeltreihen stehen zu lassen und eben so viel Feuer machen und eben so viel Wachen aufziehen zu lassen. Ebenso wenn Euer Heer Verstärkung erhalten hat, und der Feind nicht wissen soll, daß Ihr Euch verstärkt habt, dann ist es nötig, das Lager nicht auszudehnen. Denn Eure Handlungen und Absichten geheim zu halten, ist immer von dem größten Nutzen. Als Metellus mit seinem Heer in Spanien stand, fragte ihn jemand, was er den anderen Tag tun wolle. „Wenn es mein Hemd wüßte", antwortete Metellus, „würde ich es verbrennen." Als Marcus Crassus von jemand gefragt wurde, wann er mit dem Heer aufbrechen werde, antwortete er: „Glaubst du, du allein würdest die Trompete nicht hören?"

Um die Geheimnisse des Feindes zu erfahren und seine Anordnungen kennen zu lernen, haben einige Gesandte abgeschickt und mit diesen in Bediententracht, kriegsverständige Männer, die die Gelegenheit wahrnehmen das feindliche Heer zu sehen und seine Stärke und Schwäche auszukundschaften und auf diese Art Gelegenheit gaben dasselbe zu überwinden. Einige haben einen ihrer Vertrauten verbannt und durch ihn die Pläne des Gegners erfahren. Man erfährt auch solche Geheimnisse des Feindes, wenn man zu diesem Zweck Gefangene macht.

Marius wollte, im Krieg mit den Zimbern, die Treue jener Gallier, welche damals die Lombardai bewohnten und mit dem römischen Volk verbündet waren, prüfen. Zu diesem Zweck schickte er ihnen offene und versiegelte Briefe, und in die offenen schrieb er, sie sollten die versiegelten nicht vor einer gewissen Zeit öffnen. Als er sie nun vor dieser Zeit zurückgefordert und offen fand, so schloß er, daß ihre Treue nicht unverbrüchlich sei.

Einige Feldherren, die angegriffen wurden, wollten dem Feind nicht entgegenrücken, sondern griffen sein eigenes Land an und zwangen ihn so, zur Verteidigung seines Heims umzukehren. Dies ist oft geglückt. Während Eure Soldaten anfangs siegen, Beute machen und Zuversicht gewinnen, geraten die des Feindes in Furcht, da es ihnen scheint, sie würden aus Siegern zu Besiegten. Wer eine solche Diversion unternahm, kam daher oft zum Ziel. Aber nur der kann sie unternehmen, dessen Land fester ist, als das des Feindes; wäre dem nicht so, so würde er in sein Verderben gehen.

Einem Feldherren, der in seinem Lager vom Feind angegriffen wurde, war es oft nützlich, mit dem Feind Unterhandlungen anzuknüpfen und einen Waffenstillstand für einige Tage zu schließen. Die Feinde pflegen dadurch in allen ihren Handlungen nachlässiger zu werden, so daß Ihr, ihre Nachlässigkeit benutzend, leicht Gelegenheit finden könnt, ihren Händen zu entschlüpfen. Auf diesem Wege befreite sich Sulla zweimal von den Feinden und durch dieselbe List entging Hasdrubal in Spanien der Macht des Claudius Nero, der ihn eingeschlossen hielt. Es nützt auch, um sich aus der Gewalt des Feindes zu befreien, wenn man etwas tut, was ihn irritiert. Dies geschieht auf zweierlei Art. Wenn Ihr ihn nämlich mit einem Teil des Heeres angreift, damit er ganz mit diesem Kampf beschäftigt, den Rest Eurer Truppen entschlüpfen läßt. Oder wenn man irgendein neues Ereignis herbeiführt, welches ihn durch die Neuheit der Sache in Erstaunen setzt, so daß er, aus Furcht, untätig bleibt. So tat, wie Ihr wißt, Hannibal, welcher von Fabius Maximus eingeschlossen, in der Nacht brennende Kienfackeln zwischen die Hörner einer Herde Ochsen band. Fabius, über diese neue Erscheinung stutzend, dachte nicht daran, ihm den Durchgang zu verwehren.

Unter allen seinen anderen Handlungen muß ein Feldherr mit aller Kunst auf Mittel sinnen, die Streitkräfte des Feindes zu teilen, entweder indem er ihm die Männer, in die er Vertrauen setzt, verdächtig macht oder indem er ihm Anlaß gibt, seine Truppen zu teilen und sich durch diese Teilung zu schwächen. Das erste erreicht man durch Erhaltung des Eigentums eines Mannes aus der Umgebung des feindlichen Feldherren, wenn man zum Beispiel im Krieg seine Besitzungen schont, ihm seine Söhne oder andere Verwandte ohne Lösegeld zurück gibt. Ihr wißt, daß Hannibal alle Felder um Rom verbrannte und nur die des Fabius Maximus verschonte. Ihr wißt, daß Coriolan, mit seinem Heer vor Rom rückend, die Anwesen der Patrizier erhielt und die der Plebejer verbrannte und verheerte. Als Metellus mit einem Heer dem Jugurtha gegenüber stand, forderte er alle Gesandte, die ihm von Jugurtha geschickt wurden, auf, diesen auszuliefern. Später schrieb er Briefe des gleichen Inhalts an sie und brachte es in kurzer Zeit dahin, daß Jugurtha gegen alle seine Räte Verdacht schöpfte und sie auf verschiedene Art aus dem Wege räumte. Als Hannibal bei Antiochus eine Zuflucht gefunden hatte, behandelten ihn die römischen Gesandten so vertraulich, daß Antiochus Verdacht schöpfte und seinen Ratschlägen nicht mehr traute.

Was das Teilen der feindlichen Völker betrifft, so gibt es kein sichereres Mittel, als das Land eines Teils von ihnen angreifen zu lassen, damit sie, gezwungen ihr Land zu verteidigen, das Feld verlassen. So tat Fabius, als seinem Heere die Streitkräfte der Gallier, der Toskaner, der Umbrier und der Samniter entgegen standen.

Als Titus Didius wenig Truppen im Vergleich zu dem Feind hatte und eine Legion von Rom erwartete, die Feinde ihr aber entgegen rücken wollten, ließ er, um sie davon abzuhalten, durch sein ganzes Heer verbreiten, er wolle am nächsten Tag eine Schlacht schlagen. Sodann richtete er es ein, daß einige Gefangene entfliehen konnten, welche den Befehl des Konsuls, den anderen Tag zu schlagen, überbrachten. Die Feinde, um ihre Streitkräfte nicht zu vermindern, rückten der Legion nicht entgegen und diese kam unangefochten an. Dieses Mittel diente nicht dazu, die Streitkräfte des Feindes zu teilen, aber dazu, die seinigen zu verdoppeln.

Damit der Feind seine Streitkräfte teilen solle, ließen ihn einige in ihr Land rücken und vorsätzlich viele Festungen einnehmen, damit er durch ihre Besetzung seine Streitkräfte verminderte. Als sie ihn so geschwächt hatten, griffen sie ihn an und besiegten ihn. Einige andere, die in eine Provinz einfallen wollten, stellten sich, als wollten sie eine andere angreifen und brachten es dahin, daß sie, schnell in die einfallend, wohin man nicht vermutete, daß sie einfallen würden, früher im Besitz waren, als der Feind zu Hilfe eilen konnte. Denn da der Feind nicht weiß, ob Ihr nicht anderen früher bedrohten Punkt umkehren werdet, so ist er gezwungen, den einen Punkt nicht zu verlassen und dem andern beizustehen und verteidigt auf diese Art häufig weder den einen, noch den andern.

Es ist außer den genannten Dingen für einen Feldherrn wichtig, Aufruhr oder Zwietracht unter den Soldaten mit Geschicklichkeit zu dämpfen zu wissen. Das beste Mittel ist, die Rädelsführer zu strafen. Doch müßt Ihr sie in Eure Gewalt zu bekommen versuchen, ehe sie Eure Absicht merken können. Wenn sie abwesend sind, so dürft Ihr die Schuldigen nicht allein kommen lassen, sondern alle anderen mit ihnen, damit sie nicht glauben, es geschehe um sie zu strafen und deshalb entfliehen. Sind sie zugegen so muß man sich auf die Schuldlosen stützen und mit ihrem Beistand jene strafen.

Ist Zwietracht unter den Soldaten entstanden, so ist das beste Mittel, sie in Gefahr zu schicken, denn dadurch werden sie gewöhnlich wieder einig. Doch, was vor allem anderen das Heer in Eintracht erhält, ist das Ansehen des Feldherrn, welches allein durch seine Tapferkeit entsteht, denn weder Blut noch Macht bringt es ohne Tapferkeit hervor. Das erste aber, worauf ein Feldherr achten muß, ist, seine Soldaten zu strafen und zu bezahlen. Denn so oft die Bezahlung ausbleibt, muß die Strafe ausbleiben. Ihr könnt einen Soldaten, der raubt nicht züchtigen, wenn Ihr ihn nicht bezahlt habt, da er sich nicht enthalten kann zu rauben, wenn er leben will. Bezahlt Ihr ihn aber und bestraft ihn nicht, so wird er auf alle Art übermütig. Er wird Euch gering schätzen, und ist es dazu gekommen, so wird der Feldherr die Majestät seines Ranges nicht behaupten können, und hieraus folgen notwendig Meuterei, Aufruhr und Zwietracht, welche der Ruin der Heere sind.

Die Feldherren der Alten hatten eine Sorge, von der die neueren fast befreit sind. Sie mußten unheilvolle Wahrzeichen zu ihrem Vorteil auslegen. Wenn ein Pfeil in ein Heer fiel, wenn sich Sonne oder Mond verfinsterte, wenn es ein Erdbeben gab, wenn der Feldherr beim Auf- oder Absteigen vom Pferd fiel, so wurde das von den Soldaten unheilvoll ausgelegt und erregte solche Furcht, daß eine Schlacht, die unmittelbar darauf erfolgte, leicht verloren ging. Wenn daher ein solcher Zufall sich ereignete, so zeigten die Feldherrn der Alten sogleich seine Ursache, erklärten ihn als ein natürliches Ereignis oder legten ihn zu ihren Gunsten aus. Als Cäsar beim Aussteigen aus dem Schiff zur Erde fiel rief er: „Afrika, ich habe dich." Viele erklärten die Ursachen der Mondfinsternis und der Erdbeben. Diese Dinge kommen in unseren Zeiten nicht vor, entweder weil die Menschen jetzt nicht so abergläubisch sind, oder weil unsere Religion alle solche Meinungen ausschließt. Sollte etwas Ähnliches vorkommen, so muß man das Muster der Alten befolgen.

Wenn Hunger oder ein anderes natürliches Bedürfnis oder menschliche Not Euren Feind zur äußersten Verzweiflung gebracht hat, und er dadurch getrieben mit Euch kämpfen will, bleibet in Eurem Lager und vermeidet, so weit es in Eurer Macht steht, die Schlacht. So taten die Lakedämonier gegen die Messenier, so Cäsar gegen Afranius und Petreius.

Als der Konsul Fulvius den Zimbern gegenüber stand, ließ er seine Reiter viele Tage hintereinander die Feinde angreifen und beobachtete, daß diese aus ihrem Lager rückten, um jene zu verfolgen. Er legte daher einen Hinterhalt hinter das Lager der Zimbern und ließ sie wieder von seinen Reitern angreifen. Als nun die Zimbern aus dem Lager herausgerückt waren, um sie zu verfolgen, nahm Fulvius es ein und zerstörte es.

Es brachte manchem Feldherrn, dessen Heer in der Nähe des feindlichen Heeres stand, großen Nutzen, daß er sein eigenes Land von seinen Soldaten unter feindlichen Fahnen ausplündern und verbrennen ließ. Die Feinde glaubten nämlich es seien Truppen, die ihnen zu Hilfe kämen, eilten herbei, um Beute machen zu helfen, kamen dadurch in Verwirrung und gaben ihrem Gegner Gelegenheit sie zu besiegen. Dieses Mittels bediente sich Alexander von Epirus als er gegen die Illyrier kämpfte und Septes von Syracus gegen die Karthager, und beide erreichten leicht ihre Absicht.

Viele besiegten den Feind dadurch, daß sie ihm Gelegenheit gaben, sich in Speise und Trank zu übernehmen, indem sie, Furcht heuchelnd, ihr Lager voll Wein und Speisen im Stich ließen. Hatten sich nun die Feinde über alles natürliche Maß damit angefüllt, so griffen sie sie an und schlugen sie mit großem Verlust. So tat Tamiris gegen Cyrus und Tiberius Cracchus gegen die Spanier. Einige haben den Wein und andere Nahrungsmittel vergiftet, um den Feind leichter zu besiegen.

Ich sagte vor kurzem, daß ich nirgends gefunden habe, die Alten hätten des Nachts Schildwachten außerhalb ihres Lagers ausgestellt, und ich glaube, sie taten es nicht, um die Übel zu vermeiden, die daraus entspringen konnten. Man findet, daß sogar die Verdetten, welche am Tag aufgestellt waren um den Feind zu beobachten, die Ursache des Untergangs dessen wurden, welcher sie aufgestellt hatte. Oft hat sich ereignet, daß sie gefangen und mit Gewalt gezwungen wurden das Zeichen zu geben, womit sie die Ihrigen herbeiriefen, welche, auf dies Zeichen herbei kommend, getötet oder gefangen wurden.

Um den Feind zu täuschen ist es manchmal gut, eine Eurer Gewohnheiten zu ändern, wodurch der Feind, wenn er sich darauf verläßt, zu Grunde gerichtet wird. So tat einst ein Feldherr, welcher gewöhnlich den Seinen die Ankunft des Feindes in der Nacht durch Feuer, am Tag durch Rauch bekannt machen ließ. Er befahl jetzt, ohne Unterbrechung Rauch und Feuer zu machen, sobald jedoch der Feind kam, aufzuhören. Dieser, im Glauben, er komme ungesehen, da er die Entdeckungszeichen nicht wahrnahm, erleichterte durch ungeordneten Marsch seinem Gegner den Sieg.

Um das feindliche Heer aus einer festen Stellung zu locken, schickte der Rhodier Memnon einen Soldaten zum Feind, der sich als Überläufer ausgab und versicherte, in Memnons Heer herrsche Zweitracht, und der größere Teil desselben ziehe ab. Um der Sache Glauben zu verschaffen, wurde vorsätzlich Lärm im Lager gemacht. Da nun der Feind siegen zu können glaubte und angriff, wurde er geschlagen.

Man muß außer den angeführten Dingen Acht geben, den Feind nicht zur äußersten Verzweiflung zu treiben. Als Cäsar mit den Deutschen focht, sah er, daß ihnen, bei der Unmöglichkeit zu fliehen, die Notwendigkeit Mut gab. Er öffnete ihnen daher einen Ausweg und zog die Mühe, sie auf der Flucht zu verfolgen, der Gefahr vor, sie zu besiegen, so lange sie sich noch verteidigten.

Als Lucullus sah, daß einige mazedonische Reiter, die er bei sich hatte, nach der Seite des Feindes ritten, so ließ er sogleich zur Schlacht blasen und befahl seinem übrigen Heer, ihnen zu folgen. Die Feinde glaubten daher, Lucullus wolle sich in ein Gefecht einlassen und drangen so heftig auf die Mazedonier ein, daß diese gezwungen waren sich zu verteidigen und so, gegen ihren Willen aus Überläufern zu Kämpfern wurden.

Es ist auch wichtig, daß Ihr Euch einer Stadt zu versichern wißt, wenn Ihr an ihrer Treue zweifelt, entweder nach gewonnener Schlacht oder vorher. Es werden Euch einige Befehle der Alten unterrichten. Als Pompeius den Catinensern mißtraute, bat er sie, einige Kranke, die er im Heer hatte, aufzunehmen, und schickte unter den Kleidern der Kranken sehr gesunde Männer, welche die Stadt einnahmen. Als Publius Valerius wegen der Treue der Epidaurer in Sorge war, ließ er, wie wir sagen würden, einen Ablaß in einer Kirche außerhalb der Stadt erteilen, und als das ganze Volk, um Ablaß zu erhalten, hingegangen war, schloß er die Tore und ließ nur die, welchen er traute, ein. Als Alexander der Große nach Asien ziehen und sich Thrakiens versichern wollte, nahm er die Vornehmsten dieses Landes sämtlich mit und gab ihnen Besoldung, dem Volk aber setzte er geringe Leute vor. So stellte er die Vornehmen zufrieden, indem er sie bezahlte und machte das Volk ruhig, indem es keine Häupter hatte, die es aufhetzten.

Unter allen Dingen aber, wodurch Feldherrn die Völker für sich gewinnen, steht Keuschheit und Gerechtigkeit voran. So gewann Scipio, als er jene Frau von ausgezeichneter Schönheit ihrem Vater und Gatten wieder gab, Spanien mehr durch diese Handlung als durch die Waffen. Als Cäsar in Gallien das Holz, welches er, um sein Heer mit Palisaden zu umgeben, fällen ließ, bezahlte, war er einen solchen Ruf der Gerechtigkeit, daß ihm dadurch die Eroberung dieses Landes erleichtert wurde.

Ich weiß nun nichts mehr, was mir über diese Dinge zu sagen bliebe. Es ist kein Teil dieses Stoffes mehr übrig, worüber wir nicht gesprochen hätten. Es fehlt nur noch, daß ich Euch die Art des Angriffs und der Verteidigung der Festungen auseinandersetze; und ich bin bereit es zu tun, wenn es Euch nicht mißfällt.

Battista della Palla:

Eure Gefälligkeit ist so groß, daß wir unsere Wünsche erreichen, ohne fürchten zu müssen, als unbescheiden zu gelten, da Ihr uns freiwillig anbietet, was wir zu verlangen uns gescheut hätten. Wir sagen Euch daher nur, daß Ihr uns kein größeres und angenehmeres Geschenk machen könnt als diese Erörterung. Ehe Ihr jedoch zu diesem Stoff übergeht, löst mir den Zweifel, ob es besser ist, den Krieg auch im Winter fortzusetzen, wie es heute geschieht oder nur im Sommer Krieg zu führen und Winterquartiere zu beziehen, wie die Alten.

Fabrizio Colonna:

Seht, wenn die Klugheit des Fragers nicht gewesen wäre, so hätten wir einen Punkt, der Beachtung verdient, ausgelassen. Ich sage Euch von neuem, daß die Alten alles besser und mit größerer Klugheit taten als wir. Wenn aber in den anderen Dingen Fehler gemacht werden, so ist im Krieg alles Fehler. Es gibt nichts Unklügeres und Gefährlicheres für einen Feldherrn als ein Winterfeldzug und für den Angreifenden ist noch mehr Gefahr dabei als für den Verteidiger. Die Ursache ist folgende. Alle Sorgfalt, die man auf die Disziplin verwendet, hat zum Zweck, seinem Feind in guter Ordnung eine Schlacht zu liefern. Dies ist das Ziel, wonach ein Feldherr zu streben hat, denn durch die Schlacht gewinnt oder verliert Ihr den Krieg. Wer sich daher am besten zur Schlacht zu ordnen weiß und ein besser diszipliniertes Heer hat, hat den Vorteil in der Schlacht und darf mehr hoffen, den Krieg zu gewinnen. Auf der anderen Seite ist nichts für die Schlachtordnung störender als unebenes Terrain und kaltes regnerisches Wetter. Denn unebenes Terrain erlaubt Euch nicht, Eure Macht nach den Kriegsregeln auszubreiten; kaltes und regnerisches Wetter erlaubt Euch nicht, Eure Truppen beisammen zu halten. Ihr könnt dem Feind nicht vereint entgegen rücken, sondern Ihr müßt getrennt unter zu kommen suchen, wo es gehen mag und ohne Ordnung, da Ihr Euch nach den Schlössern, Dörfern und Städten richten müßt, die Euch aufnehmen können. So ist denn alle jene Mühe, die Ihr Euch gegeben habt, Euer Heer zu disziplinieren, umsonst.

Wundert Euch nicht, wenn man heute im Winter Krieg führt. Da die Heere ohne Disziplin sind, so kennen sie den Schaden nicht, den ihnen das vereinzelt Lagern bringt, da es ihnen keine Sorge macht, die Schlachtordnung nicht halten und die Kriegsregeln nicht beachten zu können, welche sie nicht haben. Dennoch sollten sie einsehen, wie große Verluste Winterfeldzüge verursacht haben; sie sollten sich erinnern, daß die Franzosen im Jahr 1503 am Garigliano vom Winter und nicht von den Spaniern geschlagen wurden. Wie ich Euch gesagt habe ist der Angreifende im Nachteil; die schlechte Witterung schadet ihm mehr, da er in einem fremden Land sein muß, wenn er Krieg führen will. Er ist genötigt entweder, um beisammen zu bleiben, die Unannehmlichkeiten des Regens und der Kälte zu ertragen oder um ihr zu entgehen, seine Truppen zu zerstückeln. Der Verteidiger hingegen kann sich seinen Ort auswählen, den Angreifenden mit seinem ausgeruhten Heer erwarten, es schnell versammeln und auf einen Teil der feindlichen Truppen losgehen, der seinem Angriff widerstehen kann. So wurden die Franzosen geschlagen, und so werden immer die geschlagen werden, die im Winter einen Feind angreifen, der einige Geschicklichkeit besitzt. Wer also haben will, daß Zahl, Schlachtordnung, Kriegszucht und Tapferkeit auf keine Art nützen sollen, muß einen Winterfeldzug machen. Weil nun die Römer wollten, daß ihnen alle diese Dinge, worauf sie so große

Sorgfalt verwandten, nützen sollten, so vermieden sie gerade so die Winterzeit, wie rauhe Gebirge, schwieriges Terrain und alles andere, was sie verhindern konnte, ihre Kunst und Tapferkeit zu zeigen.

Dies wird für Eure Frage ausreichen, und wir wollen nun Angriff und Verteidigung der Festungen und ihre Lage und Erbauung abhandeln.

Ende des sechsten Buchs

Siebtes Buch

Fabrizio Colonna:

Ihr müßt wissen, daß Städte und Kastelle entweder durch Natur oder Kunst sicher sein können. Durch Natur sind jene sicher, welche von Flüssen und Sümpfen, wie Mantua und Ferrara, umgeben sind oder welche auf einem Felsen oder steilen Berge liegen, wie Monaco und San Leo; denn die, welche auf leicht zugänglichen Bergen liegen, sind heute wegen des Geschützes und der Minen sehr schwach. Man sucht daher heute meistens eine Ebene zur Erbauung neue Plätze auf, um sie durch Kunst zu befestigen.

Die erste Kunst ist, die Mauer gekrümmt und voller Wendungen und Einbiegungen zu machen, wodurch der Feind gehindert wird, sich ihr zu nähern, da er nicht nur in der Front, sondern auch in der Flanke beschossen werden kann. Werden die Mauern hoch gebaut, so sind sie den Kugeln des Geschützes zu sehr ausgesetzt, baut man sie nieder, so können sie sehr leicht mit Leitern erstiegen werden. Wenn Ihr die Gräben, um die Anwendung der Leitern zu erschweren, vor den Mauern zieht und sie der Feind ausfüllt (was ein zahlreiches Heer leicht tun kann), so bleibt die Mauer dem Feind preis gegeben. Ich glaube daher, unbeschadet einer bessern Meinung, daß man, um beide Nachteile zu vermeiden, die Mauer hoch machen und die Gräben inwendig und nicht auswendig anlegen soll. Dies ist die festeste Art der Befestigung, die man anwenden kann, denn es schützt zugleich vor dem Geschütz und den Leitern und erlaubt dem Feind nicht, den Graben auszufüllen. Dem zufolge muß die Mauer die Höhe haben, welche für Euch am besten paßt und nicht weniger als sechs Fuß dick sein, um ihre Zerstörung schwieriger zu machen. Ihre Türme müssen in Zwischenräumen von 200 Schritten errichtet werden. Der innere Graben muß wenigstens sechzig Fuß breit und vierundzwanzig Fuß tief sein; alle ausgegrabene Erde wird gegen die Stadt zu aufgeschüttet und durch eine Mauer unterstützt, die von der Sohle des Grabens ausgeht und so weit über die Erde reicht, daß sich ein Mann dahinter decken kann, wodurch der Graben eine größere Tiefe erhalten wird. Auf der Sohle des Grabens wird man von 200 zu 200 Schritten eine Kasematte bauen, die einen Jeden, der hinabgestiegen ist, mit Geschütz beschießt. Das schwere Geschütz, welches die Stadt verteidigt, wird hinter der Mauer, die den Graben schließt, gestellt, weil zur Verteidigung der äußeren Mauer, wegen ihrer Höhe nur kleine oder mittlere Kaliber angewendet werden können. Wenn nun der Feind versucht eine Leiter zu ersteigen, dann schützt Euch die Höhe der ersten Mauer leicht. Wenn er mit seinem Geschütz vorrückt, so muß er zuerst die erste Mauer durchbrechen. Geschieht dies, so wird, da es die Natur aller Breschbatterien ist, die Mauer nach der beschossenen Seite hinfallen zu lassen, die Trümmer der Mauer, welche keinen Graben, der sie aufnimmt und verbirgt, finden, die Tiefe des Grabens vergrößern, so daß es dem Feind nicht möglich ist, weiter vorzudringen, weil er Trümmer, die ihn aufhalten, einen Graben, der ihn hindert und Euer Geschütz findet, welches ihn von der Mauer des Grabens herab sicher niederstreckt. Das einzige, was er dagegen tun kann, ist, den Graben auszufüllen; das ist aber sehr schwer, sowohl wegen seiner Breite und Tiefe, als auch wegen der Schwierigkeit der Annäherung. Denn zwischen die Mauern, die sich schlängeln und eingebogen sind, ist es aus den angeführten Gründen schwer vorzurücken, und er muß noch überdies die zur Ausfüllung nötigen Stoffe über die Trümmer vor der Bresche hinausschleppen, was die größten Schwierigkeiten macht. Ich halte daher eine so befestigte Stadt für uneinnehmbar.

Battista della Palla:

Wenn man außer dem inneren Graben noch einen äußeren anlegte, wäre die Stadt nicht noch fester?

Fabrizio Colonna:

Ohne Zweifel, doch wenn man nur einen Graben anlegen will, so sage ich, es ist besser, ihn innen statt außen zu ziehen.

Battista della Palla:

Wollt Ihr nasse Gräben oder gebt Ihr den trockenen den Vorzug?

Fabrizio Colonna:

Die Meinungen sind verschieden. Die nassen Gräben schützen vor den Minen, und die trockenen sind schwerer auszufüllen. Ich für meinen Teil würde, alles wohl erwogen, trockene Gräben anlegen, weil sie sicherer sind; auch hat man gesehen, daß Wassergräben im Winter manchmal zufrieren und so die Einnahme der Festung erleichtern, wie dies Mirandola begegnete als es vom Papst Julius II. belagert wurde. Ich würde sie, um mich vor den Minen zu schützen, so tief machen, daß, wer tiefer graben wollte, auf Wasser stieße.

Die Schlösser würde ich auf dieselbe Art, was die Gräben und Mauern betrifft, anlegen, damit sie dem Belagerer dieselbe Schwierigkeit darböten. Ich will den Verteidigern eines Platzes empfehlen, daß sie keine Bollwerke, die von der Mauer getrennt sind, aufführen, und denen, welche Festungen bauen, daß sie im Innern kein Réduit anlegen, wohin sich die Garnison nach verlorener erster Einfassung zurückziehen kann. Zum ersten Rat bewegt mich, daß niemand etwas tun soll, wodurch er die erste Meinung, die man von ihm hatte, gleich anfänglich verliert, ohne es verhindern zu können, ein Verlust, der ein übles Licht auf seine übrigen Anordnungen wirft und diejenigen bestürzt macht, die für ihn streiten sollen. Dies wird aber jedesmal eintreffen, wenn Ihr ein Bollwerk außerhalb der Stadt anlegt, denn Ihr werdet es gewiß verlieren, weil man heute

Bauwerke geringen Umfangs nicht halten kann, wenn sie der zerstörenden Wirkung es Geschützes ausgesetzt sind. So wird dieser Verlust der Anfang und der Grund Eures Verderbens sein. Als sich Genua gegen den König Ludwig XII. von Frankreich erhob, errichtete man einige Bollwerke auf den die Stadt umgebenden Hügeln; es währte nicht lange, bis diese Bauwerke gewonnen waren, und ihr Verlust zog den der Stadt nach sich.

Was den zweiten Rat betrifft, so behaupte ich, daß nichts schädlicher für eine Festung ist, als Réduits zu haben, denn die Hoffnung, sich noch retten zu können, wenn sie einen Posten nicht mehr verteidigen, bewirkt, daß ihn die Verteidiger verlassen, und so die ganze Festung verloren geht. Die Einnahme der Festung Forli liefert uns dafür ein neueres Beispiel, als sich die Gräfin Katharina gegen den Sohn des Papstes Alexander VI., Cäsar Borgia, welcher sie mit dem Heer des Königs von Frankreich eingeschlossen hatte, darin verteidigte. Dieser Platz war mit zahlreichen Réduits versehen, wohin man sich nach und nach zurückziehen konnte. Zuerst war eine Zitadelle da, durch einen Graben von der Festung getrennt, in welche man durch eine Zugbrücke gelangte; die Festung selbst war in drei Viertel geteilt, ebenfalls durch Wassergräben getrennt, und man gelangte nur mittels Brücken von einem Viertel ins andere. Der Herzog fing damit an, die Mauern eines Viertels zu beschießen und brachte eine Bresche zu Stande; nun versuchte Messer Giovanni da Casale, dem die Verteidigung anvertraut war, nicht, die Bresche zu verteidigen, sondern verließ sie, um in den anderen Vierteln eine Zuflucht zu suchen, so daß die Truppen des Herzogs ohne Widerstand in dieses Viertel eindrangen, die Verbindungsbrücken wegnahmen und sich bald des ganzen Platzes bemächtigt hatten. Zwei Fehler waren die Ursache des Verlustes dieser, für uneinnehmbar gehaltenen Festung; der erste war die zu große Anzahl von Réduits, der zweite, daß nicht jedes Viertel Herr seiner Brücken war. So machte die schlechte Bauart dieses Platzes und die Ungeschicklichkeit seiner Verteidiger den großmütigen Entschluß der Gräfin zu Schanden, welche einem Heer zu widerstehen unternahm, was der König von Neapel und der Herzog von Mailand nicht zu erwarten gewagt hatten. Aber wenn auch ihre Anstrengungen unglücklich waren, so erwarb sie dennoch den ihrem Mut gebührenden Ruhm, was viele Gedichte, die damals zu ihrem Lob gemacht wurden, bezeugen.

Wenn ich also eine Festung zu erbauen hätte, so würde ich ihre Mauern dauerhaft machen und die Gräben so anlegen, wie ich Euch gezeigt habe. Im Inneren wären keine anderen Häuser als Wohnhäuser, alle schwach und niedrig, so daß man von der Mitte des Platzes die ganze Mauer überschauen könnte, damit der Kommandant mit eigenen Augen sehen kann, wo Hilfe nötig ist, und damit jeder die Überzeugung hätte, daß durch den Verlust der Mauer und des Grabens die Festung verloren wäre. Wollte ich dennoch ein Réduit anlegen, so würde ich die Brücken so teilen, daß jeder Teil Herr der Brücke auf seiner Seite bliebe, indem ich es so einrichten würde, daß die Brücken auf in der Mitte des Grabens angebrachte Pfeiler herabgelassen werden müßten.

Battista della Palla:

Ihr habt geäußert, man könne jetzt kleine Bauwerke nicht verteidigen, und ich glaube im Gegenteil gehört zu haben, daß ein Bauwerk, je kleiner es sei, sich desto besser verteidigen lasse.

Fabrizio Colonna:

Ihr habt falsch verstanden. Man kann in unseren Tagen keinen Ort fest nennen, wo der, der ihn verteidigt, nicht Raum genug hat, um sich hinter neue Gräben und neue Wälle zurück zu ziehen; denn das Geschütz wirkt so zerstörend, daß der sich täuscht, welcher sich auf eine Mauer und einen Wall allein verläßt. Da nun Bollwerke (wenn sie das gewöhnliche Maß nicht übersteigen sollen, sonst wären es kleine Städte oder Schlösser) nie Raum haben, eine zweite Schutzwehr anzulegen, so gehen sie in sehr kurzer Zeit verloren. Ich halte es daher für eine weise Maßnahme, diese Bollwerke wegzulassen und die Eingänge der Städte dadurch zu befestigen, daß man die Tore durch Ravelins deckt, so daß man nicht in gerader Richtung durch das Tor ein- oder ausgeht, und daß zwischen Tor und Ravelin ein Graben mit einer Brücke ist. Man verwahrt ferner die Tore durch Fallgatter, damit, wenn die Besatzung einen Angriff gemacht und der Feind sie zurückgedrängt hat, nicht Freund und Feind zugleich in die Stadt dringe. Diese Fallgatter, von den Alten Katarakte genannt, welche den Feind ausschließen und unsere Soldaten in Sicherheit bringen, wurden deshalb erfunden, weil man sich unter den angeführten Umständen, wegen des großen Gedränges, weder der Zugbrücke noch der Torflügel bedienen kann.

Battista della Palla:

Ich habe solche Fallgatter in Deutschland gesehen, welche aus dünnen Balken in Form eines eisernen Gitters gefertigt waren, während die unsrigen aus massiven Bohlen bestehen. Ich möchte wissen, woher diese Verschiedenheit kommt, und welche von beiden am stärksten sind.

Fabrizio Colonna:

Ich sage Euch immer wieder von neuem, daß die Kriegseinrichtungen und Gebräuche des Altertums in der ganzen Welt vergessen, in Italien aber völlig verloren gegangen sind, und findet sich noch irgend etwas Brauchbares, so haben wir es den Völkern jenseits unserer Berge nachgeahmt. Ihr habt wohl sagen hören, und die Anderen können sich noch erinnern, wie schwach unsere Festungen waren, ehe König Karl VIII. von Frankreich im Jahr 1494 nach Italien zog. Die Zinnen waren nur einen Fuß dick, die Schießlöcher für die Armbrust und die Schießscharten fürs Geschütz wurden außen eng und innen weit gemauert und noch viele andere Fehler begangen, mit deren Aufzählung ich Euch nicht ermüden will.

Die dünnen Zinnen gewährten bald keinen Schutz mehr, und die falsch gebauten Schießscharten wurden durch die feindlichen Kanonenkugeln leicht erweitert. Nun haben wir von den Franzosen gelernt, die Zinnen breit und dick machen, und die Schießscharten von innen weit, bis in die Mitte der Mauer sich verengend, und von hier bis nach außen sich wieder erweiternd zu bauen; hierdurch wird erreicht, daß die Artillerie nur schwer unsere Deckungsmittel vernichten kann. Die Franzosen haben außerdem noch manche Einrichtungen, die, weil wir sie nicht gesehen haben, bei uns nicht gewürdigt werden. Hierunter gehören jene gitterförmigen Fallgatter, die bei weitem besser als die unsrigen sind, den wenn ein Fallgatter aus Bohlen herabgelassen ist, so werdet Ihr dahinter stehen, ohne dem Feinde etwas anhaben zu können, so daß er es mit Beil und Feuer leicht zerstört. Ist es aber wie ein Gitter gemacht, so könnt Ihr es durch die Öffnungen mit der Lanze, der Armbrust oder jeder anderen Gattung von Waffen verteidigen.

Battista della Palla:

Ich habe in Italien noch einen andern Gebrauch jenseits der Berge gesehen; er ist, die Radfelgen der Geschützwagen nach der Nabe zu einwärts zu richten. Ich möchte wissen, warum man das so macht, denn ich glaube, daß senkrechte Felgen, wie bei unseren Rädern, stärker sind.

Fabrizio Colonna:

Glaubt ja nicht, daß das, was sich vom eingeführten Gebrauch entfernt, das Werk des Zufalls sei, und eben so sehr würdet Ihr irren, wenn Ihr dächtet, es geschehe des gefälligern Aussehens wegen, denn wo Stärke nötig ist, wird Schönheit nicht beachtet. Die einzige Ursache ist die, daß sie sicherer und dauerhafter als die unsrigen sind, und zwar aus folgenden Gründen. Wenn der Wagen beladen ist, so geht er entweder gleich oder hängt nach der rechten oder linken Seite. Geht er gleich, so tragen die Räder die Last gleichmäßig, und da das Gewicht auf beide verteilt ist, so beschwert es sich nicht viel; neigt er sich, so drückt das ganze Gewicht des Wagens auf das Rad, nach welchem er sich neigt. Sind nun die Felgen gerade, so können sie leicht springen, denn wenn das Rad schief steht, so stehen auch seine Felgen schief und unterstützen die Last nicht senkrecht. Wenn demnach unser Wagen gleich geht und die Felgen weniger zu tragen haben, sind sie stärker; geht der Wagen schief und haben die Felgen mehr zu tragen, so sind sie schwächer. Ganz umgekehrt ist es bei den schiefen Felgen der französischen Wagen, denn wenn ihr Wagen auf eine Seite hängt und auf die Felgen drückt, so kommen sie dann, weil sie schief eingesetzt sind, in senkrechte Richtung und können kräftig das ganze Gewicht aushalten, dessen Hälfte sie nur zu tragen haben, wenn der Wagen horizontal geht und die Felgen schief laufen. Kehren wir aber zu unseren Städten und Festungen zurück.

Die Franzosen bedienen sich für eine größere Sicherheit ihrer Festungstore, um während der Belagerung leichter Leute aus- und einlassen zu können, einer anderen Einrichtung, welche noch nicht in Italien nachgeahmt worden ist. Sie errichten nämlich vor dem äußeren Rand der Zugbrücke zwei Pfeiler und befestigen über jedem einen beweglichen Balken, so daß die Hälfte davon der Länge nach über die Brücke, die andere Hälfte außerhalb zu liegen kommt. Dann fügen sie gatterförmig zwischen die zwei großen Balken, der ganzen Länge nach, welche außerhalb der Brücke liegt, kleine Balken ein, und an jedes Ende des nach einwärts gekehrten Teils der zwei großen Balken befestigen sie eine Kette. Wollen Sie nun die Brücke nach außen verschließen, so lassen sie die Ketten nach, der äußere gitterförmige Teil sinkt herab und schließt die Brücke. Wollen sie selbige wieder öffnen, so ziehen sie die Ketten an, das Gitter hebt sich, und zwar so weit, daß ein Mann zu Fuß und nicht zu Pferde durch kann oder so, daß Roß und Mann durch können; man kann sie auch ganz schließen, denn die Maschine läßt sich heben und senken wie die Blendungen der Zinnen. Diese Maschine ist sicherer als das Fallgatter, weil der Feind ihr Herablassen nur schwer verhindern kann, da sie nicht senkrecht wie das Fallgatter herabfällt, welches sich leicht durch eine untergeschobene Stütze feststellen läßt.

Wer also eine Stadt befestigen will, muß die gegebene Vorschrift befolgen. Ferner darf in der Entfernung einer Meile wenigstens von der Mauer rings um die Stadt weder ein Mauerwerk aufgeführt, noch das Feld bestellt werden. Es muß eine kahle Ebene sein, worauf weder Büsche, noch Aufwürfe, noch Bäume oder Häuser die Aussicht versperren oder einem Feind Deckung gewähren. Bemerkt, daß eine Festung mit Außengräben, wo die ausgegrabene Erde gegen das Feld zu geworfen worden, so daß sie das umliegende Terrain überhöht, sehr schwach ist, denn dieser Aufwurf dient dem Feind zur Deckung und hält ihn nicht ab, Euch zu schaden, weil er leicht Öffnungen für sein Geschütz durchbrechen kann. Gehen wir aber zum Inneren der Stadt über.

Ich will keine Zeit verlieren, Euch zu beweisen, daß man außer den angeführten Dingen auch Mund- und Kriegsvorräte haben muß, eine Sache, die jedem von selbst einleuchtet, denn es ist klar, daß ohne dieses alle übrige Vorsichtsmaßnahmen umsonst wären. Im Allgemeinen ist zweierlei zu beachten; erstens daß man sich selbst gehörig vorsieht, zweitens, daß man dem Feind alle Hilfsmittel des Landes entzieht. Alles Futter, Schlachtvieh und Getreide, das nicht eingebracht werden kann, muß daher zerstört werden.

Wer mit der Verteidigung einer Festung beauftragt ist, hat darauf zu sehen, daß nichts mit Übereilung und Unordnung geschieht und solche Maßnahmen zu ergreifen, daß bei allen Ereignissen ein Jeder weiß, was er zu tun hat. Demnach müssen Weiber, Kinder, Greise und Kranke zu Hause bleiben und den Jungen und Kräftigen freien Raum lassen. Man bewaffnet letztere und verteilt sie zur Verteidigung der Stadt; die einen bewachen die Wälle, die anderen die Tore und wieder andere die Hauptplätze, um allen Zufällen, die sich im Inneren ereignen könnten, zu begegnen; der Rest hat keinen festen Posten, sondern ist angewiesen, dahin Hilfe zu bringen, wo es nötig ist. Sind all diese Maßnahmen getroffen, so werdet Ihr nur schwer durch einen Tumult in Verwirrung gebracht werden können. Ferner ist noch ein wichtiger Punkt beim Angriff und der Verteidigung fester Plätze zu bemerken; nichts nämlich gibt dem Feind mehr Hoffnung, sich einer Stadt zu bemächtigen, als wenn er weiß, daß sie nicht gewohnt ist, einen Feind vor ihren Mauern zu sehen, und oft hat die Furcht allein, ohne daß Gewalt gebraucht worden wäre, die Übergabe herbeigeführt. Greift man eine solche Stadt an, so muß man auf jede Art Schrecken zu erregen suchen. Auf der anderen Seite muß der Belagerte die Verteidigung des angegriffenen Punktes Männern übertragen, die sich nicht durch die allgemeine Stimme einschüchtern lassen, sondern nur durch Gewalt der Waffen zum Weichen gebracht werden können; denn ist der erste Angriff abgeschlagen, so wächst den Belagerten der Mut, und der Feind ist gezwungen, mehr durch seine Tapferkeit als durch das Gerücht seines Kriegsruhmes zu siegen.

Der Maschinen, deren sich die Alten zur Verteidigung fester Plätze bedienten, waren viele, wie: Balisten, Onagren, Skorpionen, Arcubalisten, Fustibalen, Schleuderzeug; die Angriffsmaschinen waren der Widder, Schutzdächer, Schutzwehren, Blendungen, Sicheln und Schildkröten. Alle diese Maschinen sind jetzt durch das Geschütz ersetzt, dessen man sich sowohl zum Angriff als zur Verteidigung bedient, und ich werde mich daher nicht weiter darüber auslassen. Nehmen wir aber den Faden unseres Gesprächs wieder auf und gehen zu den einzelnen Angriffsarten über.

Der Verteidiger muß Sorge tragen, daß die Stadt nicht ausgehungert oder im Sturm genommen werde. Gegen Hungersnot habe ich empfohlen, große Vorräte von Lebensmitteln anzulegen, ehe noch die Belagerung begonnen hat. Wenn aber dadurch, daß sie sich in die Länge gezogen hat, die Vorräte aufgezehrt sind, so bedienen sich zu ihrem Ersatz Freunde, die Euch retten wollen, manchmal außergewöhnlicher Mittel, besonders wenn ein Fluß durch die belagerte Stadt fließt. So taten die Römer als Hannibal Casilinum eine ihrer Festungen belagerte. Da sie nämlich den Fluß nicht anders benutzen konnten, so warfen sie eine große Menge Nüsse hinein, die durch das Wasser fortgetrieben wurden, ohne daß es der Feind verhindern konnte und versorgten so die Casilinenser eine Zeit lang mit Lebensmitteln. Man hat hier und da Belagerte gesehen, die, um dem Feind zu zeigen, daß sie noch Getreide hätten, und um ihm dadurch alle Hoffnung, sie auszuhungern, zu nehmen, entweder Brot über die

Mauer warfen oder ein Rind mit Korn fütterten, das sie dann vom Feind fangen ließen; die Frucht, welche man in seinem Leibe fand, sollte einen Überfluß zeigen, den sie nicht hatten.

Auf der anderen Seite haben ausgezeichnete Feldherren verschiedene Wege eingeschlagen, um den Feind zu entkräften. Fabius ließ die Campanier ihre Felder einsäen, damit sie die Aussaat verloren. Als Dionysius Rhegium belagerte, stellte er sich, als wolle er einen Vertrag schließen; während der Unterhandlung ließ er sich von den Einwohnern mit Lebensmitteln versehen, und nachdem er so ihren Getreidevorrat erschöpft hatte, schloß er sie enger ein und bezwang sie durch Hunger. Als Alexander der Große Leucadia erobern wollte, nahm er zuerst alle umliegenden Festen mit Sturm und ließ ihre Besatzungen in die Stadt flüchten; diese unerwartete Menschenmenge verursachte Hungersnot.

Was den Sturm betrifft, so habe ich gesagt, daß sich der Belagerte gegen jenen ersten Angriff verteidigen müsse, wodurch die Römer sich so vieler Städte bemächtigten und der darin bestand, daß man sie zu gleicher Zeit auf allen Punkten angriff. Sie nannten diese Angriffsart *aggredi urbem corona*, und Scipio bediente sich derselben als er Neu-Karthago in Spanien einnahm. Widersteht Ihr diesem ersten Sturm, so werdet Ihr in der Folge nur schwer besiegt werden. Und wenn der Feind sogar schon in die Stadt gedrungen wäre, nachdem er die erste Mauer gestürmt hat, so dürfen die Einwohner doch noch nicht alle Hoffnung aufgeben, wenn sie sich nicht selbst verlassen; denn es hat sich oft ereignet, daß Heere, nachdem sie in die Festung eingedrungen waren, wieder herausgejagt worden sind oder darin den Tod gefunden haben. Die Einwohner müssen in diesem Fall die erhabenen Orte besetzen und den Feind von Türmen und Häusern herab bekämpfen. Die Belagerer ihrerseits versuchen diesem Hindernis auf zweierlei Art zu begegnen; erstens, indem sie die Tore der Stadt öffnen und so den Einwohnern einen sicheren Weg zur Flucht anbieten; zweitens, indem sie öffentlich ausrufen lassen, daß man nur die, welche mit den Waffen in der Hand ergriffen würden, strafen, die, welche sie niederlegten, aber schonen wolle. Hierdurch wurde die Bezwingung vieler Städte erleichtert. Ferner bemächtigt man sich leicht einer Festung, wenn man sie unversehens überfällt, das heißt, wenn Ihr mit Eurem Heer so weit vom Feind wegsteht, daß er, durch Eure Entfernung sicher gemacht, nicht glaubt angegriffen werden zu können, ohne im Voraus von Euren Bewegungen benachrichtigt zu sein. Wenn Ihr ihn daher insgeheim und mit großer Schnelligkeit überfallt, so seid Ihr des Siegs fast gewiß. Ich spreche nicht gern über Ereignisse unserer Tage, denn es wäre mir peinlich, von mir oder meinen Untergebenen sprechen zu müssen, und von den anderen weiß ich gar nicht, was ich sagen soll. Doch kann ich mich bei dieser Gelegenheit nicht enthalten, das Beispiel Cäsar Borgias mit dem Beinamen des Herzogs von Valentinois, anzuführen, welcher, als er sich mit seinen Truppen zu Nocera befand, unter dem Vorwand, die Grafschaft Camerino zu verheeren, auszog, allein in das Herzogtum Urbino einfiel und sich desselben gänzlich in einem Tag, ohne auf Hindernisse zu stoßen, bemächtigte. Ein anderer an seiner Stelle würde diese Eroberung nicht ohne beträchtlichen Aufwand an Zeit und Kosten zu Stande gebracht haben.

Die Belagerten müssen ferner vor den Täuschungen und Kriegslisten des Feindes auf der Hut sein; sie dürfen dem, was sie ihn täglich tun sehen, nicht trauen; sie müssen immer fürchten, es könne irgendein Fallstrick dahinter verborgen sein, und er könne zu ihrem Schaden auf einmal anders handeln. Domitius Calvinus hatte während der Belagerung einer gewissen Stadt die Gewohnheit angenommen, mit dem größeren Teil seines Heeres und die Mauer herum zu marschieren. Die Einwohner, überzeugt, daß das nur zur Übung seiner Soldaten geschehe, ließen in ihrer Wachsamkeit nach, und als Domitius dies gemerkt hatte, griff er sie an und bemächtigte sich der Stadt. Einige Generale, davon benachrichtigt, daß den Belagerten Hilfsvölker geschickt wurden, haben ihren Soldaten ähnliche Feldbinden, wie die der erwarteten Verstärkung, gegeben; auf diese Art in die Festung eingelassen, haben sie sich ihrer bemeistert. Der Athenienser Cimon ließ während der Nacht einen Tempel, der außerhalb der Mauer stand, in Brand stecken; die Einwohner eilten in Menge zum Löschen herbei und gaben ihre Stadt dem Feind preis. Andere Heerführer endlich ließen die aus einer belagerten Stadt zum Fouragieren ausgeschickten Knechte niedermachen und gaben ihre Kleider den eigenen Soldaten, welche dann die Stadt auslieferten.

Die Feldherren des Altertums haben ebenfalls mehrere Mittel angewendet, um Festungen, die sie belagern wollten, von Besatzung zu entblößen. Als sich Scipio in Afrika befand und sich einiger festen Schlösser, welche die Karthager besetzt hatten, bemächtigen wollte, stellte er sich mehrmals, als ob er sie belagern wolle, zog aber immer wieder ab, als ob er in Misslingen befürchte. Hannibal glaubte, er habe wirklich Furcht und zog, um ihm mit beträchtlichen Streitkräften folgen und ihn leichter besiegen zu können, die Besatzungen dieser Schlösser an sich. Von diesem Schritt benachrichtigt, beauftragte Scipio seinen Verbündeten Massinissa, sie einzunehmen. Als Pyrrhus im Krieg, den er in Illyrien führte, die Hauptstadt dieses Landes, worin eine ziemlich starke Besatzung lag, belagerte, stellte er sich, als ob er alle Hoffnung aufgäbe, sie zu unterwerfen. Er kehrte nun seine Waffen gegen andere Plätze und brachte es dahin, daß jene, um diesen beizustehen, ihre Besatzung so sehr schwächte, daß es Pyrrhus nicht schwer wurde, die Hauptstadt einzunehmen.

Viele Heerführer haben das Trinkwasser verdorben oder den Lauf eines Flusses abgeleitet; doch erreichten sie nicht immer ihren Zweck. Man brachte manchmal die Belagerten zur Übergabe, indem man sie durch Ankündigung eines errungenen Sieges oder der Ankunft von Verstärkung in Furcht versetzte.

Die Feldherren der Alten suchten sich auch durch Verrat einer Festung zu bemächtigen; sie schlugen hierzu verschiedene Wege ein. Einige haben einen Offizier aus ihrer Umgebung beauftragt, der sich unter dem Schein eines Überläufers Ansehen und Vertrauen bei den Feinden erwarb und sich dessen dann zum Besten seines Generals bediente. Andere erfuhren auf dem gleichen Weg die Art, wie die Wachen verteilt wurden, und diese Kenntnis hatte die Einnahme der Festung zur Folge. Noch Andere haben die Tore so versperrt, daß man sie nicht mehr schließen konnte, indem sie unter irgendeinem Vorwand einen Wagen oder Balken darunter fahren ließen, und so machten sie dem Belagerer das Eindringen in die Stadt leicht. Um eine römische Stadt einzunehmen, überredete Hannibal einen Bürger, er solle bei Nacht auf die Jagd ziehen, unter dem Vorwand, er könne es aus Furcht vor dem Feind bei Tag nicht wagen; bei seiner Rückkehr sollten sich einige Soldaten seinem Gefolge anschließen, die Wachen töten und das Tor einnehmen.

Man täuscht ferner die Feinde, indem man sie aus der Stadt lockt; und um sie noch weiter davon zu entfernen, flieht man in dem Augenblick, wo sie angreifen. Viele Feldherren, darunter Hannibal, sind so weit gegangen, sich ihr eigenes Lager wegnehmen zu lassen, um dem Feinde den Rückzug abzuschneiden und die Festung einzunehmen. Man täuscht ihn ferner, wenn man sich stellt, als wolle man abziehen; wie es der Athenienser Phormio tat. Nachdem er die Felder der Calcidienser verheert hatte, nahm er ihre Gesandte an und machte ihre Stadt durch schöne Versprechungen sicher. Die unklugen Leute ließen sich dadurch einschläfern und wurden bald darauf von Phormio überrumpelt.

Die Belagerten müssen vor solchen Leuten auf der Hut sein, die bei ihnen Verdacht erregt haben; aber manchmal versichert man sich ihrer sowohl durch Wohltaten als auch durch Strafe. Marcellus, unterrichtet, daß ein Bürger von Nola, Lucius Bancius, sich zu Hannibal hinneigte, zeigte ihm so viel Güte und Großmut, daß er ihn aus einem Feind zu seinem ergebensten Freund machte.

Die Belagerten müssen wachsamer sein, wenn der Feind abgezogen ist, als wenn er noch steht. Sie müssen ebenfalls sehr sorgfältig die Stellen bewachen, welche sie am wenigsten einem Angriff ausgesetzt glauben; denn Festungen wurden häufig deshalb verloren, weil der Feind auf einer Seite angriff, wo man die Möglichkeit nicht vorausgesetzt hatte. Eine solche Überrumpelung kann durch zweierlei herbeigeführt werden, entweder dadurch, daß dieser Punkt, durch seine Lage fest, für unzugänglich gehalten wurde, oder dadurch, daß der Feind die falsche Nachricht hat ausgeben lassen, seine Absicht sei, auf einer Seite anzugreifen, während er in aller Stille seinen wahren Angriff auf einen anderen Punkt leitet. Die Belagerten müssen also große Sorge tragen, diesen Unfällen vorzubeugen. Es ist hierzu notwendig, ohne Unterlaß und besonders während der Nacht, die Mauern der Festung auf das fleißigste zu bewachen, und man muß dazu nicht nur Menschen, sondern auch grimmige schnelle Hunde einsetzen, deren Gespür sogleich den Feind entdeckt und deren Gebell seine Ankunft verkündet. Sogar Gänse haben manchmal gute Dienste geleistet; sie retteten das Kapitol, als die Gallier in Rom standen. Um sich zu versichern, daß, während die Spartaner Athen belagerten, sorgfältig Wache gehalten werde, befahl Alcibiades, daß, wenn er des Nachts eine Fackel erhöbe, jede Schildwache ein Gleiches tun müsse; wer es unterließ, wurde bestraft. Der Athenienser Iphicrates tötete eine schlafende Schildwache und sagte, er lasse sie, wie er sie gefunden.

Die Belagerten bedienen sich verschiedener Mittel, ihren Freunden Nachrichten mitzuteilen; und um keine mündlichen Botschaften zu senden, schreiben sie ihre Briefe in Chiffren, oder verstecken sie auf mancherlei Art. Einige haben das Innere einer Degenscheide beschrieben. Andere legten ihre Briefe in Brotteig, ließen ihn backen und gaben das Brot dem Überbringer als Speise mit. Einige verbargen sie in den geheimsten Teilen des Körpers. Andere steckten sie in das Halsband eines Hundes, der dem Boten zu folgen gewohnt war. Einige schrieben einen gleichgültigen Brief und beschrieben dann die Zwischenzeilen mit einer gewissen Flüssigkeit, wodurch, wenn der Brief naß gemacht oder erwärmt wurde, die Buchstaben zum Vorschein kamen. Letzteres Mittel ist in unseren Zeiten auf das Schlaueste angewendet worden. Als jemand seinen Freunden, die in einer Festung wohnten, geheim zu haltende Dinge mitteilen, sich aber niemand anvertrauen wollte, so schickte er nach der gebräuchlichen Formel abgefaßte Exkommunikationszettel, deren Zwischenzeilen auf obengenannte Art beschrieben waren, und welche er an die Kirchentüren anheften ließ. Die, an welche sie gerichtet waren, erkannten sie an verabredeten Zeichen, nahmen sie herab und lasen sie. Dies Mittel ist am klügsten, weil der Überbringer selbst getäuscht sein kann und gar keine Gefahr läuft.

Es gibt noch unzählige andere Arten, die ein Jeder selbst nachlesen oder ersinnen kann. Jedoch ist es leichter, an die Belagerten zu schreiben, als für die Belagerten an ihre Freunde nach Außen. Denn solche Briefe können nur durch einen Boten abgeschickt werden, der unter dem Schein eines Überläufers aus der Festung geht; was immer bedenklich und gefährlich bleibt, wenn der Feind nur ein wenig auf der Hut ist. Wer hingegen dem Belagerten eine Nachricht mitteilen will, kann seinen Boten unter mancherlei Vorwand in das feindliche Lager schicken, wo dieser die Gelegenheit wahrnimmt und in die Stadt eilt.

Sprechen wir nun von der Art, wie man jetzt Festungen angreift und verteidigt. Wenn eine Stadt angegriffen wird, welche keine Gräben nach innen zu hat, so muß, um dem Feind das Eindringen durch die Bresche (eine Wirkung des Geschützes, die nicht zu verhüten ist) zu verwehren, hinter der Mauer, noch während sie beschlossen wird, ein wenigstens dreißig Schritte breiter Graben gezogen werden. Die ausgegrabene Erde wird nach der Seite der Stadt aufgeschüttet, um einen Wall zu bilden und die Tiefe des Grabens zu vergrößern. Es ist notwendig, die Arbeit so zu beschleunigen, daß, wenn die Mauer einstürzt, der Graben wenigstens zehn oder zwölf Fuß tief ist. Der Graben muß, während des Aushöhlens, an beiden Enden mit einer Kasematte geschlossen werden. Ist die Mauer so stark, daß man Zeit hat, den Graben und die Kasematten fertig zu bringen, so ist der Teil, wo Bresche gelegt worden, fester als die übrige Einfassung der Stadt. Ein solcher Abschnitt hat dann die Form, welche wir unseren inneren Gräben gegeben haben. Ist hingegen die Mauer schwach und fehlt die Zeit, dann tut es Not, Tapferkeit zu zeigen und mit der bewaffneten Mannschaft und allen Streitmitteln den Sturm zurückzuschlagen. Einen solchen Abschnitt legten die Pisaner an, als Ihr sie belagertet. Sie konnten es tun, da ihnen ihre starken Mauern die Zeit dazu gaben und ihr Lehmboden zur Aufführung von Wällen und Brustwehren besonders geeignet ist. Hätten sie dieser Vorteile entbehrt, so wären sie verloren gewesen. Man wird daher immer klug handeln, wenn man sich im Voraus vorsieht, indem man Gräben gegen die Stadt zu im ganzen Umfang anlegt, wie wir oben gesagt haben. Dann kann man mit Ruhe und Sicherheit den Feind hinter den Wällen erwarten.

Die Alten nahmen manchmal Festungen durch unterirdische Wege ein, und zwar auf zweierlei Art. Entweder sie gruben heimlich einen unterirdischen Gang, welcher in die Festung mündete und durch den sie eindrangen, wie bei der Einnahme der Stadt Veji durch die Römer; oder sie untergruben die Fundamente der Mauer und stürzten sie dann ein. Die letzte Art ist heute am wirksamsten und macht hochgelegene Plätze schwächer, weil sie besser unterminiert werden können. Füllt man die Minen mit Pulver, das sich im Augenblick entzündet, so wird nicht nur eine Mauer umgestürzt, sondern Berge öffnen sich und ganze Kastelle werden in mehrere Stücke zerrissen. Um dieser Gefahr zu begegnen, legt man die festen Plätze auf der Ebene an und macht den Graben, der die Stadt umgibt, so tief, daß der Belagerer seine Minen nicht tiefer treiben kann, ohne auf Wasser zu stoßen, welches der einzige Feind der Minen ist. Habt Ihr ein Kastell, das auf einer Anhöhe liegt, zu verteidigen, so bleibt Euch nichts übrig, als hinter Eurer Mauer eine ausreichende Anzahl tiefer Brunnen zu graben, gleichsam als Luftlöcher für die Minen, welche der Belagerer gegen Euch führt. Ein anderes Mittel besteht in Gegenminen, wenn Ihr den Ort, wo er gräbt, entdeckt habt. Es ist ganz dazu geeignet, seine Arbeiten aufzuhalten, diese zu entdecken aber ist schwer, wenn man von einem geschickten Feind belagert wird.

Der Belagerte muß besondere Sorge tragen, nicht in der Ruhezeit überfallen zu werden; wie zum Beispiel nach einem Gefecht, nach abgelöster Wache, das heißt bei Anbruch des Tages, Abends zwischen Licht und Dunkel und besonders zur Essenszeit. In diesen Stunden sind viele Festungen genommen, aber auch Heere vom Belagerten in die Flucht geschlagen worden. Man muß daher beiderseits fleißig Wache halten und einen Teil seiner bewaffnet lassen.

Ich will nicht darauf verzichten, Euch zu sagen, daß das Schwierige der Verteidigung einer Festung oder eines verschanzten Lagers darin besteht, daß alle Streitkräfte in denselben vereinzelt werden müssen. Da Euch nämlich der Feind angreifen kann, wo er will, müßt Ihr Eure Linien ihrer ganzen Ausdehnung nach besetzt halten, und so greift er Euch mit seiner ganzen Kraft an, während Ihr Euch nur mit einem Teil der Euren verteidigen könnt. Auch kann der Belagerte gänzlich besiegt, der Angreifende nur zurück geschlagen werden. Viele Feldherren, die entweder im Lager oder in einer Festung eingeschlossen waren, brachen daher, obgleich schwächer an Zahl, plötzlich mit allen ihren Streitkräften heraus und überwanden den Feind. So tat Marcellus bei Nola und Cäsar in Gallien. Cäsar, in seinen Circumvallationslinien von einer sehr großen Anzahl Gallier angegriffen, sah, daß er sich nicht mehr verteidigen konnte, weil er seine Soldaten zu sehr verteilen mußte. Da er nun hinter seinen Palisaden nicht in den Feind eindringen konnte, öffnete er seine Verschanzung an einer Stelle, sammelte auf diesem Punkt alle seine Streitkräfte und stürzte sich mit solcher Gewalt und Tapferkeit auf den Feind, daß er ihn besiegte.

Auch die Standhaftigkeit der Belagerten macht häufig die Belagerer mißvergnügt und entmutigt sie.

Als Pompeius Cäsar gegenüber stand, dessen Heer sehr durch Hunger litt, brachte man ihm Brot, von welchem sich die Cäsarianer nährten. Da er sah, daß es aus Kräutern gemacht war, befahl er, es seinen Soldaten zu verbergen, damit sie nicht den Mut verlören, wenn sie sähen, welchen Feind sie zu bekämpfen hatten. Nichts gereicht den Römern im Krieg gegen Hannibal so sehr zur Ehre, als ihre Standhaftigkeit; denn selbst als das Unglück sie fast ganz zu Boden drückte, wollten sie niemals um Frieden bitten und gaben nie das geringste Zeichen von Furcht. Ja zur selben Zeit, als Hannibal unter den Mauer Roms stand, verkaufte man die Felder, auf denen er sein Lager geschlagen hatte, zu höheren Preisen, als sie zu anderer Zeit verkauft worden waren. Sie zeigten so viel Ausdauer in ihren Unternehmungen, daß sie, um Rom beizustehen, die Belagerung von Capua nicht aufheben wollten, vor dem sie zur selben Zeit lagen, als Rom von Hannibal eingeschlossen wurde.

Ich habe über viele Dinge gesprochen, die Ihr selbst hören und sehen konntet; ich habe es aber dennoch getan, teils um euch dadurch die Vorzüge meines Systems besser zeigen zu können, teils um diejenigen zu befriedigen, welche nicht, wie Ihr, Gelegenheit gehabt haben, jene Dinge selbst zu hören und zu sehen. Ich glaube nun, nur noch einige Maximen beifügen zu müssen, welche Euch immer im Gedächtnis gegenwärtig sein sollten. Es sind folgende:

Was dem Feind nützt, schadet Euch und was Euch nützt, schadet dem Feind.

Je wachsamer Ihr seid, die Absichten des Feindes zu beobachten und je mehr Mühe Ihr Euch gebt, Euer Heer zu üben, desto weniger Gefahr werdet Ihr laufen, und desto mehr dürft Ihr auf Sieg hoffen.

Führet Eure Soldaten nie zur Schlacht, ehe Ihr ihnen Mut zugesprochen, sie ohne Furcht befunden und geordnet habt; versucht es nie, wenn Ihr nicht seht, daß sie den Sieg hoffen.

Besser ist, den Feind durch den Hunger zu besiegen, als durch das Eisen; denn der Sieg, den dieses zur Folge hat, hängt vielmehr vom Glück als von der Tapferkeit ab.

Kein Plan ist besser als der, welcher dem Feind verborgen bleibt, bis Ihr ihn ausgeführt habt.

Die Gelegenheit wahrnehmen und ergreifen können, nützt mehr im Krieg als alles Übrige.

Die Natur erzeugt wenig mutige Männe, Kunst und Übung bilden viele.

Im Krieg vermag Disziplin mehr als blinde Wut.

Wenn einige Eurer Feinde ihre Fahnen verlassen, um unter Euren zu dienen, so werdet Ihr, wenn sie treu sind, immer großen Vorteil daraus ziehen. Denn die Streitkräfte des Gegners vermindern sich mehr durch den Verlust derer, die übergehen, als derer, die getötet werden; wenn auch der Name Überläufer den neuen Freunden verdächtig, den alten verhaßt ist.

Es ist besser, in der Schlachtordnung hinter das erste Treffen beträchtliche Reserven zu stellen, als, um eine ausgedehntere Front zu haben, seine Soldaten zu zerstreuen.

Der ist schwer zu besiegen, welcher seine und des Feindes Kräfte zu beurteilen weiß.

Die Tapferkeit der Soldaten ist mehr wert als ihre Menge, und manchmal nützt das Terrain mehr als die Tapferkeit.

Neue und plötzliche Dinge erschrecken die Heere; gewohnte und langsame werden nicht hoch angeschlagen; gewöhnet daher Euer Heer durch leichte Gefechte an einen neuen Feind und macht es mit ihm bekannt, ehe Ihr ihm eine Schlacht liefert.

Wer den geschlagenen Feind in der Unordnung verfolgt, will nichts anderes, als seinen Sieg in eine Niederlage verwandeln.

Wer nicht für den nötigen Mundvorrat sorgt, ist ohne Schwert besiegt.

Wer mehr auf die Reiterei baut als auf sein Fußvolk oder mehr auf das Fußvolk als auf die Reiterei, wähle danach sein Terrain.

Wollt Ihr wissen, ob des Tages ein Spion ins Lager gekommen ist, so laßt jeden in sein Zelt gehen.

Ändert Eure Pläne, sobald sie der Feind durchschaut hat.

Zieht viele darüber zu Rat, was Ihr tun sollt, aber teilt nur Wenigen mit, was Ihr ausführen wollt.

In Garnison hält man den Soldaten durch Furcht und Strafe in Schranken, geht's in den Krieg, so spornt man ihn durch Hoffnung und Belohnungen an.

Gute Feldherren liefern nur dann Schlachten, wenn sie die Notwendigkeit zwingt oder die Gelegenheit günstig ist.

Tragt Sorge, daß der Feind nicht weiß, wie Ihr Euer Heer zur Schlacht ordnen wollt; aber wie Ihr es auch ordnet, richtet es so ein, daß das vorderste Treffen von dem zweiten und dritten aufgenommen werden kann.

Im Gefecht selbst ändert nie die anfängliche Bestimmung eines Korps, wenn Ihr nicht Unordnung in Euer Heer bringen wollt.

Schwer ist, plötzlichen Unfällen abzuhelfen, leicht, voraus bedachten.

Männer, Eisen, Geld und Brot sind der Nerv des Krieges. Von diesen vier jedoch sind die zwei ersten am notwendigsten, denn Männer und Eisen finden Geld, aber Brot und Geld finden nicht Männer und Eisen.

Der unbewaffnete Reiche ist die Belohnung des armen Soldaten.

Gewöhnet Eure Soldaten daran, leckere Nahrung und ein üppiges Leben zu verachten.

Dies sind die allgemeinen Grundsätze, die ich Euch ins Gedächtnis zurükkrufen wollte. Ich weiß wohl, daß man meinen Worten noch viele andere Dinge beifügen könnte; man könnte z. B. sagen, wie und auf wie viel Arten die Alten ihre Scharen aufstellten, wie sie ihre Soldaten kleideten, und wie sie sich unter vielerlei Umständen benahmen. Man hätte hierzu noch eine Menge Einzelheiten fügen können, welche ich jedoch zu erzählen für unnötig hielt, teils weil Ihr sie selbst nachlesen könnt, teils wie es meine Absicht nicht war, Euch die Einrichtung der alten Heere in ihrem ganzen Umfang aus einander zu setzen, sondern vielmehr zu zeigen, was man tun müsse, um heute eine Kriegsmacht zu errichten, die vorzüglicher wäre als die jetzt bestehende. Ich habe daher von den Einrichtungen des Altertums nur die berühren zu müssen geglaubt, deren Wiedereinführung mir nötig schien.

Ich hätte mich über die Reiterei mehr ausdehnen, vom Seekrieg sprechen sollen, denn die Kriegsmacht begreift sowohl Land- als auch Seeheere, Reiter und Fußvolk. Ich scheue mich aber, vom Seewesen zu sprechen, weil ich es gar nicht kenne; und will daher diesen Gegenstand den Venezianern und Genuesern abzuhandeln überlassen, welche durch ihre hierauf gerichtete Sorgfalt einst so große Dinge getan haben. Was die Reiterei betrifft, werde ich mich ebenfalls auf das früher Gesagte beschränken, indem diese Waffe am wenigsten verdorben ist. Überdies, wenn das Fußvolk, dieser Nerv des Heeres, auf guten Fuß gesetzt ist, so macht es notwendig auch die Reiterei gut. Ich möchte nur demjenigen, der ein Heer in seinem Land errichten und daselbst die Pferde vervielfachen will, zwei wichtige Vorkehrungen anempfehlen. Die eine wäre, Hengste von guter Rasse auf das Land zu verteilen und seine Untertanen an den Handel mit Fohlen zu gewöhnen, so wie Ihr ihn hierzulande mit Kälbern und Mauseseln treibt. Die andere hätte zum Zweck, den Verkäufern Käufer zu verschaffen und bestünde in einem Verbote für alle, welche kein Pferd halten, einen Maulesel zu haben; so daß, wer nur auf eine Art beritten sein will, ein Pferd halten muß. Gleichfalls dürfte sich niemand in Seide kleiden, wer kein Pferd hat. Ich habe erfahren, daß eine solche Verordnung von einem noch lebenden Fürsten gegeben wurde, und daß er in kurzer Zeit eine vorzügliche Reiterei aus seinem Land ausheben konnte. Was die anderen diese Waffe betreffenden Maßnahmen anlangt, so verweise ich Euch auf das heute Gesagte und auf das bei uns Eingeführte.

Vielleicht wünscht Ihr noch zu wissen, welche Eigenschaften ein Feldherr besitzen muß? Ich will Euch in wenigen Worten zufrieden stellen; ich würde keinen anderen Mann als den wählen, der alles das, wovon wir uns heute unterhalten haben, auszuführen wüßte. Das ist nicht einmal ausreichend, wenn er die Hilfsmittel, die er nötig haben kann, nicht in sich selbst findet. Denn wem Erfindungsgabe abging, der war nie ein großer Mann in seinem Fach; und wenn Erfindungsgabe in allen Dingen zu ehren ist, so ist sie vorzüglich im Krieg die Quelle des Ruhmes. Auch sieht man eine noch so unbedeutende Erfindung dieser Art von allen Geschichtsschreibern gelobt. Sie loben z. B. Alexander den Großen deswegen, daß er, um heimlicher das Lager abzubrechen, das Zeichen zum Aufbruch nicht mit der Trompete geben ließ, sondern durch Erhebung eines Helmes auf einer Lanzenspitze. Man lobt ihn auch deswegen, daß er einst seinen Soldaten befahl, im Augenblick des Angriffs das linke Knie zur Erde zu setzen, um dadurch den Stoß des Feindes kräftiger aushalten zu können. Diese Maßregel gab ihm den Sieg und erwarb ihm noch außerdem einen solchen Ruhm, daß er durch alle ihm zu Ehren errichtete Bildsäulen in dieser Stellung dargestellt war.

Da es aber endlich Zeit ist, diese Unterhaltung zu schließen, so will ich zu meinem Gegenstand zurück kommen, um doch wenigstens zum Teil die Strafe zu vermeiden, welche bei Euch denen, die davon abspringen, auferlegt wird. Wenn Ihr Euch noch erinnert, Cosimo, sagtet Ihr mir gleich anfangs, Ihr könnet nicht begreifen, wie ich, ein so großer Verehrer des Altertums und Tadler derer, die es in den Hauptsachen nicht nachzuahmen verstehen, wie ich sein

Beispiel in der Kriegskunst, meinem Handwerk, nicht befolgt habe. Ich habe Euch geantwortet, daß die Männer, welche einen großen Plan ausführen wollen, sich im Voraus darauf vorbereiten müssen, ihn auszuführen, um nicht dann auf Hindernisse zu stoßen, wenn sich ihnen die Gelegenheit günstig zeigt. Ihr, die mich so lange über diesen Gegenstand sprechen hörtet, müßt beurteilen, ob ich vorbereitet bin oder nicht, den Kriegerstand zu den Vorschriften des Altertums zurück zu führen. Ihr wißt, wie viel Zeit ich mit diesen wichtigen Gedanken zugebracht habe, und ich nehme an, daß Ihr auch fühlen werdet, wie sehr ich mir wünsche, sie in Ausführung zu bringen. Es ist Euch nun ein Leichtes zu schließen, ob ich gekonnt habe, ob ich jemals Gelegenheit gefunden habe, meinen Plan auszuführen. Um aber alle Eure Zweifel zu beheben und mich in Euren Augen völlig zu rechtfertigen, will ich Euch alle Ursachen anführen und auf diese Art zum Teil mein gegebenes Versprechen halten, alle Hindernisse aufzuzählen, so wie alle Erleichterungen, welche man heute bei der Nachahmung der Alten findet.

Von allen wichtigen Einrichtungen, wovon das Schicksal der Menschen abhängt, gibt es in unseren Tagen keine, die leichter zu den Vorschriften des Altertums zurück zu führen wäre, als das Kriegswesen. Freilich ist diese Verbesserung nur von solchen Fürsten leicht auszuführen, welche in ihren Staaten ein Heer von 15000 bis 20000 Jünglingen auszuheben im Stande sind. Auf der anderen Seite gibt es nichts Schwierigeres für die, welche dieses Vorzugs entbehren. Um meinen Gedanken besser begreiflich zu machen, sollt Ihr zuerst wissen, daß es zweierlei wohl unterschiedene Arten von Ruhm für die großen Feldherren gibt. Die eine gebührt denen, die ihre Großtaten an der Spitze eines an die Kriegszucht gewöhnten Heeres ausgeführt haben; wie die Mehrzahl der römischen Bürger, und alle jene, welche mit solchen Heeren keine andere Mühe hatten, als Ordnung und Kriegszucht aufrecht zu erhalten und zu vermeiden, sich blind in Gefahren zu stürzen. Die zweite Art von Ruhm wird denen zuteil, welche nicht nur den Feind besiegen mußten, sondern auch ehe sie dieses Ziel erreichten, genötigt waren, ein gutes Heer zu schaffen und Ordnung und Kriegszucht darin einzuführen. Ohne Zweifel ist ihr Ruhm glänzender als der jener Feldherrn, die, um die großen Taten zu verrichten, die sie berühmt gemacht, schon längst eingeübte und disziplinierte Heere unter ihren Befehlen hatten.

Pelopidas, Spaminondas, Tullus Hostilius, Philipp von Mazedonien, der Vater Alexander des Großen, der König Cyrus von Persien und Sempronius Gracchus, alle diese waren genötigt, zuerst ein gutes Heer zu bilden, ehe sie sich seiner zum Kämpfen bedienen konnten. Alle brachten dies große Unternehmen zu Stande, teils durch ihre Weisheit, teils weil ihnen eine ausreichende Anzahl Menschen zu Gebot stand, um sie in ihren Übungen zu unterrichten. Nie hätte einer von ihnen, wie groß auch die Überlegenheit und der Umfang seines Geistes gewesen wäre, in fremdem Land und unter verdorbenen Völkern, die jedem Gefühl pflichttreuen Gehorsams fremd sind, auch nur das geringste rühmliche Resultat erreichen können.

Es ist daher in Italien nicht genug, ein schon völlig gebildetes Heer führen zu können, man muß zuerst in der Lage sein, eines zu schaffen und es dann zu führen verstehen. Aber diese Dinge sind nur Fürsten möglich, deren ausgedehnte Staaten und zahlreiche Untertanen eine solche Unternehmung erlauben. Kann ich mich zu diesen zählen, ich, der ich nie andere Heere befehligt habe und befehligen kann als fremde; nie andere Soldaten, als solche, die von einem, von dem meinigen ganz unabhängigen, Willen abhängen? An Euch ist es zu beurteilen, ob es möglich ist, unter solchen Menschen irgendeine der Verbesserungen einzuführen, von der ich Euch heute unterhalten habe. Wann werde ich einen unserer jetzigen Soldaten zwingen können, mehr Waffen als gewöhnlich zu tragen, diesen Waffen noch Lebensmittel für zwei oder drei Tage und einen Pickel beizufügen? Wann werde ich es dahin bringen, ihn zum Schanzgraben zu bewegen und ihn einen Teil des Tages mit Scheingefechten zu beschäftigen, damit er mir im ernsthaften Kampf etwas nützt? Wann wird er sich des Spiels, der Ausschweifungen, der Gotteslästerung und des frechen Übermuts enthalten, den sie täglich zeigen? Wann werde ich ihn zu solcher Disziplin, zu so großem Gehorsam bringen, ihm solche Ehrfurcht einflößen können, daß er einen fruchtbeladenen Baum, der in der Mitte des Lagers stünde, unberührt ließe, wie man liest, daß es bei Heeren der Alten häufig geschah? Was könnte ich ihnen versprechen, damit sie mich mit Ehrfurcht liebten oder fürchteten, da wir nach beendetem Krieg völlig den Kontakt verlieren? Wovor könnte ich Menschen zum Erröten bringen, die ohne Scham geboren und aufgewachsen sind? Welche Rücksicht sollten sie auf mich haben, da ich ihnen unbekannt bin? Bei welchem Gott oder bei welchen Heiligen soll ich sie schwören lassen? Bei denen, die sie anbeten oder bei denen, die sie lästern? Die sie verehren, kenne ich nicht, aber daß sie alle lästern, weiß ich gewiß. Wie soll ich glauben, daß sie denen ihr Gelübde halten, die sie jeden Augenblick verspotten? Wie können die, die Gott verachten, Menschen achten? Welche gute Form ließe sich also diesem Stoff geben? Und wenn Ihr mir einwerft, daß die Schweizer und Spanier gute Soldaten sind, so gestehe ich gern, daß sie unendlich mehr wert sind als die Italiener. Wenn Ihr aber auf meine Worte und das Verfahren beider Völker Acht gegeben habt, so werdet Ihr finden, wie viel ihnen noch bis zur Vollkommenheit der Alten abgeht. Die Schweizer sind vorzügliche Soldaten geworden durch ihre angeborene Freiheitsliebe und durch das, was ich Euch heute gesagt habe; die Spanier verdanken alles der Notwendigkeit, denn gezwungen, in fremdem Land Krieg zu führen, wo sie nur Sieg oder Tod zu erwarten haben und keine Möglichkeit zur Flucht sehen, bleibt ihnen kein Ausweg als Tapferkeit übrig. Doch ist ihre Taktik noch in vielen Teilen mangelhaft, denn, was sie Gutes darbietet, besteht nur in ihrer Gewohnheit, den Feind auf Piken- oder Degenlänge herankommen zu lassen. Niemand ist heute im Stande, sie das zu lehren, was ihnen fehlt; um wie viel weniger würde es jemand können, der nicht einmal zu ihrer Nation gehört.

Kommen wir aber wieder zu den Italienern. Weil ihre Fürsten nicht weise waren, erhielten sie keine guten Einrichtungen, und weil sie nicht, wie die Spanier, durch die Notwendigkeit gezwungen waren, haben sie sie nicht von selbst angenommen, so daß sie das Gespötte der Welt sind. Und nicht an den Völkern liegt die Schuld, sondern an den Fürsten; doch diese sind dafür gezüchtigt worden und haben die gerechte Strafe für ihre Unwissenheit erlitten, indem sie feige ihre Staaten verloren, und ohne einen Zug von Größe. Wollt Ihr sehen, ob wahr ist was ich sage? Betrachtet, wie viele Kriege von dem Einfall Karls VIII. in Italien im Jahr 1494 bis zu unserer Zeit geführt worden sind; und während der Krieg die Menschen kriegerisch und angesehen zu machen pflegt, verloren Italiens Glieder und Häupter immer mehr Ansehen, je größer und heftiger diese Kriege wurden. Dies kann nur daher kommen, daß unsere herkömmlichen Einrichtungen schlecht waren und sind, und daß niemand die neuen anzunehmen verstanden hat. Seid versichert, daß die italienischen Waffen nie Ruhm erlangen werden, als auf die Art, die ich Euch angezeigt habe und durch diejenigen Fürsten Italiens, welche ausgedehnte Staaten besitzen. Denn diese Form läßt sich nur einfachen Naturmenschen und eigenen Untertanen geben, nicht verdorbenen, schlecht regierten und fremden. Niemals wird ein guter Bildhauer aus einem schlecht gemeißelten Marmor eine schöne Bildsäule formen können, wohl aber aus einem rohen Block.

Unsere italienischen Fürsten glauben, ehe sie die Geisel der ultramontanischen Kriege gefühlt hatten, es reiche für einen Fürsten aus, bei schriftlichen Unterhandlungen eine spitze Antwort auszusinnen, einen schönen Brief zu schreiben, im Gespräch in Worten Geist und raschen Witz zu zeigen, einen Betrug anzuspinnen wissen, sich mit Gold und Edelsteinen zu schmücken, mit größerem Glanz als die anderen zu schlafen und zu speisen, in Wollust zu schwelgen, sich gegen seine Untertanen voller Habsucht und Hochmut zu zeigen, im Müßiggang dahinzuvegetieren, die Stellen des Heeres nach Gunst zu verschenken, den, der ihnen eine ehrenvolle Bahn gezeigt hätte, mit Geringschätzung zu behandeln und zu wollen, daß ihre Worte als Orakelsprüche gelten sollten. Sie gewahrten nicht, die Unglücklichen, daß sie sich durch dieses Benehmen vorbereiteten, die Beute des ersten zu werden, der sie angreifen würde. Daher entstanden im Jahr 1494 diese panischen Schrecken, so manche übereilte Flucht, diese verwunderlichen Umwälzungen; und nur so war es möglich, daß die drei mächtigsten Staaten Italiens mehrmals geplündert und verheert wurden.

Das schlimmste aber ist, daß die Fürsten, die übrig geblieben, in demselben Irrtum befangen sind und in derselben Unordnung leben und nicht betrachten, daß die Fürsten, welche ehemals ihre Staaten erhalten wollten, alles das, was ich gesagt habe, taten und tun ließen, und ihr Streben dahin ging, ihren Körper gegen Strapazen abzuhärten und ihren Geist gegen Gefahren unempfindlich zu machen. So fochten die Cäsaren, die Alexander und so viele andere Fürsten und große Krieger immer in den vordersten Reihen und marschierten zu Fuß mit ihrer Rüstung bedeckt; und wenn sie dennoch ihre Staaten verloren, so wollten sie nicht länger leben; so daß sie gleich groß waren im Leben und im Tod. Und wenn man sie oder einen Teil von ihnen wegen zu großen Ehrgeizes oder Herrschsucht tadeln kann, so wird man ihnen niemals Verweichlichung oder irgendeinen der Fehler vorwerfen können, die die Menschen weibisch und unkriegerisch machten. Wenn unsere Fürsten diese Beispiele lesen und glauben würden, wäre es dann möglich, daß sie nicht ihre Lebensart änderten und ihren Staaten nicht ein glücklicheres Los zu Teil würde?

Da Ihr Euch am Anfang unserer Unterhaltung über Eure Nationalbewaffnung beklagt habt, so antworte ich, daß wenn Ihr sie eingeführt hättet, wie ich sie angegeben habe, und die Erfahrung gelehrt hätte, daß sie fehlerhaft sei, daß Ihr dann ein Recht gehabt hättet, Euch darüber zu beklagen. Da aber Eure Landesbewaffnung weder so eingeführt noch eingeübt worden ist, wie ich es gesagt habe, so ist es an ihr, sich über Euch zu beklagen, die Ihr anstatt eines vollkommenen Wesens nur eine Mißgeburt zur Welt gebracht habt. Die Venezianer und der Herzog von Ferrara hatten beide diese Verbesserung begonnen, sie verstanden sie nicht auszuführen; an sie allein muß man sich also halten, nicht an die Sache. Ich bin überzeugt, daß unter den Fürsten, die jetzt in Italien herrschen, der erste, welcher diese Bahn betritt, sich auch zuerst zum Herrn von ganz Italien emporschwingen wird. Sein Staat wird dem Königreich Mazedonien zu vergleichen sein, da es unter das Zepter Philipps kam. In der Schule des Thebaners Spaminondas erzogen, lernte der Makedonier die schwere Kunst, ein Heer zu schaffen, und während das übrige Griechenland, in Müßiggang versunken, sich damit abgab, Komödien anzuhören, erhob er sich durch Kriegszucht und fortwährende Übung zu einer solchen Stufe von Macht, daß er in wenigen Jahren ganz Griechenland unterwarf und seinem Sohn ein Reich hinterließ, dessen feste Grundlagen ihm möglich machten, die Welt zu erobern. Wer daher diese Gedanken verachtet, verachtet, ist er Fürst, seinen Thron; ist er Bürger, sein Vaterland.

Ich für meinen Teil klage die Natur an, die mir diese Grundsätze verborgen gehalten oder die Möglichkeit hätte gewähren sollen, sie anzuwenden. Heute, wo das Alter anfängt, mich niederzubeugen, hoffe ich nicht mehr, Gelegenheit dazu zu finden. Deshalb habe ich mich mit meiner Erfahrung freigebig gegen

Euch gezeigt, die Ihr, jung und hohen Ranges, Eurem Fürsten raten und in der Ausführung beistehen könnt, wenn sich günstige Zeiten darbieten werden. Laßt Euch durch die Größe des Plans nicht in Erstaunen versetzen, nicht abschrecken; denn unser schönes Vaterland scheint bestimmt, alles, was die Zeit in Todesschlaf versenkt hat, wieder ins Leben zu rufen, wie die Dichtkunst, die Malerei und Bildhauerkunst. Was den Teil betrifft, den ich daran nahmen könnte, so hält mich mein schon vorgerücktes Alter ab, viel darauf zu geben. Ohne Zweifel, wenn das Schicksal mir einst ein Fürstentum gegönnt hätte, groß genug zu einer solchen Unternehmung, so schmeichle ich mir, in kurzer Zeit die Welt von der Vortrefflichkeit der Einrichtungen der Alten überzeugt zu haben. Und ruhmvoll hätte ich meinen Staat vergrößert oder ihn ohne Schmach verloren.

Ende des siebten und letzten Buchs der Kriegskunst

KLEINE SCHRIFTEN

An Zanobi Buondelmonti und Luigi Alemanni, meine lieben Freunde

Es scheint, teuerster Zanobi und Luigi, dem Beobachter wunderbar, daß alle oder die Mehrzahl der Männer, die große Dinge in der Welt vollbrachten und vor ihren Zeitgenossen hervorragten, niederer und dunkler Herkunft waren oder vom Schicksal über alles Maß verfolgt wurden. Alle wurden sie entweder bei ihrer Geburt ausgesetzt, oder sie hatten einen so gemeinen Vater, daß sie sich seiner schämten und sich für Söhne Jupiters oder eines anderen Gottes ausgaben. Diese Männer aufzuzählen würde, da sie jedermann kennt, ermüdend und dem Leser wenig erfreulich sein; wir wollen es daher als überflüssig unterlassen.

Die Sache aber kommt, wie ich glaube, daher, daß das Schicksal – um der Welt zu beweisen, daß die Menschen ihm allein, nicht ihrer Klugheit ihre Größe zu verdanken haben – in einer Zeit seine Macht zu zeigen anfängt, wo die Klugheit sich noch nicht geltend machen kann, sondern ihm allein alles zugeschrieben werden muß. Castruccio Castracani von Lacca war einer von diesen Männern. Er führte in Anbetracht der Zeit, in der er lebte, und der Stadt, in der er geboren wurde, große Dinge aus, und seine Herkunft war weder glücklicher, noch ist sie bekannter als die der anderen, wie man unten finden wird. Ich wollte sein Leben den Menschen ins Gedächtnis zurückrufen, weil ich vieles darin gefunden zu haben glaube, worin sich teils das Walten des Schicksals, teils des Menschen eigene Kraft als hohes Beispiel offenbart. Ich wollte es Euch widmen, da Ihr Euch vor allen Männern, die ich kenne, an großartigen Handlungen erfreut.

Niccolò Machiavelli.

Das Leben des Castruccio Castracani

Die Familie der Castracani wird zu den edelsten Familien der Stadt Lucca gerechnet, wennschon sie jetzt nach dem gemeinschaftlichen Los aller irdischen Dinge ausgestorben ist. In ihr wurde einst ein Antonio geboren, der, den geistlichen Stand ergreifend, Domherr von St. Michael von Lucca wurde, und den man, um ihm Ehre zu bezeugen, Messer Antonio nannte. Er hatte nur eine einzige Schwester, die früher an Buonaccorso Cenami vermählt wurde und jetzt nach dessen Tode als Witwe bei ihrem Bruder lebte, mit dem Entschluß, nicht wieder zu heiraten. Messer Antonio besaß hinter seinem Haus einen Weinberg, der von Gärten umgeben war, und in den man von mehreren Seiten ohne viel Schwierigkeit hereinkommen konnte.

Als nun eines Morgens, kurz nach Sonnenaufgang, Madonna Dianora, so nannte sich Messer Antonios Schwester, durch den Weinberg spazierenging und nach der Sitte der Weiber Würzkräuter pflückte, hörte sie unter einem Rebstock im Laube rascheln, und es schien ihr, als sie sich hinwendete, als höre sie Weinen. Sie näherte sich diesem Geräusche und erblickte die Händchen und das Gesicht eines kleinen Kindes, das unter den Blättern hervor sie um Hilfe zu bitten schien. Teils erstaunt, teils erschreckt hob sie es voll Mitleid und Bestürzung auf, trug es ins Haus, wusch es, wickelte es nach der Sitte in weiße Tücher und zeigte es so bei seiner Rückkehr Messer Antonio. Als dieser die Sache hörte und das Kind sah, wurde er nicht weniger von Verwunderung und Mitleid erfüllt als die Frau. Sie berieten sich miteinander, was zu tun sei, und beschlossen, es aufzuziehen, da er Priester war und sie keine Kinder hatte. Sie nahmen also eine Amme ins Haus und pflegten den Knaben mit derselben Liebe, als ob es ihr eigener Sohn gewesen wäre. Bei der Taufe gaben sie ihm den Namen ihres Vaters Castruccio.

Castruccio nahm mit den Jahren an Anmut zu, zeigte in allem Verstand und Klugheit und lernte schnell für sein Alter, wozu ihn Messer Antonio anhielt. Dieser hatte die Absicht, ihn zum Priester zu machen und ihm mit der Zeit sein Kanonikat und seine anderen Pfründen abzutreten, er unterrichtete ihn daher diesem Zweck gemäß. Doch er hatte einen Schüler gefunden, der nichts weniger als geistlichen Sinn besaß. Denn kaum war Castruccio in das Alter von vierzehn Jahren getreten, als er anfing, Messer Antonio und Madonna Dianora gegenüber seine kindliche Scheu zu verlieren und sie nicht mehr im geringsten fürchtete. Die geistlichen Bücher ließ er liegen, fing an, die Waffen zu führen und fand an nichts größeres Gefallen als am Fechten, am Laufen, Springen, Ringen und anderen solchen Übungen, wobei er die größte Geistes- und Körperkraft zeigte und alle anderen Knaben seines Alters bei weitem übertraf. Wenn er auch je einmal las, so gefielen ihm nur solche Schriften, worin von Krieg und von den Taten großer Männer gesprochen wurde. Messer Antonio verursachte dies unsäglichen Kummer und Verdruß.

Es war in der Stadt Lucca ein Edelmann aus der Familie der Guinigi, namens Messer Francesco, der durch Reichtum, Volksgunst und Verdienst alle anderen Luccaner weit hinter sich zurückließ. Sein Handwerk war der Krieg; er hatte lange unter den Visconti von Mailand gedient und war als Gibelline vor allen, die in Lucca dieser Partei folgten, geachtet. Als er sich nun gerade in Lucca befand und des Abends und Morgens mit den anderen Bürgern unter der Loggia des Podestà am Anfang des Platzes St. Michael, des Hauptplatzes von Lucca, zusammenkam, sah er Castruccio mit den anderen Knaben dieses Stadtviertels mehrmals bei den obengenannten Übungen. Er glaubte zu bemerken, daß Castruccio, außer daß er sie übertraf, eine königliche Gewalt über die anderen ausübe, die ihn gewissermaßen zu lieben und zu verehren schienen. Dies machte Messer Francesco äußerst begierig zu erfahren, wer der Knabe sei, und hiervon durch die Umstehenden unterrichtet, stieg sein Verlangen noch mehr, ihn bei sich zu haben. Er rief ihn daher eines Tages zu sich und fragte ihn, wo er lieber sein würde, im Haus eines Edelmannes, der ihn reiten und die Waffen führen lehrte, oder im Haus eines Priesters, wo er nie etwas anderes als Beten und Messe lesen höre. Messer Francesco sah, welche innerliche Freude es Castraccio machte, als von Pferden und Waffen gesprochen wurde. Anfangs war er zwar ein wenig verschämt, als ihn aber Messer Francesco zu reden ermutigte, antwortete der Knabe: wenn es seinem Messer gefiele, so könne man ihm keine größere Gunst erweisen als die Erlaubnis, die geistlichen Studien verlassen und den Soldatenstand ergreifen zu dürfen. Messer Francesco gefiel die Antwort sehr, und in wenigen Tagen brachte er es dahin, daß Messer Antonio ihm Castruccio abtrat, wozu den Domherrn hauptsächlich die Natur des Knaben bewog, den er nicht mehr lange so behalten zu können glaubte.

Als nun Castruccio aus dem Haus des Domherrn Antonio Castracani in das Haus des Condottiere Francesco Guinigi gekommen war, nahm er in unglaublich kurzer Zeit alle die Tugenden und Sitten an, die man von einem wahren Edelmann fordert. Zuerst wurde er ein vortrefflicher Reiter, er lenkte mit der größten Geschicklichkeit das wildeste Pferd, und im Ringelrennen und Turniere zeichnete er sich vor allen anderen aus; so daß sich niemand fand, der ihn in irgendeiner Übung, wozu Kraft und Gewandtheit gehört, übertroffen hätte. Hiermit vereinte er die gefälligsten Sitten und zeigte in allem eine unschätzbare Bescheidenheit. Nie sah man ihn etwas tun oder hörte ihn etwas sprechen, das mißfiel: er war ehrfurchtsvoll gegen Höhere, bescheiden gegen Gleiche und freundlich gegen Geringere. Dies Benehmen erwarb ihm nicht nur die Liebe der ganzen Familie der Guinigi, sondern der ganzen Stadt Lucca.

In dieser Zeit, als Castruccio schon achtzehn Jahre alt war, trug sich zu, daß die Gibellinen von den Guelfen aus Pavia vertrieben wurden. Die Visconti von Mailand schickten den Vertriebenen Messer Francesco Guinigi zu Hilfe und Castruccio begleitete ihn als Befehlshaber seiner ganzen Kompanie. Auf diesem Posten gab er so viele Beweise von Klugheit und Mut, daß niemand, der dem Feldzug beiwohnte, so viele Gunst bei jedermann erwarb als Castruccio; und nicht allein in Pavia, sondern in der ganzen Lombardei wurde sein Name berühmt und geehrt.

Castruccio, viel angesehener nach Lucca zurückgekehrt als er ausgezogen war, unterließ nichts, was in seiner Macht stand, sich Freunde zu erwerben, indem er alle die Mittel anwendete, die man nötig hat, um sich die Menschen zu gewinnen. Unterdessen starb Messer Francesco Guinigi und hinterließ einen dreizehnjährigen Sohn, namens Paolo, zu dessen Vormund und Verwalter er Castruccio ernannte. Vor seinem Tod hatte er ihn noch zu sich rufen lassen und ihn gebeten, er möge seinen Sohn mit derselben Treue aufziehen, mit der er ihn aufgezogen habe, und er solle die Wohltaten, die er dem Vater nicht vergelten konnte, dem Sohn vergelten.

Nachdem also durch Messer Francesco Guinigis Tod Castraccio Verwalter und Vormund Paolos geworden war, nahm er so sehr an Ansehen und Macht zu, daß die Gunst, die er bisher in Lucca besessen hatte, sich zum Teil in Neid verwandelte. Viele verleumdeten ihn als einen verdächtigen Mann, dessen Sinn nach der Tyrannei stehe. Der erste unter diesen war Messer Giorgio degli Opizi, das Haupt der Guelfenpartei, der gehofft hatte, durch den Tod Messer Francescos gleichsam Fürst von Lucca zu werden, und nun glaubte, Castruccio habe ihm alle Möglichkeit dazu entzogen, da dieser durch die Gunst, die ihm seine ausgezeichneten Eigenschaften erwarben, an Messer Francescos Stelle getreten war. Aus diesem Grund verbreitete Messer Giorgio überall Dinge, die Castruccio diese Gunst entziehen sollten. Anfänglich erregte dies bei Castruccio nur Unwillen, bald aber kam auch die Furcht hinzu, Messer Giorgio werde nicht eher ruhen, als bis er ihn beim Vikarius des Königs Robert von Neapel in Ungnade gebracht hätte, der ihn dann aus Lucca würde vertreiben lassen.

In dieser Zeit war Uguccione della Faggiuola aus Arezzo Herr von Pisa, der, zuerst von den Pisanern zu ihrem Feldherrn erwählt, sich zu ihrem Herrn gemacht hatte: Bei Uguccione befanden sich einige verbannte Luccaner von der Gibellinenpartei. Mit diesen verhandelte Castruccio, sie mit Hilfe Ugucciones wieder einzusetzen, und zu gleicher Zeit begann er zu Hause seinen Plan mit seinen Freunden, denen die Macht der Opizi unerträglich war, vorzubereiten. Nachdem sie alles festgesetzt, was geschehen sollte, befestigte Castruccio vorsichtig den Turm der Onesti und versah ihn mit Kriegsbedarf und vielen Lebensmitteln, um sich im Notfall einige Tage halten zu können.

Als jetzt die festgesetzte Nacht kam, zog Uguccione mit vielen Soldaten auf die Ebene zwischen den Bergen und Lucca herab und rückte, nachdem er das verabredete Zeichen gesehen hatte, an das Tor S. Pietro heran und legte Feuer an das Vortor. Castruccio andererseits schlug Lärm, rief das Volk zu den Waffen und nahm das Tor von der innern Seite weg. Als so Uguccione und seine Leute eingezogen waren, durchsprengten sie die Stadt, töteten Messer Georgio mit seiner ganzen Familie und vielen anderen seiner Freunde und Anhänger, verjagten den Statthalter und veränderten die Regierung nach Uguccione Gutdünken. Die Stadt litt dabei großen Schaden; denn es ist bekannt, daß mehr als hundert Familien damals aus Lucca vertrieben wurden. Die Flüchtigen gingen zum Teil nach Florenz, zum Teil nach Pistoja, welche Städte von der Partei der Guelfen regiert wurden und deshalb Feinde Ugucciones und der Luccaner waren.

Den Florentinern und den anderen Guelfen schien es, die Gibellinen hätten zuviel Gewalt in Toskana erlangt. Sie kamen daher überein, die Verbannten Luccaner wieder einzusetzen, und zogen, nachdem sie ein zahlreiches Heer zusammengebracht hatten, in das Tal des Nievole, besetzten Montecatini und belagerten sodann Montecarlo, um freien Zugang nach Lucca zu haben. Uguccione hatte unterdessen viel Kriegsvolk aus Pisa und Lucca, nebst einer bedeutenden Anzahl deutscher Reiter, die er aus der Lombardei gezogen, zusammengebracht und rückte gegen das florentinische Heer heran. Dieses war auf die Kunde von dem Nahen der Feinde von Montecarlo aufgebrochen und hatte sich zwischen Montecatini und Pescia gelagert. Uguccione machte daher unterhalb Montecarlo, zwei Miglien vom Feind, halt. Einige Tage hindurch wurden nur kleine Reitergefechte geliefert, da Uguccione krank geworden war, und die Pisaner und Luccaner deshalb keine Schlacht kämpfen wollten. Als sich aber Ugucciones Krankheit verschlimmerte, zog er sich nach Montecarlo zurück, um sich heilen zu lassen, und überließ Castruccio die Sorge für das Heer. Dies wurde die Ursache des Verderbens der Guelfen; denn es wuchs ihnen der Mut, da sie glaubten, das feindliche Heer sei ohne Feldherrn geblieben. Castruccio erkannte dies und bestrebte sich, einige Tage hindurch sie in dieser Meinung zu bestärken, indem er, um Furcht zu zeigen, niemand aus den Verschanzungen seines Lagers herausgehen ließ. Auf der anderen Seite wurden die Guelfen desto übermütiger, je mehr sie diese Furcht sahen, und sie boten täglich, in Schlachtordnung gestellt, dem Heer Castruccios den Kampf an. Als sie Castruccio kühn genug gemacht zu haben glaubte und ihre Aufstellung erkannt hatte, beschloß er, eine Schlacht zu liefern. Zuvor stärkte er durch Worte den Mut seiner Soldaten und zeigte ihnen einen gewissen Sieg, wenn sie seinen Befehlen gehorchen wollten, Castruccio hatte gesehen, daß die Feinde ihre ganze Kraft in das Mitteltreffen verlegt und ihre schlechtesten Soldaten auf die Flügel gestellt hatten. Er tat daher das Gegenteil; denn er stellte auf die Flügel seines Heeres seine tapfersten Leute und zwischen sie die weniger geschätzten. In dieser Schlachtordnung rückte er aus seinem Lager aus. Sobald er nun den Feind erblickte, der, wie gewöhnlich, voll Anmaßung heranzog, befahl er, daß die Scharen des Mitteltreffens langsam marschierten und die der Flügel rasch vorrückten. Als es daher zum Kampf kam, da fochten nur die Flügel beider Heere und die Scharen des beiderseitigen Mitteltreffens blieben untätig; denn Castruccios Mitteltreffen war so weit zurückgeblieben, daß es das feindliche Mitteltreffen nicht erreichte. Auf diese Weise fochten die besten Soldaten Castruccios mit den schlechtesten der Feinde und ihre besten waren untätig, ohne die, welche sie gegenüber hatten, angreifen oder den Ihrigen irgend beistehen zu können. So wurden ohne große Schwierigkeit die beiden feindlichen Flügel in die Flucht geschlagen, und das Mitteltreffen, das seine Flanken entblößt sah, floh gleichfalls. Die Niederlage war blutig, denn es fielen mehr als 10.000 Mann mit vielen Führern und vornehmen Rittern der Guelfenpartei aus ganz Toskana, und überdies viele Fürsten, die zu ihrer Unterstützung gekommen waren, wie Piero, der Bruder des Königs Robert, Karl, sein Neffe, und Philipp, Herr von Tarent. Der Verlust Castruccios betrug nicht 300 Tote, worunter Francesco, ein Sohn Uguccione s, der noch ganz jung und allzu feurig beim ersten Angriff getötet wurde.

Dieser Sieg vollendete die Größe von Castruccios Namen, so daß Uguccione eine solche Eifersucht und Argwohn wegen seines Staates ergriff, daß er auf nichts anderes mehr sann, als wie er Castruccio aus der Welt schaffen könne; denn dieser Sieg, schien es ihm, habe ihm die Herrschaft nicht gegeben, sondern entzogen. Als er mit diesem Gedanken umging und eine passende Gelegenheit zur Ausführung abwartete, trug es sich zu, daß Pier Agnolo Micheli, ein Mann von Stand und sehr geachtet in Lucca, getötet wurde. Der Mörder flüchtete sich in das Haus Castruccios, der die Gerichtsdiener des Stadthauptmannes, die den Schuldigen daselbst verhaften wollten, zurückdrängte, so daß dieser sich durch seine Hilfe rettete. Als Uguccione, der damals in Pisa war, diesen Vorfall erfuhr, glaubte er eine gerechte Ursache, Castruccio zu strafen, gefunden zu haben. Er schrieb daher seinem Sohne Neri, dem er schon die Herrschaft über Lucca gegeben hatte, und trug ihm auf, unter dem Vorwand einer Einladung Castruccio ergreifen und töten zu lassen. Castruccio ging vertraulich und ohne eine Kränkung zu fürchten in den Palast des Herrn und wurde zuerst von Neri zum Mahl zurückgehalten und dann verhaftet. Da aber Neri fürchtete, das Volk möchte unruhig werden, wenn er Castruccio ohne irgendeine Rechtfertigung sterben ließe, so ließ er ihn am Leben, um genauer von Uguccione zu hören, wie er sich benehmen solle. Dieser tadelte das Zögern und die Feigheit seines Sohnes und ritt, um die Sache zu Ende zu bringen, mit 400 Reitern von Pisa weg nach Lucca. Er war noch nicht bis Bagni gekommen, als die Pisaner zu den Waffen griffen, den Vikarius Ugucciones und alle, die von seiner Familie in Pisa geblieben waren, töteten und den Grafen Gaddo della Gherardesca zu ihrem Herrn machten. Uguccione erfuhr, noch ehe er in Lucca ankam, diese Vorfälle, er wollte aber nicht umkehren, damit ihm nicht auch die Luccaner nach dem Beispiel der Pisaner die Tore schlössen. Als aber die Luccaner die Begebenheiten in Pisa hörten, so nahmen sie, trotz der Ankunft Ugucciones in Lucca, die Befreiung Castruccios als Anlaß, bildeten zuerst Gruppen auf den Plätzen und besprachen sich ohne Scheu, dann kam es zum Tumult, und zuletzt griffen sie zu den Waffen, indem sie Castruccios Befreiung begehrten, so daß Uguccione, aus Furcht vor Schlimmerem, ihn aus dem Gefängnis entließ. Castruccio versammelte sogleich seine Freunde und griff, vom Volk unterstützt, Uguccione an, der, die Unmöglichkeit des Widerstandes erkennend, mit seinen Freunden entfloh und sich in die Lombardei zu den Herren della Scala begab, wo er in Armut starb.

Castruccio aber, aus einem Gefangenen fast Fürst von Lucca geworden, brachte es durch seine Freunde und die neue Volksgunst dahin, daß er zum Feldherrn des Heeres ernannt wurde. Um sich nachdem er dies erreicht, im Krieg Ruf zu erwerben entwarf er den Plan, den Luccanern viele Städte, die sich nach Ugucciones Abzug empört hatten, wieder zu erobern. Zuerst belagerte er mit Hilfe der Pisaner, mit denen er ein Bündnis schloß, Serezzana, baute eine Bastei, welche die Mauern überragte, und nahm mit Hilfe dieses Erdwerks, das, später von den Florentinern mit Mauern versehen, heute Serezanello genannt wird, die Stadt. Durch diese Eroberung zu Ansehen gelangt, besetzte er sodann Massa, Carrara und Lavenza und eroberte in sehr kurzer Zeit ganz Lunigiana. Um den Paß zu sperren, der von der Lombardei nach Lunigiana führt, stürmte er Pontremoli und verjagte daraus Messer Anastagio Pallavicini, den Herrn dieser Stadt. Als er nach diesen Siegen nach Lucca zurückkehrte, zog ihm das ganze Volk entgegen. Castruccio wollte jetzt nicht mehr länger verschieben, sich zum Fürsten zu machen, und mit Hilfe von Pazzino dal Poggio, Puccinello dal Portico, Francesco Boccansacchi und Cecco Guinigi, der damals im größten Ansehen in Lucca stand und von ihm bestochen war, machte er sich zum Herrn der Stadt und wurde feierlich durch Volksbeschluß zum Fürsten erwählt. In dieser Zeit kam der römische König Friedrich[1] von Bayern nach Italien, um sich zum Kaiser krönen zu lassen. Castruccio machte sich ihn zum Freund und zog ihm mit 500 Reitern entgegen, nachdem er Paolo

[1] Lies: Ludwig. Dieser kam 1327 nach Italien.

Guinigi als seinen Statthalter in Lucca gelassen hatte, den er aus Dankbarkeit gegen den Vater wert hielt, als ob er sein eigener Sohn gewesen wäre. Castruccio wurde von Friedrich ehrenvoll aufgenommen, erhielt viele Privilegien und wurde zum kaiserlichen Statthalter in Toskana ernannt. Da die Pisaner gerade Gaddo della Gherardesca vertrieben hatten und aus Furcht vor ihm Friedrich um Hilfe baten, machte Friedrich Castruccio zum Herrn von Pisa, und die Pisaner waren damit aus Furcht vor der Partei der Guelfen und besonders vor den Florentinern zufrieden.

Als hierauf Friedrich nach Deutschland zurückgekehrt war, nachdem er einen Verwalter der italienischen Angelegenheiten in Rom zurückgelassen, flohen alle Gibellinen Toskanas und der Lombardei, die dem Reich anhingen, zu Castruccio, und jeder versprach ihm die Herrschaft über seine Vaterstadt, wenn er ihn wieder einsetzen würde. Hierunter waren Matteo Guidi, Nardo Scolari, Lapo Uberti, Gerozzo Nardi und Piero Buonaccorsi, sämtlich verwiesene Gibellinen aus Florenz. Durch sie und durch seine eigenen Streitkräfte dachte Castruccio sich zum Herrn Toskanas zu machen. Er verband sich, um sein Ansehen zu vergrößern, mit Matteo Visconti, dem Fürsten von Mailand, und teilte die Stadt und sein Land in militärische Bezirke ein. Nach den fünf Toren Luccas teilte er das Land in fünf Teile, bewaffnete es und verteilte es unter Anführer und Fahnen; so daß er augenblicklich 20.000 Mann zusammenbringen konnte, ohne die, welche ihm aus Pisa zu Hilfe kommen konnten. Als er so mit diesen Streitkräften und mit diesen Freunden umgeben war, trug sich zu, daß Messer Matteo von den Guelfen aus Piacenza angegriffen wurde, die die Gibellinen vertrieben und von den Florentinern und dem König Robert Hilfstruppen erhalten hatten. Messer Matteo forderte Castruccio auf, die Florentiner anzugreifen, damit sie, zur Verteidigung der Heimat gezwungen, ihre Soldaten aus der Lombardei zurückriefen. Castruccio fiel mit einem zahlreichen Heer in das Arnotal ein und nahm Fucecchio und San Miniato, wobei große Verwüstungen angerichtet wurden. Die Florentiner riefen in dieser Not ihre Soldaten zurück. Kaum aber waren diese nach Toskana zurückgekehrt, als Castruccio selbst durch eine andere Notwendigkeit nach Lucca heimzukehren gezwungen war.

Die Familie der Poggio war mächtig in dieser Stadt, weil sie Castruccio, nicht nur groß, sondern zu Fürsten gemacht hatte. Sie glaubte nicht nach ihrer Leistung belohnt worden zu sein und kam mit anderen Familien Luccas überein, aufzustehen und Castruccio zu vertreiben. Eine Gelegenheit ergreifend, fielen sie eines Morgens bewaffnet über den Statthalter, den Castruccio zur Pflege der Gerechtigkeit dort hielt, her und töteten ihn. Als sie fortfahren wollten, das Volk zum Aufstand aufzurufen, trat ihnen Stefano di Poggio, ein alter friedfertiger Mann, der an der Verschwörung keinen Teil genommen hatte, entgegen und zwang durch seine Autorität die Seinigen, die Waffen niederzulegen, wobei er sich als Vermittler zwischen ihnen und Castruccio anbot, damit sie ihre Wünsche erreichten. Sie legten also die Waffen mit nicht mehr Klugheit nieder, als sie sie ergriffen hatten. Castruccio eilte sogleich nach Empfang der Nachricht von diesem Vorfall ohne Zeitverlust mit einem Teil seiner Soldaten nach Lucca, indem er Paolo Guinigi als Haupt der übrigen zurückließ. Als er wider Erwarten die Unruhen beigelegt fand, erachtete er es für um so leichter, sich für die Zukunft zu sichern, und verteilte zu diesem Zweck seine Anhänger bewaffnet an alle geeigneten Orte. Stefano di Poggio, der sich Castruccio verpflichtet zu haben glaubte, ging zu ihm und bat nicht für sich, da er dies nicht für nötig hielt, sondern für die anderen seines Hauses. Er möge ihrer Jugend, sagte er, vieles zugute halten, sowie auch der alten Freundschaft und Verpflichtung, die er gegen ihr Haus habe. Castruccio antwortete freundlich und hieß ihn gutes Muts sein, hinzufügend, er sei dankbarer dafür, daß er die Unruhen beigelegt gefunden, als er den Ausbruch derselben übelgenommen habe. Zugleich forderte er Stefano auf, alle übrigen zu ihm kommen zu lassen, da er Gott danke, eine Gelegenheit gefunden zu haben, wo er seine Milde und Großmut zeigen könne. Sie kamen im Vertrauen auf das Wort Stefanos und Castruccios und wurden samt Stefano eingekerkert und hingerichtet.

Unterdessen hatten die Florentiner San Miniato wiedererobert. Castruccio hielt es daher für gut, mit diesem Krieg einzuhalten, da er sich nicht eher von zu Hause entfernen zu können glaubte, als bis er sich Luccas versichert hatte. Er ließ daher wegen eines Waffenstillstandes verhandeln und fand die Florentiner leicht geneigt, weil auch sie des Krieges müde waren und den Kosten ein Ende zu machen wünschten. Es wurde also ein Waffenstillstand für zwei Jahre geschlossen, und jeder sollte behalten, was er gerade besaß. Sowie Castruccio vom Krieg befreit war, beseitigte er, um nicht mehr der Gefahr ausgesetzt zu sein, in der er sich befunden hatte, alle die Männer in Lucca, die aus Ehrgeiz nach der Herrschaft streben konnten. Er schonte keinen, beraubte sie des Vaterlandes und Vermögens und, wen er in die Hände bekommen konnte, des Lebens. Er sagte, die Erfahrung habe ihn gelehrt, daß ihm keiner von ihnen treu sein könne. Zu seiner größeren Sicherheit baute er sodann eine Zitadelle in Lucca und bediente sich dazu der Türme derer als Baumaterial, die er vertrieben oder getötet hatte.

Während Castruccio die Waffen gegen die Florentiner ruhen ließ, und sich in Lucca befestigte, unterließ er nicht, alles zu tun, was er ohne offenen Krieg konnte, und seine Macht zu vergrößern. Er wünschte sehr, sich Pistojas zu bemächtigen, da er durch den Besitz dieser Stadt einen Fuß in Florenz zu haben glaubte. Er machte sich daher das ganze Gebirge zum Freund und benahm sich mit den Parteien Pistojas so, daß beide auf ihn vertrauten. Diese Stadt war damals wie immer geteilt, und zwar in Weiße und Schwarze. Das Haupt der Weißen war Bastiano di Possente, der Schwarzen Jacopo da Gia, die beide mit Castruccio ganz im geheimen verhandelten. Jeder wollte den anderen verjagen, und nach vielem Argwohn kam es zum Kampf. Jacopo befestigte sich am Florentinischen, Bastiano am Luccanischen Tor, und da beide mehr auf Castruccio als auf die Florentiner trauten, weil sie ihn für schneller zum Krieg bereit und für rascher hielten, so ließen sie ihn heimlich beide um Hilfe ersuchen. Castruccio versprach sie beiden, indem er Bastiano schrieb, er werde in Person kommen, und Jacopo, er werde Paolo Guinigi, seinen Pflegesohn, senden. Nach genauer Bestimmung der Zeit sandte er Paolo auf der Straße von Pisa ab, und er selbst zog geraden Wegs nach Pistoja. Um Mitternacht, so wie Castruccio und Paolo ausgemacht hatten, waren sie vor Pistoja, und beide wurden als Freunde aufgenommen. Als sie darinnen waren und es Castruccio Zeit schien, gab er Paolo das Zeichen, worauf der eine Jacopo da Gia, der andere Bastiano di Possente erschlug. Alle ihre Anhänger nahmen sie zum Teil gefangen, zum Teil töteten sie sie und bemächtigten sich hierauf ohne anderen Widerstand der Stadt für sich. Die Signoria entfernte Castruccio aus dem Palast und das Volk zwang er, ihm Gehorsam zu schwören. Zugleich aber erließ er ihm viele alte Schulden und machte ihm viele Versprechungen, und gegen das Landvolk, dessen größerer Teil herbeigeeilt war, den neuen Fürsten zu sehen, tat er dasselbe, so daß jedermann, von Hoffnungen erfüllt und zum guten Teil durch seine hervorragenden Eigenschaften bewogen, sich beruhigte.

In dieser Zeit trug sich zu, daß das Volk von Rom wegen der Verteuerung der Lebensmittel Unruhen anfing, indem es der Abwesenheit des Papstes, der sich in Avignon befand, die Schuld gab und die deutsche Regierung tadelte. Jeden Tag wurden Mordtaten und andere Unordnungen verübt, ohne daß Heinrich, der Statthalter des Kaisers, das Übel steuern konnte. Heinrich fürchtete daher, die Römer könnten den König Robert von Neapel herbeirufen, ihn aus Rom verjagen und die Stadt dem Papst wiedergeben. Da er keinen näheren Freund hatte, zu dem er seine Zuflucht nehmen konnte, als Castruccio, ließ er ihn bitten, er möge ihm nicht nur Hilfe senden, sondern persönlich nach Rom kommen. Castruccio urteilte, daß hier nicht zu zögern sei, sowohl um dem Kaiser einen Dienst zu leisten, als auch weil er sich für verloren hielt, sobald der Kaiser nicht mehr Rom besäße. Nachdem er also Paolo Guinigi in Lucca gelassen, zog er mit zweihundert Reitern nach Rom, wo er mit den größten Ehrenbezeigungen von Heinrich empfangen wurde. Seine Gegenwart versetzte sehr bald die Partei des Reiches wieder in so großes Ansehen, daß ohne Blutvergießen oder andere Gewalttat alles besänftigt wurde, besonders da Castruccio zur See eine Menge Getreide aus dem Pisanischen kommen ließ und dadurch die Ursache des Aufruhrs beseitigte. Sodann brachte er, teils durch Ermahnungen, teils durch Bestrafung der Rädelsführer die Römer freiwillig unter die Herrschaft

Heinrichs zurück. Castruccio selbst wurde zum römischen Senator ernannt und ihm wurden noch viele andere Ehre vom römischen Volk erwiesen. Die Übernahme des Amtes ging mit dem größten Pomp vor sich, wobei er eine Toga von Goldstoff trug, worauf man vorn die Inschrift las: „Er ist's, den Gott will"; und hinten: „Er wird es sein, den Gott wollen wird".

Unterdessen sannen die Florentiner, erbittert, daß sich Castruccio während des Waffenstillstandes Pistojas bemächtigt hatte, auf Mittel, diese Stadt zum Aufstand zu bewegen, was sie wegen seiner Abwesenheit für leicht hielten. Unter den verbannten Pistojesern, die sich in Florenz befanden, waren Baldo Cecchi und Jacopo Baldini, beide Männer von Ansehen und immer bereit, sich in die gefährlichste Unternehmung einzulassen. Diese verhandelten mit ihren Freunden in der Stadt, so daß sie mit Hilfe der Florentiner in der Nacht in Pistoja eindrangen, die Anhänger und Beamten Castruccios vertrieben, einen Teil von ihnen töteten und der Stadt die Freiheit wiedergaben. Diese Nachricht machte Castruccio großen Verdruß und Mißvergnügen; er beurlaubte sich sogleich bei Heinrich und zog in Eilmärschen nach Lucca. Als die Florentiner Castruccios Rückkehr erfuhren, dachten sie, er werde keine Zeit verlieren, und beschlossen, ihm zuvorzukommen und mit ihrem Heer vor ihm in das Tal des Nievole einzurücken. Durch die Besetzung dieses Tals, urteilten sie, würde ihm der Weg versperrt, so daß er Pistoja nicht wiedererobern könne. Sie zogen also ein großes Heer aus allen Freunden der Guelfenpartei zusammen und rückten ins Pistojesische ein.

Auf der anderen Seite kam Castruccio mit seinen Soldaten in Montecarlo an. Als er hier erfuhr, wo das florentinische Heer stand, beschloß er, den Feinden weder in der Ebene von Pistoja entgegenzuziehen, noch sie in der Ebene von Pescia zu erwarten, sondern womöglich auf der Enge von Serravalle mit ihnen zusammenzutreffen. Wenn ihm dieser Plan gelänge, dachte er einen gewissen Sieg davonzutragen. Er erfuhr nämlich, daß die Florentiner 40.000 Mann beisammen hätten, und er selbst hatte nur 12.000 von den Seinen ausgehoben. Obgleich er nur auf seine Geschicklichkeit und auf die Tapferkeit seiner Soldaten vertraute, so fürchtete er doch, auf einem weiten Schlachtfeld kämpfend, von der Menge der Feinde überflügelt zu werden.

Serravalle ist ein Kastell an der Straße zwischen Pescia und Pistoja; es liegt auf der linken Talwand des Nievole, aber nicht am eigentlichen Paß, sondern einen Bogenschuß weiter oberhalb. Der Paß ist mehr eng als abschüssig, denn die Straße steigt von beiden Seiten sanft an, aber er ist so eng, daß oben, wo sich die Wasser scheiden, ihn eine Reihe von zwanzig Mann sperren könnte. An diesem Ort mit dem Feinde zusammenzutreffen, war Castruccios Plan, sowohl damit seine wenigen Leute im Vorteil wären, als auch damit sie den Feind nicht vor dem Kampf erblickten, da er fürchtete, sie könnten durch den Anblick der großen Menge der Feinde den Mut verlieren. Herr des Kastells Serravalle war Messer Manfred, von Nation ein Deutscher, der vor Castruccios Herrschaft in Pistoja in diesem Kastell, als einem den Luccanern und Pistojesern gemeinschaftlich gehörenden Ort, gelassen worden war. Auch später hatte es in niemands Interesse gelegen, ihn zu verletzen, da er allen neutral zu bleiben und sich keinem anzuschließen versprach; so daß man ihn deshalb, und weil er sich in einem festen Ort befand, unangefochten ließ. Unter den gegenwärtigen Umständen aber wünschte Castruccio diesen Ort zu besitzen und verabredete mit einem Einwohner, mit dem er in enger Freundschaft stand, daß die Nacht vor der zu liefernden Schlacht 400 Mann eingelassen würden und Manfred töteten.

So vorbereitet, ließ Castruccio sein Heer nicht von Montecarlo aufbrechen, um die Florentiner mehr zum Überschreiten des Hügels zu ermutigen. Diese, im Wunsch, den Krieg von Pistoja zu entfernen und ins Nievoletal hinüberzutragen, lagerten sich unterhalb Serravalle in der Absicht, den nächsten Tag die Talwand zu überschreiten. Indessen hatten die 400 Soldaten Castruccios ohne Lärm in der Nacht das Kastell genommen, und er selbst brach um Mitternacht von Montecarlo auf und langte geräuschlos mit seinem Heer morgens am Fuß der Berge unterhalb Serravalle an, so daß zugleich die Florentiner und er, jeder auf seiner Seite, den Abhang hinaufzusteigen begannen. Castruccio hatte sein Fußvolk auf der gewöhnlichen Straße in Marsch gesetzt und ein Geschwader von 400 Pferden links zu dem Kastell gerichtet. Die Florentiner auf der anderen Seite hatten 400 Pferde vorausgesandt, denen das Fußvolk und diesem die Schweren Reiter folgten. Sie dachten nicht Castruccio auf dem Bergrücken zu finden; denn sie wußten nicht, daß er sich des Kastells bemächtigt hatte. Auf diese Weise erblickten die florentinischen Reiter nach Ersteigung des Abhangs unerwartet das Fußvolk Castruccios und waren ihm schon so nahe, daß sie kaum Zeit hatten, die Sturmhauben festzubinden.

Bei diesem Angriff der Vorbereiteten und Geordneten auf Unvorbereitete drangen jene mit großem Mut vor, und diese widerstanden mit Mühe; wobei jedoch einige von ihnen kräftig standhielten. Als sich aber der Lärm durch das übrige florentinische Heer verbreitete, geriet alles in Verwirrung. Die Reiter wurden vom Fußvolk bedrängt, das Fußvolk von den Reitern und den Wagen, die Führer konnten wegen der Enge des Ortes weder vor- noch rückwärts, so daß niemand in so großer Verwirrung wußte, was man tun könnte oder sollte. Unterdessen wurden die Reiter, die mit dem feindlichen Fußvolk fochten, getötet oder verwundet, ohne sich verteidigen zu können, da ihnen dies das ungünstige Gelände nicht erlaubte. Dennoch widerstanden sie, mehr gezwungen als aus Tapferkeit, da, zur Seite die Berge, hinter sich die Ihrigen, vor sich die Feinde, ihnen kein Weg zur Flucht offen blieb.

Als Castraccio sah, daß er auf diese Weise den Feind nicht zurückschlagen konnte, schickte er 1000 Mann Fußvolk auf den Weg zu dem Kastell, wo sie, mit den 400 Pferden, die er schon früher dahin gesendet hatte, vereint, den Berg herabstiegen und dem florentinischen Heer mit solchem Ungestüm in die Flanken fielen, daß es, außerstande ihren Angriff auszuhalten mehr durch das Terrain als vom Feind besiegt zu fliehen begann. Den Anfang machten die Hintersten gegen Pistoja zu, sodann folgten die anderen, und alle zerstreuten sich durch die Ebene, wo jeder so gut er konnte auf seine Rettung bedacht war.

Die Niederlage war groß und blutig. Viele Führer wurden gefangen, worunter Bandino dei Rossi, Francesco Brunelleschi und Giovanni della Tosa, sämtlich florentinische Edle, nebst vielen anderen Toskanern und Neapolitanern, die, von König Robert den Guelfen zu Hilfe gesendet, mit den Florentinern in den Krieg gezogen waren.

Als die Pistojeser die Nachricht von dieser Niederlage erhielten, vertrieben sie ohne Zögern die den Guelfen befreundete Partei und übergaben sich Castruccio. Dieser, damit noch nicht zufrieden, nahm Prato und alle Kastelle der Ebene sowohl diesseits als jenseits des Arno ein, worauf er sich mit seinem Heer in der Ebene von Peretola, zwei Miglien von Florenz, lagerte. Hier blieb er viele Tage, um die Beute zu teilen und den errungenen Sieg zu feiern, wobei er, um seine Verachtung gegen die Florentiner zu zeigen, Münzen schlagen und Wettrennen von Pferden, Männern und Freudenmädchen halten ließ. Er unterließ nicht, einige edle florentinische Bürger zu bestechen, daß sie ihm des Nachts die Tore von Florenz öffnen sollten. Doch die Verschwörung wurde entdeckt und die Schuldigen verhaftet und enthauptet, worunter Tommaso Lupacci und Lambertuccio Frescobaldi waren.

Die durch die Niederlage entmutigten Florentiner verzweifelten an der Rettung ihrer Freiheit und schickten, um der Hilfe gewisser zu sein, Gesandte an den König Robert von Neapel, um ihm Stadt und Herrschaft zu übergeben. Der König nahm es an, aber nicht nur wegen der Ehre, die ihm die Florentiner erzeigten, sondern auch weil er wußte, wie wichtig es für seine eigenen Staaten sei, daß die Guelfen die Regierung in Toskana behielten. Nach geschlossener Übereinkunft, daß ihm die Florentiner jährlich 200.000 Gulden bezahlen sollten, schickte er seinen Sohn Karl mit 4000 Pferden nach Florenz.

Unterdessen hatten sich die Florentiner ein wenig gegen die Kriegsvölker Castruccios erhoben, da er selbst genötigt gewesen war, sich aus ihrem Gebiet zu entfernen und nach Pisa zu gehen, um eine Verschwörung Benedetto Lanfranchis, eines der ersten Männer von Pisa, zu unterdrücken. Benedetto, dem es unerträglich war, daß sein Vaterland die Sklavin eines Luccaners sein sollte, verschwor sich gegen ihn und hatte den Plan entworfen, sich der Zitadelle zu bemächtigen und, nach Vertreibung der Besatzung, die Anhänger Castruccios zu töten. Weil aber in diesen Dingen die kleine Zahl, zwar sehr geeignet ist das Geheimnis zu bewahren, zur Ausführung aber nicht ausreicht, so fand er, während er mehr Männer zur Teilnahme an seinem Vorhaben zu gewinnen suchte, einen, der seinen Plan Castruccio verriet. Diese Entdeckung ging nicht ohne Schande für Bonifazio Cerchi und Giovanni Guidi vor sich, zwei Florentiner, die nach Pisa verbannt waren. Castruccio aber ergriff Benedetto, tötete ihn, verbannte alle übrigen aus dieser Familie und enthauptete viele andere edle Bürger. Überhaupt suchte er sich Pistojas und Pisas, die ihm wenig treu schienen, durch Geschicklichkeit und Gewalt zu versichern.

Dies gab den Florentinern Zeit, wieder Kräfte zu sammeln und die Ankunft Karls abwarten zu können. Als er angekommen war, beschlossen sie, keine Zeit zu verlieren, und brachten eine große Macht zusammen; denn sie riefen fast alle Guelfen Italiens herbei und bildeten so ein Heer von mehr als 30.000 Mann Fußvolk und 10.000 Pferden. Bei der Beratung, welche Stadt zuerst anzugreifen sei, Pistoja oder Pisa, entschlossen sie sich für den Angriff auf Pisa, als die Unternehmung, die wegen der frischen, dieser Stadt zugefügten Unbill leichter gelingen würde und vorteilhafter wäre, da durch den Fall Pisas Pistoja sich von selbst ergeben würde.

Die Florentiner zogen also im Anfang des Mai 1328 mit diesem Heer aus Florenz aus, nahmen rasch Lastra, Signa, Montepulciano und Empoli ein und rückten vor San Miniato.

Castruccio andererseits, durch die Nachricht von dem großen Heer, das die Florentiner gegen ihn heranführten, nicht im geringsten entmutigt, dachte, dies sei die Zeit, wo ihm das Glück die Herrschaft über Toskana in die Hand geben wolle. Denn er glaubte, die Feinde würden im Pisanischen nicht besser bestehen, als sie bei Serravalle gestanden hatten, und hier hatten sie die Hoffnung, sich wieder zu sammeln nicht mehr wie damals. Nachdem er 20.000 Mann Fußvolk und 4000 Pferde zusammengezogen hatte, lagerte er sich mit dem Heer zu Fucecchio und sandte Paolo Guinigi mit 5000 Mann Fußvolk nach Pisa. Fucecchio ist durch seine Lage fester als alle anderen Kastelle im Pisanischen, weil es zwischen der Gusciana und dem Arno liegt und etwas über die Ebene erhaben ist. In dieser Stellung konnten die Feinde Castruccio die Lebensmittel, die ihm von Lucca oder Pisa zugeführt wurden, nicht abschneiden, wenn sie sich nicht in zwei Teile teilten. Ebenso konnten sie ihn nur zu ihrem Nachteil angreifen oder gegen Pisa ziehen. Im ersten Fall konnten sie von dem Heer Castruccios und von der Besatzung von Pisa in die Mitte genommen werden. Im zweiten Fall mußten sie über den Arno setzen, was sie, im Angesicht des Feindes, nur mit großer Gefahr tun konnten. Um sie zu dieser letzten Maßnahme zu ermutigen, hatte Castruccio sein Heer nicht an das Ufer des Arno, sondern seitwärts an die Mauern von Fucecchio gelehnt und einen bedeutenden Raum zwischen dem Fluß und sich freigelassen.

Nachdem die Florentiner San Miniato eingenommen hatten, berieten sie sich, was zu tun sei: Pisa anzugreifen oder gegen Castruccio zu ziehen. Nach Erwägung der Schwierigkeit beider Schritte entschlossen sie sich zum letzteren. Der Fluß Arno stand so nieder, daß man ihn durchwaten konnte, jedoch so, daß das Fußvolk bis an die Schultern, die Pferde bis an die Sättel im Wasser gingen.

Es war am Morgen des zehnten Juni, daß die Florentiner, in Schlachtordnung gestellt, einen Teil ihrer Reiterei und eine Schar von 10.000 Mann Fußvolk übersetzen zu lassen begannen. Castruccio, geordnet und zur Ausführung seines Plans bereit, rückte ihnen mit einer Schar von 5000 Mann zu Fuß und 5000 Pferden entgegen und eröffnete, ohne ihnen Zeit zu lassen, alle aus dem Wasser herauszusteigen, die Schlacht. 1000 Mann leichtes Fußvolk schickte er den Arno aufwärts, und 1000 abwärts. Das florentinische Fußvolk war durch das Wasser und seine Waffen beschwert und hatte noch nicht in seiner Gesamtheit das Flußufer erstiegen. Die ersten Pferde der Reiterei zerstampften den Grund des Arno und machten den Übergang für die übrigen schwierig; denn von diesen, die die Flut bodenlos fanden, warfen viele ihre Reiter ab, viele blieben so fest im Schlamm stecken, daß man sie nicht mehr herausziehen konnte.

Als die florentinischen Führer die Schwierigkeit, an dieser Stelle überzusetzen, sahen, ließen sie den Rest der Reiterei den Fluß weiter hinaufziehen, um unverdorbenen Grund und einen sanfteren Uferabhang zu finden. Ihnen widersetzten sich die von Castruccio flußaufwärts gesandten Fußknechte, die leichtbewaffnet, mit Rundtartschen und Schiffsspeeren in der Hand, die Pferde unter großem Geschrei an Stirn und Brust verwundeten, sodaß sie durch die Wunden und das Geschrei erschreckt, nicht vorwärts wollten, sich überschlugen und rückwärts übereinander fielen.

Der Kampf zwischen denen, die Castruccio selbst führte, und den schon übergesetzten Feinden war hartnäckig und schrecklich. Von beiden Seiten fielen viele, und beide Gegner bestrebten sich aus allen Kräften, den andern zu überwinden. Die Soldaten Castruccios wollten die Florentiner in den Fluß zurückstürzen, die Florentiner wollten jene zurückdrängen, um dem Rest ihres Heeres Platz zu machen, damit es aus dem Wasser steigen und kämpfen könnte. Diese Hartnäckigkeit vermehrten noch die Ermahnungen der Führer. Castruccio erinnerte die Seinigen, dies seien dieselben Feinde, die sie vor nicht langer Zeit bei Serravalle besiegt hätten, und die Florentiner warfen den Ihrigen vor, daß die Vielen sich von den Wenigen überwinden ließen.

Als Castruccio sah, daß die Schlacht fortdauerte, daß die Seinigen und die Gegner ermattet, und daß von beiden Seiten viele verwundet und getötet waren, ließ er eine zweite Schar von 5000 Mann vorrücken. Nachdem er sie in den Rücken seiner ersten fechtenden Schar gestellt hatte, befahl er dieser, sich zu öffnen und, als ob sie die Flucht ergriffe, zur Hälfte rechts, zur Hälfte links um die Flügel der zweiten Schar sich zurückzuziehen. Dies erlaubte den Florentinern vorzurücken und ein wenig Terrain zu gewinnen. Als aber die frischen Soldaten mit den ermüdeten zum Kampf kamen, trieben sie nach kurzem Widerstand die Florentiner in den Fluß zurück.

Von der beiderseitigen Reiterei (der größere Teil der florentinischen war endlich übergesetzt) war noch keine im Vorteil, weil Castruccio, der die seinige schwächer wußte, den Condottieri befohlen hatte, dem Feind nur standzuhalten. Denn er hatte gehofft, das Fußvolk zu überwinden und nach dessen Überwindung dann leichter die Reiter besiegen zu können; was ihm auch nach seinem Plan gelang. Sowie er sah, daß sich das feindliche Fußvolk in den Fluß zurückgezogen hatte, sandte er den Rest seines Fußvolkes den feindlichen Reitern in den Rücken, die, mit Piken und Wurfspießen verwundet und zu gleicher Zeit von Castruccios Reiterei mit größerem Ungestüm gedrängt, flohen.

Zuvor schon hatten die florentinischen Feldherren, als sie sahen, wie schwer ihrer Reiterei der Übergang wurde, versucht, eine Schar Fußvolk an einer Stelle weiter flußabwärts übersetzen zu lassen, um den Soldaten Castruccios in die Flanke zu fallen. Doch da die Ufer hoch und oben von den 1000 Leichtbewaffneten Castruccios besetzt waren, mißlang auch dieser Versuch.

Das florentinische Heer wandte sich also zu großem Ruhm und Ehre Castruccios zu regelloser Flucht, und von einer so großen Menge kam kaum jeder dritte Mann davon. Viele Führer wurden gefangen, und Karl, der Sohn des Königs Robert, mit Michelangnolo Falconi und Tadeo degli Albizzi, den florentinischen Kommissaren, entfloh nach Empoli. Die Beute war groß und das Blutbad furchtbar, wie man aus so allgemeinem und hartnäckigem Kampf schließen kann. Vom florentinischen Heere starben 20.231, und von dem Castruccios 1270.

Aber das seinem Ruhm feindliche Schicksal nahm Castruccio das Leben, als es gerade die Zeit war, es ihm zu erhalten, und unterbrach die Ausführung von Plänen, die er lange vorher durchdacht hatte und die nur der Tod verhindern konnte. Castruccio hatte sich den ganzen Tag angestrengt. Am Ende der Schlacht hielt er atemlos und mit Schweiß bedeckt am Tor von Fucecchio, um die Rückkehr seiner siegreichen Soldaten zu erwarten, sie selbst zu empfangen und ihnen zu danken, sowie auch, um sogleich bereit zu sein, wenn der Feind irgendwo wieder Front machen würde oder sonst ein Vorfall seine Gegenwart forderte. Er erachtete es für die Pflicht eines guten Feldherrn, als erster aufs Pferd und letzter vom Pferd zu steigen. Als er so, einem Wind ausgesetzt, hielt, der sich meistens um Mittag von der Seite des Arno her erhebt und fast immer der Gesundheit verderblich ist, erstarrte er am ganzen Leib vor Kälte, was von ihm, der an solche Unbilden gewöhnt war, nicht beachtet wurde und die Ursache seines Todes ward. In der folgenden Nacht ergriff ihn ein heftiges Fieber, das immer zunahm und von allen Ärzten für tödlich erklärt wurde. Als Castruccio dies selbst fühlte, ließ er Paolo Guinigi rufen und sprach zu ihm folgende Worte:

„Wenn ich, mein Sohn, geglaubt hätte, daß mir das Schicksal mitten in meinem Lauf die Bahn zu dem Ruhm verkürzen wollte, den ich mir bei soviel glücklichen Erfolgen versprach, so würde ich mich weniger angestrengt und ich würde dir wenn auch einen kleineren Staat, doch auch weniger Feinde und weniger Eifersucht hinterlassen haben. Zufrieden mit der Herrschaft über Lucca und Pisa, würde ich die Pistojeser nicht unterjocht und die Florentiner nicht durch so viele Kränkungen gereizt haben. Mein Leben würde, wenn auch nicht länger, doch gewiß ruhiger gewesen sein, und ich würde dir den Staat, wenn auch kleiner, doch ohne Zweifel sicherer und fester hinterlassen haben. Doch das Schicksal, das über alle menschlichen Dinge willkürlich entscheiden will, gab mir weder soviel Scharfblick, seinen Willen vorauszusehen, noch soviel Zeit, daß ich es hätte überwinden können. Du hast gehört, denn viele haben es dir gesagt, und ich leugnete es nie, daß ich im ersten Jünglingsalter und ohne alle die Hoffnungen, die in jeder hochherzigen Brust wurzeln müssen, ins Haus deines Vaters kam, und daß ich von ihm erzogen und viel mehr geliebt wurde, als wenn ich aus seinem eigenen Blut entsprossen wäre. So wurde ich unter seiner Leitung tapfer und fähig, so hoch zu steigen, als du selbst gesehen hast und siehst. Da er mir sterbend dich und alle seine Besitzungen anvertraute, so habe ich dich mit der Liebe erzogen und deine Besitzungen mit der Treue vermehrt, wozu ich verpflichtet war und bin. Damit nicht nur dein sein sollte, was dir dein Vater hinterließ, sondern auch was mein Glück und meine Tapferkeit gewann, wollte ich niemals heiraten, damit mich die Liebe zu meinen Kindern nicht abhielt, in irgendeiner Hinsicht gegen das Blut deines Vaters die Dankbarkeit zu zeigen, zu der ich verpflichtet zu sein glaubte. Ich hinterlasse dir daher einen großen Staat, was mich sehr erfreut. Daß ich ihn dir aber schwach und unbefestigt hinterlasse, das schmerzt mich sehr. Es bleibt dir die Stadt Lucca, die sich niemals damit abfinden wird, unter deiner Herrschaft zu leben. Es bleibt dir Pisa, wo die Menschen von Natur beweglich und voll Falschheit sind. Obgleich in verschiedenen Zeiten zu dienen gewöhnt, werden sie doch immer über den luccanischen Herrn unwillig sein. Auch Pistoja ist dir wenig treu, weil es geteilt ist und gegen unser Haus durch die frischen Unbilden gereizt. Du hast die beleidigten, auf tausenderlei Art von uns verletzten und nicht vernichteten Florentiner zu Nachbarn. Ihnen wird die Nachricht meines Todes angenehmer sein, als es die Eroberung von Toskana ihnen sein würde. Auf die Fürsten von Mailand und auf den Kaiser kannst du dich nicht verlassen, weil sie fern, lässig und ihre Unterstützungen spät sind. Du darfst daher auf nichts anderes deine Hoffnung setzen, als auf deine Geschicklichkeit, auf das Andenken an meine Tapferkeit und auf das Ansehen, in das dich der gegenwärtige Sieg setzt. Wirst du diesen mit Klugheit zu benutzen wissen, so wird er dir zu einem Vertrag mit den Florentinern helfen, wozu diese, entmutigt durch die gegenwärtige Niederlage, sehr bereitwillig ihre Zustimmung geben müssen. Ich für meinen Teil versuchte sie mir zu Feinden zu machen und dachte, daß mir ihre Feindschaft Macht und Ruhm bringen müsse. Du aber hast dich aus allen Kräften zu bestreben, sie dir zu Freunden zu machen; denn ihre Freundschaft wird dir Sicherheit und Vorteil bringen. Es ist in der Welt von großer Wichtigkeit, sich selbst zu kennen und zu wissen, die Kraft seines Geistes und Staates zu messen. Wer sich nicht tauglich zum Krieg weiß, muß sich bestreben, durch die Künste des Friedens zu regieren. Mein Rat ist es, daß du dich hierzu wendest und auf diesem Weg die Früchte meiner Anstrengungen und Gefahren zu genießen strebst; und dies wird dir leicht gelingen, wenn du diese meine Ermahnungen beherzigst. Du wirst mir doppelt verpflichtet sein: Zuerst weil ich dir dies Reich hinterlasse, dann weil ich dich es zu erhalten gelehrt habe."

Hierauf ließ er die Bürger von Lucca, von Pisa und von Pistoja kommen, die seine Krieger waren, empfahl ihnen Paolo Guinigi, ließ sie ihm Gehorsam schwören und starb. Er ließ bei allen, die seinen Namen gehört, eine glückliche Erinnerung zurück, und bei denen, die seine Freunde gewesen waren, so große Sehnsucht nach ihm, wie je ein anderer Fürst in irgendeiner Zeit bei seinem Tod zurückgelassen hat. Sein Leichenbegängnis wurde auf das ehrenvollste gefeiert, und er wurde in S. Francesco zu Lucca beigesetzt. Aber Tapferkeit und Glück waren Paolo Guinigi nicht so günstig wie Castruccio; denn nicht viel später verlor er Pistoja und hierauf Pisa, und kaum erhielt er die Herrschaft über Lucca, die bis zu seinem Urenkel Paolo bei seinem Hause blieb.

Castruccio war also, wie wir es gezeigt haben, ein seltener Mann, nicht nur in seiner Zeit, sondern auch in der früheren Geschichte. Er war von mehr als gewöhnlicher Körpergröße und jedes seiner Glieder stand im richtigen Ebenmaß. Er besaß in seinem ganzen Äußeren soviel Anmut und zeigte soviel Leutseligkeit, wenn er die Menschen empfing, daß niemals jemand mit ihm sprach, der sich unzufrieden entfernt hätte. Sein Haar, das ins Rote spielte, trug er oberhalb der Ohren geschnitten, und immer bei jedem Wetter, mochte es regnen oder schneien, ging er mit bloßem Haupt. Er war den Freunden wert, den Feinden schrecklich, gerecht gegen seine Untertanen, treulos gegen die Treulosen, und nie versuchte er durch Gewalt zu siegen, wo er es durch Betrug vermochte; denn der Sieg, sagte er, nicht die Art des Sieges bringt dir Ruhm. Niemand war je kühner, wenn es galt, sich in Gefahr zu begeben, noch vorsichtiger, um daraus hervorzugehen; und er pflegte zu sagen: „Die Menschen müßten alles versuchen und vor nichts zurückschrecken, und Gott sei der kräftigen Männer

Freund; denn man sehe, daß er die Schwächlinge durch die Starken züchtige." Er war auch bewundernswürdig in seinen Antworten und von beißendem Witz, und wie er hierin niemand schonte, so wurde auch er nicht unwillig, wenn man ihn nicht schonte. Man findet daher viele beißende Worte, die er teils selbst sagte, teils geduldig anhörte. Es folgen einige davon.

Als er ein Rebhuhn für einen Dukaten kaufen ließ und ihn deshalb ein Freund tadelte, fragte Castruccio: „Du würdest nicht mehr als einen Dreier bezahlt haben?" Als ihm der Freund recht gab, sagte Castruccio: „Für mich ist ein Dukat viel weniger." – Er hatte einen Schmeichler um sich, den er einmal aus Verachtung anspie. Der Schmeichler sagte hierauf: „Um einen kleinen Fisch zu fangen, lassen sich die Fischer ganz vom Meere benetzen; ich werde mich doch wohl durch ein wenig Speichel benetzen lassen, um einen Walfisch zu fangen!" Castruccio hörte dies nicht nur geduldig an, sondern beschenkte ihn. – Als ihm ein Geistlicher sagte, es sei unrecht, daß er so glanzvoll lebe, antwortete Castruccio: „Wenn dies ein Laster wäre, so würdet Ihr nicht am Fest Allerheiligen so kostbare Gastmähler geben." – Als er durch eine Straße ging und einen jungen Menschen sah, der aus dem Haus eines Freudenmädchens kam und, als er ihn sah, feuerrot wurde, sprach er: „Nicht wenn du heraus-, wenn du hineingehst, schäme dich." – Als ihm ein Freund einen geschickt geschlungenen Knoten zu lösen gab, sagte er: „O Tor, glaubst du, ich werde etwas lösen, was mir gebunden schon soviel zu schaffen macht?" – Als Castruccio zu einem Mann, der aus der Philosophie ein Handwerk machte, sprach: „Ihr seid wie die Hunde, die immer dem nachlaufen, der ihnen am besten zu essen gibt," entgegnete ihm jener: „Wir sind vielmehr wie die Ärzte, die zu denen ins Haus kommen, die ihrer am meisten bedürfen." – Als er zur See von Pisa nach Livorno fuhr und sich ein gefährlicher Sturm erhob, der Castruccio sehr beunruhigte, warf ihm einer seiner Begleiter Kleinmut vor, indem er beifügte, er für seine Person fürchte nichts. „Darüber wundere ich mich nicht", antwortete Castruccio, „denn jeder schätzt sein Leben so hoch, wie es wert ist." – Von jemand gefragt, was er machen solle, um Achtung zu erwerben, sprach er: „Wenn du zu einem Gastmahl gehst, mach, daß nicht ein Klotz auf dem anderen sitzt." – Als sich einer rühmte, viel gelesen zu haben, sagte Castruccio. „Besser wäre es, sich zu rühmen, viel behalten zu haben." – Als sich einer rühmte, er könne viel trinken, ohne berauscht zu werden, sagte er: „Das kann auch ein Ochse." – Castruccio lebte mit einem jungen Mädchen in vertrautem Umgang und wurde deshalb von einem Freund getadelt, besonders da es schlimm sei, daß er sich von einem Weib habe erobern lassen. „Du irrst", sprach Castruccio, „ich habe sie erobert, nicht sie mich." – Als ihn gleichfalls einer tadelte, daß er zu köstlich speise, fragte er: „Du würdest nicht so viel dafür ausgeben wie ich?" Als ihm jener recht gab, entgegnete er: „So bist du also geiziger, als ich lecker." – Bei Taddeo Bernardi, einem sehr reichen, prachtliebenden Luccaner, zur Tafel geladen, zeigte ihm Taddeo ein Zimmer, das ganz mit Seidentapeten geschmückt war und dessen Fußboden aus Mosaik bestand, wo feine Steine von verschiedenen Farben so kunstvoll eingelegt waren, daß sie Blumen, Blätter und Laubwerk darstellten. Als nun Castruccio viel Feuchtigkeit im Munde gesammelt hatte, spie er alles Taddeo ins Gesicht, und als dieser hierüber in Zorn geriet, sprach er: „Ich wußte nicht, wohin ich speien sollte, daß es dich weniger beleidigt hätte." – Gefragt, wie Cäsar starb, sprach er: „Wollte Gott, daß ich stürbe wie er." – Als er im Haus eines seiner Edelleute, wo viele Damen zu einem nächtlichen Fest eingeladen waren, die ganze Nacht hindurch tanzte und sich mehr belustigte, als sich für seinen Stand ziemte, und deshalb von einem Freund getadelt wurde, sagte er: „Wer am Tage als weise gilt, wird bei der Nacht nicht für einen Narren gelten." – Als ihn einer um eine Gnade bat und Castruccio tat, als höre er ihn nicht, warf sich dieser vor ihm auf die Knie, und als ihm Castruccio, dies verwies, sprach er: „Du bist selbst schuld, weil du deine Ohren an den Füßen hast." Worauf er doppelt so viel erreichte, als er verlangt hatte. – Er pflegte zu sagen, der Weg zur Hölle sei leicht, da man bergab und mit geschlossenen Augen gehe. – Als ihn einer mit einem Schwall überflüssiger Worte um eine Gnade bat, sagte Castruccio: „Wenn du in Zukunft wieder etwas von wir willst, schicke einen anderen." – Als ihn ein ähnlicher Mann mit einer langen Rede gelangweilt hatte und mit den Worten schloß: „Ich habe Euch vielleicht durch zu viele Worte ermüdet", sagte er: „O nein; denn ich habe nichts von allem gehört, was du gesagt hast." – Er pflegte von einem zu sagen, der ein schöner Knabe gewesen und dann ein schöner Mann war, er sei allzu beleidigend, da er zuerst die Männer ihren Weibern untreu gemacht und jetzt die Weiber ihren Männern untreu mache. – Einen neidischen Menschen, der lachte, fragte er: „Lachst du, weil du vergnügt bist, oder weil ein anderer Kummer hat?" – Als er noch unter Messer Francesco Guinigi stand, fragte ihn einer: „Was muß ich dir geben, daß du eine Ohrfeige aushältst?" Castruccio antwortete: „Einen Helm." – Als er einen Bürger von Lucca hatte hinrichten lassen, der Ursache seiner Größe gewesen war, und ihm gesagt wurde, er habe übel getan, einen seiner alten Freunde töten zu lassen, antwortete er: „Man irre; denn er habe einen neuen Feind getötet." – Castruccio lobte die Leute sehr, die sagten, sie wollten heiraten, und dann nicht heirateten; und ebenso die, die sagten, sie wollten schiffen, und dann nicht schifften. – Er sagte, er wundere sich sehr über die Menschen, daß sie beim Einkauf eines irdenen oder gläsernen Gefäßes zuerst den Klang probieren, um zu sehen, ob es gut sei, und daß sie sich dann, wenn sie heiraten, mit dem Betrachten der Braut begnügen. – Als ihn jemand fragte, wie er einst begraben sein wolle, antwortete er: „Mit dem Gesicht abwärts; denn ich weiß, daß, wie ich tot bin, das ganze Land umgekehrt werden wird." – Gefragt, ob er zum Heil seiner Seele daran denke, einmal Mönch zu werden, antwortete er: „Nein; denn es scheine ihm sonderbar, daß Bruder Lazzarone ins Paradies eingehen und Uguccione della Faggiuola in die Hölle kommen solle." – Gefragt, wann man essen solle, um gesund zu bleiben, antwortete er: „Wer reich ist, wann er Hunger hat; wer arm ist, wann er kann." – Als er sah, daß einer seiner Edelleute sich von einem Diener zuknöpfen ließ, sagte er: „Ich bitte Gott, daß du dich auch noch füttern läßt." – Als er las, daß ein Mann mit lateinischen Buchstaben an sein Haus hatte schreiben lassen: Gott bewahre dies Haus vor den Bösen, sagte er: „Da darf er selbst nicht hineingehen." – Durch eine Straße gehend, wo ein kleines Haus mit einem großen Tor stand, sagte er: „Dies Haus wird durch seine Türe davongehen." – Als er mit einem Gesandten des Königs von Neapel wegen der Güter einiger Verwiesenen stritt und ein wenig heftig wurde, sagte der Gesandte: „Also fürchtest du dich nicht vor dem König?" Worauf Castruccio fragte: „Ist er gut oder böse, euer König?" Als nun jener antwortete, er sei gut, entgegnete Castruccio: „Warum willst du denn, daß ich die guten Menschen fürchten soll?" – Es ließen sich noch viele andere Worte von ihm erzählen, in denen allen man Geist und Inhalt finden würde; die angeführten sollen mir aber zum Beweis seiner großen Eigenschaften genügen.

Castruccio lebte vierundvierzig Jahre, ein Fürst in jeder Lage. Wie von seinem Glück viele Denkmale bleiben, so sollten deren auch von seinem Unglück aufbewahrt werden. Die Handschellen, womit er im Kerker gefesselt war, sieht man heute noch in dem Turm seiner Wohnung aufgehängt, wo sie ihm angelegt wurden, damit sie stets Zeugnis geben von seinem Mißgeschick. Wie er im Leben weder Philipp von Mazedonien, dem Vater Alexanders, noch dem Römer Scipio nachstand, so starb er auch im selben Alter, in dem beide starben; und ohne Zweifel würde er beide übertroffen haben, wenn er statt Lucca Mazedonien oder Rom zum Vaterland gehabt hätte.

Beschreibung der Art wie der Herzog von Valentinois Vitellozzo Vitelli, Oliverotto von Fermo, den Signor Pagolo Orsini und den Herzog von Gravina Orsini gefangennahm und tötete.[1]

Der Herzog von Valentinois war aus der Lombardei zurückgekehrt, wo er gewesen war, um sich beim König Ludwig XII. von Frankreich wegen vieler Klagen zu rechtfertigen, die von den Florentinern infolge des Aufstands Arezzos und der übrigen Städte des Chianatales gegen ihn erhoben worden waren. Er begab sich nach Imola, von wo aus er einen Feldzug gegen Giovanni Bentivoglio, den Tyrannen von Bologna, zu unternehmen beabsichtigte, da er diese Stadt unter seine Herrschaft bringen und zur Hauptstadt seines Herzogtums Romagna machen wollte.

Als die Vitelli und Orsini und ihre Anhänger dies erfuhren, schien es ihnen, daß der Herzog zu mächtig werde und daß zu fürchten sei, er werde nach der Eroberung Bolognas versuchen sie zu vernichten, um allein in Italien bewaffnet zu bleiben. Sie hielten hierüber zu Magione im Peruginischen einen Kongreß, wo der Kardinal Orsini, der Signor Pagolo Orsini, der Herzog von Gravina Orsini, Vitellozzo Vitelli, Oliverotto von Fermo, Giampagolo Baglioni, Tyrann von Perugia, und Messer Antonio da Venafro, gesandt von Pandolfo Petrucci, dem Haupt von Siena, zusammenkamen. Man besprach sich hier über die Macht des Herzogs und über seine Absichten, und daß es nötig sei, seine Begierde zu zähmen, sonst laufe man Gefahr, selbst mit den anderen zugrunde zu gehen. Der Kongreß beschloß, die Bentivogli nicht zu verlassen und zu suchen, die Florentiner zu gewinnen. An beide wurden hierauf Beauftragte gesendet, um den ersten Hilfe zu versprechen und die anderen aufzufordern, daß sie sich gegen den gemeinschaftlichen Feind vereinigten.

---

[1] Diese Beschreibung ist auch in einer Depesche an den Rat der Zehn enthalten, welche Machiavelli, der sich in einer Sendung beim Herzog von Valentinois befand, zur Zeit der Begebenheit schrieb. Eine kleine Verschiedenheit zwischen der Depesche und der Beschreibung liegt nicht in der Sache, sondern in den Worten. Der Anfang der Depesche ist folgender:
Magnifici Domini etc.
Da Eure Herrlichkeiten nicht alle meine Briefe erhalten haben, wodurch man gutenteils den Verlauf der Begebenheit von Sinigaglia verstanden hätte, so will ich durch gegenwärtigen alle Umstände schreiben. Meine Zeit erlaubt es mir, da ich dem erlauchten Gesandten alles übertragen habe, was jetzt hier zu unterhandeln ist. Ich glaube, es wird Euch wegen der Natur dieser Begebenheit, die in jeder Hinsicht selten und merkwürdig ist, angenehm sein.
(Anmerkung der italienischen Ausgabe vom Jahre 1804.)

Der Kongreß wurde sogleich in ganz Italien bekannt, und diejenigen Völker, welche mit der Herrschaft des Herzogs unzufrieden waren, worunter die von Urbino waren, faßten die Hoffnung, eine Staatsveränderung bewerkstelligen zu können. Als nun die Gemüter so gespannt waren, entwarfen einige Männer aus Urbino den Plan, sich des Forts San Leo, worin der Herzog Besatzung hielt, zu bemächtigen, und ergriffen folgende Gelegenheit: Der Kastellan befestigte das Fort und ließ zu diesem Zweck Holz hinführen. Die Verschworenen sorgten dafür, daß einige Balken, die in das Fort gezogen wurden, in einem gegebenen Augenblick auf der Zugbrücke lagen, damit diese von der Besatzung nicht aufgezogen werden konnte. Diesen Augenblick benutzend, eilten sie auf die Brücke und von da in das Fort. Kaum war die Einnahme bekannt, so erhob sich der ganze Staat und rief den alten Herzog zurück, nicht nur in der Hoffnung auf den Nutzen des genommenen Forts, als auch auf den Kongreß von Magione, von dem man Beistand erwartete.

Als die Mitglieder des Kongresses die Empörung Urbinos erfuhren, dachten sie, diese Gelegenheit dürfe nicht verloren werden, versammelten ihre Soldaten und rückten vor, um jede Stadt, die etwa noch in der Hand des Herzogs geblieben sein sollte, einzunehmen. Zur gleichen Zeit schickten sie nochmals nach Florenz, um diese Republik zu bitten, daß sie mit ihnen vereint den allgemeinen Brand löschen möge, da die Unternehmung so gut wie gelungen sei und man eine zweite Gelegenheit wie diese nicht zu erwarten habe. Die Florentiner aber, die aus verschiedenen Ursachen die Vitelli und Orsini haßten, schlossen sich ihnen nicht nur nicht an, sondern sandten Niccolò Machiavelli, ihren Staatssekretär, ab, um dem Herzog Aufnahme und Beistand gegen diese seine neuen Feinde zu versprechen.

Der Herzog befand sich, von Furcht erfüllt, zu Imola; denn seine Soldaten waren ihm auf einmal wider alles Erwarten zu Feinden geworden, und er sah entwaffnet dem nahen Krieg entgegen. Auf die Anerbietungen der Florentiner jedoch wieder Mut fassend, entwarf er den Plan, den Krieg durch die wenigen Soldaten, die er noch hatte, und durch Friedensverhandlungen in die Länge zu ziehen, sich unterdessen aber Verstärkung zu verschaffen. Dies letztere suchte er auf zweierlei Weise zu erreichen, indem er zum König von Frankreich um Soldaten sandte, und indem er jeden Schweren Reiter und jeden anderen, der sonst zu Pferde diente, in Sold nahm und allen Geld gab. Trotzdem rückten die Feinde vor und kamen bis Fossombrone, wo einige Truppen des Herzogs, die daselbst haltgemacht hatten, von den Vitelli und Orsini geschlagen wurden. Dies bewirkte, daß sich der Herzog völlig dem Versuch zuwandte, ob er nicht durch Friedensunterhandlungen diesen Sturm beschwören könne.

Meister in der Verstellung, unterließ er keine Freundschaftsbezeigung, sie zu überreden, sie hätten die Waffen gegen einen Mann ergriffen, der seine Eroberungen ihnen überlassen wolle, und dem der Fürstentitel genüge, während sie herrschen sollten. Seine Überredungskünste hatten solche Wirkung, daß sie den Signor Pagolo zu ihm sandten, über den Frieden zu unterhandeln, und Waffenstillstand schlossen. Der Herzog aber stellte seine Bewaffnung nicht ein, sondern verstärkte sich mit größter Sorgfalt durch Reiterei und Fußvolk, die er in die Ortschaften der Romagna verteilte, damit man seine Rüstungen nicht gewahr werden solle. Unterdessen waren auch 500 französische Lanzen gekommen. Obgleich er nun schon stark genug war, sich durch offenen Krieg an seinen Feinden zu rächen, so hielt er es doch für sicherer und nützlicher, sie zu hintergehen und deshalb die Unterhandlungen nicht abzubrechen. Die Sache wurde so nachdrücklich betrieben, daß bald ein Friedensschluß zustande kam. Er bestätigte ihnen dadurch ihre alten Condottieristellen, gab ihnen 4000 Dukaten als Geschenk, versprach, die Bentivogli nicht anzugreifen, schloß mit Giovanni Bentivoglio Verschwägerung und sollte sie überdies nicht zwingen können, öfter persönlich bei ihm zu erscheinen, als es ihnen gefiele. Auf der anderen Seite versprachen sie, ihm das Herzogtum Urbino und alle ihre anderen Eroberungen zurückzugeben, ihm in allen seinen Feldzügen zu dienen und ohne seine Erlaubnis weder jemand den Krieg zu erklären, noch in jemandes Dienst zu treten. Nach Abschluß dieses Vertrages flüchtete Guido Ubaldo, Herzog von Urbino, von neuem nach Venedig, nachdem er vorher alle Festungen seines Staates hatte schleifen lassen, da er, auf sein Volk vertrauend, nicht wollte, daß die Feinde diese Festungen, die er nicht verteidigen konnte, besetzen sollten und dadurch seine Freunde im Zaum hielten.

Der Herzog von Valentinois aber, nachdem er diese Übereinkunft geschlossen und alle seine Soldaten nebst den französischen Schweren Reitern durch die Romagna verteilt hatte, reiste Ausgangs November von Imola ab und begab sich nach Cesena. Hier unterhandelte er viele Tage mit den Abgeordneten der Vitelli und Orsini, die mit ihrem Heer im Herzogtum Urbino standen, über die Frage, welcher Feldzug jetzt zu unternehmen sei. Da man über nichts zum Schluß kam, so wurde Oliverotto von Ferrno zu ihm gesandt mit dem Vorschlag: wenn er Toskana den Krieg erklären wolle, so seien sie dies zufrieden; wo nicht, so würden sie Sinigaglia belagern. Der Herzog antwortete, Toskana wolle er nicht bekriegen, weil die Florentiner seine Freunde seien; wohl aber sei er zufrieden, wenn sie gegen Sinigaglia zögen. Nicht lange darauf kam die Nachricht, die Stadt habe sich ihnen ergeben, mit Ausnahme der Zitadelle, die der Kastellan nur der Person des Herzogs und niemand anderem überliefern wolle; weshalb sie ihn zu kommen ersuchten.

Dem Herzog schien die Gelegenheit gut und so, daß kein Verdacht erregt werden könne, da er von ihnen gerufen war und nicht aus freien Stücken kam. Um sie noch sicherer zu machen, verabschiedete er alle französischen Kriegsvölker, die in die Lombardei zurückkehrten, mit Ausnahme der 100 Lanzen des Herrn von Candales, seines Verwandten. Ungefähr Mitte Dezember von Cesena aufgebrochen, zog er nach Fano, wo er alle seine Schlauheit und Geschicklichkeit aufbot, die Vitelli und Orsini zu bereden, daß sie ihn in Sinigaglia erwarteten, indem er ihnen zeigte, eine solche Unhöflichkeit könne ihren Vertrag weder treu noch lange dauernd machen, und daß er der Mann sei, der sich der Waffen und des Rates seiner Freunde wolle bedienen können. Obgleich Vitellozzo lange widerstrebte, da ihn der Tod seines Bruders gelehrt hatte, daß man einen Fürsten nicht beleidigen und dann ihm trauen dürfe, so ließ er sich doch endlich von Pagolo Orsini, der durch Geschenke und Versprechungen vom Herzog berückt war, überreden und willigte ein, ihn zu erwarten.

Der Herzog also setzte seinen Aufbruch von Fano auf den 30. Dezember 1502 fest. Vor dem Abmarsch teilte er seinen Plan acht seiner Vertrautesten mit, worunter Don Michele und Herr von Euna, später Kardinal. Er trug ihnen auf, daß, sobald Vitellozzo, Pagolo Orsini, der Herzog von Gravina und Oliverotto ihm entgegenkämen, je zwei von ihnen einen von jenen in die Mitte nehmen (der bestimmte Mann war den Männern bezeichnet), diesen bis Sinigaglia unterhalten und sie nicht wegreiten lassen sollten, bis sie am Quartier des Herzogs angelangt und ergriffen wären. Sodann befahl er, daß alle seine Soldaten zu Pferd und zu Fuß, über 2000 Reiter und 10.000 Mann Fußvolk, bei Tagesanbruch am Metauro, einem Fluß fünf Miglien von Fano, sein und ihn hier erwarten sollten. Den letzten Dezember also am Metauro bei diesem Heer eingetroffen, ließ er ungefähr 200 Pferde vorreiten, dann setzte er das Fußvolk in Marsch, welchem er selbst mit den übrigen Schweren Reitern folgte.

Fano und Sinigaglia sind zwei Städte der Mark, am Ufer des Adriatischen Meeres gelegen, fünfzehn Miglien voneinander entfernt. Wer gegen Sinigaglia geht, hat die Berge zur Rechten, deren Fuß manchmal dem Meere so nahe kommt, daß nur ein sehr schmaler Raum bleibt, und wo der Raum am breitesten wird, beträgt die Entfernung keine zwei Miglien. Die Stadt Sinigaglia liegt vom Fuß der Berge etwas über einen Bogenschuß ab, und vom Meeresufer ist sie weniger als eine Miglie entfernt. An ihr vorbei fließt ein kleiner Fluß, der auf der nach Fano zu gelegenen Seite, wo die Straße herkommt, ihre Mauern bespült. Wer sich daher Sinigaglia nähert, geht eine gute Strecke längs der Berge, und wenn er den Fluß erreicht hat, so wendet er sich links und kommt, einen Bogenschuß lang immer am Flußufer hingehend, an die Brücke, die dem Stadttor schräg gegenüberliegt. Vor dem Tore ist eine kleine Vorstadt mit einem Platz, dessen eine Seite das Flußufer bildet.

Die Vitelli und Orsini erwarteten also den Herzog und versetzten alles in Bereitschaft, ihm Ehre zu erzeigen. Um seinen Soldaten Raum zu geben, legten sie die ihrigen in einige sechs Miglien von Sinigaglia entfernte Kastell und ließen in der Stadt nur Oliverotto mit seiner Schar zurück, die 1000 Mann Fußvolk und 150 Reiter betrug und in der oben genannten Vorstadt einquartiert war. Als diese Anordnungen getroffen waren, näherte sich der Herzog Sinigaglia. Die Reiterei der Vorhut, an der Brücke angelangt, ritt nicht hinüber, sondern machte halt und stellte sich rechts und links neben der Straße auf, gegen welche sie Front machte. Das Fußvolk marschierte durch und rückte ohne zu halten in die Stadt ein. Vitellozzo, Pagolo und der Herzog von Gravina ritten auf Maultieren, von wenigen Reitern begleitet, dem Herzog entgegen. Vitellozzo, ohne Rüstung, in einem grün gefütterten Mantel, war ganz niedergeschlagen, als ob er ein Vorgefühl seines nahen Todes habe, was jedem, der die Tapferkeit des Mannes und sein früheres Glück kannte, auffiel. Man sagt, er habe bei der Trennung von seinen Soldaten, als er sich nach Sinigaglia begab, um dem Herzog entgegenzugehen, gleichsam für immer Abschied genommen. Seinen Offizieren empfahl er sein Haus und die Besitzungen desselben, und seine Neffen ermahnte er, sie sollten nicht das Glück ihres Hauses, sondern die Tapferkeit ihrer Väter in stetem Andenken behalten. Als nun diese drei beim Herzog ankamen und ihn höflich grüßten, wurden sie von ihm mit guter Miene empfangen und sogleich von den mit ihrer Beobachtung Beauftragten in die Mitte genommen. Da aber der Herzog sah, daß Oliverotto fehlte, der bei seinen Soldaten in der Vorstadt geblieben war und sie auf dem Platz jenseits des Flusses in Ordnung hielt und auf die Ehrenbezeigungen einübte, winkte der Herzog Don Michele, dem Oliverotto übertragen war, mit den Augen, er solle dafür sorgen, daß Oliverotto nicht entkäme. Don Michele ritt daher voraus zu Oliverotto und sagte ihm, es sei jetzt nicht Zeit, die Leute vor ihren Quartieren beisammen zu halten, denn diese würden ihnen sonst von den Soldaten des Herzogs genommen werden, und forderte ihn auf, sie einrücken zu lassen und ihn zum Herzog zu begleiten. Als Oliverotto eben diesen Befehl ausgeführt hatte, kam der Herzog heran und rief ihn, sobald er ihn erblickte, worauf ihn Oliverotto begrüßte und sich den anderen anschloß. In Sinigaglia eingerückt, ritten sie alle an das Quartier des Herzogs, traten mit ihm in ein geheimes Zimmer und wurden zu Gefangenen gemacht. Sogleich stieg nun der Herzog zu Pferde und gab die Soldaten Oliverottos und der Orsini der Plünderung preis. Die Soldaten Oliverottos wurden sämtlich ausgeplündert, weil sie nahe waren; die der Orsini und Vitelli, fern und den Untergang ihres Herrn voraussehend, hatten Zeit, sich zu vereinigen, riefen sich die Tapferkeit und Kriegszucht des orsinischen und vitellesischen Hauses ins Gedächtnis und zogen sich, dicht geschlossen, gegen den Willen des Landes und der feindlich gesinnten Einwohner, in Sicherheit zurück. Aber die Soldaten des Herzogs, mit der Beute der Soldaten Oliverottos nicht zufrieden, fingen an, Sinigaglia zu plündern, und würden es ganz ausgeraubt haben, wenn der Herzog nicht durch den Tod vieler ihrer Frechheit Einhalt getan hätte.

Als jetzt die Nacht gekommen und der Tumult gestillt war, schien es dem Herzog Zeit, Vitellozzo und Oliverotto zu töten, die er an denselben Ort führen und miteinander erdrosseln ließ. Keiner von ihnen sprach ein Wort, das ihres früheren Lebens würdig gewesen wäre. Vitellozzo bat, man möge den Papst anflehen, daß er ihm vollen Ablaß seiner Sünden erteile. Oliverotto schob die ganze Schuld an den dem Herzog zugefügten Unbilden weinend auf Vitellozzo. Pagolo und der Herzog von Gravina Orsini wurden am Leben gelassen, bis der Herzog die Nachricht erhielt, daß in Rom der Papst den Kardinal Orsini, den Erzbischof von Florenz und Messer Jacopo da Santa Croce verhaftet hatte. Auf diese Nachricht wurden am 18. Januar 1502[2] auch sie in Castel della Pieve auf dieselbe Weise erdrosselt.

[2] 1503.

Wie man das aufständische Chianatal behandeln solle.

1503

Nach seinem Siege über die Latiner, die sich mehrmals gegen die Römer erhoben hatten, ging Lucius Furius Camillus, nach Rom zurückgekehrt, in den Senat und schlug vor, wie man mit den Städten und Ortschaften der Latiner verfahren solle. Die Rede, die er hielt, und der Ausspruch des Senates sind fast *ad verbum* folgendermaßen von Livius berichtet:

„*Patres conscripti*, der Zweck des Krieges und unserer Waffen in Latium ist durch die Gunst der Götter und die Tapferkeit unserer Soldaten völlig erreicht. Die feindlichen Heere sind bei Peda und Astura vernichtet. Alle Städte und Plätze der Latiner und die volskische Stadt Antium, mit Sturm oder durch Kapitulation genommen, haben römische Besatzung. Es bleibt jetzt zu überlegen, wie wir der Gefahr ihrer oft wiederholten Aufstände für die Zukunft vorbeugen sollen, ob durch grausame Strenge oder durch großmütige Verzeihung. Die unsterblichen Götter haben in Eure Hand gelegt zu bestimmen, ob Latium weiterhin sei oder nicht sei. Ihr könnt Euch ewigen Frieden schaffen. Wollt Ihr grausam gegen die verfahren, die sich Euch ergeben haben? Ihr könnt ganz Latium zerstören, Ihr könnt ein Land zur Einöde machen, woraus Ihr öfter in der Gefahr Hilfsheere gezogen habt. Wollt Ihr nach dem Beispiel der Vorfahren die römische Republik dadurch vergrößern, daß Ihr die Besiegten nach Rom verpflanzt? Die rühmlichste Gelegenheit, die Stadt zu vergrößern, bietet sich dar. Nur dies will ich Euch sagen: Die Herrschaft ist die festeste, die treue, ihrem Fürsten ergebene Untertanen hat. Was Ihr aber beschließt, es muß schnell beschlossen werden. Während das zahlreiche Volk, noch zwischen Furcht und Hoffnung betäubt, in Erwartung harrt, müßt Ihr ihm zuvorkommen und Euch für Strafe oder Wohltat entscheiden. Mein Amt war es, Euch zum Schiedsrichter zu machen; es ist geschehen. An Euch ist es jetzt zu beschließen, was der Republik zum Vorteil gereicht."

Die Ersten der Senatoren lobten den Bericht des Konsuls. Da aber nicht alle aufständischen Städte und Ortschaften derselbe Vorwurf traf, so wollten sie nicht im allgemeinen entscheiden, sondern ließen sich die Sache einer jeden einzeln vom Konsul vorlegen. Sodann beschloß der Senat, daß die Lavinier römische Bürger sein sollten; man gab ihnen die im Krieg eroberten Heiligtümer zurück. Die Aricinier, die Nomentaner und die Pedaner erhielten gleichfalls Bürgerrecht. Die Tuscalaner behielten ihre Privilegien, und die Schuld des Aufstands wurde auf wenige der Verdächtigsten abgewälzt. Die Veliterner hingegen wurden grausam bestraft, weil sie schon römische Bürger waren und sich schon oft erhoben hatten. Ihre Stadt wurde zerstört und alle Einwohner nach Rom verpflanzt. Nach Antium schickte man zu völliger Sicherheit neue Bewohner, wie man sie für gut hielt; man nahm den Antianern ihre Schiffe und verbot ihnen, neue zu bauen.

Aus diesem Beschluß läßt sich abnehmen, daß die Römer in ihrem Urteil über ihre aufständischen Städte der Meinung waren, man müsse ihre Treue entweder durch Wohltaten gewinnen, oder sie so behandeln, daß man sie nie mehr in Zukunft zu fürchten habe. Jeden anderen Mittelweg zu ergreifen erachteten sie für verderblich.

Als es sodann zum Vollzug des Spruches kam, handelten sie auf beide Arten. Denen, die man zu versöhnen hoffen konnte, wurden Wohltaten erzeigt; und die anderen, wo man nichts hoffte, wurden so behandelt, daß sie niemals wieder schaden konnten. Um das letztere zu erreichen, bedienten sich die Römer gewöhnlich zweier Mittel: Das eine war, die Stadt zu zerstören und die Einwohner nach Rom zu verpflanzen. Das andere war, entweder die alten Einwohner herauszunehmen und neue hineinzusetzen; oder wenn man die alten darin ließ, soviel neue hinzuzufügen, daß die alten nie Umtriebe machen, noch einen Beschluß gegen den Senat durchsetzen konnten. Diese zwei Mittel, sich zu versichern, wendeten die Römer auch in diesem Falle an, indem sie Veliternum zerstörten und neue Bewohner nach Antium schickten.

Ich habe sagen hören, daß die Geschichte die Lehrmeisterin unserer Handlungen und besonders der Fürsten sei. Die Welt war immer, wie jetzt, von Menschen bewohnt, die stets dieselben Leidenschaften hatten. Immer gab und gibt es Diener und Herren; solche die ungern dienen und solche die gern dienen; solche die sich erheben und wieder bezwungen werden.

Wer dies nicht glaubt, betrachte die Vorgänge des vorigen Jahres in Arezzo und allen Ortschaften des Chianatals. Sie sind sehr ähnlich mit den Vorgängen in Latium, wie sie die Geschichte berichtet. Dort sieht man Aufstände und hierauf Wiedereroberung, wie hier; und wenn auch die Art, wie beides geschah, verschieden ist, so sind doch der Aufstand und die Wiedereroberung gleich.

Wenn es daher wahr ist, daß die Geschichte die Lehrmeisterin unserer Handlungen ist, so wäre es nicht übel für die gewesen, welche die Städte des Chianatals zu strafen und über sie Recht zu sprechen hatten, wenn sie ein Beispiel genommen und die nachgeahmt hätten, welche die Herren der Welt gewesen sind; besonders in einem Fall, wo sie euch genau zeigen, wie ihr zu handeln habt. Wie die Römer verschiedene Urteile fällten, weil die Vergehen jener Völker verschieden waren, ebenso mußtet ihr es tun, da auch bei euren Rebellen eine Verschiedenheit der Vergehen vorlag. Wenn ihr sagen solltet: wir haben es getan; so werde ich sagen, daß es zwar zum Teil geschehen, aber in der Hauptsache unterlassen worden ist. Ich halte es für gut geurteilt, daß Cortona, Castiglione, Borgo, Sojano die Verträge gehalten wurden, daß man sich ihnen freundlich zeigte und daß ihr euch bestrebt habt, sie durch Wohltaten wiederzugewinnen; denn ich vergleiche sie mit den Lanociniern, Arniciern, Nomentanern, Tusculanern und Pedanern, über die die Römer ein gleiches Urteil sprachen. Aber ich billige nicht, daß die den Veliternern und Antianern gleichen Aretiner ebenso behandelt wurden. So sehr das Urteil der Römer Lob verdient, so sehr verdient das eurige Tadel. Die Römer dachten einmal für immer, daß man den empörten Völkern entweder Wohltaten erzeigen oder sie vernichten müsse, und daß jeder andere Weg äußerst gefährlich sei. Ich sehe nicht, daß ihr den Aretinern eines von beiden getan habt. Man nennt es nicht Wohltat, sie jeden Tag nach Florenz vorladen, ihnen die Ämter nehmen, ihren Besitz verkaufen, öffentlich Böses von ihnen reden, ihnen Soldaten in die Stadt zu legen. Man nennt es nicht, sich sicherstellen, die Mauern stehen zu lassen, fünf Sechstel in der Stadt wohnen zu lassen, ihnen keine Einwohner zuzugesellen, die sie unten halten, und nicht so mit ihnen zu verfahren, daß ihr im Krieg und in schwierigen Zeiten nicht mehr Ausgaben in Arezzo zu machen habt, als gegen den Feind, der euch angreift. Ihr habt schon einmal im Jahr 1498 die Erfahrung gemacht, als sich Arezzo noch nicht erhoben hatte, und als man noch nicht so hart gegen diese Stadt verfahren war. Dennoch mußtet ihr damals, als das Heer der Venezianer nach Bibbiena kam, die Soldaten des Herzogs von Mailand und den Grafen Ranuccio mit seiner Kompagnie nach Arezzo legen, um die Ruhe aufrechtzuerhalten. Hättet ihr von dieser Seite nichts zu fürchten gehabt, so konntet ihr euch jener Truppen im Casentinischen gegen den Feind bedienen und mußtet nicht Paolo Vitelli die Belagerung von Pisa aufheben lassen, um ihn ins Casentinische zu schicken. Hierzu zwang euch die geringe Zuverlässigkeit der Aretiner, und ihr lieft viel mehr Gefahr und hattet viel größere Kosten, als wenn sie treu gewesen wären. Wenn man daher zusammen nimmt, was man damals sah, was man später gesehen hat und den Zustand, in dem ihr sie jetzt haltet, so läßt sich der sichere Schluß ziehen, daß, sowie ihr angegriffen werdet, was Gott verhüte, entweder Arezzo sich empört, oder euch durch seine Bewachung so sehr hindert, daß es der Republik unerträgliche Kosten verursachen wird.

Ob ihr gegenwärtig angegriffen werden könnt oder nicht, ob jemand Absichten auf Arezzo hat oder nicht, will ich nicht übergehen, da ich davon sprechen hörte. Ohne zu erörtern, was ihr von dem ultramontanischen Fürsten zu befürchten haben könnt, wollen wir von der Befürchtung sprechen, die uns am nächsten ist. Wer das Verhalten Cesare Borgias, genannt Herzog von Valentinois, beobachtet hat, sieht, daß er zur Erhaltung der Staaten, die er besitzt, nie beabsichtigte, auf italienische Bündnisse zu bauen, da er immer die Venezianer wenig und euch noch weniger achtete. Wenn nun dies seine Richtigkeit hat, so muß er notwendig daran denken, sich einen so großen Staat in Italien zu erobern, daß er durch sich selbst sicher ist und seine Freundschaft für eine andere Macht wünschenswert wird. Wenn aber dies seine Absicht ist, so wird er nach der Herrschaft über Toskana streben, als dem nächstgelegenen Land, das am geeignetsten ist, mit seinen anderen Staaten ein Reich zu bilden. Daß dies sein Plan ist, muß man notwendig sowohl aus dem oben Gesagten schließen, als aus seinem Ehrgeiz, sowie daraus, daß er alle Unterhandlungen mit euch immer in die Länge zog und nie einen Vertrag mit euch abschließen wollte.

Es bleibt jetzt noch übrig zu untersuchen, ob die Zeit zur Ausführung dieser seiner Pläne günstig ist. Ich erinnere mich, den Kardinal Soderini sagen gehört zu haben, daß man dem Papst sowohl als auch dem Herzog unter anderem auch deshalb das Lob eines großen Mannes geben könne, weil sie die Gelegenheit erkennen und trefflich zu benutzen wissen. Diese Meinung wird durch die Erfahrung bestätigt, da sie vieles dadurch durchsetzten, daß sie die gelegene Zeit wählten. Wenn nun zu erörtern wäre, ob jetzt die Zeit gelegen und sicher ist, euch zu drängen, so würde ich nein sagen; wenn man aber erwägt, daß der Herzog nicht abwarten kann, bis er einen gewissen Erfolg sieht, da ihm, wegen der wenigen Jahre, die der Papst noch leben kann, wenig Zeit bleibt, so muß man annehmen, daß er genötigt ist, die erste Gelegenheit, die sich ihm darbietet, zu benutzen und einen guten Teil seiner Sache dem Glück anzuvertrauen.

(Das Ende fehlt.)

Bericht über Deutschland

erstattet den 27. Juni 1508.

Der Kaiser hielt im Juni des verflossenen Jahres in Konstanz einen Reichstag sämtlicher Fürsten Deutschlands, um für die Krone die Mittel zu seinem italienischen Feldzug zu erhalten. Er hielt den Reichstag aus eigenem Antrieb und vom päpstlichen Gesandten gebeten, der ihm mächtigen Beistand von seiten des römischen Hofes versprach.[1] Der Kaiser verlangte zu diesem Feldzug 3000 Pferde und 16.000 Mann Fußvolk und versprach, aus eigenen Mitteln 30.000 Mann hinzuzufügen. Die Ursache, warum er zu einer so wichtigen Unternehmung nur so wenig Truppen verlangte, war zum Ersten die, daß er sie für ausreichend hielt, in der Überzeugung, er werde an den Venezianern und anderen italienischen Mächten eine Stütze finden, wie ich später sagen werde. Er glaubte niemals, daß ihn die Venezianer ohne Unterstützung lassen würden, da er ihnen erst vor kurzem einen Dienst geleistet hatte, als sie Frankreich nach seiner Eroberung Genuas fürchteten. Er hatte nämlich auf ihre Aufforderung ungefähr 2000 Mann nach Trient geschickt; er hatte das Gerücht verbreitet, er wolle die Fürsten versammeln, und war nach Schwaben gegangen, die Schweizer zu bedrohen, wenn sie nicht aus Frankreich abzögen. Dies bewirkte, daß der König Ludwig sogleich nach der Einnahme von Genua nach Lyon zurückkehrte. Da er sie auf diese Weise vom Krieg befreit hatte, glaubte er fest, sie müßten ihm dankbar sein, und pflegte oft zu sagen, daß er *in Italia non habebat amicos praeter Venetos.*[2] Die anderen Gründe, warum er so wenig Truppen begehrte, waren, daß sie ihm das Reich in Bälde versprechen und das Versprechen halten solle, und daß es lieber einwillige, sie sämtlich unter seinen Befehl zu stellen, und ihm nicht Feldherren im Namen des Reiches zu geben versuche, die seine Kollegen wären. Es fehlte auf dem Reichstag auch nicht an solchen, worunter der Erzbischof von Mainz, die erinnerten, es sei gut, den Feldzug kräftig zu führen, wenigstens 40.000 Mann zu bewilligen und ihm vier Feldherren im Namen des Reichs zu geben usw. Der Kaiser geriet darüber innerlich in Zorn und sagte: *Ego possum ferre labores, volo etiam honores*[3]; so daß man diese 19.000 Mann bewilligte. Ferner sollte er 120.000 Gulden erhalten, um das Heer zu ergänzen und etwa 5000 Schweizer auf sechs Monate in Sold

[1] Der Papst Julius II. fürchtete um seinen Stuhl, da Ludwig XII., vom Kardinal d'Amboise begleitet, mit einem mächtigen Heer über die Alpen gegangen war und Genua wieder unterworfen hatte.

[2] In Italien keine Freunde habe, außer den Venezianern.

[3] Kann ich die Mühen tragen, so will ich auch die Ehre.

zu nehmen, wie ihm dies am besten scheine. Der Kaiser schlug vor, daß die Truppen am St. Gallustag beisammen sein sollten, da es ihm bis dahin zu ihrer Bewaffnung Zeit genug schien, und da diese Jahreszeit zu ihrer Art Krieg zu führen bequem ist. Ferner zeigte er an, er werde bis dahin drei Dinge durchgesetzt haben: Das erste, sich die Venezianer zu gewinnen, denen er bis zuletzt nie mißtraute, obgleich sich, wie man weiß, die Verjagung ihres Gesandten schon zugetragen hatte; das zweite, die Schweizer zu bestimmen; das dritte, vom Papst und anderen italienischen Staaten eine gute Summe Geldes einzuziehen. Während er also wegen dieser Dinge verhandelte, kam St. Gallustag, die Truppen fingen an sich zu versammeln; er aber hatte noch keins von allen dreien durchgesetzt. Da er immer noch zeitig genug selbst aufbrechen zu können glaubte und an der Durchsetzung noch nicht zweifelte, so schickte er die Truppen teils nach Trient, teils nach anderen Punkten voraus und ließ nicht von den Unterhandlungen ab, so daß es Januar wurde und die Hälfte der Dienstzeit der vom Reich bewilligten Truppen herum war, er aber noch nichts getan hatte. Als er sich so weit gekommen sah, tat er *ultimum de polentia*, um die Venezianer zu bewegen: Er schickte ihnen den Bruder Bianco, schickte Pre Luca, schickte den Disposto von Morea und seine Herolde mehrmals. Je mehr er ihnen aber nachlief, desto mehr entdeckten sie seine Schwäche und desto mehr verging ihnen die Lust. Sie sahen nichts von all dem dabei, weshalb Staaten Bündnisse schließen (nämlich: der Wunsch, verteidigt zu werden, die Furcht vor einem Angriff oder Gewinn), sondern sie sahen, daß sie sich in ein Bündnis einlassen würden, wo Kosten und Gefahr für sie und der Gewinn für den andern sein würde. Der Kaiser also, der nichts anderes mehr wußte, beschloß, ohne noch mehr Zeit zu verlieren, sie anzugreifen. Er glaubte, dadurch entweder die Venezianer anderen Sinnes zu machen (und vielleicht hatten ihn seine Abgeordneten zu diesem Entschluß vermocht), oder doch wenigstens durch diesen Angriff eine Entschuldigung zu haben, damit ihm das Reich den gewährten Beistand verlängere oder vergrößere, wenn sich zeigen würde, daß die anfänglich bewilligten Truppen nicht ausreichten. Da er aber wußte, daß er, ehe größerer Beistand bewilligt war, den Krieg nicht fortführen konnte, so rief er, um das Land nicht preiszugeben vor seinem Angriff, am 8. Januar nach Bozen, einem Ort eine Tagesreise von Trient gelegen, den Tiroler Landtag zusammen. Diese Grafschaft, früher das Erbteil seines Oheims, trägt ihm 300.000 Gulden ein, ohne irgendeine Steuer aufzulegen; sie kann mehr als 16.000 Mann ins Feld stellen, und die Einwohner sind sehr reich. Dieser Landtag verhandelte neunzehn Tage, und am Ende kam man überein, für seinen Feldzug nach Italien 1000 Mann Fußvolk zu geben, und wenn dies nicht genug wäre, bis 5000 Mann, und bis zu 16.000 zur Verteidigung des eigenen Landes. Nachdem dies beschlossen war, ging er nach Trient und machte den 6. Februar jene zwei Angriffe auf Rovereith und Vicenza mit ungefähr 5000 Mann, in etwa gleichen Teilen. Hierauf brach er mit ungefähr 1500 Fußknechten und den Bauern plötzlich auf, drang in das Tal von Codaura gegen das Trevisanische ein, plünderte ein Tal und nahm einige Forts. Als er sah, daß sich die Venezianer nicht rührten, verließ er voreilig diese Fußtruppen und begab sich schnell auf den Weg nach Deutschland, um die Gesinnung des Reiches zu erfahren. Die Fußtruppen in Codaura wurden getötet, weshalb er den Herzog von Braunschweig hinschickte, von dem man nie wieder etwas erfuhr. Er versammelte in Schwaben den Reichstag in der dritten Karwoche, und nachdem er ihn ausgeforscht hatte und nichts Gutes merkte, ging er nach Geldern und schickte Pre Luca zu den Venezianern, um über den Waffenstillstand zu verhandeln, der den sechsten des gegenwärtigen Monats Juni geschlossen wurde, nachdem er alles, was er im Friaul besaß, verloren hatte und an dem Punkt war, auch Trient zu verlieren, wenn es nicht die Grafschaft Tirol verteidigt hätte. Denn am Kaiser und den Reichstruppen lag es nicht, daß es nicht auch verlorenging, weil alle mitten in der größten Gefahr des Krieges abzogen, sowie das Ende ihrer sechs Monate Dienstzeit gekommen war.

Ich weiß wohl, daß, wer dies hört und gesehen hat, ganz verwirrt wird und nicht weiß, was er denken soll. Man kann nicht begreifen, warum man jene 19.000 Mann nicht gesehen hat, die das Reich versprach, noch warum Deutschland sich wegen des Verlustes seiner Ehre nicht gekränkt fühlt, noch aus welcher Ursache der Kaiser sich so sehr getäuscht hat. So ist jeder anderer Meinung über das, was man für die Zukunft zu fürchten oder zu hoffen hat, und über die Richtung, die die Dinge nehmen können. Da ich nun an Ort und Stelle gewesen bin, oft und von vielen darüber sprechen hörte, und kein anderes Geschäft hatte als dieses, so werde ich alles berichten, was ich mir gemerkt habe. Es werden dadurch, wenn auch nicht einzeln, doch durch alles zusammen, die obigen Fragen beantwortet werden. Ich gebe es nicht als wahr und vernünftig, sondern als vom Hörensagen, da es mir die Pflicht eines Dieners zu sein scheint, dem Herrn vorzulegen, was er hört, damit dieser benutzen kann, was Gutes daran ist.

Alle, die ich sprechen hörte, stimmen darin überein, daß dem Kaiser zweifellos jeder Plan in Italien, in Anbetracht des jetzigen Zustandes des Landes, gelingen würde, wenn eins von beiden geschehe: wenn er entweder seine Natur änderte, oder wenn ihm Deutschland ernstlich beistünde. Was den ersten Punkt betrifft, so sagen sie, daß er keiner christlichen Macht in Anbetracht seiner Grundlagen nachstehen würde, wenn er sich derselben zu bedienen verstünde. Sie sagen, daß ihm seine Staaten 600.000 Gulden Einkünfte tragen, ohne eine Steuer aufzulegen; und 100.000 Gulden trägt ihm die Kaiserwürde ein. Diese Einkünfte sind ganz sein, und er ist zu keinerlei Ausgabe durchaus genötigt. Denn drei Dinge, wofür die anderen Fürsten Ausgaben zu machen gezwungen sind, kosten ihn keinen Kreuzer. Er hält keine Schweren Reiter, er bezahlt keine Festungsbesatzung, er hat keine Stadtbeamten anzustellen; denn die Edelleute des Landes sind immer bewaffnet und auf seinen Wink bereit, die Festungen bewacht das Land, und die Städte haben ihre Bürgermeister, die ihnen Recht sprechen.

Er könnte daher, wenn er ein König von Spanien[4] wäre, durch eigene Mittel eine solche Grundlage zusammenbringen, daß ihm alles gelingen müßte. Denn zur Summe von 800.000 bis 900.000 Gulden würde das Reich ebensoviel beitragen, und sein Land würde noch so viel hinzutun, daß dieses Geld beträchtlich würde vermehrt werden. Da es ihm nun leicht ist, einen plötzlichen Krieg anzufangen, da er an allen Orten Kriegsvölker hat, so könnte er, mit diesem Geld versehen, plötzlich Krieg anfangen und jeden mit den Waffen unvorhergesehen überfallen. Hierzu kommt noch das Ansehen, daß es ihm gibt, daß das Königreich Castilien, das Herzogtum Burgund und die Grafschaft Flandern seinem Haus gehören und daß er mit dem König von England verwandt ist. Diese Dinge würden ihm zu großem Vorteil gereichen, wenn sie gut benutzt würden, so daß ihm unbezweifelt alle seine Pläne auf Italien gelingen müßten. Doch er hat bei allen den obengenannten Einkünften nie einen Kreuzer und, was noch schlimmer ist, man sieht nicht, wo das Geld hinkommt.

Was sein Verfahren im übrigen betrifft, so sagte mir Pre Luca, einer der Ersten von den Männern, deren er sich bedient, folgende Worte: „Der Kaiser begehrt von niemand Rat und wird von jedermann beraten. Er will alles für sich selbst tun und tut nie etwas nach seinem Kopf; denn trotzdem, daß er nie jemand seine Geheimnisse *sponte*[5] entdeckt, so wird er doch, sobald sich die Sache selbst entdeckt, von seiner Umgebung anders gestimmt und von seiner ersten Anordnung abgebracht."

Sein Erscheinen in Italien ist wegen nichts so sehr zu fürchten als deshalb, weil seine Bedürfnisse mit dem Sieg wachsen würden, da man nicht annehmen kann, er werde so bald festen Fuß fassen. Wenn er sich aber nicht ändert, so würden die Blätter der Pappeln in ganz Italien, in Dukaten verwandelt, nicht für ihn ausreichen. Es gibt nichts, was man dann nicht mit Geld in der Hand erreichen könnte. Viele erachteten die für weise, die am längsten zögerten, ihm das erstemal Geld zu geben, damit sie nicht noch viel länger zögern müßten, ihm das zweite Mal zu geben. Wenn er keinen anderen Grund hätte, von einer Macht Geld zu erhalten, so würde er es als Anleihe verlangen; und würde man ihm nicht leihen, so würden alle früheren Ausgaben weggeworfen sein. Ich kann euch dafür einen sehr treffenden Beweis anführen. Als Messer Pagolo[6] am

[4] Ferdinand von Aragon
[5] Freiwillig
[6] Paul von Lichtenstein, einer der drei Ersten beim Kaiser.

29. März jene Forderung machte, ging ich – Francesco[7] war von ihm weggeschickt – mit dem Entwurf eures Begehrens zu ihm, und als er an die Stelle kam, wo es heißt, *non possit imperator petere aliam summam pecuniarum etc.*[8], so wollte er, daß vor *petere „jure"*[9] gesetzt würde; und als ich fragte warum, antwortete er, weil der Kaiser von euch Geld als Anleihe wolle fordern können; ich antwortete ihm so, daß er sich zufrieden gab.

Bemerkt, daß aus seinen häufigen Bedürfnissen häufige Forderungen entstehen und daraus die häufigen Reichstage und aus der wenigen Achtung, in der er steht, die geringen Beschlüsse und die noch geringere Ausführung. Wenn er aber nach Italien gekommen wäre, so hättet ihr ihn nicht mit Reichstagen bezahlen können, wie es Deutschland tut.

Seine Freigebigkeit schadet um so mehr, als er, um Krieg zu führen, mehr Geld nötig hat als irgendein anderer Fürst. Denn weil seine Völker frei und reich sind, zieht sie weder Dürftigkeit noch Neigung herbei, sondern sie dienen auf Befehl ihrer Städte und für Geld. Wenn daher am Ende jedes Monats das Geld nicht kommt, so gehen sie sogleich fort, und es hält sie weder Bitten, noch Hoffnung, noch Drohung, wenn er kein Geld hat.

Wenn ich sage, die Völker Deutschlands seien reich, so ist dies die Wahrheit; und reich macht sie hauptsächlich, daß sie ärmlich leben. Denn sie bauen nicht, sie machen keinen Aufwand für Kleider, sie verwenden nichts auf Hausgeräte. Es genügt ihnen, Überfluß an Brot und Fleisch und eine geheizte Stube zu haben, wo sie sich vor der Kälte schützen können. Wer weiter nichts hat, lebt ohne die anderen Dinge und strebt nicht danach. Auf ihren Leib verwenden sie zwei Gulden in zehn Jahren. Jeder lebt nach seinem Rang in diesem Verhältnis, und keiner veranschlagt, was er entbehrt, sondern nur was er notwendig bedarf, und ihre Bedürfnisse sind viel geringer als die unsrigen. Die Folge dieser ihrer Sitte ist, daß kein Geld aus ihrem Land geht, da sie mit dem zufrieden sind, was es erzeugt. An diesem rauhen und freien Leben finden sie Gefallen und wollen nicht in den Krieg ziehen, wenn du sie nicht überbezahlst. Auch dies würde sie nicht bewegen können, wenn sie nicht von ihren Städten dazu Befehl erhielten. Der Kaiser hat daher viel mehr Geld nötig als der König von Spanien oder ein anderer Monarch, dessen Volk anders beschaffen ist.

Seine nachgiebige gute Natur ist Ursache dafür, daß ihn jeder aus seiner Umgebung hintergeht. Einer der Seinigen hat mir gesagt, jeder Mensch und jede Sache könne ihn einmal hintergehen, bis er es gemerkt habe. Es gibt aber so viele Menschen und so viele Sachen, daß es sein Los sein kann, jeden Tag hintergangen zu werden, wenn er es auch jedesmal merkte. Er besitzt eine

[7] Der florentinische Gesandte Francesco Vettori.
[8] Der Kaiser soll keine weitere Geldsumme fordern können usw.
[9] Von Rechts wegen

Menge Tugenden, und wenn er sich in den zwei obengenannten Punkten mäßigte, so würde er ein ganz vollkommener Mann sein. Denn er ist ein vortrefflicher Feldherr, er hält große Gerechtigkeit in seinem Land aufrecht, in den Audienzen ist er gefällig und freundlich, und er besitzt viele andere Eigenschaften des besten Fürsten, so daß man schließen muß, es würde ihm alles gelingen, wenn er sich in jenen zwei Stücken mäßigte.

An der Macht Deutschlands kann niemand zweifeln, denn es hat Überfluß an Menschen, Reichtümern und Waffen. Was den Reichtum betrifft, so gibt es keine Stadt, die nicht einen öffentlichen Schatz hat; und jedermann sagt, Straßburg allein besäße einige Millionen Gulden. Dies kommt daher, daß sie keine Ausgaben haben, die ihnen das Geld aus der Hand zögen, als die für die Unterhaltung ihrer Verteidigungsmittel und Vorräte. Wenn aber die erste Anschaffung einmal gemacht ist, so kostet sie die Erneuerung nicht viel. Sie haben in dieser Hinsicht eine sehr schöne Einrichtung. Ihre öffentlichen Vorratskammern sind immer mit Lebensmitteln, Getränken und Brennholz für ein Jahr angefüllt; ebenso haben sie Rohstoffe zur Verarbeitung, um bei einer Belagerung die Menge, die von ihrer Hände Arbeit lebt, ein ganzes Jahr lang ohne Verlust der Stadt ernähren zu können. Die Soldaten kosten nichts, weil die Bürger bewaffnet und in Übung erhalten werden.[10] Für Besoldung und andere Dinge geben sie wenig aus, so daß jede Stadt als Gemeinwesen reich ist. Es fehlt nur, daß sie sich mit den Fürsten vereinigen, die Unternehmungen des Kaisers zu unterstützen, oder daß sie es selbst ohne die Fürsten tun wollen, was genügen würde. Die, welche davon sprechen, die Ursache der Uneinigkeit sei das vielfach entgegengesetzte Streben, das man in diesem Lande findet, sagen, zwei Hauptspaltungen seien die, daß die Schweizer von ganz Deutschland angefeindet werden, und die Fürsten vom Kaiser. Es scheint vielleicht sonderbar zu sagen, die Schweizer und die Städte seien feind, da doch beide nach demselben Ziel strebten, ihre Freiheit zu erhalten und sich vor den Fürsten zu schützen. Doch diese ihre Uneinigkeit entsteht daraus, daß die Schweizer nicht nur Feinde der Fürsten sind, sondern auch Feinde der Edelleute. Denn es gibt in ihrem Land weder Fürsten noch Adel, und sie erfreuen sich, ohne irgendeine Unterscheidung der Bürger, außer denen, die in den Magistraten sitzen, einer freien Freiheit. Dies Beispiel der Schweizer fürchten die Edelleute, die noch in den Städten geblieben sind, und alle ihre Sorge geht dahin, die Uneinigkeit zu erhalten und Freundschaft zu verhindern. Feinde der Schweizer sind auch alle die aus den Städten, welche Kriegsleute sind, und zwar aus einer natürlichen Eifersucht, da sie weniger geschätzt zu sein glauben als jene.

[10] Vgl. unten: *Politischer Zustand Deutschlands*, wo dieser und andere Abschnitte wiederholt werden.

Dies geht so weit, daß man weder so viel noch so wenig in einem Lager vereinigen kann, ohne daß es Zweikämpfe und Gefechte zwischen ihnen gibt.

Was die Feindschaft der Fürsten gegen die Städte und die Schweizer betrifft, so ist es nicht nötig, ausführlicher darüber zu sprechen, da dies eine bekannte Sache ist, sowie auch die Feindschaft zwischen dem Kaiser und den Fürsten. Zu bemerken ist, daß der Kaiser, der hauptsächlich die Fürsten haßt und sie nicht selbst demütigen konnte, sich hierzu der Unterstützung der Städte bedient hat. Aus demselben Grund hält er sich seit einiger Zeit mit den Schweizern, und es scheint schon einiges Vertrauen zwischen ihnen zu herrschen.

Betrachtet man so alle diese allgemeinen Spaltungen und rechnet man dann die hinzu, die zwischen einem Fürsten und dem andern, zwischen einer Stadt und der andern bestehen, so wird man die Ursache finden, die die Einigkeit des Reiches schwer macht, welche der Kaiser nötig hätte. Was aber jeden in Hoffnung hielt, der früher den Kaiser als stark darstellte und glaubte, seine Unternehmungen würden leicht gelingen, war, daß man keinen Fürsten in Deutschland sah, der sich hätte seinen Plänen widersetzen können, wie dies früher gewesen war. Dies war und ist ganz richtig; aber das, worin man sich täuschte, war, daß der Kaiser nicht nur zurückgehalten werden kann, indem Krieg und Rebellion in Deutschland gegen ihn ausbricht, sondern daß er auch zurückgehalten werden kann, indem ihm nicht geholfen wird. Wer nämlich nicht wagt, mit ihm Krieg anzufangen, wagt, ihm Hilfsvölker zu versagen; und wer sie ihm nicht zu versagen wagt, hat – wenn er sie versprochen hat – Mut genug, sie nicht zu schicken; und wer auch das nicht wagt, wagt doch, die Absendung so sehr zu verzögern, daß sie zu spät kommen, um ihm etwas zu nützen. Alle diese Dinge schaden ihm und stören ihn. Man erkennt dies daraus, daß ihm, wie oben gesagt wurde, der Reichstag 19.000 Mann versprach, und daß man nie so viel sah, daß es nur 5000 gewesen wären. Dies muß teils aus den obengenannten Gründen kommen, teils daher, daß er Geld statt Soldaten genommen, und auch wohl fünf statt zehn.

Um aber zu einer weiteren Erklärung über Deutschlands Macht und Uneinigkeit zu kommen, sage ich, daß diese Macht viel mehr in den Städten besteht als in den Fürsten. Es gibt nämlich zweierlei Gattungen von Fürsten: weltliche und geistliche. Die weltlichen sind zu einer großen Schwäche herabgedrückt, teils durch sich selbst, da wegen der bei ihnen herkömmlichen Erbteilung jedes Fürstentum unter mehrere Fürsten verteilt ist; teils weil sie der Kaiser mit Hilfe der Städte gedemütigt hat, wie ich gesagt habe. Sie sind daher unnütze Freunde und wenig furchtbare Feinde. Was die geistlichen Fürsten betrifft, so hat sie zwar die Erbteilung nicht geschwächt, allein der Ehrgeiz ihrer Städte, vom Kaiser unterstützt, hat sie so sehr erniedrigt, daß die Erzbischöfe, Kurfürsten und die anderen Fürstenbischöfe in ihren eigenen großen Städten nichts machen können. Die Folge davon ist, daß sie, wegen ihrer Entzweiung mit ihren Städten, den Kaiser in seinen Unternehmungen nicht unterstützen könnten, wenn sie auch wollten.

Kommen wir aber zu den freien Reichsstädten, dem Nerv des Landes, wo Geld und Ordnung sind. Diese sind aus vielen Gründen in ihrer Freiheit zurückhaltend für die Eroberung eines ausgedehnten Gebietes, und was sie nicht für sich selbst begehren, das liegt ihnen auch nicht am Herzen, einem anderen zu erobern. Dann sind es auch so viele und jede ihr eigener Herr, daß ihre Bewaffnungen, wenn sie solche machen wollen, zu spät kommen und nicht soviel Nutzen bringen wie erforderlich wäre. Den Beweis davon sah man, als vor einigen Jahren die Schweizer die Staaten Maximilians und Schwaben angriffen: Se. Majestät schloß mit den Städten des schwäbischen Bundes zur Züchtigung der Schweizer einen Vertrag, und sie machten sich verbindlich, 14000 Mann ins Feld zu schicken. Nie aber kam die Hälfte zusammen; denn, wenn die Mannschaft einer Stadt kam, ging die der anderen wieder fort. So schloß der Kaiser, an diesem Feldzug verzweifelnd, mit den Schweizern Frieden und ließ ihnen Basel. Nun kann man sich denken, was sie für fremde Unternehmungen tun werden, wenn sie es in ihren eigenen Angelegenheiten so machen. Alle diese Dinge zusammen aber bewirken, daß ihre Macht nicht viel bedeutet und dem Kaiser wenig nützt. Weil die Venezianer durch ihren Umgang mit den Kaufleuten der Städte Deutschlands dies Land besser kennen als jeder andere italienische Staat, so haben sie auch am besten widerstanden. Hätten sie seine Macht gefürchtet, so würden sie sich nicht widersetzt haben oder, wenn sie sich auch widersetzt hätten, so würden sie es doch nicht verwundet haben, wenn sie geglaubt hätten, es könne sich vereinen. Weil sie aber der Unmöglichkeit versichert zu sein glaubten, so blieben sie fest, wie man gesehen hat.

Trotzdem hängen fast alle Italiener am Hof des Kaisers, die ich über die obigen Dinge sprechen hörte, immer noch an der Hoffnung, daß sich Deutschland bald vereinen und dem Kaiser aufrichtig anschließen werde, und daß es nun mit Feldherren und Soldaten werde so gehalten werden, wie vor einem Jahr auf dem Konstanzer Reichstag besprochen wurde, und daß der Kaiser jetzt notgedrungen nachgeben werde und sie bereitwillig handeln werden, um die Ehre des Reiches wiederherzustellen; und der Waffenstillstand werde sie nicht kümmern, als vom Kaiser, nicht von ihnen, geschlossen. Dem entgegnen manche, man könne nicht gut glauben, daß dies so kommen werde; denn man sehe jeden Tag, daß die Angelegenheiten in einer Stadt, die viele angehen, vernachlässigt werden; es müsse dies also in einem Land noch viel mehr der Fall sein. Dann wissen auch die Städte, daß die Eroberung Italiens für die Fürsten, nicht für sie sein würde; da diese persönlich sich der Länder Italiens erfreuen könnten, nicht sie. Wo aber der Gewinn nicht gleich ist, geben die Menschen ungern gleichen Einsatz. So bleiben diese Meinungen unentschieden, ohne daß man sich darüber einigen kann, was kommen wird.

Dies ist, was ich über Deutschland gehört habe. Was die anderen Dinge betrifft, wie es mit Krieg und Frieden zwischen diesen Fürsten gehen könne, so habe ich vielerlei sagen hören, das aber alles nur auf Vermutungen begründet ist, die ich nicht wiederholen will, da ihr sie zu Hause mit besseren Nachrichten und richtigem Urteil selbst anstellen könnt.

Über den Kaiser Maximilian

Für den Gesandten
1509

Da ich schon bei meiner Rückkehr vor einem Jahr über die Angelegenheiten des Kaisers und Deutschlands geschrieben habe, so weiß ich jetzt nichts mehr zu sagen. Ich wiederhole nur über die Natur des Kaisers, daß seine Verschwendung alles übersteigt, was man in unserer und der früheren Zeit gesehen hat. Dies hat zur Folge, daß er immer bedürftig ist, und keine Summe ist groß genug, daß sie ihm genügte, mag auch seine Lage noch so günstig sein. Er ist schwankend; denn heute will er etwas und morgen nicht mehr; er will, was er nicht haben kann, und was er haben kann, mag er nicht; er ergreift daher immer seine Maßregeln verkehrt. Auf der anderen Seite ist er ein großer Kriegsmann, er hält und führt gut ein Heer mit Gerechtigkeit und Ordnung. Er erträgt jede Strapaze gleich dem Abgehärtetsten, in der Gefahr ist er mutvoll, so daß er als Feldherr keinem nachsteht. Er ist leutselig, wenn er Audienz erteilt, er will sie aber erteilen, wann es ihm beliebt, und er will von den Gesandten nur dann aufgewartet haben, wenn er nach ihnen schickt. Er ist sehr verschlossen; sein Geist und Körper ist immer in beständiger Bewegung; aber häufig zerstört der Abend, was der Morgen abschließt.

Dies macht die Aufträge bei ihm schwierig; denn das wichtigste für einen Gesandten, der sich für einen Fürsten oder eine Republik auswärts befindet, ist, daß er richtig herleitet, was kommen wird, sowohl aus dem, was im Werk ist, als aus dem, was geschehen ist. Wer hieraus weise erschließt und seine Vermutungen seinen Oberen gehörig zu wissen tut, ist Grund dafür, daß sein Auftraggeber mit seinen Angelegenheiten immer weiter vorwärtskommen und sich zu gehöriger Zeit vorsehen kann. Wenn dieser Teil geschickt getan wird, so bringt es dem Gesandten Ehre und seiner Regierung Vorteil; das Gegenteil tritt ein, wenn er schlecht getan wird. Ich will die Sache näher erklären.

Ihr werdet an einem Ort sein, wo man zwei Dinge betreiben wird, Krieg und Unterhandlungen. Um Euren Dienst wohl zu tun, habt Ihr zu schreiben, welche Meinung man über beides hat. Der Krieg ist zu messen an den Truppen, am Geld, an der Führung und am Glück; wer mehr von diesen Dingen hat, von dem läßt sich glauben, daß er siegen wird. Habt Ihr hiernach erwogen, wer siegen könne, so ist es nötig, daß man es hier erfahre, damit Ihr und die Stadt zweckmäßiger beschließen und handeln könnt.

Die Unterhandlungen werden von verschiedener Art sein, nämlich was zwischen den Venezianern und dem Kaiser angefangen wird, dann zwischen dem

Kaiser und Frankreich, dann zwischen dem Kaiser und Papst, dann zwischen dem Kaiser und Euch. Bei Euren eigenen Unterhandlungen muß es Euch leicht sein, zu folgern und zu sehen, welchen Zweck der Kaiser mit Euch hat, was er will, wonach sein Sinn steht, was für Umstände es sind, die ihn zurückziehen oder vorwärtstreiben können; und wenn Ihr sie gefunden habt, muß es Euch ebenfalls leicht sein, zu sehen, ob es besser ist, abzuwarten oder abzuschließen. Hiernach zu handeln, wird dann je nach den Grenzen Eurer Vollmacht bei Euch stehen.

Über die Pisanische Angelegenheit

An den Rat der Zehn
1499

Da niemand daran zweifelt, daß es nötig ist, Pisa wiederzuerlangen, wenn wir die Freiheit erhalten wollen, so will ich dies weiter nicht beweisen und berufe mich auf die Gründe, die Ihr selbst kennt. Ich werde nur die Mittel untersuchen, die dazu führen oder führen können. Diese Mittel scheinen mir entweder Gewalt zu sein oder Liebe, indem die Stadt entweder durch Belagerung wiedererobert wird oder sich Euch freiwillig in die Hände gibt. Da nun dieses letztere der sicherste und folglich der wünschenswerteste Weg wäre, so wollen wir untersuchen, ob ein Gelingen auf diese Weise möglich ist oder nicht. Wir erörtern dies wie folgt:

Wenn Pisa ohne Feldzug in Eure Hände kommen soll, so muß es sich Euch entweder selbst wieder in die Arme werfen, oder ein anderer, der Herr darüber wäre, müßte Euch ein Geschenk damit machen. Wie sehr man glauben kann, daß die Pisaner geneigt sind, von selbst unter Euer Patronat zurückzukehren, das zeigt der gegenwärtige Augenblick. Von aller Hilfe im Stich gelassen, allein geblieben und sehr schwach, von Mailand nicht angenommen, von Genua abgewiesen, vom Papst nicht gern gesehen und von Siena wenig unterstützt, bleiben sie hartnäckig. Sie nähren sich mit der unnützen Hoffnung auf andere und hoffen auf Eure Schwäche und Uneinigkeit. Nie wollten sie – so groß ist ihre Treulosigkeit – eine Sendung oder nur das geringste Zeichen von Euch annehmen. Wenn sie, also in ihrer jetzigen großen Bedrängnis ihren Sinn nicht beugen, so kann und darf man auf keine Weise glauben, daß sie sich selbst jemals freiwillig unter Euer Joch begeben werden.

Die Stadt könnte Euch von dem, der sie besäße, abgetreten werden. Hier müssen wir betrachten, daß ein solcher, der sie besäße, entweder von ihr herbeigerufen hineinkommen müsse oder mit Gewalt. Wäre er mit Gewalt hineingekommen, so ist kein Grund vorhanden, warum er sie Euch abtreten sollte; denn wer stark genug ist, hineinzukommen, ist auch stark genug, sie für sich zu behalten und zu behaupten, und Pisa ist keine Stadt, die man gerne wieder hergibt, wenn man sie einmal hat. Wäre er mit Liebe und von den Pisanern herbeigerufen hineingekommen, so scheint es mir nach dem neuerlichen Beispiel der Venezianer nicht glaubhaft, daß ihnen jemand die Treue brechen wollte, sie unter dem Namen, sie verteidigen zu wollen, verriete und Euch auslieferte. Wollte aber ein solcher Besitzer doch, daß sie unter Euren Namen zurückkehrte, so würde er sie verlassen und Euch als Beute preisgeben, wie es die Venezianer getan haben. Aus diesen Gründen sehe ich keinen Weg, wie Pisa, ohne Gewalt zu gebrauchen, wiedererobert werden kann.

Da also die Gewalt notwendig ist, so will ich betrachten, ob es jetzt gut ist, Gewalt zu brauchen oder nicht. Um dem Feldzug gegen Pisa ein Ende zu machen, muß man es entweder durch Einschließung und Hunger, oder durch Belagerung, indem man Geschütz vor die Mauern führt, einnehmen. Was den ersten Teil, die Einschließung, anlangt, ist zu erwägen, ob die Luccaner verhindern wollen oder können, daß aus ihrem Land Lebensmittel nach Pisa kommen. Wollten oder könnten sie dies, so stimmt jedermann überein, daß es dann genügte, allein die Meeresküste zu bewachen. Zu diesem Zweck würde es dann ausreichen, ein Lager zu San Pietro in Grado zu halten mit einer Brücke über den Arno, über welche Eure Soldaten auf ein gegebenes Zeichen an die Mündung des Altwassers oder des Serchio, wo es gerade nötig wäre, hineilen könnten; nach Librafatti und ebenso nach Cascina würde man einige Pferde und etwas Fußvolk legen. Man zweifelt aber am Willen der Luccaner, und es ist sogar zu bezweifeln, ob sie, selbst wenn sie wollen, ihr Land gesperrt halten können, da die zu bewachende Strecke ausgedehnt ist und ihre Untertanen nicht völlig gehorsam sind. Man denke daher, man dürfe sich, um Pisa wirksam einzuschließen, nicht ganz darauf verlassen, daß diese Seite von den Luccanern bewacht wird; die Florentiner hätten vielmehr zu bedenken, daß es nicht an einem Lager bei San Pietro in Grado genug sei und daß man noch ein anderes oder zwei errichten müsse, wie man dies für besser halten oder können würde. Die richtigste und sicherste Art, wird daher gesagt, wäre, drei Lager zu errichten: eins zu San Pietro in Grado, das andere bei San Jacopo, das dritte am Schlachthaus oder bei N ... Einschließlich der Sturmhauben und der leichten Reiterei, die wir haben, würden 20 Helme, 100 leichte Reiter und 800 Mann zu Fuß in das Lager kommen. Die Lager, in diesem Dreieck aufgestellt, würden Pisa eingeschlossen halten, auch gegen den Willen der Luccaner; sie würden sicher sein, indem sie sich mit Gräben verschanzten, was sie wohl zu tun verstünden, und sie würden die Pisaner so sehr entmutigen, daß diese bald die Segel streichen müßten. Da die Luft bei San Pietro in Grado schlecht ist, wo beim längeren Aufenthalt eines Lagers leicht Krankheiten entstehen könnten, und da es vielleicht zu belastend ist, drei Lager zu unterhalten, so könnte man das genannte Lager von San Pietro in Grado nur so lange dort lassen, bis eine große Schanze für 300 bis 400 Mann Besatzung erbaut wäre, was in einem Monat geschehen sein würde. Nach Erbauung der Schanze würde man das Lager aufheben, die Besatzung der Schanze dort lassen und es bei den zwei anderen Lagern bewenden lassen; so hätte man die Ausgaben für drei Lager nur einen Monat. Eine oder die andere von diesen beiden genannten Arten, entweder drei Lager oder eine Schanze mit zwei Lagern, ist das, was diese Herren Condottieri am meisten billigen und was sie für das nützlichste und geeignetste halten, Pisa auszuhungern. Wenn Ihr aber keine so großen Ausgaben haben und nur zwei Lager errichten wollt, so ist es durchaus notwendig, das eine zu San Pietro in Grado zu halten, und zwar entweder immer, wenn Ihr keine Schanze baut, oder, wenn Ihr sie baut, so lange, bis sie fertig ist. Das andere Lager, sagen sie, sei an den Poggiolo zu legen, oberhalb der Capellesischen Brücke; es hätte Casoli und die Berge zu bewachen. Einer der Herren bezweifelt, ob von diesem Lager aus Casoli gut bewacht werden könne. Seiner Meinung nach müßte man dort eine Schanze für 1100 Mann bauen; was die Berge betrifft, müßte man nach Verruca 200 oder ins Valle Calci 400 Fußknechte legen, oder zwischen Lucinari und den Arno eine Schanze für 100 Mann bauen und wenigstens 50 Pferde nach Cascina legen. Dies wäre eine andere Art, Pisa einzuschließen, aber nicht so kräftig wie eine der zwei ersten, mit drei Lagern oder mit der Schanze und zwei Lagern. Indessen könnte man entweder die drei Lager halten, während die Schanze gebaut wird, und sich nach der Erbauung auf zwei Lager beschränken, oder aber während der Erbauung der Schanze zwei Lager halten und dabei das andere tun, was oben gesagt ist. Nach der Erbauung der Schanze ließe man die Besatzung darin und beschränkte sich mit den zwei Lagern auf die obengenannten Stellen, bei San Jacopo das eine, das andere am Schlachthaus oder an der Capellesischen Brücke. Der Kostenunterschied zwischen beiden Arten beträgt so viel, als man einen Monat lang für 1000 Fußknechte mehr ausgeben muß.

Etwas anderes haben die Herren in Erwägung gezogen, ob nämlich die Schanze bei San Pietro in Grado zu bauen sei oder nicht. Einer hat folgende Unterscheidung gemacht:

Wenn die Florentiner im Sinn haben, Pisa mit Gewalt zu nehmen, im Fall sie es nicht aushungern können, so halte ich die Schanze für überflüssig; denn heute über einen Monat, wenn sie gebaut sein wird, ist es Zeit, vor die Mauern zu rücken, das heißt Anfang Mai; so ist das Geld für die Schanze weggeworfen. Haben sie nicht im Sinn, Gewalt zu versuchen, sondern bei der Einschließung zu bleiben, so urteilt jeder, die Schanze sei zu bauen.

Ein anderer sagt, daß die Florentiner doch die Schanze bauen sollen, wenn sie auch Gewalt versuchen wollen; denn die Gewalt könnte mißlingen, und in diesem Fall könnten sie, wenn die Schanze gebaut wäre, die Einschließung fortsetzen.

Die Herren haben auch untersucht, ob man davon ausgehen kann, daß die Einschließung ohne Gewalt ausreichen werde. Ihre Meinung ist, daß die Einschließung allein nicht ausreicht; denn sie glauben, daß die Stadt bis zur Ernte Lebensmittel hat, nach der Aussage von Leuten, die aus Pisa kommen, und nach den dortigen Brotpreisen. Die Pisaner aber sind hartnäckig und entschlossen, viel zu leiden, und man sieht nicht, daß sie jetzt nur einen kleinen Teil von dem litten, was zu leiden sie ihre Hartnäckigkeit bewegen kann. Die Herren denken daher, daß Ihr gezwungen sein werdet, Gewalt zu versuchen. Dagegen sind sie der Meinung, daß es den Pisanern unmöglich sein werde zu widerstehen, wenn Ihr auf die obigen Arten verfahrt, um sie vierzig bis fünfzig Tage, so eng Ihr könnt, eingeschlossen zu halten; und wenn Ihr während dieser Zeit soviel waffenfähige Männer wie möglich aus Pisa herausbringt, und nicht nur die, welche heraus wollen, sondern auch die, welche nicht wollen, indem Ihr Preise aussetzt, damit sie herauskommen. Überhaupt müßtet Ihr Erlaubnis geben, daß aus der Stadt geht, wer will, Weiber, Kinder, Greise, alle; denn alle sind zur Verteidigung gut. Wenn sodann diese Zeit vorüber ist, so müßtet Ihr rasch so viele Fußtruppen wie möglich zusammenbringen, zwei Breschebatterien errichten und für alles übrige sorgen, was nötig ist, an die Mauer heranzukommen. So wird Pisa, leer von Verteidigern, auf zwei Seiten beschossen, unmöglich anders als durch ein Wunder drei bis vier Stürmen widerstehen können, wie die Erfahrensten in diesen Dingen bewiesen haben.[1]

[1] Pisa wurde auf die erklärte Weise eingeschlossen und ergab sich, durch Hunger gezwungen, den Florentinern.

Politischer Zustand Frankreichs am Anfang des sechzehnten Jahrhunderts

1510

Die Krone und die Könige von Frankreich sind heute stärker, reicher und mächtiger als je, und zwar aus den folgenden Gründen:

Da die Krone durch Erbfolge übergeht, so ist sie reich geworden, indem der König manchmal keine Kinder oder sonstige Erben hat und so sein Privatvermögen und seine Familienbesitzungen der Krone bleiben. Da nun dies mit vielen Königen der Fall war, so ist die Krone durch die vielen Staaten, die an sie gekommen sind, reich geworden. So war es mit dem Herzogtum Anjou und wird beim jetzigen König[1] so kommen; denn da er keine Söhne hat, so wird das Herzogtum Orléans und der Staat Mailand der Krone anheimfallen. Auf diese Weise gehören heute alle guten Städte Frankreichs der Krone, nicht ihren eigenen Baronen.

Eine andere sehr mächtige Ursache der Stärke des Königs ist die: Früher war Frankreich nicht einig wegen der mächtigen Barone, die sich erdreisteten und Mut genug hatten, gegen den König Krieg zu führen, wie ein Herzog von Guyenne und von Bourbon. All diese Barone leisten heute unbedingten Gehorsam. Der König ist daher stärker.

Eine weitere Ursache ist diese: Jeder benachbarte Fürst hatte Mut genug, das Königreich Frankreich anzugreifen, und zwar deshalb, weil immer ein Herzog von Bretagne, oder ein Herzog von Guyenne, oder von Burgund, oder ein Graf von Flandern da war, der ihm Spielraum gab, ihm den Durchgang gewährte, ihn aufnahm. Als zum Beispiel England mit Frankreich im Krieg war, machte es immer durch einen Herzog von Bretagne dem König zu schaffen; ebenso ein Herzog von Burgund durch einen Herzog von Bourbon. Da hingegen jetzt die Bretagne, Guyenne, Bourbonnais und der größere Teil von Burgund folgsame Untertanen des Königs sind, so fehlen nicht nur fremden Fürsten diese Mittel, in das Königreich einzufallen, sondern sie haben sie heute zu Feinden. So ist der König, weil er diese Staaten besitzt, mächtiger und der Feind schwächer.

Eine weitere Ursache ist ferner, daß heute die reichsten und mächtigsten Barone Frankreichs aus königlichem Blut stammen und zur königlichen Linie gehören, so daß, wenn ein Höherer oder Bevorrechteter stirbt, die Krone auf einen jeden von ihnen kommen kann. Jeder hält sich deshalb mit der Krone

[1] Ludwig XII.

gut, in der Hoffnung, daß sie auf ihn selbst oder seine Söhne übergehen könne. Sich gegen sie zu empören oder sie anzufeinden würde ihnen mehr schaden als nützen, wie der jetzige König fast erfahren mußte. Er war in der Schlacht in der Bretagne gefangen worden, als er auf der Seite des Herzogs gegen Frankreich stand, und es war nach Karls VIII. Tod strittig, ob er nicht durch dies Vergehen und den Abfall von der Krone das Recht der Thronfolge verloren habe. Hätte er nicht durch seine Ersparnisse viel Geld gehabt, das er am rechten Ort ausgeben konnte, und wäre der Herzog von Angoulême, der nach ihm König werden konnte, nicht ein kleines Kind gewesen, so hätte es schlimm mit ihm gestanden. Aus diesen Gründen jedoch, und weil er einen Anhang hatte, wurde er zum König gewählt.

Die letzte Ursache ist die, daß die Besitzungen der Barone Frankreichs nicht unter die Erben geteilt werden, wie in Deutschland und in mehreren Teilen Italiens. Sie gehen immer auf die Erstgeborenen über und diese sind die eigentlichen Erben. Die anderen Brüder finden sich damit ab und widmen sich, von ihrem erstgeborenen Bruder unterstützt, sämtlich den Waffen. In diesem Stand bestreben sie sich, darin so hoch zu steigen und in eine Lage zu kommen, daß sie sich selbst eine Herrschaft erkaufen können, und mit dieser Hoffnung nähren sie sich. Die Folge davon ist, daß die Französischen Schweren Reiter heute die besten sind, die es gibt, da sie alle Edle sind und Söhne von Herren und sich bereit halten, es selbst zu worden.

Das Fußvolk, welches man in Frankreich aushebt, kann nicht besonders gut sein, da sie lange keinen Krieg im Land hatten und also keine Erfahrung haben können. Dann sind auch in den Städten alle unedel und Handwerksleute; sie stehen so sehr unter den Edlen und werden in jedem Geschäfte so sehr unterdrückt, daß sie niederträchtig sind. Man sieht daher, daß sich der König ihrer im Krieg nicht bedient, weil sie sich untauglich zeigen. Nur der Gascogner bedient er sich, die ein wenig besser als die anderen sind. Dies kommt daher, daß sie als Nachbarn der spanischen Grenze ein wenig vom spanischen Charakter haben.

Doch nach dem, was man seit vielen Jahren gesehen hat, haben sie sich mehr als Diebe denn als brave Soldaten gezeigt. Zwar sind sie zum Angriff und zur Verteidigung der Festungen recht gut, im Feld dagegen sind sie schlecht; im Gegensatz zu den Deutschen und Schweizern, die im Feld ihresgleichen nicht haben, aber um Festungen zu verteidigen oder anzugreifen nichts taugen. Ich glaube, dies kommt daher, daß sie in beiden Fällen ihre Schlachtordnung nicht beibehalten können, in der sie sich im Feld aufstellen. Der König von Frankreich bedient sich daher der Schweizer und Landsknechte, weil seine Schweren Reiter, wo man dem Feinde frei gegenübersteht, auf die Gascogner kein Vertrauen haben. Wäre aber das Fußvolk so gut wie die Schweren Reiter, so ist kein

Zweifel, daß der König von Frankreich Mut genug haben würde, sich gegen alle Fürsten Europas zu verteidigen.

Die Franzosen sind von Natur mehr heftig als kräftig oder geschickt, und wenn man beim ersten Angriff ihrem Ungestüm widerstehen kann, so werden sie so demütig und verlieren so sehr den Mut, daß sie feige wie Weiber werden. Auch können sie die Strapazen und Entbehrungen nicht ertragen und vernachlässigen daher nach einiger Zeit den Dienst so sehr, daß es leicht ist, sie zu überwinden, wenn man sie in ihrer Unordnung angreift. Man hat davon im Königreich Neapel sehr oft den Versuch gesehen; zuletzt am Garigliano, wo sie um die Hälfte stärker waren als die Spanier, und wo man glaubte, sie würden sie jeden Augenblick verschlingen. Als aber der Winter anfing und starker Regen fiel, fingen sie an, einzeln in die umliegenden Ortschaften zu gehen, um es dort bequemer zu haben. So blieb das Lager leer und in schlechter Ordnung, so daß die Spanier gegen jede vernünftige Erwartung Sieger wurden. Dasselbe würde den Venezianern gelungen sein, wenn sie die Schlacht bei Vaila nicht verloren hätten und wenigstens zwanzig Tage, ohne sich auf einen Kampf einzulassen, mit den Franzosen in gleicher Höhe marschiert wären; doch das Ungestüm Bartolommeo d'Alvianos fand ein größeres Ungestüm. Dasselbe würde auch den Spaniern bei Ravenna gelungen sein. Wenn sie nur den Franzosen nicht nachrückten, so brachten sie sie in Anbetracht ihres wenig kräftigen Kommandos und des Mangels an Lebensmitteln in Unordnung; von der Seite von Ferrara schnitten die Venezianer die Zufuhr ab, und was von Bologna kam, hätten die Spanier selbst zurückgehalten. Da aber der eine wenig Umsicht, der andere noch weniger Urteil hatte, so blieb das französische Heer Sieger, obgleich der Sieg blutig war. Wenn aber das Blutbad groß war, so würde es doch noch größer gewesen sein, wenn der Nerv der Streitkräfte beider Heere von derselben Waffengattung gewesen wäre. Doch das französische Heer war stark durch seine Schweren Reiter, das spanische durch sein Fußvolk, und deshalb war das Gemetzel so groß. Wer also die Franzosen überwinden will, hüte sich vor ihrem ersten Angriff; denn sie hinhaltend, wird er sie besiegen. Cäsar sagte daher: Die Franzosen seien am Anfang mehr als Männer, am Ende weniger als Weiber.

Frankreich ist durch seine Ausdehnung, Größe und den Vorteil der großen Flüsse, die es bewässern, fruchtbar und wohlhabend. Die Lebensmittel und die Handarbeit gelten wenig oder nichts wegen des Geldmangels beim Volk, das kaum so viel zusammenbringen kann, dem Herrn die Steuern zu bezahlen, obgleich sie sehr gering sind. Dies kommt daher, daß sie die Lebensmittel nicht anbringen können, da jedermann so viel einerntet, daß er verkaufen kann, so daß, wenn einer in einem Ort einen Scheffel Korn verkaufen wollte, er keinen Käufer fände, da jeder selbst zu verkaufen hat. Die Edelleute geben von dem

Geld, das sie von den Untertanen ziehen, außer für Kleidung nichts aus; denn sie haben zur Nahrung selbst Vieh genug, eine Menge Geflügel, Seen und Jagden voll jeder Gattung von Wild; so ist es im ganzen Land. Das Geld kommt daher alles in die Kassen der Herren, die heute wohlgefüllt sind. Hat aber einer vom Volk einen Gulden, so glaubt er reich zu sein.

Die Prälaten ziehen zwei Fünftel der Einkünfte und Reichtümer des Reiches; denn es gibt hier viele Bistümer, die das Weltliche und Geistliche vereinigen. Da sie ferner ausreichende Lebensmittel *in natura* haben, so gehen alle Steuern und Gelder, die in ihre Hände kommen, der geizigen Natur der Prälaten und Geistlichen entsprechend, niemals wieder heraus. Was an die Orden und Klöster kommt, wird für Silber, Edelsteine und anderen reichen Kirchenschmuck ausgegeben. So macht, was die Kirchen besitzen und was die Prälaten an Gold und Silber einzeln haben, einen unermeßlichen Schatz aus.

Bei der Beratung und an der Verwaltung der Kronbesitzungen und des Staates haben immer die Prälaten den größten Anteil. Die anderen Herren kümmern sich nicht darum, weil sie wissen, daß die Ausführung durch sie geschehen muß. Beide Teile begnügen sich also, der eine mit dem Anordnen, der andere mit dem Ausführen. Was das erste betrifft, so nehmen doch auch alte ehemalige Kriegsmänner teil daran, wo es sich um Krieg und was dazu gehört, handelt; denn hier können sie die Prälaten beraten, die darin keine Erfahrung haben.

Die Pfründen des Königreichs werden der pragmatischen Sanktion gemäß, die sie vor schon längerer Zeit von den Päpsten erhalten haben, durch ihre Kollegien verliehen. Wenn ein Bischof oder Erzbischof stirbt, dann versammeln sich die Domherren und übertragen die Pfründe dem unter ihnen, den sie für den würdigsten halten. Sie haben deshalb häufig Streitigkeiten, weil sich immer welche finden, die sich durch Geld Gönner erwerben, und auch manchmal einer durch sein Verdienst und gute Werke. Auf dieselbe Weise verfahren die Mönche, wenn sie ihre Äbte ernennen.

Die übrigen kleinen Pfründen werden von den Bischöfen, in deren Sprengel sie gehören, verliehen. Wenn der König bisweilen dieser Pragmatik zuwiderhandeln will, indem er einen Bischof wählt, wie er ihn will, so muß er Gewalt brauchen, weil sie sich weigern, ihn in Besitz der Pfründe zu setzen; werden sie aber dazu gezwungen, so pflegen sie nach dem Tod des Königs den Prälaten wieder abzusetzen und dafür einen aus sich zu wählen.

Die Natur des Franzosen ist lüstern nach fremdem Gut, das er dann samt dem eigenen verschwendet. Er stiehlt auf das geschickteste, um viel Geld ausgeben zu können und um es selbst mit dem zu verjubeln, dem er es gestohlen hat. Eine der spanischen entgegengesetzte Natur; denn von dem, was dir der Spanier stiehlt, siehst du nie etwas.

Frankreich fürchtet die Engländer sehr wegen der häufigen Angriffe und großen Verheerungen, die sie einst im Reich angerichtet haben. Dem Volk ist deshalb der englische Name furchtbar, weil es nicht unterscheidet, daß Frankreich heute ganz anders gestaltet ist als in jenen Zeiten. Jetzt ist es bewaffnet, kriegserfahren und einig, und es besitzt die Staaten, wo die Engländer im Krieg immer einen festen Fuß hatten, wie das Herzogtum Bretagne und Burgund.

Die Engländer hingegen sind nicht diszipliniert, da sie schon so lange keinen Krieg mehr hatten, daß von den heute Lebenden keiner einem Feind ins Auge geschaut hat; ebensowenig wäre außer dem Erzherzog jemand da, der sie nach der Landung unterstützen könnte.

Die Spanier würden sie wegen ihrer Schlauheit und Wachsamkeit sehr fürchten. Doch, wenn der König von Spanien Frankreich angreifen will, so kann er es nur unter großen Schwierigkeiten tun. Denn von dem Staat, von wo er aufbräche, bis an den Punkt, wo die Pässe der Pyrenäen in Frankreich sich öffnen, ist ein so weiter unfruchtbarer Weg, daß jedesmal, wenn die Franzosen diese Pässe, sowohl wo sie auf der Seite von Perpignan als auf der Seite von Guyenne sich öffnen, versperren, sein Heer in Unordnung geraten könnte, wenn auch nicht in Hinsicht auf Hilfstruppen, doch wenigstens in Hinsicht auf Lebensmittel, da sie so weit hergebracht werden müssen. Das Land nämlich, das er unmittelbar hinter sich läßt, ist wegen seiner Unfruchtbarkeit fast unbewohnt, und das, welches bewohnt ist, hat kaum für die eigenen Einwohner zu leben. Aus diesem Grunde fürchten die Franzosen von der Seite der Pyrenäen her die Spanier wenig.

Vor den Flamländern fürchten sich die Franzosen nicht. Die Ursache ist die, daß die Flamländer wegen ihres kalten Landes nicht genug Lebensmittel ernten, besonders kein Korn und keinen Wein, die sie aus Burgund, aus der Picardie und den anderen Staaten Frankreichs beziehen müssen. Auch leben die Flamländer von Handarbeit und setzen ihre Waren auf den französischen Märkten, besonders zu Lyon und Paris, ab; denn auf der Seite des Meeres können sie sie nicht absetzen, und in Deutschland zu ist es ebenso, weil man dort mehr hat und anfertigt als sie. Sooft sie daher des Handels mit Frankreich entbehren würden, könnten sie ihre Waren nicht absetzen; sie würden dann nicht nur die Lebensmittel entbehren, sondern den Nutzen ihrer Arbeit. Flandern wird daher nie anders als gezwungen mit Frankreich Krieg anfangen.

Die Schweizer fürchtet Frankreich sehr wegen ihrer Nachbarschaft und wegen der plötzlichen Einfälle, die sie machen können und denen man wegen ihrer Schnelligkeit unmöglich rechtzeitig vorbeugen kann. Sie machen eher Streifzüge und plündern, als daß sie etwas anderes unternähmen, weil sie bei ihrem Mangel an Geschütz und Pferden und bei der guten Befestigung der benachbarten französischen Städte keine großen Fortschritte machen. Dann sind auch die Schweizer ihrer Natur nach mehr fürs Feld und für die Schlacht geeignet, als zum Angriff und zur Verteidigung der Städte.

Die Franzosen lassen sich daher an diesen Grenzen ungern mit ihnen ein, weil sie kein gutes Fußvolk haben, das den Schweizern standhielte, und weil die Schweren Reiter ohne Fußvolk nichts nützen. Auch ist das Land von solcher Beschaffenheit, daß die Lanzen und Reiter schlecht verwendbar sind. Die Schweizer aber entfernen sich ungern von den Grenzen, um in die Ebene herabzusteigen, weil sie, wie ich gesagt habe, große wohlbefestigte Städte im Rücken lassen müßten. Sie fürchten, wie es auch kommen würde, an Lebensmitteln Mangel zu leiden und nicht nach Belieben wieder umkehren zu können, wenn sie in die Ebene herabkämen.

Von der Seite Italiens fürchten die Franzosen wegen der Apenninen und der großen Städte, die sie am Fuße dieses Gebirges haben, nichts. Wer Frankreich angreifen wollte, müßte diese Städte entweder belagern, und dann würde er wegen des unfruchtbaren Landes hinter sich verhungern, oder er müßte sie in seinem Rücken lassen, und dies würde eine Torheit sein. Aus diesen Gründen fürchten die Franzosen von der Seite Italiens nichts; ein weiterer Grund ist der, daß es in Italien keinen Fürsten gibt, der imstande wäre, sie anzugreifen, und daß das Land nicht vereinigt ist, wie zur Zeit der Römer.

Von der Südseite, soweit das Königreich ans Meer grenzt, fürchtet es nichts. Es liegen in den Häfen immer so viele Schiffe, die teils dem König, teils königlich Gesinnten gehören, daß diese Grenze gegen einen unvorhergesehenen Angriff verteidigt werden kann. Ist der Angriff ernstlich, so hat man Zeit, sich dagegen zu schützen; denn der Feind muß sich rüsten und vorbereiten, was jedermann erfährt. Um übrigens sicher zu gehen, liegen in der Regel in allen Grenzprovinzen Schwere Reiter in Garnison.

Die Bewachung der Städte kostet das Königreich wenig, weil die Untertanen sehr gehorsam sind; und es ist nicht gebräuchlich, im Inneren des Reiches in Kastellen Besatzungen zu halten. An den Grenzen aber, wo es einigermaßen nötig wäre, dafür Ausgaben zu machen, lagern die Schweren Reiter in Garnison und ersparen diese Kosten. Gegen einen mächtigen Angriff hat man Zeit, Vorkehrungen zu treffen, da der Feind Zeit braucht, sich zu rüsten und ein Heer zusammenzubringen.

Das Volk ist in Frankreich demütig und völlig gehorsam und hat große Ehrfurcht vor seinem König. Es lebt wegen des Überflusses an Lebensmitteln mit sehr geringem Aufwand, und jeder hat auch einiges Grundeigentum. Sie kleiden sich grob in billiges Tuch, und weder Männer noch Weiber bedienen sich irgendeiner Gattung von Seide, weil sie deshalb von den Edelleuten übel angesehen werden würden.

Die Bistümer des Reiches belaufen sich nach der neuesten Zählung auf hundertsechs, achtzehn Erzbistümer miteingerechnet.

Die Pfarreien auf eine Million und siebenhundert[2], siebenhundertundvierzig Abteien miteingerechnet. Von den Prioreien führt man kein Verzeichnis.

Die ordentlichen und außerordentlichen Einkünfte der Krone habe ich nie erfahren können. Ich habe viele gefragt, und jeder hat mir gesagt, es sei so viel, als der König haben will. Doch sagte mir jemand, ein Teil der ordentlichen Einkünfte, nämlich das, was man Steuer des Königs nennt und was aus der Naturalsteuer an Brot, Wein, Fleisch und dergleichen gelöst wird, betrage eine Million und siebenmal hunderttausend Taler. An außerordentlichen Einkünften bekommt er soviel er will, und die Auflagen zu diesem Zweck müssen hoch oder niedrig bezahlt werden, wie es dem König gefällt. Reichen sie aber nicht aus, so werden gezwungene Anleihen gemacht, die selten zurückbezahlt werden. Sie werden in königlichen Briefen verlangt, die so lauten: „Der König unser Herr empfiehlt sich euch, und weil es ihm an Geld fehlt, so bittet er euch, ihm die im Brief enthaltene Summe zu leihen.“ Diese Summe wird an den Einnehmer des Ortes bezahlt. Jede Stadt hat einen solchen Einnehmer, der sowohl den Ertrag der Naturalsteuer als auch die Auflagen und Anleihen eintreibt.

Die der Krone untertänigen Städte haben keine andere Klasseneinteilung als die, welche der König zur Gelderhebung oder zur Bezahlung der obengenannten Abgaben macht.

Die Gewalt der Barone über ihre Untertanen ist unumschränkt. Ihre Einnahme ist Brot, Wein, Fleisch, wie oben, ein Gewisses auf die Feuerstelle jährlich. Doch übersteigt der Betrag nicht sechs bis acht Sols auf die Feuerstelle das Vierteljahr und wird vierteljährlich erhoben. Auflagen oder Anleihen können sie ohne Bewilligung des Königs nicht ausschreiben, und dies wird selten bewilligt.

Die Krone bezieht von ihnen nichts anderes als den Ertrag des Salzes und besteuert sie niemals, ausgenommen in einer sehr großen Not.

Die Regel bei den außerordentlichen Ausgaben, sowohl im Krieg als sonst, ist die, daß der König den Schatzmeistern Befehl gibt, die Soldaten zu bezahlen, und diese bezahlen sie durch die Hand derer, die sie mustern. Die Pensionäre und Edelleute gehen zu den Generalintendanten und lassen sich eine Anweisung geben, die Edelleute für ihre monatliche, die Pensionäre für ihre vierteljährliche Besoldung. Hiermit gehen sie zum Einnehmer der Provinz, wo sie wohnen, und werden sogleich bezahlt.

---

[2] Die italienischen Ausgaben haben sämtlich diese sonderbare Stelle; die französische Übersetzung von Guiraudet, Paris an VII., Tom. V., pag. 419, hat 17000, ohne jedoch einen Grund für diese Änderung anzugeben.

Die Edelleute des Königs sind zweihundert an Zahl. Ihre Besoldung ist zwanzig Taler monatlich, und sie werden bezahlt *ut supra*. Jedes Hundert hat ein Oberhaupt, zu meiner Zeit waren es Ravel und Vidames.

Die Zahl der Pensionäre ist nicht bestimmt, und sie haben, der eine wenig, der andere viel, wie es dem König gefällt. Sie nähren sich mit der Hoffnung, zu höherem Rang vorzurücken; eine Regel darüber gibt es nicht.

Das Amt der Generalintendanten von Frankreich ist, mit der Zustimmung des Königs eine bestimmte Summe von der Feuerstelle und eine bestimmte Summe als Auflage zu erheben und anzuordnen, daß das Geld, sowohl für die ordentlichen als außerordentlichen Ausgaben, zur gehörigen Zeit bereit ist, das heißt, daß die Anweisungen bezahlt werden wie oben.

Die Schatzmeister haben das Geld in Verwahrung und bezahlen nach dem Befehl und den Anweisungen der Generalintendanten.

Das Amt des Großkanzlers ist wahre Herrschaft; er kann nach seiner Willkür begnadigen und verurteilen *etiam in capitalibus sine consensu regis*, und die Revision *in contumaciam* gefällter Urteile befehlen. Er kann mit der alleinigen Zustimmung des Königs die Dienste und Besoldungen übertragen, und da die Gnaden durch königliche Briefe, mit dem großen königlichen Siegel versehen, erteilt werden, so bewahrt er das große Siegel auf. Sein Gehalt ist 10.000 Franken jährlich und 11.000 Franken Tafelgeld. Unter der Tafel ist zu verstehen, daß der Großkanzler allen Mitgliedern des Rates, die ihm angehören, Advokaten und anderen Edelleuten, Mittag- und Abendmahlzeit gibt, wenn sie bei ihm speisen wollen, was häufig geschieht.

Die Pension, die der König von Frankreich dem König von England gab, belief sich auf 50.000 Franken jährlich. Sie war eine Vergütung gewisser Ausgaben, die der Vater des gegenwärtigen Königs von England im Herzogtum Bretagne gemacht hatte. Sie hat jetzt ein Ende und wird nicht mehr bezahlt.

Gegenwärtig gibt es nur einen Großseneschall in Frankreich. Wenn mehrere Seneschalls da sind (Großseneschall ist immer nur einer), so sind sie über die ordentlichen und außerordentlichen Schweren Reiter gesetzt, die die Würde jenes Amtes zum Gehorsam verpflichtet.

Statthalter der Provinzen gibt es so viele wie der König will, sie sind bezahlt, wie es dem König gut scheint, und sind auf ein Jahr oder auf Lebenszeit ernannt, wie es dem König gefällt. Auch die anderen Statthalter, bis zu den kleinsten Städten herab, sind alle vom König eingesetzt. Überhaupt ist zu bemerken, daß alle Ämter des Reichs vom König geschenkt oder verkauft werden, und von niemand anderem.

Jedes Jahr im August, manchmal im Oktober, manchmal im Januar, wie der König will, werden die Stände zusammenberufen. Die Art der Verhandlungen ist die: Die ordentlichen Ausgaben und Einnahmen des Jahres werden durch die

Generalintendanten vorgelegt und sodann die Steuern nach den Ausgaben verteilt und ausgeschrieben; die Besoldungen und Pensionäre werden vermehrt und vermindert, wie es der König befiehlt.

Die Größe der Besoldungen und die Zahl der Edelleute und Pensionäre ist nicht bestimmt; aber nichts wird durch die Rechnungskammer bestätigt, und der Befehl des Königs genügt.

Das Amt der Rechnungskammer ist, die Rechnungen aller derer nachzusehen, die die Gelder der Krone verwalten, wie der Generalintendanten, der Schatzmeister und der Einnehmer.

Die Universität von Paris wird aus den Einkünften ihrer Stiftungen bezahlt, aber spärlich.

Der Parlamente sind fünf: Paris, Rouen, Toulouse, Bordeaux und Dauphiné. Von keinem kann appelliert werden.

Die ersten Universitäten sind vier: Paris, Orléans, Bourges und Poitiers; dann Tours und Angers, die aber nicht viel taugen.

Die Garnisonen stehen, wo der König will, und so stark wie sie der König will, sowohl an Geschütz als an Soldaten. Doch haben alle Städte einige Artillerie zur Verteidigung, und seit zwei Jahren wurde an vielen Orten des Reichs, auf Kosten der Städte, viel Geschütz gegossen, zu welchem Zweck ein Denier Eingangszoll auf das Stück Vieh oder auf das Maß Getreide gelegt ist. In der Regel, wenn das Reich keinen Feind fürchtet, sind der Garnisonen vier, nämlich Guyenne, die Picardie, Burgund und die Provence. Sie werden gewechselt und vermehrt, je nachdem man um einen Punkt mehr fürchtet.

Ich habe mich zu erfahren bemüht, wie viele Gelder dem König jährlich für den Aufwand seines Hauses und seiner Person angewiesen sind. Ich finde, daß er soviel hat, wie er verlangt.

Die Zahl der Bogenschützen, der Garde des Königs, ist vierhundert, worunter hundert Schotten sind. Sie bekommen jährlich 300 Franken für den Mann und einen Waffenrock, der mit der Livree des Königs übereinstimmt. Vierundzwanzig davon bilden die Leibwache und stehen dem König immer zur Seite; sie haben jeder 400 Franken jährlich. Ihr Hauptmann ist Herr Dubigny Cursores, und unter ihm Gabriello.[3]

Die Garde zu Fuß besteht aus Deutschen, wovon hundert monatlich 12 Franken erhalten. Man pflegte früher bis zu dreihundert zu halten, die 10 Franken bekamen. Sie bekommen überdies zweimal jährlich neue Kleider, nämlich einmal im Sommer und einmal im Winter, und zwar Leibröcke und Strumpfhosen nach der Livree. Leibwache von hundert Mann hatten Leibröcke von Seide; dies war zur Zeit des Königs Karl.

[3] Stuart, comte d'Aubigny; Jacques de Crussol; Gabriel de la Châtre.

Furiere heißen die, welche für den Hof Quartier zu machen haben. Es sind zweiunddreißig, und sie bekommen jährlich 300 Franken und einen Waffenrock nach der Livree. Sie haben vier Generalquartiermeister über sich, die jeder 600 Franken erhalten. Beim Quartiermachen verfahren sie auf folgende Weise. Sie teilen sich in vier Abteilungen, jede unter ihrem Generalquartiermeister oder, wenn er bei Hof sein sollte, seinem Stellvertreter. Ein Viertel bleibt dort zurück, von wo der Hof abreist, damit die Forderungen der Hausherren berichtigt werden. Ein Viertel geht mit der Person des Königs. Ein Viertel geht dahin, wo der König ankommen soll, und bereitet die Quartiere für den Hof vor. Das letzte Viertel geht endlich dahin, wo sich der König den Tag darauf hinbegeben wird. Sie halten eine wunderbare Ordnung, so daß jeder bei seiner Ankunft seinen Platz hat, bis zu den Freudenmädchen.

Der Oberhofrichter ist ein Mann, der immer der Person des Königs folgt. Sein Amt ist wahre Herrschaft. An allen Orten, wo der Hof hingeht, ist sein Richterstuhl der erste, und selbst die Einwohner der Stadt, wo er sich befindet, können bei ihm klagen wie bei ihrem eigenen Statthalter. Wer wegen einer Kriminalsache von ihm ergriffen wird, kann nicht an das Parlament appellieren. Seine Besoldung ist in der Regel 6000 Franken. Er hält zwei bürgerliche Richter, die jeder vom König 600 Franken jährlich erhalten, sowie einen Stellvertreter in Kriminalsachen, der dreißig Bogenschützen hat, die bezahlt sind wie oben. Er spricht sowohl bürgerlich als peinlich Recht. Eine einzige Verhandlung zwischen dem Kläger und Beklagten in seiner Gegenwart reicht aus, um den Prozeß zur Entscheidung zu bringen.

Hofmeister des Königs gibt es acht, doch ist ihre Besoldung unbestimmt, denn der eine hat 1000 Franken, der andere mehr oder weniger, wie es dem König gut scheint. Der jetzige Großhofmeister, der an die Stelle des Herrn von Chaumont kam, ist Herr von la Palisse, dessen Vater einst dasselbe Amt bekleidete. Er erhält 11.000 Franken. Er hat keine andere Gewalt, als daß er über den anderen Haushofmeistern steht.

Der Admiral von Frankreich ist über die Seemacht gesetzt; er sorgt dafür, sowie für die Häfen des Reichs. Er kann Schiffe beschlagnahmen und, wie es ihm beliebt, über die Flotte verfügen. Jetzt ist Preianni[4] Admiral mit 10.000 Franken Gehalt.

Die Zahl der Ritter vom Orden des Königs ist nicht bestimmt; denn der König kann soviel ernennen wie er will. Bei ihrer Ernennung schwören sie, die Krone zu verteidigen und nie gegen sie zu ziehen. Sie können nur durch den Tod ihrer Würde beraubt werden. Ihre Besoldung ist höchstens 4000 Franken, einige haben weniger. Nicht jeder erhält diese Würde.

---

[4] Prégent de Bidoux

Das Amt des Kammerherrn ist, den König zu unterhalten, in die Kammer des Königs zu kommen, ihn zu beraten. Ihrem Ansehen nach sind sie eigentlich die Ersten des Reichs. Sie haben große Besoldungen, 6000, 8000, 10.000, 11000 Franken, und einige nichts; denn der König erteilt manchmal diesen Titel, um einen würdigen Mann dadurch zu ehren, wenn's auch ein Fremder ist. Solche haben jedoch das Recht der Abgabenfreiheit im Reich, und bei Hof haben sie ihren Platz an der Tafel der Kammerherren, die nach der des Königs die erste ist.

Der Oberstallmeister ist immer beim König. Sein Amt ist es, stets die Aufsicht über die zwölf Stallmeister des Königs zu haben, wie der Großseneschall, der Oberhofmeister, der Großkämmerer über ihre Untergebenen. Er hat für die Pferde des Königs Sorge zu tragen, den König aufs Pferd und vom Pferd zu heben, über das Reisegeräte des Königs zu wachen, ihm das Schwert voranzutragen.

Die Staatsräte des Königs haben alle eine Besoldung von 6000 bis 8000 Franken, wie es dem König gut scheint. Es sind dies der Bischof von Paris, der Bischof von Beauvais, der Ballei von Amiens, Herr von Bussy und der Großkanzler. Eigentlich leiten Robertet und der Erzbischof von Paris (Poncher) alles. Gegenwärtig hält keiner Tafel, seit der Kardinal d'Amboise tot ist.[5] Da der Großkanzler nicht da ist, versieht der Erzbischof von Paris sein Amt.

Die Ansprüche, die der König von Frankreich auf das Herzogtum Mailand macht, gründen sich darauf, daß sein Großvater eine Schwester des Herzogs von Mailand, der ohne Söhne starb, zur Frau hatte. Der Herzog Johann Galeazzo nämlich hatte zwei Töchter und ich weiß nicht wieviel Söhne. Die eine der Töchter, die Madonna Valentina hieß, wurde dem Herzog Ludwig von Orléans, dem Großvater des gegenwärtigen Königs Ludwig, der zur pippinischen Linie gehört, vermählt. Als der Herzog Johann Galeazzo starb, folgte ihm sein Sohn, der Herzog Philipp, der ohne eheliche Kinder starb und nur eine uneheliche Tochter hinterließ. Sodann wurde der Staat von den Sforza illegitimerweise usurpiert, wie gesagt wird. Denn sie sagen hier, der Staat gehöre den Nachfolgern und Erben jener Madonna Valentina. Auch fügte Orléans vom Tag seiner mailändischen Verschwägerung an zu den drei Lilien seines Wappens eine Schlange[6], und so sieht man es jetzt noch.

In jeder Pfarrei Frankreichs ist ein Mann, der von ihr eine gute Besoldung erhält und Freischütze genannt wird. Er ist verpflichtet, ein gutes Pferd zu halten und, mit Waffen versehen, jedem Aufruf des Königs zu folgen, wenn der König im Krieg oder aus anderen Gründen außerhalb des Reiches ist. Sie sind gehal-

[5] Der Kardinal d'Amboise starb im Mai 1510.
[6] Das Wappentier der Visconti.

ten, in die Provinz des Reiches zu reiten, die angegriffen wird, oder um die man fürchtet. Nach der Zahl der Pfarreien sind es im ganzen 1.000.000.[7]

Die Furiere sind durch ihr Amt gehalten, jedem, der dem Hof folgt, ein Quartier anzuweisen. Gewöhnlich beherbergt jeder ordentliche Einwohner des Ortes Hofleute, und damit sich niemand beschweren kann, weder der Quartiergeber noch der Einquartierte, so hat der Hof eine Taxe festgesetzt, die allgemein bezahlt wird. Sie beträgt täglich einen Sol für das Zimmer, worin eine Bettstelle und ein Ruhebett sein müssen, die wenigstens alle acht Tage frisch bezogen werden müssen. Zwei Deniers werden täglich für Tischtücher, Servietten, Essig und Traubenmost bezahlt.

Die Tücher müssen sie wenigstens zweimal die Woche wechseln; da aber das Land Überfluß daran hat, so wechseln sie sie mehr oder weniger, wie man es verlangt. Überdies haben sie aufzuräumen, auszukehren und das Bett zu machen. Für den Stall werden zwei Deniers für das Pferd bezahlt, und sie sind nicht gehalten, irgend etwas für die Pferde herzugeben; nur müssen sie den Stall ausmisten. Viele bezahlen weniger wegen ihrer oder des Wirtes Gefälligkeit; doch dies ist die ordnungsmäßige Hoftaxe.

Die neuesten Ansprüche, die die Engländer auf das Königreich Frankreich zu haben behaupten, sind, wie ich erfahre, diese: Karl VI. vermählte seine legitime eheliche Tochter an Heinrich, den legitimen ehelichen Sohn des Königs Heinrich von England. Ohne Karls VII., der später König von Frankreich wurde, zu erwähnen, setzte er im Ehekontrakt, außer der Aussteuer Katharinens, seinen Schwiegersohn Heinrich, den Gemahl Katharinens, zum Erben des Königreichs Frankreich ein, wenn er (Karl VI.) sterben würde. Im Fall aber, daß besagter Heinrich vor Karl VI., seinem Schwiegervater, sterben sollte und legitime eheliche Söhne hinterließe, so sollten in diesem Fall auch die besagten Söhne Heinrichs Karl VI. nachfolgen. Da hierdurch Karl VII. von seinem Vater übergangen wurde, so kam der Kontrakt als gesetzwidrig nicht zur Ausführung. Dagegen sagen die Engländer, besagter Karl VII. sei in der Blutschande erzeugt.

England hat zwei Erzbistümer, zweiundzwanzig Bistümer und zweiundfünfzigtausend Pfarreien.

[7] Abgerechnet, daß dies ein ganz ungeheures Reiterheer ausmachen würde, kämen auch nur zwanzig Seelen auf die Pfarrei, wenn man die damalige Bevölkerung Frankreichs zu zwanzig Millionen annähme. Der Übersetzer hat sich keine Abänderung erlaubt, besonders da er nichts Genaues gefunden hat.

Die Natur der Franzosen

Sie schlagen den gegenwärtigen Nutzen und Schaden so hoch an, daß sie wenig Gedächtnis für die vergangenen Beleidigungen oder Wohltaten und wenig Sorgen um das künftige Wohl oder Wehe haben.

Sie sind eher verschlagen als klug. Sie kümmern sich nicht viel darum, was man von ihnen schreibt oder spricht. Sie sind noch geiziger mit ihrem Geld als mit ihrem Blut. Sie sind nur freigebig in den Audienzen.

Wenn ein Herr oder Edelmann in einer 'Sache, die einen Dritten angeht, dem König den Gehorsam versagt, so hat dies weiter nichts auf sich, als daß er durchaus gehorchen muß, wenn es noch Zeit ist; und ist es nicht mehr Zeit, daß er vier Monate nicht bei Hof erscheinen darf. Dies hat euch zweimal Pisa entzogen, das eine Mal, als Entragues die Zitadelle hatte, das andere Mal, als das französische Heer davorlag.

Wer bei Hof etwas durchsetzen will, hat viel Geld, großen Eifer und gutes Glück nötig.

Um einen Dienst angesprochen, bedenken sie eher, was er ihnen eintragen kann, als ob sie dienen können.

Die ersten Verträge mit ihnen sind immer die besten.

Wenn sie dir nicht Gutes erweisen können, so versprechen sie es dir; können sie es, so tun sie es nach vielen Schwierigkeiten oder gar nicht.

Sie sind sehr demütig im Unglück, im Glück unverschämt.

Wo sie unrecht haben, helfen sie sich durch Gewalt.

Der Sieger hat fast immer gutes Spiel bei dem König, der Unterliegende fast nie; wer sich daher auf eine Unternehmung einzulassen hat, muß eher erwägen, ob sie ihm gelingen wird oder nicht, als ob sie dem König mißfallen wird oder nicht. Weil der Herzog von Valentinois dies recht gut wußte, rückte er mit seinem Heer ins florentinische Gebiet ein.

In vielen Dingen sind sie im Punkt der Ehre wenig empfindlich und denken anders als die italienischen Herren. Deshalb machten sie sich wenig daraus, daß sie nach Siena sandten, Montepulciano zu verlangen, und keinen Gehorsam fanden.

Sie sind veränderlich und leichtfertig. Sie haben die Treue des Siegers. Sie sind Feinde der römischen Sprache und des Ruhms der Römer.

Von Italienern hat nur der gut Wetter bei Hofe, der nichts mehr zu verlieren hat und sich seinem Schicksal überläßt.

Politischer Zustand Deutschlands am Anfang des sechzehnten Jahrhunderts

An der Macht Deutschlands darf niemand zweifeln; denn es hat Überfluß an Menschen, Reichtümern und Waffen. Was die Reichtümer betrifft, so gibt es keine Stadt, die nicht einen öffentlichen Schatz hätte; und jedermann sagt, Straßburg allein besäße einige Millionen Gulden. Dies kommt daher, daß sie keine anderen Ausgaben haben, die ihnen das Geld aus der Hand ziehen, als die für die Unterhaltung ihrer Verteidigungsmittel und Vorräte. Wenn aber die erste Anschaffung einmal gemacht ist, so kostet sie die Erneuerung nicht viel. Sie haben in dieser Hinsicht eine sehr schöne Einrichtung. Ihre öffentlichen Vorratskammern sind immer mit Lebensmitteln, Getränken und Brennholz für ein Jahr angefüllt; ebenso haben sie Rohstoffe zur Verarbeitung, um bei einer Belagerung die Menge, die von ihrer Hände Arbeit lebt, ein ganzes Jahr lang ohne Verlust der Stadt ernähren zu können. Die Soldaten kosten sie nichts, weil die Bürger bewaffnet und in Übung gehalten werden. An Festtagen übt sich die ganze männliche Bevölkerung, statt zu spielen, mit der Büchse, mit der Pike, mit dieser oder jener Waffe, wobei sie dem Geschicktesten Ehre erweisen und Preise austeilen, die sie dann miteinander verjubeln. Für Besoldungen und dergleichen geben die Städte wenig aus. So ist heute jede Stadt als Gemeinwesen reich.

Der Grund, warum die Einzelnen des Volkes reich sind, liegt darin, daß sie ärmlich leben. Sie bauen nicht, sie machen keinen Aufwand für Kleider, sie verwenden nichts auf Hausgeräte. Es genügt ihnen, Überfluß an Brot und Fleisch und eine geheizte Stube zu haben, wo sie sich vor der Kälte schützen können. Wer weiter nichts hat, lebt ohne die anderen Dinge und strebt nicht danach. Auf ihren Leib verwenden sie[1] zwei Gulden in zehn Jahren. Jeder lebt nach seinem Rang in diesem Verhältnis, und keiner veranschlagt, was er entbehrt, sondern nur, was er notwendig bedarf, und ihre Bedürfnisse sind viel geringer als die unsrigen.

Die Folge dieser ihrer Sitten ist, daß kein Geld aus ihrem Land geht, da sie mit dem zufrieden sind, was es erzeugt. In ihr Land kommt immer Geld, das von denen dahin gebracht wird, die die Erzeugnisse ihres Kunstfleißes haben wollen, mit denen sie fast ganz Italien versehen. Ihr Gewinn ist um so größer, weil der größte Teil dessen, was sie verkaufen, in Manufakturwaren besteht und

[1] *Spendonsi in dosso*, offenbar von der Kleidung gesagt. – Dieser Abschnitt findet sich bereits in dem *„Bericht über Deutschland"*, siehe oben.

durch die Handarbeit seinen Wert erhält, ohne daß sie irgendeines bedeutenden Kapitals als Auslage bedürfen.

So erfreuen sie sich ihres rauhen Lebens und ihrer Freiheit, und wollen aus dieser Ursache nicht in den Krieg ziehen, wenn sie nicht überbezahlt werden. Auch dies würde sie noch nicht bewegen können, wenn sie nicht von ihren Städten dazu Befehl erhielten.

Ein Kaiser bedarf daher viel größerer Summen als ein anderer Fürst; denn, wenn es den Menschen gut geht, ziehen sie ungern in den Krieg. Überdies ist es nötig, daß sich die Städte mit dem Fürsten vereinen, ihn bei seinen Unternehmungen zu unterstützen, oder, daß dies die Städte selbst tun wollen, da sie es wohl allein vermögen. Aber weder die einen noch die anderen wollen die Macht des Kaisers. Denn so oft er eigene Staaten besäße oder mächtig wäre, würde er die Fürsten bezwingen und schwächen und sie so sehr zum Gehorsam bringen, daß er sich ihrer nach eigenem Belieben bedienen könnte, nicht wenn's ihnen gut scheint; wie es heute der König von Frankreich macht, und wie es einst der König Ludwig XI. machte, der die französischen Fürsten mit Waffengewalt, und indem er einige von ihnen das Leben raubte, zu dem Gehorsam gebracht hat, den man heute noch bei ihnen sieht. Dasselbe würde den Städten widerfahren; denn der Kaiser würde sie dahin bringen wollen, daß er sie nach seinem Willen lenken könnte und von ihnen erhielte, was er fordert, nicht was sie geben wollen.

Die Ursache der Uneinigkeit der Fürsten und Städte liegt, wie ich erfahren habe, in dem vielfach entgegengesetzten Streben, das man in diesem Land findet. Zwei Hauptspaltungen, sagen sie, seien die, daß die Schweizer von ganz Deutschland angefeindet werden und die Fürsten vom Kaiser. Es scheint vielleicht sonderbar, daß ich sage, die Schweizer und die Städte seien Feinde, da doch beide nach demselben Ziel streben, ihre Freiheit zu erhalten und sich vor den Fürsten zu schützen. Doch diese ihre Uneinigkeit entsteht daraus, daß die Schweizer nicht nur Feinde der Fürsten sind, wie die Städte, sondern auch Feinde der Edelleute. Es gibt nämlich in ihrem Land weder Fürsten noch Adel, und sie erfreuen sich, ohne irgendeine Unterscheidung der Bürger außer der, die die Bekleidung der zur Obrigkeit gehörigen Ämter mit sich bringt, einer freien Freiheit. Dieses Beispiel der Schweizer fürchten die Edelleute, die noch in den Städten geblieben sind, und bestreben sich daher immer mit der größten Sorgfalt, die Uneinigkeit zu erhalten und Freundschaft zu verhindern. Feinde der Schweizer sind auch alle aus den Städten, welche Kriegsleute sind, und zwar aus einer natürlichen Eifersucht, da sie weniger geschätzt zu sein glauben als jene. Dies geht so weit, daß man weder so viel noch so wenig in einem Lager vereinigen kann, ohne daß es Zweikämpfe und Gefechte zwischen ihnen gibt.

Was die Feindschaft der Fürsten gegen die Städte und die Schweizer betrifft, so ist es nicht nötig, ausführlicher darüber zu sprechen, da dies eine bekannte Sache ist, wie auch die Feindschaft zwischen dem Kaiser und den Fürsten. Zu bemerken ist, daß der Kaiser, der hauptsächlich die Fürsten haßt und sie nicht selbst demütigen konnte, sich hierzu der Unterstützung der Städte bedient hat. Aus demselben Grund hält er sich seit einiger Zeit mit den Schweizern, und es scheint schon einiges Vertrauen zwischen ihnen zu herrschen.

Betrachtet man so alle diese allgemeinen Spaltungen und rechnet man die hinzu, die zwischen einem Fürsten und den anderen, zwischen einer Stadt und der anderen bestehen, so wird man die Ursache finden, die die Einigkeit des Reiches schwer macht, die ein Kaiser nötig hätte, um Großes auszuführen. Wer daher der Meinung ist, die Unternehmungen Deutschlands seien kräftig und könnten leicht gelingen, bedenkt zwar, daß es in Deutschland jetzt keinen Fürsten gibt, der sich den Plänen des Kaisers zu widersetzen vermögen oder wagte, wie sie es früher zu tun pflegten; aber er bedenkt nicht, daß es für einen Kaiser Hindernis genug ist, wenn ihm die Fürsten in der Ausführung seiner Pläne nicht beistehen. Wer nämlich nicht wagt, mit ihm Krieg anzufangen, wagt, ihm Hilfsvölker abzuschlagen; und wer sie ihm nicht abzuschlagen wagt, hat, wenn er sie versprochen hat, Mut genug, sie nicht zu schicken; und wer auch das nicht wagt, wagt doch, die Absendung so zu verzögern, daß sie zu spät kommen, um etwas zu nützen; alle diese Dinge aber verhindern und stören die Ausführung der Pläne. Daß dies seine Richtigkeit hat, zeigte sich, als der Kaiser das erstemal gegen den Willen der Venezianer und Franzosen nach Italien gehen wollte. Auf dem damals in Konstanz gehaltenen Reichstag versprachen ihm die deutschen Städte 16.000 Mann Fußvolk und 3000 Pferde, und nie konnte er so viel zusammenbringen, daß ihre Zahl nur 5000 erreicht hätte. Dies kam daher, weil, wenn die Mannschaft der einen Stadt ankam, die der anderen abzog, weil ihre Zeit um war. Manche gab auch statt Soldaten Geld, das bereitwillig angenommen wurde. So kamen aus diesen beiden Ursachen die Truppen nicht zusammen, und die Unternehmung mißlang.

Es wird für gewiß gehalten, daß die Macht Deutschlands viel mehr in den Städten besteht als in den Fürsten. Es gibt nämlich zweierlei Gattungen von Fürsten, weltliche und geistliche. Die weltlichen sind zu einer großen Schwäche herabgedrückt, teils durch sich selbst, da wegen der bei ihnen eingeführten Erbteilung jedes Fürstentum unter mehrere Fürsten geteilt ist, teils weil sie der Kaiser mit Hilfe der Städte gedemütigt hat. Sie sind daher unnütze Verbündete. Was die geistlichen Fürsten betrifft, so hat sie zwar die Erbteilung nicht geschwächt, doch der Ehrgeiz ihrer Städte, vom Kaiser unterstützt, hat sie so sehr erniedrigt, daß die Erzbischöfe, Kurfürsten und die anderen Fürstenbischöfe in ihren eigenen großen Städten nichts sagen durften. Die Folge davon ist, daß sie, wegen der Entzweiung mit ihren Städten, den Kaiser bei seiner Unternehmung nicht unterstützen könnten, selbst wenn sie es wollten.

Kommen wir aber zu den freien Reichsstädten, dem Nerv des Landes, wo Geld und Ordnung sind. Diese sind aus vielen Gründen in ihrer Freiheit zurückhaltend für die Eroberung eines ausgedehnten Gebietes, und was sie nicht für sich selbst begehren, das liegt ihnen auch nicht am Herzen, einem anderen zu erobern. Dann sind es auch so viele und jede ihr eigener Herr, daß ihre Bewaffnungen, wenn sie solche machen wollen, zu spät kommen und nicht soviel Nutzen bringen wie erforderlich wäre. Den Beweis davon sah man, als vor einigen Jahren die Schweizer die Staaten Maximilians und Schwaben angriffen: Se. Majestät schloß mit den Städten des schwäbischen Bundes zur Züchtigung der Schweizer einen Vertrag, und sie machten sich verbindlich, 14.000 Mann ins Feld zu schicken. Nie aber kam die Hälfte zusammen; denn, wenn die Mannschaft einer Stadt kam, ging die der anderen wieder fort. So schloß der Kaiser, an diesem Feldzug verzweifelnd, mit den Schweizern Frieden und ließ ihnen Basel. Nun kann man sich denken, was sie für fremde Unternehmungen tun werden, wenn sie es in ihren eigenen Angelegenheiten so machen. Alle diese Dinge zusammen aber bewirken, daß ihre Macht nicht viel bedeutet und dem Kaiser wenig nützt.

Die Venezianer haben wegen ihres Umgangs mit den Kaufleuten der deutschen Städte immer am besten verstanden, mit dem Kaiser zu verhandeln und überhaupt zurechtzukommen, und immer behaupteten sie ihm gegenüber eine ehrenvolle Stellung. Denn hätten sie den Kaiser gefürchtet, so würden sie ihn durch Geld oder Abtretung einer Stadt besänftigt haben; sie würden sich ihm nicht widersetzt haben, wenn sie geglaubt hätten, diese Macht könne sich vereinen. Da sie aber die Unmöglichkeit kannten, so blieben sie in der Hoffnung auf Zeit und Gelegenheit so fest.

Man sieht schon, daß in einer Republik, innerhalb derselben Ringmauer, die Angelegenheiten, die viele betreffen, vernachlässigt werden; es muß dies in einer Provinz noch viel mehr der Fall sein. Überdies sehen auch die freien Reichsstädte, daß die Eroberungen, die man in Italien oder anderswo machen würde, für die Fürsten, nicht für sie sein würden, da sich die Fürsten persönlich dieser Eroberungen erfreuen könnten, was ein Gemeinwesen nicht kann. Wo aber der Gewinn nicht gleich ist, geben die Menschen ungern gleichen Einsatz. Die Macht Deutschlands ist deshalb groß, aber so, daß man sich ihrer nicht bedienen kann. Würden daher die, welche sie fürchten, die oben angeführten Dinge überlegen und das, was diese Macht seit vielen Jahren her ausgerichtet hat, so würden sie sehen, was von ihr zu erwarten ist.

Die deutschen Schweren Reiter sind recht gut beritten, nur daß ihre Pferde schwer sind, und sie sind auch ganz gut bewaffnet, was die bei ihnen gebräuchlichen Waffen und Rüstung betrifft. Zu bemerken ist aber, daß sie in einen Gefecht gegen Italiener oder Franzosen nicht bestehen würden, nicht wegen der minderen Güte des Mannes, sondern weil für die Pferde keine Art Rüstung gebräuchlich ist, weil die Sättel klein und schwach und ohne Sattelbögen sind, so daß der kleinste Stoß den Reiter in den Sand wirft. Ein anderer Umstand, der sie schwächer macht, ist der, daß sie vom Körper abwärts, das heißt an den Schenkeln und Beinen, gar keine Schutzwaffen haben. So können sie also dem ersten Anrennen, worin die Hauptkraft der Schweren Reiter besteht und worauf es im Gefecht der schweren Reiterei hauptsächlich ankommt, nicht widerstehen und können dann auch mit der kurzen Waffe diesen Nachteil nicht wieder gutmachen, da sie selbst sowohl als auch ihre Pferd an den von Schutzwaffen entblößten Teilen verwundet werden können. Es steht in der Gewalt eines jeden Fußknechtes, sie mit der Pike vom Pferd zu stoßen oder sie zu verwunden. Überdies erlaubt ihnen die Schwerfälligkeit ihrer Pferde nicht, diese im Handgemenge rasch herumzuwerfen.

Das Fußvolk ist vortrefflich, und die Leute sind von schöner Statur, im Gegensatz zu den Schweizern, die klein und weder hübsch von Gesicht noch wohlgestaltet sind. Die Waffen der großen Mehrheit bestehen nur in der Pike und einem kurzen Degen, um gewandter, schneller und leichter zu sein. Sie pflegen zu sagen, daß sie deshalb keine Schutzwaffen trügen, weil sie keinen anderen Feind als das Geschütz hätten, wogegen sie ein Bruststück, Küraß oder Ringkragen doch nicht schätzen würde. Die anderen Waffen fürchten sie nicht; denn ihre Schlachtordnung, sagen sie, sei so gut, daß es unmöglich sei, zwischen sie zu gelangen oder ihnen auf Pikenlänge nahezukommen. Sie sind die besten Truppen für die offene Feldschlacht, doch zum Angriff auf Festungen taugen sie nichts und zur Verteidigung derselben wenig; überhaupt sind sie, wo sie sich nicht in ihrer Schlachtordnung aufstellen können, nichts wert. Dies hat die Erfahrung bewiesen, als sie mit den Italienern zu tun hatten, und besonders, wo Festungen zu erobern waren, wie Padua und andere Plätze. Hier haben sie sich schlecht gehalten, dagegen im offenen Feld immer gut. Wenn in der Schlacht bei Ravenna, zwischen den Franzosen und Spaniern, die Franzosen nicht die Landsknechte gehabt hätten, so hätten sie die Schlacht verloren. Denn während die Reiterei beider Heere im Gefecht begriffen war, hatten die Spanier das französische und gascognische Fußvolk schon geschlagen; und wenn ihm die deutschen Regimenter nicht zu Hilfe gekommen wären, so wäre es bis auf den letzten Mann getötet und gefangen genommen worden. Ebenso sah man neulich, als der katholische König mit Frankreich in Guyenne Krieg anfing, daß die spanischen Truppen eine Schar von 10.000 Deutschen, die der König von Frankreich hatte, mehr fürchteten als das ganze übrige Fußvolk, und daß sie jede Gelegenheit vermieden, mit ihnen zusammenzutreffen.

Verfassung der Stadt Lucca

1520

Die Stadt Lucca ist in drei Teile geteilt, wovon der eine nach San Martino benannt ist, der andere nach San Paolino und der dritte nach San Salvatore.

Der erste und oberste Magistrat sind neun Bürger, drei aus jedem der genannten Stadtteil gewählt, die mit ihrem Präsidenten, den sie Gonfaloniere der Justiz nennen, Signoria heißen oder, wenn man sich eines alten Namens bedienen will, Anzianer. Neben diesen gibt es einen Rat von sechsunddreißig Bürgern, der nach dieser Zahl benannt wird, ferner einen Rat von zweiunddreißig Bürgern, welcher der Große Rat heißt. Um diese drei Glieder dreht sich das ganze Gewicht ihres Staates, die Umstände dazu gerechnet, die ich einzeln aufführen werde, wenn ich von diesen Gliedern spreche.

Die Gewalt der Signoria über das Gebiet der Republik ist sehr ausgedehnt, über die Bürger ist sie es nicht. Die Signoria versammelt bloß in der Stadt die Räte, schlägt vor, was zu beraten ist, schreibt an die Gesandten und empfängt ihre Briefe, sammelt die Gutachten ihrer weisesten Bürger, die Kolloquien genannt werden und als Vorbereitung der in den Räten zu fassenden Beschlüsse dienen, wacht über die Rechtssachen, bringt sie in Erinnerung und gibt so allen Regierungsgeschäften der Stadt gleichsam den ersten Anstoß. Die Signoren sind zwei Monate im Amt und dürfen in den nächsten zwei Jahren nicht wieder gewählt werden.

Der Rat der Sechsunddreißig überträgt mit der Signoria alle Ehrenstellen und Ämter des Staates. Da man will, daß bei der Übertragung stets sechsunddreißig Bürger außerhalb der Signoria gegenwärtig sind, kann jeder Signor bei jeder Ratsversammlung zwei Beisitzer aufrufen, die mit derselben Gewalt als die Sechsunddreißig beiwohnen.

Die Ämter werden so verteilt: Sie beuteln alle zwei Jahre alle, die Signoren und Gonfalonieri ein, die in den zwei kommenden Jahren das Amt haben sollen. Wenn zu diesem Zweck die Signoren und der Rat der Sechsunddreißig in einem dazu bestimmten Zimmer versammelt sind, so begeben sich in ein anstoßendes Zimmer die Stimmzettelsekretäre nebst einem Mönch, und ein anderer Mönch steht an der Tür, welche beide Zimmer verbindet. Nach der Ordnung nennt jeder, der Sitz hat, nach seinem Ermessen einen Mann. Der Gonfaloniere macht also den Anfang, sich von seinem Sitz zu erheben, und geht zu dem Mönch an der Verbindungstür, dem er ins Ohr sagt, wem er seine Stimme gibt und wem er will, daß auch die anderen ihre Stimme geben sollen. Sodann geht er weiter zu den Sekretären und legt einen Stimmzettel in die Urne. Nachdem der Gonfaloniere zu seinem Sitz zurückgekehrt ist, geht der Signor, welcher am längsten im Amt ist, und dann gehen nach und nach die anderen zu den Sekretären. Nach den Signoren kommt der ganze Rat.

Erst dann, wenn er bei dem Mönch vorübergeht, fragt jeder diesen, wer genannt worden ist und wem er seine Stimme geben soll, so daß er nur soviel Zeit hat, sich zu entschließen, wie er braucht, um vom Mönch zu den Sekretären zu gehen. Nachdem jeder seinen Stimmzettel abgegeben hat, wird die Urne ausgeleert, und wenn der Mann drei Viertel der Stimmen für sich hat, so wird er als einer der Signoren eingezeichnet; hat er sie nicht, so hat er verloren. Nachdem dies vorbei ist, erhebt sich der älteste Signor und sagt dem Mönch einen zweiten Mann ins Ohr; sodann kommen alle übrigen, um über ihn abzustimmen, und so nennt nach und nach jeder einen Mann. Größtenteils wird die Signoria in drei Sitzungen ernannt, und es müssen auf diese Weise hundertacht Signoren und zwölf Gonfalonieri durch Abstimmen gewählt werden, um die Zahl vollzumachen. Wenn sie diese Zahl haben, wählen sie aus ihrer Mitte durch Stimmmehrheit die Assortitoren, welche diejenigen Signoren durchs Los bestimmen, die in den bestimmten Monaten ins Amt zu treten haben. Die so durchs Los bestimmten Signoren werden dann alle zwei Monate bekannt gegeben.

Bei der Verteilung der anderen Ämter verfahren sie anders. Die Wahl wird einmal im Jahr vorgenommen, so daß zu dem Amt, das sechs Monate dauert, zwei Beamte gewählt werden. Sie beachten dabei folgende Ordnung: Zuerst wird eine Bekanntmachung erlassen, es seien die Beamten fürs nächste Jahr zu ernennen, und wer Ämter wolle, solle sich einschreiben lassen. Jedermann also, der über sich abstimmen lassen will, läßt sich beim Kanzler anmelden, der die Namen auf Zettel schreibt und diese Zettel in einen Beutel legt. Wenn sodann der Rat zur Ernennung der Beamten versammelt ist, so fängt der Kanzler an, einen Namen aus dem Beutel zu ziehen, und ist der Gezogene gegenwärtig, so sagt er: „Ich will wegen des und des Amtes über mich abstimmen lassen." So beginnt denn die Abstimmung, und wenn der Mann drei Viertel der Stimmen erhält, so ist das Amt besetzt, die Wahl ist geschehen und man stimmt nicht mehr über dieses Amt ab. Erhält er die Stimmen nicht, so wird der Zettel zerrissen, und der Mann kann nicht mehr über sich abstimmen lassen. Es wird jetzt ein anderer Zettel herausgezogen, und wenn der, dessen Namen gezogen wurde, gegenwärtig ist, so sagt er, zu welchem Amt er gewählt werden will, und wenn er nicht gegenwärtig ist, so hat er jemand beauftragt, der es für ihn sagt. So fährt man fort, bis alle Ämter für das nächste Jahr besetzt sind, indem, wie ich gesagt, zwei Beamte für die Ämter, die nur sechs Monate dauern, gewählt werden.

Zu bemerken ist also der Unterschied zwischen diesem Verfahren und der Stimmenwahl der Florentiner und der anderen. Bei der Wahl der Signoria geht bei ihnen der Stimmende zur Urne, und anderswo pflegt man die Urne zu den

Stimmenden zu tragen. Bei der Wahl der Beamten schlägt man anderswo vor, welches Amt zu besetzen sei, und zieht die Männer aus dem Beutel, über die abgestimmt werden soll; man will, daß viele konkurrieren, daß viele die gehörige Anzahl Stimmen erhalten, und daß derjenige das Amt erhält, der die meisten Stimmen hat. Die Luccaner tun das Gegenteil: sie ziehen zuerst den Mann, und dann wird erklärt, um welches Amt er sich bewerben soll, und diese Erklärung soll dem Gezogenen selbst zustehen, damit er seine Kräfte messe und danach ein Amt wähle. Wählt er schlecht, so ist es sein Schaden, er verliert für dieses Jahr die Fähigkeit, über sich abstimmen zu lassen. Erhält er aber die gehörige Anzahl Stimmen, so ist das Amt sein, und sie wollen nicht, daß noch über einen anderen abgestimmt werde, um das Amt nach den meisten Stimmen zuzuteilen; denn es scheint ihnen eine Beleidigung zu sein, daß ihm ein anderer nehmen könnte, was ihm einmal gegeben ist. Welches von diesen beiden Verfahren das bessere sei, das luccanische oder das Eurige oder das venezianische, hierüber will ich andere urteilen lassen.

Der Große Rat besteht, wie ich gesagt habe, aus zweiundsiebzig Bürgern, die sich mit der Signoria versammeln, wozu noch überdies jeder Signor drei Bürger berufen kann, die, mit ihnen versammelt, dieselbe Gewalt haben wie sie. Dieser Rat bleibt ein Jahr, der der Sechsunddreißig sechs Monate im Amt, und die Mitglieder dürfen bei der Erneuerung nur nicht unmittelbar wieder gewählt werden. Der Rat der Sechsunddreißig erneuert sich selbst; der Große Rat wird von der Signoria erneuert und von zwölf von den Sechsunddreißig hierzu gewählten Bürgern. Dieser Große Rat ist der Herrscher der Stadt; denn er macht Gesetze, schafft sie ab, schließt Waffenstillstände, Bündnisse, verbannt Bürger, verurteilt zum Tod, kurz, es läßt sich gegen ihn nicht appellieren, noch hält ihn irgend etwas im Zaum, wenn eine Mehrheit von drei Vierteln einen Beschluß faßt.

Außer den obengenannten Einrichtungen haben sie drei Sekretäre, die sechs Monate im Amt bleiben. Ihr Amt ist, wie wir sagen würden, das von Spionen, oder mit einem ehrbareren Namen, das von Wächtern des Staates. Sie können einen Fremden ohne anderweitige Beratung ausweisen oder töten. Sie haben ein Auge auf die Angelegenheiten der Stadt. Wenn sie etwas erfahren, was den Staat verletzen könnte, und was Bürger angeht, so berichten sie es dem Gonfaloniere, der Signoria, den Kolloquien, damit Untersuchung und Strafe erfolge.

Ferner sind drei andere Bürger sechs Monate im Amt, die Condottieri genannt werden, und die Gewalt haben, Fußtruppen und andere Soldaten in Sold zu nehmen.

Sie haben einen Florentiner zum Podestà, der in bürgerlichen und peinlichen Rechtssachen über die Bürger und über jedermann gesetzt ist.

Daneben haben sie Obrigkeiten über die Kaufleute, die Handwerker, die Straßen und öffentlichen Gebäude, wie es in allen anderen Städten auch ist.

Mit diesen Einrichtungen bestanden sie bis heute und erhielten sich inmitten so vieler mächtiger Feinde. Man kann sie also hinsichtlich des Erfolges im allgemeinen nicht anders als loben; doch wir wollen untersuchen, was an dieser Verfassung gut oder schlecht ist.

Daß die Signoria keine Gewalt über die Bürger hat, ist eine sehr gute Einrichtung; denn so haben die guten Republiken gehandelt. Die römischen Konsuln, der Doge und die Signoria von Venedig hatten und haben nicht die geringste Gewalt über ihre Mitbürger. Die erste Würde in einer Republik ist an sich selbst so angesehen, daß sie schlechte Wirkung hervorbringen muß, wenn du ihr noch Gewalt dazu gibst.

Schlimm ist es, wenn das Oberhaupt einer Republik ohne Majestät ist, wie in Lucca. Da die Signoria nur zwei Monate im Amt bleibt, und die Unfähigkeit, wieder erwählt zu werden, lange währt, so muß sie notwendigerweise aus nicht angesehenen Männern bestehen. Diese Einrichtung ist nicht gut; denn die Majestät und die Klugheit, die man im öffentlichen Palast nicht findet, sucht man im Haus des Privaten. Daraus entsteht, daß sie genötigt sind, die Kolloquien von Bürgern, die weder Ämter bekleiden noch zu den Räten gehören, halten zu lassen, was in den wohlgeordneten Republiken nicht geschieht. Betrachtet man, wer in Venedig in der Signoria sitzt und wer in Rom Konsul war, so wird man sehen, daß die Häupter ihres Staates Majestät hatten, wenn sie auch keine Gewalt hatten. Wie es gut ist, daß sie der einen entbehren, ebenso ist es schlecht, daß sie der anderen entbehren.

Die Art, wie sie die Signoria und die Ämter besetzen, ist gut, politisch und wohlbedacht.

Wahr ist, daß sie darin von der Ordnung der alten Republiken abweichen; denn dort erteilte die große Zahl die Ämter, die mittlere beriet, die kleine führte aus. In Rom erteilte das Volk die Ämter, der Senat beriet, die Konsuln und geringeren Magistrate führten aus. In Venedig erteilt der Rat die Ämter, die Pregai beraten, die Signoria führt aus. In Lucca sind diese Stände verwirrt. Die Mittelzahl erteilt die Ämter, die größere und die kleinere Zahl berät zum Teil und führt zum Teil aus. Wenn dies auch in der Republik Lucca keine schlimmen Folgen hat, so darf doch, wer eine Republik einrichtet, es nicht nachahmen. Die Ursache, warum es keine schlimmen Folgen hat, ist, daß die Ehrenstellen und Ämter in dieser Stadt mit wenig Ehrgeiz gesucht werden, da sie auf der einen Seite mit geringen Besoldungen verbunden sind, und auf der anderen Seite jene, die danach streben könnten, reich sind und ihre eigenen Geschäfte höher anschlagen als jene Ämter und deshalb sich weniger darum kümmern, wer sie verwaltet. Auch daß die Zahl der Bürger gering ist, und daß die Räte nicht auf Lebenszeit, sondern für sechs Monate ernannt werden, bewirkt, daß jeder darum anhält, Rat zu werden und es zu werden hofft. Dann beruhigt auch die Gewalt, welche die Signoren haben, zu jeder Ratsversammlung je einen Bürger zu ernennen, viele ihrer Freunde, da viele, die nicht gewählt zu werden glauben, mit einem Signor in Freundschaft zu stehen hoffen, der sie zum Rat zuziehen werde, so daß, es ihnen wenig wichtig ist, wer die Ämter erteilt, der Rat der Sechsunddreißig oder der der Zweiundsiebenzig.

Sie haben bei der Versammlung dieser Räte noch eine andere Einrichtung, die zur Befriedigung des Volkes und zur Abkürzung der Geschäfte dient. Wenn der Rat sich versammelt, und die Stunde, wo die Räte da sein sollen, vorbei ist und einer fehlt, so kann die Signoria ihre Sergeanten ausschicken, und die ersten Bürger, die sie finden, in den Rat einführen lassen, um die vorgeschriebene Zahl vollzumachen.

Gut eingerichtet ist auch, daß der Große Rat Gewalt über die Bürger hat; denn er ist ein starker Zügel, um die im Zaum zu halten, welche nach Macht streben. Aber schon nicht mehr gut eingerichtet ist, daß sie keinen Magistrat von wenigen Bürgern haben, zum Beispiel von vier oder sechs, die strafen könnten. Wo eine von diesen beiden Einrichtungen in einer Republik fehlt, entsteht Unordnung. Die große Zahl dient dazu, die Großen zu züchtigen und den Ehrgeiz der Reichen; die kleine Zahl dient dazu, den Kleinen Furcht zu machen und den Übermut der Jünglinge zu zügeln. Es fallen jeden Tag in dieser Stadt Dinge vor, die die große Zahl nicht bessern kann, und daher kommt es, daß die Jünglinge kühn werden; die Jugend wird verdorben und kann so das Werkzeug des Ehrgeizes werden.

Da also Lucca dieser Einrichtung, die die Jugend im Zaum halten würde, entbehrt, so erkannte es, daß dieser Übermut anwuchs und üble Folgen für die Stadt hatte. Es wurde daher, um ihn zu zügeln, vor vielen Jahren ein Gesetz gemacht, das man Gesetz der Zügellosen nennt, was soviel bedeutet wie ein Gesetz gegen die Übermütigen und Schlechtgesitteten. Es wird dadurch festgesetzt, daß im allgemeinen Rat jährlich zweimal, im September und März, alle Versammelten diejenigen aufschreiben, welche sie für gut halten aus dem Staat zu verbannen. Sodann werden die Zettel gelesen, und über jeden, der zehn- und mehrmal aufgeschrieben ist, wird abgestimmt. Sind dann drei Viertel der Stimmen gegen ihn, so wird er für drei Jahre des Landes verwiesen. Dieses Gesetz war sehr wohl bedacht und hat der Republik sehr genützt, da es auf der einen Seite ein starker Zügel für die Menschen ist, und auf der anderen die Menge der Verbannten sich nicht anhäufen kann, da, außer den drei ersten Jahren nach Einführung des Gesetzes, jedesmal soviel Verbannte zurückkehren wie sich entfernen müssen. Doch das Gesetz reicht nicht aus. Die Jünglinge, die adelig, reich und von einflußreicher Verwandtschaft sind, fürchten es wegen der geringen Zahl der Stimmenden nicht, und man sieht heute eine Familie dort, die Poggio, die jeden Tag schlechts Vorbild in einer guten Republik zeigt, und man hat bis jetzt noch kein Mittel dagegen gefunden.

Manchem könnte es vielleicht als ein Mißstand erscheinen, daß bei den Luccanern stets drei Viertel der Stimmen nötig sind. Die Antwort hierauf ist, daß beim beständigen Kampf der Neuerungen mit der Erhaltung in Freistaaten das „Ja" hier viel gefährlicher ist als das „Nein", und daß diese Staaten viel mehr vor denen auf der Hut sein müssen, die wollen, daß ein Vorschlag durchgeht, als vor denen, die nicht wollen, daß er durchgeht. Man hält es daher für weniger schlimm, daß die wenigen leicht etwas Gutes verhindern können, als daß sie leicht etwas Böses tun könnten. Wenn jedoch diese Schwierigkeit in dieser Hinsicht gut ist, so ist sie doch nicht im allgemeinen gut; denn es gibt viele Dinge, die man erleichtern sollte, wozu die Bestrafung der Bürger gehört.

Hätten über ihre Strafe zwei Drittel zu entscheiden, so könnten Verwandtschaft und Freundschaft dieselbe schwerer verhindern.

Dies ist das Wesentliche, was man über die Regierungsform Luccas sagen kann, und über das, was daran gut und schlecht ist.

Denkschrift über die Reform des Staates von Florenz

1519

Die Ursache, warum Florenz von jeher so häufig seine Regierungsform gewechselt hat, ist die, daß es nie weder eine Republik noch ein Fürstentum war, die ihre gebotenen Einrichtungen gehabt hätten. Man kann das Fürstentum nicht dauerhaft nennen, wo die Dinge geschehen, wie es einer will, und mit der Zustimmung vieler beschlossen werden. Ebensowenig kann man glauben, die Republik sei für die Dauer, in der das Streben nicht befriedigt wird, durch dessen Nichtbefriedigung die Republiken zugrunde gehen.

Daß dies wahr sei, kann man aus den Verfassungen erkennen, die diese Stadt vom Jahr 1339 bis jetzt gehabt hat. Wenn man mit der Reform, die in jener Zeit Messer Maso degli Albizzi bewerkstelligte, den Anfang macht, so wird man sehen, daß damals eine Aristokratie eingeführt werden sollte. Diese Aristokratie hatte so viele Mängel, daß sie nicht über vierzig Jahre dauerte, und sie hätte eine noch viel kürzere Dauer gehabt, wenn nicht die Kriege mit den Visconti ausgebrochen wären, die sie einig erhielten. Die Mängel waren unter anderem, daß die Squittinien für lange Zeit vorgenommen wurden, daß leicht Betrug stattfinden konnte, und daß sich ereignen konnte, daß die Wahlen nicht gut waren. Da sich die Menschen leicht ändern und von gut böse werden, und da auf der anderen Seite die Ränge den Bürgern auf längere Zeit gegeben wurden, so konnte es leicht kommen, daß die Wahl gut war und die Ziehung schlecht ausfiel. Ferner war nichts vorgesehen, um die Großen in Furcht zu versetzen, auf daß sie keine Parteien bilden könnten, die der Ruin der Staaten sind. Die Signoria hatte wenig Ansehen und zu große Gewalt, da sie ohne Appellation über Leben und Vermögen der Bürger entscheiden und das Volk zur Versammlung berufen konnte. Sie war so nicht die Beschützerin der Verfassung, sondern das Werkzeug ihres Untergangs, sooft ein angesehener Bürger ihr befehlen konnte oder sie zu gewinnen wußte. Sie hatte auf der anderen Seite, wie schon gesagt, wenig Ansehen, da in ihr oft gemeine Leute und Jünglinge saßen, weil die Amtsdauer kurz war, und weil sie keine wichtigen Geschäfte vornahm; weshalb sie denn kein Ansehen haben konnte. Es gab in dieser Verfassung noch eine andere Unzuträglichkeit von nicht geringer Bedeutung. Die Privaten hatten Stimme bei der Beratung der öffentlichen Angelegenheiten, was den Privaten Ansehen gab und es den öffentlichen Männern entzog und so dazu führte, den Magistraten Gewalt und Ansehen zu entziehen, was gegen jede politische Ordnung ist. Zu diesen Mißständen kam noch ein weiterer, so wichtig wie alle übrigen zusammen, nämlich daß das Volk nicht seinen Teil an der Regierung hatte.

All diese Dinge erzeugten unendliche Verwirrung, und wenn, wie ich gesagt, die auswärtigen Kriege diese Verfassung nicht aufrechterhalten hätten, so mußte sie viel schneller stürzen als sie gestürzt ist.

Hierauf erhob sich die Regierung der Medici, die mehr monarchisch als republikanisch war. Wenn sie eine längere Dauer hatte als die andere, so hatte dies zwei Ursachen. Die eine, daß sie durch den Beistand des Volkes errichtet worden war; die zweite, daß sie durch die Klugheit zweier Männer geleitet wurde, Cosimos und seines Enkels Lorenzo. Dennoch, weil durch viele beschlossen werden mußte, was Cosimo durchsetzen wollte, war die Regierung so schwach, daß Cosimo mehrmals in Gefahr kam zu stürzen. Hieraus entstanden die häufigen Generalversammlungen und die häufigen Verbannungen während der Dauer dieser Verfassung. Sie stürzte zuletzt zur Zeit des Kriegszugs Karls VIII. zusammen.

Hierauf wollte die Stadt wieder republikanische Formen annehmen. Sie traf aber keine solchen, die Dauer gehabt hätten; denn jene Verfassung befriedigte das verschiedene Streben der Bürger nicht, und andererseits konnten die Bürger nicht gezüchtigt werden. Der Staat war so mangelhaft und fern von einer wahren Republik, daß ein Gonfaloniere auf Lebenszeit, wenn er weise und böse war, sich leicht zum Fürsten machen konnte; war er aber gut und schwach, so konnte er leicht vertrieben werden und mit ihm die ganze Republik stürzen. Es wäre zu umständlich, alle Gründe anzuführen, ich will daher nur die eine nennen, nämlich daß der Gonfaloniere niemand um sich hatte, der ihn schützen konnte, wenn er gut war, oder der ihn zügeln und zurechtweisen konnte, wenn er böse war.

Der Grund dafür, daß alle diese Verfassungen fehlerhaft waren, ist der, daß jedesmal die Reform der früheren Verfassung nicht zur Beförderung des allgemeinen Wohls vorgenommen wurde, sondern zur Verstärkung und Sicherheit einer Partei. Aber auch diese Sicherheit fand man nicht, da immer eine unzufriedene Partei da war, die das kräftigste Werkzeug dessen wurde, der eine Umwälzung wünschte.

Es bleibt uns jetzt noch zu erörtern übrig, welches die Verfassung vom Jahr zwölf bis jetzt gewesen ist, und was an ihr schwach oder kräftig war. Da die Sache noch neu ist und jedermann sie kennt, sollte ich eigentlich nicht darüber sprechen. Doch, da es durch den Tod des Herzogs dahin gekommen ist, daß von einer neuen Regierungsform die Rede sein muß, so glaube ich nicht irren zu können, wenn ich, um meine Treue gegen Eure Heiligkeit zu beweisen, sage, was sich mir darbietet. Zuerst will ich die Meinung vieler anderer erwähnen, wie ich sie im Gespräch gehört zu haben glaube, und werde hierauf die meine beifügen. Sollte diese irrig sein, so möge mich Eure Heiligkeit dadurch entschuldigen, daß mein guter Wille größer ist als meine Klugheit.

Ich sage also, daß einige urteilen, man könne keine sicherere Regierung einführen als die, welche zur Zeit Cosimos und Lorenzos bestand. Einige andere wünschen sie weiter. Die, welche die Regierung dem Staat Cosimos gleich wünschen, sagen, die Dinge kehrten leicht zu ihrer Natur zurück. Da es nun den florentinischen Bürgern natürlich sei, Euer Haus zu ehren, die Gnaden zu genießen, die von ihm ausgehen, zu lieben, was von ihm geliebt werde, und da ihnen dies während sechzig Jahren zur Gewohnheit geworden, so sei es unmöglich, daß ihnen beim Anblick derselben Formen nicht dieselbe Gesinnung zurückkehre. Man glaubt, es könnten nur wenige entgegengesetzten Sinns bleiben, und diese wenigen könnten durch die entgegengesetzte Gewohnheit leicht verschwinden. Man fügt diesen Gründen die Notwendigkeit hinzu, indem man zeigt, die Florentiner könnten nicht ohne Oberhaupt sein. Müßten sie aber ein Oberhaupt haben, so sei es viel besser, daß es dem Haus angehöre, das sie anzubeten pflegen, als entweder ohne Oberhaupt in Verwirrung zu leben, oder das Oberhaupt aus einem anderen Haus nehmen zu müssen, das weniger Ansehen habe und mit dem man weniger allgemein zufrieden sei.

Dieser Meinung wird entgegnet, daß ein so gebildeter Staat gefährlich ist, und zwar aus keinem anderen Grund, als weil er schwach ist. Zeigte sich beim Staat Cosimos in jenen Zeiten so große Schwäche, wie wir oben angeführt, so verdoppelt sich in der jetzigen Zeit die Schwäche eines gleichen Staates, da die Stadt, die Bürger, die Zeiten anders sind als sie damals waren. Es ist daher unmöglich, eine Verfassung in Florenz einzuführen, die bestehen kann und jener gleich ist. Zuerst nämlich hatte jene Verfassung die Masse zum Freund, und die jetzige hat sie zum Feind. Jene Bürger hatten nie in Florenz eine Verfassung gefunden, an der die Masse mehr teilzuhaben schien; diese haben eine gefunden, die ihnen freier scheint, und die sie mehr befriedigt. In Italien gab es damals weder Waffen noch eine Macht, denen die Florentiner mit ihren Waffen, auch wenn sie allein blieben, nicht widerstehen konnten; jetzt wo Spanien und Frankreich im Land sind, müssen sie die Freunde von einem von beiden sein und sind, sowie das eine unterliegt, sogleich die Beute des Siegers, was damals nicht eintreten konnte. Die Bürger waren gewohnt, viele Abgaben zu bezahlen; jetzt ist dies aus Unvermögen oder Ungewohntheit nicht mehr so, und sie wieder daran gewöhnen wollen, ist eine haßerzeugende und gefährliche Sache. Die Medici, die damals regierten, waren mit ihren Mitbürgern geboren und erzogen und benahmen sich daher mit so großer Vertraulichkeit, daß sie sich dadurch Zuneigung erwarben; jetzt sind sie so groß geworden, daß sie weit über dem Bürgerstand stehen, und jene Vertraulichkeit nicht mehr stattfinden kann und folglich auch nicht mehr jene Zuneigung. Betrachtet man daher diesen Unterschied der Zeiten und der Menschen, so kann es keine größere Täuschung geben, als zu glauben, es lasse sich so ungleichem Stoff dieselbe Form aufdrücken.

Wenn die Medici, wie ich oben gesagt, alle zehn Jahre Gefahr liefen die Herrschaft zu verlieren, so würden sie sie jetzt wirklich verlieren. Auch glaube man nicht, daß es wahr ist, daß die Menschen leicht zu ihrer alten und gewohnten Verfassung zurückkehren. Dies wird nur dann wahr sein, wenn ihnen die alte Verfassung mehr gefällt als die neue; gefällt sie ihnen hingegen weniger, so kehren sie nur gezwungen dazu zurück und bleiben gerade so lange dabei, wie dieser Zwang währt. Wenn es ferner auch wahr sein mag, daß Florenz nicht ohne Oberhaupt sein kann, und daß es bei der Wahl zwischen einem Privathaupt und dem anderen einem Oberhaupt aus dem Hause Medici vor einem aus einem anderen Haus den Vorzug geben würde, so wird ihnen doch bei der Wahl zwischen einem Privathaupt und einem öffentlichen Oberhaupt immer das öffentliche Oberhaupt, woher es auch sein mag, mehr gefallen als das Privathaupt. Einige glauben, man könne den Staat nicht ohne äußeren Angriff verlieren, und sie denken, es werde immer noch Zeit sein, mit dem Angreifer Freundschaft zu schließen. Hierin irren sie sich sehr, denn meist schließt man nicht Freundschaft mit dem Mächtigsten, sondern mit dem, der gerade am meisten in der Lage ist, dich angreifen zu können, oder mit dem, den zu lieben deine Gesinnung und Laune am meisten geneigt ist. Leicht kann es nun geschehen, daß dein Freund unterliegt und du hierdurch in der Gewalt des Siegers bist, und daß dieser keinen Vertrag mit dir schließen will, entweder weil du keine Zeit zum Begehren hast, oder weil er dich, wegen deiner Freundschaft mit seinen Feinden, haßt. Der Herzog Lodovico von Mailand hätte mit Ludwig XII. von Frankreich einen Vertrag geschlossen, wenn es ihm möglich gewesen wäre. Gleichfalls würde König Friedrich von Neapel mit Frankreich einen Vertrag geschlossen haben, wenn Ludwig XII. gewollt hätte. Beide verloren ihre Staaten, weil sie keine Verträge schließen konnten; denn es entstehen tausend Zufälle, die dich daran hindern, solche Verträge zu schließen. Alles erwogen, läßt sich also diese Verfassung weder sicher noch dauerhaft nennen, indem so viele Ursachen der Unbeständigkeit da sind. Sie sollte daher weder Eurer Heiligkeit noch Euren Freunden gefallen können.

Was die betrifft, die die Regierung großzügiger wollen als diese, so sage ich, daß diese Ausweitung nur dazu dient, sie desto früher zu stürzen, wenn man sie nicht so sehr erweitert, daß der Staat eine wohlgeordnete Republik wird. Wenn sie ausführlich sagten, wie sie es gehalten haben wollen, so würde ich ihnen ausführlich antworten; da sie aber bei allgemeinen Sätzen bleiben, so kann ich auch nur allgemein antworten. Es soll mir daher die folgende Antwort sowohl zu ihrer Widerlegung als zu der des Staates der Medici genügen.

Es läßt sich kein dauerhafter Staat errichten, wenn er nicht ein wahres Fürstentum oder eine wahre Republik ist. Alle Regierungsformen, die zwischen diesen beiden liegen, sind mangelhaft. Die Ursache ist sehr klar. Das Fürstentum hat nur einen Weg zu seiner Auflösung, daß es nämlich zur Republik herabsteigt; und ebenso hat die Republik nur einen Weg, sich aufzulösen, nämlich daß sie zur Monarchie hinaufsteigt. Die Staaten in der Mitte haben zwei Wege: Sie können zum Fürstentum hinauf und zur Republik herabsteigen, und hieraus entsteht ihre Unbeständigkeit. Wenn daher Eure Heiligkeit in Florenz einen dauerhaften Staat zu Eurer Ehre und zum Heil Eurer Freunde errichten will, so läßt sich nichts anderes einführen als ein wahres Fürstentum oder eine Republik, die ihre gebührenden Einrichtungen hat. Alles Übrige ist unnütz und sehr kurzlebig.

Was das Fürstentum betrifft, so will ich diese Sache nicht ausführlich erörtern, sowohl wegen der Schwierigkeit, es zu errichten, als auch weil das Werkzeug gestorben ist. Eure Heiligkeit muß wissen, daß in allen Städten, wo große Gleichheit der Bürger herrscht, nur mit größter Schwierigkeit ein Fürstentum eingeführt werden kann; und daß in den Städten, wo große Ungleichheit der Bürger herrscht, sich nur mit größter Schwierigkeit eine Republik errichten läßt. Um in Mailand, wo große Ungleichheit der Bürger herrscht, eine Republik einzuführen, müßte man den ganzen Adel vernichten und ihn zur Gleichheit mit den anderen herabbringen; denn es gibt darunter so außerordentlich Mächtige, daß die Gesetze nicht ausreichen, sie im Zaum zu halten, sondern es bedarf dort einer lebendigen Stimme und einer königlichen Gewalt, sie zu bändigen. Um dagegen in Florenz, wo sehr große Gleichheit herrscht, ein Fürstentum zu errichten, würde es nötig sein, zuerst Ungleichheit einzuführen und viele Edle mit Türmen und Burgen zu schaffen, die in Gemeinschaft mit dem Fürsten durch die Waffen und ihren Anhang die Stadt und das ganze Land unter Druck hielten. Ein Fürst allein, von Adel im Stich gelassen, kann das Gewicht der Herrschaft nicht tragen; es ist daher nötig, daß zwischen ihm und der Masse ein Mittelglied ist, das ihm die Herrschaft tragen hilft. Man sieht dies in allen Monarchien und besonders im Königreich Frankreich, wo die Edelleute das Volk, die Fürsten die Edelleute und der König die Fürsten beherrscht. Wo aber eine Republik paßt, eine Monarchie errichten, und wo eine Monarchie paßt, eine Republik errichten, ist schwierig, und weil es schwierig ist, unmenschlich und unwürdig eines jeden, der für milde und gut gelten will. Ich unterlasse daher, noch weiter über die Monarchie zu sprechen und werde von der Republik handeln, sowohl weil Florenz durch seinen Zustand äußerst geeignet ist, diese Form anzunehmen, als auch weil man erfährt, daß Eure Heiligkeit völlig geneigt dazu ist. Man glaubt, Ihr verschiebt es nur darum, weil Ihr eine Verfassung zu finden wünscht, wodurch Eure Gewalt in Florenz groß bliebe und Eure Freunde sicher leben. Da ich nun eine solche Verfassung ausgedacht zu haben glaube, so soll Eure Heiligkeit diesen meinen Gedanken wissen, damit Ihr Euch dessen bedient, was Gutes daran sein mag, Und damit Ihr daraus meine Untertänigkeit gegen Euch erkennen möget. Ihr werdet sehen, daß in dieser meiner Republik Eure Gewalt nicht nur erhalten, sondern vermehrt wird, und daß Eure Freunde geehrt und sicher bleiben, während die übrigen Bürger die augenscheinlichste Ursache haben, zufrieden zu sein. Ich bitte aber ehrerbietig Eure Heiligkeit, daß Ihr diese meine Denkschrift nicht tadeln und nicht loben möget, ehe Ihr sie ganz gelesen habt. Ebenso bitte ich, daß Ihr vor einigen Änderungen der Obrigkeiten nicht erschrecken mögt; denn je weniger da, wo die Dinge nicht gut eingerichtet sind, vom Alten übrigbleibt, desto weniger bleibt vom Schlechten übrig.

Die, welche eine Republik konstituieren, müssen drei verschiedenen Klassen von Menschen, die in allen Städten sind, Raum geben, nämlich den ersten, den mittlern und den letzten.

Obgleich nun in Florenz die Gleichheit herrscht, von der ich oben gesprochen, so gibt es doch einige, die hohen Sinnes sind und die den Vorrang vor den anderen zu verdienen glauben. Diese müssen bei der Konstituierung der Republik befriedigt werden; und aus keinem anderen Grund stürzte die letzte Verfassung zusammen, als weil dieses Streben nicht befriedigt wurde. Diese Männer kann man nicht befriedigen, wenn man den ersten Würden der Republik nicht Majestät gibt, welche Majestät ihren Personen erhalten wird. Es ist nicht möglich, diese Majestät den ersten Würden des florentinischen Staates zu geben, wenn man die Signoria und die Räte so beibehält, wie sie früher gewesen sind. Da in ihnen, in Anbetracht der Art der Ernennung, nur selten ernste angesehene Männer sitzen können, so mußte man diese Majestät des Staates weiter nach unten und an Nebenorte verlegen (was gegen alle politische Ordnung ist) oder sie Privatleuten zuwenden. Es ist daher notwendig, dies zu verbessern und zugleich mit der Verbesserung den höchsten Ehrgeiz, den es in der Stadt gibt, zu befriedigen. Die Art ist folgende:

Die Signoria, die *Otto della pratica* und die zwölf Gutmänner abschaffen. Statt dessen, um der Regierung Majestät zu geben, fünfundsechzig Bürger mit vollendetem fünfundvierzigsten Jahre wählen lassen (dreiundfünfzig durch die größere Sektion, zwölf durch die kleinere Sektion des Rates), die lebenslänglich auf die unten beschriebene Weise an der Regierung bleiben. Aus der genannten Zahl einen Gonfaloniere der Gerechtigkeit ernennen, für zwei oder drei Jahre, wenn man ihn nicht auf Lebenszeit ernennen will. Die vierundsechzig Bürger, welche bleiben, in zwei Teile teilen, zweiunddreißig für jeden Teil. Der eine Teil regierte mit dem Gonfaloniere ein Jahr lang, der andere Teil das folgende Jahr, und so würden sie sich nach und nach ablösen, die unten beschriebene Ordnung beachtend. Alle zusammen würden sie Signoria genannt. Die zweiunddreißig teilte man in vier Teile, acht für jeden Teil. Jeder Teil würde mit dem Gonfaloniere drei Monate lang im Regierungspalast residieren und das Amt mit den herkömmlichen Feierlichkeiten übernehmen. Er würde alle Geschäfte besorgen, die heute die Signoria allein besorgt, und die sämtlichen zweiunddreißig würden alle Geschäfte besorgen, die die Signoria, die Acht der Praktik und die Räte, die unten abgeschafft werden, gemeinsam besorgen.

Dies würde, wie ich gesagt habe, das erste Oberhaupt und das erste Glied des Staates sein. Betrachtet man diese Einrichtung genau, so wird man sehen, daß durch sie dem Oberhaupt des Staates Majestät und Ansehen wiedergegeben ist. Man wird sehen, daß die ernsten bedeutenden Männer immer die ersten Würden bekleiden würden, und daß die Dienste der Privatleute, die, wie ich oben sage, einer Republik verderblich sind, nicht nötig sein würden, da die Zweiunddreißig, die dieses Jahr nicht im Amt wären, zu Beratungen und Dienstleistungen benützt werden können. Eure Heiligkeit könnte bei der ersten Wahl alle Ihre Freunde und Vertrauten ernennen, wie unten gesagt werden soll. Kommen wir aber zum zweiten Grad des Staates.

Da es drei Klassen von Menschen gibt, wie oben gesagt wird, so halte ich es für nötig, daß es auch drei Grade in einer Republik gebe, und nicht mehr. Ich glaube daher, daß es gut ist, ein Durcheinander von Räten aufzuheben, die es eine Zeitlang in Eurer Stadt gab. Sie wurden nicht eingeführt, weil sie zur Freiheit nötig gewesen wären, sondern um damit mehr Bürger abzuspeisen, und zwar mit einer Sache, die eigentlich nichts zum allgemeinen Wohl der Stadt beitrug, da sie alle, als Parteien angehörig, bestechlich waren.

Um daher die Regierung einer Republik genau auf drei Glieder zu beschränken, scheint mir, daß der Rat der Siebzig und der Rat des Volkes und der Gemeinde abzuschaffen seien. Statt diesen allen wäre ein Rat von Zweihundert mit zurückgelegtem vierzigsten Jahr zu errichten (vierzig für die kleine Sektion, hundertsechzig für die größere Sektion), worunter keiner der Fünfundsechzig sein dürfte, und die lebenslänglich im Amt blieben und der Rat der Erwählten genannt würden. Dieser Rat samt den genannten Fünfundsechzig würde alle die Geschäfte besorgen und alle Gewalt haben wie heute die obengenannten Räte, die Kraft dieses abgeschafft wären. Dies wäre der zweite Grad des Staates, und alle würden von Eurer Heiligkeit erwählt werden.

Zu diesem Zweck und zur Erhaltung und Regelung der obengenannten Einrichtungen und derjenigen, die unten genannt werden sollen, und zur größeren Sicherheit Eurer Gewalt und der Gewalt der Freunde Eurer Heiligkeit, würde Eurer Heiligkeit und Se. Ehrwürden dem Kardinal de' Medici (Giuliano) durch die Balia lebenslänglich so große Gewalt gegeben werden wie das ganze Volk von Florenz hat. Der Magistrat der Acht der Obhut und Balia würde durch die Gewalt Eurer Heiligkeit von Zeit zu Zeit ernannt werden. Ferner würde zur größeren Sicherheit des Staates und der Freunde Eurer Heiligkeit die Ordonnanz des Fußvolks in zwei Scharen geteilt werden, deren jeder Eure Heiligkeit durch Eure Gewalt jedes Jahr einen Kommissar vorsetzen würde.

Man sieht aus dem Obigen, daß zwei Klassen von Menschen genügt wird, und daß Eure Gewalt und die Eurer Freunde in der Stadt befestigt ist, da Ihr die Waffen und die peinliche Rechtspflege in der Hand habt, die Gesetze von Euch abhängen und die Häupter des Staates sämtlich aus den Eurigen bestehen.

Es bleibt jetzt noch die Klasse zu befriedigen, die aus der gesamten Masse der Bürger besteht. Diese wird man nie befriedigen (und wer anderer Meinung ist, ist nicht weise), wenn man ihr nicht ihre Gewalt wiedergibt oder wiederzugeben verspricht. Da aber dieselbe ganz und auf einmal wiedergeben sich nicht mit der Sicherheit Eurer Freunde, noch mit der Erhaltung der Gewalt Eurer Heiligkeit vertrüge, so ist es nötig, sie zum Teil wiederzugeben, zum Teil zu versprechen, so daß die Bürger völlig gewiß sind, sie wiederzuerhalten. Ich halte daher für nötig, den Saal des Rates der Tausend oder wenigstens den der Sechshundert wieder zu eröffnen, die auf dieselbe Art wie früher alle Ämter und Stellen der Obrigkeit zu verteilen hätten, ausgenommen daß die vorgenannten Fünfundsechzig, Zweihundert und Acht der Balia während des Lebens Eurer Heiligkeit und Se. Ehrwürden des Kardinals von Euch ernannt würden. Damit Eure Freunde gewiß sein können, daß sie bei der Abstimmung im Rat eingebeutelt werden, würde Eure Heiligkeit acht Akkoppiatoren ernennen, die in einem besonderen Zimmer wären und den Namen eines jeden in den Beutel legen könnten, ohne einen Zettel herausnehmen zu können. Damit der Rat glaubt, es würden die eingebeutelt, welchen er seine Stimmen gibt, würde man gestatten, daß er zwei von ihm hierzu gewählte Bürger in das Zimmer schickte, damit sie Zeugen der Einbeutelung seien.

Ohne die Masse zufriedenzustellen, hat man nie eine dauernde Republik errichtet. Nie aber wird man die Masse der florentinischen Bürger zufriedenstellen, wenn der Saal nicht wieder geöffnet wird. Um daher in Florenz eine Republik zu errichten, muß dieser Saal wieder eröffnet und der Masse die Ämterverteilung wieder übertragen werden. Eure Heiligkeit wisse, daß jeder, der Euch den Staat zu entreißen denkt, zuallererst daran denken wird, den Saal wieder zu eröffnen. Es ist daher besser, ihn auf sichere Art und Weise selbst zu öffnen, und daß Ihr Euren etwaigen Feinden diese Gelegenheit nehmt, ihn zu Eurem Mißfallen und zur Zerstörung und zum Verderben Eurer Freunde wieder zu eröffnen.

Ist der Staat so geordnet, so wäre für nichts anderes zu sorgen, wenn Eure Heiligkeit und Se. Ehrwürden Monsignore nie aufhören würden zu leben. Da Ihr uns aber einst verlassen werdet, so ist, wenn man will, daß dann die Republik vollkommen sei, verstärkt durch alle gehörigen Einrichtungen, und daß jeder sehe und begreife, es müsse so kommen, damit die Masse sich mit dem, was sie zurückhält und mit dem, was man ihr verspricht zufrieden gibt, ferner nötig anzuordnen:

Daß die Gonfalonieri der Volkskompagnien in der Weise und für die Zeit ernannt werden, wie sie bis jetzt ernannt worden sind. Eure Heiligkeit würde sie entweder selbst ernennen oder vom Rat ernennen lassen, wie es Euch gefiele, nur müßte die Unfähigkeit, wieder erwählt zu werden, verlängert werden, damit mehr Bürger das Amt bekleideten, und es müßte verordnet werden, daß keiner von den Fünfundsechzig darunter sein könnte. Wenn sie ernannt wären, würde man aus ihnen vier Vorgesetzte ziehen, die einen Monat lang im Amt blieben, so daß sie am Ende der Zeit sämtlich Vorgesetzte gewesen wären. Von diesen vier würde man einen ziehen, der für eine Woche mit den neun residierenden Signoren den Palast bewohnen würde, so daß am Ende des Monats alle vier residiert hätten. In seiner Abwesenheit könnten die im Palast residierenden Signoren keine Amtshandlung vornehmen. Er selbst hätte keine Stimme zu geben, sondern nur Zeuge ihrer Handlungen zu sein; wohl aber könnte er verhindernd eintreten und verlangen, daß eine Sache an die sämtlichen Zweiunddreißig verwiesen werde. Ebenso könnten die Zweiunddreißig nichts ohne die Gegenwart zweier der besagten Vorgesetzten beschließen, welche keine andere Gewalt hätten, als eine Beratung abzubrechen und sie an den Rat der Erwählten zu überweisen. Ebensowenig könnte der Rat der Zweihundert etwas tun, wenn nicht wenigstens sechs von den Sechzehn nebst zwei Vorgesetzten dabei wären, welche ihrerseits nichts anderes tun könnten, als eine Sache diesem Rat zu entziehen und an den Großen Rat zu überweisen, wenn nämlich drei von ihnen einstimmig dies begehren. Der Große Rat endlich könnte nicht ohne zwölf der besagten Gonfalonieri versammelt werden, unter welchen wenigstens drei Vorgesetzte sein müßten, woselbst diese zwölf gleich den anderen Bürgern ihre Stimmen geben könnten.

Eine solche Ordnung dieser Räte ist nach dem Ableben Eurer Heiligkeit und Se. Ehrwürden Monsignores aus zwei Gründen notwendig: Einmal, damit die Signoria oder der andere Rat jemand bei sich haben, der ihnen jedesmal, wenn sie aus Uneinigkeit nicht zu einem Beschluß kommen oder aus Bosheit gegen das öffentliche Wohl handeln, die Gewalt dazu nimmt und sie einem anderen überträgt. Es ist nicht gut, daß irgendein Magistrat oder Rat den Gang eines Geschäftes hemmen kann, ohne daß jemand da ist, der dieses Geschäft besorgen kann. Ebensowenig ist es gut, daß die Bürger niemand haben, der sie beobachtet und der bemerkt, daß sie von den schlechten Werken absehen. Der andere Grund ist der: Da man der Masse der Bürger durch die Abschaffung der heutigen Art der Ernennung der Signoria die Möglichkeit entzieht, Signoren zu werden, so ist es nötig, ihnen einen Rang zurückzugeben, der dem entzogenen gleichkommt; dieser nun ist so, daß er noch größer ist, der Republik nützlicher und ehrenvoller als jener. Für die Gegenwart hätte man diese Gonfalonieri zu ernennen, um der Stadt ihre Einrichtungen zu geben; doch sie dürften ohne Erlaubnis Eurer Heiligkeit ihr Amt nicht versehen, und Ihr könntet Euch ihrer bedienen, die Handlungen jener Räte hinsichtlich Eurer Autorität und Herrschaft Euch berichten zu lassen.

Um der Republik nach dem Ableben Eurer Heiligkeit und Se. Ehrwürden Monsignores Vollkommenheit zu geben, damit in keiner Hinsicht etwas fehle, ist es überdies notwendig, einen Rekurs von den Acht der Obhut und Balia an dreißig Bürger vorzusehen, die aus dem Beutel der Zweihundert und der Sechshundert zu ziehen sind. Diese könnten den Ankläger und den Beschuldigten innerhalb einer gewissen Zeit vor sich rufen. Doch würdet Ihr während Eures beiderseitigen Lebens diesen Rekurs nicht ohne Eure Erlaubnis ergreifen lassen.

Eine solche Einrichtung ist in einer Republik nötig, weil wenige Bürger den Mut haben, die Großen zu strafen. Es müssen daher, soll dies geschehen, viele Bürger beitragen, damit die einzelnen Stimmen verborgen bleiben und so ein jeder sich entschuldigen kann. Ein solcher Rekurs würde auch während Eures beiderseitigen Lebens dazu dienen, daß die Acht die Prozesse betrieben und Gerechtigkeit übten, da sie aus Furcht, Ihr möchtet den Rekurs erlauben, gerechter urteilen würden. Damit aber nicht in jedem Prozess rekurriert würde, könnte man bestimmen, daß man in einer Sache, die Fälschung betrifft, nur wegen einer Summe von wenigstens fünfzig Dukaten rekurrieren dürfte, und wegen Realinjurien nur dann, wenn ein Knochenbruch oder Blutvergießen erfolgt wäre, oder der Schaden die genannte Summe von fünfzig Dukaten erreichte.

Betrachtet man diese ganze Verfassung als Republik und ohne Eure Gewalt, so scheint ihr nichts zu mangeln nach dem, was oben ausführlich abgehandelt und erörtert wurde. Betrachtet man sie aber während des Lebens Eurer Heiligkeit und Se. Ehrwürden Monsignores, so ist sie eine Monarchie; denn Ihr befehlt über die Waffen, befehlt über die Kriminalgerichte, habt die Gesetze in petto, und ich weiß nicht, was man mehr in einer Stadt verlangen kann. Ebensowenig läßt sich absehen, was Eure Freunde, die gut sind und von dem Ihrigen leben wollen, zu fürchten hätten, da Eure Heiligkeit so große Gewalt behält und sie die ersten Stellen der Regierung einnehmen würden. Man sieht auch nicht ab, wie die Masse der Bürger nicht zufrieden sein sollte, da sie sähen, daß ihnen ein Teil der Ämterverteilung wiedergegeben wäre, und der Rest ihnen nach und nach zufiele. Eure Heiligkeit könnte nämlich den Rat manchmal einige der abgängigen Sechshundert ersetzen lassen und ebenso der Zweihundert, während Ihr andere selbst ernennen würdet, je nach Zeit und Umständen. Ich bin überzeugt, daß durch die Gewalt Eurer Heiligkeit, die alles leiten würde, die gegenwärtige Verfassung sich so mit der vorgeschlagenen, und diese mit jener verschmelzen würde, daß sie eines und dasselbe und ein einziger Körper würden zum Frieden der Stadt und zum ewigen Ruhm Eurer Heiligkeit; denn Eure Gewalt könnte immer den Mängeln, die entstehen sollten, abhelfen.

Ich glaube, daß die größte Ehre, die der Mensch erwerben kann, die ist, welche ihm sein Vaterland freiwillig entgegenbringt. Ich glaube auch, daß das größte und Gott wohlgefälligste Gute, das man tun kann, das ist, welches man seinem Vaterland tut. Überdies wird kein Mann wegen irgendeiner Handlung so sehr gepriesen, wie es die werden, welche durch Gesetze und Einrichtungen die Republiken und Reiche reformiert haben. Diese Männer sind, neben den zu Göttern Erhobenen, die zuerst Gelobten. Da es aber wenige gibt, die es zu tun Gelegenheit hatten, und sehr wenige, die es zu tun verstanden, so ist die Zahl derer klein, die es taten. So großen Wert legten die Männer auf diesen Ruhm, welche stets nur nach Ruhm strebten, daß sie, in der Unmöglichkeit, eine Republik in der Wirklichkeit zu errichten, dies in ihren Schriften getan haben. Aristoteles, Plato und andere wollten der Welt beweisen, daß, wenn sie nicht wie Solon und Lykurgos einen freien Staat gründen konnten, sie es nicht aus Unwissenheit unterließen, sondern aus Mangel an Macht und Gelegenheit. Der Himmel gibt also einem Mann kein größeres Geschenk, noch kann er ihm eine ruhmvollere Bahn zeigen als diese. Von so vielem Glück, das Gott Eurem Haus und Einer Heiligkeit selbst geschenkt, ist daher das das größte, daß er Euch Macht und Gelegenheit gibt, Euch unsterblich zu machen und auf diesem Weg den Ruhm Eures Vaters und Großvaters weit zu übertreffen.

Eure Heiligkeit möge hauptsächlich erwägen, daß bei Erhaltung der Stadt Florenz in ihrem gegenwärtigen Zustand tausend Gefahren drohen; sowie Unglücksfälle kommen, und ehe sie kommen, hat Eure Heiligkeit tausend jedermann unerträgliche Widerwärtigkeiten zu ertragen.

Diese Widerwärtigkeiten wird die hochwürdigste Herrlichkeit des Kardinals bezeugen, da er sich diese verflossenen Monate in Florenz befand. Sie rühren teils von vielen Bürgern her, die im Fordern anmaßend und unerträglich sind, teils von vielen, die beim jetzigen Stand der Dinge nicht sicher zu sein glauben und unaufhörlich erinnern, man solle die Regierungsform ordnen. Der eine sagt, man solle sie erweitern, der andere, man solle sie beschränken, und keiner kommt zur genauen Auseinandersetzung, wie zu beschränken oder zu erweitern sei. Alle sind sie verwirrt und glauben bei dieser Verfassung nicht sicher zu leben. Wie man sie aber einrichten soll, wissen sie nicht, und dem, der es wüßte, glauben sie nicht, so daß sie mit ihrer Verwirrung imstande sind, den bestgeregelten Kopf zu verwirren. Um diesen Widerwärtigkeiten zu entgehen, gibt es nur zwei Mittel: Entweder mit den Audienzen sparsamer sein und die Bürger nicht ermutigen, weder zu fordern, wenn es auch nach der Ordnung wäre, noch zu sprechen, wenn sie nicht gefragt werden, wie der Herzog erlauchten Andenkens tat. Oder aber den Staat so einzurichten, daß er sich selbst verwaltet, und daß es Eurer Heiligkeit genügt, die Hälfte eines Auges darauf zu haben. Von diesen beiden Mitteln befreit Euch das letzte von den Gefahren und von den Widerwärtigkeiten; das andere befreit Euch nur von den Widerwärtigkeiten.

Um aber wieder zu den Gefahren zurückzukehren, die im jetzigen Zustand drohen, so will ich voraussagen, daß beim Eintreten eines schwerwiegenden Ereignisses, wenn die Stadt keine andere Verfassung hat, eines von beiden oder beides geschehen wird: Entweder es wird im Augenblick aufrührerisch ein Oberhaupt ernannt werden, das durch die Waffen und durch Gewalttaten den Staat verteidigt; oder eine Partei wird herbeiströmen, um den Saal des Rates zu öffnen, und wird die andere preisgeben. Was von beiden nun auch erfolgen mag, was Gott verhüte, so möge Eure Heiligkeit bedenken, wie viel Blut, wie viele Verbannungen, wie viele Erpressungen die Folge sein würden, genug, um dem grausamsten Menschen, geschweige denn Eurer Heiligkeit, die voller Milde ist, vor Schmerz den Tod zu bringen.

Es gibt keinen anderen Weg, diesen Übeln zu entgehen, als dafür zu sorgen, daß die Verfassung des Staates von selbst feststeht. Immer wird sie feststehen, wenn jedermann sie aufrecht hält, wenn jeder weiß, was er zu tun hat und auf wen er zu vertrauen hat, und wenn keine Klasse der Bürger aus Furcht für ihre Sicherheit oder aus Ehrgeiz eine Umwälzung zu wünschen hat.

Instruktion für Raffaello Girolami, Gesandten bei Karl V.

1522

Hochzuverehrender Raffaello!

Die Gesandtschaften sind in einer Stadt eines von den Dingen, die einem Bürger Ehre bringen, und man kann einen Mann, der nicht imstande ist, dies Amt zu versehen, nicht zur Regierung tauglich nennen. Ihr geht jetzt als Gesandter nach Spanien, einem Land in Sitten und Gebräuchen von Italien verschieden und Euch unbekannt; hierzu kommt noch, daß dies Euer erster Auftrag ist. Eine gute Geschäftsführung, die jedermann von Euch hofft und glaubt, wird Euch daher um so größere Ehre bringen, je größer die Schwierigkeiten sind. Da ich nun in diesen Geschäften einige Erfahrung habe, so will ich Euch nicht aus Anmaßung, sondern aus Zuneigung sagen, was ich davon halte.

Einen Auftrag treu ausführen kann jeder ehrliche Mann, aber ihn befriedigend ausführen, darin liegt die Schwierigkeit. Der führt ihn genügend aus, der die Natur des Fürsten und derer, die ihn leiten, wohl kennt und sich nach dem zu richten weiß, was ihm den Weg zu den Audienzen erleichtert und offen hält. Das schwierigste Geschäft wird ihm leicht werden, wenn er das Ohr des Fürsten hat.

Vor allem muß sich ein Gesandter bestreben, Ansehen zu erwerben. Man erwirbt es dadurch, daß man sich als Ehrenmann zeigt, daß man für freigebig und bieder, nicht für habsüchtig und falsch gehalten wird, und daß die Leute nicht glauben, man spreche gegen seine Überzeugung. Dieser Punkt ist sehr wichtig. Ich habe manche gekannt, die durch ihre Hinterlist und Doppelzüngigkeit beim Fürsten so sehr an Glauben verloren, daß sie später nie mehr mit ihm verhandeln konnten. Wenn es auch manchmal nötig ist, eine Sache durch Worte zu verbergen, so muß man es doch so tun, daß es entweder nicht entdeckt wird, oder, wenn es entdeckt wird, daß die Verteidigung sogleich bereit ist. Es brachte Alessandro Nasi in Frankreich große Ehre, daß er als Biedermann galt; mancher Andere zog sich große Schande dadurch zu, daß man ihn für das Gegenteil hielt. Ich glaube, daß Euch diesen Punkt zu beachten leicht sein wird, da es Euch, wie mir scheint, schon Eure Natur befiehlt.

Große Ehre machen auch einem Gesandten die Nachrichten, die er seiner Regierung schreibt. Sie sind von dreierlei Gattung: über Dinge, die verhandelt werden, über Dinge, die abgeschlossen und geschehen sind, oder über Dinge, die geschehen sollen, wobei richtige Vermutungen über ihren wahrscheinlichen Ausgang anzustellen sind. Von diesen drei Dingen sind zwei schwer und eines sehr leicht.

Die Dinge zu erfahren, nachdem sie geschehen sind, ist größtenteils ganz leicht, es müßte denn der Fall sein, daß zwischen zwei Fürsten ein Bündnis zum Schaden eines Dritten eingegangen wird und dies so lange geheimzuhalten ist, bis die Zeit der Entdeckung kommt. So war es zum Beispiel bei der Liga, die Frankreich, der Papst, der Kaiser und Spanien zu Cambray gegen Venedig schlossen, dessen Sturz daraus hervorging. Solche Verträge sind freilich, auch wenn sie schon geschlossen sind, schwer zu erfahren, und hier muß man Urteil und Vermutung zu Hilfe nehmen.

Aber die Verhandlungen, die am Werk sind, wohl zu wissen und ihren Ausgang zu vermuten, dies ist schwer; denn man muß sich allein durch Vermutungen und durch Urteil helfen. Da es nun an den Höfen immer verschiedene Gattungen von Angestellten gibt, die mit gespitzten Ohren auf die Dinge horchen, vorgehen, so ist es sehr zweckmäßig, sich zum Freunde aller zu machen, um von jedem von ihnen etwas zu hören. Die Freundschaft solcher Leute erwirbt man dadurch, daß man ihnen Bankette gibt und sie mit Spielen unterhält. Ich habe gesehen, daß die gewichtigsten Männer in ihrem Haus spielen ließen, um sie herbeizuholen und mit ihnen sprechen zu können. Was der eine nicht weiß, weiß dann der andere, und größtenteils wissen alle zusammen das Ganze. Wer aber will, daß ihm andere sagen, was sie wissen, muß ihnen sagen, was er weiß; denn das beste Mittel, Nachrichten zu erhalten, ist, Nachrichten geben. Will daher eine Stadt, daß ihr Gesandter geehrt werde, so kann sie nichts Besseres tun, als ihn immer reichlich mit Nachrichten versehen, damit die Leute, wenn sie wissen, daß sie von ihm Neuigkeiten erfahren können, sich um die Wette beeilen, ihm die zu sagen, die sie hören. Ich mache Euch daher aufmerksam, daß Ihr die Acht, den Erzbischof und die Kanzler erinnert, daß sie Euch von allem, was sich in Italien zuträgt, unterrichtet halten, mag es noch so unbedeutend sein; daß sie Euch benachrichtigen, wenn sich in Bologna, Sierta oder Perugia etwas ereignet, und erst recht vom Papst, von Rom, von der Lombardei und von Neapel. Obgleich diese Dinge nichts mit Eurem Geschäfte gemein zu haben scheinen, so ist es doch aus den obengesagten Gründen nötig und nützlich, sie zu wissen.

Ihr habt also nötig, auf diesem Weg zu erfahren, was vorgeht. Da aber von den Dingen, die Ihr erfahren werdet, das eine wahr, das andere falsch aber wahrscheinlich sein wird, so müßt Ihr sie durch Euer Urteil abwägen und Euch die merken, welche der Wahrheit am ähnlichsten sehen, die anderen unbeachtet lassen. Diese Dinge wohl angehört und noch besser untersucht werden Euch in den Stand setzen, den Ausgang einer Sache zu untersuchen und zu erwägen und, wenn Ihr schreibt, Euer Urteil darüber auszusprechen. Da aber Euer Urteil in Eurem eigenen Mund gehässig sein würde, so bedient man sich in den Briefen der Form, daß man zuerst erörtert, was vorgeht, welche Männer die

Sache betreiben und, welche Beweggründe und Neigungen sie haben, und sodann diese Worte setzt. „In Betracht also alles dessen, was Euch gemeldet ist, urteilen die klugen Männer hier, daß die Sache den und den Ausgang haben werde.“ Dieser Teil, gut ausgeführt, brachte in meinen Tagen vielen Gesandten große Ehre und schlecht ausgeführt Unehre. Ich habe bei einigen gesehen, daß sie, um ihre Briefe reicher an Nachrichten zu machen, jeden Tag aufschreiben, was sie hören, und daraus alle acht bis zehn Tage einen Brief zusammenstellen, wozu aus jener ganzen Masse das am vernünftigsten Erscheinende genommen wird.

Ich habe auch bei einem weisen und in Gesandtschaften erfahrenen Mann gesehen, daß er wenigstens alle zwei Monate seiner Regierung den ganzen Stand der Angelegenheiten der Stadt oder des Reiches, wo er Gesandter ist, vor Augen legt. Wenn dies gehörig getan wird, so bringt es dem, der schreibt, große Ehre, und dem, an den geschrieben wird, großen Nutzen, weil man sich besser raten kann, wenn man die Verhältnisse genau kennt, als wenn man sie nicht kennt. Damit Ihr diesen Teil genau versteht, will ich ihn Euch besser erklären.

Ihr kommt in Spanien an, tragt Euren Auftrag vor, übergebt Euer Beglaubigungsschreiben und schreibt sogleich. In diesem Brief gebt Ihr Nachricht von Eurer Ankunft, von dem, was Ihr dem Kaiser vorgetragen habt, und von seiner Antwort. Hierbei bemerkt Ihr, Ihr würdet später ausführlich über die Angelegenheiten des Reiches und über den Charakter des Kaisers schreiben, wenn Ihr, nach einer Anwesenheit von einigen Tagen, eine genaue Kenntnis davon haben würdet. Hierauf habt Ihr mit aller Sorgfalt die Angelegenheiten des Kaisers und des Königreiches Spanien zu beobachten und umfassende Nachricht davon zu geben. Um zum einzelnen zu kommen, sage ich, daß Ihr die Natur des Mannes zu beobachten habt: ob er selbst regiert oder sich regieren läßt; ob er geizig oder freigebig ist; ob er mehr den Krieg liebt oder den Frieden; ob ihn Ruhmliebe bewegt oder eine andere Leidenschaft; ob ihn seine Völker lieben; ob er sich lieber in Spanien als in Flandern aufhält; welche, Männer er in seiner Umgebung hat, die ihm raten, und wozu diese geneigt sind, das heißt, ob sie ihn bewegen wollen, neue Kriege anzufangen, oder zu versuchen, sich der Früchte dieses gegenwärtigen Glücks zu erfreuen; wie viele Gewalt sie über ihn haben; ob er sie wechselt oder lange behält; ob der König von Frankreich einen Freund unter ihnen hat; ob sie bestechlich sind. Sodann ist es auch gut, daß Ihr die Herren und Barone, die ihm näherstehen, betrachtet: wie groß ihre Macht ist, wie sie mit ihm zufrieden sind; und wenn sie unzufrieden sein sollten, wie sie ihm schaden können; ob Frankreich einen von ihnen bestechen könnte. Auch über seinen Bruder habt Ihr Euch zu erkundigen: wie er ihn behandelt, wie er dort geliebt ist, wie er zufrieden ist, ob durch ihn Aufruhr in diesem Reich und in seinen anderen Staaten entstehen könnte. Dann habt Ihr die Natur des Volkes zu erforschen, ob jene Junta, die die Waffen ergriffen hatte, völlig besiegt oder beruhigt ist, oder ob man fürchtet, die Insurrektion könne von neuem ausbrechen, und ob Frankreich den Brand entfachen könnte. Auch werdet Ihr erwägen, welches Ziel sich der Kaiser gesetzt hat, wie er es in den Angelegenheiten Italiens meint, ob er nach der Herrschaft über die Lombardei strebt, oder ob er sie dem Sforza lassen will; ob er nach Rom zu gehen wünscht und wann; welche Absichten er hinsichtlich der Kirche hat, wie weit er dem Papst traut, wie er mit ihm zufrieden ist; und wenn er nach Italien kommt, welches Gute oder Schlimme die Venezianer von ihm zu hoffen oder zu fürchten haben.

Alle diese Dinge, wohl erwogen und gut geschrieben, werden Euch die größte Ehre bringen. Aber es ist nicht genug, sie nur einmal zu schreiben, sondern Ihr müßt sie alle zwei oder drei Monate mit solcher Geschicklichkeit wieder ins Gedächtnis rufen, indem Ihr die neuen Vorfälle hinzufügt, daß es wie Klugheit und Notwendigkeit, nicht wie Vorwitz scheint.

Verschiedene Sätze

Die Bürger, die sich in den Republiken mit mechanischen Künsten und Handwerken beschäftigen, können nicht wie Fürsten zu befehlen verstehen, wenn sie an die Spitze der Regierung gestellt werden. Es ist daher sicher, zum Befehlen von denen zu nehmen, die nie jemand anderem als den Königen und Gesetzen gehorcht haben, statt Männer, die von ihren Einkünften leben.

Als die Römer mit den Galliern eine Schlacht zu liefern hatten, stellten sie, um ihren ersten Angriff auszuhalten und die Gallier ihre Schwerter durch die ersten Hiebe stumpf machen zu lassen, die Hastati gegen ihre Gewohnheit ins erste Treffen, damit die Gallier, mit dem Abhauen der Lanzen beschäftigt und durch diese zurückgehalten, ihr erstes Ungestüm und Feuer verloren.

Als Hamilcar auf dem Marsch von zwei feindlichen Scharen angegriffen wurde, ließ er plötzlich die Treffen umkehren, das heißt die vorderen zurückgehen und die hinteren vorrücken, so daß beide Feinde, im Glauben, Hamilcar fliehe, ihre Glieder verließen, ihn zu verfolgen, ungeordnet auf die stießen, die geordnet in die Stelle der anderen rückten, und besiegt wurden.

Domitian beobachtete die Horoskope der Senatoren, und die, deren Horoskope er glücklich und den Thron verheißend fand, tötete er. Er wollte seinen Nachfolger Nerva töten, als ihm von einem Mathematiker, Nervas Freund, gesagt wurde, hier sei keine Gefahr, da Nerva in Kürze sterben müsse, weil er alt sei. Die Folge war, daß Nerva sein Nachfolger wurde.

Marc Aurel sagte zu einem Angeber, die Kaiser mühten sich umsonst ab, denn keiner töte je seinen Nachfolger.

Als Licinius bei Trajan einer Verschwörung gegen sein Leben angeklagt wurde, ging Trajan allein bei ihm speisen. Den anderen Tag sagte er in Gegenwart des Anklägers: „Gestern konnte mich Licinius töten."

Als Trajan Licinius zum Präfekten der Prätorianer ernannte, umgürtete er ihm ein Schwert mit den Worten: „Ich gürte dir dies Schwert um, damit du mich schützest, wenn ich ein guter Regent sein werde, damit du mich tötest, wenn ein schlechter."

Man muß die Untertanen von siebzehn bis dreißig Jahren als Soldaten üben, dann in die Reserve setzen; denn nach dieser Zeit fehlt den Menschen die Gelehrigkeit und sie wollen nicht mehr gehorchen, sie nehmen an Bosheit zu und an Kräften ab.

KOMÖDIEN

Die Mandragora

Komödie in fünf Aufzügen

Personen

Callimaco / Siro
Messer Nicia / Ligurio
Sostrata / Bruder Timoteo
Eine Dame / Lucrezia

Das Stück spielt in Florenz

LIED

gesungen von Schäfern und Nymphen.

Weil das Leben kurz ist und der Beschwerden viele, die lebend und sich abmühend ein jeder aussteht, so laßt uns, wie's uns in den Sinn kommt, die Jahre verbringen. Denn wer sich das Vergnügen entzieht, um mit Entbehrung und Qual in der Welt zu leben, kennt ihre Täuschungen nicht, weiß nicht, von wie viel Übeln und wie vielen seltsamen Zufällen fast alle Sterblichen unterdrückt sind.

Um diesem Verdruß zu entfliehen, haben wir ein einsames Leben gewählt. Verliebte Jünglinge, muntere Nymphen, leben wir immer in Festen und Freuden. Nun sind wir gekommen, allein um zu ehren, mit unseren Gesängen, so fröhliches Fest, so schöne Versammlung.

Auch hat uns der Name dessen hierher geführt, der euch regiert. In ihm erblickt man vereint alles Schöne, das sich auf göttlichem Bild sammelt. Durch diese Gnade von oben ist euer Zustand beglückt. Ihr könnt euch der Freude ergeben, genießen, dankend dem, der sie euch gegeben.

PROLOG

Gott grüß' euch, wohlgeneigte Zuhörer, und es ist angebracht, daß ihr uns wohlgeneigt seid, sofern wir euch gefallen. Wenn ihr fortfahrt, kein Geräusch zu machen, so werdet ihr ein neues Ereignis hören, das seinen Ursprung in dieser Stadt hat. Seht euch auf der Bühne um, was zeigt sie euch? Das ist euer Florenz, ein andermal wird es Rom sein oder Pisa. Das Stück ist, um vor Lachen sich zu wälzen.

Die Tür zu meiner rechten Hand führt in das Haus eines Doktors, der viele Gesetze aus dem Boëtius gelernt hat. Die Straße da auf dieser Seite ist die Liebesgasse. Wer dort fällt, erhebt sich nicht mehr wieder. Was für ein Abt oder Prior der Kirche vorsteht, die ihr euch gegenüber seht, könnt ihr an dem Ordenskleid eines Mönchs erkennen, wenn ihr nicht zu früh fortgeht.

In diesem Haus zur Linken wohnt ein junger Mann, Callimaco Guadagni, kürzlich erst aus Paris gekommen. Ihm ist unter all den anderen guten Gesellen die Ehre und der Preis der Artigkeit gewährt. Ein feines Weibchen, sehr von ihm geliebt, ward von ihm überlistet; ihr werdet hören, wie, und ich wollte, ihr würdet alle so überlistet, geneigte Zuhörerinnen, wie sie.

Das Stück heißt die Mandragora. Woher der Name? Ich denke, ihr werdet es erfahren, wenn man es aufführt. Der Verfasser ist kein Mann von großem Ruf. Dennoch, wenn ihr nicht lacht, läßt er sich's gefallen, euch die Zeche zu bezahlen. Ein schmachtender Liebhaber, ein Doktor mit wenig Mutterwitz, ein Mönch von schlechtem Lebenswandel, ein Parasit, der Bosheit Schoßkind, sollen euch heute Zeitvertreib geben.

Und ist der Gegenstand, weil er zu leichtfertig, eines Mannes nicht würdig, der weise und ernst erscheinen will, so entschuldigt ihn damit: Er bemüht sich, mit diesen eitlen Gedanken seine traurige Zeit zu erheitern. Denn anderes bleibt ihm nichts, wohin den Blick zu wenden. Es ist ihm abgeschnitten, durch andere Unternehmungen andere Tugenden zu zeigen. Kein Lohn ist mehr für seine Mühen.

Der Lohn, den er jetzt erwartet, ist, daß jeder beiseite stehe und verhalten lache, aber übel rede von dem, was er sieht oder hört. Daher kommt es auch ganz ohne Zweifel, daß die gegenwärtige Zeit vom Pfad der alten Tugend gänzlich abweicht. Denn, wo man nichts als Tadel hört, bemüht und quält sich niemand mehr, mit tausend Beschwerden ein Werk zu unternehmen, das der Wind zerstreut oder der Nebel bedeckt.

Doch wenn einer glaubt, durch böse Reden ihn an den Haaren zu fassen, ihn zu erschrecken oder aus der Bahn zu drängen, der sei gewarnt, und einem solchen sage ich:

Auch er versteht Böses zu reden, und diese Kunst war die, die er zuerst gelernt, und in diesem Teil der Erde, wo das „Jawohl" ertönt, schätzt er nicht einen, obgleich er hinter manchem her geht, der einen besseren Mantel trägt als er.

Aber lassen wir Böses reden, wer da will. Zurück zu unserem Stück, damit wir die Zeit nicht überschreiten! Man muß Worte nicht zu hoch anschlagen und nicht als etwas Ungeheures ansehen, was vielleicht noch gar nicht da ist.

Callimaco tritt hervor und hat den Siro bei sich, seinen Diener. Er wird den Gang des Ganzen sagen. Merkt alle wohl auf und erwartet für jetzt keine weitere Erklärung.

ERSTER AUFZUG

ERSTER AUFTRITT

Callimaco und Siro

CALLIMACO: Siro, bleib, ich habe dir etwas zu sagen.
SIRO: Da bin ich.
CALLIMACO: Du wirst dich gewundert haben, daß ich so schnell aus Paris abgereist bin, und jetzt wirst du dich wundern, daß ich schon einen Monat hier bin, ohne irgend etwas zu tun.
SIRO: Stimmt.
CALLIMACO: Wenn ich dir noch nicht gesagt habe, was du jetzt hören sollst, so geschah es nicht aus Mißtrauen, sondern weil ich der Meinung bin, man dürfe nicht ohne Not sagen, was man geheimhalten will. Nun aber denk' ich, deine Hilfe nötig zu haben, und du sollst alles wissen.
SIRO: Ich bin Euer Diener. Die Diener sollen ihren Herrn nie fragen, noch seinen Handlungen nachspüren; aber wenn er sich ihnen aus freien Stücken anvertraut, so müssen sie ihm treu dienen. So hab' ich es immer gehalten und werde es auch in Zukunft halten.
CALLIMACO: Ich weiß es. Ich glaube, du hast mich hundertmal sagen hören, und es kommt mir nicht darauf an, daß du es hundertundeinmal hörst, daß ich zehn Jahre alt war, als ich nach dem Tod meiner Eltern von meinen Vormündern nach Paris geschickt wurde, wo ich zwanzig Jahre blieb. Als vor zehn Jahren durch den Einfall König Karls die Kriege ihren Anfang nahmen, welche Italien verwüsteten, beschloß ich in Paris zu bleiben und nie wieder heimzukehren, da ich dort sicherer zu leben glaubte als hier.
SIRO: So ist es.
CALLIMACO: Ich ließ deshalb alle meine Güter hier verkaufen, außer diesem Haus, hielt mich beständig in Paris auf und brachte die anderen zehn Jahre denkbar glücklich zu.
SIRO: Ich weiß es.
CALLIMACO: Ich hatte meine Zeit zwischen Studien, Vergnügen und Geschäften geteilt und beschäftigte mich mit jedem von diesen Dingen so, daß keines vom anderen abhielt. Ich lebte daher, wie du weißt, sehr ruhig, indem ich einem jeden gefällig war und mich bestrebte, niemand zu beleidigen. Auch glaube ich, ich war beliebt bei Bürgern und Edelleuten, bei Fremden und Einheimischen, bei Armen und Reichen.
SIRO: Das ist die Wahrheit.

CALLIMACO: Nun schien es aber dem Glück, es gehe mir zu gut, und es ließ einen gewissen Camillo Calfucci nach Paris kommen.
SIRO: Ich fange an, Euer Übel zu erraten.
CALLIMACO: Ich lud ihn, wie alle anderen Florentiner, häufig zu mir ein, und im Gespräch entstand eines Tages ein Streit darüber, wo es die schönsten Weiber gäbe, in Italien oder in Frankreich. Ich selbst konnte nicht über die Italienerinnen urteilen, weil ich bei meiner Abreise noch ganz klein war. Es nahm daher ein anderer Florentiner aus der Gesellschaft die Partei der Französinnen und Camillo die der Italienerinnen. Nachdem von beiden Seiten viele Gründe angeführt worden, rief Camillo fast aufgebracht aus, wenn alle italienischen Damen Mißgeburten wären, so habe doch eine seiner Verwandten das Zeug, ihre Ehre zu retten.
SIRO: Jetzt schwant mir, wohin Ihr zielt.
CALLIMACO: Er nannte Madonna Lucrezia, die Gemahlin des Messer Nicia Calfucci, deren Schönheit und Anmut er so sehr pries, daß wir alle baff waren. Es ergriff mich solches Verlangen, sie zu sehen, daß ich allen anderen Entschlüssen untreu wurde. Ich dachte weder an den Krieg, noch an den Frieden Italiens, machte mich auf den Weg, kam hier an, fand den Ruf der Dame Lucrezia weit unter der Wahrheit, was sehr selten ist, und brenne nun von solcher Sehnsucht nach ihrer Gunst, daß ich mir nicht zu helfen weiß.
SIRO: Hättet Ihr mich in Paris gefragt, so wüßte ich, was ich Euch hätte raten sollen, jetzt aber weiß ich nicht, was ich Euch sagen soll.
CALLIMACO: Ich habe dir die Sache nicht erzählt, weil ich deinen Rat will, sondern um mir das Herz ein wenig zu erleichtern, und damit du vorbereitet bist, mir beizustehen, wenn es nötig wird.
SIRO: Ich bin dazu vollkommen bereit. Welche Hoffnung habt Ihr aber?
CALLIMACO: Ach! Gar keine oder wenig; schlimm für mich ist vor allem, daß sie von Natur sehr züchtig und allen Liebeshändeln abgeneigt ist. Ihr Mann ist sehr reich, läßt sich ganz von ihr leiten, und wenn er auch nicht mehr jung ist, so ist er, wie es scheint, doch auch nicht ganz alt. Sie kommt mit keinen Verwandten oder Nachbarn zu Abendgesellschaften, zu Festen oder zu anderen Vergnügungen zusammen, woran sich junge Damen zu ergötzen pflegen. Arbeitsleute dürfen ihr nicht ins Haus, Mägde und Bediente fürchten sich vor ihr; so daß mit Bestechung nichts zu machen ist.
SIRO: Was glaubt Ihr da tun zu können?
CALLIMACO: Nichts ist so verzweifelt, daß man nicht noch hoffen könnte, und wenn auch die Hoffnung gering und unnütz ist, so macht unsere Begierde und die Sehnsucht, unser Ziel zu erreichen, daß sie uns nicht so erscheinet.
SIRO: Kurz, was gibt Euch Hoffnung?
CALLIMACO: Zwei Dinge. Zuerst die Einfalt des Messer Nicia, der, obgleich

Doktor, doch der einfältigste und beschränkteste Mensch von ganz Florenz ist. Zweitens ihr beiderseitiger Wunsch, Kinder zu haben. Schon sechs Jahre verheiratet und noch ohne Kinder, sehnen sie sich bei ihrem Reichtum zum Sterben danach. Drittens kommt noch dazu, daß ihre Mutter eine lebenslustige Dame war; doch sie ist reich, so daß ich nicht weiß, wie ich ihr beikommen soll.
SIRO: Habt Ihr also schon etwas unternommen?
CALLIMACO: Ja, aber wenig genug.
SIRO: Was?
CALLIMACO: Du kennst Ligurio, der immer zu mir zu Tisch kommt. Er war früher ein Heiratsmakler und hat sich später darauf verlegt, Mahlzeiten zu erbetteln. Da er ein dienstfertiger Mensch ist, so steht Messer Nicia mit ihm auf sehr vertrautem Fuß. Ligurio führt ihn an der Nase herum; zum Essen nimmt ihn Nicia nicht mit sich, aber er borgt ihm manchmal Geld. Ich habe mir Ligurio zum Freund gemacht und ihm meine Liebe entdeckt. Er versprach, mir mit Händen und Füßen beizustehen.
SIRO: Gebt acht, daß er Euch nicht hintergeht Diesen Schmarotzern ist gewöhnlich nicht viel zu trauen.
CALLIMACO: Das ist wahr. Doch, wenn einer seinen Vorteil dabei sieht, so kann man schon glauben, daß er uns redlich dienen wird. Wenn es gelingt, habe ich ihm ein hübsches Sümmchen versprochen; gelingt es nicht, so verliert er seinen Mittag- und Abendtisch doch nicht. Allein kann ich nicht essen.
SIRO: Was versprach er zu tun?
CALLIMACO: Er versprach, Messer Nicia zu bewegen, mit seiner Frau noch diesen Mai ins Bad zu gehen.
SIRO: Wie kann Euch das helfen?
CALLIMACO: Wie mir das helfen kann? Der Aufenthalt im Bad wird ihre Sinnesart ändern. An solchen Orten beschäftigt man sich mit nichts als Vergnügungen. Ich werde auch hingehen, ich werde mich ihr auf alle mögliche Art gefällig erzeigen, keinen Aufwand scheuen, ich werde mit ihr und mit ihrem Mann auf einen vertrauten Fuß kommen. Was soll ich sagen, eins entsteht aus dem anderen, und die Zeit bringt Rosen.
SIRO: Nicht übel!
CALLIMACO: Ligurio verließ mich heute morgen, um mit Messer Nicia darüber zu sprechen; er wird mir dann Antwort sagen.
SIRO: Seht, dort stehen sie beisammen.
CALLIMACO: Ich will auf die Seite gehen, um gleich mit Ligurio sprechen zu können, wenn er den Doktor verläßt. Geh indessen nach Hause an dein Geschäft; wenn ich dich brauche, werde ich dir rufen.
SIRO: Ich gehe.

ZWEITER AUFTRITT

Messer Nicia und Ligurio

NICIA: Ich halte deinen Rat für gut und sprach gestern abend mit meiner Frau davon. Sie will heute Antwort geben; aber, die Wahrheit zu gestehen, ich geh' nicht gern dran.
LIGURIO: Warum?
NICIA: Weil ich mich nicht gern von meinen vier Wänden trenne. Dann Weib, Mägde, Hausrat ein- und auspacken zu müssen, das gefällt mir gar nicht. Außerdem sprach ich gestern abend mit etlichen Ärzten: Der eine sagt, ich solle nach San Filippo gehen, der andere nach Porretta, der dritte nach Villa, und etliche schienen mir Gänseköpfe zu sein; und um dir die Wahrheit zu sagen, diese Herren Doktoren der Medizin fahren immer im Nebel herum.
LIGURIO: Was Ihr zuerst sagtet, muß Euch freilich Sorge machen, da Ihr nicht gewohnt seid, die Domkuppel aus den Augen zu verlieren.
NICIA: Du irrst dich. Als ich noch jünger war, war ich ein großer Schwärmer. Da war kein Jahrmarkt in Prato zu dem ich nicht hingegangen wäre und es gibt kein Schloß in der Umgegend, wo ich nicht war. Ich will dir noch mehr sagen, ich war zu Pisa und Livorno.
LIGURIO: Da müßt Ihr die Carrucola von Pisa gesehen haben.
NICIA: Die Verrucola willst du sagen.
LIGURIO: Ja so, die Verrucola. Habt Ihr in Livorno das Meer gesehen?
NICIA: Das will ich meinen, daß ich es gesehen habe.
LIGURIO: Um wieviel ist es größer als der Arno?
NICIA: Als der Arno? Es ist viermal größer, mehr als sechsmal, mehr als siebenmal, sag' ich. Man sieht nichts als Wasser, Wasser, Wasser.
LIGURIO: Da wundere ich mich aber, daß Ihr, der so weit in der Welt herumgekommen ist, Euch so sträubt, ins Bad zu gehen.
NICIA: Du bist noch ein Gelbschnabel, und dir scheint es freilich eine Kleinigkeit, das ganze Haus umkehren zu müssen. Doch ich habe ein solches Verlangen, Kinder zu bekommen, daß ich zu allem imstande bin. Geh, erkundige dich ein wenig bei diesen Medizinalräten und sieh, wohin sie mir zu gehen raten. Ich will unterdessen mit meiner Frau sprechen und werde dich wieder hier treffen.
LIGURIO: Gut.

DRITTER AUFTRITT

Ligurio und Callimaco

LIGURIO: Ich glaube nicht, daß es einen beschränkteren Menschen auf der Welt gibt als diesen Doktor, und wie hat ihn das Glück begünstigt! Er ist reich, er hat eine schöne, verständige, wohlgesittete Frau, die imstande wäre, ein Königreich zu regieren. Es scheint mir, daß das Sprichwort, gleich und gleich gesellt sich gern, in der Ehe selten eintrifft: denn oft sieht man, daß einem wohlqualifizierten Manne eine Gans zuteil wird, und umgekehrt, eine vernünftige Frau einen Narren zum Mann hat. Aber der Narrheit des unsrigen verdanken wir, daß Callimaco hoffen darf. Da kommt er ja. Du stehst auf der Lauer, Callimaco?

CALLIMACO: Ich sah dich beim Doktor und wartete, bis er ging, um zu hören, was ihr ausgemacht habt.

LIGURIO: Du weißt schon, was er für ein Mensch ist; wenig Verstand, noch weniger Courage; er geht ungern von Florenz weg. Ich habe ihm gehörig eingeheizt, und er hat mir am Ende gesagt, er wolle alles tun. Ich glaube, wenn dir dieser Plan gefällt, werden wir ihn wohl hinbringen, aber ich weiß nicht, ob wir dadurch unser Ziel erreichen.

CALLIMACO: Warum nicht?

LIGURIO: Ich weiß nicht recht. In diesen Bädern gibt es Leute von jeder Gattung, und es könnte wohl ein Mann hinkommen, dem Madonna Lucrezia so wie dir gefiele, der reicher und einnehmender als du wäre, so daß Gefahr besteht, die ganze Mühe für einen anderen zu haben. Es könnte auch kommen, daß sie die Menge der Anbeter härter macht oder, wenn sie zahm wird, daß sie sich einem anderen und nicht dir ergibt.

CALLIMACO: Ich sehe ein, daß du recht hast. Doch, was soll ich anfangen? Welchen Entschluß soll ich fassen? Wohin soll ich mich wenden? Ich muß unbedingt etwas unternehmen, sei es schwer, sei es gefährlich, sei es verderblich, sei es schändlich. Lieber sterben, als so leben. Wenn ich nachts schlafen könnte, wenn ich essen könnte, wenn ich mich unterhalten könnte, wenn ich an irgend etwas Vergnügen finden könnte, so würde ich mehr Geduld haben, die Zeit abzuwarten. Wenn es aber kein Mittel gibt, und wenn ich durch keinen Plan in Hoffnung erhalten werde, so sterbe ich unweigerlich, und wenn ich sehe, daß doch einmal gestorben sein muß, so fürchte ich nichts mehr und bin imstande, einen tollen, entsetzlichen, unerhörten Entschluß zu fassen.

LIGURIO: Sprich nicht so, beruhige dich.

CALLIMACO: Du siehst wohl, daß ich mich zu meiner Beruhigung an solchen Gedanken weide. Es ist daher nötig, daß wir darauf ausgehen, ihn ins Bad zu schicken, oder daß wir etwas Anderes unternehmen, das mir Hoffnung gibt, und wenn es keine begründete ist, doch wenigstens eine scheinbare, damit ich einen Gedanken nähren kann, der einigermaßen meine Qualen lindert.

LIGURIO: Du hast recht, und ich bin bereit, dir zu dienen.

CALLIMACO: Ich glaube es, obgleich ich weiß, daß Leute deinesgleichen davon leben, andere zu hintergehen. Ich glaube aber nicht, daß du dazu gehörst; denn wenn du es tätest und ich es erführe, so würde ich es zu vergelten suchen. Du würdest sogleich mein Haus geschlossen finden und die Hoffnung auf das Versprochene verlieren.

LIGURIO: Zweifle nicht an meiner Redlichkeit. Wenn ich auch den Nutzen davon nicht hätte und noch hoffte, so fühle ich mich doch so sehr zu dir hingezogen, und es verlangt mich fast ebensosehr als dich, daß du deinen Wunsch erfüllt siehst. Lassen wir aber das. Der Doktor hat mir aufgetragen, einen Arzt zu suchen und zu fragen, in welches Bad er am besten gehe. Ich wünsche, daß du meinem Plänchen folgst, das du vorgibst, Medizin studiert und in Paris einige Erfahrungen gesammelt zu haben. Er wird es sowohl wegen seiner Einfalt leicht glauben, als auch weil du eine gelehrte Erziehung genossen hast und ihm etwas auf lateinisch sagen kannst.

CALLIMACO: Zu was soll das nützen.

LIGURIO: Es wird dazu nützen, ihn dahin ins Bad zu schicken, wohin wir wollen, und meinen anderen Anschlag auszuführen, den ich für kürzer, sicherer und erfolgreicher halte als das Bad.

CALLIMACO: Was sagst du?

LIGURIO: Ich sage, wenn du Mut hast und dich ganz auf mich verlassen willst, so soll die Sache geschehen sein, eh' es morgen um diese Stunde ist. Wenn Messer Nicia auch, wie er es nicht ist, der Mann wäre zu untersuchen, ob du ein Arzt bist oder nicht, so würde doch die Kürze der Zeit und die Sache an sich bewirken, daß er nicht darüber nachdenkt, oder daß es zu spät sein würde, unseren Plan zu verderben, wenn er sich besonnen hätte.

CALL1MACO: Du weckst mich von den Toten auf. Das ist viel zu viel versprochen, du nährst mich mit allzu großer Hoffnung. Was soll ich tun?

LIGURIO: Du sollst es erfahren, wenn es Zeit ist; für jetzt geht es nicht, wir werden kaum Zeit zum Handeln, viel weniger zum Erzählen haben. Geh jetzt nach Hause und erwarte mich dort, ich will den Doktor holen. Wenn ich ihn dir bringe, mußt du achtgeben, was ich sage, und dich danach richten.

CALL1MACO: Ich will es tun, obgleich du mich mit einer Hoffnung erfüllst, die, so fürchte ich, in Rauch aufgehen wird.

LIED

Wer, Amor, deine große Macht nicht erfährt, hofft umsonst zu begreifen, welches die höchste Gewalt des Himmels ist. Er weiß nicht, wie eins im anderen lebt und stirbt; wie man dem Schaden nachläuft und das Glück flieht; wie man sich selbst weniger als die Geliebte liebt; wie häufig Furcht und Hoffnung unsere Brust hebt und beklemmt; er weiß nicht, daß Menschen und Götter gleich sehr die Waffen fürchten, die du führst.

ZWEITER AUFZUG

ERSTER AUFTRITT

Ligurio, Messer Nicia und Siro, welcher aus dem Hause antwortet.

LIGURIO: Wie ich Euch sage, ich glaube, daß uns der liebe Gott diesen Mann schickt, um Euren Wunsch zu erfüllen. Er hat in Paris sehr berühmte Kuren gemacht, und wenn er in Florenz seine Kunst nicht ausübte, so dürft Ihr Euch darüber nicht wundern. Die Ursache war zum Ersten, daß er reich ist, und zweitens, daß er auf dem Sprung steht, wieder nach Paris zu reisen.

NICIA: Halt, Brüderchen, halt! Das fällt sehr ins Gewicht. Ich möchte nicht haben, daß er mich in eine Geschichte verwickelt und mich dann auf dem Trocknen sitzen läßt.

LIGURIO: Laßt Euch davor nicht bange sein. Fürchtet eher, daß er diese Kur nicht übernehmen will; denn wenn er sie übernimmt, so ist er der Mann, nicht eher abzulassen, als bis er den Erfolg sieht.

NICIA: Was das betrifft, will ich dir glauben. Aber wegen der Wissenschaft will ich ihm selbst auf den Zahn fühlen. Mir soll er keinen blauen Dunst vormachen.

LIGURIO: Gerade weil ich Euch kenne, führe ich Euch zu ihm, damit Ihr mit ihm sprechen könnt. Wenn er Euch durch sein Äußeres, seine Gelehrsamkeit und seine Sprache nicht der Mann scheint, dem man das Haupt in den Schoß legen kann, so sagt, ich verstünde nichts davon.

NICIA: So sei es denn. Gehen wir – unser Schutzengel geleite uns. Wo wohnt er denn?

LIGURIO: Auf diesem Platz, in jener Tür Euch gegenüber.

NICIA: So sei's zur guten Stunde.

LIGURIO *klopft an die Haustüre*: Es ist geschehen.

SIRO: Wer ist da?

LIGURIO: Ist Callimaco zu Hause?

SIRO: Ja.

NICIA: Warum sagst du nicht Meister Callimaco?

LIGURIO: Er kümmert sich nichts um solche Possen.

NICIA: Sprich nicht so; es heißt: tu deine Schuldigkeit, und wer's dann übel nimmt, mag's wieder wohl nehmen.

ZWEITER AUFTRITT

Callimaco, Messer Nicia und Ligurio

CALLIMACO: Wer wünscht mit mir zu sprechen?
NICIA: *Bona dies domine magister.*
CALLIMACO: *Et vobis bona domine doctor.*
LIGURIO: Nun, wie kommt er Euch vor.
NICIA: Gut, bei meiner Treu!
LIGURIO: Wenn Ihr haben wollt, daß ich bei Euch bleiben soll, so müßt Ihr so sprechen, daß ich Euch verstehe, sonst geh' ich meiner Wege.
CALLIMACO: Was steht zu Diensten?
NICIA: Was soll ich sagen? Ich suche zwei Dinge, die ein anderer vielleicht fliehen würde; nämlich mir und anderen eine Last aufzuladen. Ich habe keine Kinder und möchte deren doch haben, und um mir diese Last aufzuladen, bin ich Euch überlästig.
CALLIMACO: Es wird mir nie unangenehm sein, Euch einen Gefallen zu tun, sowie allen verdienstvollen Männern von Stand, wie Ihr seid. Ich habe mich bloß darum in Paris so viele Jahre mit Studieren abgemüht, um Euresgleichen dienen zu können.
NICIA: Vielen Dank! Und wenn Ihr meiner Kunst bedürfen solltet, so steht sie Euch mit Vergnügen zu Diensten. Kehren wir aber *ad rem nostram* zurück. Glaubt Ihr, daß das Bad gut sei, meine Frau zur Empfängnis zu disponieren? Denn ich weiß, Ligurio hat Euch schon von mir gesagt, was er zu sagen hatte.
CALLIMACO: So ist es. Aber um Euren Wunsch zu erfüllen, ist es nötig, daß ich die Ursache der Unfruchtbarkeit Eurer Gemahlin weiß, weil es mehrere Ursachen geben kann. *Nam causae sterilitatis sunt, aut in semine, aut in matrice, aut in instrumentis seminariis, aut in virga, aut in causa extrinseca.*
NICIA: Das ist der würdigste Mann, den man finden kann.
CALLIMACO: Außerdem könnte ihre Unfruchtbarkeit von Eurer Impotenz herrühren; und wenn das wäre, so gäbe es kein Mittel dagegen.
NICIA: Impotent, ich? Oh, Ihr macht mich lachen. Ich glaube schwerlich, daß es in ganz Florenz einen Mann gibt, der derber und rüstiger wäre als ich.
CALLIMACO: Wenn das nicht ist, so könnt Ihr Euch darauf verlassen, daß wir ein Mittel finden werden.
NICIA: Gibt's kein anderes Mittel, als das Bad? Ich möchte diese Unbequemlichkeit vermeiden, und auch meine Frau entfernt sich ungern aus Florenz.
LIGURIO: Es wird sich eins finden, ich stehe Euch dafür. Callimaco ist allzu vorsichtig. Habt Ihr mir nicht gesagt, Ihr wüßtet einen gewissen Trank zu bereiten, der unfehlbar schwanger macht.

CALLIMACO: So ist es. Doch ich bin gegen Leute, die ich nicht kenne, zurückhaltend, weil ich nicht haben möchte, daß sie mich für einen Quacksalber halten.
NICIA: Fürchtet das nicht bei mir. Ihr habt mich so in Erstaunen gesetzt, daß es nichts gibt, was ich nicht auf Euren Rat glaubte oder täte.
LIGURIO: Es wird wohl nötig sein, daß Ihr den Urin seht.
CALLIMACO: Ohne Zweifel, ohne das läßt es sich nicht tun.
LIGURIO: Ruft denn Siro. Er soll mit dem Doktor gehen, den Urin zu holen, und dann wieder herkommen. Wir wollen ihn im Haus erwarten.
CALLIMACO: Siro, geh mit. Wenn's beliebt, Messer, so kehrt sogleich wieder zurück, und wir wollen uns auf etwas Gutes besinnen.
NICIA: Wie! Ob's mir beliebt? Ich bin im Augenblick wieder da. Ich habe mehr Glauben an Euch, als die Ungarn an den heiligen Stephan.

DRITTER AUFTRITT

Messer Nicia und Siro

NICIA: Dein Herr ist ein rechter Ehrenmann.
SIRO: Mehr als Ihr sagt.
NICIA: Der König von Frankreich muß etwas auf ihn halten.
SIRO: Viel.
NICIA: Da muß er gern in Frankreich leben.
SIRO: Das glaub' ich.
NICIA: Er tut gut daran. In dieser Stadt gibt's nur Hartleibige. Kein Verdienst wird geschätzt. Wenn er hier wohnte, würde ihn niemand ansehen. Ich kann davon erzählen, ich habe Blut und Wasser geschwitzt, um zwei *hac* zu lernen, und wenn ich davon leben müßte, würde ich übel daran sein. Das kann ich dir sagen.
SIRO: Verdient Ihr hundert Dukaten im Jahr?
NICIA: Nicht hundert Taler, nicht hundert Groschen, es ist eben, wenn unsereiner in dieser Stadt kein Mann von Stand ist, findet er keinen Hund, der ihn anbellt, und wir sind zu nichts gut, als zu Leichen und zu Hochzeiten zu gehen, oder den ganzen Tag vor dem Gerichtsgebäude zu schäkern und die Zeit zu verplaudern. Aber ich bedanke mich dafür; ich brauche niemand. Wenn es nur jeder so gut hätte, wie ich. Doch will ich nichts gesagt haben, sie könnten mir sonst eine außerordentliche Steuer oder eine andere Last aufladen, die mir den Angstschweiß austriebe.
SIRO: Seid deshalb ganz ruhig.

NICIA: Wir sind am Haus, erwarte mich hier, ich bin gleich wieder da.
SIRO: Geht nur.

VIERTER AUFTRITT

SIRO *allein*: Wenn alle Doktoren so wären wie dieser, so könnte man ihnen Steine in den Backofen schieben. Ob ihn dieser Schelm von Ligurio und mein vernarrter Herr nicht in Schimpf und Schande bringen werden? Ich würde es wahrhaftig wünschen, wenn ich glauben könnte, daß man nichts davon erfährt. Erfährt man's aber, so geht es mir an den Hals und meinem Herrn an Hals und Vermögen. Er ist schon Arzt geworden; ich weiß nicht, was sie für einen Plan haben, und wohin ihre List führen soll. Sieh da, der Doktor mit einem Uringlas in der Hand. Wer sollte nicht über diesen Pinsel lachen müssen.

FÜNFTER AUFTRITT

Messer Nicia und Siro

NICIA *spricht ins Haus zurück*: Ich hab' dir bisher alles zu Gefallen getan; hierin sollst du auch einmal meinen Willen tun. Wenn ich geglaubt hätte, keine Kinder zu bekommen, so würde ich lieber eine Bäuerin geheiratet haben, als … Bist du da, Siro? Komm zu mir. Was es mich für Mühe gekostet hat, bis mir meine alberne Frau dies gegeben hat. Nicht, daß sie nicht auch ein Kind bekommen möchte, sie denkt öfter daran als ich. Sowie ich sie aber irgend etwas will tun lassen, das ist gleich eine Geschichte!
SIRO: Habt Geduld, durch gute Worte lassen sich die Weiber gewöhnlich führen, wohin man will.
NICIA: Was gute Worte! Ich hab's endlich satt! Geh sogleich und sage dem Maestro und Ligurio, ich sei hier.
SIRO: Hier kommen sie schon.

SECHSTER AUFTRITT

Ligurio, Callimaco und Messer Nicia

LIGURIO *zu Callimaco*: Der Doktor wird leicht zu überreden sein. Bei der Dame wird es schwer halten, aber auch das wird sich machen lassen.

CALLIMACO: Habt Ihr den Urin?
NICIA: Siro hat ihn unterm Rock.
CALLIMACO: Gib her. Ach! Dies zeigt Schwäche der Nieren an.
NICIA: Er scheint etwas trübe; sie hat ihn doch im Augenblick erst gelassen.
CALLIMACO: Dies darf Euch nicht wundern. *Nam mulieris urinae sunt semper majoris grossitatis et albedinis, et minoris pulchritudinis, quam virorum. Hujus autem, inter caetera, causa est amplitudo canaliam, mixtioque eorum, quae ex matrice exeunt cum urina.*
NICIA: Oh! Uh! Alle Wetter! Der macht sich immer besser … Schau, wie gut er über diese Dinge spricht.
CALLIMACO: Ich fürchte, sie ist des Nachts schlecht zugedeckt; und deshalb ist ihr Urin nicht klar.
NICIA: Sie hat doch eine gute Decke auf sich. Aber sie liegt vier Stunden lang auf den Knien – betet Rosenkränze, eh' sie ins Bett kommt. Sie ist eine Gans, sich so zu verfrieren.
CALLIMACO: Um es kurz zu machen, Doktor, entweder Ihr habt Vertrauen zu mir, oder nicht; entweder ich habe Euch ein unfehlbares Mittel anzugeben, oder nicht. Ich meinesteils bin entschlossen, Euch das Mittel zu geben, wenn Ihr Vertrauen zu mir habt. Ihr nehmt es an, und wenn nicht heute über ein Jahr Eure Frau ein Söhnlein auf dem Arm hat, so will ich Euch zweitausend Dukaten zu bezahlen haben.
NICIA: Sagt's nur schnell. Ich bin entschlossen, in alles einzuwilligen und glaube Euch mehr als meinem Beichtvater.
CALLIMACO: Ihr müßt wissen, daß es nichts Untrüglicheres gibt, zu machen, daß ein Weib schwanger wird, als wenn man ihr zuvor einen Trank von Mandragora zu trinken gibt. Ich habe dies zwei dutzendmal versucht und immer bewährt gefunden. Ohne dies Mittel würden die Königin von Frankreich und eine Menge Prinzessinnen dieses Landes unfruchtbar sein.
NICIA: Ist es möglich?
CALLIMACO: Wie ich Euch sage. Das Glück war Euch so gewogen, daß ich alles mit hierhergebracht habe, was in diesen Trank getan wird. Ihr könnt ihn haben, wann Ihr wollt.
NICIA: Wann soll sie ihn einnehmen?
CALLIMACO: Heute abend nach dem Nachtessen; denn der Stand des Mondes ist günstig und die Zeit könnte nicht geeigneter sein.
NICIA: Das wird nicht viel auf sich haben; verschreibt ihn nur immer, ich will ihr ihn schon eingeben.
CALLIMACO: Jetzt ist es nötig, daran zu denken, daß der Mann, der ihr zuerst beiwohnt, nachdem sie diesen Trank genommen, innerhalb acht Tagen stirbt. Nichts auf der Welt kann ihn retten.

NICIA: Der Teufel! Ich will nichts von dieser Latwerge, mir wirst du sie nicht aufhängen. Ihr habt es gut mit mir vorgehabt.
CALLIMACO: So bleibt doch, dem ist ja abzuhelfen.
NICIA: Wie das?
CALLIMACO: Man muß sogleich einen anderen bei ihr schlafen lassen, der, wenn er eine Nacht über bei ihr liegt, alles Gift der Mandragora an sich zieht. Dann könnt Ihr Euch ohne Gefahr zu ihr legen.
NICIA: Das mag ich nicht haben.
CALLIMACO: Warum nicht?
NICIA: Weil ich meine Frau nicht zur Hure und mich zum Hahnrei machen will.
CALLIMACO: Wie mögt Ihr auch so sprechen, Doktor? Oh, ich hätte Euch für klüger gehalten. So fürchtet Ihr zu tun, was der König von Frankreich getan hat, und so viel große Herren, als da sind! *Er zeigt die zehn Finger.*
NICIA: Wen soll ich finden, der so ein Narr sein wird, sich dazu herzugeben? Wenn ich's ihm sage, so wird er nicht wollen. Wenn ich's ihm nicht sage, so ist es ein Fall für die Acht.[1] Ich will dabei nicht umkommen.
CALLIMACO: Wenn Euch sonst nichts Kummer macht, so laßt nur mich sorgen.
NICIA: Wie wollt Ihr's anfangen?
CALLIMACO: Hört. Ich gebe Euch den Trank heute abend nach dem Nachtessen. Ihr gebt ihn ihr ein und legt sie sogleich zu Bett; es wird dann ungefähr vier Uhr des Nachts sein. Hierauf verkleiden wir uns, Ihr, Ligurio, Siro und ich, und suchen auf dem neuen Markt, auf dem alten Markt, und an den Straßenecken dort; und den ersten jungen Kerl, den wir beschäftigungslos finden, ergreifen wir, binden ihm die Augen zu, führen ihn gehörig geprügelt ins Haus und ins dunkle Schlafzimmer. Dort legen wir ihn ins Bett, sagen ihm, was er zu tun hat, und er wird keine Schwierigkeiten machen. Morgen früh schickt Ihr ihn vor Tag fort, laßt Eure Frau waschen und könnt nach Gefallen bei ihr sein, ohne Gefahr zu fürchten.
NICIA: Ich bin damit zufrieden, da du sagst, daß der König, Prinzen und große Herren es so gemacht haben; aber vor allem, daß nichts herauskommt. Es ist wegen der Acht.
CALLIMACO: Wer sollte etwas sagen?
NICIA: Eine Mühe bleibt noch und keine kleine.
CALLIMACO: Welche?
NICIA: Meine Frau zur Einwilligung zu bringen, sie wird sich, glaub' ich, nie dazu hergeben.

[1] Der Strafgerichtshof zu Florenz bestand aus acht Räten.

CALLIMACO:. Das ist freilich wahr. Aber ich wollte nicht Ehemann sein, wenn ich sie nicht dazu brächte, alles zu tun, was ich wollte.
LIGURIO: Es fällt mir ein Mittel ein.
NICIA: Was?
LIGURIO: Man versteckt sich hinter ihren Beichtvater.
CALLIMACO: Wer wird den Beichtvater geneigt machen?
LIGURIO: Du, ich, das Geld, unsere Verschlagenheit, ihre[2] Schlechtigkeit.
NICIA: Ich zweifle aber gewaltig, ob sie auf mein Geheiß zu ihrem Beichtvater gehen wird.
LIGURIO: Auch dafür weiß ich Rat.
CALLIMACO: Sprich!
LIGURIO: Man muß sie zu ihrer Mutter führen.
NICIA: Ihr glaubt sie freilich.
LIGURIO: Und ich weiß, daß ihre Mutter unserer Meinung ist. Wohlan, nutzen wir die Zeit; denn es wird Abend. Du, Callimaco, geh ein wenig spazieren und mach, daß wir dich um zwei Uhr mit dem Trank zu Hause bereit finden. Wir besuchen die Mutter, der Doktor und ich, um sie geneigt zu machen, sie ist eine Bekannte von mir. Dann werden wir zum Mönch gehen und dir Bericht erstatten, was wir ausgerichtet haben. *Nicia geht voran.*
CALLIMACO: Oh, laß mich nicht allein.
LIGURIO: Ich glaube, du bist betrunken.
CALLIMACO: Wo soll ich denn jetzt hingehen?
LIGURIO: Hierhin, dorthin, da hinaus, diese Straße oder die andere; Florenz ist groß.
CALLIMACO: Ich bin des Todes.

LIED

Ein jeder sieht, wie glücklich der ist, der dumm geboren und alles glaubt. Ehrgeiz stachelt ihn nicht und Furcht läßt ihn ruhig, beide gewöhnlich der Samen von Kummer und Schmerz. Unser Doktor, in seiner Sehnsucht, Kinder zu haben, würde glauben, daß ein Esel fliegt. Er vergißt alle anderen Güter, um dies einzige Ziel seiner Wünsche zu erreichen.

[2] Das heißt der Mönche.

DRITTER AUFZUG

ERSTER AUFTRITT

Sostrata, Messer Nicia und Ligurio

SOSTRATA: Ich habe immer sagen hören, daß ein kluger Mann unter zwei Übeln das kleinste wählen müsse. Wenn Ihr kein anderes Mittel habt, Kinder zu bekommen, und Ihr wollt es anwenden, so tut es immer, wenn es das Gewissen nicht beschwert.
NICIA: So ist es.
LIGURIO: Geht also zu Eurer Tochter. Wir wollen zu ihrem Beichtvater, dem Bruder Timoteo, gehen und ihm den Fall erzählen, damit Ihr es nicht nötig habt. Ihr werdet dann sehen, was er sagt.
SOSTRATA: Gut denn. Euer Weg führt dahin, und ich hole die Lucrezia, sie muß mir durchaus mit dem Mönch sprechen.

ZWEITER AUFTRITT

Messer Nicia und Ligurio

NICIA: Du wunderst dich vielleicht, Ligurio, daß man soviel Geschichten machen muß, um meine Frau zu bewegen, wenn du aber alles wüßtest, würdest du dich nicht mehr wundern.
LIGURIO: Ich glaube, das kommt daher, daß alle Frauen mißtrauisch sind.
NICIA: Das ist es nicht. Sie war die sanfteste, gefälligste Person von der Welt; da hat ihr eine Nachbarin gesagt, sie würde schwanger werden, wenn sie das Gelübde tue, vierzig Morgen nacheinander die erste Messe bei den Serviten zu hören. Sie gelobte es und ging vielleicht zwanzigmal hin. Denk' dir, da fing einer von den dickbäuchigen Mönchen an, ihr nachzustellen, so daß sie nicht mehr hin wollte. Es ist doch schlimm, daß die, welche uns ein gutes Beispiel geben sollten, so sind. Ist es nicht wahr?
LIGURIO: Zum Teufel auch! Ob es wahr ist!
NICIA: Von der Zeit an spitzt sie die Ohren, wie eine Häsin, und wenn sie auch nichts sagt, so macht sie doch tausend Schwierigkeiten.
LIGURIO: Jetzt wundere ich mich nicht mehr; aber wie wurde das Gelübde erfüllt.
NICIA: Sie ließ sich dispensieren.
LIGURIO: So ist's recht. Aber gebt mir fünfundzwanzig Dukaten, wenn Ihr sie

habt. Für solche Fälle ist es nötig, zu schmieren, um uns den Mönch schnell zum Freund zu machen. Wir müssen ihm noch auf mehr Hoffnung machen.
NICIA: Hier nimm. Dies macht mir keinen Kummer, ich will's schon woanders abzwacken.
LIGURIO: Diese Mönche sind pfiffig und verschlagen, es ist auch natürlich; denn sie wissen unsere Sünden zu den ihrigen; wer nicht mit ihnen umzugehen weiß, kann leicht irregehen und versteht nicht, wie man sie herumbringt. Ich wünschte daher, daß Ihr uns im Gespräch nicht etwas verderbt; denn ein Mann Euresgleichen, der den ganzen Tag mit Studieren zubringt, versteht sich wohl auf seine Bücher, weiß aber nicht, wie man sich in der Welt herumdreht; *Beiseite* Er ist so dumm, daß ich fast fürchte, er wird alles verderben.
NICIA: Sag' mir, was ich tun soll.
LIGURIO: Laßt mich reden und sprecht nur, wenn ich Euch ein Zeichen gebe.
NICIA: Ich bin damit zufrieden, was willst du mir für ein Zeichen geben?
LIGURIO: Ich werde ein Auge zumachen, mir in die Lippe beißen. Doch nein, machen wir's anders. Wie lange habt Ihr nicht mit dem Mönch gesprochen?
NICIA: Es sind über zehn Jahre her.
LIGURIO: Schön. Ich werde ihm sagen, Ihr seid taub geworden, und Ihr antwortet nur, wenn wir schreien.
NICIA: So will ich's machen.
LIGURIO: Laßt es Euch nicht kümmern, wenn ich etwas sage, was nicht zur Sache zu gehören scheint, es wird schon alles seinen Grund haben.
NICIA: Meinetwegen.

DRITTER AUFTRITT

Bruder Timoteo und eine Dame

BRUDER TIMOTEO: Wenn Ihr zu beichten wünscht, so bin ich zu allem bereit, was Ihr wollt.
DIE DAME: Heute nicht, ich werde erwartet. Es ist mir genug, daß ich mich im Vorbeigehen ein wenig erleichtert habe. Habt Ihr die Messen Unserer Lieben Frau gelesen?
BRUDER TIMOTEO: Ja Madonna.
DIE DAME: Nehmt jetzt diesen Gulden und lest zwei Monate jeden Tag die Totenmesse für die Seele meines Mannes. Obgleich er ein grober Mensch war, so regt sich doch das Fleisch. Ich kann nicht anders, es regt sich in mir, wenn ich an ihn denke. Glaubt Ihr, daß er im Fegfeuer ist?
BRUDER TIMOTEO: Ohne Zweifel.

DIE DAME: Ich weiß nicht recht, was ich glauben soll. Ihr wißt doch, was er mir manchmal getan hat. Ach! Wie oft habe ich mich bei Euch darüber beklagt. Ich wehrte mich soviel ich konnte, aber er war so zudringlich. Ach! Du mein Herr …

BRUDER TIMOTEO: Zweifelt nicht, die Milde Gottes ist groß; wenn der Mensch nur will, so hat er immer noch Zeit zur Bekehrung.

DIE DAME: Glaubt Ihr, daß der Türke dieses Jahr nach Italien kommt?

BRUDER TIMOTEO: Wenn Ihr nicht Gebete verrichtet, ja.

DIE DAME: Der Henker! Gott steh' uns bei gegen dies Teufelsgezücht: ich fürchte mich gewaltig vor dem Spießen. Aber ich sehe hier in der Kirche eine Frau, die Flachs von mir hat; ich will zu ihr gehen. Ich wünsch' Euch einen guten Tag.

BRUDER TIMOTEO: Geht in Frieden.

VIERTER AUFTRITT

Bruder Timoteo, Ligurio und Messer Nicia

BRUDER TIMOTEO: Die Weiber sind die mildtätigsten Personen, die es gibt, aber auch die lästigsten. Wer sie verscheucht, meidet Verdruß und Vorteil; wer ihnen schön tut, hat Vorteil und Verdruß miteinander. Das Sprichwort ist wahr: Kein Honig ohne Fliegen. Was führt Euch her, ehrenwerte Herren? Erkenne ich nicht Messer Nicia?

LIGURIO: Sprecht laut, er ist so taub geworden, daß er gar nichts mehr hört.

BRUDER TIMOTEO: Ihr seid mir willkommen, Messer.

LIGURIO: Noch lauter.

BRUDER TIMOTEO: Willkommen.

NICIA: Seid gegrüßt, Bruder.

BRUDER TIMOTEO: Was steht zu Diensten?

NICIA: Recht gut.

LIGURIO: Sprecht zu mir, Pater; denn wenn er Euch verstehen sollte, müßtet Ihr den ganzen Platz in Aufruhr setzen.

BRUDER TIMOTEO: Was verlangt Ihr von mir?

LIGURIO: Hier Messer Nicia und ein anderer Mann von Stand, den ich Euch später nennen will, haben etliche hundert Dukaten Almosen zu geben.

NICIA: Daß dich die Pest!

LIGURIO *zu Nicia*: Schweigt zum Teufel, es wird nicht so viel sein. *Laut* Wundert Euch über nichts, Bruder, was er auch sagen mag; er hört nichts, und doch glaubt er manchmal etwas zu verstehen und antwortet verkehrt.

BRUDER TIMOTEO: Fahrt nur fort und laßt ihn sagen, was er will.

LIGURIO: Ich habe einen Teil von diesem Geld bei mir, und wir haben im Sinn, Euch die Austeilung zu übertragen.

BRUDER TIMOTEO: Mit Vergnügen.

LIGURIO: Ehe diese Almosen gegeben werden, ist es aber nötig, daß Ihr uns in einem ärgerlichen Fall beisteht. Nur Ihr könnt uns helfen, und es handelt sich um die Ehre seines Hauses.

BRUDER TIMOTEO: Wie verhält sich die Sache?

LIGURIO: Ich weiß nicht, ob Ihr Cammillo Calfucci, den Neffen Messer Nicias, kennt.

BRUDER TIMOTEO: Ja, ich kenne ihn.

LIGURIO: Er ging in Geschäften vor einem Jahr nach Frankreich, und da er keine Frau hatte, er ist Witwer, so gab er seine heiratsfähige Tochter zur Behütung in ein Kloster, dessen Name nichts zur Sache tut.

BRUDER TIMOTEO: Was weiter?

LIGURIO: Weiter ist aus Nachlässigkeit der Nonnen oder aus eignem Leichtsinn das Mädchen im vierten Monat schwanger, so daß ohne kluge Abhilfe der Doktor, die Nonnen, das Mädchen, Cammillo und das Haus der Calfucci beschimpft sind. Dem Doktor geht diese Schande so nahe, daß er gelobt hat, dreihundert Dukaten um Gottes Willen zu geben, wenn die Sache nicht bekannt wird.

NICIA: Was das für ein Gewäsch ist!

LIGURIO *zu Nicia*: So schweigt doch. *Laut* Und zwar durch Eure Hände zu geben. Ihr allein und die Äbtissin könnt helfen.

BRUDER TIMOTEO: Wie aber?

LIGURIO: Ihr müßt die Äbtissin überreden, daß sie dem Mädchen einen Trank gibt, der das Kind abtreibt.

BRUDER TIMOTEO: Das ist eine bedenkliche Sache.

LIGURIO: Seht nur, was das für gute Folgen hat, wenn es geschieht. Ihr erhaltet die Ehre des Klosters, des Mädchens und der Familie; Ihr gebt dem Vater eine Tochter wieder; Ihr zeigt Euch hier dem Messer und so vielen Verwandten gefällig; Ihr gebt so viel Almosen, wie sich mit diesen dreihundert Dukaten tun läßt; und auf der andern Seite verletzt Ihr nichts, als ein Stück ungeborenes Fleisch, ohne Gefühl, das auf tausenderlei Weise zugrunde gehen kann. Ich halte das für ein gutes Werk, was vielen zugute kommt und womit vielen ein Gefallen geschieht.

BRUDER TIMOTEO: So sei es denn in Gottes Namen; es geschehe, wie Ihr wollt; um Gottes und der Nächstenliebe willen soll alles getan werden. Sagt mir das Kloster, gebt mir den Trank, und wenn es beliebt, das Geld, damit ich einstweilen anfangen kann, einiges Gute zu tun.

LIGURIO: Jetzt sehe ich in Euch den Geistlichen, für den ich Euch hielt. Nehmt diesen Teil des Geldes. Das Kloster ist … Aber wartet einen Augenblick, ich sehe dort in der Kirche eine Frau, die mir winkt; ich komme sogleich wieder zurück. Bleibt bei Messer Nicia; ich will ihr nur zwei Worte sagen.

FÜNFTER AUFTRITT

Bruder Timoteo und Messer Nicia

BRUDER TIMOTEO: Im wievielten Monat ist das Mädchen?
NICIA: Ich bin ganz platt.
BRUDER TIMOTEO: Im wievielten Monat sie ist?, frag' ich.
NICIA: Möge ihn Gott verdammen.
BRUDER TIMOTEO: Warum?
NICIA: Damit er's hat.
BRUDER TIMOTEO: Jetzt kenn' ich mich nimmer aus. Ich habe mit einem Narren zu tun und mit einem Tauben. Der eine läuft davon, der andere hört nichts. Aber, wenn dies keine Rechenpfennige sind, so sollen sie mir gut zustatten kommen. Da kommt Ligurio zurück.

SECHSTER AUFTRITT

Ligurio, Bruder Timoteo und Messer Nicia

LIGURIO *zu Nicia*: Seid nur still, Messer, *Laut* ich habe eine große Neuigkeit, Pater!
BRUDER TIMOTEO: Was gibt's?
LIGURIO: Die Frau, mit der ich sprach, hat mir gesagt, das Kind sei von selbst abgegangen.
BRUDER TIMOTEO: Gut, so wird dies Almosen zum Allgemeinen fallen.
LIGURIO: Was sagt Ihr?
BRUDER TIMOTEO: Ich sage, daß Ihr um so mehr das Geld den Armen geben sollt.
LIGURIO: Dies soll geschehen, wann Ihr wollt; aber Ihr müßt dem Doktor eine andere Gefälligkeit erzeigen.
BRUDER TIMOTEO: Was ist's?
LIGURIO: Eine Sache, wobei weniger zu wagen ist, weniger anstößig, uns angenehmer, und Euch nützlicher.

BRUDER TIMOTEO: Was ist's? Ich bin mit Euch so weit gekommen, und wir sind so vertraut geworden, daß es nichts gibt, was ich nicht täte.
LIGURIO: Ich will es Euch in der Kirche unter vier Augen sagen. Der Doktor wird so gut sein, ein wenig hier zu warten; wir kommen gleich wieder.
NICIA: Wie die Kröte zur Egge sagte.[1]
BRUDER TIMOTEO: Gehen wir.

SIEBTER AUFTRITT

MESSER NICIA *allein*: Ist es Tag oder Nacht? Bin ich wach oder träum' ich? Bin ich betrunken, ohne getrunken zu haben, daß ich dem Gewäsch da nachlaufe? Wir werden einig, dem Pater etwas zu sagen; er sagt was ganz anderes; dann soll ich gar den Tauben spielen. Es wäre nötig gewesen, mir die Ohren zuzustopfen, wie Danese[2], um alle die Torheiten nicht zu hören, die er gesagt hat, und Gott weiß zu welchem Zweck. Ich bin um fünfundzwanzig Dukaten leichter, und über meinen Fall ist noch gar nicht gesprochen worden; jetzt haben sie mich gar daher gepflanzt, wie einen Zaunpfahl. Da kommen sie. Der Teufel soll ihnen die Suppe anrichten, wenn sie nicht über meinen Fall gesprochen haben.

ACHTER AUFTRITT

Bruder Timoteo, Ligurio und Messer Nicia

BRUDER TIMOTEO *zu Ligurio*: Sorgt dafür, daß die Damen kommen. Ich weiß, was ich zu tun habe, und wenn meine Autorität etwas vermag, so schließen wir heute abend diese Schwägerschaft.
LIGURIO: Messer Nicia, Bruder Timoteo ist zu allem bereit. Man muß nun sehen, daß die Damen kommen.
NICIA: Du erfüllst mich mit neuem Leben. Wird es ein Bub sein?
LIGURIO: Ein Bub.
NICIA: Die Tränen kommen mir in die Augen vor Rührung.
BRUDER TIMOTEO: Begebt Euch in die Kirche, ich will die Damen hier erwarten. Stellt Euch so, daß sie Euch nicht sehen. Wenn sie fort sind, will ich Euch berichten, was sie gesagt haben.

---

[1] D.h. auf Nimmerwiedersehen.
[2] Anspielung auf den Helden von Girolamo Casios *„La Morte del Danese"*, eines komischen Ritterepos.

NEUNTER AUFTRITT

BRUDER TIMOTEO *allein*: Ich weiß nicht, wer von uns diesmal den anderen erwischt hat. Dieser Schelm von Ligurio kam mit seiner ersten Geschichte nur um mich auf die Probe zu stellen. Hätte ich mich nicht bereitwillig gezeigt, so hätte er mir diese nicht anvertraut, um ihre Pläne nicht unnötigerweise auszuplaudern. Um die falsche Geschichte bekümmerten sie sich nichts. Es ist nicht anders, man hat mich erwischt, doch ist's zu meinem Vorteil. Messer Nicia und Callimaco sind reich, und jeder soll mir aus verschiedenen Rücksichten ein hübsches Sümmchen herausrücken. Die Sache wird geheim bleiben; denn es liegt ihnen so viel daran, daß nichts geplaudert wird, als mir. Mag es sein, wie es will, es reut mich nichts. Zwar fürchte ich, es wird schwer halten, weil Madonna Lucrezia klug und tugendhaft ist. Aber, was die Tugend betrifft, will ich sie schon herumbringen, und Verstand haben die Weiber alle nicht viel. Wenn eine zwei Worte sagen kann, so macht man gewaltiges Aufheben davon; denn im Land der Blinden ist der Einäugige König. Da kommt sie ja mit ihrer Mutter; die ist eine rechte Gans und wird mir großer Beistand sein, ihre Tochter zu überreden.

ZEHNTER AUFTRITT

Sostrata und Lucrezia

SOSTRATA: Ich denke, du wirst mir glauben, liebe Tochter, daß ich deine Ehre so hoch schätze als irgendein Mensch auf der Welt, und daß ich dir nie etwas raten werde, was sich nicht schickt. Ich habe dir gesagt und sag' es noch einmal, daß du es ohne Bedenken tun sollst, wenn Bruder Timoteo dir sagt, das Gewissen werde nicht beschwert.

LUCREZIA: Ich habe immer gefürchtet, das Verlangen Messer Nicias, Kinder zu bekommen, werde ihn zu einem Fehler verleiten. Wenn er mir von so etwas gesprochen hat, bin ich auch immer argwöhnisch und mißtrauisch gewesen, besonders nachdem mir begegnet ist – Ihr wißt schon was – weil ich zu den Serviten ging. Aber von allem, was versucht wurde, scheint mir dies das Entsetzlichste, daß ich meinen Körper diesem Schimpf unterwerfen soll, und daß ich Ursache sein soll, daß ein Mensch stirbt, weil er mich geschändet hat. Wenn ich allein noch auf der Welt übrig wäre und das Menschengeschlecht durch mich erneuert werden sollte, so glaube ich kaum, daß mir diese Handlung erlaubt wäre.

SOSTRATA: Ich verstehe mich nicht auf große Reden, liebe Tochter. Sprich mit dem Bruder, höre, was er dir sagt, und tue dann, was dir von ihm, von uns und von denen, die dir wohlwollen, geraten wird.
LUCREZIA: Mir stehen die Tropfen auf der Stirn.

ELFTER AUFTRITT

Bruder Timoteo, Lucrezia und Sostrata

BRUDER TIMOTEO: Seid willkommen. Ich weiß, was Ihr von mir hören wollt: Messer Nicia hat mir davon gesprochen. Ich bin in der Tat über zwei Stunden hinter den Büchern gesessen, um diesen Fall zu studieren. Nach reiflicher Untersuchung finde ich vieles, was im besonderen und im allgemeinen für uns spricht.
LUCREZIA: Sprecht Ihr im Ernst oder scherzt Ihr?
BRUDER TIMOTEO: Ach, Madonna Lucrezia, sind dies Dinge zum Scherzen? Kennt Ihr mich erst seit heute?
LUCREZIA: Nein, Bruder. Aber dies scheint mir die entsetzlichste Sache, von der man jemals gehört hat.
BRUDER TIMOTEO: Madonna, ich glaub' es Euch; aber Ihr sollt bald nicht mehr so sprechen. Es gibt viele Dinge, die von ferne schrecklich, unerträglich, entsetzlich erscheinen, und wenn man sich ihnen nähert, freundlich, erträglich, vertraut werden. Man sagt daher, die Furcht ist größer als das Übel. Hier gilt das Sprichwort.
LUCREZIA: Gott gebe es.
BRUDER TIMOTEO: Ich kehre zu meinem ersten Rat zurück. Ihr habt, was das Gewissen betrifft, diesen allgemeinen Grundsatz zu beherzigen, daß, wo ein gewisses Gutes und ein ungewisses Übel ist, man nie das Gute aus Furcht vor dem Übel unterlassen darf. Hier ist ein gewisses Gutes, daß Ihr in gesegnete Leibesumstände kommt und dem lieben Herrgott eine Seele gewinnt. Das ungewisse Übel ist, daß der, welcher nach dem Trank bei Euch schläft, stirbt; doch man findet auch welche, die nicht sterben. Da aber die Sache zweifelhaft ist, so ist es gut, daß sich Messer Nicia nicht in diese Gefahr begibt. Was das betrifft, daß der Akt eine Sünde sein soll, so ist dies ein Märchen; denn der Wille sündigt, nicht der Körper, und die Ursache der Sünde ist, dem Gemahl zu mißfallen, und Ihr zeigt Euch ihm gefällig; Vergnügen zu fühlen, und Ihr fühlt Mißvergnügen. Überdies muß man in allen Dingen den Zweck im Auge haben. Euer Zweck ist, einen Sitz im Paradiese auszufüllen, Euren Gemahl zufriedenzustellen. Die Bibel sagt, daß Lots Töchter, im Glauben, allein auf der Welt übriggeblieben zu sein, bei ihrem Vater schliefen; und da ihre Absicht gut war, sündigten sie nicht.

LUCREZIA: Wozu überredet Ihr mich?
SOSTRATA: Laß dich überreden, liebe Tochter. Siehst du nicht, daß eine Frau, die keine Kinder hat, kein Haus hat. Stirbt ihr Mann, so sitzt sie da, wie ein armes Tier, von jedermann verlassen.
BRUDER TIMOTEO: Ich schwöre Euch, Madonna, bei diesem heiligen Zeichen, daß, wenn Ihr in diesem Fall Eurem Gemahl gehorcht, Ihr Euch kein größeres Gewissen zu machen habt, als wenn Ihr Freitags Fleisch eßt, eine Sünde, die sich mit Weihwasser abwaschen läßt.
LUCREZIA: Wozu bringt Ihr mich, Bruder?
BRUDER TIMOTEO: Ich bringe Euch zu Dingen, wegen deren Ihr stets Ursache haben werdet, für mich zu Gott zu beten, und das nächste Jahr werdet Ihr noch vergnügter sein als jetzt.
SOSTRATA: Sie wird tun, was Ihr wollt. Ich will sie selbst heute abend ins Bett legen. Vor was fürchtest du dich, du dummes Ding? Es gibt fünfzig Weiber in dieser Stadt, die dafür die Hände zum Himmel erheben würden.
LUCREZIA: So sei es denn; aber ich glaube die Nacht nicht zu überleben.
BRUDER TIMOTEO: Fürchte das nicht, meine Tochter, ich will Gott für dich bitten; ich werde das Gebet des Erzengels Raphael sagen, der dich schützen möge. Geh mit Gott und bereite dich vor zu dem Mysterium, das vor sich gehen wird.
SOSTRATA: Friede sei mit Euch, Bruder.
LUCREZIA: Gott und Unsere Liebe Frau mögen mir beistehen, daß es mich nicht das Leben kostet.

ZWÖLFTER AUFTRITT

Bruder Timoteo, Ligurio und Messer Nicia

BRUDER TIMOTEO: He! Ligurio, kommt heraus.
LIGURIO: Wie steht's?
BRUDER TIMOTEO: Gut. Sie ist zu allem bereit nach Hause gegangen, und es wird weiter keine Schwierigkeiten geben, da die Mutter bei ihr bleibt und sie ins Bett legen will.
NICIA: Ist das wirklich wahr?
BRUDER TIMOTEO: Der Tausend! Ist Eure Taubheit geheilt?
LIGURIO: St. Chimenti[3] hat sich ihm gnädig gezeigt.

[3] Clemente, der heilige Clemens, *Chi-menti*, einer der lügt.

BRUDER TIMOTEO: Da muß man ein Bild aufhängen, damit Volk zusammenläuft, und ich auch einen Vorteil durch Euch habe.
NICIA: Davon ein andermal. Macht meine Frau Schwierigkeiten, zu tun, was ich will?
BRUDER TIMOTEO: Nein, sage ich Euch.
NICIA: Ich bin der glücklichste Mann von der Welt.
BRUDER TIMOTEO: Das glaube ich. Ihr werdet ein Bübchen erzielen, und gibt's diesmal nichts, so gibt's nie etwas.
LIGURIO: Geht jetzt, Pater, an Euer Gebet. Wenn wir noch etwas nötig haben, werden wir zu Euch kommen. Ihr, Messer, geht zu ihr, um sie bei ihrem Vorsatz zu erhalten, und ich will Meister Callimaco aufsuchen, daß er Euch den Trank schickt; macht, daß ich Euch um ein Uhr wiedersehe, um Vorsorge zu treffen für das, was um vier Uhr zu tun ist.
NICIA: Gut. Lebt wohl.
BRUDER TIMOTEO: Gott erhalt' Euch.

LIED

So süß ist die List, die endlich zum ersehnten teuren Ziel gelangt, daß sie den Kummer tilgt und alles gefühlte Bittre in Süßigkeit verwandelt.
Oh kostbare und seltene Arznei. Du zeigst den rechten Weg der irrenden Seele.
Du mit deiner großen Kraft machst die Liebe noch reicher, uns zu beglücken.
Du allein überwindest durch deinen heiligen Rat Felsen, Gift und Zaubereien.

VIERTER AUFZUG

ERSTER AUFTRITT

CALLIMACO *allein*: Wenn ich nur wüßte, was sie zustande gebracht haben. Ist es möglich, daß ich Ligurio immer noch nicht sehe? Statt dreiundzwanzig Uhr ist es schon vierundzwanzig Uhr. In welcher Seelenangst ich bis jetzt gewesen bin und noch bin! Es ist sehr wahr, daß das Glück und die Natur unsere Rechnung im Gleichgewicht halten: Nie wird uns etwas Gutes erzeigt, daß nicht zu gleicher Zeit dafür ein Übel käme. Je mehr meine Hoffnung gestiegen ist, desto größer ist meine Furcht geworden. Ich Armer! Wie ist es nur möglich, daß ich in dieser Bangigkeit, zwischen Furcht und Hoffnung schwebend, das Leben behalte? Ich bin ein von zwei entgegengesetzten Winden gepeitschtes Schiff, und meine Furcht wird um so größer, je näher ich dem Hafen bin. Die Einfalt Messer Nicias gibt mir Hoffnung, die Klugheit und Härte Lucrezias macht mich zittern. Ach, daß ich nirgends Ruhe finden kann! Manchmal versuch' ich mich selbst wiederzufinden, ich mache mir Vorwürfe über meinen Wahnsinn, ich sage zu mir: Was machst du? Bist du toll? Wenn du es erlangt hast, was wird es sein? Du wirst deinen Irrtum einsehen, du wirst deine Mühen und Gedanken bereuen. Weißt du nicht, wie wenig Gutes man in den Dingen findet, die man wünscht, im Vergleich zu dem, was man zu finden glaubte? Auf der anderen Seite ist das Schlimmste, was dir geschehen kann, daß du stirbst und in die Hölle fährst. Und es sind so viele vor dir gestorben, und so viele Ehrenmänner sind in der Hölle. Brauchst du dich zu schämen, daß du auch hinein kommst? Biete dem Schicksal die Stirn; entflieh dem Unglück, oder wenn du es nicht kannst, ertrag es wie ein Mann. Krümme dich nicht, würdige dich nicht herab wie ein Weib. So spreche ich mir Mut ein, aber es hält nicht lange vor, denn von allen Seiten überfallt mich eine solche Sehnsucht, sie zu besitzen, daß es mich von den Fußsohlen bis zum Kopf durchschauert; die Beine zittern mir, mein Inneres dreht sich um, das Herz will mir aus der Brust springen, die Arme hängen herab, die Zunge wird gelähmt, vor die Augen zieht sich ein Schleier, der Kopf schwindelt mir. Wenn ich nur Ligurio fände, dann könnt' ich doch jemand mein Herz ausschütten. Aber sieh, da kömmt er eilig auf mich zu; auf seinen Bericht wird's ankommen, ob ich noch ein wenig lebe oder ganz erledigt bin.

ZWEITER AUFTRITT

Ligurio und Callimaco

LIGURIO: Nie habe ich Callimaco so sehr zu finden gewünscht, und noch nie hab' ich ihn so lange suchen müssen. Hätte ich ihm schlimme Nachrichten zu bringen, so wäre ich sicher gleich auf ihn gestoßen. Ich war in seinem Haus, auf dem Platz, auf dem Markt, an der Bank der Spini, in der Loggia der Tornaquinci, und habe ihn nirgends angetroffen. Diese Verliebten haben Quecksilber unter den Füßen und können nicht stehenbleiben.

CALLIMACO: Ich sehe Ligurio kommen. Er sieht sich um, er mag vielleicht mich suchen. Was warte ich, warum ruf ich ihn nicht? Er scheint mir wenigstens guter Dinge. Hei, Ligurio, Ligurio!

LIGURIO: Ah, Callimaco, wo hast du gesteckt?

CALLIMACO: Was hast du für Neuigkeiten?

LIGURIO: Gute.

CALLIMACO: Wahrhaftig gute?

LIGURIO: Wie ich sage, sehr gute.

CALLIMACO: Willigt Lucrezia ein?

LIGURIO: Ja.

CALLIMACO: Hat der Mönch seine Schuldigkeit getan?

LIGURIO: Das hat er.

CALLIMACO: Oh, gesegneter Mönch! Ich werde immer zu Gott für ihn bitten.

LIGURIO: Ei schön. Als ob Gott das Böse wie das Gute belohnte. Der Pater wird was anderes wollen als Gebete.

CALLIMACO: Was wird er wollen?

LIGURIO: Geld.

CALLIMACO: Das soll er haben. Wieviel hast du ihm versprochen?

LIGURIO: Dreihundert Dukaten.

CALLIMACO: Es war recht.

LIGURIO: Der Doktor hat fünfundzwanzig davon herausgerückt.

CALLIMACO: Wie das?

LIGURIO: Es mag dir genug sein, daß er sie hergegeben hat.

CALLIMACO: Was hat Lucrezias Mutter getan?

LIGURIO: Fast alles. Als sie hörte, daß ihre Tochter ohne Sünde eine gute Nacht haben sollte, ließ sie nicht ab, Lucrezia zu bitten, zu befehlen, zu ermahnen, bis sie sie zum Pater brachte und hier es so zu machen wußte, daß sie einwilligte.

CALLIMACO: Oh Gott, wodurch habe ich so großes Glück verdient? Ich werde sterben vor Freude.

LIGURIO: Was die Verliebten für Leute sind! Er will mit Gewalt sterben, bald vor Freude, bald vor Kummer. Ist der Trank bereit?
CALLIMACO: Ja.
LIGURIO: Was wirst du ihr schicken?
CALLIMACO: Einen Becher Hipocras, der den Magen stärkt und in heitre Stimmung versetzt. Oh weh, oh weh, jetzt ist's ganz aus mit mir!
LIGURIO: Was gibt's? Was ist los?
CALLIMACO: Da ist nichts zu wollen.
LIGURIO: Was soll's denn beim Teufel?
CALLIMACO: Jetzt ist alles umsonst, ich habe mich selbst in einen Ofen eingemauert.
LIGURIO: Wieso denn? Warum sprichst du nicht? Tu doch die Hände vom Gesicht.
CALLIMACO: Ach, weißt du denn nicht, daß ich Messer Nicia gesagt habe, du, er, Siro und ich wollten einen Burschen aufgreifen, um ihn zu seiner Frau zu legen?
LIGURIO: Was weiter?
CALLIMACO: Wie, was weiter? Wenn ich bei Euch bin, kann ich nicht aufgegriffen werden; wenn ich nicht bei Euch bin, wird er den Betrug merken.
LIGURIO: Stimmt. Gibt es aber kein Mittel?
CALLIMACO: Ich glaube nicht.
LIGURIO: Doch, es wird sich eins finden lassen.
CALLIMACO: Was denn?
LIGURIO: Laß mich ein wenig nachdenken.
CALLIMACO: Du öffnest mir die Augen. Ich bin schön dran, wenn du dich jetzt erst besinnen mußt.
LIGURIO: Ich hab's.
CALLIMACO: Was hast du?
LIGURIO: Ich werde dafür sorgen, daß der Mönch, der uns bis hierher geholfen hat, auch das übrige noch tut.
CALLIMACO: Wie aber?
LIGURIO: Wir müssen uns alle verkleiden; der Mönch soll sich auch verkleiden, er wird deine Stimme, dein Gesicht, deine Gebärden nachmachen. Dem Doktor sage ich, du wärst es; er wird's schon glauben.
CALLIMACO: Das gefällt mir. Aber, was soll ich tun?
LIGURIO: Du hängst z. B. einen alten Mantel um und singst mit einer Laute in der Hand hier an der Ecke seines Hauses ein Liedchen.
CALLIMACO: Mit unbedecktem Gesicht.
LIGURIO: Ja, wenn du eine Maske aufhättest, würde er Verdacht schöpfen.
CALLIMACO: Er wird mich erkennen.

LIGURIO: Das wird er nicht: du mußt das Gesicht verzerren, den Mund aufsperren, spitzen oder verziehen, und ein Auge zuhalten. Versuch's einmal.
CALLIMACO: Soll ich's so machen?
LIGURIO: Nein.
CALLIMACO: So?
LIGURIO: Es ist nicht genug.
CALLIMACO: Auf diese Art.
LIGURIO: So, ja; merk' dir das. Ich habe eine Nase zu Haus, die sollst du dir anheften.
CALLIMACO: Gut, und was danach?
LIGURIO: Sowie du dich an der Ecke zeigst, werden wir herbeikommen, dir die Laute nehmen, dich packen, dir die Augen verbinden, dich ins Haus führen und ins Bett legen. Das übrige mußt du selbst tun.
CALLIMACO: Das letzte laß ich mir gefallen.
LIGURIO: Das glaub' ich. Daß du aber wiederkommen kannst, steht bei dir, und nicht bei uns.
CALLIMACO: Wie das?
LIGURIO: Indem du sie diese Nacht zu gewinnen versuchst und, ehe da fortgehst, dich ihr zu erkennen gibst. Entdecke ihr die List, zeig' ihr deine Liebe, sag' ihr, wie gut du es mit ihr meinst, und daß sie ohne Schande deine Freundin, aber nur zu ihrer größten Schande deine Feindin sein kann. Es ist unmöglich, daß sie nicht mit dir einig wird, und daß sie will, daß diese Nacht die einzige bleibe.
CALLIMACO: Glaubst du?
LIGURIO: Ich bin davon überzeugt. Verlieren wir aber keine Zeit mehr, es ist schon zwei Uhr. Ruf Siro, sende Messer Nicia den Trank und erwarte mich bei dir. Ich will den Mönch aufsuchen; wir wollen ihn verkleiden und hierherführen, dann zum Doktor und tun, was noch fehlt.
CALLIMACO: Wohl gesprochen, mach' dich auf den Weg.

DRITTER AUFTRITT

Callimaco und Siro

CALLIMACO: Hei Siro.
SIRO: Herr.
CALLIMACO: Komm heraus.
SIRO: Da bin ich.
CALLIMACO: Hol' den silbernen Becher, der im Schrank in der Kammer

steht, decke ihn zu mit einem Stückchen Seidenzeug und bring' mir ihn her. Gib aber acht, daß du ihn unterwegs nicht verschüttest.
SIRO: Wohl.
CALLIMACO: Er ist jetzt zehn Jahre bei mir und hat mir stets treu gedient. Ich hoffe ihn auch jetzt treu zu finden. Obgleich ich ihm unsere List nicht entdeckt habe, so errät er sie doch; denn er ist ein Schelm, und ich sehe ihm an, daß er gern hilft.
SIRO: Hier ist er.
CALLIMACO: Halt ein wenig. Geh sogleich zu Messer Nicia ins Haus und sag' ihm, daß dies die Arznei ist, die Madonna gleich nach dem Nachtessen zu nehmen hat. Und je eher sie zu Nacht speist, desto besser ist es. Und daß wir zu gehöriger Zeit an der Ecke bereit sein werden. Und er soll machen, daß er hinkommt. Geh schnell.
SIRO: Ich gehe.
CALLIMACO: Höre. Wenn er haben will, daß du auf ihn warten sollst, so tu es und komm mit ihm hierher. Will er es nicht, so komm wieder zu mir, wenn du ihm den Becher gegeben und den Auftrag ausgerichtet hast.
SIRO: Gut, Herr.

VIERTER AUFTRITT

CALLIMACO *allein*: Ich warte bis Ligurio mit dem Pater zurückkommt. Wer sagt, daß das Warten eine harte Sache ist, sagt die Wahrheit. Wenn ich denke, wo ich jetzt bin und wo ich in zwei Stunden sein kann, so werde ich jede Stunde um zehn Pfund magerer aus lauter Angst, es könnte etwas dazwischenkommen. Wenn dies geschähe, es wäre die letzte Nacht meines Lebens. Ich stürze mich in den Arno, oder ich erhänge mich, oder ich springe zu diesem Fenster hinaus, oder ich stoße mir vor ihrer Tür ein Messer ins Herz. Eins davon tue ich gewiß, um nicht mehr leben zu müssen. Aber ich sehe Ligurio. Er ist es wirklich. Er hat jemand bei sich, der scheint's einen Buckel hat und lahm ist; das wird gewiß der verkleidete Pater sein. O Mönche! Kennt einen und ihr kennt sie alle. Wer ist der andere, der sich ihnen angeschlossen hat!? Es scheint mir Siro zu sein, der seine Botschaft beim Doktor schon ausgerichtet hat; er ist es wirklich. Ich will hier warten, bis sie kommen.

FÜNFTER AUFTRITT

Siro, Ligurio, Bruder Timoteo verkleidet, und Callimaco

SIRO: Wer ist bei dir, Ligurio?
LIGURIO: Ein Ehrenmann.
SIRO: Ist er lahm oder stellt er sich so?
LIGURIO: Kümmere dich um anderes.
SIRO: Ach, er hat ein rechtes Spitzbubengesicht.
LIGURIO: Ei, so halt's Maul. Ich bin es endlich müde! Wo ist Callimaco?
CALLIMACO: Ich bin hier. Seid willkommen.
LIGURIO: Ach, Callimaco, weise doch diesen Narren von Siro zurecht, er hat bereits tausend Dummheiten gesagt.
CALLIMACO: Siro, höre, du hast diesen Abend alles zu tun, was dir Ligurio sagen wird; höre auf seinen Befehl, als ob ich es wäre. Was du auch siehst, merkst oder hörst, bewahre es auf das geheimste für dich, so lieb dir mein Vermögen, meine Ehre, mein Leben und dein Vorteil ist.
SIRO: Es soll geschehen.
CALLIMACO: Hast du dem Doktor den Becher gegeben?
SIRO: Ja, Herr.
CALLIMACO: Was sagte er?
SIRO: Daß er sogleich zu allem bereit sei.
BRUDER TIMOTEO: Ist das Callimaco?
CALLIMACO: Zu Befehl. Wir werden unsere Opfer bringen. Ihr habt über mich und mein Vermögen zu verfügen, wie über Euch selbst.
BRUDER TIMOTEO: Ich habe es gehört und glaube es. Ich habe für dich getan, was ich für keinen Menschen auf der Welt tun würde.
CALLIMACO: Ihr sollt Eure Mühe nicht verschwendet haben.
BRUDER TIMOTEO: Es ist genug, daß du mir wohl willst.
LIGURIO: Lassen wir die Komplimente. Wir wollen jetzt gehen und uns verkleiden, Siro und ich. Du, Callimaco, komm mit, um das Deinige zu tun. Der Pater wird uns hier erwarten; wir sind sogleich wieder da und wollen dann Messer Nicia abholen.
CALLIMACO: Gut, gehen wir.
BRUDER TIMOTEO: Ich erwarte Euch.

SECHSTER AUFTRITT

BRUDER TIMOTEO *allein*: Das Sprichwort ist sehr wahr, daß schlechte Gesellschaft gute Sitten verdirbt, und oft fährt einer übel, ebensowohl weil er zu gefällig und gut ist, als weil er zu böse ist. Gott weiß es, daß ich nicht daran dachte, jemand ein Unrecht zu tun; ich war in meiner Zelle, las mein Brevier, unterhielt meine Beichtkinder, kommt mir dieser Teufel von Ligurio in den Weg, bewog mich, einen Finger zur Sünde herzugeben, und jetzt muß ich mit der ganzen Hand, mit dem Arm, mit meiner ganzen Person drin stecken, und ich weiß noch nicht, wie das für mich enden wird. Nur eins tröstet mich: Wo viele beteiligt sind, haben auch viele mit zu sorgen. Doch, da ist Ligurio und der Bediente, die zurückkommen.

SIEBTER AUFTRITT

Bruder Timoteo, Ligurio und Siro, sämtlich verkleidet

BRUDER TIMOTEO: Seid mir zum zweiten Mal willkommen.
LIGURIO: Sind wir so recht?
BRUDER TIMOTEO: Sehr gut.
LIGURIO: Der Doktor fehlt noch. Gehen wir zu seinem Haus; es ist schon über drei Uhr. Laßt uns gehen.
SIRO: Wer macht seine Türe auf, ist er's oder sein Diener?
LIGURIO: Nein: er ist's selbst, ha, ha, ha.
SIRO: Du lachst?
LIGURIO: Wer sollte nicht lachen? Er hat ein Überröckchen an, das ihm den Hintern nicht bedeckt. Was Teufel hat er auf dem Kopf? Es kommt mir vor, wie das Barett eines Domherrn. Er hat einen kleinen Degen an. Ah, ah! Er brummt etwas in den Bart. Machen wir uns auf die Seite, wir werden ihn über seine Frau losziehen hören.

ACHTER AUFTRITT

MESSER NICIA *allein*: Was für Umstände meine Närrin gemacht hat? Sie hat die Magd zu ihrer Mutter und den Diener aufs Gut geschickt. Deshalb muß ich sie loben; aber das lob' ich nicht, daß sie sich so gewaltig geziert hat, eh' sie ins Bett gehen wollte. Ich will nicht ... was soll ich tun ... zu was bringt ihr mich ... Ach Gott, liebe Mama! ... Und wenn sie die Mutter nicht ausgescholten hätte, so wär' sie nicht zu Bett gegangen. Daß dich dieser und jener. Ich will wohl die Weiber spröde sehen, aber nicht gar zu arg: Was hat's da, einem den Kopf warm zu machen, du Gänschen! Würde aber einer sagen: Man hänge das vernünftigste Weib in Florenz! So wird sie ausrufen: Was hab' ich denn getan? … Das weiß ich gewiß, daß die Pasquina nach Arezzo soll, und eh' ich vom Spiel ablasse, will ich mit Monna Ghinga sagen: Ich bin Augenzeuge durch diese Hände. Ich nehme mich doch gut aus! Wer sollte mich noch kennen? Ich scheine größer, jünger, schlanker; es würde kaum eine Dirne geben, die mir Schlafgeld abnähme. Wo find' ich aber meine Leute.

NEUNTER AUFTRITT

Ligurio, Messer Nicia, Bruder Timoteo und Siro.

LIGURIO: Guten Abend, Messer.
NICIA: Oh weh! oh weh!
LIGURIO: Fürchtet Euch nicht, wir sind's.
NICIA: Ach! Ihr seid alle da. Wenn ich euch nicht bald erkannt hätte, hätte ich einen mit diesem Degen durch und durch gespießt. Du bist Ligurio? Und du Siro? Und der andere? Der Maestro? Hm!
LIGURIO: Ja, Messer.
NICIA: Alle Wetter! Er hat sich gut vermummt, ist wahrhaftig nicht wiederzuerkennen. Da schau her.
LIGURIO: Ich habe ihn zwei Nüsse in den Mund stecken lassen, damit man seine Stimme nicht erkennt.
NICIA: Du bist ein Esel.
LIGURIO: Warum?
NICIA: Warum hast du mir das nicht früher gesagt? Ich hätte mir auch zwei hineingesteckt. Und du weißt doch, wie wichtig es ist, daß man an der Sprache nicht erkannt wird.
LIGURIO: Nehmt, steckt das in den Mund.
NICIA: Was ist es?
LIGURIO: Eine Wachskugel.
NICIA: Gib her. *Hustet und spuckt.* Daß du verdorrst, du Galgenstrick.
LIGURIO: Verzeiht mir, ich habe Euch eine unrechte gegeben; ich hab' mich vergriffen.
NICIA *hustet und spuckt*: Was, was, was war es denn?
LIGURIO: Aloe.
NICIA: Geh zum Henker! *Spuckt* Maestro, Ihr sprecht gar nicht?

BRUDER TIMOTEO: Ligurio hat mich erzürnt.

NICIA: Oh! Ihr verstellt Eure Stimme gut.

LIGURIO: Verlieren wir keine Zeit mehr hier. Ich will Feldherr sein und das Heer in Schlachtordnung stellen. Den rechten Flügel[1] soll Callimaco kommandieren, den linken ich, zwischen beiden Flügeln soll der Doktor stehen, Siro kommt in die Nachhut, um dem weichenden Teil als Reserve zu dienen. Das Feldgeschrei ist Saint Cocu.

NICIA: Wer ist denn Saint Cocu?

LIGURIO: Der gefeiertste Heilige in Frankreich. Rücken wir vor, legen wir einen Hinterhalt an dieser Ecke. Horcht, ich höre eine Laute.

NICIA: Wahrhaftig. Was sollen wir tun?

LIGURIO: Man schicke einen Kundschafter vor, um zu rekognoszieren, wer es ist. Seinem Rapport gemäß werden wir operieren.

NICIA: Wer soll hingehen?

LIGURIO: Geh du vor, Siro. Du weißt, was du zu tun hast, spähe, kläre auf, kehr' rasch zurück, berichte.

SIRO: Sehr wohl.

NICIA: Ich möchte nicht, daß wir einen Bock schießen, daß es ein schwächlicher kränklicher Alter wäre; und daß wir unser Spiel morgen abend von vorne anfangen müßten.

LIGURIO: Fürchtet das nicht. Siro ist ein ganzer Kerl. Da kommt er wieder. Was findest du, Siro?

SIRO: Es ist der schönste Bursche, den Ihr jemals gesehen habt. Er kann noch nicht fünfundzwanzig Jahre alt sein, und spielt ganz allein, in sein Mäntelchen gewickelt, die Laute.

NICIA: Das ist unser Mann, wenn's wahr ist, was du sagst. Aber hüte dich, daß dir nicht die ganze Brühe in die Schuhe geschüttet wird.

SIRO: Es ist so, wie ich Euch gesagt habe.

LIGURIO: Warten wir, bis er an der Ecke hervorkommt, dann wollen wir ihm gleich auf dem Leib sein.

NICIA: Stellt Euch daher, Maestro; ihr kommt mir vor wie von Holz. Da ist er.

CALLIMACO: So möge der Teufel zu dir ins Bett kommen, da ich's nicht darf.

LIGURIO: Halt da. Gib die Laute her.

CALLIMACO: Oh weh! Was hab' ich denn getan?

NICIA: Das wirst du gleich sehen. Deck' ihm den Kopf zu, wickel' ihn ein.

LIGURIO: Dreh' ihn herum.

NICIA: Noch einmal; noch einmal im Kreis herum. Jetzt schiebt ihn ins Haus.

---

[1] *Como*, das Horn, auch der Flügel eines Heeres.

BRUDER TIMOTEO: Messer Nicia, ich will mich zur Ruhe begeben, ich habe unerträglichen Kopfschmerz. Wenn Ihr meiner nicht bedürft, so werde ich vor morgen früh nicht wiederkommen.
NICIA: Gut, Maestro, bleibt nur zu Hause; wir werden selbst zu Streiche kommen.

ZEHNTER AUFTRITT

BRUDER TIMOTEO *allein*: Sie sind ins Haus geschlüpft, und ich werde ins Kloster gehen. Ihr aber, Zuschauer, tadelt es nicht, denn heute nacht wird hier niemand schlafen, bis der junge Tag die Tätigkeit unterbricht. Ich werde mein Brevier beten. Ligurio und Siro werden zu Nacht speisen, weil sie heute noch nichts gegessen haben. Der Doktor wird die Schlafkammer mit dem Saal vertauschen, damit die Küche leer wird. Callimaco und Madonna Lucrezia werden nicht schlafen; denn ich weiß, wenn ich er wäre und ihr wäret sie, so würden wir sicher nicht schlafen.

LIED

Oh süße Nacht, heilige stille Nachtstunden, die ihr die brünstig Liebenden beschützt! In euch vereinen sich solche Entzückungen, daß Sterbliche sich zu Seligen erheben. Den Liebenden gewährt ihr die gerechte Belohnung langer Leiden, ihr entzündet, oh glückliche Stunden, Liebe auch in der eisigsten Brust.

FÜNFTER AUFZUG

ERSTER AUFTRITT

BRUDER TIMOTEO *allein*: Ich konnte die ganze Nacht kein Auge zutun vor lauter Verlangen, zu erfahren, was Callimaco und die anderen gemacht haben. Ich habe mir die Zeit mit verschiedenen Beschäftigungen zu vertreiben versucht. Ich sprach die Mette, las die Legende eines Heiligen, ging in die Kirche und zündete eine Lampe an, die ausgegangen war, ich legte einer wundertätigen Mutter Gottes einen neuen Schleier an. Wie oft habe ich den Brüdern gesagt, sie sollten sie hübsch sauber halten? Und dann verwundern sie sich noch, daß die Frömmigkeit nachläßt. Ich erinnere mich noch, daß es hier fünfhundert Bilder gab, jetzt sind kaum noch zwanzig übrig. Dies ist unsere Schuld, weil wir ihren Ruf nicht zu erhalten verstanden haben. Früher pflegten wir jeden Abend nach dem Complet Prozession zu halten, und jeden Sonnabend wurden die Laudes gesungen. Wir empfingen immer Opfergaben, um neue Bilder anzuschaffen; und in der Beichte ermahnten wir Männer und Weiber zum Opfern. Jetzt geschieht von alledem nichts mehr, und dann sollen wir uns wundern, wenn es lau hergeht? Oh, wie wenig Verstand haben meine Mitbrüder! Aber ich höre einen gewaltigen Lärm im Haus des Messer Nicia. Da kommen sie meiner Treu und führen den Gefangenen heraus. Ich komm' gerade recht. Gut, sie haben solange als möglich gezögert, es wird gerade Tag. Ich will hören, was sie sagen, ohne mich zu zeigen.

ZWEITER AUFTRITT

Messer Nicia, Callimaco, Ligurio und Siro

NICIA: Pack' ihn hier, und ich da; und du, Siro, halt ihn hinten am Mantel.
CALLIMACO: Tut mir nur nicht weh.
LIGURIO: Du brauchst keine Angst zu haben, geh nur fort.
NICIA: Wollen wir nicht ein wenig weiter vorgehen?
LIGURIO: Ihr habt recht, hier wollen wir ihn laufen lassen. Erst aber wollen wir ihn zweimal im Kreis herumdrehen, damit er nicht weiß, wo er herkommt. Dreh' ihn, Siro.
SIRO: Da.
NICIA: Dreh' ihn noch einmal.
SIRO: So.
CALLIMACO: Meine Laute.

LIGURIO: Geh, Schelm, reiß aus. Wenn ich höre, daß du plauderst, dreh' ich dir den Hals um.

NICIA: Er hat sich dünn gemacht; ziehen wir uns aus! Wir wollen alle beizeiten ausgehen, damit man nicht merkt, daß wir diese Nacht gewacht haben.

LIGURIO: Ihr habt recht.

NICIA: Geht Ihr und Siro zu Meister Callimaco und sagt ihm, daß die Sache gut vonstatten gegangen ist.

LIGURIO: Was sollen wir ihm sagen, wir wissen ja selbst nichts. Ihr wißt, daß wir nach dem Betreten des Hauses sogleich in den Keller gegangen sind, um zu trinken. Ihr und die Schwiegermutter behieltet ihn unter den Händen, und wir sahen Euch nicht früher, als bis Ihr uns rieft, ihn hinauszubefördern.

NICIA: Richtig. Oh, ich habe euch prächtige Dinge zu erzählen! Meine Frau lag im Dunkeln zu Bett. Sostrata erwartete mich unterdessen am Feuer und ich ging vorwärts mit dem Burschen. Damit nichts in die Kapuze falle, führte ich ihn in die Speisekammer an meinem Saal, wo ein gewisses Halbdunkel war und nur soviel Licht einfiel, daß er mir nicht ins Gesicht sehen konnte.

LIGURIO: Sehr vernünftig!

NICIA: Ich ließ ihn sich ausziehen. Erst wollte er nicht daran. Ich knurrte ihn aber an wie ein Bullenbeißer, so daß er nicht schnell genug fertig werden konnte, und so war er nackt. Er hat ein häßliches Gesicht, einen Kolben von Nase und ein schiefes Maul; aber schöneres Fleisch kann man nicht sehen. Weiß, zart, elastisch. Und was das andere betrifft, danach braucht Ihr nicht zu fragen.

LIGURIO: Was brauchtet Ihr ihn denn ganz zu sehen?

NICIA: Du willst dich wohl über mich lustig machen? Da ich einmal die Hand in die Pastete gesteckt hatte, so wollte ich auch ihren Grund fühlen; denn ich wollte ja sehen, ob er gesund ist. Wenn er Geschwülste an sich gehabt hätte, da wäre ich schön dran gewesen. Du redest recht in den Tag hinein.

LIGURIO: Freilich, Ihr habt recht.

NICIA: Wie ich sah, daß er gesund war, zog ich ihn mir nach und führte ihn im Dunkeln in die Kammer. Ich legte ihn ins Bett, und eh' ich fortging, wollte ich erst noch mit den Händen greifen, wie die Sache gehe; denn ich bin nicht gewöhnt, mir ein x für ein u machen zu lassen.

LIGURIO: Mit welcher Klugheit Ihr die Sache angefangen habt!

NICIA: Nachdem ich alles gegriffen und gefühlt hatte, ging ich aus dem Schlafzimmer heraus, schloß die Tür zu und ging zu meiner Schwiegermutter ans Feuer; und die ganze Nacht haben wir uns mit Plaudern beschäftigt.

LIGURIO: Wovon habt Ihr miteinander gesprochen?

NICIA: Über Lucrezias Albernheit, daß es viel besser gewesen wäre, sie hätte ohne so viel Umstände gleich anfangs nachgegeben. Dann sprachen wir vom

Kleinen, den ich überall schon im Arm zu haben glaube, das Püppchen. Bis ich endlich dreizehn Uhr schlagen hörte, und in der Furcht, der Tag werde uns überraschen, ins Schlafzimmer ging. Was sagt Ihr aber dazu, ich konnte den Halunken kaum zum Aufstehen bringen.

LIGURIO: Das glaub' ich.

NICIA: Er hatte der Salbe Geschmack abgewonnen. Endlich stand er auf; ich rief Euch, und wir haben ihn hinausgeführt.

LIGURIO: Die Sache ist gut gegangen.

NICIA: Was sagst du aber dazu, es tut mir etwas Leid.

LIGURIO: Was denn?

NICIA: Daß der arme Junge so bald sterben muß, und daß ihm diese Nacht so teuer zu stehen kommt.

LIGURIO: Ei, was geht das Euch an; laßt ihm die Sorge.

NICIA: Du hast recht. Ich kann es kaum erwarten, bis ich Callimaco sehe und mich mit ihm freuen kann.

LIGURIO: Er wird in einer Stunde ausgehen. Aber es ist schon heller Tag, wir wollen uns ausziehen. Was werdet Ihr tun?

NICIA: Ich will gleichfalls nach Hause gehen und gute Kleider anziehen. Meine Frau soll aufstehen, sich waschen, dann will ich sie in die Kirche, zum ersten Kirchgang führen. Ich wünschte, daß Ihr und Callimaco auch hinkämet, damit wir mit dem Pater sprechen können, um ihm zu danken und das gute Werk zu vergelten, das er getan hat.

LIGURIO: Schön, so wollen wir es machen.

DRITTER AUFTRITT

BRUDER T1MOTEO *allein*: Ich habe ihr Gespräch mit angehört und es hat mir in Anbetracht der großen Dummheit dieses Doktors gefallen. Der Schluß aber hat mich außerordentlich ergötzt; und da sie mich besuchen wollen, so will ich nicht länger hierbleiben, sondern sie in der Kirche erwarten, wo meine Ware im Preise steigen wird. Wer kommt aber aus diesem Haus. Es scheint mir Ligurio und der andere muß Callimaco sein. Sie sollen mich aus dem genannten Grund jetzt nicht sehen. Sollten sie jedoch nicht zu mir kommen, so wird es immer noch Zeit sein, zu ihnen zu gehen.

VIERTER AUFTRITT

Callimaco und Ligurio

CALLIMACO: Wie ich dir gesagt habe, mein Ligurio, ich wartete ungern bis neun Uhr; und obgleich ich sehr glücklich war, so fehlte mir doch viel. Als ich mich ihr aber zu erkennen gegeben, ihr meine Liebe erklärt und ihr vorgestellt hatte, wie leicht wir wegen der Einfalt ihres Mannes, ohne irgend Schande zu fürchten, glücklich leben könnten, indem ich ihr versprach, sie sogleich, wie es Gott mit ihm anders gefallen sollte, zur Gattin zu nehmen, und da sie außer diesen guten Gründen auch gekostet hatte, welcher Unterschied zwischen einem Bettgenossen wie ich und Messer Nicia, und zwischen den Küssen eines jungen Liebhabers und eines alten Ehemannes ist, sprach sie nach einem Seufzer: „Da deine Schlauheit und die Dummheit meines Mannes, die Einfalt meiner Mutter und die Schlechtigkeit meines Beichtvaters mich zu etwas gebracht haben, was ich niemals freiwillig getan haben würde, so will ich glauben, daß es eine göttliche Vorsehung so gewollt hat, und ich bin nicht imstande zu verweigern, was der Himmel mir anzunehmen befiehlt. Ich nehme dich daher zu meinem Herrn, Beschützer, Führer. Sei du mein Vater, du mein Beschützer, du sollst mein Alles sein; und was mein Mann für einen Abend haben wollte, soll er für immer haben. Ich werde dich daher zu seinem Gevatter machen und dich heute morgen in der Kirche sehen, dann wollen wir miteinander frühstücken. – Du kannst dann kommen und gehen wie du willst, und wir können dann zu jeder Stunde und ohne Verdacht zusammen sein." Als ich diese Worte hörte, starb ich fast vor Entzücken. Ich konnte nicht den hundertsten Teil von dem antworten, was ich hätte sagen wollen. So bin ich jetzt der glücklichste und zufriedenste Mensch auf der ganzen Welt; und wenn dieses Glück mir nicht durch den Tod oder die Zeit geraubt wird, so bin ich seliger als die Seligen und heiliger als die Heiligen.

LIGURIO: Ich freue mich sehr über dein Glück. Es ist geradeso gekommen, wie ich dir gesagt habe. Was werden wir aber jetzt tun.

CALLIMACO: Gehen wir zur der Kirche. Ich versprach ihr, dort zu sein, wo ich sie, ihre Mutter und den Doktor treffen werde.

LIGURIO: Ich höre ihre Tür aufgehen. Sie sind's, sie kommen heraus und der Doktor folgt ihnen nach.

CALLIMACO: Gehen wir voraus in die Kirche und erwarten wir sie dort.

FÜNFTER AUFTRITT

Messer Nicia, Lucrezia und Sostrata

NICIA: Lucrezia, ich glaube es wird gut sein, die Sache mit Gottesfurcht zu tun und nicht auf Narrenart.
LUCREZIA: Was gibt's denn jetzt zu tun?
NICIA: Schau' wie sie antwortet! Sie wird so rot wie ein Hahn.
SOSTRATA: Kein Wunder, sie ist ein wenig aufgebracht
LUCREZIA: Was wollt Ihr sagen?
NICIA: Ich sage, daß es gut ist, wenn ich voraus zum Pater gehe und ihm sage, daß er dir am Portal entgegenkommt und dich zum ersten Kirchgang führt: denn es ist heute morgen geradeso, als ob du neu geboren würdest.
LUCREZIA: Warum geht Ihr nicht?
NICIA: Du bist heute morgen sehr feurig! Gestern schien sie halbtot.
LUCREZIA: Das dank' ich Euch.
SOSTRATA: Geht zum Pater. Doch es ist nicht nötig: Er steht vor der Kirche.
NICIA: Wirklich.

SECHSTER AUFTRITT

Bruder Timoteo, Messer Nicia, Lucrezia, Callimaco, Ligurio und Sostrata

BRUDER TIMOTEO: Ich komme heraus, da Callimaco und Ligurio mir sagten, der Doktor und die Damen kämen zur Kirche.
NICIA: *Bona dies,* Vater!
BRUDER TIMOTEO: Seid willkommen und wohl bekommt Euch! Ich werde beten, Madonna, daß Euch Gott ein schönes Söhnlein schenken möge.
LUCREZIA: Gott wolle es.
BRUDER TIMOTEO: Er wird es sicher wollen.
NICIA: Ich sehe Ligurio und Maestro Callimaco in der Kirche.
BRUDER TIMOTEO: So ist es, Messer.
NICIA: Winkt ihnen.
BRUDER TIMOTEO: Kommt.
CALLIMACO: Gott erhalte Euch.
NICIA: Maestro, gebt hier meiner Gemahlin die Hand.
CALLIMACO: Mit Vergnügen.
NICIA: Lucrezia, dies ist der Mann, der Ursache sein wird, daß wir einen Stab haben werden zur Stütze unseres Alters.

LUCREZIA: Ich bin ihm sehr dankbar; er soll unser Gevatter sein.

NICIA: Jetzt sollst da gesegnet sein! Er und Ligurio sollen heute mit uns speisen.

LUCREZIA: Recht gerne.

NICIA: Ich will ihnen die Schlüssel zum Zimmer im Erdgeschoß unter der Galerie geben, daß sie nach Belieben zu uns kommen können; denn sie haben keine Weiber zu Hause und leben wie die wilden Tiere.

CALLIMACO *indem er die Schlüssel nimmt*: Ich nehme sie an, um sie bei Gelegenheit zu benützen.

BRUDER TIMOTEO: Werde ich Geld zu Almosen erhalten?

NICIA: Ihr wißt schon wieviel, *Domine.* Heute werde ich's Euch schicken.

LIGURIO: An Siro denkt kein Mensch?

NICIA: Was er verlangt, soll er haben. Du, Lucrezia, wieviel Gulden soll der Pater haben anläßlich des ersten Kirchgangs?

LUCREZIA: Gebt ihm zehn.

NICIA: Daß dich die Pest!

BRUDER TIMOTEO: Ihr, Madonna Sostrata, scheint mir ganz verjüngt, habt gleichsam ein neues Reis auf einen alten Stamm gepfropft.

SOSTRATA: Wer sollte da auch nicht vergnügt sein.

BRUDER TIMOTEO: Gehen wir alle in die Kirche, dort will ich die gewöhnlichen Gebete halten; nach der Messe könnt ihr dann nach Belieben Mittag essen. Ihr Zuschauer, erwartet nicht, daß wir wieder herauskommen; die Messe ist lang; ich werde in der Kirche bleiben, und sie gehen durch die Seitentür nach Hause. Lebt wohl!

Clizia

Komödie in fünf Aufzügen

Personen

Cleandro / Palamede
Nicomaco / Pirro
Eustachio / Sofronia
Damone / Sostrata
Ramondo

Der Schauplatz ist Florenz

LIED

gesungen von einer Nymphe und zwei Schäfern.

Wie erfreulich der Tag ist,
An dem wir alte Erinnerungen
Zeigen und feiern,
Sieht man; denn rund umher
Haben sich alle freundlich Gesinnten
Hier zusammengefunden.
Wir, die wir unsere Tage
In Wäldern und Hainen verbringen,
Wir sind auch hierhergekommen,
Liebesgesänge singend.
Heitere, ruhige Tage,
Glückliches, schönes Land,
Wo der Ton unserer Lieder erscholl!
Dennoch werden wir munter und froh
Euer Spiel
Mit unseren Gesängen begleiten,
Mit süßeren Harmonien,
Als ihr noch je gefühlt habt;
Dann werden wir fort ziehen,
Ich, Nymphe, und wir, Schäfer,
Und umkehren zu unseren alten Geliebten.

PROLOG

Wenn auf der Welt dieselben Menschen wiederkämen, wie dieselben Ereignisse wiederkommen, so würden keine hundert Jahre vorübergehen, daß wir nicht zum zweiten Mal beisammen wären, um es geradeso zu machen wie jetzt. Dies sei bemerkt, weil einst in der edlen und sehr alten griechischen Stadt Athen ein Edelmann lebte, der, ohne andere Kinder als einen Knaben, durch Zufall ein kleines Mädchen ins Haus bekam, das er bis ins achtzehnte Jahr aufs anständigste erzog. Hierauf begab sich, daß plötzlich er und sein Sohn sich in sie verliebten, und im Zusammenhang mit dieser Liebe entstanden eine Menge Streitigkeiten und seltsame Vorfälle, nach deren Erledigung der Sohn sie zur Frau nahm und lange Zeit sehr glücklich mit ihr lebte. Was werdet ihr sagen, wenn sich der nämliche Fall vor wenigen Jahren auch in Florenz zutrug? In der Absicht, den einen von beiden euch vorzustellen, hat unser Autor den florentinischen gewählt; denn er urteilte, ihr würdet an diesem größeres Vergnügen finden als an jenem. Athen ist ja zerstört; die Straßen, die Plätze, die Orte erkennt man nicht mehr. Dann sprachen jene Bürger griechisch; und ihr würdet diese Sprache nicht verstehen. Nehmt daher den Vorfall, der sich in Florenz begab, erwartet aber nicht, die Örtlichkeit oder die Menschen zu erkennen; denn der Autor hat, um Vorwürfe zu vermeiden, die wahren Namen mit erdichteten vertauscht.

Ihr sollt jedoch, ehe die Komödie anfängt, die Personen sehen, damit ihr sie bei der Aufführung besser kennt. Kommt alle heraus, ihr da, damit das Volk euch sehe. Da sind sie. Seht, mit welcher Anmut sie kommen! Stellt euch daher, in eine Reihe nebeneinander. Ihr dort, seht her. Der erste da ist Nicomaco, ein gewaltig verliebter Alter. Der ihm zur Seite steht, ist sein Sohn und Nebenbuhler Cleandro. Der andere nennt sich Palamede und ist Cleandros Freund. Die zwei folgenden sind der eine der Diener Pirro, der andere der Faktor Eustachio, die beide das Dämchen ihres Herrn heiraten möchten. Diese Frau, welche zunächst steht, ist Nicomacos Gemahlin, Sofronia. Die neben ihr, ist ihre Dienerin Doria. Von den beiden letzten, die noch bleiben, ist der eine Dämon, die andere Sostrata, seine Frau. Eine andere Person gehört noch dazu, die, weil sie noch von Neapel kommen muß, nicht erscheinen kann. Ich glaube, es ist genug, und ihr habt sie ausreichend gesehen. Das Volk entläßt euch, geht wieder ab.

Die Fabel heißt Clizia, weil dies der Name des Mädchens ist, um das gekämpft wird. Erwartet sie nicht zu sehen; denn Sofronia, die sie erzogen, will anstandshalber nicht, daß sie herauskommt. Sollte daher jemand hier sein, der ihr den Hof macht, so muß er Geduld haben. Noch habe ich euch zu sagen, daß der Autor dieser Komödie ein sehr wohlgesitteter Mann ist, und er würde es übel aufnehmen, wenn ihr bei der Aufführung etwas Unanständiges darin zu finden glaubtet. Er glaubt nicht, daß dergleichen darin sei, sollte es euch aber doch so scheinen, so rechtfertigt er sich also: Die Komödien sind erfunden, um den Zuschauern zu nützen und sie zu ergötzen. Es nützt in der Tat jedermann und besonders der Jugend sehr, den Geiz eines Alten, die Raserei eines Verliebten, die Betrügereien eines Dieners, die Gefräßigkeit eines Schmarotzers, das Elend eines Armen, den Ehrgeiz eines Reichen, die Lockungen einer Buhldirne, die Unzuverlässigkeit aller Menschen zu kennen, wovon die Komödien eine Menge Beispiele enthalten, und alle diese Dinge lassen sich mit größtem Anstand darstellen. Aber um die Zuschauer zu ergötzen, ist es nötig, sie zum Lachen zu reizen, was sich mit Durchführung der ernsten und strengen Rede nicht tun läßt; denn die Worte, welche lachen machen, sind entweder einfältig, oder beleidigend, oder verliebt. Es ist daher notwendig, einfältige, lästernde oder verliebte Personen darzustellen, und die Komödien, wo diese drei Gattungen von Worten in Menge vorkommen, sind lustig; die, wo sie fehlen, finden keine Lacher. Unser Autor aber wollte ergötzen und die Zuschauer manchmal lachen machen; er war also genötigt, da er in seine Komödie keine einfältigen Personen einführte, und vom Lästern zurückgekommen ist, zu den verliebten Personen seine Zuflucht zu nehmen und zu den Zwischenfällen, die die Liebe mit sich bringt. Sollte dabei etwas nicht Anständiges vorkommen, so wird es auf eine Weise gesagt werden, daß die Damen, ohne zu erröten, zuhören können. Geruht uns also ein wohlwollendes Ohr zu leihen, und wenn ihr uns gütig anhört, so werden wir uns bestreben, euch durch unser Spiel zu befriedigen.

ERSTER AUFZUG

ERSTER AUFTRITT

Palamede und Cleandro

PALAMEDE: Du gehst so früh aus!
CLEANDRO: Und woher kommst du so früh?
PALAMEDE: Von einem Geschäft, das ich verrichtet habe.
CLEANDRO: Und ich will auch eins verrichten, oder, besser gesagt, zu verrichten versuchen; denn ob es mir gelingen wird, ist nichts weniger als gewiß.
PALAMEDE: Ist es etwas, das sich sagen läßt?
CLEANDRO: Ich weiß nicht; aber das weiß ich, daß es etwas ist, das sich nur schwer tun läßt.
PALAMEDE: Gut, so geh' Ich meiner Wege, da ich sehe, daß Gesellschaft dir lästig ist. Ich habe immer darum deinen Umgang gemieden, weil ich dich stets verstimmt und launisch fand.
CLEANDRO: Launisch, nein, aber verliebt, ja.
PALAMEDE: Schau, schau! – Jetzt geht mir ein Licht auf.
CLEANDRO: Teurer Palamede, wenn du wüßtest! Ich habe immer in Verzweiflung gelebt, und jetzt ist es ärger als je.
PALAMEDE: Wieso?
CLEANDRO: Was ich dir früher verheimlicht habe, will ich dir jetzt entdecken, da es so weit mit mir gekommen ist, daß ich von jedermann Hilfe bedarf.
PALAMEDE: Wenn ich früher ungern mit dir zusammen war, so mag ich es nun gar nicht sein; denn ich habe immer gehört, daß man drei Gattungen von Leuten meiden soll: Sänger, Alte und Verliebte. Verkehrst du mit einem Sänger und erzählst ihm eine Angelegenheit von dir, so bläst er dich, während du glaubst, er höre aufmerksam zu, mit einem *do, re, mi, fa, sol, la* an, und gurgelt ein Liedchen in der Kehle. Bist du in Gesellschaft eines Alten, so steckt er die Nase in alle Kirchen, die auf dem Weg liegen, und geht an alle Altäre, ein Paternoster zu murmeln. Noch schlimmer aber als diese beiden ist der Verliebte. Es ist nicht genug, daß er in höheren Regionen schwebt, wenn du mit ihm sprichst, er betäubt dich auch noch mit so vielen Klagen und einer so erbärmlichen Leidensgeschichte, daß du zum Mitleid gezwungen bist. Hat er mit einer aus der geringeren Klasse Umgang, so zieht sie ihn allzu unverschämt aus, oder sie hat ihm die Tür gewiesen; immer gibt's etwas zu klagen. Liebt er eine Dame von Stand, so plagt ihn der Neid, die Eifersucht, er hat tausenderlei Verdruß; nie fehlt es ihm an Gründen, sich zu beschweren. Mein teurer Cleandro, ich

werde daher soweit mit dir umgehen, wie du meiner bedarfst; im übrigen werde ich deinen Schmerzen ausweichen.

CLEANDRO: Aus diesen Gründen habe ich meine Leidenschaft bis jetzt verborgen. Ich wollte nicht wie ein Überlästiger gemieden, oder wie ein Lächerlicher gehänselt werden; denn ich weiß wohl, daß viele unter dem Schein von Teilnahme uns zum Reden bringen und hinterher verhöhnen. Da mich aber jetzt das Schicksal so weit gebracht hat, daß mir wenig Aussichten bleiben, so will ich mich dir anvertrauen, um mich einigermaßen zu erleichtern, und damit du mir beistehst, wenn ich deiner Hilfe bedarf.

PALAMEDE: Wenn du es denn durchaus willst, so bin ich bereit, alles zu hören und weder Beschwerlichkeit, noch Gefahr zu scheuen, um dir zu helfen.

CLEANDRO: Ich bin davon überzeugt. Ich glaube, du weißt von dem Mädchen, das wir aufgezogen haben.

PALAMEDE: Ich habe sie gesehen. Woher kommt sie?

CLEANDRO: Höre: Als im Jahre 1494, es sind jetzt zwölf Jahre, König Karl durch Florenz kam, der mit einem großen Heer das Königreich Neapel erobern wollte, war in unserem Hause ein Edelmann von der Kompagnie des Herrn von Foix einquartiert, der Bertrand hieß, aus der Gascogne. Dieser wurde von meinem Vater geehrt, und er, weil er ein Ehrenmann war, berücksichtigte und ehrte unser Haus, und während sich viele mit den Franzosen, die sie bei sich hatten, verfeindeten, wurden mein Vater und er die besten Freunde.

PALAMEDE: Ihr wart viel glücklicher als die anderen, denn die bei uns einquartiert waren, taten uns unendliches Leid an.

CLEANDRO: Ich glaub' es, aber uns ging es nicht so. Dieser Bertrand zog mit seinem König nach Neapel, und, wie du weißt, wurde Karl, nachdem er das Königreich erobert hatte, zum Abzug gezwungen, weil sich der Papst, der Kaiser, die Venezianer und der Herzog von Mailand gegen ihn verbündeten. Nachdem er daher einen Teil seiner Truppen in Neapel gelassen hatte, wandte er sich mit dem Rest nach Toskana; aber in Siena erfuhr er, daß die Allianz ein sehr zahlreiches Heer am Taro habe, um ihm beim Herabsteigen vom Gebirge eine Schlacht zu liefern. Er wollte nun in Toskana keine Zeit verlieren und zog deshalb nicht über Florenz, sondern über Pisa und Pontremoli in die Lombardei. Als Bertrand das Gerücht von der Zusammenziehung des feindlichen Heeres hörte, besorgte er, wie es auch kam, man werde ihm eine Schlacht liefern müssen, und da er unter seiner neapolitanischen Beute dieses Mädchen hatte, die damals fünf Jahre alt sein mußte, von schönem Gesicht und reizendem Wesen, so beschloß er, sie der Gefahr zu entziehen, und sandte sie durch einen seiner Diener meinem Vater, mit der Bitte, er möge sie ihm zuliebe so lange behalten, bis er sie zu gelegener Zeit holen lasse. Er ließ nicht sagen, ob sie adelig oder unadelig sei, nur benachrichtigte er uns, daß sie

Clizia heiße. Meine Eltern, die außer mir keine Kinder hatten, verliebten sich sogleich in sie.
PALAMEDE: In diese also hast du dich verliebt?
CLEANDRO: Laß mich ausreden. Und sie behandelten sie wie ihre eigene Tochter. Ich, damals zehn Jahre alt, fing nach Kinderart an mit ihr zu spielen und fühlte bald zu ihr eine außerordentliche Liebe, die mit den Jahren immer zunahm. Als sie daher das Alter von zwölf Jahren erreichte, fingen meine Eltern an, mir auf die Finger zu sehen, und wenn ich allein mit ihr sprach, gab's einen großen Aufstand im Haus. Weil nun unsere Sehnsucht immer desto größer wird, je weniger wir sie befriedigen können, verdoppelte diese Gebundenheit meine Liebe und peinigt mich so sehr, daß ich mehr leide, als wenn ich in der Hölle wäre.
PALAMEDE: Ließ Bertrand nie nach ihr fragen?
CLEANDRO: Von ihm hat man nie mehr gehört; wir glauben, er ist in der Schlacht am Taro geblieben.
PALAMEDE: So muß es wohl sein. Aber sage mir, was willst du tun? Wie weit bist du? Willst du sie heiraten oder bloß zur Freundin haben? Was hindert dich, da du sie im Haus hast? Ist es möglich, daß du dir da nicht helfen kannst?
CLEANDRO: Ich habe dir noch etwas ganz anderes zu sagen, wobei ich mich zwar schämen muß, doch sollst du alles wissen.
PALAMEDE: Sag's nur.
CLEANDRO: Das Lachen kommt mich an, sagte jene, und mir ist's doch so weh ums Herz: Mein Vater hat sich gleichfalls in sie verliebt.
PALAMEDE: Nicomaco?
CLEANDRO: Ja, Nicomaco.
PALAMEDE: Ist das bei Gott möglich?
CLEANDRO: Es ist möglich bei Gott und den Heiligen.
PALAMEDE: Oh! Das ist die schönste Geschichte, die ich je gehört habe; nichts geht dadurch in die Binsen, als ein ganzes Haus. Wie lebt ihr miteinander? Was tut ihr? Was denkt ihr zu tun? Deine Mutter weiß diese Dinge?
CLEANDRO: Meine Mutter weiß es, die Magd und die Knechte. Es ist eine fatale Geschichte.
PALAMEDE: Sag mir aber doch, wie weit ist die Sache gekommen?
CLEANDRO: Höre: Zum Weib gäbe sie mir mein Vater, wenn er auch nicht in sie verliebt wäre, niemals; denn er ist geizig und sie ohne Mitgift. Er sorgt sich auch, sie möchte nicht von Adel sein. Ich meinesteils würde sie zum Weib, zur Freundin, und auf jede andere Weise nehmen, wie ich sie haben könnte. Aber davon ist jetzt nicht die Rede, ich will dir nun sagen, wie weit wir sind.
PALAMEDE: Es wird mir lieb sein.

CLEANDRO: Es muß nun ungefähr ein Jahr sein, daß sich mein Vater in sie verliebte. Im Verlangen nach der Befriedigung seiner Gelüste, wonach er im wahren Sinn des Wortes schmachtet, dachte er sehr bald, daß es kein anderes Mittel dazu gebe, als sie an jemand zu verheiraten, der ihm dann teil an ihr gäbe; denn nach ihrem Besitz streben, ehe sie verheiratet wäre, mußte ihm gottlos und schimpflich scheinen. Da er nun nicht wußte, an wen sich wenden, hat er als den zuverlässigsten dazu unseren Bedienten Pirro gewählt und führte sein Plänchen so verschwiegen, daß es um ein Haar gelungen wäre, ohne daß jemand etwas davon gewahr wurde. Aber meine Mutter Sofronia, die zuerst etwas vom Verlieben gemerkt hatte, entdeckte diesen Hinterhalt, und bestrebt sich aus Neid und Eifersucht, ihn mit allen Mitteln zu durchkreuzen. Dies hat sie nicht besser tun können, als daß sie einen anderen Bewerber ins Feld stellte und jenen herabsetzte. Sie sagt, sie wolle sie an unseren Faktor Eustachio verheiraten. Obschon nun Nicomaco mehr Autorität hat, so hat doch die Schlauheit meiner Mutter und die Hilfe, die wir anderen, ohne uns gerade zu erklären, ihr leisteten, die Sache mehrere Wochen lang in der Schwebe gehalten. Doch Nicomaco hält uns gehörig im Schach und hat beschlossen, See und Wind zum Trotz, heute diese Hochzeit zu feiern; er will, daß Pirro sie heute abend noch heiratet und hat jenes Häuschen gemietet, worin unser Nachbar Damone wohnt; er sagt, er wolle es ihm kaufen, sie aussteuern, ihm einen Kram öffnen und ihn reich machen.

PALAMEDE: Warum liegt dir mehr daran, daß Eustachio sie bekommt als Pirro?

CLEANDRO: Wie, warum mir mehr daran liegt? Dieser Pirro ist der größte Schuft, den es in Florenz gibt; denn außer, daß er sie an meinen Vater verhandelt hat, ist es ein Mensch, der mich immer haßte. Lieber wollte ich, daß sie der Teufel in der Hölle hätte. Ich schrieb gestern an den Faktor, daß er nach Florenz komme; ich wundere mich, daß er gestern abend nicht gekommen ist; ich will hier warten, ob ich ihn kommen sehe. Und du, was wirst du tun?

PALAMEDE: Ein Geschäft besorgen.

CLEANDRO: Glück zu!

PALAMEDE: Gott befohlen! Laß dir die Zeit nicht lang werden, und wenn du etwas willst, sprich.

ZWEITER AUFTRITT

CLEANDRO *allein*: Fürwahr, wer gesagt hat, daß der Verliebte und der Soldat sich gleichen, hat wahr gesprochen. Der Hauptmann will, daß seine Soldaten jung seien; die Weiber wollen, daß ihre Liebhaber nicht alt seien. Häßlich ist es, einen Alten als Soldaten zu sehen, noch häßlicher, einen Alten verliebt zu sehen. Die Soldaten fürchten den Unwillen des Hauptmanns, die Liebenden nicht weniger den ihrer Dame. Die Soldaten schlafen auf der Erde unter freiem Himmel, die Liebenden auf der steinernen Bank unterm Fenster. Die Soldaten verfolgen bis zum Tod ihre Feinde, die Liebenden ihre Nebenbuhler. Die Soldaten gehen in dunkler Nacht im eisigsten Winter durch den Kot, dem Sturm und Regen ausgesetzt, um eine Unternehmung auszuführen, die ihnen den Sieg verschaffen soll; die Liebenden suchen auf ähnlichen Wegen und mit gleichem und größerem Ungemach ihre Geliebte zu erobern. Gleich notwendig im Krieg und in der Liebe sind das Geheimnis, die Treue und der Mut; gleich sind die Gefahren, und das Ende ist meistens ähnlich. Der Soldat stirbt in einem Graben; der Liebende stirbt in Verzweiflung. Dies, fürchte ich, wird mein Los sein. Ich habe die Geliebte im Haus, ich sehe sie, wenn ich will, ich esse immer mit ihr, und ich glaube, dies vergrößert meinen Schmerz; denn je näher der Mensch seinen Wünschen steht, desto lebhafter werden sie, und desto größeren Schmerz fühlt er, wenn er sie nicht erreicht. Ich muß für jetzt diese Hochzeit zu stören versuchen; dann werden neue Ereignisse mir neuen Rat und neues Glück bringen. Ist es möglich, daß Eustachio nicht von der Villa hereinkommt? Und ich schrieb ihm, daß er gestern abend schon da sein sollte. Doch, dort sehe ich ihn ja um die Ecke kommen. Eustachio, he, Eustachio!

DRITTER AUFTRITT

Eustachio und Cleandro

EUSTACHIO: Wer ruft nach mir! Ah, Cleandro!
CLEANDRO: Du hast aber lange gemacht, bis du kommst.
EUSTACHIO: Ich bin schon gestern abend gekommen, aber ich habe mich nicht sehen lassen, weil kurz zuvor, ehe ich deinen Brief erhielt, einer von Nicomaco kam, der mir einen Berg von Geschäften auflud. Ich habe ihm deshalb nicht in die Hände geraten wollen, ehe ich dich gesehen.
CLEANDRO: Du hast wohlgetan. Ich habe nach dir geschickt, weil Nicomaco diese Heirat Pirros beschleunigt, die, wie du weißt, meiner Mutter nicht gefällt. Da doch einmal einer unserer Diener durch dieses Mädchen beglückt werden soll, so möchte sie, daß man es einem gäbe, der es mehr verdiente, und du bist doch wahrlich ein ganz anderer Mensch als Pirro; denn, unter uns gesagt, er ist ein schlechter Kerl.
EUSTACHIO: Ich bedanke mich. Fürwahr, mein Sinn stand nicht danach, ein Weib zu nehmen, aber da du und Madonna es wollt, so will ich auch. Wahr ist,

daß ich mir Nicomaco nicht zum Feinde machen möchte; denn am Ende ist doch er der Herr.
CLEANDRO: Fürchte nichts. Meine Mutter und ich werden dich nicht im Stich lassen, und wir werden dich aus jeder Gefahr ziehen. Ich wünsche jedoch, daß du dich ein wenig zurechtmachtest. Dieser Überrock fällt dir vom Leib dein Hut ist staubig; du hast einen Judenbart. Geh zum Barbier, wasch dir das Gesicht, bürste deine Kleider aus, damit dich Clizia nicht als ein Schwein zurückweisen muß.
EUSTACHIO: Ich bin nicht geschickt, den Zierbengel zu machen.
CLEANDRO: Geh, tu was ich dir sage, und dann geh in die Kirche nebenan und erwarte mich dort. Ich werde ins Haus gehen, um zu sehen, was der Alte vorhat.

LIED

Wer, Amor, nicht erprobet deine Macht,
Er hofft umsonst die Wahrheit zu erfahren,
Welches die höchste Himmelsgabe sei.
Er weiß nicht, wie eins im anderen lebt und stirbt,
Wie man den Schaden verfolgt und die Wohlfahrt flieht,
Wie man sich selbst weniger als die Geliebte liebt,
Wie zwischen Furcht und Hoffnung unser Herz sich quält,
Er weiß nicht, daß die Menschen und die Götter
Gleichmäßig fürchten deiner Pfeile Macht.

ZWEITER AUFZUG

ERSTER AUFTRITT

NICOMACO *allein*: Welchen Nebel hab' ich heute vor den Augen. Es flimmert mir davor, daß ich den Tag nicht sehe, und gestern abend würde ich das Haar auf dem Ei gesehen haben. Sollte ich vielleicht zuviel getrunken haben? Vielleicht ja. Oh Gott, das Alter kommt mit seinem ganzen schlimmen Gefolge! Aber so alt bin ich doch noch nicht, daß ich nicht eine Lanze mit Clizia bräche. Ist es denn möglich, daß ich mich dermaßen verliebt habe? Und was das schlimmste ist, meine Frau hat's gemerkt und errät, warum ich das Mädchen Pirro geben will. Kurz, ich ziehe keine geraden Furchen. Doch muß ich's durchzusetzen suchen. Pirro, he, Pirro, geh herunter, komm heraus.

ZWEITER AUFTRITT

Pirro und Nicomaco

PIRRO: Hier bin ich.
NICOMACO: Pirro, du sollst mir durchaus heute abend heiraten.
PIRRO: Lieber gleich.
NICOMACO: Gemach ein wenig. Eins nach dem anderen, sagt der Weise. Man muß auch die Sachen so machen, daß das Haus nicht an einem Tag auf den Kopf gestellt wird. Du siehst, meine Frau ist nicht damit zufrieden; Eustachio will sie auch; es scheint mir, Cleandro begünstigt ihn; Gott und der Teufel ist gegen uns. Aber bleib du nur fest darauf, sie zu wollen, und fürchte nichts, ich geh' durch sie alle durch; denn, wenn's zum Schlimmsten kommt, gebe ich dir sie ihnen zum Trotz, und wer dann knurren will, knurre.
PIRRO: In Gottes Namen, aber sagt mir, was ich tun soll.
NICOMACO: Du sollst heute nicht mehr ausgehen, daß du gleich da bist, wenn ich dich haben will.
PIRRO: Es soll geschehen. Aber ich vergaß, Euch etwas zu sagen.
NICOMACO: Was?
PIRRO: Eustachio ist in Florenz.
NICOMACO: Wie, in Florenz? Wer hat's dir gesagt?
PIRRO: Ser Ambrogio, unser Gutsnachbar; er sagt mir, gestern abend sei er mit ihm zum Tor hereingegangen.
NICOMACO: Wie, gestern abend? Wo war er heute nacht?
PIRRO: Wer kann's wissen?

NICOMACO: Gut denn. Geh, tu, was ich dir gesagt habe. Sofronia wird nach Eustachio geschickt haben, und der Galgenstrick hat auf ihren Brief mehr geachtet, als auf meinen, da ich ihm doch geschrieben habe, er solle hundert Dinge tun, die mich zugrunde richten, wenn sie nicht geschehen. In Gottes Namen. Ich werd's ihm bezahlen. Wüßt' ich nur wenigstens, wo er ist und was er treibt. Aber schau, Sofronia geht aus.

DRITTER AUFTRITT

Sofronia und Nicomaco

SOFRONIA: Ich habe Clizia und Doria ins Zimmer eingeschlossen. Ich muß dieses Mädchen vor meinem Sohn, meinem Mann und den Dienern hüten; jeder belagert sie.
NICOMACO: Sofronia, wohin geht man?
SOFRONIA: In die Messe.
NICOMACO: Es ist doch Fasching, was willst du erst zur Fastenzeit tun?
SOFRONIA: Ich glaube, man muß jederzeit recht handeln, und um so wohlgefälliger ist es in der Zeit, wo die anderen Schlimmes tun. Aber es scheint mir, um recht zu tun, greifen wir es von der falschen Seite an.
NICOMACO: Wie? Was möchtest du, das geschehen sollte?
SOFRONIA: Daß man seine Zeit nicht mit Kleinkram vertändelt, und da wir ein schönes, tugendhaftes und verständiges Mädchen im Haus haben, auf deren Erziehung wir viel Mühe gewendet haben, daß wir sie jetzt nicht wegwerfen. Während uns früher jedermann lobte, wird uns jetzt jedermann tadeln, wenn man sieht, daß wir sie einem hirnlosen Vielfraß geben, der nichts versteht, als ein bißchen rasieren, wovon keine Mücke leben könnte.
NICOMACO: Liebe Sofronia, du irrst. Pirro ist ein hübscher Junge, und was er nicht weiß, kann er noch lernen; und er will ihr wohl; drei Hauptpunkte bei einem Ehemann: Jugend, Schönheit und Liebe. Ich glaube nicht, daß man mehr verlangen kann; solche Partien findet man nicht vor jeder Tür. Wenn er kein Vermögen hat, so weißt du, daß das Vermögen kommt und geht, und er ist einer von denen, die fähig sind, es herbeizurufen. Auch werde ich ihn nicht im Stich lassen; denn ich habe im Sinn, um dir die Wahrheit zu gestehen, ihm das Haus zu kaufen, das ich für jetzt von unserem Nachbar Damone gemietet habe, und es ganz einzurichten, ja noch mehr, und wenn's mich vierhundert Gulden kosten sollte, sie gut zu setzen …
SOFRONIA: Ha, ha, ha!
NICOMACO: Du lachst?

SOFRONIA: Wer sollte da nicht lachen?
NICOMACO: Ja, was willst du denn? Um ihnen einen Kram einzurichten, werd' ich das Geld nicht anschauen.
SOFRONIA: Ist es möglich, daß du durch diese seltsame Partie deinem Sohn mehr entziehen willst, als recht ist, und dem da mehr geben, als er verdient? Ich weiß nicht, was ich denken soll; ich fürchte, es steckt etwas anderes dahinter.
NICOMACO: Was soll denn dahinterstecken?
SOFRONIA: Wenn jemand da wäre, der es nicht wüßte, würde ich's ihm sagen; aber weil du's weißt, werde ich's dir nicht sagen.
NICOMACO: Was weiß ich?
SOFRONIA: Geh doch. Was bewegt dich denn, sie Pirro zu geben? Könnte man sie nicht mit dieser oder einer kleineren Mitgift besser verheiraten?
NICOMACO: Ich glaube ja; doch es bewegt mich die Liebe, die ich für beide fühle. Da ich sie alle beide aufgezogen habe, will ich ihnen allen beiden wohltun.
SOFRONIA: Wenn das dich bewegt, hast du dir nicht auch deinen Faktor Eustachio aufgezogen?
NICOMACO: Jawohl; aber was willst du, das sie mit dem machen soll? Er hat nicht die geringste Lebensart und ist gewohnt, auf dem Land unter Ochsen und Schafen zu leben. Oh! Wenn wir sie ihm gäben, sie stürbe vor Gram.
SOFRONIA: Und mit Pirro stirbt sie vor Hunger. Bedenke, daß der Wert der Ehemänner darin besteht, daß sie einiges Verdienst haben, daß sie etwas verstehen, wie Eustachio, der an die Geschäfte gewöhnt ist, ans Einkaufen und Verkaufen, und fremdes und eigenes Gut verwalten kann. Er ist ein Mann, der mit Wasser und Brot leben würde, um so leichter also, da du weißt, daß er ein gutes Kapital hat. Pirro dagegen findet man nirgends als in den Schenken und beim Spiel, er ist ein unbeholfener Mensch, der im Hanfsamen Hungers stürbe.
NICOMACO: Hab' ich dir nicht gesagt, was ich ihm geben will?
SOFRONIA: Hab' ich dir nicht geantwortet, daß du es wegwirfst? Ich sage dir so viel, Nicomaco, du hast für die Nahrung des Mädchens dein Geld ausgegeben, und ich habe auf ihre Erziehung meine Mühe verwendet, und da ich also teil an ihr habe, so will ich auch wissen, wie diese Dinge gehen sollen, oder ich werde so viel Schlimmes reden und einen solchen Lärm erheben, daß es dir bange werden soll, und daß ich nicht weiß, wie du die Augen aufschlagen sollst. Geh, bind' eine Maske vors Gesicht, wenn du von diesen Dingen sprichst.
NICOMACO: Was sagst du mir? Bist du toll geworden? Jetzt machst du mir Lust, sie ihm unter allen Umständen zu geben, und weil ich diese Lust habe, will ich, daß er sie heut abend heiratet, und er wird sie heiraten, wenn dir auch die Augen aus dem Kopfe fahren.

SOFRONIA: Entweder, er wird sie heiraten, oder er wird sie nicht heiraten.
NICOMACO: Du drohst mir mit Klatschereien; sieh zu, daß ich den Mund nicht auftue. Du glaubst vielleicht, ich bin blind und kenne deine Taschenspielerstückchen nicht. Ich wußte wohl, daß die Mütter den Söhnen wohlwollen, aber ich glaubte nicht, daß sie die Hände zu ihrer Unzüchtigkeit bieten wollten.
SOFRONIA: Was sagst du? Was gibt's da Unzüchtiges?
NICOMACO: Laß gut sein. Du verstehst und ich verstehe. Jeder von uns weiß, wie weit wir noch bis zum St.-Blasius-Tag haben. Machen wir's in deinem eigenen Interesse im Guten aus; denn, kommt es zum Zank und Streit, so sind wir das allgemeine Stadtgespräch.
SOFRONIA: Komm es zu welchem Zank und Streit du willst. Dieses Mädchen wird nicht weggeworfen, oder ich kehre das Haus um und Florenz dazu.
NICOMACO: Sofronia, Sofronia, wer dir den Namen gab, träumte; Xantippe solltest du heißen, die Zänkerin.
SOFRONIA: In Gottes Namen. Ich gehe in die Messe; wir sehen uns wieder.
NICOMACO: Hör' einmal. Gibt's kein Mittel die Sache ins Reine zu bringen, damit man uns nicht für toll hält?
SOFRONIA: Toll, nein, böse, ja.
NICOMACO: Es gibt in der Stadt so viele Ehrenmänner, wir haben hier so viele Verwandte, es gibt hier so viele rechtschaffene Mönche; wo wir nicht einig sind, fragen wir sie um Rat, und auf diese Weise wirst entweder du oder ich enttäuscht werden.
SOFRONIA: Wollen wir selbst den Anfang machen, unsere Torheiten auszuplaudern?
NICOMACO: Wenn wir keine Freunde oder Verwandte nehmen wollen, nehmen wir einen Mönch, und sie werden nicht ausgeplaudert. Übertragen wir ihm die Entscheidung in der Beichte.
SOFRONIA: Zu wem sollten wir gehen?
NICOMACO: Man kann zu keinem anderen gehen, als zu Bruder Timoteo, unserem Hauspriester; er ist ein kleiner Heiliger und hat schon ein Wunder getan.
SOFRONIA: Was für eins?
NICOMACO: Wie, was für eines? Weißt du nicht, daß durch seine Gebete Mona Lucrezia, die Frau Messer Nicia Calfuccis, die unfruchtbar war, schwanger wurde?
SOFRONIA: Ein großes Wunder, daß ein Mönch eine Frau schwanger macht! Ein Wunder wär's gewesen, wenn eine Frau ihn schwanger gemacht hätte.
NICOMACO: Ist es möglich, daß du mir immer mit solchen Reden in die Quere kommst?

SOFRONIA: Ich will in die Messe gehen und will über meine Angelegenheiten niemand entscheiden lassen.

NICOMACO: Nun denn, so geh, ich erwarte dich zu Hause. *Für sich.* Ich glaube, es wird gut sein, wenn ich mich nicht weit entferne, damit sie mir Clizia nicht irgendwohin verschleppen.

VIERTER AUFTRITT

SOFRONIA *allein*: Wer Nicomaco vor einem Jahr kannte, und jetzt mit ihm umgeht, muß erstaunen über die große Veränderung, die mit ihm vorgegangen ist. Er war sonst ein ernster, besonnener, vorsichtiger Mann. Er verteilte seine Zeit ehrenvoll. Des Morgens stand er früh auf, hörte seine Messe und sorgte für den Bedarf des Tages. Dann, wenn er auf dem Platz, auf dem Markt, bei der Obrigkeit ein Geschäft hatte, besorgte er es; wenn er keines hatte, begab er sich entweder zu einem Bürger zu ehrbarem Gespräch, oder er zog sich zu Hause in sein Schreibzimmer zurück, wo er seine Bücher führte, seine Rechnungen ordnete. Hierauf speiste er freundlich mit seiner Familie, und nach Tisch sprach er mit seinem Sohn, ermahnte ihn, brachte ihm Menschenkenntnis bei und lehrte ihn durch manches alte und neue Beispiel leben. Er ging hierauf aus und brachte so den ganzen Tag entweder in Geschäften, oder mit ernsten und anständigen Unterhaltungen zu. Abends fand ihn das Avemaria immer zu Hause; er blieb ein wenig bei uns am Feuer, wenn es Winter war; dann ging er in seine Schreibstube, seine Geschäfte nachzusehen; um drei Uhr aß er fröhlich zu Nacht. Dieser Lebenswandel war ein Muster für alle übrigen im Haus, und jeder schämte sich, ihn nicht nachzuahmen; so ging alles mit Lust und Ordnung. Aber seitdem ihm diese Laune nach dem Mädchen in den Kopf kam, werden seine Geschäfte vernachlässigt, die Grundstücke gehen zugrunde, der Handel stockt. Er schreit immer und weiß nicht warum. Er geht täglich tausendmal aus und ein, ohne zu wissen, was er tun will. Nie kommt er heim, daß man zur rechten Zeit zu Nacht oder zu Mittag essen könnte. Sprichst du mit ihm, so antwortet er dir nicht, oder er antwortet dir verkehrt. Die Diener, die dies sehen, spotten seiner, und unser Sohn hat die Ehrfurcht abgelegt; jeder tut, was er will; kurz, keiner fürchtet zu tun, was er ihn tun sieht. Ich sorge mich daher, wenn Gott nicht hilft, so geht dies arme Haus zugrunde. Ich will doch in die Messe und mich Gott aus allen Kräften empfehlen. Ich sehe Eustachio und Pirro, sie beißen sich herum. Schöne Gemahle, recht passend für Clizia!

FÜNFTER AUFTRITT

Pirro und Eustachio

PIRRO: Was tust du in Florenz, Trauergestalt?
EUSTACHIO: Was geht's dich an.
PIRRO: Du bist so ausstaffiert; du kommst mir vor wie ein geputzter Abtritt.
EUSTACHIO: Du hast so wenig Verstand, daß ich mich wundere, warum dir die Kinder nicht Steine nachwerfen.
PIRRO: Bald wird sich zeigen, wer mehr Verstand hat, du oder ich.
EUSTACHIO: Bitte Gott, daß der Herr lebt, sonst mußt du eines Tages betteln gehen.
PIRRO: Hast du Nicomaco gesehen?
EUSTACHIO: Warum willst du wissen, ob ich ihn gesehen habe oder nicht?
PIRRO: Es wird für dich gut sein zu wissen, daß, wenn er sich nicht anders besinnt und du nicht von selbst aufs Gut zurückgehst, er dich auf dem Schub hinführen läßt.
EUSTACHIO: Es macht dir viel zu schaffen, daß ich in Florenz bin!
PIRRO: Es wird jemand anders mehr zu schaffen machen als mir.
EUSTACHIO: So überlaß jemand anders die Sorge.
PIRRO: Das Fleisch ist doch mächtig.
EUSTACHIO: Du betrachtest mich und grinst.
PIRRO: Ich betrachte den schmucken Bräutigam.
EUSTACHIO: Nun gut, weißt du, was ich dir sagen will? Auch der Herzog baute auf Sand; aber wenn sie dich nimmt, wird sie an den Straßenecken stehen müssen. Besser wär's, daß sie Nicomaco hier in seinem Brunnen ersäufte. Wenigstens würde das arme Ding auf einmal sterben.
PIRRO: Hoho, grober Bauer, im Mist parfümiert! Glaubt er Fleisch zu haben neben einem so zarten Mädchen zu schlafen?
EUSTACHIO: Mit dir wird sie Fleisch genug haben; denn, wenn ihr Unglück sie dir gibt, wird sie entweder in Zeit von einem Jahr zur Hure, oder sie stirbt vor Gram. Aber im ersten wirst du mit ihr einig sein; zu einem hundsföttischen Hahnrei bist du der Mann.
PIRRO: Laßt uns gehen, jeder schärfe seine Waffen, es wird sich zeigen, wem es besser glückt. Ich will ins Haus gehen, sonst müßte ich dir den Schädel einschlagen.
EUSTACHIO: Und ich werde in die Kirche zurückkehren.
PIRRO: Du tust gut, die Freistätte nicht zu verlassen.

LIED

So schön die Liebe ist in jugendlichen Herzen,
So wenig schickt sie sich für den,
Dem die Blüte der Jahre verschwunden.
Im Verhältnis mit den Jahren steht die Kraft der Liebe,
In frischem Alter ist ihr Wert groß,
Bei Alten taugt sie wenig oder nichts;
Drum, oh verliebte Greise, ist es besser
Ihr überlaßt die Abenteuer der glühenden Jugend,
Die mehr geschickt zu starker Arbeit, ihrem Gebieter
Reichere Opfer zu bringen versteht.

DRITTER AUFZUG

ERSTER AUFTRITT

Nicomaco und Cleandro

NICOMACO: Cleandro! He, Cleandro!
CLEANDRO: Messere.
NICOMACO: Komm herab, komm herab, sag' ich. Was machst du den ganzen Tag zu Hause? Schämst du dich nicht, dem Mädchen auf dem Nacken zu sitzen? An den Fastnachtstagen pflegen die Jünglinge deinesgleichen spazieren zu gehen und die Masken zu sehen, oder Ball zu spielen. Du bist einer von den Menschen, die nichts zu tun wissen, und scheinst mir weder tot noch lebendig.
CLEANDRO: Ich finde kein Vergnügen an diesen Dingen und hab' es nie gefunden. Ich bin lieber allein, als in solcher Gesellschaft, und heute blieb ich um so lieber zu Hause, als ich Euch bleiben sah, um sogleich zur Hand zu sein, wenn Ihr mich braucht.
NICOMACO: Ei, schau doch, woher er das hatte. Du bist der gute Sohn! Ich brauch' dich nicht den ganzen Tag hinter mir her zu haben. Ich halte zwei Bedienten und einen Faktor, um dir nicht befehlen zu müssen.
CLEANDRO: In Gottes Namen. Wahr ist aber doch, daß, was ich tue, nicht anders als zum Guten geschieht.
NICOMACO: Ich weiß nicht, zu was du es tust. Aber ich weiß recht gut, daß deine Mutter eine Törin ist, die dieses Haus zugrunde richten wird. Am besten würdest du tun, abzuhelfen.
CLEANDRO: Sie oder jemand anders.
NICOMACO: Wer anders?
CLEANDRO: Ich weiß nicht.
NICOMACO: Mir scheint wohl, daß du es nicht weißt. Aber, was sagst du zu diesem Fall mit der Clizia?
CLEANDRO: Ich sah voraus, daß wir darauf kommen würden.
NICOMACO: Was sagst du? Sprich laut, damit ich dich verstehe.
CLEANDRO: Ich sage, daß ich nicht weiß, was ich davon sagen soll.
NICOMACO: Scheint's dir nicht, daß deine Mutter einen Bock schießt, wenn sie nicht will, daß Clizia die Frau Pirros wird?
CLEANDRO: Ich verstehe mich nicht darauf.
NICOMACO: Ich bin im Klaren. Du hast ihre Partei ergriffen; darunter steckt mehr als Fabeln. Denkst du denn, sie würde gut mit Eustachio leben?
CLEANDRO: Ich weiß es nicht und verstehe mich nicht darauf.
NICOMACO: Auf was; Teufel; verstehst du dich denn?

CLEANDRO: Nicht darauf.
NICOMACO: Du hast dich doch darauf verstanden, Eustachio nach Florenz kommen zu lassen und ihn zu verstecken, daß ich ihn nicht sehen soll, und mir Netze zu legen, um diese Heirat aufzuhalten. Aber dich und ihn werfe ich ins Gefängnis; Sofronia geb' ich ihre Mitgift zurück und jage sie fort; denn ich will Herr in meinem Haus sein. Man putze die Ohren aus. Heute abend soll die Hochzeit gehalten werden, oder wenn sonst nichts hilft, zünd' ich das Haus an. Ich werde hier deine Mutter erwarten, um zu sehen, ob ich mit ihr einig werden kann; aber, wenn ich nicht kann, so will ich durchaus meine Ehre wahren; es ist nicht nach meinem Sinn, daß das Ei klüger sein soll als die Gans. Geh daher, wenn dir dein Wohl und der Hausfrieden am Herzen liegt, und bitte sie, daß sie meinen Willen tut. Du findest sie in der Kirche; ich erwarte dich mit ihr im Haus. Und wenn du den Taugenichts von Eustachio siehst, sag' ihm, daß er zu mir kommt, sonst geht es ihm nicht gut.
CLEANDRO: Ich gehe.

ZWEITER AUFTRITT

CLEANDRO *allein*: Oh Elend der Liebenden! In welchen Leiden verlebe ich meine Tage! Ich weiß wohl, daß jeder, der ein schönes Mädchen wie Clizia liebt, viele Nebenbuhler hat, die ihm unendlichen Schmerz verursachen. Aber nie habe ich gehört, daß es einem widerfuhr, seinen Vater zum Nebenbuhler zu haben. Während viele Jünglinge bei ihrem Vater Hilfe finden, ist der meine der Urheber und die Ursache meines Unglücks. Wenn mich auch meine Mutter begünstigt, so tut sie es doch nicht, um mir zu helfen, sondern um den Plan ihres Mannes zu behindern. Ich darf mich deshalb nicht kräftig ihr gegenüber aussprechen, sonst würde sie sogleich glauben, ich hätte denselben Handel mit Eustachio geschlossen, den mein Vater mit Pirro abgekartet hat. Sobald sie das glaubte, würde ihr Gewissen ins Spiel kommen; sie würde das Wasser seinen Weg laufen lassen und sich nicht mehr einmischen. Dann wäre für mich alles vorüber, und dies würde mich so sehr kränken, daß ich nicht mehr leben möchte. Ich sehe meine Mutter aus der Kirche kommen; ich will mit ihr sprechen und ihre Gedanken hören, durch welche Mittel sie die Pläne des Alten zu hintertreiben hofft.

DRITTER AUFTRITT

Cleandro und Sofronia

CLEANDRO: Gott grüße Euch, Mutter.
SOFRONIA: Ah, Cleandro, kommst du von zuhause?
CLEANDRO: Ja, Madonna.
SOFRONIA: Bist du immer zuhause gewesen, seitdem ich ausging?
CLEANDRO: Ja.
SOFRONIA: Wo ist Nicomaco?
CLEANDRO: Er ist zu Haus und war durch nichts fortzubringen.
SOFRONIA: Laß ihn in Gottes Namen. Er macht seine Rechnung ohne den Wirt. Hat er dir etwas gesagt?
CLEANDRO: Eine Menge Grobheiten; ich glaube, der Teufel ist in ihn gefahren. Er will Eustachio und mich ins Gefängnis setzen; Euch will er die Mitgift zurückgeben und Euch fortjagen; er droht nichts Geringeres als das Haus anzuzünden. Er hat mir befohlen, Euch aufzusuchen und Euch zur Einwilligung in diese Heirat zu überreden, sonst würdet Ihr es bereuen.
SOFRONIA: Was sagst du dazu?
CLEANDRO: Ich sage, was Ihr sagt; denn ich liebe Clizia wie meine Schwester, und es würde mich in die Seele schmerzen, wenn sie Pirro in die Hände geriete.
SOFRONIA: Ich weiß nicht, wie du sie liebst, aber soviel sag' ich dir: Wenn ich sie Nicomaco aus den Klauen zu reißen glaubte, um sie dir zuzuspielen, ich würde mich nicht einmischen. Aber ich denke, Eustachio wird sie für sich wollen, und deine Liebe dürfte durch die Braut, die wir dir sehr bald geben wollen, verdrängt werden.
CLEANDRO: Ihr denkt wohl; und deshalb bitte ich Euch, tut alles, daß diese Heirat nicht zustande kommt. Wenn es nicht anders verhütet werden kann, gebt sie Eustachio; sonst aber würde es meiner Meinung nach besser sein, wenn sie ledig bliebe; denn sie ist noch ganz jung, und es hat keine Eile bei ihr. Der Himmel könnte sie ihre Eltern finden lassen, und wenn sie adelig wären, würden sie Euch wenig verpflichtet sein, daß Ihr sie einem Bedienten oder einem Bauern verheiratet hättet.
SOFRONIA: Du hast recht. Auch ich hatte daran gedacht, aber die Raserei dieses Alten erschreckt mich. Doch gehen mir so viele Plänchen durch den Kopf, daß ich glaube, eins davon wird ihm alle seine Pläne verderben. Ich will ins Haus gehen, denn ich sehe Nicomaco unter der Tür stehen. Geh du in die Kirche und sage Eustachio, er soll nach Hause kommen und keine Angst haben.
CLEANDRO: Es soll geschehen.

VIERTER AUFTRITT

Nicomaco und Sofronia

SOFRONIA: Ich sehe meine Frau zurückkommen. Ich will ihr ein wenig schön tun, um zu sehen, ob mir gute Worte helfen. He, liebes Kind, wie kannst da so schwermütig sein, wenn du deine Hoffnung siehst? Bleib ein wenig.
SOFRONIA: Laß mich gehen.
NICOMACO: Bleib, sag ich.
SOFRONIA: Ich will nicht. Ich glaube, du bist betrunken.
NICOMACO: Ich folge dir.
SOFRONIA: Bist du toll geworden?
NICOMACO: Toll, weil ich's zu gut mit dir meine!
SOFRONIA: Ich will nicht, daß du's gut mit mir meinst.
NICOMACO: Das ist nicht möglich.
SOFRONIA: Du tötest mich; ach, Zudringlicher!
NICOMACO: Ich wollte, du sprächst wahr.
SOFRONIA: Das glaub' ich dir.
NICOMACO: Sieh mich doch ein wenig an, Liebchen.
SOFRONIA: Ich sehe dich und rieche dich dazu. Du duftest nach Wohlgerüchen; wahrhaftig, du machst dich.
NICOMACO *beiseite*: O weh! sie hat's gemerkt. *Laut.* Verwünscht sei der Halunke, der das eingebrockt hat.
SOFRONIA: Woher sind die Wohlgerüche, nach denen du riechst, betörter Alter?
NICOMACO: Es ging einer vorbei, der verkaufte; ich nahm sie in die Hand, und nun riech' ich noch danach.
SOFRONIA: Er hat schon die Lüge gefunden. Schämst du dich nicht der Dinge, die du seit einem Jahr tust? Du gehst immer mit jungen Leuten um, du gehst ins Wirtshaus, besuchst Spielhäuser, gibst ohne Maß Geld aus. Schöne Beispiele, die du deinem Sohn gibst!
NICOMACO: Ach liebe Frau, sag' mir nicht soviel Böses auf einmal. Spare dir etwas für morgen auf. Aber wäre es nicht vernünftiger, daß du dich nach mir richtest, als ich nach dir.
SOFRONIA: Ja, im Anständigen.
NICOMACO: Ist es nicht anständig, ein Mädchen zu verheiraten?
SOFRONIA: Ja, wenn man sie gut verheiratet.
NICOMACO: Wird es ihr mit Pirro nicht gut gehen?
SOFRONIA: Nein.
NICOMACO: Warum?

SOFRONIA: Aus den Ursachen, die ich dir früher gesagt habe.
NICOMACO: Ich verstehe mich besser auf diese Dinge als du. Aber, wenn ich es bei Eustachio dahin brächte, daß er sie nicht will?
SOFRONIA: Und wenn ich es bei Pirro dahin brächte, daß auch er sie nicht will?
NICOMACO: Versuchen wir's gleich jetzt, und wer seinen Mann umstimmt, soll gewonnen haben.
SOFRONIA: Ich bin damit zufrieden. Ich geh' ins Haus, mit Pirro zu sprechen, und du kannst mit Eustachio sprechen, den ich aus der Kirche kommen sehe.
NICOMACO: Es sei.

FÜNFTER AUFTRITT

Eustachio und Nicomaco

EUSTACHIO: Da mir Cleandro gesagt hat, ich soll ins Haus gehen und keine Furcht haben, so will ich mir ein Herz fassen und hingehen.
NICOMACO: Ich wollte den Galgenstrick tüchtig ausschelten und werde es nicht dürfen, da ich ihn zu bitten habe. Eustachio!
EUSTACHIO: Herr.
NICOMACO: Seit wann bist du in Florenz?
EUSTACHIO: Seit gestern abend.
NICOMACO: Du hast lange gebraucht, bis du dich sehen ließest. Wo bist du so lange gewesen?
EUSTACHIO: Das will ich Euch sagen. Es war mir schon gestern morgen schlecht, und ich hatte Kopfweh. Ich glaubte das Fieber zu haben, und da man eben jetzt die Pest fürchtet, war ich in großen Sorgen. Gestern abend kam ich nach Florenz und blieb im Wirtshaus, wollte mich auch nicht sehen lassen, um Euch oder unsere Familie nicht anzustecken, wenn's wirklich die Pest gewesen wäre. Aber Gott sei Dank, alles ist vorüber, und ich fühle mich wohl.
NICOMACO *für sich*: Und ich muß tun, als glaubte ich ihm. *Laut.* Du hast wohlgetan; bist du jetzt völlig hergestellt?
EUSTACHIO: Ja, Messer.
NICOMACO *für sich*: Nicht vom Bösen. *Laut.* Es ist mir lieb, daß du hier bist. Du kennst den Streit zwischen mir und meiner Frau über die Verheiratung der Clizia. Sie will sie dir geben, und ich möchte sie Pirro geben.
EUSTACHIO: So habt Ihr also Pirro lieber als mich?
NICOMACO: Ich habe vielmehr dich lieber als ihn. Hör' einmal, was willst du mit einer Frau machen? Du bist heute achtunddreißig Jahre alt. Ein junges

Mädchen paßt für dich nicht, und es ist anzunehmen, daß sie sich ein paar Monate nach der Hochzeit einen Jüngeren als dich suchte; du würdest in Verzweiflung leben. Dann könnte ich dir nicht mehr trauen; du verlörst deinen Dienst, du würdest arm, und ihr würdet beide betteln müssen.
EUSTACHIO: Wer in dieser Stadt eine schöne Frau hat, kann nicht arm sein, und mit dem Feuer und seiner Frau darf jeder freigebig sein; denn je mehr du hergibst, desto mehr bleibt dir.
NICOMACO: Also willst du sie heiraten zu meinem Mißvergnügen.
EUSTACHIO: Ich will sie vielmehr zu meinem Vergnügen.
NICOMACO: Jetzt drück' dich, geh ins Haus. Ich war ein Tor, wenn ich glaubte, von diesem Bauern eine gefällige Antwort zu erhalten. Ich will andre Saiten mit dir aufziehen. Mach' deine Rechnungen in Ordnung und bereite dich vor, mit Gott deiner Wege zu gehen. Betrachte dich als meinen größten Feind, und von mir soll dir das Schlimmste kommen, was in meinen Kräften steht.
EUSTACHIO: Mir macht nichts Sorge, wenn ich nur zur Clizia komme.
NICOMACO: Zum Galgen wirst du kommen.

SECHSTER AUFTRITT

Pirro und Nicomaco

PIRRO *ins Haus*: Eh' ich tue, was Ihr wollt, laß ich mich schinden.
NICOMACO *für sich*: Gut so, Pirro bleibt treu. *Laut.* Was hast du? Mit wem streitest du, Pirro?
PIRRO: Ich streite soeben, mit wem Ihr immer streitet.
NICOMACO: Was sagt sie? Was will sie?
PIRRO: Sie bittet mich, Clizia nicht zur Frau zu nehmen.
NICOMACO: Was hast du ihr geantwortet?
PIRRO: Daß ich mich eher umbringen ließe, als sie ausschlagen.
NICOMACO: Du hast wohl gesprochen.
PIRRO: Wenn ich wohl gesprochen habe, so glaub' ich übel getan zu haben; denn ich habe mir Eure Frau, Euren Sohn und alle übrigen im Haus zum Feind gemacht.
N1COMACO: Was liegt dir daran? Halte dich gut mit Christus und spotte der Heiligen.
PIRRO: Ja, aber wenn Ihr stürbet, würden mir die Heiligen sehr übel mitspielen.
NICOMACO: Fürchte nichts, ich werde dich so bedenken, daß dir die Heili-

gen wenig Kummer machen können, und sollten sie es versuchen, so würden dich die Obrigkeit und die Gesetze schützen, wenn ich nur durch dich Gelegenheit habe, bei Clizia zu schlafen.
PIRRO: Ich fürchte, Ihr werdet nicht können: so zornig sehe ich die Frau gegen Euch.
NICOMACO: Ich habe mir ausgedacht, daß es gut sein wird, um diesem Wahnwitz einmal ein Ende zu machen, zu losen, wer Clizia haben soll. Dagegen kann meine Frau keine Schwierigkeiten machen.
PIRRO: Wenn aber das Los mir ungünstig wäre?
NICOMACO: Ich hoffe zu Gott, es wird dir günstig sein.
PIRRO *für sich*: Oh törichter Alter! Will, daß Gott zu seinen Ausschweifungen die Hände bietet. *Laut.* Ich glaube, wenn sich Gott in solche Dinge mengt, so wird Sofronia auch zu Gott hoffen.
NICOMACO: Mag sie; wenn das Los gegen mich fiele, habe ich mir ein Mittel ausgedacht. Geh, rufe sie, und sage ihr, sie soll mit Eustachio herauskommen.
PIRRO: Sofronia, kommt mit Eustachio zum Herrn.

SIEBTER AUFTRITT

Sofronia, Eustachio, Nicomaco und Pirro

SOFRONIA: Da bin ich, was gibt's neues?
NICOMACO: Man muß die Sache ins Reine bringen. Du siehst, da sich diese nicht einigen, müssen wir uns einigen.
SOFRONIA: Deine Eile ist außerordentlich. Was man heute nicht tut, kann morgen geschehen.
NICOMACO: Ich will's heute tun.
SOFRONIA: Meinetwegen denn. Da sind beide Bewerber. Aber wie willst du's machen?
NICOMACO: Ich habe mir ausgedacht, da keiner von uns dem anderen nachgibt, daß wir das Glück über sie entscheiden lassen.
SOFRONIA: Wieso das Glück?
NICOMACO: Daß man in einen Beutel ihre Namen legt, in einen zweiten den Namen der Clizia und einen weißen Zettel; und zuerst den Namen eines von ihnen zieht, und wem dann Clizia zufällt, der soll sie haben, der andere mag Geduld fassen. Was hältst du davon? Du antwortest nicht.
SOFRONIA: Nun denn, ich bin damit zufrieden.
EUSTACHIO: Gebt acht, was Ihr tut.
SOFRONIA: Ich gebe acht und weiß, was ich tue. Geh ins Haus, schreibe die

Zettel und hole zwei Beutel; ich will diese Unruhe loswerden, oder es soll noch besser kommen.
EUSTACHIO: Ich gehe.
NICOMACO: Auf diese Weise werden wir uns einigen. Pirro, bitte Gott für dich.
PIRRO: Für Euch.
NICOMACO: Du hast recht, daß du sagst, für mich. Es wird mir ein großer Trost sein, wenn du sie bekommst.
EUSTACHIO: Hier sind die Beutel und die Lose.
NICOMACO: Gib her. Was steht auf dem? Clizia. Und auf dem anderen? Er ist weiß. Gut. Lege sie in diesen Beutel da. – Was steht auf diesem? Eustachio. Und auf dem anderen? Pirro. Falte sie wieder und tu sie in den zweiten Beutel. Ziehe sie zu, aufgepaßt, Pirro, daß nicht unter der Kapuze gespielt wird; man versteht sich hier auf Taschenspielerstückchen.
SOFRONIA: Die mißtrauischen Leute sind nicht redlich.
NICOMACO: Du weißt, daß keiner betrogen wird, als der, der traut. Wer soll ziehen?
SOFRONIA: Bestimme es selbst.
NICOMACO: Komm her, Junge.
SOFRONIA: Er müßte eigentlich Jungfer sein.
NICOMACO: Jungfer oder nicht Jungfer, ich habe die Hände nicht dabei gehabt. Zieh aus diesem Beutel einen Zettel, wenn ich gewisse Gebete gesagt habe: Oh heilige Apollonia, ich flehe zu dir und allen Heiligen, und zu den heiligen Fürsprecherinnen der Ehe, verleiht Clizia so große Gnade, daß aus diesem Beutel der Zettel dessen kommt, der am meisten zu unserem Vergnügen gereichen wird. Zieh in Gottes Namen. Gib her. Oh weh, ich bin tot! Eustachio.
SOFRONIA: Was hast du? Oh Gott, tu dieses Wunder, damit er verzweifelt.
NICOMACO: Zieh aus dem anderen. Gib her. – Weiß. Oh, ich lebe wieder auf, wir haben gewonnen. Pirro, wohl bekomm's dir; Eustachio ist durchgefallen. Sofronia, da Gott gewollt hat, daß Clizia Pirro gehöre, so wirst auch du es wollen.
SOFRONIA: Ich will.
NICOMACO: Veranstalte die Hochzeit.
SOFRONIA: Du hast so große Eile; könnte man es nicht auf morgen verschieben.
NICOMACO: Nein, nein, nein; hörst du nicht, nein? Was? Willst du dich auf eine Mausfalle besinnen?
SOFRONIA: Soll es zugehen, wie bei den Tieren? Hat sie nicht die Brautmesse zu hören?
NICOMACO: Die Bohnenmesse. Sie kann sie an einem anderen Tag hören.

Weißt du nicht, daß ebensowohl absolviert wird, wer nachher beichtet, als wer zuvor gebeichtet hat.
SOFRONIA: Ich fürchte, sie hat das Periodische der Weiber.
NICOMACO: Sie brauche das Unperiodische der Männer. *Zu Pirro.* Ich will, daß du sie heute abend heiratest! *Zu Sofronia.* Es scheint, du hörst nichts.
SOFRONIA: So heirate sie zum Henker. Gehen wir ins Haus, und bring' du selbst dem armen Mädchen diese Botschaft, die dir kein Paar Strümpfe eintragen wird.
NICOMACO: Sie wird ihr ein Paar Hosen eintragen. Gehen wir hinein. *Alle ab bis auf*
EUSTACHIO: Ich gehe nicht mit, denn ich will Cleandro suchen, damit er überlegt, ob es gegen dieses Übel ein Mittel gibt.

LIED

Wer je eine Frau beleidigt, mit Unrecht oder Recht, der ist töricht, wenn er durch Bitten oder Tränen Verzeihung zu erhalten glaubt. Wie sie ins irdische Leben herabsteigt mit ihrer auch sterblichen Seele, hat sie schon Stolz, Schlauheit, Unversöhnlichkeit, List und Grausamkeit zum Gefolge. Diese leisten ihr so mächtigen Beistand, daß sie bei jedem Anschlag ihren Wunsch erreicht, und treibt sie Rache an, oder ist Eifersucht im Spiel, so sieht man ihre Stärke irdische Kraft übersteigen.

VIERTER AUFZUG

ERSTER AUFTRITT

Cleandro und Eustachio

CLEANDRO: Wie ist es möglich, daß meine Mutter so unvorsichtig war, auf diese Weise eine Sache dem Zufall anheimzustellen, wo es um die ganze Ehre unseres Hauses geht?
EUSTACHIO: Es ist, wie ich dir gesagt habe.
CLEANDRO: Fürwahr, das Schicksal verfolgt mich; ich bin fürwahr unglücklich. So mußte ich gerade einen Menschen finden, der mich so lange aufgehalten hat, daß ohne mein Wissen die Heirat geschlossen und die Hochzeit bestimmt ist. Alles ist dem Alten nach Wunsch gegangen! Oh Glück, du pflegst doch als Weib Freundin der Jünglinge zu sein; diesmal warst du Freundin der Alten! Wie, schämst du dich nicht, daß durch deine Entscheidung ein so zartes Antlitz von einem so widerlichen Mund begeifert wird, daß ein so zarter Leib von so zitternden Händen, von so verschrumpften stinkenden Gliedern berührt wird? Denn nicht Pirro, sondern Nicomaco, denk' ich mir, wird sie besitzen. Du konntest mich nicht grausamer verfolgen, als mir durch diesen Schlag zugleich die Geliebte und mein Vermögen zu nehmen; denn Nicomaco wird, wenn diese Liebe anhält, von seinem Geld mehr Pirro als mir hinterlassen. Ich kann es kaum erwarten, bis ich meine Mutter sehe, ihr diesen Fehler vorzuwerfen und mir das Herz zu erleichtern.
EUSTACHIO: Tröste dich, Cleandro, sie schien mir mit Hohnlächeln ins Haus zu gehen, und ich glaube gewiß zu sein, daß der Alte diese glatte Birne nicht bekommt, wie er meint. Aber sieh, er kommt mit Pirro heraus; sie sind voll Freude.
CLEANDRO: Geh, Eustachio, ins Haus; ich will beiseite treten, ob ich ihre Pläne belauschen kann.
EUSTACHIO: Ich gehe.

ZWEITER AUFTRITT

Nicomaco, Pirro und Cleandro lauschend.

NICOMACO: Oh, wie gut es gegangen ist! Hast du gesehen, wie die Sippschaft den Kopf hängen läßt, wie meine Frau verzweifeln will? Das vermehrt alles meine Fröhlichkeit; aber noch viel fröhlicher werde ich sein, wenn ich Cli-

zia im Arm habe, wenn ich sie befühle, küsse und drücke. Oh süße Nächte, erlebe ich euch endlich! Und die Verpflichtung, die ich gegen dich habe, ich bezahle sie doppelt.
CLEANDRO: Oh betörter Alter.
PIRRO: Ich glaub' es; aber ich glaube doch nicht, daß Ihr heute abend etwas tun könnt; ich sehe keine Gelegenheit dazu.
NICOMACO: Warum nicht? Ich will dir sagen, wie ich mir die Sache ausgedacht habe.
PIRRO: Das würde mir lieb sein.
CLEANDRO: Und mir noch lieber, wenn ich etwas hören könnte, um ihren Plan zu stören und meine Hoffnung wieder zu beleben.
NICOMACO: Du kennst unseren Nachbar Damone, von dem ich das Haus für dich gemietet habe.
PIRRO: Ja, ich kenne ihn.
NICOMACO: Mein Plan ist, daß du sie heute abend in dieses Haus führst, obgleich er noch darin wohnt und es noch nicht geräumt hat. Ich werde sagen, ich wünsche, daß du sie in das Haus führst, wo sie wohnen soll.
PIRRO: Was dann?
CLEANDRO: Spitze die Ohren, Cleandro.
NICOMACO: Ich habe meiner Frau befohlen, daß sie Sostrata, die Frau Damones ruft, um ihr bei der Zurüstung der Hochzeit und beim Ankleiden der Neuvermählten zu helfen. Damone werde ich sagen, daß er seine Frau darum bittet. Hierauf, und wenn das Nachtessen vorüber ist, wird die Vermählte von beiden Frauen in Damones Haus begleitet, mit dir ins Schlafzimmer geführt und ins Bett gelegt. Ich sage, ich wolle mit Damone im Gasthof bleiben, und Sostrata geht mit Sofronia in mein Haus. Wenn sie dich im Schlafzimmer allein gelassen haben, löschest du das Licht aus und machst dir im Zimmer zu tun, als ob du dich auszögest. Indessen schleiche ich leise, leise ins Zimmer, entkleide mich und schlüpfe zu Clizia. Du kannst still auf dem Kanapee bleiben. Morgens vor Tag stehe ich auf, indem ich sage, ich wolle pissen gehen, kleide mich wieder an, und du legst dich ins Bett.
CLEANDRO: Oh alter Liederling! Welches Glück für mich, daß ich deinen Plan hörte! Welches Mißgeschick für dich, daß ich dich belauschte.
PIRRO: Ich glaube, Ihr habt diesen Plan gut ausgesonnen. Aber nötig ist es, Euch dermaßen zu rüsten, daß Ihr jung scheint; denn ich fürchte, man wird das Alter im Dunkeln erkennen.
CLEANDRO: Ich habe genug gehört; ich will meiner Mutter die Nachricht bringen. *Ab.*
NICOMACO: Ich habe an alles gedacht, und beabsichtige, um dir die Wahrheit zu gestehen, mit Damone ein Nachtessen einzunehmen, das ich mir eigens

bestellt habe. Zuerst nehme ich eine Dosis von einem Mus, die man Bocksgeilen nennt.
PIRRO: Was das für ein seltsamer Name ist!
NICOMACO: Die Wirkung ist noch seltsamer; denn es ist ein Mus, das, was die Geschäfte anlangt, einen neunzigjährigen Mann verjüngen würde, geschweige einen von siebzig, wie ich bin. Nachdem ich dieses Mus genommen habe, speise ich wenige Gerichte, aber lauter nahrhafte. Zuerst einen Salat von gekochten Zwiebeln; dann eine Mischung von Bohnen und Gewürz.
PIRRO: Was wirkt das?
NICOMACO: Was es wirkt? Diese Zwiebeln, Bohnen und Gewürze würden, weil es hitzende und blähende Speisen sind, einer genuesischen Karakke die Segel schwellen. Auf diese Gerichte gehört eine fette junge Taube, so halb gar gebraten, daß sie ein wenig blutet.
PIRRO: Gebt acht, daß Ihr Euch den Magen nicht verderbt; denn da werdet Ihr gut kauen müssen, oder Ihr müßtet sie ganz hinunterschlingen. Ich sehe nicht, daß Ihr noch Zähne genug im Munde hättet oder genügend starke.
NICOMACO: Das macht mir keine Sorge; wenn ich auch nicht viele Zähne habe, so habe ich doch Kinnladen wie von Stahl.
PIRRO: Ich denke, wenn Ihr fort seid und ich ins Bett gehe, werde ich sie nicht mehr zu berühren brauchen; denn ich erwarte mir das arme Mädchen zermalmt zu finden.
NICOMACO: Es genüge dir, daß ich dein Amt getan haben werde, und das eines Kameraden dazu.
PIRRO: Ich danke Gott, daß er mir ein Weib gegeben hat, die, ohne daß ich die Mühe habe, geschwängert und unterhalten wird.
NICOMACO: Geh ins Haus, beschleunige die Hochzeit; ich will ein wenig mit Damone sprechen, den ich aus seinem Haus kommen sehe.
PIRRO: Es soll geschehen.

DRITTER AUFTRITT

Nicomaco und Damone

NICOMACO: Die Zeit ist gekommen, Damone, wo du mir beweisen kannst, ob du mich liebst. Es ist nötig, daß du dein Haus räumst, und daß weder deine Frau noch sonst jemand darin bleibt; denn ich bin im Begriff auszuführen, was ich dir sehen gesagt habe.
DAMONE: Ich bin zu allem bereit, um dich zufriedenzustellen.
NICOMACO: Ich habe meiner Frau gesagt, daß sie deine Sostrata einlädt, ihr

bei den Zurüstungen zur Hochzeit zu helfen. Mache, daß sie sogleich geht, sobald sie gerufen wird, und daß vor allen Dingen die Magd mit ihr geht.
DAMONE: Alles ist verabredet, rufe sie nach Belieben.
NICOMACO: Ich will in die Apotheke gehen, etwas zu besorgen, und komme sogleich wieder; warte indessen, bis meine Frau herauskommt, und rufe deine. Da kommt sie schon; mach' dich fertig. Gott befohlen.

VIERTER AUFTRITT

Sofronia und Damone

SOFRONIA: Kein Wunder, daß mein Mann in mich drang, Damones Sostrata zu rufen! Er will das Haus leer, um freies Spiel zu haben. Da ist ja Damone, dieser Tugendspiegel der Stadt, die Säule seines Viertels! – Der sein Haus zu einem so unzüchtigen, schimpflichen Plan hergibt. Aber ich will sie zurechtbringen, daß sie sich ewig vor sich selbst schämen sollen; ich will gleich damit anfangen, den da zu verhöhnen.
DAMONE: Sonderbar, Sofronia bleibt stehen und kommt nicht näher, meine Frau zu rufen … Doch sie kommt. Gott schütze dich, Sofronia.
SOFRONIA: Sei gegrüßt, Damone; wo ist deine Frau?
DAMONE: Sie ist zu Hause und bereit zu kommen, wenn du sie rufst; dein Mann hat mich darum gebeten. Soll ich sie rufen?
SOFRONIA: Nein, nein, sie wird zu tun haben.
DAMONE: Sie hat nichts zu tun.
SOFRONIA: Laß sie oben, ich will sie nicht belästigen; ich werde sie rufen, wenn es Zeit ist.
DAMONE: Veranstaltet Ihr nicht die Hochzeit?
SOFRONIA: Jawohl.
DAMONE: Hast du keine Hilfe nötig?
SOFRONIA: Mein Haus ist wirklich voller Leute.
DAMONE *für sich*: Was nun! Ich habe einen gewaltigen Fehler begangen wegen dieses vernarrten, geifernden, triefäugigen und zahnlosen Alten. Er hat mich bewogen, ihr die Hilfe meiner Frau anzubieten, und sie will nicht. Nun wird sie glauben, ich bettle um eine Mahlzeit und muß mich für einen gemeinen Kerl halten. *Ab.*
SOFRONIA: Den schick' ich in schöner Verwirrung heim. Schau, wie er sich in seinen Mantel wickelt! Ich muß jetzt noch meinen Alten ein wenig höhnen. Da kommt er vom Markt. Ich will des Todes sein, wenn er nicht etwas gekauft hat, um kräftig und wohlriechend zu scheinen.

FÜNFTER AUFTRITT

Nicomaco und Sofronia

NICOMACO: Ich habe das Mus gekauft und eine gewisse Salbe, die von den Toten erwecken könnte. Wenn man bewaffnet in den Krieg geht, hat man noch einmal soviel Courage. Ich sehe meine Frau; oh weh, sie wird mich gehört haben.

SOFRONIA *für sich*: Allerdings hab' ich dich gehört, und zu deinem Schimpf und Schaden, wenn ich bis morgen lebe.

NICOMACO: Ist alles in Ordnung? Hast du deine Nachbarin eingeladen, daß sie dir hilft.

SOFRONIA: Ich lud sie ein, wie du gesagt hast; aber dein teurer Freund flüsterte ihr, ich weiß nicht was, ins Ohr, und so gab sie mir zur Antwort, sie könne nicht kommen.

NICOMACO: Es wundert mich nicht; du bist ein wenig grob und weißt dich nicht nach den Leuten zu richten, wenn du etwas von ihnen willst.

SOFRONIA: Sollte ich ihn etwa am Bart kraulen? Ich bin nicht gewohnt, fremde Ehemänner zu liebkosen. Geh, ruf sie selbst, da dir's Vergnügen macht, anderen Weibern nachzulaufen; ich gehe indes ins Haus, das übrige zu besorgen.

SECHSTER AUFTRITT

Damone und Nicomaco

DAMONE *für sich*: Ich will sehen, ob dieser Verliebte vom Markt zurück ist. Da steht er ja vor der Tür. *Zu Nicomaco:* Ich wollte eben zu dir.

NICOMACO: Und ich zu dir, unzuverlässiger Mann. Um was hab' ich dich gebeten? Um was hab' ich dich ersucht? Du hast mir sehr gut gedient!

DAMONE: Was ist denn?

NICOMACO: Du hast deine Frau geschickt! Du hast dein Haus von Leuten geleert, daß es eine Freude ist! So bin ich wegen dir tot und verloren.

DAMONE: Geh zum Henker, hast du mir nicht gesagt, deine Frau würde die meinige einladen?

NICOMACO: Sie hat sie eingeladen, aber deine wollte nicht kommen.

DAMONE: Ich habe sie ihr vielmehr angeboten; deine wollte sie nicht haben. So läßt du mich verhöhnen, und dann beschwerst du dich über mich. Der Teufel hole dich, die Hochzeit und die ganze Welt.

NICOMACO: Kurz, willst du, daß sie kommt?

DAMONE: Ja doch, zum Henker, sie und die Magd und die Katze und was sonst noch im Haus ist. Geh, wenn du noch was zu tun hast; ich gehe hinein und schicke sie im Augenblick durch den Garten. *Ab.*
NICOMACO: Jetzt ist er mein Freund, jetzt gehen die Sachen gut. Oh weh, oh weh, welches Getöse höre ich im Hause.

SIEBTER AUFTRITT

Doria und Nicomaco.

DORIA: Ich bin des Todes, ich bin des Todes. Flieht, flieht. Nehmt ihr das Messer aus der Hand; flieht, Sofronia.
NICOMACO: Was hast du, Doria? Was gibt's?
DORIA: Ich bin des Todes.
NICOMACO: Warum bist du des Todes?
DORIA: Ich bin des Todes, und Ihr seid verloren.
NICOMACO: Sag' mir, was hast du?
DORIA: Ich kann nicht vor Angst. Ich schwitze, macht mir ein wenig Wind mit dem Mantel.
NICOMACO: Hei sag' mir, was du hast, oder ich breche dir den Hals.
DORIA: Ach lieber Herr, Ihr seid gar zu grausam!
NICOMACO: Sag' mir, was du hast, und was das für ein Getöse im Hause ist.
DORIA: Pirro hatte der Clizia den Ring gegeben und begleitete den Notar zur Hintertür, auf einmal befiel Clizia ich weiß nicht welche Wut, sie ergriff ein Messer, und mit aufgelöstem Haar, in voller Raserei schreit sie: Wo ist Nicomaco? Wo ist Pirro? Ich will sie töten. Cleandro, Sofronia, wir alle wollten sie halten und konnten nicht. Sie hat sich in ihrer Kammer in eine Ecke gedrückt und schreit, sie wolle Euch durchaus erstechen. Aus Furcht flieht der eine dahin, der andere dorthin. Pirro hat sich in die Küche geflüchtet und hinter den Kapaunenstall versteckt. Ich bin hergeschickt, Euch zu warnen, daß Ihr nicht ins Haus geht.
NICOMACO: Ich bin der unglücklichste Mensch auf der Welt. Kann man ihr den Dolch nicht entreißen?
DORIA: Jetzt noch nicht.
NICOMACO: Wem droht sie?
DORIA: Euch und Pirro.
NICOMACO: Ach welches Mißgeschick! Hör', meine Tochter, ich bitte dich, geh wieder ins Haus und versuche durch gute Worte, ob du ihr diese Tollheit aus dem Kopf bringst, und daß sie den Dolch weglegt. Ich verspreche dir auch ein Paar Pantoffeln und ein Halstuch. Geh, liebes Kind.

DORIA: Ich gehe. Aber kommt nicht ins Haus, eh' ich Euch rufe.
NICOMACO: Wie groß ist mein Unglück, mein Unstern! Was kommt mir nicht alles dazwischen, um diese Nacht unglücklich zu machen, die ich mir so glückselig versprach! … Hat sie das Messer weggelegt? Kann ich kommen?
DORIA: Noch nicht, kommt nicht.
NICOMACO: Ach Gott, was wird's noch geben? Kann ich kommen?
DORIA: Kommt, aber geht nicht in die Kammer, wo sie ist. Macht, daß sie Euch nicht sieht; geht zu Pirro in die Küche.
NICOMACO: Ich gehe.

ACHTER AUFTRITT

DORIA *allein*: Wie wir den Alten zum besten halten! Welches Fest ist es, die Verwirrung dieses Hauses zu sehen! Der Alte und Pirro sind voll Furcht in der Küche; im Saal sind die, welche das Nachtessen bereiten; und im Zimmer sind die Frauen, Cleandro und die übrige Familie. Sie haben unseren Bedienten Siro ausgezogen und Clizia in seine Kleider gesteckt; Clizias Kleider haben sie Siro angetan, und Siro soll statt Clizia ins Brautgemach gehen. Damit der Alte und Pirro den Betrug nicht entdecken, haben sie sie, unter dem Vorwand, Clizia sei zu aufgebracht, in die Küche verbannt. Welch schöner Spaß! Welch feine List! Aber da kommen Nicomaco und Pirro heraus.

NEUNTER AUFTRITT

Nicomaco, Pirro und Doria

NICOMACO: Was machst du da, Doria? Ist Clizia beruhigt?
DORIA: Ja, Herr, und sie hat Sofronia versprochen, zu tun, was Ihr wollt. Wahr ist aber, daß Sofronia für gut hält, daß Ihr und Pirro ihr nicht in den Weg kommt, damit ihr Zorn nicht wiedererwache. Wenn sie dann ins Bett gelegt ist, und Pirro weiß sie nicht zahm zu machen, ist es sein Schade.
NICOMACO: Sofronia rät uns gut; wir werden es so machen. Nun geh' ich ins Haus, und weil alles gekocht ist, treibe ich zum Nachtessen. Pirro und ich werden bei Damone speisen. Sobald sie gegessen haben, mach', daß sie sie herausführen. Treibe Doria, um Gottes willen, es hat schon drei Uhr geschlagen, und es ist nicht gut, die ganze Nacht mit diesen Geschäften zuzubringen.
DORIA: Ihr habt recht, ich gehe.
NICOMACO: Du, Pirro, bleibst hier; ich will indessen mit Damone ein Glas

trinken. Geh nicht ins Haus, damit Clizia nicht von neuem wütend wird; und wenn etwas vorfällt, laufe, mir es zu sagen.
PIRRO: Geht, ich werde tun, was Ihr befehlt. Da mein Herr will, daß ich ohne Frau und ohne Nachtessen sein soll, so bin ich auch zufrieden damit. Ich glaube nicht, daß in einem Jahr so viel vorfällt, als heute vorgefallen ist; und ich sorge mich, daß mir noch mehr begegnen wird; denn ich habe im Haus ein gewisses Spötteln gehört, das mir nicht gefällt. Aber ich sehe eine Fackel kommen; der Zug muß sich in Bewegung setzen; die Braut muß kommen. Ich laufe den Alten zu holen. Nicomaco oder Damone, kommt herab, herab; die Braut kommt.

ZEHNTER AUFTRITT

Nicomaco, Damone, Sofronia, Sostraia und Siro in Frauenkleidern, weinend

NICOMACO: Da sind sie. Pirro, geh ins Haus; denn ich glaube, es wird gut sein, daß sie dich nicht sieht. Du, Damone, stell dich vor mich und sprich mit den Frauen. Nun sind sie alle außen.
SOFRONIA: Ach, armes Kind, wie sie weint! Sieh, sie bringt das Tuch nicht von den Augen.
SOSTRATA: Morgen früh wird sie lachen, so machen's alle junge Mädchen. Guten Abend, Nicomaco und Damone.
DAMONE: Willkommen. Geht zu, ihr Frauen, legt das Mädchen ins Bett und kommt wieder herab; unterdessen wird auch Pirro bereit sein.
SOSTRATA: Gehen wir im Namen Gottes.

ELFTER AUFTRITT

Nicomaco und Damone

NICOMACO: Sie geht sehr traurig. Aber hast du gesehen, wie groß sie ist? Sie muß etwas in die Pantoffeln gelegt haben.
DAMONE: Auch mir scheint sie größer als gewöhnlich. Oh Nicomaco, du bist doch glücklich! Die Sache ist gelungen, wie du wolltest. Halte dich brav, sonst wirst du nicht wiederkommen können.
NICOMACO: Sei unbesorgt, ich werde meine Schuldigkeit tun; seitdem ich die Speise genommen, fühle ich mich stark wie ein Degen. Aber da kommen die Frauen zurück.

ZWÖLFTER AUFTRITT

Nicomaco, Sostrata, Sofronia und Damone

NICOMACO: Habt ihr sie ins Bett gelegt?
SOSTRATA: Ja.
DAMONE: Gut, wir werden das übrige besorgen. Du, Sostrata, geh mit Sofronia schlafen, und Nicomaco wird hier bei mir bleiben.
SOFRONIA: Gehen wir, sie können's nicht erwarten, bis sie uns sich vom Hals geschafft haben.
DAMONE: Ihr auch nicht. Gebt acht, daß ihr euch nicht weh tut.
SOSTRATA: Gebt nur ihr acht; ihr habt die Waffen, wir sind waffenlos.
DAMONE: Gehen wir ins Haus.
SOSTRATA: Und wir gleichfalls. *Für sich.* Geh nur, Nicomaco, du wirst deinen Mann finden; denn dein Dämchen ist wie die Krüge von *Santa Maria* in *Primeta.*

LIED

So süß ist die List, die zum ersehnten teuren Ziel gelangt, daß sie den Kummer tilgt und alle Bitternis in Süßigkeit verwandelt.
Oh kostbare und seltene Arzenei! Du zeigst den rechten Weg der irrenden Seele.
Du mit deiner großen Kraft machst die Liebe noch reicher, uns zu beglücken.
Du allein überwindest durch deinen heiligen Rat Felsen, Gift und Zaubereien.

FÜNFTER AUFZUG

ERSTER AUFTRITT

DORIA *allein*: Niemals lachte ich soviel und glaube nie mehr soviel zu lachen, und in unserem Haus ist diese Nacht nichts anderes geschehen als Lachen. Sofronia, Sostrata, Cleandro, Eustachio, jeder lachte. Die Nacht wurde mit Zählen der Stunden zugebracht, und wir sagten: „Jetzt geht Nicomaco ins Schlafzimmer, jetzt zieht er sich aus, jetzt legt er sich neben die Braut, jetzt versucht er den Sturm, jetzt wird er kräftig abgeschlagen." Während wir uns mit solchen Reden unterhielten, kamen Siro und Pirro ins Haus und verdoppelten das Gelächter. Und was am schönsten war, Pirro zu sehen, der mehr als Siro lachte. Ich glaube nicht, daß jemand sagen kann, er habe dieses Jahr einen schöneren und größeren Spaß erlebt. Die Frauen haben mich herausgeschickt, weil es schon Tag ist, zu sehen, was der Alte macht, und wie er diesen Unstern erträgt. Doch da kommt er ja mit Damone. Ich will mich auf die Seite machen, um sie zu behorchen und Stoff zu haben, von neuem zu lachen.

ZWEITER AUFTRITT

Damone, Nicomaco und Doria

DAMONE: Was hat es heute nacht gegeben? Wie ist es gegangen? Du schweigst. Was war das für ein Gepolter von Ankleiden, die Tür aufmachen, aus und ins Bett steigen? Nie seid ihr zur Ruhe gekommen. Ich, der ich im Erdgeschoß unter Euch lag, konnte kein Auge zumachen, und so bin ich endlich aus Ärger aufgestanden, und finde dich ganz verstört vor der Tür. Du sprichst nicht, du scheinst mir halbtot, was, Teufel, hast du?
NICOMACO: Bruder, ich weiß nicht, wohin ich fliehe, wo ich mich verberge, oder die große Schande, die ich mir zugezogen habe, verheimliche. Ich bin beschimpft in Ewigkeit, ich kann mir nicht helfen und werde nie mehr meiner Frau, meinem Kind, Verwandten, Bedienten unter die Augen treten können. Ich habe meine Schmach gesucht, und meine Frau hat mir geholfen, sie zu finden, kurz, ich bin vernichtet. Und es schmerzt mich um so mehr, da du an den Vorwürfen, die man mir machen wird, auch deinen Teil erhalten wirst, denn jedermann wird erfahren, daß du die Hand im Spiel hattest.
DAMONE: Was hat es gegeben? Hast du nichts gebrochen?
NICOMACO: Was willst du, daß ich brechen sollte? Möchte' ich den Hals gebrochen haben!

DAMONE: Was ist denn geschehen? Warum sprichst du nicht?

NICOMACO: Uh! Uh! Uh! Mein Schmerz ist so groß, daß ich nicht glaube, es dir sagen zu können.

DAMONE: Geh, du kommst mir vor wie ein Kind! Mein Gott, was kann es sein!

NICOMACO: Du kennst die Verabredung. Ich ging danach in das Schlafzimmer, zog mich schweigend aus und legte mich statt Pirro, der sich auf das Kanapee schlafen gelegt hatte – es war kein Licht im Zimmer – neben die Braut.

DAMONE: Nun, was weiter?

NICOMACO: Uh! Uh! Uh! Ich näherte mich ihr nach dem Gebrauch der Neuvermählten und wollte ihr die Hand auf die Brust legen, aber sie hielt mit ihrer Hand die meinige und ließ mich nicht. Ich wollte sie küssen, aber sie stieß mir mit der anderen Hand den Kopf zurück. Ich wollte mich ganz über sie werfen, sie gab mir einen solchen Stoß mit dem Knie, daß sie mir eine Rippe zerbrochen hat. Als ich sah, daß Gewalt nicht ausreichte, wandte ich mich zum Bitten und bat sie mit süßen verliebten Worten, doch leise, damit sie mich nicht erkennen sollte, meine Wünsche zu erfüllen. Ich sagte zu ihr: „Ei, mein süßes Leben, warum mißhandelst du mich? Ei, mein Schatz, warum gewährst du mir nicht freiwillig, was andere Weiber ihren Männern so gerne erlauben?" Uh! Uh! Uh!

DAMONE: Trockne dir ein wenig die Augen ab.

NICOMACO: Mein Schmerz ist so heftig, daß ich mir nicht zu helfen weiß und die Tränen nicht halten kann. Ich mochte sagen, was ich wollte, nie machte sie Miene, auch nur mit mir zu sprechen. Als ich dies sah, wandte ich mich jetzt zum Drohen und fing an, sie zu schelten und drohte ihr, es würde nicht bei Worten bleiben. Denk' dir, da zog sie auf einmal die Beine auf und gab mir ein paar Fußtritte, daß ich, wenn mich die Bettdecke nicht hielt, bis in die Mitte der Stube purzelte.

DAMONE: Ist es möglich?

NICOMACO: Nur zu möglich. Hierauf legte sie sich auf den Bauch, und drückte sich mit der Brust ins Kopfkissen, daß sie alle Hebel der Dombauhütte nicht umgewandt hätten. Ich, als ich sah, daß Gewalt, Bitten und Drohungen nichts fruchteten, drehte ihr in der Verzweiflung den Rücken und beschloß, sie liegen zu lassen, indem ich dachte, gegen Morgen würde sie sich anders besinnen.

DAMONE: Oh, da hast du sehr wohl daran getan! Du mußtest gleich anfangs diesen Entschluß fassen, und auch nicht wollen, wer dich nicht wollte.

NICOMACO: Halt still, es ist noch nicht aus; das Schönste kommt noch. In meiner Verlegenheit fing ich an teils aus Schmerz, teils infolge meiner Anstrengung ein wenig zu schlummern. Denk' dir, da fühle ich mich plötzlich in die

Seite gestochen und mir hier unter dem Ende des Rückgrats fünf bis sechs ganz verfluchte Stöße versetzt. Ich, halb im Schlaf, griff schnell mit der Hand danach, und fand etwas Hartes und Spitzes, so daß ich im größten Schrecken mich aus dem Bett stürzte, da mir der Dolch einfiel, den Clizia am Tage ergriffen hatte, um mich zu treffen. Auf diesen Lärm erwachte der schlafende Pirro, dem ich mehr von der Furcht als von der Vernunft getrieben zurief, er solle nach Licht laufen, sie sei bewaffnet, uns alle beide zu ermorden. Pirro lief, und als er mit dem Licht zurückkam, sahen wir statt der Clizia meinen Bedienten Siro pudelnackt auf dem Bette stehen, der sich zum Hohn (Uh! Uh! Uh!) auf den Hintern schlug (Uh! Uh! Uh!) und mir darauf eine Nase drehte.

DAMONE: Ha, ha, ha!

NICOMACO: Ach! Damone, du lachst noch darüber!

DAMONE: Der Unfall bekümmert mich sehr; gleichwohl ist es unmöglich nicht zu lachen.

DORIA: Ich gehe, meiner Herrin zu überbringen, was ich gehört habe, damit das Gelächter noch einmal so groß wird.

NICOMACO: Das ist eben mein Kummer, daß jedermann darüber lachen muß, und ich weinen. Pirro und Siro schimpften sich in meiner Gegenwart bald, bald lachten sie; dann so in der Eile unordentlich angekleidet gingen sie davon, und ich glaube, sie sind zu den Frauen gegangen, und alle müssen lachen. So lacht jedermann, und Nicomaco weint.

DAMONE: Ich denke, du wirst mir glauben, daß es mir für dich und mich leid ist, da ich dir zuliebe in diesen fatalen Handel verwickelt bin.

NICOMACO: Was rätst du mir, daß ich tue? Verlaß mich nicht, um Gottes willen.

DAMONE: Mir scheint, du solltest dich, wenn sich nichts Besseres zeigt, völlig in die Hände deiner Sofronia begeben und ihr sagen, sie möge von nun an mit Clizia und dir machen, was sie wolle. Auch sie wird wohl an deine Ehre denken müssen, weil du als ihr Gatte nicht beschimpft werden kannst, ohne daß sie teil daran hat. Da kommt sie heraus. Geh, sprich mit ihr; ich will unterdessen auf den Platz und auf den Markt gehen, um zu hören, ob man von der Sache etwas weiß; ich werde sie bemänteln und dich entschuldigen, so gut ich kann.

NICOMACO: Ich bitte dich, tue es.

DRITTER AUFTRITT

Sofronia und Nicomaco

SOFRONIA: Meine Dienerin Doria hat mir gesagt, Nicomaco sei draußen, und es sei ein Erbarmen ihn anzusehen. Ich möchte mit ihm sprechen, um zu hören, was er mir über diese neue Sache sagt. Da ist er. Nicomaco!

NICOMACO: Was willst du?

SOFRONIA: Wohin so frühe? Gehst du aus, ohne die junge Frau zu necken? Hast du erfahren, wie sie heute nacht mit Pirro ausgekommen ist?

NICOMACO: Ich weiß nicht.

SOFRONIA: Wer soll's wissen, wenn du es nicht weißt, du, der ganz Florenz umgekehrt hat, um diese Heirat zustande zu bringen? Nun da es geschehen ist, stellst du dich unwissend und unzufrieden.

NICOMACO: Ei, laß mich gehen. Mißhandle mich nicht.

SOFRONIA: Du mißhandelst vielmehr mich; während du mich trösten solltest, habe ich dich zu trösten, und wo du sie zu versorgen hättest, muß ich es tun; du siehst, daß ich ihnen diese Eier bringe.

NICOMACO: Ich dächte, es wäre gut, wenn du den Spaß mit mir nicht bis zum äußersten treiben wolltest. Es genüge dir, daß du ihn dieses ganze Jahr gehabt hast, und gestern, und heute nacht mehr als jemals.

SOFRONIA: Ich wollte nie meinen Spaß mit dir treiben, sondern du bist es, der es mit uns allen wollte, und zuletzt mit dir selbst. Schämst du dich nicht, ein Mädchen in deinem Haus so anständig auferzogen zu haben, auf die Weise, wie man die Mädchen von Stand erzieht, und sie dann an einen schlechten unnützen Bedienten verheiraten zu wollen, damit er dich bei ihr schlafen ließe? Glaubtest du denn mit Blinden zu tun zu haben, oder mit Leuten, die deine schändlichen Pläne nicht zu aufzuhalten verstünden? Ich gestehe, daß ich die ganze List gegen dich geleitet habe; denn, um dich zur Einsicht zu bringen, gab es kein anderes Mittel, als dich über dem Diebstahl mit so vielen Zeugen zu ertappen, daß du dich schämen mußtest, und dann die Scham dich zu dem bewog, wozu dich nichts anderes hätte bringen können. Nun steht die Sache so: Willst du umkehren und wieder der Nicomaco sein, der du vor einem Jahr warst, so werden wir alle umkehren, und die Sache wird nicht bekannt werden, und wenn sie bekannt würde, so ist es menschlich zu fehlen und sich zu bessern.

NICOMACO: Teure Sofronia, tue was du willst; ich bin bereit, dir zu folgen, wenn nur die Sache nicht bekannt wird.

SOFRONIA: Wenn du das willst, so ist alles gut.

NICOMACO: Wo ist Clizia?

SOFRONIA: Ich schickte sie gestern abend sogleich nach dem Nachtessen in Siros Kleidern in ein Kloster.
NICOMACO: Was sagt Cleandro?
SOFRONIA: Er ist vergnügt, daß diese Heirat verhindert wurde; aber traurig ist er, daß er nicht absieht, wie er Clizia bekommen kann.
NICOMACO: Ich überlasse dir jetzt die Sorge für Cleandros Angelegenheiten. Doch, wenn man nicht weiß, wer sie ist, wäre es nicht meine Meinung, sie ihm zu geben.
SOFRONIA: Es ist auch nicht die meine, sondern man muß mit ihrer Hochzeit warten, bis man über sie etwas erfährt, oder ihm diese Laune aus dem Kopf gekommen ist. Unterdessen wird man die Trauung mit Pirro aufheben lassen.
NICOMACO: Mache es, wie du willst. Ich gehe ins Haus, um zu ruhen; die schlechte Nacht, die ich gehabt habe, macht, daß ich mich nicht aufrecht halten kann; auch sehe ich Cleandro und Eustachio herauskommen, mit denen ich nicht reden will. Sprich du mit ihnen; teile ihnen unsere Verabredung mit; sie sollen sich begnügen, gesiegt zu haben und von diesem Vorfall nicht mehr mit mir sprechen.

VIERTER AUFTRITT

Cleandro, Sofronia und Eustachio

CLEANDRO: Hast du gesehen, wie der Alte ohne aufzusehen ins Haus geschlichen ist? Er muß einen Verweis von Sofronia bekommen haben; er sieht ganz demütig aus. Gehen wir zu ihr, die Sache zu hören. Gott grüße Euch, Mutter. Was spricht Nicomaco?
SOFRONIA: Er ist ganz mürbe, der arme Mann; er glaubt beschimpft zu sein; er hat mir Generalvollmacht gegeben und will, daß ich in Zukunft alles nach meinem Sinne mache.
EUSTACHIO: Es wird gut gehen, ich soll Clizia haben.
CLEANDRO: Gemach ein wenig; sie ist kein Bissen für dich.
EUSTACHIO: Oh! Das ist schön; nun, wo ich gewonnen zu haben glaubte, werde ich verlieren wie Pirro!
SOFRONIA: Weder du noch Pirro sollt sie haben, und du auch nicht, Cleandro; denn ich will, daß sie ledig bleibt.
CLEANDRO: Macht wenigstens, daß sie wieder nach Hause kommt, daß ich ihres Anblicks nicht beraubt bin.
SOFRONIA: Sie wird wiederkommen und wird nicht wiederkommen, wie mir's gut scheint. Gehen wir, das Haus wieder in Ordnung zu bringen, und du,

Cleandro, sieh dich nach Damone um; denn es ist gut, mit ihm zu sprechen, um zu verabreden, wie der Vorfall zu verdecken ist.
CLEANDRO: Ich bin mißvergnügt.
SOFRONIA: Du wirst ein andermal vergnügt werden.

FÜNFTER AUFTRITT

CLEANDRO *allein*: Wenn ich im Hafen zu sein glaube, stößt mich das Schicksal zurück in die offene See, in noch trübere, stürmischere Wogen. Ich kämpfte zuvor mit der Liebe meines Vaters, jetzt kämpfe ich mit dem Ehrgeiz meiner Mutter. Gegen jene hatte ich sie zur Helferin, gegen diesen bin ich allein; so habe ich weniger Aussicht jetzt als früher. Ich muß mein Mißgeschick anklagen, daß ich geboren wurde, um niemals glücklich zu sein. Ich kann sagen, seitdem dieses Mädchen in unser Haus kam, habe ich kein anderes Vergnügen gekannt, als an sie zu denken, und so selten waren meine frohen Tage, daß es leicht wäre, sie zu zählen. Doch, wen sehe ich auf mich zukommen? Ist es Damone? Er ist es, und ganz fröhlich. Was gibt es, Damone? Welche Neuigkeiten bringt Ihr? Woher so große Fröhlichkeit?

SECHSTER AUFTRITT

Damone und Cleandro

DAMONE: Keine besseren, noch glücklicheren Neuigkeiten, noch die ich lieber überbrächte, konnte ich erfahren.
CLEANDRO: Was ist es?
DAMONE: Der Vater Eurer Clizia ist in diese Stadt gekommen; er heißt Ramondo, ist neapolitanischer Edelmann, sehr reich, und ist einzig gekommen, um seine Tochter wiederzufinden.
CLEANDRO: Woher weißt du es?
DAMONE: Ich weiß es, weil ich ihn gesprochen habe und alles von ihm erfuhr. Es ist nicht der geringste Zweifel.
CLEANDRO: Wie verhält sich die Sache? Ich werde närrisch vor Freude.
DAMONE: Ihr sollt es von ihm selbst hören. Rufe Nicomaco und die Mutter Sofronia heraus.
CLEANDRO: Sofronia, Nicomaco! Kommt herab zu Damone!

SIEBTER AUFTRITT

Nicomaco, Damone, Sofronia und Ramondo

NICOMACO: Da sind wir; gute Neuigkeiten?
DAMONE: Ich sagte soeben, daß Clizias Vater namens Ramondo, neapolitanischer Edelmann, in Florenz ist, um sie zu suchen. Ich habe ihn gesprochen und ihn schon gestimmt, sie Cleandro zur Frau zu geben, wenn du willst.
NICOMAGO: Wenn es so ist, bin ich darüber sehr zufrieden. Aber, wo ist er?
DAMONE: In der Krone, und ich habe ihm gesagt, er möge herkommen. Da kommt er schon; es ist jener Mann dem die Diener nachfolgen. Gehen wir ihm entgegen.
NICOMACO: Wohlan. Gott grüße Euch, ehrenwerter Mann.
DAMONE: Ramondo, dies ist Nicomaco, und dies seine Frau, die so ehrenvoll deine Tochter erzogen haben, und das ist ihr Sohn, und wird dein Eidam werden, wann es dir gefällt.
RAMONDO: Seid alle willkommen. Ich danke Gott, daß er mir die große Gnade widerfahren läßt vor meinem Tod meine Tochter wiederzusehen, um diesen Edelleuten vergelten zu können, die sie geehrt haben. Was die Heirat betrifft, so konnte mir nichts erfreulicher sein, damit unsere Freundschaft, die durch Eure Wohltaten begonnen hat, durch die Verschwägerung erhalten werde.
DAMONE: Gehen wir hinein, wo Ihr alles von Ramondo hören und diese glückliche Hochzeit anordnen könnt.
SOFRONIA: Gehen wir, und ihr Zuschauer könnt nach Hause gehen; denn ohne mehr herauszukommen, werden wir die neue Hochzeit anordnen, die weiblich sein wird, nicht männlich, wie die Nicomacos.

LIED

Ihr schönen Seelen, die ihr so aufmerksam und ruhig ein anständiges, bescheidenes Beispiel, ein verständiges, freundliches Muster unseres Erdenlebens gehört habt. Ihr erkennt daraus, was man vermeiden soll und was befolgen, um geradeswegs zum Himmel aufzufahren, und unter dünnem Schleier seht ihr noch viel mehr, was jetzt zu sagen zu weit führen würde. Wir beten, daß ihr davon solche Früchte haben möget, wie sie eure große Huld verdient.

Bruder Alberigo

Komödie in drei Aufzügen

Der Verfasser hat dieser Komödie keinen Namen gegeben.

Personen

Amerigo / Katharina
Grete / Alfonso
Bruder Alberigo

ERSTER AUFZUG

ERSTER AUFTRITT

GRETE *allein*: Nie war ein Weib übler dran als ich. Der eine drängt und treibt mich, der andere zankt und bestürmt mich; der verspricht mir, der andere will mir geben, und weil ich nichts abschlagen kann, mach' ich beiden Hoffnung. Mein Herr ist in die Gevatterin verliebt und glaubt mich zur Botin zu haben, glaubt, daß ich für ihn spreche. Um ihn mir, so viel ich kann, zum Freunde zu machen, mach' ich ihm weis, sie liebe ihn und würde ihm alles gewähren, sie tue es aber nur deswegen nicht, weil sich keine Zeit finde. Der Einfaltspinsel glaubt es, und ich habe doch aus Furcht vor seiner Frau, meiner Madonna, noch kein Wörtchen von ihm geredet. Die andere Geschichte ist mit Bruder Alberigo, der in meine Madonna verliebt ist; er glaubt, ich spreche für Ihn, und ich habe noch den Mund nicht aufgetan. Ohne, daß es ihnen was nützt, hintergehe ich sie beide mit meinen Fabeln. Aber, ach! Da kommt der Alte schon wieder; er hat mir soeben erst im Haus eine lange Litanei von seiner Liebe vorerzählt; jetzt kommt er heraus, um noch einmal anzufangen.

ZWEITER AUFTRITT

Amerigo und Grete

AMERIGO: Wo ist sie hingewischt! Ah, sehe ich sie nicht dort? Holla, hörst du nicht, Grete?
GRETE: Was wollt Ihr, Herr?
AMERIGO: Sag' mir, wo du schon wieder hin willst?
GRETE: Auf den Markt, Kohl und Zwiebeln holen fürs Mittagessen.
AMERIGO: Laß ein wenig das Mittagessen und die Zwiebeln beiseite. Du sollst mir durchaus erst tun, was ich dir soeben gesagt habe. Du siehst, ich habe mich dir entdeckt, und du sagst, sie wolle mir im Ernst wohl. Zum Teufel! Warum hilfst du ihr und mir nicht bald? Ich befinde mich ohne Spaß ganz übel.
GRETE: Tut Euch was weh?
AMERIGO: Nein, nein.
GRETE: Habt Ihr das Fieber?
AMERIGO: Dummes Ding! Du weißt es wohl.
GRETE: Was weiß ich?
AMERIGO: Warum es mit mir aus ist.

GRETE: Nun, wenn es mit Euch aus ist, so kann Euch ja alles nichts mehr helfen.
AMERIGO: Ich meine nicht, daß es mit mir aus ist, wie mit einem, der nicht mehr atmet, sondern wie mit einem ernstlich Verliebten, der seinen freien Willen verloren hat und nicht mehr Herr seiner selbst ist.
GRETE: Herr, ich verstehe Euch nicht.
AMERIGO: Ich bin auch ein Ochse, daß ich unvermerkt mit einer Magd in die Tiefe der Philosophie geriet. Ich will sagen, daß ich deine Hilfe nötig habe, und daß sie mir einmal halten soll, was sie mir tausendmal durch dich versprechen ließ.
GRETE: Herr, ich werde mein möglichstes tun, will Mangold und Lauch im Stich lassen und im Augenblick Euch zuliebe zu ihr ins Haus gehen.
AMERIGO: Doch, was ich dich bitte, setz' ihr nur gehörig meine Vorzüge und meine Liebenswürdigkeit auseinander, wie ich dir vorhin zu Hause gesagt habe; auch daß ich um ihretwillen meine Frau vernachlässige, die doch jung und schön ist; biete ihr Geld, Geschmeide, Kleider an; und wenn du selbst etwas willst, so sage mir's nur. Vor allem aber mach, daß meine Frau nichts merkt, so lieb dir dein Leben und meine Gunst ist.
GRETE: Was das betrifft, laßt mir die Sorge.
AMERIGO: Also, ich will indessen auf die Handelskammer gehen, ich habe dort Geschäfte; ich werde sobald wie möglich wieder da sein. Du gehst inzwischen zu ihr, meldest ihr alles und regulierst mich, wenn ich wiederkomme, mit ihrer Antwort.
GRETE: Es soll geschehen; zuerst aber will ich ins Haus gehen, um den Korb hinzustellen und Holzschuhe anzuziehen und ein grobes Tuch zu nehmen, daß ich nicht patschnaß werde, wenn es regnet.
AMERIGO: Geh schnell, schieb dich; unterdessen mache ich mich nach dem Platz.
GRETE: Geht gesund. Gott steh' mir bei, was soll ich jetzt machen? Uh, uh! Es ist ein großes Kreuz, sich hier durchzubringen.

DRITTER AUFTRITT

Katharina und Grete

KATHARINA: Grete, hörst du nicht, Grete!
GRETE: Ojemine, ich höre die Madonna rufen.
KATHARINA: Grete, bist du taub?
GRETE: Was beliebt, Madonna?

KATHARINA: Komm ein wenig zu mir her.
GRETE: Was wünscht Ihr?
KATHARINA: Was hab' ich hören müssen? Was hast du mit meinem Mann besprochen? Was ist das für eine Liebe, die ihn so übel zugerichtet hat? Schämt er sich nicht, der kindisch gewordene Alte, die Gevatterin anzuhimmeln? Und du, schlechte Person, versprichst ihm zu helfen und hast deinen Worten nach schon alles mögliche getan? Hab' ich durch meine Güte das um dich verdient?
GRETE: Ach! Uh! Eh! Teure Madonna, verzeiht mir.
KATHARINA: Ihr seid alle nicht besser.
GRETE: Ich sage Euch, daß es schon über zwei Monate sind, daß er mich mit diesem Auftrag quält, und ich habe aus Liebe zu Euch noch kein Wort gesagt.
KATHARINA: Oh, du Gaunerin, hab' ich nicht vernommen, was du vorhin im Haus gesagt hast, als du glaubtest, ich höre dich nicht?
GRETE: Ich sagte es nur, um mir sein Wohlwollen zu erhalten, und ich versichere Euch, daß an allem kein wahres Wort ist.
KATHARINA: Wirklich nicht?
GRETE: Ganz gewiß nicht.
KATHARINA: So machst du ihm also alles das weis, als wenn er ein Käuzchen wäre. Doch, was sag' ich, er ist ärger als eine Nachteule. Da bin ich übel angekommen, als mich meine Oheim zu meinem Unglück diesem hirnlosen Alten gaben, der es wagt, sich in die Gevatterin zu verlieben. Sag' mir aber einmal, was hast du ihm versprochen?
GRETE: Ihr was vorzuschwatzen und ihn herauszustreichen.
KATHARINA: Wenn ich nicht dahinterkam, was hättest du getan?
GRETE: Nichts, ich hätte getan, als ob ich dort gewesen wäre, und hätte ihm etwas weisgemacht.
KATHARINA: Armer Mann! Kein Wunder, daß er mich seit einiger Zeit nicht mehr, wie sonst fast jede Nacht, aus dem Schlaf aufweckt und mir nicht mehr die gewöhnlichen Zärtlichkeiten bezeigt; so wahr Gott lebt, man grollte uns Weiber, sowie wir zur Welt kommen, alle gleich lebendig begraben. Ich bin eine junge Frau und sollte geduldig mit leerem Mund dastehen, während mein alter Mann sich anderwärts versorgt? Das soll niemand sagen. Da es einmal soweit gekommen ist, so will ich mich nach diesem Augenblick auch nach etwas umsehen.
GRETE: Oh, Ihr habt wahrhaftig recht, teure Madonna. Jetzt, wo Ihr frisch, jung und schön seid, handelt so, daß Ihr, wenn's vorbei ist, die verlorene Zeit nicht bereuen müßt, und daß das Fleisch dem Geiste nichts vorzuwerfen hat.
KATHARINA: Was willst du, daß ich tun soll? Ich kann mich doch nicht auf die Straße stellen und feilbieten.
GRETE: Ach, meine süße Madonna, wenn Ihr wüßtet, was ich weiß.

KATHARINA: Was weißt du, sag's schnell.
GRETE: Gott behüte mich; ach, nein, nein; ich möchte nicht, daß Ihr mir's dann übelnehmt; ich hab's Euch schon mehrere Monate verheimlicht aus lauter Furcht.
KATHARINA: Ach! Laß mich schnell hören, ich brenne vor Verlangen, es zu erfahren, ich vergehe, schnell doch!
GRETE: Ein junger Mann, der schönste in der ganzen, Stadt, ist gewaltig in Euch verschossen.
KATHARINA: Freudige Nachricht; weißt du es gewiß?
GRETE: Mehr als gewiß, sag' ich Euch.
KATHARINA: Wie lange ist es schon, daß es anfing?
GRETE: Schon eine gute Weile.
KATHARINA: Warum hast du es mir aber noch nicht gesagt?
GRETE: Ich wagte es nicht und fürchtete mich vor Euch; ich hielt Euch für eine heilige Lisbeth, die mit unserem Heiland verwandt war.
KATHARINA: Weißt du nicht, daß man den Frauen kein größeres Vergnügen machen kann, als wenn man ihnen sagt, daß sie geliebt werden und gerne gesehen sind? Und besonders eine meinesgleichen; und wenn wir gleich manchmal äußerlich erzürnt und unwillig scheinen, so ist es uns nichtsdestoweniger heimlich sehr angenehm. Aber komm schnell ins Haus, daß niemand dazukommt; denn ich möchte recht gemächlich die Sache mit allen Umständen hören, wer er ist, was er dir gesagt hat, und was du ihm geantwortet hast.
GRETE: Gehen wir, daß ich Euch recht fröhlich und glücklich mache, meine teure Madonna; und wohl Euch, wenn Ihr mir folgt.
KATHARINA: Komm nur, ich weiß mich vor Fröhlichkeit nicht zu lassen.

ZWEITER AUFZUG

ERSTER AUFTRITT

Katharina und Grete

KATHARINA: In der Tat, ich glaubte, daß mir etwas Besseres zuteil geworden sei.
GRETE: Wieso?
KATHARINA: Mit einem Wort, diese Mönche gingen mir nie durch den Sinn, und ich fürchte meine Frömmigkeit zu verlieren, wenn ich mich mit dem da einlasse.
GRETE: Ich dächte gar, Frömmigkeit! Mit wem wollt Ihr Euch einlassen? Mit einem jungen Herrchen, der es ausplaudert? Wißt Ihr nicht, daß das ihre Art so ist, und daß Ihr dann das Gespräch der ganzen Stadt wärt?
KATHARINA: Ich würde ihn recht genau prüfen, eh' ich ihm mehr erlaubte.
GRETE: Alle sind hierin von einem Schlag, und Ihr würdet Euch hintergangen sehen. Ich sage Euch, daß sie sich oft rühmen, wo sie gar nichts getan haben. Denkt, wie sie's erst machen würden, wenn's wahr ist. Bei den Mönchen könnt Ihr wenigstens sicher sein, daß ihnen mehr daran liegt, die Sache geheimzuhalten, als Euch selbst.
KATHARINA: Hör, was das betrifft, hast du wohl recht; aber der Wildgeruch, den sie an sich haben, ekelt mich an, wenn ich nur daran denke.
GRETE: Ei, ei! Ihr Gute! Die Mönche, ei? Es gibt keinen Menschenschlag, der sich mehr zum Dienst der Frauen eignete. Sollt Ihr denn vielleicht mit der Nase Euch ergötzen? Ojemine! Das Wasser läuft mir im Mund zusammen, so oft ich mich an einen Mönch, der mein Freund war, und an seine gute Natur erinnere. Ich weiß es, was für ein Unterschied zwischen ihm und meinem Mann war.
KATHARINA: Wo ist er hingekommen?
GRETE: Er starb an der Pest. Aber lassen wir das. Probiert es nur einmal, dann sollt Ihr mir wieder etwas sagen.
KATHARINA: Du hast mir ein solches Verlangen gemacht, daß ich nun schmachte und vergehe. Geh, such' ihn sogleich und sieh, daß er mir meinen Mann von seiner Liebe zur Gevatterin abbringen hilft. Wenn's gelingt, will ich mich allen seinen Wünschen gefällig zeigen.
GRETE: Jetzt, Madonna, erkenn' ich in Euch die kluge, verständige Frau, für die ich Euch immer gehalten habe.
KATHARINA: Du verstehst mich doch; es soll nicht scheinen, als handle ich ganz aus eigenem Antrieb, sondern daß ich ihn für den geleisteten Dienst belohnen will.

GRETE: Ihr habt tausend Gründe; ich glaube nicht, daß es heutzutage eine umsichtigere und vernünftigere Frau gibt als Euch.
KATHARINA: Geh, tummle dich, geh gleich zu ihm und mach deine Sachen gut.
GRETE: Laßt mich nur machen, Madonna; Gott segne Euch.
KATHARINA: Unterdessen will ich wieder ins Haus gehen und dich erwarten. Hör', komm gleich wieder, mir zu berichten.
GRETE: Es soll geschehen. Ei, ei, schau, schau, wohin ich sie unbemerkt geführt habe. Ich weiß, daß ich von dem vierschrötigen Mönch ein gutes Sümmchen erhalten werde. Ich soll mich ihm nur erst einmal unentbehrlich gemacht haben. Aber nein; da kommt er gerade her und zufällig ganz allein. Bruder Alberigo, seid Ihr so eilig, wo schießt Ihr denn hin?

ZWEITER AUFTRITT

Bruder Alberigo und Grete

BRUDER ALBERIGO: Ich habe soeben einen Kranken besucht. Aber, sage mir, wie ist's mit deiner Herrin, mit meinem Leben?
GRETE: Ojemine! Wenn Ihr wüßtet, sie ist halb in Verzweiflung.
BRUDER ALBERIGO: Was hat sie denn?
GRETE: Kummer und Leid, bei meiner Treu.
BRUDER ALBERIGO: Was für Leid? Sag's, du machst mich unruhig.
GRETE: Ihren Mann, der in die Gevatterin verliebt ist.
BRUDER ALBERIGO: In die Gevatterin, wieso?
GRETE: Wißt Ihr nicht? In die Frau Alfonsos.
BRUDER ALBERIGO: Ha, ha! Schau, schau! Oh, du dummes Tier! Läßt das Weizenbrot, um dem Schwarzbrot nachzulaufen. Doch sie ist recht einfältig, wenn sie's ihm nicht mit Zinsen zurückzugeben versteht. Geh, sag' ihr in meinem Namen, wenn ich etwas für sie tun könne, so möge sie über mich verfügen.
GRETE: Ei, Herr! Sie läßt sich Euch ja empfehlen.
BRUDER ALBERIGO: Gott gebe es. Sprichst du im Ernst?
GRETE: Der Blitz, ich sprech' so ernsthaft, wie ich kann.
BRUDER ALBERIGO: Was will sie, daß ich für sie tun soll?
GRETE: Daß Ihr ihr auf irgendeine Weise helft.
BRUDER ALBERIGO: Wozu?
GRETE: Sie durch irgendein Mittel von diesem Verdruß zu befreien und ihren Mann von seiner Liebe zu jener abzubringen.

BRUDER ALBERIGO: Ich verstehe. Doch wenn ich ihr willfahre, was für ein Lohn wartet meiner?
GRETE: Ich habe den Auftrag, Euch in diesem Fall alles anzubieten, was Ihr verlangen könnt und was ihr möglich ist.
BRUDER ALBERIGO: Laß mich nur machen; geh zu ihr zurück, tröste sie und sag' ihr, daß ich noch vor heut abend etwas für sie tun will, wofür sie mich immer zu loben haben soll.
GRETE: Ich will's ausrichten.
BRUDER ALBERIGO: Gut, sie soll mit dir hierher kommen.
GRETE: Pater, gebt mir den Segen.
BRUDER ALBERIGO: Geh im Namen des Herrn. Wenn ich ihre Worte richtig verstanden habe, so werde ich heute einen großen Schritt zum Ziel meiner Wünsche machen. Dieser Alfonso, der Mann der Geliebten Amerigos, ist ein sehr guter Freund von mir; aber, oh Teufel! Da kommt er gerade her. Ach, daß ich auch nicht einen Augenblick Zeit hatte, diese Sache zu überdenken! Doch geht mir etwas im Kopf herum, das ich auszuführen mich bestreben werde. Gehen wir ihm entgegen und grüßen ihn. Gott schenk' Euch seinen Frieden, teurer Alfonso.

DRITTER AUFTRITT

Alfonso und Bruder Alberigo

ALFONSO: Ah, Bruder Alberigo, wie geht's?
BRUDER ALBERIGO: Recht gut, Euch zu dienen.
ALFONSO: Wohin geht Ihr so allein?
BRUDER ALBERIGO: Ich suchte jemand, von dem ich einen Dienst wollte, und hab' ihn nicht finden können.
ALFONSO: Wenn es etwas ist, was in meinen Kräften steht, so bedient Euch meiner wie Eures Bruders.
BRUDER ALBERIGO: Du kommst vielleicht sehr gelegen. Doch sage mir, ist deine Frau zu Hause?
ALFONSO: Nein, Pater, sie verreiste gestern zu ihrer Mutter und wird einige Tage ausbleiben.
BRUDER ALBERIGO: Und du?
ALFONSO: Ich bin bei ihr.
BRUDER ALBERIGO: Und euer Haus?
ALFONSO: Steht leer.
BRUDER ALBERIGO: Oh, schön! Das könnte nicht gelegener sein.

ALFONSO: Es steht zu Diensten, und ich auch, wenn ich was tun kann.

BRUDER ALBERIGO: Ich will dir sagen: meine Schwester ist mit ihrer Schwiegermutter von Fegghine angekommen und sie wollen wie jedes Jahr bei einem Weber, einem Verwandten von mir, wohnen; weil er aber ausgezogen ist und jetzt, um zu sparen, mit einem anderen Mietsmann zusammen wohnt, so kann er sie nicht wie früher bei sich aufnehmen. Da haben sie sich an mich gewendet; Ihr wißt aber, daß es nicht wohl schicklich scheint, Weiber in unser Kloster zu bringen, abgesehen davon, daß es verboten ist; ich möchte daher, daß du mir für ein oder zwei Tage längstens dein Haus abträtest.

ALFONSO: Von Herzen gern; es ist mir leid, daß niemand im Haus ist. Doch, wenn Ihr wollt, will ich die Magd schicken.

BRUDER ALBERIGO: Nein, das ist nicht nötig.

ALFONSO: Wie wollt Ihr's anfangen? Es ist kein Brot zu Hause.

BRUDER ALBERIGO: Wir bringen mit.

ALFONSO: Dagegen findet Ihr Öl, Salz, Wein, Holz und so weiter im Überfluß.

BRUDER ALBERIGO: Ich danke schönstens; ich habe am Obdach genug; im übrigen werde ich ihnen alles schicken, was sie brauchen.

ALFONSO: Ich verstehe nicht viel Worte zu machen; hier ist der Schlüssel.

BRUDER ALBERIGO: Ich nehme ihn an, um dir's bei Gelegenheit wiederzuvergelten; ich will ihn nur für ein oder zwei Tage.

ALFONSO: Wie es Euch beliebt. Es kommt mir auf eine Woche nicht an, auch habe ich selbst im Haus nichts zu tun. Nehmt, was Euch ansteht; die Betten sind gemacht, benutzt sie, macht es Euch bequem.

BRUDER ALBERIGO: Genug der Worte; laß dich nicht länger von deinen Geschäften abhalten.

ALFONSO: Auf Wiedersehen!

BRUDER ALBERIGO: Geh in Gottes Namen. *Allein.* Das Glück fängt an mir zu lächeln, und mein Plänchen scheint sicher gelingen zu wollen. Sieh, daß mir seine Freundschaft doch etwas nützen konnte. Aber da kommt ja die Magd schon wieder.

VIERTER AUFTRITT

Grete und Bruder Alberigo

GRETE: Ah, Pater, habt Ihr etwas zum Wohle meiner Madonna ausgedacht?

BRUDER ALBERIGO: Es steht gut, wenn sie mir nur folgen will.

GRETE: Sie wird Euch in allem folgen, zweifelt nicht.

BRUDER ALBERIGO: Geh, ruf sie ein wenig herab an die Tür, ich will ihr dann sagen, was sie tun soll.
GRETE: Sogleich.
BRUDER ALBERIGO: Glück, sei mir nur diesmal günstig; denn, wenn mir gelingt, was ich vorhabe, so bin ich der glücklichste und zufriedenste Mensch unter den Sternen.

FÜNFTER AUFTRITT

Grete, Bruder Alberigo und Katharina

GRETE: He, Pater! Holla, Pater!
BRUDER ALBERIGO: Wer ruft nach mir?
GRETE: Ich, Pater. Kommt hierher, sie ist heruntergekommen, mit Euch zu sprechen.
BRUDER ALBERIGO: Ach, Madonna Katharina, ich habe von Eurem Unglück gehört, und er betrübt mich sehr.
KATHARINA: Auf Ehre, diese Welt ist voll Betrug.
BRUDER ALBERIGO: Da dem so ist, muß man vor allem Geduld haben und zum Herrn seine Zuflucht nehmen; und sodann vor allem Mut fassen, stets das Böse zu vermeiden und das Gute zu tun. Das Böse zu vermeiden, ist hier suchen, daß Euer Gemahl von der Gevatterin abläßt. Das Gute tun, ist, daß Ihr es seid, die das gehörige Mittel zu diesem Zweck anwendet. Dies wird Euch nicht viel Mühe kosten, wenn Ihr mir glauben und nach meinem Sinne handeln wollt.
KATHARINA: Ach, Pater! Wenn es mir nur immer möglich ist, so könnt Ihr sicher sein, daß ich noch größeres Verlangen danach habe als Ihr.
BRUDER ALBERIGO: Zweifelt nicht.
KATHARINA: Hört mich. Wir müssen ins Haus gehen, Pater, damit es nicht auffällt.
GRETE: Sie hat wirklich recht, meine ehrbare Herrin.
BRUDER ALBERIGO: Gehen wir.
GRETE: Geht nur herein. Gott gebe seinen Segen.

SECHSTER AUFTRITT

AMERIGO *allein*: Oh, heute käme es recht gelegen, wenn mich die Gevatterin zu sich lassen könnte! Das Sprichwort ist doch wahr, daß schlechte Gesellschaft gute Sitten verdirbt. Ich habe heute morgen des Guten soviel getan, als seit länger als zwei Jahren nicht mehr, und nur auf das Zureden meiner Gesellschaft. Ich wollte nicht den ganzen Vormittag umsonst auf mich warten lassen; sonst wär' ich gar nicht zum Essen heimgekommen; denn unser Frühstück war sehr kopiös und auch der Malvasier sättigt sehr. Ich kann sagen, daß ich gehörig vollgestopft bin. Doch bin ich hauptsächlich zurückgekommen, weil ich es kaum erwarten kann, bis ich erfahre, was die Magd ausgerichtet hat. Aber ich werde es bald hören. Klopfen wir an; ich bin schon solange fort, es kann nicht anders sein, sie muß wieder zurück sein. *Er klopft.* Ei, ei. *Er klopft stärker.* Man sollte meinen, sie wären tot.

SIEBTER AUFTRITT

Grete und Amerigo

GRETE: Oh, Herr! Seid willkommen.
AMERIGO: Wie lange bist du wieder da?
GRETE: Seit ein paar Minuten.
AMERIGO: Was bringst du mir für Antwort?
GRETE: Eine gute.
AMERIGO: Das wolle Gott.
GRETE: Eine vortreffliche, sag' ich Euch; sie will tun, was Ihr wollt; so sehr hab' ich ihr mit Eurer Liebenswürdigkeit zugesetzt.
AMERIGO: Oh, ich Glücklicher! Erzähle, erzähle, sage mir alles.
GRETE: Hört mich. Madonna Katharina ist in der Nähe, sie macht sich fertig, zur Madonna Vaggia zu gehen, die nach ihr geschickt hat, und ich muß sie begleiten. Sie will dort essen und hat mir aufgetragen, ich soll's Euch sagen, daß Ihr sie nicht erwartet.
AMERIGO: So mach's kurz, was willst du denn.
GRETE: Ich möchte nicht, daß sie mich riefe und uns im besten Gespräch störe.
AMERIGO: Was hältst du für gut, daß wir tun?
GRETE: Geht in die Kirche Santa Croce und erwartet mich dort; sobald ich sie hinbegleitet habe, werde ich kommen und Euch alles erzählen.
AMERIGO: Das hast du gut ausgedacht. Ohne Zögern will ich mich hinmachen und dich erwarten. Höre, plaudere mir nicht zuviel.
GRETE: Wie ich fertig bin, komm ich sogleich zu Euch.
AMERIGO: Gut denn, vergiß es nicht. *Ab.*
GRETE: Laßt mich nur machen. Heraus, Madonna, er ist fort. Uh! Uh! Gedankt sei's dem Erzengel des Tobias, daß er gegangen ist.

ACHTER AUFTRITT

Katharina, Grete und Bruder Alberigo

KATHARINA: Komm herein, Grete.
BRUDER ALBERIGO: Schnell hinein.
GRETE: Uh! Uh! Da bin ich in Gottes Namen.
KATHARINA: Oh, Pater, vergeßt es ja nicht.
BRUDER ALBERIGO: Habt keine Sorge. *Er bleibt allein.* Sicher ist es wahr, daß die Weiber ohne Verstand, leichtgläubig und veränderlich sind, und viel mehr noch, als man sagt. Wie will ich dich Gänschen erwischen, wenn du in der Falle steckst? Ich muß schnell gehen, daß ich vor ihnen hinkomme. Schnell, oh weh! Ich glaube sie schon zu hören; schnell, daß sie mich nicht sehen.

NEUNTER AUFTRITT

Katharina und Grete

KATHARINA: Gehen wir weiter, ich kann's nicht erwarten, bis ich zu diesem Fest komme.
GRETE: Laßt Euch hernach auch den Bruder empfohlen sein, Madonna.
KATHARINA: Ich denke mehr an ihn als du, und es ist mir gar nicht recht, daß er kein Wort gesagt hat.
GRETE: Oh du mein Gott, er wartet, Euch zu bitten, bis er Euch gedient hat.
KATHARINA: Nun meinetwegen. Da wirst du nicht vergessen, was ich dir gesagt habe und was wir ausgemacht haben.
GRETE: Laßt Euch nicht bange sein, tut Ihr nur Eure Schuldigkeit.
KATHARINA: Genug also, gehen wir hier den nächsten Weg.
GRETE: Wie Ihr befehlt, Madonna.

DRITTER AUFZUG

ERSTER AUFTRITT

GRETE *allein*: So war's gemeint? Ei! Wer hätte sich das einfallen lassen? Die Brüder sind doch schlimmer als der Teufel; seht einmal die Ehrbarkeit und hört die Schelmerei: auf welchen Weg er sie geführt und zu seinen Wünschen gezogen hat! Er sagte dort im Haus, er habe das beste Mittel gefunden, die Madonna von ihrem Kummer zu befreien und ihren Mann von seiner Liebe zur Gevatterin abzubringen. Es war so: Wir sollten in das Haus Alfonsos gehen, und er gab uns die Schlüssel dazu, die er zu einem anderen Zweck erhalten hätte. Madonna Katharina sollte sich in das Bett legen, wo die Gevatterin gewöhnlich schläft: und es wurde ausgemacht, daß ich Amerigo sagen sollte, heute sei die Zeit günstig, und sie wolle ihn glücklich machen; denn ihr Alfonso sei ausgegangen und werde vor Nacht nicht wiederkommen. Des Alten waren wir so gut als gewiß, daß er mir völlig Glauben schenkend kommen würde, ohne an etwas anderes zu denken. Seine Frau sollte ihn so im Bett, die Fensterläden geschlossen, im Dunkeln statt der Gevatterin empfangen. Nachdem er sie dann einmal beschlafen hätte, sollte sie sich entdecken, sich ihm durch Vorwürfe und Scheltworte zu erkennen geben und unter beständigem Schimpfen und Schreien mit ihm herauskommen. Für das übrige, sagte der Bruder, solle man ihn sorgen lassen. Die Madonna und ich machen uns auf den Weg, kommen an die Haustür, öffnen, gehen hinein, die Treppe hinauf, in den Saal, dann in die Kammer und sehen keine sterbliche Seele. Die Madonna zieht sich sogleich aus und schlüpft, ohne an etwas anderes zu denken, ins Bett. Mir befiehlt sie, ich soll das Fenster ein wenig offen lassen, so daß so viel Licht hereinfällt, daß er das Bett finden kann; dann soll ich die Türe anlehnen und den Mann holen und schnell das übrige besorgen. Ich gehorche und mache mich auf den Weg. Als ich aber mitten auf der Stiege gerade auf dem Absatz bin, begegne ich dem heiligen Vater, der ganz vergnügt ist und vor Fröhlichkeit strahlend. Wie ich ihn so unversehens vor Augen sehe, den ich nicht erwartet hatte, war ich auf dem Punkt, vor Furcht aufzuschreien; er aber schließt mir sogleich mit einer Handvoll Batzen den Mund, indem er sagt, heute sei der Augenblick, den er so lange ersehnt habe, gekommen, und er gibt mir zu verstehen, daß ich sogleich fortgehen und wenigstens eine Stunde unterwegs bleiben soll, um den Herrn zu holen, weil ich bis zu ihm bequem zwei Miglien zu gehen habe. Ich tue, als ob ich fortginge, wäre aber um keinen Preis gegangen, ohne das Ende zu sehen und was meine Madonna sagen würde. Als ich dachte, der Bruder könne in der Kammer sein, geh' ich schnell in den Saal und nähere mich auf den Fußspitzen der Tür und sehe durch einen Spalt, die Tür schloß nicht gut, den Bruder, der schon die

Kutte abgeworfen hatte und geradeswegs aufs Bett zuging. Meine gute Madonna sagte kein Sterbenswörtchen, sie schien ein Wachspüppchen zu sein; nur daß sich nach einer kurzen Weile ein Ächzen hören ließ und ein Ton, der mir vorkam, wie das Miauen eines großen Katers, wenn er des Nachts aufs Rammeln geht. Jetzt ward mir's ganz sonderbar zumut, und ich ging fort. Nach einer halben Stunde holte ich Amerigo, der mich in Santa Croce erwartete, und sagte ihm, was er zu tun habe. Er glaubte, den Himmel mit dem Finger zu berühren, machte sich auf den Weg, und wenn ich die Zeit rechne, muß er jetzt gerade am Geschäft sein. Aber ojemine! Wenn er den Bruder zu Pferde fände und auf seinem Tier, wie wird's dann gehen? Ah! Ah! Ich bin recht albern, an so etwas zu denken, die Brüder sind Meister darin, sich durch Seitensprünge zu helfen. Jetzt will ich aber ins Haus gehen, es wird mir ganz schwach vor Hunger, ich will etwas essen.

ZWEITER AUFTRITT

BRUDER ALBERIGO *allein*: Kaum hatte ich soviel Zeit, die Kutte wieder anzuziehen. Wenn er eine Minute früher kam, ertappte er mich im Bett über dem Diebstahl. Doch, Gott sei gedankt, ich bin noch gut hinausgekommen; ich ging ins Vorzimmer, kam in eine Galerie, von da stieg ich eine Treppe hinab in den Hof, von hier ging ich durch einen Gang an die Haustür und kam heraus. Die dumme Kuh eilte gewaltig. Die ungeschickte Person! Aber, was sehe ich. Was will denn der jetzt? Wohin willst du, Alfonso?

DRITTER AUFTRITT

Bruder Alberigo und Alfonso

ALFONSO: Ich suchte Euch, Pater, um Euch den Kellerschlüssel zu zeigen, daß Ihr Wein holen könnt; ich hatte Euch zu sagen vergessen, wo er liegt.
BRUDER ALBERIGO: Ihr habt wohlgetan, und ich danke Euch, obgleich ich ihn nicht gebraucht habe.
ALFONSO: Wieso? sind sie noch nicht gekommen?
BRUDER ALBERIGO: Freilich, aber sie hatten ein Fläschchen bei sich, das zum Frühstück genügte.
ALFONSO: Gut, wenn Ihr aber heute abend braucht, so liegt der Schlüssel auf dem Schenktisch im Saal neben dem Halbviertelkrug, worauf das Wappen mit den Bällen gemalt ist.

BRUDER ALBERIGO: Ich danke dir bestens. Wann werde ich dir soviel Gefälligkeit vergelten können?
ALFONSO: Das ist nichts im Vergleich mit dem, was ich für Euch tun würde. Lassen wir aber jetzt die Redensarten. Ich muß Euch sagen, ich möchte Euch jetzt verlassen; denn ich habe noch nicht gegessen, und viele Personen warten auf mich.
BRUDER ALBERIGO: Ei, so geh doch, es wäre gar zu unhöflich, über die Stunde auf sich warten zu lassen. Leb wohl.
ALFONSO: Ihr habt recht.
BRUDER ALBERIGO: Ich empfehle mich bestens. *Allein.* Ei verflixt, wenn er früher gekommen oder ich ihm nicht begegnet wäre! Wie ging es mir da? Verdammt seien die Schlüssel und die Keller! Doch, Gott sei Dank, bis jetzt geht alles gut.

VIERTER AUFTRITT

Grete und Bruder Alberigo

GRETE: Oh! Oh! Ich sehe den Bruder.
BRUDER ALBERIGO: Und so hoffe ich auch, daß es gut und erwünscht enden wird.
GRETE: Ich will ihn rufen. Pater!
BRUDER ALBERIGO: Wer ruft mich! Ah, Grete.
GRETE: Setzt auf, ich bitte, und möge es Euch wohl bekommen.
BRUDER ALERIGO: Du bist sehr artig, bei Gott, eine gescheite Person, auf die man sich verlassen kann. Dir würde ich alles anvertrauen.
GRETE: Ach! Was hab' ich getan? Hab' ich nicht meine Schuldigkeit getan?
BRUDER ALBERGIO: Ja, aber du hast ihn zu früh geschickt, und er hätte mich fast erwischt. Doch es ist noch gut gegangen.
GRETE: Der Tausend, ich plauderte doch noch ein Weilchen, ehe ich ihn in Santa Croce zu holen ging. Ich fing dort an, meinen Rosenkranz abzubeten und war zur Hälfte fertig, als er mich rief. Ich benachrichtigte ihn von allem und wies ihm den Schlüssel zum Zeichen. Sowie er ihn erkannte, glaubte er mir mehr, als wenn ich der Mund der Wahrheit gewesen wäre.
BRUDER ALBERIGO: Ah! Da du vom Schlüssel sprichst, du weißt nicht, was ich gemacht habe.
GRETE: Was denn?
BRUDER ALBERIGO: Die größte Dummheit von der Welt. Ich ließ euch, wie du weißt, den Schlüssel zum Haus der Gevatterin, und als ich dann vor

euch hineingehen wollte, merkte ich nicht eher, daß ich nicht konnte, als bis ich vor der Haustür stand und sie verschlossen fand.

GRETE: Wie kamt Ihr aber hinein?

BRUDER ALBERIGO: Mein gutes Glück wollte, daß ich aus diesem Schlüsselbund sogleich einen probierte, der aufmachte.

GRETE: Ihr habt wahrhaftig Glück. Der Alte muß jetzt gerade handgreiflich sein, es kann nicht mehr lang dauern, so hören wir Lärm. Aber erzählt mir doch, wie ist's gegangen, was haltet ihr von meiner Madonna.

BRUDER ALBERIGO: Sie ist die beste und klügste Frau von Florenz.

GRETE: Das freut mich sehr. Ihr müßt mit ihr zufrieden sein.

BRUDER ALBERIGO: Ich hab' ihr ein Mittel zu Gemüt geführt, wenn sie es anwendet, wie ich glaube, desto besser für sie.

GRETE: Und auch für Euch.

BRUDER ALBERIGO: Das kannst du dir denken, ich werde nicht auf ihr Wohl bedacht sein, ohne an meinen Vorteil zu denken.

GRETE: Ich bin so vergnügt darüber, Pater, daß ich's Euch gar nicht sagen kann.

BRUDER ALBERIGO: Und dir hab' ich es zu verdanken.

FÜNFTER AUFTRITT

Katharina, Amerigo, Grete und Bruder Alberigo

KATHARINA: So also, du alter Stecher, der Liebe nachlaufen?

GRETE: Hört Ihr sie? Sie kommen.

BRUDER ALBERIGO: Schnell fort, daß sie uns nicht sehen.

KATHARINA: Und gar noch mit der Gevatterin: Geh, verkriech' dich unter die Erde.

BRUDER ALBERIGO: Geh du ins Haus. Ich will ein wenig herumgehen und zu ihnen kommen, wenn es Zeit ist.

KATHARINA: So kommt heraus zum Henker. Sieh doch, so bracht' ich es dahin, Euch den Bissen vor dem Mund wegzuschnappen.

AMERIGO: Das soll dir nicht vergessen werden, du Teufelsweib.

KATHARINA: Wie? Glaubtet Ihr vielleicht, ich schliefe?

AMERIGO: Es wäre Zeit, daß du für immer einschliefst.

KATHARINA: Und wie schnell er bei der Hand war. Das war also die Ursache, daß Ihr mich nicht mehr leiden konntet.

AMERIGO: Du warst und bleibst immer überlästig, hämisch, neidisch, widerwärtig und mißgünstig, wenn es mir wohl geht.

KATHARINA: Wie! Nie hatte ich Euch früher ein böses Wort gegeben. Aber beim Kreuz Gottes, es soll Euch geschehen, was Ihr verdient.
AMERIGO: Schau, sie wird sich noch erzürnen.
KATHARINA: Gewiß wird' ich mich erzürnen. Glaubt Ihr vielleicht, ich hätte keine Ursache dazu?
AMERIGO: So laß dir's sagen: ich glaubte, den glücklichsten Tag meines Lebens zu haben, und ich hatte den unglücklichsten.
KATHARINA: Er hat noch Stirn genug, dies zu behaupten.
AMERIGO: Gewiß behaupte ich es.
KATHARINA: Oh Ehrenmann! Und mit welchem Eifer und mit welcher Munterkeit der frische Ritter zum Turniere kam. Doch nur, wenn's Worte gilt und Friede ist, taugt er was. Jenes andere, worauf es mehr ankommt, da muß man ihm mit der Hand nachhelfen, wenn er zu was nütze sein soll. Er hat wirklich ein Recht, sich zu beklagen; denn er bedient mehr als eine.
AMERIGO: Sieh, wie weit es mit mir gekommen ist, was sie mir sagt und was sie mir getan hat.
KATHARINA: Das ist nur Zucker. Wartet nur, bis ich es ihrem Mann und meinem Oheim sage, da werdet Ihr einen ganz andern Spaß erleben.
AMERIGO: Oh Himmel! Teure Frau, willst du mich denn zugrunde richten, willst du mich für immer beschimpfen?
KATHARINA: Oh Himmel! Teurer Mann, wollt Ihr mich denn darben lassen, wollt Ihr mich so verzweifelt leben lassen? Es gibt doch keine treuere und ärger mißhandelte Frau in der ganzen Stadt.
AMERIGO: Wie hast du es angefangen, mich in dieses Netz zu locken? Sag mir's doch, wenn es dir beliebt.
KATHARINA: So wahr Gott lebt, die Grete, die schlechte Person, soll's mir büßen.
AMERIGO: Ich frage dich und möchte die Art wissen, wie du es angestellt hast, mich in dieser Schlinge zu fangen. Bist du eine Hexe oder eine Teufelsbeschwörerin?
KATHARINA: Ich hab' Euch soeben gesagt, was ich bin.

SECHSTER AUFTRITT

Bruder Alberigo, Katharina und Amerigo

BRUDER ALBERIGO: Ich will vortreten, um sie wieder auszusöhnen.
AMERIGO: Ich kann mir nicht denken, wie du mich ohne Hilfe des Teufels entdeckt hast.

KATHARINA: So möchte' ich, daß Ihr selbst zum Teufel führet. Glaubt Ihr so etwas von mir?
BRUDER ALBERIGO: Was gibt es? Was ist das für ein Lärm? Seid Ihr aus dem Häuschen?
AMERIGO: Ach Pater, Ihr seht's, sie ist eine wahre Bestie.
KATHARINA: Und Ihr seid ein … was ich gar nicht sagen mag.
BRUDER ALBERIGO: Ei doch, Amerigo, man muß ein wenig Überlegung haben in solchen Dingen, der Gescheitste gibt nach.
AMERIGO: Teurer Bruder Alberigo, sie ist so widerwärtig und höhnisch, daß die Engel nicht mit ihr auskommen würden.
KATHARINA: Ah! Ah! Wenn die Ehrfurcht vor Euch nicht wäre, Pater, so wollt' ich Euch schon sagen, was für eine schöne Ehre er mir gemacht hat.
AMERIGO: Schöne Ehre hast du mir gemacht.
BRUDER ALBERIGO: Was ist es denn?
KATHARINA: Ich habe große Lust es zu sagen und ihm die Ehre zu machen, die er verdient.
AMERIGO: Wenn du es sagst, zum Henker, was wird's denn sein?
KATHARINA: Genug, ich will's ihren und meinen Verwandten sagen.
BRUDER ALBERIGO: Laßt Euch nicht so vom Zorn übermannen.
KATHARINA: Ich kann mich nicht halten, bis ich es gesagt habe. Denkt, er ist in die Gevatterin verliebt.
BRUDER ALBERIGO: Wie? In Alfonsos Frau?
KATHARINA: Hört nur.
AMERIGO: Sprich immer, was kannst du mir noch mehr tun?
KATHARINA: Der Ehrenmann war schon so weit, daß er heute zum letzten kommen wollte. Aber ich habe es durch meine Geschicklichkeit und durch so viele Mittel, die zu umständlich wären, zu erzählen, dahin gebracht, daß ich ihn entdeckte, und ich habe ihn an einen Ort geführt, wo er im Glauben, bei der Gevatterin zu liegen, sich in meinen Armen befand. Soeben kommen wir aus dem Haus, wo der Anschlag ausgeführt wurde.
AMERIGO: Nun? ist denn dies eine Sünde gegen den Heiligen Geist? Ihr habt's gehört, Pater. Bin ich der erste?
BRUDER ALBERIGO: Ach, wie sprecht Ihr? Wenn man diese Sache erführe, so wärt Ihr für immer beschimpft.
KATHARINA: Meine Oheime sollen's wissen.
BRUDER ALBERIGO: Sprecht nicht so, es würde Euch sicher reuen.
AMERIGO: Was versteht sie davon?
BRUDER ALBERIGO: Ah! Ah! Amerigo, Ihr solltet diese Possen und Jugendspäße, die sich schlecht für Euer Alter schicken, von nun an unterlassen, und Ihr, Madonna Katharina, sollt wegen Eures Hauses, und um Euch nicht in

übeln Ruf zu setzen, nie mehr von dem sprechen, was geschehen ist. Seid dagegen von nun an desto einiger, tut es mir zuliebe.

KATHARINA: Euch zuliebe will ich alles tun; aber unter der Bedingung, daß ich nie mehr etwas von der Gevatterin höre.

BRUDER ALBERIGO: Im Namen des Himmels. Ihr wißt, Amerigo, daß Fehlen menschlich und sich bessern engelhaft, verstockt Sündigen aber teuflisch ist. Wenn Ihr so fortfahrt, lebt Ihr immer in Todsünde dahin. Laßt daher um Gottes willen und wegen meiner, und auch wegen des Vorteils und wegen Eurer Ehre diesen Umgang und haltet Euch an Eure Gemahlin, die eine wahrhaft ehrbare und brave Dame ist, die Euch über alles liebt und teuer hält.

KATHARINA: Gott weiß, wie ich ihn liebe, den Undankbaren, und wie treu ich ihm bin.

BRUDER ALBERIGO: Weint nicht, Madonna Katharina. Wahrhaftig, Amerigo, Ihr könnt Euch rühmen, die weiseste, keuscheste junge Frau zu besitzen, ich will nicht sagen von Florenz, sondern von der ganzen Welt.

AMERIGO: Ich danke Gott dafür. Aber Ihr wißt ja, Pater, wir sind gebrechlich. Um es kurz zu machen, ich gestehe, daß ich gefehlt habe. Ich will jede Buße tun, die Ihr mir auferlegt, mir die Gevatterin ganz aus dem Sinn schlagen und mich in Zukunft an meine Frau halten. Aber sagt mir doch erst, wie hat sie's angefangen, daß sie mich entdeckt hat.

BRUDER ALBERIGO: Dies würde sehr unpassend sein und unseren Absichten ganz zuwider. Tut mir einen Gefallen, ich verlang' ihn von beiden.

AMERIGO: Alles, was mir möglich ist.

BRUDER ALBERIGO: Was ich verlange, ist, daß Ihr Euch entschließt, von dieser Sache nie mehr zu sprechen, und tut, als ob sie nicht vorgefallen wäre, und daß jedes sich an seine gewöhnlichen Geschäfte hält. Seid Ihr damit zufrieden?

KATHARINA: Sehr gern.

AMERIGO: Mit Vergnügen; aber unter der Bedingung, daß sie der Grete nichts sagt.

BRUDER ALBERIGO: Sehr weise. Wollt Ihr's mir versprechen?

KATHARINA: Ja Pater, wenn ich nur von so großem Herzeleid befreit werde.

BRUDER ALBERIGO: So vergebt Ihr Euch also gegenseitig. Friede bleibe mit Euch.

AMERIGO: Seid tausendmal gesegnet! Wenn Eure Heiligkeit nicht war, so ging es mir übel.

KATHARINA: Und mir, uh, uh! Herr, Gott lohn' es Euch!

AMERIGO: Und da ich in Euch so viele Frömmigkeit und Tugend gefunden habe, so sollt Ihr von nun an wie des Alfonso, auch unser Vertrauter sein.

KATHARINA: Ja, das sollt Ihr.

AMERIGO: Und Ihr sollt auch mein Beichtvater werden.
KATHARINA: Auch ich will zu ihm beichten gehen.
AMERIGO: Ihr antwortet nicht. Was haltet Ihr von unseren Worten.
BRUDER ALBERIGO: Sehr schön. Ich bin stets bereit, um Gottes willen, und dann, weil es meine Pflicht ist, alles zu tun, was zu Eurem Seelenheil gereicht.
KATHARINA: Gott vergelt' es Euch, wir können's nicht. Gehen wir; denn die Tischstunde ist schon vorüber.
AMERIGO: Schau, du hast ihn nicht eingeladen, mit uns zu trinken.
KATHARINA: Es ist schon so spät, daß ich glaube, besonders die Mönche werden schon gespeist haben. Doch, wenn Ihr noch nicht gegessen habt, Pater, so beliebe es Euch, mit uns zu Tisch zu gehen.
BRUDER ALBERIGO: Ich hatte heute morgen gewisse Privatgeschäfte außerhalb des Klosters, so daß ich noch nüchtern bin.
AMERIGO: So kommt denn.
KATHARINA: Ihr könnt nirgends hingehen, wo man Euch lieber sähe.
BRUDER ALBERIGO: Es wäre mir unmöglich, wenn ich auch wollte, Euch etwas abzuschlagen, um das Ihr mich so höflich, bittet. Gehen wir.
KATHARINA: Gott sei dafür gedankt!
BRUDER ALBERIGO: Und seine Mutter. Zuschauer, wenn ihr warten wollt, bis wir wieder herauskommen, so wird euch die Zeit lang werden. Denn nach dem Essen habe ich im Sinn, ihnen eine kleine Predigt zu halten, worin ich ihnen durch Gründe, durch Beispiele, durch Autoritäten und durch Wunder beweisen will, daß nichts zum Heil der Seele nötig ist, als die Nächstenliebe; indem ich mit dem Apostel Paulus behaupte, daß, wer keine Nächstenliebe besitzt, nichts besitzt. Wollt ihr daher meinem Rat folgen, so geht im Frieden des Herrn. Lebt wohl!

DIALOG ÜBER DIE SPRACHE

Ob die Sprache, welche Dante, Petrarca und Boccaccio geschrieben haben, italienisch, toskanisch oder florentinisch zu nennen sei?

So oft ich mein Vaterland ehren konnte, habe ich es, wenn auch zu meinem Vorwurf und meiner Gefahr, immer bereitwillig getan, denn es gibt für den Menschen in seinem Leben keine größere Verpflichtung als gegen das Vaterland, da er zuerst demselben sein Dasein verdankt, und dann alles Gute, was ihm Glück und Natur gewährt haben. Seine Verpflichtung wird um so größer, je edler es ihm zuteil geworden. Fürwahr kann daher, wer mit Wort und Tat feindlich gegen sein Vaterland auftritt, mit Recht Hochverräter, Vatermörder genannt werden, wäre er auch von ihm verletzt worden. Denn ist, einerlei aus welchem Grund, entsetzlich Vater und Mutter zu schlagen, so folgt notwendig, daß das Vaterland zerfleischen viel entsetzlicher ist, weil man von ihm niemals eine Verfolgung erdulden kann, wegen welcher du es mit Recht verletzen dürftest, da du alles Gute, was du hast, ihm verdankst. Beraubt es sich daher eines Teiles seiner Bürger, so bist du eher verbunden, ihm für die zu danken, die es sich läßt, als es wegen derer zu lästern, die es sich nimmt. Wenn nun dies wahr ist, und es ist sehr wahr, so werde ich niemals fürchten, mich zu täuschen, wenn ich es verteidige und gegen diejenigen auftrete, die es allzu vermessen seiner Ehre zu berauben streben.

Die Ursache, die mich zu diesen Betrachtungen bewog, ist der Streit, der sich mehrmals in der letzten Zeit erhoben hat, ob die Sprache, in der unsere florentinischen Dichter und Redner geschrieben haben, florentinisch, toskanisch, oder italienisch sei. Bei diesem Streit habe ich bemerkt, wie einige weniger Pflichtvergessene behaupten, sie sei toskanisch, einige andere, die Pflichtvergessensten, nennen sie italienisch, und einige halten dafür, daß man sie ausschließend florentinisch nennen müsse. Jeder hat sich bestrebt, seine Meinung zu verteidigen, und da auf diese Weise die Sache unentschieden bleibt, so wollte ich in meiner herbstlichen Muße ausführlich schreiben, was ich davon halte, um den Streit zu beenden, oder um jedem Stoff zu lebhafterem Kampf zu geben.

Um zu sehen, in welcher Sprache die in der neuen Sprache berühmten Schriftsteller geschrieben haben, deren ersten Rang ohne Widerspruch Dante, Petrarca und Boccaccio einnehmen, ist es nötig, sie auf eine Seite zu stellen, und auf die andere ganz Italien, dem in betreff der Sprache diesen drei Männern zuliebe jedes andere Land zu weichen scheint; denn Spanien, Frankreich und Deutschland sind in diesem Punkt weniger anmaßend als die Lombardei. Sodann ist es nötig, alle Orte Italiens zu betrachten, die Verschiedenheit ihrer

Mundart zu untersuchen, und denen den Vorzug zu geben, die am meisten mit diesen Schriftstellern übereinstimmen, ihnen eine höhere Stufe, mehr Teil an der Sprache zuzugestehen. Um ganz Italien wohl zu unterscheiden, das so viele Städte, geschweige denn Kastelle zählt, wollen wir es, um diese Verwirrung zu vermeiden, nur in seine Provinzen teilen, Lombardei, Romagna, Toskana, Landschaft Rom und Königreich Neapel. In der Tat, wenn man jeden dieser Teile genau untersucht, so wird man in ihrer Mundart einen großen Unterschied finden. Um aber zu erkennen, woher dies kommt, ist es zuerst nötig, einige von den Ursachen zu erklären, aus welchen diese Mundarten eine so große Ähnlichkeit haben, daß die heute Schreibenden behaupten, die, welche früher geschrieben, hätten die gemeinschaftliche italienische Sprache gesprochen, und aus welcher Ursache wir uns bei so großer Verschiedenheit der Sprache verstehen.

Es wollen einige, einer jeden Sprache gebe das bejahende Wörtchen, das bei den Italienern *Si* ist, Grenzen, und in dem ganzen Lande verstehe man dieselbe Sprache, wo man mit demselben Worte bejahe. Sie führen Dante als Autorität an, der, um Italien zu bezeichnen, sich dieses Wörtchens *Si* bediente, wo er sagt:

Ah! Pisa vituperio delle genti
Del bei paese là dove il Si suona[1]

nämlich Italiens. Sie führen ferner das Beispiel Frankreichs an, wo das ganze Land Frankreich heißt, und noch heute die Sprache die Sprache von *huis* und *och* genannt wird, was bei ihnen dasselbe bedeutet wie bei den Italienern *Si.* Sie führen als Beispiel die ganze deutsche Sprache an, welche *hyo* sagt, und ganz England, das *yes* sagt. Wahrscheinlich von diesen Gründen bewogen, wollen viele von ihnen, daß alles in Italien eine Sprache schreibe und spreche.

Einige andere halten dafür, das Wörtchen *Si* sei nicht das, was die Sprache regle; denn wäre dem so, so würden die Sizilianer und die Spanier, was die Sprache betrifft, gleichfalls Italiener sein. Sie muß daher notwendig durch andere Gründe geregelt werden. Sie sagen, wer sorgfältig die acht Redeteile untersucht, in die jede Sprache zerfällt, findet, daß derjenige, welcher Zeitwort genannt wird, die Kette und der Nerv der Sprache ist. Sobald in diesem Redeteile keine Verschiedenheit stattfindet, sollte sie in den anderen auch groß sein, müssen sich die Mundarten verstehen; denn diejenigen Hauptwörter, welche unbekannt sind, macht das Zeitwort verständlich, das zwischen sie gesetzt ist. Umgekehrt, wo die Zeitwörter verschieden sind, sollte auch zwischen den Hauptwörtern Ähnlichkeit bestehen, werden die Sprachen verschieden. Als Beispiel läßt

[1] Ach! Pisa, Schimpf der Völker des schönen Landes, wo das *Si* tönt. Hölle 33.

sich Italien geben, das um ein ganz geringes in den Zeitwörtern verschieden ist, in den Hauptwörtern dagegen sehr verschieden; denn jeder Italiener sagt *amare* (lieben), *stare* (stehen), und *leggere* (lesen), aber schon nicht mehr sagt jeder *deschetto* (Schemel), *tavola* (Tisch) und *guastada* (Flasche). Unter den Fürwörtern sind die wichtigsten verschieden, wie *mi* statt *io* (ich), und *ti* statt *tu* (du). Was ferner die Sprachen verschieden macht, doch nicht so sehr, daß sie sich nicht verstehen, sind die Aussprache und die Akzente. Die Toskaner enden alle ihre Worte mit Selbstlautern; die Lombarden und Romagnolen dagegen brechen fast alle an den Mitlautern ab, wie *Pane, Pan* (Brot).

In Anbetracht aller dieser und anderer Verschiedenheiten, die in der italienischen Sprache vorkommen, ist, um zu sehen, welche von den verschiedenen Mundarten die Feder in der Hand hält, und in welcher die alten Schriftsteller geschrieben haben, zuerst nötig, daß man untersucht, woher Dante und die ersten Schriftsteller stammen; dann, ob sie in ihrer Muttersprache schrieben oder nicht. Zu letzterem Zweck muß man ihre Schriften in die Hand nehmen, und daneben eine Schrift, die rein florentinisch oder lombardisch oder aus einer anderen Provinz Italiens ist, und die keine Kunst, sondern nur Natur enthält. Diejenige, welche dann am meisten mit ihren Schriften übereinstimmt, wird man, glaube ich, die Sprache nennen können, in der sie geschrieben haben.

Woher die ersten Schriftsteller, mit Ausnahme eines Bolognesers[2], eines Aretiners[3], und eines Pistojesers[4], die es alle drei nicht zu zehn Liedern brachten, stammen, ist sehr bekannt. Es waren Florentiner, und Dante, Petrarca, Boccaccio nehmen darunter den ersten und so hohen Rang ein, daß sie keiner mehr zu erreichen hofft. Von ihnen versichert Boccaccio[5] in den hundert Novellen, er schreibe in florentinischer Landessprache. Daß Petrarca davon spräche, weiß ich nicht. Dante in seinem Buch *de Vulgari Eloquio* verdammt jede italienische Provinzialsprache und behauptet nicht Florentinisch, sondern eine Hofsprache zu schreiben. Hätte man ihm daher zu glauben, so würden freilich meine obigen Einwürfe nichtig sein, da ich von ihnen selbst hören will, wo sie ihre Sprache gelernt haben.

Was Petrarca und Boccaccio betrifft, will ich weiter nichts sagen, da der eine auf unserer Seite, der andere neutral ist, sondern mich an Dante halten. Dante zeigte sich überall durch Geist, Wissen und Urteil als ausgezeichneter Mann, ausgenommen, wo er von seinem Vaterland zu sprechen hat. Dieses verfolgte er

---

[2] Guido Guinicelli.

[3] Guittone von Arezzo.

[4] Gino von Pistoja.

[5] Boccaccio, Dekameron 4, n. 2. „Was sehr deutlich dem Leser gegenwärtiger Novellen ersichtlich werden wird, die nicht allein in florentinischer Landessprache und in Prosa von mir geschrieben sind und ohne Anspruch, sondern im bescheidensten und gewöhnlichsten Stil, der nur immer möglich ist."

gegen alle Menschlichkeit und philosophische Art mit jeder Gattung von Unbill, und da er sonst nichts tun konnte, als es herabsetzen, klagt er es jedes Lasters an, verdammt die Menschen, tadelt die Lage, zieht gegen die Sitten und Gesetze los. Er tat es nicht nur in einem Teil seines Epos, sondern im ganzen mannigfach und auf verschiedene Weise[6], so sehr schmerzte ihn die Unbill seiner Verbannung, und so heftig war sein Verlangen nach Rache. Soweit es in seiner Macht stand, rächte er sich dafür, und wenn das Geschick gewollt hätte, daß von den Übeln, die er ihm voraussagte und wünschte, eines sein Vaterland getroffen hätte, so würde sich Florenz mehr zu beklagen haben, daß es diesen Mann gebar, als ob jedes andern Unheils. Aber Fortuna, um ihn zum Lügner zu machen und seine Verleumdungen durch Ruhm zu verdecken, hat Florenz beständig mehr gedeihen lassen, in allen Ländern der Welt berühmt gemacht und gegenwärtig zu solchem Glück, zu so ruhigem Zustand geführt, daß Dante, wenn er es sähe, entweder sich selbst anklagen würde, oder, von seinem angeborenen Neid gepeinigt, auferstanden, von neuem würde sterben wollen. Kein Wunder also, wenn er, der in allen Dingen seine Vaterstadt herabsetzte, ihr auch in der Sprache den Ruf entreißen wollte, den er ihr durch seine Schriften erworben zu haben glaubte. Um sie in keiner Weise zu ehren, verfaßte er jenes Werk, um zu beweisen, daß die Sprache, in der er geschrieben, nicht Florentinisch sei. Man muß ihm dies geradeso glauben, als daß er Brutus in Luzifers Rachen[7], fünf florentinische Bürger unter den Räubern[8], und seinen Cacciaguida im Paradies[9] fand, sowie andere solche Züge von Leidenschaft und besonderen Meinungen, worin er so verblendet war, daß er allen seinen Ernst, sein Wissen und sein Urteil verlor, kurz ein ganz anderer Mann wurde. Wirklich, wenn er alles Übrige so beurteilte, er hätte entweder immer in Florenz gelebt, oder er wäre als Verrückter vertrieben worden. Da jedoch Angriffe, die auf allgemeine Sätze und Vermutungen gebaut sind, leicht getadelt werden können, so will ich durch lebendige und wahre Gründe beweisen, daß seine Sprache ganz florentinisch ist, viel mehr noch als die, welche Boccaccio selbst als florentinisch bekennt, und zum Teil denen antworten, die derselben Meinung wie Dante sind.

Gemeinschaftliche Sprache Italiens würde diejenige sein, welche mehr vom Gemeinschaftlichen als vom Eigenen einer Sprache enthielte, und ebenso wird eigene Sprache die sein, welche mehr Eigenes als von einer anderen Sprache enthält. Man kann keine Sprache finden, die alles aus sich, ohne von anderen entliehen zu haben, spricht; denn beim Verkehr nehmen die Einwohner verschie-

[6] Unter anderen Hölle, 6., 13. und 15. Gesang.
[7] Hölle, 34. Gesang.
[8] Hölle, 24. und 25. Gesang.
[9] Paradies, 16. Gesang.

dener Länder Wörter voneinander an. Hierzu kommt, daß, so oft neue Wissenschaften oder neue Künste in eine Stadt kommen, notwendig neue Worte mitkommen, die in derjenigen Sprache entstanden sind, woher jene Wissenschaften oder Künste kamen. Doch, da diese Wörter auf die gebräuchliche Weise konjugiert oder dekliniert werden, die gewöhnlichen Endungen und Akzente erhalten, so lauten sie, wie die Wörter der Sprache, welche sie finden, und werden so ihr eigen; denn sonst würden die Sprachen zusammengestoppelt erscheinen und nicht wohlgerundet. Auf diese Weise verwandeln sich die fremden Wörter in florentinische, nicht die florentinischen in fremde, und folglich wird unsere Sprache nichts anderes als Florentinisch. Daher kommt es, daß die Sprachen sich am Anfang bereichern und schöner werden, indem sie mehr Fülle erhalten. Wahr aber ist, daß sie mit der Zeit durch die Menge dieser neuen Wörter ausarten und etwas anderes werden. Doch geschieht dies in Jahrhunderten, ohne daß man es eher merkt, als bis die Sprache in die äußerste Barbarei versunken ist. Diese Änderung geht zwar schneller vor sich, wenn sich eine neue Bevölkerung in einem Land niederläßt; in diesem Fall verändert sich die Sprache im Lauf eines Menschenalters. Aber auf welche von diesen beiden Arten sie sich ändert, so ist es nötig, die verlorene Sprache, wenn man sie wiederhaben will, mittels guter Schriftsteller, die darin geschrieben, wieder aufzunehmen, wie dies mit der lateinischen und griechischen Sprache geschehen ist und geschieht. Übergehen wir jedoch diesen Teil als überflüssig, da unsere Sprache noch nicht in ihrer Abnahme ist, und kehren wir zu unserem Ausgangspunkt zurück.

Diejenige Sprache läßt sich in einem Land allgemein nennen, wo der größere Teil ihrer Wörter mit dem, was dazugehört, in keiner eigentümlichen Mundart dieses Landes gebräuchlich ist, und diejenige Mundart wird man eigentümlich nennen, wo der größere Teil ihrer Wörter in keiner anderen Mundart des Landes vorkommt. Wenn, was ich sage, wahr ist, und es ist sehr wahr, so möchte ich Dante einladen, daß er mir sein Gedicht zeige, und da ich eine Schrift in florentinischer Sprache zur Hand habe, werde ich ihn fragen, welches die Stelle seines Gedichtes ist, die nicht florentinisch geschrieben wäre. Er wird mir antworten, daß viele seiner Wörter aus der Lombardei genommen, von ihm erfunden, oder aus dem Lateinischen seien … Aber da ich ein wenig mit Dante sprechen will, werde ich, um das „er sagte“ und „ich antwortete“ zu vermeiden, die Sprechenden voranstellen.

NICCOLO: Welche Wörter nahmst du aus der Lombardei?

DANTE: Diese:

In co del ponte presso Benevento[10];

---

[10] Am Ende der Brücke bei Benevent. Fegfeuer 3.

und das andere:

Con voi nasceva es' ascondeva vosco.[11]

NICCOLO: Welche entnahmst du dem Lateinischen?

DANTE: Diese und viele andere:

Transumanar, significar per verba.[12]

NICCOLO: Welche erfandest du?

DANTE: Diese:

S' io m' iniuassi, come tu t' immii[13];

Alle diese Wörter mit dem Toskanischen vermischt, bilden eine dritte Sprache.

NICCOLO: Gut. Aber sage nur, wie viele von diesen fremden, selbsterfundenen, oder lateinischen Wörtern sind in deinem Werk?

DANTE: In den ersten zwei Gesängen sind wenige, aber im letzten viele, besonders aus dem Lateinischen abgeleitete. Denn die verschiedenen Wissenschaften, wovon ich spreche, zwangen mich, geeignete Worte zu nehmen, um sie ausdrücken zu können, und da dies nur durch lateinische Ausdrücke möglich war, bediente ich mich solcher. Aber ich gab ihnen solche Endungen, daß ich sie der Sprache des übrigen Werkes ähnlich machte.

NICCOLO: Was ist die Sprache des Werks?

DANTE: Hofsprache.

NICCOLO: Was heißt das, Hofsprache?

DANTE: Das heißt eine Sprache, welche die Hofleute des Papstes, des Herzogs usw. sprechen, die als Männer von gelehrter Bildung besser sprechen, als man in den einzelnen Städten Italiens spricht.

NICCOLO: Du wirst die Unwahrheit sagen. Sag' mir doch, was bedeutet in dieser Hofsprache *morse?*

DANTE: Es bedeutet *mori* (starb).

NICCOLO: Was bedeutet es im Florentinischen?

DANTE: Es bedeutet *Strignere uno con i denli* (einen mit den Zähnen klemmen).

NICCOLO: Wenn du in deinen Versen sagst:

E quando il dente Longobardo morse[14]*;* was will dieses *morse* sagen?

DANTE: Punse (stach), *offese* (verwundete) und *assaltò* (anfiel); es ist jenes *mordere* der Florentiner bildlich gebraucht.

NICCOLO: Also sprichst du Florentinisch, nicht Hofsprache.

---

[11] Mit euch trat er hervor und verbarg sich mit euch. Paradies 22.

[12] Vom Menschen zum Gott werden, oder zu einer höheren Natur übergehen. Melden durch Worte. Paradies 1.

[13] Wenn ich dein anderes Ich würde, wie du mein anderes Ich wurdest. Paradies 9.

[14] Und als der langobardische Zahn biß. Paradies 6.

DANTE: Es ist größtenteils wahr; doch hüte ich mich, gewisse von unseren eigentümlichen Worten zu brauchen.

NICCOLO: Wie, du hütest dich? Wenn du sagst:

Forte spingava con ambe le piole[15]*;* was bedeutet dieses *spingare?*

DANTE: In Florenz pflegt man zu sagen, wenn ein Tier ausschlägt, *ella spicca una coppia di calci*[16] und da ich zeigen wollte, wie jener ausschlug, sagte ich *spingava.*

NICCOLO: Höre: du sagst ferner, um *gambe* (Beine) auszudrücken:

Di quei che sî piangeva con la zanca[17]*;* warum tust du es?

DANTE: Weil man in Florenz *zanche* die Stelzen heißt, auf denen am Johannitag die kleinen Geister umhergehen, und weil sie sich derselben dann als der Beine bedienen. Ich wollte *gambe* (Beine) ausdrücken und sagte *zanche* (Stelzen).[18]

NICCOLO: Meiner Treu, du hütest dich gar sehr vor den florentinischen Wörtern! Aber sage mir: weiter unten, wenn du sagst:

Non prendano i mortali il voto a ciancia[19]*;* warum sagst du *ciancia* wie die Florentiner und nicht *zanza* wie die Lombarden, da du doch *vosco* (mit Euch) und *in co del ponte* (am Ende der Brücke) gesagt hast?

DANTE: Ich sagte nicht *zanza,* um kein so barbarisches Wort zu brauchen, dagegen sagte ich *co* (Kopf, Ende) und *vosco* (statt *con voi,* mit euch), sowohl weil dies nicht so barbarische Wörter sind, als auch, weil es in einem großen Werk erlaubt ist, manchmal ein fremdes Wort zu brauchen, wie Virgil tat, als er sagte:

Arma virum, tabulaeque, et Troja gaza per undas.[20]

NICCOLO: Gut, aber schrieb deshalb Virgil nicht Lateinisch?

DANTE: Allerdings.

NICCOLO: Ebenso hast du wegen der Wörter *co* und *vosco* deine Sprache nicht verlassen. Aber wir streiten umsonst; denn du bekennst in deinem Werk an

---

[15] Er schlug heftig mit beiden Füßen um sich. Hölle 19.

[16] Wörtlich: Es trennt ein Paar Hufe los. Vielleicht sollte man *spinga* statt *spicca* lesen; dann wäre der Sinn klarer. Landino sagt über diese Stelle: *spingare* ist stark die Beine bewegen, um zu treffen, woher wir sagen, *il cavallo spinga i calei* (das Pferd schlägt aus). Anm. d. ital. Ausg.

[17] Von denen, die über ihre Beine weinten. Hölle 19.

[18] Varchi Storia 11,374 sagt: „Am Morgen des Feiertages St. Johannes, des Hauptfestes der Stadt, weil der heilige Johannes der Täufer Fürsprecher und Beschützer der Florentiner ist, wurde eine schöne, sehr andächtige Prozession gehalten, anstatt der Wachskerzen, der Kampfpreise, der kleinen Geister und anderer Festlichkeiten und Scherze, die an diesem Tag bei gutem Wetter teils aus Frömmigkeit, teils zur Unterhaltung des Volkes stattzufinden pflegen.“ Anm. d. ital. Ausgabe.

[19] Es mögen die Sterblichen ihr Gelübde nicht für Scherz halten. Paradies 5.

[20] Männerwehr und Gebälk im Gewog' und Schätze von Troja, erster Gesang, 119. Vers; *gaza* ist persisch und bedeutet Schätze, Reichtümer.

mehreren Orten selbst, daß du Toskanisch und Florentinisch sprichst. Sagst du nicht von einem Mann, der dich in der Hölle sprechen hörte:

Ed un, che intese la parola Tosca[21]*;*

und anderwärts im Munde Farinatas, wenn er zu dir spricht:

La tua loquela ti fa manifesto
Di quella dolce patria natio,
Alla qual forse fui troppo molesto?[22]

DANTE: Es ist wahr, daß ich alles dies sage.

NICCOLO: Warum sagst du denn, du sprächest nicht Florentinisch? Aber ich will dich mit den Büchern in der Hand und durch Vergleiche überführen. Lesen wir in deinem Werk und im Morgante. Lies hier.

DANTE: Nel mezzo del cammin di nostra vita
Mi ritrovai per una selva oscura,
Che la diritta via era smarrita[23]

NICCOLO: Genug. Lies nun ein wenig im Morgante.

DANTE: Wo?

NICCOLO: Wo du willst. Lies, wo du aufschlägst.

DANTE: Hier:

Non chi comincia, ha meritato, è scritto
Nel tuo santo Vangel, benigno Padre.[24]

NICCOLO: Nun gut, welcher Unterschied ist zwischen dieser Sprache und deiner?

DANTE: Wenig.

NICCOLO: Ich sehe gar keinen.

DANTE: Es ist doch immer ein ... ich weiß nicht was dabei.

NICCOLO: Was denn?

DANTE. Das *chi* ist zu florentinisch.

NICCOLO: Du wirst dies zurücknehmen müssen; oder sagst du nicht:

Io non so chi tu sie, nè per qual modo
Venuto se' quaggiù, ma Fiorentino
Mi sembri veramente, quand' io t' odo?[25]

DANTE: Es ist wahr, ich habe unrecht.

---

[21] Und einer, der hörte das tuskische Wort. Hölle 23.

[22] Deine Rede gibt dich zu erkennen als Sohn des teuren Vaterlandes, das ich vielleicht zu sehr bedrängte. Hölle 10.

[23] In der Mitte unserer Lebensbahn irrte ich durch einen dunklen Wald, denn der gerade Weg war verfehlt. Hölle 1.

[24] Nicht wer anfängt hat verschuldet, ist geschrieben in deinem heiligen Evangelium, gütiger Vater. Luigi Pucli, Morgante 24, 1.

[25] Ich weiß nicht, wer du bist, noch auf welche Weise du hier herabgekommen bist, aber Florentiner scheinst du mir fürwahr, wenn ich dich höre. Hölle 33.

NICCOLO: Lieber Dante, ich will, daß du dich besserst und genauer die florentinische Sprache und dein Werk betrachtest. Du wirst dann sehen, daß, wenn jemand sich zu schämen hat, eher Florenz es ist, als du. Denn untersuchst du genau, was du geschrieben, so wirst du sehen, daß du in deinen Versen das Plumpe nicht gemieden hast, wie:

Poi ci partimmo, e n' andavamo introque[26];

du hast das Schweinische nicht vermieden, wie:

Che merda fa di quel, che si trangugia[27];

du hast das Obszöne nicht gemieden, wie:

Le mani alzò con ambedue le fiche.[28]

Da du dies nicht vermieden hast, was doch dein ganzes Werk entehrt, so kannst du eine Menge vaterländischer Wörter nicht vermieden haben, die nirgends anders als bei uns gebräuchlich sind; denn niemals kann die Kunst ganz der Natur widerstreben.

Ferner sollst du erwägen, daß die Sprachen nicht einfach sein können, sondern notwendig mit den anderen Sprachen vermischt sind. Aber diejenige nennt man die Muttersprache eines Landes, welche die Wörter, die sie von fremden entliehen hat, zu ihrem Gebrauch verwendet und so mächtig ist, daß die entliehenen Wörter sie nicht in Unordnung bringen, sondern sie diese Wörter in Unordnung bringt. Denn, was sie von anderen nimmt, zieht sie auf eine Weise an sich, daß es ihr eigen scheint, und die Männer, welche in dieser Sprache schreiben, sollen als Freunde derselben tun, was du getan hast, aber nicht sagen, was du gesagt hast. Denn, wenn du von den Lateinern und von den Fremden viele Wörter entliehen, wenn du selbst neue gemacht hast, so hast du sehr wohl daran getan; aber übel hast du getan zu sagen, daß deshalb eine andere Sprache daraus geworden sei. Horaz sagt:

… *quum lingua Calonis et Enni*
Sermonem patrium ditaverit, et nova rerum Nomina protulerit[29];

und lobt sie als die ersten, die den Anfang machten, die lateinische Sprache zu bereichern.

Die Römer hatten in ihren Heeren nicht mehr als zwei Legionen Römer, die ungefähr zwölftausend Mann ausmachten, und weiter halten sie zwanzigtausend aus anderen Nationen. Nichtsdestoweniger, weil jene mit den Offizieren der Nerv des Heeres waren, weil alle mit römischer Schlachtordnung und

---

[26] Dann brachen wir auf und gingen indessen weiter. Dante, Hölle 20 schrieb: *Si mi parlava, e andavamo introque* (so sprach er zu mir, und wir gingen indessen).

[27] Denn Kot macht er aus dem, was man hinabschlingt. Hölle 28.

[28] Die Hände hob er in die Höhe mit den beiden V… (*fica* die weibliche Scham). Hölle 25.

[29] Als die Worte des Cato und Ennius die vaterländische Sprache bereichert und neue Namen der Dinge hervorgebracht hatten. *Ars poëtica v. 56.*

Kriegszucht dienten, hatten diese Heere römischen Namen, Autorität und Würde. Und du, der du in deine Schriften zwanzig Legionen florentinischer Wörter getan, die florentinischen Kasus, Zeilen, Geschlechter und Endungen gebraucht hast, willst, daß die hinzugekommenen Wörter die Sprache ändern?

Solltest du sie allgemeine Sprache Italiens oder Hofsprache nennen, weil darin alle Wörter gebräuchlich sind, deren man sich in Florenz bedient, so antworte ich dir, daß, wenn man sich derselben Wörter bedient, nicht dieselben Ausdrücke gebräuchlich sind; denn sie verändern sich so sehr in der Aussprache, daß sie etwas anderes werden. Du weißt, daß die Fremden entweder das c in *z* verwandeln, wie oben von *cianciare* und *zanzare* (scherzen) gesagt wurde; oder sie setzten Buchstaben hinzu, wie *viert qua, vegni za* (komm her); oder sie nehmen weg, wie *poltrone, poltron* (Memme). So verkehren sie die Wörter, welche den unsren ähnlich sind, dergestalt, daß sie etwas anderes daraus machen. Solltest du mir die Hofsprache anführen, so antworte ich dir, wenn du von den Höfen von Mailand und Neapel sprichst, daß beide vom Boden ihres Vaterlandes haben, und die haben mehr Gutes, die sich am meisten dem Toskanischen nähern, es am meisten nachahmen. Wenn du aber willst, daß der Nachahmer besser sei als der Nachgeahmte, so willst du, was größtenteils nicht ist. Sprichst du vom römischen Hof, so sprichst du von einem Ort, wo man auf so viele Arien spricht, als Nationen dort sind, wofür man folglich durchaus keine Regel aufstellen kann.

Aber, was viele über die allgemeinen Wörter täuscht, ist, daß du und die anderen Schriftsteller an verschiedenen Orten gepriesen und gelesen wurden, und auf diese Weise unsere Wörter von vielen Fremden erlernt und angewandt worden sind, so daß sie aus unseren eigentümlichen allgemein wurden. Willst du dies erkennen, so nimm ein Buch von diesen Fremden, die nach euch geschrieben haben, zur Hand, und du wirst sehen, wie viele von euren Wörtern sie brauchen, und wie sie euch nachzuahmen streben. Um die Gegenprobe zu haben, lies Bücher, die ihre Landsleute vor eurer Geburt verfaßten, und es wird sich zeigen, daß weder ein solches Wort, noch eine solche Wendung darin vorkommt. So wird sich zeigen, daß die Sprache, in der sie heute schreiben, die eure ist, und folglich ist die eure nicht euch und ihnen gemeinsam. Wenn sie gleich diese Sprache mit tausend Schweißtropfen nachzuahmen streben, so wirst du dennoch, wenn du ihre Schrift liest, an tausend Stellen sehen, daß sie von ihnen schlecht und verkehrt gebraucht wird; denn es ist unmöglich, daß die Kunst mehr vermöge als die Natur.

Betrachte noch eine andere Sache, wenn du die Würde deiner Muttersprache sehen willst. Sobald die fremden Schriftsteller einen neuen Gegenstand wählen, wo sie von euch gelernte Wörter nicht zum Muster haben, müssen sie notwendig nach Toskana ihre Zuflucht nehmen, oder, nehmen sie ihre Wörter, dieselben nach florentinischem Gebrauch glätten und erweitern; denn ohne das würden weder sie selbst noch andere sie gut finden. Da sie sagen, alle Muttersprachen seien häßlich, wenn sie nichts Gemischtes haben, wonach keine häßlich wäre; so sage ich, daß diejenige, welche der Mischung am wenigsten bedarf, die lobenswerteste ist, und ohne Zweifel bedarf es die florentinische am wenigsten. Ich sage ferner, daß es vielerlei Schriften gibt, die ohne die eigentümlichen vaterländischen Worte und Wendungen nicht schön sind. Zu dieser Gattung gehören die Lustspiele; denn obgleich der Zweck eines Lustspiels ist, einen Spiegel eines Privatlebens vorzuhalten, so ist doch seine Weise, dies zu tun, eine gewisse Urbanität, mit Wendungen, die zum Lachen reizen, damit die Menschen, dieser Belustigung zulaufend, dann das nützliche Beispiel kosten, welches darunter liegt. Es können deshalb die Personen des Lustspiels schwerlich ernste Personen sein; denn Ernst läßt sich nicht vereinen mit einem betrügerischen Diener, einem verspotteten Alten, einem vor Liebe närrischen Jüngling, einer lockenden Metze, einem gefräßigen Schmarotzer; wohl aber ergeben sich aus dieser Zusammenstellung von Menschen ernste und nützliche Wirkungen für unseren Lebenswandel. Doch, da die Charaktere lächerlich behandelt sind, muß man Ausdrücke und Witzworte anwenden, welche die gewünschte Wirkung hervorbringen, und solche Ausdrücke, wenn sie nicht eigen und vaterländisch sind, wo sie allein echt und bekannt sein können, wirken nicht und können nicht wirken. Daher kommt es, daß ein Dichter, der nicht Toskaner ist, niemals diesen Teil gutmachen wird. Denn will er die Witzworte seines Vaterlandes gebrauchen, so wird ein ausgeflicktes Kleid entstehen, da er eine Komposition macht, die halb toskanisch, halb fremd ist; und hier wird man erkennen, was für eine Sprache er gelernt hat, ob sie allgemein oder eigentümlich ist. Will er dagegen die Witzworte seines Vaterlandes nicht brauchen, so wird es, da er die Toskanas nicht weiß, eine mangelhafte Arbeit geben, die ihre Vollkommenheit nicht hat. Um dies zu beweisen, sollst du ein Lustspiel eines der Ariosti[30] von Ferrara lesen. Du wirst eine artige Arbeit sehen, einen geschmückten, geregelten Stil, einen wohlgeschlungenen und noch besser gelösten Knoten. Aber du wirst sehen, daß sie des Salzes entbehrt, das ein solches Lustspiel erfordert, aus keinem anderen Grunde als dem genannten; denn die ferraresischen Scherzworte gefielen ihm nicht, die florentinischen aber wußte er nicht, und so ließ er sie weg. Er bedient sich eines Allgemeinen, das, glaube ich, auch von Florenz aus allgemein wurde, indem er sagt, *un dottore della berretta lunga pagherebbe una sua dama di doppioni.*[31] Er bedient sich eines Eigentümlichen, woraus man sieht, wie schlecht es paßt, das Ferraresische mit dem Toskanischen zu vermischen,

[30] Messer Lodovico Ariosto, Verfasser des Orlando Furioso. Das Lustspiel heißt Suppositi, ist zuerst in Prosa erschienen, und von dieser Ausgabe spricht der Verfasser des Dialogs.

[31] Erster Akt, erste Szene, ital. Ausg.

indem er einer, die sagt, „sie wolle nicht sprechen, wo Ohren seien, die es hörten,“ antworten läßt: „*che non parlasse dove fussero i bigonzoni.*“[32] Ein geläuterter Geschmack weiß, wie sehr beim Lesen oder Hören *bigonzoni* verletzt, und leicht sieht man bei dieser und vielen anderen Stellen, mit welcher Schwierigkeit er das Dekor der Sprache behauptet, die er geborgt hat. Ich schließe daher, daß es vieles gibt, was sich nicht gut schreiben läßt, ohne das Eigentümliche und Besondere derjenigen Sprache zu wissen, die am meisten im Wert steht, und will man es echt, so muß man an die Quelle gehen, woher diese Sprache ihren Ursprung hat, sonst macht man eine Komposition, wo der eine Teil dem anderen nicht entspricht.

Daß das Wesentliche der Sprache, in der du, Dante, schreibst und die anderen, die vor und nach dir kamen, geschrieben haben, von Florenz ausfloß, ist dadurch bewiesen, daß ihr Florentiner wäret, daß ihr in einem Land geboren wurdet, das auf eine Weise sprach, die sich besser als irgendeine den Versen und der Prosa anpassen ließ, was mit den übrigen Mundarten Italiens nicht tunlich war. Denn jeder weiß, daß die Provenzalen anfingen in Versen zu schreiben; aus der Provence kam dieser Gebrauch nach Sizilien, aus Sizilien nach Italien, und unter den Provinzen Italiens nach Toskana, und aus ganz Toskana sodann nach Florenz, aus keinem anderen Grund, als weil die Sprache am geeignetsten war. Nicht durch günstige Lage, noch durch Geist, noch irgendeine andere besondere Gelegenheit verdiente Florenz die erste Stadt zu sein, welche Dichter hervorbrachte, sondern allein durch seine Sprache, die bequem war, diesen Regelzwang anzunehmen, und die sich in den übrigen Städten nicht fand. Daß es wahr sei, zeigt, daß man heute viele Ferrareser, Neapolitaner, Vicentiner und Venezianer sieht, die gut schreiben und vollkommen fähig dazu sind, was nicht möglich war, ehe du, Petrarca und Boccaccio geschrieben hattet. Denn, damit sie zu der Stufe gelangten, daß die Fehler ihrer Muttersprache sie anekelten, war es notwendig, daß zuerst jemand da war, der durch sein Beispiel lehrte, wie sie jene natürliche Barbarei, worin ihre Muttersprache versunken war, zu vergessen hätten.

Ich schließe also, daß es keine Sprache gibt, die man entweder allgemeine Italiens oder Hofsprache nennen könnte; denn alle die, welche man so nennen möchte, haben ihre Grundlage von den florentinischen Schriftstellern und der florentinischen Sprache, zu der sie in jeder Verlegenheit, als zur wahren Quelle und Grundlage, notwendig ihre Zuflucht nehmen müssen, und wollen sie nicht wahrhaft Verstockte sein, so haben sie dieselbe als florentinisch zu bekennen.

---

[32] Ebd. Ital. Ausgabe. Die Amme ruft Polimesta auf die Straße, weil im Haus alles Ohren habe, die Bettstätten, die Kästen und die Türen. Polimesta fällt ein: auch die Kübel und die Töpfe. *Bigonzoni* für Kübel ist in der späteren Ausgabe in Versen nicht mehr gebraucht.

Als Dante diese Dinge gehört hatte, gestand er ihre Richtigkeit ein und ging. Ich meinesteils war ganz vergnügt, da ich ihm einen Irrtum genommen zu haben glaubte. Doch weiß ich nicht, ob ich auch jene Leute von ihrem Irrtum befreien werde, die so wenig dankbar für die Wohltaten ihres Vaterlandes sind, daß sie mit ihm in der Sprache Mailand, Venedig, die Romagna und alle Flüche der Lombardei gleichstellen wollen.

DIE BELFAGOR-NOVELLE

Der Erzteufel Belfagor wird von Pluto auf die Erde gesandt, mit der Verpflichtung, eine Frau zu nehmen. Er kommt, nimmt eine Frau, und unvermögend ihren Hochmut zu ertragen, kehrt er lieber in die Hölle zurück, als sich wieder mit ihr zu vereinigen.

Man liest in den Denkwürdigkeiten von Florenz folgenden Bericht, den ein heiliger Mann, dessen Lebenswandel in jener Zeit vielfältig gelobt wurde, von einem Gesicht gibt, das er einst, in seine Andachtsübungen vertieft, gehabt hatte.

Von den zahllosen Seelen der armen Sterblichen, die, in göttlicher Ungnade sterbend, zur Hölle fuhren, beklagten sich alle oder doch die meisten, die Ursache ihres unglückseligen Geschickes sei allein, daß sie geheiratet hätten. Minos und Rhadamanthus, sowie die anderen Richter der Unterwelt, gerieten darüber in das größte Erstaunen. Da sie diese Verleumdung des schönen Geschlechtes nicht glauben konnten, die Klagen aber täglich lauter wurden, so erstatteten sie Pluto pflichtmäßigen Bericht, und Pluto beschloß, diesen Fall mit allen höllischen Fürsten in reifliche Beratung zu ziehen und dann die Maßregel zu ergreifen, welche man zur Entdeckung der Täuschung oder zur völligen Aufklärung der Wahrheit für die dienlichsten erachten würde. Nach Einberufung der Stände der Unterwelt hielt also Pluto folgende Rede an die Versammlung:

„Obgleich Wir, Liebe und Getreue, durch himmlische Fügung und unwiderruflichen Schicksalsschluß diesen Thron besitzen, und deshalb weder einem menschlichen noch göttlichen Richterstuhl Rechenschaft schuldig sind, so halten Wir es doch für um so größere Klugheit, Uns den Gesetzen zu unterwerfen und die öffentliche Meinung zu achten, je mächtiger Wir sind. Wir haben daher beschlossen, euren Rat einzuholen, wie Wir Uns in einem Fall, der Unserem Reich Unehre zuziehen könnte, benehmen sollen. Alle Seelen der Menschen, die in unser Reich kommen, behaupten, ihre Weiber seien daran schuld, und Uns scheint dies unmöglich. Wir fürchten daher, entweder als zu grausam verleumdet zu werden, wenn Wir Unser Urteil auf diese Angaben hin fällen, oder für zu wenig streng und gerechtigkeitsliebend gehalten zu werden, wenn Wir es nicht tun. Da nun das eine der Fehler leichtfertiger, das andere der Fehler ungerechter Menschen ist, und Wir die Vorwürfe vermeiden wollen, die Wir Uns sowohl durch das eine, als durch das andere zuziehen könnten, Wir aber kein Mittel dazu finden, so haben Wir euch versammeln lassen, damit ihr uns mit eurem Rat unterstützt und Ursache werdet, daß dies Reich, das bis jetzt immer ohne Schande bestanden hat, auch in Zukunft ohne Schande fortbestehe."

Der Fall schien allen Fürsten von größter Bedeutung und sehr beachtenswert. Alle waren einig, man müsse über die Sache ins Reine kommen; nur über das Wie wichen die Meinungen voneinander ab. Der eine wollte, man solle einen, der andere, man solle mehrere auf die Welt schicken, um in menschlicher Gestalt durch eigene Erfahrung die Wahrheit zu erforschen. Viele andere glaubten, man könne dies ohne soviel Mühe erreichen, wenn man mehrere Seelen durch verschiedene Martern zum Geständnis zwänge. Da jedoch die Mehrzahl für die erste Meinung stimmte, so einigte man sich endlich. Doch nun fand sich niemand, der den Auftrag freiwillig übernahm; man beschloß, das Los entscheiden zu lassen. Es fiel auf den Erzteufel Belfagor, der vor seinem Sturz vom Himmel Erzengel gewesen war. Obgleich er ungern diese Mühe übernahm, machte er sich, durch den Befehl Plutos gezwungen, fertig, dem Beschluß der Versammlung nachzukommen, und unterwarf sich den Bedingungen, die man feierlich beschlossen halte. Es waren folgende: Der mit diesem Auftrag Abgeordnete sollte sogleich hunderttausend Dukaten angewiesen erhalten. Damit sollte er auf die Welt gehen, unter menschlicher Gestalt ein Weib nehmen und zehn Jahre dortbleiben. Dann sollte er sich stellen, als sterbe er, und nach seiner Erfahrung den Oberen Zeugnis geben, was für Sorgen und Ungemach die Ehe mit sich bringt. Ferner wurde festgesetzt, daß er während dieser Zeit jeder Bedrängnis und allen Übeln, denen die Menschen ausgesetzt sind, der Armut, der Gefangenschaft, der Krankheit und jedem anderen Unglück, das die Menschen treffen kann, unterworfen sein sollte, wenn er sich nicht durch seine List und Verschlagenheit daraus befreien würde.

Belfagor nahm also die Bedingungen und das Geld, kam damit auf die Welt und zog, nachdem er sich Pferde und Gefolge angeschafft, auf die ehrenvollste Weise in Florenz ein. Diese Stadt hatte er sich vor allen anderen zu seinem Wohnort ausgewählt, weil er dafür hielt, sie sei gegen die Leute am nachsichtigsten, die durch Wucherkünste ihr Geld arbeiten lassen. Er ließ sich Roderigo von Castilien nennen und mietete ein Haus in der Vorstadt Allerheiligen. Damit man seinen Verhältnissen nicht auf die Spur kommen könne, gab er vor, er sei als Kind aus Spanien abgereist, sei später nach Syrien gegangen und habe in Aleppo sein ganzes Vermögen erworben. Jetzt sei er nach Italien gekommen, um unter einem zivilisierteren Volk und in einem gebildeteren Land, wo die Lebensweise mehr seiner Sinnesart entspreche, eine Frau zu nehmen.

Roderigo war ein sehr schöner Mann und seinem Äußeren nach dreißig Jahre alt. In wenigen Tagen hatte er seinen Überfluß an Reichtümern bewiesen, und da er sich gebildet und freigebig zeigte, so erboten sich ihm eine Menge Adlige, die wenig Geld und viele Töchter hatten. Unter diesen wählte Roderigo ein sehr schönes Mädchen, Honesta, die Tochter Amerigo Donatis, der außer ihr noch drei heiratsfällige Töchter und drei Söhne im männlichen Alter hatte. Obgleich aus einer sehr vornehmen Familie und in Florenz in gutem Ansehen, war Donati doch, seine große Familie und seinen Adel in Betracht gezogen, äußerst arm.

Roderigo feierte seine Hochzeit auf das prachtvollste und glänzendste und versäumte nichts, was man bei solchen Festlichkeiten wünschen kann; denn er war durch die Gesetze, die ihm bei seinem Austritt aus der Hölle auferlegt worden, allen menschlichen Leidenschaften unterworfen. Sogleich begann er, an der Ehre und dem Glanz der Welt Gefallen zu finden und sein Lob gern im Munde der Menschen zu hören; was ihn nicht wenig kostete. Überdies lebte er nicht lange mit seiner Dame Honesta, als er sich sterblich in sie verliebte und nicht leben konnte, wenn er sie betrübt sah, oder wenn sie Mißvergnügen zeigte. Dame Honesta brachte mit ihrem Adel und ihrer Schönheit ihrem Mann einen so großen Stolz ins Haus, wie ihn Luzifer nicht hatte; Roderigo, der aus Erfahrung sprechen konnte, hielt den seiner Frau für noch größer. Kaum aber merkte sie die Liebe ihres Mannes, so wuchs dieser Stolz noch viel mehr. Da sie ihn jetzt in allen Stücken beherrschen zu können glaubte, so tyrannisierte sie ihn ohne Erbarmen und Mitleid und scheute sich nicht, ihn mit beißenden und beleidigenden Schimpfwörtern zu überhäufen, wenn er sich einfallen ließ, ihr das geringste abzuschlagen. Dies war für Roderigo die Quelle unglaublichen Kummers. Dennoch waren der Schwiegervater, die Schwäger, die Verwandtschaft, das Rand der Ehe, und vor allem seine große Liebe zu ihr, Ursache, daß er Geduld faßte.

Gar nicht von den großen Ausgaben zu reden, die er hatte, sie alle neuen Moden mitmachen zu lassen, die unsere Stadt infolge einer angeborenen Gewohnheit beständig wechselte, so war er auch genötigt, wenn er Frieden haben wollte, dem Schwiegervater bei der Verheiratung seiner anderen Töchter beizustehen, was ihn eine große Summe Geldes kostete. Dann mußte er, wenn er eine vergnügte Stunde haben wollte, einen ihrer Brüder mit Seide in die Levante, den anderen mit Tuch nach Frankreich schicken, dem dritten mußte er einen Goldschlägerladen in Florenz eröffnen, wobei er den größten Teil seines Vermögens ausgab. Zur Zeit des Karnevals und an Johanni, wo sich die ganze Stadt nach alter Sitte belustigt und viele vornehme und reiche Bürger durch die glänzendsten Gastmähler Ehre einzulegen suchen, wollte Dame Honesta keiner anderen Dame nachstehen, und Roderigo mußte durch seine Feste alle übrigen übertreffen.

Alles dies ertrug er aus den obengenannten Ursachen. Obgleich es arg genug war, hatte er es sich doch gerne gefallen lassen, wenn er nur dadurch den Hausfrieden erkauft und ruhig seinen Ruin hätte abwarten können. Doch daran war nicht zu denken. Außer den unerschwinglichen Ausgaben zog ihm die hochmütige Sinnesart seiner Frau eine Menge Ungemach zu. Weder Knecht noch Magd konnten es in seinem Haus nur wenige Tage aushalten, geschweige denn längere Zeit. Die größten Ungelegenheiten waren die Folge davon; denn Roderigo konnte keinen vertrauten Diener behalten, der auf seine Angelegenheiten acht gehabt hätte, und sogar die Teufel, die er in Gestalt von Bedienten mitgebracht, wollten lieber wieder in die Hölle zurück und sich in ihr Feuer setzen, als auf der Erde unter der Herrschaft der Dame Honesta leben.

Roderigo führte also dieses stürmische, unruhige Leben, und bald war durch die ungeregelten Ausgaben alles bewegliche Vermögen, das er in Reserve behalten hatte, verzehrt. Er fing jetzt an, in der Hoffnung auf die in der Levante und Frankreich gelösten Gelder zu leben, und lieh, da er noch guten Kredit hatte, auf Wechsel, um seinen Aufwand zu bestreiten. Bald kamen viele Anweisungen auf ihn in Umlauf, und die in solchen Geschäften arbeiten, machten ihre Bemerkungen. Seine Lage war schon kritisch, als auf einmal aus der Levante und aus Frankreich Nachrichten einliefen, der eine Bruder der Dame Honesta habe alles Geld Roderigos verspielt, und der andere habe bei seiner Rückkehr auf einem unassekurierten Schiff mit allen seinen Waren Schiffbruch gelitten und sei zugrunde gegangen. Kaum wurde dies bekannt, so traten die Gläubiger Roderigos zusammen, und da sie ihn für ruiniert hielten, aber noch nicht offen gegen ihn auftreten konnten, weil ihre Wechsel noch nicht fällig waren, so beschlossen sie, ihn so geschickt zu beobachten, daß er sich nicht in der Geschwindigkeit davonmachen könnte.

Roderigo aber, der seine Lage verzweifelt sah, und wußte, wozu ihn die höllischen Gesetze zwangen, sann nur auf Flucht. Er bestieg also eines Morgens sein Pferd und ritt zum Tore von Prato, in dessen Nähe er wohnte, hinaus. Kaum hatte man ihn fortreiten sehen, als der Lärm unter seinen Gläubigern anging, die sich an die Obrigkeit wandten und ihm nicht nur Gerichtsdiener nachschickten, sondern ihn selbst scharenweise verfolgten. Roderigo war noch keine Meile von der Stadt entfernt, als er das Getöse hinter sich hörte. In dieser fatalen Lage beschloß er, um heimlicher zu fliehen, von der Straße abzureiten und querfeldein sein Heil zu versuchen. Doch die vielen Gräben, womit das Land durchschnitten ist, hinderten ihn daran, und er konnte nicht weit reiten. Er ließ daher sein Pferd am Wege, eilte von Feld zu Feld und kam durch die Reben und das dort häufig wachsende Schilf verborgen, oberhalb Peretola an das Haus Gio. Matteos del Bricca, eines Pächters Giovannes del Bene. Zufällig traf er Gio. Matteo an, der soeben heimkam, um seine Ochsen zu füttern, und bat ihn um Schutz. Er versprach für die Rettung aus den Händen seiner Feinde, die ihn vorfolgten, um ihn im Gefängnis sterben zu lassen, Matteo reich zu machen, und er werde ihm vor seiner weiteren Flucht einen Beweis geben, daß er sich darauf verlassen könne; wo nicht, so möge Matteo selbst ihn seinen Gegnern ausliefern. Matteo, obgleich ein Bauer, war ein beherzter Mann. Da er nichts verlieren zu können glaubte, wenn er Roderigo rettete, so willigte er ein, steckte ihn in einen vor seinem Haus liegenden Düngerhaufen und deckte ihn mit Röhricht und anderem Unrat zu, der zum Verbrennen zusammengetragen war.

Kaum war Rodengo gehörig verborgen, als seine Verfolger ankamen. Aber durch alle ihre Drohungen konnten sie aus Matteo nicht herausbringen, daß er Roderigo gesehen habe. Sie gingen also weiter und kehrten, nachdem sie ihn diesen und den folgenden Tag umsonst gesucht, ermüdet nach Florenz zurück.

Nachdem der Lärm vorbei war, zog Matteo Roderigo aus dem Versteck hervor und erinnerte ihn an sein Versprechen. „Brüderchen", sagte Roderigo, „ich bin dir großen Dank schuldig, und du sollst gewiß belohnt werden. Damit du aber glaubst, daß ich es zu tun imstande bin, will ich dir sagen, wer ich bin." Nun erzählte er, wer er sei, welche Gesetze man ihm bei seiner Abreise aus der Hölle vorgeschrieben, und daß er eine Frau genommen habe. Dann erklärte er, auf welche Weise er Matteo reich machen wolle; es war kurz diese: Wenn man hören werde, ein Frauenzimmer sei vom Teufel besessen, so sei er es, der hinein gefahren, und er werde nicht eher wieder ausfahren, bis Matteo herbeikomme und ihn rufe, wodurch Matteo dann Gelegenheit habe, sich nach Belieben von den Eltern bezahlen zu lassen. Nachdem sie hierüber einig geworden waren, verschwand Roderigo.

Wenige Tage vergingen, als sich in ganz Florenz verbreitete, die Tochter Messer Ambrogio Amedeis, die mit Buonajuto Tebalducci verlobt war, sei besessen. Die Eltern ermangelten nicht, alle in solchen Fällen üblichen Mittel zu brauchen, indem sie ihr das Haupt des heiligen Zanobi und den Mantel des heiligen Gio. Gualberto auf den Kopf legten. Roderigo aber spottete aller dieser Dinge. Um jedermann zu überzeugen, das Übel des Mädchens sei ein Dämon und nicht nur Einbildung, sprach er lateinisch, disputierte über philosophische Gegenstände und entdeckte die Sünden vieler Leute, worunter auch die eines Bruders, der sich eine Dirne über vier Jahre lang in Mönchskleidern in seiner Zelle gehalten hatte. Diese Dinge versetzten jedermann in Erstaunen.

Messer Ambrogio fühlte sich also sehr unglücklich; er hatte umsonst alle Mittel versucht und schon alle Hoffnung aufgegeben, als Matteo zu ihm kam und die Heilung seiner Tochter versprach, wenn er ihm fünfhundert Gulden geben wolle, wofür sich Matteo ein Gütchen zu Perclola zu kaufen dachte. Messer Ambrogio nahm den Vorschlag an. Matteo ließ nun einige Messen lesen und nahm die gehörigen Formalitäten vor, um die Sache zu verschönern. Hierauf legte er seinen Mund an das Ohr des Mädchens und sagte: „Roderigo, ich bin gekommen, dich an dein Versprechen zu erinnern." „Ich will es halten“, antwortete Roderigo, „dies ist aber noch nicht genug, dich reich zu machen. Wenn ich daher von hier weg bin, will ich in die Tochter des Königs Karl von Neapel fahren, und niemand soll mich ohne dich herausbringen. Dort kannst du deinen Schnitt machen und dann läßt du mich ungeschoren.“ Nach diesen Worten fuhr er aus ihr heraus zur Freude und Verwunderung von ganz Florenz.

Nicht lange Zeit verfloß, so verbreitete sich in ganz Italien die Nachricht vom Unfall der Tochter des Königs Karl. Kein Mittel der Mönche zeigte sich wirksam, und der König, der von Matteo hörte, schickte um ihn nach Florenz. Matteo ging nach Neapel, nahm zum Schein einige Zeremonien vor und heilte die Prinzessin. Ehe aber Roderigo ausfuhr, sprach er noch folgende Worte: „Du siehst, Matteo, ich habe dir mein Versprechen, dich reich zu machen, gehalten. Meine Verbindlichkeit ist abgetragen, und ich bin dir jetzt nichts mehr schuldig. Komme mir daher nicht mehr in den Weg; denn, wenn ich dir bis jetzt Gutes erzeigt habe, will ich dir in Zukunft Leid zufügen.“

Matteo kehrte reich nach Florenz zurück. Er hatte vom König mehr als fünfzigtausend Dukaten erhalten und dachte seine Reichtümer ruhig zu genießen, ohne zu glauben, daß Roderigo seine Drohung ausführen würde. Schnell aber wurden seine Pläne durch die Neuigkeit gestört, eine Tochter Ludwigs VII. von Frankreich sei besessen. Diese Nachricht versetzte Matteo in die größte Angst, wenn er die Macht des Königs und Roderigos Worte bedachte.

Wirklich fand auch der König kein Mittel für seine Tochter und schickte, als er von der Kraft Matteos hörte, zuerst einen Kurier ab, ihn zu sich rufen zu lassen. Da Matteo aber Unpäßlichkeit vorschützte, so war der König genötigt, die Signoria zu ersuchen, die Matteo zu gehorchen zwang. Matteo reiste also in größter Verzweiflung nach Paris und sagte vor allem dem König: „Es sei zwar gewiß, daß er früher einige Besessene geheilt habe, deshalb könne er aber nicht alle heilen; denn es gebe Teufel von so boshafter Natur, daß sie weder Drohungen, noch Zauber, noch religiöse Gebräuche fürchteten. Jedenfalls werde er seine Pflicht tun; gelinge es ihm aber nicht, so bitte er um Entschuldigung und Gnade.“ Der König antwortete voll Zorn: „Wenn du meine Tochter nicht heilst, so laß ich dich hängen.“ Matteo war darüber in großer Bekümmernis, doch faßte er Mut und bat, die besessene Prinzessin rufen zu lassen. Seinen Mund an ihr Ohr legend, empfahl er sich demütiglich Roderigo, indem er ihn an die erzeigte Wohltat erinnerte und wie große Undankbarkeit es sein würde, wenn er ihn in dieser Not verließe. „Was, schlechter Verräter“, antwortete Roderigo, „du wagst es mir vor die Augen zu kommen? Glaubst du dich rühmen zu können, durch mich reich geworden zu sein? Ich will dir und jedermann zeigen, daß ich nach Belieben geben und nehmen kann; eh’ du von hier fortkommst, will ich dich ohne Erbarmen hängen lassen.“

Als Matteo sah, daß für jetzt nicht zu helfen war, dachte er auf eine andere Art sein Glück zu versuchen und sprach nach der Entfernung der Besessenen zum König: „Sire, wie ich gesagt, gibt es viele Geister, die so boshaft sind, daß man durch gute Worte nicht mit ihnen fertig wird, und dies ist einer davon. Ich will daher noch den letzten Versuch machen. Wenn er gelingt, so werden Eure Majestät und ich unseren Zweck erreicht haben; wenn er aber nicht gelingt, so bin ich in Eurer Gewalt, und Ihr werdet soviel Mitleid mit mir haben, wie meine Unschuld verdient. Laßt auf dem Platz von Notre Dame einen großen Balkon errichten, der alle Barone und die ganze Geistlichkeit der Stadt faßt. Den Balkon laßt mit Seide und Gold behängen und mitten darauf einen Altar errichten. Den nächsten Sonntagmorgen geruht dann, mit der Geistlichkeit und allen Fürsten und Herren mit königlicher Pracht und glänzenden reichen Gewändern darauf zu erscheinen. Dann werde eine feierliche Messe gelesen, und sodann soll die besessene Prinzessin gebracht werden. Ferner sollen auf der einen Seite des Platzes wenigstens fünfzig Personen mit Posaunen, Hörnern, Trommeln, Dudelsäcken, Zimbeln und Pauken und jeder anderen Art von lärmenden Instrumenten bereitstehen, und auf ein Zeichen mit meinem Hut blasend und trommelnd an den Balkon heranziehen. Dies und gewisse geheime Mittel werden, wie ich glaube, den Geist zum Ausfahren bewegen."

Der König ließ sogleich alles anordnen, und als der Sonntagmorgen gekommen, war der Balkon mit Großen und der Platz mit Volk angefüllt. Nachdem die Messe gefeiert war, kam die besessene Prinzessin, von zwei Bischöfen an der Hand geführt und von vielen Herren umgeben, auf den Balkon. Als Roderigo soviel Volk versammelt und so große Zurüstungen sah, geriet er in Erstaunen und sagte bei sich: Was denkt dieser prahlerische Schuft zu tun? Glaubt er mich durch diesen Pomp zu erschrecken? Weiß er nicht, daß ich die Pracht des Himmels und die Furien der Hölle zu sehen gewöhnt bin? Er soll mir gezüchtigt werden. Als sich hierauf Matteo näherte und ihn bat, sich zu entfernen, entgegnete Roderigo: „Oh, du hast was Schönes ausgedacht! Was hast du mit diesen Zurüstungen im Sinn? Glaubst du, dadurch meiner Macht und meinem Zorn zu entgehen? Schlechter Schuft, du sollst mir ohne Barmherzigkeit hängen." Da nun Matteo auf diese Weise bat und der andere schimpfte, glaubte Matteo, er habe keine Zeit mehr zu verlieren. Nachdem er das Zeichen mit dem Hut gegeben, stießen alle, die zum Lärm machen bereitstanden, in die Hörner und zogen mit einem Getöse, das bis zum Himmel schallte, gegen den Balkon heran. Bei diesem greulichen Lärm spitzte Roderigo die Ohren. Nicht wissend, was es bedeuten sollte, war er ganz verwundert und fragte verblüfft Matteo, was das sei. Ängstlich erwiderte Matteo: „Oh weh, teurer Roderigo, es ist deine Frau, die dich aufsucht." Es war wunderbar zu sehen, welche Seelenangst Roderigo ergriff, als er den Namen seiner Frau hörte. Ohne nur zu überlegen, ob sie es möglicher- oder vernünftigerweise auch wirklich sein konnte, ergriff er, ohne ein Wort zu erwidern, im größten Schrecken die Flucht, ließ die Prinzessin frei und wollte lieber in die Hölle zurückkehren und Rechenschaft von seinen Handlungen ablegen, als sich von neuem mit so viel Ungemach, Qual und Gefahr dem ehelichen Joch unterwerfen.

So bezeugte Belfagor, in die Unterwelt zurückgekehrt, das Unheil, das eine Frau ins Haus bringt, und Matteo, der klüger war als der Teufel, begab sich fröhlich auf den Heimweg.